Recueil de plans
d'habitation

Atlante delle planimetrie
residenziali

Publié sous la direction de _ _ _ _ A cura di _ _ _ _ Friederike Schneider

D'après la troisième édition allemande _ _ _ _
_ _ _ _ _ _ _ _ _ _ _ _ _ _ _ _ Terza edizione tedesca

Recueil de plans
d'habitation

Atlante delle planimetrie
residenziali

Avec un avant-propos de/
Con una nuova prefazione di Oliver Heckmann

Collaborateurs de la troisième édition/
Hanno collaborato alla terza edizione:
Christian Gänshirt, Oliver Heckmann, Bettina Vismann

Birkhäuser

Basel · Boston · Berlin

Le professeur Hellmuth Sting, qui avait commencé très tôt son analyse systématique des plans architecturaux, et dont l'ouvrage « Grundriß Wohnungsbau » avait donné une impulsion importante à ce domaine dans les années 1970, nous a quittés avant la parution de cette réédition mise à jour. L'éditrice scientifique du présent ouvrage qui lui doit beaucoup, tient à exprimer sa dette de reconnaissance envers lui. /
Il Professor Hellmuth Sting, che già negli anni Settanta iniziò una presentazione e un'analisi sistematica delle planimetrie, e il cui testo "Grundriß Wohnungsbau" (Planimetrie residenziali) diede un forte impulso al lavoro in questo campo, fornendo anche le linee guida per questo volume, purtroppo è mancato prima di poter vedere la continuazione della sua opera. La curatrice esprime il suo sentito ringraziamento per il contributo del Professor Sting.

Nous voudrions remercier tout particulièrement Ulrike Ruh pour son appui et son travail de révision.

Un ringraziamento speciale va a Ulrike Ruh, per il supporto e la supervisione redazionale.

Descriptifs des projets / Descrizioni dei progetti: Martina Düttmann, Christian Gänshirt, Oliver Heckmann, Friederike Schneider, Bettina Vismann

Traduction / Traduzione: Laurent Auberson (français) / Antonio Borghi (italiano)

Diagrammes / Diagrammi: Claudius Fruehauf
Dessin des plans de / Disegni delle planimetrie Mies van der Rohe: Florian Kessel

Mise en page / Progetto grafico: Muriel Comby, Friederike Schneider

Information bibliographique de la Deutsche Nationalbibliothek
La Deutsche Nationalbibliothek a répertorié cette publication dans la Deutsche Nationalbibliografie ; les données bibliographiques détaillées peuvent être consultées sur Internet à l'adresse http://dnb.d-nb.de.

Ce livre est aussi paru en version allemande / anglaise (Relié : ISBN 978-3-7643-6985-9 ; Broché : ISBN 978-3-7643-7035-0).

Édition originale / Prima edizione 2007
Cet ouvrage est la traduction de la troisième édition allemande retouché du / Quest'opera si basa sulla terza edizione riveduta del Grundrißatlas Wohnungsbau / Floor Plan Manual Housing 2004

Basel · Boston · Berlin
Case postale 133, CH-4010 Bâle, Suisse
Membre du groupe d'éditeurs spécialisés Springer Science+Business Media

Imprimé en Allemagne
ISBN : 978-3-7643-8235-3

9 8 7 6 5 4 3 2

www.birkhauser.de

L'éditeur et la rédactrice remercient tous les architectes qui ont pris la peine de rechercher les plans et les données techniques de leurs réalisations pour les mettre à leur disposition. C'est grâce à eux que ce livre a pu voir le jour.

L'editore e la curatrice ringraziano tutti gli architetti che hanno gentilmente ricercato le planimetrie e i dati di edifici completati da tempo, mettendoli a disposizione per il presente volume e consentendo così la realizzazione di un "Atlante delle planimetrie residenziali".

Indice / Sommaire

Edifici residenziali multipiano / Immeubles d'habitation à étages

Edifici bassi / Constructions basses

Il lavoro sulle planimetrie

... prosegue. Ecco a voi la terza edizione, ampliata e riveduta, dell'Atlante delle planimetrie residenziali. In questa versione abbiamo ulteriormente incrementato il numero dei progetti, sostituito vecchi esempi con nuovi, corretto alcuni errori e aggiunto alla raccolta di progetti un nuovo saggio introduttivo. Inoltre abbiamo allegato uno scalimetro 1:200 per il divertimento dei lettori e una tabella come aiuto per la navigazione. Quest'ultima offre una visione d'insieme sistematica, nel caso si voglia effettuare una ricerca all'interno della raccolta di esempi riguardo una specifica idea planimetrica o sistema distributivo. L'impianto della raccolta di progetti è rimasto invariato.
L'Atlante delle planimetrie è concepito come uno strumento di lavoro che interagisce con il sapere del passato e del presente. La conoscenza sistematica accumulata negli anni Sessanta a proposito delle planimetrie appare ancora oggi valida quanto i progetti personalizzati e concettuali dell'edilizia residenziale degli anni Ottanta.
Gli anni Sessanta partivano dall'utente/abitante tipo, i cui bisogni erano rilevati e trasformati in dati statistici; in base a tali dati venivano poi calcolate le misure minime da soddisfare. Questo era anche il metro di giudizio delle planimetrie residenziali. Il lavoro si concentrava sulla pianta del singolo alloggio inteso come "cellula abitativa", sul suo soleggiamento e sulla ventilazione naturale, sulla sua funzionalità ottimale. Le rappresentazioni dei risultati erano piante sistematizzate (e piuttosto "astratte"). I testi di questa epoca ordinano in base a criteri tipologici, mettono a confronto e valutano piante schematizzate.
Gli anni Ottanta sono rivolti all'ambizione concettuale dell'architetto, alla soluzione particolare, all'unicità del concetto residenziale. L'architetto sviluppa edifici e concetti spaziali (facendo uso di luce, materiali, colori e immagini) rispetto ai quali vengono giudicati i suoi edifici. Egli si concentra sull'aspetto esteriore e sugli spazi di distribuzione, nei quali può esprimere con maggiore libertà la sua concezione (la rappresentazione dell'abitare). La forma di rappresentazione che meglio si adegua a questo tipo di architettura è la fotografia. Invece di ordinare, paragonare o valutare, la documentazione dei progetti degli anni Ottanta li rappresenta come singole individualità. Questo atlante delle planimetrie documenta entrambi i percorsi critici e nel suo impianto cerca di offrire una sintesi delle due modalità di rappresentazione. La chiave di volta di questa documentazione sono le planimetrie; perciò esse sono restituite nella scala 1:200 e sono quindi comparabili tra loro. Allo stesso tempo i progetti vengono illustrati nel loro insieme con sezioni, planimetria generale e piccole immagini fotografiche come complemento visivo, con informazioni sistematiche a lato e una "passeggiata" nell'edificio e nell'alloggio. Anche la rappresentazione originale dell'architetto è stata mantenuta, in modo che venga reso giustamente onore a ogni progetto, al suo architetto e alle sue idee. Inoltre la sistematizzazione delle informazioni mette in grado chi consulta questo volume di fare paragoni e valutazioni, in modo da poter utilizzare gli esempi che gli servono per il suo lavoro. Perché questo è lo scopo del nostro atlante: essere un buon consigliere per gli architetti, un manuale da consultare mentre si lavora a un incarico o a un progetto di concorso.
Gli esempi sono ordinati secondo un criterio urbanistico. Dall'ordinamento urbanistico deriva una tipologia costruttiva – isolato urbano, stecca, edificio puntuale, edificio terrazzato, torre, ecc. – che stabilisce una serie di requisiti (o vincoli) per le planimetrie; può trattarsi dell'orientamento, della distribuzione, della densità e così via. All'interno delle categorie gli esempi sono ordinati a seconda dei dati edilizi, allo scopo di ripercorrere lo sviluppo dell'edilizia residenziale. Ogni categoria urbanistica è preceduta da un testo che descrive i requisiti, i vincoli e i gradi di libertà che caratterizzano quella tipologia. I criteri della scelta: nonostante l'alta percentuale statistica di insediamenti unifamiliari e Siedlungen, la maggior parte del volume è dedicata agli insediamenti ad alta densità nelle varie forme in cui si trovano all'interno della città. L'edilizia residenziale urbana deve rispondere a tutte le problematiche che nascono dalla concentrazione di persone con le loro abitudini e/o forme di cultura diverse. Il progetto di un edificio residenziale deve almeno rispondere a queste esigenze (attraverso planimetrie di vario tipo che tengano conto delle consuetudini del gruppo di utenti a cui sono rivolte, attraverso una progettazione partecipata, ecc.). Anche la questione dell'identificazione dell'utente con la sua casa e il suo alloggio (sulla cui immagine e planimetria nella maggior parte dei casi egli non ha alcun influsso) viene posta in tutta la sua crudezza, fornendo una risposta perlopiù approssimativa con la progettazione di ampie superfici distributive, con spazi aperti semipubblici o privati oppure attraverso il tentativo di dare all'edificio un "volto". In questo senso l'analisi dell'edilizia residenziale nel tessuto urbano offre un più ampio spettro di idee ed esemplificazioni.
Nell'atlante vengono proposti solo edifici realizzati (quasi tutti dopo il 1945), anche se è evidente che ciò che non è stato costruito (a causa della sua concezione radicale e del suo carattere rivoluzionario) può arricchire molto la progettazione delle planimetrie. Tuttavia tutti i progetti sono dovuti passare attraverso la "cruna dell'ago" del finanziamento e della costruzione, per poter essere seriamente paragonati tra loro; infatti qualsiasi progetto radicale si trasforma nell'arco del processo edilizio in una variante più convenzionale e ricca di compromessi. Il non costruito viene qui citato nei testi a proposito delle distinzioni tipologiche.
Abbiamo cercato di essere internazionali, ma solo nella misura in cui le differenze culturali e climatiche non diventassero così grandi da rendere le planimetrie incomprensibili e non comparabili. La maggior parte degli esempi proviene dalle zone temperate dell'Europa. L'internazionalità degli esempi non ha solo lo scopo di dare al lettore una visione d'insieme dell'evoluzione dell'edilizia residenziale: era altrettanto importante mostrare l'originalità e le differenze tra esempi all'interno della stessa categoria. Grazie all'esposizione imparziale degli esempi uno accanto all'altro, questo manuale permette di trasferire ciascun esempio da un contesto a un altro. Anche gli esempi derivati dall'edificazione a pochi piani delle case uni- o bifamiliari e delle case a schiera, che spesso rispecchiano una particolare situazione urbanistica o i desideri della committenza, hanno la funzione di stimolare la loro rielaborazione e combinazione. Accanto o alla base di tutti questi criteri motivati in modo fin troppo oggettivo si cela anche l'assunto che la planimetria scelta sia comunque una buona planimetria. Una buona planimetria a nostro parere si vede dal fatto che mette a frutto bene, o addirittura in modo esemplare, la situazione data e il denaro disponibile. D'altra parte l'idea di planimetria, qualunque essa sia, deve

Le travail sur le plan

... se poursuit. Le présent ouvrage est la troisième édition, revue et augmentée, du Grundrißatlas Wohnungsbau, également publié pour la première fois en version française. Cette nouvelle édition a été l'occasion d'augmenter le nombre de projets décrits, de remplacer des exemples anciens, de rectifier des erreurs et de faire précéder la partie consacrée aux projets d'un nouveau texte d'introduction. Nous avons ajouté une règle graduée l'échelle 1:200 – juste pour le plaisir – et un tableau (à l'intérieur des rabats de la couverture) qui offre un panorama systématique et permet la recherche d'exemples en fonction de critères tels que le plan ou la forme des accès. La présentation des projets est demeurée inchangée.

Ce recueil est conçu comme un outil de travail. Il intègre le savoir du passé et celui d'aujourd'hui. Les connaissances systématiques sur le plan d'habitation réunies dans les années 1960 paraissent de nos jours aussi précieuses que les projets plutôt individuels et conceptuels de la construction de logements des années 1980.

Les années 1960 partaient d'un usager/habitant typique dont les besoins fondamentaux étaient étudiés, transposés en paramètres et traduits en mesures minimales requises. Ces critères servaient aussi à l'appréciation des plans de logements. Le travail se concentrait sur le plan de l'habitation individuelle conçue comme une « cellule d'habitation », sur l'ensoleillement et l'aération, sur l'optimisation des rapports fonctionnels. Les résultats se présentaient sous la forme de plans systématiques plutôt « abstraits ». Les ourrages de cette époque classent des plans schématiques selon des critères typologiques, les comparent et les évaluent.

Les années 1980 ont mis l'accent sur les ambitions créatrices de l'architecte, sur la solution particulière, sur la conception unique. Le maître d'œuvre développe des conceptions du volume bâti et de l'espace (pensés en termes de lumière, de matériaux, de couleurs, d'images) à l'aune desquels son œuvre bâtie est jugée. Il se concentre sur l'apparence extérieure et sur les espaces de distribution, là où il peut donner la plus libre expression à sa conception, qui est une mise en scène de l'habitat. La photographie est le mode privilégié de présentation de cette architecture. Dans les années 1980, au lieu de classer, de comparer et d'évaluer, les traités recueil présentent les différents projets comme des individualités.

Le présent recueil rend compte de ces deux voies et tente, une synthèse des deux formes de présentation. Les plans en constituent l'élément central ; leur échelle uniforme (1:200) permet de les comparer entre eux. Il sont complétés par une coupe, un plan de situation et une petite photographie, ainsi que par des informations présentées de manière systématique en marge et par la description d'un parcours à travers la maison et l'appartement. Le mode de représentation choisi par l'architecte a été conservé. On obtient ainsi un équilibre entre la prise en considération du créateur, du projet et de son idée d'une part, et d'autre part une systématique de présentation qui permet au lecteur d'utiliser ces exemples de plans pour son propre travail. Car c'est bien le propos de ce livre : servir d'ouvrage de référence à l'architecte travaillant à une commande ou à un projet de concours.

Les exemples sont classés selon des critères urbanistiques dont découle le type de bâtiment (bloc, rangée, immeuble isolé, maison en terrasses, tour, etc.), ce type imposant à son tour des contraintes pour le plan (orientation, accès, densité, etc.). À l'intérieur de chaque catégorie, les exemples sont classés par année de construction afin d'en mettre en évidence l'évolution. Chaque catégorie est précédée d'un bref texte d'introduction qui décrit les caractéristiques ou les possibilités qu'elle offre. Quant aux critères de choix, une place prépondérante a été accordée à la construction urbaine en ordre contigu, malgré la part non négligeable des maisons isolées et des cités d'habitation. La construction de logements en ville est en effet confrontée à toutes les difficultés que font surgir la densité de population et la diversité des habitudes et des cultures humaines. La conception d'un logement en ville est déjà une tentative de solution à ces problèmes (par divers types de plans susceptibles de prévoir les habitudes des habitants futurs, par une planification participative, etc.). La question de l'identification de l'habitant à son logement (dont, le plus souvent, il n'a pu influencer ni l'aspect extérieur ni le plan) se pose ici dans toute son acuité, et il ne lui est généralement donné qu'une réponse approximative sous la forme de larges espaces de distribution, d'espaces extérieurs semi-publics ou privés, ou par des efforts visant à donner un « visage » à la maison. Notre étude de l'habitation urbaine offre ainsi un très large éventail d'idées et d'exemples.

Nous n'avons retenu que des maisons effectivement construites, et pour l'essentiel après 1945. Les maisons non réalisées, en raison même de leur hardiesse, pourraient certes profiter à la conception architecturale du plan d'habitation. Néanmoins, pour permettre une comparaison sérieuse, les projets doivent tous avoir franchi la barrière du financement et de la construction : il peut en effet arriver qu'un projet, si révolutionnaire soit-il, subisse jusqu'à l'exécution des affadissements qui en font un ouvrage nettement plus traditionnel. Le non-construit est cependant évoqué dans le texte d'introduction sur les catégories typologiques.

Nous nous sommes efforcés de donner une dimension internationale au catalogue, en veillant cependant à ce qu'il n'y ait pas de différences culturelles et climatiques telles qu'elles empêchent les comparaisons. Les exemples ont donc presque tous été choisis dans des pays européens de climat tempéré. Par cette dimension internationale, il ne s'agit pas seulement d'offrir un large panorama de l'évolution de la construction d'habitation, mais aussi de faire apparaître l'originalité et la diversité à l'intérieur d'une catégorie. Les projets sont présentés de manière à pouvoir être transposés dans un autre contexte. Ce jeu de transfert et de combinaison est même possible pour des constructions à toit plat, pour des maisons individuelles, doubles ou en rangées, qui ne sont parfois que le reflet de situations culturelles, climatiques ou urbanistiques particulières, ou des désirs du maître de l'ouvrage.

Outre ces critères objectifs, et parallèlement à eux, il demeure une exigence de qualité : le plan choisi doit être un bon plan. Ce qui, à notre sens, fait qu'un plan est bon, c'est premièrement l'utilisation judicieuse, sinon exemplaire, du contexte et des moyens financiers à disposition, et deuxièmement sa capacité à faire apparaître le concept du plan, quelle qu'il soit. Et il n'importe pas ici de savoir si celui-ci s'adresse à de larges couches de la population ou à des cercles limités. En d'autres termes, un « bon plan » est celui qui manifeste une certaine idée d'ordonnance et d'organisation et ne se contente pas de juxtaposer des surfaces fonctionnelles comme des pièces de puzzle. Dans la plupart des cas, nous avons retenu des solutions assez facilement transposables, mais il nous a paru justifié de citer çà et là quelques exemples uniques et probablement non réitérables sous cette forme.

emergere nel modo più chiaro possibile, a prescindere dal fatto che sia rivolta a tutti gli strati della popolazione o solo a una sua piccola parte. In altre parole, la "buona planimetria" è quella che rende visibile un'idea di ordine o di organizzazione, invece di comporre le superfici funzionali come in un puzzle. Nella maggior parte dei casi abbiamo scelto esempi facili da trasporre, anche se talvolta ci è sembrato opportuno inserire alcuni casi molto particolari, unici e probabilmente irripetibili.
A ogni progetto è associata una scheda informativa a lato: la tipologia edilizia descrive con precisione di che tipo di edificio si tratta, il numero di piani, l'orientamento rispetto all'asse eliotermico; la data di costruzione chiarisce il contesto temporale e la visione del mondo (Weltanschauung) sulla quale si basa l'edificio; i dati sul finanziamento privato o pubblico (o attraverso altri tipi di committenza) dell'edificio stabiliscono gli standard delle planimetrie residenziali. Per esempio, concetti e relazioni spaziali (come l'open space) che sono possibili in edilizia privata, non possono essere realizzati nel rispetto dei regolamenti per l'edilizia sociale. Già l'edilizia agevolata realizzata nell'ambito dell'IBA (Internationale Bauausstellung Berlin) godeva di maggiori libertà riguardo alla progettazione degli ingressi, dei vani scala, delle corti e per la sperimentazione di concetti per il risparmio energetico. La profondità è indice di problematiche di illuminazione naturale e finanziamento, perché la planimetria più profonda costa meno. La qualità della planimetria risiede nell'ottenere una buona illuminazione anche in edifici profondi per motivi economici oppure nel riuscire a ottenere una doppia esposizione (alloggio passante). La categoria distribuzione elenca tutti i tipi di distribuzione orizzontale e verticale e le loro combinazioni, che nelle realizzazioni più recenti diventano sempre più difficili da distinguere. Alcune tipologie distributive si sono rivelate più favorevoli alla comunicazione (per esempio gli ampi ballatoi e pianerottoli), anche se bisogna distinguere tra la comunicazione volontaria e quella inevitabile. Il numero di alloggi denota la grandezza dell'intervento che naturalmente condiziona (in modo positivo o negativo) l'offerta di alloggi; per esempio, dichiara la varietà dei tagli e delle tipologie all'interno di un edificio con un gran numero di alloggi oppure le soluzioni planimetriche specifiche di un edificio con pochi alloggi. La dimensione degli alloggi (che non abbiamo potuto determinare con estrema precisione) serve come termine di paragone: chiarisce cosa può essere ottenuto o meno in un determinato taglio d'alloggio. Le categorie parcheggio e spazi aperti sono invece funzionali all'illustrazione del contesto residenziale in senso lato. Nella categoria degli spazi aperti sono inclusi anche quelli di uso privato (giardini di pertinenza, terrazze in copertura). L'indicazione del nord in cima alla pagina si riferisce all'orientamento della pianta 1:200. Le descrizioni che completano la documentazione svolgono una duplice funzione: far risparmiare tempo all'utente del libro, accompagnandolo con le parole in un "tour" dell'edificio e del singolo alloggio, e nel contempo – cercando di riassumere l'idea planimetrica – liberare l'utente dalla planimetria che vede davanti a sé. Devono suggerirgli di approfittare dell'idea di planimetria piuttosto che della forma della planimetria nella quale essa si è tradotta in quel singolo esempio.
La parte dei progetti è preceduta da quattro testi base, che come una sorta di cornice dovrebbero collegare e tenere insieme la molteplicità degli esempi che seguono. Essi inoltre illustrano al lettore e all'utente le diverse modalità di lettura delle planimetrie: una lettura è quella di Hellmuth Sting in "Il ruolo dei caratteri distributivi", che interpreta la planimetria come singoli alloggi tenuti insieme da un intreccio distributivo (determinante per il loro funzionamento). Un'altra è la ricerca dell'idea, piuttosto astratta, che "sta dietro" alla disposizione dei singoli vani, illustrata da Friederike Schneider in "L'organizzazione dell'alloggio/L'idea di planimetria". Il testo di Reinhard Gieselmann "Evoluzione delle planimetrie di edilizia residenziale" ordina le planimetrie residenziali – il loro concetto e l'impianto distributivo – seguendo un criterio temporale e permette di capire quali circostanze hanno dato luogo a una particolare soluzione tipologica, come si è sviluppata, quanto tempo hanno dovuto attendere molte idee per essere realizzate e chi ha copiato da chi. La nuova prefazione di Oliver Heckmann "A proposito della fruizione della planimetria" si dedica in generale all'osservazione dei diversi modi di leggere planimetrie residenziali, laddove la lettura/utilizzo corrisponde a volte allo studio e al disegno di planimetrie e altre volte all'abitare o arredare un alloggio realizzato. Chiarendo questi due modi di leggere la planimetria si rivela nella sua concretezza il senso implicito di una planimetria residenziale – che in precedenza poteva apparire astratto.
La tabella allegata ordina i progetti secondo le categorie del testo introduttivo "L'idea di planimetria", che ne fornisce le descrizioni dettagliate. Se un esempio ha punti in diverse categorie, queste possono far riferimento a differenti caratteristiche, in parte alternative, comunque contemporaneamente presenti in un alloggio tipo, oppure descrivono le qualità di diversi alloggi che si trovano all'interno dello stesso progetto.
I testi introduttivi e le strumentazioni consentono al lettore vari livelli di interpretazione e mostrano come ci si possa avvicinare all'esercizio di questa complessa disciplina, dall'innocua denominazione di edilizia residenziale, solo attraverso la stratificazione di diversi modi di vedere.

L'Atlante delle planimetrie residenziali resta comunque un lavoro aperto. Perciò rinnoviamo l'invito a tutti i lettori e utenti di questo volume che sentono la mancanza di un progetto – proprio o altrui – che ritengono di particolare importanza: scrivete all'Editore e metteteci a disposizione la vostra conoscenza per la prossima edizione.

Birkhäuser Verlag AG
Basel · Boston · Berlin
Casella postale 133
CH-4010 Basilea
Svizzera

Chaque projet s'accompagne de brèves informations données en marge. D'abord des caractéristiques de base : le type de construction (avec le nombre d'étages et l'orientation), la date de construction, pour permettre de situer l'ouvrage par rapport à la vision du monde de l'époque, et le financement (privé, public ou par une collectivité). Un ouvrage à financement privé, par exemple, offre une liberté dans la conception des espaces et des relations entre eux (il permet notamment de créer des espaces ouverts), qu'on ne peut pas retrouver dans des logements sociaux, dont le plan est soumis à des prescriptions. Les logements subventionnés présentés en 1984 à l'IBA (*Internationale Bauausstellung*, Exposition internationale de construction) à Berlin témoignaient déjà d'une conception plus libre (entrées, cages d'escalier, cours, essais de systèmes d'économie d'énergie). La profondeur renvoie aux problèmes d'éclairage et de financement : en effet, un plan en profondeur permet des économies, et la qualité du plan se manifeste alors par la qualité d'éclairage obtenue en dépit de cette profondeur ou par la double exposition (habitation traversante). La rubrique accès inclut toutes les voies d'accès horizontales et verticales et leurs combinaisons, parfois complexes et difficilement lisibles dans certaines constructions récentes. Certains aménagements sont plus aptes que d'autres à favoriser la communication (par exemple, les galeries ou les paliers intermédiaires), encore qu'il faille ici distinguer entre communication souhaitée et communication forcée. Le nombre d'appartements indique la taille du projet et a naturellement des effets (positifs ou négatifs) sur le plan : il explique par exemple qu'un immeuble comprenant de nombreux logements puisse présenter une variété de types et de tailles, ou au contraire qu'on ait choisi une solution spéciale dans un immeuble contenant moins de logements. La surface des appartements (qui n'a pas pu être établie partout avec la même précision) permet des comparaisons et montre ce qu'il est possible de réaliser dans une surface donnée. Les rubriques places de stationnement et espaces extérieurs servent plutôt à donner une image de la qualité de l'habitation au sens large. La catégorie des espaces extérieurs comprend aussi les espaces à usage privé (jardins locatifs, terrasses sur le toit). La flèche indiquant le nord au haut de la page se réfère aux plans à l'échelle 1:200.
Les descriptions complétant la documentation sont destinées premièrement à faire gagner du temps au lecteur en le guidant à travers l'immeuble et les appartements, et deuxièmement à le libérer du plan en résumant l'idée sous forme de texte. Elles doivent l'amener à mettre à profit l'idée du plan et non sa forme.
La partie consacrée aux projets est précédée de quatre textes d'introduction qui assurent la cohésion de l'ensemble. Ils présentent aussi au lecteur les différentes manières de lire un plan. L'une delles voit dans le plan un ensemble de logements isolés insérés dans le réseau des accès (décisif pour le fonctionnement) ; c'est le cas de la contribution de Hellmuth Sting, « L'importance des accès ». Une autre lecture recherche l'idée abstraite qui préside à l'organisation des espaces (« L'organisation de l'habitation et l'idée du plan », par Friederike Schneider). « L'évolution du plan », de Reinhard Gieselmann, donne un aperçu chronologique des plans de logements, avec les idées qu'ils expriment et les formes d'accès, et permet de comprendre les circonstances qui ont fait naître tel ou tel type de plan, son développement ultérieur, pourquoi la concrétisation de certaines idées s'est fait si longuement attendre, et qui a emprunté des idées à qui. L'introduction d'Oliver Heckmann, « De l'usage des plans », propose des considérations générales sur les différents modes de lecture des plans, cette dernière signifiant tantôt étude et développement du dessin, tantôt habitation et utilisation du projet construit. Un plan d'habitation est d'un abord austère, mais par la mise en lumière de ces deux niveaux de lecture, le texte nous en fait retrouver toute la sensualité qui lui est inhérente.
Le tableau annexé dans les rabats de la couverture classe les projets en fonction des catégories définies dans « L'organisation de l'habitation et l'idée du plan », qui en donne une description détaillée. Si un projet est signalé dans plusieurs catégories typologiques, cela signifie ou bien que ces caractéristiques, diverses et parfois concurrentes, sont toutes présentes dans une habitation standard, ou bien qu'elles sont présentes dans plusieurs habitations différentes mais appartenant à un même ensemble.
Ces textes introductifs et ces outils permettent au lecteur une analyse à différents niveaux tout en montrant que c'est par la seule superposition de ces diverses manières de voir que l'on peut appréhender tant soit peu la complexité de cette tâche appelée si sobrement construction d'habitation.
Mais ce recueil reste une œuvre inachevée, et le lecteur ou la lectrice qui y découvrirait une omission à son avis injustifiée – qu'il s'agisse de l'un de ses projets ou de la réalisation d'un autre – est invité(e) à écrire à l'éditeur et à lui transmettre les indications nécessaires pour compléter la prochaine édition.

Birkhäuser Verlag AG
Basel · Boston · Berlin
Case postale 133
CH-4010 Bâle
Suisse

"La dolcezza del funzionamento è l'architettura" – A proposito della fruizione della planimetria

Utilizzando il termine *sweetness*, e dunque associando al concetto di "funzionale" l'evocazione di emozioni quali freschezza, dolcezza e amorevolezza, Alison e Peter Smithson pongono il progetto sotto una luce diversa. Come tutti gli architetti provenienti dal Movimento Moderno, essi non hanno mai messo in discussione la centralità della funzione, fuori di dubbio soprattutto nel progetto della residenza. Tuttavia non si sono mai fermati all'aspetto funzionale degli edifici, procedendo invece nella descrizione del piacere che deriva dal loro impiego e dalle varie modalità d'uso. "... luce, spazio e aria sono inscindibili. Senti l'aria, comprendi lo spazio e saprai quello che devi fare." In questo modo si allarga lo sguardo: dal lavoro su un concetto planimetrico astratto e inabitato all'evocazione di ciò che nascerà dall'impiego di quella particolare conformazione planimetrica. E come, di converso, può diventare denso il lavoro del progettista che immagina tutti i possibili utilizzi del suo impianto planimetrico: esplorandone le potenzialità, gustando in anticipo il piacere di soggiornarvi e attraversarlo, tenendo conto delle peculiarità dell'edificio, dalle caratteristiche dei suoi spazi al modo in cui si inserisce nel contesto.
Qui di seguito andremo a leggere e a ripercorrere alcune planimetrie secondo questa modalità.

Letture diverse

Nel saggio "Figures, Doors and Passages" il teorico dell'architettura Robin Evans studia il rapporto tra l'impianto planimetrico e la sua fruizione da parte degli abitanti. A questo scopo confronta i progetti di due ville: una di John Webb, l'altra di Andrea Palladio. Evans non si sofferma tanto sulla descrizione delle piante, quanto piuttosto su due diverse letture.
Nel progetto di John Webb per la Amesbury House nel Wiltshire (1661) la fruizione della casa da parte di coloro vi andranno a risiedere appare ininfluente, dal momento che le sue modalità di fruizione sono già previste e in gran parte predeterminate dall'architetto. Secondo Evans, a seguito del processo di industrializzazione e della separazione tra casa e lavoro, la salvaguardia della sfera privata diventa tema centrale della residenza. Lo strumento a garanzia dell'intimità è la casa stessa, e non il suo abitante. Per questo nella Amesbury House troviamo un corridoio e un vano scala a due strati che regolano tutti i movimenti. La planimetria, in questo caso, è un meccanismo che guida il comportamento del suo utente. Una delle modalità di lettura è la verifica dell'impianto spaziale in relazione alla sua funzionalità e alla sistematica separazione tra zone "pubbliche" e aree riservate all'intimità familiare. Queste regole hanno informato a lungo l'edilizia residenziale e hanno portato – insieme ad altri fattori – all'iperdeterminazione della struttura planimetrica. Ai fini della verifica della sua correttezza funzionale, le modalità di fruizione diventano irrilevanti. Le funzioni sono predeterminate a tal punto che nessun utilizzo futuro potrà risultare sorprendente.
Riguardo al secondo esempio, il Palazzo Antonini di Andrea Palladio a Udine (1556), Evans afferma che la planimetria si racconta solo attraverso la storia della sua fruizione. Con una citazione letteraria (una governante, per nascondere un appuntamento galante, doveva sorvegliare una delle molte stanze di passaggio e sottrarla al continuum di quegli spazi) ci racconta come queste piante dipendano dalla capacità dei loro abitanti di utilizzarle e di assicurarne i confini. Infatti tutti gli spazi sono collegati gli uni agli altri, parte di una sequenza spaziale continua e strutturalmente omogenei. Non sono determinati da una destinazione d'uso, né da una particolare conformazione: perfino i servizi igienici sono vani di passaggio.

Pluralità di significati

La seconda lettura funziona in tutt'altro modo. Il lettore immagina che cosa potrà accadere, ma non può saperlo, perché tale informazione non è fornita dalla pianta. Quello che ci appare indefinito nella planimetria di Palazzo Antonini si rivela come pluralità di significati: le potenziali destinazioni d'uso sono depositate nella planimetria, ma si esplicitano solo attraverso la sua fruizione.
La pluralità di significati come caratteristica planimetrica è oggi nuovamente di grande attualità. Sia perché è in grado di rispondere al crescente desiderio di personalizzazione degli utenti, sia perché riesce a garantire un riutilizzo sostenibile del bene casa anche con altre destinazioni d'uso. In questo senso la progettazione si concentra maggiormente sulla qualità degli spazi che sulla loro definizione funzionale. Come se le funzioni potessero accedere all'edificio solo dopo una precisa definizione spaziale dei volumi. Pluralità di significati nella progettazione significa progettare luoghi di qualità e densità tali che in un modo o nell'altro potremmo essere in grado di appropriarcene.

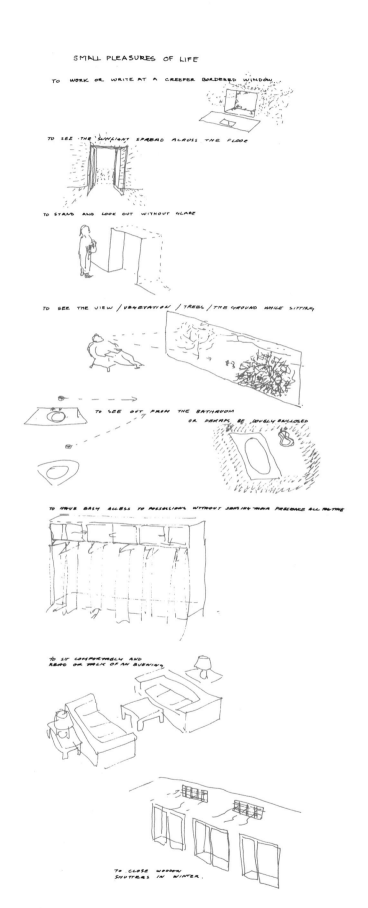

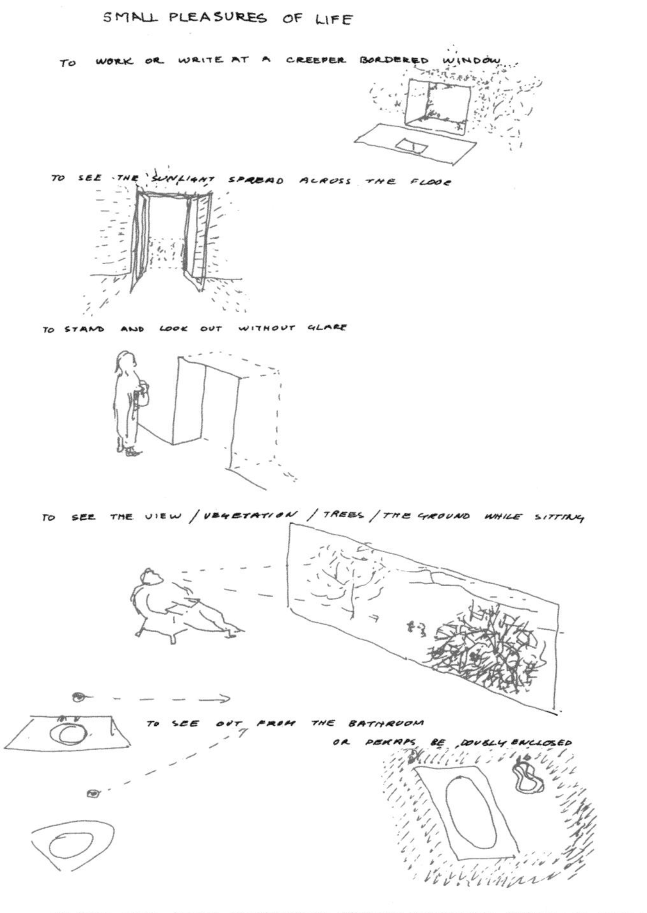

SMALL PLEASURES OF LIFE
TO WORK OR WRITE AT A CREEPER BORDERED WINDOW
TO SEE THE SUNLIGHT SPREAD ACROSS THE FLOOR
TO STAND AND LOOK OUT WITHOUT GLARE
TO SEE THE VIEW / VEGETATION / TREES / THE GROUND WHILE SITTING
TO SEE OUT FROM THE BATHROOM
OR PERHAPS BE DOUBLY ENCLOSED
TO HAVE EASY ACCESS TO POSSESSIONS WITHOUT SENSING THEIR PRESENCE ALL THE TIME
to sit comfortably and read or talk of an evening
TO CLOSE WOODEN SHUTTERS IN WINTER.

« LES PETITS PLAISIRS DE LA VIE
travailler ou écrire devant une fenêtre qu'encadre une plante grimpante // voir le soleil à travers le couloir // se tenir debout et regarder dehors sans être ébloui // regarder la vue / la végétation / les arbres / le sol tout en restant assis // voir dehors depuis sa salle de bain / ou être enfermé à double tour // pouvoir accéder facilement aux objets qui nous appartiennent sans en sentir la présence en permanence // être assis confortablement et lire ou parler d'une soirée // fermer les contrevents de bois en hiver »

(A. + P. Smithson, in *Changing the Art of Inhabitation*, Londres, Munich, 1994)

« La douceur du fonctionnement : c'est cela, l'architecture » – De l'usage des plans

"Solo luce e aria, nessun inutile dettaglio, quieta coscienza che la dolcezza del funzionare è l'architettura ... In un vero edificio luce, spazio e aria sono inscindibili. Senti l'aria, avverti lo spazio e saprai quello che devi fare. Come mantenere il senso di quello che succede – da dove vengono la luce e l'aria, come entrare e come uscire ... questo è il punto ..."

A. + P. Smithson in: *Changing the art of Inhabitation*, Londra, Monaco 1994

« La lumière ambiante, l'air ambiant, ne pas s'embarrasser de détails, prendre tranquillement conscience que la douceur du fonctionnement, c'est cela, l'architecture ... Dans un bâtiment réel, la lumière et l'air forment un tout. Respirer l'air, sentir l'espace, savoir comment agir. Savoir comment conserver la perception de ce qui se passe : d'où viennent la lumière et l'air, comment entrer et sortir... telle est la question ... »

A. + P. Smithson, in : *Changing the Art of Inhabitation*, Londres, Munich, 1994

Les architectes Alison et Peter Smithson, en plaçant la notion de douceur, avec son faisceau de sensations, avant celle de fonctionnalité, présentent le travail sur le plan sous un jour différent. Certes, par allégeance au modernisme, ils n'ont jamais songé à remettre en question la nécessité de la fonctionnalité, ce qui serait d'ailleurs impensable dans la construction d'habitation, tant les exigences fonctionnelles y sont complexes. Néanmoins, refusant d'accorder leur confiance à la seule fonctionnalité du bâti, ils ont toujours argumenté à partir de la jouissance qui s'installe lorsqu'on découvre par soi-même qu'une maison fonctionne et comment elle fonctionne.
« ... La lumière, l'espace et l'air sont indissociables. Respire l'air, saisis l'espace, et tu sauras ce qu'il y a à faire. » Le regard s'élargit : du travail sur le plan, abstrait et inhabité, on passe à la réflexion sur ce que le plan donnera à l'usage. Inversement, le travail sur le plan peut se charger de sens lorsque celui qui le conçoit fait voir toutes les facettes de son usage : la joie de jouer avec les possibilités du plan, le plaisir de s'arrêter et de se déplacer, la façon de traiter les particularités d'une maison, ou la perception sensuelle de ses pièces, ou la manière dont elles nous intègrent dans l'environnement. Voilà comment nous allons parcourir et lire quelques plans.

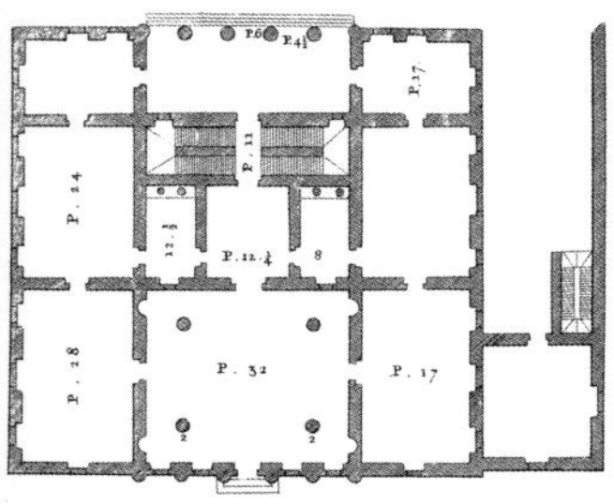

Andrea Palladio, Palazzo Antonini, Udine, 1556

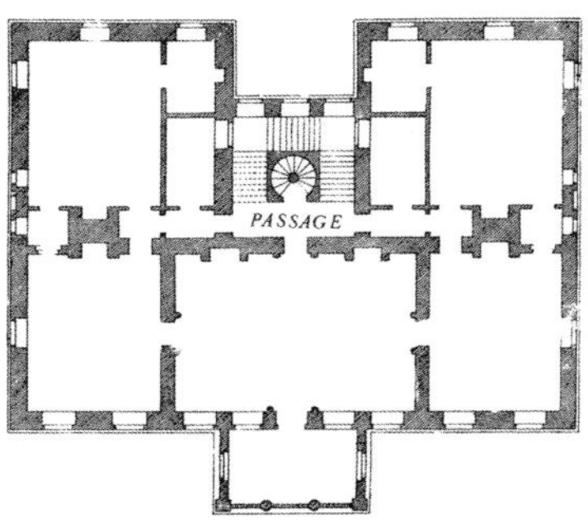

John Webb, Amesbury House, Wiltshire, 1661

Mode de lecture

Dans « Figures, Doors and Passages », Robin Evans, théoricien de l'architecture, étudie le rapport entre le plan et l'usage qu'en font les habitants. Pour ce faire, il compare les projets de deux villas, l'une de John Webb, l'autre d'Andrea Palladio, en décrivant moins le plan lui-même que deux modes de lecture.
Dans le projet de John Webb pour l'Amesbury House à Wiltshire (1661), l'utilisation de la maison par ses habitants paraît sans importance, tant l'architecte l'a déjà prévue dans son travail et, dans une large mesure aussi, déterminée à l'avance. Selon Evans, l'industrialisation et la dissociation de l'habitation et du lieu de travail ont accordé une grande importance à la réflexion architecturale sur l'intimité. Cependant, l'instrument de cette intimité n'est pas l'habitant de la maison, mais la elle-même. Le plan de l'Amesbury House comprend un couloir et une cage d'escalier à volée double qui règlent tous les déplacements. Le plan devient ici un appareil capable d'amener les habitants à adopter certains modes de comportement. Une des lectures consiste donc à examiner la disposition spatiale selon le critère de sa fonctionnalité et de la séparation systématique entre les espaces d'intimité et les espaces communs. Pendant longtemps, la conception de l'habitation a été régie par ces règles, qui ont contribué, avec d'autres facteurs, à donner une structure très arrêtée aux plans. L'usage de la maison ne compte pas dès lors qu'il s'agit d'en vérifier la fonctionalité. Les fonctions ont été tellement bien pensées à l'avance que l'usage ultérieur ne peut être que sans surprises.
Dans l'autre exemple évoqué par Evans, le Palazzo Antonini à Udine, d'Andrea Palladio (1556), le plan ne se décrit au contraire que par l'histoire de son utilisation. Citation littéraire à l'appui (où, pour préserver l'intimité d'un tête-à-tête, une soubrette est chargée de surveiller l'une des nombreuses pièces de l'enfilade, rompant ainsi momentanément la continuité spatiale), Evans nous explique que les plans de cette sorte sont en bonne partie dépendants de l'aptitude de l'habitant à utiliser la maison et à en maîtriser les limites. Les pièces sont en effet ici liées les unes aux autres dans une succession ouverte, elles ont la même valeur structurelle, elles ne sont ni fonctionnelles ni déterminées en aucune manière par leur situation. Même les toilettes sont des pièces de passage.

« Au cours des deux derniers siècles, l'architecture a de plus en plus été utilisée comme une mesure préventive, comme un moyen d'avoir la paix, la sécurité et la séparation, ce qui, par sa nature même, limite l'horizon de l'expérience : on étouffe les bruits, on multiplie les modèles de cheminement, on supprime les odeurs ..., on cache ce qui dérange, on enferme ce qui n'est pas convenable, on supprime ce qui n'est pas nécessaire. Incidemment, on réduit la vie quotidienne à un simple jeu d'ombres privé. Mais au-delà de cette définition, il existe sans doute un autre genre d'architecture désireux de donner libre cours à tout ce qui a été si soigneusement masqué, une architecture née de la profonde fascination qui attire les gens les uns vers les autres, une architecture qui laisse une place à la passion, à la sensualité et à la socialité. »

« Figures and Passages », in : Robin Evans, *Translations from Drawing to Building and Other Essays*, Londres, 1997

Nel corso degli ultimi due secoli [l'architettura] è diventata sempre più misura preventiva, mezzo per ottenere tranquillità, sicurezza, separazione, che quindi restringe l'orizzonte delle esperienze possibili – il suono viene attutito, i movimenti indirizzati, i rumori repressi, i motivi di imbarazzo nascosti come l'indecenza e tutto ciò che è ritenuto superfluo è stato bandito. Allo stesso tempo l'architettura riduce il quotidiano a un gioco d'ombre privato. Al di là di queste scelte esiste però anche un'architettura che cerca di riportare sulla scena tutte queste cose accuratamente mascherate. Un'architettura che nasce dal profondo fascino che fa rivolgere gli esseri umani gli uni agli altri, un'architettura che accetta la passione, la sensualità e la socialità.

Traduzione da "Figures, Doors and Passages" in: Robin Evans, *Translations from Drawing to Building and other Essays*, Londra 1997

Ambiguïté

Le second mode de lecture a donc un fonctionnement tout à fait différent. Le plan ne lui révélant pas ce qui doit avoir lieu, le lecteur en est réduit à des spéculations sur ce qui peut se produire. Ce qui, dans le Palazzo Antonini, apparaît d'abord comme une indétermination s'avère être une ambiguïté : le potentiel d'utilisation est inscrit dans le plan, mais il ne se déploie qu'à la lecture et à l'usage.
Notre époque a revalorisé l'ambiguïté du plan d'habitation, que ce soit par souci de tenir compte des désirs toujours plus individuels des habitants, ou pour donner à la maison un potentiel de réaffectation à d'autres usages que le logement. Cette conception architecturale privilégie la qualité de l'espace plutôt que les fonctions, comme si ces dernières ne pouvaient imprégner le plan qu'après la mise en place des volumes. L'ambiguïté, c'est la création de lieux tellement riches et tellement denses qu'il est possible à chacun de les interpréter et de les occuper.
Dans les immeubles d'habitation de Peter Märkli, le travail sur le plan ne semble guère s'intéresser à la fonction. Sa conception est plutôt graphique et il fait naître dans ses compositions des tensions spatiales, évitant tout ce qui pourrait se prêter à une lecture statique ou sans équivoque ; il donne un

"PICCOLI PIACERI DELLA VITA
lavorare o scrivere davanti a una finestra incorniciata da rampicanti // vedere la luce del sole che si propaga sul pavimento // stare in piedi e guardar fuori senza restare abbagliati // osservare il panorama / vegetazione / alberi / terreno / stando seduti // guardare fuori dal bagno o magari essere doppiamente racchiusi // avere facile accesso alle proprie cose senza percepirne costantemente la presenza // stare seduti comodamente la sera a leggere o a parlare // chiudere le imposte in legno in inverno"

(A. + P. Smithson, in: *Changing the Art of Inhabitation*, Londra, Monaco, 1994)

Negli edifici residenziali di Peter Märkli il lavoro progettuale sulla planimetria rivolge poca attenzione alle funzioni. La sua progettazione piuttosto è di tipo grafico e fa emergere tensioni spaziali dalle composizioni planimetriche, evita ogni segno che possa essere interpretato in modo statico e univoco, lascia che lo spazio fluisca e prepara il terreno per molteplici forme di utilizzo. Nella sua casa di Trübbach gli appartamenti si articolano attorno a tre volumi sfalsati tra loro e a un muro di spina. La cucina è un volume indipendente e, insieme al balcone posto di fronte, costituisce l'ingresso. Un camino collocato all'estremità opposta definisce con la sua presenza un altro luogo. Al di là del muro di spina troviamo il nucleo dei servizi igienici, arretrato rispetto alla facciata, attorno al quale paiono circolare i percorsi interni della casa. Non c'è corridoio.
Il sottile ritmo che permea gli ambiti – piccolo-grande-piccolo dalla parte dell'ingresso, grande-piccolo-grande dall'altra parte – evoca il flusso di un movimento che sfuma i confini tra le diverse destinazioni d'uso dei singoli vani. Anche l'uniformità avvolgente della facciata sottolinea questa scelta. Pur definendo alcune funzioni l'impianto planimetrico assicura una molteplicità di possibili interpretazioni. Come in una visita virtuale, il lettore può camminare in questo disegno, misurarne gli spazi aperti e quelli predefiniti e decidere di utilizzare la casa come preferisce.

Piacere (Comfort)

In "Small Pleasures of Life" Alison e Peter Smithson illustrano come la rozzezza dell'uso possa trasformarsi in autentico godimento. Essi elencano i luoghi di una casa dei quali il suo abitante si può appropriare e illustrano come la casa si arricchisca attraverso la loro raffinata definizione. Le loro osservazioni sembrano provenire dal repertorio di un raffinato abitante, piuttosto che dal sapere funzionale di un architetto.
Nei loro schizzi il posizionamento delle finestre è determinato da considerazioni di ordine funzionale: lo sguardo è orientato e la posizione dell'osservatore esattamente determinata. Ci sono luoghi nei quali sedersi e guardare fuori della finestra, e luoghi dai quali non guardare, dove rivolgersi alla propria interiorità. Per questo i vani non vengono delimitati in quanto cucina, sala da pranzo o camera da letto. Piuttosto siamo invitati a "sistemarci" in ognuno di questi luoghi. Uno di essi ha un divano e invita a stare seduti, ma questo non significa che sia solo un soggiorno.
La Sugden House di Alison e Peter Smithson si distingue per la definizione spaziale di vari luoghi e per la sottile differenziazione dei confini e delle soglie tra l'uno e l'altro, a partire dal terrapieno e dalla panca che vi è appoggiata e definisce il pianterreno dell'abitazione. La casa pare avere più ingressi allo stesso tempo, cosicché ogni lato è di pari importanza rispetto agli altri. Le porte vengono messe in evidenza piuttosto che protette dalla scossalina in lamiera che poggia sull'architrave. La muratura portante che circonda tutte le aperture sottolinea la fisicità della casa. All'interno queste aperture richiamano la possibilità di occupare lo spazio in modo diverso e con differenti attività. L'abitante resta comunque in contatto con il mondo esterno.

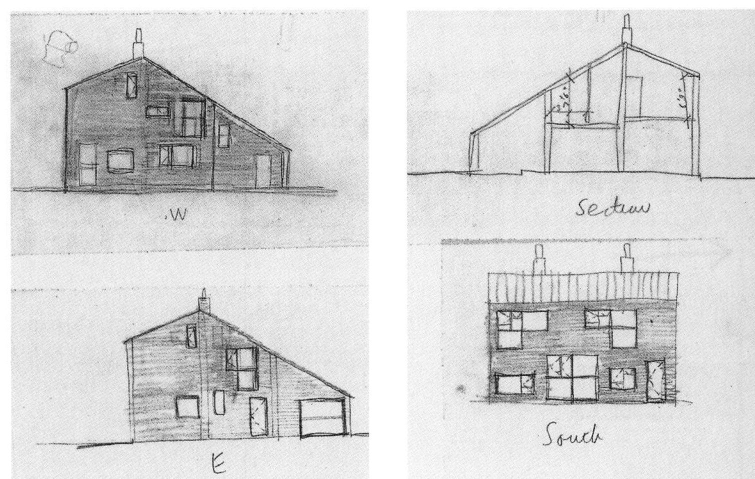

All'interno l'atmosfera della casa è caratterizzata dal raffinato trattamento dei dettagli. Troviamo, per esempio, un piccolo salto di quota che separa verso l'alto la stanza da letto, rendendola ancora più intima, mentre il soggiorno sottostante diventa più alto e spazioso. Il camino e la scala determinano lo spazio comune al pianterreno, ma al tempo stesso lo suddividono, impedendo che gli abitanti siano smarriti in uno spazio troppo grande. La scala è posta in modo da permettere un movimento laterale, ma suggerisce di scavalcarla per accedere al soggiorno nella sua parte centrale. Il setto murario a mezza altezza tra la scala e lo spazio centrale al primo piano costituisce un ampliamento dello spazio comune, e allo stesso tempo lo articola in spazi individuali.
La planimetria non è veramente indefinita, ma permette molti usi imprevisti e conferisce alla casa un equilibrio tra ciò che è predeterminato e ciò che può accadere. Non è indeterminata come la casa di Trübbach. Come scrive Martin Steinmann, il progetto per la Sudgen House "anticipa con il pensiero le cose della vita". La casa è permeata della conoscenza di ciò che rende piacevole l'abitare, delle cose che con il passare del tempo la rendono la "propria" casa. Nemmeno le sue parti più determinate costituiscono un ostacolo alla libertà dell'abitante, al quale la casa si adatta nel migliore dei modi.

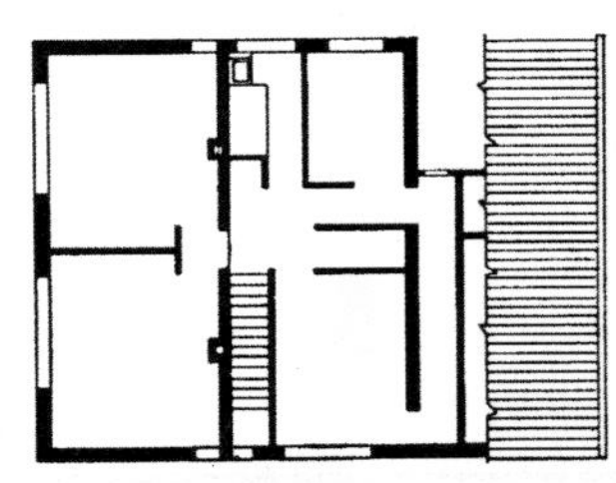

Estraneità

Una relazione del tutto diversa si instaura tra l'abitante e quelle planimetrie che intendono rompere le convenzioni suscitando irritazione e straniamento e alle quali, appunto, occorre innanzitutto abituarsi. Un esempio per tutti è costituito dalla casa di Christian Rapp ad Amsterdam. Sia in pianta sia in sezione è suddivisa in tre parti, e le fasce laterali della parte centrale sono ulteriormente suddivise a metà. La casa è dunque chiaramente strutturata con un lavoro planimetrico finalizzato all'articolazione spaziale. Nella sua concretezza questa composizione presenta altresì una frattura del continuum interno, perché la parte centrale è spazio aperto nella sua quasi totalità. Per andare da una parte all'altra della casa, in pratica, bisogna uscirne e attraversare questo spazio centrale all'aperto. Si tratta di spazi privi di funzionalità; sono all'esterno, e dunque esposti agli

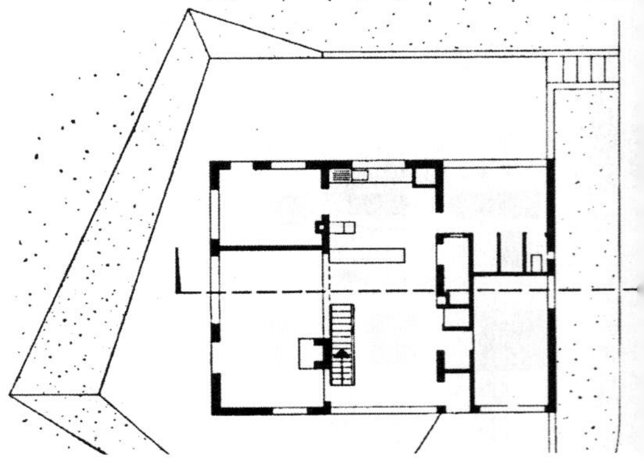

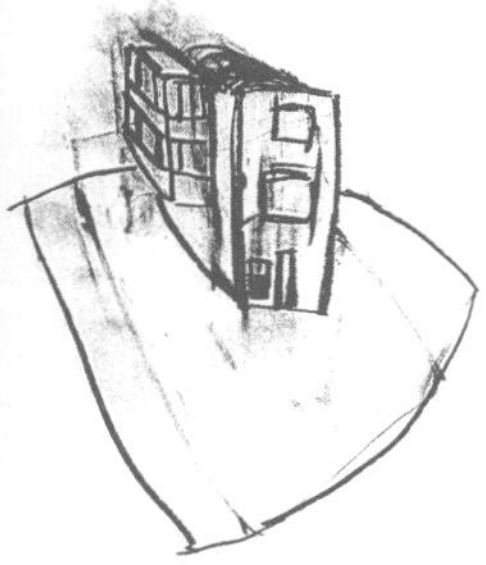

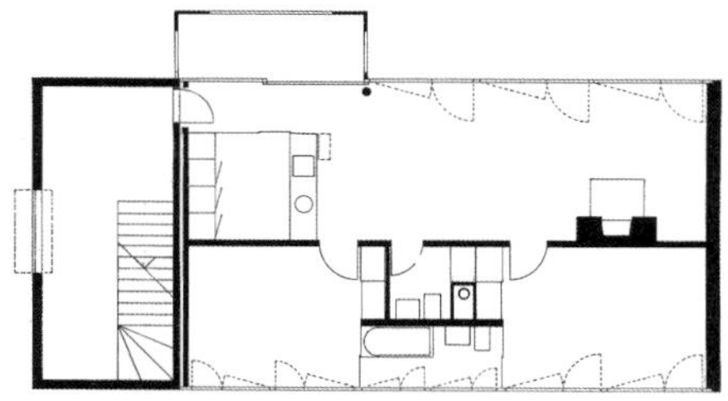

Peter Märkli con / *en collaboration avec* Gody Kühnis, Casa plurifamiliare / *immeuble d'habitation*, Trübbach, 1989

flux à l'espace et prépare le terrain pour diverses formes d'utilisation. Dans sa maison de Trübbach, les appartements s'articulent en trois volumes décalés les uns par rapport aux autres, avec une paroi médiane. La cuisine est intégrée et elle forme une entrée avec la loggia qui lui fait face ; à l'autre extrémité de la pièce, une cheminée, par sa présence physique et son orientation, délimite un autre lieu distinct. Derrière la paroi médiane se trouve un bloc sanitaire en retrait de la façade, dont les cheminements paraissent faire le tour. Il n'y a pas de couloir.

Les différents espaces sont subtilement rythmés, avec une alternance petit-grand-petit vers l'entrée et grand-petit-grand de l'autre côté, suggérant un flux qui estompe les cloisons et les fonctions des espaces, impression encore accentuée par l'uniformité de la façade. Même si le plan donne quelques lignes de conduite, il reste ambigu. Le lecteur peut s'y promener comme dans un parcours virtuel, arpenter les espaces ouverts et les aires bien tracées, et se laisser aller à des spéculations sur la manière d'utiliser la maison.

Plaisir

Dans « Small Pleasures of Life », Alison et Peter Smithson suggèrent comment un usage très dépouillé au premier abord peut devenir un véritable plaisir. Ils notent les endroits où les habitants peuvent prendre possession de la maison et expliquent comment la maison dans son ensemble s'enrichit de cette identification subtile. Leurs observations s'apparentent plus aux impressions d'un habitant capable de jouir du lieu qu'au savoir rationnel d'un architecte.

Les baies, très particulières, sont prédéterminées pour leur fonction : elles sont placées de manière à diriger le regard. Il y a ainsi des endroits pour s'asseoir et regarder au-dehors, et d'autres qui ne sont pas conçus pour la vue vers l'extérieur mais pour l'introspection. Les lieux ne sont pas ici définis comme salle à manger, chambre à coucher ou cuisine : il y a plutôt une invitation à s'installer à tel ou tel endroit. L'un d'eux conviendrait pour un divan, mais il n'est pas pour autant destiné à servir uniquement de séjour, loin s'en faut.

La Sugden House d'Alison et Peter Smithson se caractérise semblablement par une définition spatiale des lieux et par une subtile gradation des limites et des transitions. Cette qualité se remarque déjà au remblai de terre et au banc placé sur son bord, qui matérialisent le niveau du sol de la maison. Celle-ci paraît avoir plusieurs entrées, ce qui abolit toute hiérarchie entre les façades. Avec leur mince tôle au-dessus du linteau, les portes semblent plus marquées que véritablement protégées. L'appareil de maçonnerie, à peine interrompu par les baies, souligne l'intégrité physique de la maison. À l'intérieur, les baies invitent à des usages ou à des activités spécifiques, l'habitant est relié à l'environnement de manières diverses mais toujours spécifiques.

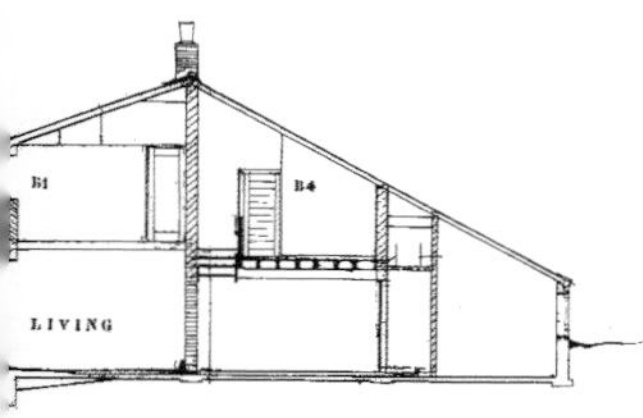

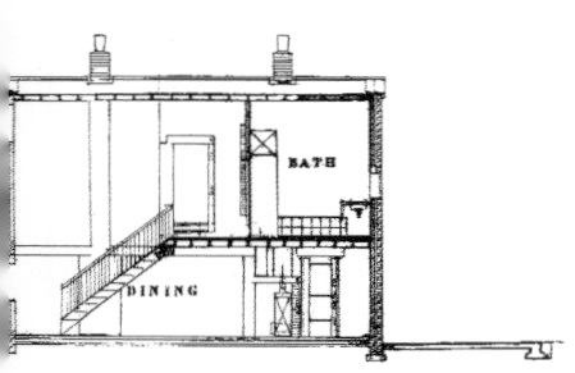

L'atmosphère de la maison est tout imprégnée de finesse dans le traitement des détails. Une marche rehausse par exemple les chambres à coucher, créant ainsi plus d'intimité, tandis qu'en dessous, le séjour, par sa hauteur, en impose davantage. La cheminée et l'escalier signalent la zone commune du rez-de-chaussée, mais ils sont tout autant une cloison qui empêche que l'habitant soit exposé à un trop vaste espace. Le départ de l'escalier est certes disposé de manière à permettre un passage, mais suggère plutôt d'accéder au séjour par le centre. La paroi de bois à mi-hauteur qui, à l'étage, sépare l'escalier de la pièce centrale paraît agrandir l'espace commun, mais elle le structure aussi en secteurs individuels.

Le plan, quoique pas vraiment indéterminé, laisse beaucoup de place à l'imprévu, de sorte que la maison présente un bon équilibre entre prédéterminé et potentiel. Son ambiguïté n'est pas aussi prononcée que celle de la maison de Trübbach. Le plan de la Sugden House est « une anticipation des choses de la vie », pour reprendre les termes de Martin Steinmann. La maison paraît profondément imprégnée de la connaissance de ce qui fait réellement l'agrément d'une habitation et de ce qui, à l'usage, en fait un foyer. Mais elle ne produit en aucun endroit un effet de contrainte. L'impression qu'elle dégage est de convenir très bien à ses habitants.

A. + P. Smithson, Casa / *Maison* Sugden, Watford, 1956

Originalité

La relation avec l'habitant s'engage de façon fort différente lorsque le plan rompt avec les conventions du genre et, passé la phase d'irritation et de perplexité, demande effectivement que l'on s'y habitue. La maison construite par Christian Rapp à Amsterdam en est un bon exemple. Elle présente en plan et en coupe une articulation tripartite, tant dans la longueur que dans la largeur. La structure est donc claire, le dessin du plan se concentre sur l'articulation spatiale. Mais dans le bâtiment concret, la composition produit une rupture brutale de la continuité intérieure, parce que la partie médiane est dans sa quasi-totalité un espace extérieur. Pour passer d'un côté de la maison à l'autre, on doit donc en sortir et traverser des espaces intermédiaires ouverts, dépourvus de toute fonction et exposés aux intempéries. Mais ces espaces ouverts sont aussi une référence commune pour toutes les autres parties, et c'est là que l'atmosphère de la maison est la plus dense. D'une façade à l'autre, la maison relie les deux espaces urbains : la rue et le port.

Une fois relâchée la tension provoquée par le contraste entre les données du plan et les habitudes des habitants, un rapport tout à fait particulier se crée entre la maison et ceux qui l'habitent, précisément en raison du caractère non traditionnel de la construction.

agenti atmosferici. D'altra parte costituiscono per tutti gli spazi confinanti un comune spazio di relazione, e all'interno della casa sono lo spazio di maggiore densità emotiva. Permettono agli spazi urbani sui quali si affaccia l'edificio, la strada e il porto, di attraversare la casa e collegarsi tra loro. Solo quando si risolve il conflitto tra i vincoli imposti dalla planimetria e le abitudini del suo inquilino, nasce tra loro una relazione di tipo particolare. Tale relazione è individuale, perché frutto di una conquista, e il sentirsi a casa dipenderà proprio dal fatto che la casa è "strana".

Höhne & Rapp, Christian Rapp, Casa / Maison Santen, Borneo, Amsterdam, 2000

Offerta

Ancora più difficile appare la sfida per quanto riguarda progetti in cui la destinazione d'uso non è nota o edifici destinati a non essere portati a compimento, come nel caso del Kölner Brett degli architetti b&k+ brandlhuber&kniess GbR. Qui all'inquilino non si chiede solo di costruire una relazione individuale verso determinate circostanze e composizioni spaziali; gli viene infatti richiesto di portare a termine il progetto dal punto di vista sia concettuale sia fisico. Il ruolo della fruizione, in questo caso, va ancora oltre.
L'edificio si presenta in un primo momento privo di connotazione funzionale. I suoi spazi sono vuoti. Il disegno della sua sequenza spaziale non è altro che un sistema astratto. Operando sugli elementi dello spazio tramite l'accoppiamento di spazi sottili (ma larghi) e alti (ma stretti), ruotando, specchiando e intrecciando, con la possibilità di variazione in orizzontale e in verticale, si crea un conglomerato spaziale dotato di sufficiente densità per consentire l'appropriazione di ogni sua sfaccettatura.
Le unità costruite sono vuote e indifferenti, ma non prive di atmosfera, grazie alla compenetrazione materiale e sensuale tra gli elementi del diagramma concettuale. Il carattere dell'edificio è dato dal cemento a faccia vista, dal pavimento in massello di quercia, dalle alte porte in legno che impediscono lo sguardo attraverso la facciata vetrata proprio lì dove si passa. Questi gli elementi a cui può aggrapparsi l'inquilino di fronte all'inquietante vuoto iniziale. Un'altra peculiarità è costituita dal fatto che la chiarezza delle planimetrie del Kölner Brett è ottenuta grazie alla separazione dell'edificio dal suo impianto distributivo. Una struttura plastica posta di fronte all'edificio serve da distribuzione e offre a ogni appartamento un "dirimpetto" che completa l'appartamento stesso.
Grazie all'accoppiamento con questa scultura l'anonimo parallelepipedo si ancora in questo luogo: si crea infatti un cortile che comunica il fatto di essere "il retro della casa".

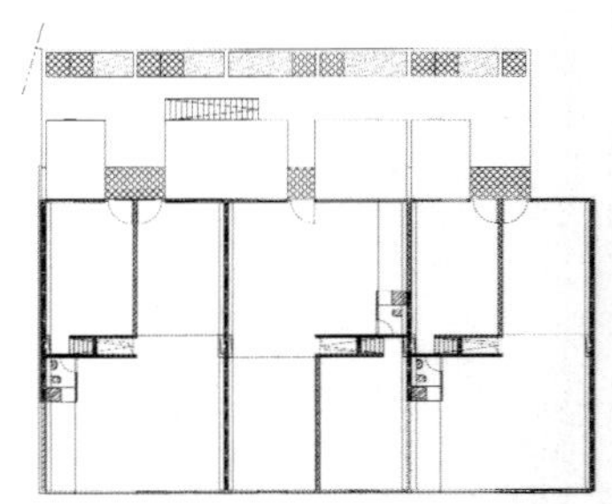

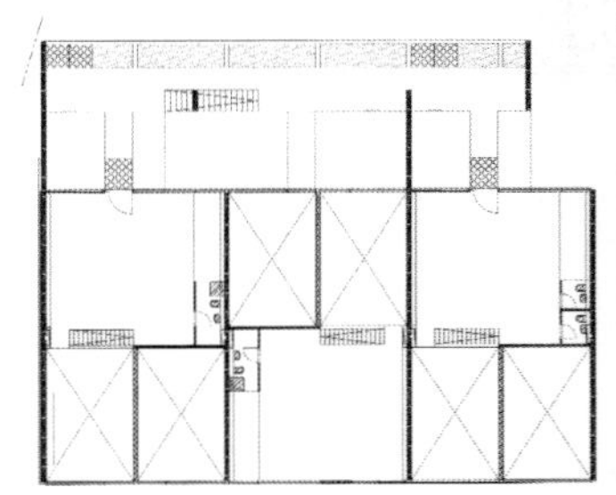

"... il 'dietro alla casa' è un luogo ... dove si lavora, si stende la biancheria ad asciugare, dove qualche volta ci si siede, d'estate, quando negli altri posti fa troppo caldo. Questo è il cortile che ti appartiene ..."

Michael Alder, conversazione in *archithese 1*, 1984

Il contesto

Il contesto e lo spazio d'influenza che riguarda l'inquilino va ben al di là della facciata dell'edificio. Ci sono case che sono particolarmente orientate verso l'esterno e invitano esplicitamente l'abitante a istituire un rapporto con il contesto.
Nel progetto "Im Lot" a Uster, la Casa I di Michael Alder si affaccia su un canale attraversato da vari ponti che lo collegano a un'isola verde. Gli spazi aperti dell'appartamento sono al di là del canale: i ponti fanno parte della casa. In questo caso i confini dell'appartamento vengono traslati al suo esterno: l'abitante guarda dalla finestra a quella parte di casa che è oltre il canale, ma che gli appartiene.
Anche all'interno dell'alloggio l'ambito pubblico non è definito in modo univoco: fluisce nello spazio come un meandro con passaggi verso l'ingresso e le camere da letto, verso il fronte strada e sul retro. Come nel caso della Sugden House, i confini diventano luoghi che invitano al loro superamento e alla fruizione in movimento. Anche questa planimetria è concepita con grande attenzione e determinata solo fino al punto di poter essere ulteriormente arricchita dalla fruizione del suo abitante, arricchendolo a sua volta. Queste planimetrie hanno bisogno di abitanti e lettori che abbiano voglia di confrontarsi con le loro peculiarità. Di fronte a una stranezza o a un "vuoto" dovrebbe nascere spontanea la domanda: "Ma come dovrebbe funzionare?" intesa come vera domanda, e non come accusa rivolta al progettista.

"Lo spazio vissuto è per l'individuo mezzo c realizzazione corporea: spazio da riempire o per espandersi, minaccioso o rassicurante, passaggio o rifugio, familiare o estraneo, luogo di realizzazione e di sviluppo, resister e confine, oggetto e controparte dell'individ nel suo essere e nella sua essenza vitale."

Conte K. von Dürkheim, citato da O. F. Bolln in: *Mensch und Raum*, Stoccarda, 1963

Simili domande sono l'oggetto di questa pubblicazione. In ultima analisi l'Atlante delle planimetrie residenziali è una lettura dei possibili modi di abitare declinata in tutti i suoi numerosi esempi. Il lettore può percorrere tutte le planimetrie di questo libro, in modo critico e curioso allo stesso tempo, con l'intento di metterle alla prova o di inventarne altre. Anche come lettura da fare a letto, prima di addormentarsi.

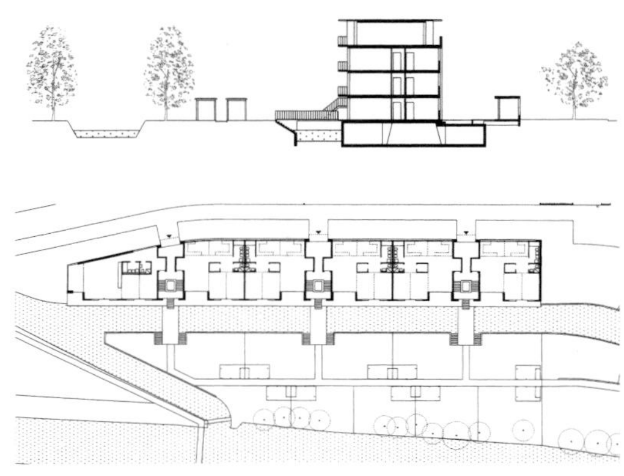

Michael Alder, Hanspeter Müller, Arbeitsgemeischaft Basel, « Im Lot », Casa I / *maison I*, 1997

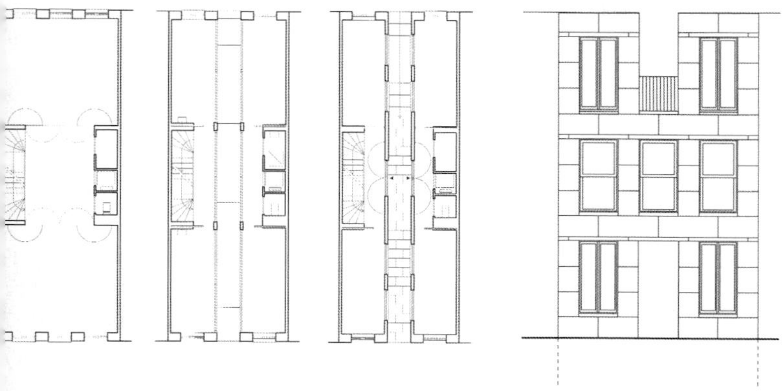

Offre

Les exigences sont encore plus élevées dans certaines maisons sans affectation définie et livrées inachevées, tel le Kölner Brett des architectes b&k+ brandlhuber&kniess GbR. Car, ici, on ne demande pas seulement à l'habitant de développer une relation à la composition spatiale existante : il doit aussi achever la conception et la construction. L'usage est encore plus déterminant. Au commencement, le bâtiment est sans affectation déterminée et ses espaces sont vides. Le dessin de la structure spatiale n'est rien d'autre qu'un système abstrait. Mais une suite d'opérations, le couplage d'espaces plats et larges avec des espaces hauts mais profonds, des rotations, des retournements, des croisements, des possibilités de glissements horizontaux et verticaux permettent d'en faire un conglomérat dont la densité est suffisante pour une occupation sous toutes les facettes imaginables.
Les unités construites sont vides et indéterminées, mais ne sont pas pour autant dépourvues d'atmosphère. Exclusivement schématique au départ, la conception est imprégnée de matérialité et de sensualité. La maison tient son caractère du béton apparent, des planchers en chêne massif, des portes de bois très hautes qui masquent la vue dans les façades de verre à l'endroit même où l'on passe. Ce sont des éléments auxquels l'habitant peut commencer par s'accrocher, face au vide et à l'indétermination. Une autre particularité vient s'y ajouter : la clarté du plan est l'effet de la séparation des accès, maintenus à l'extérieur. La structure sculpturale servant à l'accès est posée comme un éventaire et forme un vis-à-vis sans lequel l'habitation n'est pas complète. Ce second corps de bâtiment donne une identité locale à une boîte typologiquement déracinée : il crée en effet une cour qui nous dit que nous nous trouvons « derrière la maison ».

Environnement

Ce que l'habitant conçoit comme son environnement ou comme la sphère de son logement s'étend bien au-delà de l'enveloppe de la façade. Certaines maisons invitent leurs habitants à développer une relation avec l'environnement.
Ainsi, dans la maison I du complexe « Im Lot » à Uster, de Michael Alder, on a la vue sur un îlot de jardins situé de l'autre côté d'un canal que traversent des ponts. Les espaces libres des appartements se trouvent de ce côté-ci du canal, et les ponts font partie du complexe bâti. Les limites du logement sont comme repoussées, l'habitant a la vue sur une portion d'espace extérieur qui lui appartient.
À l'intérieur des appartements, l'espace commun n'est pas clairement délimité, il se lit plutôt comme un flux sinueux avec des transitions vers l'entrée et les chambres à coucher, vers le côté rue et le côté jardin. Comme dans la Sugden House, les limites deviennent des lieux qui, à l'usage, invitent au cheminement et au franchissement. C'est aussi un exemple de plan d'habitation soigneusement pensé et prédéterminé mais juste dans la mesure nécessaire pour enrichir l'usage qu'en feront les habitants et pour en être enrichi. De tels plans réclament des gens qui, en les habitant ou en les lisant, ont envie d'en déceler les particularités. Et si, au cours de cette recherche, on a des motifs de s'irriter ou si l'on rencontre des espaces vides, c'est vraiment par curiosité et non comme une remarque critique que l'on posera la question : « Mais comment cela fonctionne-t-il donc ? »
Ce sont de telles interrogations que soulève ce livre. Le *Recueil de plans d'habitation* fournit en définitive une lecture des potentiels d'habitation des nombreuses réalisations qui y sont présentées. Le lecteur peut parcourir tous les plans, les lire d'un œil à la fois critique et curieux, investigateur et inventif. Ou même en faire son livre de chevet.

Oliver Heckmann

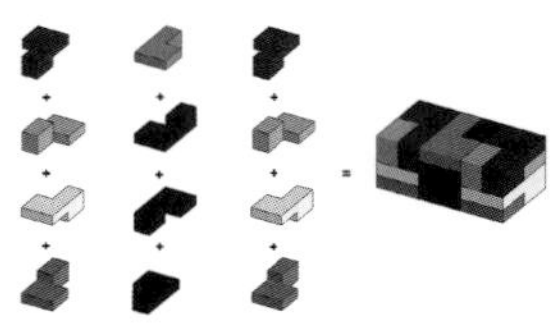

b&k+ brandlhuber&kniess GbR,
« Kölner Brett », 1999

« L'arrière de la maison, c'est un endroit ..., où l'on travaille, où l'on étend sa lessive, mais où l'on vient aussi s'asseoir en été quand il fait trop chaud ailleurs. C'est une cour qui nous appartient ... »

Michael Alder,
entretien dans *archithese 1*, 1984

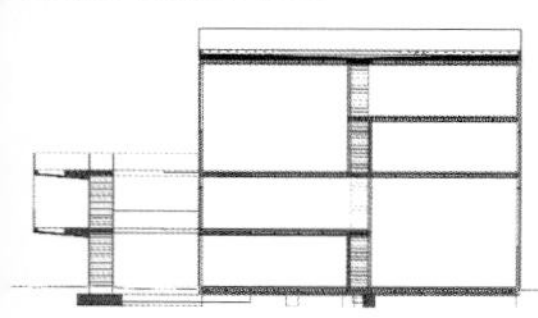

« L'espace vécu est pour le soi un médium de la réalisation incarnée, une contre-forme ou une expansion, une menace ou une protection, un passage ou une demeure, l'étranger ou la patrie, un lieu d'accomplissement et une possibilité de déploiement, une résistance et une limite, un agent et un rival du soi dans la réalité de son être et de son existence présente. »

Comte K. von Dürckheim, cité d'après O. F. Bollnow, *Mensch und Raum*, Stuttgart, 1963

PICCOLI PIACERI DELLA VITA: leggere a letto
LES PETITS PLAISIRS DE LA VIE : lecture de chevet

Evoluzione delle planimetrie di edilizia residenziale

1. Case basse ad alta densità

Con l'espressione "case basse ad alta densità" ci riferiamo a edifici residenziali da uno a tre piani, raggruppati a schiera o in altro modo. Le case a schiera sono il prodotto dell'addizione lineare o sfalsata della stessa unità residenziale – generalmente lungo una strada. Anche il raggruppamento di case attorno a un cortile può dar luogo a una struttura orizzontale. La tipologia a corte comprende case ad angolo, a semi-corte, a corte completa, multipla e su pilotis – con aumento della superficie delle pareti verso l'esterno e quindi minore economia, ma maggiore complessità spaziale (1). Chi se lo può permettere, avrà nel cortile un soggiorno all'aperto: uno spazio al riparo da rumore, polvere e agenti atmosferici che assicura privacy. Quest'ultima non è altrettanto garantita dalle più economiche case a schiera, che hanno due delle quattro pareti perimetrali in comune con i vicini e un giardino che confina con almeno altri tre. Eppure la casa a schiera è attualmente la tipologia residenziale più diffusa tra le classi a medio reddito: tra i motivi principali del suo successo vi sono l'economicità di realizzazione e di riscaldamento e la possibilità di avere un giardino anche in città.

1850-1918 Miseria nelle grandi città e nascita dei villaggi operai

La storia della casa a schiera può essere letta in parallelo con quella dei cosiddetti "villaggi operai", complessi di edilizia residenziale realizzati dalle aziende per i propri impiegati e operai. Che i lavoratori abitassero nei pressi del luogo di lavoro era anche nell'interesse dei datori di lavoro e un piccolo orto poteva essere utile sotto vari punti di vista. È interessante notare che questi aspetti non venivano considerati nei paesi a economia socialista, dove era bandita ogni forma di proprietà privata.

Nella metà del XIX secolo non c'erano i presupposti per la realizzazione di villaggi operai con orti privati nelle aree urbane. Londra continuava a espandersi con un tessuto edilizio che privilegiava case basse e la speculazione edilizia conseguente all'industrializzazione non lasciava spazio a forme di pianificazione. Come Londra, molte altre città erano monotone e deprimenti, anguste e caotiche, sporche e malsane. Nel suo "La condizione della classe operaia in Inghilterra" (1845) Friedrich Engels descrisse come a Manchester si fossero costruiti interi quartieri con edifici "back-to-back" attorno a un piccolo e malsano cortile. Questa tipologia edilizia aveva tre lati in aderenza agli edifici adiacenti e un solo lato affacciato sulla strada: la maggior parte dei vani era dunque priva di illuminazione naturale.

Non tutti gli imprenditori di quell'epoca erano biechi sfruttatori della classe operaia: alcuni avevano letto Jean-Jacques Rousseau (1712-1778) e conoscevano le teorie sociali di Charles Fourier (1772-1837) o Robert Owen (1771-1858). Questi imprenditori temevano gli scioperi socialisti ed erano imbevuti di teorie filantropiche; in Inghilterra erano definiti "Paternalisti". Vista la carenza di aree edificabili a Londra, trasferirono i loro stabilimenti nelle campagne circostanti, realizzando al contempo i villaggi per gli operai. Il primo fu James S. Buckingham, nel 1849. Tra il 1850 e il 1863 Titus Salt, produttore di lana di alpaca, fece costruire nella campagna nei pressi di Bradford un intero quartiere ad alta densità, di forma rettangolare, con una scuola, una chiesa, un ospedale, un parco e una stazione ferroviaria (2). A causa della nocività delle sue emissioni, lo stabilimento era collocato sottovento, in un'area a nord-est della residenza spazzata da un vento occidentale. Le case di Saltaire sono prevalentemente a schiera su due piani in stile rinascimentale. Alle famiglie più numerose venivano riservate le case d'angolo su tre piani. Questo esempio fu seguito nel 1879 dal fabbricante di cioccolato George Cadbury, che nei pressi di Birmingham fece edificare il villaggio Bourneville, che prevedeva strade pittorescamente curvilinee, lotti spaziosi con case a schiera e case doppie e, nell'area centrale, un parco lineare (3-4).
Altri villaggi operai "paternalisti" seguirono negli anni Settanta, a partire da Port Sunlight, realizzato dal fabbricante di sapone William Hesketh Lever, fino ai villaggi operai di Alfred Krupp. A quest'ultimo si deve la Siedlung Margarethenhöhe a Essen (1906) che, con le sue case di quattro vani con ampia zona cucina-pranzo al pianterreno, mostra caratteristiche di sorprendente modernità (5).
Evidentemente impressionato da questi progetti, Ebenezer Howard fonderà la prima società per le città-giardino. Nel 1908 Unwin e Parker costruiranno per lui la prima città-giardino, Letchworth, in stile medievale: le sue case a schiera o collegate tra loro avranno planimetrie poco profonde e piuttosto larghe (6-7).

In Germania alcuni architetti si entusiasmarono per l'iniziativa di Howard, entusiasmo che si tradusse nella costruzione di Siedlungen immerse nel verde, ma sempre a completamento di città esistenti. Nel 1906 Riemerschmid, Muthesius e Tessenow realizzarono il quartiere Hellerau, nei pressi di Dresda, destinato a operai e alla piccola borghesia. Tessenow, che riconosceva il ruolo economico della definizione tipologica dell'alloggio, progettò una casa con telaio strutturale in legno larga 5,4 m con tre camere, zona cucina-pranzo e WC con l'aggiunta di lavanderia e stalla (8).

1918-1945 "Costruire in economia"

Nel volume "Costruire in economia" (Berlino 1918) Peter Behrens e H. de Fries affrontarono il tema della riduzione dei costi in edilizia tramite il raggruppamento degli edifici, la disposizione "back-to-back" e l'abbassamento del prezzo dei terreni da costruzione. A Vienna Adolf Loos sviluppò lo stesso tema in una tipologia a schiera con principi costruttivi innovativi, che chiamò "la casa con un solo muro" (9-10) e che fece brevettare. Solo il muro di confine è in muratura portante; su questo poggiano le travi in legno da ambo le parti. I fronti su strada e sul giardino sono in legno. L'impianto planimetrico è relativamente largo. Jacobus Pieter Oud razionalizzò la larghezza della casa fino alla misura minima di 4,2 m. Nel 1925, nella Siedlung Kiefhoek, attraverso la riduzione del corridoio elaborò una casa a schiera su due livelli con scala a chiocciola, senza bagno (11). Bruno Taut fu leggermente più generoso nelle sue planimetrie. Nella Siedlung Britz (Berlino 1925) i

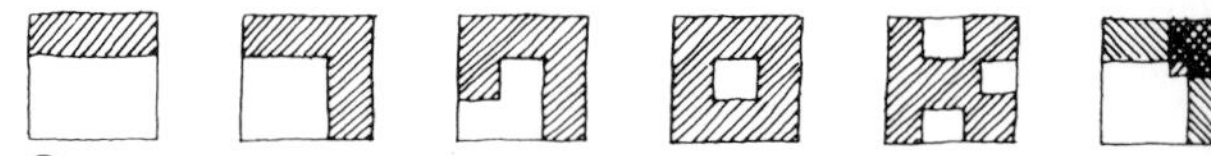

1

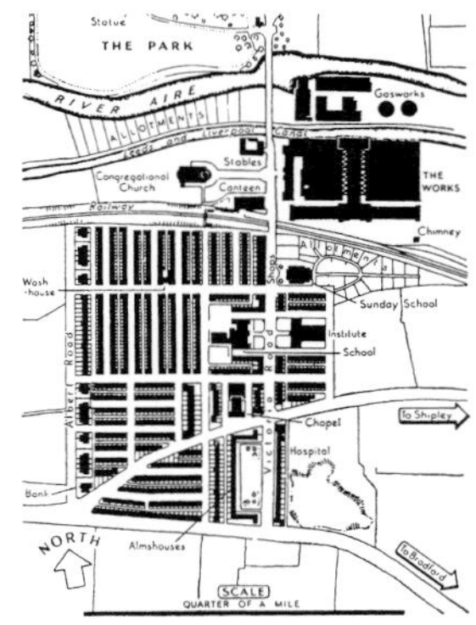

2

3

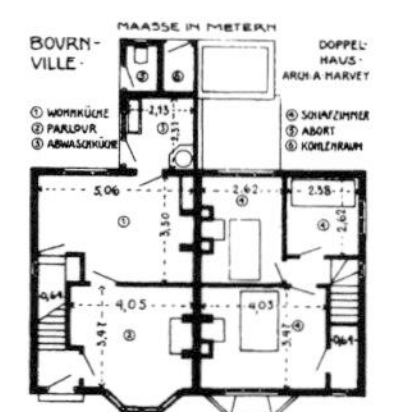

4

5

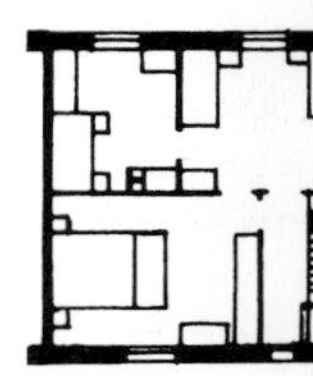

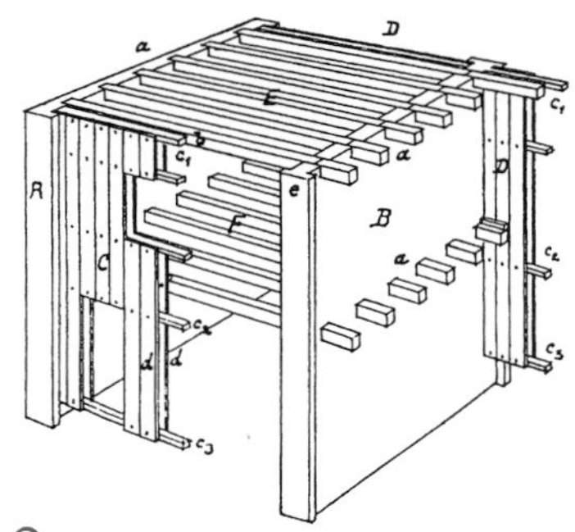

9

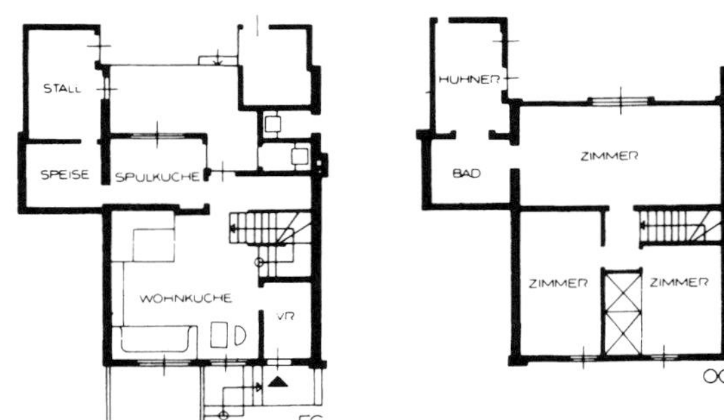

10

1 Diagrammi tipologici per case basse ad alta densità / *Symboles graphiques des constructions basses à densité élevée*
2 Lockwood & Mawson: Planimetria generale Saltaire / *plan de situation,* Salta
3 Alex Harvey: Planimetria generale / *plan de situation,* Bourneville, Birmingh *état en* 1911
4 Casa doppia / *Maison jumelée,* Bourneville, 1911
5 Casa a schiera / *Maison en rangée,* Margarethenhöhe, Essen, 1906
6 Unwin & Parker: Planimetria generale Città-giardino / *plan de situation, cité de* Letchworth, 1908
7 Unwin & Parker: Case a schiera / *maisons en rangée,* Letchworth, 1908
8 Heinrich Tessenow: Casa a schiera, Città-giardino / *maison en rangée, cité-* Hellerau, 1906
9 10 Adolf Loos: "Casa con un solo muro" / *«maison à un seul mur»,* brevet *brevet* 1920
11 J. P. Oud: Casa a schiera / *maison en rangée,* Kiefhoek, 1925
12 Bruno Taut: Casa a schiera / *maison en rangée,* Berlin-Britz, 1925

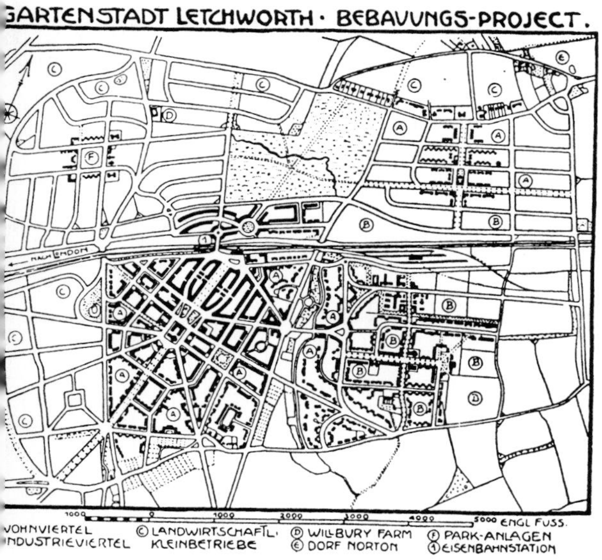

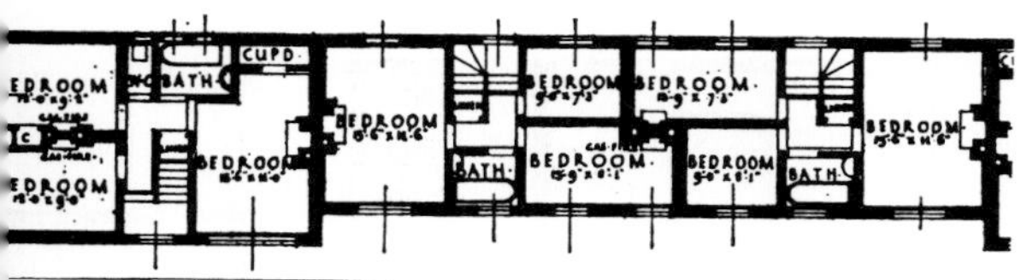

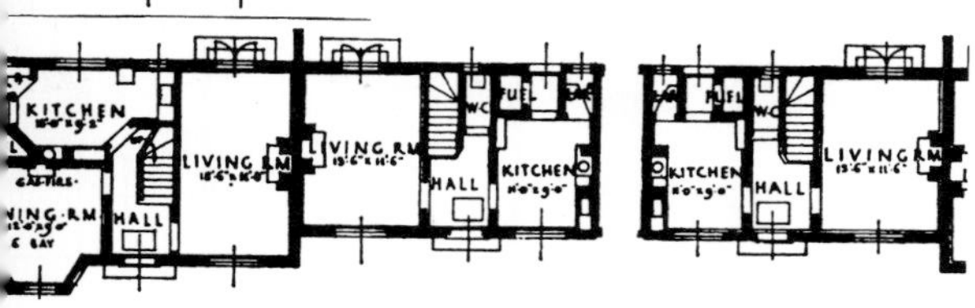

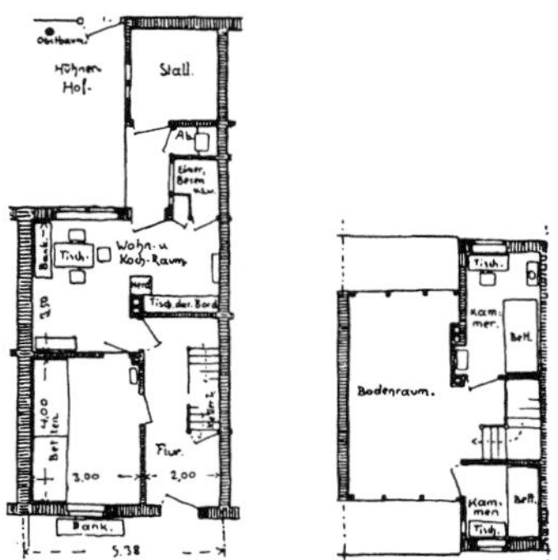
8

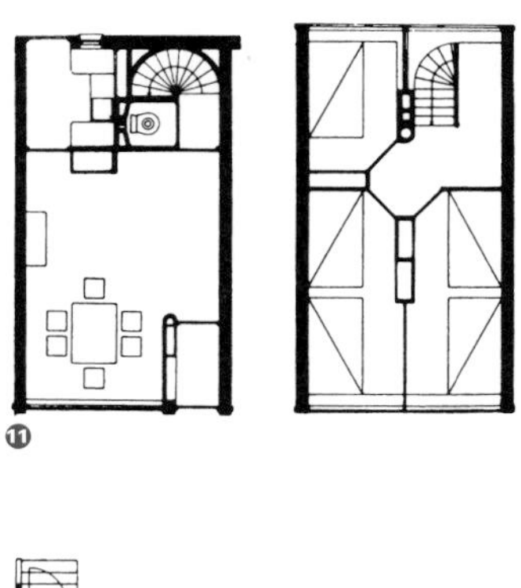
11

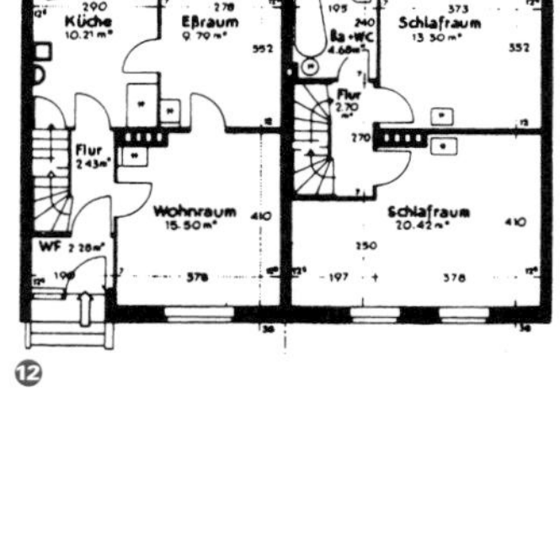
12

L'évolution historique du plan d'habitation

1. La construction basse densifiée

Par le terme de construction basse densifiée, nous désignons des immeubles résidentiels pouvant comprendre jusqu'à trois niveaux et formant des rangées ou des groupes. Les maisons en rangée sont le résultat d'une juxtaposition en ligne, le plus souvent le long d'une rue. Des regroupements peuvent donner naissance à des maisons à cour intérieure, tournées sur elles-mêmes. Dans cette typologie, on distingue les maisons en angle, les maisons à semi-atrium, à atrium, à plusieurs cours, les maisons sur piliers. Ces types ont toujours plus étoffé leur enveloppe extérieure, gagnant ainsi en attrait ce qu'ils perdaient en rationalité (1). Ceux qui pouvaient se le permettre utilisaient la cour comme espace de séjour en été, à l'abri du bruit, de la poussière et de la chaleur, et dans une intimité rigoureusement délimitée. La maison en rangée, plus rationnelle, ne peut offrir cette dernière qualité. Elle présente deux murs mitoyens (en général les plus longs) et le jardin est contigu à trois parcelles voisines. Et pourtant, son prix avantageux (par la rationalisation de la construction et du chauffage) et l'attrait d'un jardin de taille raisonnable pour des citadins lui valent les faveurs de la classe moyenne.

La misère urbaine et les cités ouvrières : 1850-1918

L'histoire des maisons en rangée est étroitement liée à l'évolution des logements ouvriers. Les industriels appréciaient de savoir leurs ouvriers logés non loin de la fabrique. Et lorsque les temps étaient durs, l'ouvrier pouvait tirer un petit revenu complémentaire de son jardinet. Il est d'ailleurs intéressant d'observer que ces réflexions n'ont jamais eu cours dans les pays socialistes, dont l'idéologie interdisait au travailleur d'avoir une propriété privée.

Au milieu du XIXe siècle, les conditions n'étaient guère propices à la construction de cités ouvrières avec jardins à l'intérieur des villes. Londres était construite sur une faible hauteur et, dans l'explosion urbaine que déclencha l'industrialisation, il y eut moins une planification qu'une exploitation du sol, qui se manifesta principalement par une densification des constructions basses. Mais Londres n'était pas la seule ville monotone et sans joie, étroite et chaotique, sale et insalubre. À en croire Friedrich Engels, qui publia en 1845 *La situation de la classe laborieuse en Angleterre*, des rues entières de Manchester avaient été rebâties de maisons dos-à-dos, à cours sales et exiguës. Mitoyens sur trois côtés, ces logements n'avaient donc qu'une façade éclairée, côté rue, et la plupart des pièces ne bénéficiaient pas de la lumière naturelle.

Les industriels de cette époque n'étaient pas tous des exploiteurs. Il se trouvait aussi parmi eux des lecteurs de Rousseau et des gens qui connaissaient l'œuvre de réformateurs sociaux tels Charles Fourier ou Robert Owen. Ils vivaient à la fois dans la crainte de grèves socialistes et l'aspiration à un idéal philanthrope. L'Angleterre les qualifia de «paternalistes». Vu les conditions de vie qui régnaient à Londres, certains d'entre eux décidèrent de déplacer leurs fabriques à la campagne et de construire des logements pour leurs ouvriers. James S. Buckingham donna la première impulsion au mouvement en 1849. Titus Salt, producteur de laine d'alpaga, fit construire de 1850 à 1863, en pleine campagne, près de Bradfort, la cité ouvrière de Saltaire avec tous les équipements nécessaires (école, église, hôpital, parc, gare). La fabrique se trouvait au nord-est, de sorte que les fumées dégagées par ses cheminées et poussées par les vents dominants d'ouest ne nuisaient pas aux habitants (2). Les maisons ont deux étages et sont construites en rangées dans un style néo-Renaissance. Les familles nombreuses avaient droit à des maisons à trois niveaux. En 1879, le chocolatier George Cadbury s'inspira de Saltaire pour sa cité de Bourneville, près de Birmingham, où il fit preuve d'une certaine générosité sociale: des rues incurvées, des parcelles assez grandes avec des maisons en rangées et des maisons jumelées, un bandeau de verdure au centre (3, 4).
D'autres cités ouvrières «paternalistes» furent encore construites, ainsi Port Sunlight, du fabricant de savon Lever, ou la Margarethenhöhe à Essen, pour les travailleurs des aciéries d'Alfred Krupp (1906). Dans cette dernière, le type de la maison à quatre pièces et grande cuisine à vivre présente un plan remarquablement moderne (5).
Manifestement impressioné par ces actions urbanistiques, Ebenezer Howard fonda sa première cité-jardin. En 1908, les architectes Unwin et Parker réalisèrent pour lui la cité-jardin de Letchworth, dans un style néomédiéval. Les maisons en rangées ou attenantes y ont un plan relativement large et peu profond (6, 7).

L'idée de Howard fit aussi quelques adeptes enthousiastes en Allemagne, mais là, les cités-jardins étaient le plus souvent un complément ajouté aux villes existantes. La cité-jardin de Hellerau, près de Dresde, réalisée en 1906 par les architectes Riemenschmid, Muthesius et Tessenow, était destinée à la classe ouvrière et à la petite bourgeoisie. Conscient de l'importance économique de la standardisation, Heinrich Tessenow créa un type de maison en rangée, à pans de bois, large de 5,40 m et comprenant trois chambres, une cuisine à vivre, des toilettes et une annexe servant d'étable et de buanderie (8).

1918-1945 : «La construction à prix modéré»

Peter Behrens et H. de Fries, auteurs d'un ouvrage intitulé «Vom sparsamen Bauen» («La construction à prix modéré», Berlin, 1918), s'efforcèrent d'abaisser les coûts de la propriété en développant des modes de construction groupés et des types dos-à-dos. À Vienne pendant ce temps, Adolf Loos travaillait à un type de maison en rangée à prix modéré; ses réflexions aboutirent à une invention brevetée, la «maison à un seul mur» (9, 10). Dans la rangée, seul le mur mitoyen, qui fait coupe-feu, est maçonné, et il supporte la charpente des deux maisons attenantes. Les faces côté rue et côté jardin sont en bois. Ce type de maison est assez large. Jakobus Pieter Oud réduisit la largeur à une norme de 4,20 m, appliquée en 1925 à la cité de Kiefhoek: des maisons en rangée à surface de couloir fortement réduite, sur deux niveaux avec un escalier tournant, sans salle de bains (11). Bruno Taut fut un peu plus généreux avec les superficies et, dans les maisons de la cité Britz à Berlin, également de 1925, les pièces sont plus spacieuses que

vani sorprendono per le confortevoli dimensioni: l'area di soggiorno e pranzo è di 24 m², la cucina 10 m², la camera dei genitori 20 m² e la toilette, oltre al WC, ospita anche una vasca da bagno (12).
Il modello di tutti gli architetti interessati agli insediamenti residenziali da uno o due piani è la celebre Siedlung da Hoek van Holland, realizzata da Oud nel 1924, nei cui edifici si sovrappongono due appartamenti di grandezza diversa e dotati di accesso indipendente (13). Tra il 1922 e il 1925 Victor Bourgois contribuì in modo originale alla ricerca sul tipo della casa a schiera con una serie di case a dente di sega disposte a 45° lungo una strada orientata sull'asse est-ovest nella Cité Moderne di Bruxelles (14).

A metà degli anni Venti Ernst May iniziò la sua attività di assessore all'edilizia e alla casa di Francoforte. May, che da giovane aveva lavorato nello studio di Unwin e Parker alla progettazione della città-giardino di Hampstead, diede subito avvio alla progettazione di Siedlungen ai margini della città, adoperando tecnologie di prefabbricazione. Nei suoi progetti le sequenze di edifici a due o tre piani si adattarono alla topografia del luogo. Il principio della prefabbricazione venne applicato non solo all'involucro dell'edificio, ma anche ad altri elementi: cucine componibili, armadi a muro, tetti piani, camini, porte e relativi telai. Le sue planimetrie, larghe dai 5 ai 5,15 m, si differenziano tra loro per il posizionamento della scala a rampa unica, che può essere parallela o perpendicolare alla facciata (15).

La stagione dei quartieri di edilizia sperimentale (Bauausstellungen)

Nel 1927 a Stoccarda, su iniziativa del Deutscher Werkbund, fu edificata la Weißenhofsiedlung sulla base del piano urbanistico di Ludwig Mies van der Rohe. Contro la tradizione costruttiva di Stoccarda, che prevedeva un'edificazione ortogonale al pendio, egli collocò gli edifici lungo le curve di livello, analogamente alle Siedlungen di Francoforte. Mart Stam espresse così i principi del progetto: case come oggetto d'uso invece che status symbol del cittadino. Riguardo alle case basse il contributo più interessante è ancora quello di J.P. Oud: case di quattro o cinque vani su tre livelli. Peculiari sono la separazione del WC dal bagno cieco, un cortile interno separato dalla strada da un muro di cinta e uno stenditoio al livello del pianerottolo (16).

Due anni dopo, a Karlsruhe, fu realizzata secondo il progetto di Walter Gropius, vincitore del concorso, la Siedlung Dammerstock. A differenza degli esempi di Francoforte e Stoccarda, le stecche sono qui disposte sull'asse nord-sud, secondo una logica che Gropius definì "ordinamento razionale dei corpi di fabbrica". Il 22% della superficie del lotto fu destinata a uso pubblico e a ogni unità abitativa corrispondevano solo 149 m² di superficie edificabile. Dei 671 appartamenti circa la metà sono a schiera. Nel 1926 a Dessau-Törten Walter Gropius e Hannes Meyer avevano progettato un tipo edilizio a piani sfalsati all'interno della Siedlung Bauhaus. La zona notte era al pianterreno, le camere da letto un mezzo piano più in alto sopra la cantina seminterrata – un particolare esempio di planimetria a "spazi raggruppati" (17). Nella Siedlung Dammerstock Gropius impiegò invece una tipologia a schiera a due piani con interasse di 5,6 m e scala trasversale intermedia (18). In un altro progetto premiato Alfred Fischer ampliò la schematicità dell'impianto con un tetto piano calpestabile e mise al centro delle sue planimetrie il soggiorno, precorrendo il contributo di Alvar Aalto all'Interbau.

Per la realizzazione degli edifici nella Siedlung Werkbund di Vienna, un impianto relativamente pittoresco, nel 1932 furono invitati, oltre agli architetti austriaci, un olandese, un francese e dalla Germania il solo Hugo Häring, diventato famoso per aver sperimentato negli ultimi decenni la tipologia a schiera e gli appartamenti minimi. Nelle sue case a schiera viennesi anticipò due idee valide ancora oggi: la flessibilità e l'utilizzo passivo dell'energia solare. I suoi edifici, di diverse dimensioni, sono disposti con il fronte principale vetrato con infissi in legno verso il giardino o la strada interna. I tre lati restanti sono in muratura, con piccole aperture. Coerentemente l'ingresso principale, il soggiorno e le camere da letto si affacciano sulla facciata vetrata, mentre il bagno, la cucina e il ripostiglio sono orientati a nord. La flessibilità è garantita da una parete scorrevole tra il soggiorno e una camera da letto (19). Adolf Loos poté realizzare le sue idee sul Raumplan in una schiera a tre piani, dove un soggiorno a due piani viene incorniciato su due lati da una casa a galleria con divano incassato (20).

Il Terzo Reich e la guerra

Nell'architettura nazionalsocialista gli insediamenti residenziali bassi ad alta densità furono considerati da un diverso punto di vista: alla casa a schiera si preferivano le case doppie o in serie. La simmetria divenne importante, cosicché la casa del presidente della Siedlung si trovava spesso sull'asse di simmetria. Tetti a falde molto inclinate e finestre ripartite da montanti e traversi in legno sottolineavano il legame con la terra e il paesaggio. La cucina abitabile prese il posto dell'angolo cottura.
Durante la guerra l'attività edilizia si fece sempre più scarsa, mentre le bombe promuovevano altre attività. Al di fuori della sfera d'influenza nazista nacque però una Siedlung molto particolare, che ancora oggi esercita influenza sullo sviluppo di questa tipologia residenziale. Alvar Aalto iniziò a lavorare alla Siedlung della fabbrica di carta Sunila nel 1936 e la portò a termine nel 1954. La planimetria generale si compone di gruppi di case distribuite sul pendio esposto a meridione, mentre le arterie del traffico e i giardini sono disposti negli avvallamenti. Vi si trovano tra l'altro case a schiera a tre piani disposte sul pendio; ognuna di esse comprende due monolocali seminterrati accessibili dal lato meridionale ribassato. Al centro del lato nord si accede a due bilocali; al di sopra di questi, altri due bilocali sono accessibili da una ripida rampa di scale (21, 22). Si tratta, dunque, di tre case a schiera sovrapposte e moderatamente terrazzate, con costruzione a setti trasversali portanti. Gli appartamenti sono di ridotte dimensioni, come usava in quel periodo. La scelta di dare a ogni unità un ingresso indipendente invece di un vano scala comune non ha motivazioni di carattere razionale, bensì sociologico: sebbene si tratti di un complesso residenziale, il progettista ha voluto dare un maggior senso di privacy. In seguito questo atteggiamento è stato ampiamente adottato in area britannica e tedesca.

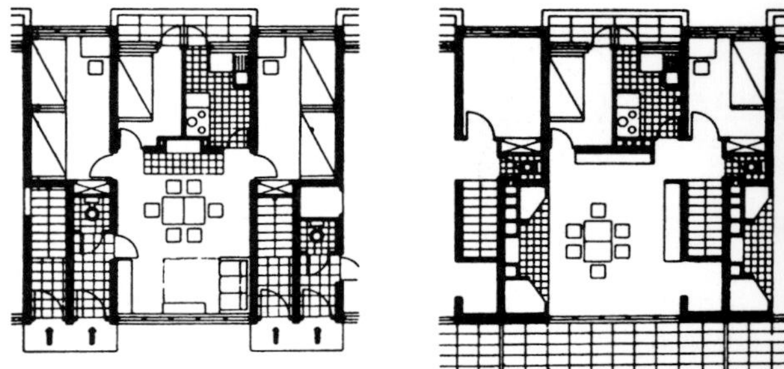
13

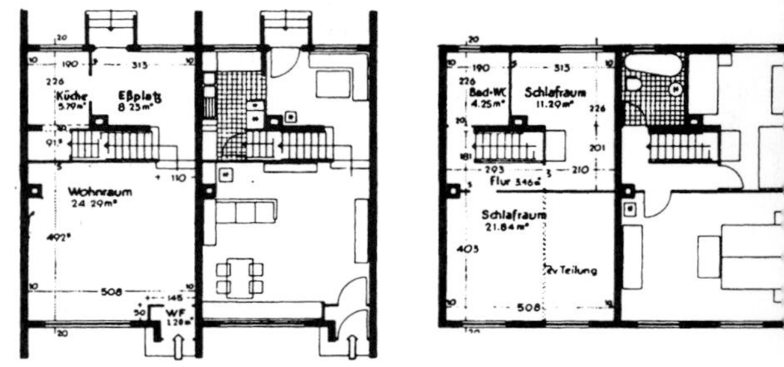
15

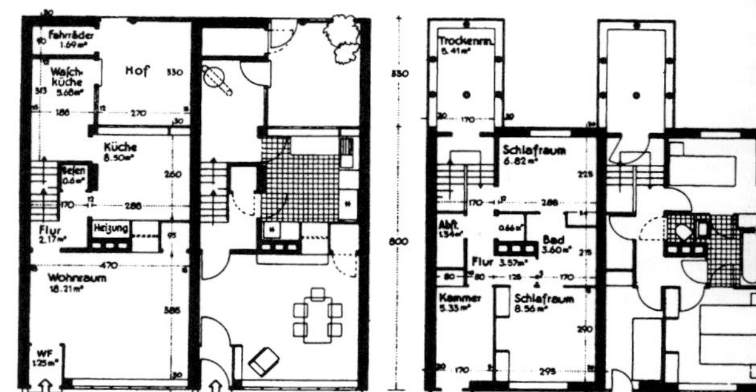
16

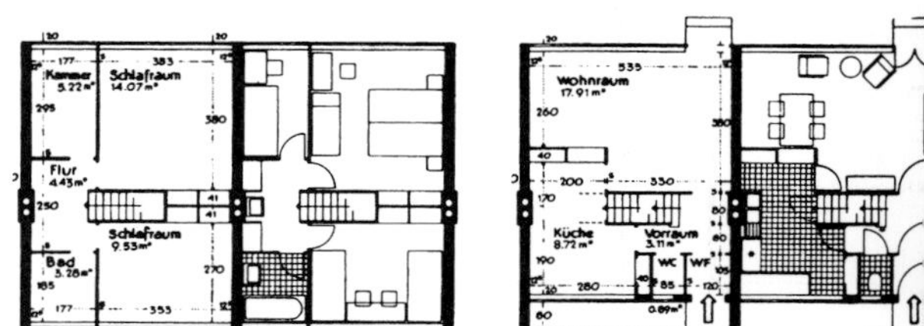
18

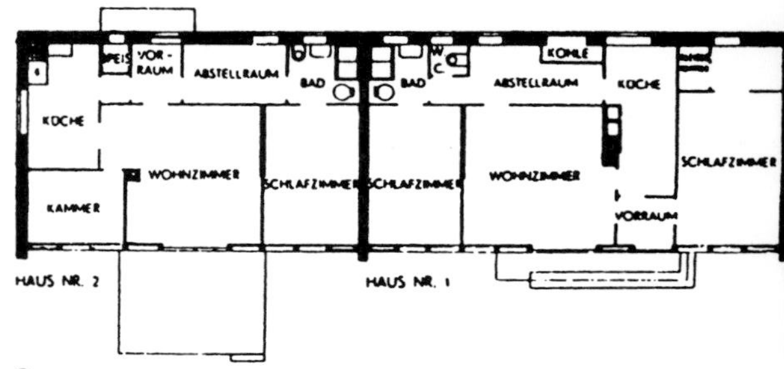

19

13 J. P. Oud: Unità residenziali sovrapposte / *appartements superposés*, Hoek van Holland, 1924
14 Victor Bourgois: Cité Moderne, Bruxelles, 1922-1925
15 Ernst May: Praunheim, 1926
16 J. P. Oud: Casa a schiera, Weißenhofsiedlung / *maison en rangée, cité du Weißenhof*, Stuttgart, 1927
17 Walter Gropius, Hannes Meyer: Casa a schiera / *maison en rangée*, Dessau-Törten, 1926
18 Walter Gropius: Casa a schiera / *maison en rangée*, Dammerstock, Karlsruhe
19 Hugo Häring: Casa a schiera, Werkbundsiedlung / *maison en rangée, cité du Werkbund*, Vienne, 1932
20 Adolf Loos: Casa a schiera, Werkbundsiedlung / *maison en rangée, cité du Werkbund*, Vienne, 1932
21 22 Alvar Aalto: Villaggio operaio della fabbrica di carta / *cité ouvrière de la fabrique de papier Sunila*, Kotka, Finlande, 1936-1954

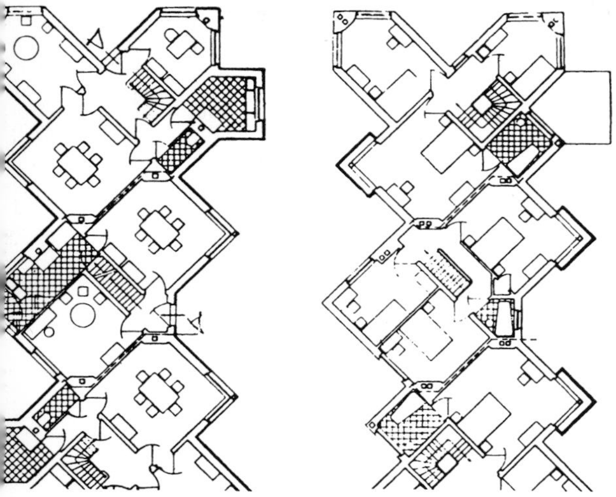

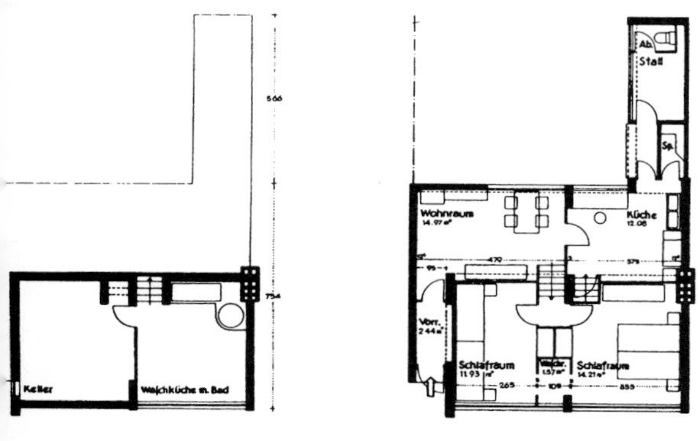

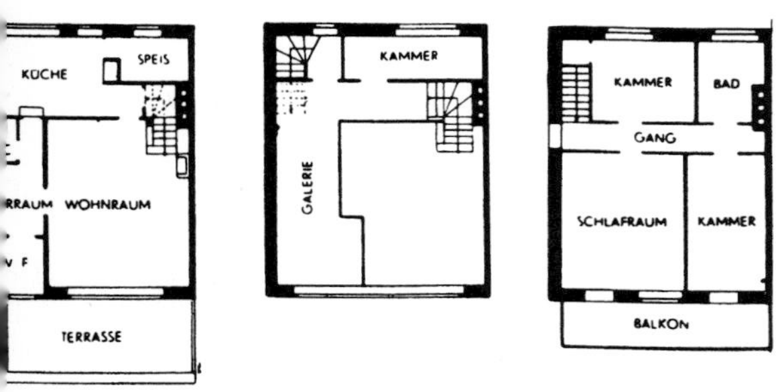

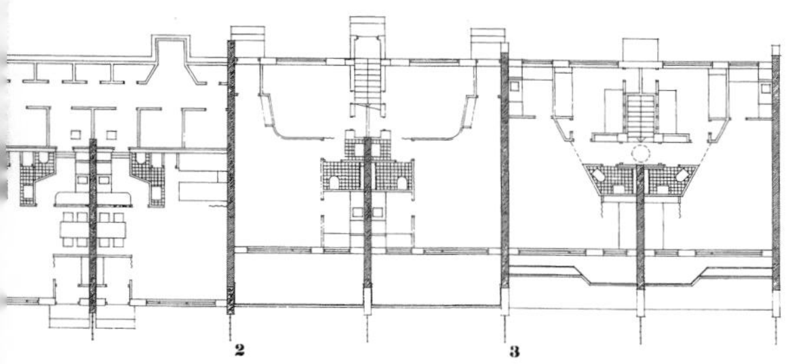

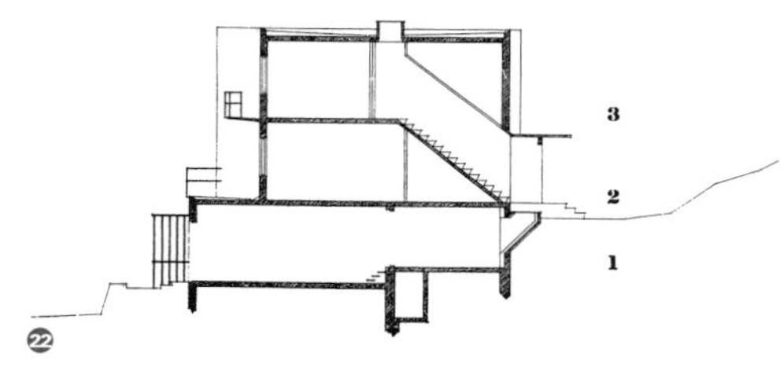

(22)

ce à quoi l'on pourrait s'attendre aujourd'hui: 24 m^2 pour le séjour/salle à manger, 10 m^2 pour la cuisine, 20 m^2 pour la chambre à coucher des parents. Il y a déjà une salle de bains avec WC et baignoire (12). Mais c'est la cité construite par Oud à Hoek van Holland en 1924 qui devint la référence pour tous les architectes intéressés alors à la construction basse. Ses maisons comprennent deux appartements l'un au-dessus de l'autre, de dimensions inégales et avec des entrées séparées (13). Victor Bourgois, en 1922-1925, enrichit encore ce type architectural en réalisant, le long d'une rue de la Cité Moderne de Bruxelles, une rangée dont les maisons sont disposées à 45 degrés (14).

Au milieu des années 1920, fraîchement nommé à la tête de l'office du logement de Francfort, Ernst May, qui dans sa jeunesse avait travaillé au projet de la cité-jardin de Hampstead chez Unwin et Parker, se mit sans tarder à la conception de logements préfabriqués en périphérie urbaine. Il érigea en principe la maison en rangée à deux ou trois niveaux, adaptée au terrain. Outre les éléments préfabriqués, il développa d'autres idées de rationalisation (cuisines intégrées normalisées, placards, toits-terrasses accessibles, poêles, portes et châssis standardisés). Les plans-types ont une profondeur de 5 à 5,15 m et se distinguent par un escalier droit posé soit selon l'axe longitudinal, soit selon l'axe transversal de la maison (15).

Les expositions d'architecture et de construction

En 1927 fut achevée la cité du Weißenhof à Stuttgart, à l'initiative du Werkbund allemand et selon un projet de Ludwig Mies van der Rohe. Contrairement à la tradition architecturale de Stuttgart, où les pignons sont perpendiculaires à la pente, l'architecte disposa les maisons comme dans les cités de Francfort, soit parallèlement à la ligne de pente. Le mot d'ordre du projet avait été défini par Mart Stam: les maisons sont un objet utilitaire et non un objet de prestige de la classe bourgeoise. La contribution la plus intéressante de l'ensemble est celle de J. P. Oud: une maison de quatre à cinq pièces, sur trois niveaux, qui a pour particularités des WC séparés de la salle de bains, située au milieu, une cour entourée d'un mur et accessible depuis la rue parallèle, enfin un séchoir au niveau du palier (16).

Deux ans plus tard était inaugurée à Karlsruhe la cité du Dammerstock, conçue selon le projet du lauréat du concours, Walter Gropius. À la différence des réalisations de Stuttgart et de Francfort, le Dammerstock est dominé par la rationalité des rangées parallèles orientées nord-sud, que Gropius justifiait par «l'organisation rationnelle du chantier». On réserva 22 pour cent du terrain aux espaces publics, ce qui ne laissa que 149 m^2 par unité de logement. La moitié environ des 671 appartements se trouvent dans des maisons en rangée. Gropius et Hannes Meyer avaient développé en 1926, pour la cité du Bauhaus à Dessau-Törten, un type à niveaux décalés: le séjour est au niveau du sol, les chambres à coucher un demi-niveau plus haut, au-dessus d'un niveau semi-excavé, exemple particulier de plan à regroupement de pièces (17). Mais pour le Dammerstock, Gropius conçut un type de maison en rangée à deux niveaux, large de 5,60 m, à escalier médian transversal (18). Alfred Fischer, auteur de l'un des projets primés, y ajouta un toit plat accessible et dessina le plan d'une maison ayant le séjour pour centre, qui annonçait déjà le projet d'Alvar Aalto pour l'exposition Interbau.

Hugo Häring fut le seul Allemand invité à participer à la réalisation de la cité du Werkbund à Vienne en 1932, aux côtés des Autrichiens, d'un Néerlandais et d'un Français. Connu pour sa longue expérience des maisons en rangée et des plans de logements de petites dimensions, Häring conçut pour le site pittoresque de la cité viennoise une maison en rangée qui préfigurait deux idées de notre temps: la souplesse et l'utilisation passive de l'énergie solaire. Les maisons, de taille inégale, sont orientées avec leur côté large au sud vers le jardin ou le chemin privé. Cette façade est en bois et en verre, les trois autres en maçonnerie avec de petites ouvertures. L'entrée, les pièces de séjour et les chambres à coucher sont judicieusement placées du côté jardin, le réduit à l'arrière. Une porte coulissante séparant le séjour et une chambre à coucher permet une certaine souplesse d'utilisation (19). Dans la même cité, Adolf Loos put réaliser son idée du «Raumplan», plan à trois dimensions, sous la forme d'une maison en rangée à trois niveaux. Le séjour est sur deux niveaux et bordé sur deux côtés par une galerie avec un canapé encastré (20).

Le Troisième Reich et la guerre

Entre 1933 et 1939, l'architecture nationale-socialiste privilégia, dans la construction basse, les maisons en chaîne et les maisons jumelées. La symétrie devint importante. Parfois, la maison du responsable de quartier était placée dans l'axe. Les toits pentus et les fenêtres à croisillons étaient censés matérialiser le lien avec le sol et le paysage. La cuisine devint une pièce à vivre.

La guerre mit fin à l'activité de construction, tandis que les destructions par les bombardements ouvraient de nouveaux champs d'activité. C'est durant ces années qu'Alvar Aalto conçut, hors de la sphère d'influence du pouvoir nazi, la cité ouvrière de la fabrique de papier Sunila à Kotka (Finlande), commencée en 1936 et achevée en 1954, réalisation remarquable dont le type de plan n'a pas cessé d'exercer son influence. Les logements y sont groupés sur les versants sud, les voies de communication et les jardins étant aménagés en bas. Un des types de logement est une maison en rangée à trois niveaux, comprenant au sous-sol deux appartements d'une pièce accessibles depuis le côté sud, plus bas, deux appartements de deux pièces accessibles depuis le nord, et tout en haut un autre appartement de deux pièces, également accessible depuis le nord, par un escalier (21, 22). Ce sont donc des maisons en rangée superposées à léger étagement en terrasses, avec des murs de refend. Conformément à l'esprit du temps, les appartements sont petits. L'idée de faire des entrées distinctes pour la plupart des appartements et non pas une cage d'escalier commune ne peut pas s'expliquer par un souci de rationalité, mais par une motivation sociologique: l'architecte accordait beaucoup d'importance au respect de la sphère privée, même dans des habitations groupées. Cette conception allait faire des adeptes en Angleterre et, plus tard, en Allemagne.

2. Planimetrie di edilizia residenziale multipiano

Lo sfruttamento razionale dei terreni edificabili in città è il principale motivo di sviluppo dell'edilizia residenziale multipiano distribuita da vani scala in comune. A livello costruttivo si possono applicare soluzioni a setti longitudinali o trasversali portanti o – alternativa più costosa – a travi e pilastri. La costruzione determina spesso la planimetria: le piante a setti portanti longitudinali sono quasi sempre distribuite da un corridoio, quelle a setti trasversali privilegiano piante a vani raggruppati.

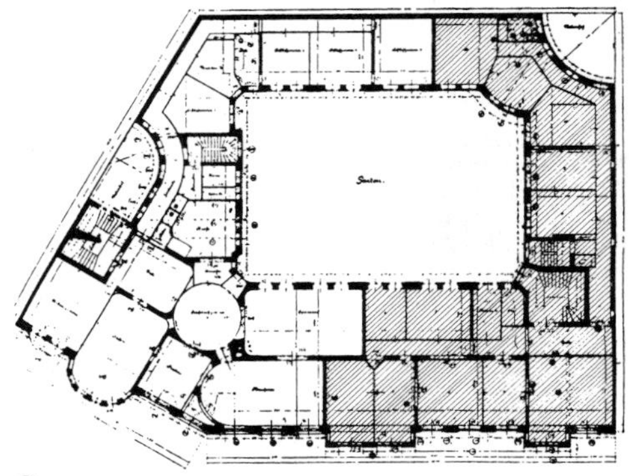

23

1805-1933: il periodo dell'emergenza abitativa

In nessun periodo storico le città sono state così sovraffollate e le condizioni abitative così scadenti come nel XIX secolo. Le piante degli appartamenti corrispondevano alle strutture sociali dell'epoca. Industrializzazione ed esodo dalle campagne produssero proletariato da un lato e ricca borghesia dall'altro. Separato da entrambe viveva un ceto medio scarsamente articolato. A ogni strato sociale corrispondeva un tipo di alloggio. A Berlino nel 1853 entrò in vigore il primo regolamento edilizio (valido fino al 1887), che, insieme a selciato delle strade, approvvigionamento idrico e fognature, mirava a regolare la crescita tumultuosa della città. Il regolamento edilizio stabilì che in un vano di 15-20 m^2 non potevano abitare più di 1,5-3 persone. Il termine "alloggio" non aveva ancora il significato di unità autosufficiente. Per esempio, la cucina spesso non era accessibile dal ballatoio che distribuiva più alloggi. Per edifici fino a sette piani non era necessario l'ascensore. Le dimensioni della corte erano messe in relazione con lo spazio di manovra necessario all'autopompa dei vigili del fuoco.

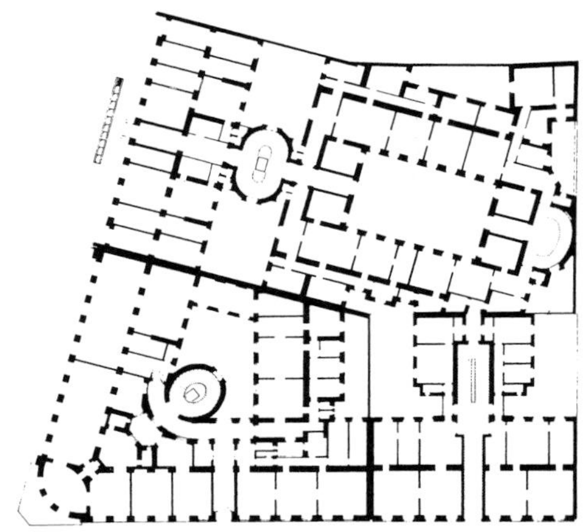

24

L'alloggio dell'alta borghesia

Negli alloggi dell'alta borghesia il desiderio di prestigio prevaleva sulla razionalità planimetrica. Gli spazi di soggiorno si orientavano su strada. Poiché i lavori di casa erano demandati alla servitù, non era necessario prestare attenzione alle adiacenze funzionali. Corridoi lunghi e serpeggianti portavano alle camere da letto, spesso affacciate sul cortile interno (23).

Verso la fine del secolo si accrebbe il peso della classe media. Si costruirono sempre meno alloggi grandi, ai quali si preferivano appartamenti di medie dimensioni. I lotti venivano sfruttati con un corpo di fabbrica su strada e uno sul retro. A Berlino e in altre città, negli edifici con ali sul cortile fecero la loro comparsa, negli spigoli interni e spesso male illuminati, le "Berliner Zimmer" – utilizzate spesso come vano di passaggio verso la camera da letto sul cortile. Gli alloggi di maggior pregio si affacciavano sulla strada. I meno abbienti abitavano il retro dell'edificio. Gli spazi venivano articolati da cortili e pozzi di luce, il cui disegno determinava in buona parte la qualità degli alloggi.

A livello tipologico gli alloggi realizzati in area viennese possono essere definiti come "piante a corridoio centrale" che distribuisce ogni stanza. La sua collocazione rispecchia la profondità del corpo di fabbrica (circa 12 m) e il nuovo regolamento edilizio, che contribuì alla formazione di una nuova consapevolezza rispetto alle condizioni igieniche. La distribuzione neutra di tutti i vani permetteva inoltre la convivenza con inquilini in subaffitto o di vari nuclei familiari – particolarmente apprezzabile in periodi di emergenza-casa. All'inizio del XX secolo si installarono bagni accanto alle cucine sfruttando gli allacciamenti idrici.

All'inizio del nuovo secolo si rileva un generale miglioramento nella costruzione degli alloggi. A Berlino Bruno Taut e Hermann Muthesius diedero il via ai primi programmi di edilizia sociale. A Parigi Hector Guimard, a Vienna Otto Wagner, a Barcellona Antoni Gaudí e a Bruxelles Victor Horta progettarono e realizzarono progetti innovativi di residenza per l'alta borghesia (24).

L'alloggio per il proletariato

Nel 1827, nei pressi della Hamburger Tor a Berlino, 496 famiglie vivevano in 400 stanze, delle quali il 25% era suddiviso con segni di gesso sul pavimento. Verso la metà del secolo il proletariato costituiva l'88% della popolazione cittadina e viveva in pessime condizioni. Ancora nel 1875 l'8,4% della popolazione poteva permettersi solo un posto letto, ovvero un letto affittato in un alloggio altrui. Il centro di Berlino risultava saturo di case in affitto ("Mietskasernen"), al punto che negli anni Novanta si iniziò a costruire in periferia.

A Vienna e Londra la situazione non era diversa. Il regolamento edilizio di Vienna permetteva lo sfruttamento dell'85% dei terreni da costruzione (25). Per le masse si costruivano le "Bassenahaus", così chiamate per il catino d'acqua collocato nel corridoio per l'uso in comune degli inquilini. Dal ballatoio si accedeva, attraverso la cucina, ad alloggi mono- e bilocali. Dallo stesso ballatoio si accedevano WC condivisi senza antibagno (26). Solo alla fine del XIX secolo iniziarono a migliorare le condizioni negli alloggi per i lavoratori.

Nuove idee

Osservando la quantità dei progetti, si può dire che la maggior parte delle idee planimetriche siano state inventate negli anni Venti. Il fatto che la ricostruzione in Germania non ebbe avvio immediatamente dopo la fine della prima guerra mondiale fu un bene, certo non per le condizioni economiche degli architetti, ma sicuramente per l'elaborazione di nuove proposte. Tra i molti architetti impegnati nello sviluppo di concetti residenziali (tra gli altri Gropius, Häring, Hilberseimer, Rading, Scharoun) vogliamo introdurre come esempio Alexander Klein, già assessore all'urbanistica di San Pietroburgo, emigrato nel 1920 e stabilitosi a Berlino, dove operò per circa dieci anni.

23 Casa in affitto a Berlino intorno al 1900 / *immeuble locatif* à Berlin, *vers 190*
24 Otto Wagner: Appartamenti per l'alta borghesia / *appartements pour la hau bourgeoisie*, 1898-1899
25 Isolato residenziale intorno al 1900 / *bloc de maisons*, Vienne, *vers 1900*
26 Casa in affitto a Vienna, tipo "Bassena" / *immeuble locatif du type «Bassen*

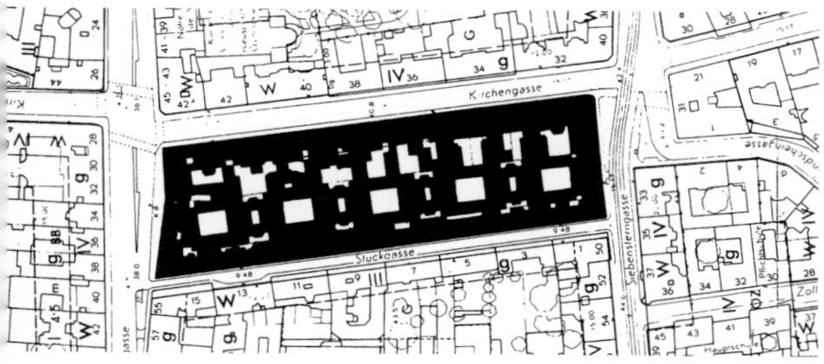

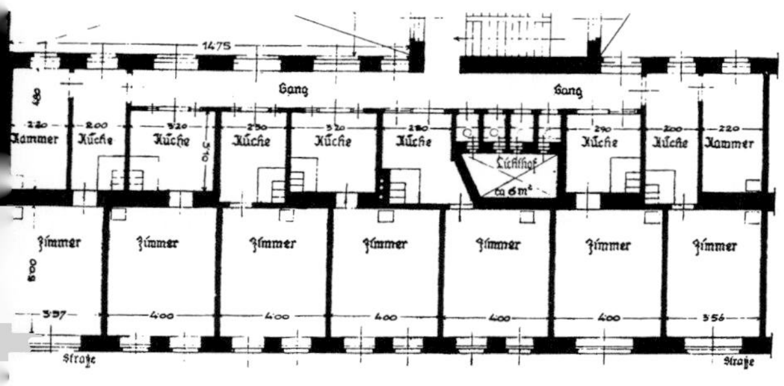

2. Le plan des immeubles à plusieurs étages

En ville, le terrain est cher et la construction d'immeubles sur plusieurs niveaux, à entrée commune, répond avant tout au souci d'en rationaliser l'usage. Les immeubles à étages ont pour porteurs les murs mitoyens ou des murs de refend, ou alors ils reposent sur des piliers, ce qui est un système plus coûteux. Le plan est pour une bonne part déterminé par le mode de construction: les murs mitoyens donnent plutôt naissance à des plans à couloir et les murs de refend à des plans à pièces regroupées.

L'ère de la pénurie de logements: 1805-1933

Jamais les villes ne furent aussi encombrées ni les conditions de logement aussi insalubres que durant le XIXe siècle. Le plan des appartements était le reflet des nouvelles structures sociales: l'industrialisation et l'exode rural donnèrent naissance au prolétariat d'un côté, de l'autre à la riche bourgeoisie. Entre les deux, la classe moyenne présentait des contours moins nets. À chaque couche sociale correspondait un type de logement. La ville de Berlin édicta en 1853 le premier règlement des constructions, qui resta en vigueur jusqu'en 1887. Parallèlement au pavage des rues, au réseau de distribution d'eau et aux canalisations d'égouts, cette mesure était destinée à mettre de l'ordre dans une croissance urbaine devenue anarchique. Selon le règlement, une pièce de 15-30 m^2 ne devait pas servir de logement à plus de 1,5-3 personnes. La notion de logement ne désignait pas encore un véritable appartement en tant qu'unité distincte; en effet, la cuisine, par exemple, était souvent séparée des chambres par un couloir desservant plusieurs logements. Pour les immeubles de sept niveaux ou moins, un ascenseur n'était pas exigé. La superficie des cours était fixée en fonction du rayon de braquage de la lance à incendie.

Le logement bourgeois

Dans le logement bourgeois, la fonction de prestige l'emportait sur la rationalité du plan. Les pièces de séjour étaient côté rue. Et comme il y avait toujours du personnel de maison, l'exigence de fonctionnalité dans les relations entre les pièces ne jouait aucun rôle. Les chambres à coucher donnaient souvent sur la cour et étaient accessibles par de longs couloirs coudés (23).

Conséquence du renforcement de la classe moyenne vers le tournant du siècle, les appartements moyens jouirent d'une faveur croissante. On tira un meilleur parti de la superficie des parcelles en construisant généralement dans la profondeur, avec une maison devant et une autre à l'arrière. C'est alors qu'apparut à Berlin, mais aussi dans d'autres villes, dans les immeubles à cour délimitée par des ailes, la «chambre berlinoise» (*Berliner Zimmer*), pièce occupant l'angle intérieur entre deux ailes, mal éclairée et servant souvent de passage vers les chambres à coucher côté cour. Du côté rue se trouvaient les pièces de séjour des appartements «privilégiés». Les habitants moins aisés devaient se contenter de la maison de derrière. La qualité du logement tenait pour une bonne part à la disposition des cours et des puits de lumière.

Typologiquement, la structure de logement conçue à Vienne peut être qualifiée de plan à couloir central desservant toutes les pièces. Ces immeubles ont une profondeur importante (12 m environ) et leur disposition était adaptée aux règlements de construction et à leurs préoccupations hygiéniques. La conception de l'accès aux chambres permettait une cohabitation avec des sous-locataires ou à plusieurs familles, ce qui, en période de pénurie de logement, représentait un avantage non négligeable. Au début des années 1920 apparurent les salles de bains aménagées, que la concentration des conduites d'eau obligeait à accoler à la cuisine.

Dès le début du XXe siècle, on observe une amélioration générale de la construction de logements. Bruno Taut et Hermann Muthesius réalisèrent à Berlin les premiers programmes de logement social, tandis que d'autres architectes repensaient les résidences de la haute bourgeoisie: Hector Guimard à Paris, Otto Wagner à Vienne, Antoni Gaudi à Barcelone et Victor Horta à Bruxelles (24).

Le logement ouvrier

En 1827, on recensa dans le quartier de Porte de Hambourg à Berlin 496 familles entassées dans 400 chambres, dont un quart n'étaient délimitées que par un trait de craie. Vers le milieu du siècle, le prolétariat représentait près de 88 pour cent de la population urbaine. Ses conditions de logement étaient exécrables. En 1875 encore, 8,4 pour cent de la population ne pouvaient s'offrir qu'un simple «coin pour dormir», c'est-à-dire un lit loué dans l'appartement d'un tiers. La densité des logements ouvriers – les «casernes locatives» – était telle dans le centre de Berlin que des cités de banlieue apparurent dès les années 1890.

La situation n'était pas différente à Vienne ou à Londres. Le règlement de la capitale autrichienne autorisait un coefficient de construction des parcelles de 85 pour cent (25). On construisit pour les masses des maisons appelées «Bassena» par allusion au lavabo commun qui se trouvait dans le couloir. Ce corridor desservait des appartements d'une ou deux pièces précédées d'une cuisine. Il n'y avait que des toilettes communes dans le couloir (26). Les conditions de logement de la classe ouvrière ne s'améliorèrent que vers la fin du XIXe siècle.

De nouvelles idées

Au vu de la quantité de projets conçus dans les années 1920, il n'est pas interdit d'affirmer que cette époque a inventé la plupart des formes de plan. Que la reconstruction en Allemagne n'ait pas pu commencer dès l'après-guerre s'est révélé bénéfique pour le développement de nouvelles conceptions, à défaut de l'avoir été pour la situation économique des architectes. Parmi les nombreux architectes artisans de ce progrès (Gropius, Häring, Hilberseimer, Rading, Scharoun, etc.), nous prendrons ici l'exemple d'Alexander Klein qui, après avoir été architecte de la ville de Saint-Pétersbourg, s'établit en 1920 à Berlin, où il travailla durant dix ans.

"Piante a gruppi"

Già a San Pietroburgo Klein aveva postulato la "chiara suddivisione degli spazi in tre ambiti: soggiorno, zona notte e zona di servizio, in modo che le attività possano essere svolte senza interferenze". Questo non si conciliava con il regolamento edilizio di Berlino, che favoriva la pianta a corridoio centrale. Solo nel 1925 Klein ebbe l'opportunità di presentare la sua concezione planimetrica in un concorso russo per progetti tipo. Le sue planimetrie iniziano con un disimpegno con illuminazione naturale, dal quale si accede alla cucina e al soggiorno. In due tipi di alloggio le camere da letto sono direttamente accessibili dal soggiorno, nel terzo vi si inserisce un "passaggio in pantofole" ("Pantoffelgang") con porta sul bagno (27).
Uno sviluppo ulteriore mostra una "pianta a gruppi" con setto portante al centro. Da un piccolo vestibolo si accede a un corridoio a T e al balcone. Su un lato i servizi igienici e la cucina (con allacciamenti condivisi), dall'altra soggiorno e pranzo. Al termine del corridoio con una porta si accede al minuscolo "Pantoffelgang". Il ripostiglio, presente nelle altre planimetrie, qui è ridotto ad armadio a muro/dispensa (28).
Nel 1928 Klein concepì la classica "pianta a gruppi". Il gruppo-soggiorno ha il balcone a ovest, il gruppo-notte è orientato a est (29).

Con queste tipologie, in un periodo in cui la misurazione dei vani era stabilita per legge, si offriva la base per molte possibili variazioni – specialmente nell'ambito delle "piante a gruppi". Klein procedette da una attitudine progettuale funzionale e non rappresentativa per un alloggio che doveva essere gestito senza l'ausilio della servitù. Ciò gli permise anche di completare uno studio corredato di diagrammi sull'illuminazione naturale dell'alloggio.

Ma il vivace spirito di Klein non si fermò a queste ricerche. Nel 1926 ebbe l'occasione di progettare un isolato di cinque piani all'interno di un insediamento di case basse. Lasciandosi ispirare dalle case del contesto, ma anche da esempi olandesi e inglesi, progettò una tipologia – oggi nuovamente attuale – con diverse disposizioni planimetriche. Al pianterreno e primo piano maisonettes, al secondo e terzo piano piccoli alloggi su ballatoio, al terzo piano e al sottotetto di nuovo maisonettes – anch'esse su ballatoio.

Anche Gropius utilizzò in alcune Siedlungen la "pianta a gruppi" (30). Nei suoi progetti per Francoforte (1931) diventò una pianta classica che ha avuto seguito fino a oggi. Il corridoio centrale e il "Pantoffelgang" divennero un corridoio a L. Si scoprì la convenienza economica del corpo di fabbrica di maggiore profondità e Gropius la utilizzò nel contributo alla "Interbau" del 1957, dove spazi con diverse destinazioni d'uso vennero allineati meccanicamente in un lungo e stretto corridoio.

Hans Scharoun progettò nel 1930 una planimetria splendida, perché ispirata alla vita: il soggiorno passante illuminato da due lati, con loggia, zona pranzo e finestra con fioriere, che fa da passaggio verso il "Pantoffelgang" della zona notte – un caso di progettazione di una planimetria organica (31).

Piante cabinate

Alcuni contemporanei di Klein si occupavano come lui dello sviluppo di nuove planimetrie residenziali. Un tema centrale era la riduzione della superficie del corridoio. Adolf Rading, celebre architetto della Jahrhunderthalle di Bratislava, aveva presentato già nel 1920 una pianta "cabinata" per alloggi al pianterreno. Il soggiorno è al centro del corpo della planimetria profonda circa 7 m. Sui tre lati si affacciano tre cabine (ciascuna con due letti e armadio a muro), la cucina, uno spazio aperto antistante con la scala che porta in cantina e un "Pantoffelgang" che conduce al bagno e alla porta sul giardino. Questo tipo di cabine-letto era già presente nel nord della Germania, dove venivano chiamate "Butze" o "Durk", ed erano semplici letti in nicchia.

Ludwig Hilberseimer, che nello stesso anno progettò una pianta cabinata per una casa plurifamiliare, si riferì esplicitamente alla razionalità dell'impiego delle cabine nelle navi da crociera transoceaniche (32). Qualche anno più tardi Otto Haesler riprese questa disposizione quasi letteralmente. I vantaggi economici delle piante cabinate sono frutto degli svantaggi della distribuzione esclusivamente attraverso il soggiorno (33).

Piante flessibili

Nel suo saggio "La dissoluzione delle città – La terra: una buona abitazione", Bruno Taut aveva scritto: "L'uomo e la casa sono inclini alle trasformazioni, in movimento anche se fermi". Taut non ha realizzato alloggi flessibili. Al contrario Ludwig Mies van der Rohe nel 1927 riuscì a realizzare dei progetti di alloggi in acciaio e vetro, già pubblicati in precedenza, nei quali le pareti divisorie potevano essere spostate tra i pilastri portanti. Il suo contributo alla Weißenhofsiedlung di Stoccarda è la realizzazione di piante flessibili senza modificare la struttura portante. Quattro, cinque o sei persone possono vivere sulla stessa superficie, con ampio utilizzo del concetto di piante "cabinate" (34). Sette anni più tardi Eric Friberger realizzò a Göteborg-Kallebeck la sua opera epocale: ripetizione di solai in cemento armato uguali tra loro all'interno dei quali si possono realizzare alloggi a seconda delle necessità degli utenti. Il vano scala, gli allacciamenti idrici su una delle sue pareti e i pilastri sono i punti fissi consegnati al committente, libero di portare avanti il cantiere come meglio crede (cfr. pp. 38-39).

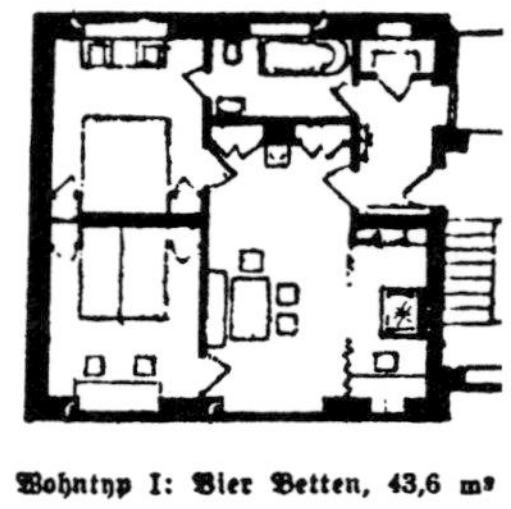

Wohntyp I: Vier Betten, 43,6 m²

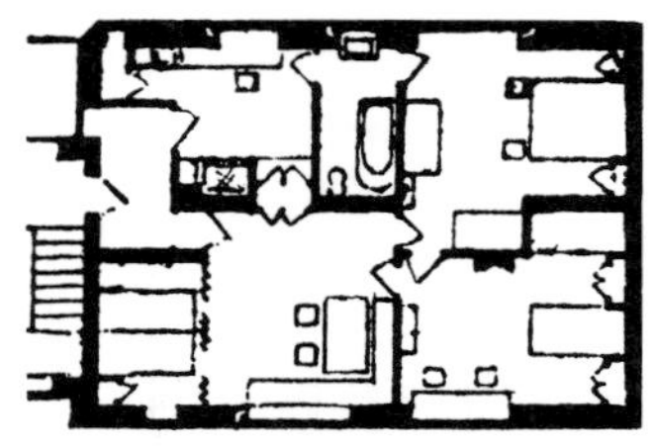

Wohntyp II: Acht Betten, 64 m²

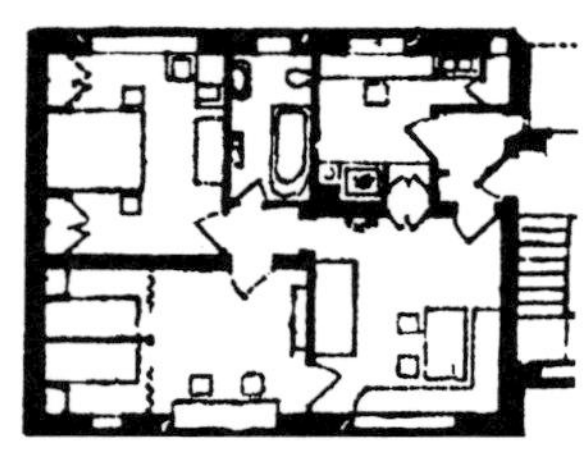

Wohntyp III: Fünf Betten, 55 m²

27

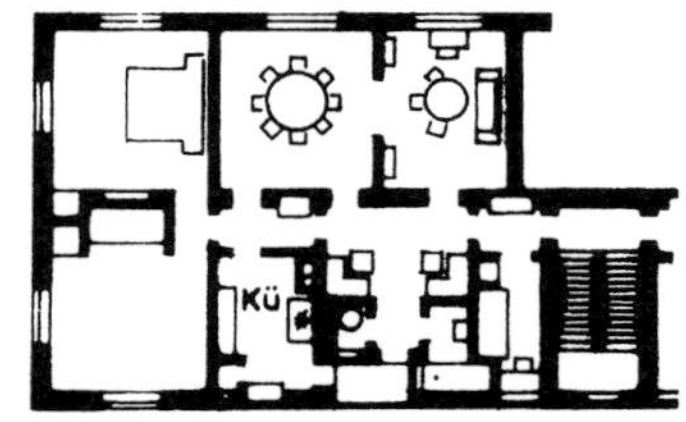

28

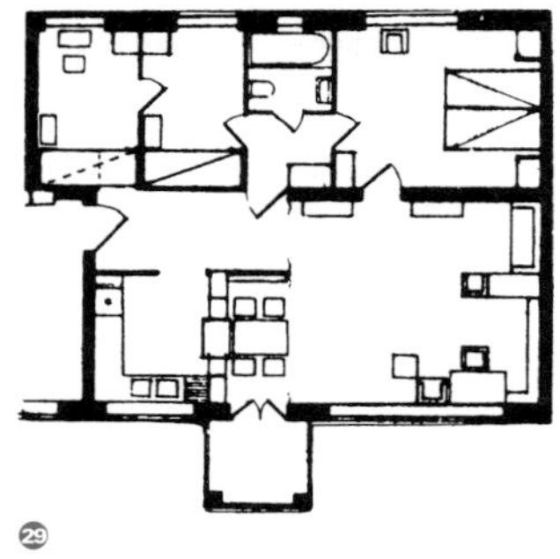

29

27 Alexander Klein: Piccoli appartamenti per il concorso di Mosca / *appartement de petites dimensions pour le concours de Moscou*, 1925
28 Alexander Klein: Progetto di concorso per / *projet pour le concours du* Tempelhofer Feld AG, Berlin, 1930
29 Alexander Klein: Pianta a gruppi, esposizione / *plan à regroupement de pièce exposition* «Heim + Technik», Munich, 1923
30 Walter Gropius: Progetto per una casa plurifamiliare / *projet pour un immeub d'habitation*, 1930
31 Hans Scharoun: Complesso residenziale / *appartement de l'ensemble de* Berl Jungfernheide, 1930
32 Ludwig Hilberseimer: Progetto per una casa plurifamiliare / *projet d'appartem pour un immeuble d'habitation*, 1920
33 Otto Haesler: Pianta cabinata / *plan à cabines*, Cassel, 1930
34 Mies van der Rohe: Casa plurifamiliare con piante flessibili Weißenhofsiedlun *immeuble d'habitation à plans aménageables, cité du Weißenhof*, Stuttgart, 1

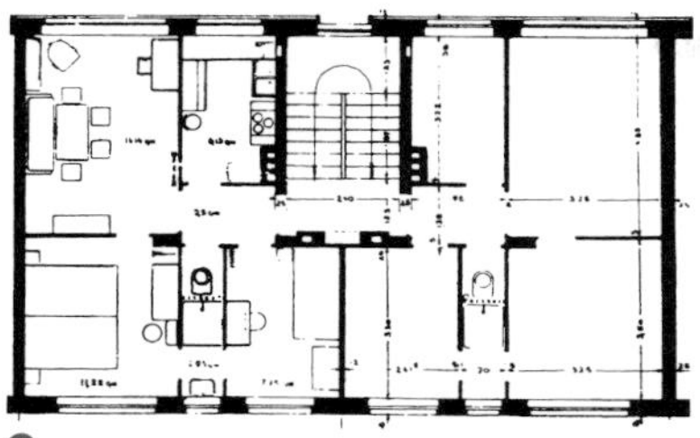

30

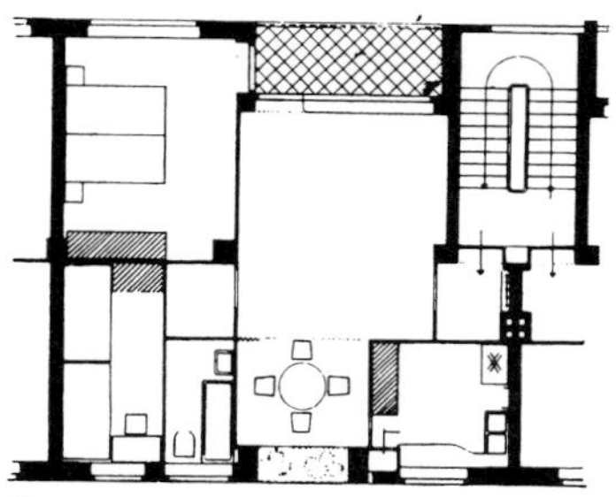

31

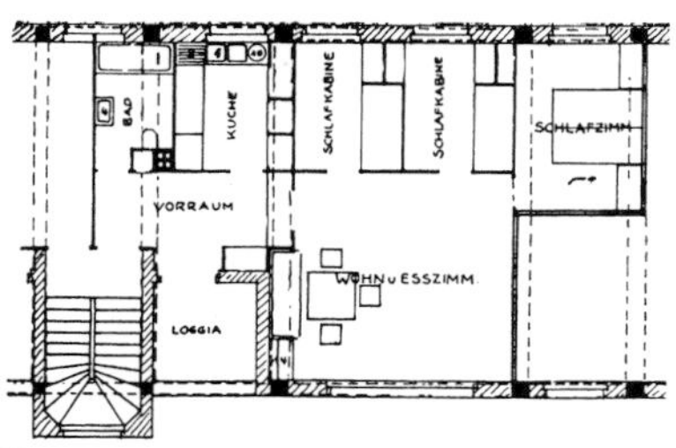

32

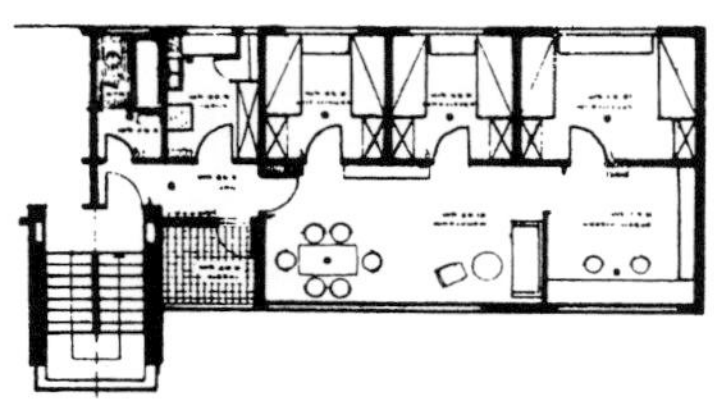

33

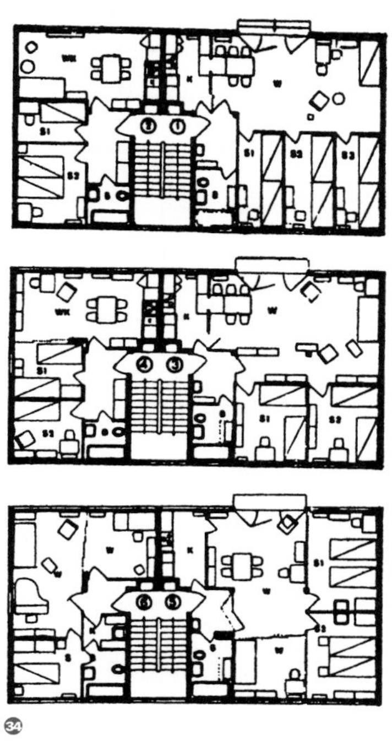

34

Le plan à pièces regroupées

Alors qu'il était encore à Saint-Pétersbourg, Klein avait déjà énoncé le principe de la division des pièces en trois groupes, séjour, coucher et activités domestiques: «les fonctions de ces trois groupes doivent pouvoir s'exercer sans s'entraver les unes les autres». Mais cette vision ne s'accordait pas avec le règlement de construction de Berlin, qui privilégiait le plan à couloir central. Ce n'est qu'en 1925 que Klein eut la possibilité de faire connaître ses idées, à l'occasion d'un concours organisé par l'Union soviétique pour le développement de plans types. Il en présenta trois qui comprennent tous un vestibule éclairé donnant accès à la cuisine et au séjour; dans deux d'entre eux, la chambre à coucher donne directement sur le séjour, et dans l'autre, l'architecte a inséré un couloir privé pour les chambres, avec une porte ouvrant sur la salle de bains (27).
Il poursuivit en dessinant un plan à pièces regroupées et mur médian porteur. Un couloir en T y donne sur un balcon. D'un côté se trouvent la salle de bains et la cuisine (avec des conduites séparées), de l'autre le séjour et la salle à manger. À l'extrémité du couloir, une porte ouvre sur un autre couloir, minuscule, desservant les chambres. Le réduit, présent sur les autres plans, est ici remplacé par un placard dans la cuisine (28).
En 1928 enfin, Klein mena son plan type à maturité. Le groupe de pièces pour le séjour est disposé à l'ouest, avec un balcon; les chambres à coucher sont à l'est (29).

À une époque où le dimensionnement des logements était prescrit par l'État, ces types offraient assez de variété pour des développements ultérieurs. Klein adoptait un principe strictement fonctionnel bannissant toute idée de prestige, applicable à des logements sans personnel domestique. Cette conception l'amena aussi à des recherches approfondies, illustrées par des diagrammes, sur l'ensoleillement des appartements.

Mais son esprit inventif ne pouvait en rester là. En 1926, chargé de concevoir un bloc de cinq niveaux à insérer dans un ensemble de constructions basses à deux niveaux, il s'inspira non seulement du plan des maisons voisines, mais aussi de modèles hollandais et anglais et dessina un type de maisons à plans diversement structurés. Le rez-de-chaussée et le premier étage comprenaient des appartements genre duplex, aux deuxième et troisième étages se trouvaient des petits appartements donnant sur une galerie, et au troisième et dans les combles à nouveau des duplex, avec également une galerie.

Gropius reprit le modèle du plan à regroupement de pièces (30), et son projet de Francfort (1931) en fit un classique qui compte encore de nombreux adeptes. Le couloir central et le couloir des chambres sont ici réunis en un seul couloir en L. Gropius inventa une maison économique mais assez profonde, qu'il présenta à l'exposition Interbau en 1957: les pièces affectées aux différentes fonctions y sont disposées mécaniquement le long d'un étroit couloir central.

En 1930, Hans Scharoun conçut un plan tout simplement magnifique parce que inspiré de la vie même, le plan organique: la pièce de séjour est traversante, éclairée de deux côtés, avec une loggia et un coin-repas, et une fenêtre permettant de disposer des pots de fleurs donnant sur le couloir des chambres à coucher (31).

Les plans à cabines

Certains architectes contemporains de Klein, travaillant eux aussi au développement du plan d'habitation, accordèrent une grande importance à la question de la réduction de la surface du couloir. En 1920 déjà, Adolf Rading, plutôt connu pour la Halle du centenaire à Breslau, avait présenté un plan à cabines pour des appartements au rez-de-chaussée. L'appartement a environ 7 m de profondeur et la pièce de séjour en occupe le centre. Sur trois côtés sont disposées une cuisine, une entrée avec l'escalier de la cave, le couloir des chambres menant à la salle de bains avec la sortie vers le jardin, et des cabines à coucher. Chacune des trois cabines comprend deux lits et deux placards. Ces rangées de cabines à coucher existaient depuis longtemps dans l'architecture rurale de l'Allemagne du Nord (où on les appelle «Butze» ou «Durk»), à la nuance près toutefois qu'il s'agit là de simples alcôves.

Quant à Ludwig Hilberseimer, il s'inspira des cabines des paquebots transatlantiques pour le plan d'un immeuble d'habitation qu'il présenta en 1920 également (32). La disposition fut reprise presque textuellement quelques années plus tard par Otto Haesler. Le gain de rationalité par le plan à cabines n'a pu y être obtenu qu'au prix de l'inconvénient d'un accès unique à travers le séjour (33).

Les plans aménageables

«La maison et l'homme sont aptes à la transformation, souples et pourtant solides», écrivit Bruno Taut dans son livre *Die Auflösung der Städte oder die Erde eine gute Wohnung (La dissolution des villes, ou la terre comme logement agréable*, 1920). Taut lui-même n'a pas réalisé de logement à plan aménageable. Mais en 1927, Ludwig Mies van der Rohe put donner forme concrète à une idée qu'il avait déjà publiée: l'appartement à ossature d'acier et parois mobiles entre les éléments porteurs. Sa réalisation pour le Weißenhof à Stuttgart est un logement à plan aménageable dans un ensemble où les directives de construction étaient uniformes. Il s'agissait de loger quatre à six personnes dans une même surface. L'idée du plan à cabines y est reprise, mais dans une conception plus généreuse (34). En 1934, Eric Friberger construisit à Göteborg-Kallebeck l'œuvre avec laquelle il allait marquer son époque: des niveaux étagés à ossature de béton constituant l'élément fixe dans lequel les logements pouvaient être librement insérés. La cage d'escalier, le bloc sanitaire contre la paroi intérieure de la cage d'escalier et les éléments porteurs sont donnés d'avance; pour le reste, le maître de l'ouvrage peut composer à sa guise (voir p. 39).

Pratica e diffusione

Queste planimetrie furono usate in grandi insediamenti residenziali dalla metà degli anni Venti, per esempio nelle Siedlungen di Berlino dove, tra il 1925 e il 1934, furono realizzati 187.456 alloggi. Una delle prime grandi Siedlungen sorse a Britz e prese il nome dalla forma del suo edificio centrale: "Siedlung del ferro di cavallo" ("Hufeisensiedlung"). Questa forma definisce un'ampia corte che, diversamente da quelle viennesi, non contiene le attrezzature collettive, bensì è suddivisa in piccoli orti in affitto; intorno si collocano case a schiera variamente sfalsate e orientate (35). Seguì la Siedlung "della capanna dello zio Tom" ("Onkel Toms Hutte"), sulla base di un piano urbanistico di Bruno Taut. L'ambizioso programma funzionale fu realizzato con il ricorso a forme semplici e princìpi funzionalisti: una tendenza prevede parallelepipedi bianchi privi di qualsiasi elemento plastico, un'altra fasce marcapiano in laterizio e balconi in aggetto ondulato. Il primo periodo del plasticismo ritmico di Scharoun raggiunse qui l'apice. Adolf Hitler pose fine a questa stagione creativa.

Lo sviluppo non ebbe luogo allo stesso tempo in tutti i paesi. A Vienna, per esempio, furono realizzati principalmente complessi monumentali, con molti piccoli alloggi e corti di utilizzo collettivo – grazie all'intervento pubblico. Le facciate espressive, decorate con elementi simbolici, divennero emblema di un socialismo pragmatico. La pianta senza corridoio con due o tre vani non era al centro dell'attenzione dei progettisti. Le attrezzature pubbliche che vi venivano collocate – biblioteche, negozi, ristoranti, lavanderie, bagni pubblici – rendevano autarchico il megaisolato. Un esempio: il Karl-Marx-Hof (1928) realizzato a Vienna-Heiligenstadt dall'architetto Karl Ehn.

Di fronte a queste, le piante degli alloggi della Werkbundsiedlung di Zurigo-Neubühl appaiono più moderne e occidentali, con il loro corridoio centrale borghese (36). A Rotterdam fu realizzato tra il 1919 e il 1922 il complesso a ballatoio di Spangen (architetto Michiel Brinkman). Dal pianterreno si accede a due alloggi monopiano uno sopra l'altro – ognuno con accesso o scala indipendente. Al secondo piano un ballatoio collega tutti gli edifici in un reticolo e dà accesso alle maisonettes (37). Il ballatoio è di particolare qualità perché attraversa gli edifici, in parte all'aperto, in parte coperto, in parte con la distribuzione da un lato, in parte su entrambe, in ogni caso sempre largo abbastanza per permettere l'approvvigionamento e fungere da area-gioco per i bambini. Tra il 1933 e il 1938 sorsero qui le prime torri residenziali: "Bergpolder" (W. van Tijen, Brinkman e van der Vlugt) e "Plaslaan" (W. van Tijen, & H.A. Maaskant) (38).

3. Residenze multipiano e case basse nel dopoguerra (1945-1955)

L'attività edilizia si riprese lentamente nel dopoguerra. Le città erano in larga parte distrutte. Il ritorno dei soldati e degli sfollati acuiva l'emergenza abitativa. Ricostruzione e soddisfacimento della domanda erano al centro dell'attenzione di quegli anni. Il risultato erano semplici edifici in linea, a tre o quattro piani, che prevedevano da due a quattro alloggi a ogni pianerottolo. Le sperimentazioni del periodo tra le due guerre furono messe da parte. Al centro dell'alloggio si trovava perlopiù il corridoio. Le stecche – come eredità del funzionalismo – venivano disposte ortogonalmente alla strada e non solo in periferia. In questo modo l'aria poteva penetrare e circolare tra gli edifici, ma così anche il rumore. Non esistevano più le corti. Oggi è quasi incomprensibile come la parola d'ordine della pianificazione dei nuclei urbani nella Germania degli anni Cinquanta fosse "sventramento e sistemazione a verde".

In questi anni poveri di idee Le Corbusier costruì l'Unité d'Habitation a Marsiglia (1946-1952). Una tipologia nata come modulo urbanistico: con dieci di questi elementi avrebbe voluto sostituire una città distrutta in guerra. In occasione dell'inaugurazione dichiarò invece che "la città dovrebbe essere semplicemente sostituita da una disposizione di alloggi finora sconosciuta, dove l'Unité abbia la capacità di offrire ai suoi abitanti tutto ciò che Marsiglia ha offerto finora agli inquilini di ogni classe sociale" (discorso inaugurale del 1952). Innovativa l'idea delle maisonettes a due piani ricavate nell'edificio e sfalsate tra loro; i quindici piani di residenza e i due di negozi sono infatti distribuiti da sette corridoi (39).

Con questo progetto, o meglio attraverso la sua pubblicazione, Le Corbusier gettò le basi di un altro concetto che ebbe grande risonanza: in una foto sono ritratte due dita che inseriscono nel modello del telaio portante un alloggio modulare a due piani. In questo modo Le Corbusier anticipò un approccio che sarebbe stato ampiamente condiviso dagli architetti degli anni Settanta: la realizzazione di un sistema di pilastri e solette nel quale vengono inserite le partizioni interne degli alloggi – indipendenti dalla struttura.

Grazie agli aiuti economici degli USA (ECA, Economic Cooperative Administration) furono realizzati in Germania i primi insediamenti residenziali di case basse. A parte le planimetrie mutuate dalle Siedlungen degli anni Venti, negli insediamenti ECA a Stoccarda si ripeterono sperimentazioni di alloggi con "piante a gruppi" sfalsate di mezzo piano (40). In Danimarca Arne Jacobsen realizzò la Siedlung Klampenborg, dove la concatenazione dei cinque edifici a L crea un particolare senso d'intimità (41).

1955-1965

La carenza di abitazioni non era ancora risolta e il bisogno di numerosi alloggi portò in tempi brevi all'evoluzione tecnologica delle costruzioni. Iniziò l'epoca della rapida crescita delle città. Ovunque si applicavano le tecniche di prefabbricazione degli elementi edilizi o dei pannelli, inizialmente per la realizzazione di stecche parallele, nel rispetto dei vincoli posti dal movimento delle gru. Ne risultarono insediamenti caratterizzati da una neutralità indifferenziata, mentre in alcune città sorsero torri residenziali da otto a tredici piani.

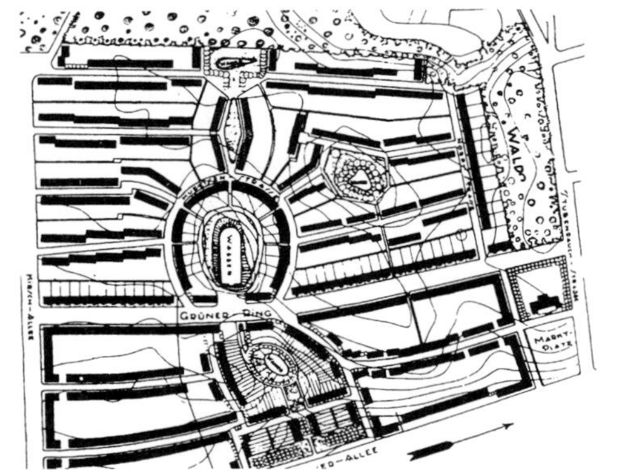

35

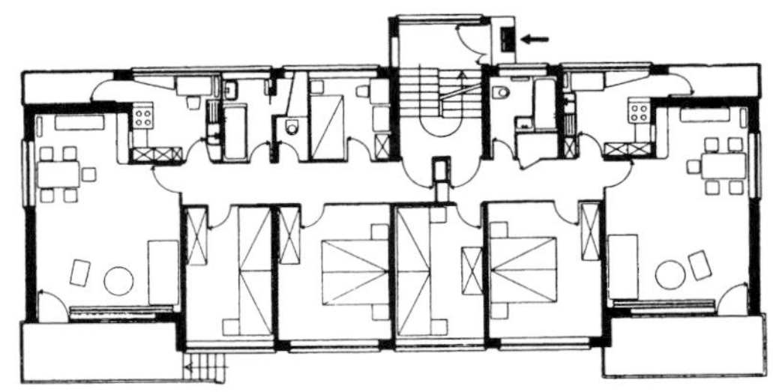

36

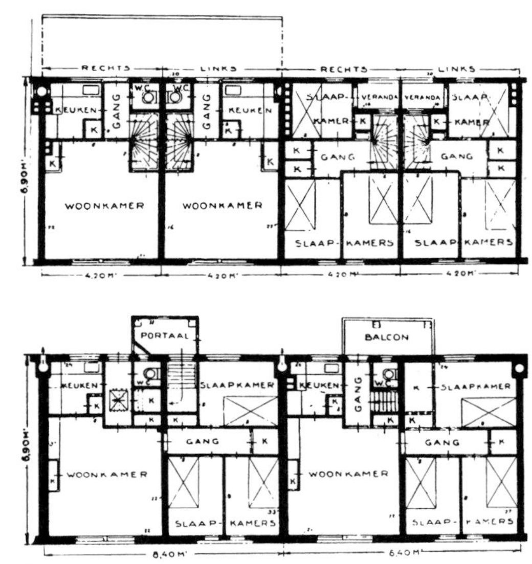

37

42

35 Bruno Taut: Planimetria generale Hufeisensiedlung / *plan de situation, cité «en fer à cheval»*, Berlin-Britz, 1925-1928

36 Haefeli, Hubacher, Steiger, Moser, Roth, Artaria + Schmidt: Tipo LM, Werkbundsiedlung Zurigo-Neubühl / *type LM, cité du Werkbund*, Zurich-Neubühl, 1931

37 Michiel Brinkman: Spangen, Rotterdam, 1919-1922

38 W. van Tijen, Brinkman & van der Vlugt: Torre residenziale "Bergpolder" / *tour d'habitation «Bergpolder»*, Rotterdam, 1933/1934

39 Le Corbusier: Unité d'Habitation / *Unité d'habitation*, Marseille, 1952

40 Max Hauschild, Gero Karrer: Siedlung ECA / *cité ECA*, Stuttgart

41 Arne Jacobsen: Siedlung Soholm / *maison pour la cité Soholm*, Klampenbo Gentofte (Danemark), 1950

42 Hans Scharoun: Ampliamento della Siedlung "Ring" / *extension de la cité d Ring*, Berlin-Siemensstadt, 1958

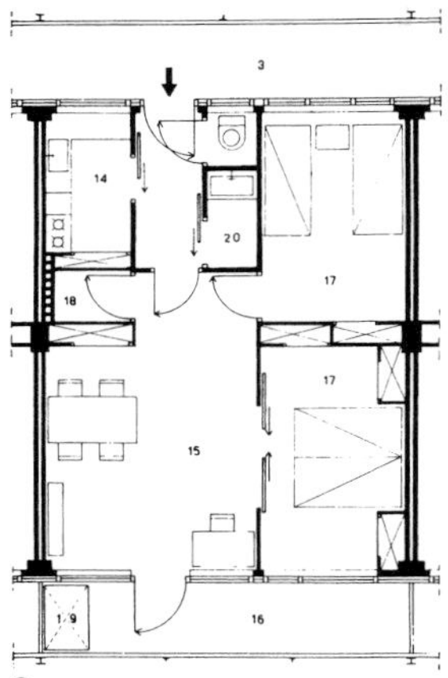

38

Application et diffusion

Ces types de plan de logement furent appliqués dès le milieu des années 1920, à Berlin par exemple où, entre 1925 et 1934, il se construisit 187'456 logements. Une des premières grandes cités fut celle de Britz, surnommée «la cité en fer à cheval» à cause de la forme du bâtiment central. La cour n'était pas affectée à des usages communs comme à Vienne, mais divisée en jardins locatifs. Les rangées de bâtiments sont diversement articulées entre elles (35). Toujours de Bruno Taut, la «Case de l'oncle Tom» est une cité dont l'ambitieux programme fut réalisé avec les formes simples du fonctionnalisme: tantôt des cubes blancs sans individualité plastique, tantôt des bandeaux de briques et des balcons ondulés. La première période de Hans Scharoun – celle de la plastique rythmée – atteignit son apogée. Mais l'arrivée des nazis au pouvoir mit fin à cette époque créatrice.

Tous les pays ne connurent pas la même évolution. À Vienne par exemple, la construction de logements prit surtout la forme de grands ensembles monumentaux comprenant de nombreux petits appartements et des cours affectées à l'usage commun, financés par les pouvoirs publics. Les façades ornées d'éléments symboliques expressifs devinrent les emblèmes visibles d'un socialisme pragmatique. Le plan des appartements, qui comptent deux ou trois pièces sans couloir, n'était pas un objet de recherche privilégié pour les concepteurs. Ces «Superblocks» parvinrent ensuite à une certaine autarcie en s'équipant de bibliothèques, de magasins, de restaurants, de buanderies et de bains publics. L'ensemble du Karl-Marx-Hof à Vienne-Heiligenstadt, réalisé en 1928 par l'architecte Karl Ehn, est un des principaux exemples de cette architecture.

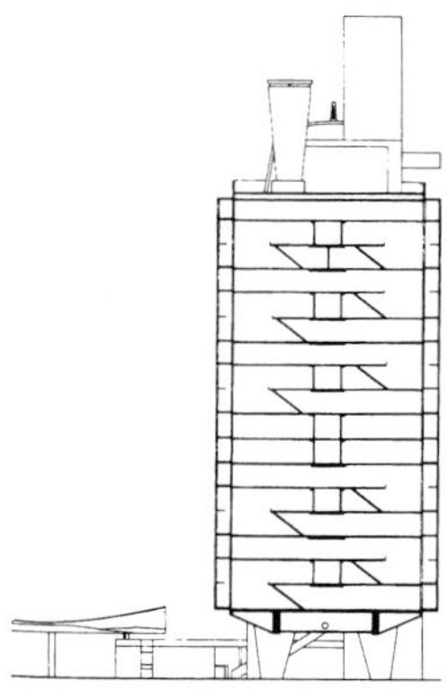

39

Les plans des maisons de la cité du Werkbund à Zurich-Neubühl, avec leur couloir central dans la tradition bourgeoise, font en revanche un effet plus moderne (36). À Rotterdam, Michiel Brinkman construisit en 1919-1922 les immeubles à galerie de Spangen. Dans cette réalisation modèle, le rez-de-chaussée et le premier étage sont occupés chacun par un appartement à accès individuel, et le deuxième étage par une galerie qui relie en un réseau tous les corps de bâtiments et donne accès à des appartements de type duplex (37). La galerie, tantôt couverte, tantôt découverte, ouvrant tantôt d'un seul côté, tantôt des deux, est notamment remarquable pour le cheminement qu'elle permet d'un bâtiment à l'autre, et offre en chaque endroit assez de largeur pour les livraisons et les jeux d'enfants. C'est dans le même quartier que furent construites, de 1933 à 1938, les tours d'habitation, «Bergpolder», des architectes W. van Tijen et van der Vlugt, et «Plaslaan», de W. van Tijen & H. A. Maaskant (38).

3. Les plans des constructions à étages et des constructions basses de l'après-guerre, 1945-1955

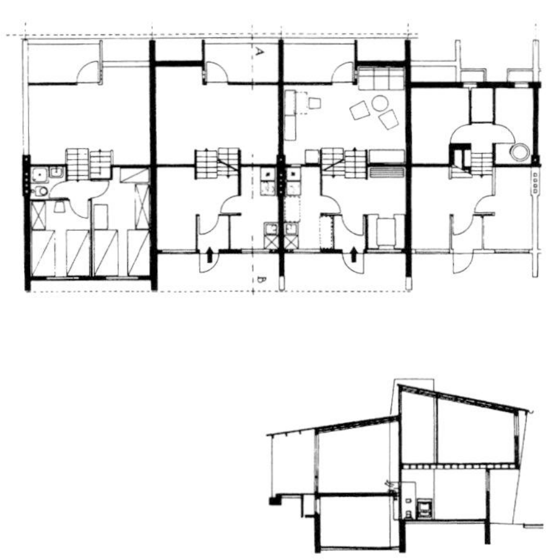

40

Dans les premières années qui suivirent la guerre, l'activité de construction ne se rétablit que lentement. Beaucoup de villes étaient en bonne partie détruites, l'afflux des soldats rentrés du front et des réfugiés aggravait la pénurie de logements. Il fallut donc d'abord répondre aux besoins les plus urgents et reconstruire. On en vint ainsi à bâtir des immeubles à trois ou quatre niveaux et deux à quatre appartements par palier. On ne tenait guère compte des recherches de l'entre-deux-guerres sur le plan des habitations, et le couloir central était la règle. Les rangées étaient perpendiculaires à la rue, conformément à la tradition fonctionnaliste, et pas seulement dans les quartiers excentrés, de sorte que les espaces ouverts étaient comme des couloirs où l'air pouvait s'engouffrer, mais aussi le bruit de la circulation. Il n'y avait plus de cours. On a de la peine à croire aujourd'hui que la devise de l'urbanisme des années 1950 en Allemagne ait été «Entkernung und Durchgrünung» («démolition sélective et reverdissement»).

C'est dans ce climat de l'après-guerre pauvre en idées que Le Corbusier réalisa son Unité d'habitation à Marseille (1947-1952). Ce type était conçu au départ comme un élément urbanistique, et Le Corbusier avait le projet de remplacer une ville détruite par dix de ces unités. Il écrivit en effet à propos de son œuvre: «Ces Unités remplaceront tout simplement la ville par des édifices ordonnés de façon inconnue jusqu'ici et apportant, chacun à ses 2 500 habitants ... ce que Marseille-Michelet offre aujourd'hui à ses locataires venus de tous les milieux sociaux.»[1]. La nouveauté consistait à insérer dans la construction des appartements sur deux niveaux, décalés les uns par rapport aux autres. Il n'y a que sept couloirs pour donner accès aux quinze étages d'habitation et aux deux étages de boutiques (39).

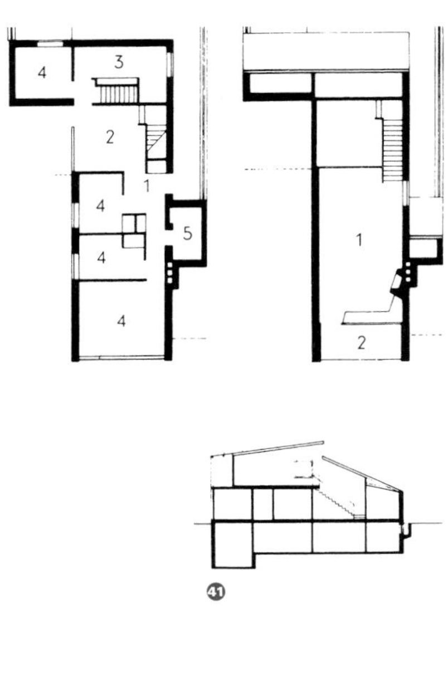

41

Ce projet donna encore à Le Corbusier l'occasion de faire connaître une idée promise à un bel avenir, même si ce ne fut que pour la publication écrite: une photographie montre en effet deux doigts en train d'insérer une maquette d'appartement à deux niveaux dans une ossature. Le Corbusier anticipait ainsi un principe repris par d'autres architectes dans les années 1970: la structure porteuse dans laquelle les éléments d'aménagement sont librement insérés.

L'aide financière des États-Unis (ECA, Economic Cooperative Administration) permit la construction des premiers ensembles de constructions basses en Allemagne. Outre les types de plans empruntés aux maisons des années 1920, il y eut dans la cité ECA de Stuttgart plusieurs essais de logements à regroupement de pièces décalées d'un demi-niveau (40). Dans la cité de Klampenborg au Danemark, Arne Jacobsen réussit à créer un climat d'intimité, en particulier par une chaîne de cinq maisons à plan coudé (41).

La période 1955-1965

On n'avait pas encore résolu pour autant le problème de la pénurie de logements. Ce fut une époque de grandes extensions urbaines et la pression favorisa le développement de techniques de construction industrielles: on recourut partout à des éléments préfabriqués pour construire des rangées parallèles adaptées aux chemins de grues. Avec pour résultat une architecture on ne peut plus impersonnelle et interchangeable. Dans plusieurs villes, on se mit aussi à construire des tours d'habitation pouvant atteindre treize niveaux.

Nel 1956 Scharoun aveva portato a termine le sue "Wohngehöfte" (corti residenziali) nella Siemensstadt. Non si trattava di vere e proprie corti, ma di spazi aperti delimitati da stecche sfalsate ad andamento concavo o di forma libera, all'interno dei quali si trovavano attrezzature pubbliche. In questo progetto Scharoun sperimentò una tipologia di alloggi "in simbiosi", combinazione di un appartamento di quattro vani e mezzo con un monolocale con ingresso indipendente, che possono essere utilizzati assieme o separatamente (42).

Forse grazie all'impressione suscitata dall'Unité di Marsiglia, nel 1957 fu inaugurata l'Interbau nell'Hansaviertel di Berlino. Torri in mezzo ad ampie distese verdi, stecche disposte a lisca di pesce rispetto alla strada (43). Le star dell'architettura di quegli anni (Aalto, van den Broek e Bakema, Eiermann, Gropius, Jaenecke & Samuelson, Ludwig, Niemeyer, Scharoun e Senn tra gli altri) presentarono a debita distanza l'uno dall'altro le loro idee sulla nuova edilizia residenziale. Le Corbusier poté realizzare a una certa distanza una nuova Unité. Per l'evoluzione delle planimetrie fu importante soprattutto il contributo di Aalto. Il soggiorno è al centro dell'alloggio e distribuisce più o meno direttamente tutti i locali per i singoli componenti del nucleo familiare. La pianta "cabinata" aveva trovato il proprio sviluppo (cfr. p. 140). Nelle ville urbane di Otto Senn tre alloggi di tipologia differente sono disposti a ventaglio attorno a un disimpegno dotato di illuminazione naturale, per cui ogni alloggio ha il doppio affaccio (44).

In quegli anni all'estero sorsero interessanti insediamenti ad andamento orizzontale. Atelier 5 realizzò nei pressi di Berna la Siedlung Halen, caratterizzata dall'alta densità (cfr. p. 276), dove talvolta le planimetrie avevano interasse di soli 4 m. Ludwig Mies van der Rohe e Ludwig Hilberseimer progettarono la Siedlung Lafayette Park a Detroit: edifici in acciaio con piante flessibili con il nucleo dei servizi inserito come un volume indipendente, un'idea ripresa negli anni Novanta (45). Van den Broek e Bakema progettarono nella Siedlung Klein Driene a Hengelo case a schiera con distribuzione ridottissima e talvolta con i piani superiori sfalsati in orizzontale di un asse (46). A Karlsruhe fu realizzato un prototipo di insediamento "a tappeto": case a semi-atrio di un piano, in un tessuto denso e pedonalizzato (cfr. p. 278)

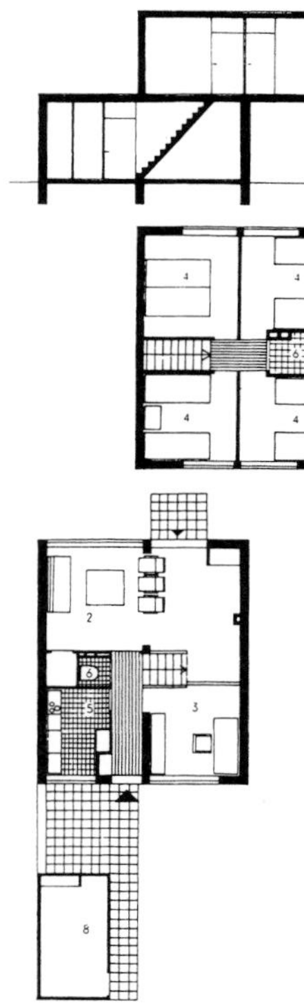

46

1965-1975

Questo periodo è caratterizzato dall'espansione delle città, dalla realizzazione di edifici residenziali a torre e terrazzati. Gli architetti delle giovani generazioni non seguirono le teorie urbanistiche di Le Corbusier e svilupparono invece le idee di Scharoun delle "corti residenziali" in scala più grande. Le maisonettes di Le Corbusier venivano preferite dagli architetti, ma non dai committenti, mentre la "pianta a corte" del progetto di Aalto nell'Hansaviertel ebbe un grande seguito. Gli spazi semipubblici e le superfici distributive venivano progressivamente ridotte. Un'eccezione a questa tendenza è il progetto Byker Wall di Ralf Erskine a Newcastle-upon-Tyne (avviato nel 1969): un ballatoio ben proporzionato e avvincente distribuisce due piani di *maisonettes*, verso l'alto e verso il basso. I balconi sono ricavati tra i ballatoi (47).

Corpi di fabbrica segmentati, sfalsati, terrazzati e ritmati caratterizzano l'aspetto di questi insediamenti. Collegati tra loro in sequenze, delimitavano ampie corti allo scopo di definire unità di vicinato. Un esempio di questa urbanistica periurbana è il Märkische Viertel del 1967 a Berlino (48). Il tessuto edilizio preesistente veniva rispettato – gli insediamenti di case unifamiliari erano conservati e integrati. Nel suo sviluppo in verticale questo insediamento dimostra la nuova tendenza: la "densificazione" – ovvero l'esatto contrario dello "sventramento" degli anni Cinquanta. L'edificazione in pannelli prefabbricati ("Plattenbau") veniva applicato solo in un quinto delle nuove realizzazioni. Con il Märkische Viertel si pose fine – almeno temporaneamente – all'edificazione a stecche. Il risultato urbanistico di questo insediamento fu – dal punto di vista dello spazio urbano – un significativo progresso. Al posto dello spazio libero incanalato tra le stecche parallele si affermavano ampi gesti volti a raccogliere lo spazio tra edifici (forse troppo) alti. Una struttura simile era già stata realizzata a Sheffield (Park Hill, 1957-1961).

Quasi contemporaneamente si ripresentò il tema dell'alta densità in orizzontale. Nel 1965 Roland Reiner iniziò, nei pressi di Linz, la realizzazione della Siedlung Puchenau ad alta densità. Grazie all'impiego di edifici in linea a quattro piani su strada, degradanti fino a un solo piano fuori terra sulla riva del Danubio, Rainer realizzò una forma insediativa in sintonia con i dettami del paesaggio e vari strati sociali (49).
In Inghilterra Peter Phippen progettò un insediamento di case ad atrio di grande varietà planimetrica (cfr. p. 252).

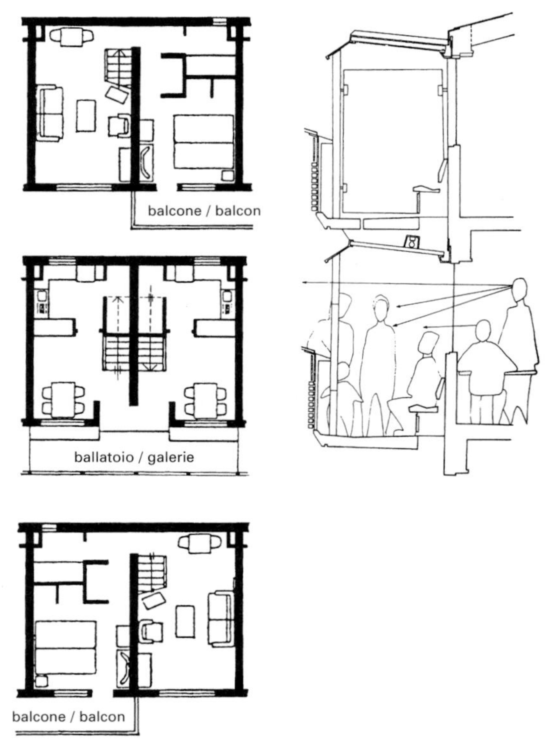

47

In quegli anni fu ripreso il concetto di separazione tra costruzione e partizioni interne, introdotto da Le Corbusier e Mies. Nacquero le cosiddette "case a scaffale", nelle quali gli inquilini potevano contribuire alla definizione degli interni. Ciò si accompagnava all'aspirazione degli architetti a far confluire il risultato delle recenti ricerche sociologiche nelle planimetrie degli alloggi e degli insediamenti residenziali. La definizione delle planimetrie veniva elaborata dagli architetti, che instauravano un dialogo con gli utenti finali, i quali partecipavano alle decisioni (50).

1975-1985

L'espansione della città rallentò a vantaggio del rinnovo urbano. Allo stesso tempo il costo della prefabbricazione crebbe in misura tale che l'edilizia convenzionale tornò a essere concorrenziale. Inoltre la crisi energetica del 1974 stimolò la ricerca di fonti alternative, come l'energia solare e quella geotermica. La combinazione di muratura in laterizio e isolamento "a cappotto" prevaleva nelle pareti perimetrali, mentre verande e serre erano ampiamente utilizzate per la regolazione della temperatura. Il disegno delle facciate riacquistò importanza, anche per l'influenza del postmodernismo.

43 Planimetria generale / *plan de situation* de l'Interbau, Hansaviertel, Berlin, 1
44 Otto Senn: Villa urbana / *immeuble isolé*, Interbau, Hansaviertel, Berlin, 195
45 Mies van der Rohe, Ludwig Hilberseimer / Lafayette Park, Détroit, 1955-1963
46 J. H. van den Broek + J. B. Bakema + Stokla: «Kleine Driene», Hengelo (Pays-
1957-1959
47 Ralph Erskine: «Byker Wall» / Newcastle-upon-Tyne, 1969-1981
48 W. Düttman, H. C. Müller, G. Heinrichs: Planimetria generale / *plan de situatio*
Märkisches Viertel, Berlin, 1971
49 Roland Rainer: Casa a schiera / *maison en rangée*, Puchnau (Autriche), 1965-

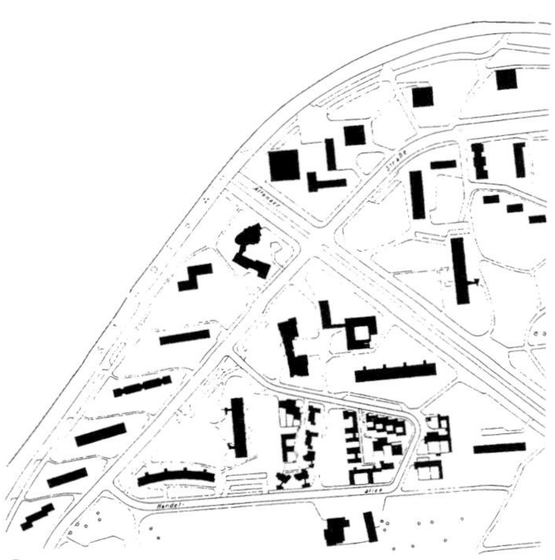

43

Pour la cité Siemens à Berlin, achevée en 1956, Scharoun avait imaginé des «Wohngehöfte» (cours à vivre), espaces non fermés mais délimités par des rangées en forme de lignes concaves, échelonnées et parfois de forme libre, prévus pour des usages communs. Les appartements y sont du type «à symbiose», associant un logement de quatre pièces et demie et un logement d'une pièce à entrée séparée, les deux pouvant être soit réunis, soit dissociés (42).

C'est peut-être l'exemple de l'Unité d'habitation de Marseille qui donna l'impulsion à l'Interbau inaugurée en 1957 dans le Hansaviertel à Berlin. Les tours y sont entourées d'une vaste surface de verdure, les rangées disposées en arêtes de poisson de part et d'autre de la rue (43). L'Interbau offrit l'occasion aux plus prestigieux architectes de l'époque (Aalto, van den Broek et Bakema, Eiermann, Gropius, Jaenecke & Samuelson, Ludwig, Niemeyer, Scharoun, Senn, etc.) de présenter, à distance suffisante les unes des autres, une réalisation illustrant leurs idées sur la construction de logement. Non loin de là, Le Corbusier put bâtir une nouvelle Unité. Le projet le plus intéressant quant à son apport à l'évolution de la structure du plan est celui d'Aalto: une pièce de séjour forme un centre autour duquel sont regroupées les pièces pour les différents membres de la famille et sur lesquelles il donne plus ou moins directement. C'est une sorte de dérivé du plan à cabines (voir p. 140). Pour son immeuble isolé, Otto Senn choisit une disposition concentrique: autour d'un espace d'accès à éclairage naturel s'articulent quatre appartements de trois types différents, chacun étant éclairé sur deux côtés (44).

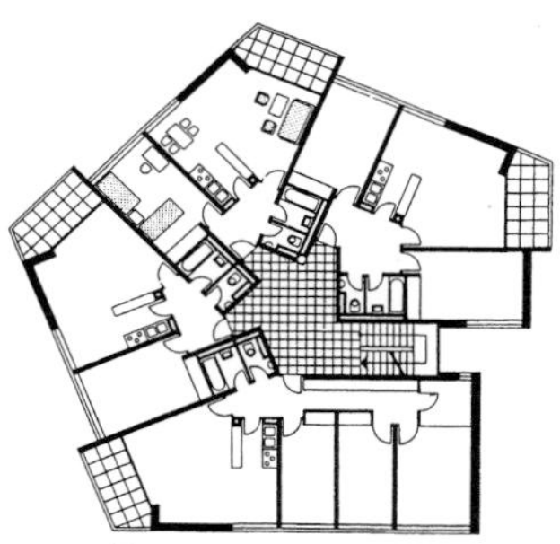

44

Il est intéressant de remarquer que durant les mêmes années, des cités à constructions basses virent le jour hors d'Allemagne. Ainsi par exemple, l'Atelier 5 réalisa en périphérie de Berne les maisons en rangées de Halen (voir p. 276-277). Le lotissement est dense, les maisons les plus étroites ne mesurant que quatre mètres de largeur. Au Lafayette Park à Detroit, Ludwig Mies van der Rohe et Ludwig Hilberseimer conçurent des constructions en acier à plan aménageable, y compris le bloc sanitaire, idée qui a été reprise dans les années 1990 (45). Pour la cité de Klein Driene à Hengelo, van den Broek et Bakema dessinèrent des maisons en rangée où les surfaces de passage sont limitées au strict minimum, certaines comprenant un niveau supérieur décalé d'un axe horizontal (46). À Karlsruhe enfin fut construit le premier lotissement «en tapis», ensemble dense et non accessible aux voitures, formé par des maisons à un niveau avec semi-atrium et accès extérieur (voir p. 278).

La période 1965-1975

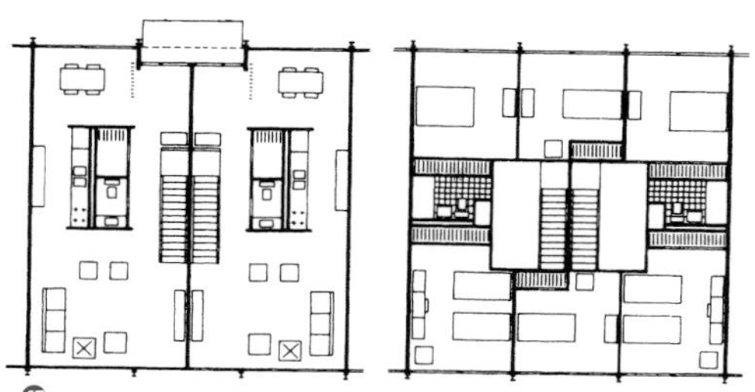

45

Ce fut la période des grandes extensions urbaines et de la construction de tours et d'immeubles en terrasses. Les architectes de la génération montante ne suivirent pas les idées urbanistiques de Le Corbusier, mais reprirent celle de la «cour à vivre» de Scharoun pour la développer sur une plus large échelle. Les plans à duplex de Le Corbusier étaient plus en faveur chez les architectes que chez les maîtres d'ouvrage. En revanche, le plan «à cour» créé par Aalto pour l'Interbau eut une belle postérité. On chercha cependant à réduire autant que possible les surfaces semi-publiques et les espaces de distribution. Cette tendance n'est pas trop marquée dans le Byker Wall de Ralph Erskine à Newcastle-upon-Tyne, commencé en 1969: une charmante galerie donne accès à deux duplex qui développent leur volume soit vers le haut soit vers le bas, avec un balcon entre deux galeries (47).

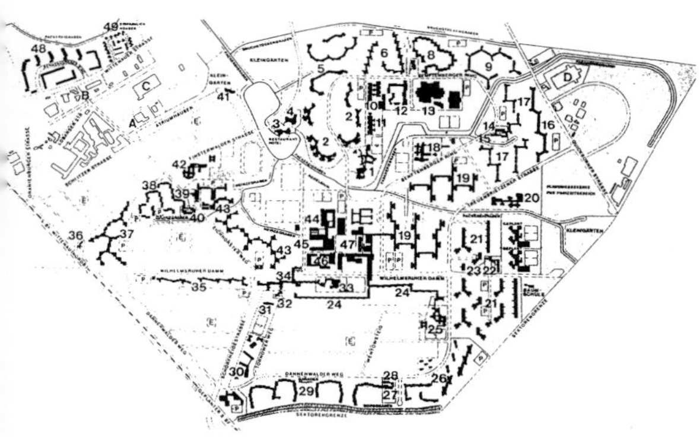

48

Les ensembles construits alors présentaient des corps de bâtiment échelonnés, rythmés, formant des coudes entre eux ou disposés en terrasses. Mis bout à bout, ils pouvaient former de longues chaînes délimitant des cours ouvertes et spacieuses favorables aux relations de voisinage. Le Märkische Viertel à Berlin, réalisé en 1967, est le prototype de ce genre d'urbanisme de banlieue (48). Les groupes de maisons familiales existants furent maintenus et complétés par des bâtiments qui, dans leur verticalité, sont l'expression de la nouvelle tendance urbanistique, attachée à la densification, c'est-à-dire tout le contraire de la déconcentration prônée dans les années 1950. Le préfabriqué n'a été utilisé que pour un cinquième des bâtiments. Ce fut la fin – provisoire – de la construction en rangée. Regardé du point de vue de l'espace urbain, le Märkische Viertel représente un progrès considérable. Les espaces ouverts canalisés entre les rangées avaient disparu au profit de l'accolade généreuse et protectrice de bâtiments dressés dans la hauteur, peut-être même trop hauts. Une disposition analogue avait déjà été conçue au Park Hill à Sheffield en 1957-1961.

Presque simultanément, on rechercha aussi la densification horizontale. En 1965, Roland Reiner commença à construire la cité de Puchnau, près de Linz, où la hauteur des appartements s'échelonne de quatre niveaux du côté rue à un niveau du côté Danube, suivant ainsi le modelé du paysage et permettant un brassage formel et social (49). L'ensemble de maisons à atrium créé par Peter Phippen près de Londres offre quant à lui une grande diversité de plans (voir p. 252-253).

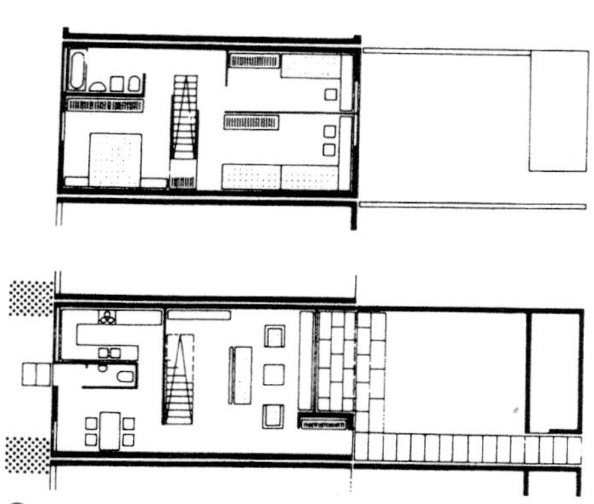

49

Durant ces années aussi, des architectes reprirent l'idée de la dissociation entre la structure porteuse et l'aménagement formulée par Le Corbusier et Mies. Les locataires des appartements ainsi conçus pouvaient participer au montage du second œuvre. Cette conception rejoignait celles des architectes soucieux d'intégrer les acquis de la sociologie: les plans des logements étaient achevés en une sorte de consultation sociale, processus participatif associant l'architecte et les habitants (50).

La période 1975-1985

Durant cette décennie, les extensions urbaines cessèrent au profit des rénovations. Parallèlement, du fait de l'augmentation des salaires dans la production des éléments préfabriqués, la construction traditionnelle redevint concurrentielle. La crise du pétrole en 1974 favorisa le développement de systèmes de chauffage alternatifs, de type solaire ou géothermique. Pour les revêtements de façade, l'association de briques et d'isolant thermique devint la solution favorite, tandis que les vérandas et les jardins d'hiver étaient appréciés comme régulateurs climatiques. Sous l'effet notamment du postmodernisme, le dessin des façades regagna en importance.

Il tema progettuale più diffuso in questi anni era il ripristino della cortina edilizia. La planimetria di edifici costretti tra due muri ciechi non poteva più essere schematica, in quanto influenzata da molti fattori contingenti. Lo stesso vale per la rigida applicazione del corretto orientamento e della ottimale profondità del corpo di fabbrica. Una nuova tendenza fu la sottolineatura del centro dello spazio, fosse esso il soggiorno o un disimpegno ampliato (51). A livello di impianto distributivo prevaleva il vano scala con corridoio interno o esterno.
Il modello di questa nuova tendenza è l'IBA (Mostra Edilizia Internazionale) del 1984 a Berlino. Qui fu realizzato un risanamento di tipo conservativo (ristrutturazione, restauro) oppure anche radicale (demolizione e ricostruzione). La sottolineatura formale dei nuovi edifici aveva lo scopo di stimolare l'identificazione dei residenti con la loro casa. Allo stesso tempo si voleva competere con le facciate di inizio secolo. Gli inquilini rappresentavano un ostacolo di natura finanziaria e logistica nel processo di risanamento: dovevano essere ricollocati temporaneamente o insediati altrove. Per questo motivo, ai margini della città furono realizzati nuovi insediamenti con isolati urbani a corte, ma anche a stecche, e con la nuova tipologia della villa urbana. Grazie alle dimensioni ragionevoli delle facciate e al numero contenuto di inquilini, questi edifici erano in grado di soddisfare il desiderio di una scala a misura d'uomo a seguito di un periodo di iperdimensionamento. Le torri residenziali scomparvero progressivamente dal panorama degli interventi edilizi.

Grazie all'incremento dell'interasse strutturale e alla diversificazione tipologica, le case a schiera diventarono attraenti anche per il ceto medio. Piante a croce, affacciate su una o due corti oppure sovrapposte a strati come nella Siedlung Sunila di Aalto, caratterizzano un'epoca nella quale ci si poteva permettere di più rispetto a quella precedente. Negli insediamenti ad andamento orizzontale si sperimentarono alcuni progetti di residenza collettiva, realizzati da più famiglie che desideravano abitare sotto lo stesso tetto.

1985-1995

Le cortine edilizie sono ripristinate, il risanamento delle città praticamente concluso. Inizia la riqualificazione degli insediamenti risalenti al periodo tra le due guerre o all'immediato dopoguerra, coinvolgendo aspetti che vanno dalle parti strutturali all'isolamento termico. Si tenta di accorpare alloggi minimi degli anni Trenta e si realizzano nuovi insediamenti ai margini delle città. Gli edifici residenziali multipiano hanno un'altezza contenuta. L'inserimento e il completamento di strutture esistenti diviene un tema centrale. Il postmoderno si è esaurito: la facciata torna a essere razionale e meno importante della pianta. Il razionale allineamento degli elementi torna in voga – a livello urbanistico domina la stecca, nelle piante il susseguirsi di vani neutri dal punto di vista della destinazione d'uso (52, 53, 54). Alle piante si richiede un alto grado di flessibilità, poiché è sempre più difficile sapere chi saranno gli utenti finali; a questi viene così garantita la possibilità di intervenire nella disposizione degli alloggi, il che risulta meno oneroso rispetto al loro coinvolgimento attivo nel processo progettuale. Inoltre la flessibilità, ottenuta grazie alle pareti mobili, è largamente riconosciuta come un arricchimento della qualità abitativa. Anche la possibilità di accorpamento degli alloggi (variabilità) e i vani intermedi opzionali entrano a far parte dei programmi edilizi, permettendo di realizzare residenze collettive. Anche le piante a corridoio centrale degli edifici di inizio secolo sono molto apprezzate dai giovani, perché il corridoio è uno spazio neutro dal quale si accede in modo indipendente a vani aperti a varie destinazioni d'uso. L'idea di Mies del volume inserito liberamente nello spazio – bagno o cucina che sia – torna a essere un tema progettuale. Nasce l'esigenza di combinare l'abitare con il lavoro (inteso in senso professionale) e anche in questo caso si approda a piante con corridoio centrale. Si arriva al punto che nelle grandi città vengono concepiti edifici che possano essere destinati sia alla residenza sia al terziario (55).
I pregi e il trattamento delle case unifamiliari vengono applicati anche agli edifici multipiano. Sorgono stecche stratificate con due o tre ballatoi dai quali si accede ad alloggi su uno o due livelli con accesso indipendente. Qua e là si riescono a realizzare vani scala e spazi comuni che stimolano la comunicazione tra gli inquilini (56). Nelle case a schiera si attua la ripetizione della stessa unità senza variazioni. L'introduzione del computer negli studi di progettazione porta un'evidente razionalizzazione del disegno.

Reinhard Gieselmann

Abitare deprogrammato

Durante gli anni Novanta si è registrato un nuovo impulso alla ricerca nell'ambito dell' edilizia residenziale. In particolare la discussione ha cercato di evidenziare in che misura l'offerta di alloggi esistente fosse congrua rispetto agli stili di vita contemporanei. Tutte le ricerche hanno riscontrato un'individualizzazione degli stili di vita, da leggersi in relazione a mutamenti sociali irreversibili[1]. Tra questi vengono citati:
la legalizzazione dello scioglimento dei legami di coppia; l'emancipazione femminile; la frantumazione del nucleo familiare in nuclei di due generazioni; la crescente importanza della terza età come fase semilavorativa; la coesistenza di una cultura locale con quella globale attraverso le reti di comunicazione; l'incremento della mobilità in compresenza della tendenza opposta; il superamento della separazione tra l'abitare e il luogo di lavoro grazie al progresso tecnologico, e così via. Viene inoltre confermato che la tendenza all'individualizzazione non è un fenomeno passeggero e nemmeno legato a un particolare ceto sociale[2].
A seguito di questa evoluzione nella maggior parte delle città il numero di nuclei familiari tradizionali si è ridotto circa al 20%. La tendenza a diventare single non corrisponde però necessariamente alla tendenza alla solitudine e ad alloggi sempre più piccoli; va piuttosto messa in relazione alla grande varietà di stili di vita, dalla quale nasce la domanda di modi di abitare non convenzionali. Si tratta perlopiù di nicchie di mercato, che però nel loro insieme caratterizzano sempre più il mercato della residenza. Queste nicchie evidenziano specificità e peculiarità, in relazione a nuove forme insediative volte a creare nuovi tipi di comunità chiuse in se stesse, "Private Gated Communities" o cooperative, che comunque collegano l'abitare a forme specifiche di vita semicollettiva (56,

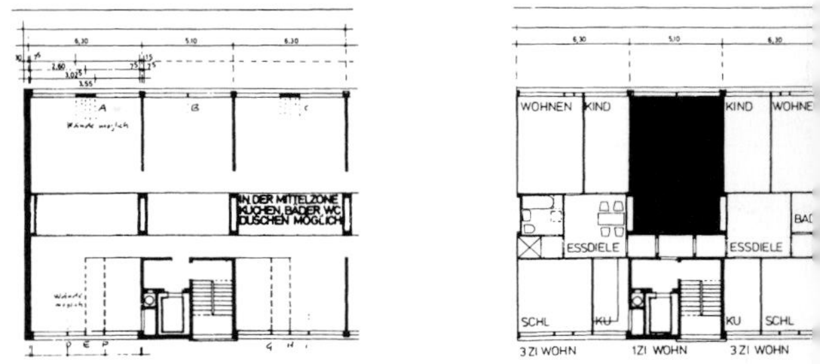

50

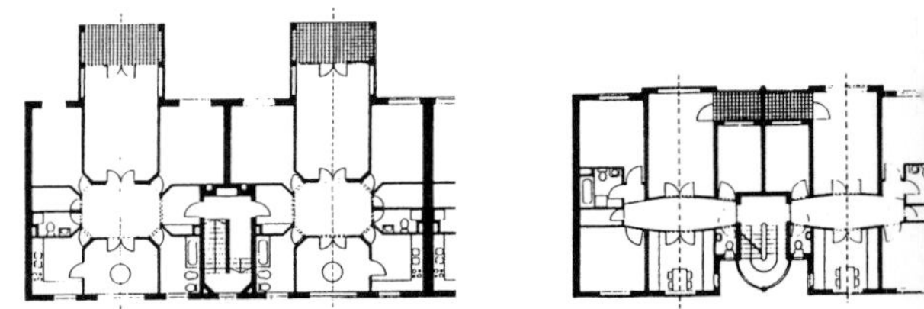
51

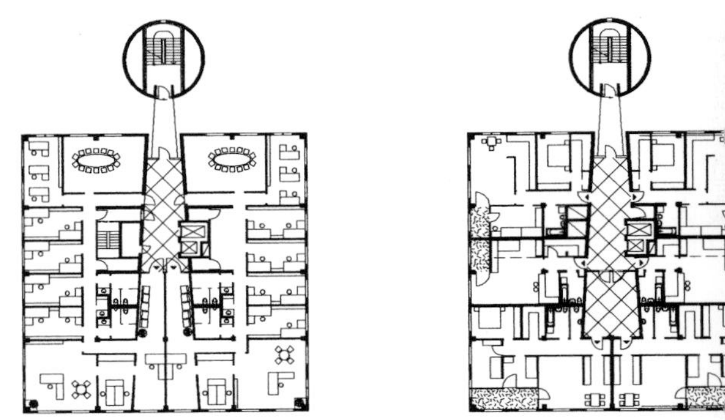
55

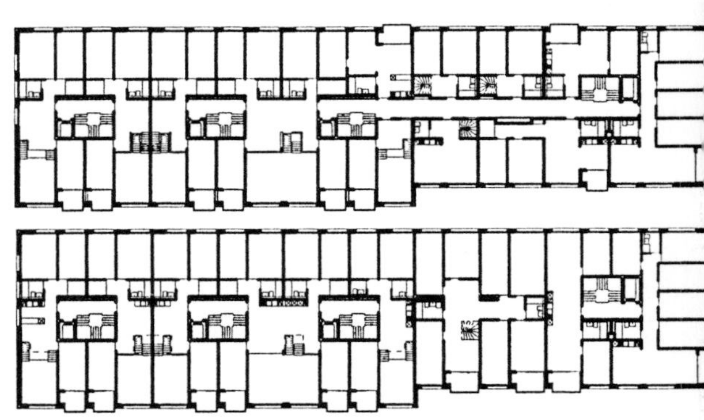

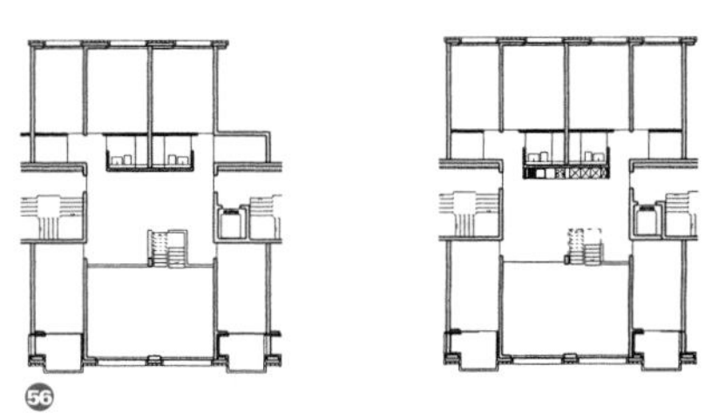
56

50 R. Spille: Piante a progettazione partecipata / *plan aménageable par les habitants*, Hambourg-Steilshoop, 1975
51 Hilmer und Sattler: Appartamenti con disimpegno centrale, varianti / *variante d'appartements à entrée centrale*
52 Metron Architekturbüro: Siedlung Riehen / *lotissement à Riehen*, près de Bâ (particolare della pianta / *détail du plan*)
53 ACTAR Arquitectura: Complesso residenziale con 350 appartamenti; la divers collocazione dei tre elementi prefabbricati – cucina, bagno, due armadi a mur con funzione di divisori – dà luogo a molteplici varianti planimetriche / *ensemble de 350 appartements; le plan varie en fonction de l'emplacemen des trois éléments préfabriqués (bloc-cuisine, bloc sanitaire et placards faisant cloison)*; Son Gibert, Palma de Majorque, 1997
54 Njiric+Njiric: Casa plurifamiliare con nucleo bagno-cucina fisso e stanze a destinazione d'uso variabile, che permette una grande varietà di utilizzo / *ma à plusieurs appartements avec une cuisine et une salle de bains fixes et de pièces permettant diverses affectations*; Zaprešić (Croatie), 1997

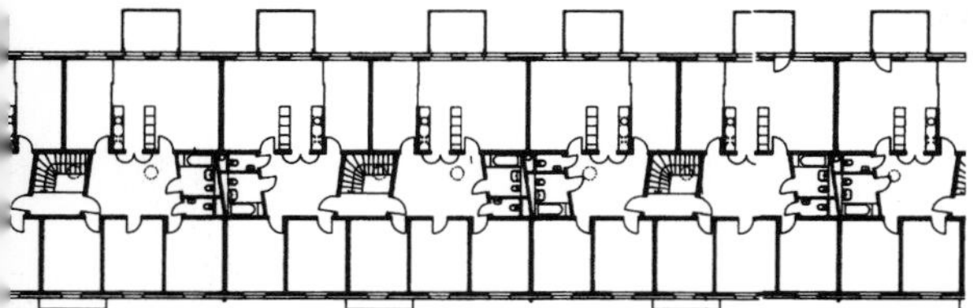

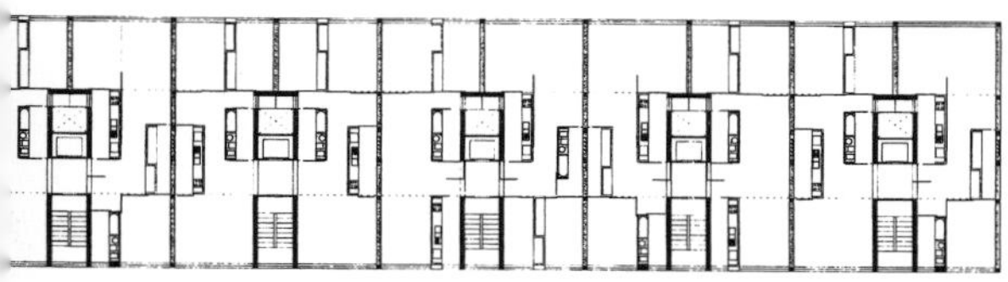

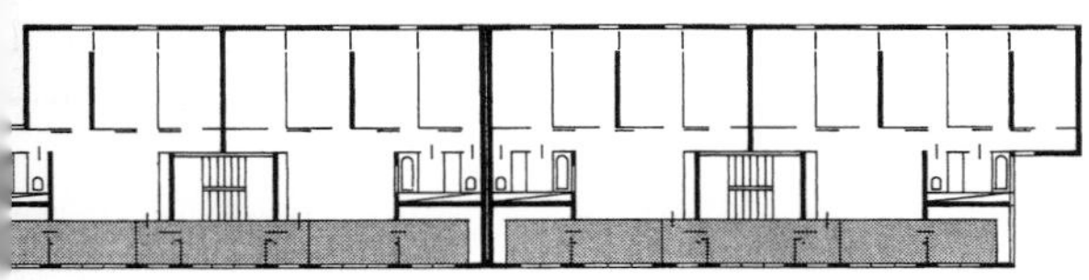

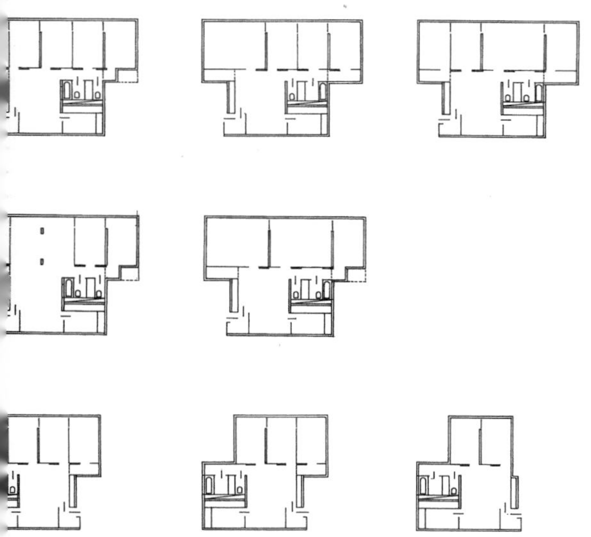

Nalbach Architekten: Progetto per uso flessibile di un edificio come uffici, hotel o residenza / *projet d'utilisation d'un bâtiment pour des bureaux ou des logements ou comme hôtel*, 1996
Stücheli Architekten: "Kraftwerk 1", planimetrie per l'alloggio "Loos" con soggiorno a doppia altezza e galleria per comunità residenziale di 11 stanze / *«Kraftwerk 1», plans pour l'appartement «Loos» à séjour à plafond élevé et galerie pour une communauté, onze pièces*, Zurich, 2001
BKK-2: "Sargfabrik", Vienna, 1988, Complesso residenziale edificato con la partecipazione degli inquilini, chiuso verso l'esterno, si è voluto creare un vicinato all'interno con un'architettura trasparente, sovrapposizione di maisonettes vetrate su entrambi i lati, dai ballatoi vista sull'intero alloggio (senza illustrazione) / «Sargfabrik», Vienne, 1998, ensemble réalisé au cours d'une procédure participative, fermé vers l'extérieur, mais créant un voisinage à l'intérieur, avec une architecture transparente d'appartements superposés vitrés des deux côtés, que le regard peut traverser depuis les galeries (sans illustration)

La principale tâche des architectes était de remplir des lacunes dans les alignements urbains. Les plans des appartements ne pouvaient donc plus être aussi schématiques, étant donné les contraintes de l'environnement bâti. De même pour l'orientation et la profondeur des bâtiments. Une nouvelle tendance se fit jour dans l'agencement du plan: la prédominance du centre spatial, qu'il s'agisse du séjour ou d'une extension de couloir (51). Quant au système d'accès, la solution préférée était la combinaison entre un escalier et une galerie extérieure ou intérieure.
Les réalisations créées pour l'Exposition internationale d'architecture et de construction IBA (Internationale Bauausstellung) à Berlin en 1984 sont des modèles représentatifs des nouvelles tendances. Il y eut à la fois réhabilitation en douceur avec rénovation et démolition pour faire place à du neuf. Les constructions nouvelles présentent un aspect extérieur résolument modelé au moyen duquel les habitants étaient invités à s'identifier à leur maison. Accessoirement, on voulait aussi rivaliser avec les façades restaurées des bâtiments des pionniers du début du siècle. Les réhabilitations posent un problème d'organisation et de financement: la nécessité de déplacer les habitants ou de leur trouver un logement provisoire. Ce fut sans doute la raison de l'apparition de cités en périphérie urbaine, où l'on construisit des blocs et des ensembles regroupés autour d'une cour, mais aussi des immeubles en rangée et un nouveau type de villa urbaine, forme de maison isolée conçue pour un nombre d'habitants restreint et dont les façades sont de dimensions raisonnables, répondant ainsi à un certain besoin de retour à la petite taille. Les tours d'habitation disparurent peu à peu des programmes de construction.

La maison en rangée, en s'élargissant, mais aussi en se diversifiant, acquit les faveurs d'une classe moyenne devenue plus aisée. On vit apparaître des plans en croix, à une ou deux cours, ou des plans superposés rappelant ceux de la cité Sunila d'Alvar Aalto. La construction basse fut la forme adoptée pour quelques communautés où plusieurs familles étaient désireuses d'habiter sous le même toit.

La période 1985-1995

Les lacunes dans les alignements urbains sont désormais remplies, les rénovations quasiment achevées. On commence alors à réhabiliter les grands ensembles de l'entre-deux-guerres et de l'après-guerre en prenant des mesures qui vont de l'amélioration de la structure à l'isolation thermique. On essaie de regrouper des petits appartements des années 1930. Mais on bâtit aussi de nouvelles cités en périphérie urbaine. Les immeubles à étages ont des hauteurs raisonnables et l'on attache de l'importance à l'insertion dans le tissu existant et à la manière de le compléter. Le postmodernisme a vécu: le dessin de la façade redevient rationnel et on lui accorde en général moins d'attention qu'au plan. La rationalité dans l'alignement des éléments est de nouveau appréciée: l'urbanisme privilégie la rangée, l'architecture la succession de pièces sans affectation prédéfinie (52, 53, 54). Les plans doivent être souplement aménageables, parce que les caractéristiques des habitants futurs sont toujours plus difficiles à prévoir, et il s'est révélé plus avantageux et moins compliqué de leur laisser ainsi la possibilité de concevoir l'arrangement final que de les associer au processus de projet. La souplesse est d'ailleurs considérée comme un enrichissement de la valeur de l'habitation. La paroi coulissante est le moyen d'y parvenir. On prévoit des appartements variables qui peuvent être regroupés, avec des pièces «commutables», à double accès: les communautés d'habitation peuvent ainsi devenir réalité. Les jeunes gens apprécient tout autant les plans à couloir central – repris de la période des pionniers – parce qu'ils donnent traditionnellement accès à des pièces dont l'affectation est libre. On reprend aussi l'idée de Mies van der Rohe: le bloc-cuisine ou le bloc sanitaire librement insérés. Le plan à couloir est aussi la réponse à un besoin nouveau, celui de réunir la fonction de logement et de travail dans le même espace. À tel point que, dans les grandes villes, on conçoit des bâtiments qui peuvent indifféremment servir pour des bureaux ou des appartements (55).
On s'efforce de donner aux immeubles à étages les avantages de la maison individuelle, en construisant des rangées à deux ou trois appartements sur un ou deux niveaux, accessibles séparément par des galeries. Les cages d'escalier et les espaces communs peuvent même parfois devenir des lieux favorisant la communication (56). Dans les cités à rangées d'immeubles, les appartements sont alignés sans variations. Depuis que les architectes dessinent à l'ordinateur, il semble bien que c'est la rationalité qui l'emporte.

Reinhard Gieselmann

L'habitation déprogrammée

Les années 1990 ont vu de nouvelles impulsions dans la construction de logements, avec pour préoccupation essentielle la question de savoir si l'offre existante correspondait au mode de vie actuel. Les recherches ont abouti à un constat unanime: les formes de vie s'individualisent en raison de diverses transformations sociales[2] parmi lesquelles on mentionnera la libéralisation, au regard de la loi, des couples non mariés, la tendance à l'égalité sociale et professionnelle de la femme, le remplacement de la famille par des ménages à deux générations, l'importance grandissante de la «troisième phase de vie» (travail à temps partiel), le voisinage de la culture locale et de la culture mondiale dans un réseau planétaire, l'augmentation de la mobilité et la réaction contraire, l'effacement de la séparation entre habitation et travail notamment sous l'effet du développement des télécommunications. On observe aussi que la tendance à l'individualisation n'est ni un phénomène de mode ni propre à certaines couches de la population[3].
Cette évolution a eu pour conséquence de réduire la proportion des ménages traditionnels, dans la majorité des villes, à environ un cinquième. Mais vivre seul ne signifie ni isolement ni petit appartement: ce mode de vie se manifeste au contraire par une grande diversité de formes. De ce fait, il y a une demande toujours plus grande de formes de logement non traditionnelles. Ce sont d'abord de simples créneaux commerciaux, mais au total ils représentent une part toujours plus importante de la demande de logements. Ces formes d'habitation se distinguent par des spécialisations et des particularités. Elles

57). A questa categoria appartengono anche nuove forme di abitare in condivisione, con particolari infrastrutture e servizi, per esempio una cucina professionale e un cuoco (58). Grazie alle barriere verso l'esterno, sia edilizie che nelle modalità di selezione dei residenti, questa modalitá abitativa può garantire al suo interno un alto grado di trasparenza e apertura.
D'altra parte il bisogno di abitare in modo non convenzionale ha stimolato l'innovazione tipologica. Vengono offerti concetti planimetrici privi di connotazione funzionale (59) oppure flessibilità attraverso le diverse possibili collocazioni di elementi infrastrutturali (53, 54), oppure ancora un open space che può essere suddiviso liberamente (60, 61, 62). Si inventano anche nuove tipologie distributive: alloggi con più accessi, ballatoi, corridoi interni o verande che si ampliano fino a diventare spazi di soggiorno come saloni (63, 64, 65). Anche tipologie tradizionali vengono reinterpretate e ibridate, per esempio case ad atrio che diventano case in linea (66). Oppure si giunge a una grande differenziazione dell'offerta residenziale all'interno dello stesso edificio (67). In questi edifici-collage, spesso ad alta densità, all'interno di una semplice struttura vengono compattati alloggi di taglio, tipologia, standard e concetto spaziale di ogni tipo insieme alle funzioni più diverse (produzione, spazi aperti, alloggi-atelier, parcheggi).
L'allentamento del legame a un luogo specifico fa aumentare la predisposizione a trasferirsi. La domanda di flessibilità si trasferisce all'esterno dell'alloggio: non si riferisce più alla possibilità di trasformarlo, ma richiede l'offerta di alloggi specifici per ognuno degli stili di vita possibili. Il concetto stesso di flessibilità cambia di significato, analogamente al contesto abitativo. Gli spazi pubblici diventano eterogenei, così come il settore pubblico si è trasformato in molteplici settori semipubblici. Soprattutto negli interventi di dimensioni rilevanti, si sperimenta l'accostamento di spazi pubblici di varia natura e destinazione d'uso aperta a interpretazioni diverse (Herczog Hubeli Comalini, Steinfelsareal, Zurigo, cfr. p. 306).

L'individualizzazione delle forme abitative potrà portare in futuro allo sviluppo di un'edilizia residenziale che offra un'infrastruttura più o meno grezza da rifinire e completare in un secondo momento a seconda delle esigenze, nel contesto di un catalogo di varianti e scelte di materiali già predisposti, oppure anche senza di essi (68, 69, 70, b&k+ brandlhuber&kniess GbR, "Kölner Brett", Colonia, cfr. p. 172).
L'alloggio deprogrammato corrisponde dunque anche all'esigenza di caratteri distintivi individuali. Il fascino della difformità non si cura del brutto e del bello, di ciò che è economico oppure costoso, bensì della democratizzazione del lusso di distinguersi dagli altri.

La rottura delle convenzioni ha portato – almeno in senso storico – nuove libertà, che certamente non sempre sono avvertite come tali, quanto piuttosto come costrizioni che risvegliano la nostra nostalgia per forme di vita e di abitare del passato. Questa tendenza si rispecchia nella coesistenza di vari stili architettonici: al desiderio di una minor libertà corrisponde una crescente offerta di architettura retrò.
A prescindere dalle inclinazioni individuali, l'eterogeneità degli stili di vita induce una richiesta di alloggi nei quali l'attribuzione della destinazione d'uso resta in sospeso, dal momento che ogni prefigurazione risulta sempre meno aderente alla realtà. In questo senso è lecito parlare di una edilizia residenziale post-funzionale. Il mutamento del paradigma non riguarda soltanto l'idea moderna dell'alloggio per l'"existenzminimum", ma anche il suo programma pedagogico nel complesso. L'architettura deprogrammata prestabilisce il meno possibile e non pretende di sapere ciò che è meglio per l'utente.
Anche rispetto alle questioni legate alla planimetria e al metodo progettuale, essa si pone come un congedo dal Movimento Moderno – non in senso postmoderno, ma in quanto moderno che riflette su se stesso[3]. Mentre per il Movimento Moderno riduzione e unità erano princìpi fondanti dal punto di vista sia etico che estetico, l'architettura deprogrammata muove dalle nozioni di varietà e frammentazione come dati di fatto. In questo senso la forma è sostituita da una "sovraforma"[4] che assume varietà e frammentazione e le traspone in uno stato di semplificazione. Alcuni degli esempi citati (53, 54, 55, 59, 70 e altri) sono possibili declinazioni di questa "sovraforma", che può essere interpretata anche come strategia progettuale: l'alloggio si concretizza solo nel momento in cui viene fatto proprio e dunque interpretato. In altre parole: l'alloggio ha una dotazione sufficiente per essere abitato, ma necessita di interventi di completamento per risultare personalizzato ed è abbastanza complesso da anticipare future evoluzioni. In questo senso l'alloggio deprogrammato corrisponde ai requisiti di una edilizia residenziale sostenibile. Del resto, come tutte le sperimentazioni che lo hanno preceduto, non è che uno dei molti modi possibili di progettare planimetrie residenziali.

Ernst Hubeli

1 H. Häussermann, W. Siebel: Soziologie des Wohnens, Weinheim, 1996
2 Pierre Bourdieu: *Der Einzige und sein Eigenheim*, Amburgo, 1998
3 Ulrich Schwarz: *Neue Deutsche Architektur – Eine Reflexive Moderne*, Berlino, 2001
4 Ernst Hubeli: Die erotische Dimension des Städtischen, in: *100% Stadt – Der Abschied vom Nicht-Städtischen*, Graz, 2003

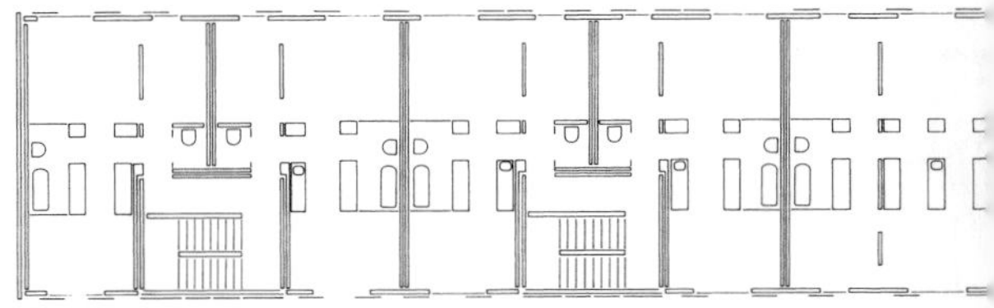
59

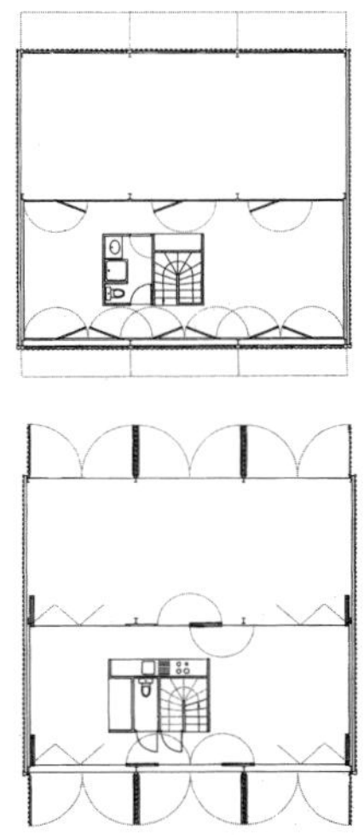
60

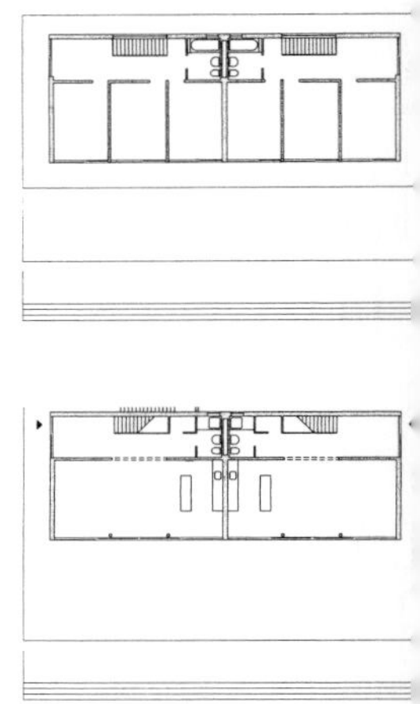
61

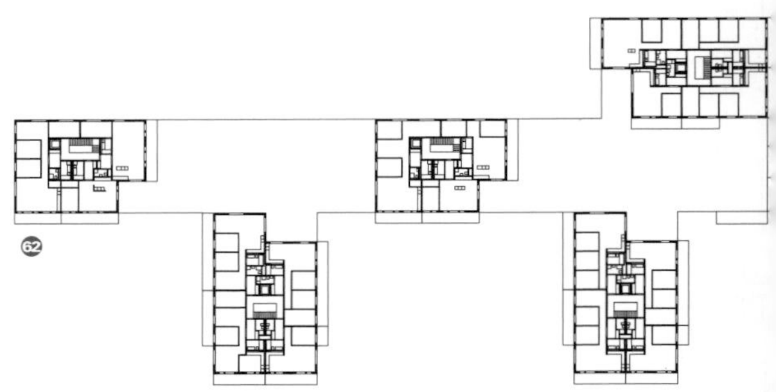
62

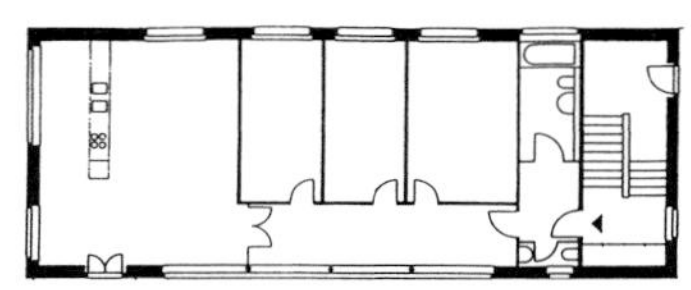
63

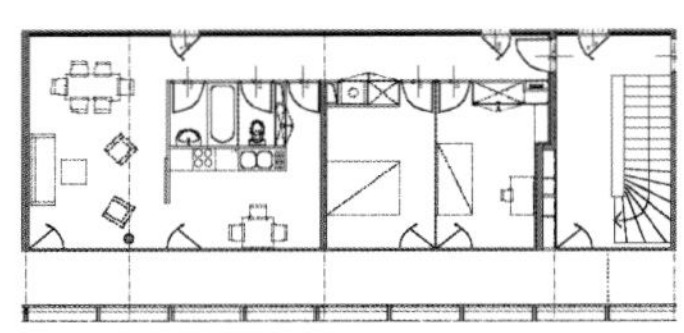
64

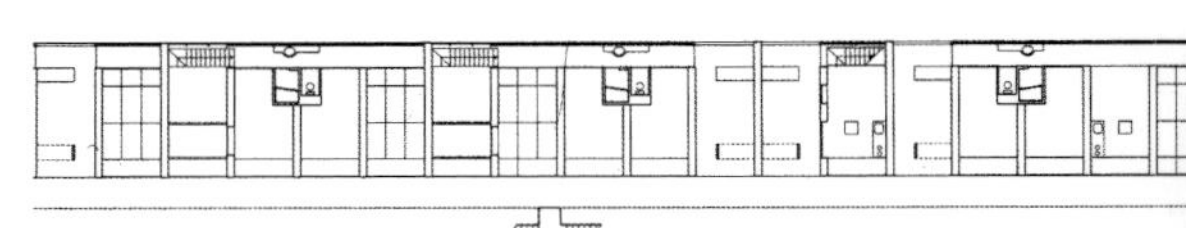
65

58 Cooperativa "Karthago", abitare in "comunità", cena per tutti i 57 abitanti nella sala da pranzo comune, spese per cibo e compenso del cuoco incluse nell'affitto (senza illustrazione) / *Communauté «Karthago», grande «famille» de 57 personnes prenant le repas du soir ensemble dans une salle à manger commune; le coût du repas et le salaire du cuisinier sont compris dans le loyer, Zurich, 1997 (sans illustration)*
59 Florian Riegler, Roger Riewe: Graz-Straßgang, 1994
60 Anne Lacaton, Jean Philippe Vassal: Casa / *maison* Latapie, Floirac (France) 1993
61 Herczog Hubeli Comalini: Meilen (Zurich, Suisse), 1997
62 Cooperativa em2n Architekten: Siedlung Hegiawanderg, una casa plurifamiliare in legno con nucleo in cemento e facciata portante, varie collocazioni possibili per le pareti divisorie interne / *coopérative em2n Architekten: Hegianwandweg, immeuble résidentiel en bois avec noyau de béton et façade porteuse, parois aménageables à volonté*, Zurich, 2003
63 Michael Alder: "Vogelbach", il corridoio particolarmente ampio può avere varie destinazioni d'uso / *«Vogelbach», couloir élargi à usages multiples*, Riehen, près de Bâle, 1992

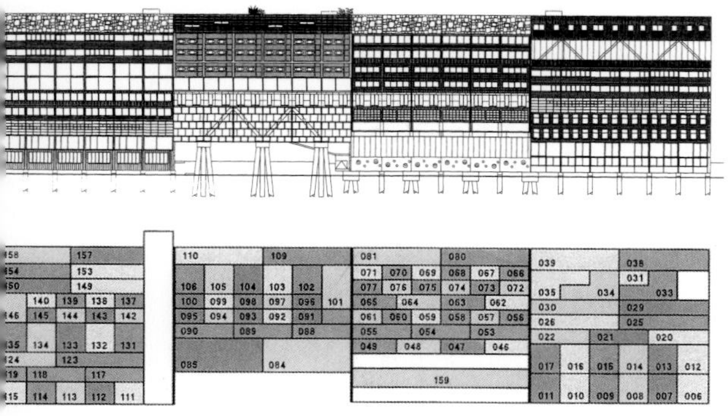

67

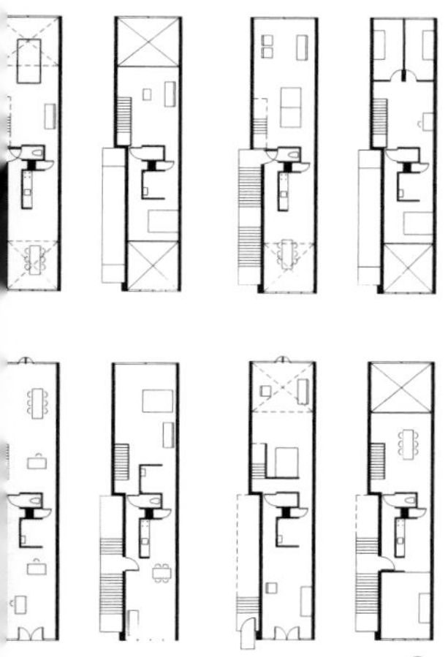

68

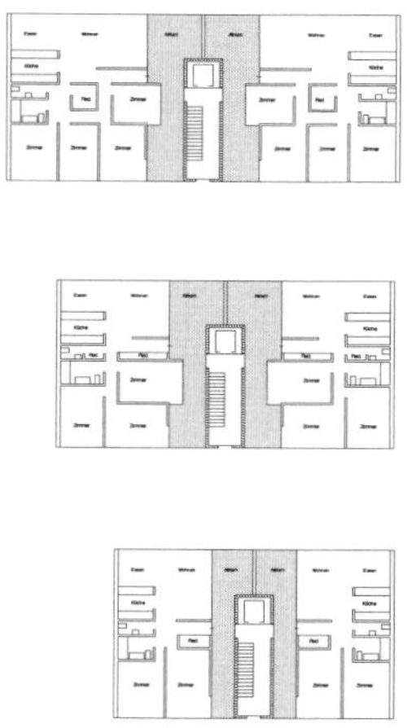

66

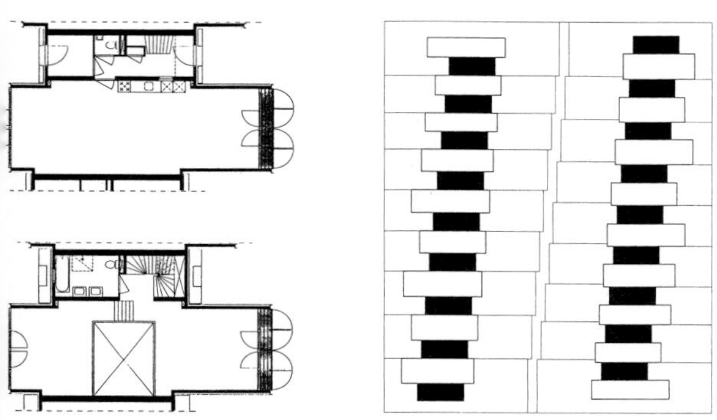

69

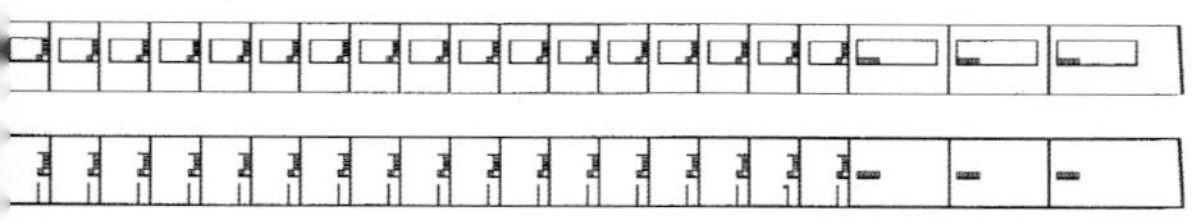

70

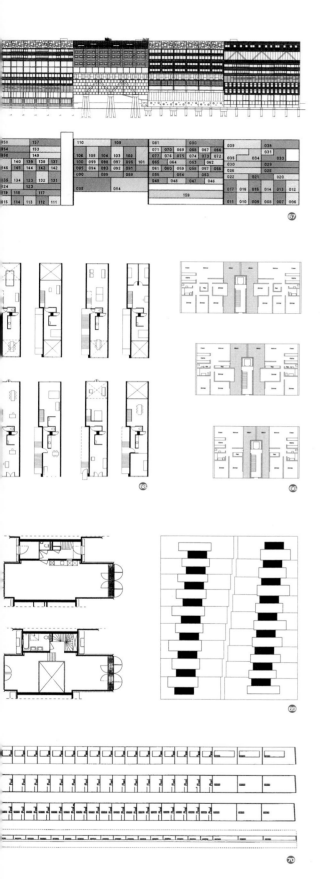

se réfèrent d'une part à divers types de groupements, que ce soient des quartiers résidentiels clos (les «gated communities») ou des communautés pratiquant une forme de vie semi-collective (56, 57). On y rangera par ailleurs des communautés d'un type nouveau dont les logements possèdent des équipements spécifiques, par exemple une cuisine collective avec un cuisinier (58). Nettement délimitée vis-à-vis de l'extérieur, tant par le mode de construction que par la sélection des habitants, pareille forme de logement est susceptible d'offrir à ceux qui l'occupent beaucoup de transparence et d'ouverture à l'intérieur de sa structure.
D'un autre côté, le besoin de sortir du traditionnel a été un facteur d'innovation typologique. On propose par exemple des appartements dont les pièces n'ont pas d'affectation prédéfinie (59) ou offrent une certaine souplesse dans la disposition des éléments d'infrastructure (53, 54), ou encore des appartements à pièce unique divisible à souhait. Les appartements ont parfois plusieurs accès ou des galeries ; les pièces de distribution, les couloirs ou les loggias deviennent des pièces de séjour ressemblant à de véritables salons (63, 64, 65). On réinterprète des types classiques pour en faire des hybrides, tels ces immeubles à étages citant le type de la maison à atrium (66). Il arrive aussi qu'un même bâtiment, en un collage souvent très dense, offre une palette de types très variée quant à la taille des appartements, à leur forme, aux standards, aux systèmes d'accès et aux fonctions (artisanat, espaces libres, logement et travail, parking).
L'affaiblissement de l'ancrage local accroît la propension à déménager. On assiste ainsi à une sorte de «transfert vers l'extérieur» de la question de la souplesse formelle du logement, qui ne concerne maintenant plus simplement un appartement qui doit pouvoir se transformer, mais divers appartements qui doivent pouvoir accueillir différentes formes de vie. On réinterprète la notion de souplesse. L'importance de l'environnement se modifie aussi. Reflet d'une société éclatée en sous-collectivités, les espaces publics deviennent plus hétérogènes. Dans les grands ensembles surtout, on expérimente la juxtaposition d'espaces publics différents aux fonctions non prédéfinies (Herczog Hubeli Comalini, ancienne aire industrielle Steinfels à Zurich, voir p. 306-307).

Si l'individualisation des formes de logement se poursuit, la construction d'appartements n'offrira plus qu'une infrastructure plus ou moins brute à compléter en fonction des besoins, soit d'après des variantes prévues ou d'après des catalogues, soit de manière tout à fait indépendante (68, 69, 70, b&k+ brandlhuber&kniess GbR, «Kölner Brett» à Cologne, voir p. 172-173).
L'appartement déprogrammé correspond donc aussi à un désir d'afficher des caractéristiques distinctives. L'attrait de l'inédit ne s'exprime plus simplement en termes de beauté ou de laideur, de cherté ou de bon marché, mais par ce luxe démocratisé qui consiste à pouvoir se distinguer des autres.

D'un point de vue historique du moins, la rupture d'avec les conventions a créé de nouvelles libertés, qui certes ne sont pas toujours perçues comme telles, mais parfois aussi comme une contrainte propre à susciter la nostalgie du temps passé, de ses modes de vie et de ses règles. Une nostalgie qui se reflète dans le paysage architectural, où l'aspiration à moins de liberté favorise l'éclosion de styles rétro.
Mais au-delà des penchants subjectifs, l'hétérogénéité des formes de vie soulève le problème d'un espace d'habitation où les attributions des fonctions et des valeurs d'usage restent floues du moment que tout plan préétabli est condamné à passer à côté de la réalité. En ce sens, on peut parler aujourd'hui de post-fonctionnalisme dans la construction d'habitation. Le changement de modèle ne s'opère pas seulement par rapport à l'idée de «logement pour le minimum existentiel», telle que la propageait l'architecture moderne, mais aussi par rapport au projet pédagogique de cette dernière. L'architecture déprogrammée fige aussi peu que possible, elle ne met pas sous tutelle.
La question du plan et de sa méthode de conception se pose elle aussi comme celle de la succession du modernisme: non sous la forme du postmodernisme, mais d'un modernisme réfléchissant sur soi-même[4]. Le fonctionnalisme avait pour fondement éthique et esthétique la réduction et l'unité, tandis que l'architecture déprogrammée part de la diversité et de la fragmentation comme d'une réalité. La forme y est remplacée par une «sur-forme»[5] qui absorbe la diversité et la fragmentation tout en les faisant passer à un stade de simplification. On peut voir dans quelques-uns des exemples évoqués (53, 54, 55, 59, 70, etc.) des interprétations possibles de cette sur-forme, qu'il est également possible de définir comme une stratégie de projet: l'appartement prend forme concrète en étant interprété par appropriation. En d'autres termes, un appartement est suffisamment complet pour être utilisé et suffisamment incomplet pour une appropriation subjective, et suffisamment complexe pour permettre une anticipation. Le logement déprogrammé est ainsi propre à répondre aux exigences de durabilité. Mais de même que toutes les expériences qui l'ont précédé, il n'est qu'un des moyens de concevoir un plan.

Ernst Hubeli

- Herzog & de Meuron: Rue des Suisses, Paris, 2000
- Kazuyo Sejima, Ryue Nishizawa: Kitagata, Gifu (Japon), 1998
- Herczog Hubeli Comalini, Fällanden, Zurigo, Progetto di concorso / *projet de concours*
- mvrdv: Complesso Silodam / *ensemble de Silodam*, Amsterdam, 2002
- Bosch-Haslett: Stecca composta da maisonettes profonde 18 m con libera disposizione delle pareti divisorie interne / *immeuble en rangée de duplex profonds de 18 m, à parois librement aménageables*, Amsterdam, 1997
- Marlies Rohmer: "Gewilde Wohnen", sistema di case a schiera, il nucleo impiantistico che comprende scala e ingresso è predeterminato, i locali variano per volume e arredamento / *«Gewilde Wonen», système de maisons en rangée, bloc sanitaire fixe avec l'escalier et l'entrée, volume et aménagement des pièces variables*, Almere, Amsterdam, 1997
- Herczog Hubeli Comalini: Steinfelsareal / *ancienne aire industrielle Steinfels*, Zurich, 2002

[1] Le Corbusier, *Œuvre complète* 1946-1952, Zurich, 1955, p. 194.
[2] Hartmut Häussermann, Walter Siebel: *Soziologie des Wohnens*, Weinheim, 1996.
[3] Pierre Bourdieu: *Les Structures sociales de l'économie*, Paris, 2000.
[4] Ulrich Schwarz: *Neue deutsche Architektur. Eine reflexive Moderne*, Berlin, 2001.
[5] Ernst Hubeli: «Die erotische Dimension des Städtischen», in: *100% Stadt. Der Abschied vom Nicht-Städtischen*, Graz, 2003.

L'organizzazione dell'alloggio / L'idea di planimetria

Un'idea di planimetria rispecchia una particolare prefigurazione dell'abitare: nella distribuzione interna, nell'apertura o chiusura degli spazi, nel loro collegamento e raggruppamento, nelle connessioni o separazioni funzionali, per non parlare dei percorsi e delle relazioni visive al suo interno. Alcune planimetrie mettono al primo posto la concezione spaziale (cfr. "Inserimento di elementi indipendenti"), altre sottolineano il collegamento tra gli spazi, ottimizzano i percorsi o li enfatizzano (cfr. "La planimetria organica" e "Planimetrie con percorso continuo"). La planimetria può inoltre tematizzare l'alloggio come "spazio di interazione sociale", come quando i vani vengono collegati in modo gerarchico – da quelli caratterizzati da uno scambio più intenso a quelli di maggiore riservatezza – e in base a ciò sono disposti in pianta, con la possibilità di ottenere un mix sufficientemente equilibrato (cfr. "Zoning") o una tipologia in cui prevale la riservatezza (cfr. "Il tipo a corridoio"), oppure piante nelle quali è dominante la componente comunicativa dello stare insieme (cfr. "Il soggiorno come punto centrale e distributivo"). Le relazioni sociali influiscono su ogni tipo di organizzazione planimetrica; ma dal momento che non possono essere considerate costanti, nascono sempre nuove impostazioni volte a rendere la planimetria trasformabile o modificabile (cfr. "La planimetria flessibile"). La suddivisione seguente è uno strumento che può facilitare la valutazione e la progettazione di piante residenziali, facendo attenzione a non considerare il tipo allo stato puro come la migliore delle tipologie: le soluzioni più adatte nascono spesso dall'intersezione tra due o più di queste categorie.

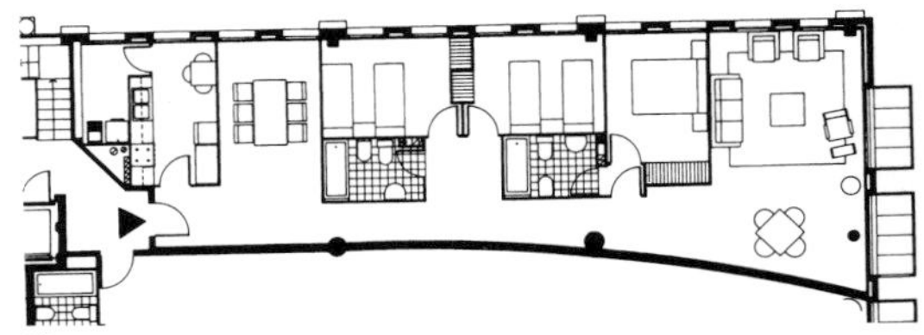

1

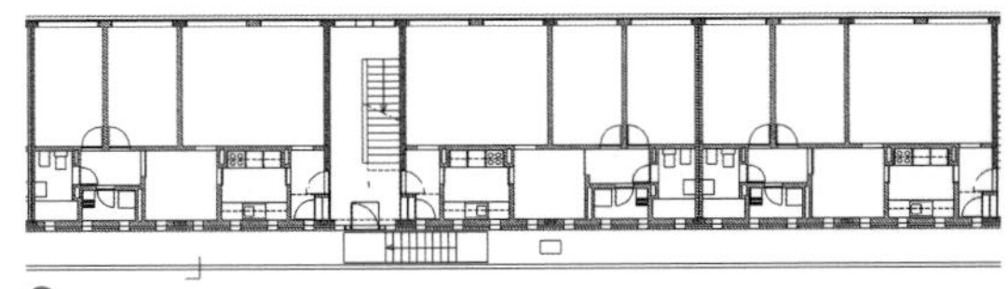

4

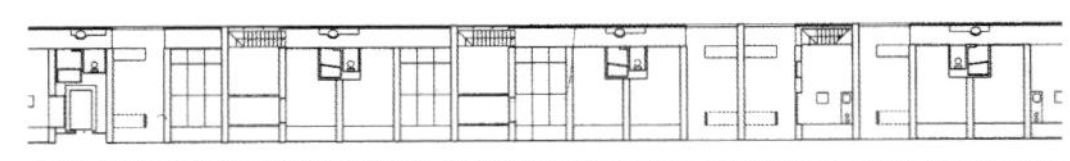

5

Il tipo a corridoio

L'alloggio si organizza su un asse, lungo il quale le stanze sono allineate su uno o due lati. La distribuzione su un solo lato (es. 1) produce un effetto di piacevole chiarezza. Nell'esempio 2, dove i vani sono allineati su entrambi i lati secondo modalità differenti, si crea una sorta di attrazione che invita ad attraversare gli spazi. All'alloggio si accede su questo asse oppure perpendicolarmente a esso (es. 3, 4). In entrambi i casi l'alloggio è di comprensione immediata. Un punto importante è la conclusione dell'asse, che nel migliore dei casi sfocia nel soggiorno (es. 1), altrimenti porta in cucina e talvolta al bagno. Se il corridoio è lungo, stretto e privo di illuminazione naturale, come nel caso di corridoi puramente distributivi, può dare l'impressione del corridoio per uffici. Per evitare questo effetto, nell'esempio 5 i vani sul lato del soggiorno sono collegati tra loro da una serra passante.

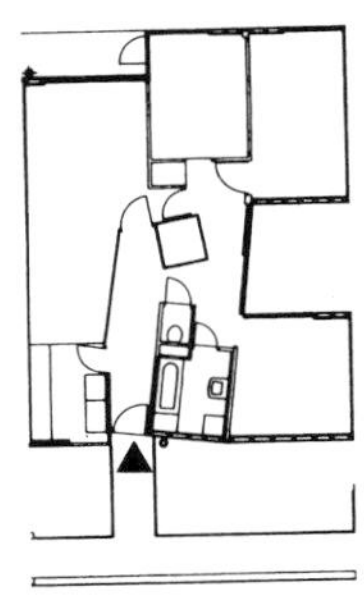

1

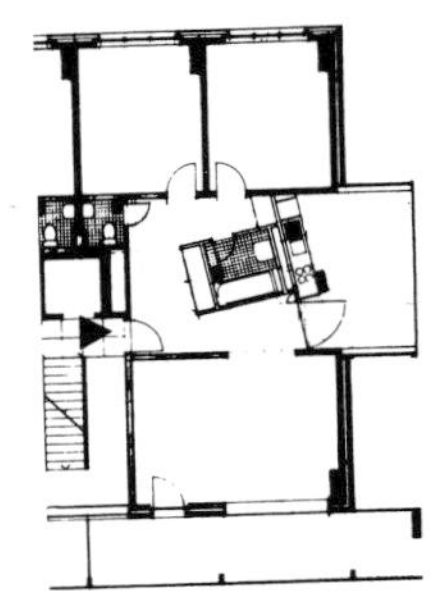

2

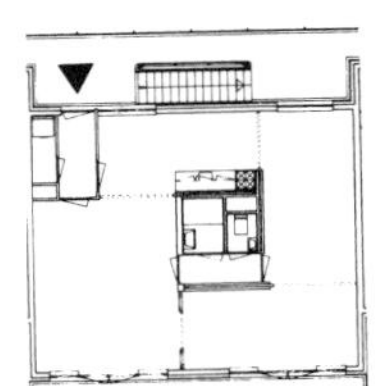

5

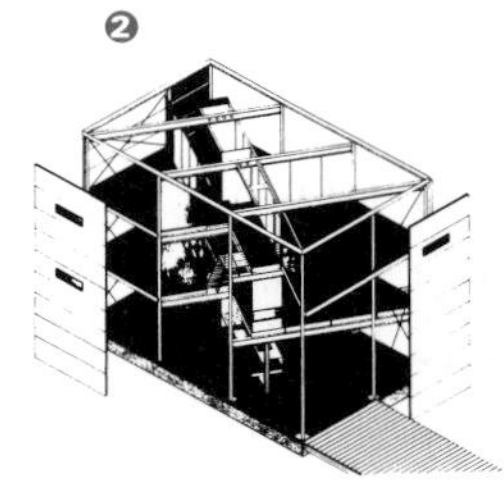

6

Inserimento di elementi indipendenti

L'alloggio è considerato come un ampio open space, nel quale vengono inseriti elementi indipendenti (nuclei servizi, scale interne, setti murari). Siccome la percezione dello spazio si riferisce all'intero appartamento piuttosto che ai suoi singoli elementi, risulterà più spazioso delle sue reali dimensioni. L'alloggio è disposto attorno a un nucleo attrezzato con bagno, blocco cottura e guardaroba leggibile come volume geometrico indipendente. Collocato in modo da costituire un punto focale nei percorsi interni, li suddivide o permette loro di girarvi intorno. Una cabina armadio, un bagno o un cavedio impiantistico possono marcare il passaggio tra il corridoio della zona giorno e quello della zona notte (es. 1, 2) oppure tra il soggiorno e la zona notte (es. 3), mentre un nucleo con blocco cottura può costituire il passaggio tra soggiorno e sala da pranzo (es. 4). In casi particolari il volume indipendente può ospitare una camera da letto (Nouvel, "Nemasus", Nîmes, nel sottotetto sotto i lucernari). Nell'esempio 5 non ci sono pareti di sorta, ma solo possibili collocazioni per le pareti attorno a un nucleo impiantistico prestabilito, in modo da permettere anche la soluzione del tutto aperta, tipica del loft. Nella casa doppia (es. 6) la collocazione obliqua della scatola collocata all'interno è utilizzata per drammatizzare gli spazi intermedi.

1

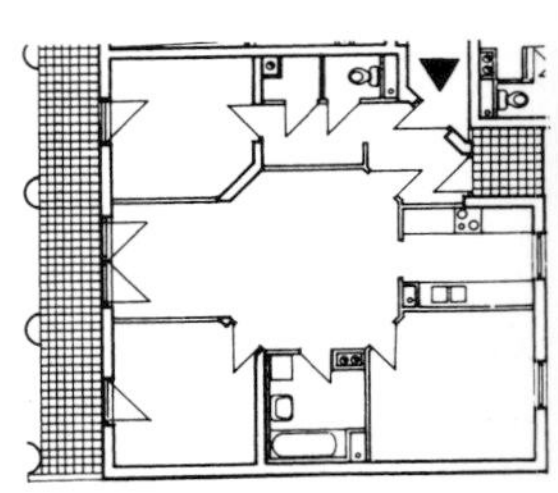

2

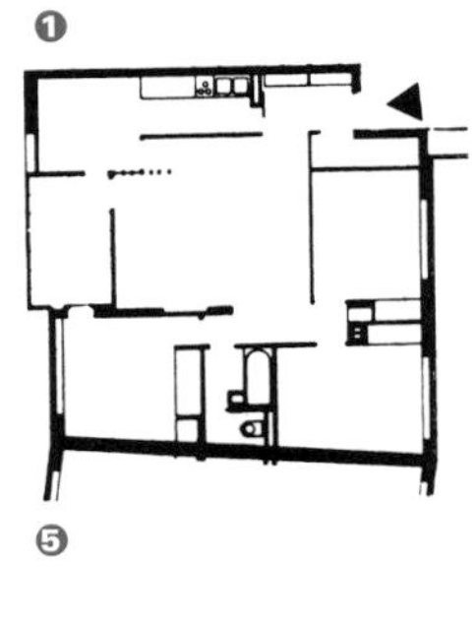

5

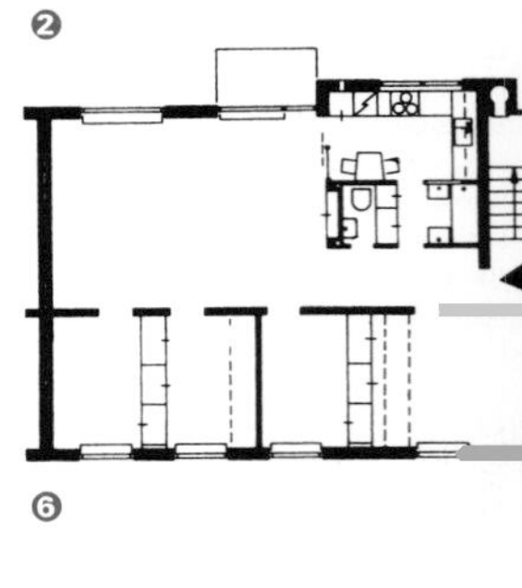

6

Il soggiorno come punto centrale e distributivo / La pianta senza corridoio

La pianta si sviluppa attorno al soggiorno, che costituisce il centro dell'alloggio e la sua distribuzione, e quasi tutti i percorsi lo attraversano. Il soggiorno si amplia poiché si rinuncia al corridoio, e anche gli spazi individuali possono essere ridotti a suo favore. Questa impostazione privilegia l'aspetto comunicativo a scapito della riservatezza. Tale concezione planimetrica può essere fatta discendere dalla disposizione interna dei conventi, con una grande sala e celle singole. Hilberseimer definisce questa tipologia "sistema cabinato"; Alvar Aalto, invece, chiama il suo soggiorno polifunzionale "piazza del mercato". L'alloggio ha un centro ben definito, mentre le altre stanze sono spoglie e neutrali dal punto di vista funzionale (es. 1, 2, 3). Il soggiorno può essere un grande disimpegno delimitato dalle pareti dei vani adiacenti (es. 4). I percorsi che attraversano il soggiorno devono essere pensati in modo da non compromettere le sue qualità (es. 5). A volte (come nel signorile es. 1) alle camere da letto si antepone un breve corridoio che dà accesso al bagno. Naturalmente non è necessario che il soggiorno risieda nel centro geometrico dell'alloggio (es. 6). Una tipologia planimetrica simile a questa, anche se sviluppata a partire dal suo esatto contrario, è la pianta senza corridoio: il disimpegno si amplia a tal punto da diventare un vano indipendente (per il pranzo o il ricevimento), oppure è il corridoio stesso ad ampliarsi per diventare stanza dei giochi o studio.

L'organisation de l'habitation et l'idée du plan

Le plan est la matérialisation d'une certaine conception de l'habitation. L'idée du plan s'exprime par l'organisation intérieure, par la manière d'ouvrir et de fermer les pièces, par les groupements de celles-ci et les relations entre elles, par la réunion ou au contraire la dissociation des fonctions, et notamment aussi par les cheminements et les perspectives. Certains plans subordonnent tout à l'idée spatiale (voir ci-dessous le paragraphe sur les éléments insérés), d'autres accentuent les relations entre les pièces, optimisent les cheminements ou leur réservent un traitement emphatique (voir ci-dessous les paragraphes sur le plan organique et sur le cheminement circulaire). Le plan peut aussi traiter le logement comme un «espace d'interactions sociales», où les pièces sont situées sur une échelle dont les degrés vont de «strictement privé» à «très communicatif», et être agencé en conséquence ; le résultat peut être un mélange équilibré (voir ci-dessous le paragraphe sur la définition des zones), ou au contraire privilégier soit la fonction privée (voir le type à couloir), soit la fonction de communication de la vie sous un même toit (voir la pièce de séjour comme espace de distribution). Ces interactions sociales ont bien sûr une influence sur chaque type d'organisation du plan mais, comme elles ne peuvent être tenues pour constantes, des tentatives sont régulièrement faites pour rendre le plan modifiable ou extensible (voir le plan aménageable). La typologie qui suit est un outil qui peut faciliter l'étude ou le dessin d'un plan, mais un type pur ne saurait être considéré comme le meilleur: souvent en effet, les solutions vraiment passionnantes sont un compromis entre deux ou plusieurs types.

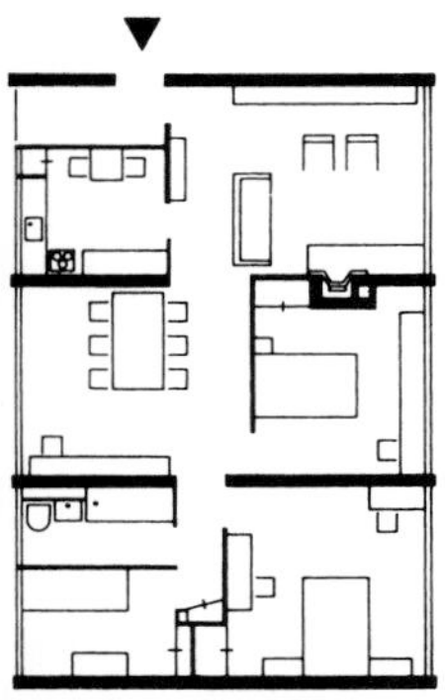

❷

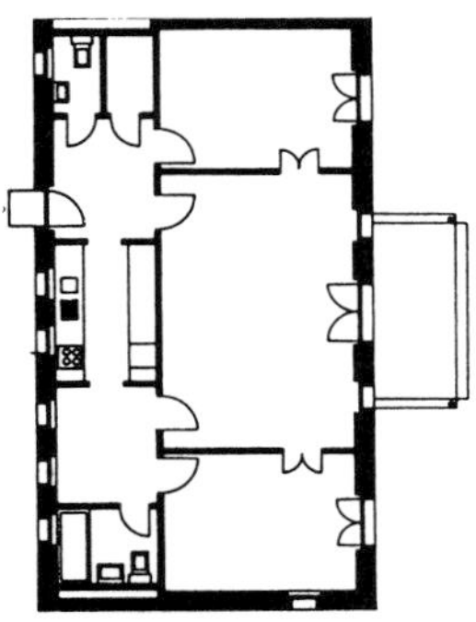

❸

Il tipo a corridoio
Le type à couloir

❶ J. Martorell, O. Bhogas, D. Mackay: Vila Olímpica, Barcelone, 1991
❷ Eric Lyons: The Priory Blackheath, Londres, 1957
❸ D. Schnebli, T. Ammann/W. Egli, H. Rohr: Baar, Zurich, 1985
❹ João Álvaro Rocha: Maia I, Maia, 1999
❺ Kazuko Sejima, Ryue Nishizawa: Condominio / *Immeuble* Kitagata, Gifu, 1998

Le type à couloir

L'appartement est agencé selon un axe le long duquel sont disposées les pièces, d'un seul côté ou des deux côtés. L'agencement d'un seul côté de l'axe, comme sur l'exemple 1, produit une clarté agréable. Dans l'exemple 2, les pièces s'ouvrent de part et d'autre de l'axe à des endroits différents, la disposition provoque une sorte de force d'aspiration qui pousse à traverser l'appartement. On peut le parcourir dans le sens de l'axe ou perpendiculairement (3 et 4). Dans les deux cas, l'ensemble du logement s'offre directement à la vue. L'endroit où aboutit le ou les axes est un point important. Dans le meilleur des cas, c'est le séjour (1), ou alors souvent la cuisine et quelquefois la salle de bains. Les corridors étroits et longs, non éclairés, c'est-à-dire dont la seule fonction est de desservir les pièces, peuvent faire penser à des couloirs de bureaux. Pour éviter cet effet, l'exemple 5 relie les pièces entre elles par un jardin d'hiver commun.

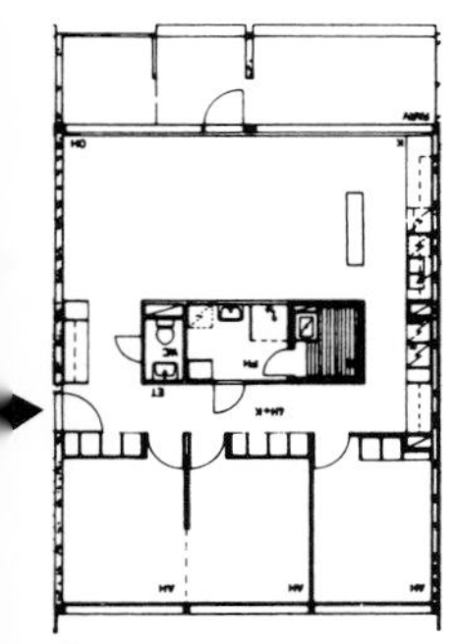

❸

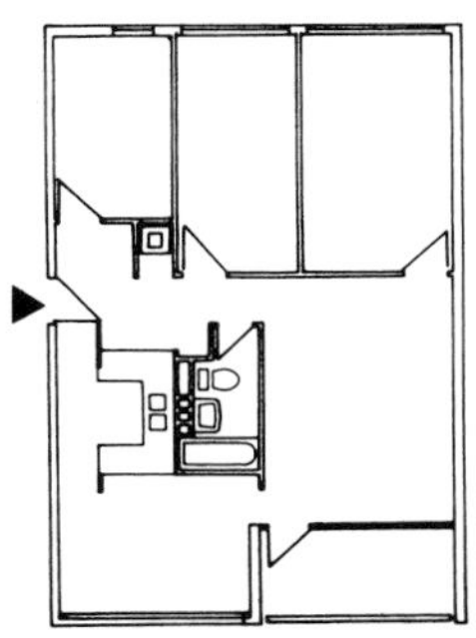

❹

Inserimento di elementi indipendenti
Les éléments insérés

❶ Helmut Richter: Brunnerstraße, Vienna, 1990
❷ Diener & Diener: Riehenring, Bâle, 1980-1985
❸ Erkki Kairamo: Asunto-Oy Hiiralankaari, Esopo (Finlande), 1982-1983
❹ Atelier 5: Urtenen, Suisse, 1964-1965
❺ M. Duinker, Machiel van der Torre: Dapperbuurt, Amsterdam, 1989
❻ Jan Pesman (Cepezed): Straat van Ormoes, Delft-Tanthof, 1990

Les éléments insérés

L'appartement est visuellement perçu comme un vaste espace à éléments insérés (par exemple bloc sanitaire, escalier dans un duplex, segments de parois). L'effet spatial étant produit plutôt par l'ensemble que par les éléments isolés, ces appartements paraissent ouverts et plus vastes qu'ils ne le sont en réalité. Un bloc (que ce soit un bloc-cuisine, une salle de bains ou un réduit) peut être disposé de manière à être longé sur un côté afin de le faire percevoir comme un corps géométrique inséré dans l'espace. Il délimite les cheminements ou permet un parcours circulaire. Un réduit, une salle de bains, un bloc sanitaire peuvent séparer le couloir de l'espace de séjour et celui des chambres à coucher (1 et 2) ou la pièce de séjour de la partie privée (3), un bloc-cuisine séparer séjour et salle à manger (4). «Nemausus», à Nîmes, de Jean Nouvel (combles, avec éclairage zénithal), est un exemple rare de bloc contenant une chambre. Dans l'exemple 5, il n'y a aucune paroi définie à l'avance, mais seulement des parois potentielles qui peuvent être disposées autour d'un bloc sanitaire. Il est donc aussi possible de faire de cet espace un grand loft. Dans la maison jumelée de l'exemple 6, la disposition oblique sert à mettre en valeur les espaces intermédiaires.

❸

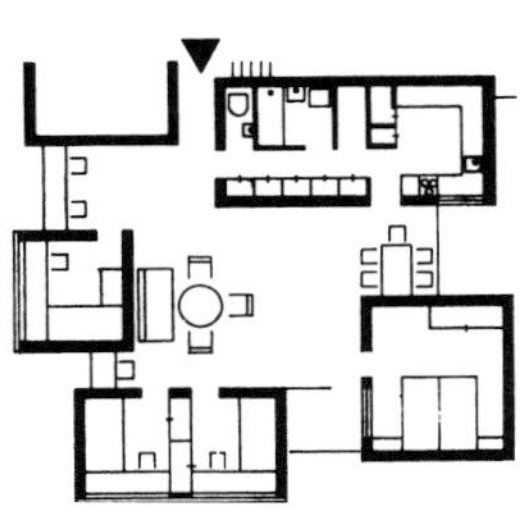

❹

Il soggiorno come punto distributivo/La pianta senza corridoio
La pièce de séjour comme espace de distribution – Le plan sans couloir

❶ Joachim Ganz, Walter Rolfes: Lindenstraße, Berlin, 1984
❷ Anton Schweighofer: Muthsamgasse, Vienne, 1989
❸ Peter Märkli: Quartiere modello Mauerbach, Casa 1, Vienna, in progettazione / *ensemble résidentiel de Mauerbach, maison 1, Vienne, projet en cours*
❹ O. M. Ungers: projet «Köln – Neue Stadt», 1962
❺ Alvar Aalto, Paul Baumgarten: Klopstockstraße, Berlin, 1956-1957
❻ Eckholm, White, Alm, Falk: Siedlung a meandro / *ensemble résidentiel en méandre*, Örebro-Baronbackara, Suède, 1955

La pièce de séjour comme espace de distribution – Le plan sans couloir

Le plan se développe autour du séjour, qui est à la fois centre et espace de distribution, et que traversent presque tous les cheminements. La pièce de séjour s'agrandit de l'espace ailleurs occupé par le couloir, et elle peut même le faire au détriment des chambres. Cette conception favorise la communication mais restreint le caractère privé. L'idée a peut-être été inspirée par le plan de certains monastères à cellules individuelles. Hilberseimer parlait de «système à cabines», tandis qu'Alvar Aalto assimilait le séjour à une «place de marché». L'appartement a donc un centre bien marqué, alors que les autres pièces restent sans agencement ni affectation prédéfinis (1, 2 et 3). Le séjour peut aussi être conçu comme un grand vestibule délimité par les chambres (4). Les cheminements à travers le séjour doivent être prévus de manière à ne pas porter atteinte à la qualité du logement (5). Il arrive que les chambres soient précédées d'un petit couloir menant à la salle de bains, comme dans la disposition confortable de l'exemple 1. Le séjour ne doit pas obligatoirement occuper le centre géométrique de l'appartement (6).
Le plan sans couloir est apparenté à ce type, quoique résultant d'une démarche inverse: le vestibule y est surdimensionné au point de devenir une pièce en soi (salle à manger, pièce d'accueil), ou le couloir tellement élargi qu'il invite au jeu ou au travail.

La separazione in aree / Zoning

La pianta divide chiaramente i diversi ambiti dell'alloggio in aree di sacialitá – soggiorno, cucina, pranzo – e zona notte, con camere da letto e bagno (es. 1). Gli spazi per i lavori domestici possono costituire una terza area. L'obiettivo è lo svolgimento contemporanes delle singole funzioni; si cerca di garantire a ciascun membro del nucleo familiare lo stesso grado di libertà nello stare insieme o nel potersi ritirare nei propri spazi. Ogni area è dotata della propria distribuzione e questi percorsi possono confluire nell'ingresso oppure essere consecutivi. Nel primo caso le aree possono essere separate da un nucleo di servizi (possibilmente accessibile sia dall'area di soggiorno che dalla zona notte, es. 2), oppure dalla cucina. Negli alloggi con pozzi di luce la separazione può avvenire in modo assai semplice, collocando la distribuzione in corrispondenza della parte mediana, simile a un corridoio che collega le due parti sui due lati del patio (es. 3). Esiste anche la possibilità che sia l'area di soggiorno a dare accesso alla zona notte, allorché il corridoio della prima prosegue nella seconda (es. 4). Nelle costruzioni a setti portanti, le zone corrispondono spesso a una campata con un collegamento centrale. La separazione tra zona giorno e zona notte può essere frutto anche di un cambio di direzione, per esempio a seguito di una svolta del corridoio. Per garantire la privacy, in caso di collegamento diretto tra il soggiorno e la zona notte, spesso viene offerto anche un secondo accesso alle camere da letto, che può attraversare la cucina o perfino il bagno (es. 5). Riducendo in questo modo il transito nel corridoio della zona notte, questo si presta a diventare spazio per il gioco o il lavoro. Nelle *maisonettes* la Zoning si effettua in verticale, e l'ingresso si trova spesso al livello del soggiorno, più di rado nell'area individuale. In tal caso, la separazione delle aree è maggiore. Per rafforzare la relazione tra i due livelli e facilitare la comunicazione si creano balconate sulla zona pranzo o soggiorno. Il massimo grado di riservatezza si trova nella soluzione particolare della pianta a croce (es. 6), nella quale i vani sono separati tra loro anche sullo stesso livello.
Negli esempi più recenti viene attuata una nuova forma di zonizzazione: i vani serventi dell'alloggio (cucina, bagno, guardaroba, vano scala interno) sono raccolti in una zona di servizio di fronte al soggiorno e alla zona notte (es. 7, 8). Questa scelta raccoglie i cavedi e stratifica gli uni sugli altri gli spazi che producono rumori. Questa zona viene spesso utilizzata come zona cuscinetto verso le aree di passaggio, in particolare ballatoi o corridoi centrali (riduzione del rumore, maggiore privacy), mettendo al riparo le camere. I locali principali – non essendo più costretti tra quelli di servizio – possono assumere forme libere, chiare e ben proporzionate, spesso mantenendosi neutri rispetto alla destinazione d'uso.

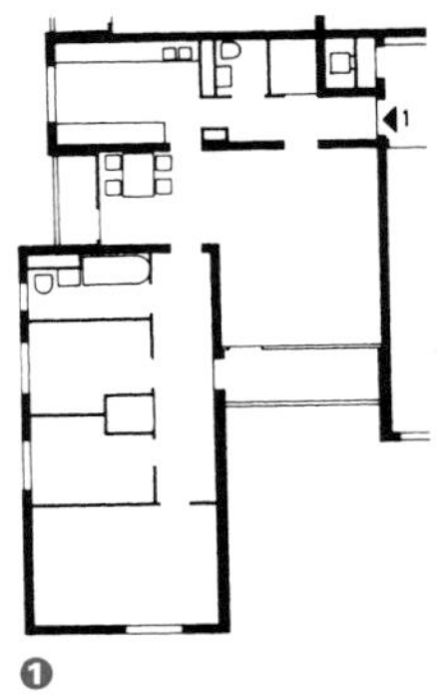
1

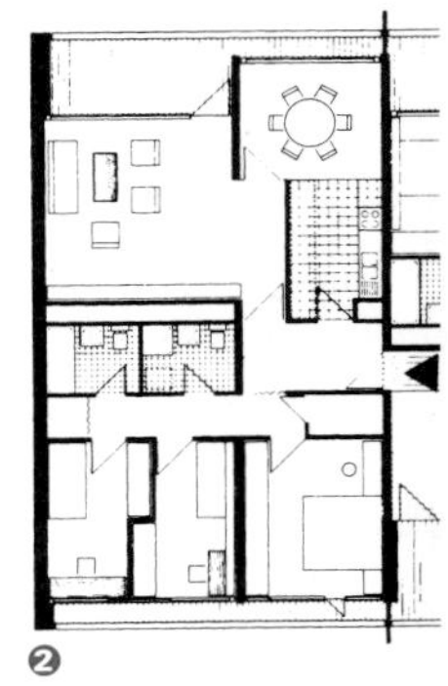
2

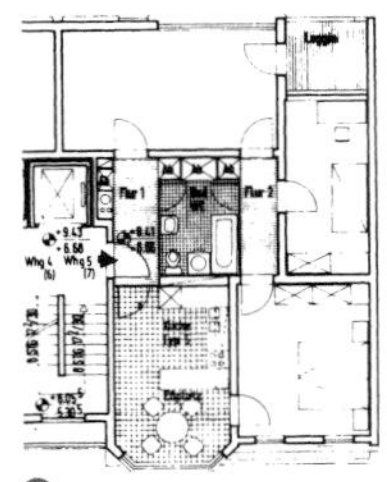
5

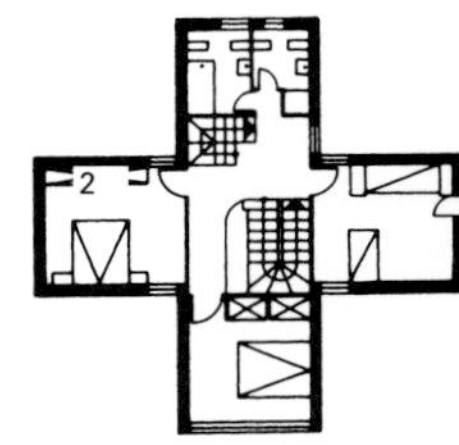
6

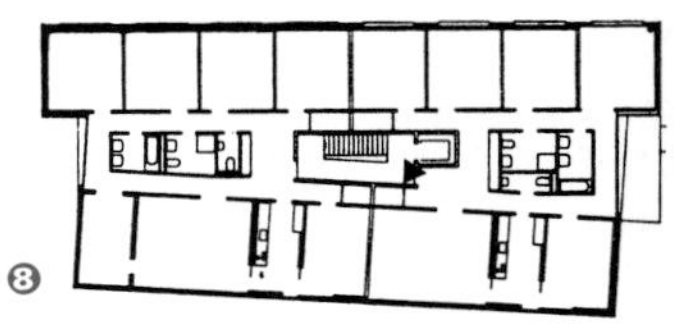
8

La planimetria organica

Questo tipo di planimetria si basa sullo studio dei percorsi all'interno dell'alloggio durante lo svolgimento delle varie attività. Attorno alle aree dove si concentrano i movimenti vengono realizzate le pareti, e di conseguenza nascono gli spazi (es. 1). Le vie devono essere brevi, la superficie destinata al corridoio ridotta, gli spazi possono fluire gli uni negli altri. L'angolo retto è solo una possibilità tra molte. In effetti questo tipo di planimetrie è simile a un organismo: spesso le pareti dipartono da un disimpegno centrale (spazio per i giochi) come da una sorgente (es. 2). Questo tipo di planimetria pone in primo piano le relazioni funzionali tra gli spazi, differenziando in modo adeguato le diverse sequenze spaziali, ad esempio le relazioni tra cucina e disimpegno-area gioco, tra cucina e ingresso, tra camera dei genitori e dei figli (es. 3). Gli spazi che ne risultano assumono una conformazione singolare e lasciano una sola parete libera, che sarà determinata dall'architetto, per arredi di serie. Dal momento che i flussi (corrispondenti alle relazioni spaziali desiderate) che determinano la nostra vita mutano continuamente, queste planimetrie invecchiano velocemente. Sono talmente perfette e particolari da rivelarsi presto poco flessibili.

1

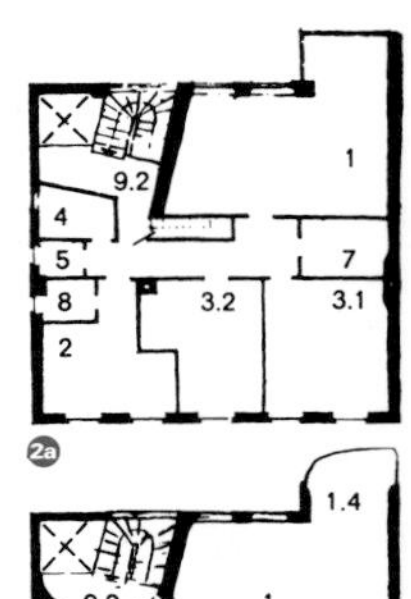

2a

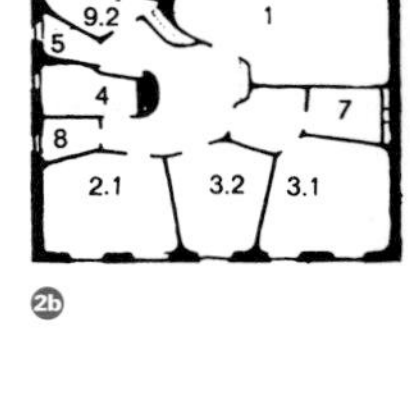

2b

La planimetria fluida

La planimetria fluida è una variante di quella organica e non è caratterizzata dalla collocazione delle pareti, ma dalla loro mancanza. Gli spazi vengono separati poco tra loro e in relazione alla loro distribuzione; fluiscono gli uni negli altri, lasciano filtrare lo sguardo e invitano ad attraversarli. Gli alloggi appaiono in questo modo spaziosi e aperti; il singolo spazio è sempre in relazione all'insieme. Nell'esempio 1 – intreccio orizzontale – la zona soggiorno, pranzo e cucina si fondono con il corridoio della zona notte; le camere sono sfalsate tra loro e ordinate rispetto all'asse del percorso. Nel caso di un intreccio verticale si creano spazi con altezze diverse in relazione tra loro, che invitano all'attraversamento (es. 2). Il flusso degli spazi può essere sottolineato dal progetto delle luci, ponendo al termine di un percorso una luce di fronte al visitatore. Nell'esempio 1 è la porta a vetri che dà sul giardino sul lato opposto all'ingresso, nell'esempio 2 il lucernario, attorno al cui cono di luce si articola l'alloggio. La tipologia a piani sfalsati gioca più sulle relazioni visive che sulla effettiva vicinanza, ed in tal modo le camere sono effettivamente al riparo da ogni possibile disturbo. Si può cosi ovviare agli svantaggi di una tipologia nella quale è praticamente impossibile separare la sfera privata da quella sociale.

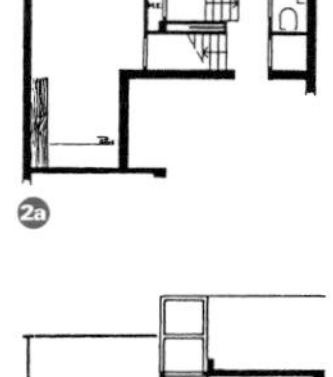
2a

2b

2c

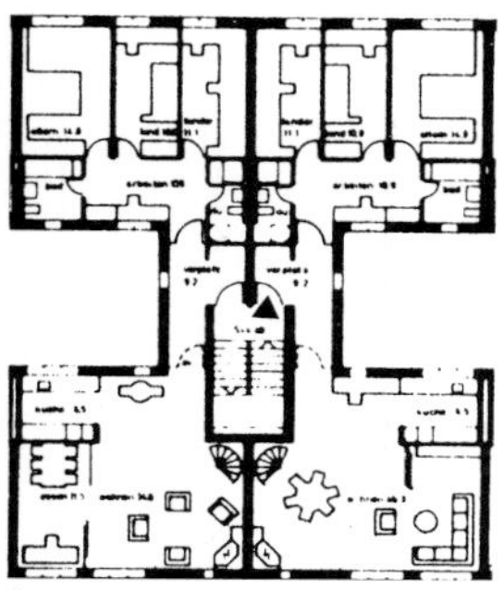

3

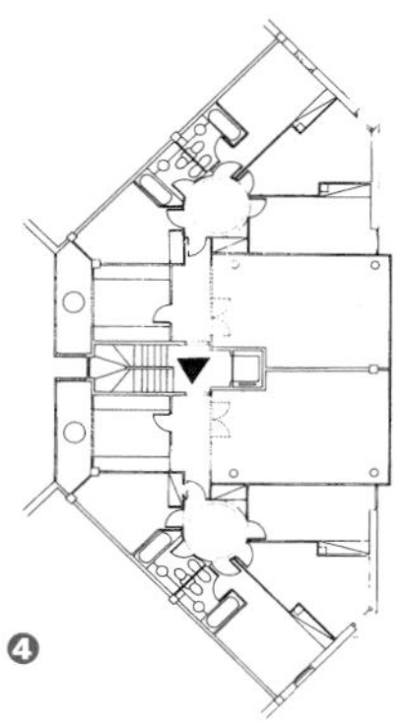

4

7

La separazione in aree/Zoning
La séparation des espaces à vivre et la définition des zones

1. O. M. Ungers: Wilhelmsruher Damm, Berlin, 1967-1969
2. Otto Jäger, Werner Müller: «Hannibal», Stuttgart-Asemwald, 1969-1971
3. Theo Hotz: Buchgrindel 2, Wetzikon, Zurich, 1979-1985
4. Carlos Ferrater, Vila Olímpica, Barcelone, 1991
5. Johannes Uhl: Wilhelmshavener Straße, Berlin, 1978-1981
6. Francesca Sartogo, Arnaldo Bruschi: Capo Linaro, Santa Marinella, 1967
7. Morger & Degelo: St. Alban-Ring, Bâle, 2002
8. Diener & Diener: St. Alban-Tal, Bâle, 1986

La séparation des espaces à vivre et la définition des zones

Le plan introduit des séparations claires entre les différentes parties de l'appartement: d'une part les parties communes (séjour, cuisine, salle à manger), de l'autre les parties privées (chambres, salle de bains) (1). Dans certains cas peuvent s'y ajouter des pièces de travail. Le but, c'est que toutes les fonctions puissent s'exercer parallèlement et en même temps sans se faire obstacle, que chaque membre de la famille ou de la communauté puisse jouir d'autant de liberté et d'intimité que possible. À chaque partie est attribué un espace de distribution ; ces espaces sont soit regroupés à l'entrée, soit disposés à la suite l'un de l'autre. Dans le premier cas, un bloc salle de bains (si possible avec des accès distincts depuis les deux parties) peut marquer la séparation (2), ou une cuisine. Dans les maisons à cour intérieure, la séparation peut être réalisée très simplement en plaçant le couloir d'entrée de l'appartement dans l'étroit passage situé entre les deux parties qui enserrent la cour (3). Mais la partie séjour peut aussi donner indirectement dans la partie des chambres si le couloir commun débouche sur le couloir desservant celles-ci (4). Dans les constructions à murs porteurs transversaux, les deux parties de l'appartement peuvent correspondre à deux largeurs de module, avec une liaison transversale au milieu. Mais la séparation peut aussi se faire par un changement de direction, par exemple un coude du couloir. Afin de préserver l'intimité dans le cas d'une liaison directe entre la partie séjour et la partie chambres, on crée souvent un second accès aux chambres, qui peut traverser la cuisine ou la salle de bains (5). Le couloir des chambres n'étant dès lors plus utilisé que pour une partie des cheminements, il peut aussi être agrandi et servir alors au jeu ou au travail. Dans les duplex, la définition des zones se fait horizontalement. L'entrée se trouve le plus souvent au niveau de la partie séjour. La séparation est ici plus stricte. Si l'on veut recréer une liaison entre les deux parties pour favoriser la communication, on peut installer une galerie au-dessus de la salle à manger ou du séjour. Le plan en croix (6) offre le maximum d'intimité: à chaque niveau, les différentes chambres sont tout á fait séparées les unes des autres.
Dans certaines constructions plus récentes, les zones sont réparties de manière différente. Les espaces de service (cuisine, salle de bains, réduit, escalier dans les duplex) sont regroupés en une zone à laquelle font face le séjour et les chambres (7 et 8). Cela permet de concentrer les gaines techniques et de superposer les pièces les plus bruyantes. Cet espace sert souvent de tampon entre l'entrée – surtout s'il y a une galerie ou un couloir central – et la partie chambres. Celles-ci, dès lors qu'elles ne doivent plus être coincées entre les pièces secondaires, peuvent prendre une forme plus élaborée, parfois dans une disposition qui ne leur donne pas d'affectation prédéfinie.

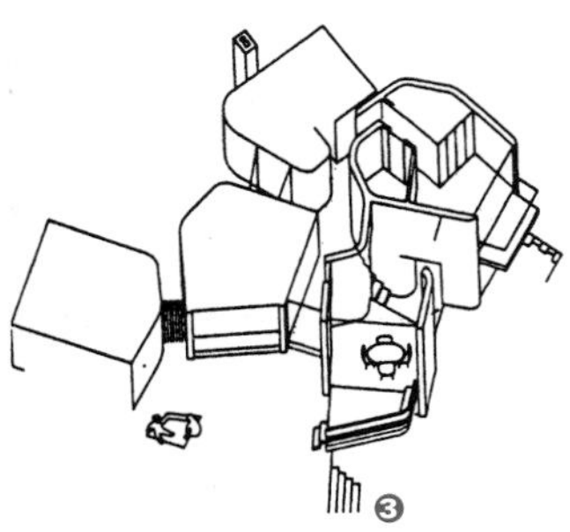

3

La planimetria organica
Le plan organique

1. Hans Scharoun: «Julia», Stuttgart, 1954-1959
2a 2b Heinz Rasch: Ristrutturazione / *transformation*
3. Walter e Bea Betz: Casa Schäfer / *villa Schäfer*, Würzburg, 1966

Le plan organique

Le plan organique se fonde sur l'étude des cheminements des habitants au cours de leurs diverses activités dans la maison. Les parois sont tracées en fonction des flux de circulation (1). Les chemins doivent être courts, la surface de couloir réduite, et les pièces couler les unes dans les autres. L'usage de l'angle droit n'est qu'une possibilité parmi d'autres. De fait, le plan produit un effet «organomorphe», souvent les parois s'écartent d'un couloir central spacieux (couloir de jeu) comme d'un point d'origine (2). Ici, les relations fonctionnelles entre les pièces sont prédominantes et les successions de pièces sont traitées de manière differenciée: par exemple la relation cuisine-couloir, cuisine-entrée, chambre des parents-chambre des enfants (3). Les pièces ont une forme particulière qui n'en facilite pas l'ameublement, et les meubles standard n'y trouvent généralement place que de la manière prévue par l'architecte. Le problème des plans de ce type, c'est que leur perfection et leur spécificité les rendent peu souples. Ne pouvant s'adapter à l'évolution constante des cheminements dans un appartement (c'est-à-dire des relations entre les pièces), ils «vieillissent» rapidement.

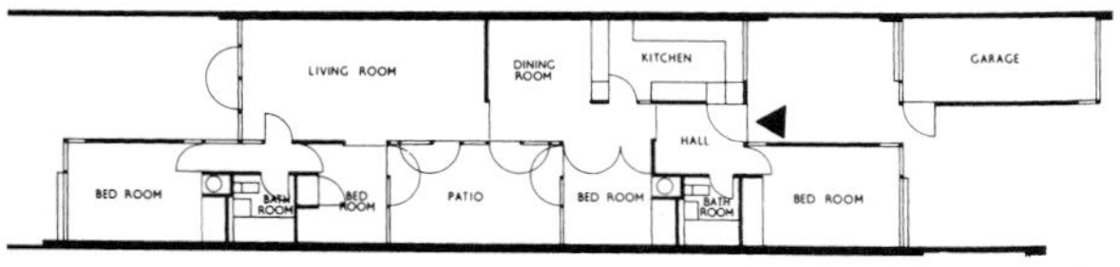

1

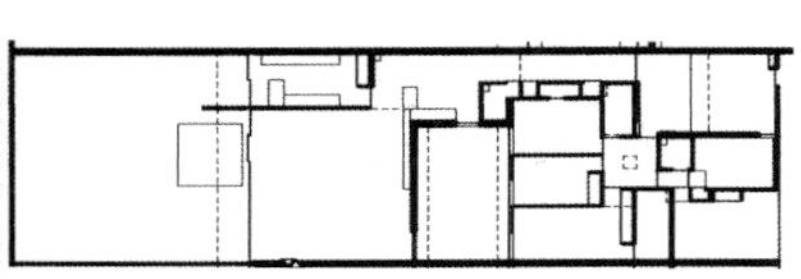

3

La planimetria fluida
Le plan fluide

1. Peter Phippen: Hatfield, Londres, 1964
2a 2b 2c Herman Hertzberger: Case Diagoon / *Maisons Diagoon*, Delft, 1976
3. Eduardo Souto de Moura: Case a corte, Matosinhos / *maisons à jardin, Matosinhos*, Porto, 1999

Le plan fluide

Le plan fluide peut être considéré comme une variante du plan organique. Ce qui le caractéristise, ce n'est pas la position des parois, mais leur absence. Les pièces sont rarement séparées de l'espace de circulation et peu cloisonnées entre elles. Formant une succession fluide, elles créent des relations visuelles et invitent à poursuivre le cheminement. Ces appartements donnent une impression de grandeur et d'ouverture, et la pièce en tant qu'unité se réfère toujours à l'ensemble. Dans l'exemple 1, l'interpénétration est horizontale: le séjour, la salle à manger et la cuisine se fondent avec les couloirs des chambres des parents et des enfants, les chambres étaut décalées entre elles par rapport à l'axe de cheminement. Lorsque l'interpénétration est verticale, il en résulte une variété de niveaux des pièces et de relations entre elles qui invite à la traversée (2). Parfois l'éclairage souligne le flux possible: on place à l'extrémité du cheminement une source lumineuse vers laquelle le visiteur se dirige. Dans l'exemple 1, il s'agit d'une porte vitrée ouvrant sur le jardin, face à l'entrée ; dans l'exemple 2, une lumière zénithale forme une colonne autour de laquelle est disposée la maison. Le type à niveaux décalés joue plus sur les relations visuelles que sur la proximité immédiate, de sorte que la tranquillité des chambres reste bien préservée. C'est une manière de supprimer l'inconvénient de cette conception, à savoir la quasi-impossibilité de séparer le privatif du communautaire.

Planimetrie con percorso continuo / Accentuazione dei percorsi

Questo tipo di planimetria tematizza il percorso attraverso l'alloggio (piuttosto che il fluire dello spazio), creando quante più possibili relazioni spaziali e funzionali tra i vari spazi, che devono essere vissute e sperimentate. A differenza delle categorie precedenti, la relazione si crea solo tra due luoghi consecutivi. Se l'alloggio è disposto attorno a un atrio (es. 1, 2) si creano relazioni visive tra i vani dirimpetto. Quando un corridoio dedicato distribuisce le camere (es. 2, 3) può nascere l'impressione di attraversare una galleria espositiva. Dal momento che fa crescere a dismisura la superficie distributiva, questa soluzione è un lusso per una casa unifamiliare. Ogni luogo, ogni stanza di una pianta di questo tipo può essere raggiunta da due o più parti, se il soggiorno si colloca al centro (es. 4). Nell'esempio 5 le camere singole inglobano la distribuzione: le stanze sono disposte in modo tale che gli attraversamenti centrati sulle pareti permettono di fare un giro completo. Questo va a discapito della superficie attrezzabile alle pareti ed è ipotizzabile che le aperture possano essere aperte o chiuse a seconda della situazione familiare. Al centro del circuito interno può essere posto anche il bagno (es. 6), oppure il vano scala (es. 7). In questo caso, però, si corre il rischio di isolamento delle camere come lungo un corridoio.

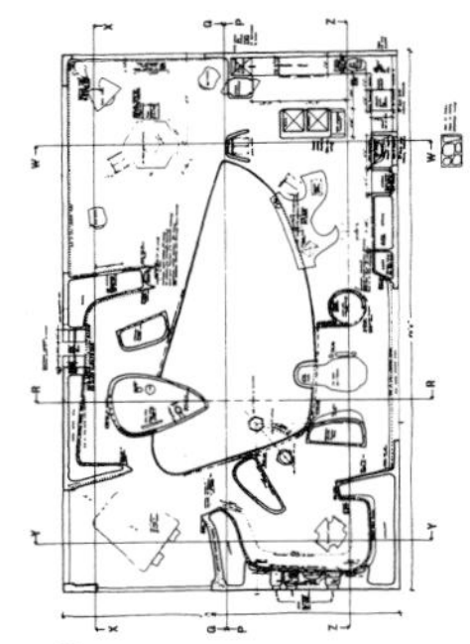

1

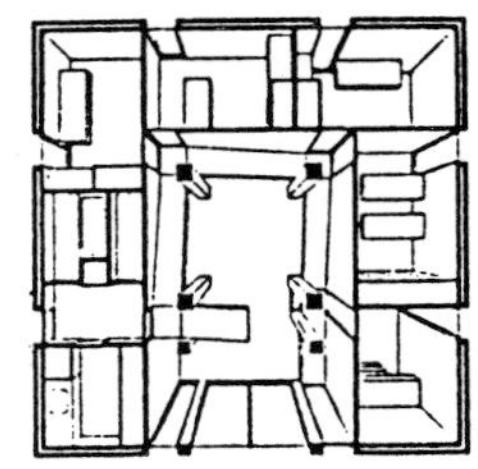

2

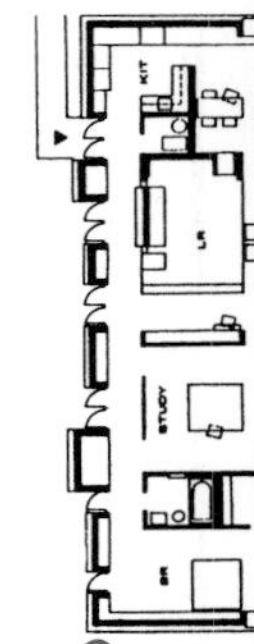

3

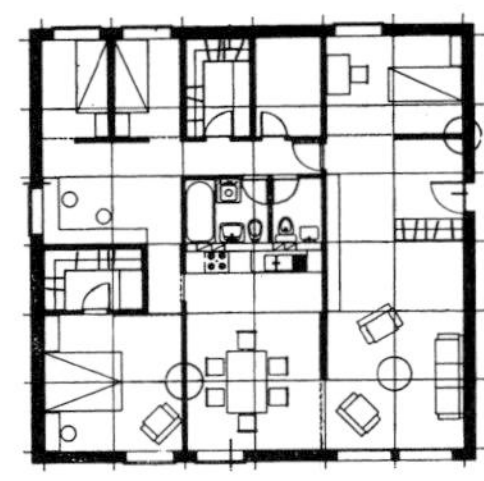

6

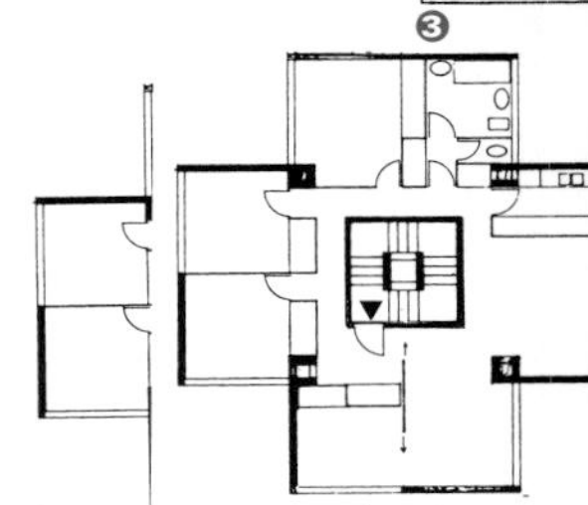

7

La planimetria flessibile

Il continuo mutamento della composizione e dell'ampiezza del nucleo familiare e la differenziazione dei bisogni abitativi contraddicono l'esigenza di razionalizzazione e tipizzazione dell'edilizia di massa. Invece del trasloco, una ristrutturazione interna potrebbe offrire la soluzione. I concetti di questo tipo vanno dalla modificabilità delle pareti perimetrali alle pareti mobili all'interno di un perimetro stabile, dalle stanze che possono entrare a far parte di diversi alloggi, alle modifiche delle dimensioni e della forma degli spazi grazie a elementi mobili. L'impostazione più radicale è certamente quella della "casa che cresce" (unifamiliare, es. 1), in cui il lento e costante processo di autocostruzione è teso al rafforzamento dell'identificazione con una casa "propria". Nell'esempio 2, come nella maggior parte dei casi, è predisposto il nucleo strutturale, impiantistico e distributivo della casa che da lì si svolge in verticale e in orizzontale. L'esempio 2 è uno dei primi casi di adattabilità (orizzontale) del perimetro esterno in edilizia residenziale multipiano: all'interno di un telaio in cemento armato ogni piattaforma offre la possibilità di collocarvi una planimetria personalizzata. Nell'esempio 3, un altro sistema a pilastri e travi, si fissano le pareti portanti esterne e le zone degli allacciamenti; gli inquilini possono quindi realizzare i propri desideri planimetrici grazie a speciali pareti mobili. La scarsa profondità dell'edificio garantisce buona illuminazione naturale. L'esempio 4 è un progetto pilota che colloca gli allacciamenti nelle pareti che dividono le unità e lascia libero tutto il resto.
La soluzione delle problematiche abitative attraverso piante flessibili ha avuto scarso successo. Il problema dell'isolamento acustico non era risolto. I costi aggiuntivi derivanti dai controsoffitti (per la libera disposizione di luci e cavi elettrici), per l'eventuale riscaldamento a pavimento e così via non erano giustificati dal vantaggio di poter modificare liberamente la disposizione degli spazi. L'esperienza insegna che gli inquilini hanno timore di spostare una parete in un secondo tempo e che preferiscono invece una progettazione partecipata. Edifici e forme dell'abitare sono ancora percepiti come entità statiche, nelle quali ci si inserisce e ci si subordina. Per questo la flessibilità oggi è riferita esclusivamente alle dimensioni dell'alloggio: vani neutri (negli edifici in linea spesso di fronte al vano scala) possono essere accorpati a diversi alloggi, oppure più alloggi possono essere accorpati tra loro (esempio 5). Dimensione e forma dei vani può essere modificata entro un certo limite per mezzo di elementi mobili (esempio 6).

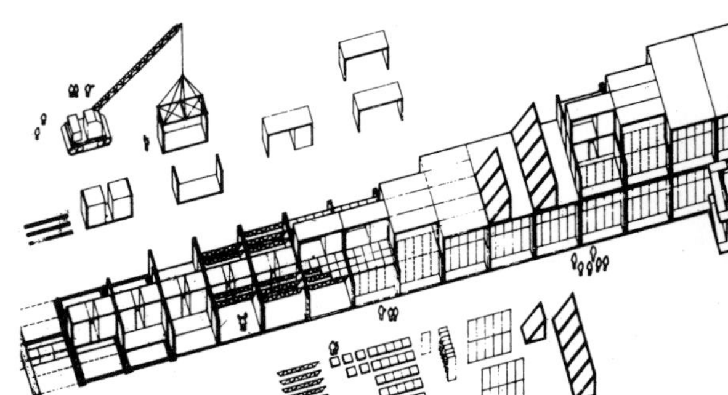

1

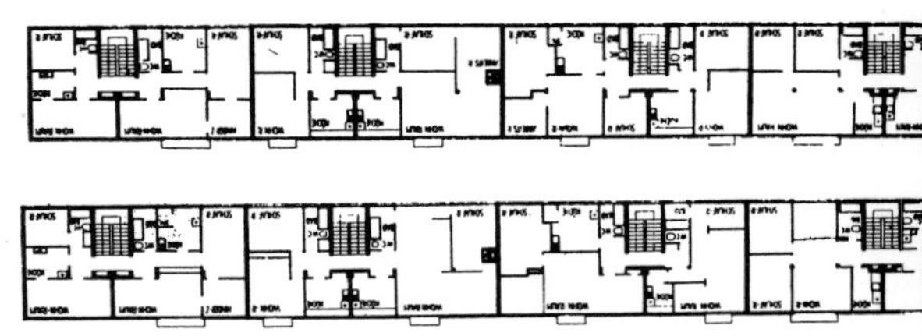

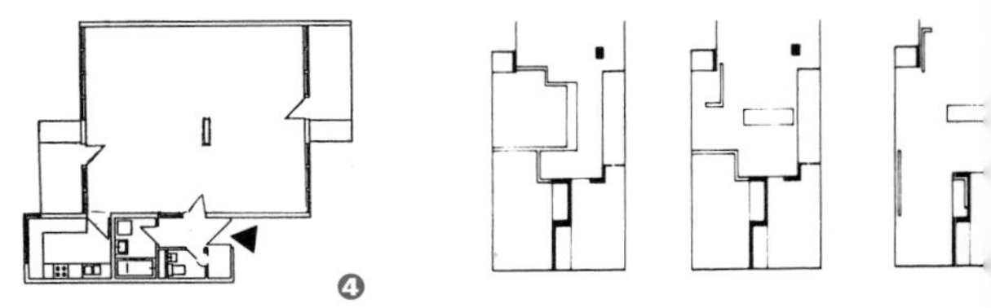

4

Spazi neutri

In questo caso non sono gli spazi a essere modificati per venire incontro a nuove esigenze (come nelle planimetrie flessibili), quanto la loro destinazione d'uso. Grazie al fatto che gli spazi, con la loro dimensione, proporzione e disposizione, non sono destinati a una funzione specifica, aumentano le possibilità di combinazione all'interno di una stessa planimetria (es. 1, 2). L'inquilino può e deve inventare il proprio modo di abitare, e il mutamento delle sue esigenze può trovare corrispondenza in una riorganizzazione dell'alloggio. Inquilini dalle diverse inclinazioni possono abitare la stessa planimetria (creando mixité all'interno di grandi insediamenti residenziali). Per garantire questa flessibilità, i vani devono avere una certa dimensione e proporzione e, possibilmente, un accesso indipendente. Ne consegue un incremento della superficie del corridoio e delle singole stanze, tanto che le migliori applicazioni di questo principio si trovano in case di standard elevato. Oltre a ciò, spazi neutri emergono negli ultimi tempi come risultato di un approccio schematico, o addirittura grafico, alla progettazione. Una griglia strutturale, o una superficie planimetrica, viene suddivisa in un certo numero di settori (con interassi talvolta uguali, a volte diversi tra loro), che vengono destinati a diverse funzioni (cucina, bagno/guardaroba, camera da letto, soggiorno o spazio aperto). La combinazione e la disposizione delle funzioni può quindi variare tra alloggio e alloggio. Dal momento che i singoli settori, ovvero i vani, vengono attribuiti di volta in volta a diverse destinazioni d'uso, si rivelano indifferenziati e dunque neutri (es. 3).

Friederike Schneider

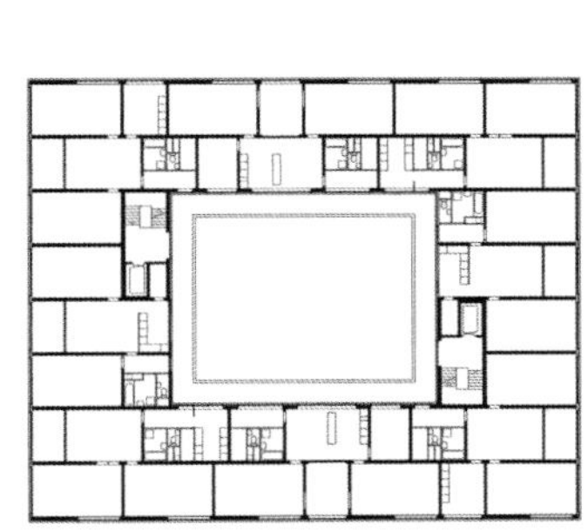

1

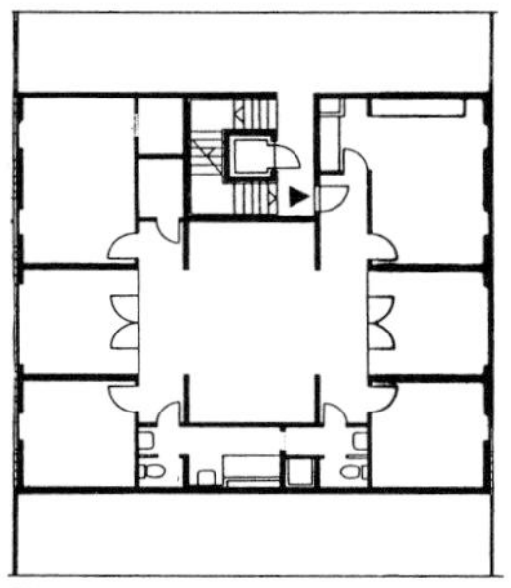

④

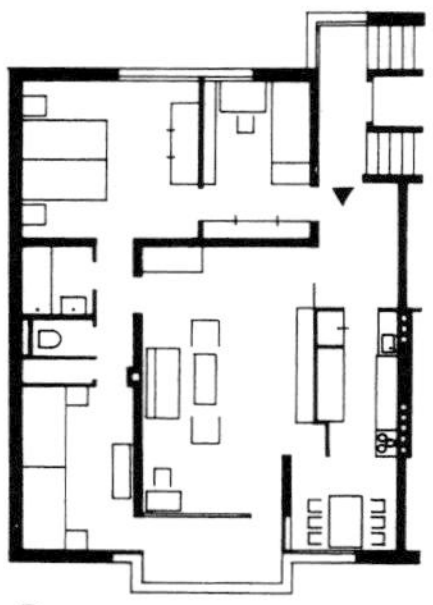

⑤

Planimetrie con percorso continuo
Le plan à cheminement circulaire et la mise en évidence du parcours

1. A. + P. Smithson: Casa del futuro, Ideal Home Exhibition / *House of the Future, Ideal Homes Exhibition*, Londres, 1956
2. Barry Gasson, John Meunier: Barton, Cambridge, 1965
3. Huygens, Tappé: Wayland, Massachusetts, 1965
4. Diener & Diener: Hammerstraße, Bâle, 1978-1981
5. O. M. Ungers: Garthestraße 8, Cologne-Riehl, 1957
6. "Syndicat des architectes de la Seine": Sistema di suddivisione flessibile di un alloggio / *Syndicat des architectes de la Seine: système d'appartement modifiable*, Paris, 1960
7. Rem Suzuki: «cruciformes», Paris, 1967

2a

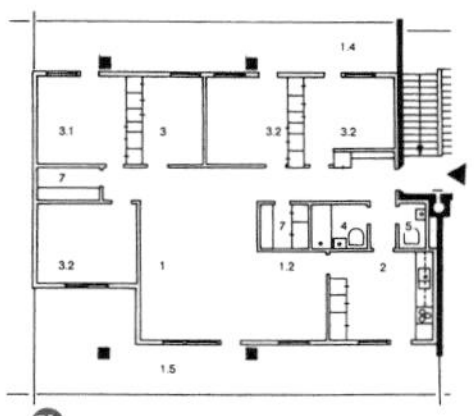

2b

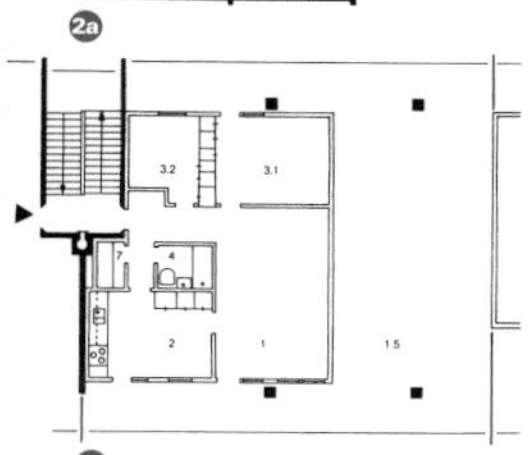

2c

2d

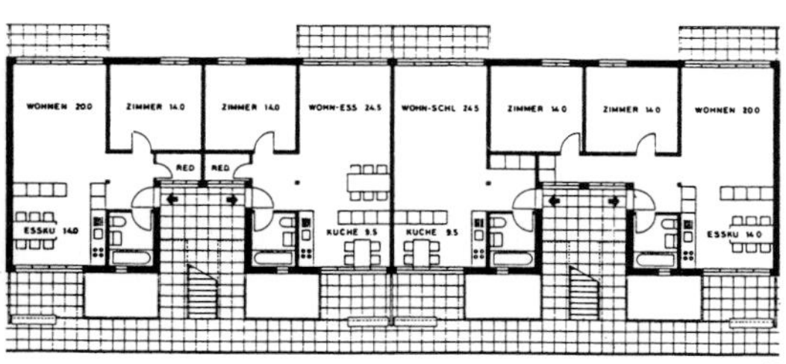

⑤

La planimetria flessibile / *Le plan aménageable*

1. Renzo Piano, Peter Rice: Sistema di costruzione industrializzato per "case che crescono" / *système de construction industrialisé pour maison évolutive*, Pérouse, 1935
2. (2a, 2b, 2c, 2d) Erik Friberger: Casa sperimentale / *maison expérimentale*, Göteborg-Kallebeck (Suède), 1935
3. Mies van der Rohe: Weißenhofsiedlung / *cité du Weißenhof*, Stuttgart, 1927
4. Walter Fischer: Bramshof, Zurich, 1989-1991
5. Werner Kohn: Concorso "Planimetrie flessibili" / *concours pour des plans aménageables*, Geislingen-Auchtweide (Allemagne), 1976
6. Steven Holl: Fukuoka, Japon, 1986

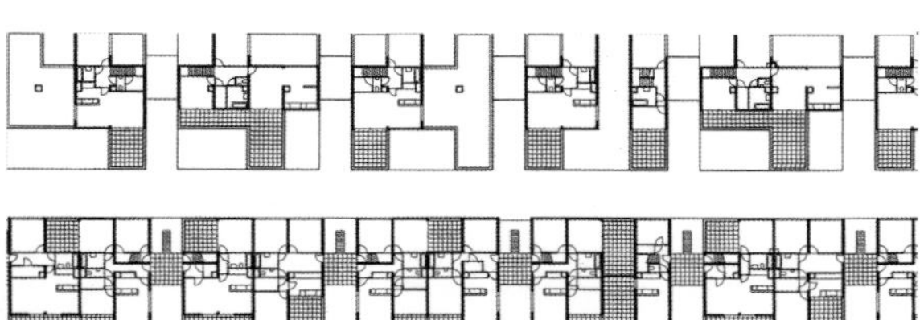

③

Spazi neutri
Les espaces sans affectation prédéfinie

1. Diener & Diener: KNSM, Java, Amsterdam, 2001
2. Isa Stürm + Urs Wolf SA: Varianti planimetriche / *variantes de plan*, Röntgenareal, Zurich, 1999
3. Neutelings Riedijk Architecten: Hollainhof, Gand, 1999

Le plan à cheminement circulaire et la mise en évidence du parcours

C'est un type de plan qui s'intéresse au cheminement lui-même à travers l'appartement (plus qu'au flux spatial) en créant entre les pièces une multitude de relations fonctionnelles et spatiales offertes à l'expérience des habitants. À la difference des conceptions précédemment décrites, la relation est ici toujours entre un lieu et le suivant. Néanmoins, si l'appartement est disposé autour d'un atrium (1, 2), il existe des liens visuels entre un côté et celui qui lui fait face. Lorsque les pièces sont desservies par un véritable couloir (2, 3), elles peuvent être perçues comme des vitrines d'exposition à regarder depuis un promenoir. Mais comme cela entraîne une augmentation disproportionnée de la surface de circulation, cette disposition reste un luxe pour des maisons familiales. On peut parvenir à chaque chambre par deux chemins (voire plus) si le séjour se trouve au centre (4). Dans l'exemple 5, la surface de circulation est accaparée par les pièces elles-mêmes. Les chambres sont disposées de manière que le cheminement circulaire puisse se faire par les ouvertures dans les parois. Ces ouvertures diminuent la surface disponible pour le mobilier, et l'on peut supposer que suivant les besoins, une famille décide de les fermer. Le cheminement circulaire peut aussi avoir pour centre le bloc sanitaire (6) ou la cage d'escalier (7). Cette dernière solution présente toutefois le même risque d'isolement des pièces que dans un plan à couloir.

Le plan aménageable

Il y a une incompatibilité entre l'évolution permanente des situations familiales (taille et composition) et la différenciation croissante des besoins quant au logement, d'une part, et d'autre part les efforts de rationalité et de standardisation de la construction de logements massive. La transformation du plan peut être alors une alternative au déménagement. Diverses conceptions sont possibles: murs extérieurs transformables, cloisons amovibles, les murs extérieurs étant fixes, pièces pouvant être attribuées à un appartement ou à un autre, pièces à éléments de parois mobiles qui peuvent en changer la forme et la dimension. L'idée la plus radicale est sans doute la «maison évolutive» (maison familiale, 1), dont l'extension progressive selon le goût des habitants devait renforcer leur identification avec leur logement. Dans l'exemple 1, comme dans la plupart des solutions adoptées, le noyau de la maison, autour duquel elle se développera horizontalement et verticalement, comprend un bloc sanitaire et les accès, et remplit en même temps une fonction statique. La maison 2 est un exemple précoce d'enveloppe extérieure transformable (horizontalement) avec un immeuble à plusieurs niveaux. C'est une construction à ossature de béton où chaque niveau comprend une plateforme sur laquelle le plan peut être agencé librement grâce à des parois légères. Dans l'exemple 3, qui utilise aussi un système à piliers, les murs porteurs et les blocs sanitaires sont fixes, mais les habitants disposent de parois démontables spéciales pour réaliser le plan correspondant à leurs désirs. Le bâtiment est peu profond, ce qui donne de très bonnes conditions d'éclairage. La maison 4 est une construction témoin où le bloc sanitaire est placé contre les murs de refend, et tout le reste laissé sans plan préétabli.
Le plan aménageable n'a connu qu'un faible succès. Le problème de l'isolation acoustique ne pouvait pas être surmonté, et les avantages de la souplesse d'aménagement n'étaient pas suffisants pour contrebalancer les surcoûts des plafonds suspendus (pour le passage des câbles électriques et l'éclairage), voire du chauffage au sol, etc. L'expérience montre que la plupart des habitants, par la suite, craignant la dépense à engager pour déplacer une paroi, préfèrent une planification de type participatif. Les bâtiments et les formes de logement sont encore perçus comme quelque chose de statique où l'on s'établit et à quoi l'on s'adapte. Il n'y a de souplesse aujourd'hui que dans la taille de l'appartement: des chambres de caractère neutre (le plus souvent contre la cage d'escalier lorsque plusieurs appartements sont groupés autour de celle-ci) peuvent être attribuées à l'un ou l'autre appartement, ou alors on fusionne plusieurs appartements (5). La taille et la forme peuvent être modifiées dans une certaine mesure par l'insertion de cloisons amovibles (6).

Les espaces sans affectation prédéfinie

L'idée n'est pas ici de modifier l'appartement en fonction des désirs de ses nouveaux habitants, mais de changer seulement l'affectation des pièces. Comme les pièces, par leur taille, leur forme et leur disposition, n'ont pas un usage prédéfini, elles offrent diverses possibilités pour un plan donné (1, 2). L'habitant peut et doit inventer sa propre forme de logement. Si les besoins évoluent, l'affectation des pièces peut changer. À l'intérieur d'un même ensemble résidentiel, il arrive que des habitants ayant des conceptions tout à fait différentes s'établissent dans des appartements de plan identique. Il faut pour cela que les pièces aient une certaine taille et certaines proportions, et idéalement encore un accès indépendant. Cette solution requiert aussi une plus grande surface de couloirs et de chambres, de sorte que c'est dans des immeubles d'un niveau de confort plutôt élevé qu'elle trouve ses meilleures applications. Plus récemment, ce type a peu à peu révélé une approche schématique, presque graphique du projet: le système porteur, ou une certaine surface, est divisé en un certain nombre de cases de dimensions égales ou non, auxquelles sont attribuées diverses fonctions (cuisine, salle de bains, chambre, séjour ou espace ouvert). La disposition et la combinaison peut varier d'un appartement à l'autre. Comme chaque case (pièce) peut être appelée à remplir une fonction différente selon l'appartement, elle doit rester non spécifique et d'affectation neutre (3).

Friederike Schneider

Il ruolo dei caratteri distributivi

Il rapido sviluppo di un'edilizia residenziale moderna nel secondo dopoguerra ha dato luogo a una molteplicità di modelli insediativi e a nuove forme dell'abitare. Tra questi, però, solo una piccola parte appare in grado di superare un esame critico odierno. Infatti ci si è resi conto – con notevole ritardo – che la scarsa cura degli spazi aperti è stata la causa principale della diffusa insoddisfazione abitativa. Tentativi per un radicale rinnovamento si trovano solo nei casi in cui si è cercato di attribuire un nuovo ordine non solo all'alloggio, ma anche all'intero edificio e agli spazi aperti. In questi casi l'impianto distributivo gioca un ruolo decisivo, in quanto elemento connettivo tra i diversi livelli dell'insieme.

La questione distributiva

Dal punto di vista economico la superficie distributiva di qualsiasi edificio deve essere ridotta al minimo. Nell'edilizia residenziale multipiano ciò significa che gli spazi aperti di interazione tra gli abitanti di un edificio di norma si limitano ai percorsi di collegamento strettamente necessari (traffico pedonale, veicolare e sosta). La maggior parte degli spazi aperti viene infatti destinata a verde, dando luogo al cosidetto "verde di rispetto" (per mantenere la distanza sociale), spesso quasi del tutto inaccessibile ("Vietato calpestare le aiuole"). Allo stesso modo, all'interno dell'edificio, gli spazi di relazione tra gli alloggi sono ridotti allo stretto necessario (vano scala, corridoio). Ogni piano deve infatti offrire il massimo di superficie (esclusivamente) abitabile. Questo significa che la varietà di spazi pubblici e semipubblici di supporto per attività di servizio di vario genere, che nel tessuto edilizio storico poteva diffondersi tra gli edifici arrivando fino alla porta di casa, negli insediamenti residenziali monofunzionali nati dal niente è degenerato in puro spazio di distribuzione, riservato esclusivamente all'attraversamento.
Alla perdita di uno spazio aperto "abitabile" non è possibile porre rimedio con spazi comuni di vicinato (per esempio area giochi per bambini), troppo lontani e perciò poco interessanti per gli inquilini. Inoltre non vi si possono coltivare i rapporti di vicinato come si vorrebbe, perché questo tipo di strutture soffre di un eccessivo grado di anonimato per instaurare contatti sociali duraturi.

L'esperienza insegna che l'interesse dei residenti nei confronti dello spazio pubblico che li circonda viene risvegliato principalmente da accadimenti che si verificano nel campo visivo riservato al loro alloggio. Anche la disponibilità a intraprendere contatti sociali è limitata, a seconda del tipo di percezione, a un intorno relativamente ristretto (riconoscibilità, distanza di ascolto e chiamata, saluto di cortesia, ecc.). Questo corrisponde allo spazio di distribuzione compreso tra due edifici posti uno di fronte all'altro, fino a un massimo di quattro piani ciascuno, ovvero 20-25 metri. Se l'abitante è privato della percezione del suo intorno sociale a causa dell'eccessiva distanza (per esempio in case a torre), spesso non nascerà alcun contatto tra vicini di casa. Gli effetti di questo isolamento all'interno dell'alloggio sono ben noti. Se si vuole che l'edilizia residenziale faciliti la comunicazione, appare assolutamente necessario attribuire alle superfici distributive una qualità adeguata. Il percorso verso l'alloggio e i collegamenti tra gli alloggi, grazie all'inevitabilità (in senso letterale) degli incontri tra i residenti, offrono infatti le condizioni più propizie alla nascita di aree di vicinato accettate dai residenti e quindi possono favorire le auspicate relazioni tra abitanti negli spazi aperti.
Un requisito irrinunciabile per il buon funzionamento delle superfici distributive come spazio di interazione sociale è il *contatto visivo* tra queste ultime e i residenti, concetto introdotto dalla sociologa Jane Jacobs già negli anni Sessanta. In questo senso il sociologo Norbert Schmidt-Relenberg parla di *apertura* dell'alloggio, concetto al quale si contrappone quello di *chiusura*, all'interno del quale in senso lato si comprende anche la schermatura dell'alloggio da sguardi indiscreti. I suddetti concetti verranno utilizzati con questi significati nei paragrafi che seguono.

Pari importanza rispetto all'*apertura* dell'alloggio ha l'appropriazione della superficie distributiva come spazio di socializzazione e di incontro, soprattutto per quanto concerne la zona antistante l'ingresso all'alloggio. Questo luogo, soglia tra il rifugio privato e lo spazio di pubblica interazione, si è rivelato un tema formale particolarmente delicato per l'edilizia residenziale. Da un lato è un luogo di identificazione e autorappresentazione per gli abitanti; d'altra parte è tra i luoghi di sosta preferiti, in particolare dai bambini, per i quali costituisce il luogo da cui partire alla conquista del loro spazio abitativo. Ma anche gli adulti, e soprattutto gli anziani, vi soggiornano volentieri per prendere parte, a distanza, alla vita della strada. L'area di fronte all'alloggio, ovvero alla sua porta d'ingresso, è il vero punto di contatto dove avvengono i processi di scambio tra la sfera pubblica e quella privata dell'ambiente residenziale (figg. 1 e 2).
L'apertura dell'alloggio e la desiderata vitalizzazione dell'intorno residenziale porta con sé inevitabili disagi, in primo luogo rumori che disturbano il crescente bisogno di quiete degli abitanti di oggi. Per questo è consigliabile collocare l'alloggio in un contesto urbano che si ponga tra un affaccio più vitale e uno di maggior quiete. Quando gli accessi agli edifici residenziali si fronteggiano (concentrazione degli accessi), è possibile collocare su strada i vani meno atti a essere disturbati (per esempio cucina e zona pranzo), mentre si può accentuare la quiete degli spazi aperti collocati sul retro rispetto alla strada. Su questo lato si potranno collocare i vani che hanno maggiore sensibilità (per esempio soggiorno e camera da letto dei genitori). Da questo punto di vista la tradizionale struttura degli isolati urbani con strade strette e corte interna dilatata costituisce un valido paradigma urbanistico che trova sempre più spesso applicazione.

1 Heinrich Tessenow: Casa a schiera con panchina in legno, città-giardino Hellerau,
Heinrich Tessenow: maison en rangée avec banc de bois, cité-jardin de He
1910-1911

L'importance des accès

Le rapide développement des logements modernes construits en très grand nombre après la Seconde Guerre mondiale a donné naissance à quantité de conceptions de la construction et de formes d'habitation. Mais, de toutes ces réalisations et de ces tentatives, il en est peu qui résistent à l'examen critique selon les critères d'aujourd'hui. Il a fallu beaucoup de temps pour reconnaître que l'insatisfaction ressentie par bon nombre d'habitants avait pour cause principale le manque d'attrait de l'environnement du logement. Un renouveau ne commence à se faire sentir que là où les auteurs des projets ont considéré l'appartement, l'immeuble d'habitation et leur environnement comme un tout et ont essayé de le soumettre à une forme d'organisation nouvelle. Cela a mis en évidence l'importance des accès, élément de liaison décisif dans cette relation.

Le problème de l'accès

Des raisons d'économie poussent à la réduction de la quantité des accès aux immeubles d'habitation. Dans les immeubles à étages, les surfaces d'interaction situées à l'extérieur sont généralement limitées aux parcours indispensables (pour les piétons, les voitures et le stationnement). La plus grande partie des espaces extérieurs est occupée par des surfaces de verdure qui visent souvent à créer un effet d'obstacle et de distance sociale (« Ne pas marcher sur le gazon »). À l'intérieur aussi, les surfaces d'interaction des habitants sont limitées au strict nécessaire (cage d'escalier, corridor). C'est que les étages doivent avoir la plus grande surface habitable nette possible. En d'autres termes, l'espace collectif ou semi-collectif, qui peut servir à des activités diverses et qui dans des structures urbaines à croissance « naturelle » a pu s'étendre entre les maisons et jusqu'aux appartements eux-mêmes, est figé dans les ghettos modernes bâtis *ex nihilo* en un système d'accès monofonctionnel réservé exclusivement aux activités de circulation.
Les surfaces collectives de quartier, genre aires de jeux pour enfants, ne suffisent pas à compenser cette perte. Elles sont trop éloignées, ce qui les soustrait à l'attention des habitants. Et elles présentent un degré d'anonymat déjà trop élevé pour favoriser les relations de voisinage et les contacts sociaux stables.

Comme l'expérience le montre, l'intérêt que l'habitant prend à son environnement naît principalement des événements qu'il peut voir depuis son appartement. Sa capacité et sa disposition à engager des contacts sociaux sont limitées au domaine restreint où s'étend sa perception (distance d'identification, portée de la voix, manières de saluer, etc.). Cela correspond à peu près à la surface d'une aire d'accès entre deux immeubles de quatre étages au maximum qui se font face, soit environ vingt à vingt-cinq mètres. Si l'éloignement s'oppose à la perception de l'environnement social (comme par exemple dans les tours d'habitation), il n'y a souvent aucun contact entre les habitants. On connaît les conséquences d'un pareil isolement. Une construction plus favorable à la communication paraît exiger aussi plus de soin dans la conception des accès. Car le parcours qui mène au domicile et les accès qui relient les appartements entre eux, par les rencontres qu'ils provoquent inévitablement, sont les lieux par excellence où peuvent naître des contacts, qui favoriseront ensuite les processus d'interaction à l'extérieur de l'appartement.
Dans les années 1960 déjà, la sociologue Jane Jacobs a défini la visibilité comme une condition pour qu'une aire d'accès joue son rôle de champ d'interaction : l'habitant doit pouvoir voir l'aire d'accès. Norbert Schmidt-Relenberg, sociologue lui aussi, parle à ce propos d'*ouverture* de l'appartement : ouverture au sens de prise de contact avec l'extérieur, et à laquelle s'oppose la *fermeture*, notion dans laquelle il inclut aussi la protection contre les regards importuns de l'extérieur. Ce sont deux notions sur lesquelles nous reviendrons.

L'aptitude d'une aire d'accès à servir d'espace de halte est tout aussi importante que l'ouverture de l'appartement. Cette qualité se manifeste en particulier dans l'espace qui précède immédiatement l'entrée. Le seuil marquant la limite entre refuge privé et espace d'interaction publique est un point des plus sensible dans l'architecture de la maison. C'est d'une part pour l'habitant un lieu d'identification et de présentation de soi, et d'autre part un espace où les enfants surtout aiment se tenir. Il est pour eux un refuge à partir duquel ils partent à la conquête de leur environnement. Mais les adultes aussi s'y tiennent volontiers, en particulier les personnes âgées, qui peuvent ainsi participer à distance à la vie de la rue. L'espace qui précède l'entrée de l'appartement ou de la maison est un lieu de transmission et d'échange entre la sphère privée et le domaine public (ill. 1 et 2).
Inévitablement, l'ouverture de l'appartement et l'animation de son environnement entraînent des nuisances, sonores surtout, qui vont à l'encontre du besoin de tranquillité particulièrement marqué de notre époque. Il est donc préférable de placer l'appartement dans un contexte urbanistique où l'on puisse distinguer entre côté animé et côté calme. Si, dans un immeuble, les accès se font face, on peut placer de ce côté les pièces non sensibles au bruit, comme la cuisine ou la salle à manger, de manière à laisser les pièces plus sensibles (par exemple le séjour et la chambre des parents) du côté tranquille, opposé à la rue. De ce point de vue, la structure traditionnelle du bloc en rangée, avec une rue étroite et un espace intérieur large, est devenue un modèle urbanistique, raison pour laquelle elle est de plus en plus souvent appliquée.

❷ Otto Steidle: Kreuzgassenviertel, Nuremberg, 1986-1992

Impianto distributivo e categorie di abitanti

L'alloggio "chiuso" è molto diffuso in tutti gli edifici plurifamiliari nei quali l'alloggio sia collegato a vani scala o corridoi chiusi (per esempio case in linea, edifici a corridoio centrale). Ma anche tra gli insediamenti a sviluppo orizzontale ad alta densità sono presenti alti gradi di chiusura, per esempio in insediamenti a tappeto (insiemi di case ad atrio e case con giardino). Qui troviamo spesso tratti di strada con fronti ciechi o scarsamente finestrati.
Insediamenti residenziali ad alto coefficiente di chiusura soddisfano le esigenze delle categorie di abitanti più introverse. Si tratta principalmente di lavoratori single, famiglie riservate e senza figli e pensionati. L'alloggio aperto si riscontra, anche se è una tipologia poco diffusa, in edifici plurifamiliari con vani scala e corridoi aperti, dove gli sbarchi sono sufficientemente provvisti di superficie, di luce naturale e di un'atmosfera tale da facilitare l'incontro e l'esibizione di se stessi (figg. 4 e 5).
Negli insediamenti di edifici unifamiliari l'apertura si verifica sempre quando l'alloggio si affaccia su strada. È lecito supporre che questo tipo di alloggi corrisponda al meglio alle esigenze dell'abitante "tipo", e in particolare a coloro i quali passano la maggior parte del loro tempo all'interno dell'alloggio, per questioni di dipendenza (bambini), di attività (casalinghe) o di condizione fisica (anziani). Abitare in una casa unifamiliare offre a queste categorie di utenti le migliori condizioni per soddisfare le loro necessità, il che, assieme ad altri fattori, determina il fatto che, come confermato da molti sondaggi di opinione, la "casa unifamiliare nelle sue varianti" resta la modalità abitativa ampiamente preferita (fino al 90% degli intervistati).

Nuove tipologie distributive nell'edilizia residenziale multipiano

Lo sviluppo e la sperimentazione di nuove tipologie distributive nell'edilizia residenziale multipiano è stata avviata su piccola scala all'inizio degli anni Settanta. L'impulso veniva dalla crescente richiesta di un miglioramento della qualità dell'edilizia residenziale, nel momento in cui si esauriva l'emergenza quantitativa che aveva avuto la precedenza fino ad allora, con i ben noti risultati.
L'ampia offerta di progetti urbanistici visionari degli anni Sessanta si rivelò in questo caso di scarsa utilità. Come alcuni dei progetti ideali che li avevano preceduti negli anni Venti, queste utopie negavano il tessuto urbano esistente, e anche sotto l'aspetto economico risultavano impossibili da realizzare. Il destino dei pochi prototipi realizzati (sistemi di alloggi prevalentemente aperti) è noto. Per esempio, l'"Habitat" di Moshe Safdie (cfr. p. 194), spettacolare messa in scena in occasione della Expo di Montreal del 1967, non riuscì a trasmettere all'edilizia residenziale seguente l'impulso sperato. Gli inizi di un processo che doveva portare a un vero rinnovamento furono molto più modesti. Gli approcci che si rivelarono praticabili ed economicamente sostenibili anche in edilizia sociale possono essere ricondotti a due linee di sviluppo: la casa a ballatoio e la maisonette, detta anche "casa nella casa".
La tipologia a ballatoio, già storicamente ben nota, ma che nella versione semplificata applicata nell'edilizia residenziale di massa pare più appropriato definire più sobriamente casa "a corridoio esterno", è il tipico esempio di distribuzione all'aperto in edilizia residenziale multipiano. Alle nostre latitudini ha trovato più spesso applicazione nelle cosiddette "case d'appartamenti", ovvero edifici residenziali con minialloggi. Le ragioni erano prevalentemente economiche. Infatti il rapporto tra la superficie residenziale e quella distributiva nei minialloggi su corridoio è molto più vantaggiosa che non negli edifici in linea; inoltre questi appartamenti possono avere tagli più razionali (essendo comunque vincolati al monoaffaccio). Nel caso di alloggi più grandi si poteva ovviare con una distribuzione su più livelli.
Non bisogna dimenticare che la distribuzione all'aperto (ballatoi, percorsi in copertura) nell'edilizia residenziale multipiano porta con sé notevoli problemi dal punto di vista costruttivo, e quindi costi aggiuntivi non indifferenti. In primo luogo a causa della difficoltà di ventilazione passante degli alloggi. Ne risultano problemi relativi all'isolamento termico e acustico e di condensa, che richiedono soluzioni ad hoc e quindi maggiori costi di costruzione.
La *maisonette*, i cui riferimenti risalgono all'edilizia residenziale olandese e che era già ampiamente praticata in molte varianti nell'Inghilterra degli anni Cinquanta, è approdata nella nostra edilizia sociale solo negli anni Ottanta. Con questa tipologia distributiva è possibile attribuire un accesso diretto al giardino a molte unità residenziali situate alla base degli edifici residenziali multipiano. Nella parte superiore, grazie alla costruzione a ponte sul corridoio distributivo, è possibile conferire il doppio affaccio ad ogni alloggio, almeno su un livello, e quindi ottenere alloggi con diversi vani ben aeroilluminati (fig. 3).
Sono già stati realizzati molti insediamenti che combinano corridoio all'aperto e alloggi distribuiti su più piani (figg. 6 e 7). Per quanto riguarda l'altezza, il limite di quattro piani si è rivelato appropriato, dal momento che la stratificazione di due serie di *maisonettes* implica un solo percorso distributivo interno all'edificio. Questo ballatoio può essere all'aperto, e avere perciò un carattere formale simile a un percorso al pianterreno. L'accesso alle unità inferiori può essere ricavato, come nelle case a schiera, dal giardino antistante, nel quale, a seconda dei casi, può essere collocato anche il posto auto.

A proposito del ballatoio va detto che questa tipologia distributiva, nella forma in cui si trova nell'edilizia residenziale corrente, non riscuote particolare gradimento da parte degli utenti. Come luogo di sosta risulta poco attraente, anche perché il passaggio è troppo stretto. Il fronte degli alloggi, a causa dell'immediata adiacenza e quindi mancanza di distacco rispetto all'interno dell'alloggio, è chiuso ad altezza d'uomo e le alte finestre sono percepite come lucernari. Il controllo sociale non può espletarsi in questo contesto, così come nei corridoi chiusi o nei pianerottoli degli edifici in linea. Se vengono interpretati come pura superficie distributiva, inoltre, i ballatoi vengono spesso collocati sul lato nord, che da noi è svantaggiato dal punto di vista climatico; essi restano pertanto privi di soleggiamento e inadatti alla crescita di piante. Nel caso si verifichino queste condizioni è evidente che gli utenti preferiscano la tradizionale distribuzione al chiuso degli edifici plurifamiliari.

3 Schema delle possibili combinazioni di corridoio aperto e alloggi distribuiti su più piani
Schéma de disposition du corridor ouvert dans des immeubles à appartements sur plusieurs niveaux

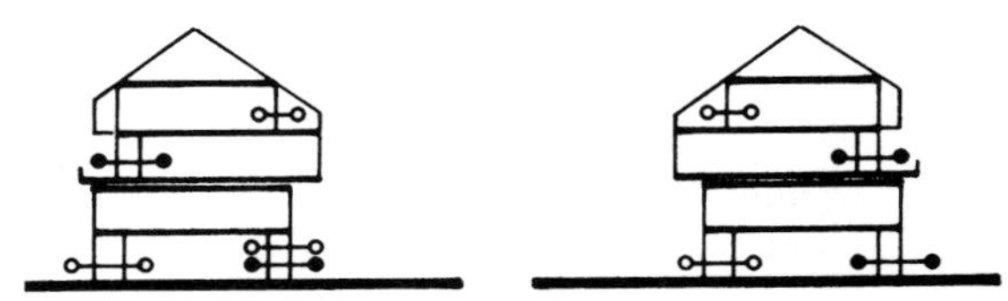

Accesso da N/E / *Accès NE* Accesso da S/O / *Accès SO*

Sovrapposizione completa dei piani su terreno pianeggiante
Superposition des niveaux sur terrain plat

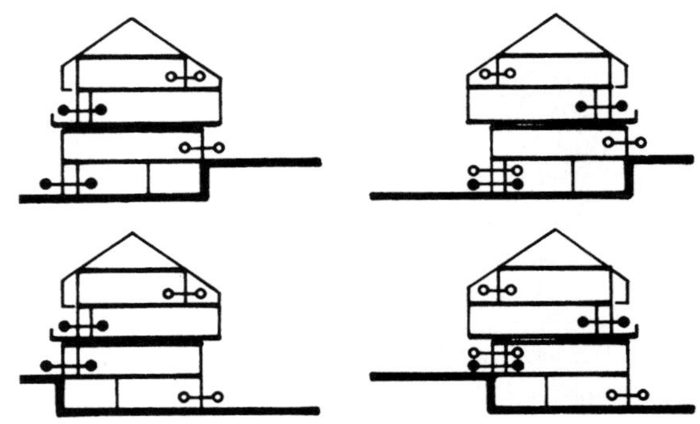

Accesso da N/E / *Accès NE* Accesso da S/O / *Accès SO*

Sovrapposizione completa dei piani su un pendio
Superposition des niveaux sur un versant

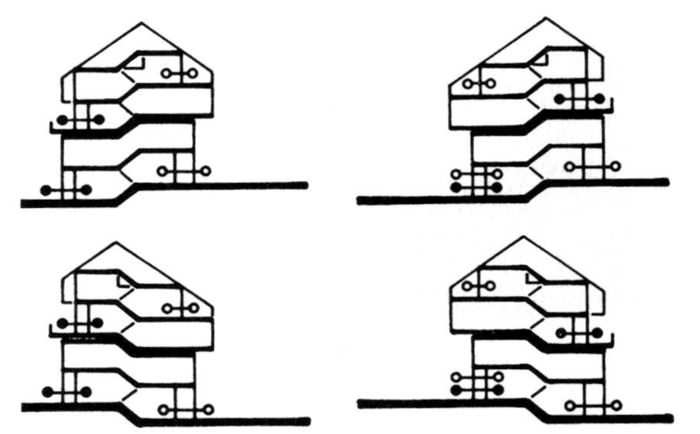

Accesso da N/E / *Accès NE* Accesso da S/O / *Accès SO*

Sovrapposizione completa dei piani su un terreno in pendenza
Superposition des niveaux sur un terrain en pente

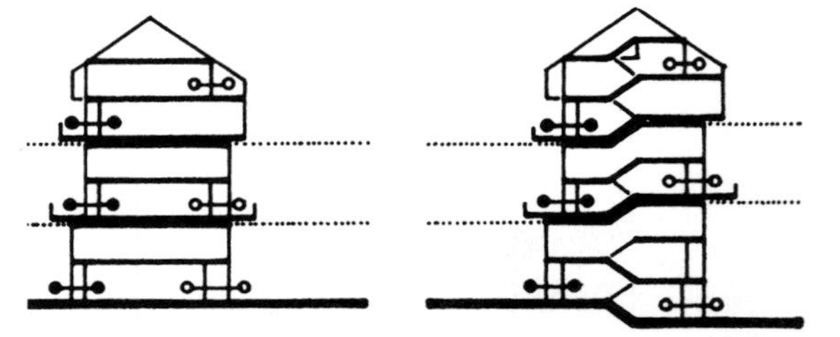

Sovrapposizione completa dei piani / *Structure à superposition de niveaux* Piani sfalsati / *Structure à niveaux décalés*

Sovrapposizione di tre o più unità distributive
Superposition de trois unités d'accès ou plus

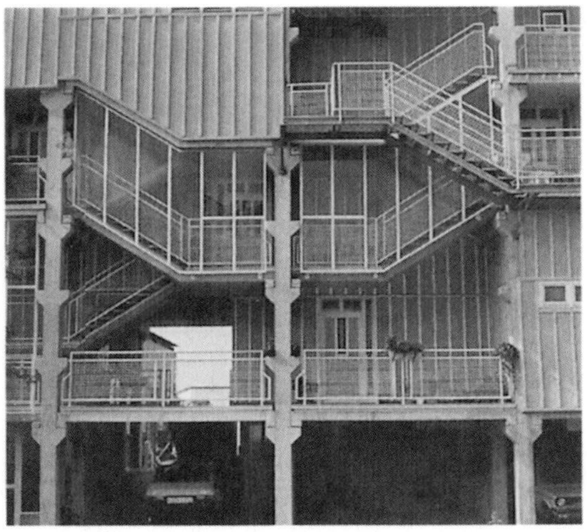

❹ Otto Steidle: dokumenta urbana, Cassel, 1979-1982

Accès et type d'habitants

Le logement de type fermé est très répandu dans les immeubles résidentiels dont les appartements donnent sur une cage d'escalier ou un corridor fermés. Mais on le rencontre aussi dans des ensembles denses de constructions basses, comme par exemple les lotissements «en tapis» (combinaison de maisons à atrium et cour-jardin), où les façades donnant sur les allées intérieures n'ont parfois que peu ou pas du tout de fenêtres. Cette fermeture correspond aux attentes des habitants du type «introverti», que l'on rencontre principalement parmi les personnes actives vivant seules, les couples sans enfants et les retraités.
Le logement de type ouvert est beaucoup moins répandu. On le trouve dans des immeubles dont les appartements sont reliés à des escaliers et à des corridors ouverts et où les paliers sont suffisamment larges, éclairés et agréables pour inviter à la rencontre et aux contacts (ill. 5). Dans les maisons familiales, il y a ouverture partout où l'appartement donne sur la rue. On peut supposer que c'est la catégorie qui convient le mieux à l'habitant «normal» et, au sein de cette catégorie, en particulier aux gens qu'une dépendance (enfants par exemple), une activité (femmes au foyer) ou des contraintes physiques (personnes âgées) lient à leur maison. C'est ce genre de logement qui offre les meilleures conditions à l'épanouissement de l'existence de cette catégorie d'habitants: preuve en est que dans les sondages, près de 90 pour cent des personnes interrogées indiquent pour forme d'habitation préférée la «maison familiale sous une forme ou une autre».

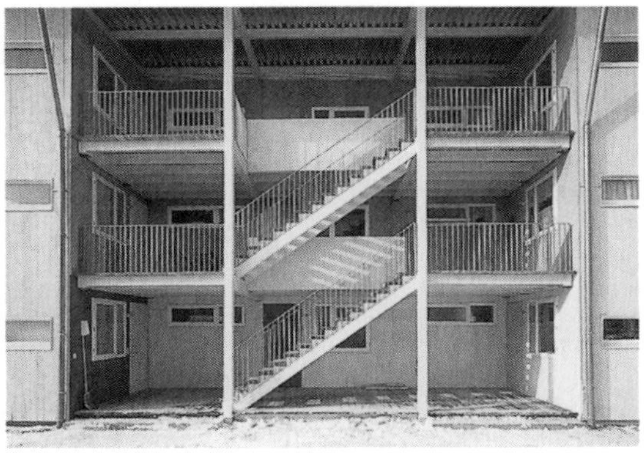

❺ Fink & Jocher: Sulzbach-Rosenberg, 1993-1995

❻ Otto Steidle: Mayence-Lerchenberg, 1990-1994

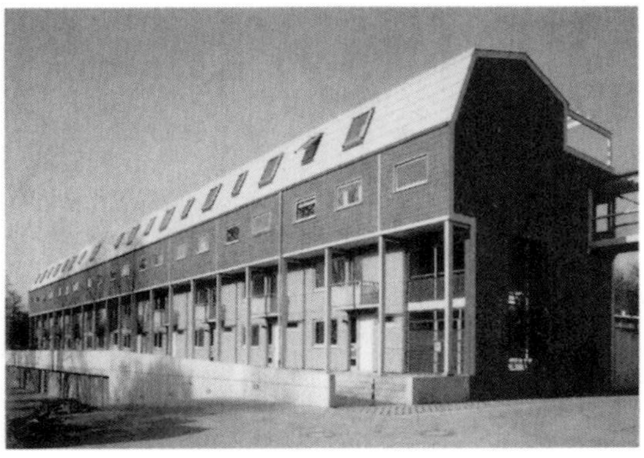

❼ Baufrösche Kassel: Langhaus, Hanovre, 1996

De nouvelles formes d'accès dans les immeubles à étages

C'est au début des années 1970 que sont apparus les premier essais – modestes – de nouvelles formes d'accès dans les immeubles à étages. Après des décennies de priorité absolue accordée à la quantité, avec les conséquences que l'on sait, des voix toujours plus fortes se sont fait entendre pour réclamer une amélioration de la qualité des logements. Les années 1960 avaient produit sur le papier de nombreux systèmes urbanistiques visionnaires qui se sont révélés aussi peu utiles que les vues idéalistes de leurs prédécesseurs des années 1920 car, dans les deux cas, on faisait abstraction du tissu urbain existant pour proposer des solutions irréalisables, pour des raisons économiques en particulier. On sait ce qu'il est advenu des quelques prototypes réalisés (la plupart d'ailleurs des systèmes à appartements du type ouvert). L'ensemble construit par Moshe Safdie à Montréal (voir p. 194-195), par exemple, somptueusement mis en scène pour l'Exposition universelle de 1967, n'a pas donné les impulsions attendues à la construction de logements. Les expériences dont l'avenir a prouvé qu'elles étaient concluantes ont eu des débuts plus modestes. Financièrement supportables, elles sont également applicables à la construction de logements sociaux et suivent deux grands principes de construction: la maison à galerie et le duplex (dit aussi «maison dans la maison»).
La maison à galerie, qui, issue d'une longue tradition historique, a pris dans la construction de masse actuelle une forme qui mérite tout au plus d'être qualifiée de «maison à corridor extérieur», est un exemple classique d'accès ouvert sur l'étage. Pendant longtemps, cette forme a été appliquée surtout aux immeubles à petits appartements, et cela surtout pour des raisons économiques. En effet, dans une maison à corridor extérieur, le rapport entre surface d'habitation et surface des accès est sensiblement plus avantageux que dans un immeuble où les appartements enserrent une cage d'escalier intérieure. De plus, s'il est vrai que le corridor extérieur entraîne des contraintes d'orientation, les petits logements offrent encore de bonnes possibilités d'adapter le plan. Dans les appartements plus grands, on a résolu le problème en leur donnant plusieurs niveaux.
Il ne faut cependant pas dissimuler les problèmes techniques parfois considérables que posent les accès extérieurs dans les immeubles à étages (corridor extérieur, ruelle couverte), avec les conséquences financières qu'ils entraînent. Les problèmes se manifestent pour commencer dans l'aération transversale de l'appartement. La difficulté de l'isolation thermique et acoustique et de la protection contre l'humidité occasionne des coûts supplémentaires.
Le duplex est un type dont les origines remontent aux premiers immeubles résidentiels à étages des Pays-Bas et que l'architecture britannique a utilisé en de nombreuses variantes dès les années 1950. Le reste de l'Europe ne l'a véritablement repris que dans les années 1980, pour la construction de logements sociaux. Ce principe permet d'avoir, dans les immeubles en rangée, une proportion élevée d'appartements accessibles de plain-pied. Deux niveaux plus haut, les appartements peuvent être traversants, même dans les maisons à corridor extérieur, ce qui leur donne une bonne aération et un bon ensoleillement (ill. 3).
La combinaison entre corridor ouvert et appartements disposés sur plusieurs niveaux a depuis lors été appliquée dans quantité de réalisations (ill. 6 et 7). Une hauteur limitée à quatre niveaux est apparue judicieuse, parce qu'avec deux duplex superposés, un seul accès haut suffit. Cette zone d'accès peut être à ciel ouvert et donc être conçue quasiment comme si elle était au niveau du sol. Quant à la partie inférieure de la maison, son accès peut être aménagé sous forme de jardin privé, avec le cas échéant un abri à voiture.

Il faut encore dire à propos des galeries que, telles qu'elles se rencontrent dans l'architecture traditionnelle, elles n'offrent pas une forme d'accès particulièrement appréciée des habitants. Ce sont des surfaces de circulation trop étroites et elles n'invitent guère à s'y arrêter. Leur exiguïté oblige à fermer la façade jusqu'au-dessus de la hauteur du regard et à ne laisser entrer la lumière que par des fenêtres hautes. Les contacts avec les voisins y sont aussi peu facilités que dans les corridors fermés ou sur les paliers des cages d'escalier ordinaires. Lorsque les galeries n'ont qu'une fonction d'accès, elles sont en général placées du côté nord, qui sous nos climats n'est pas favorable aux plantes. Dans ces conditions, on comprend que les habitants des immeubles résidentiels préfèrent les accès fermés.

Negli edifici a *maisonette*, grazie al fatto che gli alloggi sono su più livelli, il ballatoio può avere maggiore altezza, in modo da offrire migliori condizioni di aeroilluminazione anche alle superfici distributive e ai vani adiacenti. Vi è dunque la possibilità di articolare il passaggio: possono nascere slarghi a patio in corrispondenza degli ingressi, spazi che possono essere definiti come vere e proprie logge pergolate. Nei tratti di ballatoio intermedi si può aumentare la distanza dalla facciata, allo scopo di abbassare le finestre (per esempio della cucina e della sala da pranzo) fino alla normale altezza di parapetto. Per la zona di rispetto è sufficiente un metro (un braccio teso) di fioriere. Un'articolazione di questo tipo scandisce il ritmo della struttura residenziale in facciata e contribuisce alla personalizzazione dell'impianto distributivo in quota (figg. 8 e 9).
Anche il tentativo di legare l'alloggio al pianterreno di un insediamento plurifamiliare all'area esterna adiacente viene praticato di tanto in tanto, per esempio dotando il soggiorno di un accesso diretto al verde di fronte. Al posto dei loggiati recintati e rialzati al livello del basamento l'utente ottiene così l'accesso a una terrazza più ampia e aperta. Possibile fonte di disagio è l'essere visto dall'alto, nel qual caso le terrazze restano spesso inutilizzate. Per questo motivo negli edifici plurifamiliari si preferisce spesso disporre il giardino pertinenziale non in aderenza, ma separato dall'edificio, a una certa distanza.
Il vantaggio offerto da alloggi su più livelli è evidente anche in questo caso: i livelli dell'alloggio possono essere infatti sfalsati in modo da disporre la terrazza al riparo in profondità, come accade spesso nelle case a schiera, assumendo la dimensione di una "stanza verde", o meglio di un "logis prolongé" (Le Corbusier), abitabile (fig. 10).

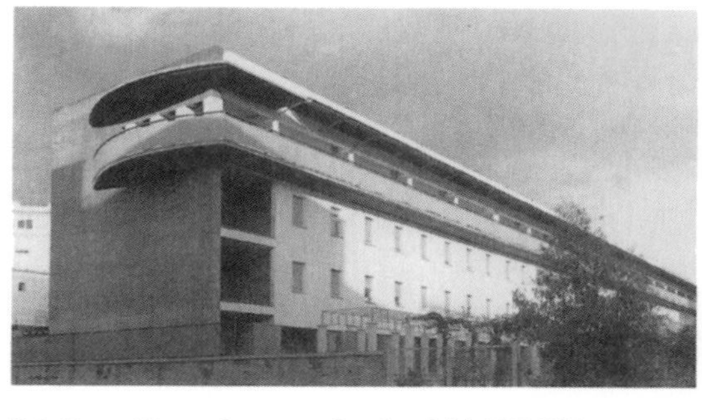

8 Guillermo Vázquez Consuegra: Ramón y Cajal, 1986-1987

Prototipo

Come esempio paradigmatico di una distribuzione possiamo citare un insediamento ampiamente sperimentato, che è diventato un esempio classico tra gli specialisti del settore: l'insediamento di Marquess Road nel quartiere di Islington a Londra, del 1976, progettato da Darbourne & Darke (cfr. p. 282). Esso rappresenta princìpi distributivi fondamentali dai quali si possono derivare moltissime varianti. Si tratta di un insediamento con un solo livello distributivo artificiale, all'interno del quale viene raggiunta un'alta densità (circa 480 abitanti per ettaro) con un'altezza massima di cinque piani.
Per garantire alla maggior parte degli alloggi l'accesso individuale al pianterreno, ci si ricollega a una tipologia strutturale tradizionale dell'edilizia proletaria inglese. Grazie a questo principio e tramite la compenetrazione incrociata di tre livelli residenziali (tipo a schiera "back-to-back" incrociato, fig. 11) si riesce a collocare due alloggi di circa 65-70 m^2 di superficie residenziale all'interno di una campata di circa 5 metri di interasse. L'accesso agli alloggi avviene attraverso le corti residenziali. Gli alloggi più piccoli, in parte su due livelli, situati nella parte superiore dell'edificio, sono distribuiti da un passaggio sul tetto ("roof street"). Il percorso costituisce un sistema chiuso che unisce tutti gli alloggi in una unità di isolato urbano. L'ascesa verso questo passaggio avviene tramite rampe che, grazie all'accorto utilizzo dei dislivelli, sono integrate nell'insediamento in modo non appariscente (fig. 12).
Il concetto di percorso interno con il carattere di una strada ricorda la visione della "rue intérieure", che Le Corbusier aveva tentato di concretizzare nell'Unité vent'anni prima. Anche in questa tipologia edilizia la sequenza di maisonettes distribuite con l'interasse di 4,26 metri crea alta densità, e dunque alta probabilità di contatto tra vicini di casa. D'altra parte il desiderato effetto "strada" non si verificò in nessuna delle varianti realizzate di questa tipologia di edificio.
Nell'esempio di Marquess Road il risultato è diverso. L'appropriazione da parte dei residenti è favorita dalle dimensioni a misura d'uomo e dalla gradevolezza di questo percorso come una "strada a cielo aperto". Corpi di fabbrica in aggetto e altri a ponte creano punti di orientamento, mentre intervalli nell'edificazione laterale permettono lo sguardo verso l'intorno. Gli spazi antistanti gli alloggi sono caratterizzati in modo particolarmente riuscito. Affiancando coppie di ingressi e le rampe di scale di accesso agli appartamenti ai piani superiori, nascono nicchie riparate per la sosta. Il fatto che questa offerta di uno spazio accessorio all'aperto venga apprezzata dai residenti è testimoniato dall'accurato arredo ricco di piante ornamentali, come dalla cura degli spazi antistanti gli ingressi indipendenti (fig. 13). Gli spazi all'aperto dell'insediamento residenziale sono riservati ai pedoni, grazie alla collocazione delle aree di parcheggio in garage collettivi sotto l'edificio, la corte e le strade del complesso edilizio, mentre le rampe d'accesso sono brevi derivazioni della strada di scorrimento a lato dell'insediamento.
Per concludere va detto che, se il corridoio è stata finora la soluzione più praticata per dare l'accesso ad alloggi in quota, oggi si trovano sempre più frequenti esempi nei quali l'accesso a una coppia di alloggi in quota è garantito da una scalinata con pianerottolo d'ingresso loggiato (distribuzione esterna puntuale).

9 Il ballatoio esterno è articolato con colonne e panche in legno
La galerie est rythmée par des colonnes et des bancs de bois

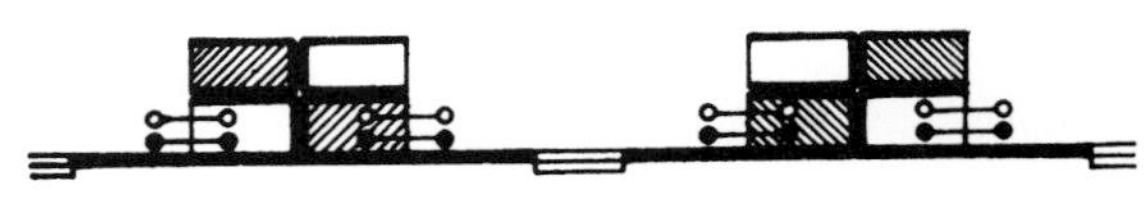

11 Tipo a schiera "back-to-back" incrociato
Schéma de la maison en rangée à appartements dos-à-dos entrecroisés

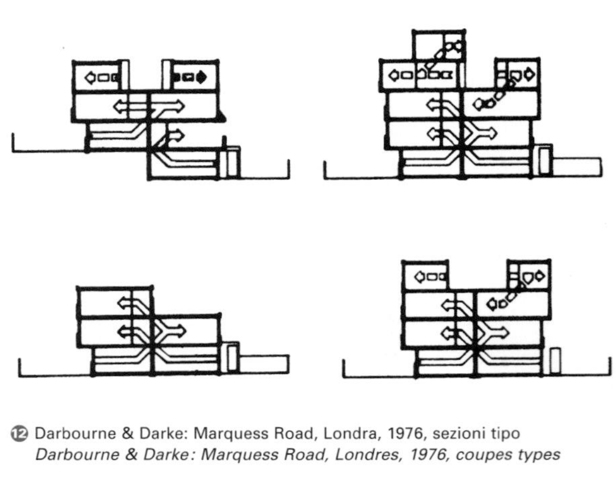

12 Darbourne & Darke: Marquess Road, Londra, 1976, sezioni tipo
Darbourne & Darke: Marquess Road, Londres, 1976, coupes types

Dans les immeubles à duplex en revanche, il est possible d'augmenter la hauteur de la galerie et de créer ainsi de meilleures conditions d'éclairage et d'ensoleillement pour les surfaces d'accès et les pièces qui se trouvent derrière elles. Le corridor peut être structuré, avec, vers l'entrée des appartements, une petite cour intérieure aménageable en véritable galerie. Il est assez large pour permettre des fenêtres à hauteur d'appui normale (fenêtre de cuisine ou de salle à manger, par exemple). Une distance d'un mètre (soit la longueur d'un bras tendu) suffit pour placer une barrière de plantes. C'est un moyen à la fois de donner un certain rythme et de créer des accès plus individualisés pour les appartements de l'étage (ill. 8 et 9).
Dans l'architecture des immeubles résidentiels traditionnels, des essais sont régulièrement tentés en vue de relier les appartements du rez-de-chaussée aux surfaces extérieures, par exemple en créant un accès direct du séjour à un espace de verdure. Au lieu d'un espace clos à la manière d'une galerie, on offre aux habitants une terrasse ouverte qui a cependant l'inconvénient d'exposer aux regards d'en haut; dans ce cas, il arrive que la terrasse reste inutilisée. C'est la raison pour laquelle les jardins locatifs sont souvent placés à une certaine distance de la maison. Les avantages d'un appartement sur plusieurs niveaux sont évidents: la terrasse peut y être aménagée légèrement en retrait de manière à être protégée des regards et ainsi utilisable comme «pièce verte» ou comme «logis prolongé», pour reprendre le terme de Le Corbusier (ill. 10).

⑩ Zona antistante la soglia dell'alloggio: schermatura dell'ambito privato
Le seuil de l'appartement: protection du domaine privé

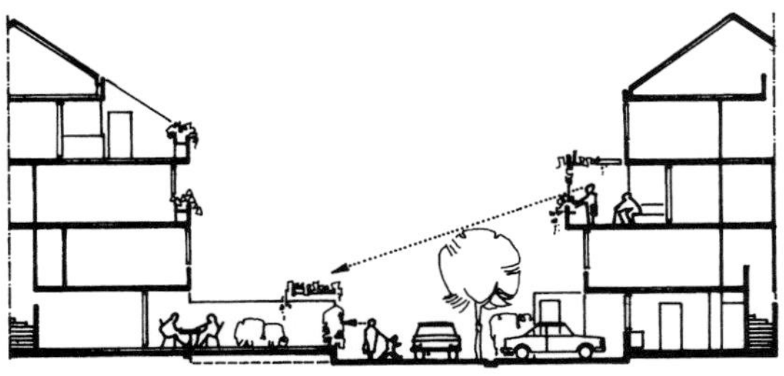

Lato verso strada / *Côté rue*

Lato verso il giardino / *Côté jardin*

Un prototype

En matière d'aménagement des accès, la cité de Marquess Road, dans le quartier londonien d'Islington, réalisée en 1976 par Darbourne & Darke, est reconnue comme un classique (voir p. 282-283). Les principes d'organisation des accès qui y sont appliqués peuvent être développés en de multiples variantes. Pour une hauteur de cinq niveaux – qui permet une grande densité d'habitation (environ 480 hab./ha) – il n'y a qu'un seul niveau d'accès artificiel.
Pour obtenir la plus grande proportion possible d'appartements accessibles de plain-pied, les architectes se sont inspirés de la structure traditionnelle de l'habitation ouvrière anglaise. Ce principe leur a permis, par entrecroisement de trois niveaux (ill. 11), de placer dans les rangées deux appartements d'environ 65-70 m² sur une largeur de 5 mètres. L'accès aux appartements se fait par des cours à vivre. Les appartements de la partie supérieure, plus petits et certains à deux niveaux, sont accessibles par un passage médian ouvert («roof street») qui forme un système fermé reliant les appartements entre eux. Des rampes mènent à ce passage, utilisant judicieusement les saillies du terrain et passant ainsi le plus souvent inaperçues dans l'ensemble (ill. 12).
Cette forme de passage rappelle bien sûr la «rue intérieure» conçue vingt ans plus tôt par Le Corbusier pour son Unité d'habitation de Marseille. Là également, la succession serrée d'appartements sur deux niveaux (module de 4,26 m de largeur) augmente la densité et par conséquent les chances de rencontres entre les habitants. Mais aucune des variantes réalisées dans l'Unité d'habitation n'a réussi à créer un véritable effet de «rue».
Il n'en va pas de même dans l'exemple londonien. La «rue», à ciel ouvert, a des proportions et un attrait qui invitent les habitants à en prendre possession. Le jeu des renfoncements et des superpositions crée des divisions qui facilitent l'orientation, des espaces libres permettent au regard de s'échapper vers l'extérieur. Les entrées des logements et les escaliers montant aux appartements supérieurs sont couplés, ce qui crée des espaces où l'on s'arrête volontiers. Les habitants apprécient cet espace supplémentaire en plein air qui leur est offert, comme en témoignent l'usage fréquent qu'ils en font et le soin qu'ils mettent à son aménagement (ill. 13). Les espaces extérieurs de ce quartier résidentiel sont essentiellement un domaine piétonnier: en effet, les voitures sont stationnées dans des garages collectifs souterrains et l'accès des véhicules ne se fait que par des ruelles transversales très courtes.
Signalons enfin que, même si jusqu'à présent l'accès ouvert pour les immeubles à étages s'est fait le plus souvent au moyen d'un corridor, on voit aussi maintenant des immeubles où les appartements des étages sont accessibles deux par deux au moyen d'un escalier extérieur avec des paliers qui forment des sortes de loggias (accès externe ponctuel).

⑬ Darbourne & Darke: Marquess Road, "roof street", Londres, 1976

Tipologia dei caratteri distributivi

Distribuzione all'interno dell'edificio nell'edilizia residenziale multipiano

Nell'edilizia residenziale multipiano è utile differenziare tra la tipologia di costruzione e quella di distribuzione degli alloggi. La tipologia di costruzione è il fondamento della forma dell'edificio (a stecca, puntuale, a lama, a collina ...) e incarna il sistema costruttivo. La tipologia distributiva fornisce indicazioni sulla struttura dell'abitare; costituisce quel sistema di percorsi che porta al singolo alloggio. Le due tipologie non possono essere rigidamente collegate tra loro. Per esempio, in una stecca gli alloggi possono essere raccolti attorno a un unico ingresso all'edificio, ma possono anche essere separati in segmenti serviti ognuno da un ingresso indipendente. Nonostante l'analogo aspetto esteriore di certi edifici, il contesto edilizio pone condizioni di partenza differenti riguardo allo sviluppo di relazioni sociali.

Bisogna sempre tenere presente che la forma dell'edificio è di particolare significato per l'ambiente urbano, mentre il suo carattere distributivo è fondamentale per la caratterizzazione della forma dell'abitare.
Una tipizzazione delle strutture residenziali può essere intrapresa a partire dalla differente collocazione all'interno dell'edificio degli elementi distributivi che collegano un gruppo di alloggi. Dalla somma e dalla combinazione di unità distributive nascono i complessi edilizi. Una differenziazione fondamentale è quella tra elementi distributivi verticali e orizzontali. Dalla combinazione di questi due tipi si sviluppano i cosiddetti sistemi a due vie (figg. 14 e 15).

Unità distributive verticali

Le unità distributive verticali, tipiche delle case in linea, sono caratterizzate dalla stratificazione di gruppi di alloggi dello stesso tipo attorno a un asse distributivo verticale. Questo asse può essere collocato in posizione centrale nell'edificio o in aderenza alla facciata. A seconda della capacità di addizione e dell'esposizione, si possono distinguere tre tipi fondamentali:

1. sezioni con possibilità di doppio affaccio e possibilità di addizione lungo un solo asse. Applicazione: per esempio nelle stecche (figg. 16 e 17);
2. sezioni con possibilità di esposizione in tutte le direzioni e di addizione lungo due (o più) assi. Applicazione: per esempio in strutture edilizie ramificate (figg. 18 e 19);
3. unità isolate con possibilità di esposizione in tutte le direzioni (edifici puntuali o a torre). Applicazione: in edifici "solitari", per esempio sviluppati a partire da una forma geometrica semplice come il quadrato, il triangolo o il cerchio, oppure composta: a T, a Y, a stella (figg. 20 e 21).

Il numero di alloggi per ogni piano varia a seconda della forma. Nella forma che trova più spesso applicazione nella pratica corrente, quella delle sezioni a doppio affaccio, si limita spesso a due unità (edifici a corpo doppio). Nei casi in cui è richiesta una maggiore varietà planimetrica tra gli alloggi si può arrivare a tre o quattro alloggi per piano (corpo triplo o quadruplo). Un numero maggiore di alloggi può essere distribuito da un unico asse verticale negli edifici isolati. Nella misura in cui questi edifici possono aumentare la superficie coperta mantenendo la possibilità di esposizione in tutte le direzioni, nella pratica si possono distribuire fino a dodici (mini)alloggi a ogni piano.
La sovrapposizione di uguali gruppi di alloggi consente una razionalizzazione della struttura portante e impiantistica dell'edificio. Allo stesso tempo garantisce il contenimento delle fonti di possibile disturbo reciproco, in quanto le aree di soggiorno, di riposo, dei lavori domestici e i servizi igienici, come anche le aree distributive, sono organizzate secondo lo stesso principio e sovrapposte. La concentrazione delle aree distributive permette tagli di alloggio con rapporti aeroilluminanti ottimali. Gli oneri derivati dalla necessità di costosi vani scala e ascensori sono in una relazione conveniente con la superficie residenziale.

Unità distributive orizzontali

Le unità distributive orizzontali, i cosiddetti tipi a corridoio, si basano sul principio dell'allineamento di alloggi o di gruppi di alloggi lungo un asse distributivo orizzontale. Questo può essere collocato all'interno dell'edificio o in facciata.
A seconda della struttura dei vari piani si possono distinguere tre tipi fondamentali:

1. unità a un piano a corpo semplice, doppio o triplo (fig. 22);
2. unità a due o più piani *(maisonette)* con ballatoio esterno o corridoio interno (fig. 23);
3. unità a piani sfalsati *(split level)* con ballatoio esterno o corridoio interno (fig. 24).

Le unità distributive orizzontali si trovano principalmente in edifici residenziali nei quali si desidera raccogliere la distribuzione di tutti gli alloggi attorno a un unico vano scala con ingresso centrale all'edificio (per esempio *apartmenthouse* o case albergo). L'accesso all'edificio è facilmente controllabile *(concierge)*, gli abitanti possono facilmente entrare in contatto tra loro e hanno accesso alle attrezzature di servizio. L'ampiezza dell'unità distributiva orizzontale varia in relazione al numero dei piani, al numero di alloggi dell'edificio e alla distanza massima di ciascun alloggio dal vano scala consentita dal regolamento edilizio. Uno dei massimi valori raggiunti in quanto a numero di alloggi è probabilmente l'Unité d'Habitation di Le Corbusier, a Marsiglia. Vi si trovano unità su tre livelli e con interasse minimo, che riescono a raccogliere fino a 58 alloggi (su un totale di 337).

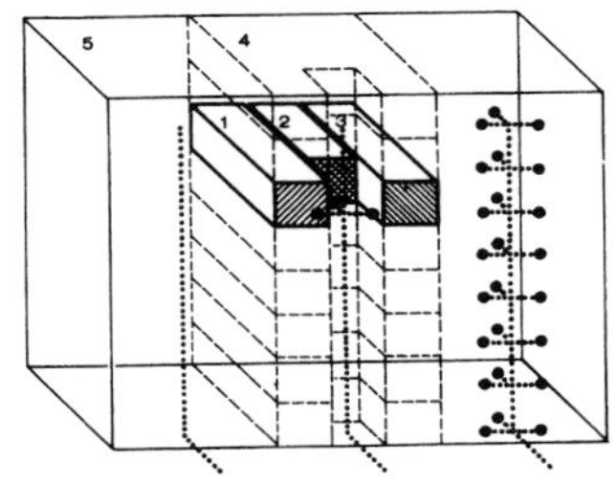

14 Schema di distribuzione verticale (tipo in linea)
Schéma de distribution verticale: type à appartements enserrant l'espace d'accès

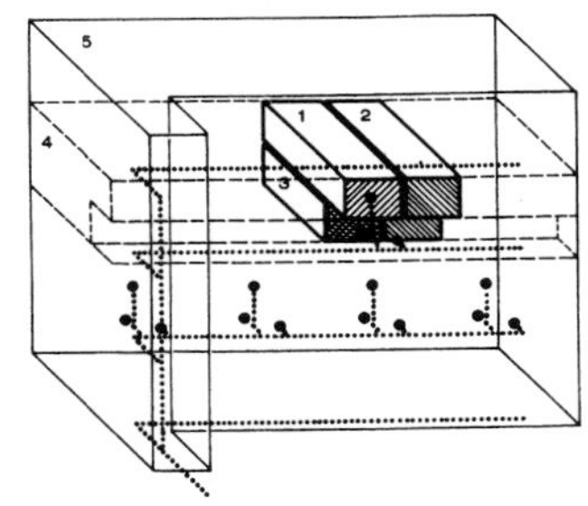

15 Schema di distribuzione orizzontale (tipo a ballatoio)
Schéma de distribution horizontale: type à corridor externe

Esempi di unità distributive verticali
Formes de base de distribution verticale

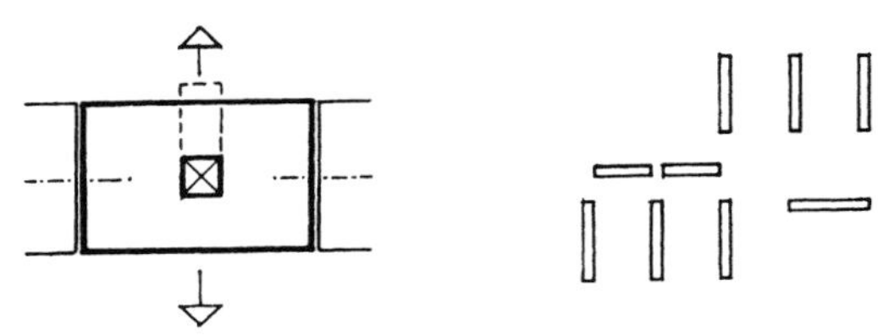

16 Sezione con doppia esposizione e possibilità di addizione lungo un solo asse
Section orientable de deux côtés avec addition possible selon un axe uniqu

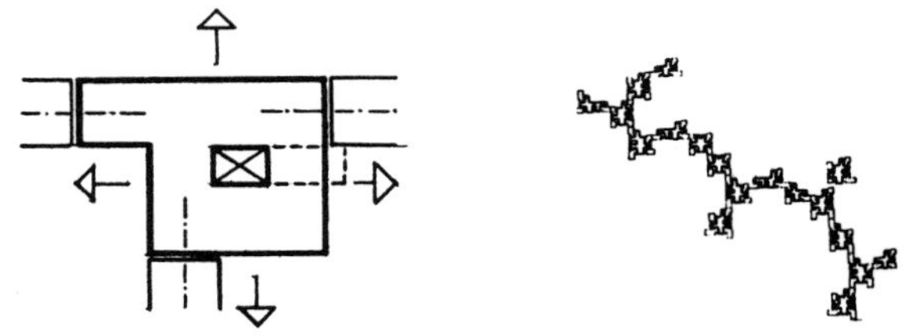

18 Sezione con esposizione in tutte le direzioni e possibilità di addizione lungo d più assi
Section orientable de tous les côtés avec addition possible selon deux axes

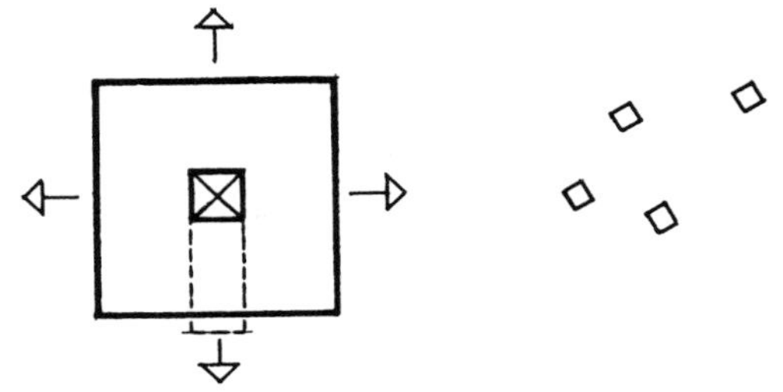

20 Unità isolata con esposizione in tutte le direzioni (edificio a torre)
Unité isolée orientable de tous les côtés (maison isolée ou tour d'habitatio

Typologie des accès

La distribution dans les immeubles à étages

Dans un bâtiment il convient de distinguer entre le type de construction, ici les immeubles à étages, et le système de distribution. Le type de construction donne la forme de base du bâtiment (construction en rangée, maison isolée, immeuble d'habitation compact, immeuble en terrasses, etc.) ; il incarne le système architectural au sens technique. Le mode d'accès est révélateur de la structure d'habitation ; il représente le système de cheminement qui mène aux appartements. Il n'y a cependant pas de relation nécessaire entre les formules adoptées dans l'un et l'autre systèmes: les appartements d'un immeuble en rangée peuvent être desservis par une entrée unique ou tout aussi bien répartis en plusieurs groupes ayant ont chacun leur entrée. Les conditions architecturales qui peuvent donner naissance à la sociabilité sont donc diverses, sous des aspects extérieurs comparables.

Il faut observer que la forme du bâtiment a une importance comme élément de composition urbanistique. La forme de l'accès influe, elle, sur le caractère de la structure d'habitation.
L'emplacement des cordons d'accès auxquels sont raccordés des groupes d'appartements permet d'établir une typologie de la structure d'habitation. Le complexe bâti se compose de l'addition et de la combinaison des unités d'accès. La distinction fondamentale est celle qui sépare les unités d'accès verticales et horizontales. L'association des deux permet de développer des systèmes dits à cheminement double (ill. 14 et 15).

La distribution verticale

Dans la distribution verticale, les unités de logements sont identiques et superposées autour d'un axe d'accès vertical commun qui peut être disposé soit au milieu du bâtiment soit en façade. On peut distinguer trois formes de base selon les possibilités d'extension et l'orientation:

1. sections orientables de deux côtés avec addition possible selon un axe unique ; exemple d'application: construction en rangée (ill. 16 et 17)
2. sections orientables de tous les côtés avec addition possible selon deux axes ou plus; exemple d'application: structures bâties à ramifications (ill. 18 et 19)
3. unité isolée orientable de tous les côtés (maison isolée ou tour d'habitation); exemple d'application: maison isolée à plan géométrique simple (carré, triangle, cercle) ou complexe (forme en T, en Y, en étoile) (ill. 20 et 21).

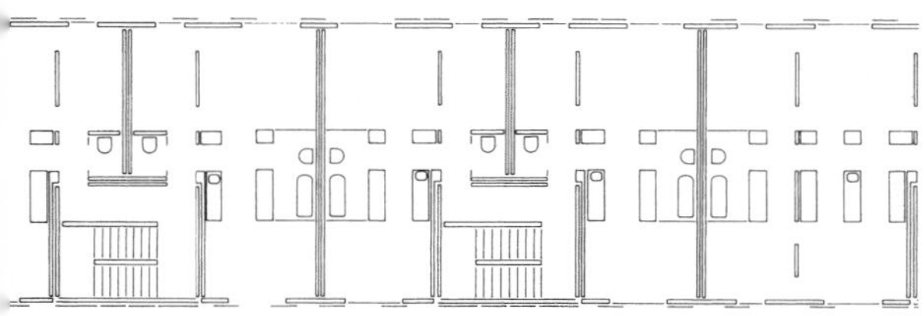

17 Riegler und Riewe: Graz-Straßgang, 1992-1994

Le nombre de logements par niveau peut varier selon la forme de base. Dans le premier type, le plus répandu, il y a souvent deux appartements enserrant l'espace d'accès, mais parfois aussi trois ou quatre, lorsqu'on souhaite un plus large éventail de formes d'appartements. L'immeuble isolé offre à cet égard davantage de possibilités, étant orientable dans toutes les directions et considérablement extensible ; il permet de regrouper un plus grand nombre d'appartements, pouvant parfois aller jusqu' à douze (plutôt de petite taille dans ce cas).
La superposition de groupes d'appartements identiques simplifie la conception de la structure porteuse et des installations techniques. De plus, elle réduit les nuisances sonores, puisque la disposition des espaces de séjour, de sommeil et d'activité, et des locaux sanitaires se répète d'un étage à l'autre. Par la concentration des accès, il est possible de donner aux appartements des conditions d'ensoleillement et d'aération optimales. Si les cages d'escalier ou d'ascenseur sont trop spacieuses, elles sont disproportionnées par rapport à la surface habitable, surtout dans les types à compartiments insérés.

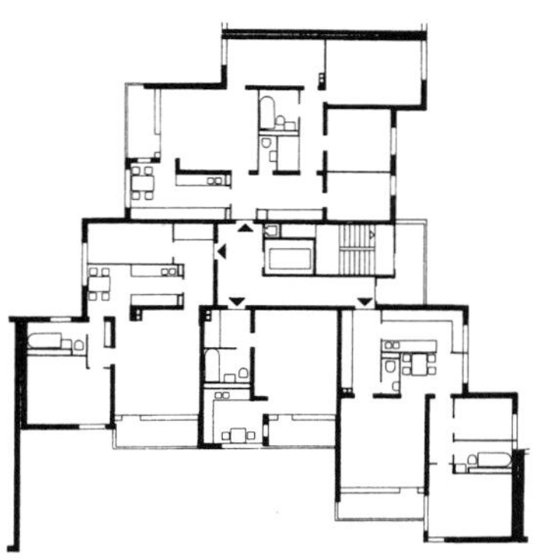

19 Herbert Stranz: Märkisches Viertel, Berlin, 1966-1968

La distribution horizontale

Les systèmes à distribution horizontale sont en fait des bâtiments à couloir dont le principe est une succession d'appartements ou de groupes d'appartements le long d'un axe horizontal commun. Cet axe de circulation peut se trouver à l'intérieur ou le long de la façade.
On peut distinguer trois types fondamentaux d'organisation selon la disposition des niveaux:

1. unités sur un niveau, isolées ou en groupes de deux ou trois (ill. 22)
2. unités sur deux niveaux (duplex) ou plus avec couloir interne ou externe (ill. 23)
3. unités à niveaux décalés avec couloir interne ou externe (ill. 24).

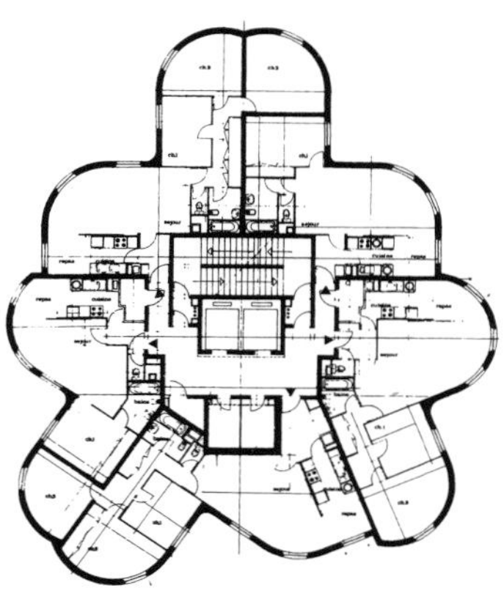

21 Emile Aillaud: La Défense, Paris, 1975

La distribution horizontale se rencontre principalement dans des immeubles d'habitation où l'on souhaite créer un accès central (par exemple dans ceux de type résidence de haut standing ou offrant des services communautaires). Il est facile de surveiller l'entrée de l'immeuble (concierge), les habitants peuvent nouer des contacts entre eux et ils ont un accès aisé aux installations et aux services communautaires. Les espaces d'accès sont de dimensions variables, selon le nombre de niveaux et d'appartements, compte tenu de la distance autorisée entre les appartements et l'escalier. L'Unité d'Habitation réalisée par Le Corbusier à Marseille en est sans doute un exemple extrême quant au nombre d'appartements: une unité d'accès peut desservir jusqu'à 58 appartements (de plan longitudinal très étroit), sur un total de 337.

Dans les unités sur un seul niveau, l'axe de circulation crée une séparation qui conditionne l'orientation des appartements. Ce type se rencontre dans des immeubles de petits appartements, mais il est surtout apprécié pour les foyers communautaires comprenant des pièces de séjour et des installations sanitaires communes. La disposition tripartite, pour ce genre d'immeubles, permet de placer les installations sanitaires et techniques et

Come si è già detto, le unità distributive monopiano permettono l'affaccio degli alloggi solo su un lato dell'edificio a causa della separazione operata dall'asse di distribuzione. Si trovano spesso in edifici di miniappartamenti e soprattutto nei pensionati, dove a ogni piano si creano comunità dotate di servizi igienici in comune e spazi di soggiorno dedicati. Le unità a tripla fascia offrono la possibilità di collocare nella fascia centrale tutti i vani tecnici e di servizio. In casi isolati, più frequenti negli Stati Uniti, le unità distributive monopiano vengono utilizzate anche per edifici residenziali con alloggi a più vani. In questi casi, oltre ai suddetti vincoli di esposizione, si hanno restrizioni rispetto ai tagli degli alloggi e alla loro ventilazione naturale.

Le unità distributive a due o più piani, grazie alla possibilità di scavalcare l'asse distributivo sopra o sotto, consentono di realizzare alloggi con doppia esposizione. In questo modo si possono aggregare alloggi con due o più vani e gruppi di alloggi con un ampio spettro di variazioni. Inoltre è possibile razionalizzare la superficie distributiva (fig. 25). L'articolazione su più piani ha però una controindicazione nella destinazione d'uso alternata (soggiorno, zona notte) a ogni piano. Per limitare il disturbo reciproco si può ricorrere a concetti spaziali che prevedano l'alternanza delle destinazioni d'uso, in modo da collocare funzioni analoghe nei punti di contatto tra alloggi diversi (fig. 26).

Le unità distributive a piani sfalsati *(split level)* rappresentano una variazione del tipo "residenza su più livelli" con maggiori possibilità di differenziazione delle aree di soggiorno e delle tipologie di alloggio. Grazie allo sfalsamento di mezzo piano (o di $^1/_3$ su $^2/_3$) rispetto alla separazione dei due livelli delle *maisonettes*, è possibile una migliore disposizione delle aree di soggiorno, che potranno infatti trovarsi in una relazione più diretta tra loro. Nella pratica il numero di livelli di ciascun alloggio varia da 1 a 4, mentre il limite massimo di livelli collegati a un elemento distributivo è 6. Un prototipo particolarmente apprezzato di questa tipologia distributiva è la torre residenziale di van den Broek & Bakema nell'Hansaviertel di Berlino, progettata in occasione dell'Interbau del 1957 (fig. 27).
Tutti i tipi di unità distributive orizzontali hanno il vantaggio di sfruttare al meglio i costosi nuclei scala e ascensori. Il loro maggiore pregio risiede comunque nella possibilità di collegare tra loro gli alloggi collocati allo stesso piano. Nella pratica edilizia è evidente come questo sistema trovi sempre più spesso applicazione, per esempio negli isolati urbani.

Sistemi a due vie

I sistemi a due vie applicano un principio distributivo che coniuga le caratteristiche delle unità distributive verticali e di quelle orizzontali, ottenendo così una fitta rete di percorsi tra gli alloggi, o meglio tra i gruppi di alloggi, in entrambe le direzioni. Anche in questo caso le unità distributive possono essere collocate all'interno o all'esterno dell'edificio. È quindi possibile ottenere una grande varietà di disposizioni e combinazioni di alloggi. A titolo esemplificativo si può fare riferimento ad alcuni progetti illustrati in questo volume: l'edificio plurifamiliare di Steven Holl a Fukuoka del 1991 (cfr. p. 156), oppure la stecca residenziale Ij-Plein realizzata ad Amsterdam da Rem Koolhaas nel 1992 (cfr. p. 154). In tutti i casi, attraverso l'inconsueta – anche se particolarmente onerosa – tipologia distributiva, si è ottenuto un notevole incremento della qualità residenziale degli alloggi.

Hellmuth Sting

Esempi di unità distributive orizzontali
Schéma de distribution horizontale

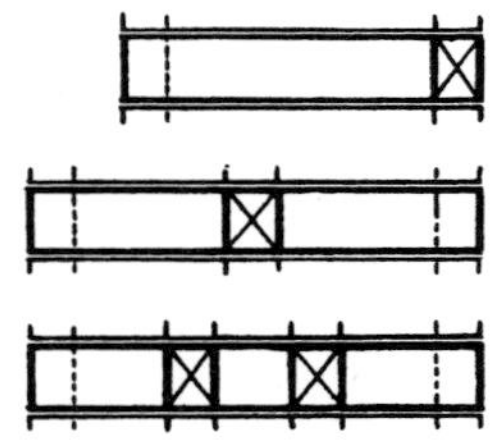

22 Unità a un piano a corpo semplice, doppio o triplo
Unité sur un niveau, isolée ou en groupes de deux ou trois

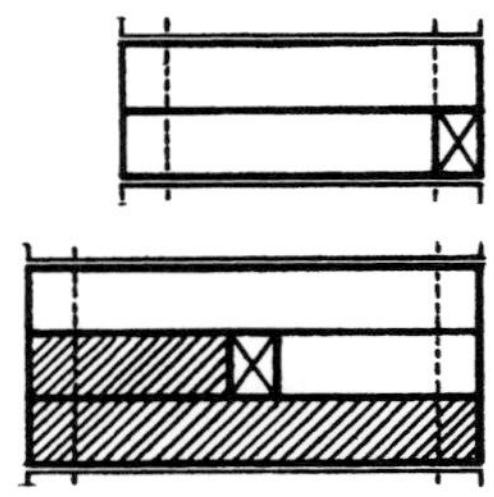

23 Unità a due o più piani *(maisonette)* con ballatoio esterno o corridoio interno
Unités sur deux niveaux (duplex) avec couloir interne ou externe

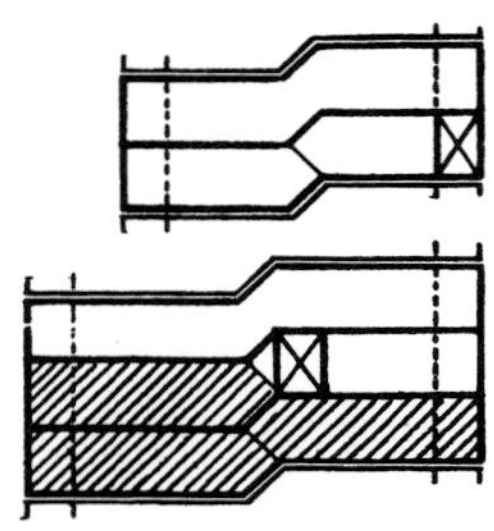

24 Unità a piani sfalsati (split level) con ballatoio esterno o corridoio interno
Unités à niveaux décalés avec couloir interne ou externe

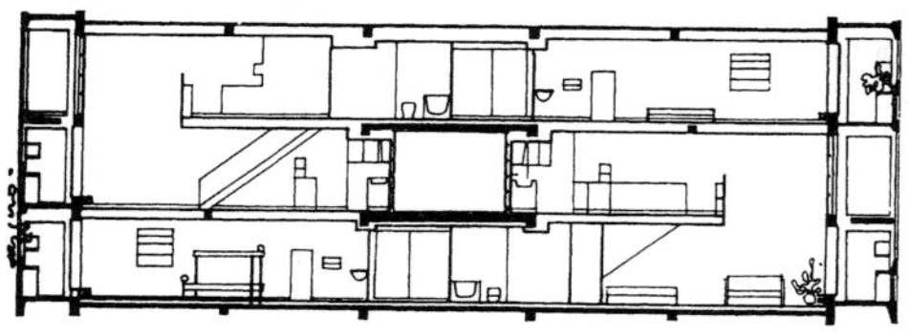

25 Le Corbusier: Unité d'Habitation, Marseille, 1947-1952
Esempio di edificio a corridoio centrale
Exemple de couloir central

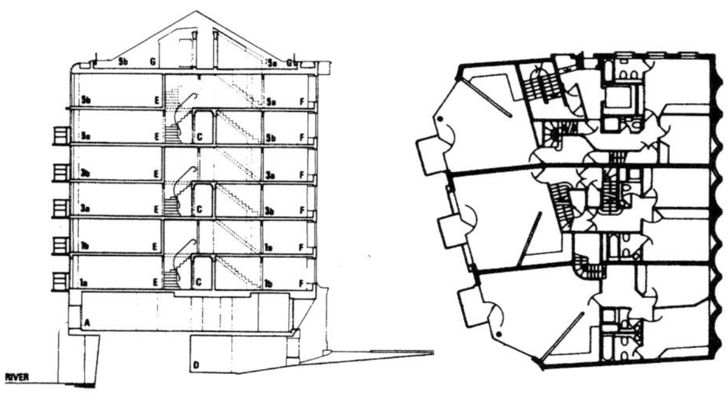

26 CZWG: China Warf, Londres, 1986-1988
Edificio a corridoio centrale con pianta a forbice, che permette la sovrapposizione dei soggiorni da un lato e delle zone notte sull'altro lato /
Immeuble à couloir central, plan en ciseaux permettant la superposition de toutes les pièces de séjour d'un côté et des chambres à coucher de l'autre

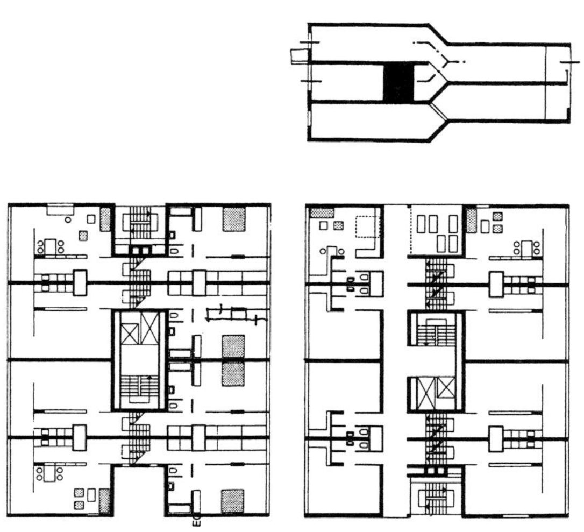

27 Broek & Bakema: Hansaviertel, Berlin, 1957
Edificio a corridoio centrale con piante a piani sfalsati /
Immeuble à couloir central et plans à niveaux décalés

les locaux secondaires dans la partie centrale. Dans quelques cas – et plus souvent aux États-Unis – le type à couloir sur un niveau est également utilisé dans les bâtiments à appartements de plusieurs pièces, mais il présente là l'inconvénient de restreindre les possibilités d'aération et d'éclairage naturels, en plus des contraintes qu'il impose au dessin du plan.

Les unités à deux niveaux ou plus permettent, en construisant au-dessus ou au-dessous de l'axe de circulation, de réaliser des appartements traversants de plusieurs pièces, avec de multiples variations possibles. Cette disposition exige moins de surface pour les accès (ill. 25), mais la disposition des appartements sur plusieurs niveaux présente l'inconvénient du voisinage de fonctions peu compatibles (par exemple séjour et chambre à coucher). Pour y remédier, certains plans introduisent une alternance dans la disposition des pièces, de sorte que deux appartements voisins ont des pièces contiguës de même fonction (ill. 26).

Dans le registre des appartements sur plusieurs niveaux, les unités à niveaux décalés constituent une variante offrant davantage de possibilités de disposition et d'interpénétration. La solution du décalage d'un demi-niveau (ou $1/3$ – $2/3$) a l'avantage de permettre une disposition plus rationnelle que dans le duplex traditionnel. Le nombre de niveaux par appartement va de un à quatre, une unité d'accès pouvant desservir jusqu'à six niveaux. Cette forme d'accès a eu pour prototype très remarqué la tour d'habitation du Hansaviertel à Berlin, présentée par van den Broek & Bakemas à l'Interbau en 1957 (ill. 27).
Les types de distributione horizontale ont tous pour avantage d'optimiser l'utilisation des cages des escalier ou des ascenseurs, mais leur principal atout est la possibilité qu'ils offrent de relier les appartements entre eux dans les immeubles à étages. Cette possibilité est de plus en plus exploitée, par exemple dans des ensembles fermés en front de rue.

Les systèmes à double cheminement

Le principe de ces systèmes est de réunir les propriétés des distributions verticale et horizontale afin de produire un étroit entrelacement, dans les deux directions, des circulations entre les appartements ou les groupes d'appartements. Les axes d'accès peuvent ici aussi se trouver à l'extérieur ou à l'intérieur. De nombreuses variantes et combinaisons sont possibles. On ne mentionnera ici que quelques exemples décrits dans ce livre: l'immeuble résidentiel de Steven Holl à Fukuoka, de 1991 (voir p. 156-157) ou le bâtiment en rangée de Rem Koolhaas à Ij-Plein, Amsterdam (voir p. 154-155). Dans tous les cas, la forme inhabituelle des accès améliore considérablement la qualité de l'habitation, même si sa réalisation occasionne une dépense importante.

Hellmuth Sting

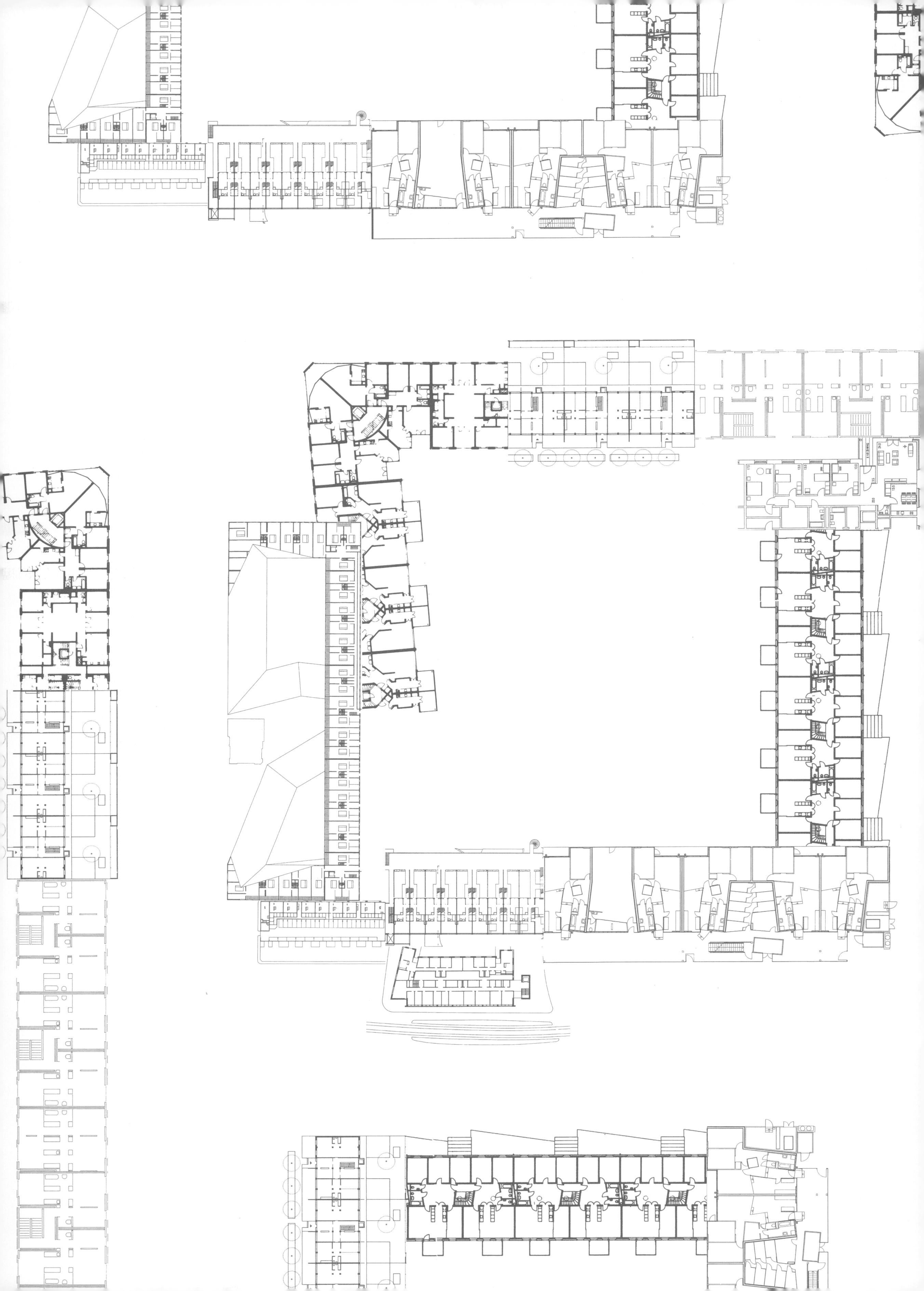

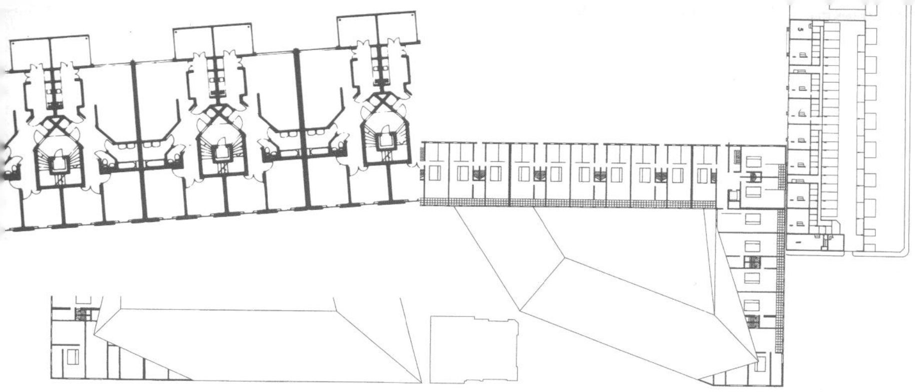

Segmenti di isolato urbano

L'edificazione a cortina continua su fronte strada non è il semplice ripristino della continuità dell'isolato urbano. Il progetto è libero e vincolato allo stesso tempo: vincolato dalle caratteristiche dell'isolato preesistente rispetto a tracciati stradali, orientamento, altezze, profondità di corpo di fabbrica e dimensioni della corte; libero per la disposizione dei nuovi edifici, in particolare rispetto all'allineamento sul fronte strada, che può essere mantenuto, articolato da un arretramento, interrotto da uno sfalsamento o sezionato da un taglio. Nel corso degli anni Ottanta e Novanta si cerca di sfruttare il potenziale dell'impianto distributivo dell'edificio in linea all'interno dell'isolato urbano, la zona filtro tra interno ed esterno dell'edificio, arricchendolo di qualità comunicative e formali. Ne risultano vani scala, pianerottoli e ballatoi particolarmente ampi e spesso vetrati. L'edificio in linea parte di un isolato urbano ha di norma due possibili affacci – su strada e cortile interno – con il rischio che l'orientamento rispetto all'asse eliotermico sia in contraddizione con i condizionamenti acustici. Nuovi affacci possono essere creati tramite inclinazione e sfalsamento dei corpi di fabbrica. A causa della scarsa luminosità e dell'affaccio diretto su strada il pianterreno è spesso destinato ad attività commerciali, a volte anche a servizi pubblici o ad attività condominiali. Talvolta gli appartamenti a pianterreno, su un livello o duplex, godono di un giardino privato nella corte che permette un accesso indipendente. Il cortile può essere destinato a verde semipubblico, mentre il verde privato si trova in balconi, logge, verande e a volte sul tetto. Se la città deve promuovere varie forme di convivenza tra diverse classi sociali, questo tipo edilizio permette qualsiasi tipo di disposizione planimetrica.

Immeubles en front de rue

Ces immeubles en rangée forment le côté d'un bloc et non simplement une insertion dans un alignement urbain. Les auteurs du projet étaient à la fois libres et soumis à des contraintes. Encadrés, parce que le bloc existant détermine l'alignement, l'orientation, la hauteur, la profondeur du bâtiment et les dimensions de la cour. Libres, parce qu'ils peuvent articuler à leur guise les différents éléments du bloc, décider de maintenir ou non le front de rue, de marquer un retrait, un échelonnement des volumes ou une césure. Les architectes des années 1980-1990 ont exploité les possibilités qu'offrent les immeubles en rangée pour transformer les accès – espaces intermédiaires entre l'intérieur et l'extérieur – en lieux de communication dotés de qualités nouvelles (et aussi formelles): grandes cages d'escalier, paliers, passages, etc., souvent derrière des façades de verre. Le bâtiment est orienté de deux côtés: rue et cour. Mais il peut arriver qu'un côté bien exposé soit aussi le plus bruyant. Les coudes ou les échelonnements dans l'alignement peuvent créer d'autres orientations. Autant que possible, le rez-de-chaussée, moins bien éclairé et donnant sur la rue, est occupé par des commerces, moins souvent par des installations publiques ou des locaux communautaires; il y a aussi des duplex au rez-de-chaussée reliés à un jardin côté cour, d'où ils sont parfois accessibles. La cour offre un espace de verdure semi-public; des espaces verts privés peuvent être aménagés sur les balcons, loggias, bow-windows, parfois sur un toit-terrasse. Ce type d'immeuble permet de concevoir toutes sortes de plans de logement et peut ainsi réaliser le brassage social qu'exige l'environnement urbain.

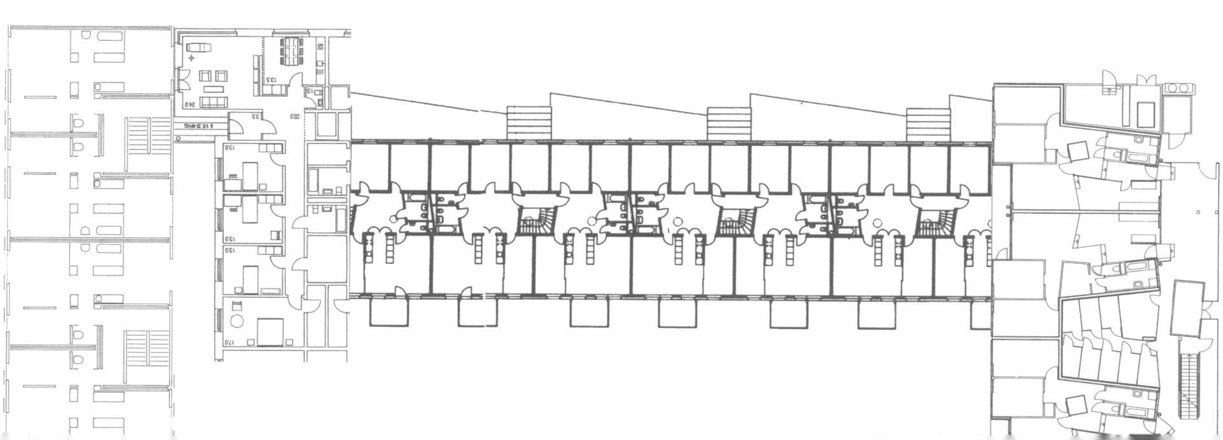

riferito a piante 1:200

se réfère aux plans 1:200

1.1 Segmenti di isolato urbano

Tipologia edilizia:
edificio a U,
5 piani, N/S,E/O

Data di costruzione:
1978-1981

Modello di finanziamento:
edilizia sovvenzionata

Profondità dell'edificio:
14,7 m

Distribuzione:
corpo multiplo con vano scala cieco,
accesso diretto dal cortile alle
maisonettes,
accesso ai laboratori dai ballatoi

Numero di alloggi:
88

Dimensione degli alloggi:
appart. da 1 locale, 35-46 m²;
appart. da 2 locali, 52 m²;
appart. da 3 locali, 85-98 m²;
appart. da 5 locali, 130 m²;
appart. da 5 locali, 137 m²;
appart. da 6 locali, 147 m²;
laboratori, 29 m²

Parcheggio:
91 posti auto nel garage interrato
sotto la corte interna

Spazi aperti:
terrazza comune sul tetto,
cortile interno alberato

Diener & Diener,
Basilea

Basilea,
Hammerstrasse/
Bläsiring

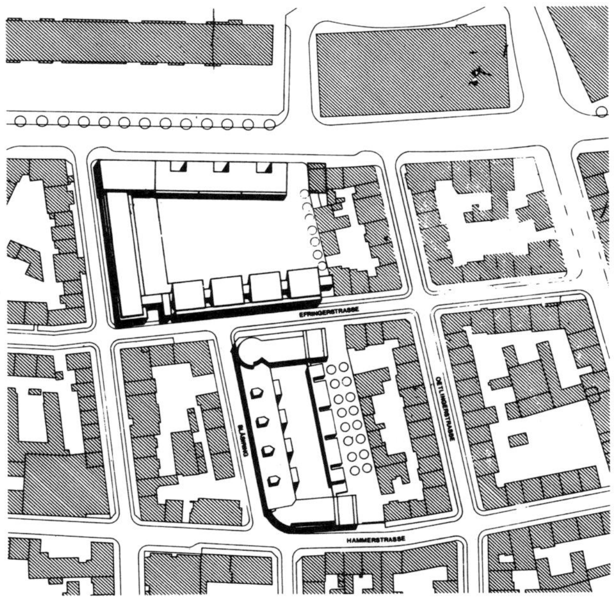

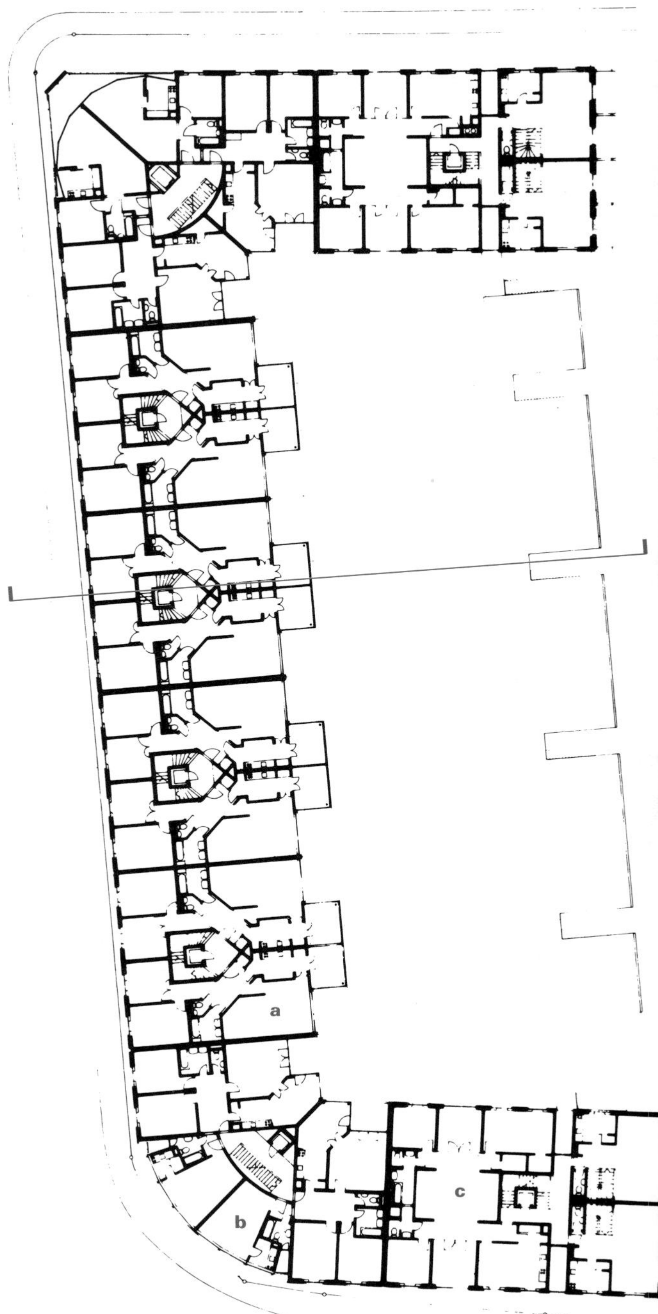

L'edificio a U realizza una cortina continua sul fronte strada ma è staccato dall'esistente, lasciando un attraversamento pedonale alberato che prosegue nell'isolato più ad est (vedi p. 54). I lati corti sono occupati da *maisonettes* che, al contrario della soluzione standard con parete cieca, si affacciano anche sulla parete di testa ottenendo un doppio affaccio: su strada e sul passaggio pedonale. Le planimetrie standard hanno orientamento nord-sud; il disimpegno centrale è caratterizzato dall'incrocio di due direzioni (una ortogonale e una diagonale) e in questo modo collega l'ingresso al soggiorno e alla zona notte. Anche cucina, bagno e WC sono distribuiti dal disimpegno centrale. Nella soluzione d'angolo con distribuzione centrale la diagonale separa le quattro unità e caratterizza gli alloggi più grandi. Grazie alla rotazione in diagonale la zona pranzo amplia il soggiorno e si ricollega nell'altra direzione sia alla cucina sia al balcone. A partire dal disimpegno all'ingresso si ottiene così un percorso circolare continuo. A queste unità può aggiungersi il monolocale adiacente collocato sullo spigolo arrotondato dell'edificio. Gli appartamenti a doppio affaccio est-ovest sono distribuiti con uno schema cruciforme con al centro un ampio disimpegno, ai cui lati due pareti simmetriche schermano il vano scala e il bagno-WC. Sugli altri lati due corridoi distribuiscono le stanze della zona giorno e della zona notte. Il disimpegno centrale prosegue nelle due verande che si affacciano su strada e sul cortile. La pianta di questi appartamenti è simmetrica, ma l'attribuzione delle funzioni è personalizzata.

Particolari di planimetria del piano tipo 1:200
Plans d'appartements types 1:200

❶ Lato verso il Bläsiring: appartamenti da 3 locali
Rangée sur le Bläsiring: deux appartements de 3 pièces

❷ Segmento d'angolo: appartamenti da 1 e 3 locali
Angle: appartements de 1 et 3 pièces

❸ Ala breve: appartamento da 6 locali
Petit côté: appartement de 6 pièces

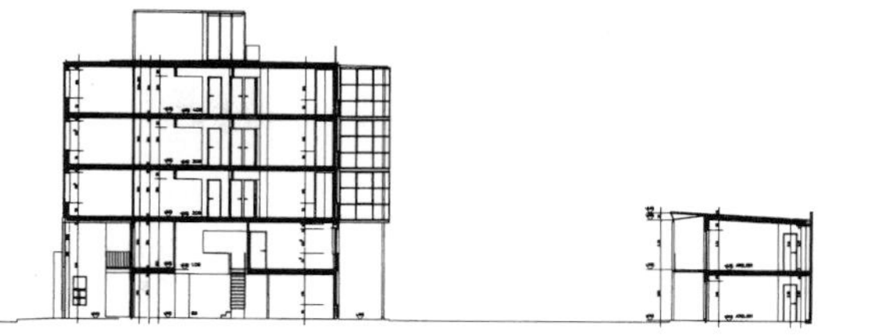

Type de construction
immeuble à plan en U, 5 niveaux, N/S, E/O

Date de construction
1978-1981

Financement
logement subventionné

Profondeur du bâtiment
14,7 m

Accès
cages d'escalier intérieures pour plusieurs appartements par étage, duplex accessibles par la cour, ateliers par la galerie

Nombre d'appartements
88

Surface des appartements
app. 1 p., 35-46 m²
app. 2 p., 52 m²
app. 3 p., 85-98 m²
app. 5 p., 130 m²
duplex 5 p., 137 m²
app. 6 p., 147 m²
ateliers, 29 m²

Places de stationnement
garage souterrain de 91 places et cour intérieure

Espaces extérieurs
terrasse commune, cour intérieure plantée de verdure

Diener & Diener, Bâle

Hammerstrasse/ Bläsiring, Bâle

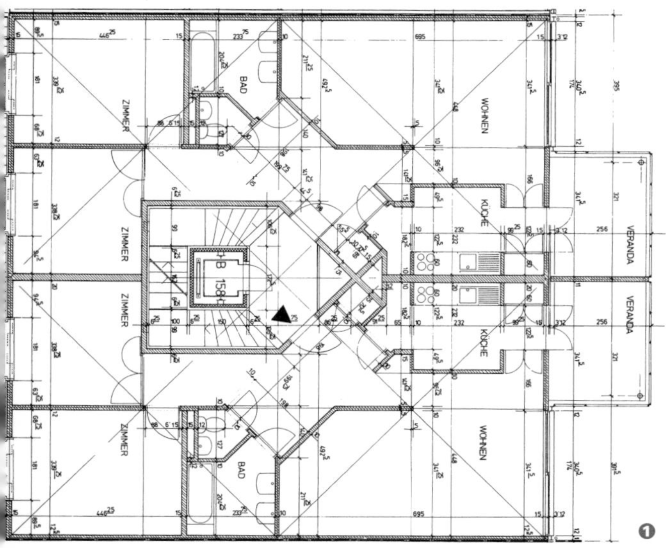

❶

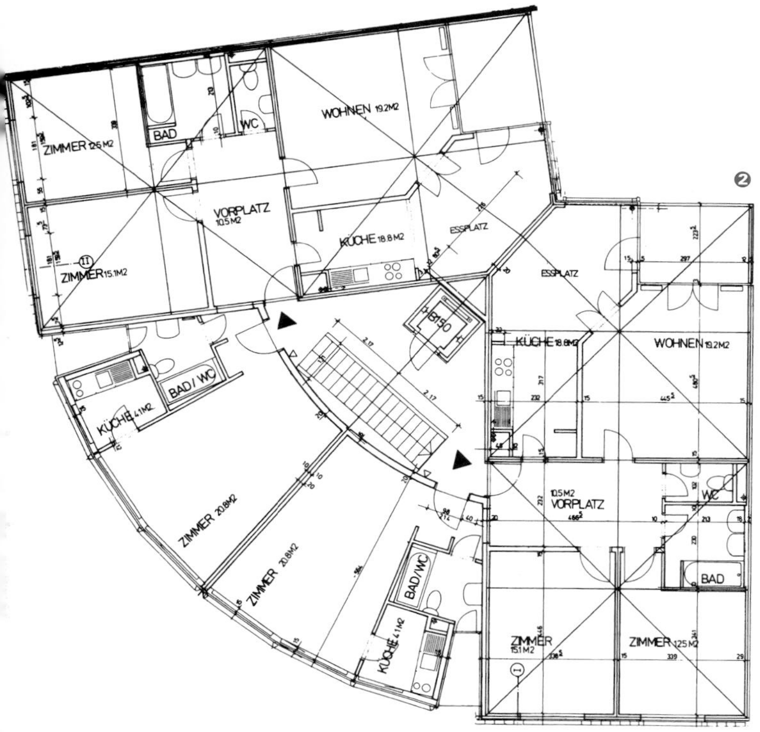

❷

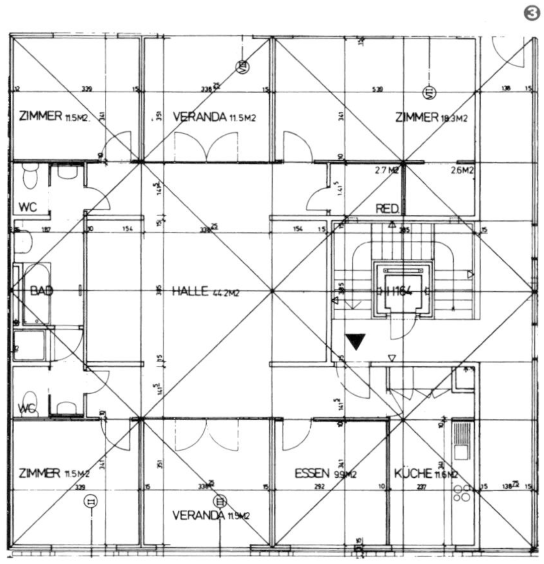

❸

Cet ensemble en trois éléments n'est pas contigu aux bâtiments voisins et laisse ainsi un espace pour une allée d'arbres qui se prolonge dans le bloc voisin à l'est (voir p. 55). Les petits côtés sont occupés par des duplex d'angle et donc rythmés non pas par de simples murs antifeu, mais par des ouvertures donnant sur le passage et sur l'espace urbain. Dans les appartements de plan standard, orientés nord-sud, le vestibule est au croisement de deux quadrillages, l'un orthogonal et l'autre diagonal. Il relie ainsi l'entrée et le séjour, tout en desservant aussi la salle de bains et les WC. Dans les appartements d'angle, à accès central, la diagonale sert d'abord à diviser les quatre unités, mais elle donne aussi leur caractère particulier aux grands appartements. En effet, la salle à manger, qui suit cet axe diagonal, prolonge le séjour et, dans l'autre direction, relie la cuisine et la loggia. Un cheminement circulaire est ainsi créé autour du vestibule. Il est possible d'intégrer à cet espace un des appartements d'une pièce qui donnent sur l'angle de la rue. Les appartements des étages dans les ailes orientées est-ouest sont conçues selon un plan en croix à hall central. Dans l'axe longitudinal, l'espace est divisé en deux de part et d'autre de la cage d'escalier et du bloc sanitaire; de chaque côté, un couloir relie les chambres. Aux deux extrémités de l'axe transversal, une véranda agrandit le hall en direction de la cour et de la rue. Structurellement, les deux appartements forment un ensemble de plan symétrique, mais les pièces peurent remplir diverses fonctions.

riferito a piante 1:200

se réfère aux plans 1:200

1.1 Segmenti di isolato urbano

Tipologia edilizia:
edificio a corte aperta,
5/6 piani, N/S, E/O
con uffici, negozi

Data di costruzione:
1982-1985

Modello di finanziamento:
edilizia sovvenzionata

Profondità dell'edificio:
lato verso il Riehenring 15 m
altrimenti 14,2 m

Distribuzione:
corpo doppio, vano scala con illuminazione naturale, *maisonettes*, uffici con scale indipendenti

Numero di alloggi:
74

Dimensione degli alloggi:
appart. da 3 locali,
81-100 m²;
appart. da 5 locali,
127 m²;
mais. da 5 locali,
139-146 m²

Parcheggio:
307 posti auto nel garage interrato sotto il cortile interno

Spazi aperti:
terrazza sul tetto (lato Riehenring), cortile interno alberato

Diener & Diener, Basilea

Riehenring/ Amerbachstrasse/ Efringerstrasse, Basilea

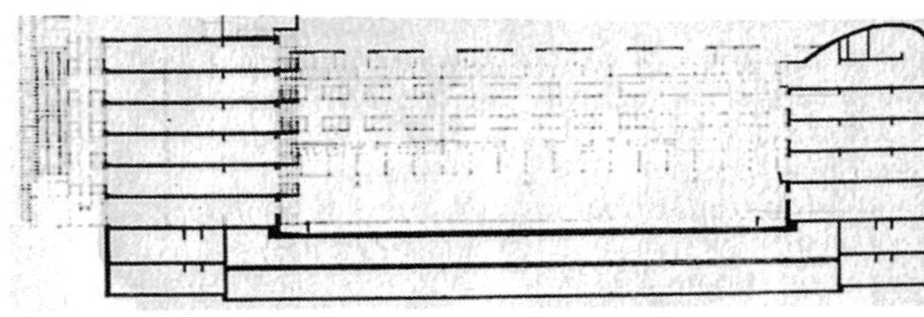

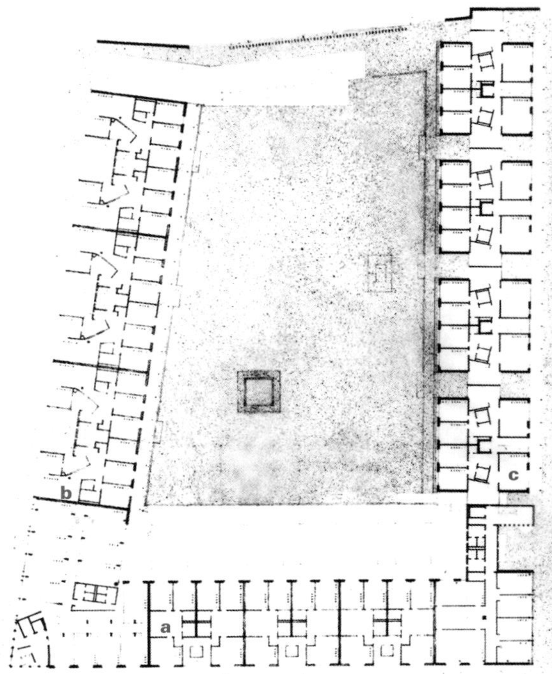

❶ Particolari di planimetria del piano tipo 1:200
Ala N/S, *maisonette* da 5 locali
Détails du plan, étage type de l'aile N-S: duplex de 5 pièces 1:200

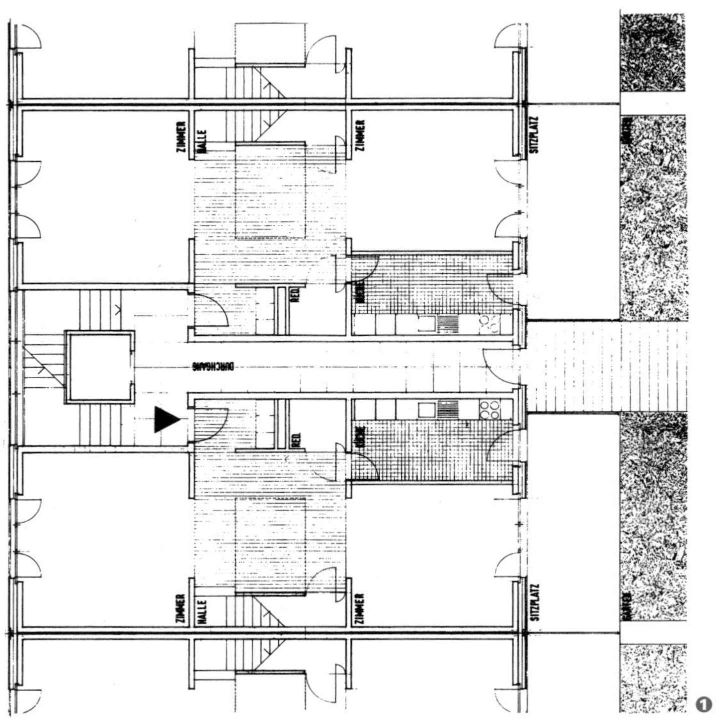

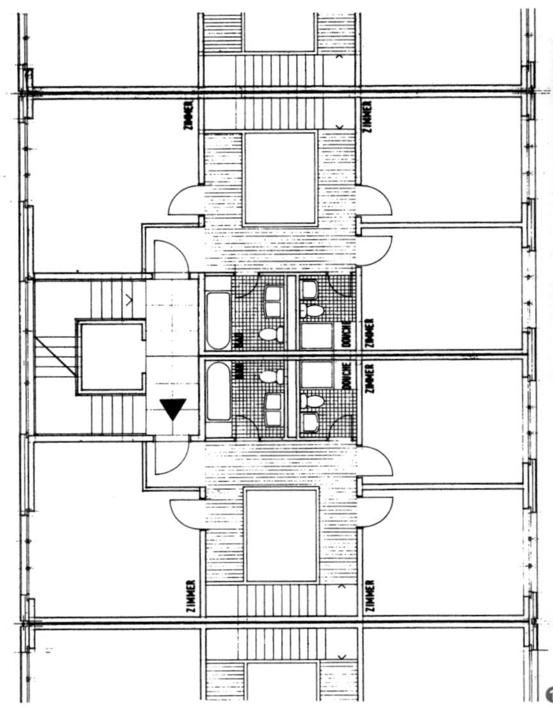

L'edificio a cortina continua allineato su strada si inserisce nel tessuto urbano e riprende la lottizzazione esistente nell'articolazione dei fronti e delle planimetrie. Un passaggio pedonale tra l'edificio nuovo e l'esistente si ricollega all'analogo passaggio ricavato nell'isolato sul Bläsiring (vedi p. 52). L'impianto prevede anche unità commerciali a pianterreno e uffici negli spigoli. Ognuno dei tre segmenti è caratterizzato da un impianto planimetrico specifico. Le maisonettes orientate nord-sud sono organizzate attorno a una hall d'ingresso a doppia altezza. Ai piani bassi le stanze che danno su strada e sul cortile realizzano insieme al disimpegno centrale una sequenza spaziale rappresentativa. I servizi igienici e le camere singole collocate al piano superiore ne restano chiaramente separate. Negli alloggi a 5 vani con affaccio est-ovest la cucina e i servizi igienici disposti in diagonale articolano lo spazio comune continuo in hall d'ingresso, disimpegno delle camere da letto rivolte su strada, soggiorno e sala da pranzo. Sulla corte il corpo di fabbrica è articolato da tagli all'interno dei quali sono collocati vano scala, disimpegno e cucina. Nei trilocali sull'ala opposta il nucleo leggermente ruotato che ospita bagno, ripostiglio e blocco cottura separa il disimpegno della zona giorno da quello della zona notte. Il corpo di fabbrica è ritagliato sui due fronti. La cucina è illuminata da due lati e assume particolare rilievo all'interno dell'appartamento, nonostante la posizione defilata. Cucina e soggiorno sono posizionati in modo tale che da un capo all'altro dell'appartamento si crei una unica sequenza spaziale.

❷ Ala E/O: appartamenti da 5 locali
Aile E/O: appartements de 5 pièces

❸ Ala E/O: appartamenti da 3 locali
Aile E/O: appartements de 3 pièces

Type de construction
immeuble à trois ailes, 5/6 niveaux, N/S, E/O, avec des surfaces commerciales et administratives

Date de construction
1982-1985

Financement
logement subventionné

Profondeur du bâtiment
Riehenring 15 m, ailleurs 14,2 m

Accès
cages d'escalier à éclairage naturel desservant deux appartements ou duplex par étage, cages d'escalier séparées pour les bureaux

Nombre d'appartements
74

Surface des appartements
app. 3 p., 81-100 m²
app. 5 p., 127 m²
duplex 5 p., 139-146 m²

Places de stationnement
garage souterrain de 307 places sous la cour intérieure

Espaces extérieurs
toit-terrasse (sur le Riehenring), cour intérieure plantée d'arbres

Diener & Diener, Bâle

Riehenring/ Amerbacherstrasse/ Efringerstrasse, Bâle

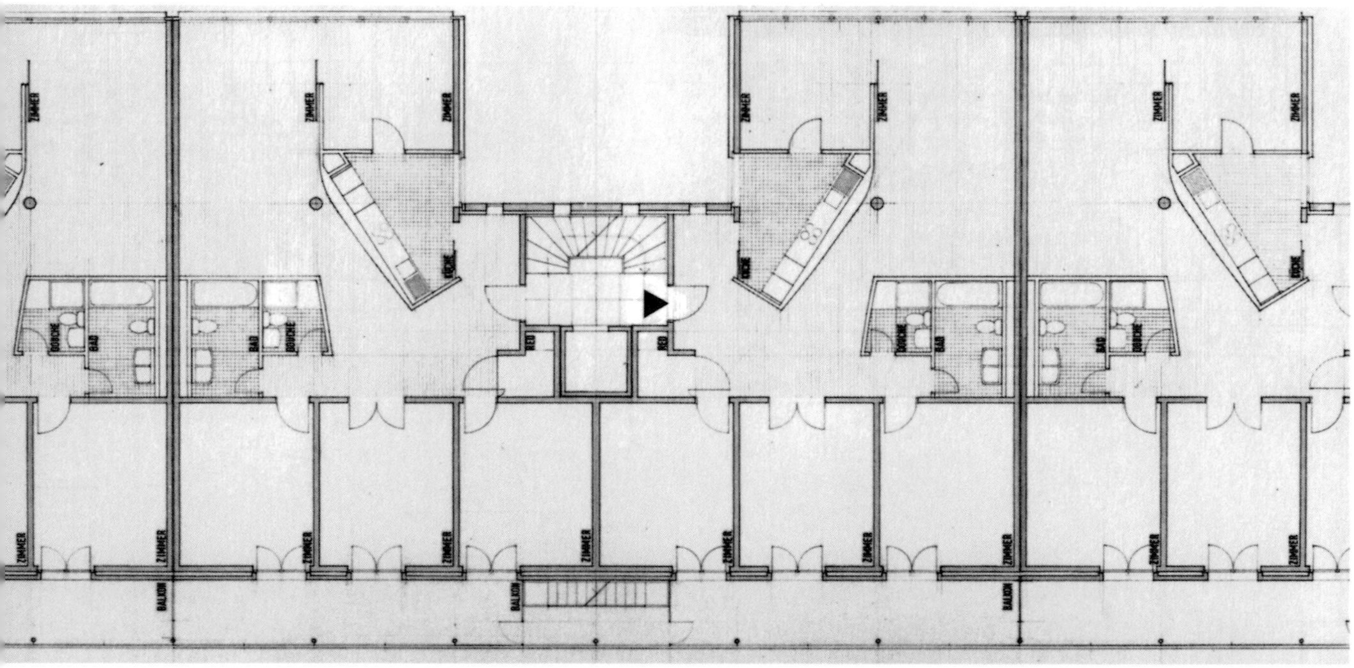

❷

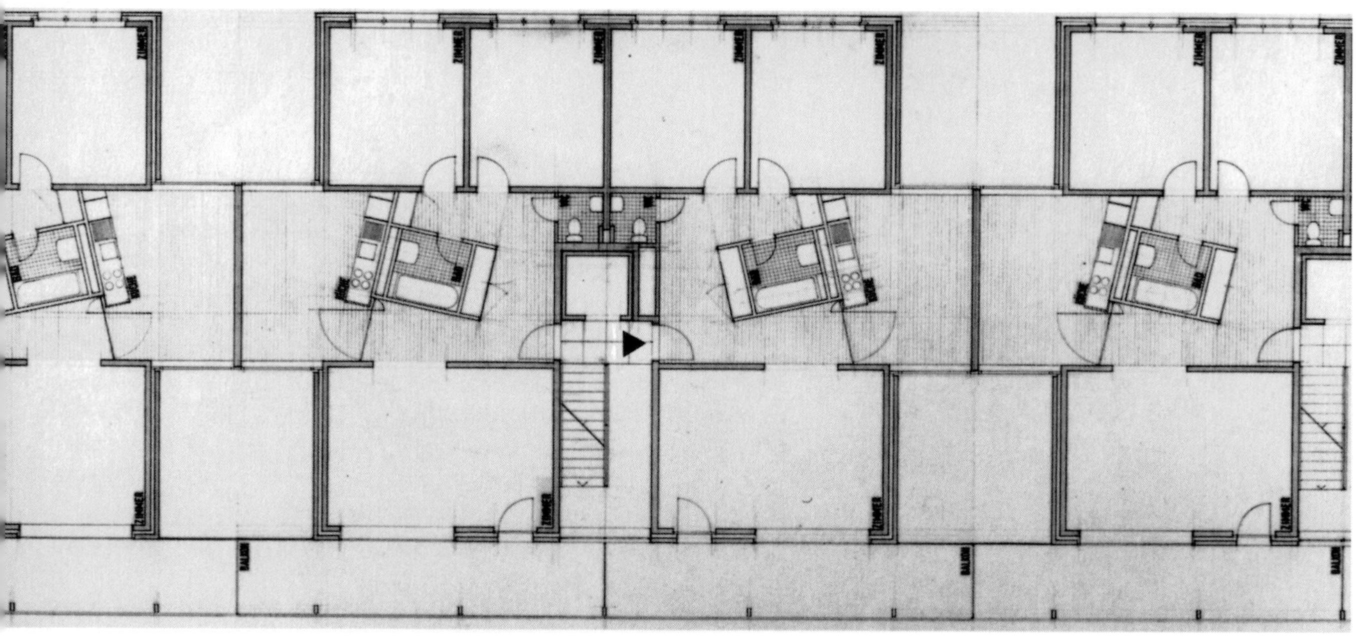

❸

Cet ensemble s'insère dans le tissu urbain, et la structure de ses façades et de son plan se réfère au parcellaire existant. Un chemin piéton longeant l'ancien pâté de maisons au sud prolonge l'allée du Bläsiring (voir p. 53). En plus des logements, l'ensemble comprend des surfaces de bureaux dans les angles et des commerces au rez-de-chaussée. Chaque aile a son type de plan particulier. Les duplex, orientés nord-sud, sont disposés autour d'un corridor à atrium. Au niveau inférieur, les chambres, côté rue et côté cour, forment une enfilade avec le corridor. Les services sont nettement séparés, à l'étage, où se trouvent aussi les autres chambres. Dans les appartements de 5 pièces, orientés est-ouest, la cuisine en diagonale et les sanitaires sont insérés entre un espace de séjour commun et le couloir menant aux chambres, séparant ainsi l'espace repas du séjour proprement dit. Du côté cour, le plan est rythmé par des renfoncements sur lesquels donnent la cage d'escalier, le vestibule et la cuisine. Dans la rangée opposée, les appartements ont 3 pièces; un bloc légèrement désaxé et comprenant la salle de bain, le réduit et le bloc-cuisine, fait l'articulation entre le couloir du séjour et celui des chambres. Le volume présente des retraits sur les deux façades, qui permettent d'éclairer la cuisine de deux côtés et d'en faire une véritable pièce, bien qu'elle se situe à l'extrémité de l'appartement. La cuisine et le séjour sont disposés de manière à créer une succession continue d'un bout à l'autre de l'appartement.

riferito a piante 1:200

se réfère aux plans 1:200

1.1 Segmenti di isolato urbano

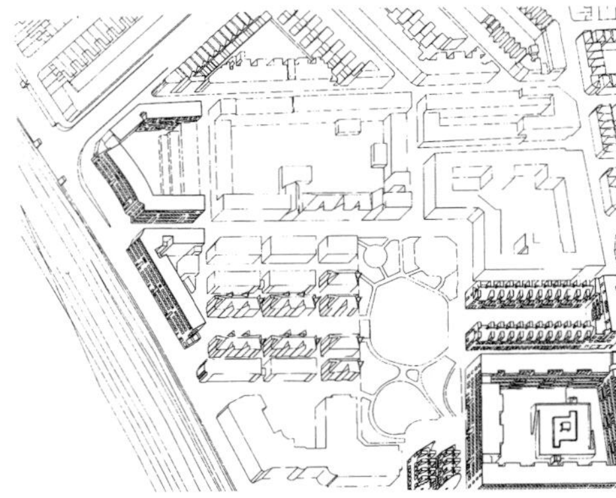

Tipologia edilizia:
edificio a cortina continua su fronte strada
2-4 piani, negozi

Data di costruzione:
1983-1988

Modello di finanziamento:
edilizia sociale
(successivamente proprietà cooperativa)

Profondità dell'edificio:
12,1 m

Distribuzione:
il portico distribuisce direttamente 6 appartamenti,
accesso dalla strada per appartamenti al pianterreno

Numero di alloggi:
100

Dimensione degli alloggi:
appart. da 2 locali, 51/56/61 m² (11);
appart. da 3 locali, 61/75 m² (18);
appart. da 4 locali, 85/90 m² (59);
appart. da 5 locali, 110 m² (4);
appart. da 6 locali, 130 m² (4);
mais. da 5 locali, 97 m² (4)

Parcheggio:
posti auto in strada
e nei box in cortile

Spazi aperti:
giardini privati, logge,
balconi, giardino comune in cortile

**Álvaro Siza con
Carlos Castanheira,
Porto,
in collaborazione con
van den Broek e Bakema,
L'Aia**

**L'Aia-Schilderswijk,
"De Punkt en de Komma"
(Punto e virgola)
Jakob Marisstraat/Vaillantlaan,
Parallelweg/
Suze Robertson Straat**

❶ Pianterreno: appartamento da 4 locali con giardino
Appartement de 4 pièces au rez-de-chaussée, avec jardin

❷ 1° piano: appartamento da 3 locali con loggia
Appartement de 3 pièces au 1er étage, avec loggia

❸ 2° piano: appartamento da 4 locali con balcone
Appartement de 4 pièces au 2e étage, avec balcon

❹ 3° piano: appartamento da 4 locali con balcone
Appartement de 4 pièces au 3e étage, avec balcon

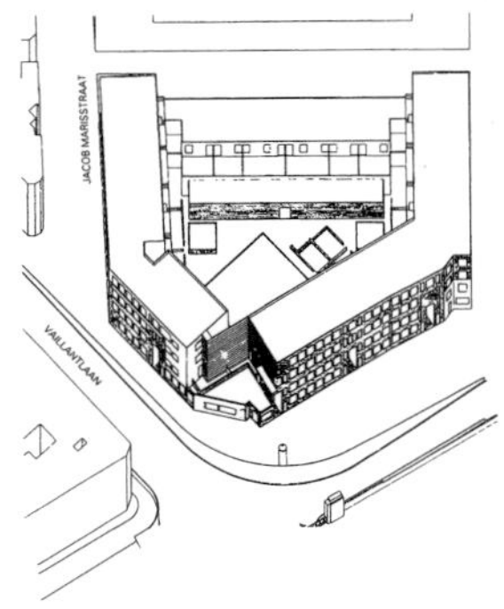

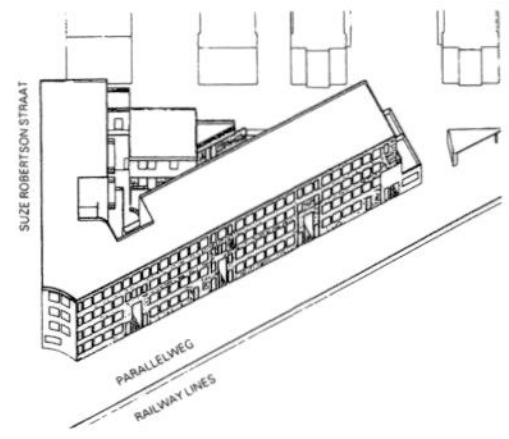

❶

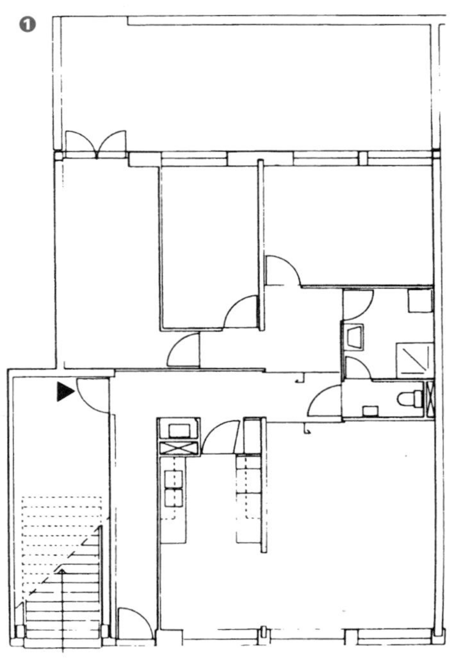

❷

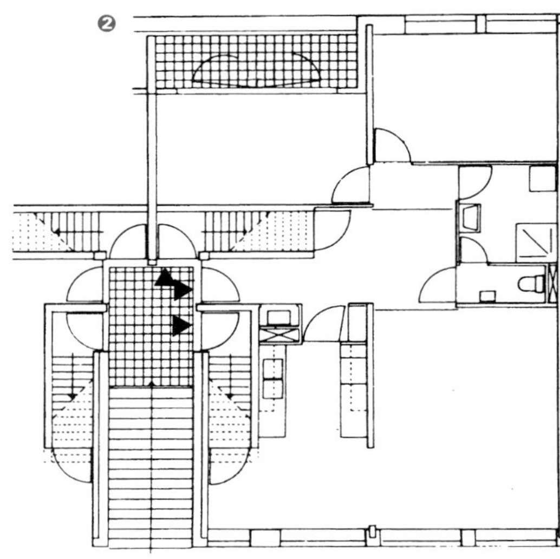

Il quartiere degradato doveva essere rivalutato attraverso la realizzazione di nuovi edifici da parte di architetti di fama internazionale. Siza e Castanheira hanno studiato la morfologia del quartiere e l'hanno reinterpretata nel loro progetto. Riprendendo le altezze degli edifici esistenti e i loro paramenti esterni (laterizi di colori diversi), hanno aperto le cortine chiuse dell'isolato negli angoli per ricavarne un ingresso a giardino e negozi. Degno di attenzione è l'accesso porticato alle residenze: dalla strada una rampa di scale porta direttamente a un pianerottolo dal quale, tramite una scala privata, si accede a ogni appartamento. Ogni porta d'ingresso è dunque visibile dalla strada, e ciò dà un senso di sicurezza ai residenti. Dalla porta si accede a uno stretto corridoio che serve la cucina, il soggiorno e la toilette. Tramite un secondo corridoio si raggiunge la zona notte con due o tre camere da letto e il bagno. Questi appartamenti sono stati pensati per le esigenze di famiglie di religione musulmana, che rappresentano la maggioranza dei residenti del quartiere. Le donne devono potersi muovere nella zona giorno tra le loro stanze e il bagno senza essere viste dagli uomini. Da qui la rigida separazione in due zone e la porta interna tra bagno e toilette. Le porte scorrevoli permettono comunque di ampliare il soggiorno mettendolo in comunicazione con il disimpegno centrale.

❺ Planimetria generale del pianterreno 1:500
Plan d'ensemble du rez-de-chaussée, 1:500

❺

Type de construction
bloc en front de rue,
2-4 niveaux,
boutiques

Date de construction
1983-1988

Financement
logement social
(puis propriété coopérative)

Profondeur du bâtiment
12,1 m

Accès
« portique » donnant directement
accès à 6 appartements,
accès depuis la rue pour les
appartements du rez-de-chaussée

Nombre d'appartements
100

Surface des appartements
app. 2 p., 51/56/61 m² (11 unités)
app. 3 p., 61/75 m² (18 unités)
app. 4 p., 85/90 m² (59 unités)
app. 5 p., 110 m² (4 unités)
duplex 5 p., 97 m² (4 unités)
app. 6 p., 130 m² (4 unités)

Places de stationnement
extérieures sur la rue,
garages dans la cour

Espaces extérieurs
jardins privés, loggias,
balcons, jardin commun
dans la cour

Álvaro Siza et Carlos Castanheira, Porto, en collaboration avec van den Broek et Bakema, La Haye

La Haye-Schilderwijk, « De Punkt en de Komma » Jakob Marisstraat/ Vaillantlaan/Parallelweg/ Suze Robertson-Straat

❸

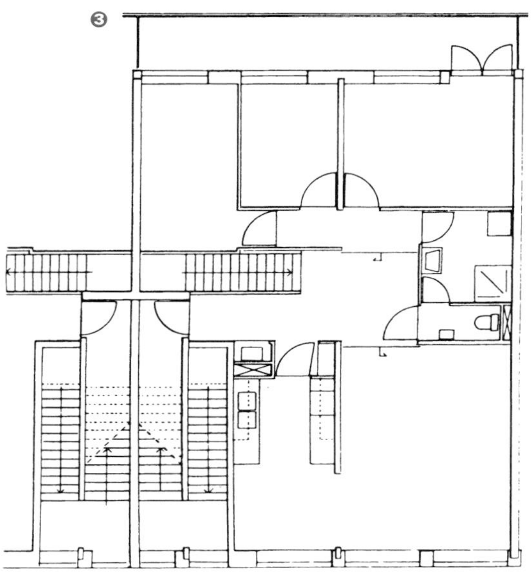

❹

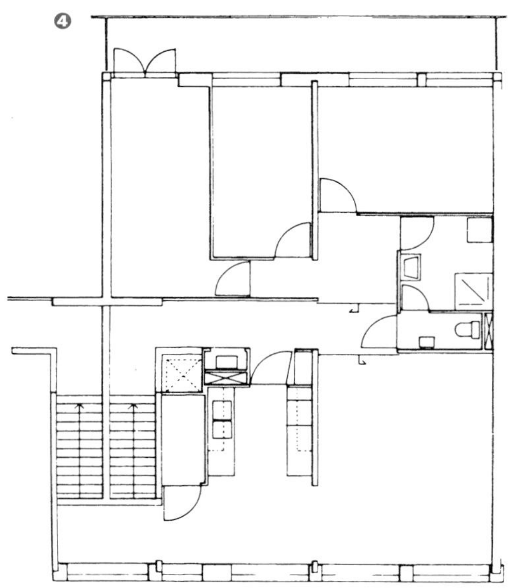

Le projet est né de l'intention de revaloriser un quartier ouvrier par une architecture internationale. Siza et Castanheira en ont étudié la structure pour en donner une réinterprétation dans leur projet. Ils ont repris la hauteur des bâtiments et les matériaux (des briques de diverses couleurs) et ouvert les maisons aux angles afin de créer de la place pour les accès aux jardins et pour des boutiques. L'accès type se fait par une espèce de portique: un escalier mène directement de la rue à un palier depuis lequel tous les appartements, sauf ceux du rez-de-chaussée, sont accessibles par un escalier individuel. Chaque porte d'entrée d'appartement est donc visible depuis la rue, ce qui crée chez les habitants un sentiment de sécurité. Un couloir étroit dessert la cuisine, le séjour, les toilettes et le couloir des chambres, lequel donne accès à la salle de bains et à deux ou trois chambres. Le plan a été conçu en fonction du mode de vie des musulmans, qui forment la majorité des habitants. Les femmes doivent pouvoir se déplacer entre les chambres et la salle de bains sans être vues des hommes, d'où la cloison stricte entre la partie séjour et les chambres, et la porte entre la salle de bains et les toilettes. Mais les occupants peuvent aussi ouvrir les portes coulissantes et agrandir le séjour.

1.1 Segmenti di isolato urbano

T Tipologia edilizia:
edificio in linea,
8 piani, E/O

D ata di costruzione:
1989

M odello di finanziamento:
edilizia sovvenzionata
(progetto IBA)

P rofondità dell'edificio:
11 m

D istribuzione:
accesso dal giardino alle *maisonettes* del 1°/2° piano, altrimenti ballatoi sul fronte strada

N umero di alloggi:
26

D imensione degli alloggi:
mais. da 3 locali, 73 m² (8);
mais. da 6 locali, 120 m² (1);
appart. da 3 locali, 73-83 m² (7);
appart. da 2 locali, 48-59 m² (10)

P archeggio:
garage sotterraneo
e posti auto all'aperto

S pazi aperti:
maisonettes con giardino pensile sulla copertura del basamento, terrazze sul tetto

Office for Metropolitan Architecture - OMA
Matthias Sauerbruch,
Elia Zenghelis
con
Dirk Alten,
Barbara Burren,
Eleni Gigantes,
Reni Keller, Axel Wall

Berlino-Kreuzberg,
Friedrichstraße 207/208

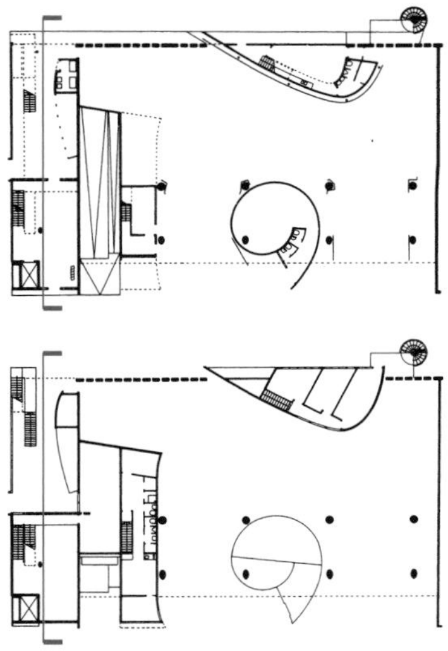

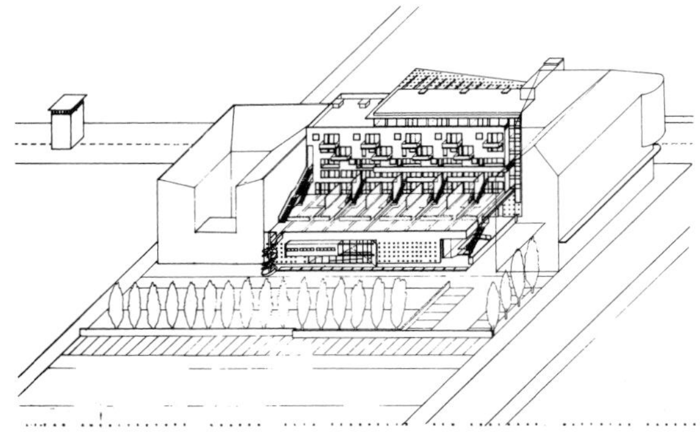

Planimetria generale:
pianterreno (mezzanino), 1°-5° piano
Plans d'ensemble:
rez-de-chaussée – 5ᵉ étage

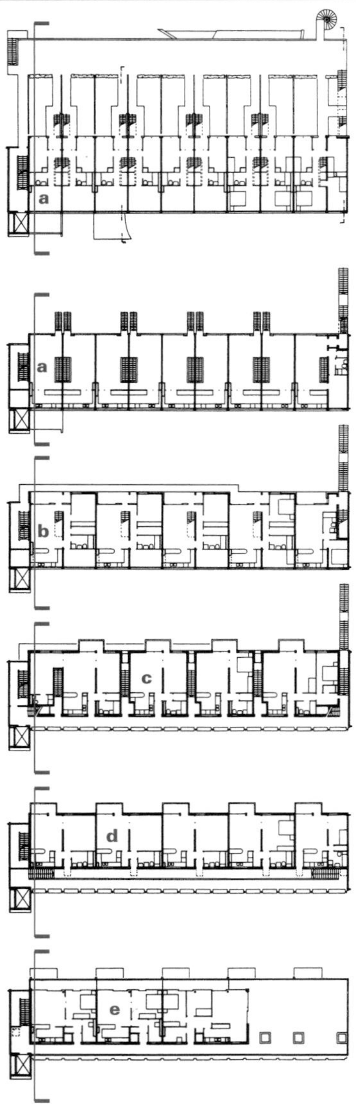

❶ *Maisonette* da 3 locali,
1° e 2° piano 1:200
Duplex 3 pièces,
1ᵉʳ et 2ᵉ étages, 1:200

❷ Appartamento da 3 locali,
3° piano 1:200
Appartements 3 pièces,
3ᵉ étage, 1:200

❶

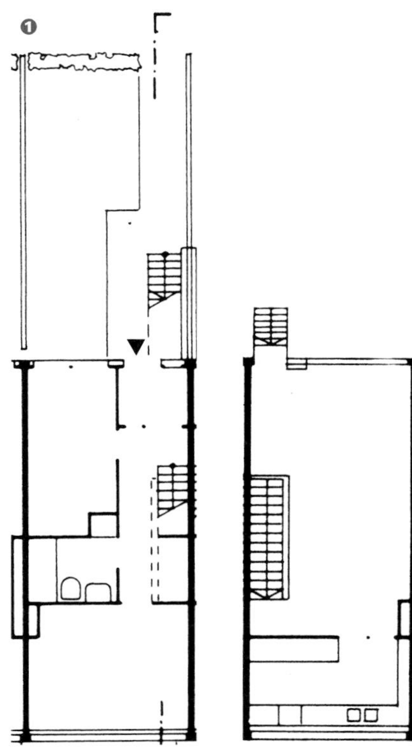

❷

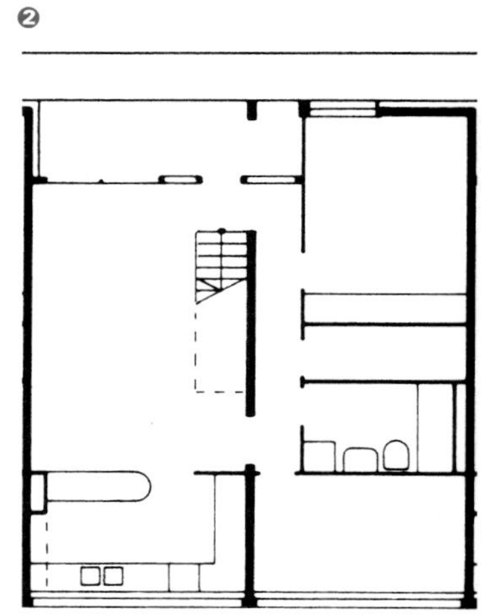

Si tratta di una messa in scena di varie tipologie distributive. Alle *maisonettes* al 1° e 2° piano si accede dal giardino pensile sul retro dell'edificio, ricavato sulla copertura dell'ex stazione degli autobus per Checkpoint Charlie (che oggi ospita una banca e un negozio di mobili). Al 2° piano un ballatoio sul fronte strada funge da secondo accesso e via di fuga. Gli appartamenti al 4° piano sono distribuiti da un ballatoio sul fronte strada (Friedrichstraße) schermato da lamelle in vetro. Quelli al 3° piano sono raggiungibili scendendo una scala dallo stesso ballatoio, che serve anche da via di fuga dalla loggia. Le unità al 5° piano si raggiungono da uno stretto ballatoio ricavato a scapito della profondità del corpo di fabbrica. Al 6° piano vi è un ulteriore ballatoio sotto l'ampio tetto aggettante. Le planimetrie sottolineano l'orientamento est-ovest della costruzione a setti portanti: soggiorni passanti est-ovest includono la cucina (a est) e il balcone (a ovest). I vani della zona notte si collocano parallelamente nella stessa direzione. Negli appartamenti al 3° piano una scala porta dall'ingresso al piano superiore direttamente al soggiorno, che diventa passante. Un setto parallelo alla scala lo separa da un corridoio che collega camere, bagno e guardaroba, per riportare alla zona giorno. Gli appartamenti superiori hanno una camera da letto/studio sul ballatoio e una terrazza affacciata sul cortile.

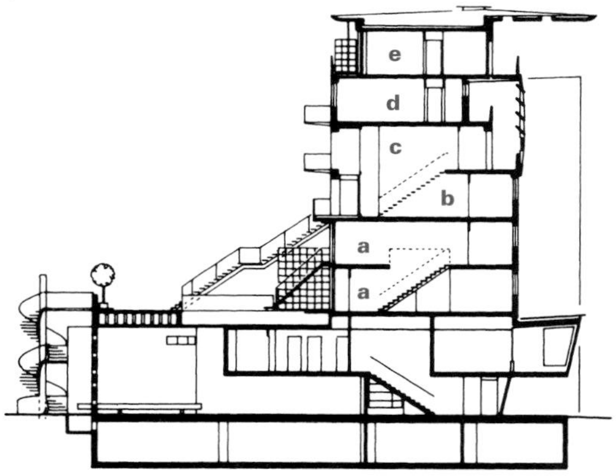

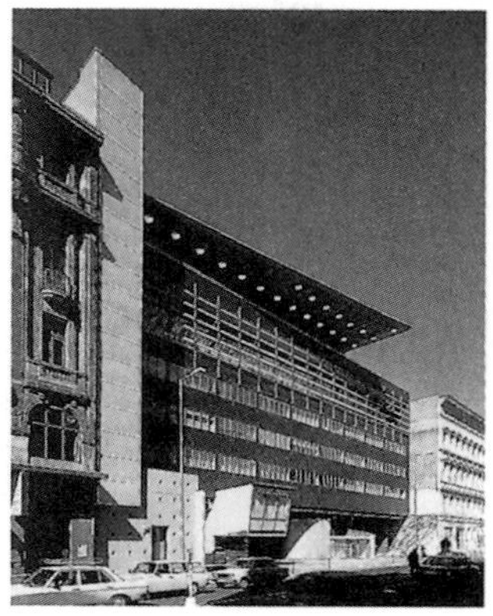

3 Appartamento da 2 locali, 4° piano 1:200
Appartements 2 pièces, 4e étage, 1:200

4 Appartamento da 2 locali, 5° piano 1:200
Appartement 2 pièces, 5e étage, 1:200

5 Appartamento da 2 locali, 6° piano 1:200
Appartement 2 pièces, 6e étage, 1:200

3
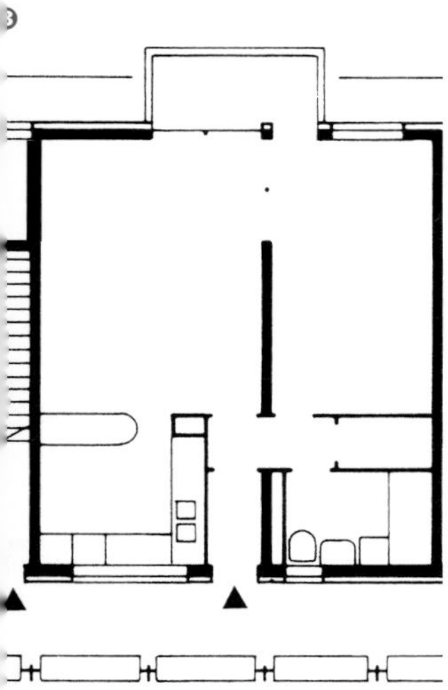

4
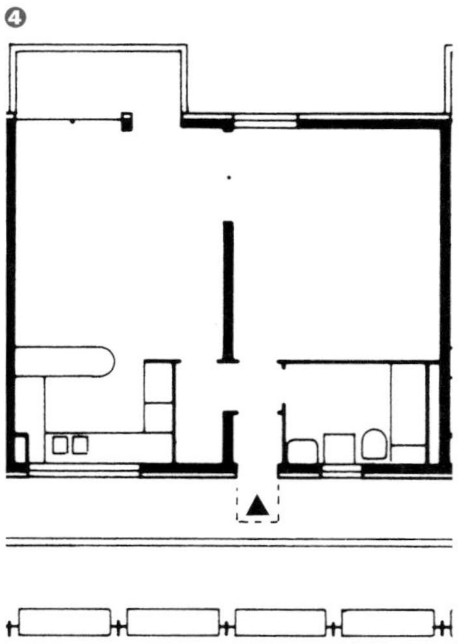

5
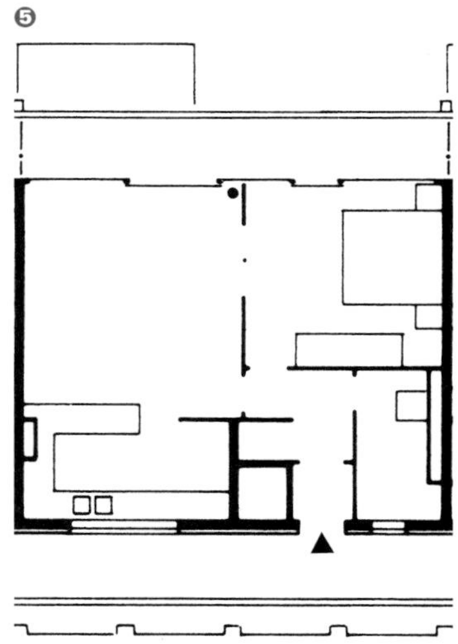

Type de construction
immeuble en rangée, 8 niveaux, E/O

Date de construction
1989

Financement
logement social (projet IBA)

Profondeur du bâtiment
11 m

Accès
duplex aux 1er et 2e étages depuis le jardin, les autres appartements par une galerie côté rue

Nombre d'appartements
26

Surface des appartements
duplex. 3 p., 73 m² (8 unités)
duplex 6 p., 120 m² (1 unité)
app. 3 p., 73-83 m² (7 unités)
app. 2 p., 48-59 m² (10 unités)

Places de stationnement
garage souterrain et places en plein air

Espaces extérieurs
jardins au-dessus du rez-de-chaussée pour les duplex, terrasses sur le toit

Office for Metropolitan Architecture – OMA; Matthias Sauerbruch, Elia Zenghelis, en collaboration avec Dirk Alten, Barbara Burren, Eleni Gigantes, Reni Keller, Axel Wall

Berlin-Kreuzberg, Friedrichstraße 207/208

L'immeuble offre diverses formes d'accès. Les duplex des niveaux 1 et 2 sont accessibles directement par un jardin arrière, sur le toit d'un ancienne gare routière, devant ce qui fut le Check-Point Charlie, actuellement banque et commerce de meubles (il existe aussi une issue de secours par le deuxième étage). Les appartements du niveau 4 sont accessibles par une galerie côté rue, avec lamelles de verre, ceux du niveau 3 peuvent être atteints par des escaliers intérieurs descendant depuis la même galerie (balcons de secours des loggias). Au niveau 5, les appartements sont reliés à une coursive insérée dans la galerie à deux niveaux (d'où la profondeur moindre). Le niveau 6 est desservi par une autre galerie sous un large avant-toit. La disposition en plan souligne l'orientation est-ouest (construction à murs de refend): pièce de séjour traversante d'est en ouest avec cuisine américaine tournée vers l'est, loggia à l'ouest, chambres en parallèle. Au niveau 3, un escalier mène de l'entrée (niveau 4) directement dans le séjour, qui fait ainsi office de passage. Une paroi parallèle à l'escalier le sépare d'un couloir qui relie les chambres, la salle de bains et le réduit, et ramène au séjour. Les appartements du dernier étage ont une chambre à coucher (ou bureau) du côté de la galerie et une terrasse sur le toit.

riferito a piante 1:200

se réfère aux plans 1:200

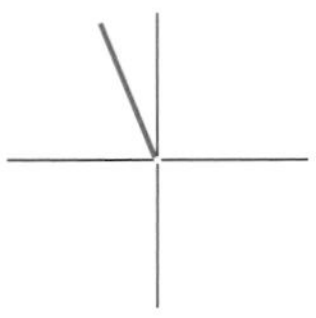

1.1 Segmenti di isolato urbano

Tipologia edilizia:
edificio residenziale a cortina,
7 piani, NE/SO

Data di costruzione:
1989

Modello di finanziamento:
edilizia sociale

Profondità dell'edificio:
11,5 m

Distribuzione:
accesso agli alloggi duplex del pianterreno dalla strada,
agli appartamenti su piani sfalsati dai ballatoi sul lato nord

Numero di alloggi:
31

Dimensione degli alloggi:
appart. da 1½ locali, 48-52 m²;
appart. da 2 locali, 58-62 m²;
appart. da 3 locali, 86 m²;
appart. da 4 locali, 96 m²;
appart. da 5 locali, 116 m²

Parcheggio:
garage sotterraneo
(16 posti auto)

Spazi aperti:
giardini privati, terrazze sul tetto
aree verdi interne

IBUS – Institut für Bau-, Umwelt- und Solarforschung, Hasso Schreck, Gustav Hillmann, Joachim Nagel, Berlino con Michael Güldenberg, Peter Kämpchen

Berlino-Tiergarten, Lützowstraße 5-7

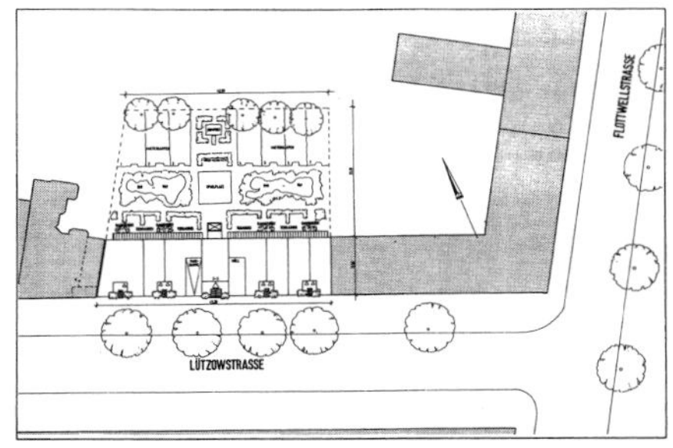

❶ Duplex con accesso dal giardino, livelli 0 e 1 1:200
Duplex avec entrée depuis le jardin, niveau 0, 1:200

❷ Duplex livello 1 1:200
Duplex niveau 1, 1:200

❸ Ballatoio inferiore livello 2½ con ingresso all'appartamento che si sviluppa sul piano sfalsato inferiore 1:200
Galerie inférieure, niveau 2½ avec accès aux appartements à niveaux décalés se développant vers le bas 1:200

❹ Livelli 1½ e 2, 1:200
Niveau 1½ et 2, 1:200

❷
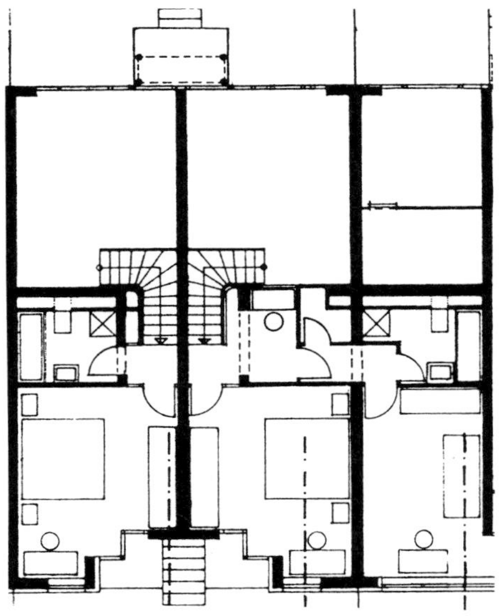

❹
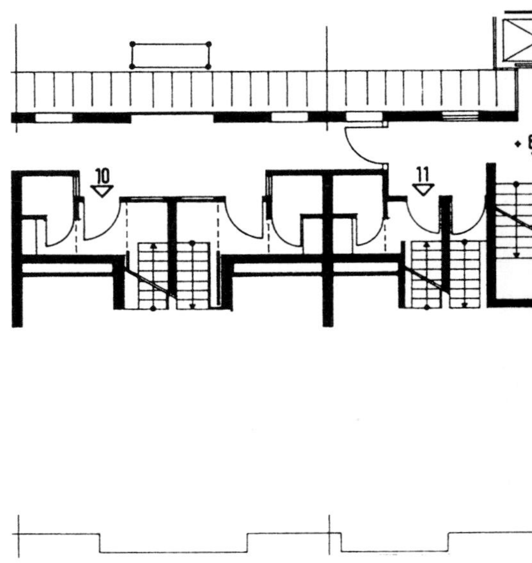

❶
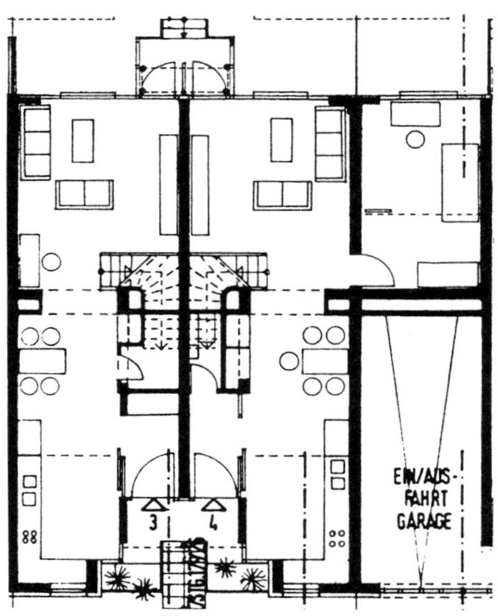

❸
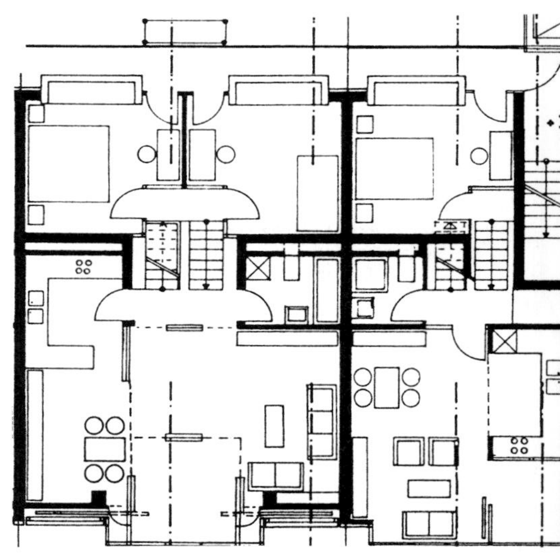

Edificio residenziale ecologico con planimetria "a strati". Da nord a sud: fascia distributiva (zona cuscinetto), ingresso, camere da letto e vani accessori, soggiorno e cucina, veranda. Al pianterreno e al 1° piano duplex con accesso individuale dalla strada nei quali, come nelle case a schiera, il pianterreno è rialzato rispetto al livello stradale. Da sud a nord: cucina, sala da pranzo e soggiorno a doppia altezza. La sequenza spaziale è dotata di doppio affaccio: la terrazza a nord è schermata dalla sfera semipubblica da una rete per rampicanti. La zona notte è esposta a sud-ovest. Il bagno cieco è un nucleo di calore. Dai ballatoi agli ammezzati del 2° e 5° piano si accede ai duplex sfalsati tra loro, corrispondenti ai livelli 1½-2-2½, 2½-3-3½-4, 4½-5-5½, 5½-6-6½ con terrazza sul tetto al 7° piano. Sul ballatoio si affacciano il guardaroba e un ripostiglio. Verso strada (esposti a sud-ovest) si allineano sfalsati tra loro il bagno, la cucina e il soggiorno, che può ampliarsi includendo sala da pranzo e veranda. Verso nord-est, sul cortile, le camere da letto ricevono luce e aria dal ballatoio vetrato che funge anche da via di fuga. I collettori solari integrati in facciata riscaldano l'aria che, immessa nelle solette cave, cede calore agli ambienti quando la temperatura esterna si abbassa.

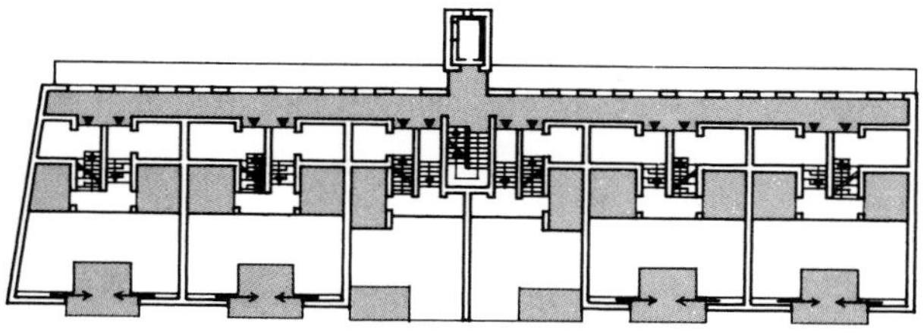

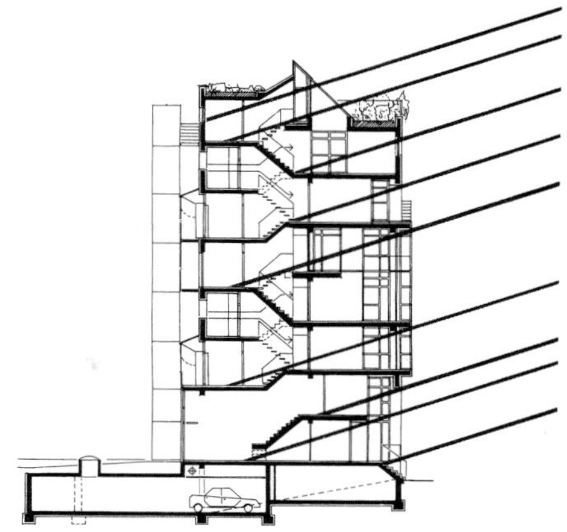

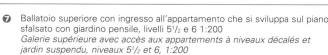

5 Ballatoio inferiore livello 2¹/₂ con ingresso all'appartamento che si sviluppa sul piano sfalsato superiore, livelli 2¹/₂ e 3 1:200
Galerie inférieure, niveau 2¹/₂ avec accès aux appartements à niveaux décalés se développant vers le haut, niveaux 2¹/₂ et 3, 1:200

6 Livelli 3¹/₂ e 4 1:200
Niveaux 3¹/₂ et 4

7 Ballatoio superiore con ingresso all'appartamento che si sviluppa sul piano sfalsato con giardino pensile, livelli 5¹/₂ e 6 1:200
Galerie supérieure avec accès aux appartements à niveaux décalés et jardin suspendu, niveaux 5¹/₂ et 6, 1:200

8 Livelli 6¹/₂ e 7 1:200
Niveaux 6¹/₂ et 7, 1:200

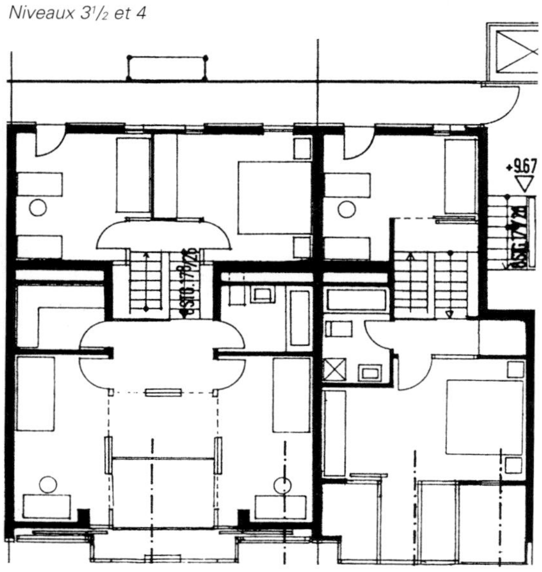

6

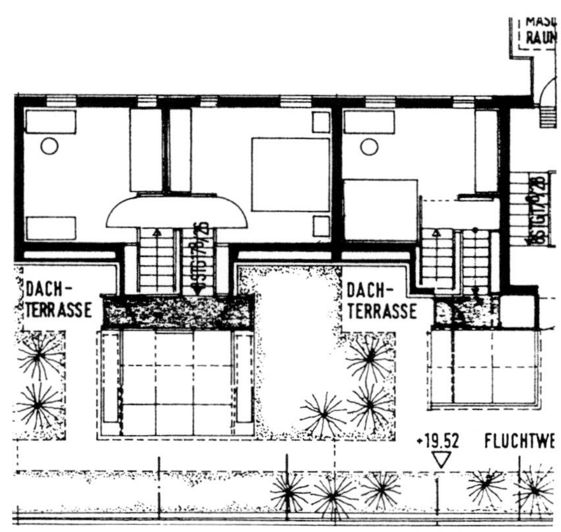

8

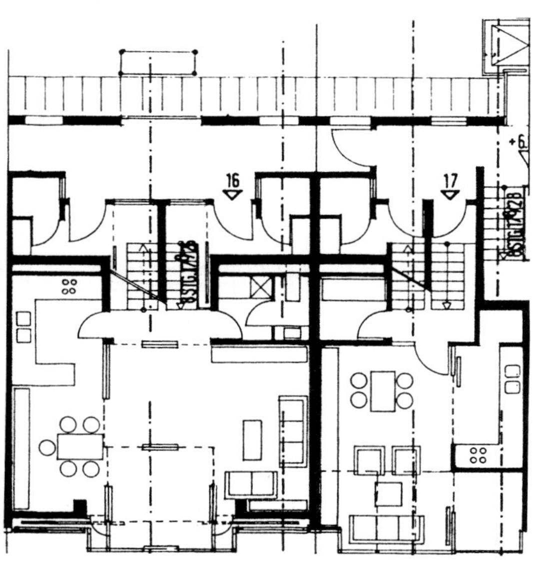

5

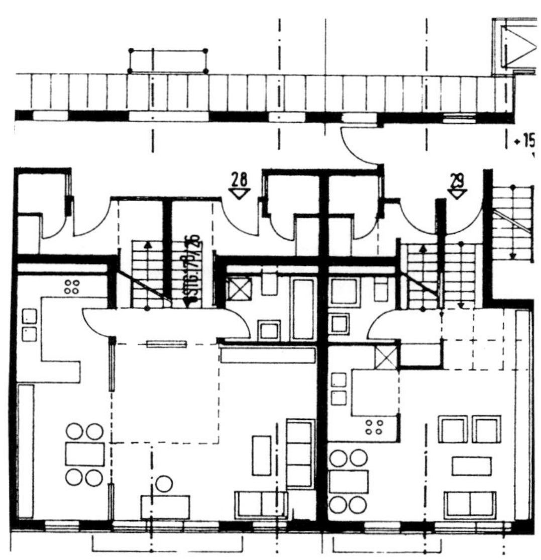

7

Type de construction
immeuble en rangée, en front de rue, 7 niveaux, NE/SO

Date de construction
1989

Financement
logement social

Profondeur du bâtiment
11,5 m

Accès
duplex depuis la rue, appartements à étages décalés depuis la galerie sur le côté nord

Nombre d'appartements
31

Surface des appartements
app. 1¹/₂ p., 48-52 m²
app. 2 p., 58-62 m²
app. 3 p., 86 m²
app. 4 p., 96 m²
app. 5 p., 116 m²

Places de stationnement
garage souterrain de 16 places

Espaces extérieurs
jardins locatifs, toits-terrasses, espace vert intérieur

IBUS – Institut für Bau-, Umwelt und Solarforschung, Hasso Schreck, Gustav Hillmann, Joachim Nagel, Berlin, en collaboration avec Michael Güldenberg, Peter Kempchen

Berlin-Tiergarten, Lützowstraße 5-7

La conception de cet immeuble répond à un souci de rationalité dans l'utilisation de l'énergie. Se succèdent, du nord au sud: accès (faisant effet de tampon climatique), entrée, chambres à coucher et pièces annexes, séjour et cuisine, jardin d'hiver. Rez-de-chaussée / niveau 1: duplex à accès séparé depuis la rue, dans une rangée; rez-de-chaussée côté rue surélevé d'un demi-niveau. Du sud au nord: cuisine, salle à manger, séjour sur deux niveaux. La succession des pièces est éclairée de deux côtés. Au nord, la terrasse est séparée des espaces ouverts semi-publics par un treillage pour plantes grimpantes. Les chambres à coucher sont au sud-ouest, la salle de bains au milieu. Les galeries aux niveaux 2¹/₂ et 5¹/₂ donnent accès à des duplex à niveaux décalés, vers le haut et vers le bas. Les niveaux 1¹/₂/2/2¹/₂ forment ainsi un ensemble, de même que 2¹/₂/3/3¹/₂/4, 4¹/₂/5/5¹/₂ et 5¹/₂/6/6¹/₂ avec la terrasse du niveau 7. Réduit et dressing contre la galerie. Côté rue (sud-ouest), la salle de bain, la cuisine et le séjour avec coin-repas et le jardin d'hiver. Côté cour (nord-est), les chambres à coucher avec l'éclairage et l'aération du balcon de secours vitré. Des panneaux solaires intégrés dans la façade chauffent de l'air qui est diffusé dans les cavités des plafonds, d'où la chaleur se répand ensuite dans les pièces.

riferito a piante 1:200

se réfère aux plans 1:200

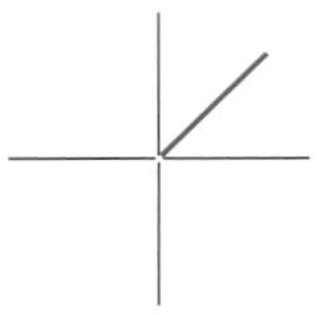

1.1 Segmenti di isolato urbano

Tipologia edilizia:
edificio a cortina con testate
4 piani, NO/SE e NE/SO

Data di costruzione:
1989-1991 (prima fase di costruzione)

Modello di finanziamento:
edilizia sociale
(Cooperativa Edilizia Cattolica)

Profondità dell'edificio:
11/12 m

Distribuzione:
accesso alle *maisonettes* del pianterreno dalla strada, negli altri casi dai ballatoi

Numero di alloggi:
74

Dimensione degli alloggi:
mais. da 2, 4, 5 e 6 locali, 66/97/107/133 m²;
appart. da 3 e 4 locali, 80/87 m², 123 m²

Parcheggio:
posti auto coperti e all'aperto

Spazi aperti:
copertura del parcheggio piantumato

Homan/Osório Lobato/ Yanovshtchinsky, L'Aia,
Vera Yanovshtchinsky,
Freek Meijers,
Marco Mud,
Rowin Petersma

L'Aia,
's-Gravenzandelaan

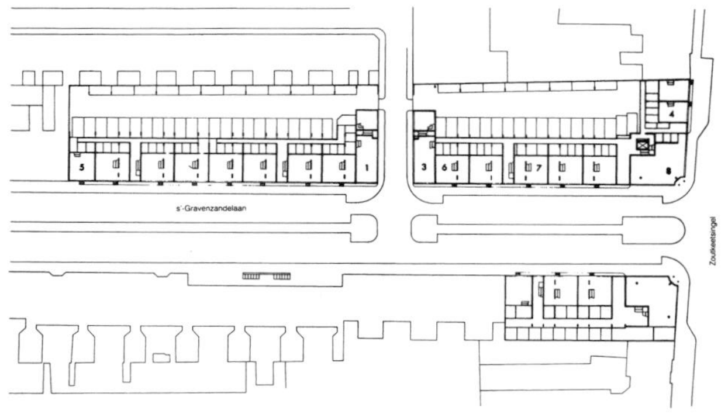

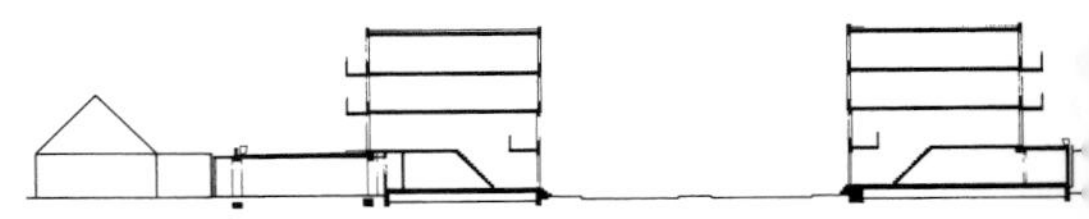

❶ Tipo B, appartamento da 3 locali, 2° e 3° piano
Type B, appartement 3 pièces, 2e et 3e étages

❷ Tipo B, appartamento da 4 locali, 2° e 3° piano
Type B, appartement 4 pièces, 3e et 4e étages

❸ Tipo D, *maisonette* da 2 locali, pianterreno e 1° piano
Tipo C, *maisonette* da 4 locali, pianterreno e 1° piano
Type D, duplex 2 pièces, rez-de-chaussée et 1er étage
Type C, duplex 4 pièces, rez-de-chaussée et 1er étage

❶

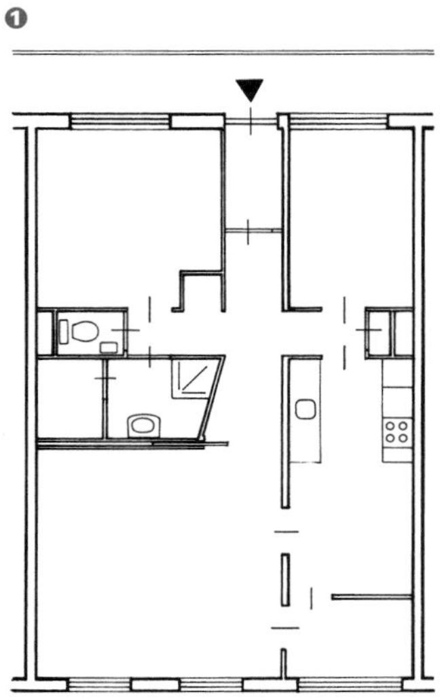

❷

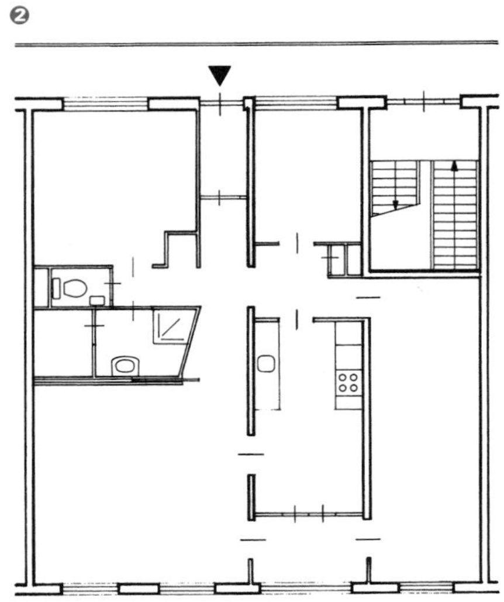

❸

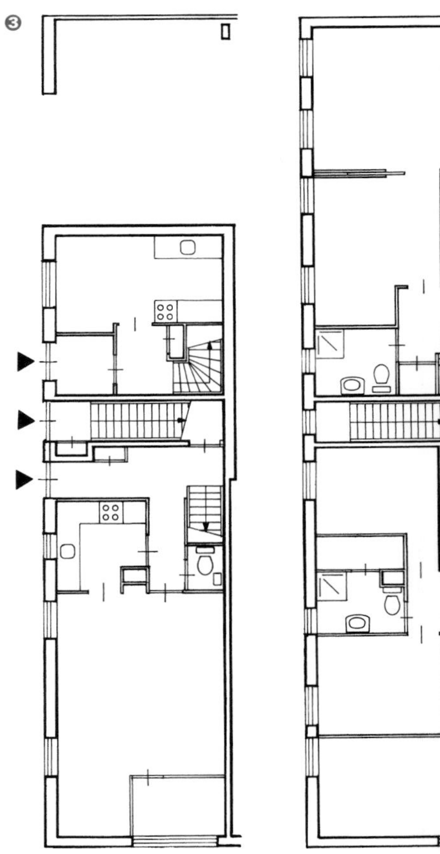

Due edifici in linea di lunghezza diversa attestati su un canale. La stecca maggiore è interrotta da una strada. Negli edifici di testa il pianterreno ospita attività produttive. Sono presenti sei varianti planimetriche a seconda della collocazione. La disposizione dei vani segue alcuni princìpi ordinatori: 1) separazione degli ambiti (o dei percorsi) tra zona giorno e zona notte. Nel trilocale di tipo B i corridoi delle zone giorno e notte si incrociano ortogonalmente. Il disimpegno della zona giorno inizia nel vestibolo, passa accanto alle due camere affacciate sul cortile, incrocia il corridoio della zona notte (che distribuisce anche cucina, bagno e WC), si allarga grazie al muro inclinato del bagno e porta in soggiorno; questo si apre sulla cucina e sulla veranda. 2) La cucina è il centro dell'appartamento e presenta almeno due accessi verso i disimpegni della zona notte e della zona giorno. Tipo D: ai piani inferiori solo cucina; ai piani superiori soggiorno, camera da letto e bagno. Tipo C: ai piani inferiori cucina e soggiorno; ai piani superiori tre camere da letto e bagno. 3) La distribuzione interna è determinata dalla posizione del nucleo bagno-cucina. Tipo E: *maisonette* con ampie terrazze sul tetto: zona giorno articolata dalla cucina e dalla scala sotto; camere da letto e bagno sopra. Tipo F: appartamenti disposti ad angolo attorno a un nucleo distributivo comune, separati da una parete diagonale. Le planimetrie sono organizzate con razionalità attorno ai nuclei che ospitano servizi igienici e cucina.

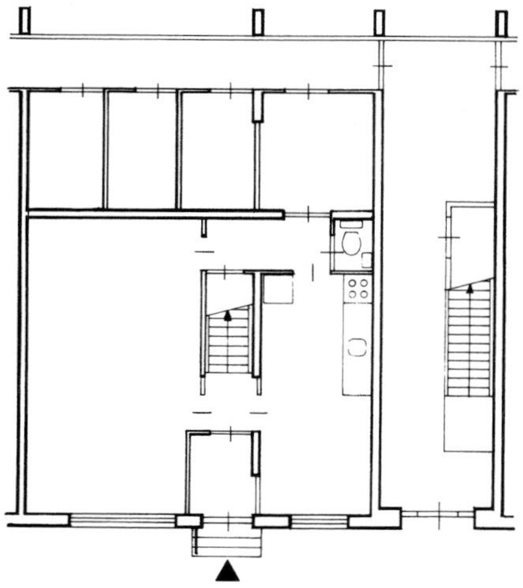

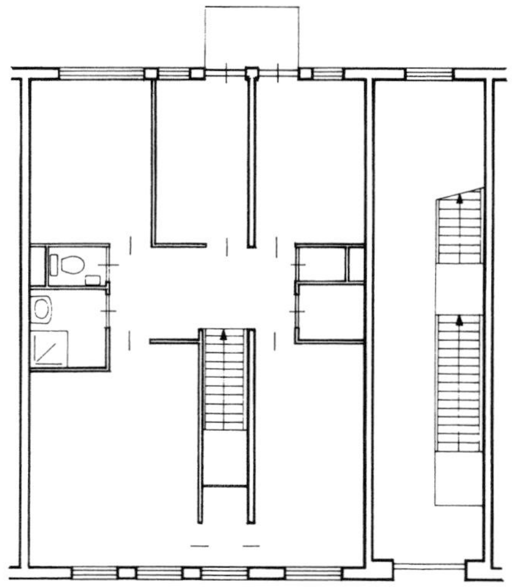

Tipo A, *maisonette* da 6 locali, pianterreno e 1° piano
Type A, duplex 6 pièces, rez-de-chaussée et 1er étage

Tipo E, *maisonette* da 5 locali
Type E, duplex 5 pièces

⑥ Tipo F, appartamento da 3 locali
Type F, appartement 3 pièces
Tutte le planimetrie 1:200
Tous les plans 1:200

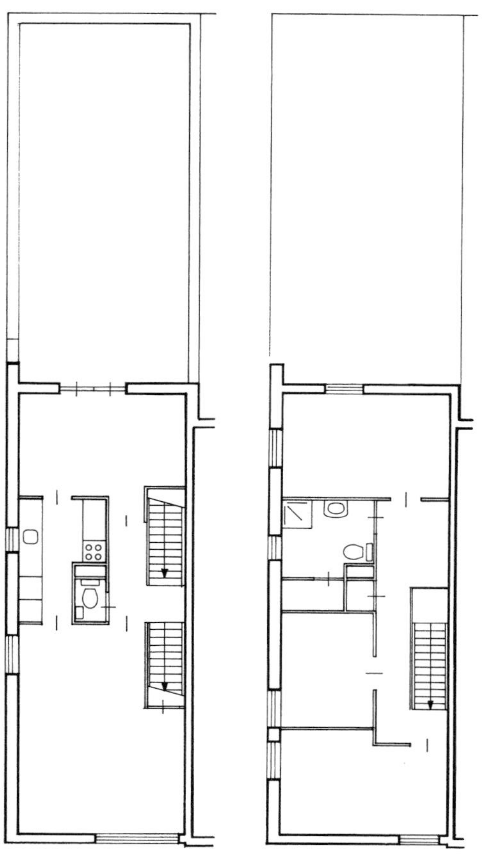

⑥

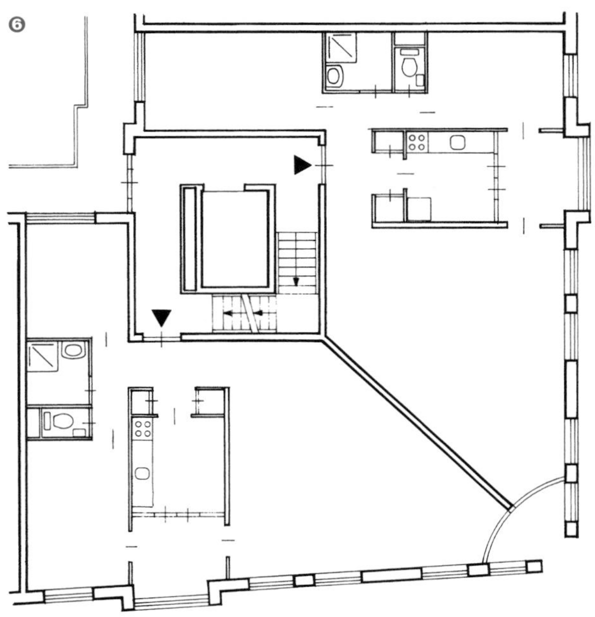

Deux rangées d'inégale longueur avec un bâtiment terminal donnant sur le canal. La plus longue est interrompue par une rue transversale. Les bâtiments des extrémités abritent aussi des surfaces commerciales au rez-de-chaussée. Les logements se répartissent en six types différents régis par certains principes d'organisation. Premièrement, des cheminements bien définis entre le domaine du séjour et celui des chambres. Plan de type B: appartement de 3 pièces, à couloirs se croisant à angle droit. Le couloir du séjour commence par un vestibule, passe devant les chambres, croise l'autre couloir (qui dessert aussi la cuisine et la salle de bains), puis s'élargit (paroi oblique de la salle de bain) et débouche dans la pièce de séjour, ouverte sur la cuisine et sur le jardin d'hiver. Deuxièmement, la cuisine est le centre de l'appartement et a au moins deux accès (sur chacun des couloirs). Type D: le niveau inférieur ne comprend qu'une cuisine, le séjour et la chambre à coucher sont à l'étage. Type C: cuisine et séjour au niveau inférieur, trois chambres à coucher et salle de bains, au niveau supérieur. Troisièmement, la salle de bains et la cuisine intégrées sont des éléments d'agencement de l'espace. Type E: duplex à grand toit-terrasse. En bas, la cuisine et l'escalier rythment l'espace de séjour, qui est traversant, en haut se trouvent les chambres et la salle de bain. Type F: deux appartements, contigus selon une diagonale, forment un angle autour de l'espace d'accès; le plan est tout naturellement organisé autour de la cuisine.

Type de construction
immeuble en rangée avec bâtiments terminaux, 4 niveaux, NO/SE et NE/SO

Date de construction
1989-1991 (première étape)

Financement
logement social (association catholique pour le logement)

Profondeur du bâtiment
11/12 m

Accès
duplex depuis la rue, les autres appartements par une galerie

Nombre d'appartements
74

Surface des appartements
duplex 2, 4, 5 et 6 p., 66/97/107/133 m²
app. 3 et 4 p., 80/87 m², 123 m²

Places de stationnement
places couvertes, places en plein air

Espaces extérieurs
toit du parking aménagé en espace vert

Homan/Osório Lobato/ Yanovshtchnisky, Freek Meijers, Marco Mud, Rowin Petersma

La Haye, 's-Gravenzandelaan

1.1 Segmenti di isolato urbano

Tipologia edilizia:
edificio residenziale in linea
2 corpi di fabbrica isolati,
4 piani, E/O

Data di costruzione:
1990

Modello di finanziamento:
edilizia sovvenzionata

Profondità dell'edificio:
17

Distribuzione:
ballatoio vetrato con passerelle

Numero di alloggi:
62

Dimensione degli alloggi:
appart. da 2 locali, 61 m²;
appart. da 3 locali, 74-88 m²;
appart. da 4 locali, 85-106 m²
(4 tipi di appartamento,
un tipo per ogni piano)

Parcheggio:
sotterraneo, 1 posto per ogni
unità abitativa

Spazi aperti:
giardino sul retro,
patio interno,
terrazze sul tetto

**Helmut Richter,
Vienna
con
Anne Hengst,
Gogo Kempinger,
Bert Dorfner**

**Vienna,
Brunnerstraße**

Planimetria generale di
pianterreno e 1° piano
*Plans d'ensemble du
rez-de-chaussée et du 1er étage*

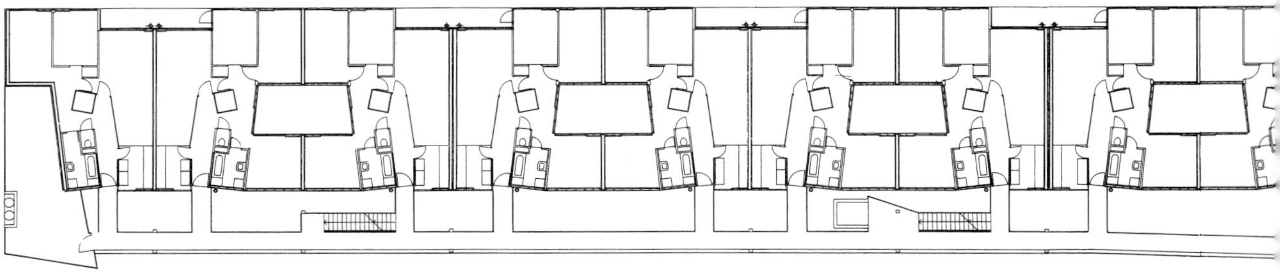

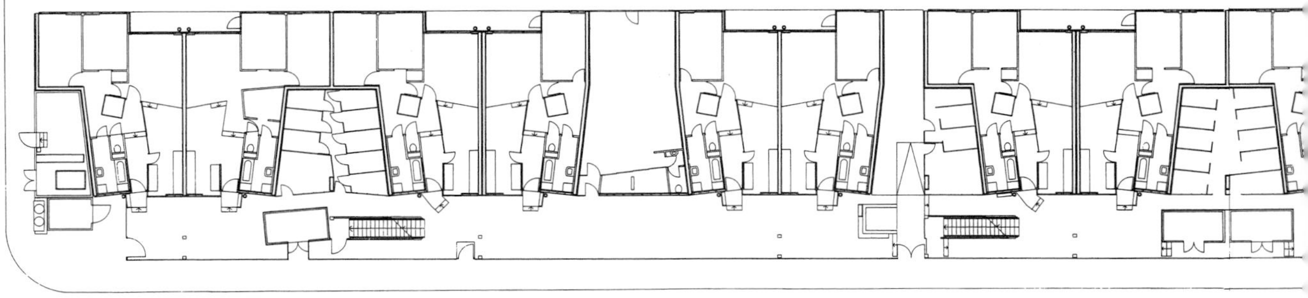

❶

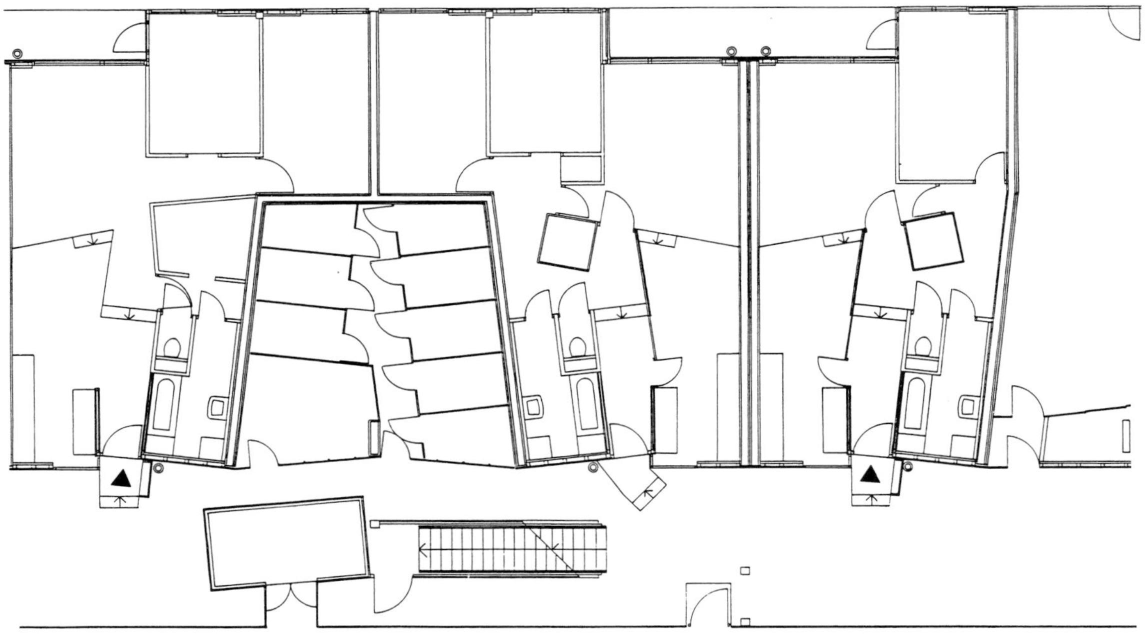

Case in linea distribuite da un ballatoio continuo con schermatura acustica a grandi pannelli in vetro, che collega anche i corpi di fabbrica isolati all'estremità del corpo in linea. Scale a rampa unica parallele al fronte collegano i vari piani; gli alloggi sono distribuiti per mezzo di passerelle e quindi indipendenti da ciò che accade sul ballatoio. Le porte d'ingresso lievemente inclinate verso l'interno permettono di vedere la zona antistante l'ingresso dalla finestra d'angolo della cucina. Nonostante le diverse metrature l'organizzazione interna delle unità si ripete. Lungo un corridoio inclinato vi sono la cucina e il soggiorno trapezoidale. Nel disimpegno un parallelepipedo giallo (ripostiglio) separa la zona giorno dalla zona notte e conduce al soggiorno. Una porta dietro il parallelepipedo offre un collegamento secondario tra zona giorno e zona notte. Appena entrati nell'appartamento lo si può attraversare con lo sguardo fino alla loggia. Finestre scorrevoli a tutta altezza rendono lo spazio luminoso e aperto sull'esterno. Al 1° piano gli alloggi si articolano attorno a un patio interno che, con le terrazze sul tetto al 2° piano, caratterizza la facciata sul retro con tagli verticali nel corpo di fabbrica. La costruzione a setti portanti e pannelli divisori montati a secco permette modifiche planimetriche nel tempo: unici punti fissi in ogni unità sono un pilastro, un setto portante e il cavedio impiantistico.

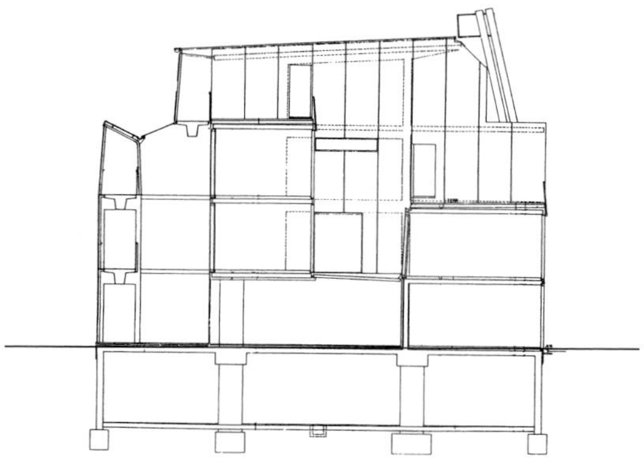

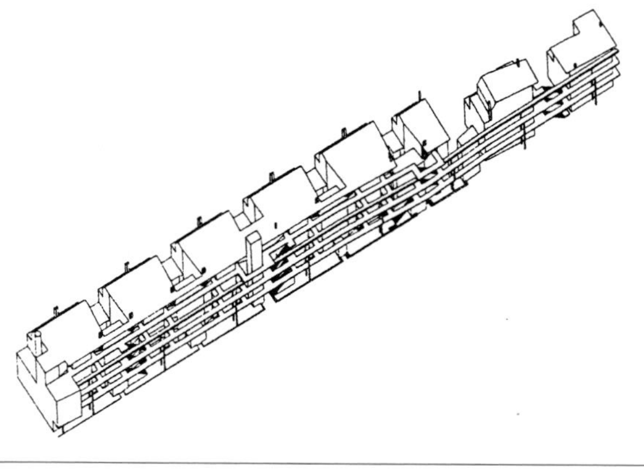

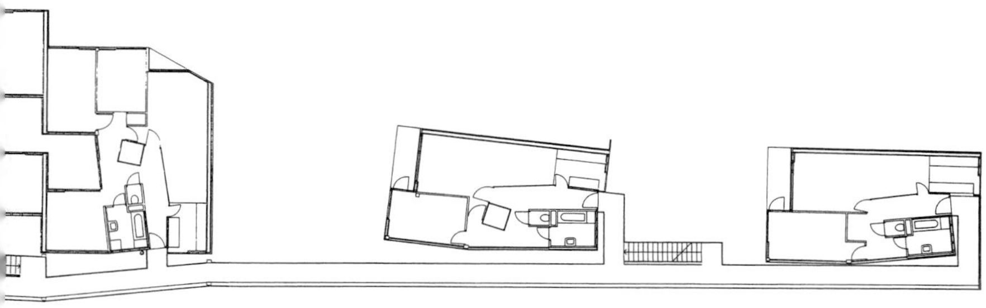

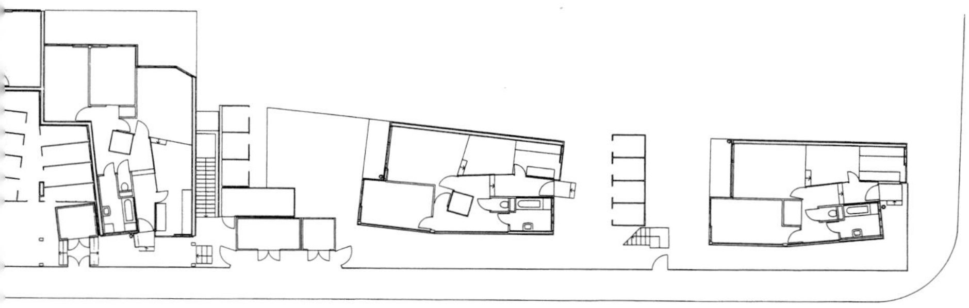

❶ Pianterreno: particolare di pianta di appartamento da 4 locali 1:200
Détail du plan du rez-de-chaussée, appartements de 4 pièces 1:200

❷ 1° piano: particolare di pianta di appartamento da 4 locali 1:200
Détail du plan du 1er étage, appartements de 4 pièces 1:200

Type de construction
immeuble en rangée complété par deux corps de bâtiment isolés, 4 niveaux, E/O

Date de construction
1990

Financement
logement subventionné

Profondeur du bâtiment
17 m

Accès
galerie vitrée avec passerelles

Nombre d'appartements
62

Surface des appartements
app. 2 p., 61 m^2
app. 3 p., 74-88 m^2
app. 4 p., 85-106 m^2
(4 types d'appartement, un par étage)

Places de stationnement
places souterraines, une par logement

Espaces extérieurs
jardin derrière la maison, cours intérieures, toits-terrasses

Helmut Richter, Vienne, en collaboration avec Anne Hengst, Gogo Kempinger, Bert Dorfner

Vienne, Brunnerstraße

❷

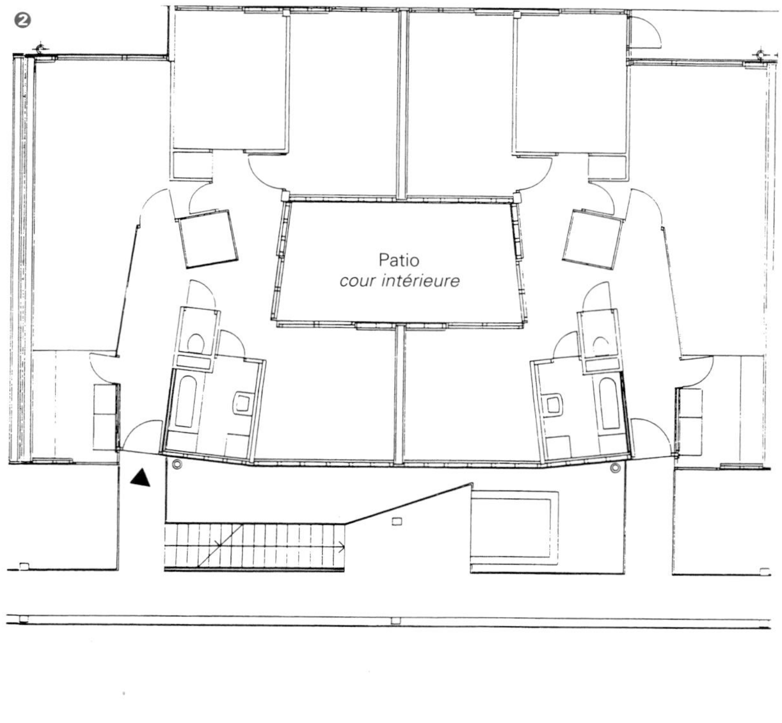

Immeuble en rangée avec galerie saillante protégée par des parois antibruit en grands panneaux de verre. La galerie sert aussi à relier les corps de bâtiment isolés au bout de la rangée. L'accès aux étages se fait par des escaliers à une volée parallèle à la façade. Des passerelles mènent aux appartements, qui sont ainsi isolés de la galerie. L'entrée est un peu en biais pour permettre à la cuisine d'avoir une fenêtre donnant sur l'espace d'accès. Les appartements sont de dimensions diverses mais organisés selon un principe identique: un couloir oblique dessert la cuisine puis le séjour (de plan trapézoïdal). Dans le couloir, un cube jaune (réduit) marque la séparation entre le séjour et les chambres en canalisant le mouvement vers la pièce de séjour. Derrière le cube, une seconde porte fait la liaison entre les deux zones. De l'entrée, le regard peut atteindre directement la loggia, éclairée par des fenêtres coulissantes ayant la hauteur de la pièce. Au premier étage, les appartements sont disposés autour de cours intérieures dans des retraits, de même que les toits-terrasses du deuxième étage. Les murs porteurs mitoyens (définissant le module) sont complétés par des parois légères, ce qui facilite les modifications ultérieures: les seuls éléments fixes sont un pilier, un mur de refend et le bloc sanitaire.

Tipologia edilizia:
edificio in linea,
6 piani, N/S
4 piani terrazzati

Data di costruzione:
1991

Modello di finanziamento:
edilizia privata

Profondità dell'edificio:
15,9/14,9/13,9/17,7 m

Distribuzione:
a corpo doppio e quadruplo

Numero di alloggi:
83

Dimensione degli alloggi:
appart. da 4 locali, 95 m²;
appart. da 5 locali,
101/107/122 m²;
mais. da 3 locali, 87 m²

Parcheggio:
83 posti auto

Spazi aperti:
cortile alberato,
giardini privati al pianterreno

**Josep Puig Torné
e Josep M. Esquius,
Barcellona
con Joan Bisquet**

**Barcellona,
Vila Olímpica:
Unidad de Proyecto 7.4**

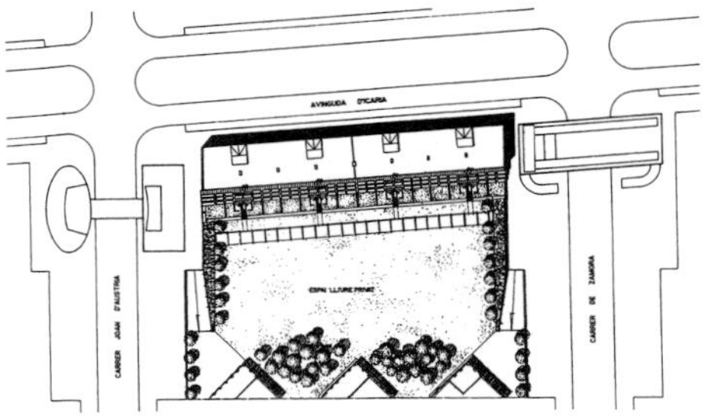

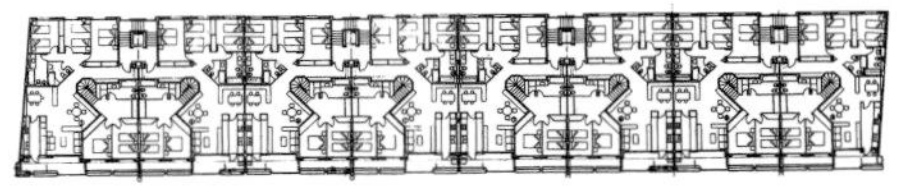

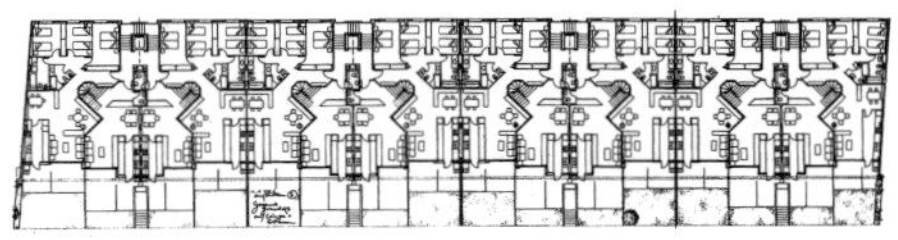

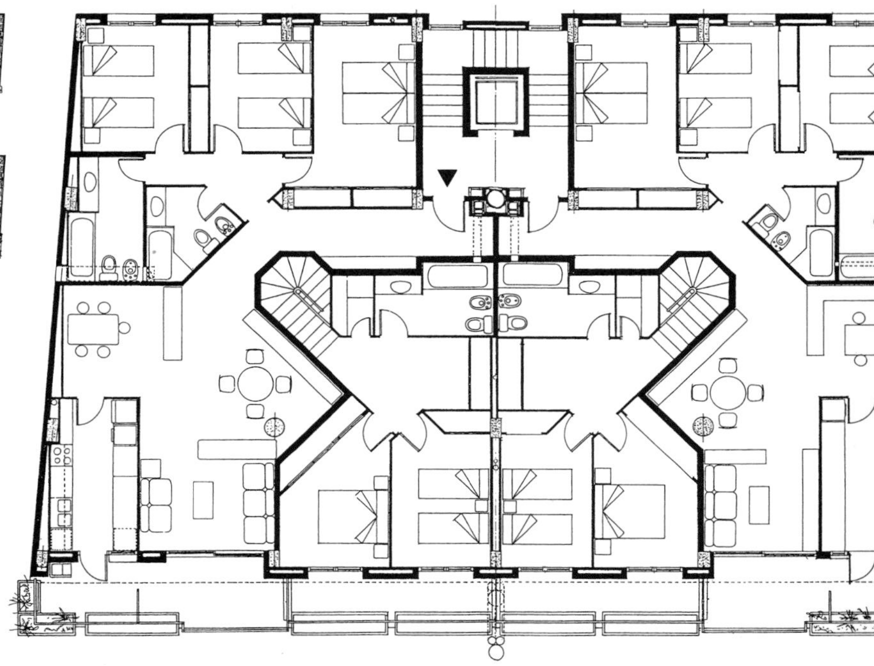

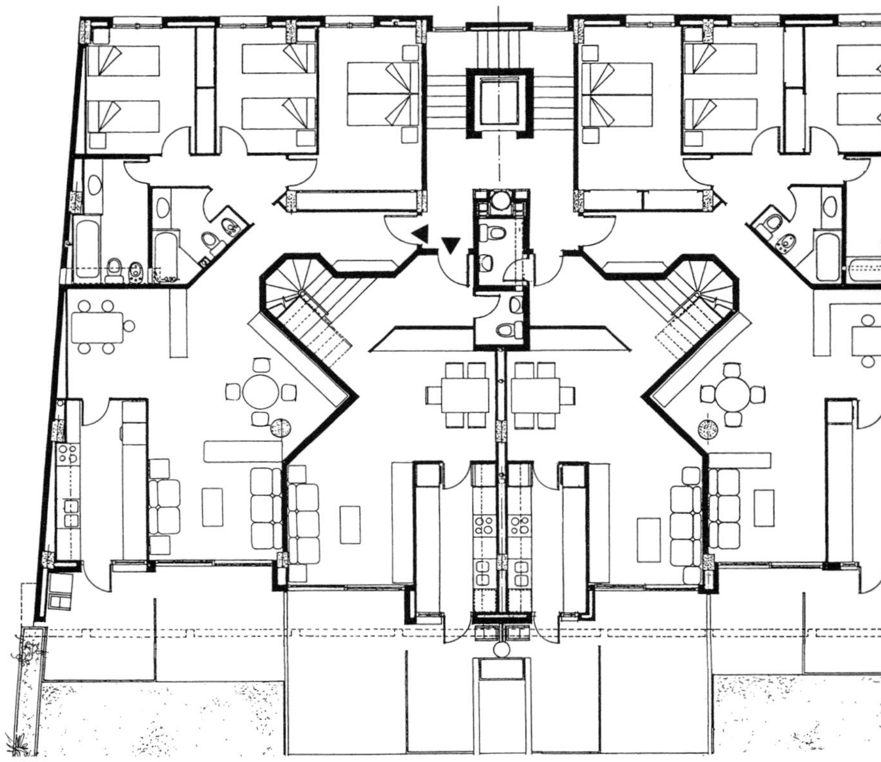

1 Piano tipo con appartamento da 4 locali e *maisonette* da 3 locali 1:200
Disposition typique des appartements de 4 pièces et des duplex de 3 pièces 1:200

Il problema dell'orientamento nord-sud viene qui affrontato con un mix di appartamenti su un livello e duplex. I vani scala distribuiscono due appartamenti e due *maisonettes* ai piani inferiori, due soli appartamenti ai piani superiori. Le planimetrie sono combinate tra loro in modo da ottenere un unico affaccio verso sud per le *maisonettes* e il doppio affaccio nord-sud per gli appartamenti su un piano. Il vano scala disposto in diagonale penetra negli appartamenti fino a curvarne e rastremarne il disimpegno centrale da un lato (isolando in tal modo il corridoio della zona notte) e ad ampliarne opportunamente il soggiorno dall'altro. Ogni unità è dotata di doppi servizi. Gli appartamenti su un piano hanno un balcone affacciato a mezzogiorno, le *maisonettes* ne prevedono uno per piano. Gli appartamenti al pianterreno dispongono di un giardino privato.

❷ Appartamento
da 5 locali ai piani superiori 1:200
Appartements
de 5 pièces aux étages supérieurs 1:200

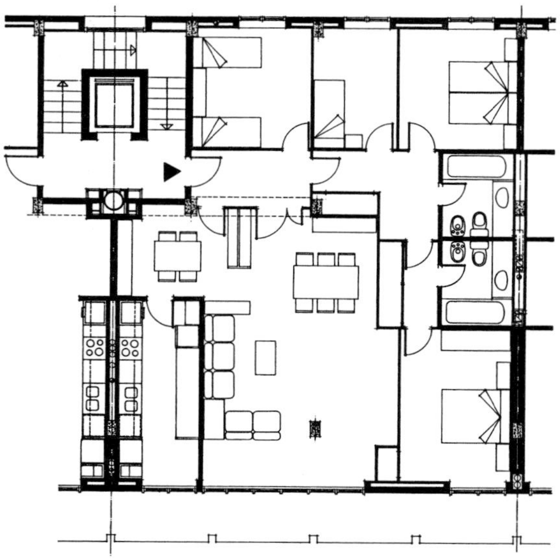

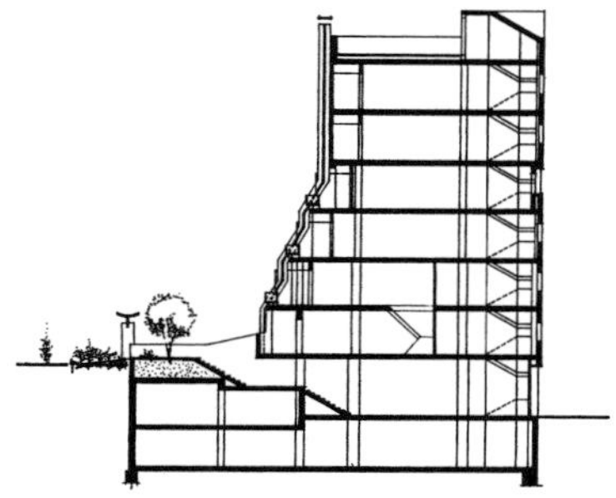

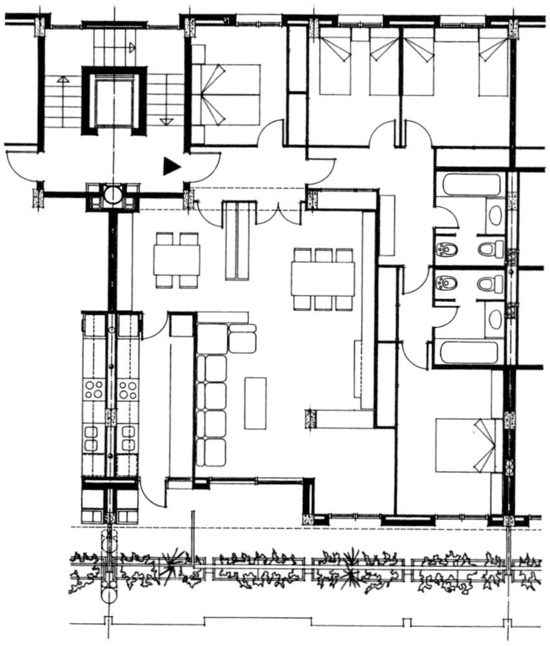

Type de construction
immeuble en rangée,
N/S, 6 niveaux dont
4 en terrasses

Date de construction
1991

Financement
financement privé

Profondeur du bâtiment
15,9/14,9/ 13,9/ 17,7 m

Accès
cages d'escalier pour
2 ou 4 appartements
par étage

Nombre d'appartements
83

Surface des appartements
app. 4 p., 95 m²
app. 5 p., 101/107/122 m²
duplex 3 p., 87 m²

Places de stationnement
83 places extérieures

Espaces extérieurs
cour aménagée en jardin,
jardins privés au rez-de-chaussée

Josep Puig Torné
et Josep Me Esquius,
Barcelone,
en collaboration avec
Joan Bisquet

Barcelone,
Vila Olímpica:
Unidad de Proyecto 7.4

Ici, le problème de l'orientation nord-sud est résolu par la juxtaposition d'appartements et de duplex. Dans la partie inférieure, les cages d'escalier desservent deux appartements et deux duplex, dans la partie supérieure, deux appartements. L'interpénétration des deux formes permet d'obtenir des duplex donnant au sud et des appartements traversants nord-sud. Les escaliers intérieurs des duplex sont disposés selon un axe diagonal de manière à former dans le couloir de l'appartement voisin un rétrécissement et un coude (marquant ainsi la séparation du couloir des chambres, réduit au minimum); c'est aussi un habile moyen d'agrandir l'espace de séjour dans le duplex. Les appartements et les duplex ont tous deux salles de bains. Les balcons sont orientés au sud (les duplex ont un balcon à chaque niveau). Les appartements du rez-de-chaussée ont un jardin.

riferito a piante 1:200

se réfère aux plans 1:200

1.1 Segmenti di isolato urbano

Tipologia edilizia:
edificio in linea sul fronte strada,
5 piani, NO/SE,
laboratori al pianterreno

Data di costruzione:
1991-1993

Modello di finanziamento:
alloggi in proprietà privata
con sovvenzione statale

Profondità dell'edificio:
13 m

Distribuzione:
a corpo doppio

Numero di alloggi:
99 (compreso un atelier)

Dimensione degli alloggi:
appart. da 3 locali, 70 m² (19);
appart. da 3½ locali, 87 m² (36);
appart. da 4½ locali, 103 m² (36);
loft, 87/105 m² (7);
atelier, 40 m² (1)

Parcheggio:
290 posti auto nel garage interrato
sotto il cortile condominiale

Spazi aperti:
giardini o tre balconi sui due lati
(19/24,5 m² in totale)

Michael Alder,
Hanspeter Müller
e Andy Hindemann

Basilea,
Bungestrasse 10-28

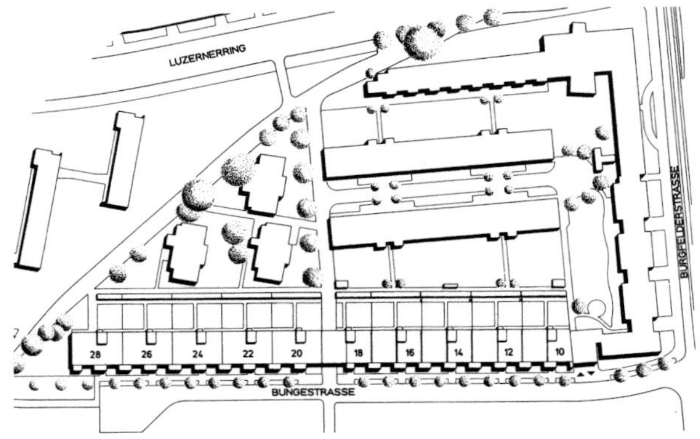

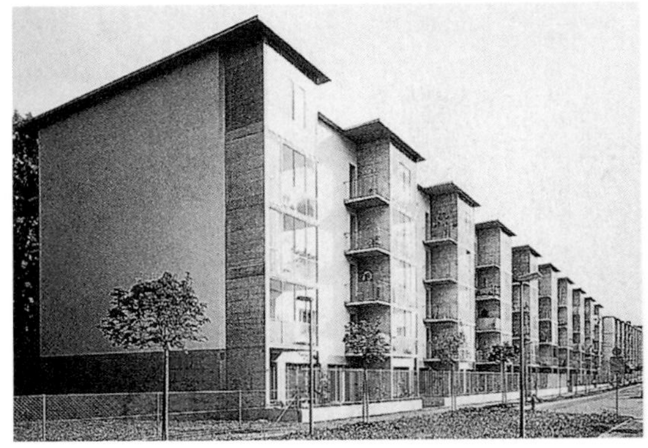

Alternative planimetriche
Variantes de plans d'appartements

❶ Tipo C3/B3: 1°-4° piano, appartamenti da 3½ e 4½ locali con cucina abitabile 1:200
Type C3/B3: appartements du 1er au 4e étages, 3½ pièces et 4½ pièces avec cuisine a vivre

❷ Tipo A: pianterreno con laboratori e appartamento da 3 locali
Type A: rez-de-chaussée, local d'activité et appartement de 3 pièces

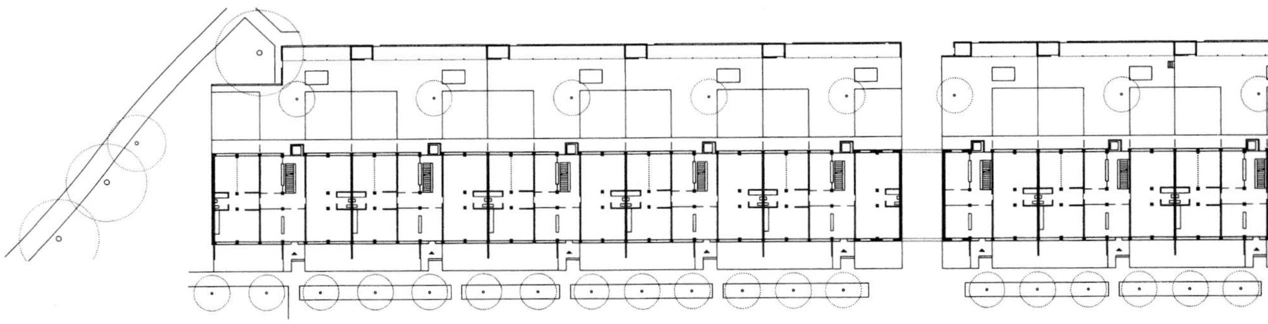

❷

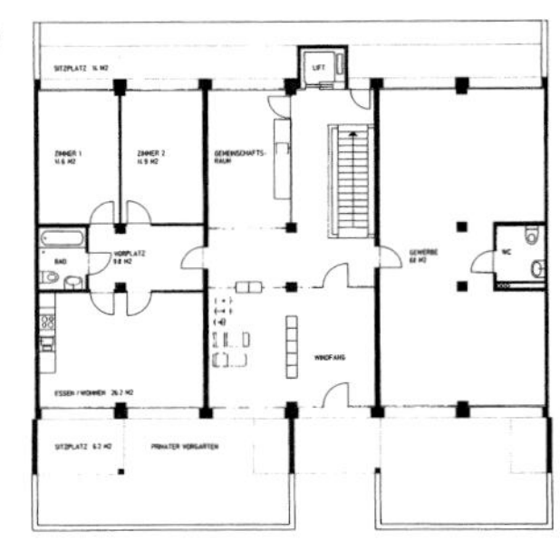

❶

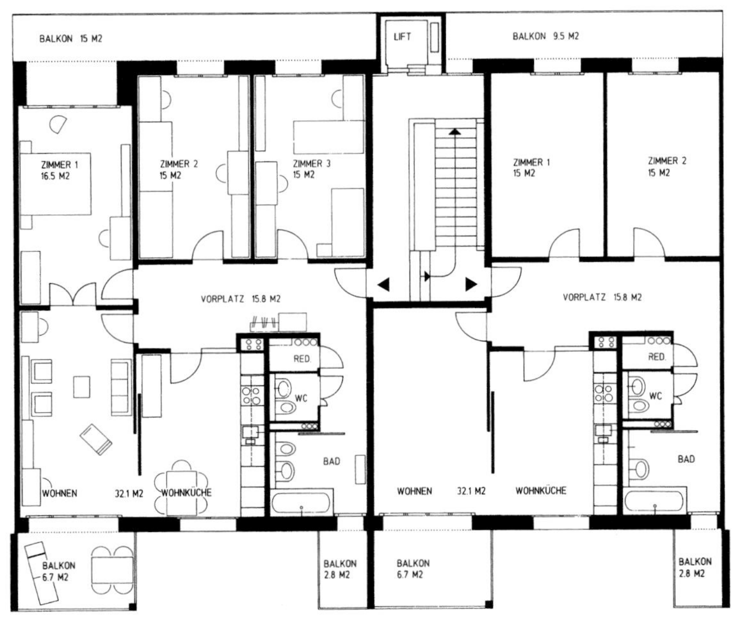

La stecca a 5 piani disposta sul fronte strada è realizzata con una costruzione a setti portanti e pilastri che caratterizza la distribuzione interna degli appartamenti. A seconda della metratura le unità residenziali occupano una, due o tre campate dell'edificio, che corrispondono alla larghezza di un vano. Dalla variazione del piano tipo nascono loft e atelier. Il vano scala con ascensore e ampia zona d'ingresso (dotata perfino di un "soggiorno" condominiale) distribuisce due appartamenti per piano. Di norma un appartamento di 3½ locali, che occupa due campate, e uno di 4½ locali, che ne occupa tre. Il primo utilizza la larghezza del vano scala per una stanza "supplementare". Il progetto si rivela flessibile anche nella distribuzione dell'appartamento, predisposto per la collocazione individualizzata delle pareti divisorie. La cucina può essere ampliata a spese del soggiorno e la posizione della parete divisoria della camera da letto è variabile. Bagno, WC, blocco cucina e ripostiglio sono fissi. Un ampio disimpegno distribuisce tutti i locali. Le camere affacciano sul cortile, la zona giorno su strada. Tranne la cucina, ogni vano ha accesso al balcone, per cui l'appartamento risulta molto "permeabile". Al pianterreno alloggi da 3 locali con giardino privato su strada si alternano a laboratori. Tettoie per la rimessa delle biciclette riparano il giardino condominiale dal resto del cortile interno percorso da vari attraversamenti. Splendida la vista sulla campagna d'Alsazia dalla terrazza condominiale sul tetto.

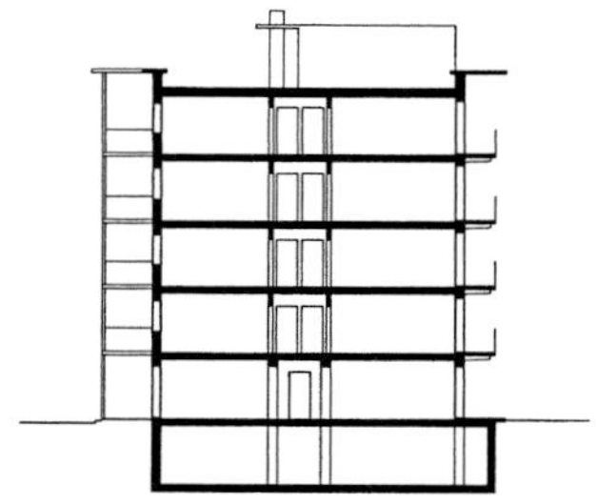

Type de construction
immeuble en rangée en front de rue, 5 niveaux, NO/SE, avec locaux d'activité au rez-de-chaussée

Date de construction
1991-1993

Financement
logements en copropriété, avec aide de la Confédération

Profondeur du bâtiment
13 m

Accès
cages d'escalier pour 2 appartements par étage

Nombre d'appartements
99 (y compris un atelier)

Surface des appartements
app. 3 p., 70 m² (19 unités)
app. 3¹/₂, 87 m² (36 unités)
app. 4¹/₂, 103 m² (36 unités)
app. 1 p., 87/105 m² (7 unités)
atelier, 40 m² (1 unité)

Places de stationnement
garage souterrain de 290 places sous la cour

Espaces extérieurs
jardin ou trois balcons sur deux côtés (surface totale 19/24,5 m²)

Michael Alder, Hanspeter Müller et Andy Hindemann

Bâle, Bungestrasse 10-28

. 18: 1° piano con
:elier e appartamento
a 3 locali
ᴺᴼ 18: 1ᵉʳ étage, avec atelier
t appartement de 3 pièces

❹ n. 18: 2°-4° piano con loft e appartamento da 3 locali
Nº 18: 2ᵉ à 4ᵉ étages, appartements 1 pièce et 3 pièces

❺ Tipo C1/B1: 1°-4° piano appartamenti da 3 e 4 locali con soggiorno ampliato 1:200
Appartements 3 et 4 pièces avec pièce de séjour agrandie 1:200

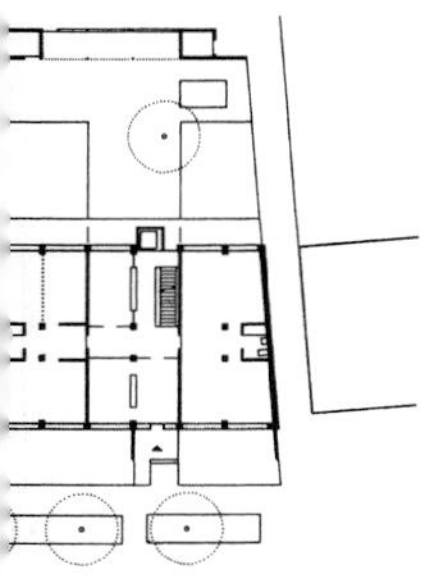

❹
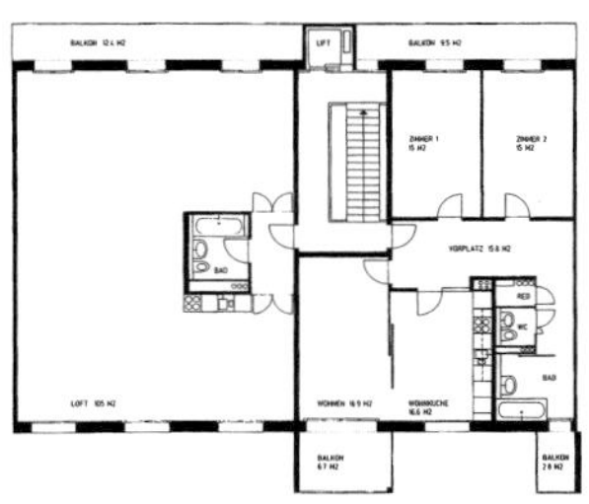

❺

Dans cette rangée à cinq niveaux en front de rue, les appartements sont rythmés par la structure porteuse. Ils comprennent soit deux, soit trois modules délimités par les murs de refend, qui donnent chaque fois la largeur de la pièce. À la place des appartements ordinaires, il y a parfois des ateliers ou de grands appartements d'une pièce. La cage d'escalier, qui abrite également un ascenseur, s'inscrit dans une vaste entrée (avec local communautaire) et dessert deux appartements par étage, généralement un 3¹/₂ pièces et un 4¹/₂ pièces, ce dernier disposant de la largeur de la cage d'escalier pour une pièce supplémentaire. Le plan des appartements laisse certaines libertés d'aménagement: il est possible d'agrandir la cuisine au détriment du séjour et de déplacer la cloison séparant les chambres. En revanche, les services cuisine à l'entrée avec la salle de bains (WC et réduit), sont un élément fixe. Les chambres à coucher sont desservies par un large couloir. Elles donnent sur la cour, les autres pièces sur la rue. Toutes les pièces, sauf la cuisine, ont accès à un balcon, même la salle de bains, ce qui donne une impression d'ouverture à l'appartement. Le rez-de-chaussée présente une alternance d'appartements de trois pièces avec jardin côté rue, et de locaux artisanaux. Le jardin commun est séparé de la cour par un abri à bicyclettes. Le toit-terrasse est commun et offre une vue magnifique sur l'Alsace.

riferito a piante 1:200

se réfère aux plans 1:200

❶ ❺ 2° piano: appartamento da 2 locali 1:20
5 Deuxième étage, appartement 2 pièce

❷ 2° piano: appartamento da 4 locali 1:20
Deuxième étage, appartement 4 pièces

❸ ❹ 4° piano: appartamento da 4 locali 1:20
4 Quatrième étage, appartement 4 pièc

❻ Progetto originale di Jo Coenen 1:7500
Plan de quartier de Jo Coenen 1:7500

❼ Schema planimetrico del 2°, 4° e 6° pia
Plans d'ensemble des 2e, 4e et 6e étage

1.1 Segmenti di isolato urbano

Tipologia edilizia:
megaisolato,
4-8 piani

Data di costruzione:
1989-1994

Modello di finanziamento:
edilizia sociale, costi aggiuntivi coperti dall'autorità municipale

Profondità dell'edificio:
13,5/14,5 m

Distribuzione:
di vario tipo:
a corpo doppio dal pianterreno al 3° piano, ballatoi all'aperto, vetrati o con tettoia dal 4° all'8° piano

Numero di alloggi:
304

Dimensione degli alloggi:
appart. da 2 locali, 52-87 m2 (64);
appart. da 3 locali, 71-106,5 m² (143);
appart. da 4 locali, 85-130 m² (75);
appart. da 5 locali, 110-153 m² (18);
appart. da 5 locali (con atelier), 288 m² (1);
appart. da 6 locali, 187 m² (3)

Parcheggio:
garage sotterraneo

Spazi aperti:
logge vetrate, balconi

Hans Kollhoff con Christian Rapp, Berlino

Amsterdam, KNSM-Eiland, Levantkade 8, "Piraeus"

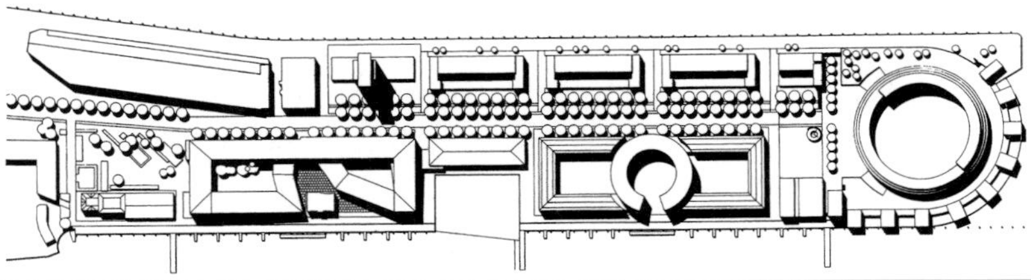
❻

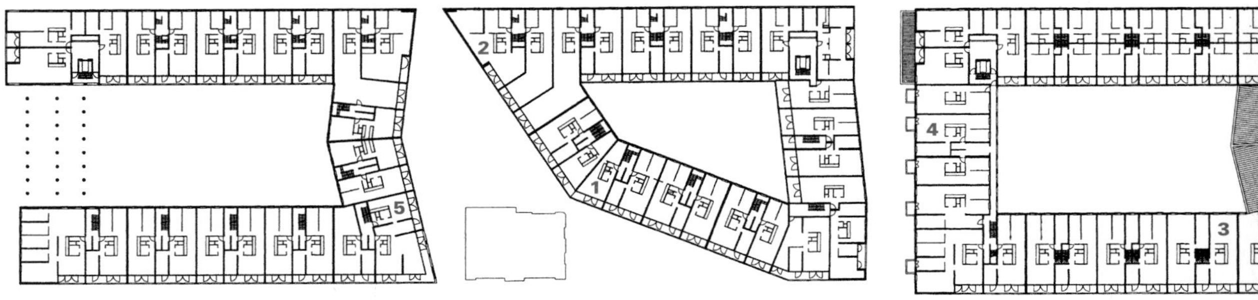

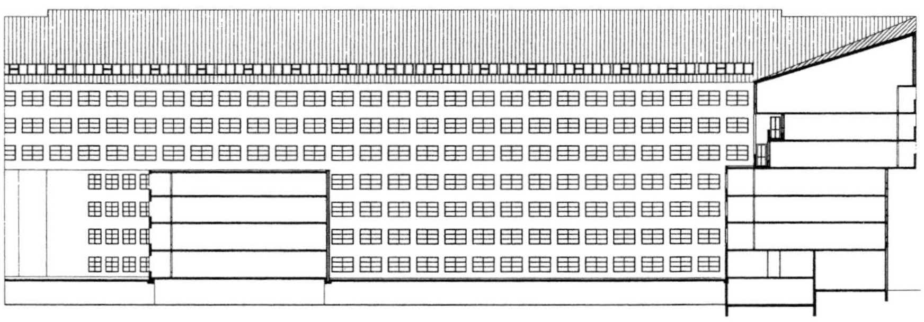

❷
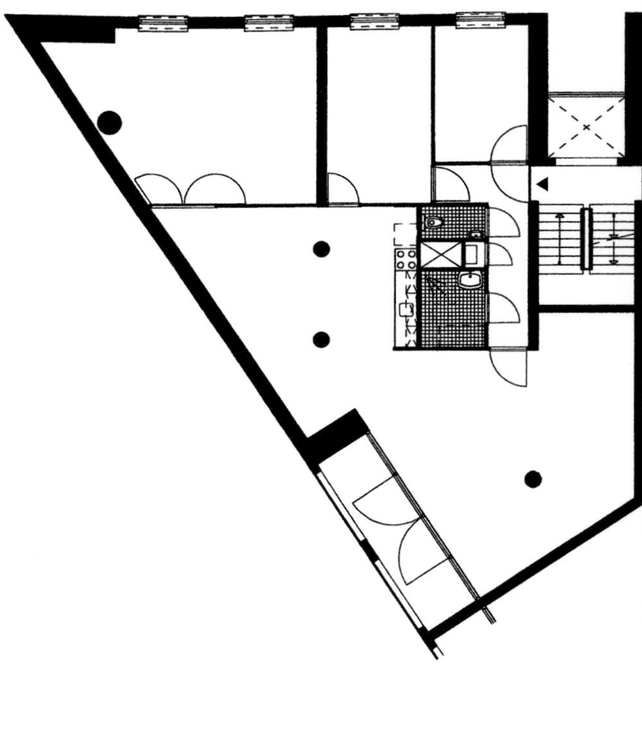

❶
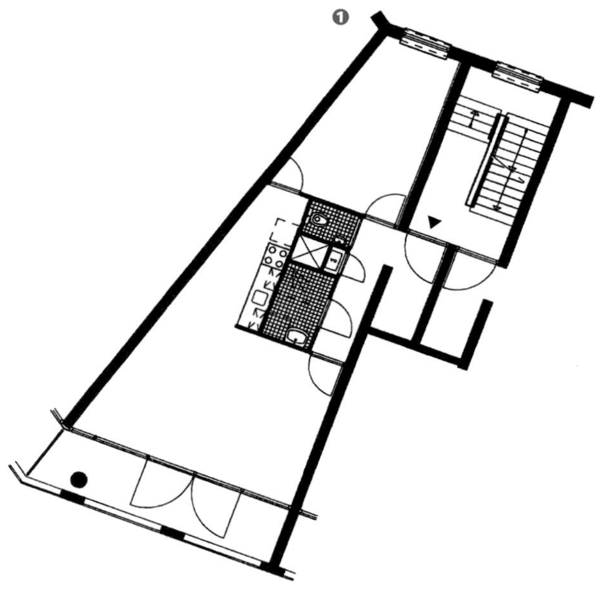

Questo "megaisolato" dall'aspetto scultoreo è basato sul piano urbanistico di Jo Coenen, che in realtà prevedeva un grande isolato tradizionale. La metamorfosi di questa tipologia prende le mosse dall'esigenza di conservare un edificio esistente sulla riva del canale. Il profilo dell'isolato evita tale edificio da entrambi i lati e si modifica sia in pianta sia in sezione, dando origine a una figura di notevole impatto plastico. L'edificio si modella in scorci multiformi aprendosi all'ambiente circostante, garantendo una migliore illuminazione naturale degli alloggi, sfruttando l'affaccio sulla città e sull'acqua e ricavando sotto il tetto spazi alti anche 8 m. Fino al terzo livello l'edificio è distribuito a corpo doppio, mentre i piani superiori sono raggiunti da due ascensori e gli appartamenti sono distribuiti con ballatoi che possono essere rivolti sul cortile oppure in facciata, caratterizzando i prospetti. Questa complessa articolazione ha reso necessaria l'elaborazione di ben 143 varianti planimetriche per i 304 appartamenti. Nonostante la varietà dei tagli, il nucleo degli appartamenti è sempre lo stesso e comprende corridoio, servizi igienici, ripostiglio, cavedio e mobile cucina. Attorno a questo nucleo un percorso continuo distribuisce le camere da letto da un lato e il soggiorno con balcone dall'altro.

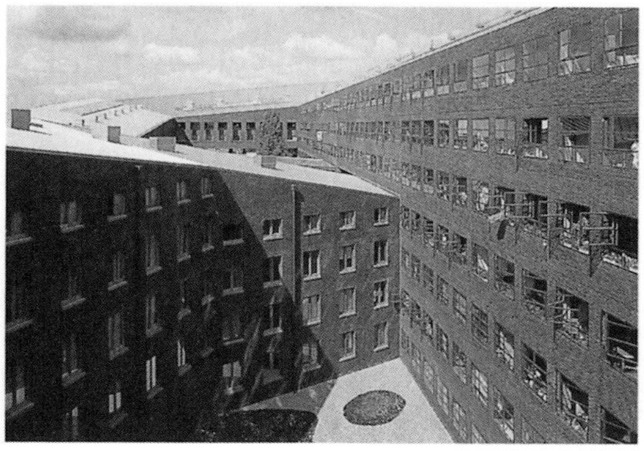

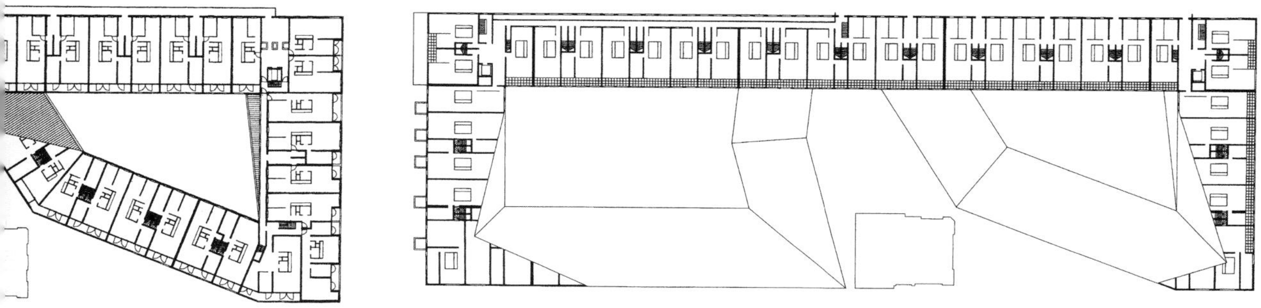

7

Type de construction
bloc géant,
4-8 niveaux

Date de construction
1989-1994

Financement
logement social, coûts supplémentaires pris en charge par le Conseil municipal

Profondeur du bâtiment
13,5/14,5 m

Accès
rez-de-chaussée à 3e étage : cages d'escalier pour 2 appartements par étage ; 4e-8e étages : galeries ouvertes, vitrées ou couvertes

Nombre d'appartements
304

Surface des appartements
app. 2 p., 52-87 m^2 (64 unités)
app. 3 p., 71-106,5 m^2 (143 unités)
app. 4 p., 85-130 m^2 (75 unités)
app. 5 p., 110-153 m^2 (18 unités)
app. 5 p. avec atelier, 288 m^2 (1 unité)
app. 6 p., 187 m^2 (3 unités)

Places de stationnement
garage souterrain

Espaces extérieurs
loggias vitrées, balcons

**Hans Kollhoff,
en collaboration avec
Christian Rapp, Berlin**

**Amsterdam,
KNSM-Eiland,
Levantkade 8,
« Piraeus »**

4

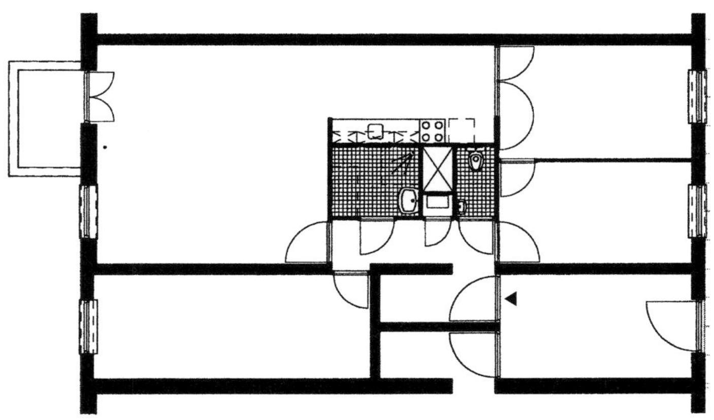

3

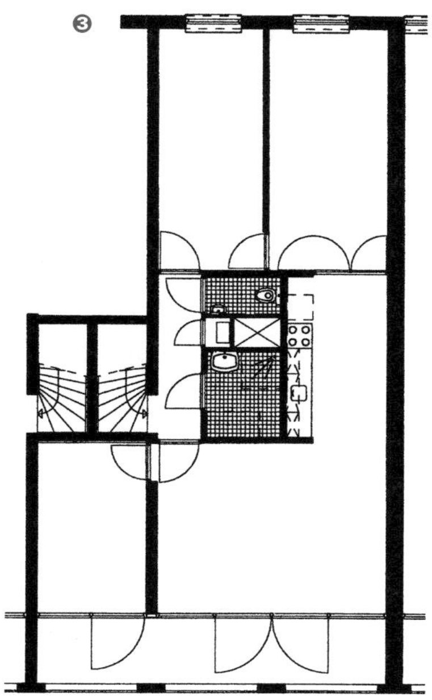

5

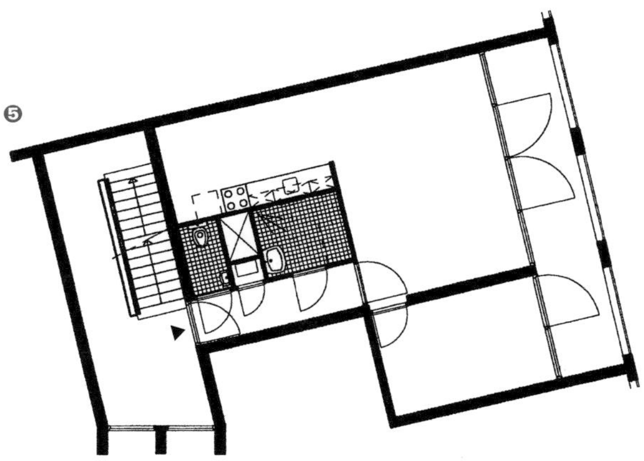

Ce grand ensemble d'effet sculptural se fonde sur un projet urbanistique de Jo Coenen, à un emplacement où le plan de quartier prévoyait un bloc parfaitement classique. Le résultat est bien différent et marque le point de départ d'une métamorphose de ce type urbain. La rangée paraît éviter la maison ancienne conservée à cet endroit et prend de ce fait une forme particulière en plan et en coupe. L'immeuble se tourne et s'ouvre de diverses manières à son environnement, donnant ainsi des pièces généreusement éclairées, améliorant la vue sur la ville et sur l'eau, avec dans les combles des pièces dont la hauteur atteint 8 mètres. Jusqu'au troisième étage, l'accès se fait presque toujours par des cages d'escalier desservant deux appartements. Plus haut, cet accès est complété par des galeries que desservent deux ascenseurs ; placées selon les niveaux tantôt côté cour, tantôt côté rue ou eau, les galeries contribuent au façonnement de la façade. La complexité de la structure de base se répercute dans la variété des plans (143 types pour 304 appartements). Mais tous ont en commun un noyau comprenant le couloir, les WC, la salle de bains, un réduit, les gaines techniques et le bloc cuisine, noyau autour duquel s'organise un cheminement circulaire donnant sur les chambres d'un côté, le séjour de l'autre, avec une loggia ou un balcon.

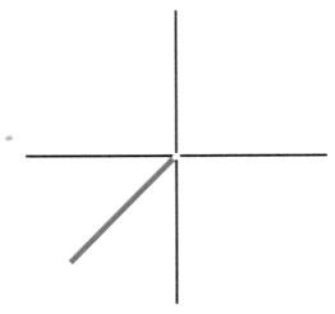

1.1 Segmenti di isolato urbano

Tipologia edilizia:
due corpi in linea sul fronte stradacon edifici ortogonali a creare cortili, uffici e negozi, uffici amministrativi 4-5 piani, NO/SE

Data di costruzione:
1992-1995 (concorso 1985, 1986, 1987)

Modello di finanziamento:
per metà edilizia sociale,
per metà privata

Profondità dell'edificio:
7,8/14,8 m

Distribuzione:
a corpo doppio con ascensore

Numero di alloggi:
64 (compresi 4 appart. di grandi dimensioni)

Dimensione degli alloggi:
appart. da 1½ locali , 53 m² (1);
appart. da 2½ locali, 74-100 m² (15);
appart. da 3½ locali, 90/94 m² (14);
appart. da 4½ locali, 112-145 m² (23);
appart. da 5½ locali, 127/136 m² (9);
appart. da 6½ locali, 177,5 m² (1)

Parcheggio:
64 posti auto
in garage sotterraneo su 2 piani

Spazi aperti:
spaziose logge e terrazze in copertura che distribuiscono gli appartamenti

**Martin Spühler,
con David Munz
e Bruno Senn,
Zurigo**

**Zurigo,
Selnaustrasse,
Sihlamtstrasse,
Sihlhölzlistrasse**

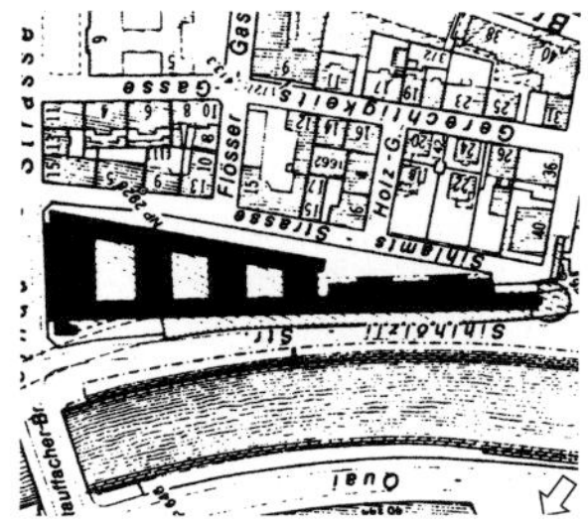

❶ 2° piano 1:500
Deuxième étage 1:500

❷ 3° piano 1:500
Troisième étage 1:500

❶

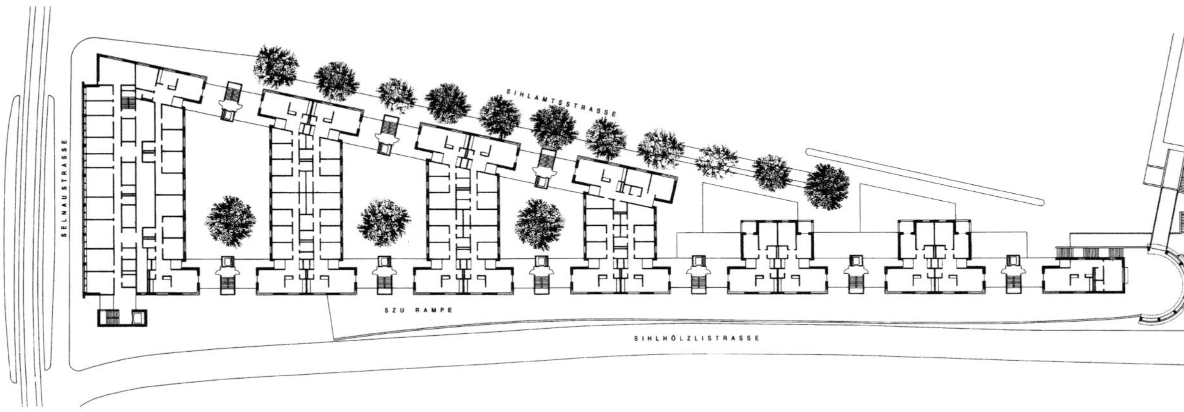

❷

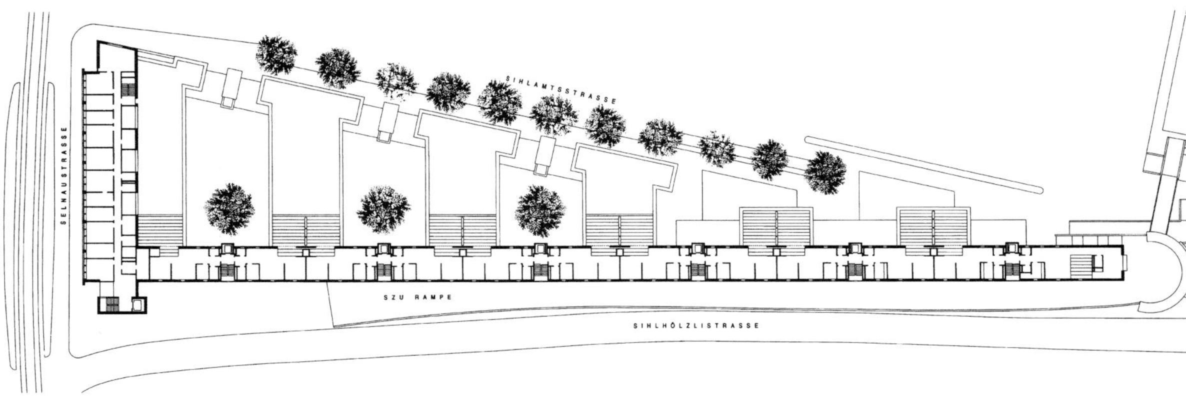

Il complesso sorge su un lotto triangolare allungato prospiciente il fiume. Sui lati lunghi giacciono due corpi di fabbrica longilinei, collegati tra loro da una serie di edifici disposti ortogonalmente, che si accorciano via via creando corti aperte sul lato sud. Le facciate sul fiume, alte 5 piani, hanno ritmo regolare; quelle rivolte verso la strada hanno 3 o 4 piani. Sul lato corto vi è un edificio amministrativo. Il pianterreno ospita negozi, uffici e servizi (una scuola materna, un doposcuola ecc.). Ogni ascensore distribuisce due soli appartamenti per piano. A ogni piano la porta d'ingresso crea un effetto sorpresa, aprendosi sulla grande loggia che funge da ingresso, zona filtro e grande spazio comune al tempo stesso e dalla quale si accede al soggiorno. In ogni appartamento la zona notte si sviluppa verso il cortile, mentre il soggiorno, la cucina e la sala da pranzo si affacciano su strada. Lo spigolo interno di ogni appartamento è il punto di snodo tra l'ingresso, il soggiorno e il corridoio che porta alla zona notte. All'interno delle pareti che separano gli appartamenti tra loro sono collocati gli allacciamenti per i locali di servizio. La geometria del lotto comporta lunghezze diverse per gli edifici interni e dunque per i singoli appartamenti: maggiore lunghezza significa maggior numero di camere da letto. Nelle estremità più profonde le unità si incastrano tra loro dando luogo a una grande varietà di tagli. Nell'edificio trasversale più lungo si trovano quattro appartamenti di notevoli dimensioni.

2° piano con appartamenti da 4½ e 5½ locali 1:500
Deuxième étage, appartements 4½ et 5½ pièces 1:500

2° piano con appartamenti da 3 locali 1:200
Deuxième étage, appartements 3 pièces 1:200

Type de construction
deux rangées en front de rue avec corps de bâtiments transversaux délimitant des cours, bureaux, commerces, 4-5 niveaux, NO/SE

Date de construction
1992-1995
(concours 1985, 1986, 1987)

Financement
moitié logement social, moitié financement privé

Profondeur du bâtiment
7,8/14,8 m

Accès
cages d'escalier et ascenseurs pour 2 appartements par étage

Nombre d'appartements
64 (y compris 4 grands)

Surface des appartements
app. 1½ p., 53 m² (1 unité)
app. 2½ p., 74-100 m² (15 unités)
app. 3½ p., 90-94 m² (14 unités)
app. 4½ p., 112-145 m² (23 unités)
app. 5½ p., 127-136 m² (9 unités)
app. 6½ p., 177,5 m² (1 unité)

Places de stationnement
64 places dans un garage souterrain sur deux niveaux

Espaces extérieurs
loggias spacieuses et toits-terrasses formant l'accès aux appartements

Martin Spühler, en collaboration avec David Munz et Bruno Senn, Zurich

Zurich, Selnaustrasse, Sihlamtstrasse, Sihlhölzlistrasse

3

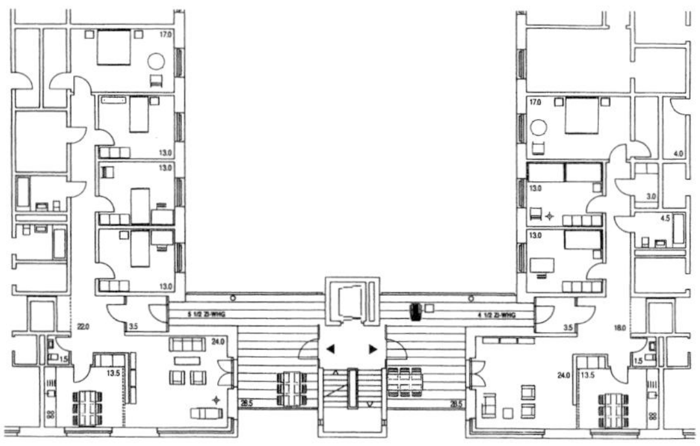

5 4° piano con grandi appartamenti da 2 locali 1:500
Quatrième étage, grands appartements 2 pièces 1:500

5

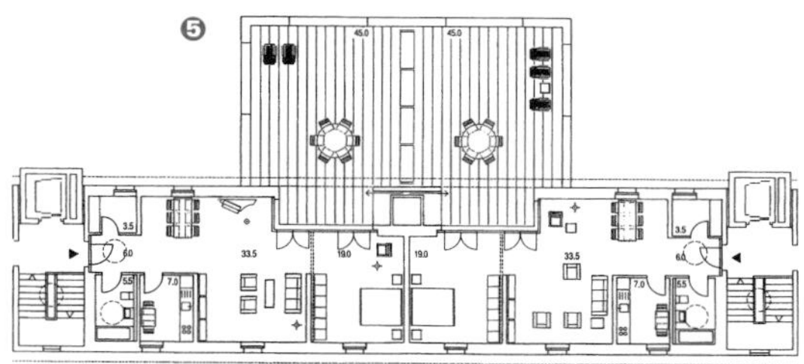

4

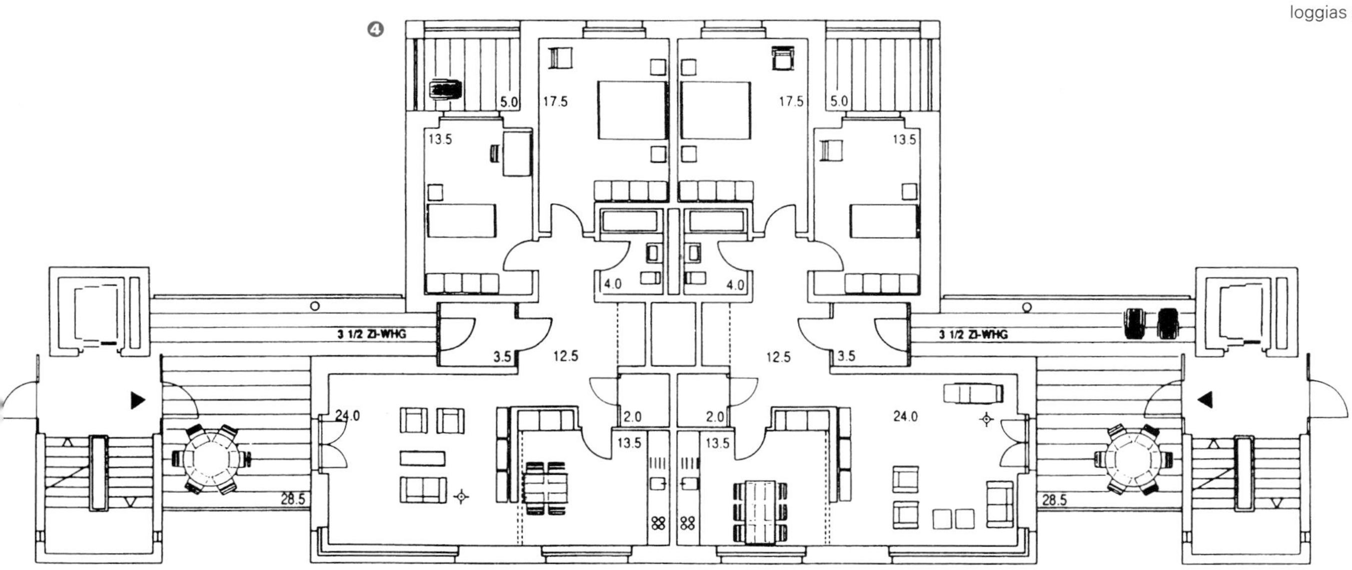

L'ensemble occupe une parcelle triangulaire le long de la Sihl. Les longs côtés sont marqués par deux rangées étroites. Entre les deux, des bâtiments transversaux délimitent des cours de plan trapézoïdal ouvertes vers le sud. Côté rivière, la rangée compte cinq niveaux, contre trois ou quatre côté rue. La base du triangle est occupée par un bâtiment administratif. Le rez-de-chaussée comprend des commerces, des bureaux et des installations communautaires (jardin d'enfants, garderie). Chacune des cages d'escalier des longs côtés comporte également un ascenseur et dessert deux appartements par palier. Dans les étages normaux, la porte de l'appartement donne d'abord sur une vaste loggia qui constitue l'entrée et fait le joint avec le logement. La loggia est accessible aussi depuis le séjour. Le plan marque un coude à l'angle de la cour, sur laquelle donnent les chambres à coucher, tandis que le séjour, la cuisine et la salle à manger donnent sur la rue. Le coude est à l'articulation entre l'entrée, le séjour et le couloir des chambres. À la jonction entre deux appartements se trouvent les installations techniques communes aux deux. Les bâtiments transversaux ont des longueurs inégales, et donc des appartements de longueur différente: plus le bâtiment est long, plus il y a de pièces le long du couloir. Les appartements sont partiellement imbriqués les uns dans les autres, d'où des surfaces variables. Le bâtiment transversal le plus long comprend quatre grands appartements pour des communautés.

1.1 Segmenti di isolato urbano

Tipologia edilizia:
due schiere parallele di edifici a forma di parallelepipedo lungo la strada e il fiume, 4 piani, NE/SO, asilo nido nel cortile

Data di costruzione:
1993-1999

Modello di finanziamento:
edilizia sociale

Profondità dell'edificio:
15-17 m/14-15,5 m

Distribuzione:
accesso diretto dal cortile e dalla strada, scale esterne, ballatoi

Numero di alloggi:
123

Dimensione degli alloggi:
14 tipi di alloggi:
mais. da 2 locali, ca. 60 m² (5);
mais. da 3 locali, ca. 73 m² (14);
mais. da 4 locali, ca. 92 m² (38);
appart. da 2 locali, 54 m² (55);
appart. da 3 locali, 68 m² (11)

Parcheggio:
garage sotterraneo con 90 posti auto, rampa d'accesso dietro l'asilo nido

Spazi aperti:
giardini privati, ampie terrazze sui tetti, cortile alberato, *promenade* lungo la riva del fiume Schelda

Neutelings Riedijk Architekten, Rotterdam

Hollainhof, Gand

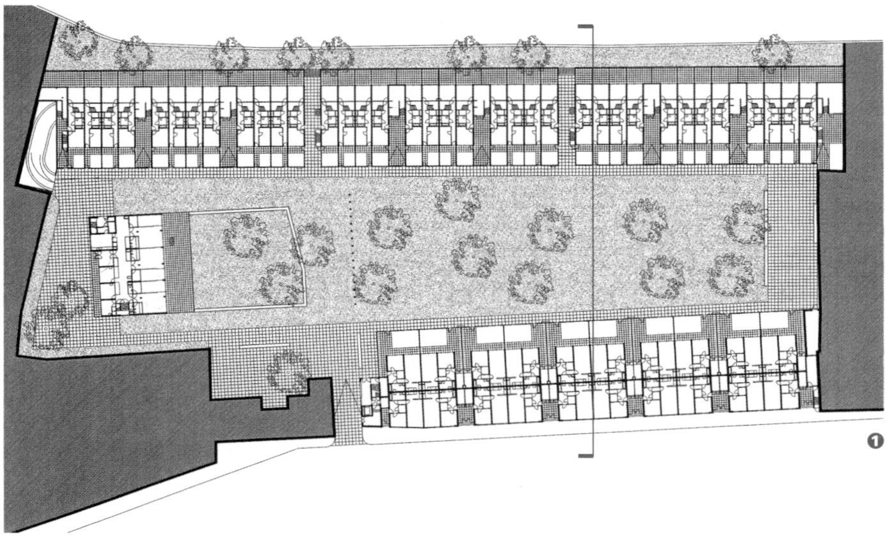

❶

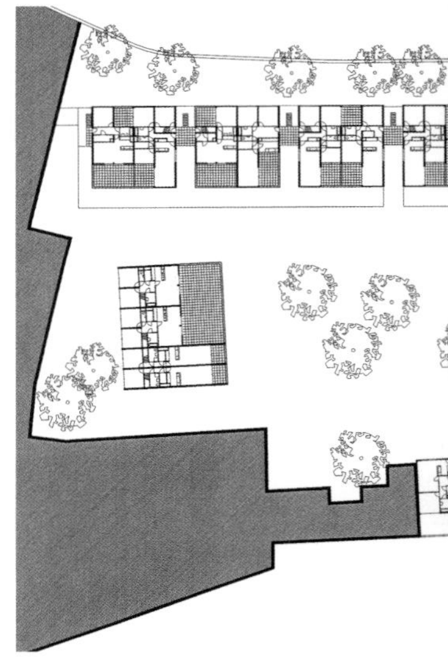

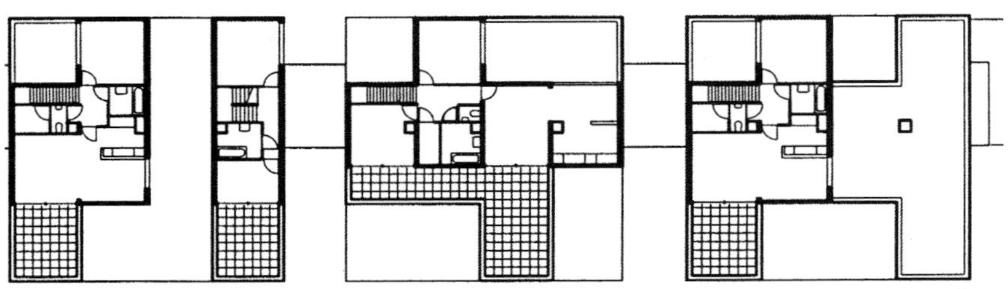

❺

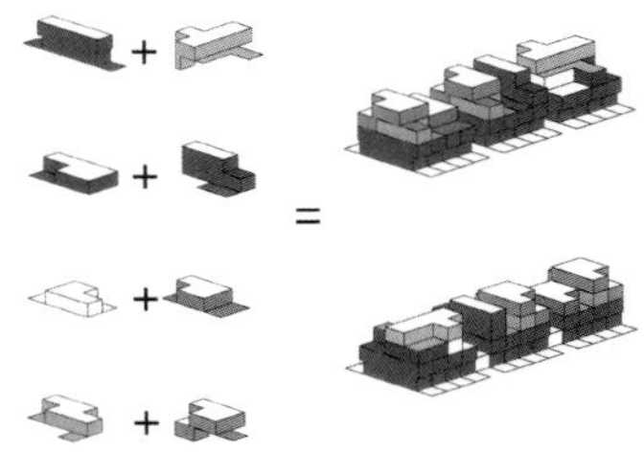

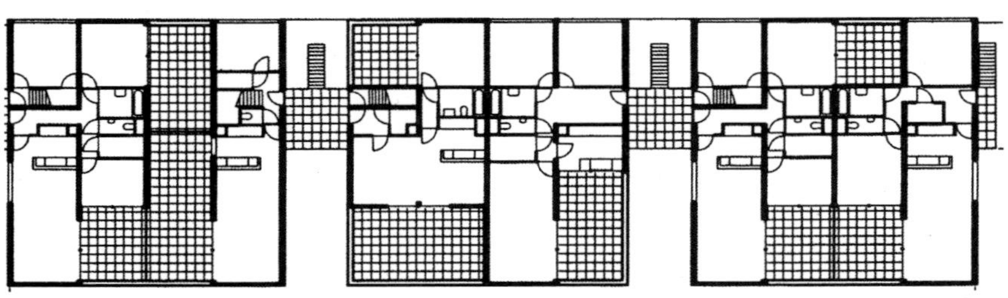

❹

L'intervento di edilizia sociale "Hollainhof" sorge nel centro di Gand, tra la strada e la passeggiata lungo il fiume. La concentrazione dell'edificato sui margini del lotto lascia libero un ampio spazio a corte che assicura tranquillità e riservatezza. Dal cortile verde si accede a tutti gli appartamenti, tranne che ad alcune unità al pianterreno, accessibili direttamente dalla strada. Le due serie di edifici sono costituite da cinque fabbricati a forma di parallelepipedo da un lato e nove dall'altro, in entrambi i casi collegati tra loro da elementi distributivi o locali di servizio. Ogni parallelepipedo si sviluppa su un reticolo geometrico a base quadrata di 4 x 4 unità, ognuna delle quali può diventare un vano o uno spazio aperto; il soggiorno è composto di norma dall'accorpamento di due unità contigue. La combinazione delle unità dà luogo ad appartamenti dalle dimensioni e caratteristiche differenti. Ciò rende ogni edificio molto singolare e la silhouette dell'insieme risulta decisamente movimentata. Nell'affaccio su strada la serie di edifici è tenuta insieme da un lungo setto murario provvisto di tagli verticali che scherma acusticamente e visivamente i due livelli di ballatoi retrostanti. Insieme ai piccoli giardini sul fronte questi elementi distributivi costituiscono una zona filtro per gli appartamenti su uno o due livelli del 1° e 2° piano. Sul lato opposto i nove parallelepipedi risultano dall'assemblaggio di case a schiera con giardino di pertinenza, al di sopra delle quali è impostata una complessa composizione tridimensionale di appartamenti su uno o più livelli, distribuita da rampe all'aperto.

ianterreno 1:1500
ez-de-chaussée 1:1500

° piano 1:1500
euxième étage 1:1500

° piano 1:1500
roisième étage 1:1500

articolare della pianta del 2° piano,
to fiume 1:500
étail du plan côté quai, 2e étage 1:500

articolare della pianta del 3° piano,
to fiume 1:500
étail du plan côté quai, 3e étage 1:500

odulo base di un parallelepipedo con unità
paziali attribuite a diverse funzioni 1:200
e module de base et les combinaisons
ossibles 1:200

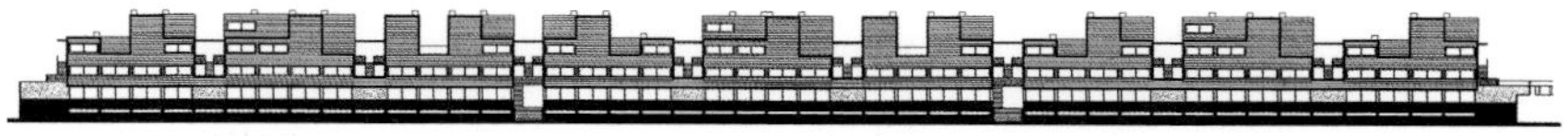

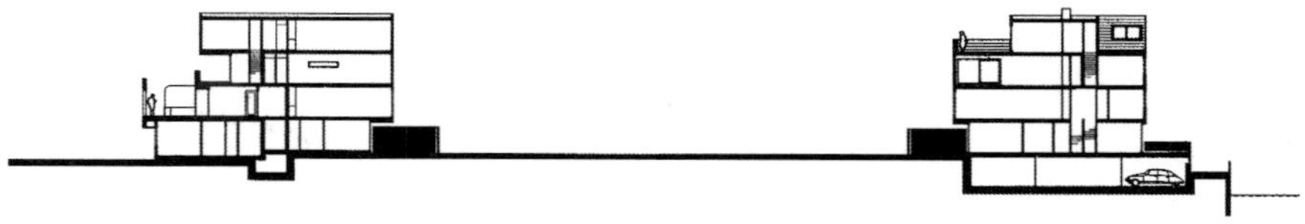

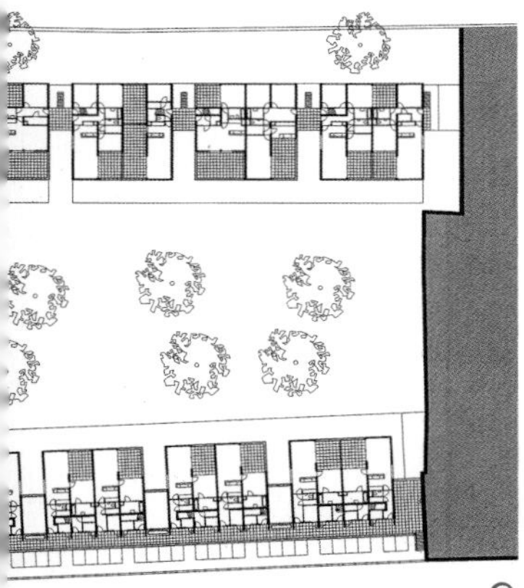

❷

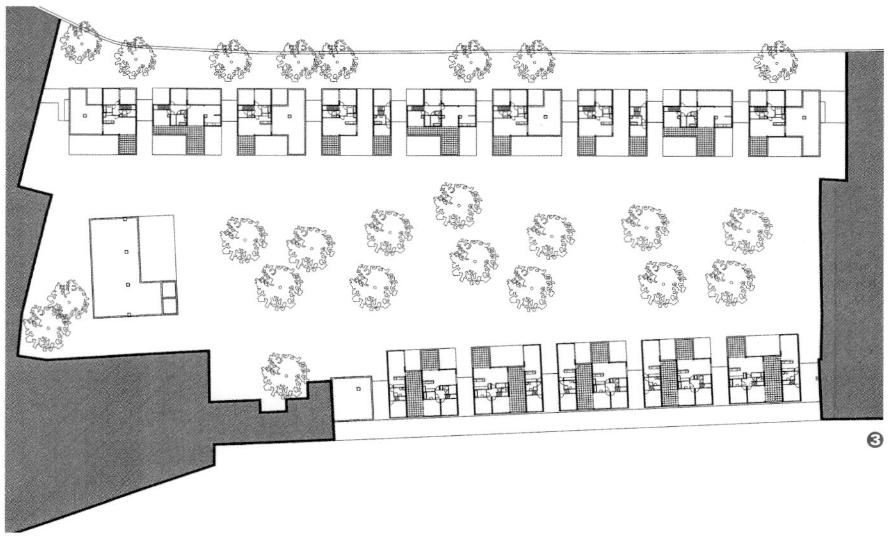

❸

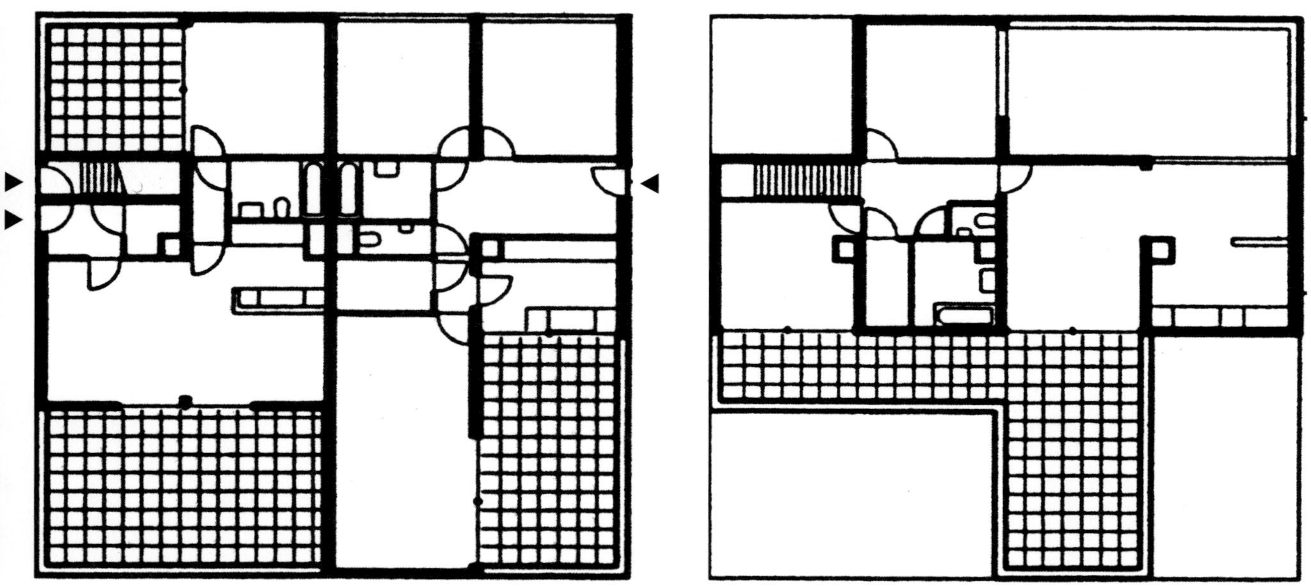

❻

Type de construction
deux rangées parallèles de cubes différents en front de rue et de quai, 4 niveaux, NE/SO, garderie dans le pavillon de la cour

Date de construction
1993-1999

Financement
logement social

Profondeur du bâtiment
15-17 m/14-15,5 m

Accès
direct depuis la cour ou la rue, escaliers extérieurs, galeries

Nombre d'appartements
123

Surface des appartements
14 types d'appartement:
duplex 2 p., env. 60 m² (5 unités)
duplex 3 p., env. 73 m² (14 unités)
duplex 4 p., env. 92 m² (38 unités)
app. 2 p., env. 54 m² (55 unités)
app. 3 p., env. 68 m² (11 unités)

Places de stationnement
garage souterrain de 90 places, entrée derrière la garderie

Espaces extérieurs
jardins privés, toits-terrasses spacieux, cour intérieure aménagée en jardin, quai de l'Escaut

Neutelings Riedijk Architecten, Rotterdam

Hollainhof, Gand

Le «Hollainhof» est un ensemble de logements sociaux au centre de Gand, entre une rue et un quai. Les maisons sont en bordure de parcelle et laissent ainsi de la place à une vaste cour arborée, havre de calme et d'isolement. C'est par là que se fait l'accès aux appartements, mis à part quelques-uns qui, au rez-de-chaussée, sont accessibles depuis la rue. Les rangées de maisons comprennent 5 ou 9 cubes liés entre eux par des éléments d'accès ou par des locaux annexes. Chaque cube est constitué d'un module carré de 4 x 4 unités, chaque unité pouvant correspondre à une pièce ou à une terrasse. Une pièce de séjour correspond normalement à deux unités juxtaposées. Ces éléments sont diversement combinés et forment donc des types d'appartement différents qui peuvent convenir à plusieurs catégories d'habitants. La combinaison de plusieurs types d'appartements donne à chaque maison une forme particulière, ce qui anime la silhouette de la rangée. Du côté rue seulement, les cubes sont reliés par une longue paroi de verre présentant des entailles qui offre une protection visuelle et acoustique aux galeries qui se trouvent juste derrière. Les appartements et les duplex du premier et du deuxième étages sont précédés d'un petit jardin. Du côté du quai, les cubes sont des empilements de maisons avec jardin; dans les étages des appartements et des duplex aux imbrications complexes sont accessibles par des escaliers extérieurs.

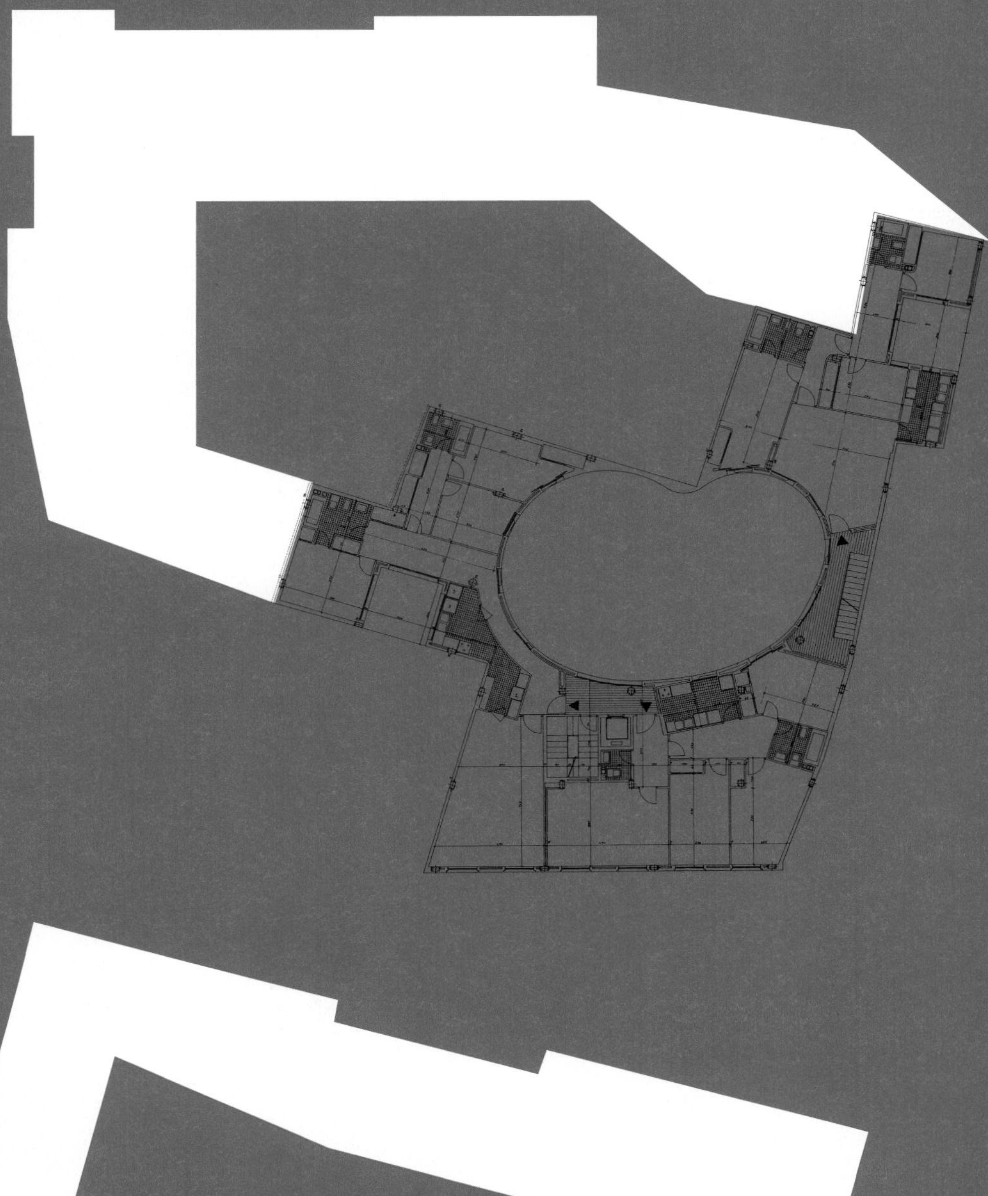

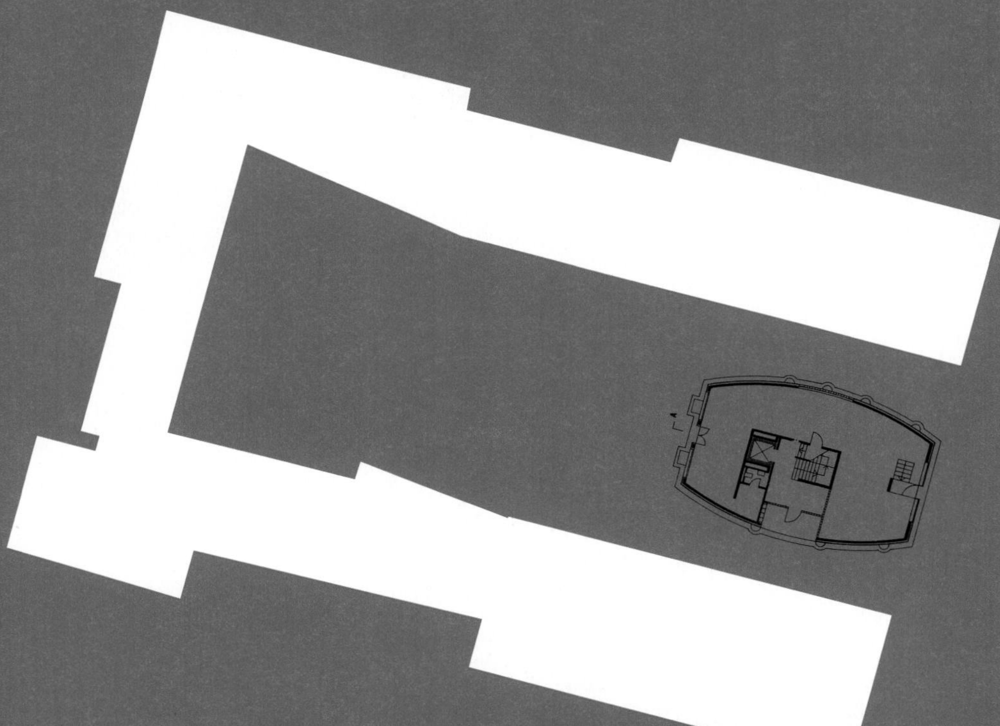

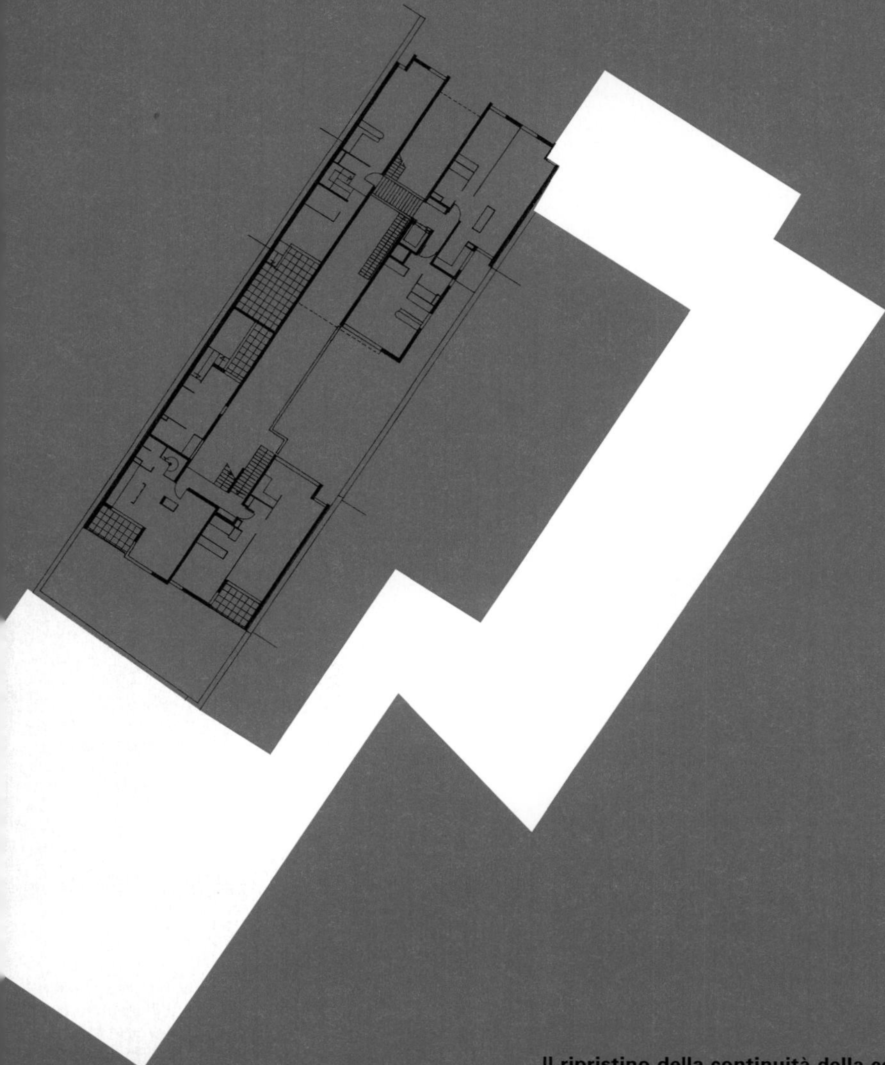

Inserti urbani

Il ripristino della continuità della cortina edilizia di un isolato urbano pone più vincoli di qualsiasi altro tipo di progetto. Alle restrizioni imposte dall'allineamento su strada si aggiungono la rigida predeterminazione di ampiezza e profondità del lotto, che può essere differente sui due lati opposti. Il progetto della residenza deve perciò adattarsi a un'impronta predeterminata e potrebbe contenere ulteriori condizionamenti riguardo all'esposizione e agli affacci. Difficile dunque pensare a una varietà di planimetrie: spesso in questo caso si opta per la ripetizione a ogni piano di una soluzione ottimale per quella particolare situazione. Sebbene il numero limitato di appartamenti renda quasi impossibile la varietà planimetrica e l'ottimizzazione dei costi, questo tipo di edifici ricorre nell'edilizia sociale. Anche la relazione formale con gli edifici preesistenti (il cosiddetto dialogo tra vecchio e nuovo, l'adeguamento ai fili di gronda, ai profili di copertura ecc.) limita la libertà compositiva del progettista. Talvolta invece è proprio la rigidità dei vincoli a ispirare soluzioni planimetriche non convenzionali: particolari disposizioni in pianta che risolvono il conflitto tra orientamento eliotermico e affacci dell'unità residenziale, possibilità di combinare gli spazi tra loro, appartamenti a pianta aperta con zona notte al di là di pareti scorrevoli, complicati incastri tra *maisonettes*, edificazione completa del lotto con patio aeroilluminante, utilizzo del lastrico solare per compensare la scarsa luminosità.

Insertion dans une rangée

De tous les types de projets de construction, l'insertion dans une rangée urbaine est celui qui impose le plus de contraintes. À celles de l'alignement s'ajoutent celles de la largeur et de la profondeur, avec une difficulté accrue si les profondeurs des bâtiments voisins sont inégales. La conception du logement doit donc se plier à un cadre étroit et parfois encore s'accommoder de contradictions entre orientation et vue. Il n'y a donc guère de place ici pour la diversité. Il s'agit de trouver le type de logement optimal et de superposer les unités. Bien que le faible nombre de logements soit un obstacle à la rationalité, l'insertion dans une rangée urbaine s'inscrit souvent dans un programme de logement social. La confrontation à la forme existante (hauteur des étages, forme de la toiture, etc.) est d'abord ressentie comme une restriction à la liberté de l'architecte, mais c'est précisément cette contrainte qui donne parfois naissance à des solutions inhabituelles : un plan inattendu pour résoudre la contradiction entre vue et orientation, des pièces aux combinaisons insolites, des lofts à parois coulissantes, des duplex aux imbrications complexes, des cours intérieures ou des combles aménagés pour améliorer l'éclairage.

1.2 Inserti urbani

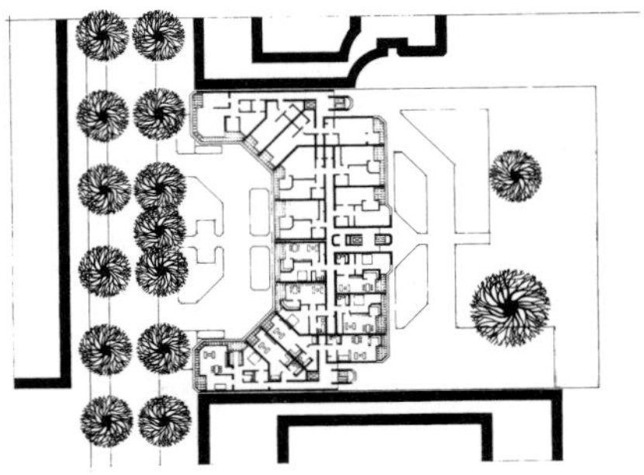

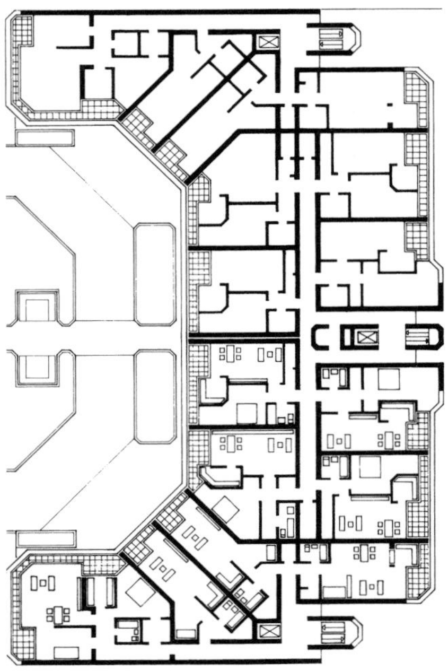

Tipologia edilizia:
inserto nell'isolato
con corte aperta su strada
7 piani, E/O

Data di costruzione:
1973-1974

Modello di finanziamento:
edilizia privata

Profondità dell'edificio:
21 m

Distribuzione:
corridoi interni

Numero di alloggi:
112

Dimensione degli alloggi:
appart. da 1 locale, 56 m^2;
appart. da $2/2^1/_2$ locali, 75-92 m^2;
appart. da 3 locali, 116 m^2

Parcheggio:
garage al piano interrato

Spazi aperti:
sistemazione a verde della corte interna

**Georg Heinrichs,
Berlino**

**Berlino-Charlottenburg,
Uhlandstraße 195**

L'edificio residenziale a U è arretrato rispetto all'allineamento stradale, sul quale crea una corte aperta. L'incremento della superficie delle facciate determina una maggiore luminosità degli alloggi. L'impianto planimetrico è simmetrico e i collegamenti verticali si collocano a metà e agli estremi del segmento principale. Gli alloggi sono distribuiti lungo i corridoi interni. La notevole profondità dell'edificio ha determinato appartamenti con un unico affaccio (a ovest su strada, a est sul cortile), che occupano lo spazio con economia: la cucina è un volume inserito nel soggiorno e il suo retro crea una nicchia per l'armadio della camera da letto. In compenso ogni alloggio è dotato almeno di un ampio balcone e vetrate e tutta altezza.

1

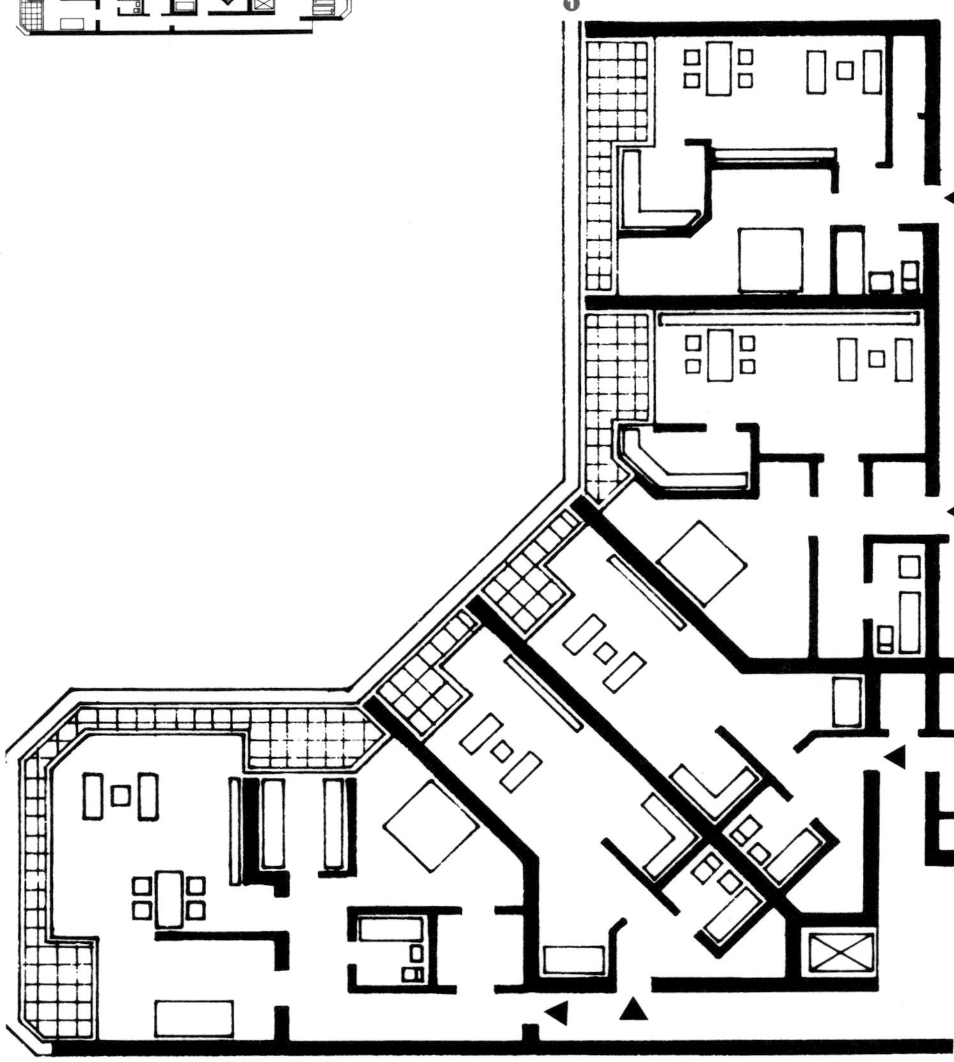

❶ Stralcio planimetrico, 5 unità 1:200
Détail d'un plan d'étage, 5 appartements 1:200

Insertion dans une rangée 1.2

Type de construction
insertion dans un bloc avec
cour côté rue,
7 niveaux, E/O

Date de construction
1973-1974

Financement
privé

Profondeur du bâtiment
21 m

Accès
corridors intérieurs

Nombre d'appartements
112

Surface des appartements
app. 1 p., 56 m^2
app. $2/2^1/_2$ p., 75-92 m^2
app. 3 p., 116 m^2

Places de stationnement
garages souterrains

Espaces extérieurs
cour aménagée en parc

**Georg Heinrichs,
Berlin**

**Berlin-Charlottenburg,
Uhlandstraße 195**

L'immeuble a un plan en U symétrique, en retrait du front de rue (espace pour une cour, plus de développement de façades, éclairage plus abondant). Les cages d'escalier (avec ascenseur) sont aux extrémités. Les appartements sont disposés le long de corridors, selon une orientation unique (ouest/rue – est/cour). Le plan est simple et rationnel ; la cuisine est insérée dans le séjour, contre le revers du bloc cuisine sont adossées les armoires de la chambre à coucher. Pour compensation des dimensions modestes, chaque appartement possède une terrasse et une baie vitrée sur toute la hauteur.

2 Inserti urbani

Tipologia edilizia:
edificazione completa del lotto con patio

Data di costruzione:
1974-1976

Modello di finanziamento:
edilizia privata

Profondità dell'edificio:
irregolare

Distribuzione:
a corpo singolo e doppio

Numero di alloggi:
11

Dimensione degli alloggi:
appart. da 4 locali, 100-110 m²

Parcheggio:
garage al piano interrato

Spazi aperti:
terrazza sul tetto

Antonio Cruz, Antonio Ortiz, Siviglia

Siviglia, Calle Doña Maria Coronel

Edificazione intensiva di un isolato urbano nel centro storico di Siviglia. Il completamento della cortina sul fronte strada è combinato con l'edificazione a tappeto dei circa 500 m² del lotto lungo l'irregolare perimetro, a eccezione del patio (ca. 25% della superficie). La complessa articolazione dei tre corpi di fabbrica, che si dipartono dal patio ovoidale, non ha permesso di riprodurre le stesse caratteristiche nei tre alloggi per piano. In un quadrilocale il soggiorno funge anche da sala da pranzo e disimpegno, mentre le camere sono distribuite da un corridoio contorto; due camere e la cucina ricevono aria e luce solo da un cavedio al confine con il cortile adiacente. Un altro appartamento è distribuito da un lungo corridoio addossato al patio. La terrazza sul tetto è accessibile a tutti i residenti e in estate il patio può essere coperto da una vela di cotone.

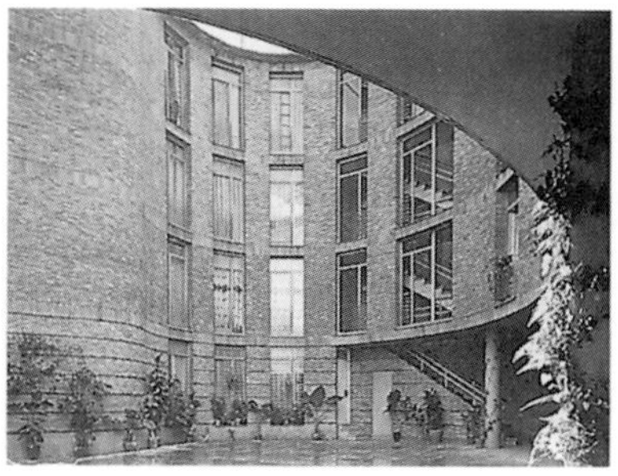

1 Pianterreno
Niveau de l'entrée

2 Ultimo piano
Niveau de la toiture

3 Planimetria del piano tipo 1:200
Plan d'étage type, 1:200

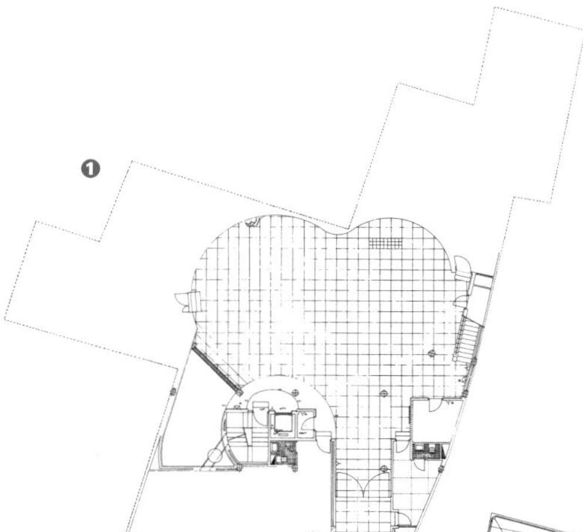

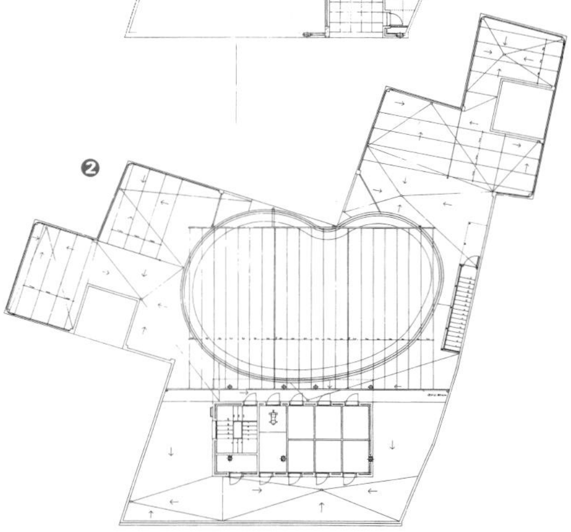

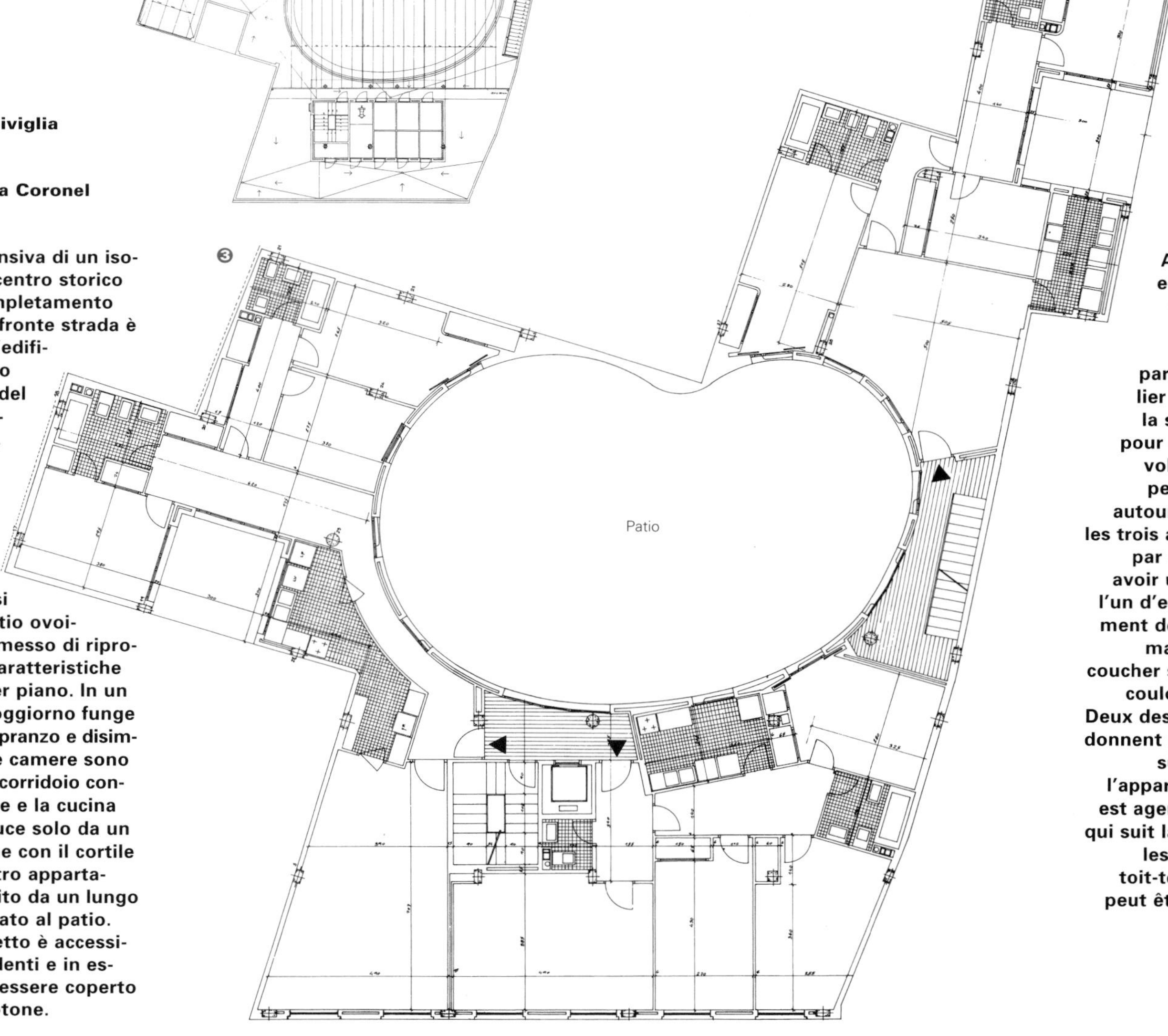

Insertion dans une rangée 1.2

Type de construction:
insertion dans un bloc avec patio

Date de construction:
1974-1976

Financement:
privé

Profondeur du bâtiment:
irrégulière

Accès:
cages d'escalier pour 1 ou 2 appartements par étage

Nombre d'appartements:
11

Surface des appartements:
app. 4 p., 100-110 m²

Places de stationnement:
garage souterrain

Espaces extérieurs:
toit-terrasse

Antonio Cruz, Antonio Ortiz, Séville

Séville, Calle Doña Maria Coronel

Au centre de Séville, cet ensemble ne comble pas simplement une lacune dans une rangée, mais occupe densément une parcelle de contour irrégulier de 500 m². Un quart de la superficie a été ménagé pour un patio réniforme. Les volumes bâtis se développent dans trois directions autour du patio, de sorte que les trois appartements (4 pièces) par étage ne pouvaient pas avoir un plan identique. Dans l'un d'eux, le séjour sert également de vestibule et de salle à manger et les chambres à coucher sont desservies par des couloirs à coudes multiples. Deux des chambres et la cuisine donnent par un puits de lumière sur la cour voisine. Dans l'appartement opposé, le plan est agencé le long d'un couloir qui suit la courbe du patio. Tous les habitants ont accès au toit-terrasse. En été, le patio peut être couvert d'une bâche de coton.

1.2 Inserti urbani

Tipologia edilizia:
appartamenti e uffici sopra il passaggio vigili del fuoco, 4½ piani, N/S

Data di costruzione:
1984-1985

Modello di finanziamento:
edilizia privata su terreno cantonale

Profondità dell'edificio:
13,5 m

Distribuzione:
corpo doppio con vano scala cieco

Numero di alloggi:
4 (più 2 uffici, 1 negozio)

Dimensione degli alloggi:
appart. da 2½ locali, 85/98 m² (3);
mais. da 3½ locali, 130 m² (1)

Parcheggio:
sulla strada

Spazi aperti:
cortile, balconi

Ueli Marbach e Arthur Rüegg, Zurigo con Cornelia Zürcher

Basilea, Spalenvorstadt 11

L'edificio chiude il perimetro dell'isolato lungo il fronte strada garantendo però ai vigili del fuoco l'accesso al cortile con un passo carraio largo 5 m e alto 4. La posizione dei setti a fianco del passaggio determina la pianta degli alloggi anche ai piani superiori. Nelle fasce comprese tra questi setti e i muri ciechi che delimitano il lotto si trovano il vano scala, bagni e cucine. La fascia centrale ospita uffici al 1° piano, soggiorni e camere da letto degli appartamenti ai piani superiori. Tutti gli alloggi sono monoaffaccio: quelli su strada sono esposti a nord/nord-ovest. Un'ulteriore fonte di illuminazione naturale è rappresentata dal pozzo di luce con pareti in vetrocemento al centro dell'edificio.

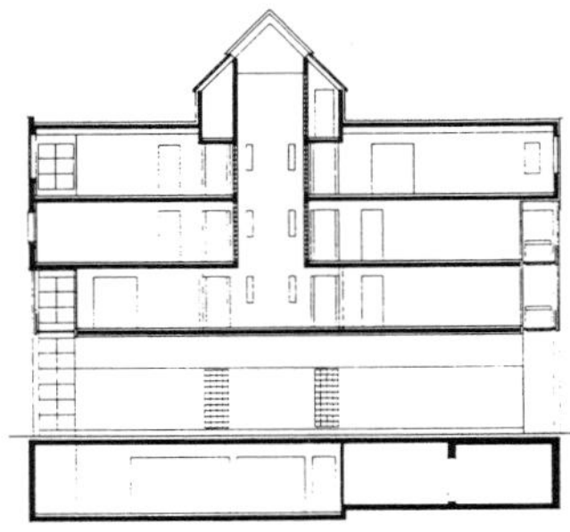

❶ Pianta del 2° piano 1:200
Plan du 2e étage 1:200

Pianterreno
Rez-de-chausée

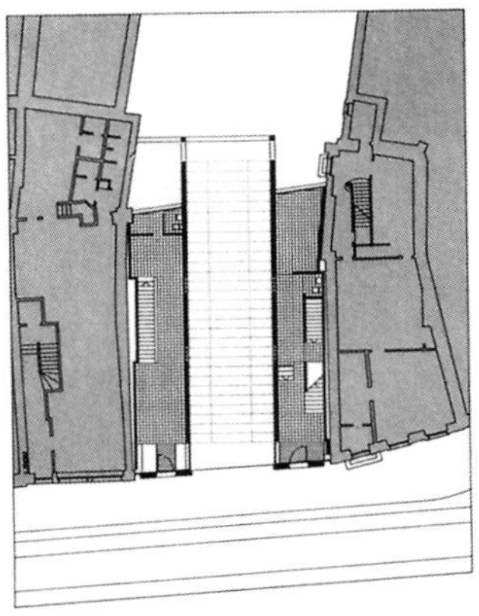

3° piano
Troisième étage

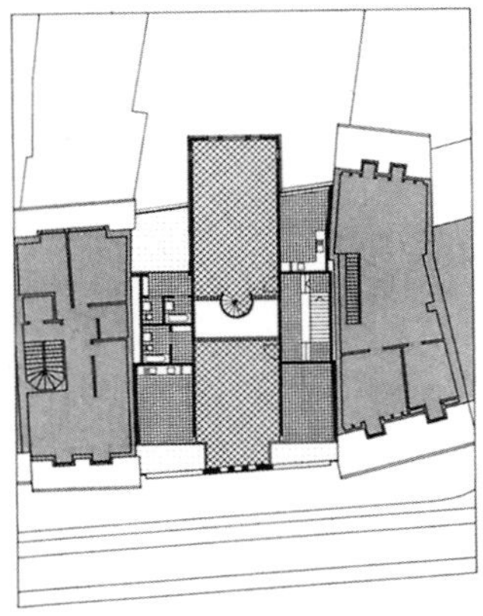

4° piano
Quatrième étage

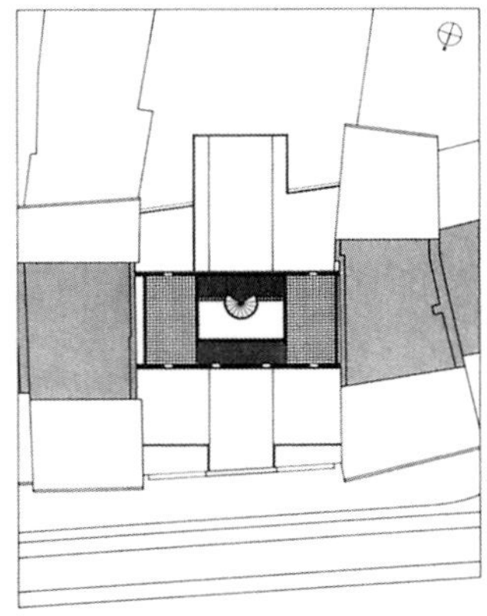

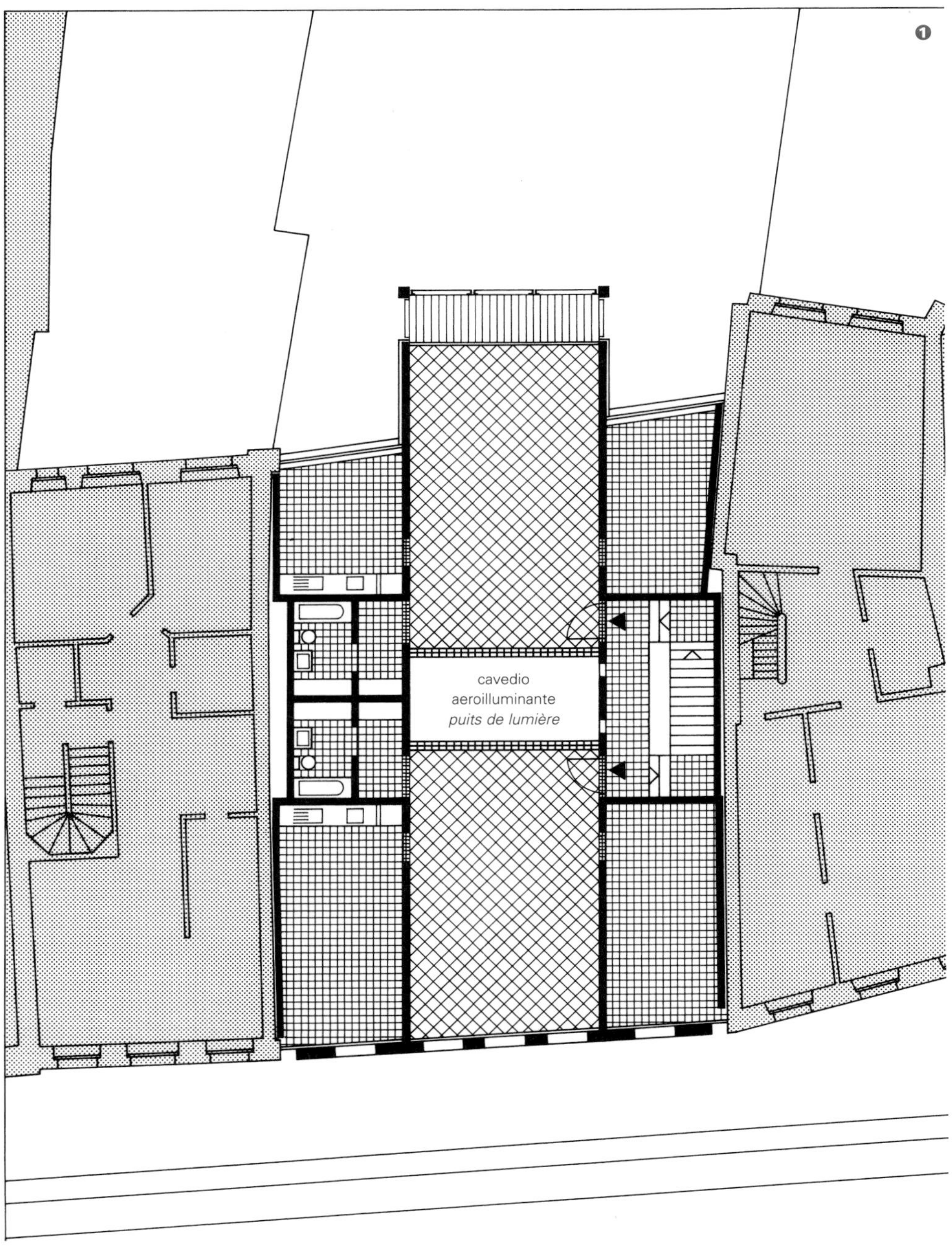

Insertion dans une rangée 1

Type de construction:
bureaux et logements au-dessus d'un passage pour les pompiers, 4½ niveaux, N/S

Date de construction:
1984-1985

Financement:
financement privé, parcelle propriété du canton

Profondeur du bâtiment:
13,5 m

Accès:
cage d'escalier intérieure pour 2 appartements par étage

Nombre d'appartements:
4 (plus 2 bureaux et 1 commerce)

Surface des appartements:
app. 2½ p., 85/98 m² (3 unités)
duplex 3½ p., 130 m² (1 unité)

Places de stationnement:
sur la rue

Espaces extérieurs:
cour, balcons

Ueli Marbach et Arthur Rüegg, Zurich, en collaboration avec Cornelia Zürcher

Bâle, Spalenvorstadt 11

Le bâtiment comble un vide dans un alignement de façades, mais il devait aussi laisser un passage (5 m de largeur pour 4 m de hauteur) pour les sapeurs-pompiers. La position des murs du passage détermine le plan des appartements jusqu'aux étages supérieurs. Dans deux bandes étroites, entre passage et mur coupe-feu, ont été insérées la cage d'escalier, les cuisines et les salles de bains. La zone médiane abrite des bureaux (au premier étage), et au-dessus les chambres à coucher des appartements, qui sont tous orientés vers la rue (nord-nord-ouest). Un puits de lumière au centre, ceint de briques de verre, apporte un éclairage supplémentaire.

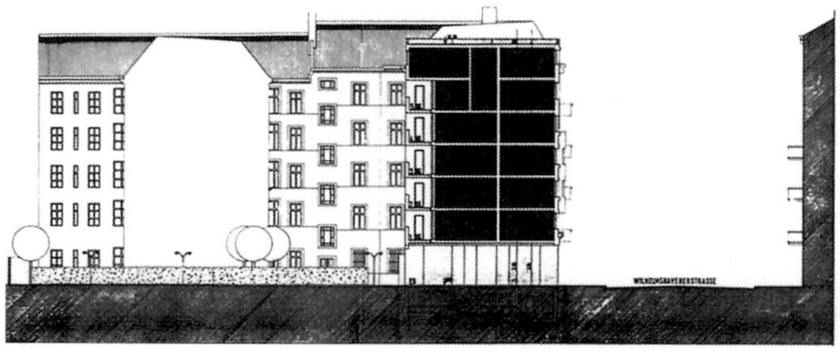

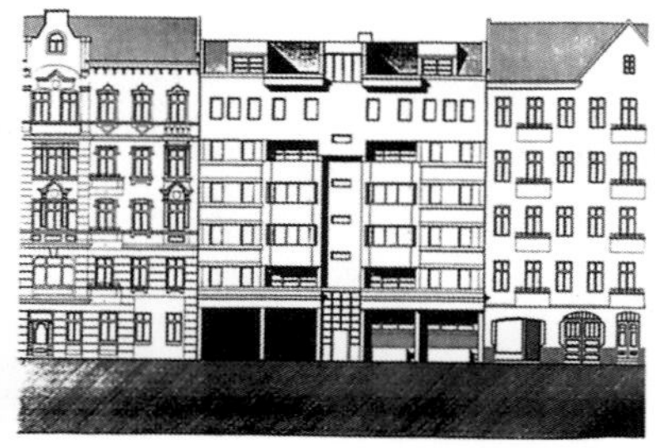

❶ Pianterreno 1:200
Niveau de l'entrée 1:200

❷ Piano tipo 1:200
Étage type 1:200

Tipologia edilizia:
edificio residenziale,
6 piani,
E/O

Data di costruzione:
1978-1981

Modello di finanziamento:
edilizia sociale

Profondità dell'edificio:
12,4/13 m

Distribuzione:
a corpo doppio

Numero di alloggi:
11

Dimensione degli alloggi:
appart. da 3 locali, 84/84,3 m²

Parcheggio:
a livello della strada

Spazi aperti:
sistemazione del cortile a verde

Johannes Uhl, Berlino con Joachim Nowak, Wolfgang Müller, Jürgen Kreis

Berlino-Tiergarten, Wilhelmshavener Straße 49

Gli alloggi sono disposti specularmente rispetto al vano scala centrale; le porte d'ingresso sono distanziate il più possibile dallo sbarco ascensore sui profondi disimpegni a ogni piano. All'interno, al posto di un disimpegno centrale, troviamo due corridoi paralleli: uno con armadio a muro tra l'ampio soggiorno (che si affaccia sulla corte) e la cucina abitabile (affacciata su strada con un ampio balcone coperto). Il secondo corridoio, accessibile dal soggiorno, distribuisce le camere da letto: una affacciata sul cortile con un balcone coperto e l'altra su strada. In posizione centrale e dotato di armadio a muro, il bagno è accessibile dai due corridoi e offre un percorso alternativo all'interno dell'alloggio.

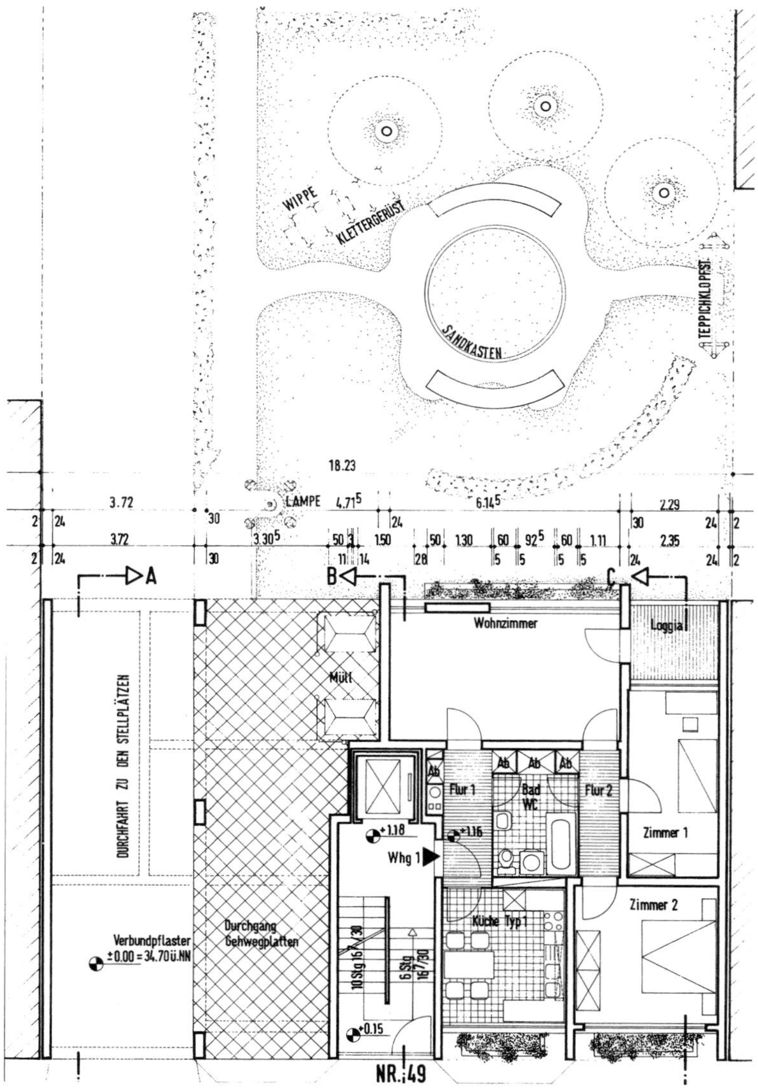

❶

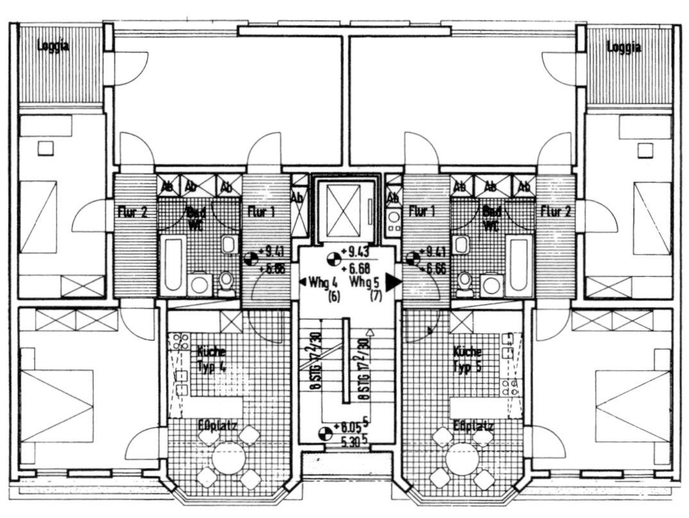

❷

Type de construction:
immeuble résidentiel,
6 niveaux,
E/O

Date de construction:
1978-1981

Financement:
logements sociaux

Profondeur du bâtiment:
12,4/13 m

Accès:
cage d'escalier pour 2 appartements par étage

Nombre d'appartements:
11

Surface des appartements:
app. 3 p., 84/84,3 m²

Places de stationnement:
extérieures

Espaces extérieurs:
cour aménagée en jardin

Joachim Uhl, Berlin, en collaboration avec Joachim Nowak, Wolfgang Müller et Jürgen Kreis

Berlin-Tiergarten, Wilhelmshavener Straße 49

Les appartements ont une disposition symétrique de part et d'autre de la cage d'escalier. Les paliers profonds laissent un espace entre les portes d'entrée et l'ascenseur. Au lieu d'un vestibule central, il y a deux couloirs : un (avec placards) entre le séjour (donnant sur la cour) et la cuisine (spacieuse, avec coin-repas dans un oriel), l'autre accessible depuis le séjour, pour desservir les deux chambres à coucher (une donnant sur la cour, avec loggia, l'autre sur la rue). La salle de bains (avec placards) au centre, est accessible depuis chacun des deux couloirs, offrant ainsi un autre «cheminement» à travers l'appartement.

1.2 Inserti urbani

Tipologia edilizia:
edificio modulare "a scaffale",
7 piani,
NNO/SSE

Data di costruzione:
1986

Modello di finanziamento:
edilizia sociale
cooperativa di autocostruzione

Profondità dell'edificio:
13 m

Distribuzione:
a corpo triplo

Numero di alloggi:
12

Dimensione degli alloggi:
appart. su 1 e 2 piani,
planimetrie determinate
dai singoli residenti

Parcheggio:
posti auto in cortile

Spazi aperti:
giardini pensili e serra

Kjell Nylund,
Christof Puttfarken,
Peter Stürzebecher,
Berlino

Berlino-Kreuzberg,
Admiralstraße 16

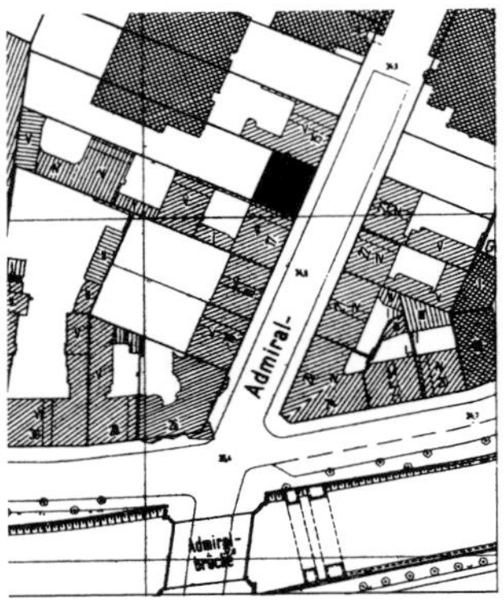

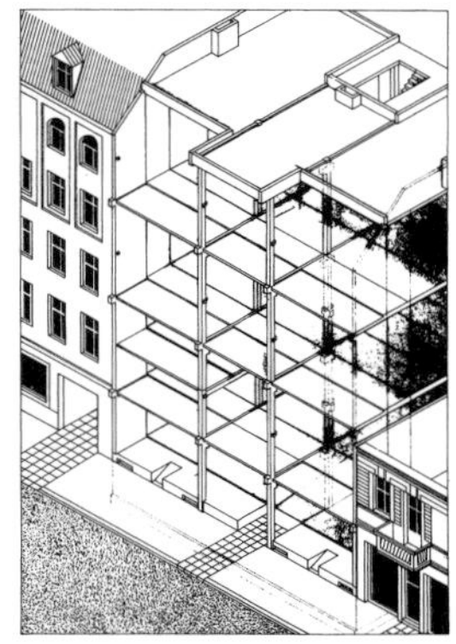

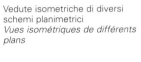

Vedute isometriche di diversi schemi planimetrici
Vues isométriques de différents plans

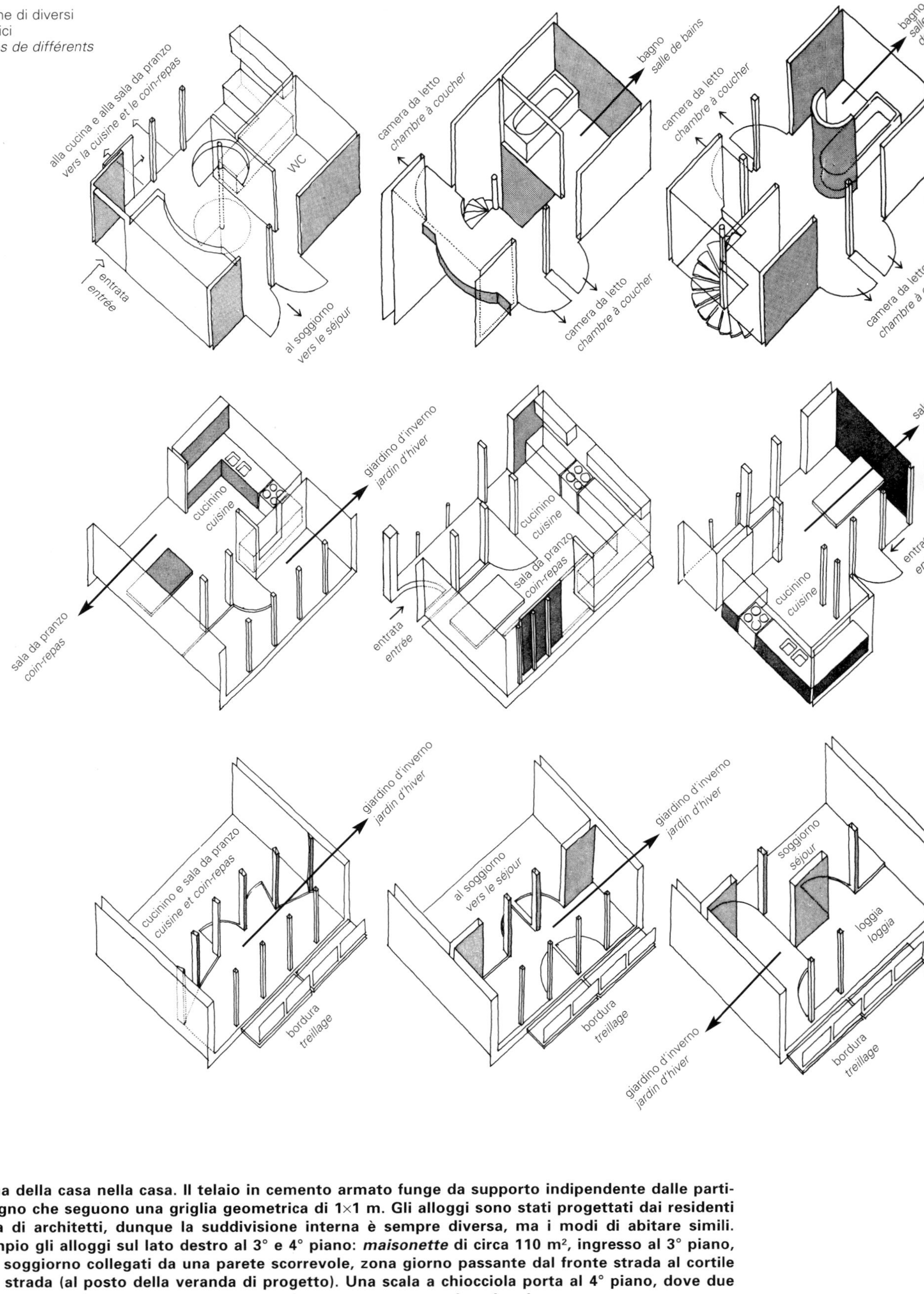

Sperimenta il tema della casa nella casa. Il telaio in cemento armato funge da supporto indipendente dalle partizioni interne in legno che seguono una griglia geometrica di 1×1 m. Gli alloggi sono stati progettati dai residenti con la consulenza di architetti, dunque la suddivisione interna è sempre diversa, ma i modi di abitare simili. Prendiamo a esempio gli alloggi sul lato destro al 3° e 4° piano: *maisonette* di circa 110 m², ingresso al 3° piano, cucina abitabile e soggiorno collegati da una parete scorrevole, zona giorno passante dal fronte strada al cortile interno, loggia su strada (al posto della veranda di progetto). Una scala a chiocciola porta al 4° piano, dove due camere si affacciano su strada e due sul cortile. Bagno cieco con vasca centrale e doppio accesso.

Planimetrie di *maisonettes* progettate dai residenti 1:200
Plans des duplex agencés par les habitants 1:200

❶ 3° piano/*Troisième étage*
❷ 4° piano/*Quatrième étage*
❸ 5° piano/*Cinquième étage*
❹ 6° piano/*Sixième étage*

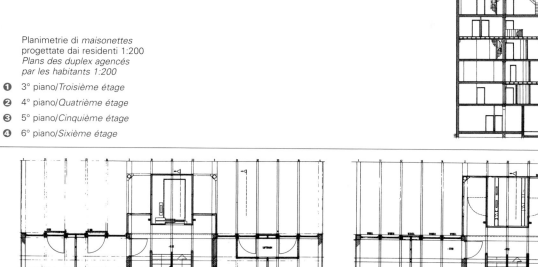

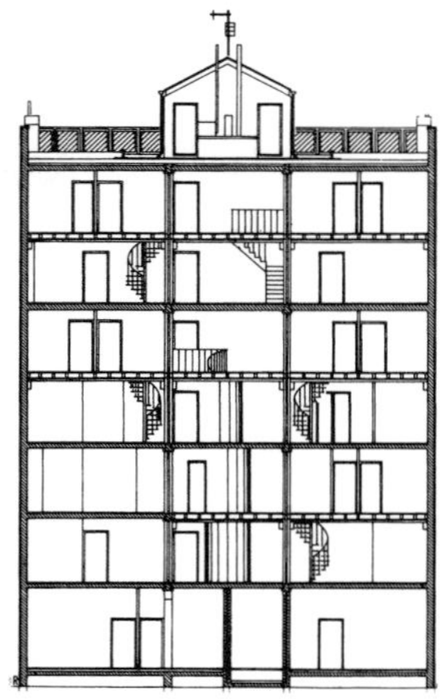

Type de construction
immeuble « étagères », 7 niveaux, NNO/SSE

Date de construction
1986

Financement
logements sociaux, coopérative

Profondeur du bâtiment
13 m

Accès
cage d'escalier pour 3 appartements par étage

Nombre d'appartements
12

Surface des appartements
logements sur 1 ou 2 niveaux, plan établi par les occupants

Places de stationnement
dans la cour

Espaces extérieurs
toit aménagé en jardin

Kjell Nylund, Christof Puttfarken, Peter Stürzebecher, Berlin

Berlin-Kreuzberg, Admiralstraße 16

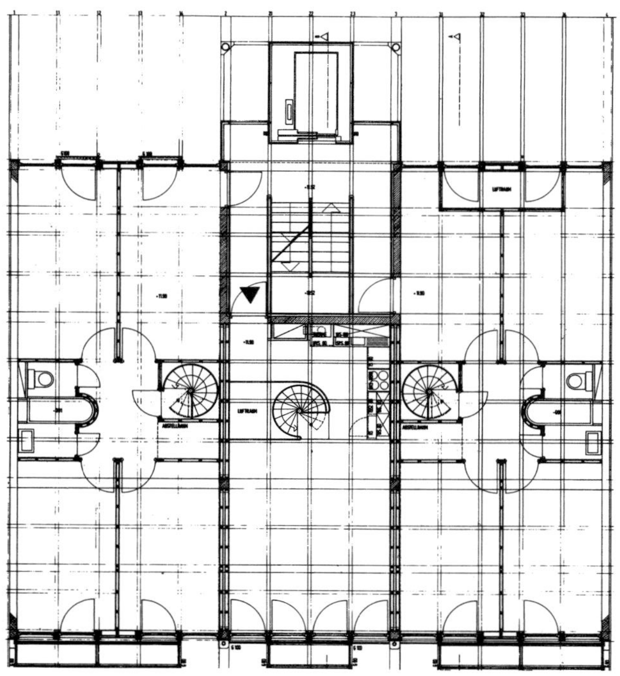

❷

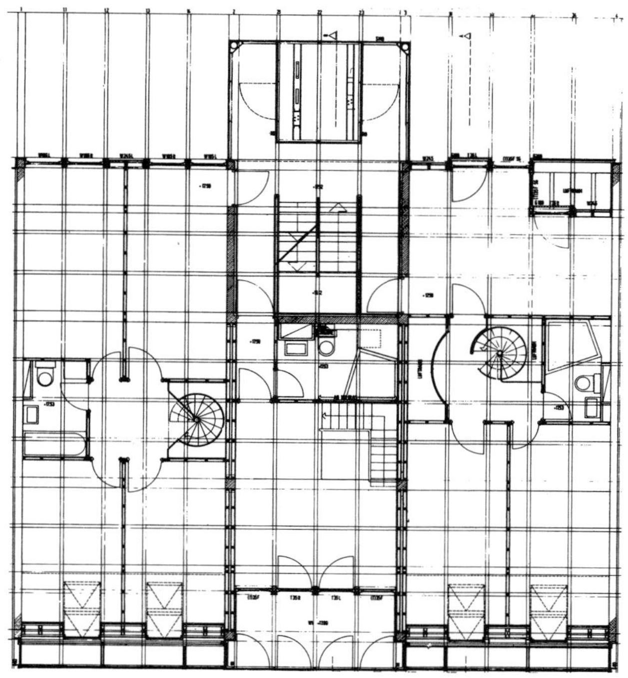

❹

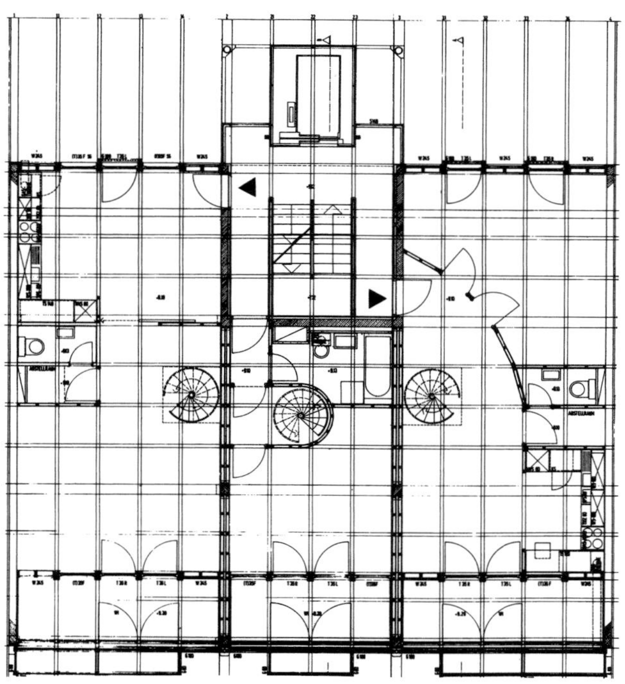

❶

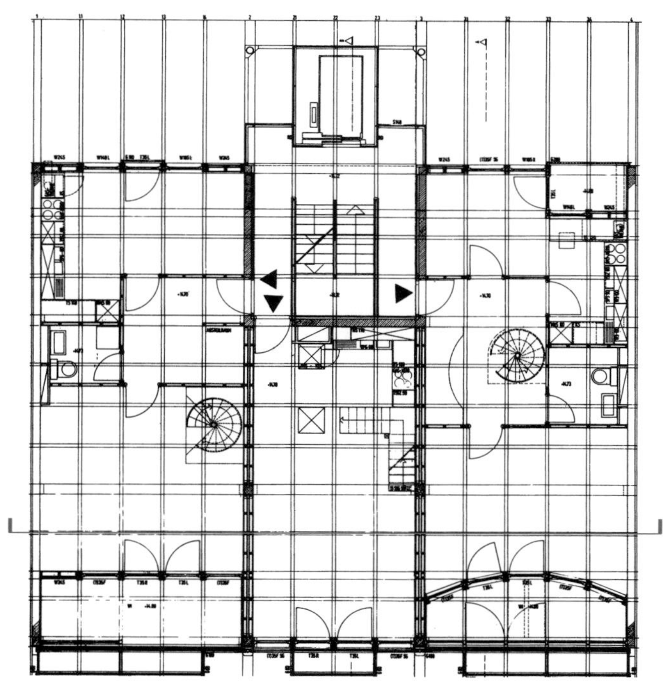

❸

La « maison dans la maison » : une ossature de béton armé que complète un second œuvre en bois. L'agencement des plans, sur la base d'un module métrique, est fait par les habitants, conseillés par les architectes. Derrière des dispositions différentes, il peut y avoir des conceptions analogues de l'habitation. Par exemple appartement de droite, troisième et quatrième étages : duplex 5 pièces, 110 m², cuisine à vivre et séjour liés par une paroi coulissante, appartement traversant, loggia côté rue (au lieu du jardin d'hiver prévu), escalier à vis menant au niveau supérieur, deux chambres à coucher côté rue et deux chambres côté jardin, salle de bains au milieu avec baignoire centrale et deux portes.

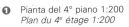

1.2 Inserti urbani

Tipologia edilizia:
condominio privato
6 piani, N/S

Data di costruzione:
1986-1988

Modello di finanziamento:
edilizia privata

Profondità dell'edificio:
16,5 ca./13 m

Distribuzione:
corridoio ogni 2 piani

Numero di alloggi:
17

Dimensione degli alloggi:
mais. da 3 locali, 71-74 m²

Parcheggio:
area riservata sulla strada

Spazi aperti:
balconi, terrazze sul tetto

Campbell, Zogolovitch, Wilkinson & Gough (CZWG), Londra
con
Stephen Rigg, Jim Corcoran, Guy Stansfeld

Londra, Docklands, China Wharf

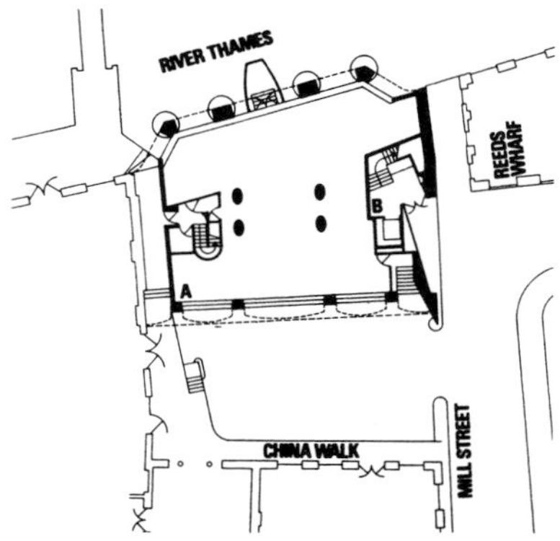

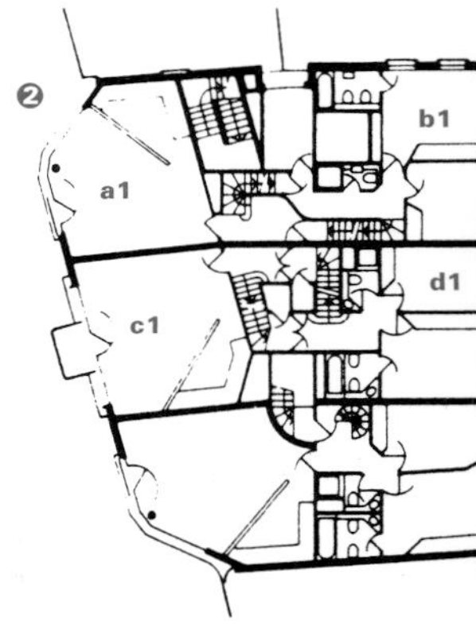

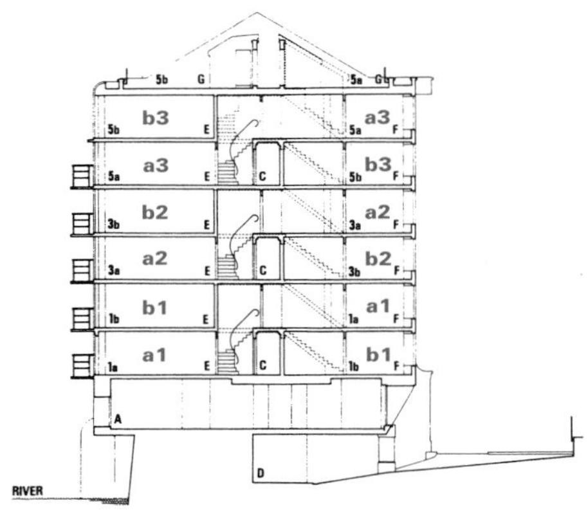

❶ Pianta del 4° piano 1:200
Plan du 4ᵉ étage 1:200

❷❸❹❺ Schema planimetrico generale
1°/2°, 5°/6° piano
Plan d'ensemble des étages 1/2, 5/6

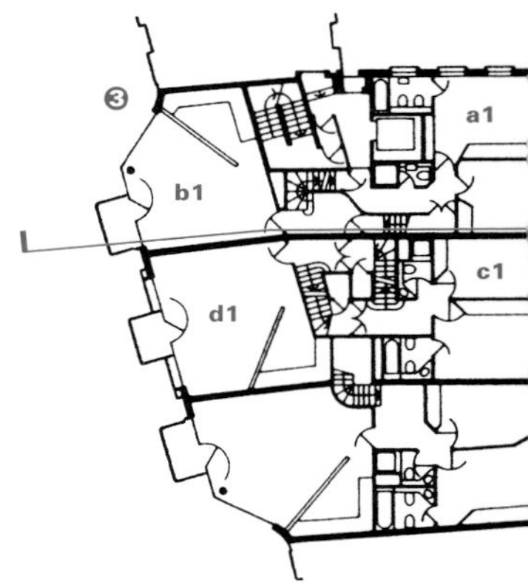

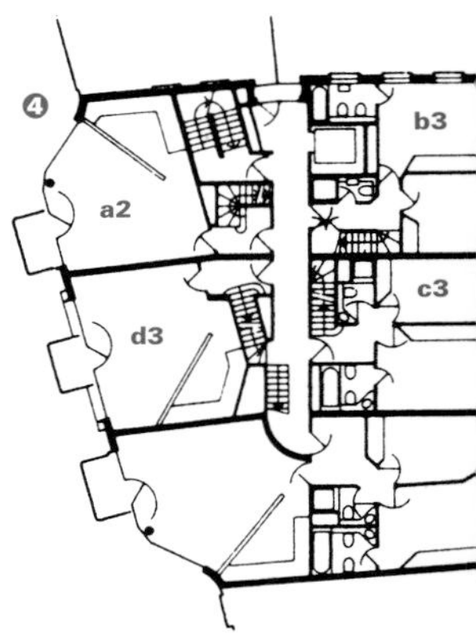

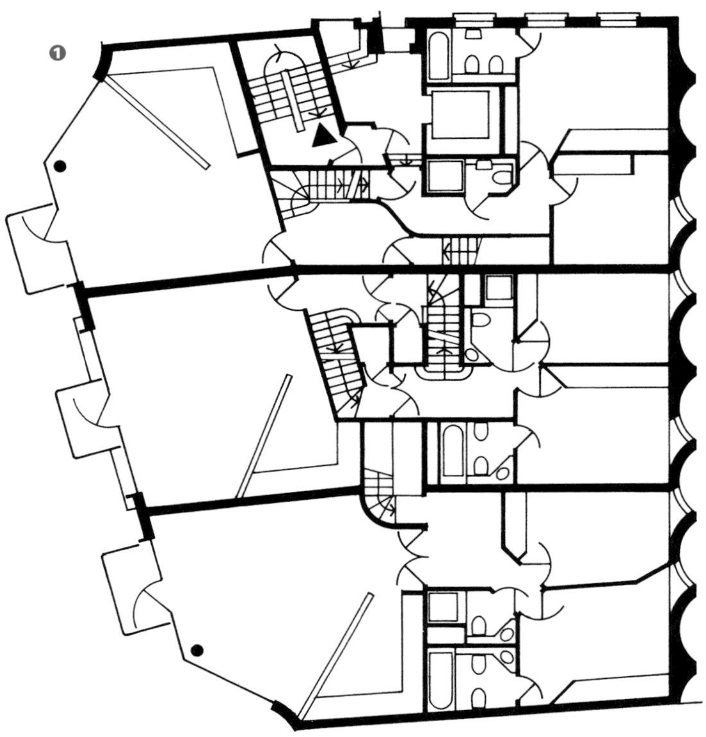

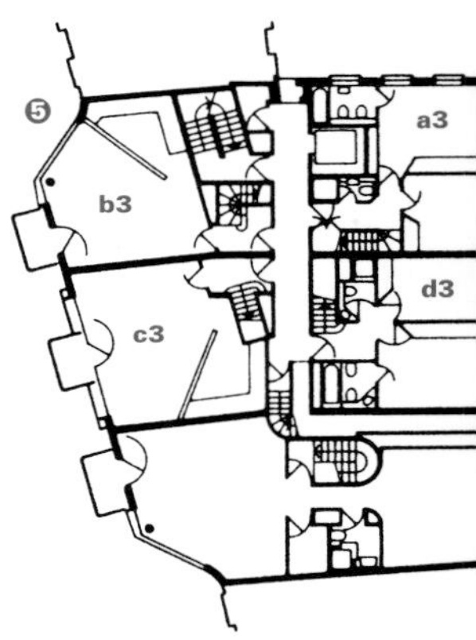

Complicata pianta a forbice: le *maisonettes* si incastrano in sezione per rimediare all'orientamento nord-sud dell'edificio. Nel nucleo ogni due piani si collocano i corridoi, le scale di collegamento interno, bagni e cucine. Sfruttamento ottimale della profondità dell'edificio. Soggiorni e sale da pranzo sono esposti a nord, le camere da letto sono orientate a sud. I soggiorni con balcone si affacciano sul Tamigi. L'angolo cottura, relegato nella parte meno luminosa del soggiorno, è delimitato da una parete obliqua a mezza altezza, con un profilo a semicerchio che richiama le aperture della facciata. Le finestre delle camere da letto – ruotate verso sud-est per evitare il contatto visivo con la corte e l'irraggiamento solare diretto da sud – sono ritagliate nella facciata ondulata. Gli alloggi ai piani superiori hanno ampi terrazzi sul lastrico solare. Sul lato occidentale del lotto sono stati ricavati alloggi a doppio affaccio su uno o più livelli.

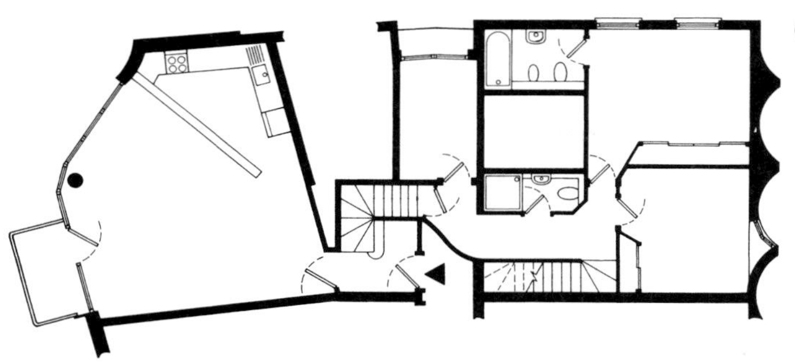

a

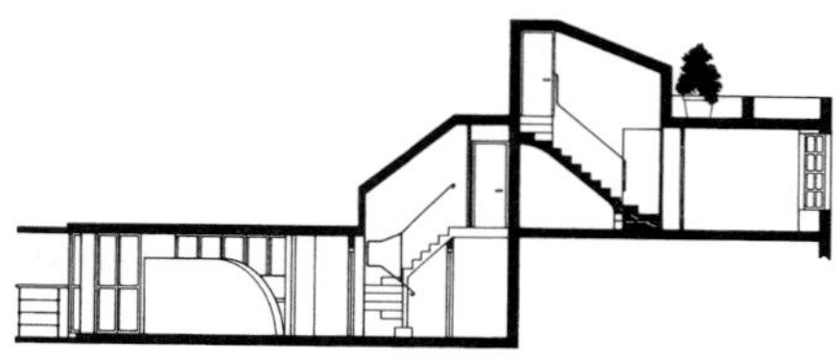

ⓐ Attico 1:200
con terrazza sul tetto
Appartement-terrasse 1:200

ⓑ *Maisonette* da 3 locali 1:200
Duplex 3 pièces 1:200

ⓒ *Maisonette* da 3 locali 1:200
Duplex 3 pièces 1:200

ⓓ Appartamento da 3 locali 1:200
Appartement 3 pièces 1:200

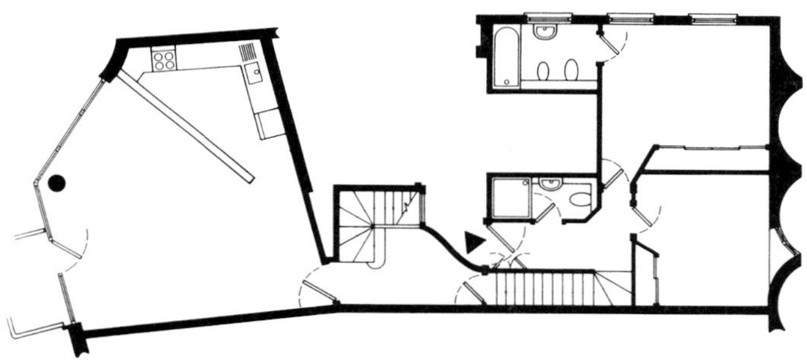

b

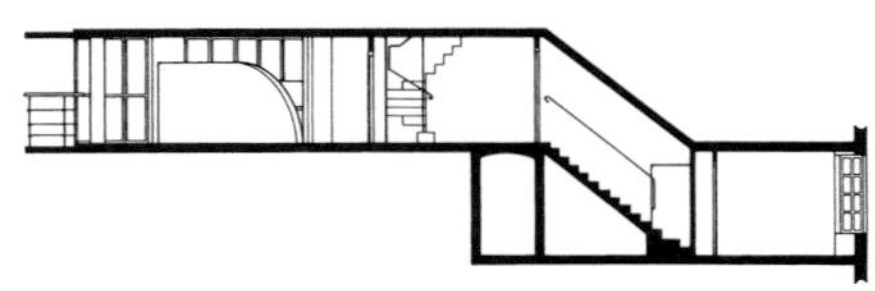

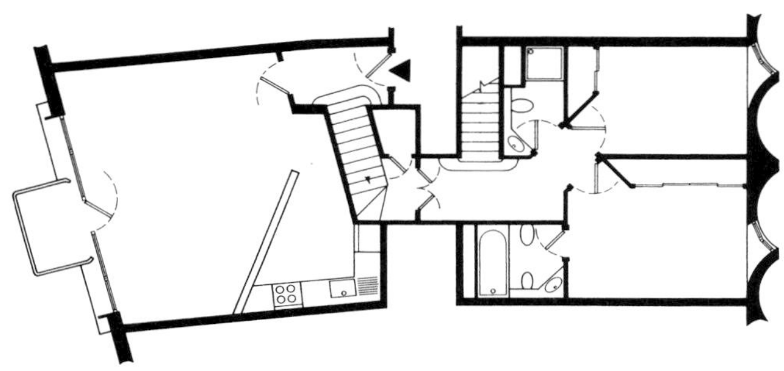

c

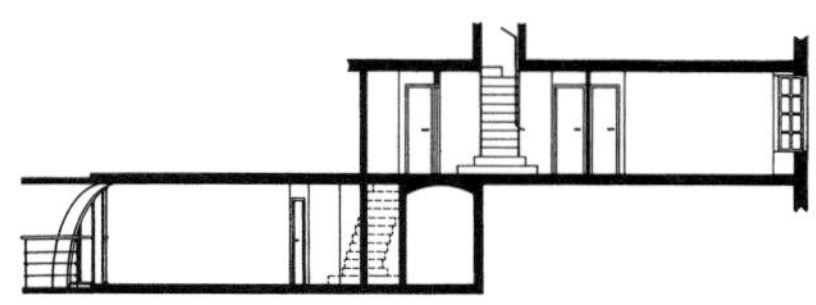

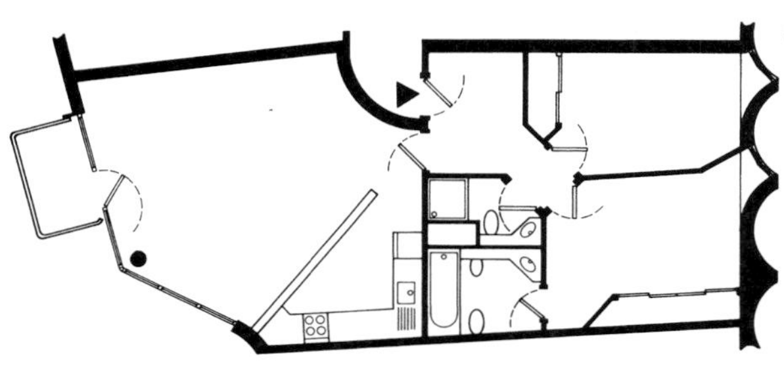

d

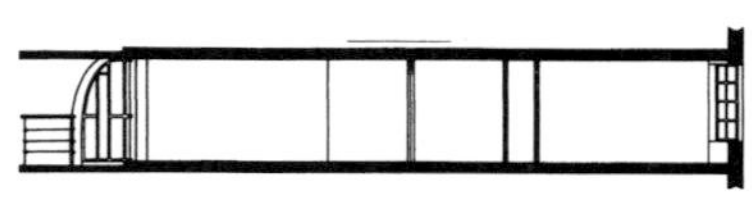

Type de construction
immeuble d'habitation de standing, 6 niveaux, N/S

Date de construction
1986-1988

Financement
privé

Profondeur du bâtiment
env. 16,5/13 m

Accès
corridor central tous les deux niveaux

Nombre d'appartements
17

Surface des appartements
duplex 3 p., 71-74 m²

Places de stationnement
sur la rue

Espaces extérieurs
balcons, toits-terrasses

Campbell, Zogolovitch, Wilkinson & Gough (CZWG), Londres, en collaboration avec Stephen Rigg, Jim Corcoran, Guy Stansfeld

Londres, Docklands, China Wharf

Un plan complexe où les duplex s'entrecroisent de manière à être traversants (orientation nord-sud). Le noyau de la maison est formé par les accès (corridor tous les deux niveaux), avec tous les escaliers, les salles de bains et les cuisines. La profondeur de la maison est judicieusement mise à profit. Les séjours et les salles à manger se trouvent au nord, les chambres à coucher au sud. Le balcon du séjour donne sur la Tamise. La cuisine est ouverte et occupe l'angle le moins éclairé du séjour ; elle est séparée par une cloison en diagonale s'arrêtant à hauteur des yeux et dont le contour incurvé correspond à la forme des fenêtres. Les fenêtres des chambres sont tournées vers le sud-est (protégées des regards de la cour et de l'ensoleillement direct), dans une façade au tracé ondulé. Les appartements du haut ont une spacieuse terrasse sur le toit. Le long du mur coupe-feu ouest, il y a alternance d'appartements et de duplex.

riferito a piante 1:200

se réfère aux plans 1:200

1.2 Inserti urbani

Tipologia edilizia:
edificio residenziale,
5 piani, NNO/SSE

Data di costruzione:
1989

Modello di finanziamento:
edilizia sociale

Profondità dell'edificio:
10/12 m

Distribuzione:
a corpo triplo

Numero di alloggi:
in totale 49 (qui 15)

Dimensione degli alloggi:
appart. da 1 e 2 locali, (9);
appart. da 3 e 4 locali,
(a seconda della configurazione)
ca. 85 m² (40);

Parcheggio:
lungo la strada

Spazi aperti:
balconi dell'ampiezza
degli appartamenti

**Margret Duinker,
Machiel van der Torre,
Amsterdam**

**Amsterdam-Dapperbuurt,
Wagenaarstraat/
Van Swindenstraat**

Approccio a pianta aperta in un inserto nell'isolato urbano. La scarsa profondità dell'edificio e l'abbondante superficie vetrata (facciata vetrata sulla corte, aperture sugli spigoli, vano scala vetrato sul fronte principale) rendono l'edificio permeabile alla luce e perciò anche l'interno dell'isolato e la strada di fronte più luminosi. Il vano scala vetrato, in cui le rampe sono disposte parallelamente alla facciata, mette in mostra i movimenti dei residenti. Le piante quadrate quasi prive di partizioni avvolgono il nucleo interno che ospita bagno, WC, blocco cottura e un corridoio passante. Le unità possono essere suddivise da pareti scorrevoli, che altrimenti scompaiono nelle pareti cave permettendo di utilizzare gli ambienti in modo aperto e continuo.

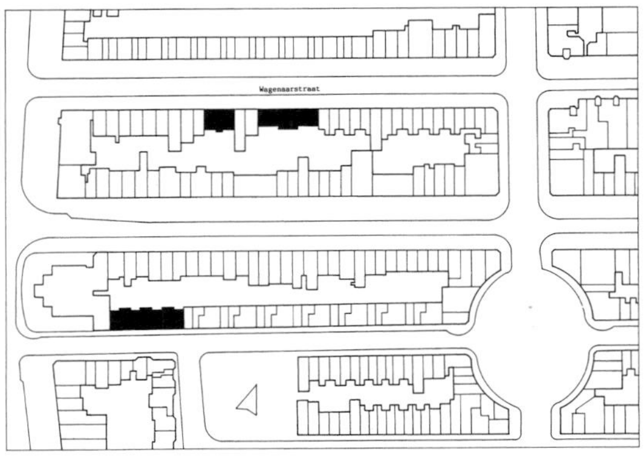

❶ Piano tipo 1°-4° piano 1:200
Plan type, 1er-4e étage 1:200

❷ Due proposte di arredo 1:200
Deux exemples d'ameublement 1:200

❶

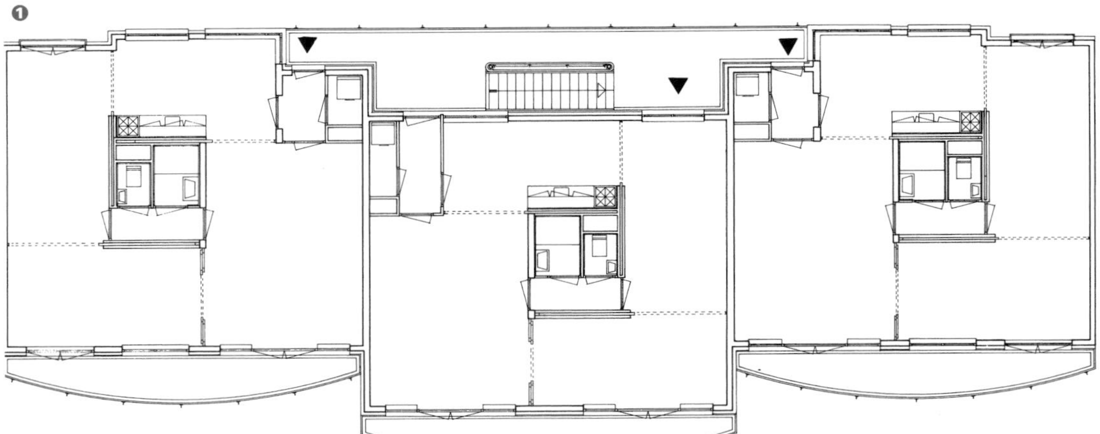

❷

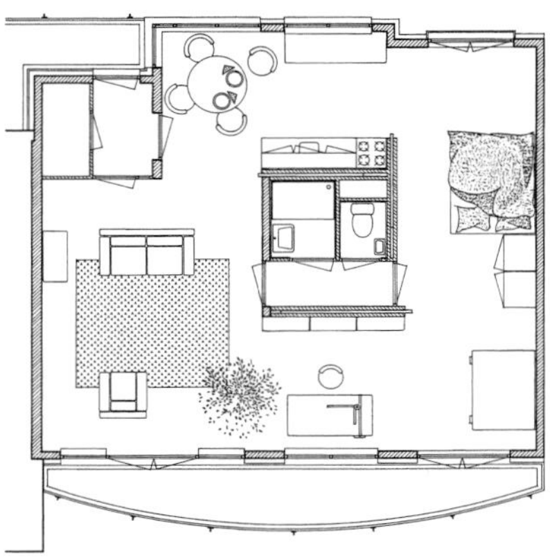

❷

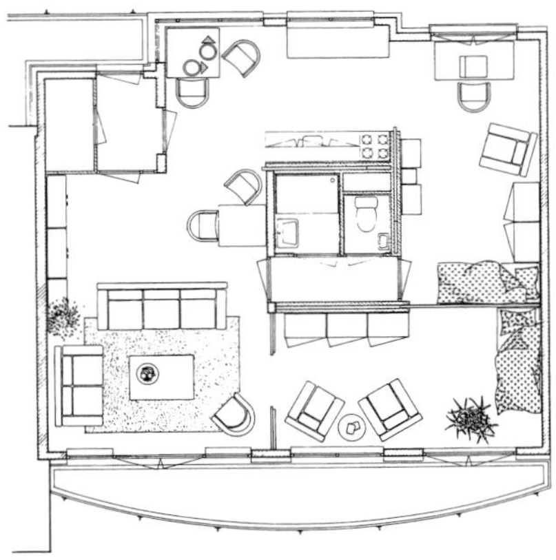

Insertion dans une rangée 1.

Type de construction
immeuble résidentiel,
5 niveaux, NNO/SSE

Date de construction
1989

Financement
logements sociaux

Profondeur du bâtiment
10/12 m

Accès
cage d'escalier
pour 3 appartements
par étage

Nombre d'app.
49 (au total, ici 15)

Surface des app.
app. 1 et 2 p. (9 unités)
app. 3 ou 4 p.
(selon divisions),
env. 85 m² (40 unités)

Stationnement
sur la rue

Espaces extérieurs
balcons de la largeur
de l'appartement

**Margret Duinker,
Machiel van der Torre,
Amsterdam**

**Amsterdam-Dapperbuurt,
Wagenstraat/
Van Swindenstraat**

Appartements à plan ouvert. Le bâtiment est peu profond et généreusement éclairé par des baies vitrées (façade de verre sur la cour, fenêtres d'angle, cage d'escalier vitrée) qui éclairent l'intérieur du bloc. À travers le vitrage de la cage d'escalier (parallèle à la façade), on peut voir les allées et venues des occupants. Les appartements ont un plan presque carré organisé autour d'un noyau (salle de bains, WC, passage et cuisine intégrée) ; le reste de l'espace peut être laissé ouvert ou divisé par des cloisons coulissantes qui disparaissent entre les deux faces de la paroi.

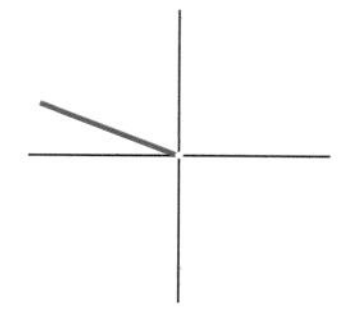

2 Inserti urbani

Tipologia edilizia
edificio isolato
4 piani, E/O

Data di costruzione
1987-1990

Modello di finanziamento
edilizia privata

Profondità dell'edificio
17 m

Distribuzione:
a corpo doppio

Numero di alloggi
4

Dimensione degli alloggi
appart. da $2^{1}/_{2}$ locali,
80 m² (4)

Parcheggio
area riservata sulla strada

Spazi aperti
cortile, terrazze sul tetto

**Dolf Schnebli/
Tobias Ammann
Partner, Zurigo
con Isidor Ryser,
M. Meili**

**Baden,
Alte Zürcherstrasse 13**

L'intervallo nella cortina edilizia è delimitato da due edifici che penetrano in profondità nell'isolato. Il nuovo edificio si erge isolato nella corte; i suoi fianchi sono concavi per aumentare visivamente la distanza dagli edifici confinanti. Tale approccio progettuale è stato autorizzato in via eccezionale grazie al regolamento per composizioni architettoniche. Gli alloggi al 2° e 3° piano, sopra le destinazioni terziarie e commerciali, occupano ciascuno metà della pianta dell'edificio. La zona giorno affaccia a est sulla strada, le camere a ovest sul cortile. L'angolo cottura addossato al nucleo centrale riceve luce da pareti in vetrocemento. La distribuzione dei vani è assicurata da un breve corridoio aderente al lato concavo. Gli appartamenti al 3° piano hanno un terrazzo privato sul lastrico solare.

❶ Pianterreno con negozi
Rez-de-chaussée (commerces)

❷ 2° piano:
appartamenti da 2 locali 1:200
*Deuxième étage,
appartements 2 pièces, 1:200*

❸❹ 3° piano:
appartamenti da 2 locali
con terrazze sul tetto 1:200
*Troisième étage,
appartements 2 pièces
avec toit-terrasse 1:200*

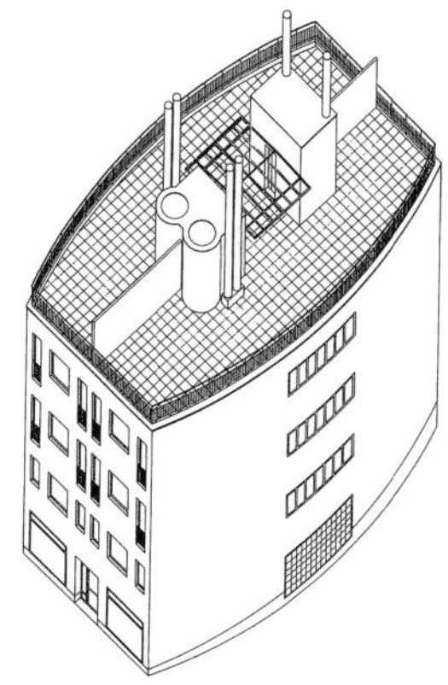

❷

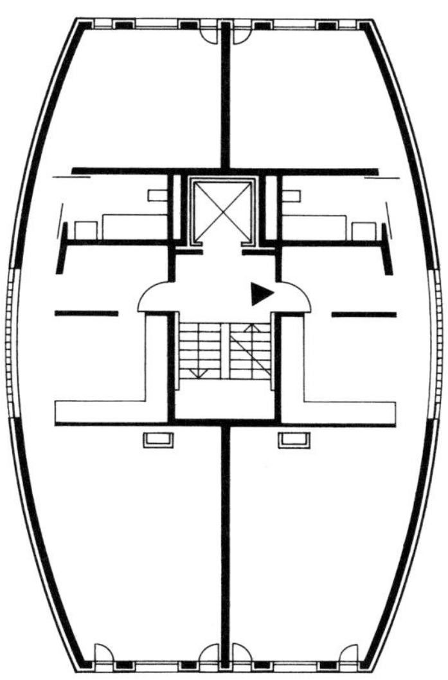

❹

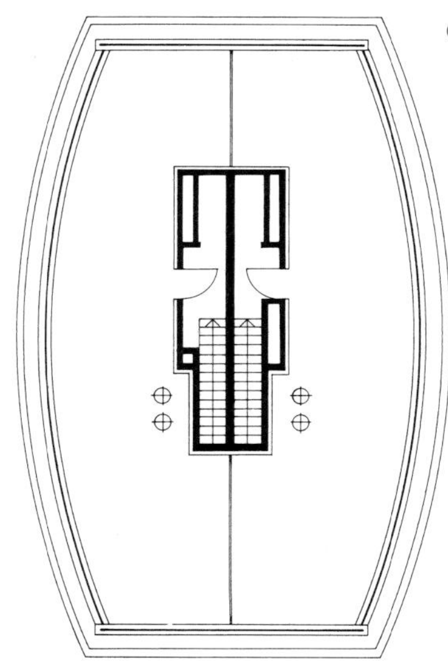

❶

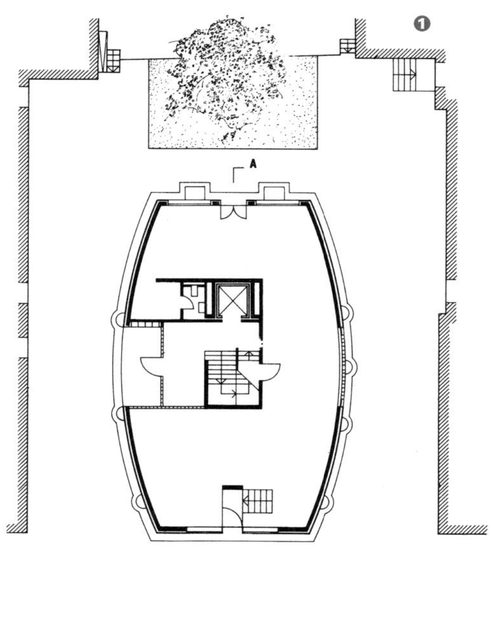

❸

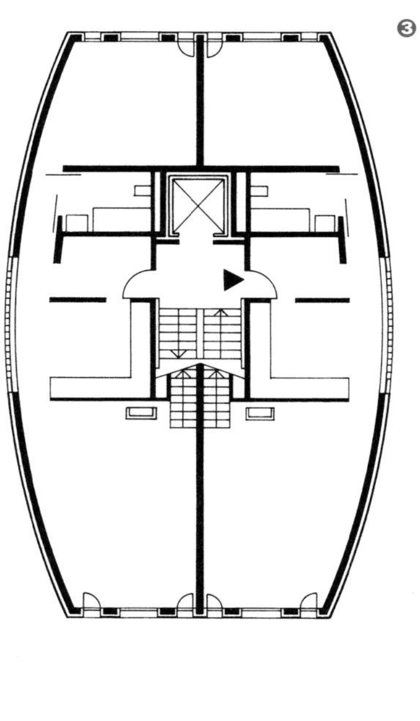

Insertion dans une rangée 1.2

Type de construction
immeuble non contigu,
4 niveaux, E/O

Date de construction
1987-1990

Financement
privé

Profondeur du bâtiment
17 m

Accès
cage d'escalier pour
2 appartements par étage

Nombre d'appartements
4

Surface des appartements
app. $2^{1}/_{2}$ p.,
80 m² (4 unités)

Places de stationnement
sur la rue

Espaces extérieurs
cour, toits-terrasses

**Dolf Schnebli/
Tobias Ammann
Partner, Zurich,
en collaboration avec
Isidor Ryser,
Marcel Meili**

**Baden,
Alte Zürcherstrasse 13**

La parcelle est encadrée par deux bâtiments délimitant une cour profonde. Le nouvel immeuble n'est pas contigu à ses voisins, et ses façades concaves accentuent l'effet d'éloignement. Une réglementation particulière sur les ensembles architecturaux a permis cette construction originale. Les appartements, aux deuxième et troisième étages (il y a des bureaux au premier), occupent la moitié de la surface (divisée dans la longueur). Les pièces de séjour donnent sur la rue (à l'est), les chambres à coucher sur la cour. La cuisine est ouverte, au centre de l'appartement, éclairée par des parois en briques de verre. La liaison entre les pièces se fait par un petit couloir. Les appartements du troisième étage ont un toit-terrasse.

riferito a piante 1:200

se réfère aux plans 1:200

Tipologia edilizia:
edificio residenziale
e commerciale,
7 piani, SO/NE

Data di costruzione:
1991-1993

Modello di finanziamento:
fondo pensionistico statale

Profondità dell'edificio:
26 m

Distribuzione:
a corpo semplice,
accesso diretto con ascensore
(scala antincendio)

Numero di alloggi:
4

Dimensione degli alloggi:
appart. da 3 locali, 100 m² (3);
mais. da 4 locali, 170 m² (1)

Parcheggio:
area riservata sulla strada

Spazi aperti:
logge, terrazze

**Jacques Herzog,
Pierre de Meuron,
Basilea
con
Dieter Jüngling,
Andreas Stöcklin**

**Basilea,
Schützenmattstrasse 11**

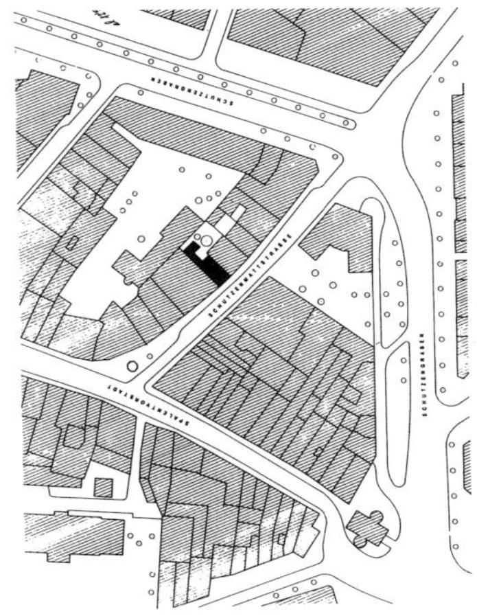

❶ Pianterreno e mezzanino
(negozi) 1:200
Rez-de-chaussée et entresol
(surface commerciale) 1:200

❶

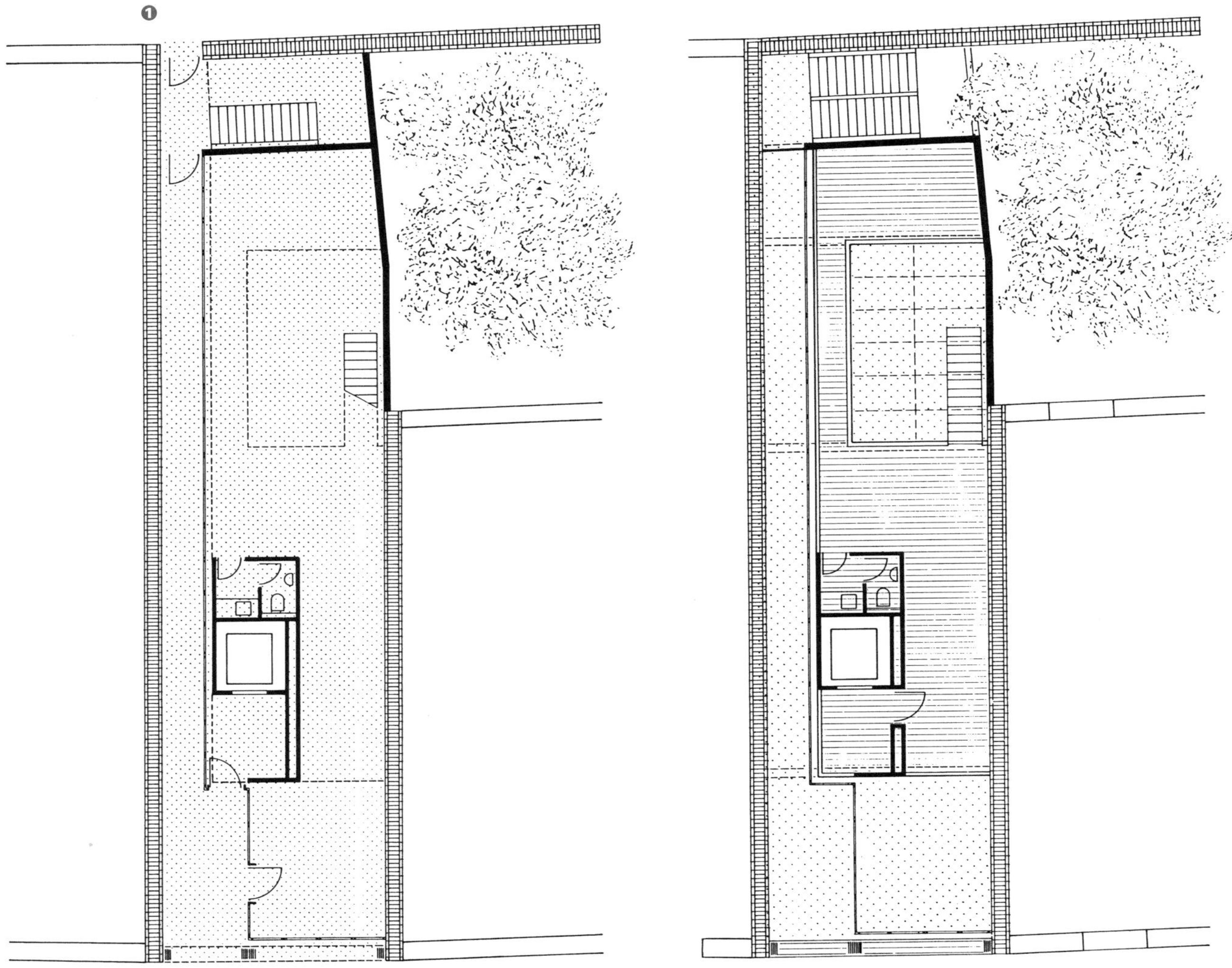

Il sedime stretto e lungo dell'edificio è tipico del tessuto urbano medievale. Pianterreno e mezzanino ospitano 160 m² di spazi commerciali. Un passaggio a pianterreno collega direttamente la strada alla corte, dove si trova il Museo Svizzero dei Vigili del Fuoco. A ogni piano si trova un alloggio, accessibile direttamente dall'ascensore. In fondo al lotto una scala di emergenza all'aperto funge anche da loggia per gli appartamenti, distribuiti da un nucleo che ospita vano ascensore, bagno e WC. Le camere da letto si affacciano su strada, con una superficie completamente vetrata schermata da pannelli a lamelle. L'ampio soggiorno con cucina si sviluppa attorno a un patio ricavato sul retro, aperto verso il lotto adiacente a sud-est e terrazzato. Il 4° e 5° livello sono occupati da una *maisonette* con zona giorno al piano inferiore, dove la cucina è addossata al nucleo, mentre gli altri vani possono assumere qualsiasi destinazione; di sopra, la zona notte con il bagno passante. Su strada e sul cortile balconi poco profondi.

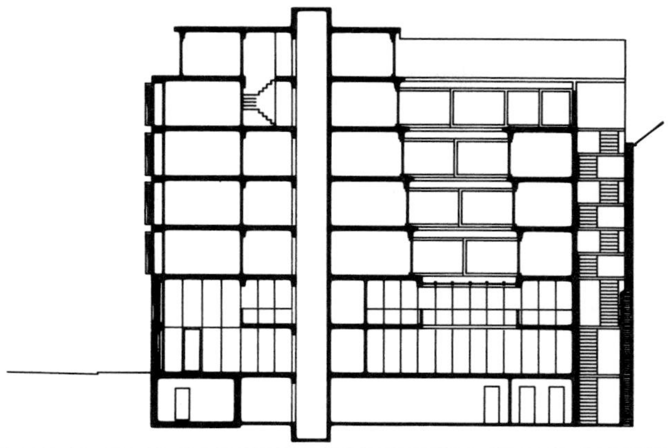

❷ 1°, 2° e 3° piano: appartamenti da 3 locali 1:200
Premier, deuxième et troisième étages, appartements 3 pièces 1:200

❸ 4°/5° piano: *maisonette* da 4 locali 1:200
Quatrième/cinquième étages, duplex 4 pièces 1 :200

Type de construction
immeuble résidentiel
et commercial,
7 niveaux, SO/NE

Date de construction
1991-1993

Financement
caisse retraite de publique

Profondeur du bâtiment
26 m

Accès
direct par l'ascenseur
(escalier de secours)

Nombre d'appartements
4

Surface des appartements
app. 3 p., 100 m²
(3 unités)
duplex 4 p., 170 m²
(1 unité)

Places de stationnement
sur la rue

Espaces extérieurs
loggias, terrasses

**Jacques Herzog,
Pierre de Meuron,
Bâle,
en collaboration avec
Dieter Jüngling
et Andreas Stöcklin**

**Bâle,
Schützenmattstrasse 11**

❷

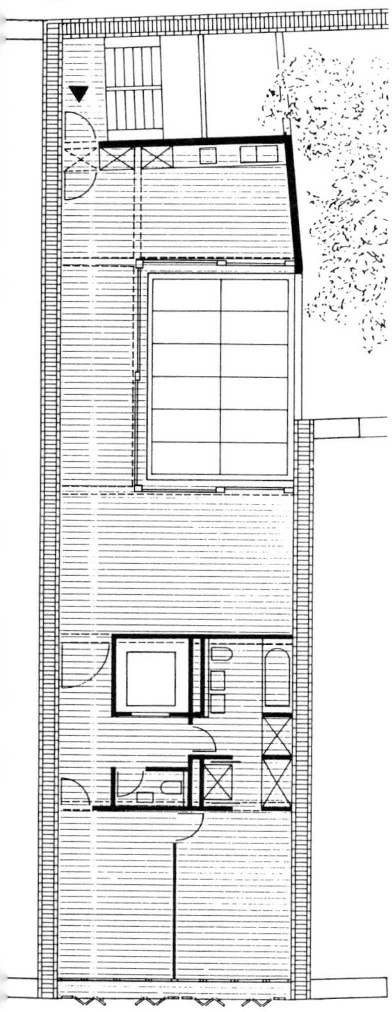

❸

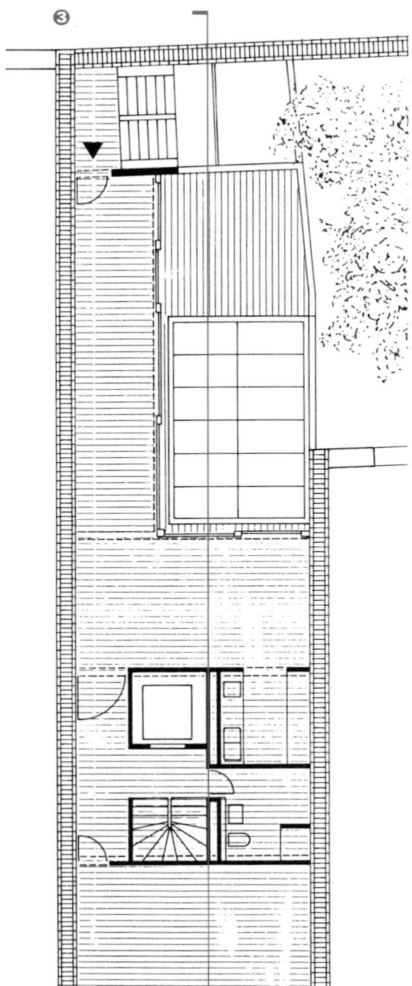

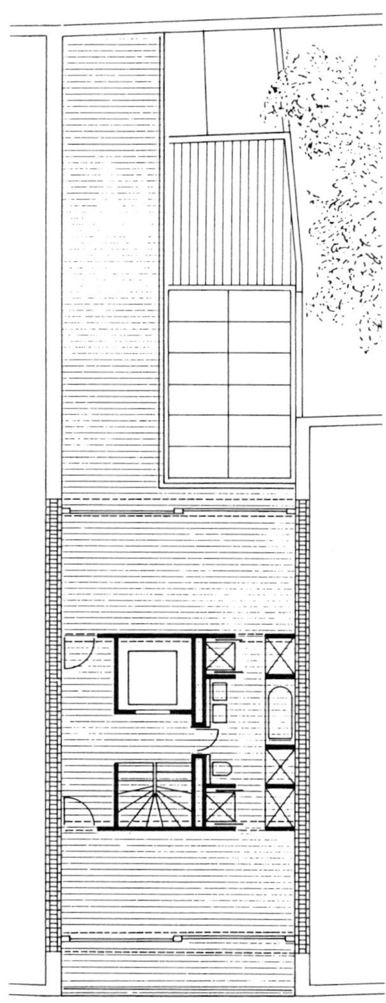

La forme étroite du bâtiment est dictée par le parcellaire médiéval. Le rez-de-chaussée et l'entresol abritent une surface commerciale de 160 m². Il y a aussi un accès au Musée suisse des pompiers, qui se trouve dans la cour. Chaque appartement occupe tout un étage et est accessible directement par l'ascenseur. À l'extrémité du bâtiment est aménagé un escalier de secours qui sert en même temps de loggia pour chaque niveau. Le plan des appartements est organisé autour de la cage d'ascenseur, de la salle de bains et des WC. Côté rue, les chambres sont situées derrière une façade entièrement vitrée protégée par une structure de lamelles métalliques. Le séjour et la cuisine sont à l'arrière, autour d'une cour intérieure qui s'ouvre sur la parcelle voisine. Les quatrième et cinquième étages abritent un duplex avec le séjour en bas (cuisine intégrée), dans un espace ouvert, les chambres et la salle de bains (à deux accès) en haut, et d'étroites terrasses côté rue et côté cour.

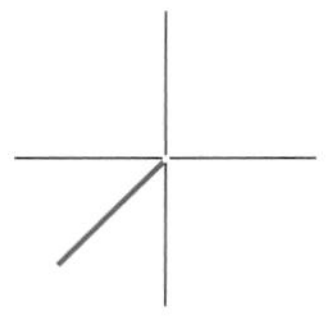

Tipologia edilizia:
completamento della cortina edilizia, con una fenditura su tutta la profondità del lotto, 7 piani, NE/SO

Data di costruzione:
1993

Modello di finanziamento:
edilizia sociale destinata a impiegati, HLM "Toit et Joie"

Profondità dell'edificio:
3,5/7,5 m

Distribuzione:
a corpo doppio e triplo, grande spazio distributivo aperto nella fenditura, ascensore

Numero di alloggi:
26

Dimensione degli alloggi:
atelier, 35 m² (13);
appart. da 2 locali, 55/58/62 m² (11);
appart. da 3 locali, 60 m² (1);
appart. da 4 locali, 77 m² (1)

Parcheggio:
31 posti auto sotterranei

Spazi aperti:
ampie terrazze,
parte del vano distributivo,
giardino comune

Philippe Gazeau
con Agnès Cantin,
Jacques Forte,
Parigi

Parigi,
46, rue de l'Ourcq

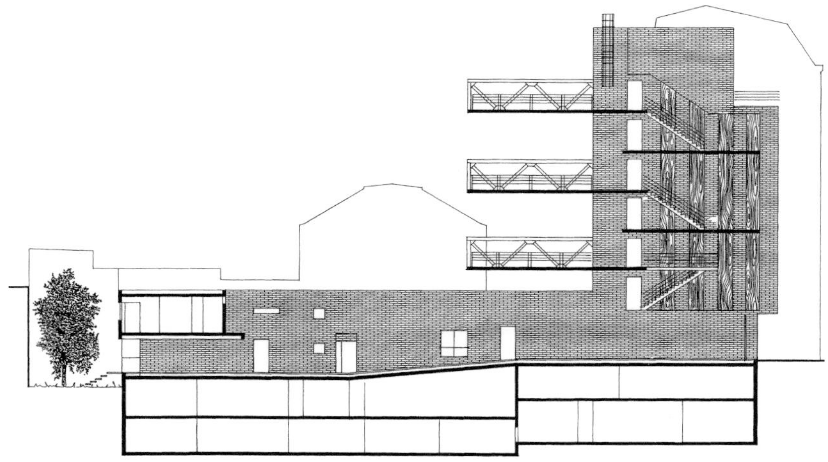

Sopra: sezione longitudinale lungo la scalinata 1:500
Ci-dessus : coupe longitudinale sur l'axe de l'escalier 1:500

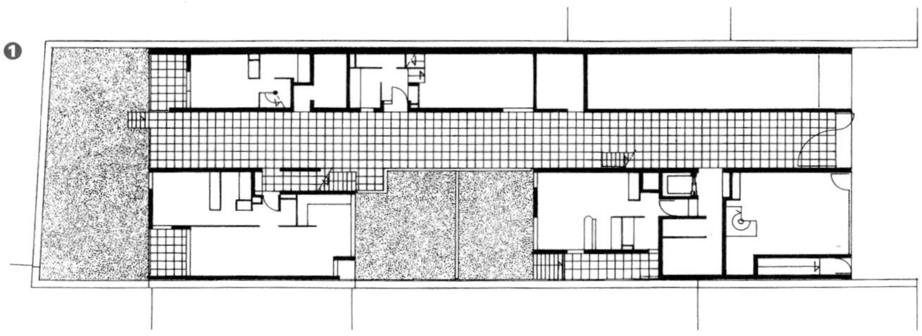

Pianterreno 1:500
❶ *Rez-de-chaussée 1:500*

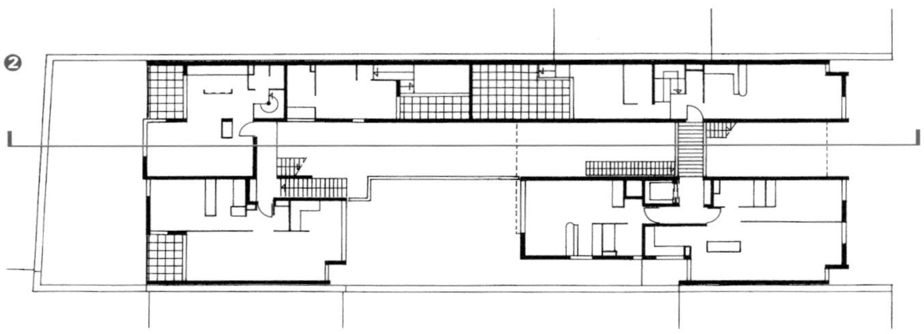

1° piano 1:500
❷ *Premier étage 1:500*

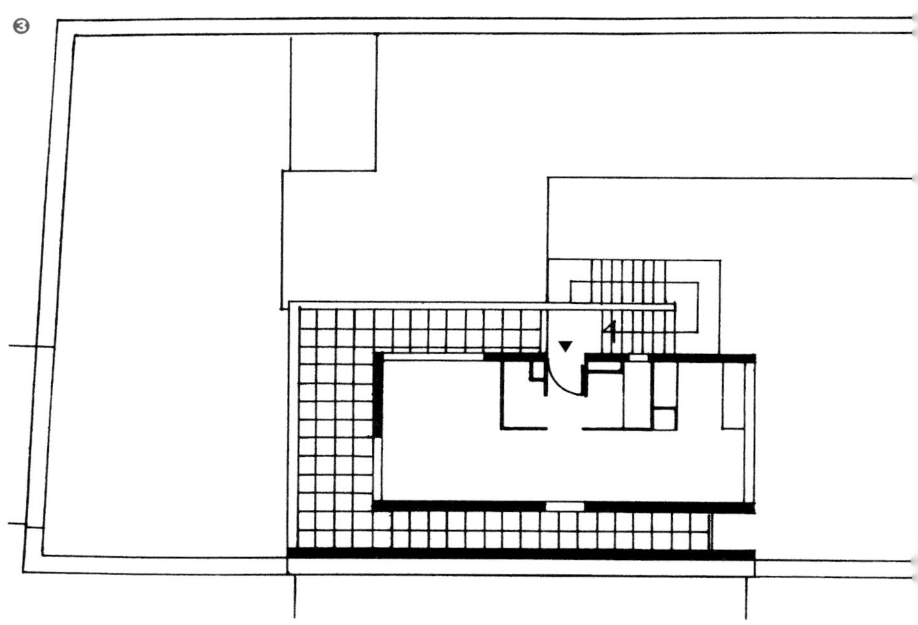

3° piano 1:200
❸ *Troisième étage 1:200*

In questa ricucitura di un isolato urbano, la struttura densa ed eterogenea del contesto ha suggerito un approccio di apertura anziché di chiusura. Una fenditura divide l'edificio in due corpi di fabbrica longitudinali (profondi rispettivamente 3,5 e 7,5 m) alti su strada e bassi sulla corte. I raggi del sole e la vitalità della strada possono così attraversare l'edificio e gli alloggi hanno la possibilità di affacciarsi su più di due lati. Le due metà sono collegate da un'ampia scalinata all'aperto con grandi sbarchi al piano in legno, al tempo stesso terrazze e spazio di comunicazione tra gli inquilini. Nell'interrato è collocato il parcheggio. Nei primi due piani si trovano grandi appartamenti su più livelli. Tra loro un passaggio porta all'interno della corte che termina in un giardino privato recintato. Sul fronte strada troviamo negozi al pianterreno, sopra i quali atelier e bilocali si susseguono fino al 7° piano. Una delle due metà si arretra rispetto al confine laterale del lotto permettendo un (accorto) affaccio sul cortile adiacente. Gli alloggi sono pensati per portalettere, che in questo modo possono risiedere vicino al luogo di lavoro. Di norma l'ingresso agli appartamenti porta a un corridoio, dal quale si accede da un lato alla camera da letto con bagno e dall'altro a soggiorno, cucina e WC.

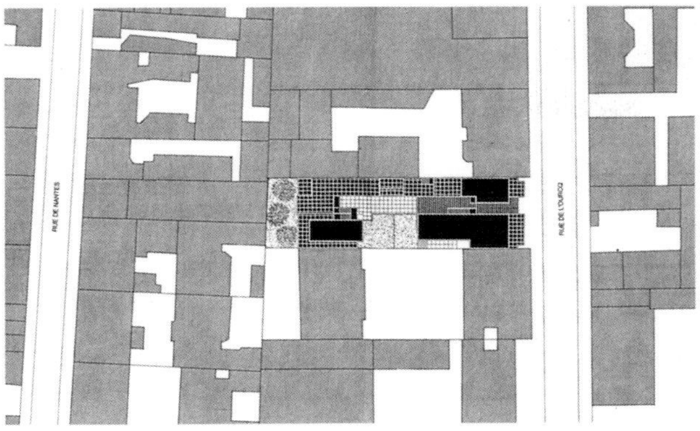

Type de construction
immeuble inséré dans une rangée urbaine et occupant toute la profondeur de la parcelle, 7 niveaux, NE/SO

Date de construction
1993

Financement
logements sociaux pour employés de La Poste, HLM « Toit et Joie »

Profondeur du bâtiment
3,5/7,5 m

Accès
2 ou 3 appartements par étage, accessibles par un large escalier extérieur dans l'espace entre les deux corps de bâtiment, ascenseur

Nombre d'appartements
26

Surface des appartements
studios, 35 m² (13 unités)
app. 2 p., 55/58/62 m² (11 unités)
app. 3 p., 60 m² (1 unité)
app. 4 p., 77 m² (1 unité)

Places de stationnement
garage souterrain de 31 places

Espaces extérieurs
terrasses spacieuses, accès, jardin commun

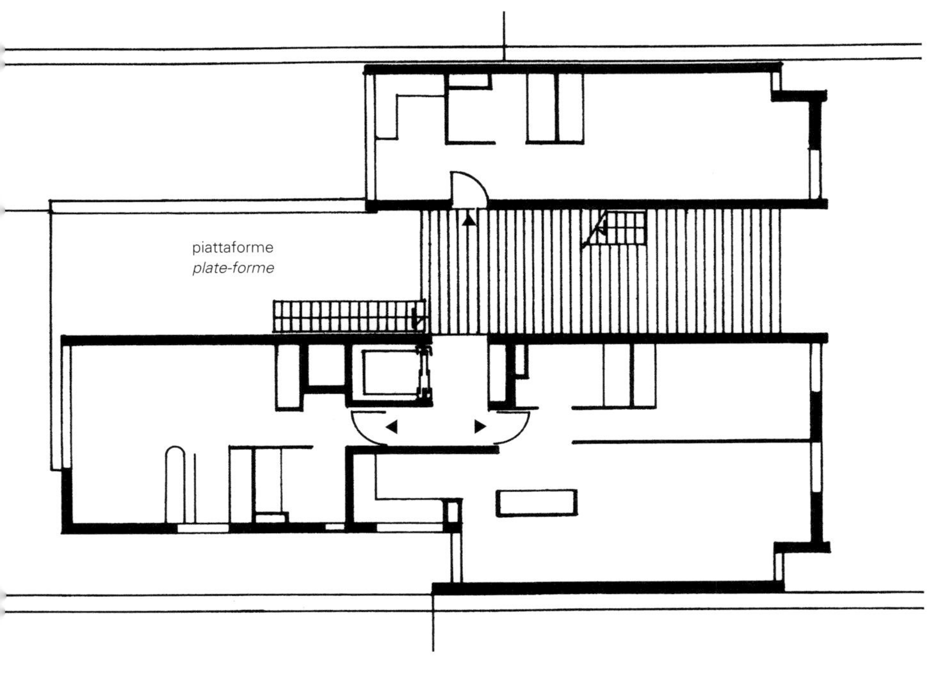

Philippe Gazeau, en collaboration avec Agnès Cantin et Jacques Forte, Paris

Paris, 46, rue de l'Ourcq

Cette réalisation est marquée par son environnement dense et hétérogène. L'immeuble comble un vide mais en réalité ouvre plutôt qu'il ne ferme. Un passage coupe le bloc en deux éléments (larges de 3,5 et 7,5 m). L'immeuble présente deux tours en front de rue, alors que l'arrière est bas. Ainsi, le soleil et l'animation de la rue peuvent pénétrer au fond de la parcelle, et les appartements ne doivent pas impérativement être orientés selon un seul axe. Un grand escalier ouvert relie les deux corps. Ses paliers en bois servent en même temps de terrasses et de lieu de rencontre. Un garage est aménagé au sous-sol. Au rez-de-chaussée et au premier étage se trouvent de grands appartements sur plusieurs niveaux. Entre les appartements, un passage sur toute la profondeur aboutit à un petit jardin enclos. Côté rue, le rez-de-chaussée abrite deux commerces, puis jusqu'au septième étage se succèdent des petits studios et des appartements de deux pièces. L'un des corps de bâtiment forme un retrait par rapport à la limite de parcelle, ce qui rend possible l'installation de fenêtres donnant sur la cour voisine. Les appartements ont été conçus pour des employés de La Poste, qui ont ainsi la possibilité d'habiter près de leur lieu de travail. L'entrée de l'appartement donne généralement sur un couloir desservant d'un côté la chambre à coucher et la salle de bains, et de l'autre le séjour, la cuisine et les WC.

riferito a piante 1:200

se réfère aux plans 1:200

1.2 Inserti urbani

Tipologia edilizia:
edificio residenziale e commerciale, 7 piani, SE/NO, bar al pianterreno, ufficio al 1° piano

Data di costruzione:
1999-2000

Modello di finanziamento:
edilizia privata

Profondità dell'edificio:
36 m (appartamento 24,7 m)

Distribuzione:
a corpo semplice, ingressi sfalsati ogni mezzo piano

Numero degli alloggi:
12

Dimensione degli alloggi:
appart. da 2 locali, 110 m² (10);
appart. da 2 locali, 100 m² (2)

Parcheggio:
nessuna possibilità di parcheggio nel lotto

Spazi aperti:
giardino condominiale, balconi, terrazze

**Progetto:
Walter Nägli, Sascha Zander, Berlino**

**Piano di realizzazione:
zanderroth architekten, Berlino**

Berlino-Prenzlauer Berg, Lychener Straße

Una parcella stretta e lunga con una piazza sul fronte e un giardino sul retro: i progettisti hanno suddiviso il fabbricato in due parti sfalsate tra loro in senso longitudinale, in pianta e in sezione. Così la cortina si apre e la luce arriva a tutti gli appartamenti, mentre spazi interni ed esterni si intrecciano tra loro. Le pareti cieche ai lati della parcella restano in evidenza. Gli appartamenti si orientano verso la piazza e la strada antistanti. Grazie al fronte interamente vetrato il soggiorno si estende visivamente fino alla parete cieca sull'altro lato e termina con un "vetrina" rialzata di 40 cm, che funge da filtro tra interno ed esterno. La parte più privata si articola attorno a un volume che conduce al bagno e alla zona notte attraverso porte scorrevoli.

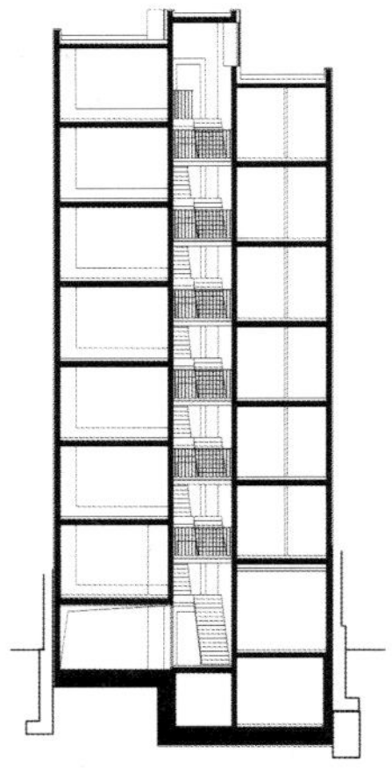

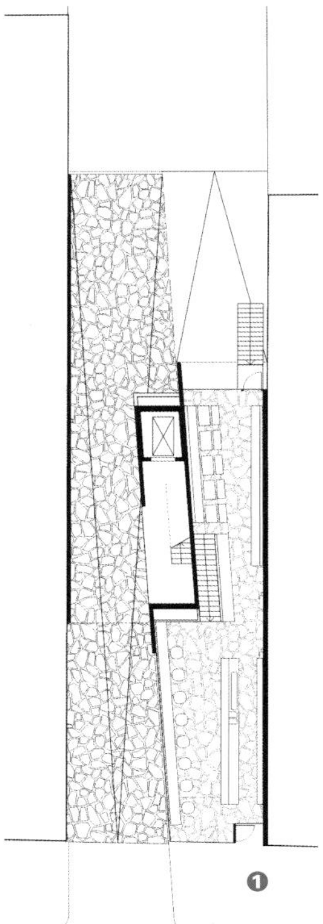

❶

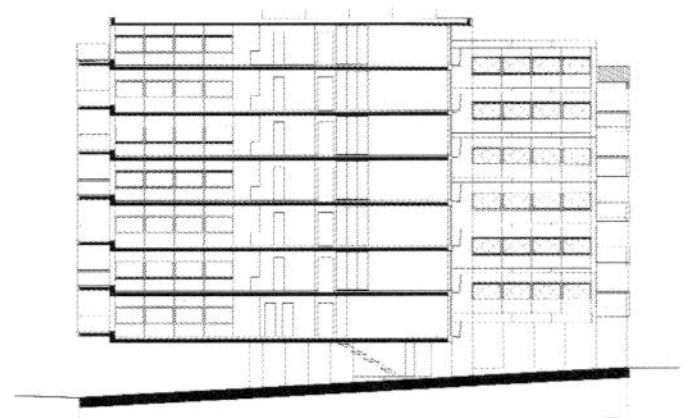

❸

❶ Pianterreno 1:500
Rez-de-chaussée 1:500

❷ Piano tipo 1:200
Étage type 1:200

❸ Sezione 1:500
Coupe longitudinale 1:500

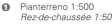

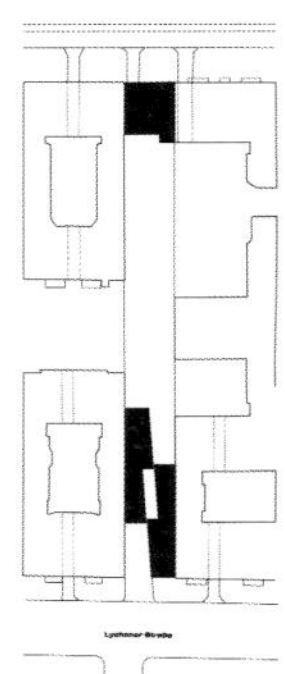

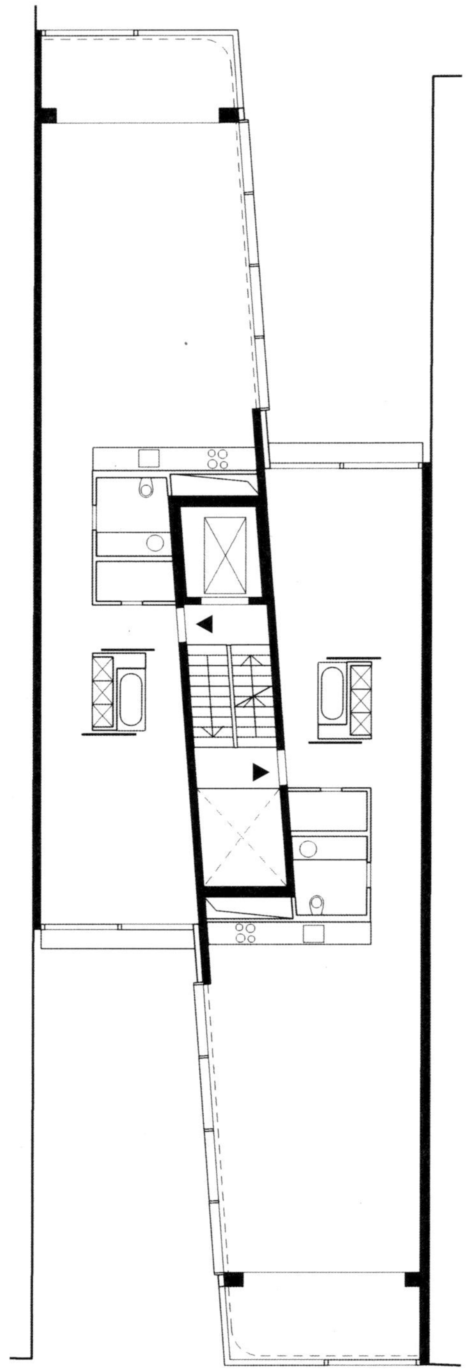

❷

Insertion dans une rangée 1.2

Type de construction
immeuble résidentiel et commercial, 7 niveaux, SE/NO, bar au rez-de-chaussée, bureau au premier étage

Date de construction
1999-2000

Financement
privé

Profondeur du bâtiment
36 m (appartements 24,7 m)

Accès
escalier pour un appartement par étage, entrées décalées d'un demi-niveau

Nombre d'appartements
12

Surface des appartements
app. 2 p., 110 m² (10 unités)
app. 2 p., 100 m² (2 unités)

Places de stationnement
pas de places sur la parcelle

Espaces extérieurs
jardin commun, balcons, terrasses

**Projet:
Walter Nägli, Sascha Zander, Berlin**

**Exécution:
zanderroth architekten, Berlin**

Berlin-Prenzlauer Berg, Lychener Straße

Une parcelle étroite et profonde, avec une place à l'avant et un jardin à l'arrière. Le bâtiment est divisé dans le sens de la longueur en deux moitiés identiques décalées en plan et en coupe de manière à dégager le front du bâtiment et à donner de la lumière aux appartements. L'intérieur et l'extérieur s'interpénètrent. L'espace entre les murs coupe-feu reste perceptible. Les appartements donnent à la fois sur la rue et sur la place. Les façades vitrées étendent visuellement une partie de l'espace de séjour à toute la largeur de la parcelle, tandis que l'autre partie, surélevée de 40 cm, forme une espèce de vitrine à la jonction entre extérieur et intérieur. Des cloisons à portes coulissantes font la séparation entre couloir, salle de bains et chambre à coucher.

Tipologia edilizia:
casa unifamiliare,
3-4 piani, N/S

Data di costruzione:
2000

Modello di finanziamento:
edilizia privata

Profondità dell'edificio:
16 m

Distribuzione:
scala interna

Numero di unità:
1

Dimensioni dell'unità:
291 m² (compreso il piano interrato)

Parcheggio:
nessuna possibilità di parcheggio nel lotto

Spazi aperti:
terrazza al 2° piano,
un passaggio interno porta al canale

Höhne & Rapp, Amsterdam

Amsterdam, Borneo, Casa Santen

Edificio realizzato ad Amsterdam, nel nuovo quartiere residenziale Borneo-Eiland. I lotti sono stati ceduti a privati disposti a rispettare l'impianto urbanistico che prevedeva case a schiera. La casa nasce a cavallo di un passaggio "quasi pubblico" che collega la strada al corso d'acqua. L'ingresso è su un lato del passaggio; sul lato opposto c'è uno spazio di lavoro. Al 1° piano le due parti si uniscono nel soggiorno. Al 2° uno spazio a cielo aperto separa le due camere da letto. Sui lati della parte centrale vi sono i vani accessori: a sinistra la scala e a destra il bagno. La peculiarità del progetto risiede nell'aver fatto penetrare l'esterno attraverso l'edificio, con i vantaggi (l'illuminazione naturale) e gli svantaggi (vani stretti e lunghi) del caso.

1 Piano interrato 1:200
Sous-sol 1:200

2 Pianterreno 1:200
Rez-de-chaussée 1:200

3 1° piano 1:200
Premier étage 1:200

4 2° piano 1:200
Deuxième étage 1:200

5 Prospetto, lato canale
Élévation côté canal 1:200

riferito a piante 1:200

se réfère aux plans 1:200

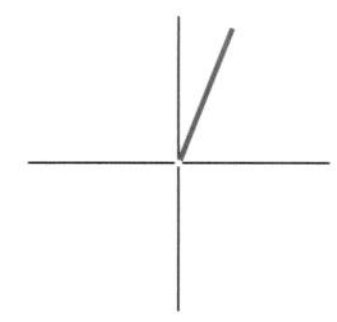

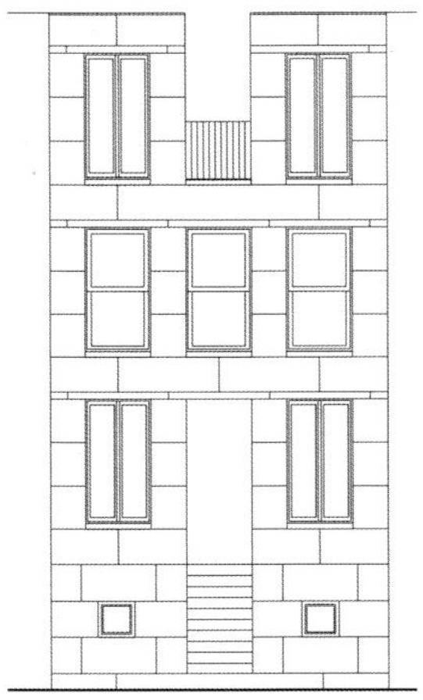

5

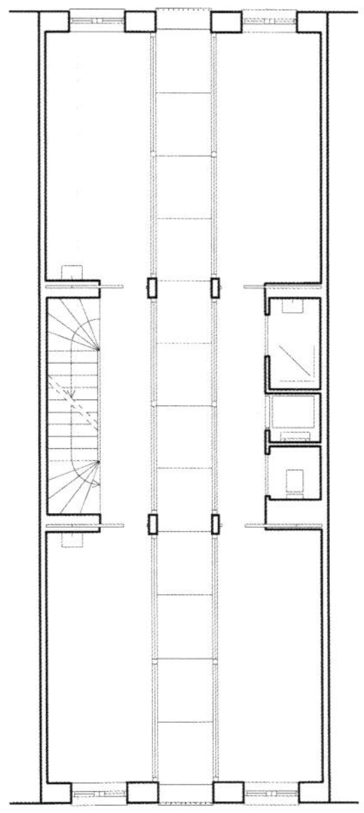

4

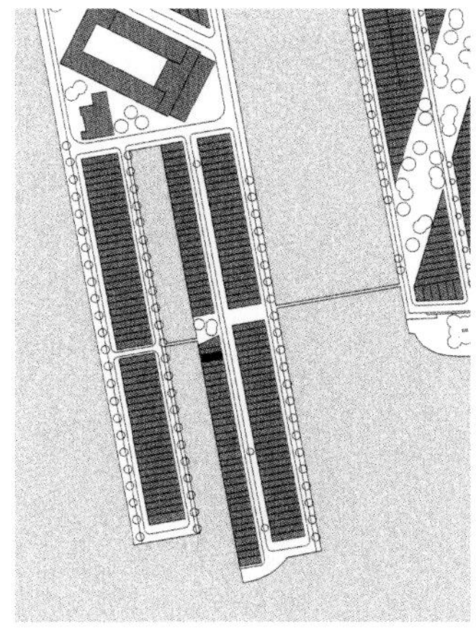

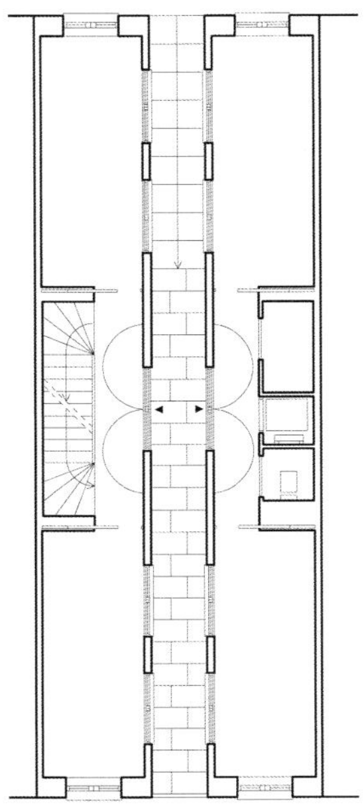

2

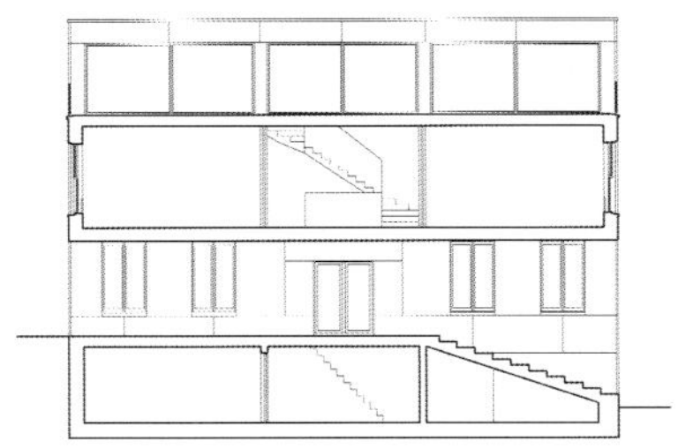

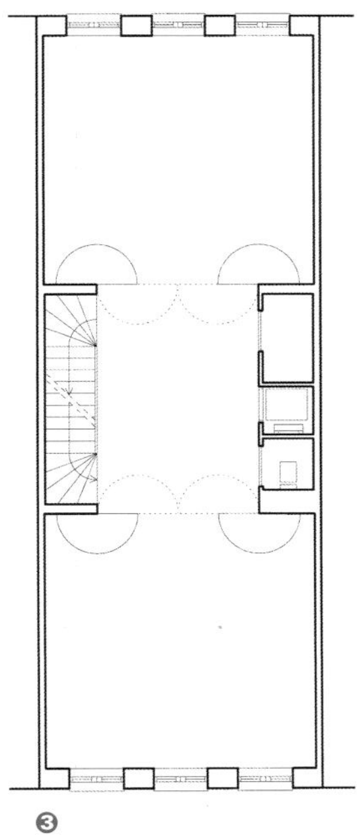

3

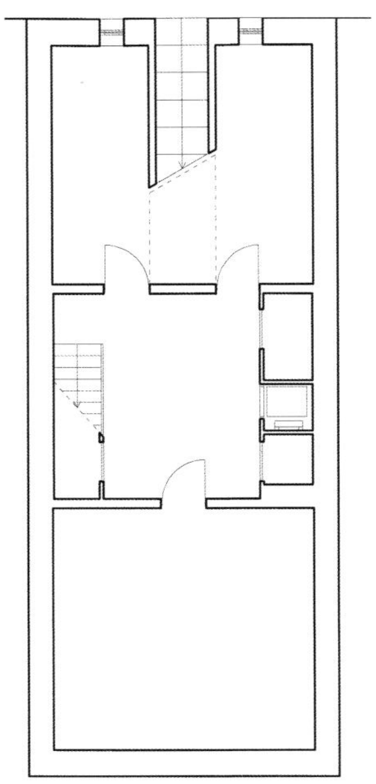

1

Type de construction
maison familiale,
3/4 niveaux, N/S

Date de construction
2000

Financement
privé

Profondeur du bâtiment
16 m

Accès
escalier intérieur

Nombre d'appartements
1

Surface de l'appartement
291 m² (avec les caves)

Places de stationnement
pas de places sur la parcelle

Espaces extérieurs
terrasse au deuxième étage,
passage intérieur

Höhne & Rapp, Amsterdam

Amsterdam, Borneo, Maison Santen

Immeuble situé dans un quartier neuf d'Amsterdam, Borneo-Eiland, dont les parcelles ont été vendues à des particuliers sous condition de respecter la typologie des rangées. Il occupe un passage quasi public entre la rue et la voie d'eau. L'entrée donne sur le milieu du passage. Au premier étage, les deux parties sont réunies (espace de séjour ouvert), tandis qu'au deuxième, une terrasse sur toute la longueur reprend le motif du passage et sépare les chambres à coucher. Dans la partie centrale de la maison se trouvent, sur les côtés, les services : escalier à gauche, locaux sanitaires à droite. Le projet se distingue par l'idée de faire traverser la maison par un espace extérieur, avec les avantages (éclairage) et les inconvénients (étroitesse des chambres) que cela entraîne.

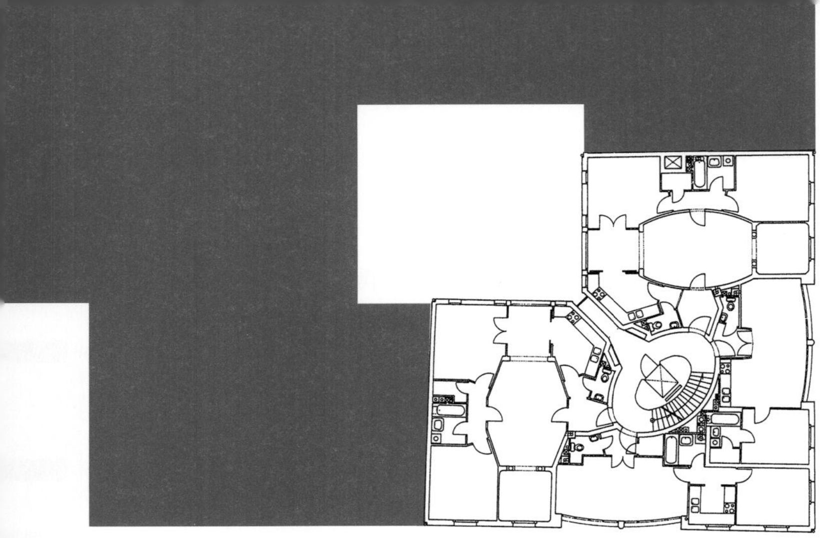

Edifici d'angolo

Gli edifici d'angolo devono fare i conti non solo con i vincoli che derivano dall'inserimento nell'isolato urbano e dal ripristino della continuità del fronte strada, ma anche con questioni di illuminazione, privacy e affaccio legati all'adiacenza dei due segmenti dell'edificio che vi si incontrano. Un'esposizione poco favorevole può creare ulteriori problemi (risolvibili con finestre a *bow-window*). Gli edifici d'angolo hanno particolare rilievo nel tessuto urbano e perciò sono spesso caricati di ambizioni formali: concludono uno scorcio e sono visibili da quattro lati. In relazione alle possibili soluzioni d'angolo si possono distinguere alcuni atteggiamenti progettuali di base: 1) il vano scala affacciato sul cortile o su strada, chiuso o aperto (per dare accesso al cortile) assume la funzione di cerniera; 2) distribuzione tramite due vani scala, uno per ogni ala dell'edificio; 3) uno spazioso appartamento (a volte più di uno con finestre a nastro) viene fatto girare sull'angolo; 4) il piano tipo è simmetrico rispetto alla bisettrice dell'angolo; 5) la superficie dell'angolo è scomposta in modo complicato per ottenere maggiore comfort negli appartamenti a scapito della morfologia dell'isolato; 6) una soluzione estrema: la separazione dell'angolo dall'isolato e la sua edificazione con un edificio indipendente.

Immeubles d'angle

En plus des contraintes qui sont aussi celles des immeubles en rangée ou en front de rue, les immeubles d'angle doivent résoudre le problème de l'éclairage, de la vue (de l'intérieur et vers l'intérieur) ; ils sont en outre très dépendants de leur orientation (des bow-windows ou des oriels peuvent représenter une solution). Ils occupent un emplacement urbanistique particulier qui est l'objet d'attentes formelles : ils marquent en effet l'extrémité de la rue et sont visibles de quatre côtés. La symétrie d'angle peut engendrer divers types d'organisation : 1. La cage d'escalier est la charnière (côté rue ou côté cour), ouverte ou fermée (avec passage vers la cour) ; 2. Il y a deux escaliers distincts, un pour chaque aile ; 3. L'angle est occupé par un appartement spacieux (ou parfois plusieurs appartements avec bandeaux de fenêtres) ; 4. Le plan de l'étage comporte deux appartements symétriques selon un axe diagonal ; 5. L'angle rentrant est décomposé en un plan complexe, les exigences urbanistiques étant abandonnées au profit de la qualité de l'habitation ; 6. La maison d'angle est séparée du bloc et traitée comme un élément urbanistique indépendant (solution extrême).

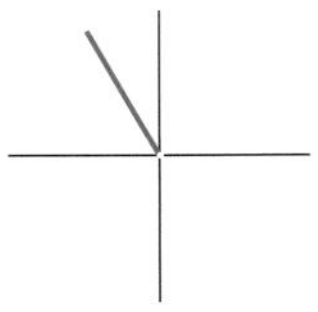

Tipologia edilizia:
edificio d'angolo con attraversamento verso il cortile, 6 piani, NO/SE e O/E

Data di costruzione:
1977-1981

Modello di finanziamento:
edilizia sociale

Profondità dell'edificio:
11/12,5 m

Distribuzione:
a corpo doppio

Numero di alloggi:
11

Dimensione degli alloggi:
appart. da 3 locali, ca. 85 m²;
appart. da 5 locali, ca. 155 m²

Parcheggio:
sotterraneo

Spazi aperti:
spazi verdi nel cortile

Johannes Uhl, Berlino con Joachim Nowak, Wolfgang Müller, Andreas Essig

Berlino-Tiergarten, Alt-Moabit/ Elberfelder Straße

Edificio d'angolo con ali di diversa lunghezza, mette in scena l'angolo con una grande vetrata e un ampio attraversamento verso il cortile interno (alcuni gradini salgono verso l'ingresso condominiale e poi scendono verso il cortile). La simmetria rispetto all'angolo è sottolineata dal trattamento delle parti terminali delle due ali, dove si collocano balconi coperti. Le cucine hanno finestre a nastro che girano l'angolo permettendo di affacciarsi su entrambe le strade. La suddivisione dei vani e il loro impianto distributivo sono simmetrici: il soggiorno è passante dal fronte strada al cortile interno (per una profondità di circa 8 m cui si aggiunge il balcone) e può essere suddiviso da pareti scorrevoli. La zona notte è distribuita da un corridoio cui si accede dal soggiorno.

① Planimetria del piano tipo 1:200
Plan d'un étage type 1:200

①

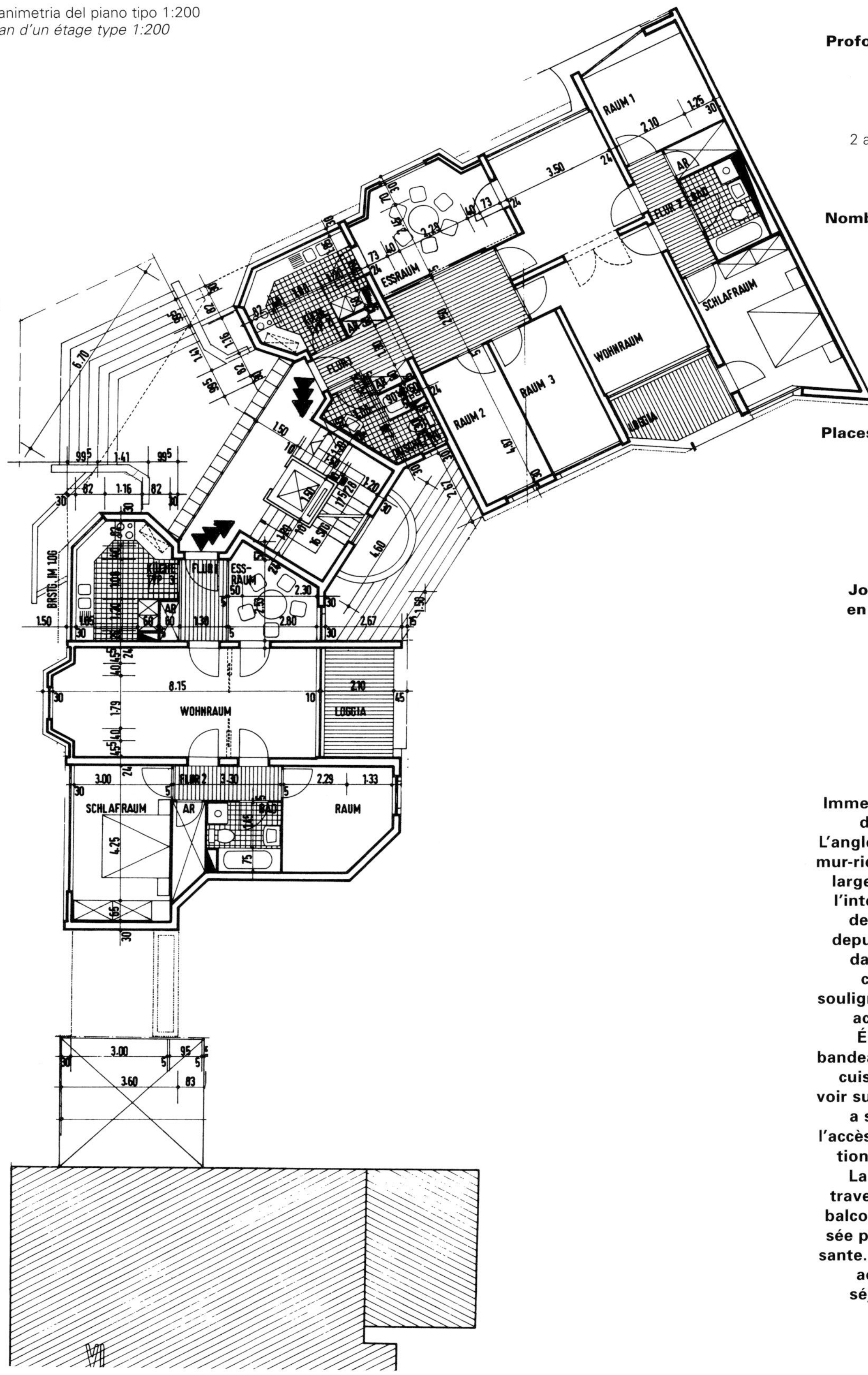

Type de construction:
immeuble d'angle avec passage vers la cour, 6 niveaux, NO/SE et O/E

Date de construction:
1977-1981

Financement:
logements sociaux

Profondeur du bâtiment:
11/12,5 m

Accès:
cage d'escalier pour 2 appartements par étage

Nombre d'appartements:
11

Surface des app.:
app. 3 p., env. 85 m²
app. 5 p., env. 155 m²

Places de stationnement:
garage souterrain

Espaces extérieurs:
verdure dans la cour

Johannes Uhl, Berlin, en collaboration avec Joachim Nowak, Wolfgang Müller et Andreas Essig

Berlin-Tiergarten, Alt-Moabit/ Elberfelder Straße

Immeuble d'angle à ailes de longueur inégale. L'angle est signalé par un mur-rideau vitré et par un large passage menant à l'intérieur du bloc (avec des marches montant depuis la rue et descendant dans la cour). Le chaufrein de l'angle, souligné par les oriels, en accentue la symétrie. Épousant l'angle, les bandeaux de fenêtres des cuisines permettent de voir sur les deux rues. Il y a symétrie aussi dans l'accès et dans la disposition des appartements. La pièce de séjour est traversante (8 m sans le balcon) et peut être divisée par une paroi coulissante. Les chambres sont accessibles depuis le séjour, par un couloir.

3 Edifici d'angolo

Tipologia edilizia:
edificio residenziale urbano
8 piani, E/O e N/S

Data di costruzione:
1983-1986

Modello di finanziamento:
edilizia sociale

Profondità dell'edificio:
12 m

Distribuzione:
a corpo doppio e quadruplo

Numero di alloggi:
43

Dimensione degli alloggi:
appart. da 2 locali (15);
appart. da 3 locali (15);
appart. da 4 locali (6);
appart. da 5 locali (7)

Parcheggio:
area riservata sulla strada

Spazi aperti:
cortile

Rob Krier, Vienna/Berlino con Markus Geiswinkler

Vienna, X. Bezirk, Schrankenberggasse/ Puchsbaumgasse

Due edifici distinti; la planimetria di ognuno di essi è disposta in modo simmetrico. Al centro dell'edificio d'angolo si trova un vano scala scenografico collocato a cavallo della bisettrice dell'angolo, che distribuisce simmetricamente gli alloggi a 2 o 3 vani. Un disimpegno minimo introduce nell'ampio soggiorno che negli appartamenti più grandi è passante dalla strada al cortile interno, mentre in quelli più piccoli è disposto lungo la facciata su strada. In entrambi i casi la zona giorno è simmetrica rispetto all'ingresso che costituisce il fulcro e la distribuzione dell'alloggio. Nell'edificio adiacente quasi tutti i locali sono distribuiti da un corridoio a L. Il soggiorno è di nuovo ottagonale, ma non passante, e distribuisce una camera da letto e una loggia.

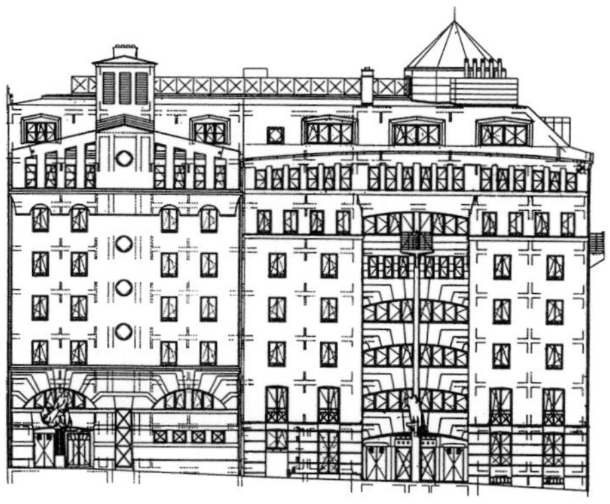

❶ ❷ Planimetria del piano tipo 1:200 (a confronto, versione originale del progetto in scala ridotta)
Plan d'un étage type 1:200 (pour comparaison, plan prévu, échelle réduite)

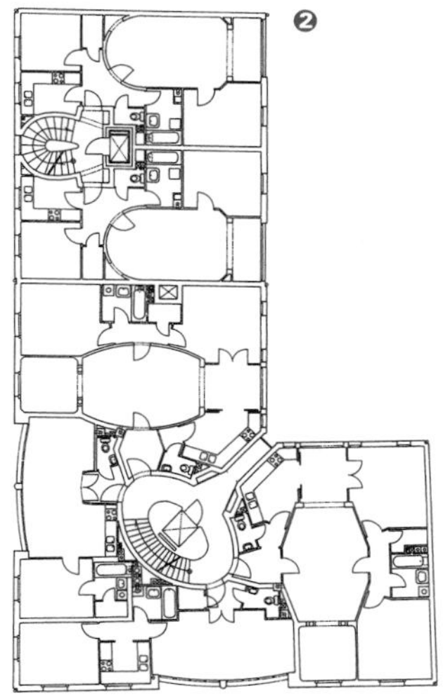

❷

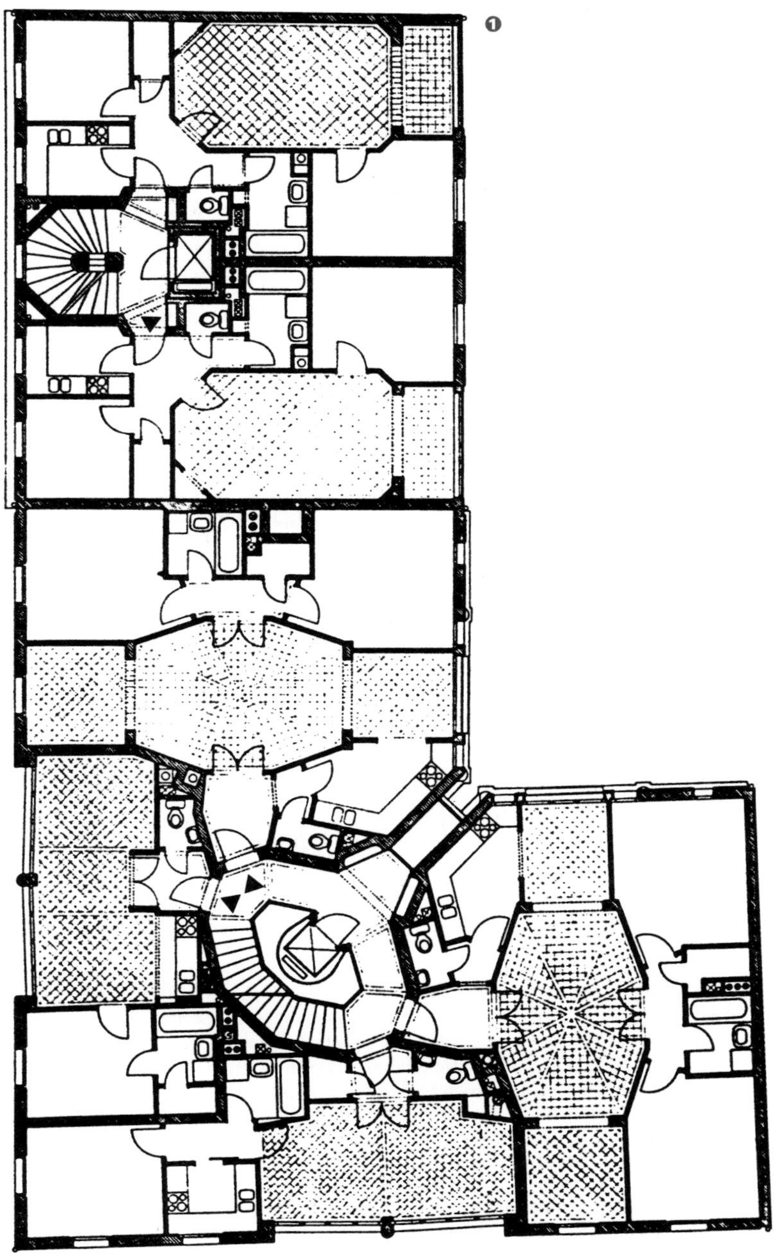

❶

Immeubles d'angle 1.3

Type de construction
immeuble urbaine,
8 niveaux, E/O et N/S

Date de construction
1983-1986

Financement
logements sociaux

Profondeur du bâtiment
12 m

Accès
cages d'escalier pour 2 ou 4 appartements par étage

Nombre d'appartements
43

Surface des appartements
app. 2 p. (15 unités)
app. 3 p. (15 unités)
app. 4 p. (6 unités)
app. 5 p. (7 unités)

Places de stationnement
sur la rue

Espaces extérieurs
cour

Rob Krier, Vienne/Berlin, en collaboration avec Markus Geiswinkler

Vienne, 10ᵉ arrondissement, Schrankenberggasse/ Puchsbaumgasse

La forme laisse voir deux immeubles distincts. Le bâtiment d'angle comprend une imposante cage d'escalier dans l'axe diagonal, donnant accès à des appartements de 2 et 3 pièces disposés symétriquement. L'entrée des logements est peu spacieuse et mène directement à une grande pièce de séjour qui, dans les plus grands appartements, est traversante; dans les autres, elle est parallèle à la rue. Le séjour est symétrique par rapport à l'entrée et fonctionne à la fois comme centre et comme espace de distribution. Dans le bâtiment voisin, presque toutes les pièces sont desservies par un couloir coudé. Le séjour est octogonal et permet de passer au jardin d'hiver et à la chambre à coucher.

1.3 Edifici d'angolo

Tipologia edilizia:
edificio con ballatoi,
6 piani,
S, SE/N, NO

Data di costruzione:
1987-1988 (concorso 1985)

Modello di finanziamento:
edilizia privata

Profondità dell'edificio:
12 m

Distribuzione:
ballatoi all'aperto, staccati dalla facciata verso il cortile

Numero di alloggi:
18

Dimensione degli alloggi:
appart. da 3 locali, 70 m² (8);
appart. da 4 locali, 100/130 m² (10)

Parcheggio:
garage nel 2° piano interrato

Spazi aperti:
cortile interno, logge a ogni piano, terrazze

**Jacques Herzog,
Pierre de Meuron,
Basilea
con Annette Gigon**

**Basilea,
Allschwilerstrasse 90**

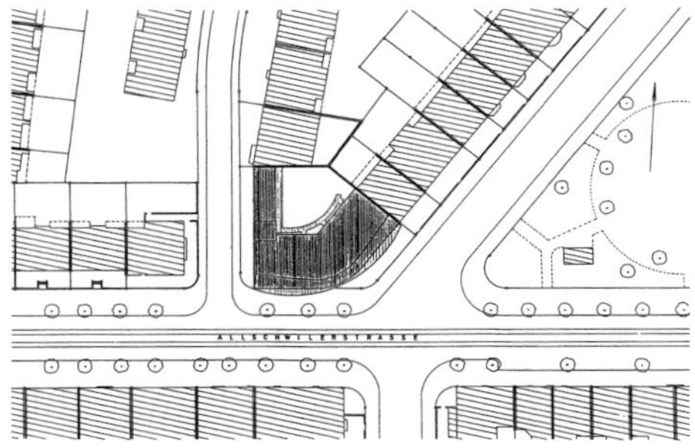

❶ Planimetria del piano tipo 1°-4° piano con appartamenti da 3 e 4 locali 1:200
Plan d'étage type (premier à quatrième), appartements 3 et 4 pièces 1:200

❶

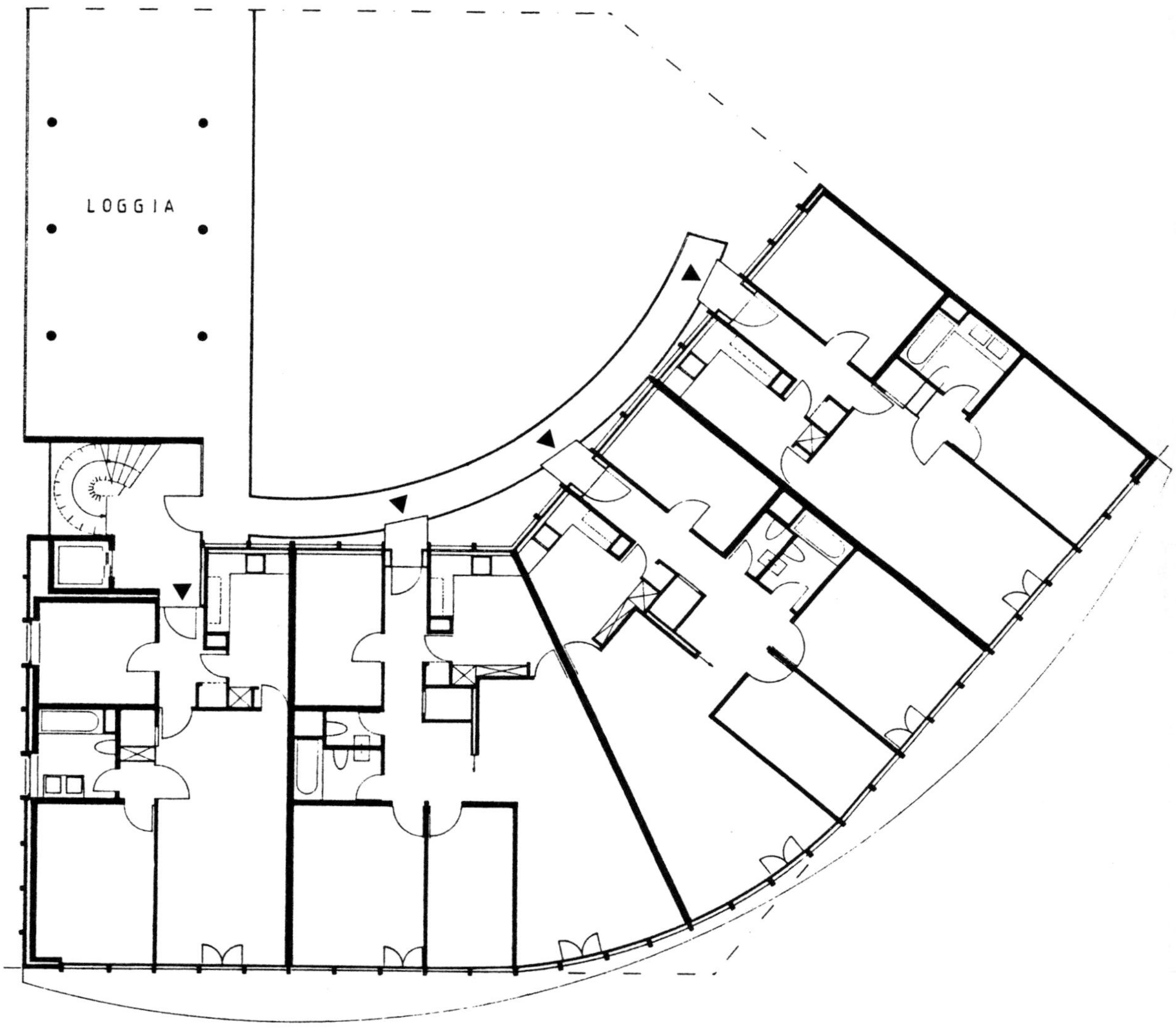

L'edificio conclude lo spigolo acuto dell'isolato con una curva morbida, mentre un breve e poco profondo segmento lineare dal 1° al 4° piano è destinato ad ampie logge. Il lotto pentagonale è stato completamente edificato sia al pianterreno sia ai piani interrati (con negozi, vani accessori e parcheggi); a partire dal 1° piano si impostano gli alloggi lungo la curva, mentre il resto della superficie è cortile in ghiaia. I quattro piani tipo hanno quattro appartamenti ciascuno, mentre l'ultimo piano, arretrato rispetto al filo esterno dell'edificio, ne ospita solo due. Le piante residenziali sono ortogonali rispetto all'andamento dell'edificio. La cucina e un'altra stanza si affacciano sul ballatoio interno e sono esposte rispettivamente a nord e nord-ovest. I ballatoi sono staccati dalla facciata e agli alloggi si accede tramite passerelle. La curvatura della facciata amplia visivamente gli spazi e rafforza la relazione tra l'interno e il balcone semicircolare. Ogni alloggio è distribuito da un corridoio trasversale, che negli appartamenti più grandi può essere combinato con un disimpegno centrale. Negli alloggi ai lati estremi un terzo locale è distribuito dal soggiorno. L'ultimo piano ospita lussuosi appartamenti di 4 vani con ampie terrazze, esposizione a sud/sud-est e bagni spaziosi affacciati sulla corte.

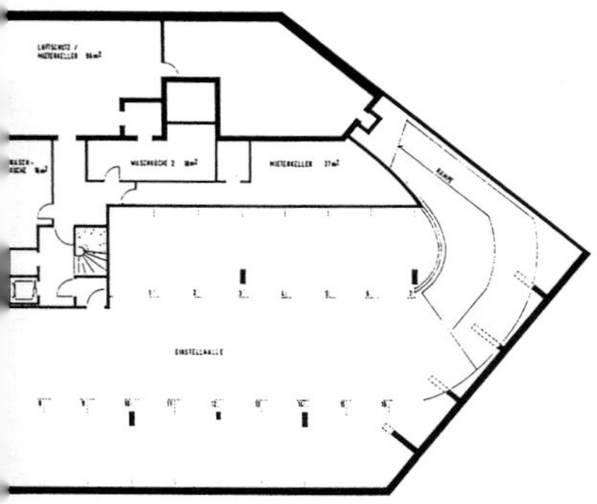

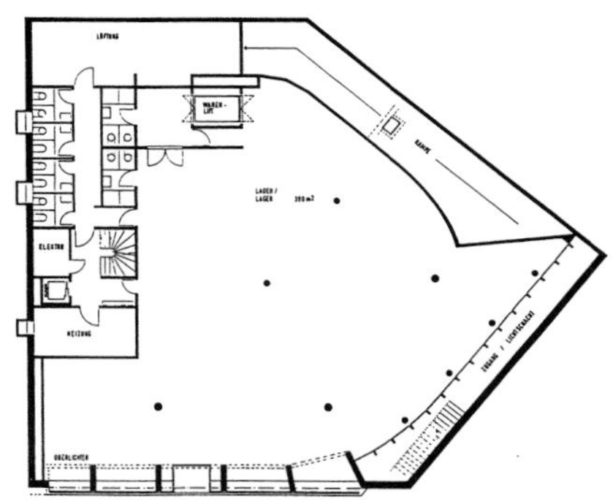

③

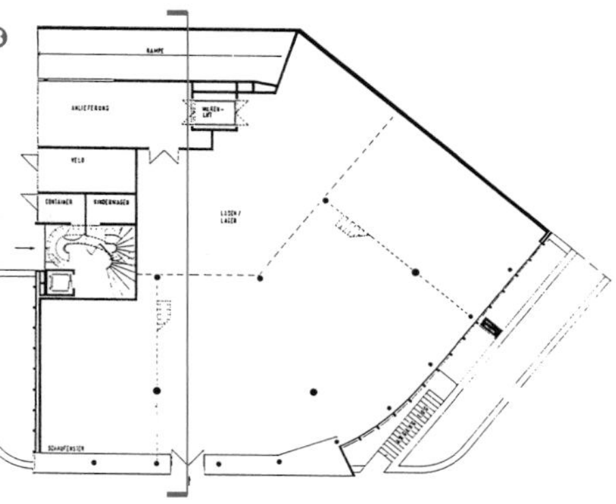

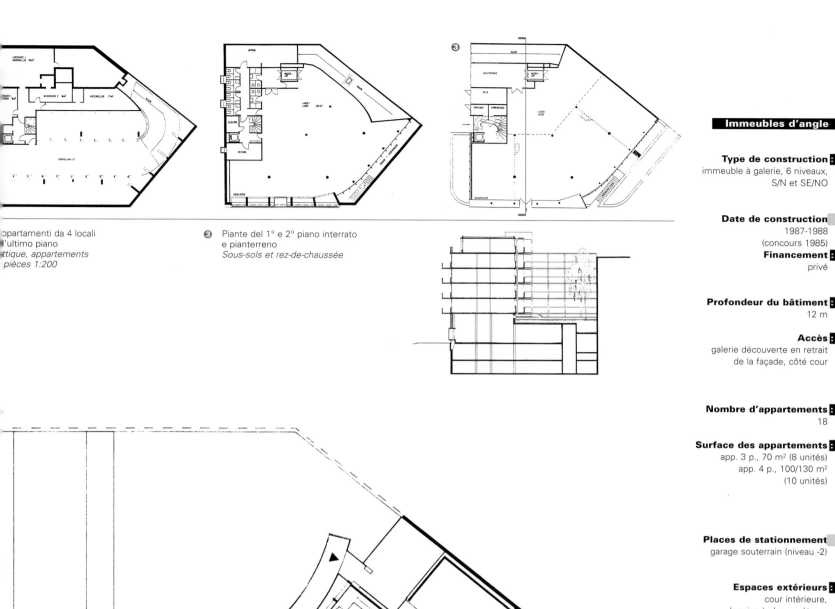

opartamenti da 4 locali
l'ultimo piano
ttique, appartements
pièces 1:200

③ Piante del 1° e 2° piano interrato e pianterreno
Sous-sols et rez-de-chaussée

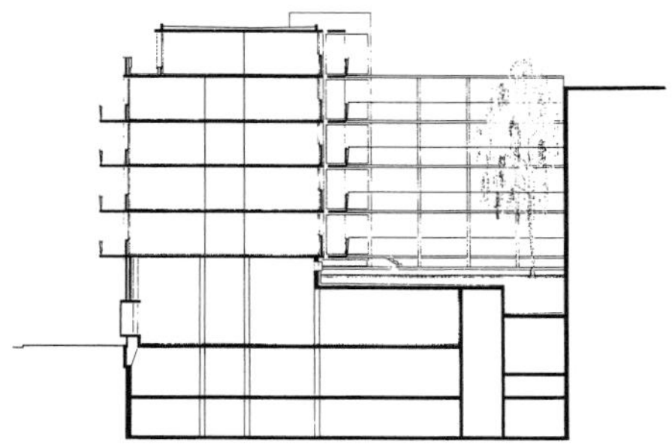

Immeubles d'angle 1.3

Type de construction
immeuble à galerie, 6 niveaux, S/N et SE/NO

Date de construction
1987-1988
(concours 1985)

Financement
privé

Profondeur du bâtiment
12 m

Accès
galerie découverte en retrait de la façade, côté cour

Nombre d'appartements
18

Surface des appartements
app. 3 p., 70 m² (8 unités)
app. 4 p., 100/130 m² (10 unités)

Places de stationnement
garage souterrain (niveau -2)

Espaces extérieurs
cour intérieure,
loggias à chaque étage,
terrasses

Jacques Herzog,
Pierre de Meuron,
Bâle,
en collaboration avec
Annette Gigon

Bâle,
Allschwilerstrasse 90

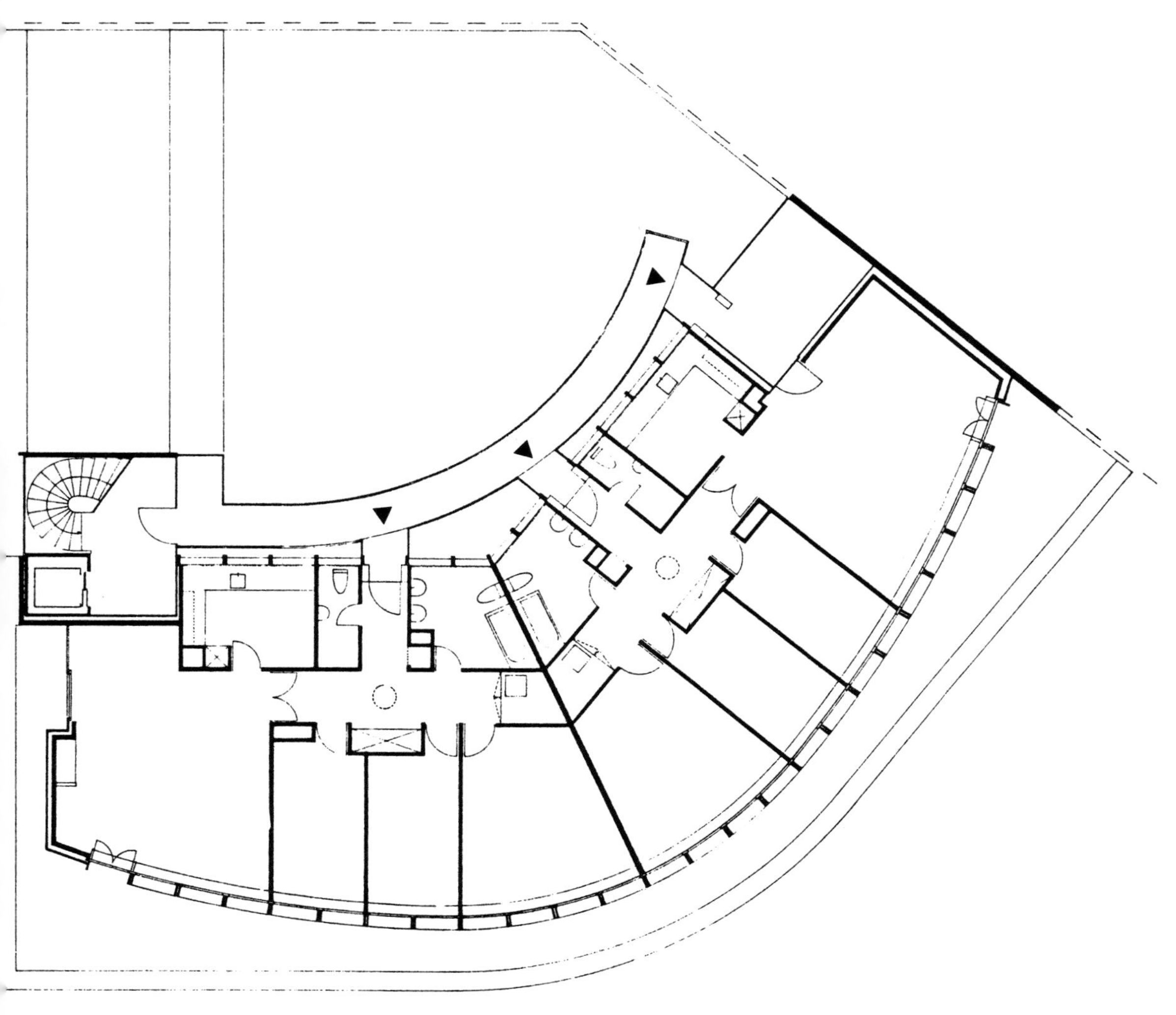

Il fallait fermer un angle aigu, mais les architectes ont dessiné un arc à l'incurvation agréable et un bâtiment de liaison étroit et rectangulaire comprenant des loggias sur ses quatre niveaux supérieurs. Aux sous-sols et au rez-de-chaussée, l'ensemble de la parcelle (de forme pentagonale) est construit (parkings au sous-sol, commerces et locaux de service au rez-de-chaussée). Dès le premier étage, les appartements n'occupent que l'arc de cercle, le reste de la parcelle étant recouvert d'un jardin gravillonné à la disposition des occupants. Les quatre étages principaux ont chacun quatre appartements, l'attique, en a deux. Le plan des appartements est organisé transversalement par rapport à la corde de l'arc. La cuisine et une autre pièce donnent sur la galerie (nord ou nord-ouest). Les galeries sont à découvert et en retrait de la façade, l'accès aux appartements se faisant par une passerelle. Le tracé incurvé de la façade, avec la courbe continue des terrasses, fait paraître les pièces plus grandes. L'entrée des appartements donne sur un couloir, avec un espace de distribution dans les 4 pièces, tandis que, dans les 3 pièces, une des chambres n'est accessible que par le séjour. L'attique comprend de luxueux 4 pièces, à large terrasse, chambres orientées au sud ou sud-est, et salle de bains avec vue.

riferito a piante 1:200

se réfère aux plans 1:200

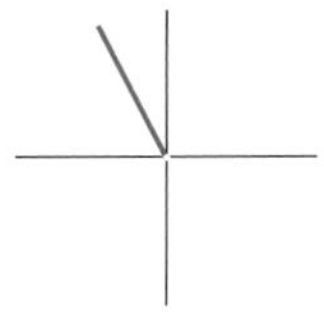

1.3 Edifici d'angolo

Tipologia edilizia:
edificio d'angolo posto a inserto in un isolato, 7 piani, NE/SE/SO, attività produttive al pianterreno e in parte del 1° piano

Data di costruzione:
1993

Modello di finanziamento:
edilizia sociale

Profondità dell'edificio:
18 m
lunghezza 38,5-18 m gradonato

Distribuzione:
corridoio centrale con scala a una rampa, a corpo quintuplo

Numero di alloggi:
28

Dimensione degli alloggi:
appart. da 3 locali, 65 m² (11);
appart. da 3 locali, 73/82/93/97 m² (9, compresi appart. per diversamente abili);
appart. da 4 locali, 90/95/98 m² (4);
mais. da 4 locali, 92/98/103 m² (4)

Parcheggio:
garage sotterraneo

Spazi aperti:
spazio verde all'interno dell'isolato con fontane

Hilde Léon, Konrad Wohlhage, Berlino con Ebba Zernack, Nina Lambea, Klaus Wiechers

Berlino-Kreuzberg, Schlesische Straße/ Taborstraße

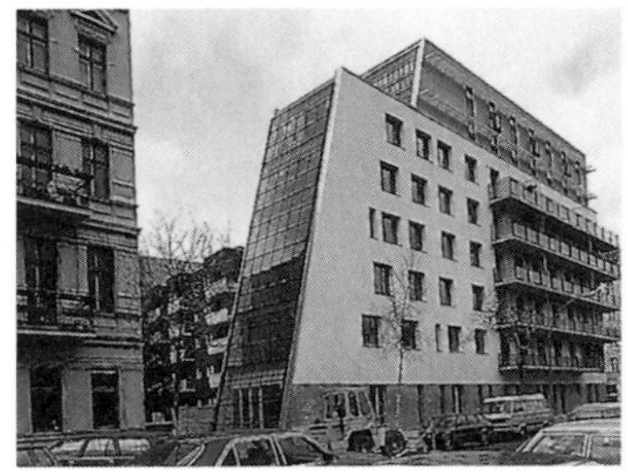

❶ Pianterreno
Niveau de l'entrée

❷ Planimetria del piano tipo 1:200
Plan d'un étage type 1:200

Divisione longitudinale in fasce funzionali
Division longitudinale : fonctionnelle

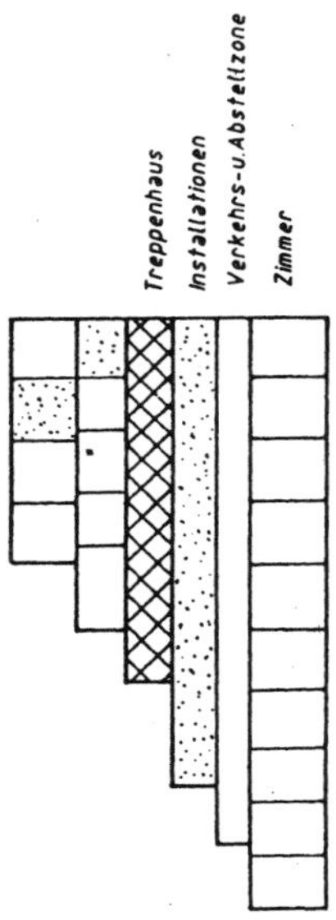

Divisione longitudinale in fasce strutturali
Division longitudinale : statique

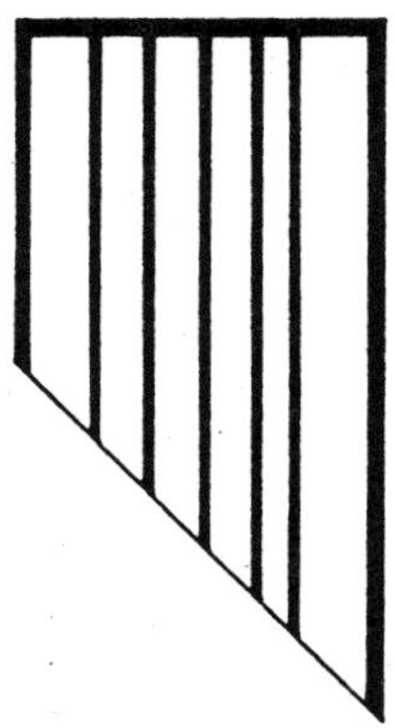

Flessibilità funzionale grazie a pareti divisorie non portanti
Souplesse fonctionnelle, les parois transversales n'étant pas porteuses

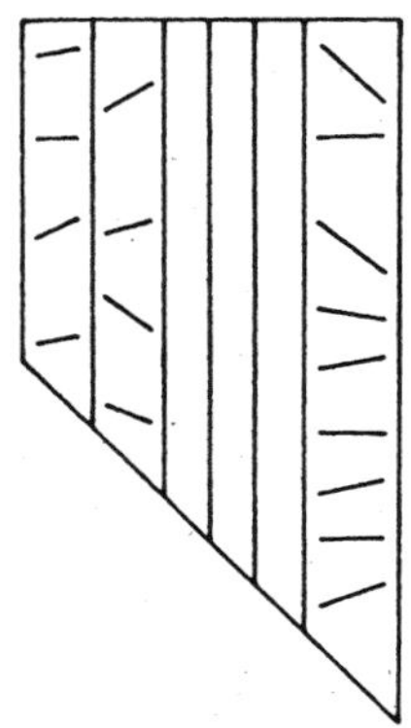

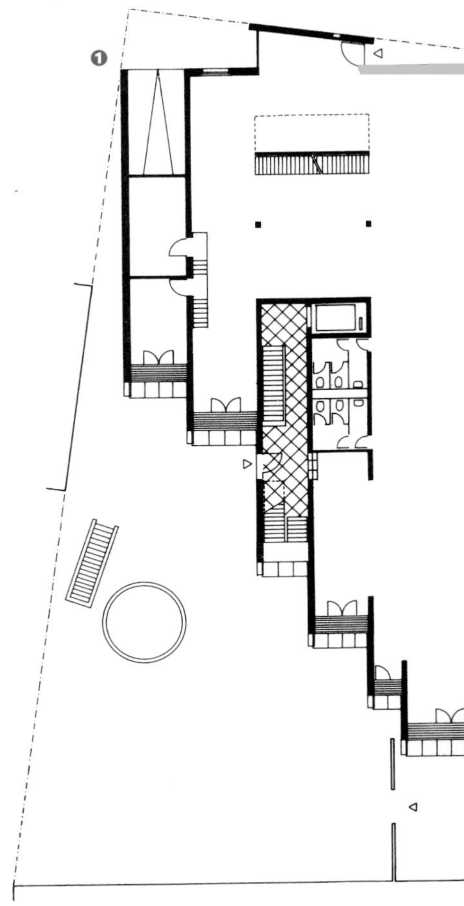

Modulo urbano indipendente sullo spigolo di un isolato tra due pareti cieche, con un leggero distacco da uno degli edifici confinanti. Verso il cortile rivolge i terrazzamenti coperti da una vetrata inclinata, verso la strada la facciata in muratura portante con aperture regolari. L'inconsueta dotazione di questi alloggi sociali è stata ottenuta con una forma di compensazione: in cambio di un alto indice di edificabilità (3,5 invece di 1,5) il committente ha finanziato le verande, le spesse pareti perimetrali (49 cm per una maggiore efficienza energetica) e i pannelli scorrevoli interni (flessibilità degli alloggi). Il piano tipo è articolato in fasce strutturali parallele al lato lungo – residenza, nuclei servizi, corridoio centrale, residenza –, gradonate verso l'alto e coperte da una vetrata inclinata. A ogni piano due appartamenti godono di due logge ciascuno, mentre gli altri hanno accesso all'ampio balcone condominiale sul fronte strada. Negli alloggi i vani sono affiancati senza una destinazione predefinita; alcuni sono collegati tra loro da pareti scorrevoli (grazie alle pareti divisorie non portanti). I bilocali con angolo cottura possono trasformarsi in un unico open space. I trilocali progettati per utenti diversamente abili hanno i doppi servizi e un disimpegno sovradimensionato.

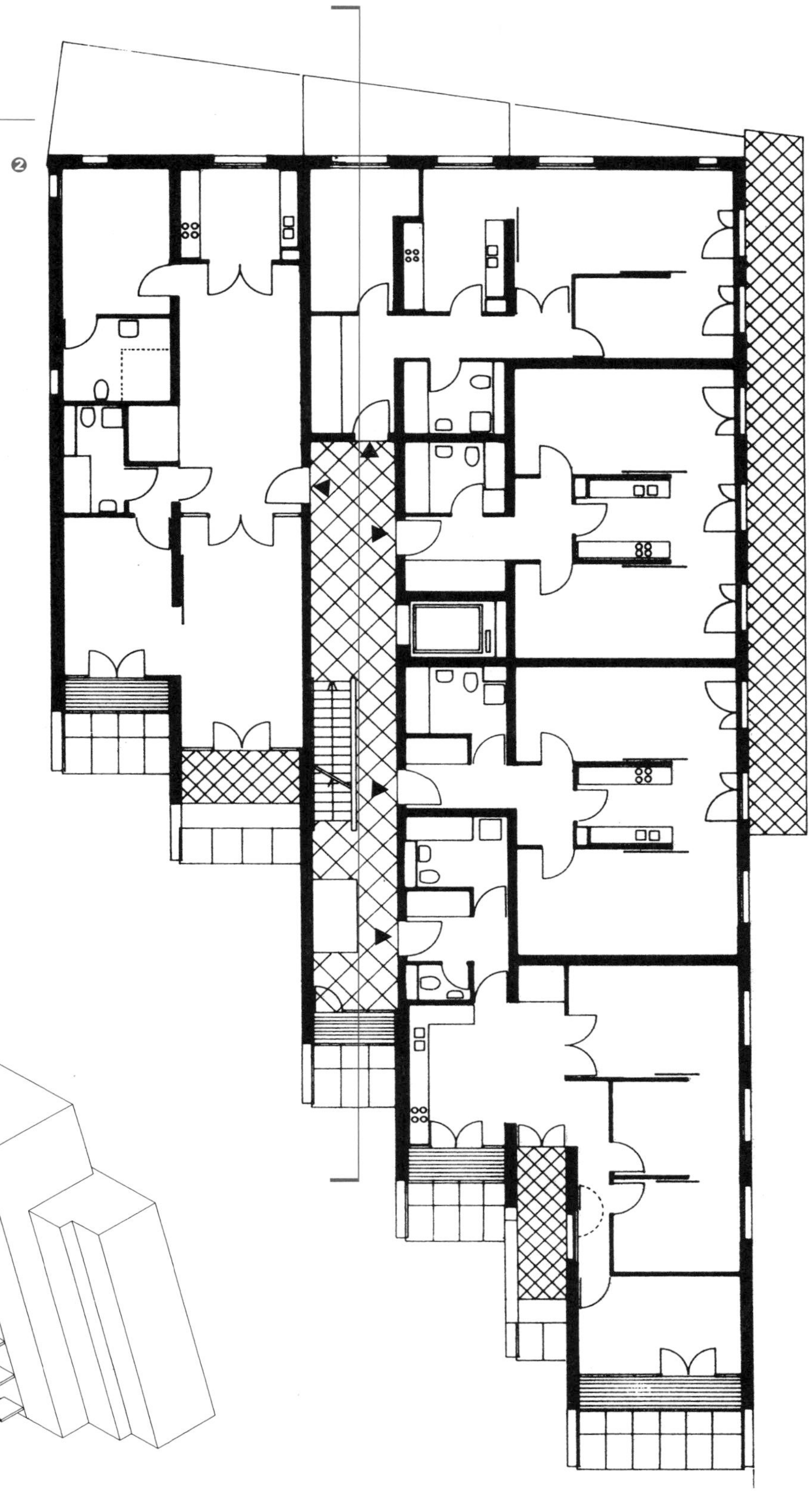

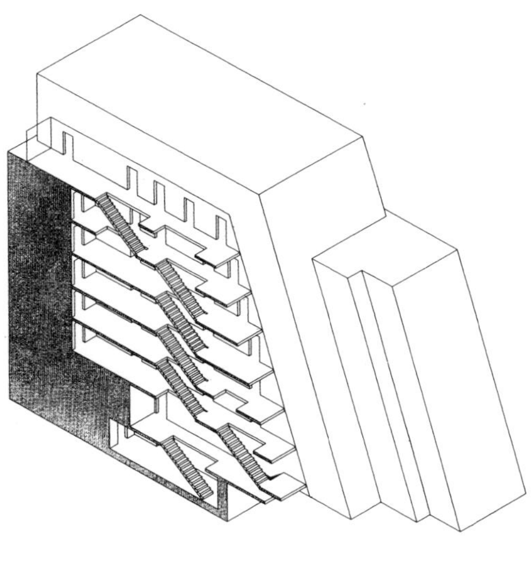

Type de construction
immeuble d'angle dans une lacune du tissun urbain, 7 niveaux, NE/SE/SO, locaux commerciaux au rez-de chaussée et sur une partie du premier étage

Date de construction
1993

Financement
logements sociaux

Profondeur du bâtiment
18 m; longueur échelonnée 38,5-18 m

Accès
corridor central avec escalier à volées simples, pour 5 appartements par étage

Nombre d'appartements
28

Surface des appartements
app. 3 p., 65 m² (11 unités)
app. 3 p., 73/82/93/97 m² (9 unités, y compris app. pour handicapés)
app. 4 p., 90/95/98 m² (4 unités)
duplex 4 p., 92/98/103 m² (4 unités)

Places de stationnement
garage souterrain

Espaces extérieurs
verdure à l'intérieur du bloc, avec fontaine

Hilde Léon, Konrad Wohlhage, Berlin, en collaboration avec Nina Lambea et Klaus Wiechers

Berlin-Kreuzberg, Schlesische Straße/ Taborstraße

Cet immeuble d'angle est traité comme un élément urbanistique isolé, construit entre deux murs coupe-feu. Côté cour, il présente un plan en escalier et des façades vitrées inclinées, côté rue une façade à petites ouvertures. La disposition des appartements est inhabituelle et résulte d'un accord de compensation: en échange de l'autorisation d'un plus haut coefficient d'occupation des sols (3,5 au lieu de 1,5), le maître d'œuvre a financé des jardins d'hiver, des murs extérieurs de 49 cm d'épaisseur (considérations écologiques) et des parois coulissantes. Le plan de chaque étage est divisé en zones parallèles au long côté de l'immeuble: séjours, salles d'eau, couloir central, et à nouveau séjours. Les zones marquent un retrait de l'une à l'autre et elles ont une façade vitrée inclinée. À chaque étage, deux appartements ont chacun deux jardins d'hiver. Les trois autres donnent sur la rue et s'ouvrent sur un balcon commun. Les pièces n'ont pas de fonction prédéfinie et certaines peuvent être réunies ou divisées au moyen de cloisons coulissantes. Les 2 pièces, avec bloc cuisine, peuvent être aménagés en grands 1 pièce. Le 3 pièces pour handicapés a une double salle de bains et un vestibule de grande dimension.

1.3 Edifici d'angolo

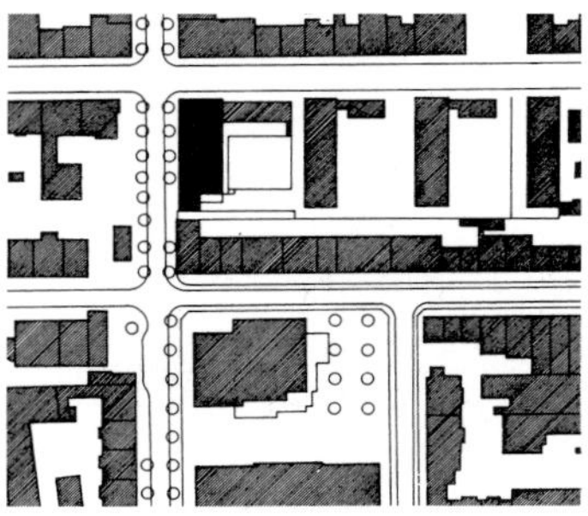

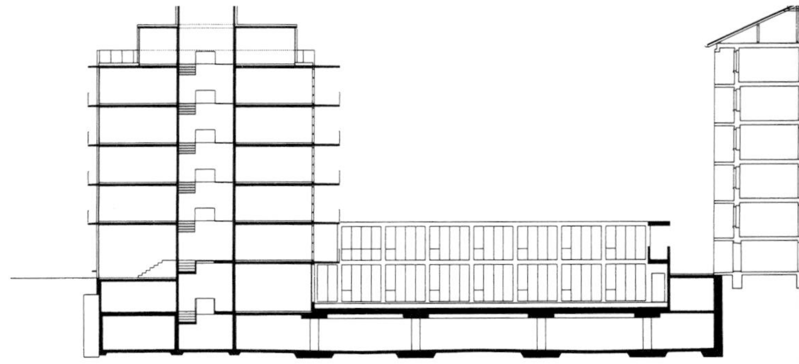

Tipologia edilizia:
edificio d'angolo a conclusione di una serie, 6 piani, E/O e N (scuola materna a chiusura dell'isolato)

Data di costruzione:
1993 (aggiudicazione del concorso nel 1989)

Modello di finanziamento:
edilizia sovvenzionata (grazie alla legge per il sostegno alla proprietà residenziale WEG)

Profondità dell'edificio:
12

Distribuzione:
a corpo doppio e triplo

Numero di alloggi:
26

Dimensione degli alloggi:
appart. da 3 locali, 74,6 m² (12);
appart. da 4 locali, 99,5 m² (7);
appart. da 5 locali, 107/117 m² (5);
appart. da 4 locali per utenti diversamente abili (2)

Parcheggio:
50 posti auto nel parcheggio sotterraneo

Spazi aperti:
cortile con alberi e fontane (area abbassata per la scuola materna), balconi, tetti terrazzati

Morger & Degelo, Basilea

Basilea, Mühlheimer Strasse

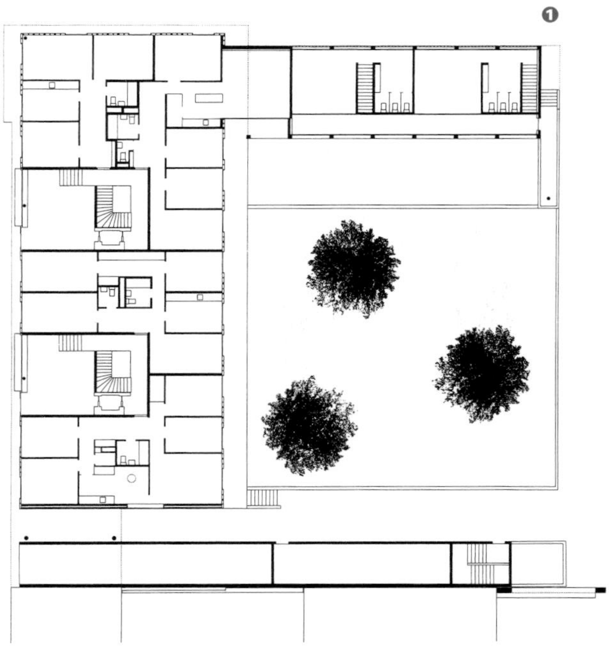

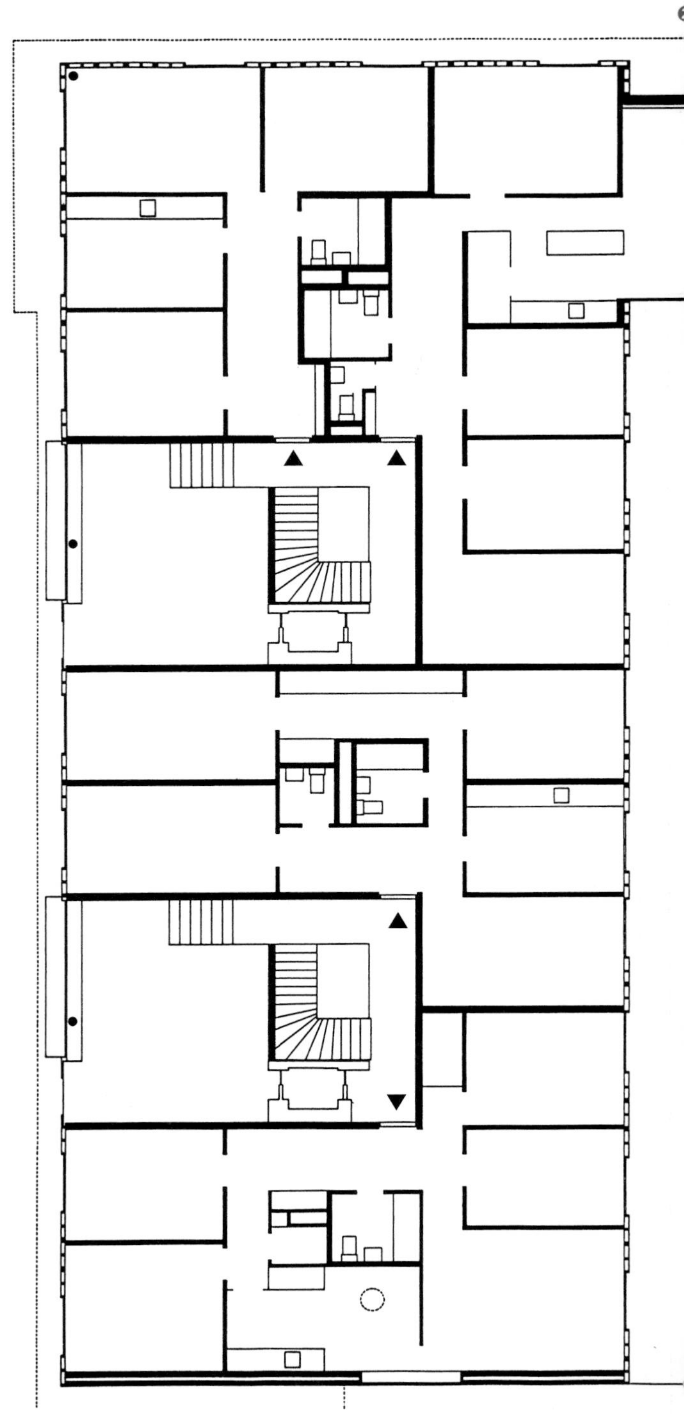

Questo progetto chiude l'angolo dell'isolato con un edificio in linea i cui balconi continui seguono l'andamento della strada. La connessione al meno profondo edificio adiacente è risolta con un sottile corpo di fabbrica che ospita terrazze condominiali passanti, affacciate sia su strada sia sul cortile interno. Gli appartamenti sono disposti attorno ai due nuclei di collegamento verticale in modo da ottenere doppio affaccio e doppia esposizione: strada/cortile, strada/angolo, cortile/angolo. Le scale condominiali girano attorno a un pozzo di luce che attraversa in altezza l'intero edificio: partono dalla spaziosa hall di ingresso (quasi un doppio volume) e sbarcano a ogni piano su un lungo pianerottolo a L. Quasi ogni alloggio ha una sua peculiarità: soggiorni d'angolo con affaccio su due fronti nella testata dell'edificio; chiara separazione tra zona giorno e zona notte e loro diversa esposizione nella parte centrale; accesso ai balconi passanti per gli alloggi adiacenti all'edificio vicino; balcone continuo perimetrale per quelli al 5° piano. Le finestre sono sempre a tutta altezza. La profondità dei balconi perimetrali continui è di 60 cm verso strada (tranne quelli d'angolo) e di 1,75 m sul cortile.

1. Pianterreno:
edificio residenziale e scuola materna
Rez-de-chaussée :
appartements et jardin d'enfants
2. Pianta del pianterreno 1:200
Plan du rez-de-chaussée 1:200
3. Planimetria del piano tipo:
1°-4° piano 1:200
Plan d'un étage type
(premier à quatrième) 1:200
4. Pianta dell'ultimo piano
Plan de l'attique

Type de construction
immeuble d'angle, en rangée,
6 niveaux, E/O et N
(complété par un jardin d'enfants)

Date de construction
1993 (concours remporté en 1989)

Financement
logements subventionnés (loi encourageant la construction et l'accession à la propriété de logements, LCAP)

Profondeur du bâtiment
12 m

Accès
cages d'escalier pour
2 ou 3 appartements par étage

Nombre d'appartements
26

Surface des appartements
app. 3 p., 74,6 m² (12 unités)
app. 4 p., 99,5 m² (7 unités)
app. 5 p., 107/117 m² (5 unités)
app. 4 p. pour handicapés
(2 unités)

Places de stationnement
garage souterrain de 50 places

Espaces extérieurs
cour plantée d'arbres avec fontaine (terrain en contrebas pour le jardin d'enfants), balcons, toits-terrasses

Morger & Degelo, Bâle

Bâle, Mühlheimer Strasse

3

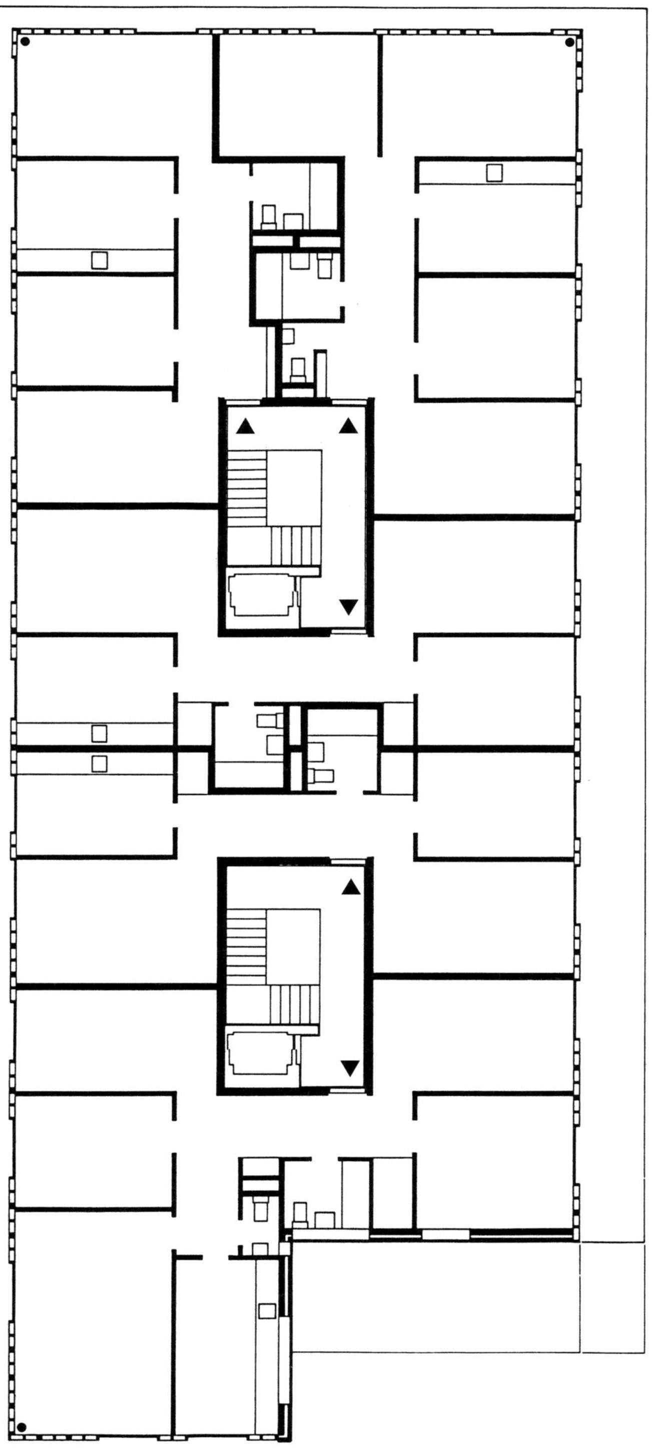

4

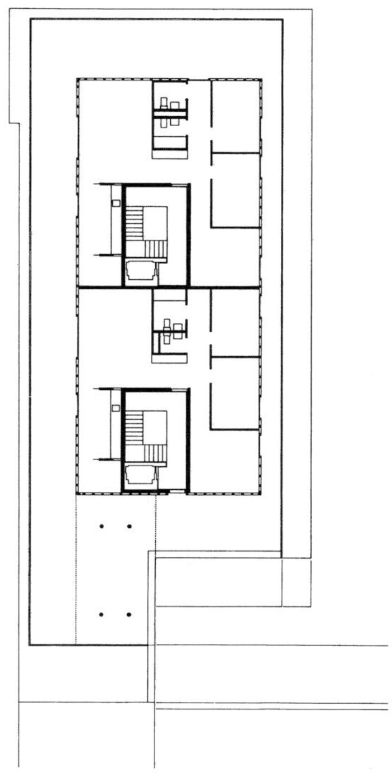

L'immeuble se situe à la fin de la rangée, avec des balcons continus qui en soulignent l'extrémité. À la jonction avec le bâtiment voisin, moins profond, on a prévue des terrasses. Les appartements sont disposés autour de deux cages d'escalier de manière que tous jouissent de la vue sur deux côtés (rue/cour, rue/angle ou cour/angle). Les escaliers se développent autour d'un puits de lumière. Ils commencent au rez-de-chaussée supérieur dans un grand hall d'entrée haut de près d'un étage et demi et aboutissent à de longs paliers à chaque étage. Presque tous les appartements ont une particularité : pièce de séjour dans l'angle avec des fenêtres sur deux côtés (à l'extrémité de la rangée), séparation nette entre séjour et chambres avec des orientations opposées (appartements médians), terrasses sur toute la profondeur de la maison (appartements du côté de la maison voisine), terrasse sur tout le tour de la maison (appartements du cinquième étage), etc. Toute les fenêtres ont la hauteur des pièces. Les balcons mesurent 60 cm de large côté rue (sauf à l'angle) et 1,75 m côté cour.

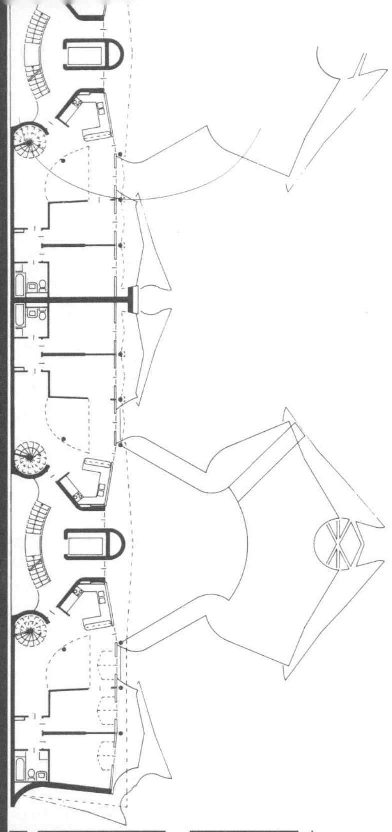

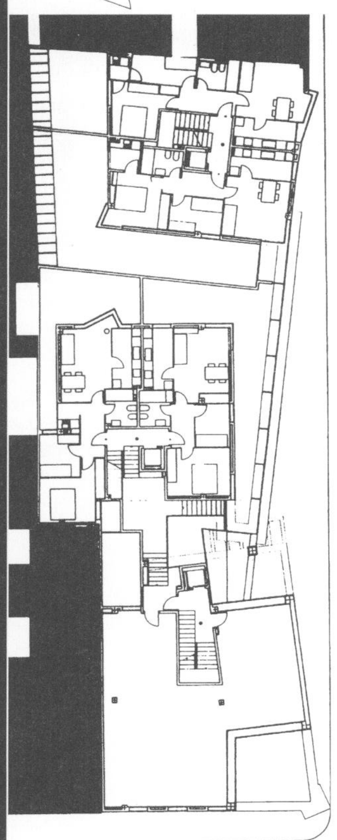

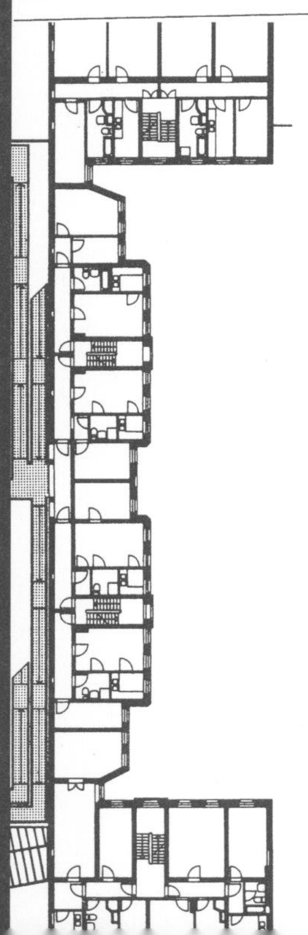

Edifici contro muri ciechi

Caso limite di edifici con un unico affaccio e orientati verso lo stesso punto cardinale. A tale soluzione, estremamente condizionata dal lotto, si ricorre per aumentare la densità di un isolato o per mascherare una parete cieca sovradimensionata; induce a soluzioni abitative originali che trasformano un qualsiasi appezzamento di terreno in un terreno edificabile. In assenza di affacci sul perimetro dell'isolato il progetto è libero di adottare soluzioni particolarmente scenografiche. La distribuzione, opportunamente collocata lungo la parete cieca, può diventare un ampio spazio di comunicazione, nel rispetto dei regolamenti sulla compartimentazione antincendio. È possibile dotare l'edificio di grandi logge, giardini pensili e verande di notevoli dimensioni. A parte l'affaccio unico, non ci sono vincoli alle dimensioni e alla tipologia degli appartamenti: loft, *maisonettes*, casa nella casa, alloggi terrazzati, ecc., ogni soluzione è possibile.

Immeubles à mur coupe-feu

C'est un cas extrême où la maison a une orientation imposée. Pareille construction répond à une nécessité de densifier le tissu urbain ou de masquer un mur coupe-feu surdimensionné. Mais ce caractère extrême permet naturellement des solutions inhabituelles, au point qu'on a parfois l'impression que c'est le projet qui fait de la parcelle un terrain constructible. L'autonomie de la parcelle, qui n'est pas liée au bloc de maisons, laisse beaucoup de liberté au projet. L'accès, de préférence du côté du mur coupe-feu, peut devenir un espace semi-public, sous réserve toutefois des prescriptions relatives aux secteurs coupe-feu. L'immeuble peut être muni d'oriels de grande dimension, de loggias, de jardins sur les toits, etc. À part l'orientation, le plan des appartements n'obéit à aucune contrainte: lofts, duplex, maison dans la maison, disposition en terrasses, parmi de multiples formes possibles.

1.4 Edifici contro muri ciechi

Tipologia edilizia:
edificio a corte addossato a parete cieca, 6 piani, S

Data di costruzione:
1982-1984

Modello di finanziamento:
edilizia sociale

Profondità dell'edificio:
ca. 8/18 m

Distribuzione:
a corpo doppio e quadruplo

Numero di alloggi:
48 nell'edificio a corte
(più 40 negli edifici a portale)

Dimensione degli alloggi:
appart. da 2 locali, ca. 55 m²;
appart. da 3 locali, ca. 80 m²;
mais. da 6 locali, fino a 167 m²

Parcheggio:
al piano interrato
(con copertura piantumata)

Spazi aperti:
giardino nel cortile interno

Inken e Hinrich Baller, Berlino

Berlino-Kreuzberg, Fraenkelufer

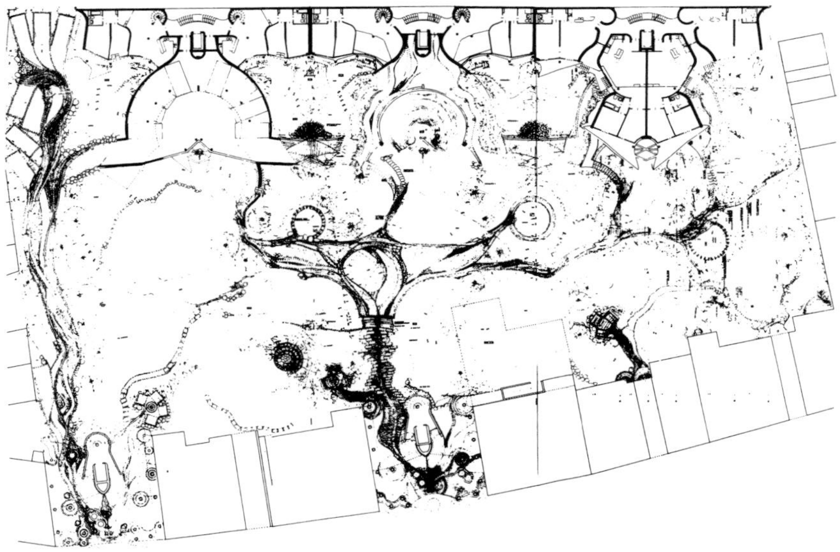

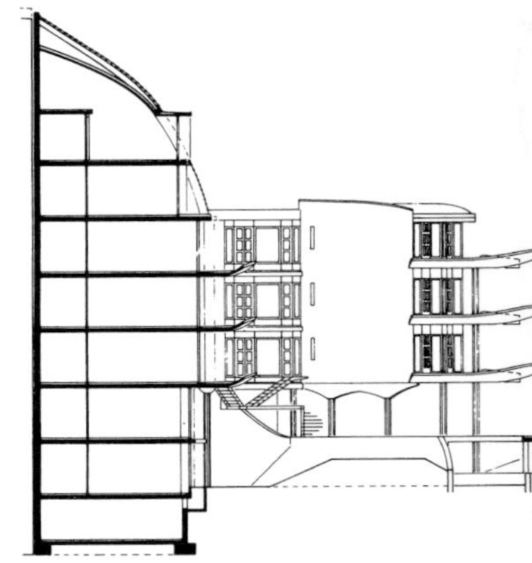

❶ Planimetria del piano tipo con appartamenti da 2 e 3 locali 1:200
Plan d'étage type à appartements de 2 et 3 pièces 1:200

❶

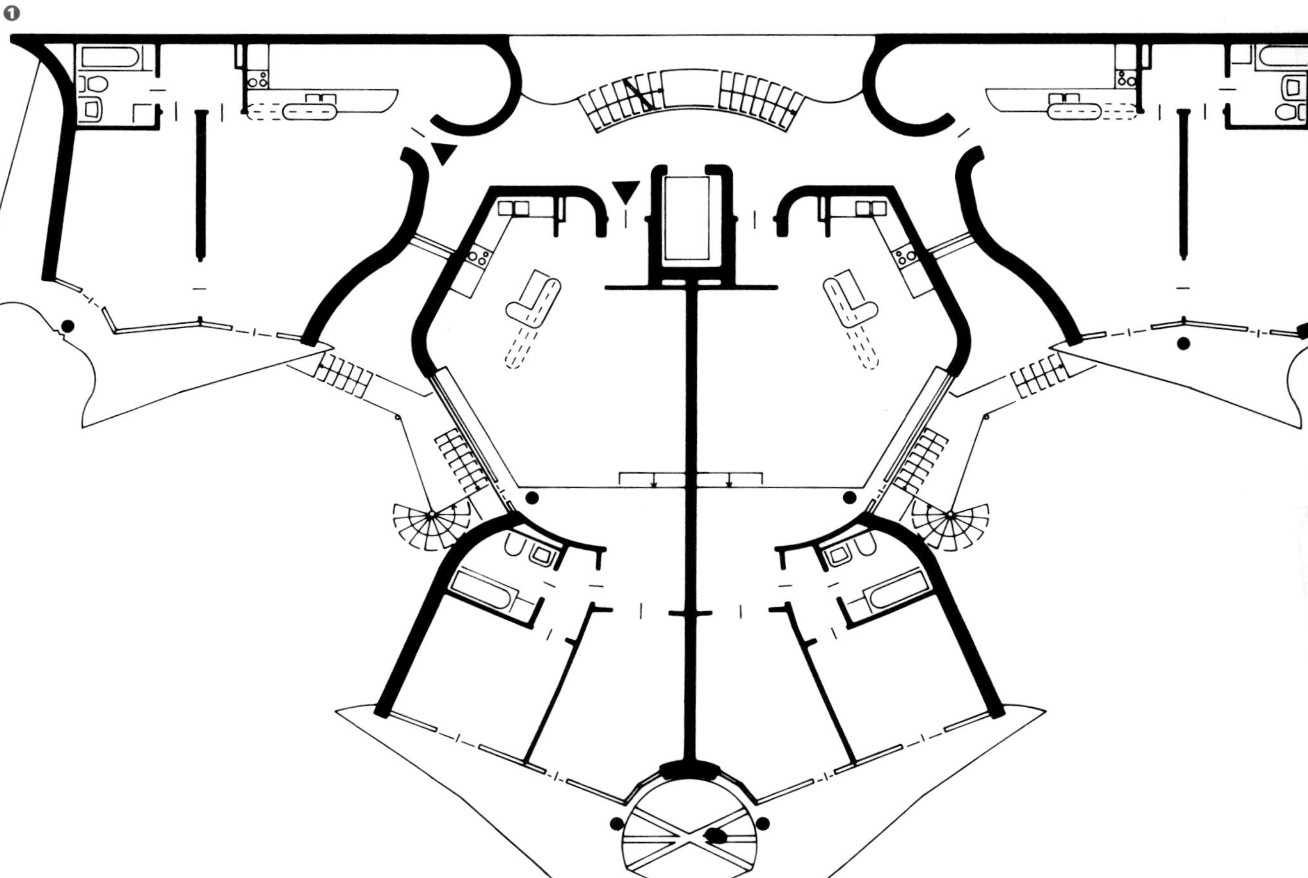

Costruzione dalle forme organiche addossata a una parete cieca dell'Elisabethhof. Tutti gli alloggi si affacciano sul giardino nel cortile interno. Ingresso e distribuzione sono aderenti al muro di spina. La suddivisione interna degli alloggi non prevede corridoi o disimpegni: tramite pareti curve e salti di quota le planimetrie individuano ambiti differenti che gli inquilini possono e devono definire individualmente. Nei bilocali l'angolo cottura (come il bancone di un bar) è aeroilluminato attraverso il soggiorno, mentre la nicchia accanto alla cucina può essere adibita a guardaroba. Il soggiorno può comprendere l'adiacente camera da letto o restarne diviso. Nel quadrilocale la cucina fa parte del grande soggiorno passante ("Berliner Zimmer") dal quale, al 1° e 2° piano, con una scala a chiocciola si scende direttamente al giardino nel cortile. Nelle grandi *maisonettes* a 6 vani al pianterreno/interrato e 4°/5° piano la cucina è ricavata in una nicchia della Berliner Zimmer; una scala a chiocciola porta al piano superiore a un'ulteriore Berliner Zimmer suddivisa in ambiti da dislivelli e gradini. Bagno e camera sono distribuiti da un piccolo corridoio in fondo al soggiorno. Le *maisonettes* ai piani bassi hanno accesso diretto al giardino, quelle ai piani superiori al giardino pensile sul lastrico solare.

Type de construction
immeuble adossé à un mur coupe-feu, 6 niveaux, S

Date de construction
1982-1984

Financement
logements sociaux

Profondeur du bâtiment
env. 8/18 m

Accès
cages d'escalier pour 2 ou 4 appartements par étage

Nombre d'appartements
48 dans le complexe de la cour (+ 40 dans les maisons à l'entrée)

Surface des appartements
app. 2 p., env. 55 m²
app. 3 p., env. 80 m²
duplex 6 p., 167 m² max.

Places de stationnement
garage souterrain à terrasse aménagée en jardin

Espaces extérieurs
cour intérieure à jardin aménagé

Inken et Hinrich Baller, Berlin

Berlin-Kreuzberg, Fraenkelufer

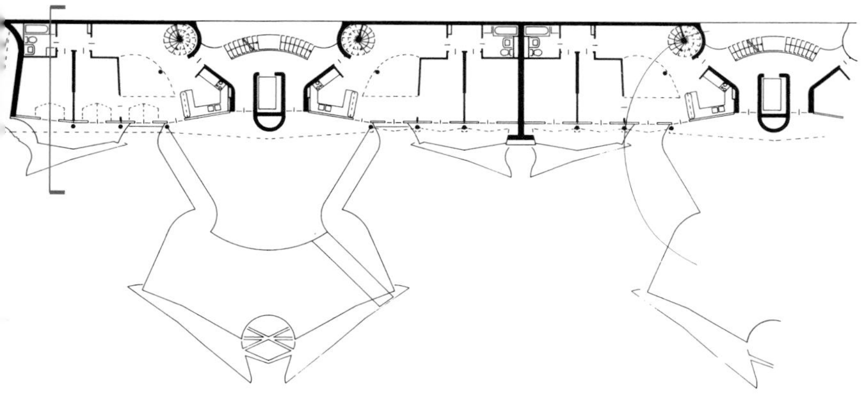

❹ 4° piano: *maisonette* da 6 locali, livello di accesso
Quatrième étage: duplex 6 pièces, niveau de l'entrée

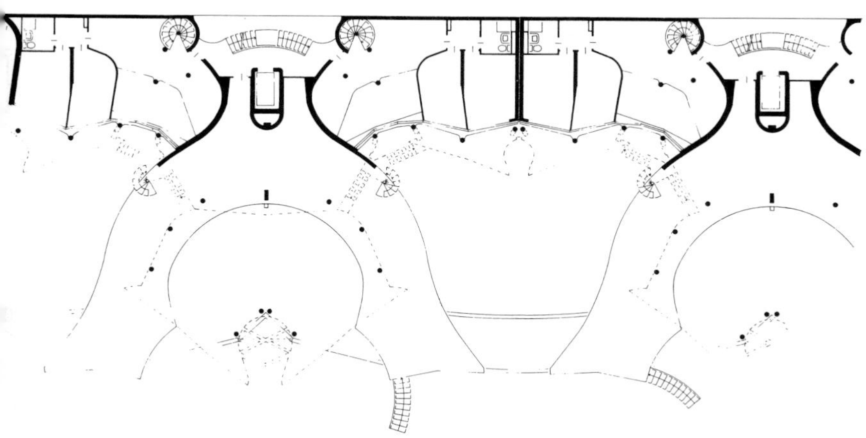

❷❸ Pianterreno e piano interrato: *maisonette* da 6 locali
Sous-sol et rez-de-chaussée: duplex 6 pièces

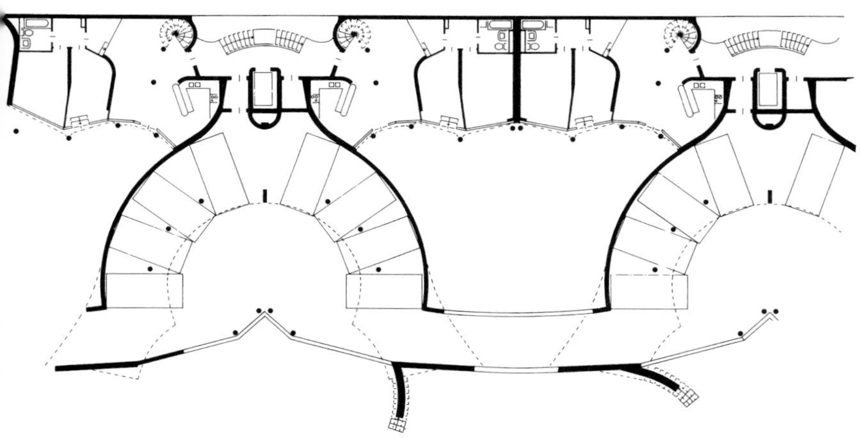

Immeuble de forme organique adossé à un mur coupe-feu (Elisabethenhof). Les appartements s'ouvrent uniquement sur la cour-jardin. Les espaces d'accès (cages d'escalier, ascenseurs) sont aménagés derrière le mur-pignon. Les appartements n'ont ni vestibule ni couloir: le plan, avec ses contours en douceur et ses différences de niveau, définit des zones que les habitants peuvent et doivent interpréter. Appartements 2 pièces: cuisine (américaine) éclairée et aérée indirectement à travers le séjour; le petit espace incurvé à côté de la cuisine peut servir de vestiaire; le séjour et la chambre peuvent être séparés ou réunis en un espace unique. Appartement 4 pièces: la cuisine fait partie de la grande pièce de séjour et constitue un passage («chambre berlinoise»), d'où, au premier et au deuxième étages, un escalier à vis mène directement au jardin. Très grands 6 pièces en duplex au sous-sol/rez-de-chaussée et aux quatrième/cinquième étages: coin cuisine dans la pièce de séjour et de passage, escalier à vis menant à la deuxième pièce de séjour que des marches et/ou une galerie divise en secteurs; chambre à coucher et salle de bains sont accessibles par le couloir des chambres derrière le séjour. Les duplex du bas ont un accès direct au jardin, ceux du haut ont des terrasses sur le toit.

1.4 Edifici contro muri ciechi

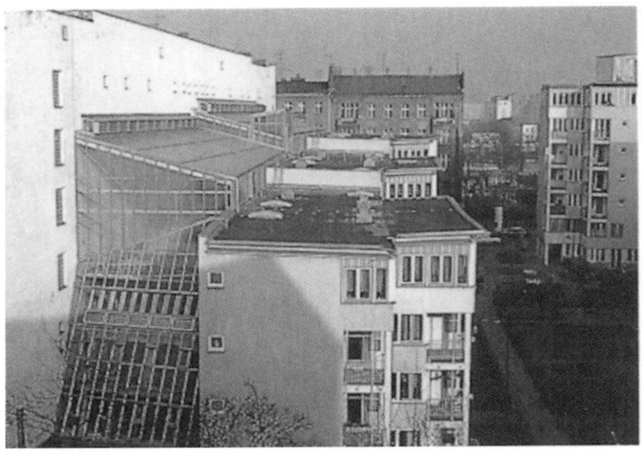

Tipologia edilizia:
casa per anziani
4 piani, SE/SO

Data di costruzione:
1984-1985

Modello di finanziamento:
edilizia sociale

Profondità dell'edificio:
8/11,7 m

Distribuzione:
a corpo quadruplo, vani scala,
zona distributiva con rampe

Numero di alloggi:
48 (edificio aderente alla parete cieca)

Dimensione degli alloggi:
appart. da 1½ locali, ca. 59 m²

Parcheggio:
posti auto all'aperto

Spazi aperti:
balconi,
giardino in cortile

**Otto Steidle,
Monaco di Baviera**

**Berlino-Kreuzberg,
Residenza per anziani
Köpenicker Straße**

❶ Planimetria del piano tipo 1:200
Plan d'étage type 1:200

❷ Assonometria del progetto
Isométrie de l'ensemble

❷
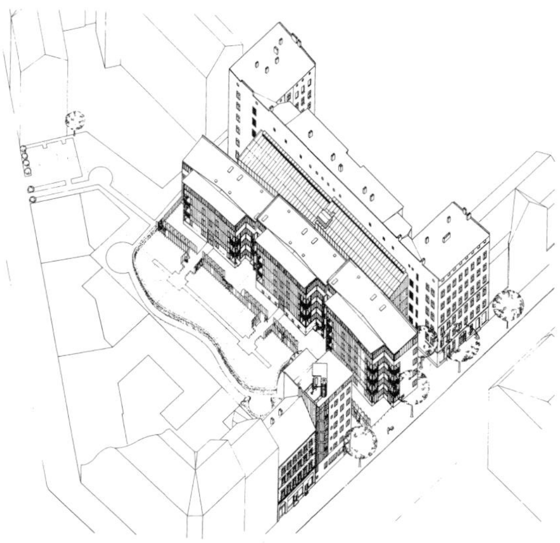

❶
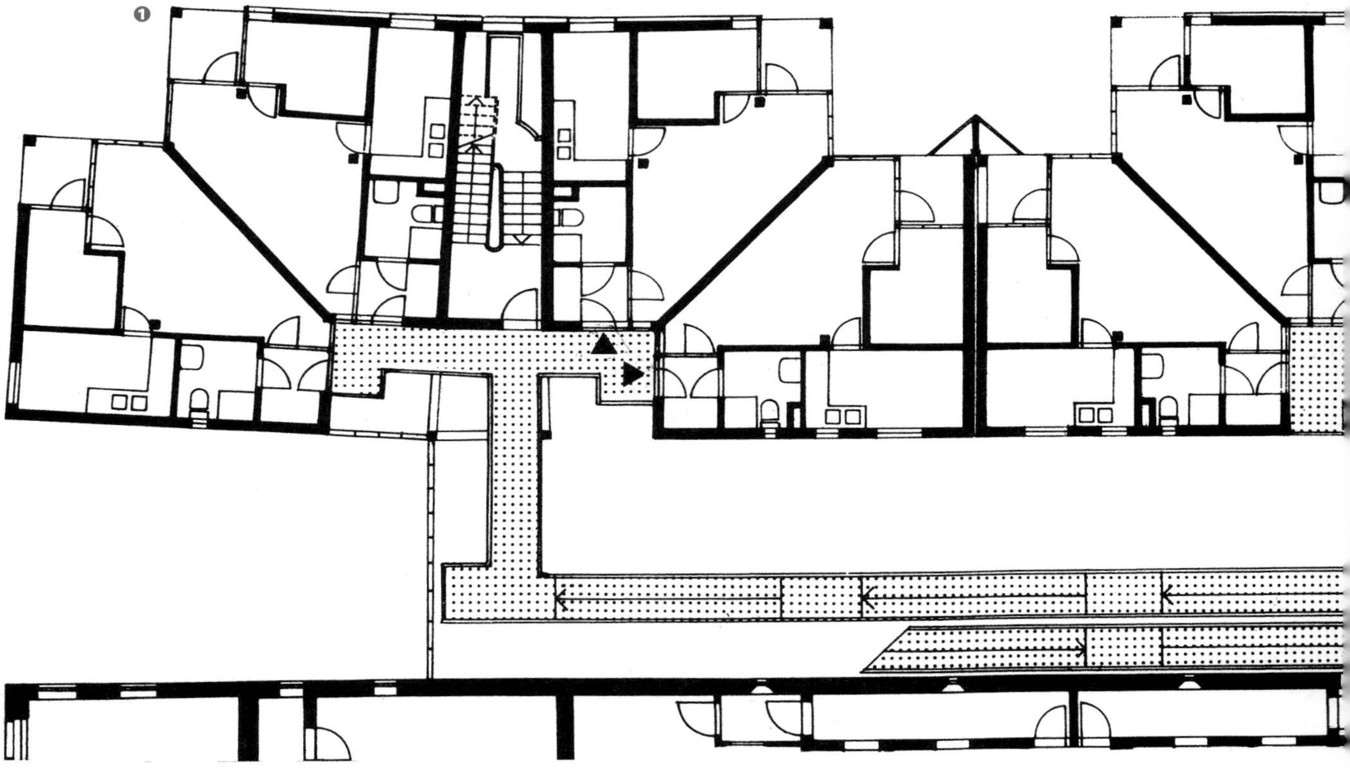

Il progetto si compone di tre parti: la ristrutturazione dell'ala trasversale esistente, l'edificazione in aderenza al muro cieco di un edificio in linea di 4 piani (qui esaminato) e un edificio sulla Köpenicker Straße. La stecca di nuova edificazione si colloca a una distanza pari alla sua profondità dalla parete cieca, creando nell'intervallo una zona distributiva vetrata con rampe lungo l'intero edificio. La planimetria è composta da moduli di due appartamenti ciascuno, divisi da una parete diagonale; le vetrate sulle quali si affacciano il soggiorno e le camere da letto propongono il tema del meandro riscontrabile anche in facciata. Agli alloggi si accede da un piccolo disimpegno con bagno; la cucina e una piccola camera, con letto incassato, si accedono direttamente dal soggiorno. Bagni e cucine si affacciano sulla zona distributiva, dalla quale hanno luce e ventilazione naturale. Gli appartamenti sul davanti hanno bagni ciechi e cucine con ampie finestre sul parco.

❸ Planimetria generale
del progetto
Plan d'ensemble

❸

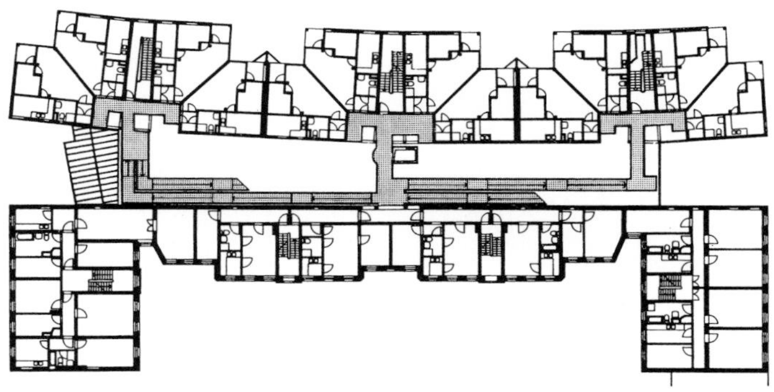

Type de construction
maison de retraite
avec hall d'accès,
4 niveaux, SE/SO

Date de construction
1984-1985

Financement
logement social

Profondeur du bâtiment
8/11,7 m

Accès
cages d'escalier pour
4 appartements par étage,
hall d'accès avec rampes

Nombre d'appartements
48 (pour l'immeuble devant
le mur coupe-feu)

Surface des appartements
app. 1½ p., env. 59 m²

Places de stationnement
extérieures

Espaces extérieurs
balcons,
cour à jardin aménagé

Otto Steidle,
Munich

Berlin-Kreuzberg,
Köpenicker Straße

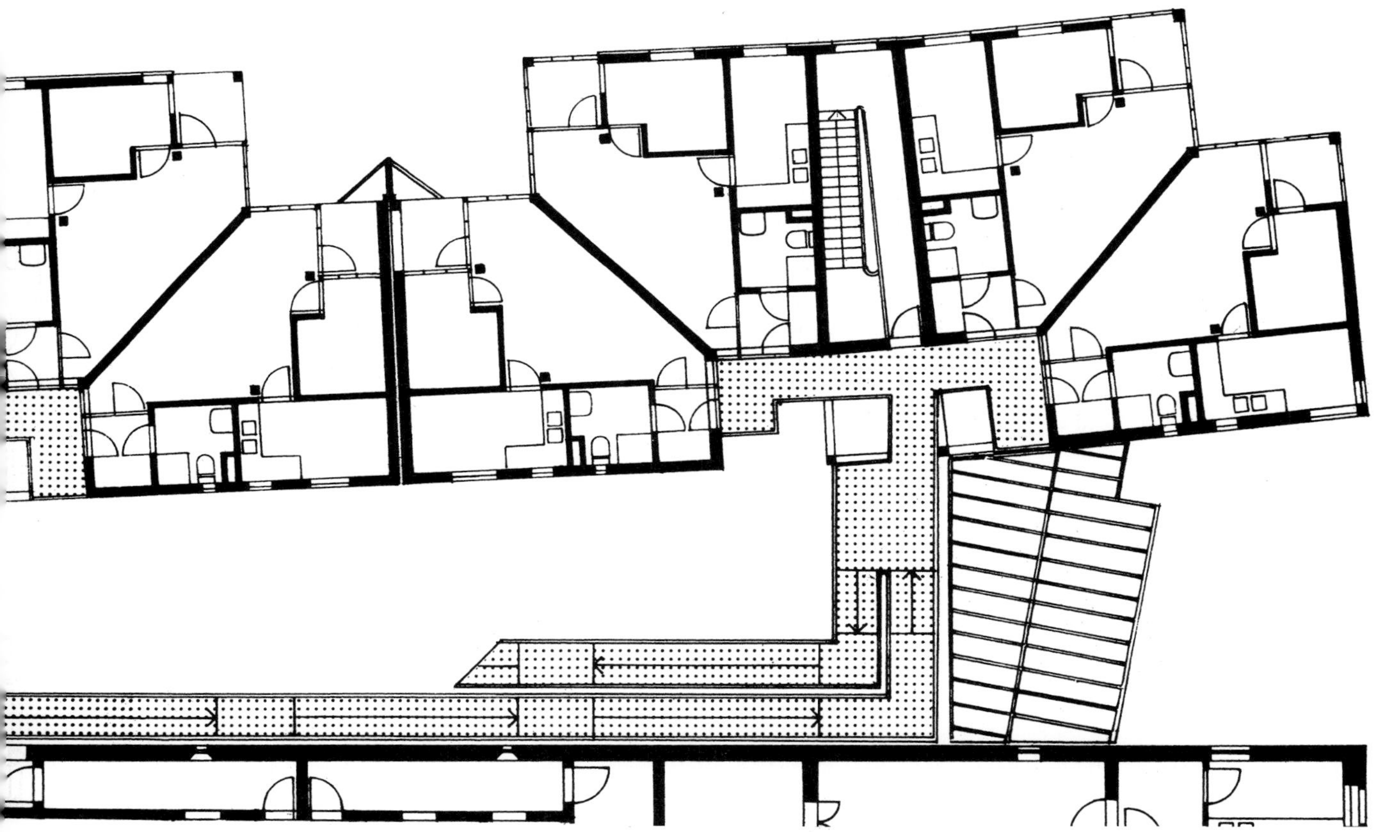

Le projet impliquait trois parties distinctes: la transformation de l'aile transversale existante, la construction d'un immeuble de 4 étages le long du mur coupe-feu (décrite ici) et un bâtiment sur la Köpenicker Straße. L'immeuble est construit en retrait du mur coupe-feu, d'environ sa profondeur, et l'intervalle est utilisé pour un hall d'accès vitré à rampes occupant toute la longueur. Le plan forme un méandre composé de modules de deux appartements, ces modules étant séparés les uns des autres par un mur diagonal. Les verrières à l'avant du séjour et de la chambre à coucher dessinent elles aussi des méandres le long des saillants de la façade. À l'entrée de l'appartement, un petit couloir donne accès à la salle de bains. La cuisine et la chambre à coucher (avec alcôve) sont accessibles par le séjour. Les paires d'appartements ont soit une cuisine et une salle de bains donnant sur le hall d'accès, soit une salle de bains intérieure mais une cuisine à grandes fenêtres donnant sur le parc.

riferito a piante 1:200

se référe aux plans 1:200

1.4 Edifici contro muri ciechi

Tipologia edilizia:
edificio di testata in una cortina edilizia
tre corpi di fabbrica,
7 piani, NO/SE,E/O, S

Data di costruzione:
1984-1989

Modello di finanziamento:
edilizia sociale
(IBA)

Profondità dell'edificio:
6,5-9 m

Distribuzione:
corridoio a gomito, come volume indipendente che distribuisce otto unità per piano

Numero di alloggi:
50

Dimensione degli alloggi:
appart. da 1½ locali, 45 m² (13);
appart. da 2 locali, 60 m² (11);
appart. da 3 locali, 75/80 m² (20);
appart. da 5 locali, 110 m² (6)

Parcheggio:
garage nel piano interrato

Spazi aperti:
parco circostante, verande, terrazze sui tetti

Gustav Peichl, Vienna

Berlino-Tegel, Schloßstraße

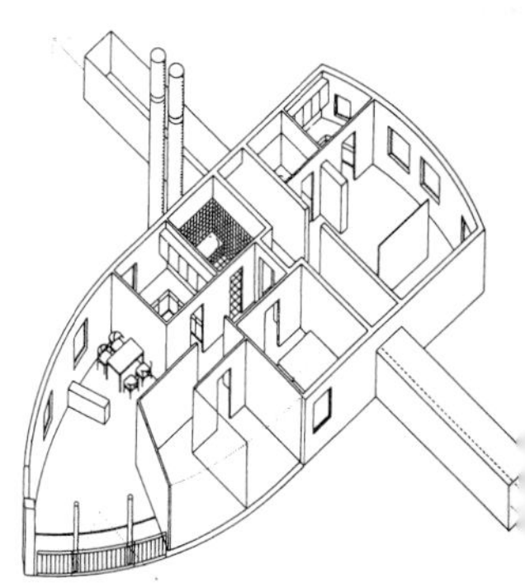

Assonometria dell'ala centrale
Isométrie du bâtiment central

❷

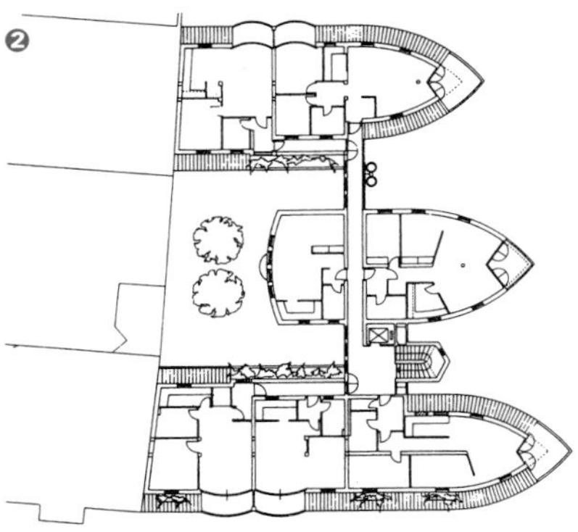

❶

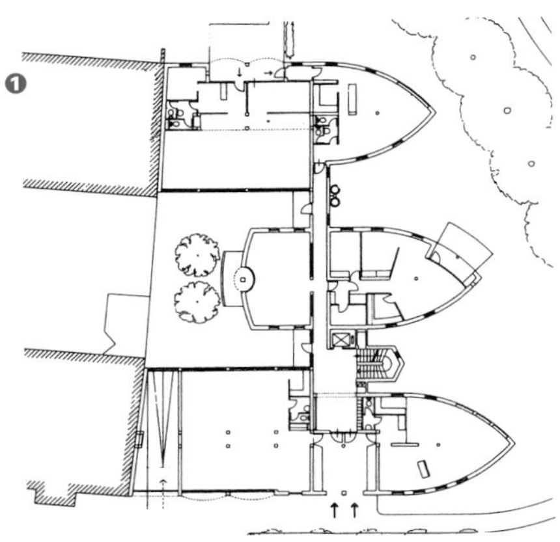

❶ Planimetria generale del pianterreno
Plan d'ensemble au niveau du rez-de-chaussée

❷ Planimetria generale dell'ultimo piano
Plan d'ensemble au niveau de l'attique

L'edificio conclude un isolato ai margini di un'area verde e risolve le questioni legate a orientamento, affaccio e illuminazione naturale grazie alla scomposizione in tre corpi di fabbrica separati tra loro, ma uniti da una comune spina di collegamento. Gli edifici assomigliano alla chiglia di una nave, con la prua rivolta verso nord. Gli alloggi nella parte mediana sono orientati est-ovest. Due degli edifici aderiscono alle pareti cieche del lotto adiacente, mentre quello centrale si colloca al centro della corte. Il soggiorno è l'elemento più importante di questo progetto residenziale: gli alloggi si organizzano attorno a grandi soggiorni con verande, dai quali si accede alla cucina (indipendente o parte del soggiorno stesso) e alle camere da letto, oppure il soggiorno si colloca in posizione privilegiata all'estremità dell'edificio. Per sfruttare al meglio il fascino della curvatura delle pareti del soggiorno vi si colloca un'ansa per la camera da letto dei genitori oppure un ampio angolo cottura. Nei bracci laterali al pianterreno si trovano negozi e locali gastronomici.

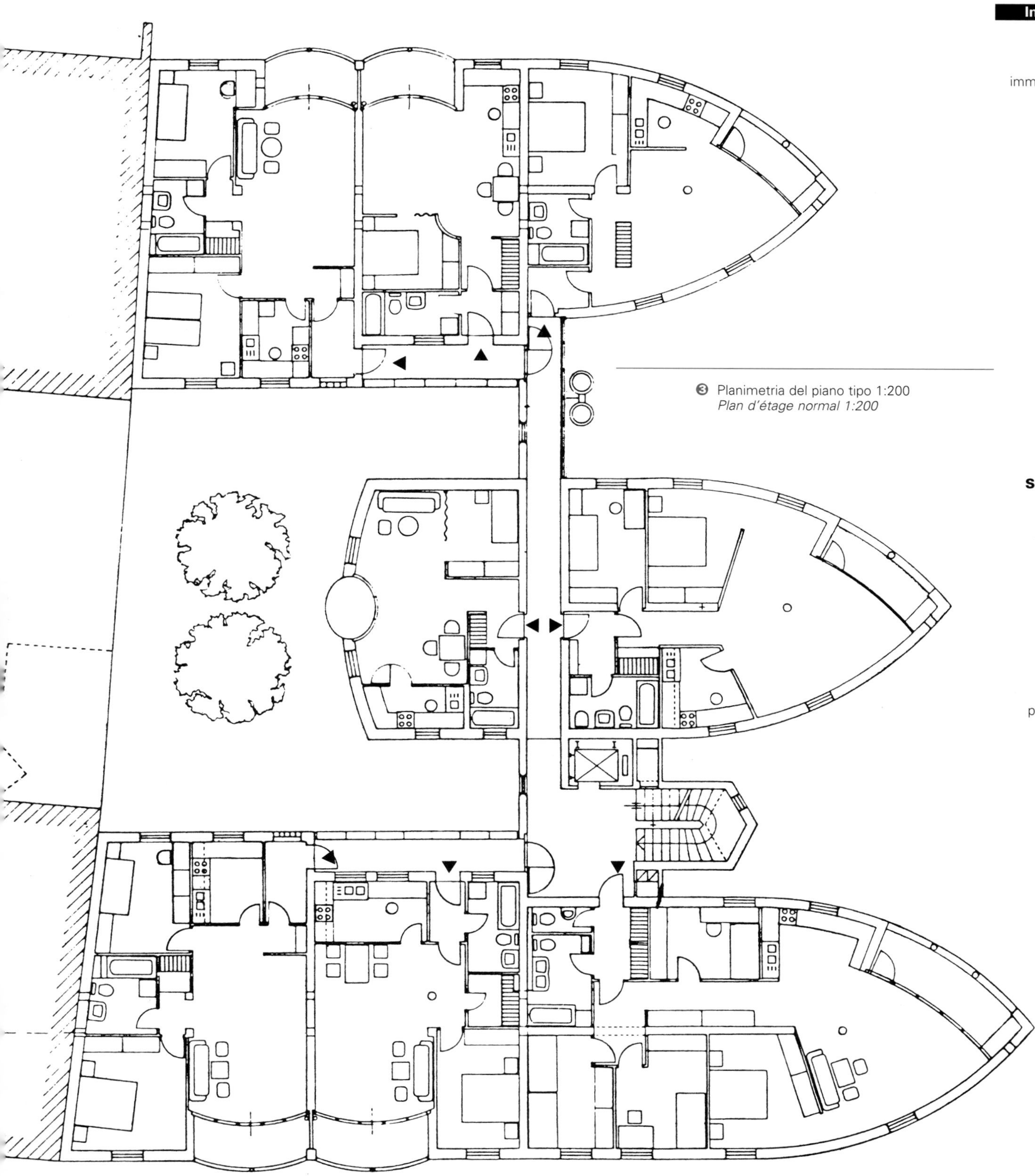

❸ Planimetria del piano tipo 1:200
Plan d'étage normal 1:200

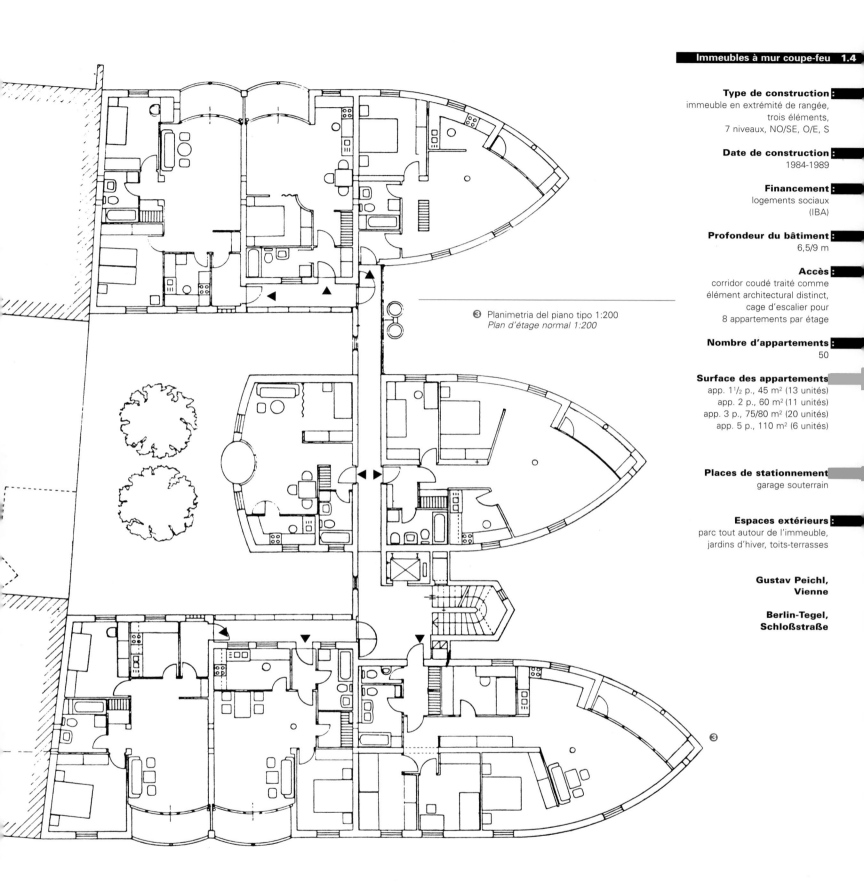

Type de construction
immeuble en extrémité de rangée,
trois éléments,
7 niveaux, NO/SE, O/E, S

Date de construction
1984-1989

Financement
logements sociaux
(IBA)

Profondeur du bâtiment
6,5/9 m

Accès
corridor coudé traité comme
élément architectural distinct,
cage d'escalier pour
8 appartements par étage

Nombre d'appartements
50

Surface des appartements
app. 1½ p., 45 m² (13 unités)
app. 2 p., 60 m² (11 unités)
app. 3 p., 75/80 m² (20 unités)
app. 5 p., 110 m² (6 unités)

Places de stationnement
garage souterrain

Espaces extérieurs
parc tout autour de l'immeuble,
jardins d'hiver, toits-terrasses

Gustav Peichl,
Vienne

Berlin-Tegel,
Schloßstraße

À la limite entre un bloc urbain et un espace vert, l'ensemble se compose de trois corps de bâtiment distincts reliés par un passage, ce qui permet de résoudre le problème de l'orientation, de la vue et de l'éclairage. Les immeubles ont la forme de navires à la proue tournée vers le nord. Dans la partie médiane, les appartements sont orientés est-ouest. Les deux bâtiments latéraux sont contigus à un mur coupe-feu, tandis que celui du milieu, plus court, se termine à l'intérieur de la cour. L'espace de séjour est l'élément essentiel de la conception des appartements: ou bien il occupe le centre, sur une vaste surface, et donne accès à la cuisine (souvent traitée comme pièce indépendante) et aux chambres, et est relié à un jardin d'hiver, ou bien il bénéficie de la situation privilégiée à la «proue». Dans ce dernier cas, pour rendre plus perceptible le charme du mur incurvé, la chambre à coucher des parents forme une niche voisine du séjour, auquel est intégrée la cuisine semi-ouverte. Le rez-de-chaussée des bâtiments latéraux abrite des commerces et des restaurants.

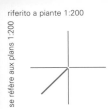

1.4 Edifici contro muri ciechi

Tipologia edilizia:
edificio addossato a parete cieca articolato in tre corpi di fabbrica, 5/6 piani, NO/NE

Data di costruzione:
1989-1994

Modello di finanziamento:
edilizia sociale

Profondità dell'edificio:
9-13,5 m

Distribuzione:
2 o 3 unità per piano, 2 ascensori

Numero di alloggi:
28

Dimensione degli alloggi:
appart. da 3 locali, 52-62 m²

Parcheggio:
garage sotterraneo

Spazi aperti:
piccole logge

Josep Llinàs, Barcellona con E. Monte, J. Vera

Barcellona, Ciutat Vella Carrer Carme, Carrer Roig

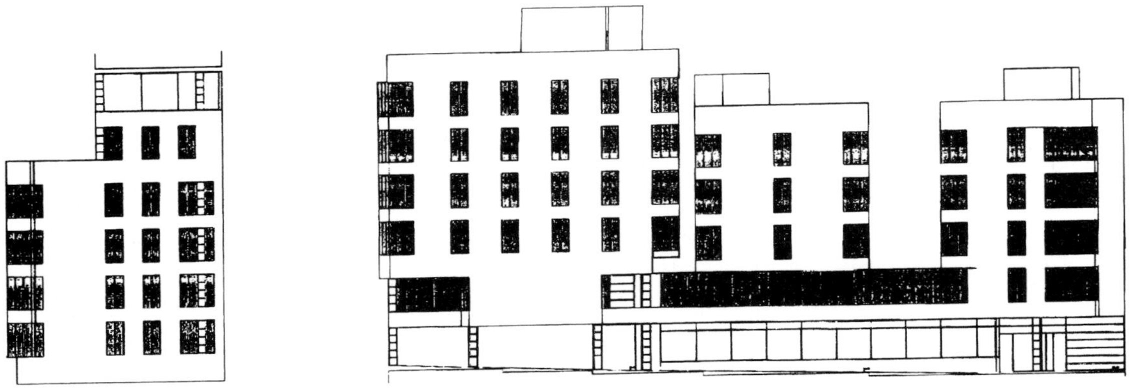

Prospetto sulla strada principale e laterale 1:200
Élévations sur la rue principale et la ruelle transversale

❶ Pianterreno 1:500
Rez-de-chaussée 1:500

❷ 1° piano 1:500
Premier étage 1:500

❸ Planimetria del piano tipo 1:200
Plan d'un étage type 1:200

❶
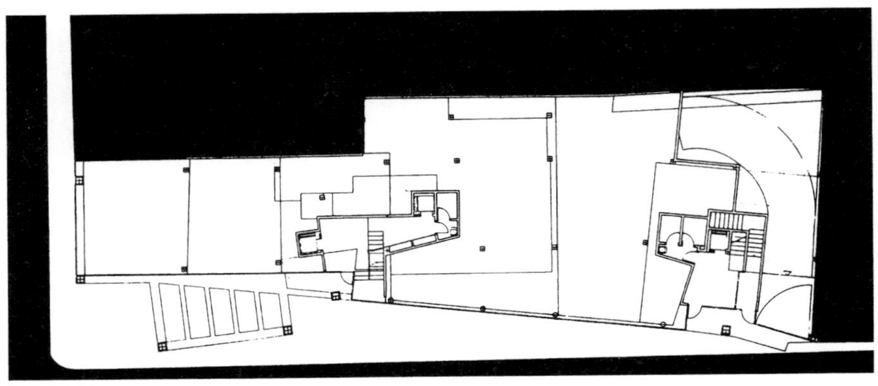

❸
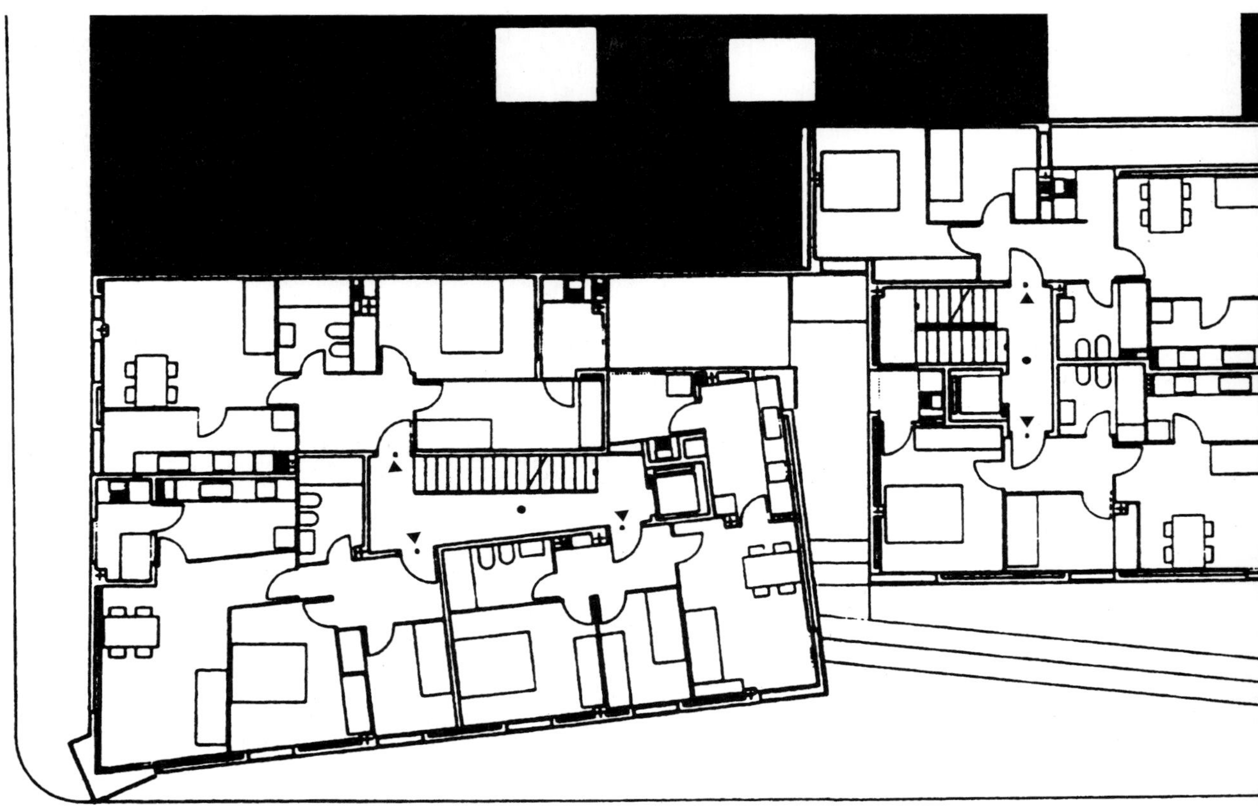

Edificazione di un lotto contro una parete cieca affacciato su una strada larga solo 4 m. Articolando l'edificio in tre distinti corpi di fabbrica, l'architetto mostra di non aver temuto per la qualità degli alloggi, ma di aver puntato a sfruttare le opportunità per rendere più luminoso il quartiere Ciutat Vella. Su un basamento comune – che si rastrema in modo da far affluire nella stretta laterale la vitalità della strada principale – sono impostati parallelepipedi di altezza diversa. Nel basamento si trovano negozi al pianterreno, un ufficio al 1° piano, la rampa d'accesso al parcheggio interrato e i due ingressi condominiali ai collegamenti verticali dotati di ascensore. Di qui al 1° piano si accede ai tre vani scala. Nei parallelepipedi si trovano due o tre alloggi per piano, compatti trilocali dalla struttura simile tra loro. I soggiorni d'angolo si affacciano su strada riprendendo l'orientamento e la relazione visiva anticipata dal basamento. Dal soggiorno si accede alla piccola cucina, mentre alle altre stanze si accede tramite un breve corridoio. I parallelepipedi sono posizionati e ruotati gli uni rispetto agli altri in modo da creare feritoie di luce tra loro e il muro cieco. Alcuni vani, spesso camere da letto, a volte cucine, sono illuminati attraverso piccole logge.

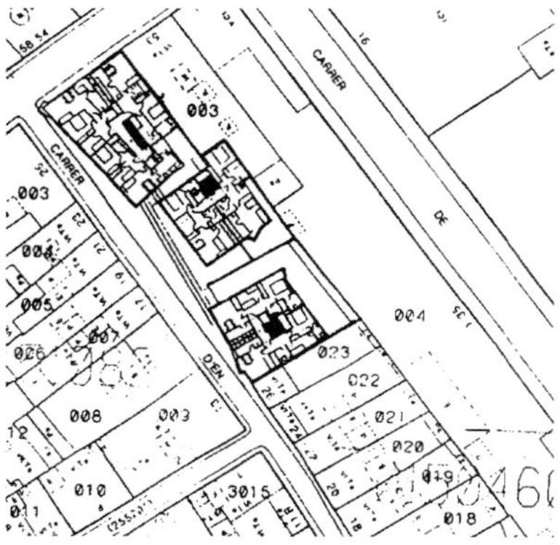

Type de construction
immeuble adossé à un mur coupe-feu, 3 blocs, 5/6 niveaux, NO/NE

Date de construction
1989-1994

Financement
logements sociaux

Profondeur du bâtiment
9-13,5 m

Accès
cage d'escalier pour 2 ou 3 appartements par étage, 2 ascenseurs

Nombre d'appartements
28

Surface des appartements
app. 3 p., 52-62 m²

2

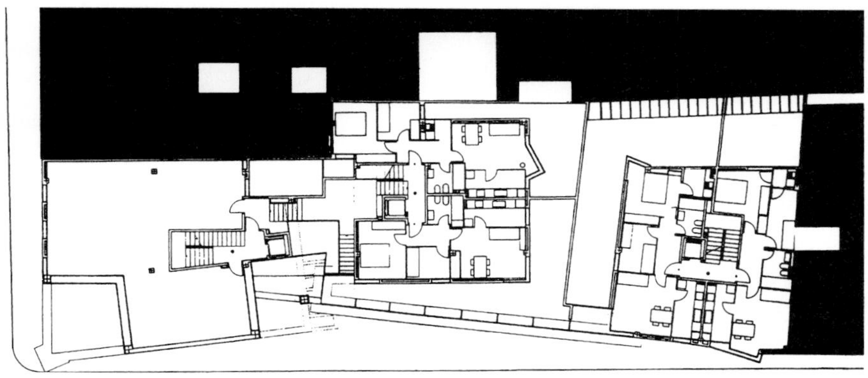

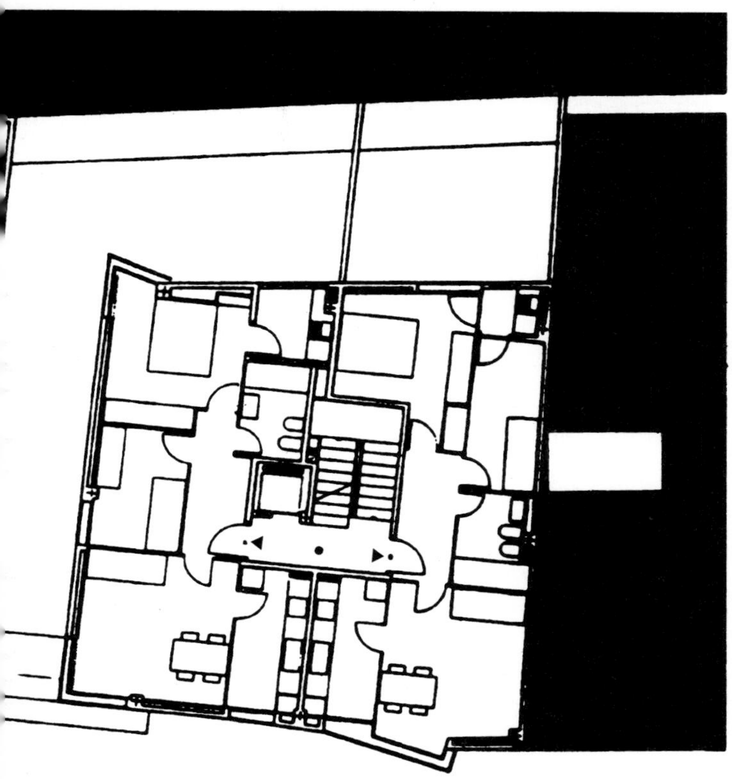

Places de stationnement
garage souterrain

Espaces extérieurs
petites loggias

Josep Llinàs, Barcelone, en collaboration avec E. Monte, J. Vera

Barcelone, Ciutat Vella, Carrer Carme, Carrer Roig

L'immeuble est placé dans une ruelle large de 4 m, contre un mur coupe-feu. Il se compose de trois corps de bâtiment, principalement pour des raisons d'éclairage, le quartier (Ciutat Vella) étant sombre. Les trois bâtiments, de hauteur inégale, reposent sur un soubassement commun dont la hauteur s'amenuise, donnant l'impression d'attirer la vie de la rue principale dans la ruelle transversale comme dans un entonnoir. Ce soubassement abrite des commerces (rez-de-chaussée), des bureaux (premier étage), l'entrée du garage souterrain et deux entrées au hall d'accès, qui comprend un ascenseur et, au premier étage, se subdivise en trois cages d'escalier. Les appartements, regroupés par deux ou trois autour de la cage d'escalier, sont des 3 pièces compactes dont la structure est partout identique: les pièces de séjour s'ouvrent sur la rue, accentuant ainsi la relation visuelle déterminée par le soubassement. Le séjour donne accès à la cuisine, tandis que les chambres sont accessibles par un petit couloir. Les cubes sont placés de manière à laisser passer un rai de lumière entre eux et le mur coupe-feu. Certaines pièces ne sont éclairées que par une loggia (le plus souvent les chambres à coucher, parfois la cuisine).

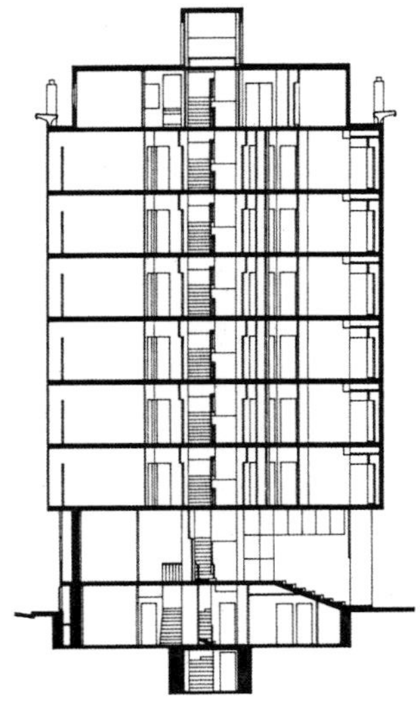

Tipologia edilizia:
testata di una cortina edilizia contro parete cieca, 8 piani con negozi al pianterreno, E/O/N

Data di costruzione:
1951

Modello di finanziamento:
Instituto Social de la Marina

Profondità dell'edificio:
12,2 / 15,1 m

Distribuzione:
corpo doppio, vano scala interno illuminato da logge private

Numero di alloggi:
13

Dimensione degli alloggi:
appart. da 3 locali, ca. 74 m² (12);
appart. da 3 locali all'ultimo piano, ca. 51 m² (1);
appart. da 2 locali per il custode, ca. 48 m² (1)

Parcheggio:
non sono previsti posti auto

Spazi aperti:
logge, terrazza in copertura

J. A. Coderch con Manuel Valls, Barcellona

Barcellona, Barceloneta, I.S.M. Casa sul Paseo Nacional

Questo condominio per famiglie di pescatori costituisce la testata di una cortina edilizia nella zona del porto. La pianta degli alloggi speculari è movimentata quanto la facciata. Il corridoio – che in pianta appare tortuoso – attraversa l'alloggio in diagonale e porta al soggiorno, che risulta smaterializzato dalle ampie finestrature che danno luce e aprono la vista sulla strada. Le camere con bagno sono disposte ortogonalmente e collegate tra loro da un corridoio all'interno e da una loggia protetta da persiane scorrevoli all'esterno. Le lamelle permettono di dosare l'irraggiamento solare e contribuiscono a movimentare la facciata. Un passaggio diretto ortogonale porta dal soggiorno alla cucina con balcone indipendente. Le ridotte dimensioni degli alloggi sono compensate dall'utilizzo ottimale degli spazi, il cui arredamento è stato attentamente considerato in fase progettuale.

1 Piano seminterrato con negozi e magazzini
Sous-sol: commerces et réserves

2 Piano rialzato con appartamento del custode e spazi commerciali
Rez-de-chaussée (surélevé): appartement du concierge et locaux d'activité

3 Planimetria del piano tipo con appartamenti da 3 locali 1:200
Étage type avec deux appartements 3 pièces 1:200

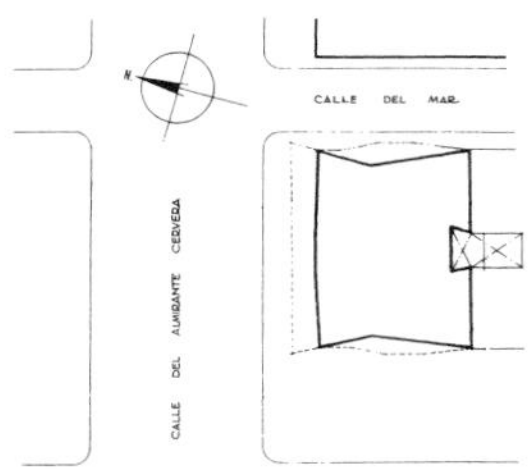

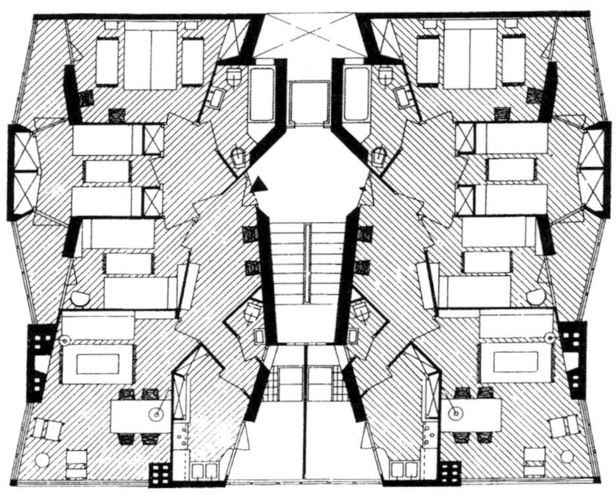

3

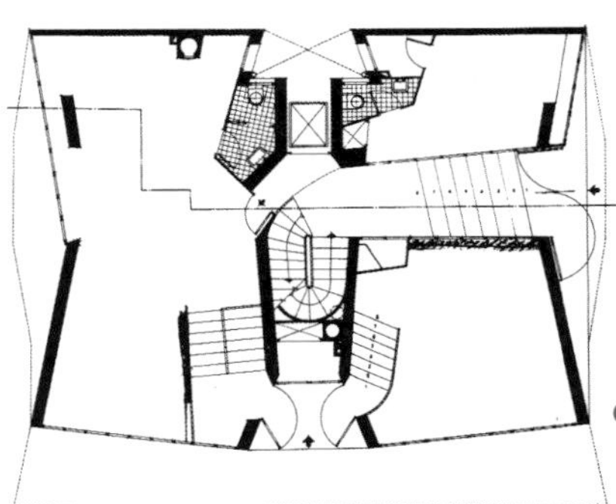

2

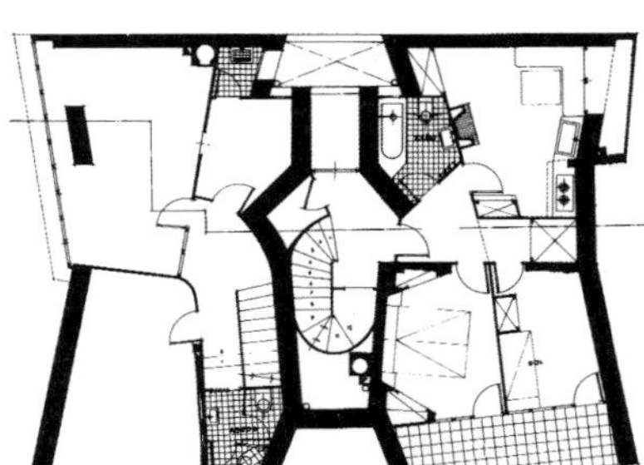

1

Type de construction
immeuble en extrémité, adossé à un mur coupe-feu, 8 niveaux, avec commerces au rez-de-chaussée, E/O/N

Date de construction
1951

Financement
coopérative de crédit des pêcheurs (Instituto Social de la Marina)

Profondeur du bâtiment
12,2 / 15,1 m

Accès
cage d'escalier intérieure pour 2 appartements par étage, éclairée par les loggias privées

Nombre d'appartements
13

Surface des appartements
app. 3 p., env. 74 m² (12 unités)
app. 3 p. à l'attique, env. 51 m² (1 unité)
app. 2 p. pour le concierge, env. 48 m² (1 unité)

Places de stationnement
aucune de prévue

Espaces extérieurs
loggias, terrasse sur le toit

J. A. Coderch, en collaboration avec Manuell Valls, Barcelone

Barcelone, Barceloneta, immeuble ISM sur le Paseo Nacional

Immeuble pour des familles de pêcheurs, en tête d'une rangée dans le quartier du port. La forme des appartements (symétriques par paires) est ondulée, comme les façades. Le couloir, qui n'est tortueux que sur le plan, traverse l'appartement en diagonale pour mener au séjour occupant un angle formé par une baie vitrée, avec vue sur la rue. À l'opposé, la salle de bains et les chambres, accessibles par un couloir; les chambres donnent sur des loggias protégées par des contrevents à lamelles mobiles. Ceux-ci permettent aux occupants de régler l'intensité de la lumière, contribuant ainsi à donner davantage de mouvement à la façade. Devant le séjour, un petit couloir mène à la cuisine, qui a sa propre terrasse. Les petites dimensions des appartements sont compensées par une utilisation rationnelle des pièces, sur l'ameublement desquelles les architectes ont beaucoup travaillé.

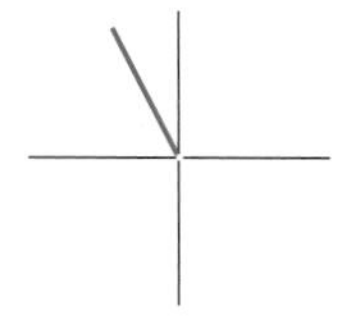

Tipologia edilizia:
edificio a completamento della cortina edilizia addossato a parete cieca, 5 piani, SO

Data di costruzione:
1991-1993

Modello di finanziamento:
edilizia sociale

Profondità dell'edificio:
7,8 m

Distribuzione:
ballatoio oppure accesso privato direttamente dalla strada

Numero di alloggi:
17

Dimensione degli alloggi:
appart. da 2 locali, ca.65 m² (1);
appart. da 3 locali, ca.70 m² (2);
mais. da 3 locali, ca.78/80 m² (11);
mais. da 4 locali, ca.98 m² (3)

Parcheggio:
area riservata sulla strada

Spazi aperti:
nessuno

Francis Soler, Parigi

Parigi, Cité S. Chaumont

Su di un lotto profondo solo pochi metri si inserisce un edificio in linea di 5 piani addossato a una parete cieca come uno scaffale. All'interno quasi esclusivamente *maisonettes*. Alcune hanno accesso indipendente dal piano stradale tramite brevi rampe di scale e piccoli pianerottoli; altre sono distribuite da un ballatoio continuo a sbalzo sulla facciata al 3° piano, a cui si accede da due scale all'aperto ai due estremi della stecca. Da questo livello alcune *maisonettes* si sviluppano verso l'alto, altre verso il basso. Sul ballatoio si affacciano i soggiorni con angolo cottura nella parte retrostante, sopra o sotto le camere da letto, cui si accede con una rampa di scale che è addossata alla parete cieca di fondo, come la cucina e il resto dei vani di servizio. La tipologia degli alloggi sorprende per la varietà, che non si percepisce sulla facciata, piuttosto ripetitiva.

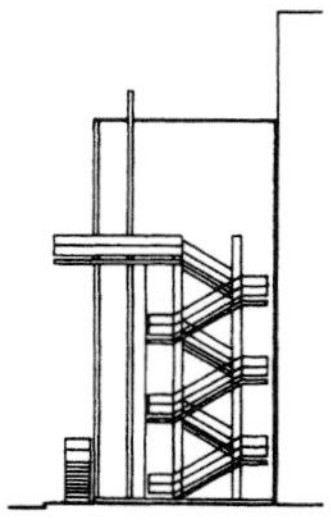

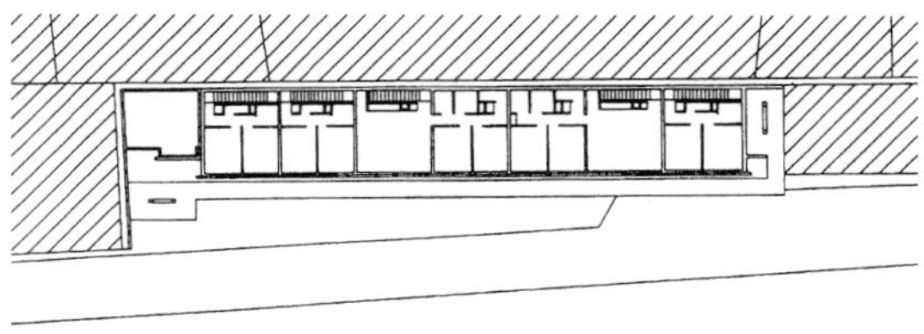

❼

❶ ❷ Pianterreno / 1° piano con *maisonette* da 3 locali 1:200
Rez-de-chaussée / 1er étage: duplex 3 pièces 1:200

❸-❼ Pianterreno-4° piano 1:1000
Rez-de-chaussée, 1er à 4e étages 1:1000

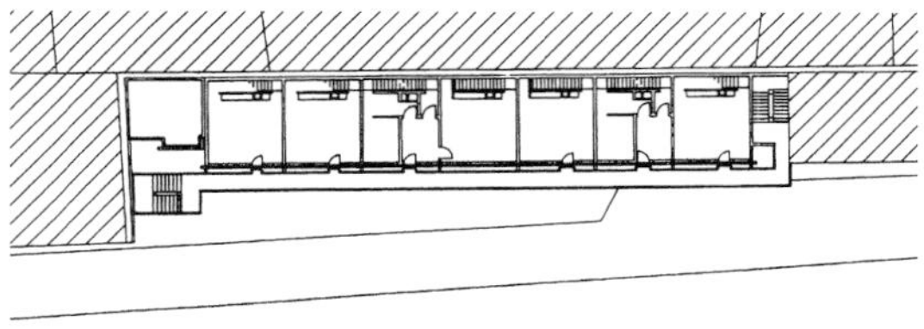

❻

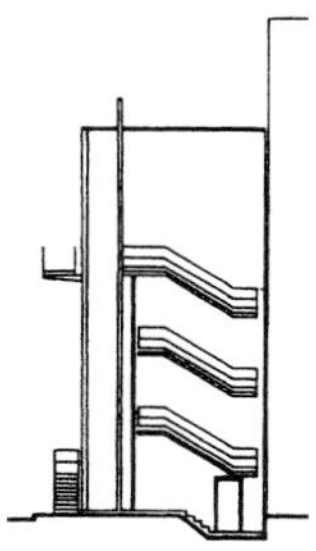

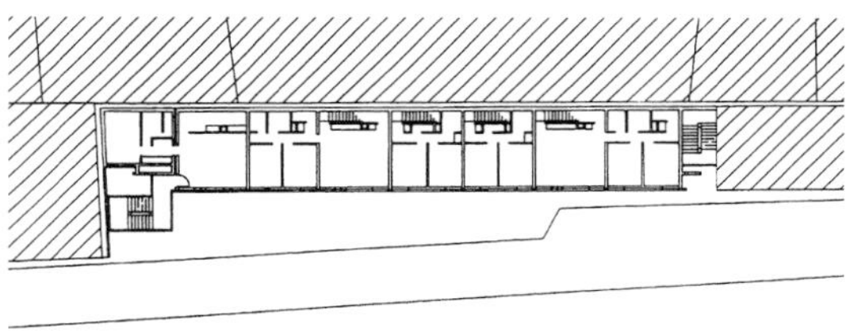

❺

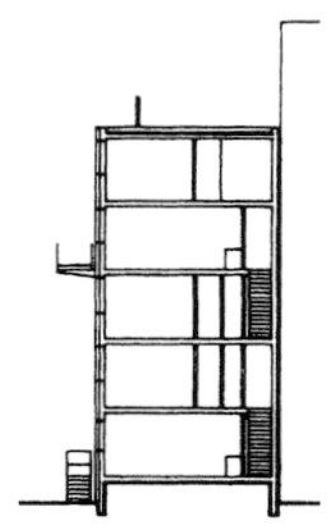

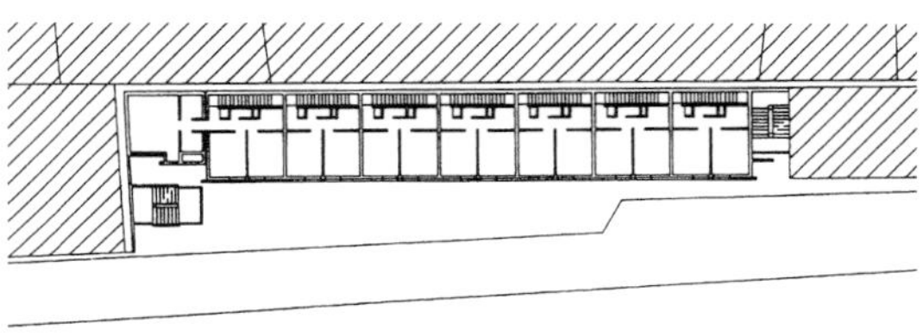

❹

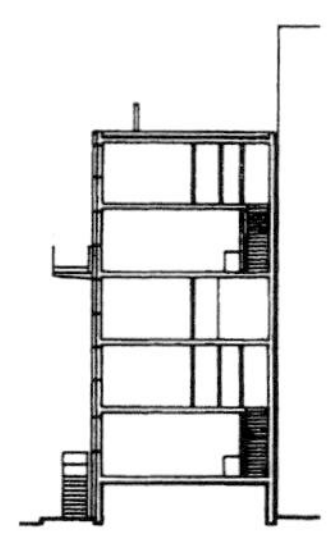

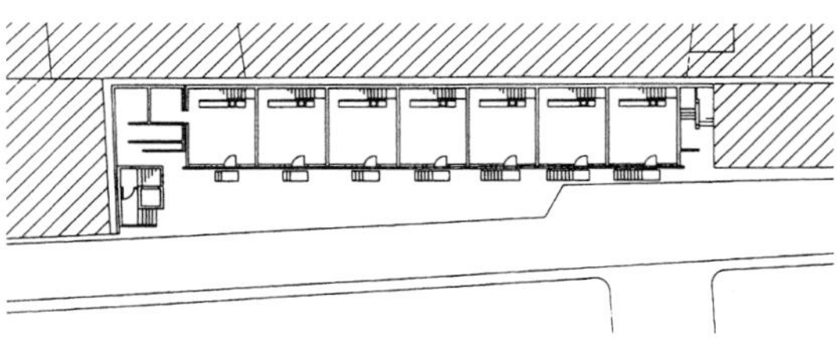

❸

❶

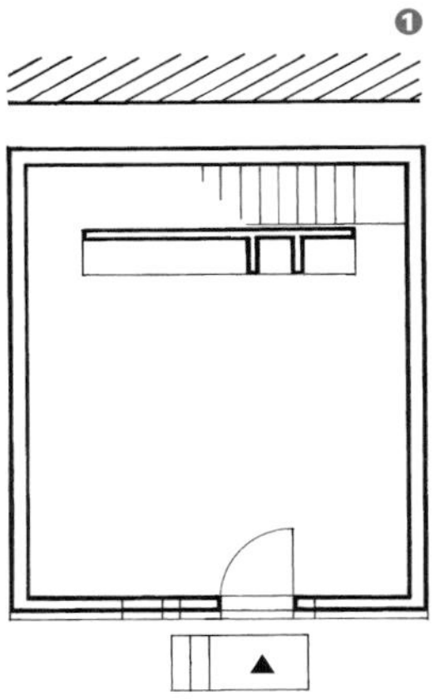

❷

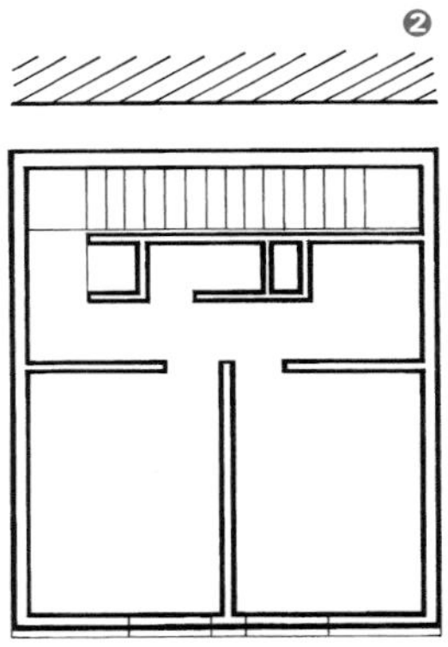

Type de construction
immeuble complant un vide dans une rangée urbaine, adossé à un mur coupe-feu, 5 niveaux, SO

Date de construction
1991-1993

Financement
logements sociaux

Profondeur du bâtiment
7,8 m

Accès
galerie ou accès individuels depuis la rue

Nombre d'appartements
17

Surface des appartements
app. 2 p., env. 65 m² (1 unité)
app. 3 p., en v. 70 m² (2 unités)
duplex. 3 p., 78/80 m² (11 unités)
duplex 4 p., env. 98 m² (3 unités)

Places de stationnement
sur la rue

Espaces extérieurs
aucun

Francis Soler, Paris

Paris, Cité Saint-Chaumont

Cet immeuble sur cinq niveaux occupe un vide très peu profond dans un alignement urbain et est adossé à un mur coupe-feu. Il comprend presque exclusivement des duplex. Certains sont accessibles depuis la rue par des escaliers individuels, d'autres par une galerie unique en encorbellement au troisième étage, elle-même accessible par deux escaliers extérieurs aux deux extrémités. Depuis la galerie, il faut tantôt monter, tantôt descendre pour accéder aux appartements. L'entrée donne sur la pièce de séjour, avec bloc cuisine à l'arrière. Les chambres sont à l'étage, où l'on monte par un escalier à volée simple, disposé le long du mur coupe-feu, de même que la salle de bains et la cuisine. L'homogénéité répétitive de la façade cache en réalité une surprenante diversité de formes d'appartements.

1.4 Edifici contro muri ciechi

Tipologia edilizia:
ripristino di un isolato urbano con due inserti nella cortina edilizia e tre edifici addossati a pareti cieche nel cortile, 2/3/7 piani, NO/SE, NE/SO

Data di costruzione:
2000

Modello di finanziamento:
edilizia privata, in parte finanziamento statale supervisionato (Régie Immobilière de la Ville de Paris)

Profondità dell'edificio:
12-18 m (Suisses); 7,2-8,5 m (Jonquoy); 6,5 m (stecca); 4 m (casette isolate)

Distribuzione:
a corpo singolo, doppio e a ballatoio, accesso individuale alle case unifamiliari

Numero degli alloggi:
57, oltre a 2 casette unifamiliari

Dimensioni degli alloggi:
superficie totale della stecca: 2055 m²; casa Suisses: 2800 m²; casa Jonquoy: 561 m²; appartamenti di varie dimensioni: appart. da 2 locali (14); appart. da 3 locali (28); appart. da 4 locali (14); appart. da 5 locali (1); casette da 2 locali (2)

Parcheggio:
garage interrato, sotto il cortile comune

Spazi aperti:
cortile alberato semipubblico, inserti nella cortina edilizia: balconi molto piccoli; stecca: piccoli giardini posteriori e logge al pianterreno, logge al 1° piano, terrazze al 2° piano

Herzog & de Meuron, Basilea

Parigi, (14° Arrondissement) Rue des Suisses

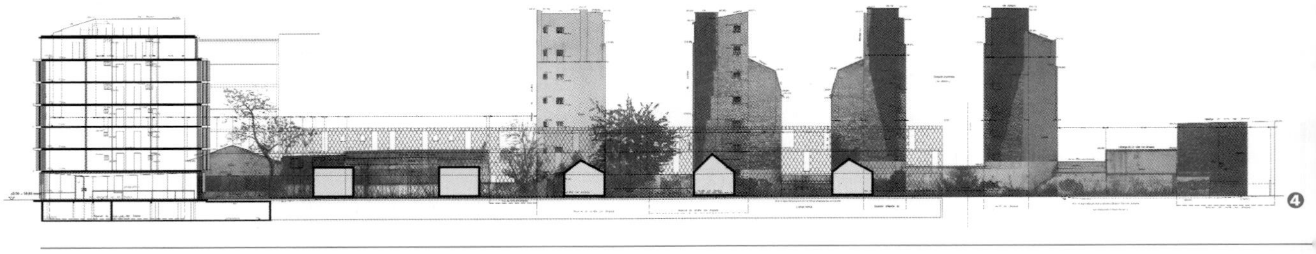
4

1

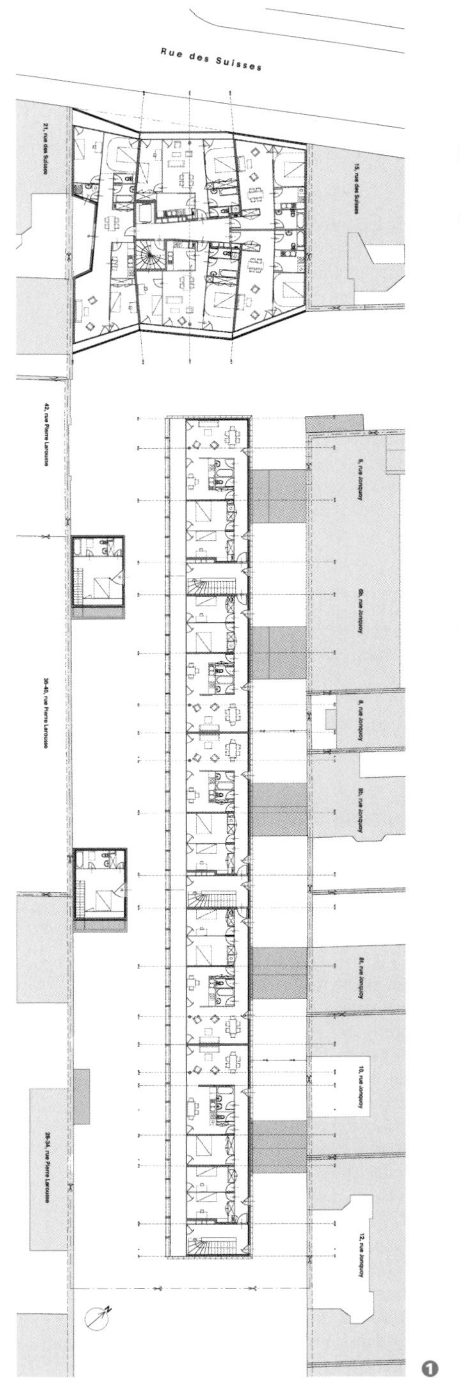

1

L'intervento di completamento su questo isolato di Parigi comprende il ripristino della cortina su strada e nuovi corpi di fabbrica al suo interno. Gli architetti ripropongono le tipologie correnti nel quartiere e la loro affascinante commistione riformulandole secondo il proprio severo vocabolario formale. I due intervalli nella cortina stradale sono colmati da due nuovi edifici da 7 piani: al pianterreno di entrambi si accede alla corte interna, dominata da un edificio a ballatoio su 3 piani. Questo si collega agli edifici esistenti con edifici bassi con tetto a doppia falda che, insieme a quello in linea, racchiudono pittoreschi giardinetti a uso degli appartamenti a pianterreno. Sull'altro lato, casette a 2 piani aderenti al muro di confine articolano ulteriormente lo spazio pubblico del cortile. La soluzione planimetrica più interessante è quella della stecca a 3 piani: ogni vano si affaccia sul cortile ed è collegato agli altri da un corridoio retrostante che sfocia nel soggiorno. Ogni locale è collegato agli altri anche dalla loggia continua sul fronte principale; in questo modo ogni camera ha accesso a due spazi comuni. Sulla loggia sono applicate veneziane in legno che possono essere manovrate dall'interno. La loggia può essere utilizzata come vero e proprio soggiorno all'aperto o come semplice accesso all'esterno, come al 2° piano, dove gli appartamenti sono intervallati da giardini pensili. Come la stecca, gli edifici su strada sono interamente rivestiti in pannelli mobili di lamiera perforata, nascondendo anche gli stretti sottopassaggi.

Type de construction
densification de parcelle avec 2 maisons comblant un vide de rangée urbaine et 3 constructions adossées à un mur coupe-feu dans la cour, 2-3 et 7 niveaux, NO/SE, NE/SO

Date de construction
2000

Financement
privé, en partie avec subventions et contrôle de l'État (Régie immobilière de la Ville de Paris)

Profondeur du bâtiment
12-18 m (Suisses), 7,2-8,5 m (Jonquoy), 6,5 m (bât. long), 4 m (mais. isolées)

Accès
cages d'escalier pour 1, 2 ou 5 appartements par étage, accès direct pour les maisons isolées

Nombre d'appartements
57 plus 2 maisons familiales

Surface des appartements
surface habitable totale du bâtiment long: 2055 m²; immeuble rue des Suisses: 2800 m²; immeuble rue Jonquoy : 561 m²; appartements de type et de surface variés: app. 2 p. (14 unités), app. 3 p. (28 unités), app. 4 p. (14 unités), app. 5 p. (1 unité), maisonnette 2 p. (2 unités)

Places de stationnement
garage souterrain sous la cour

Espaces extérieurs
cour semi-publique arborée; dans les immeubles en front de rue: balcons très étroits; dans le bâtiment long: petits jardins à l'arrière et loggias au rez-de-chaussée, loggias au premier étage et terrasses au deuxième étage

Herzog & de Meuron, Bâle

Paris, rue des Suisses (14ᵉ arrondissement)

❶ Planimetria generale del complesso, pianterreno, 1° e 2° piano (da sinistra a destra)
Plan d'ensemble, rez-de-chaussée, Premier et deuxième étages (de gauche à droite)

❷ Pianta di appart. da 3 locali, 1° piano, stecca 1:200
Plan d'un appartement 3 pièces dans le bâtiment long, premier étage 1:200

❸ Sezione della stecca con logge dietro le veneziane ricurve
Coupe transversale du bâtiment long

❹ Sezione dell'inserto nella cortina edilizia di edifici "a forma di casa"
Coupe à travers le bâtiment fermant l'alignement urbain et les petites maisons perpendiculaires

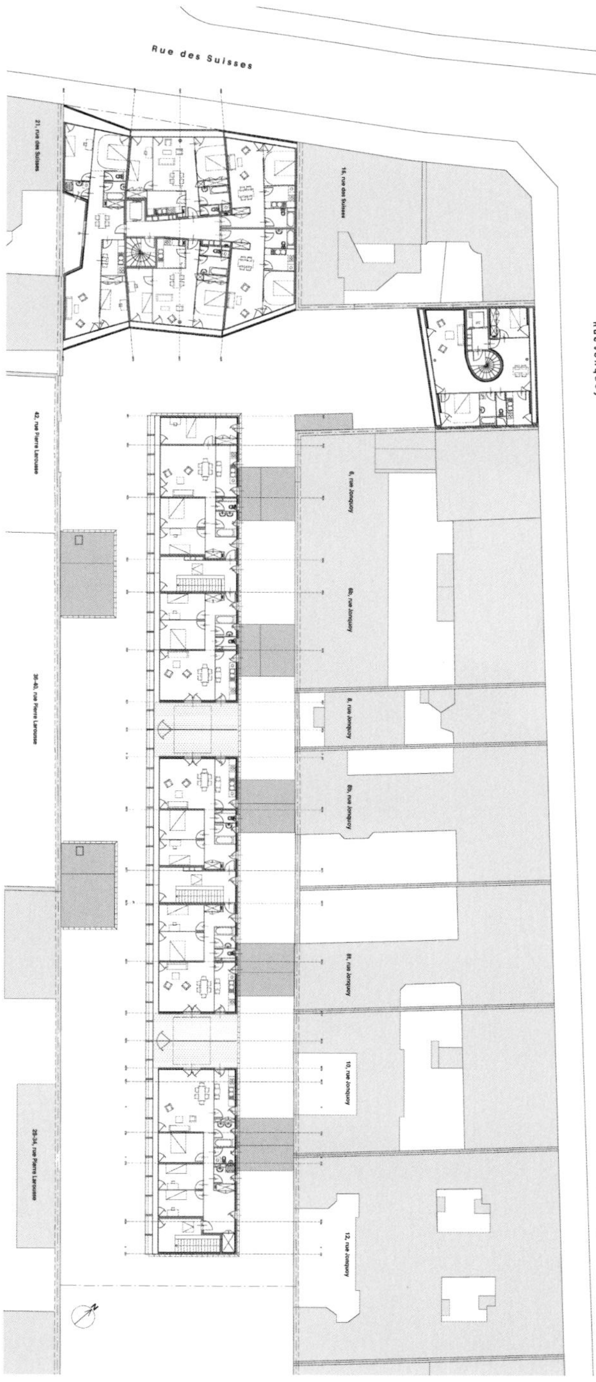

Tutte le piante / *tous les plans:* © Herzog & de Meuron

❶

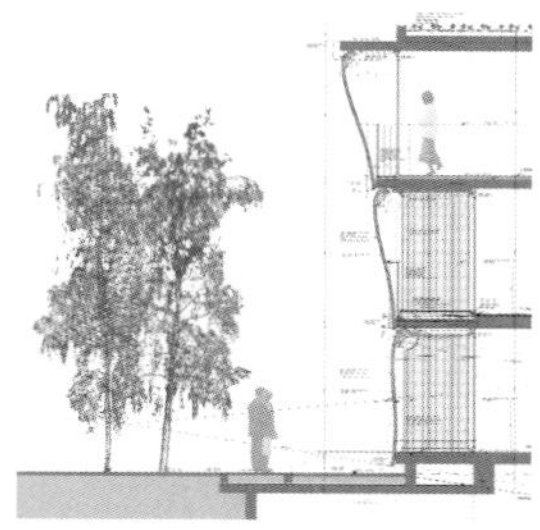

❸

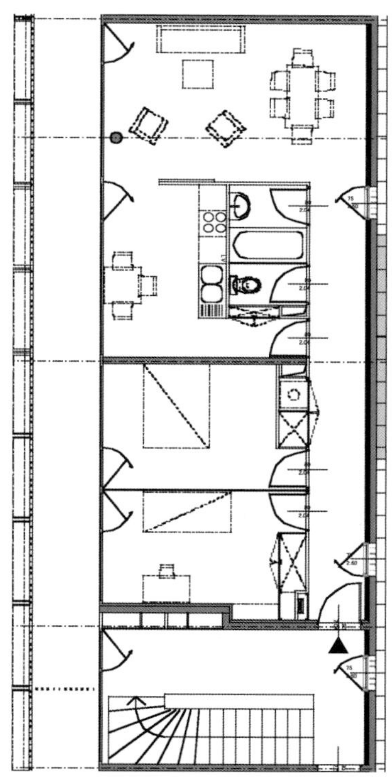

❷

Le projet constitue une mesure de densification du tissu urbain, d'une part en comblant une lacune dans l'alignement du quartier, et d'autre part en édifiant des constructions nouvelles à l'intérieur de l'îlot. Les architectes reprennent la typologie variée des maisons et leur charmant mélange pour les réinterpréter dans un langage plus austère. Les vides sont comblés par deux immeubles de sept étages. Dans la cour s'élève un bâtiment long de trois étages que des constructions en forme de maison relient aux immeubles voisins. Cette disposition laisse un espace pour des jardins pittoresques destinés aux appartements du rez-de-chaussée. Parallèlement au bâtiment long, en limite de parcelle, se dressent deux petits immeubles à deux étages qui créent des espaces d'intimité dans la cour. Le plan du bâtiment long est particulièrement intéressant par la disposition des chambres côté cour, la liaison avec le séjour étant assurée par un couloir à l'arrière. Les chambres sont aussi reliées par une large galerie formant une succession de loggias. Chaque chambre a donc un double accès. Les loggias peuvent être fermées par des stores de bois qui protègent du soleil ou des regards. Au deuxième étage, la galerie est plus étroite et les appartements, plus larges, séparés par des jardins sur le toit. Les deux immeubles insérés dans les rangées sont revêtus d'éléments de tôle perforée qui peuvent être ouverts ou fermés à volonté et rendent très discrets les accès depuis la rue.

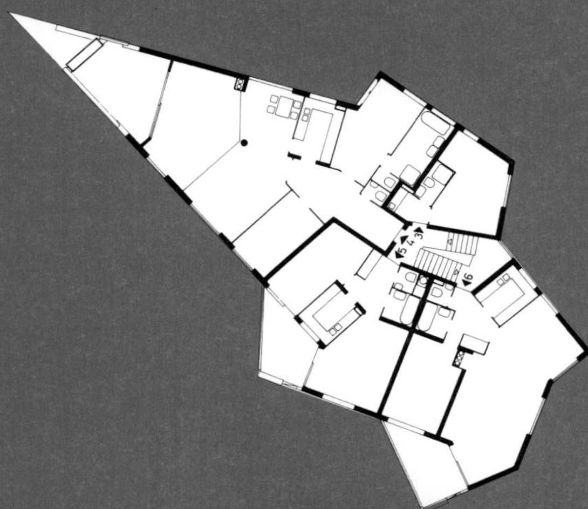

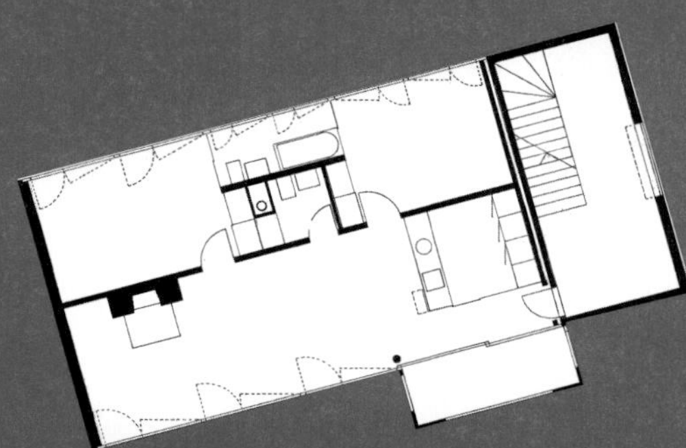

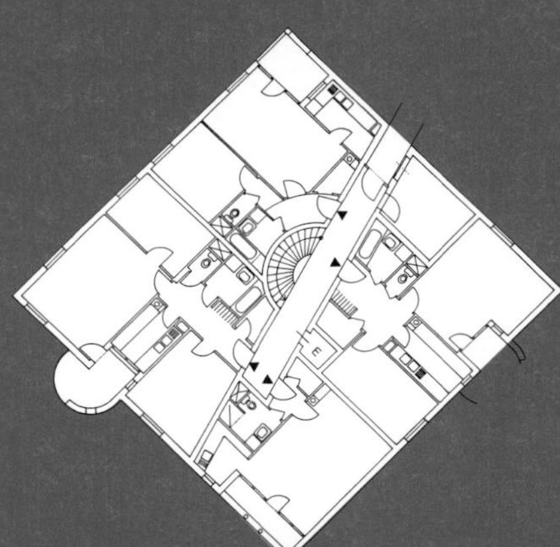

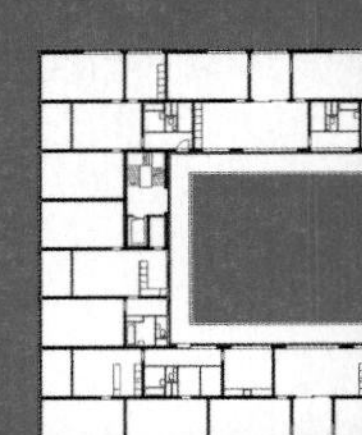

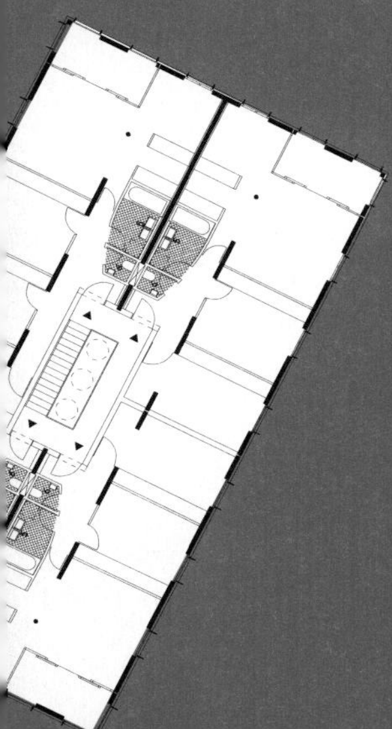

Edifici isolati

In questa categoria abbiamo raccolto due tipi di edifici puntuali: quelli piccoli, noti anche come case plurifamiliari o ville urbane, e quelli più grandi, per i quali la definizione di "solitario" è più appropriata. La versione di dimensioni più modeste, che è anche la più frequente, è un ibrido tipologico che cerca di trasferire a un edificio plurifamiliare le caratteristiche della villetta unifamiliare (contatto con il verde, limitato numero di inquilini, senso di appartenenza e di privacy). A causa della bassa densità è una tipologia diffusa nelle aree periurbane, ma può essere realizzata anche in aree centrali all'interno di isolati aperti. La distribuzione si colloca perlopiù al centro; è possibile l'esposizione verso i quattro punti cardinali e ogni tipo di soluzione planimetrica, ma a causa della ridotta volumetria spesso si ripetono le stesse piante a ogni piano. Il contatto con il verde è tra le caratteristiche più sviluppate in questi edifici: con accesso diretto al giardino (dagli alloggi al pianterreno) oppure con verande, logge o giardini pensili, oltre al verde condominiale tra gli edifici. Si tratta perlopiù di edifici onerosi a causa degli alti costi fondiari delle aree urbane centrali e per l'alta incidenza delle pareti perimetrali. Abbiamo aggiunto a questa tipologia esempi di una variante dell'edificio a corte di grandi dimensioni – più piccolo di un isolato, più grande di una casa ad atrio centrale. Un modulo urbano innovativo che sfrutta la contraddizione dei due ambiti di una casa a corte: quello pubblico su strada e quello semipubblico, riparato e socializzante, della corte interna. In questi progetti si privilegia non tanto il rapporto con il verde, quanto quello con gli altri, come si esplicita nel disegno della corte e delle parti comuni. Le dimensioni e la forma di tale tipologia garantiscono ai "solitari" molti di questi vantaggi.

Immeubles isolés

Cette catégorie réunit deux sortes de constructions: la petite maison familiale, dite villa urbaine, et des immeubles isolés de plus grandes dimensions. Mais on est le plus souvent en présence d'un type mixte qui tente de récupérer les avantages de la maison familiale (proximité du jardin, petit nombre d'habitants, identification avec la maison, sentiment d'intimité) dans un immeuble comprenant plusieurs appartemento. Ce type convient particulièrement à la faible densité de construction des banlieues, mais il peut aussi se trouver au sein d'une rangée urbaine. Les pièces peuvent être orientées dans les quatre directions. L'accès se fait souvent par le milieu. La diversité des types d'appartements est théoriquement illimitée mais, dans la pratique, le volume réduit impose une superposition de plans identiques. Le rapport aux espaces verts est un élément privilégié: jardins avec accès direct pour les appartements du rez-de-chaussée, jardins d'hiver, loggias, terrasses sur les toits, auxquels s'ajoutent les espaces verts communs entre les bâtiments. Le coût de la construction est généralement élevé en raison du prix du terrain en ville et de la part importante des façades. Une variante est aussi présentée ici: certaines interprétations modernes de la maison à cour intérieure, plus petite que le bloc urbain mais plus grande que la maison familiale à atrium. Ce type nouveau joue sur le contraste entre les deux domaines de la maison à cour intérieure: le domaine public côté rue et le domaine semi-privé et communautaire de la cour intérieure. Il met moins l'accent sur la relation aux espaces verts que sur la relation à la communauté, et cela s'exprime dans la forme donnée à l'accès et à la cour. De par son échelle et sa forme, ce type possède une bonne partie des avantages des immeubles isolés tels qu'ils ont été décrits ci-dessus.

riferito a piante 1:200

se réfère aux plans 1:200

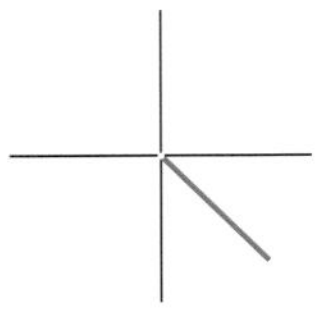

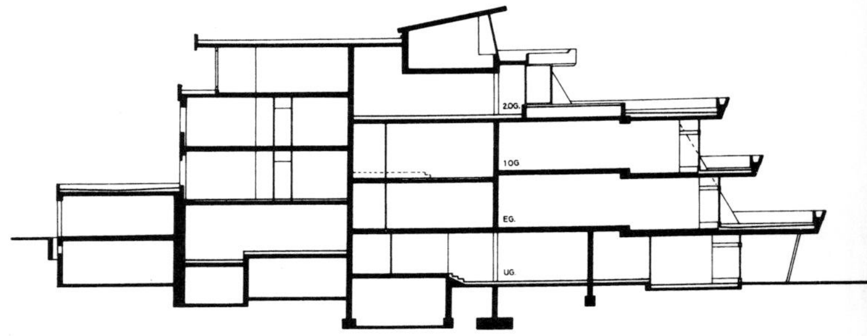

1.5 Edifici isolati

① Pianta del pianterreno 1:200
Plan du rez-de-chaussée 1:200

② Pianta del 1° piano 1:200
Plan du premier étage 1:200

Tipologia edilizia:
casa plurifamiliare sulla riva di un lago,
4 piani, E/O

Data di costruzione:
1972

Modello di finanziamento:
edilizia privata,
condominio

Profondità dell'edificio:
varia

Distribuzione:
2 o 4 appartamenti per piano

Numero di alloggi:
12

Dimensione degli alloggi:
appart. da 1 locale, 25 m² (2);
appart. da 2 locali, 56-60 m² (3);
appart. da 3 locali, 87 m² (2);
appart. da 4 locali, 126-135 m² (3);
appart. da 4½ locali, 156 m² (1),
è possibile separare 1½ vani

Parcheggio:
7 box-auto al piano interrato

Spazi aperti:
giardini, terrazze in copertura,
piscina, sauna

Heinz Schudnagis, Berlino

Berlino-Wilmersdorf, Wallotstraße 9

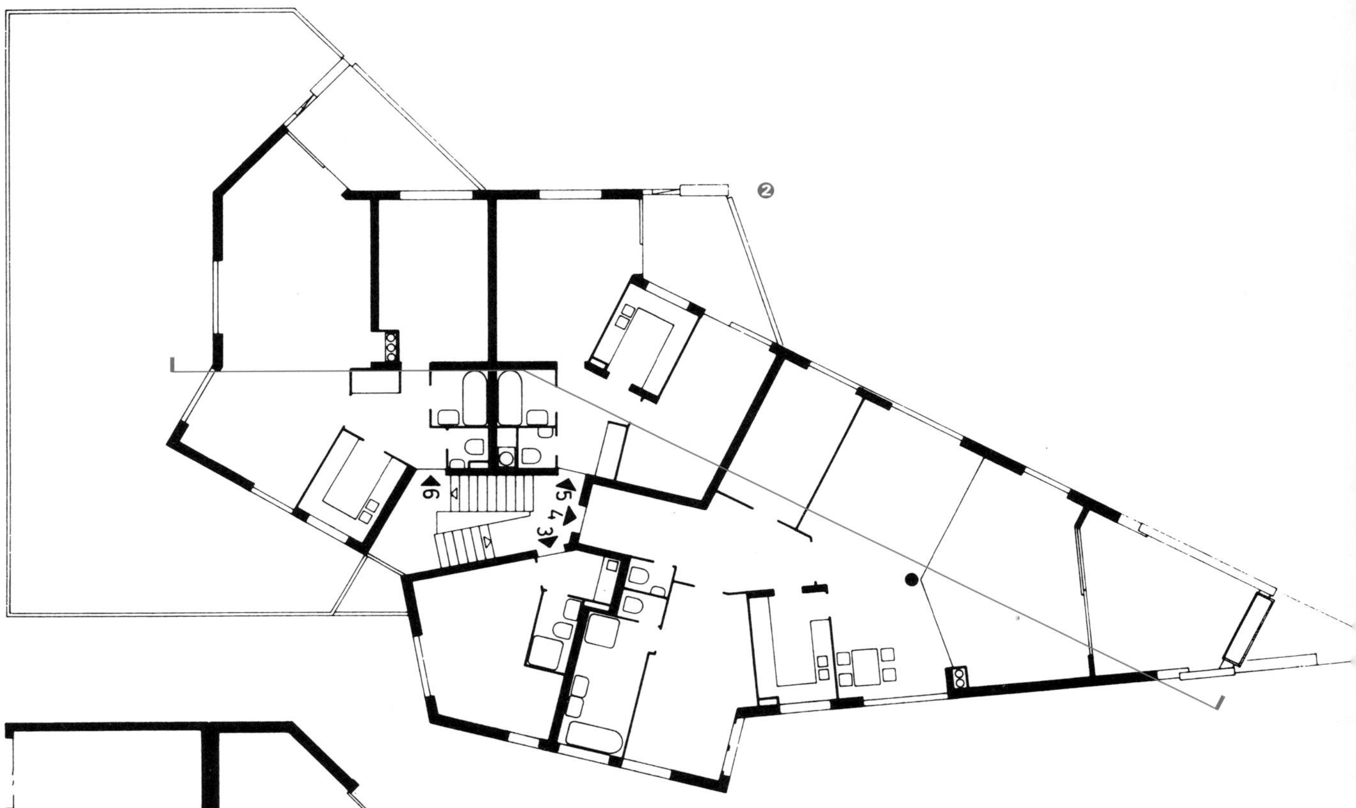

La complessa articolazione planimetrica deriva dall'orientamento di tutti gli alloggi verso l'adiacente specchio d'acqua e il paesaggio. Nonostante le pareti oblique, la volumetria spigolosa e le terrazze gradonate ad angolo acuto, la distribuzione degli spazi è razionale ed economica: a partire da un corridoio che distribuisce il bagno cieco, i vani si dispiegano a ventaglio in tutte le direzioni, aprendosi su variegate prospettive. Vi si trovano alloggi dai tagli più diversi, per grandezza e tipologia: dal monolocale di 25 m² con piccolo angolo cottura fino all'appartamento di 156 m² che prosegue idealmente il paesaggio circostante nella sequenza terrazza, patio, vasca per i fiori, soggiorni collegati l'uno all'altro che si espandono verso l'alto, dove si aprono per fare spazio a uno studiolo sul tetto. La collocazione su un pendio si rispecchia non solo nella sopraelevazione di mezzo piano degli alloggi a monte, ma diventa tema progettuale in ogni alloggio, allorché gli spazi rivolti (con le terrazze acuminate) verso l'acqua sono impostati a una quota inferiore, oppure altri spazi sono resi più interessanti da dislivelli. L'allestimento degli interni comprende mobili incassati a muro e, negli alloggi più grandi, un caminetto nel soggiorno. Al livello del giardino si trovano garage, piscina e sauna.

❹ Pianta del 2° piano 1:200
Plan du deuxième étage 1:200

❸ Pianta del 3° piano 1:200
Plan du troisième étage 1:200

Type de construction
immeuble d'habitation au bord de l'eau, 4 niveaux, E/O

Date de construction
1972

Financement
privé, copropriété

Profondeur du bâtiment
variable

Accès
cage d'escalier pour 2 ou 4 appartements par étage

Nombre d'appartements
12

Surface des appartements
app. 1 p., 25 m² (2 unités)
app. 2 p., 55-60 m² (3 unités)
app. 3 p., 87 m² (2 unités)
app. 4 p., 126-135 m² (3 unités)
app. 4½ p., 156 m² (1 unité, division possible en app. de 1½ p.)

Places de stationnement
sept garages en sous-sol

Espaces extérieurs
jardin, terrasses sur le toit, piscine, sauna

Heinz Schudnagis, Berlin

Berlin-Wilmersdorf, Wallotstraße 9

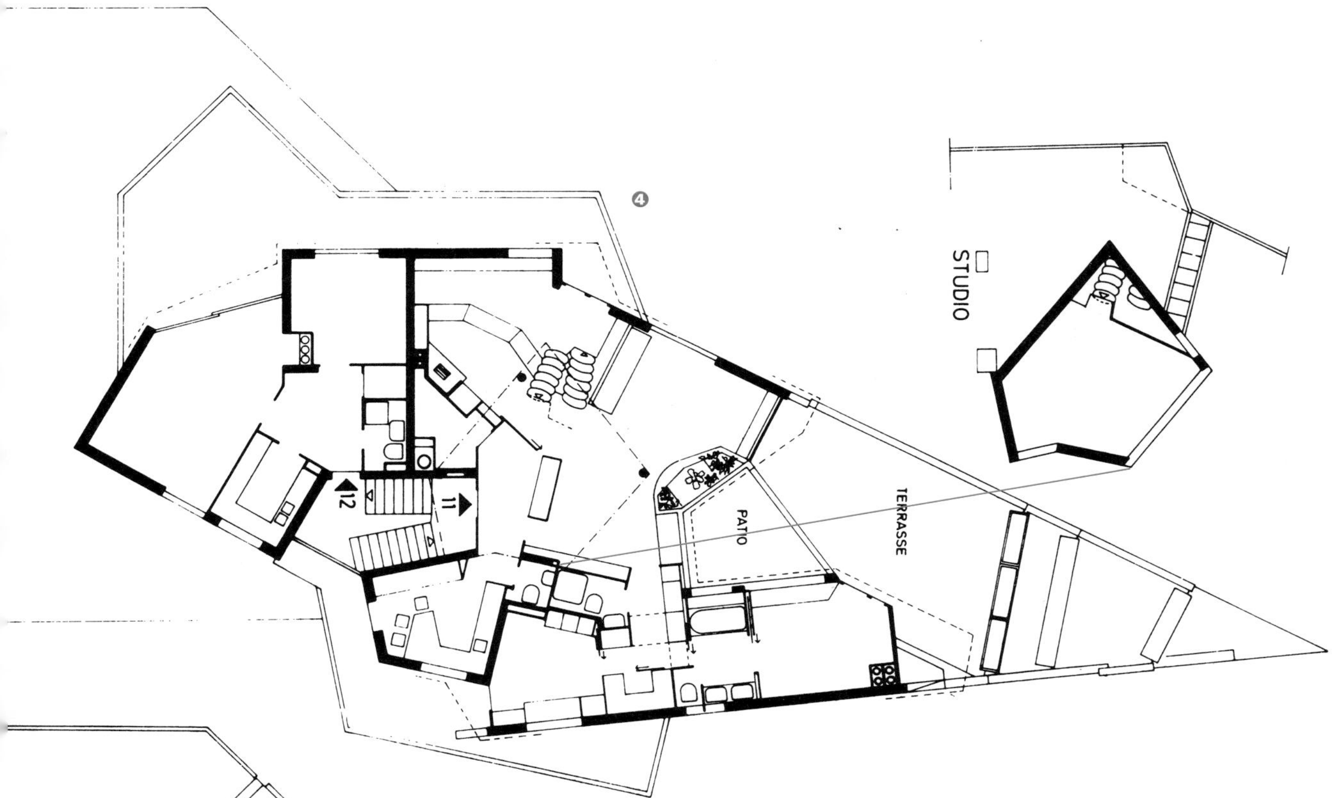

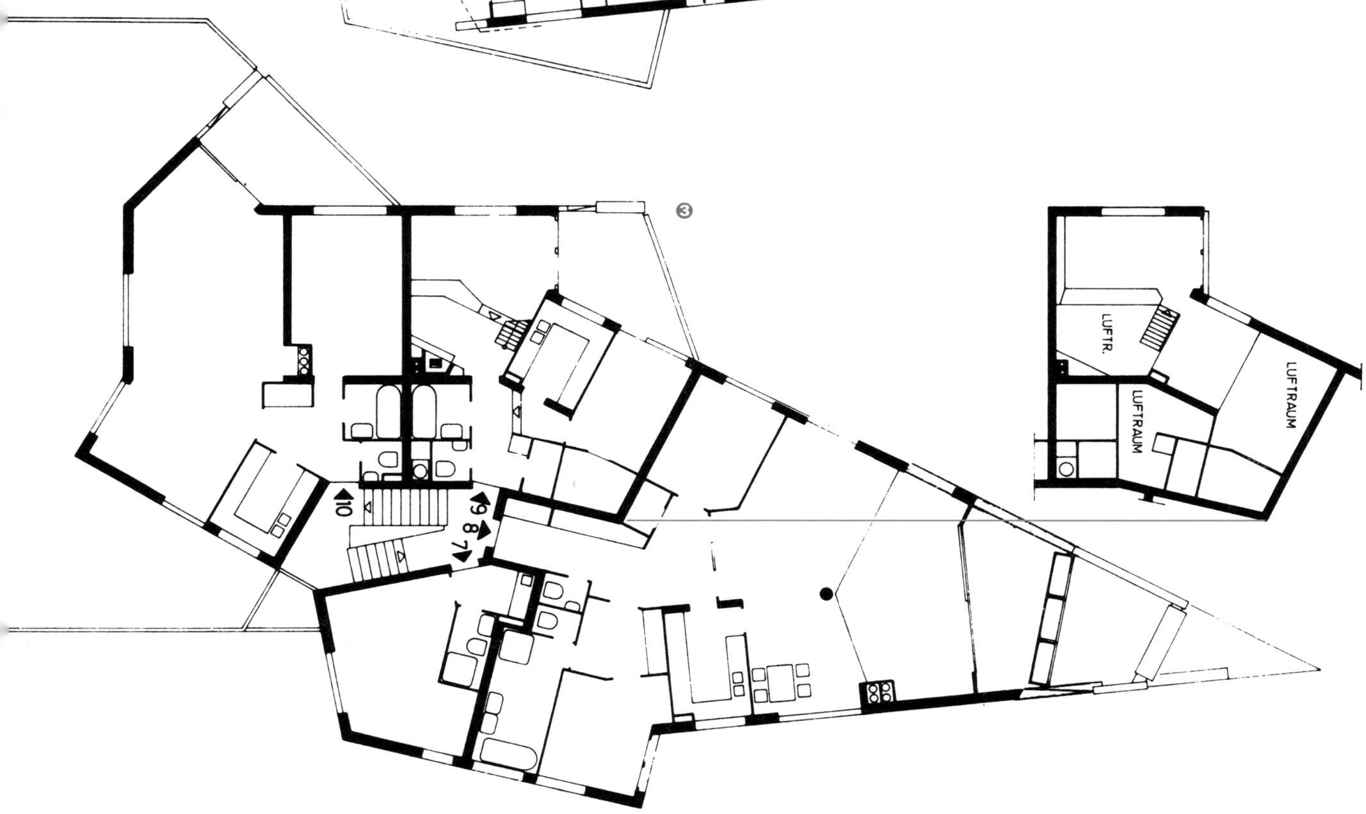

Le plan compliqué s'explique par la volonté d'offrin à tous les appartements la rue sur le plan d'eau. En dépit des tracés obliques, de l'imbrication complexe des corps de bâtiments et des terrasses en gradins et se terminant en pointe, le principe d'agencement est rationnel: les pièces se déploient dans toutes les directions à partir d'un couloir (avec salle de bains). L'immeuble comprend des appartements de dimensions et de formes très variables, qui vont du petit une pièce de 25 m² équipé d'un simple coin cuisine au grand appartement de 156 m², qui prolonge à l'intérieur le paysage par la succession que forment la terrasse, le patio, les bacs à fleurs et les espaces de séjour. Ceux-ci s'interpénètrent, s'élèvent en hauteur et créent la place pour un atelier sur le toit. La pente du terrain se retrouve non seulement dans l'appartement arrière un demi-niveau plus haut, mais aussi dans les dénivellations entre les diverses pièces des autres appartements (le séjour côté plan d'eau, par exemple, avec la terrasse en pointe, a un niveau de sol plus bas). L'aménagement a été prévu pour de nombreux meubles encastrés. Les grands appartements ont une cheminée au milieu du séjour. Au niveau du jardin se trouvent les garages, une piscine et un sauna.

1.5 Edifici isolati

Tipologia edilizia:
edificio a pianta circolare,
3 piani,
N/S/E/O

Data di costruzione:
1986

Modello di finanziamento:
edilizia sociale
(progetto IBA)

Profondità dell'edificio:
17,25 m

Distribuzione:
3 o 4 appartamenti per piano

Numero di alloggi:
7

Dimensione degli alloggi:
appart. da 2 locali,
71,2 m² (3);
mais. da 3 locali,
142,4 m² (4)

Parcheggio:
garage sotterraneo adiacente

Spazi aperti:
l'edificio è all'interno di un parco

**Antoine Grumbach,
Paris**

**Berlino-Tegel,
Am Tegeler Hafen 16 A**

**Edificio dalla geometria stereometrica che tematizza la compenetrazione tra parallelepipedo e cilindro.
A ogni piano si trovano quattro alloggi, uno per ogni quarto di cerchio
(tre al pianterreno).
Lo spazio libero tra cerchio e quadrato è adibito a sala da pranzo o terrazza.
Le planimetrie non tengono conto dell'orientamento.
L'isolamento acustico dalle parti comuni avviene tramite la scala interna, i servizi igienici e ripostigli.
Al piano superiore un disimpegno conduce attraverso le pareti armadio delle camere da letto a una piccola galleria con affaccio verso il basso sulla loggia da pranzo collocata nello spigolo.**

❸

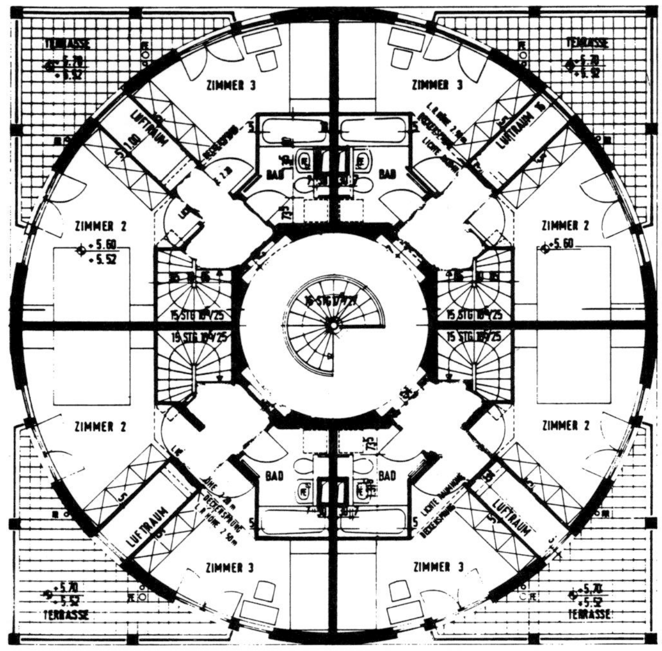

❶ Pianta del pianterreno 1:200
Plan du rez-de-chaussée 1:200

❷ Pianta del 1° piano 1:200
Plan du premier étage 1:200

❸ Pianta del 2° piano 1:200
Plan du deuxième étage 1:200

❷

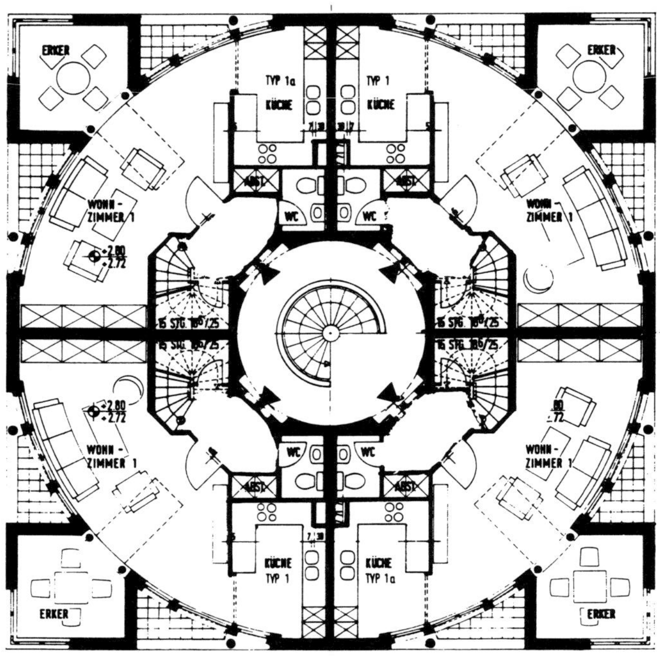

❶

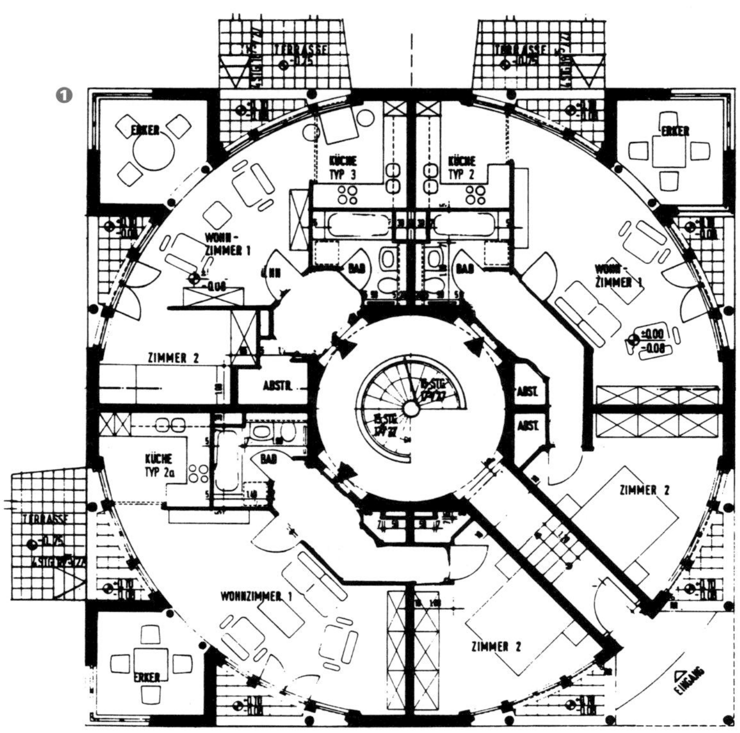

Immeubles isolés 1.5

Type de construction
immeuble circulaire,
3 niveaux, N/S/E/O

Date de construction
1986

Financement
logements sociaux (IBA)

Profondeur du bâtiment
17,25 m

Accès
cage d'escalier pour 3 ou 4 appartements par étage

Nombre d'appartements
7

Surface des appartements
app. 2 p., 71,2 m²
(3 unités)
duplex 3 p., 142,4 m²
(4 unités)

Places de stationnement
garage souterrain à côté de l'immeuble

Espaces extérieurs
parc tout autour de l'immeuble

**Antoine Grumbach,
Paris**

**Berlin-Tegel,
Am Tegeler Hafen 16 A**

Corps de bâtiment d'aspect rigoureusement géométrique (pénétration d'un cube par un cylindre). Chaque étage comprend quatre appartements (quarts de cercle), le rez-de-chaussée seulement trois. Les surfaces entre le cercle et les angles du cube sont utilisées pour des coins-repas en encorbellement ou des terrasses. La conception ne tient pas compte de l'orientation. Les escaliers intérieurs fermés des duplex et les locaux sanitaires et de rangement assurent l'isolation acoustique entre les paliers et les appartements. Au niveau supérieur des duplex, l'espace de distribution donne sur une petite galerie entre les penderies des chambres, avec vue sur le niveau inférieur et le coin-repas dans l'angle en saillie.

riferito a piante 1:200

se réfère aux plans 1:200

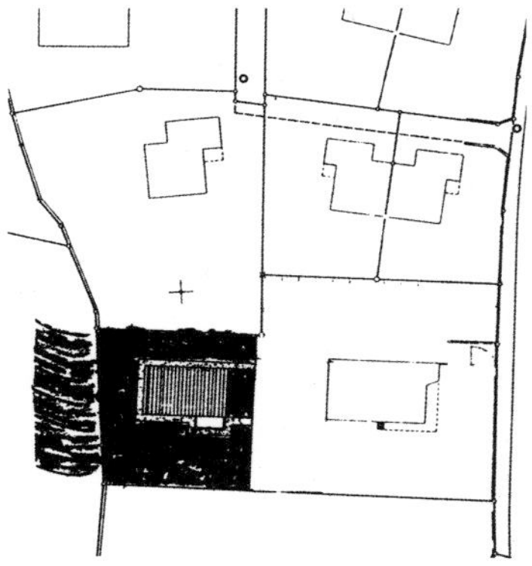

Tipologia edilizia:
casa trifamiliare isolata,
3 piani, N/S

Data di costruzione:
1989

Modello di finanziamento:
edilizia privata

Profondità dell'edificio:
6,9 m

Distribuzione:
a corpo semplice

Numero di alloggi:
3 unità

Dimensione degli alloggi:
appart. da 3 locali, 71 m²

Parcheggio:
posti auto all'aperto

Spazi aperti:
logge

Peter Märkli con Gody Kühnis, Zurigo

Trübbach (San Gallo, Svizzera) Wohnhaus Kauf

Una planimetria semplicemente inconsueta e semplice in modo inconsueto: dalla scala si accede a un solo appartamento per piano. L'alloggio si sviluppa in modo lineare, suddiviso da una parete longitudinale in una parte aperta e un'altra più riservata. L'articolazione degli spazi è ottenuta esclusivamente con la distribuzione di volumi lungo questa parete divisoria; il corridoio diventa superfluo. All'ingresso vi è la cucina che introduce al resto dell'alloggio insieme alla loggia, delimitata da vetrate in modo da orientarsi verso il soggiorno. Il camino domina la parte terminale del soggiorno. La zona riservata è strutturata dall'inserimento del nucleo dei servizi. Il bagno separa e unisce le camere da letto con pareti scorrevoli. La loggia vetrata è appesa alla facciata come un volume indipendente. Le finestre a nastro sui due lati dell'edificio inondano gli spazi di luce.

❶ Pianterreno 1:200
Plan du rez-de-chaussée 1:200

❷ Planimetria del piano tipo 1:200
Plan d'un étage type 1:200

❸ Sezione con parete divisoria portante in cemento, rivestimento perimetrale e logge in legno
Coupe transversale montrant le mur de refend en béton et la construction en bois de l'enveloppe extérieure et des loggias

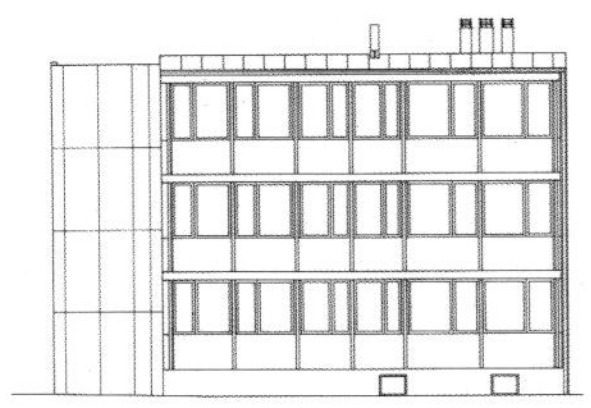

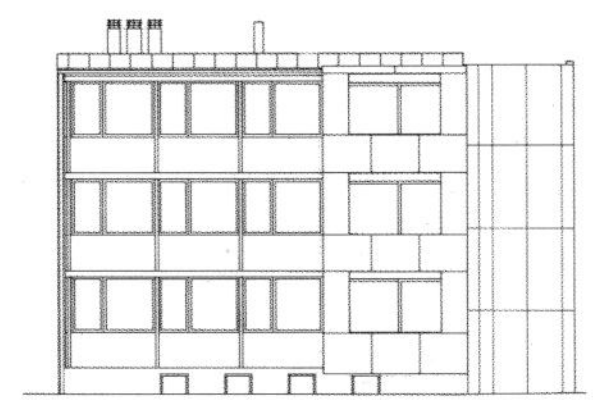

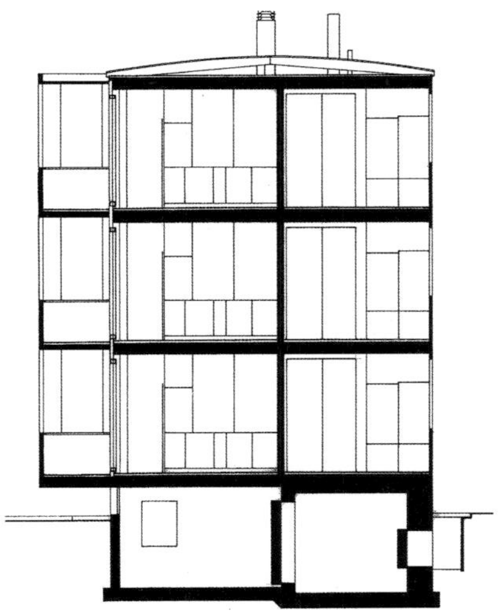

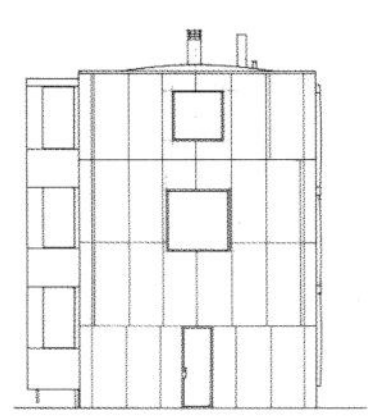

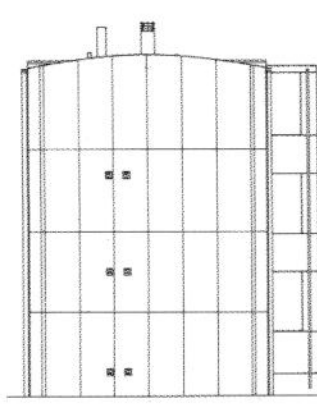

❸

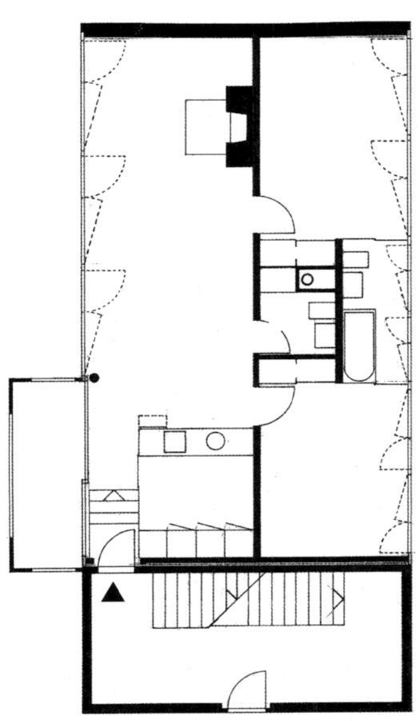

❶

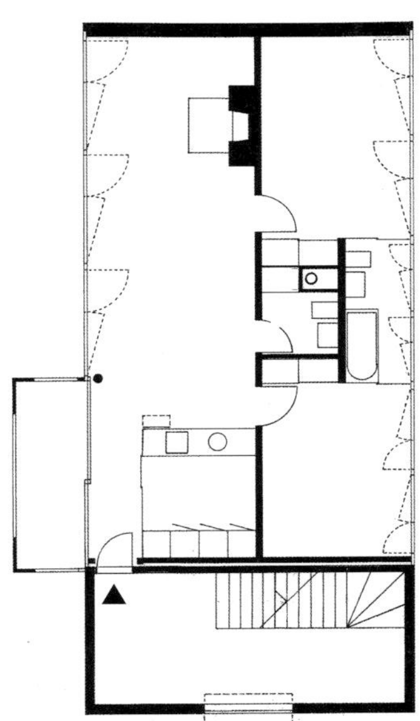

❷

Type de construction:
immeuble d'habitation isolé,
3 niveaux, N/S

Date de construction:
1989

Financement:
privé

Profondeur du bâtiment:
6,9 m

Accès:
cage d'escalier pour
un appartement par étage

Nombre d'appartements:
3

Surface des appartements:
app. 3 p., 71 m²

Places de stationnement:
extérieures

Espaces extérieurs:
loggias

Peter Märkli, en collaboration avec Gody Kühnis, Zurich

Trübbach (Saint-Gall, Suisse), maison Kauf

Le plan est d'une simplicité inhabituelle. Les trois appartements – un par niveau – sont identiques et reliés par un escalier. Le plan est disposé en longueur, avec une cloison médiane qui sépare la zone de vie de celle de repas. La division se fait simplement par l'adossement d'éléments contre la paroi médiane. Il n'y a pas besoin de couloir. Juste derrière la porte de l'appartement se trouve la cuisine, qui constitue avec la loggia en face un espace d'entrée. Celle-ci est entièrement vitrée à la manière d'une loge de concierge, et tournée vers la pièce de séjour dont la partie arrière est dominée par une cheminée. La salle de bains est intercalée entre les deux chambres que, par ses parois coulissantes, elle sépare et réunit à la fois. La loggia forme comme un volume indépendant en saillie de la façade. Les appartements sont baignés d'une lumière généreuse grâce aux bandeaux de baies vitrées sur les deux longs côtés.

riferito a piante 1:200

se réfère aux plans 1:200

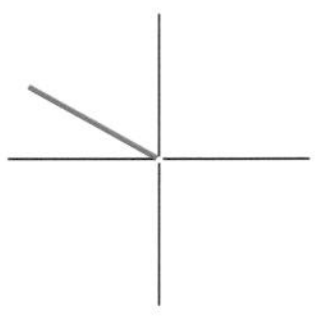

1.5 Edifici isolati

Tipologia edilizia:
10 case plurifamiliari,
3 piani,
NO/SE

Data di costruzione:
1986-1989

Modello di finanziamento:
edilizia sociale
(I.V.I.M.A.)

Profondità dell'edificio:
14,6 m

Distribuzione:
a corpo quadruplo

Numero di alloggi:
120

Dimensione degli alloggi:
in ogni edificio:
appart. da 5 locali, 90 m² (2);
appart. da 4 locali, 75,5/77,5 m² (8);
appart. da 3 locali, 59,5 m² (2)

Parcheggio:
nessuna possibilità di parcheggio

Spazi aperti:
terrazze, giardini,
spazio verde condominiale tra gli edifici

Antonio Cruz,
Antonio Ortiz,
Siviglia

Madrid,
Carabanchel Viviendas,
General Romero Basart

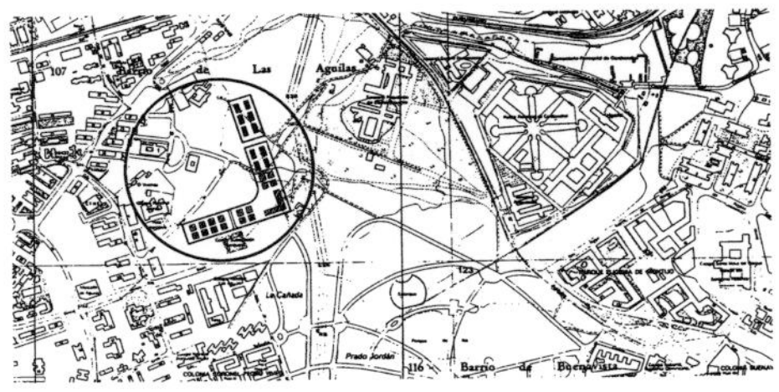

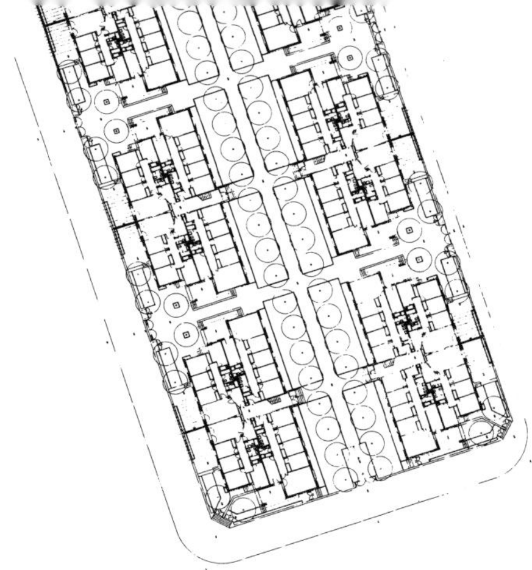

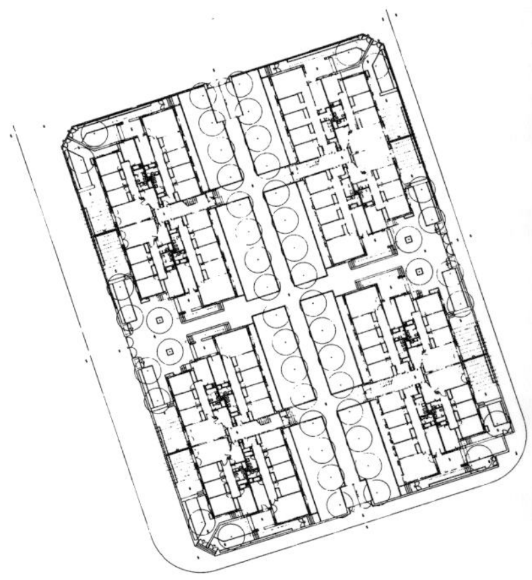

❶ Pianterreno con appartamenti da 4 e 5 locali 1:500
Plan du rez-de-chaussée, appartements 4 et 5 pièces 1:500

❷ 1° piano con quattro appartamenti da 4 locali 1:200
Premier étage, quatre appartements 4 pièces 1:200

❶
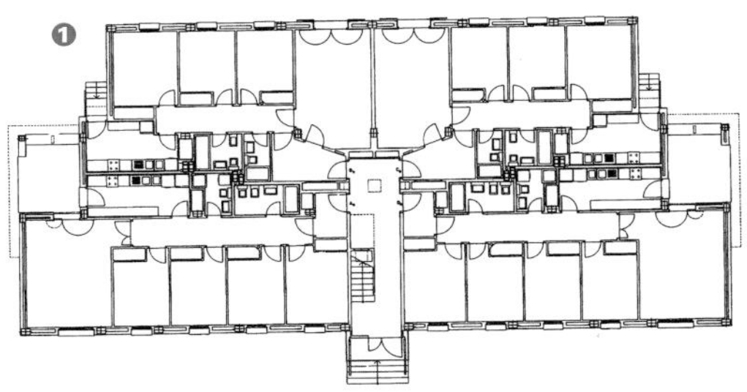

❷
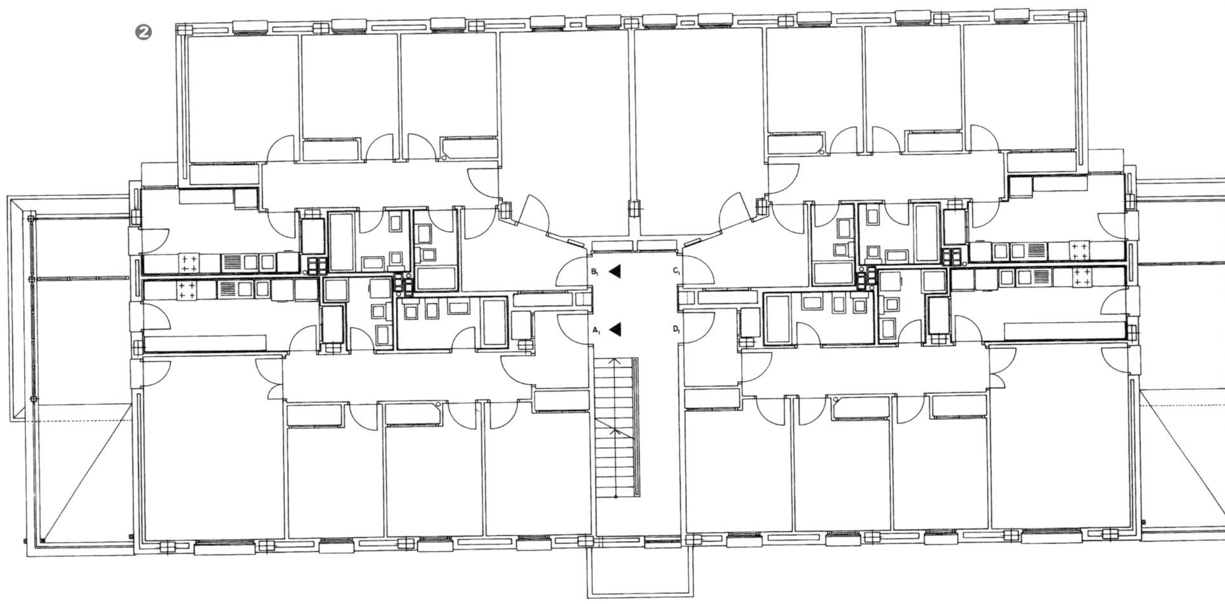

Dieci case plurifamiliari allineate su una strada privata in un'area che, al tempo della loro realizzazione, era quasi inedificata. Gli architetti hanno creato un insediamento indipendente, la cui autarchia è sottolineata anche dalla recinzione di siepi e ringhiere. La "privatizzazione" lo rende doppiamente esclusivo: ostile dall'esterno, pregiato e ben curato all'interno. Il senso di appartenenza dei residenti è rafforzato dall'espressione formale degli edifici, che sono gradonati in modo da rendere ogni piano diverso dagli altri. Una stanza di ogni appartamento diventa una terrazza parzialmente coperta al piano superiore. La copertura è condominiale. A ogni spigolo dell'edificio corrisponde un alloggio le cui stanze sono allineate lungo un corridoio. Dal disimpegno all'ingresso si accede al corridoio che serve i doppi servizi e la cucina all'interno e le camere da letto in facciata. In fondo al corridoio si trova il soggiorno. Cucina e soggiorno si affacciano sulla stessa terrazza. Negli alloggi di 4 vani che si ripetono identici sul retro dell'edificio, al soggiorno si accede frontalmente dal disimpegno e il corridoio diventa riservato. Gli alloggi al pianterreno dispongono di un giardino privato con terrazza. Nello spazio tra gli edifici in linea, un viale alberato dà vita ad un'area verde condominiale. Sebbene lo stesso edificio venga ripetuto dieci volte, l'insediamento appare variegato e aperto grazie alle movimentate testate degli edifici.

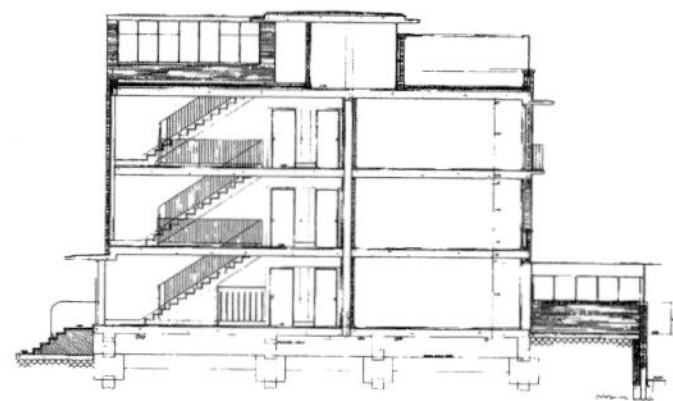

' piano con appartamenti da
e 4 locali 1:200
euxième étage, appartements
et 4 pièces 1:200

❹ Tetto con sgabuzzini e terrazza condominiale 1:500
Niveau du toit: locaux de rangement et terrasses communes 1:500

Type de construction
10 immeubles d'habitation,
3 niveaux,
NO/SE

Date de construction
1986-1989

Financement
logements sociaux
(I.V.I.M.A.)

Profondeur du bâtiment
14,6 m

Accès
cage d'escalier pour
4 appartements par étage

Nombre d'appartements
120

Surface des appartements
dans chaque immeuble:
app. 5 p., 90 m² (2 unités)
app. 4 p., 75,5-77,5 m² (8 unités)
app. 3 p., 59,5 m² (2 unités)

Places de stationnement
aucune

Espaces extérieurs
terrasses, jardins,
espaces verts communs entre
les maisons

Antonio Cruz,
Antonio Ortiz,
Séville

Madrid,
Carabanchel Viviendas,
General Romero Basart

❹

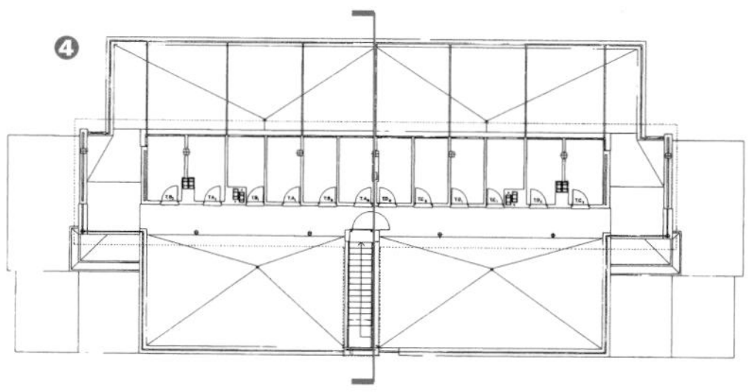

❸

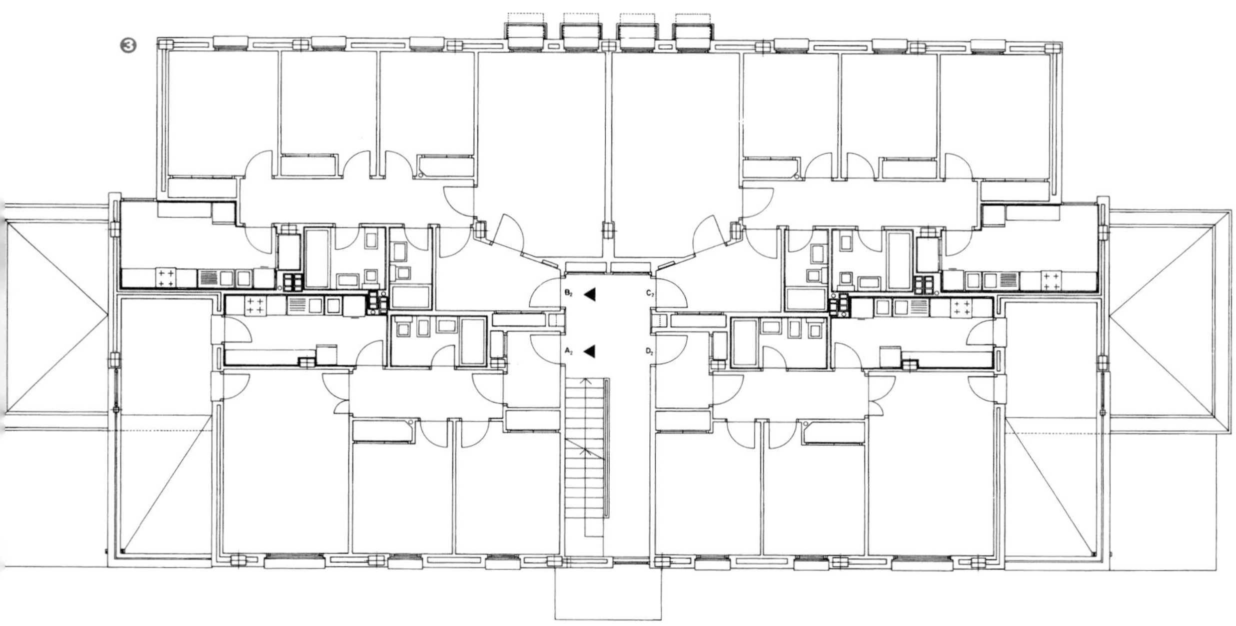

L'ensemble comprend dix immeubles locatifs alignés le long d'un chemin privé, dans un quartier qui, au moment du projet, était encore à peine construit. Le caractère privé et autonome est souligné par des clôtures. L'intérieur est confortable et soigné. La forme de la construction facilite l'identification des habitants avec leur logement, par la disposition en gradins des étages, dont aucun n'est identique à un autre. Ainsi, sur le devant, les appartements des étages ont une terrasse (partiellement couverte) sur le toit d'une pièce de l'appartement du dessous. Le toit de l'immeuble est affecté à l'usage commun. Il y a quatre appartements par étage, un dans chaque angle. Les pièces sont disposées le long d'un couloir précédé d'un vestibule; de l'autre côté du couloir se trouvent les salles d'eau et la cuisine, et au bout du couloir la pièce de séjour. La cuisine et le séjour donnent tous deux accès à la terrasse. Dans les appartements de l'arrière, tous semblables (4 pièces), le séjour est directement accessible depuis le vestibule et le couloir desservant les chambres a un caractère plus privé. Les appartements du rez-de-chaussée disposent d'un jardin privé avec terrasse. Entre les bâtiments est aménagée une allée de verdure pour l'usage commun. Sous l'effet de la forme animée des extrémitéss, et malgré la répétition et la symétrie, l'ensemble donne une impression de variété et d'ouverture.

riferito a piante 1:200

se réfère aux plans 1:200

1.5 Edifici isolati

Tipologia edilizia:
4 brevi edifici in linea,
3 piani, E/O

Data di costruzione:
1993-1995

Modello di finanziamento:
edilizia sociale

Profondità dell'edificio:
11,5 m

Distribuzione:
ampio vano scala all'aperto (45 m²)
a corpo triplo

Numero di alloggi:
36

Dimensione degli alloggi:
appart. da 2 locali, 46 m² (12);
appart. da 3 locali, 74 m² (12);
appart. da 4 locali, 92 m² (12)

Parcheggio:
28 posti auto nel parcheggio
coperto, 12 all'aperto

Spazi aperti:
balconi continui,
giardini privati,
spazio verde condominiale

Dietrich Fink,
Thomas Jocher,
Monaco di Baviera

Norimberga,
Sulzbach-Rosenberg,
Grafmühlstraße 30-36

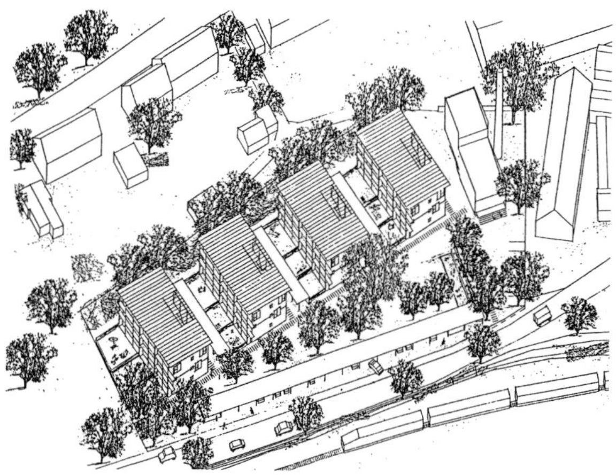

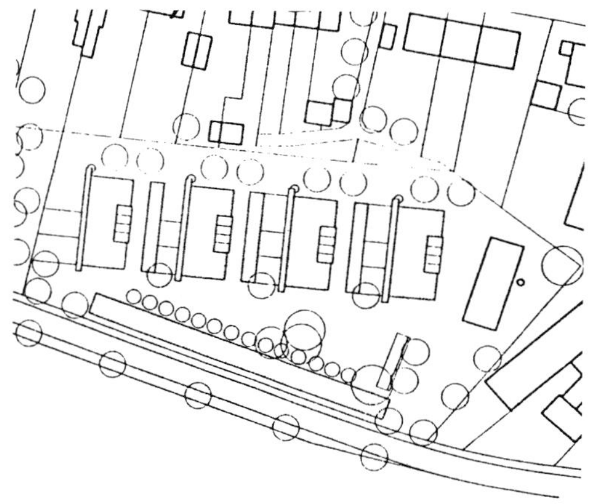

Scopo di questo progetto pilota era la messa a punto di tipologie residenziali che, grazie alle scelte costruttive, avrebbero potuto essere realizzate in breve tempo, in grandi quantità e con tecnologie di prefabbricazione, contenendo così i costi di realizzazione – nonostante le questioni poste dall'uso del legno in termini di massa termica e isolamento. In effetti questo edificio è costato circa il 20% in meno di un analogo edificio realizzato con tecnologie convenzionali. In coerenza col contesto sono stati realizzati quattro corpi di fabbrica separati disposti lungo la strada. Una fila di posti auto al coperto offre riparo al cortile interno piantumato. Negli spazi tra gli edifici in linea vi sono giardini a uso degli appartamenti al pianterreno ed edifici di servizio al posto delle più costose cantine. Ogni casa e ogni piano sono identici tra loro. Ogni edificio ha appartamenti con 2, 3 e 4 vani sovrapposti nel telaio strutturale in legno. Un variopinto vano scala di 45 m² costituisce un ulteriore spazio comune. Le ampie finestre della cucina, con un'apertura a 180°, garantiscono un'ottimale accessibilità. Negli appartamenti con 3 o 4 locali la cucina si unisce al soggiorno, alla destra (o sinistra) del quale si accede alla zona notte, con camere e bagno distribuiti da un piccolo corridoio. Nei bilocali, alle due stanze di uguali dimensioni sono addossati verso l'interno i vani di servizio: bagno, cucina e ripostiglio. Tutti i vani rivolti a ovest sono collegati da un ballatoio che funge anche da seconda via di fuga.

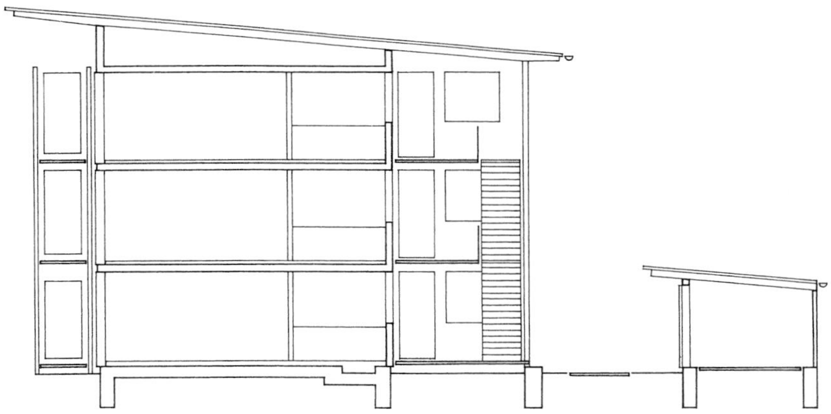

❶ Pianta del pianterreno con appartamenti da 2, 3 e 4 locali
Plan du rez-de-chaussée: appartements 2, 3 et 4 pièces 1:200

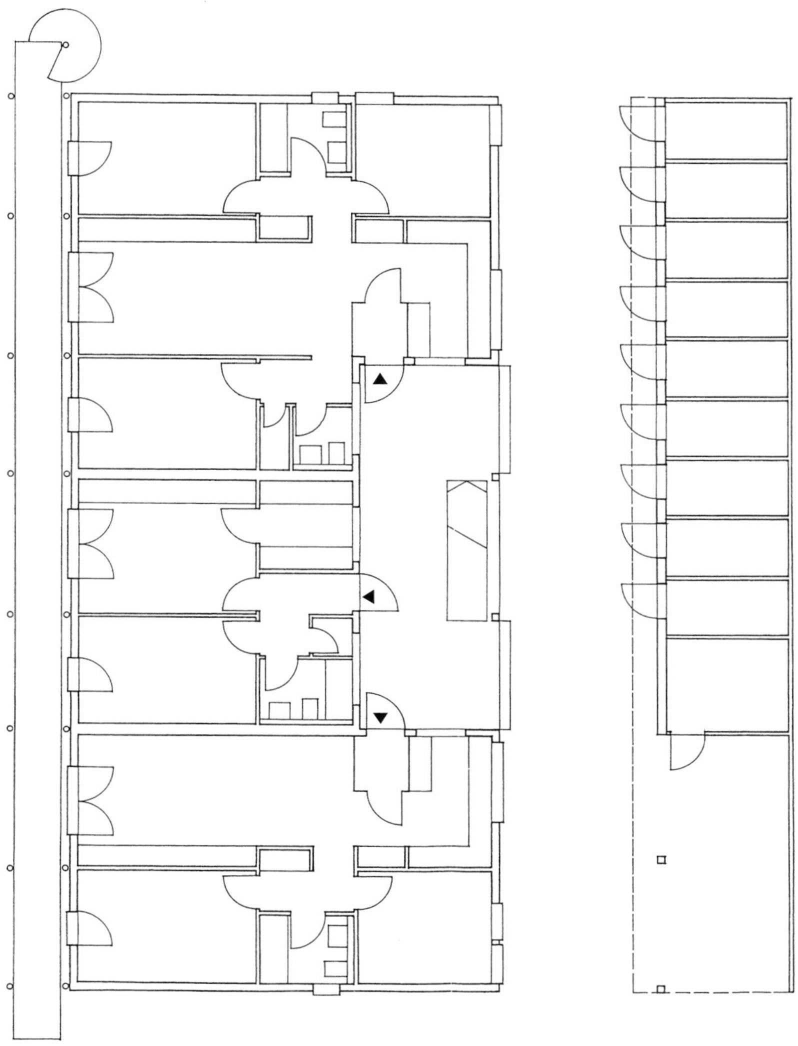

❶

Type de construction
4 rangées courtes,
3 niveaux
E/O

Date de construction
1993-1995

Financement
logements sociaux

Profondeur du bâtiment
11,5 m

Accès
cage d'escalier ouverte
et spacieuse (45 m²)
pour 4 appartements par étage

Nombre d'appartements
36 (9 par immeuble)

Surface des appartements
app. 2 p., 46 m² (12 unités)
app. 3 p., 74 m² (12 unités)
app. 4 p., 92 m² (12 unités)

Places de stationnement
28 places couvertes, 12 places
extérieures

Espaces extérieurs
balcons continus,
jardins privés,
espaces verts communs

**Dietrich Fink,
Thomas Jocher,
Munich**

**Nuremberg,
Sulzbach-Rosenberg,
Grafmühlstraße 30-36**

Cet essai architectural avait pour but de développer un type de maison avec une bonne part d'éléments préfabriqués permettant des constructions en nombre, de manière à abaisser les coûts, et cela en dépit des problèmes spécifiques de la construction en bois (propriétés thermiques, isolation antibruit). Ici, les coûts ont effectivement été de 20% inférieurs à la norme. Quatre immeubles ont été bâties dans le quartier, avec lequel ils s'harmonisent. Des places de parking couvertes protègent un espace vert. Les maisons sont parallèles et séparées par les jardins privés des appartements du rez-de-chaussée et par des bâtiments annexes (remplaçant les caves) qui ont permis d'éviter de coûteuses excavations. Les immeubles et les étages sont tous identiques (trois fois trois appartements, de 2, 3 et 4 pièces respectivement), avec une ossature en bois. La cage d'escalier est ouverte et de surface confortable (45 m²), avec des revêtements polychromes; elle se prête bien à une utilisation comme espace de rencontre ou de jeu. Dans les appartements de 3 et 4 pièces, la cuisine est ouverte sur le séjour, derrière lequel se trouvent les chambres, la salle de bains et un petit couloir. Dans les autres appartements, les deux pièces sont de même dimension et précédées d'un espace de distribution desservant la salle de bains, la cuisine et un réduit. Toutes les pièces à l'ouest sont reliées par un balcon continu (qui sert aussi d'issue de secours). Des rideaux en tissu protègent de la chaleur et des regards.

Tipologia edilizia:
4 edifici in linea su fronte strada, 4 piani, E/O

Data di costruzione:
1986-1988

Modello di finanziamento:
edilizia privata

Profondità dell'edificio:
11 m

Distribuzione:
a corpo doppio

Numero di alloggi:
48

Dimensione degli alloggi:
appart. da 5 locali, ca. 100 m²

Parcheggio:
sotterraneo

Spazi aperti:
giardini, terrazze

Oscar Tusquets Blanca, Barcellona
Carlos M. Díaz,
Charles Bassó

Tarragona, Spagna,
Mas Abelló Reus

Ognuna delle quattro case, disposte specularmente a due a due, ha quattro alloggi per piano e appare chiusa verso l'esterno. Ogni funzione che si distingue in facciata – cucina, terrazzo, vano scala ecc. – è affacciata sul giardino interno. Le piante si sviluppano lungo due assi: uno parallelo alla strada – con un ingresso-soggiorno e due camere; l'altro, più luminoso, raccoglie in diagonale un disimpegno abitabile, la sala da pranzo passante, una loggia e una camera da letto rivolta verso il giardino. Il corridoio a L che fiancheggia la sala da pranzo collega nuovamente tutte le stanze tra loro. La destinazione d'uso dei vani e la loro sequenza possono essere decise liberamente.

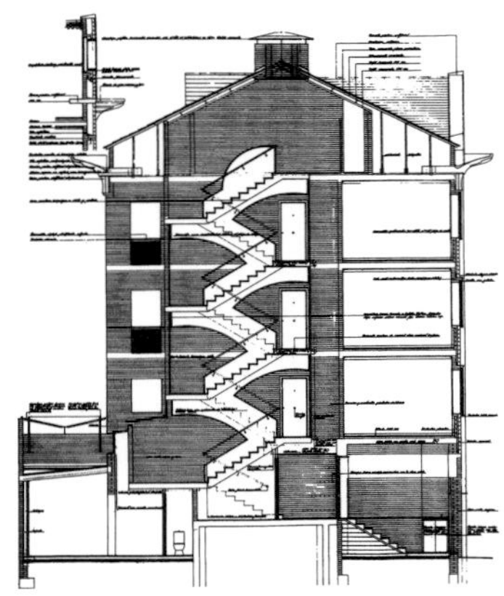

❶ Planimetria d'insieme dei 4 edifici
Plan de situation des 4 immeubles

❷ Particolare di pianta del piano tipo con appartamenti da 5 locali identici tra loro
Plan d'un étage type, à 4 appartements identiques de 5 pièces 1:200

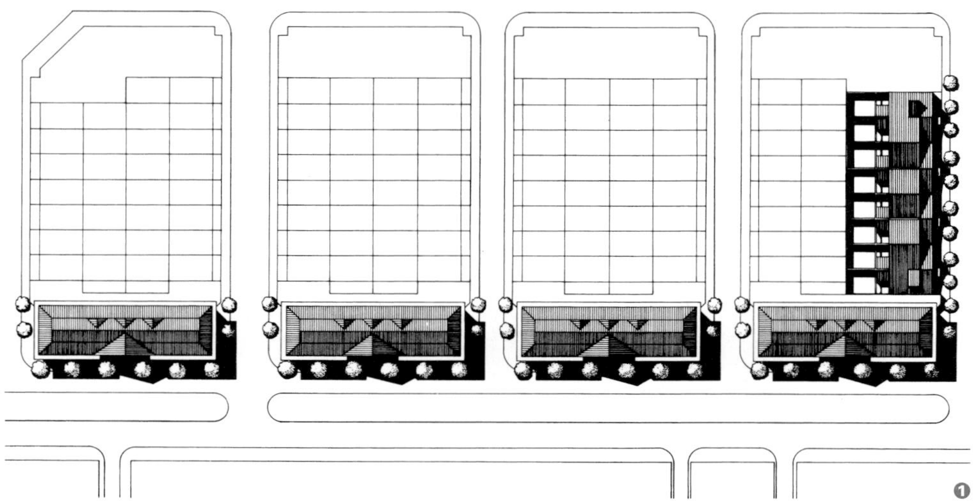

❶

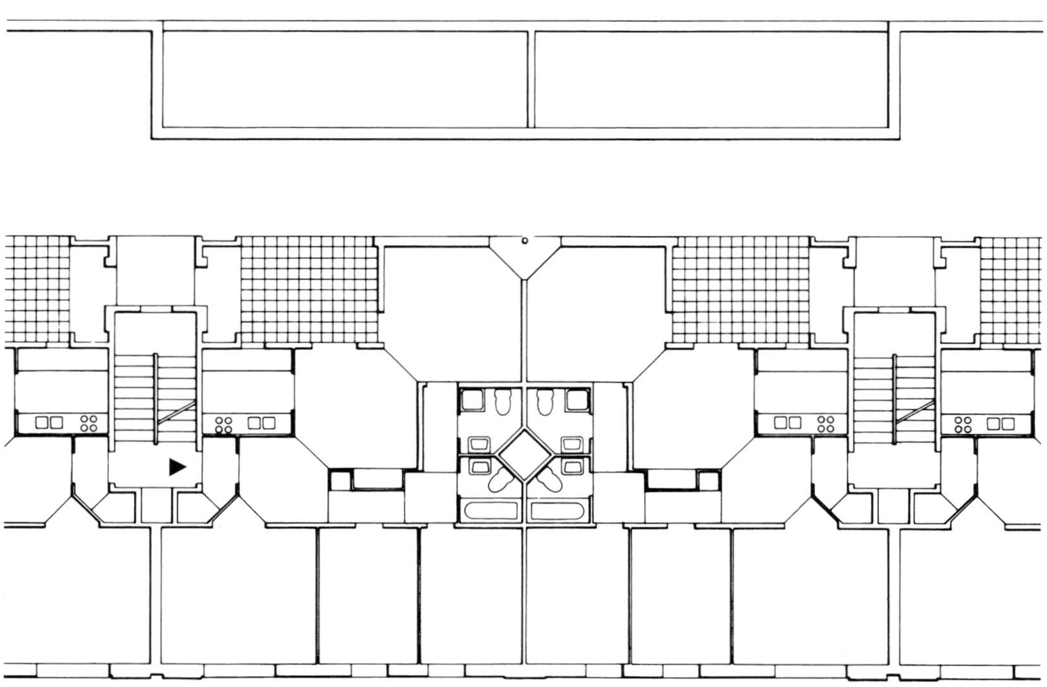

❷

Type de construction:
4 immeubles en front de rue, 4 niveaux, E/O

Date de construction:
1986-1988

Financement:
financement privé

Profondeur du bâtiment:
11 m

Accès:
cage d'escalier pour 2 appartements par étage

Nombre d'appartements:
48 (12 par immeuble)

Surface des appartements:
app. 5 p., env. 100 m²

Places de stationnement:
garage souterrain

Espaces extérieurs:
jardins, terrasses

Oscar Tusquets Blanca, Barcelone,
Carlos M. Díaz,
Charles Bassó

Tarragone,
Mas Abelló Reus

Les quatre immeubles se présentent comme des villas urbaines symétriques, avec quatre appartements identiques par étage. Côté rue, ils donnent une apparence de fermeture, tous les éléments dont la fonction peut se marquer dans la forme de la façade (cuisines, cages d'escaliers, balcons, etc.) ayant été placés côté jardin. Les plans se développent dans deux directions: parallèlement à la rue, avec un espace de réception et de séjour et deux chambres, et suivant une diagonale de plus en plus lumineuse (vestibule, salle à manger, loggia, chambre donnant sur le jardin). Le petit couloir en L et la salle à manger relient l'ensemble des pièces. La fonction et la succession des pièces peuvent être librement adaptées.

Tipologia edilizia:
3 edifici,
3 piani,
esposizione su tutti i lati

Data di costruzione:
1994-1996

Modello di finanziamento:
edilizia privata

Profondità dell'edificio:
14,7/26,7 m

Distribuzione:
scala interna,
a corpo doppio e quadruplo

Numero di alloggi:
11 in ogni edificio

Dimensione degli alloggi:
ogni edificio:
appart. da 2 locali, 65 m² (5);
appart. da 3 locali, 73 m² (4);
appart. da 4 locali, 90 m² (2)

Parcheggio:
33 posti auto nel garage sotterraneo,
14 posti auto all'aperto

Spazi aperti:
logge

Baumschlager & Eberle, Lochau, Austria

Feldkirch-Tosters (Austria), Kapellenweg

Tre "solitari" collocati uno accanto all'altro. La facciata, caratterizzata dalla ripetizione di aperture a tutta altezza, non dà informazioni sull'organizzazione interna. Un vano scala centrale distribuisce quattro appartamenti per piano. Le porte sono disposte in modo simmetrico, ma nascondono appartamenti di grandezze sorprendentemente diverse. Nella separazione delle unità, infatti, viene saltato un modulo, che (come ogni finestra) corrisponde a una stanza. Così da due trilocali si ottengono un bilocale e un quadrilocale. Le camere sono lungo il corridoio, che rimane privato in quanto la parete curva del bagno invita il visitatore verso il soggiorno. La zona giorno è collocata nella testata dell'edificio, nei cui spigoli si è ricavata una loggia. Al pianterreno si trovano tre bilocali e spazi accessori.

Planimetria 1:2000
Plan de situation 1:2000

Sezione 1:400
Coupe longitudinale 1:400

❶ Pianterreno con spazi accessori 1:400
Plan du rez-de-chaussée, avec locaux annexes 1:400

❷ Piano tipo 1:200
Plan d'un étage type 1:200

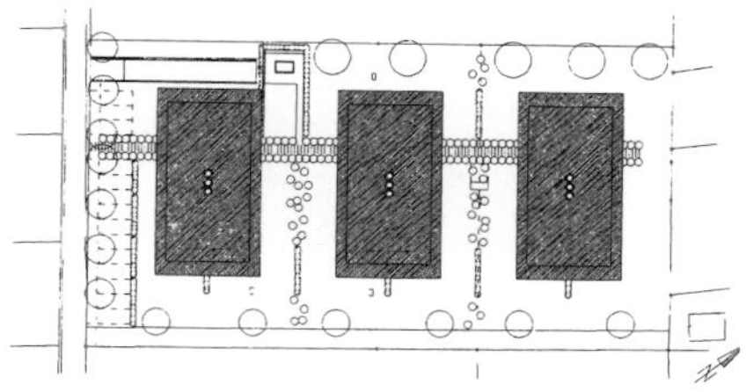

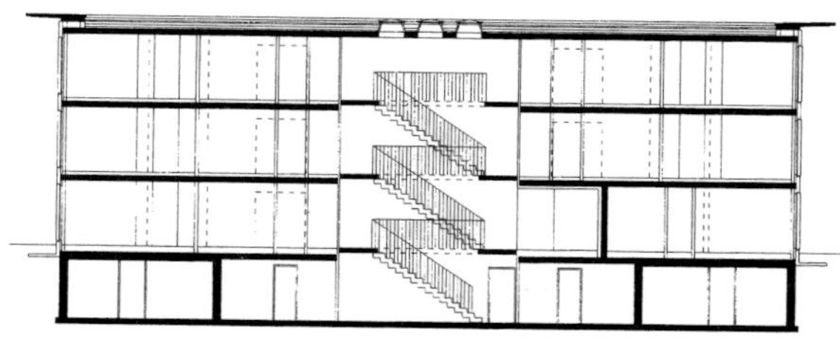

❶

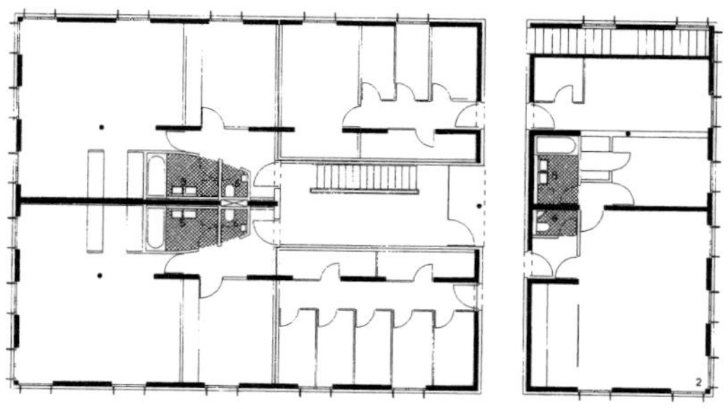

❷

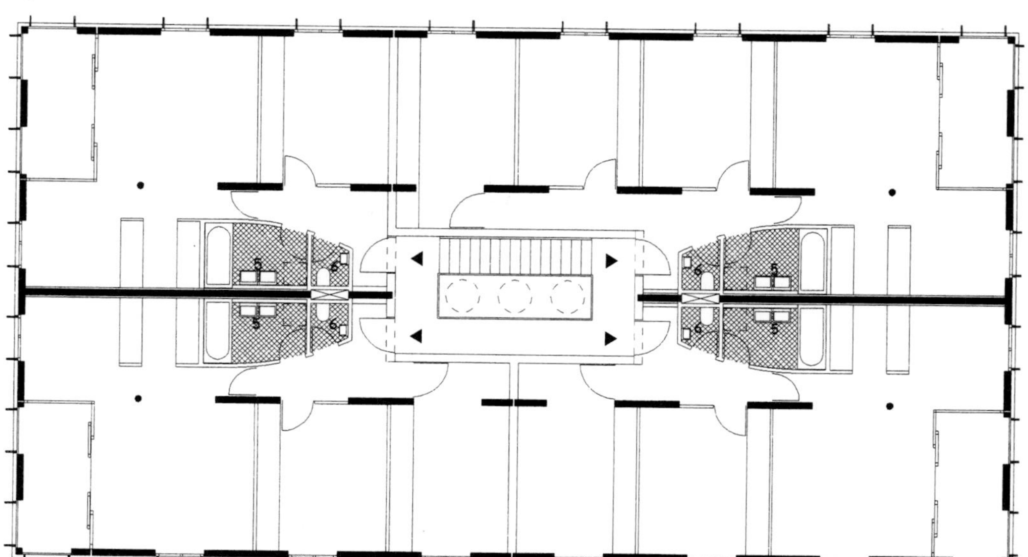

Type de construction
3 immeubles d'habitation
à 3 niveaux,
orientation de tous côtés

Date de construction
1994-1996

Financement
privé

Profondeur du bâtiment
14,7/26,7 m

Accès
cage d'escalier intérieure
pour 4 appartements
par étage
(sauf rez-de-chaussée)

Nombre d'appartements
11 par immeuble

Surface des appartements
dans chaque immeuble:
app. 2 p., 65 m² (5 unités)
app. 3 p., 73 m² (4 unités)
app. 4 p., 90 m² (2 unités)

Places de stationnement
garage souterrain de 33 places,
14 places extérieures

Espaces extérieurs
loggias

Baumschlager & Eberle, Lochau

Feldkirch-Tosters (Autriche), Kapellenweg

Les trois bâtiments sont proches les uns des autres. Les façades sont ajourées par des baies régulières de la hauteur de l'étage, qui ne laissent rien voir de l'organisation intérieure. Au milieu, une cage d'escalier à éclairage zénithal donne accès à quatre appartements par palier. Les portes s'ouvrent sur des appartements de dimensions inégales. Cette irrégularité inattendue est obtenue par un artifice: le mur séparant deux appartements est décalé d'un module (pièce). On obtient ainsi d'un côté deux appartements de 3 pièces et de l'autre un 2 pièces et un 4 pièces. Les chambres sont alignées le long d'un couloir dont le caractère privé est préservé par la paroi incurvée de la salle de bains qui guide le visiteur vers la pièce de séjour. Celle-ci, avec la cuisine et une loggia, occupe toujours un angle du bâtiment. Au rezde-chaussée se trouvent trois appartements de 2 pièces et divers locaux.

riferito a piante 1:200

se réfère aux plans 1:200

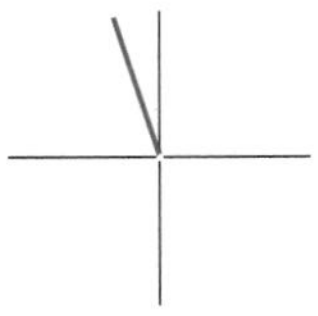

1.5 Edifici isolati

Tipologia edilizia:
condominio, 7 piani, N/E/S/O

Data di costruzione:
1999 (concorso 1990)

Modello di finanziamento:
edilizia privata

Profondità dell'edificio:
22,5 m

Distribuzione:
5 appartamenti per piano

Numero di alloggi:
35 unità per ogni edificio

Dimensione degli alloggi:
in ogni edificio:
appart. da 1½ locali, 44 m² (7);
appart. da 3½ locali, 78 m² (7);
appart. da 4½ locali, 95 m² (7);
appart. da 4½ locali, 112 m² (7);
appart. da 5½ locali, 123 m² (7)

Parcheggio:
utilizzo parziale del parcheggio sotterraneo dell'adiacente edificio per uffici, posti auto all'aperto

Spazi aperti:
terrazze sui tetti, balconi perimetrali continui, giardini privati, cortili condominiali, area giochi a verde

Isa Stürm + Urs Wolf SA, Zurigo

Röntgenareal, Zurigo

❶ Il pianterreno completato
Plan du rez-de-chaussée tel qu'il a été réalisé

❷ Un piano tipo completato 1:200
Plan d'un étage type réalisé 1:200

❸ Catalogo delle planimetrie progettate dagli architetti
Catalogue de plans proposé par les architectes

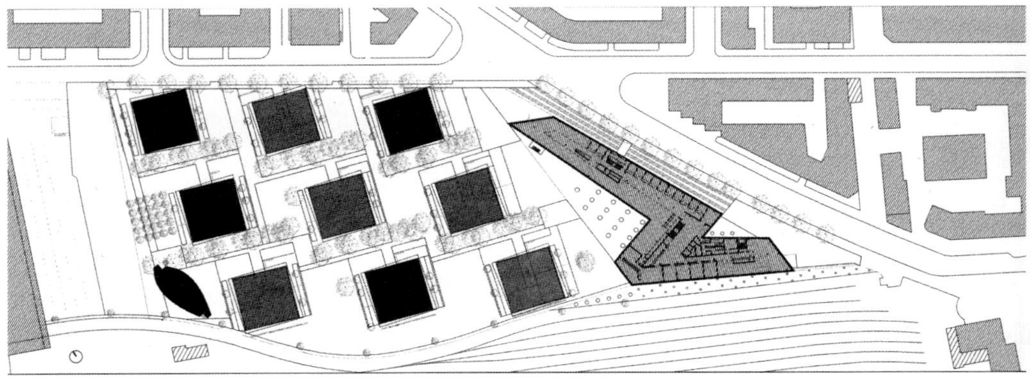

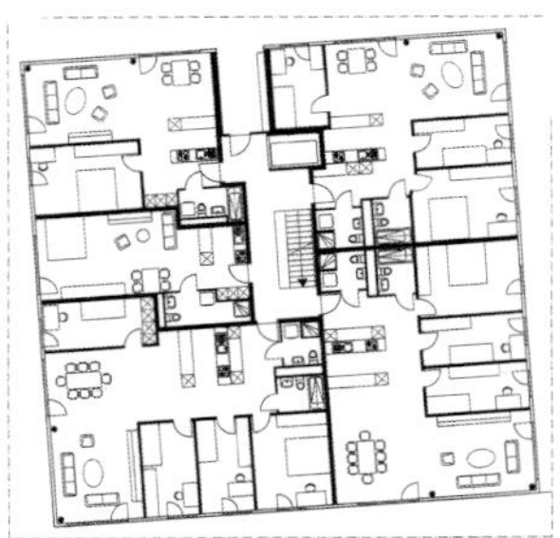

❶

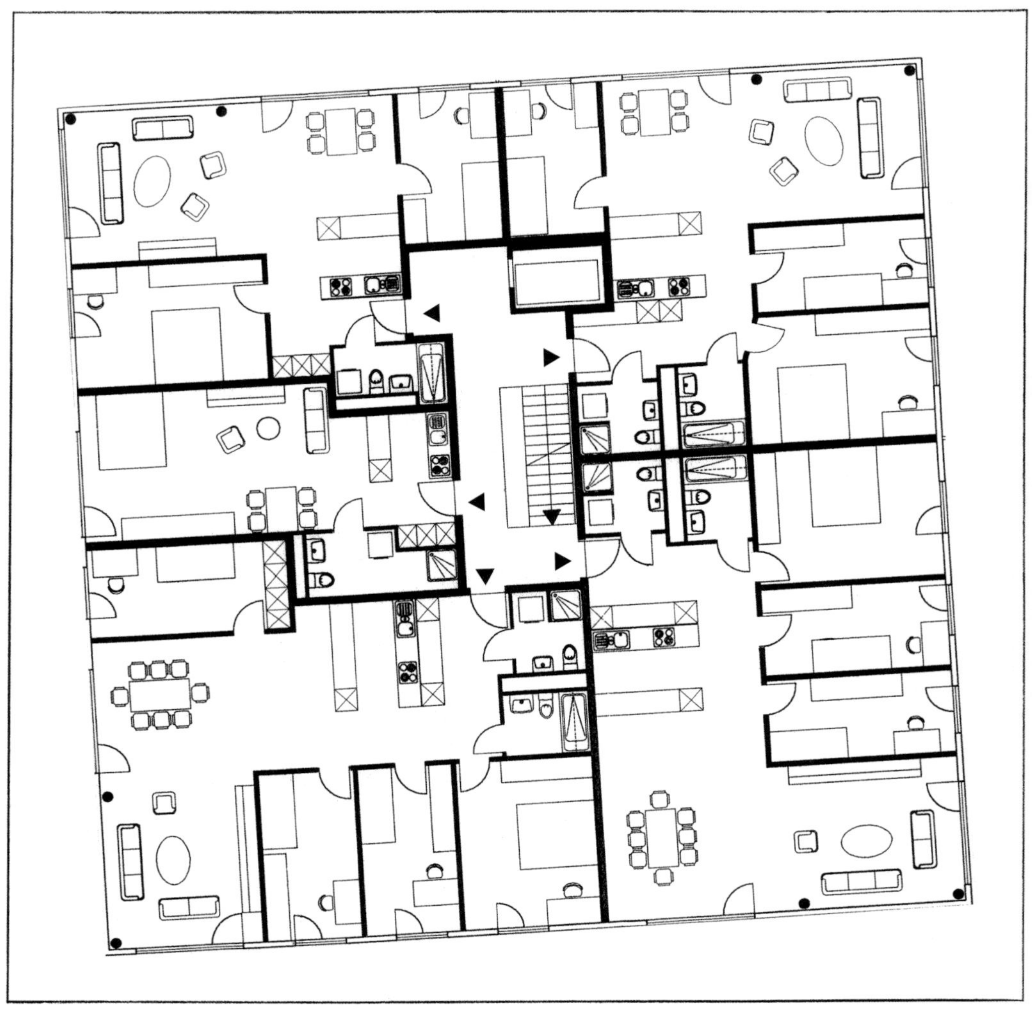

❷

L'intervento sul "Röntgenareal" doveva confrontarsi con un quartiere residenziale caratterizzato da compatti isolati urbani da un lato e dallo spazio aperto dello scalo ferroviario dall'altro. Nove edifici parallelepipedi a base quadrata sono distribuiti sull'area in modo che pieni e vuoti si alternino in modo equilibrato, privilegiando l'affaccio sullo scalo; gli edifici voltano le spalle alla strada e si rivolgono verso il panorama e il soleggiamento ottimale con una rotazione ulteriormente sottolineata dai balconi continui. Tra un edificio e l'altro sono ricavati spazi aperti semipubblici, la cui diversa pavimentazione caratterizza la destinazione d'uso delle varie aree: dalla ghiaia al pietrame, dai cortili pubblici ai giardini privati. Gli architetti hanno sviluppato molte possibili soluzioni planimetriche, purtroppo ignorate dall'impresa edile che ha realizzato l'intervento secondo tipologie convenzionali. Il progetto originale prevedeva una distribuzione ampia e luminosa che fungeva anche da spazio comune. Le varie planimetrie prevedevano soluzioni adeguate alla destinazione d'uso: da quella meno determinata (un grande appartamento-atelier), a quella in cui il blocco cottura definisce la zona giorno o a quella in cui l'ampio soggiorno distribuisce tutti gli altri vani. Per garantire la massima flessibilità le pareti divisorie non avrebbero dovuto essere portanti. I colori vivaci delle facciate proiettano l'intimità delle pareti domestiche verso l'esterno, sui balconi. La vita si mette in mostra. Il progetto colpisce per il carattere estroverso della distribuzione delle funzioni e della configurazione spaziale.

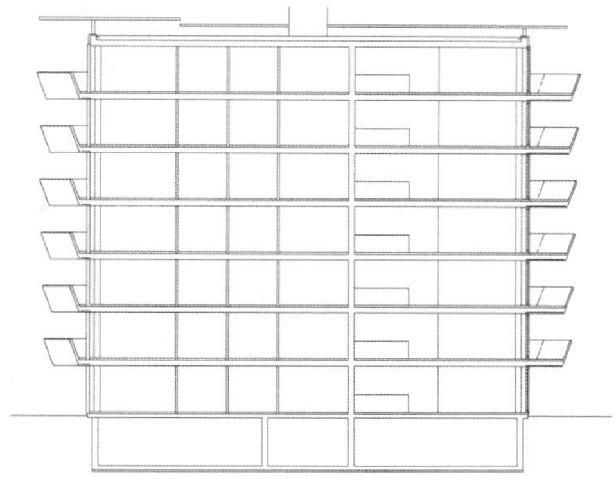

Type de construction
immeubles d'habitation, 7 niveaux, N/E/S/O

Date de construction
1999 (concours 1990)

Financement
privé

Profondeur du bâtiment
22,5 m

Accès
cage d'escalier pour 5 appartements par étage

Nombre d'appartements
35 par immeuble

Surface des appartements
par immeuble:
app. 1½ p., 44 m² (7 unités)
app. 3½ p., 78 m² (7 unités)
app. 4½ p., 95 m² (7 unités)
app. 4½ p., 112 m² (7 unités)
app. 5½ p., 123 m² (7 unités)

Places de stationnement
accès au garage souterrain de l'immeuble de bureaux voisin, places extérieures

Espaces extérieurs
toits-terrasses, balcons continus, jardins privés, cours, terrains de jeu (pelouses)

Isa Stürm + Urs Wolf SA, Zurich

Zurich, Röntgenareal

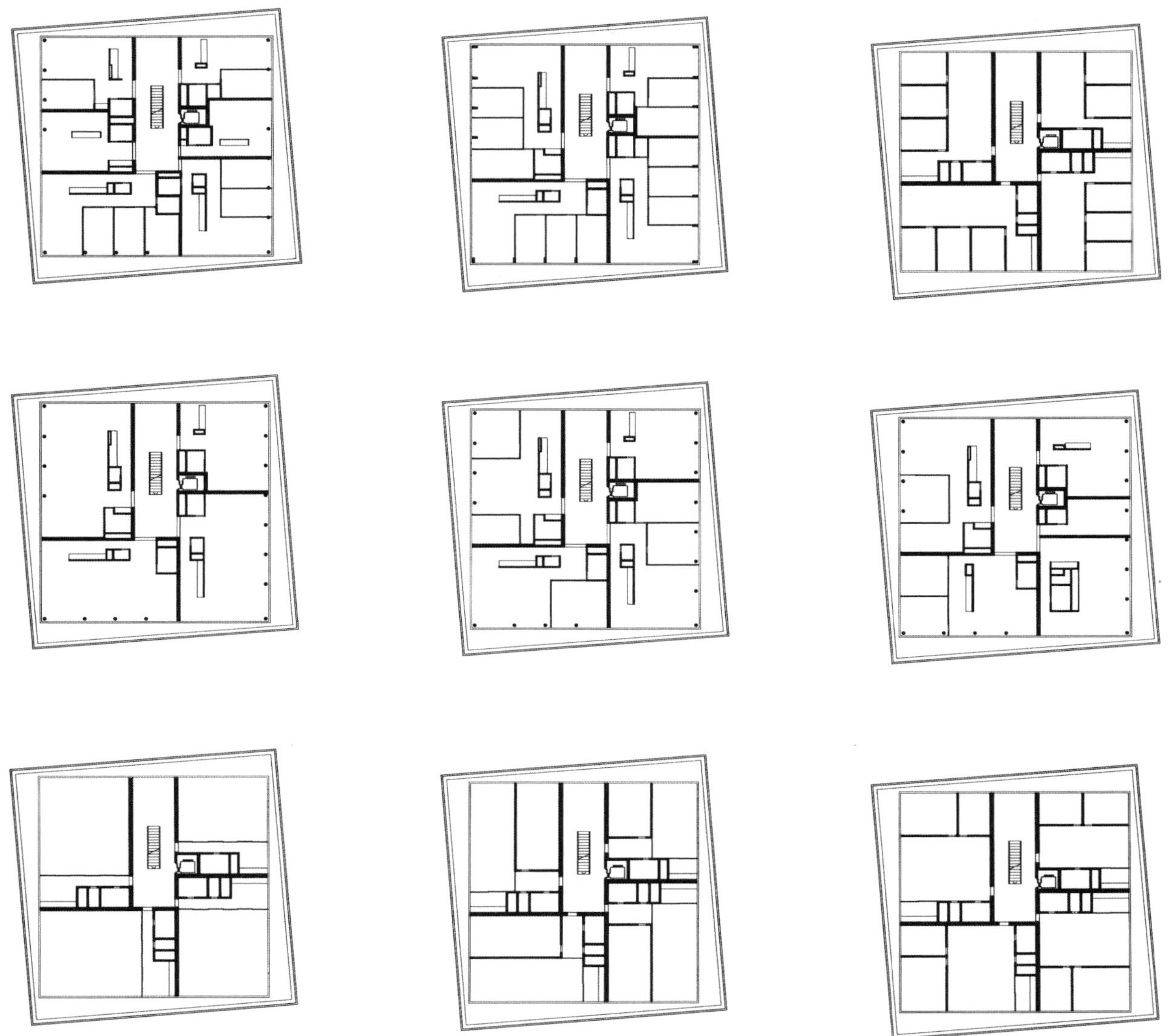

❸

Le lotissement du Röntgenareal occupe un terrain entre une zone de constructions denses et les voies de chemin de fer. Les neufs cubes sont disposés de manière à créer une alternance d'espaces bâtis et d'espaces libres. La vue sur le chemin de fer est ainsi dégagée. L'orientation des immeubles n'est pas dictée par la rue, mais par la recherche des meilleures conditions d'ensoleillement et de vue. D'où un mouvement rotatif qui se poursuit dans la forme des balcons. Les espaces semi-publics entre les maisons présentent divers aspects (gravier, cailloux, jardins privatifs, cour publique) qui reflètent la variété des usages. Pour le projet, les architectes prévoyaient divers plans d'appartements possibles, mais l'entreprise chargée de l'exécution a construit selon des plans classiques. Il était prévu de créer un accès à éclairage naturel par un espace commun, et des appartements de diverses formes avec des pièces généralement sans affectation prédéfinie (grand espace de vie et de travail, plan où la position du bloc cuisine divise le séjour, plan à grande pièce de séjour fonctionnant comme un espace de distribution desservant toutes les autres pièces). Les pièces auraient été séparées par de simples cloisons et non par des murs porteurs, ce qui aurait permis des réaménagements ultérieurs. Le balcon fait le tour des appartements et donne sur la palette de couleurs d'un quartier plein de vie. Le projet séduit par son ouverture, tant spatiale que fonctionnelle.

1.5 Edifici isolati

Tipo di edificio:
edificio a corte con locali a destinazione commerciale e terziaria al pianterreno e 1° piano, 7 piani, N/E/S/O

Data di costruzione:
1999-2001

Modello di finanziamento:
edilizia privata, condominio

Profondità dell'edificio:
34,2 m

Distribuzione:
ballatoio nella corte interna, 2 scale con ascensore

Numero di unità:
45

Dimensioni delle unità:
diversi appart. da 3 e 4 locali, 103-125 m²

Parcheggio:
80 posti auto nel garage interrato sotto l'edificio in linea

Spazi aperti:
logge vetrate, corte interna

Diener & Diener Architekten, Basilea

Amsterdam, KNSM- e Java-Eiland

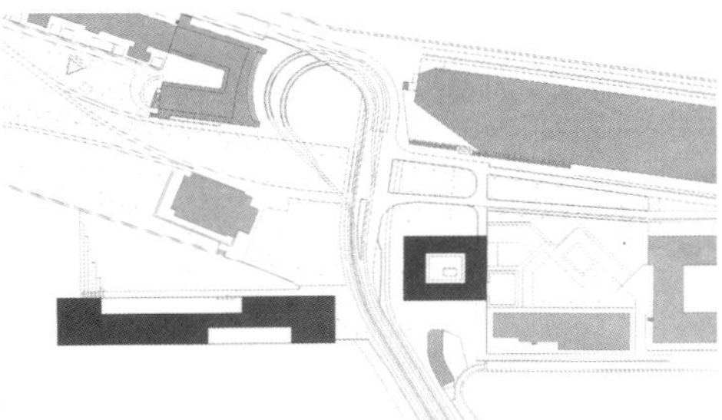

❶

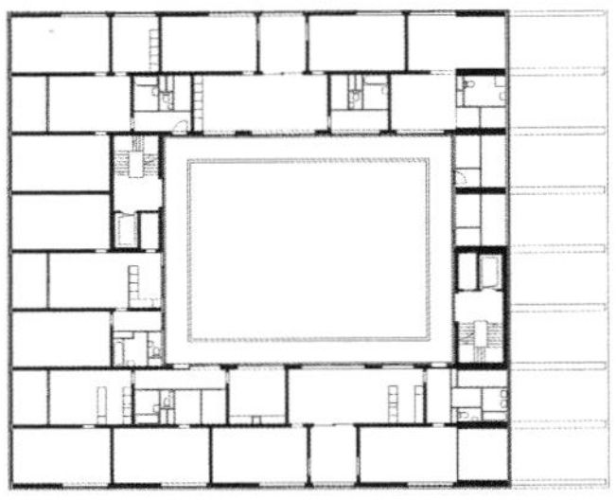

❸

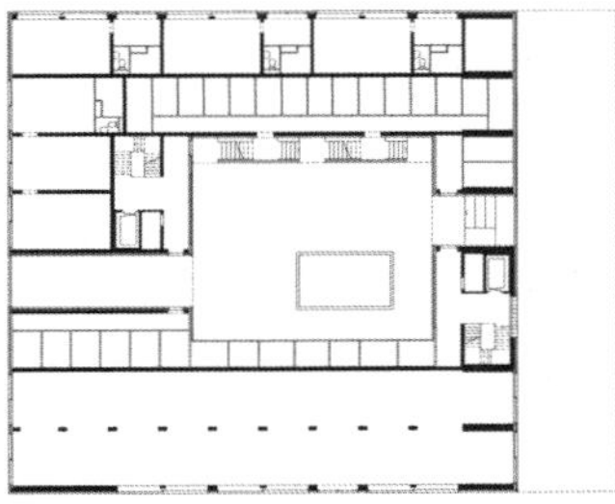

❷

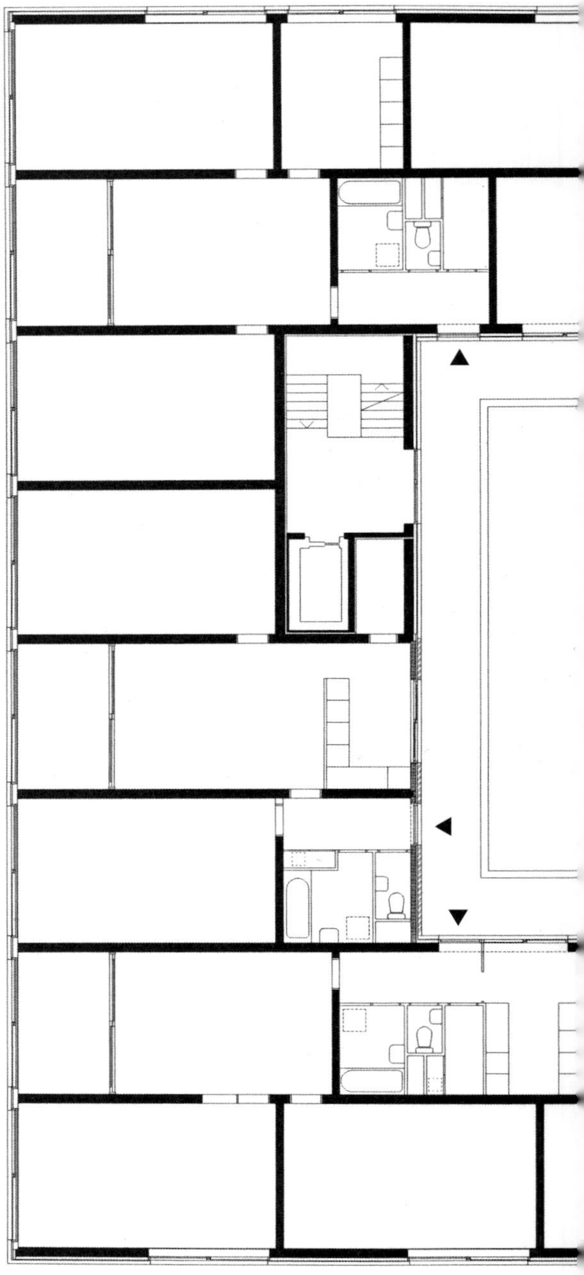

❹

Due edifici di Diener & Diener Architekten, uno a corte e uno in linea, definiscono l'accesso al nuovo quartiere residenziale di Amsterdam sulle due penisole KNSM e Java, i cui eterogenei impianti urbanistici convergono proprio in questo punto (vedi anche Kollhoff, p. 70). L'edificio a corte, con la sua originale planimetria, è un parallelepipedo in aggetto sulla strada che si innesta sul lato ovest. L'organizzazione concentrica del tipo a corte e l'orientamento del corpo di fabbrica rispetto all'asse della penisola hanno determinato la definizione dell'edificio, che appare governato da forze statiche e dinamiche allo stesso tempo. Questo precario equilibrio si avverte anche nelle planimetrie degli appartamenti, che non sono disposti secondo un principio gerarchico. Rettangolari, con porte e finestre frontali o laterali a seconda della collocazione, tutti i locali appaiono allo stesso tempo dinamici e quieti. È un edificio residenziale dal carattere spiccatamente aperto, che suggerisce forme di comunità che vanno al di là della famiglia tradizionale. Gli appartamenti, di norma otto per piano, sono composti quasi sempre da 3 ampi locali che danno luogo a quattro diverse tipologie: due per le soluzioni d'angolo e due per le unità sui lati. Queste ultime sono accomunate da una cucina-soggiorno dotata di elementi scorrevoli a tutta altezza che consentono loro di aprirsi verso la loggia vetrata e verso il ballatoio, collegando in questo modo le parti comuni della sfera privata con quelle della sfera pubblica, la corte.

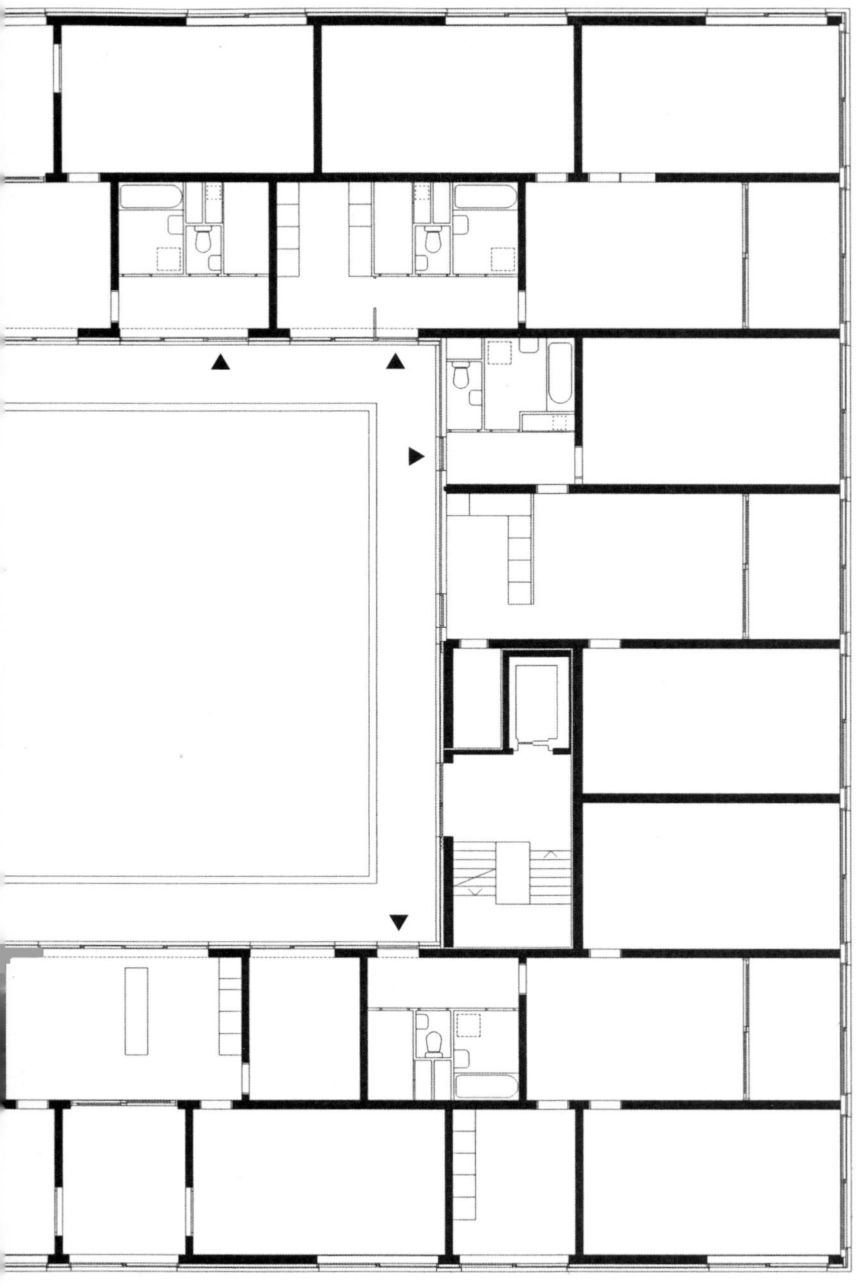

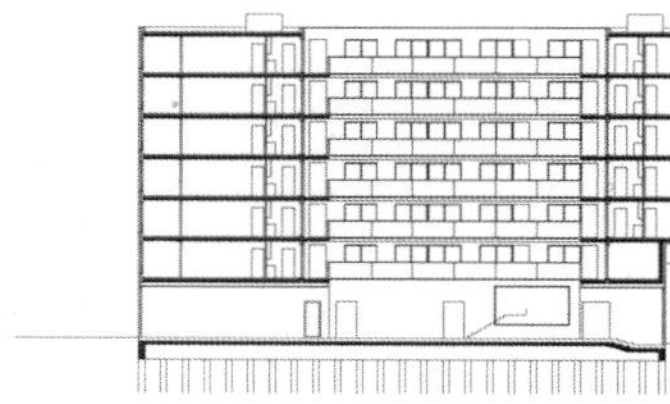

5

---

1. Pianta complessiva: edificio a corte ed edificio in linea sulle penisole KNMS e Java con terrapieno di collegamento a Sporenburg
Plan de situation de l'immeuble oblong et de celui à cour intérieur sur la presqu'île de KNSM/Java, avec la digue menant à Sporenburg
2. Pianterreno con locali a destinazione commerciale e terziaria 1:1000
Rez-de-chaussée: commerces et locaux artisanaux 1:1000
3. 1° piano con appartamenti e spazi a uso commerciale 1:1000
Premier étage: logements et locaux commerciaux 1:1000
4. Planimetria del piano tipo 1:200
Plan d'un étage type 1:200
5. Sezione 1:1000
Coupe O/E 1:1000

Type de construction
immeuble à cour centrale, avec locaux commerciaux et artisanaux au rez-de-chaussée et au premier étage, 7 niveaux, N/E/S/O

Date de construction
1999-2001

Financement
financement privé, copropriété

Profondeur du bâtiment
34,2 m

Accès
galerie dans la cour intérieure, 2 cages d'escalier avec ascenseur

Nombre d'appartements
45

Surface des appartements
diverses surfaces
app. 3 ou 4 p., 103-125 m^2

Places de stationnement
garage souterrain de 80 places sous l'immeuble en longueur

Espaces extérieurs
loggias vitrées, cour intérieure

Diener & Diener Architekten, Bâle

Amsterdam, KNSM- et Java-Eiland

Dans la zone de transition du nouveau quartier d'habitation amstellodamois des presqu'îles de KNSM et Java, dont les conceptions urbanistiques convergent ici, les architectes Diener & Diener ont réalisé deux bâtiments, un en longueur, l'autre en carré autour d'une cour (voir aussi la réalisation de Kollhoff, page 71). L'immeuble à cour intérieure est un cube qui du côté est fait saillie au-dessus de la rue. Sa forme est déterminée par le type et par l'orientation de l'île. Il paraît à la fois statique et animé de forces dynamiques. Cet équilibre précaire se retrouve dans les appartements, dont l'agencement n'obéit à aucun principe de hiérarchie: les pièces, oblongues, éclairées par des fenêtres frontales ou latérales selon la situation, dégagent la même impression de calme et de mouvement à la fois que le bâtiment lui-même. L'immeuble a un caractère éminemment public destiné à permettre aussi des formes de cohabitation en dehors des structures familiales traditionnelles. Les appartements, généralement au nombre de huit par étage, sont pour la plupart des trois pièces. Ils se répartissent en quatre types: deux types pour les appartements d'angle et deux types pour les appartements médians. Ces derniers ont au milieu une cuisine à vivre, que des parois coulissantes permettent d'ouvrir soit sur la loggia vitrée, soit sur la galerie d'accès, c'est-à-dire sur cet espace communautaire qu'est la cour intérieure.

riferito a piante 1:200

se réfère aux plans 1:200

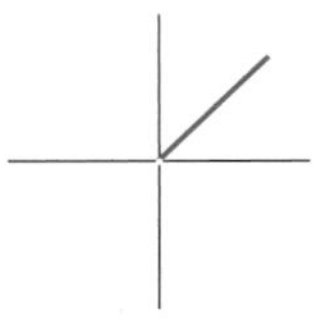

1.5 Edifici isolati

Tipologia edilizia:
edificio a destinazione mista (residenziale e terziario), 5 piani, NE/SE/SO/NO

Data di costruzione:
2002

Modello di finanziamento:
edilizia privata

Profondità dell'edificio:
33,6 m (trasversalmente)

Distribuzione:
2 rampe a cascata conducono ai ballatoi interni nel volume distributivo centrale

Numero di alloggi:
40

Dimensione degli alloggi:
appart. da 3 locali (9 tipologie) 84/98/100/102/137/155/158 m²
(33, di cui 4 *mais.*); appart. da 4 locali (5 tipologie) 108/111/118/120/123 m²
(7); 1000 m² di spazi per il terziario al pianterreno

Parcheggio:
garage sotterraneo con 24 posti auto

Spazi aperti:
logge vetrate, terrazze sul tetto (per gli appartamenti all'ultimo piano)

**de Architecten Cie./
Frits van Dongen,
Amsterdam**

**Amsterdam,
Botania**

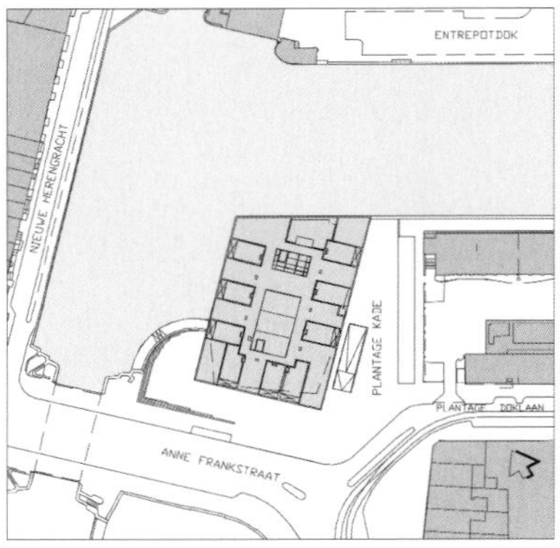

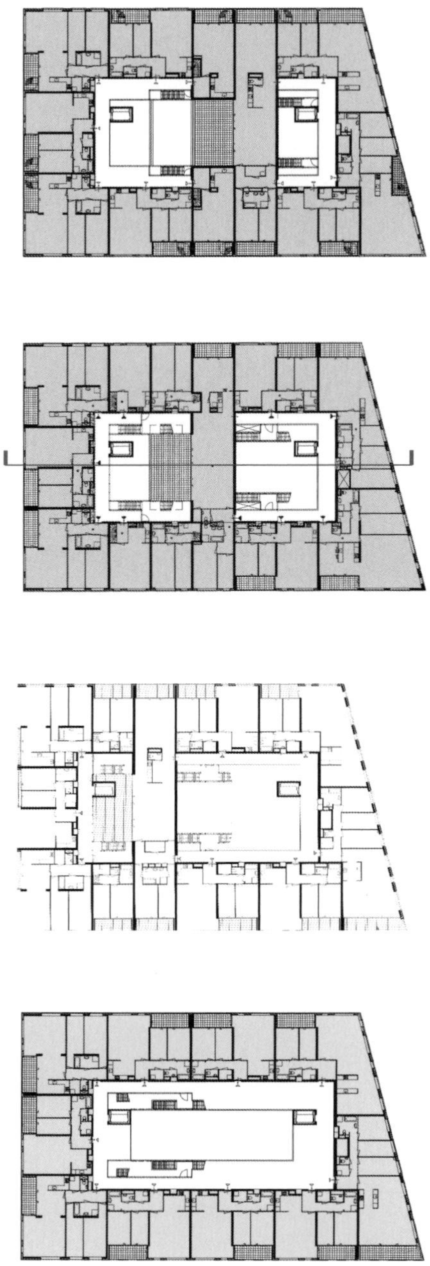

❶

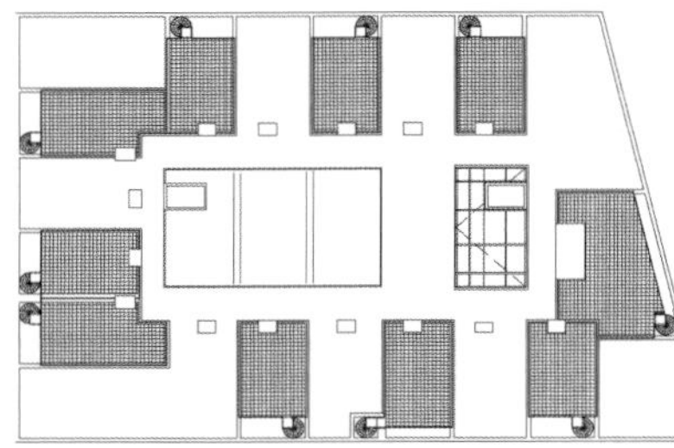

❷

❶ Dal basso verso l'alto: planime[...] generale 1°-4° piano 1:1000
De bas en haut: plan d'ensem[...] Premier à quatrième étages 1:[...]

❷ Tetto con terrazza 1:1000
Toit avec terrasses 1:1000

❸ Sezione longitudinale 1:500
Coupe longitudinale 1:500

❹ Particolare di una pianta 1:200
Détail du plan du premier étag[e] 1:200

Dall'esterno l'edificio residenziale affacciato sul canale appare monolitico. La corte interna apre lo sguardo su una struttura complessa e tipologicamente interessante. Il volume della corte è costituito da due parti incastrate in diagonale: una parte cieca, che racchiude il volume distributivo pubblico centrale, e la sovrastante area aperta con terrazze private. Una sequenza di appartamenti a ponte profondi 33 m scavalca la corte – arrivando in un caso ad affacciarsi alla strada sul fronte opposto – e la divide in due diversi settori. Gli appartamenti sono sfalsati di una campata all'indietro e di un piano verso l'alto, per cui la copertura dell'uno è terrazza dell'altro. La sezione costituisce l'elemento di maggiore interesse del progetto. Parallelamente ai terrazzamenti, rampe a cascata conducono ai ballatoi interni che collegano gli appartamenti tra loro. La disposizione planimetrica degli alloggi standard monoaffaccio segue uno schema relativamente convenzionale. Parallela al ballatoio è disposta una fascia di servizi, quindi un corridoio che distribuisce prima la zona giorno e poi la zona notte. Gli appartamenti all'ultimo piano usufruiscono di una terrazza sul tetto raggiungibile dalla loggia. La zona giorno (circa 100 m²) degli alloggi a ponte è piuttosto indifferenziata: un nucleo cucina-bagno la suddivide in una parte orientata verso il fronte esterno e un'altra verso l'ampia terrazza. Da un lato vi è la loggia vetrata, dall'altro le camere da letto con corridoio e servizi.

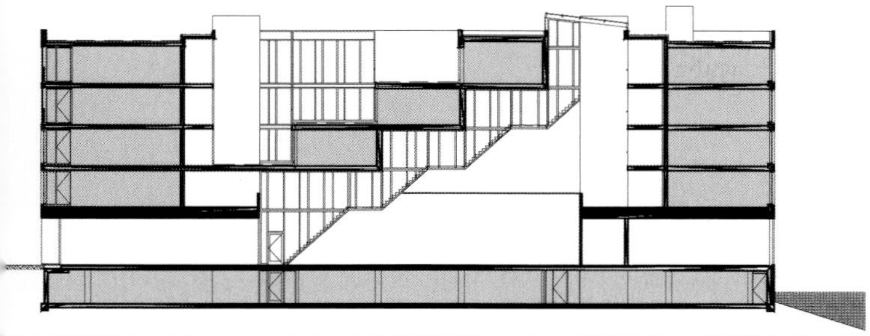

③

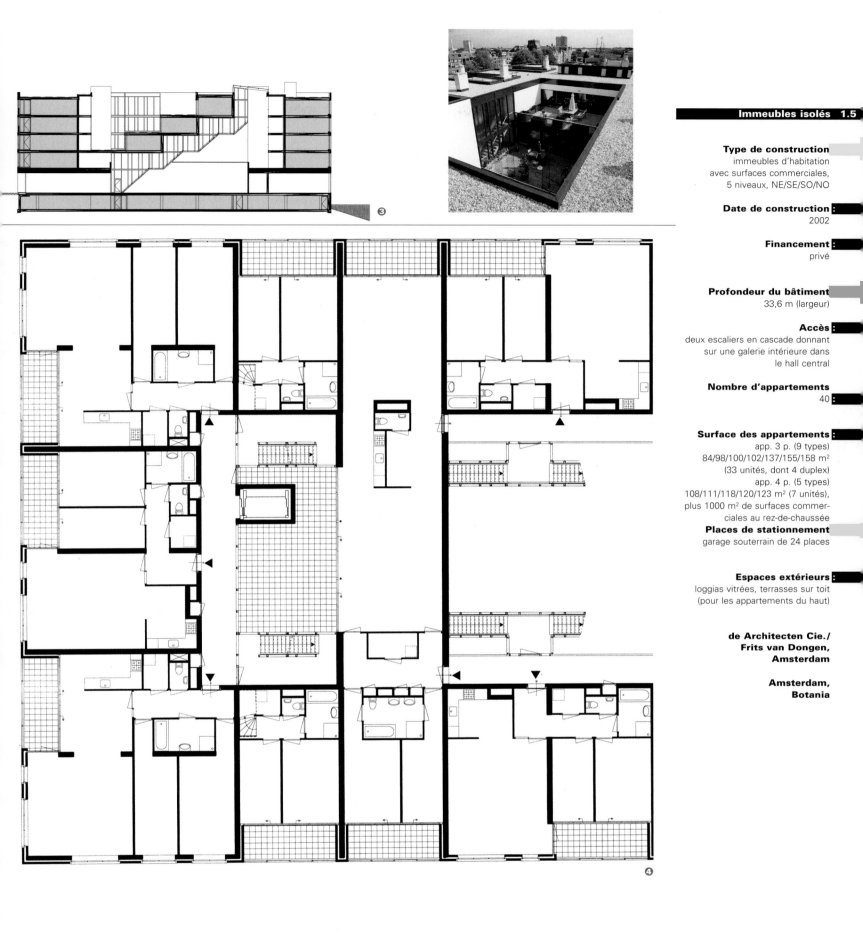

Type de construction
immeubles d'habitation avec surfaces commerciales, 5 niveaux, NE/SE/SO/NO

Date de construction
2002

Financement
privé

Profondeur du bâtiment
33,6 m (largeur)

Accès
deux escaliers en cascade donnant sur une galerie intérieure dans le hall central

Nombre d'appartements
40

Surface des appartements
app. 3 p. (9 types) 84/98/100/102/137/155/158 m² (33 unités, dont 4 duplex) app. 4 p. (5 types) 108/111/118/120/123 m² (7 unités), plus 1000 m² de surfaces commerciales au rez-de-chaussée

Places de stationnement
garage souterrain de 24 places

Espaces extérieurs
loggias vitrées, terrasses sur toit (pour les appartements du haut)

de Architecten Cie./ Frits van Dongen, Amsterdam

Amsterdam, Botania

④

Vu de l'extérieur, c'est un bloc monolithique et monotone. Mais la cour intérieure révèle une structure complexe et intéressante. Son volume comprend deux parties décalées diagonalement: une zone fermée abritant le hall d'entrée public et, au-dessus, une zone de terrasses privatives. Les deux zones sont séparées par une rangée d'appartements-«passerelles» qui franchissent les 33 mètres de largeur de la cour, d'une façade à l'autre. Ces appartements sont chaque fois décalés en largeur d'un module (espace entre les murs de refend) et d'un étage vers le haut, le toit de l'appartement du bas formant une terrasse pour l'appartement du haut. Cette forme de gradius fait tout le charme de l'objet. Parallèlement à ces gradins, des escaliers en cascade mènent aux galeries reliant les appartements. Les appartements non traversants ont un plan plutôt classique: entrée, couloir desservant d'abord l'espace communautaire puis les chambres. Ceux du haut disposent d'une terrasse sur le toit accessible depuis une loggia. En revanche, il n'y a presque rien de prédéfini dans les appartements-«passerelles»: à peine un bloc comprenant la cuisine et les WC divise-t-il le séjour en une zone tournée vers la façade et une autre orientée vers la terrasse; à l'une des extrémités se trouve une loggia vitrée, à l'autre les chambres, avec leur propre couloir et la salle de bains.

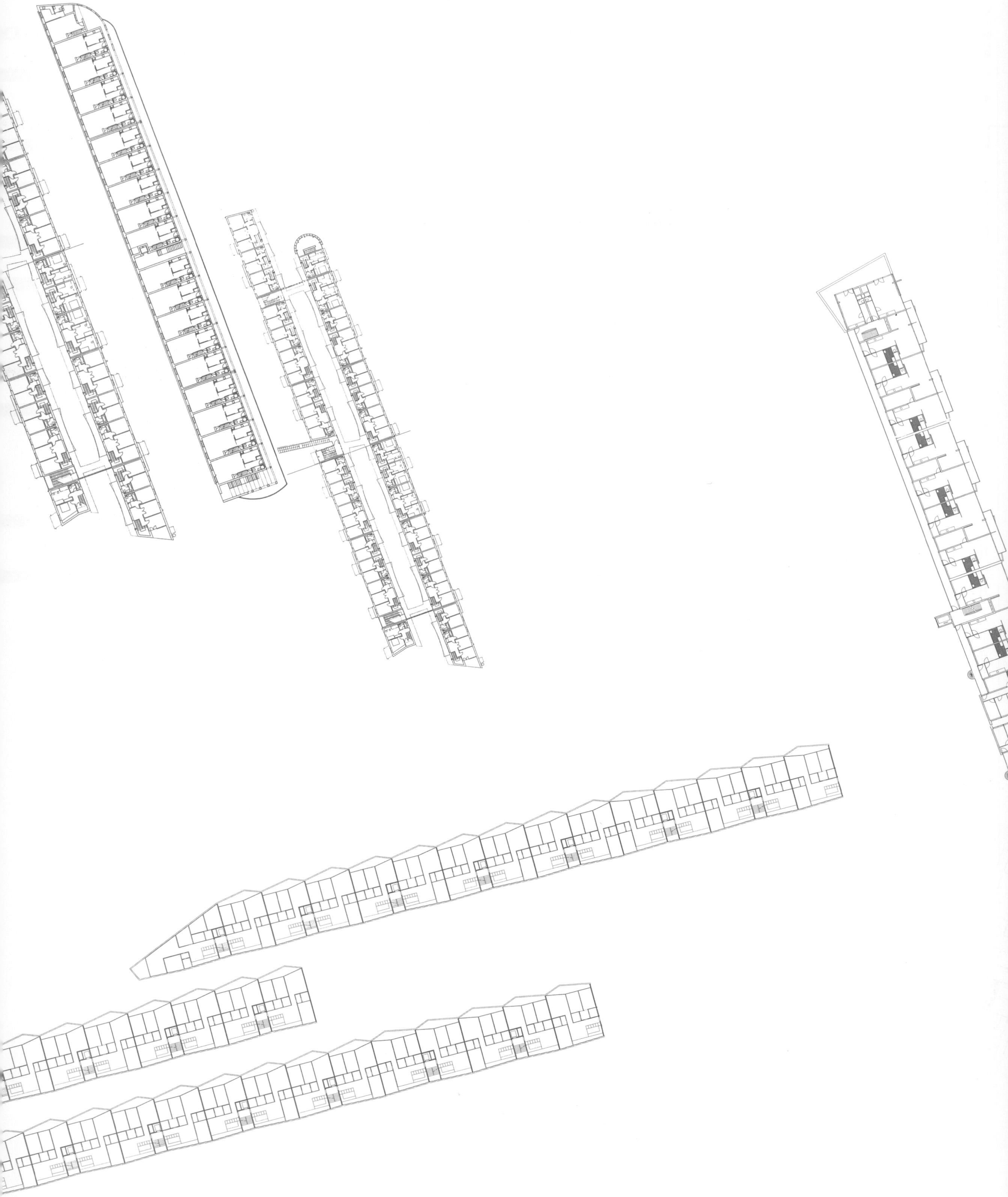

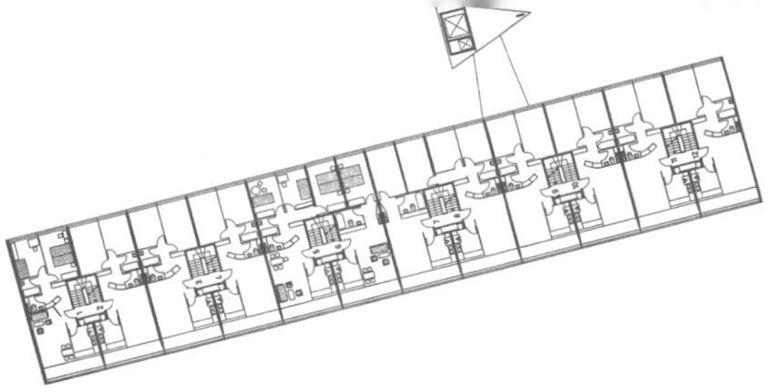

Schiere indipendenti

Una tipologia senza vincoli di prossimità, libera di disporsi secondo l'asse eliotermico. La schiera, come la stecca – che qui trattiamo insieme – si dispone in modo da ottenere un'esposizione ottimale degli alloggi; a tal fine presuppone un'area edificabile di dimensioni sufficienti e in questo modo realizza autonomamente il proprio tessuto urbano (cfr. "Strutture spazio-delimitanti"). Di norma la schiera comprende un gran numero di alloggi ed è la tipologia determinante dei grandi insediamenti residenziali indipendenti *(Grosssiedlungen o Grand Ensembles)*. Una schiera con facciate orientate est-ovest può favorire una grande profondità del corpo di fabbrica (con alloggi monoaffaccio verso est o verso ovest), ed è quindi una soluzione molto economica; l'orientamento nord-sud porta invece a una minore profondità (con alloggi a doppio affaccio). Gli edifici a schiera sono stati condizionati da considerazioni economiche, soprattutto negli anni Cinquanta e Sessanta, quando si tendeva a minimizzare le superfici comuni (ingressi scomodi, sbarchi ascensori angusti ecc.). D'altra parte le grandi dimensioni permettevano la localizzazione di servizi di pubblica utilità come negozi, garage o asili nido, grazie a un rapporto conveniente tra superfici edificate e aree accessorie. Le grandi superfici tra le stecche sono quasi sempre destinate a verde pubblico, a meno che non si attribuiscano giardini di pertinenza agli alloggi del pianterreno. Questo tipo di edifici si pone il compito di dare a ogni alloggio un alto grado di comfort dal punto di vista funzionale, di qualsiasi tipo di abitazione si tratti: da quelle su un piano alle *maisonettes*, dai loft a quelle su piani sfalsati su due o tre livelli, collegate in verticale o in orizzontale. Le notevoli dimensioni di questo modulo permettono una grande varietà di impianti distributivi, anche all'interno dello stesso edificio: a vani scala tradizionali, a ballatoio, con strada interna, con scale a cascata.

Barres

Il s'agit d'un type de construction indépendant des contraintes d'un voisinage et dans lequel l'orientation est par principe un élément déterminant. Idéalement donc, la barre est placée de manière à donner la meilleure orientation possible aux appartements. Elle s'isole d'elle-même, la condition étant toutefois que la parcelle soit suffisamment vaste. Mais elle peut dès lors former une structure urbanistique propre (voir le chapitre Compositions spatiales, p. 209). La barre est le type déterminant dans les grands ensembles. L'orientation ouest/est permet une grande profondeur (appartements orientés vers l'est ou vers l'ouest) et par conséquent un haut degré de rationalité, tandis que celle nord/sud (appartements traversants) n'offre que des logements nécessairement moins profonds. Durant les années 1950 et 1960, la construction de barres répondait à un souci de rationalité, qui a même eu pour effet de réduire les espaces communs (d'où des halls d'entrée inhospitaliers, des paliers trop étroits devant les ascenseurs, etc.). Pourtant, les aménagements communautaires (commerces, garages, jardins d'enfants, etc.) s'imposent souvent comme une évidence en raison du volume disponible (avec un rapport favorable entre surfaces utiles et surfaces annexes). Dans presque tous les cas, l'espace vert public entre les rangées n'est qu'un intervalle, sauf lorsque les appartements du rez-de-chaussée sont reliés par des jardins privatifs. Ce genre de construction a pour but de donner à chaque appartement des qualités aussi fonctionnelles que possible, et tous les types sont envisageables: à structure horizontale ou verticale, appartement classique à un niveau, grand studio, duplex, appartement à niveau décalé, triplex, etc. La taille de l'immeuble permet aussi une diversité des formes d'accès, parfois à l'intérieur du même objet: cage d'escalier desservant plusieurs appartements par étage, galerie, rue intérieure, escaliers en cascade.

riferito a piante 1:200

se réfère aux plans 1:200

1.6 Schiere indipendenti

Tipologia edilizia:
Unité d'Habitation,
18 piani, E/O

Data di costruzione:
1947-1952

Modello di finanziamento:
edilizia sociale

Profondità dell'edificio:
24,4 m

Distribuzione:
percorso interno ai piani
2/5/7/8/10/13/16

Numero di alloggi:
337

Dimensione degli alloggi:
appart. da 1 locale, 32,5 m²;
mais. da 2 a 5 locali,
59/98/137 m²
(23 planimetrie diverse)

Parcheggio:
a livello della strada,
sotto l'edificio

Spazi aperti:
giardini pensili con piscina, parco

Le Corbusier,
Parigi

Marsiglia,
Unité d'Habitation,
Boulevard Michelet

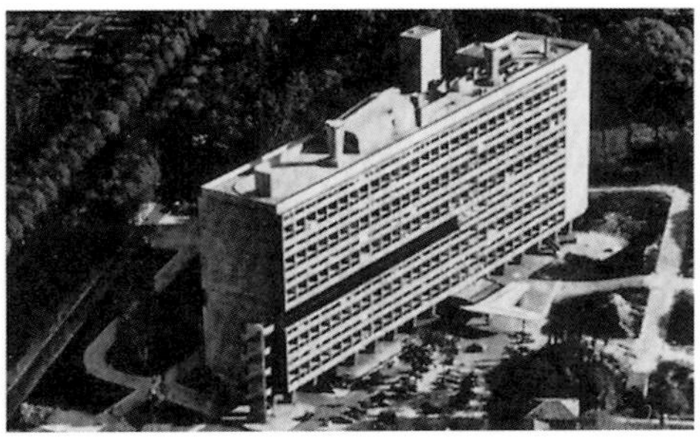

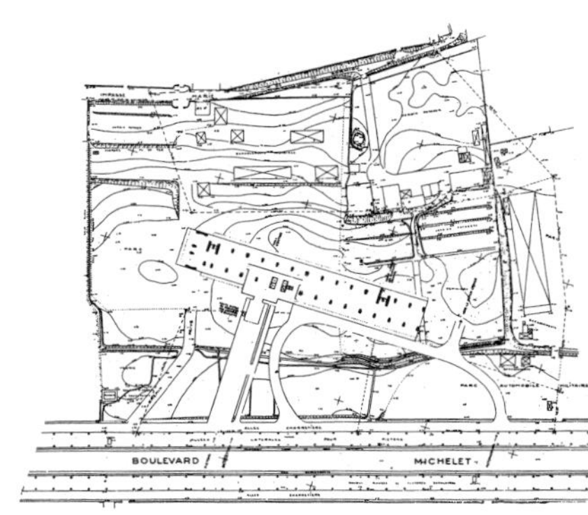

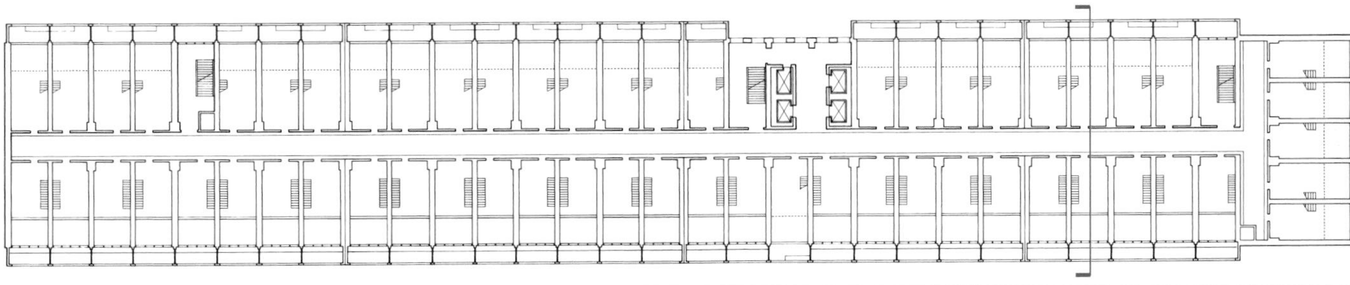

❶ Tipo B: 32,5 m². Appartamento per single 1:200
Type B (32,5 m²): appartement pour célibataire 1:200

❷ Tipo C: 59 m². *Maisonette* per 2 persone 1:200
Type C (59 m²): duplex pour 2 personnes 1:200

❸ Tipo G: 137 m². *Maisonette* per famiglie con 4/8 figli 1:200
Type G (137 m²): duplex pour famille avec 4/8 enfants 1:200

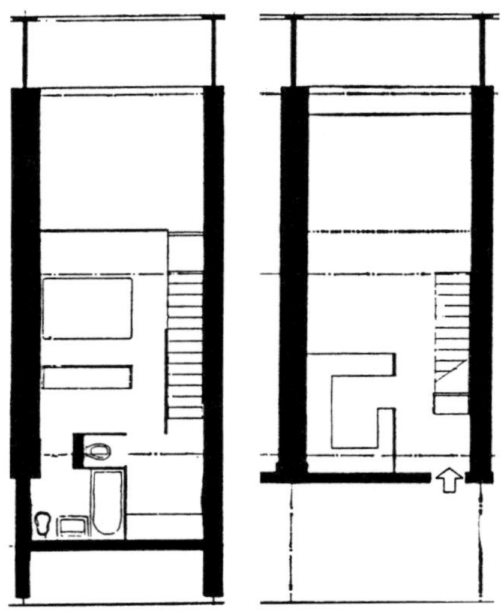

❷

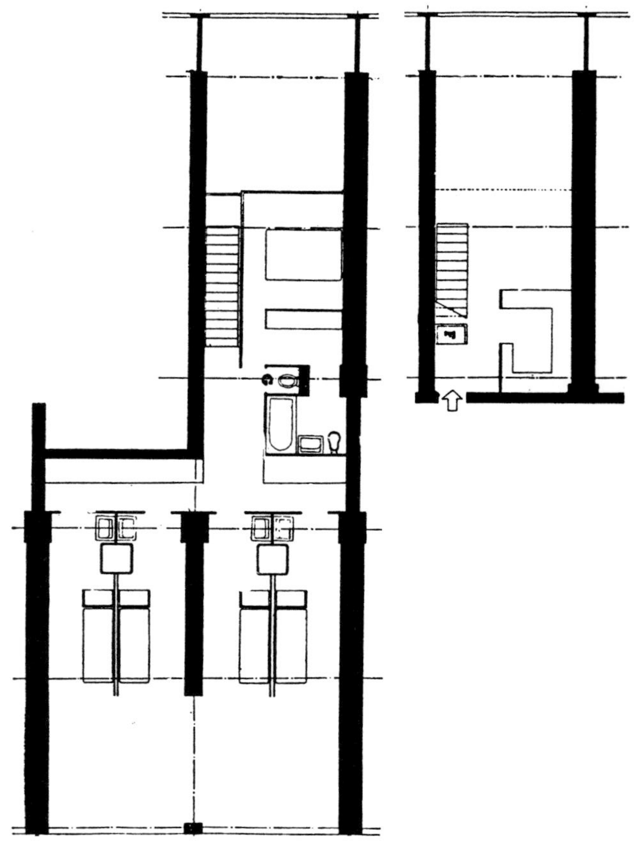

❸

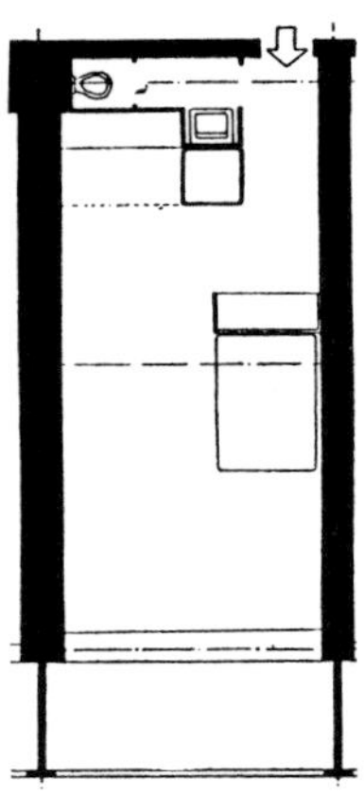

❶

Modello di "macchina per abitare": prototipo di un'unità residenziale modulo di un nuovo concetto urbanistico. Edificio isolato, orientato secondo l'asse eliotermico con affacci est-ovest. Ottimizzazione delle planimetrie attraverso l'uso del Modulor e dell'illuminazione naturale. Attorno a un percorso interno (ogni due-tre piani, privo di illuminazione naturale) sono distribuiti quattro moduli spaziali (secondo i criteri della prefabbricazione industriale) in aggregazioni variabili che possono occupare fino a tre livelli e tre unità parallele; ciò permette di ottenere alloggi di varie caratteristiche e dimensioni (23 tipi diversi). Tutti gli alloggi, tranne i monolocali, sono *maisonettes.* La notevole profondità degli spazi, delimitati da setti portanti ogni 3,66 m, è sfruttata al massimo; la zonizzazione degli appartamenti tiene conto della relazione tra irraggiamento solare e profondità degli spazi. Aree di soggiorno o per il gioco sono in facciata (i soggiorni a doppio volume si affacciano sue logge continue); la zona notte (ridotta al minimo) si trova sul soppalco o arretrata al piano inferiore. Cucine e bagni danno sul corridoio centrale. Concetto di residenza passante in verticale e orizzontale. In copertura spazi attrezzati per il tempo libero e servizi pubblici: palestra, piscina, asilo nido e scuola materna. Ulteriori funzioni pubbliche (hotel, negozi, uffici, ristoranti) occupano due interi piani (7° e 8°).

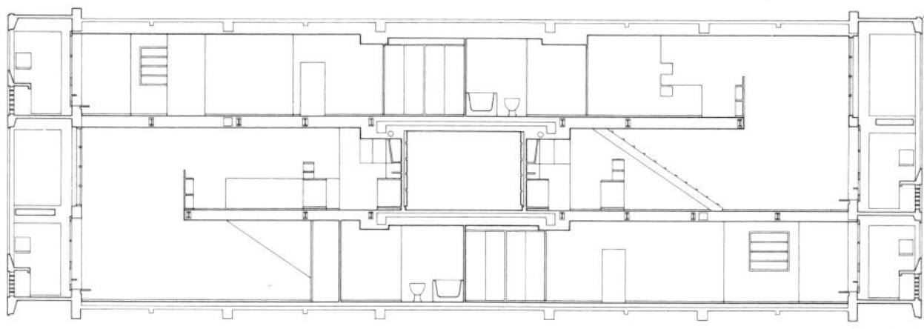

7

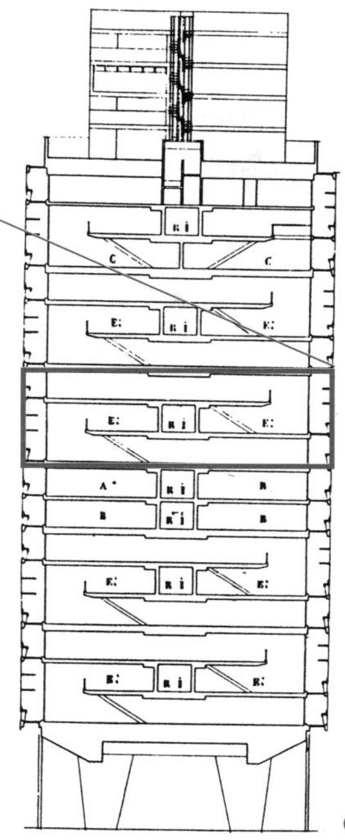

8

7 Sezione longitudinale della *maisonette* tipo
Coupe longitudinale d'un duplex type

8 Sezione che evidenzia i corridoi centrali
Coupe transversale montrant les voies intérieures

4 5 Tipo E2: 98 m². *Maisonette* tipo per famiglie con 2/4 figli 1:200
Type E2 (98 m²): duplex type pour famille avec 2/4 enfants 1:200

6 Tipo E1: 98 m². *Maisonette* per famiglie con 2/4 figli 1:200
Type E1 (98 m²): duplex pour famille avec 2/4 enfants 1:200

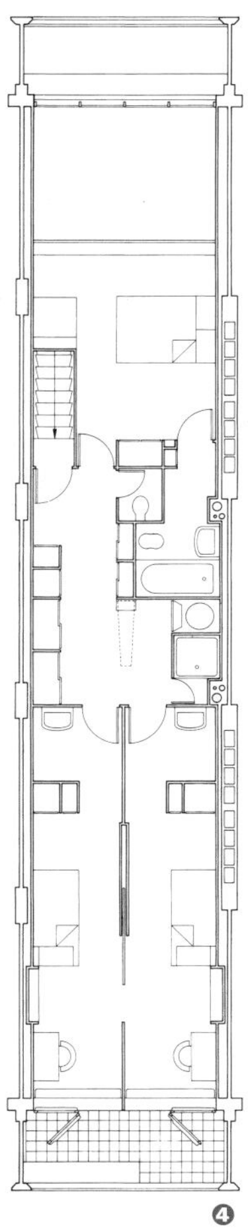

4

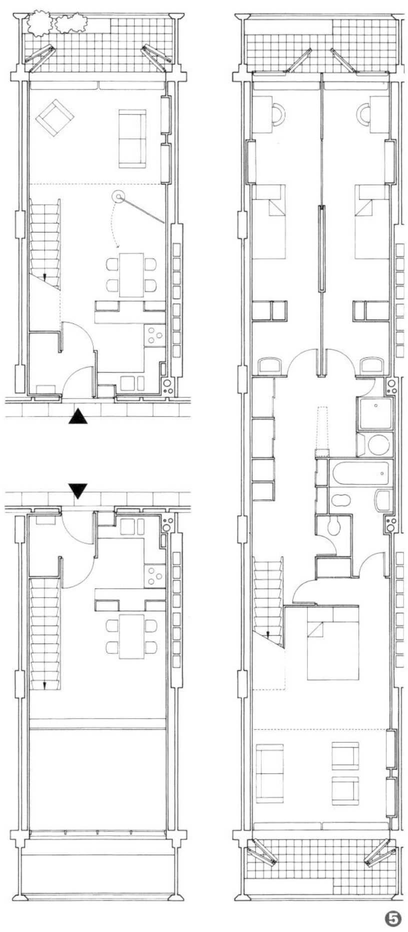

5

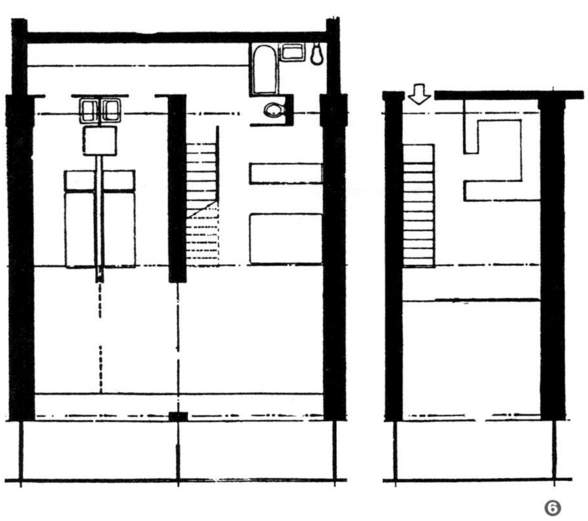

6

Type de construction
unité d'habitation, 18 niveaux, E/O

Date de construction
1947-1952

Financement
logements sociaux

Profondeur du bâtiment
24,4 m

Accès
voies intérieures aux niveaux 2/5/7/8/10/13/16

Nombre d'appartements
337

Surface des appartements
app. 1 p., 32,5 m²
app. 2 à duplex 5 p., 59/98/137 m²
(23 types de plans)

Places de stationnement
de plain-pied sous le bâtiment

Espaces extérieurs
toit-terrasse avec piscine, parc

Le Corbusier, Paris

Marseille, Unité d'habitation, boulevard Michelet

C'est le type même de la «machine à habiter»: une unité d'habitation totalement autonome inscrite dans un projet urbanistique nouveau. L'immeuble est placé dans un espace dégagé et strictement orienté est-ouest. Les plans répondent aux proportions du Modulor et aux exigences d'ensoleillement. Quatre modules de base (mode de construction industriel) sont déclinés en vingt-trois variantes, avec superposition ou juxtaposition de deux ou trois éléments autour d'un couloir d'accès central (la «rue intérieure», tous les deux ou trois niveaux, sans lumière naturelle). Tous les appartements, sauf les une pièce, sont des duplex. La profondeur entre les murs de refend (qui ne sont distants que de 3,66 m) est entièrement exploitée. Chaque appartement présente une distinction systématique entre les zones: séjour ou espaces de jeu du côté extérieur (le séjour est toujours sur deux niveaux et donne sur une loggia), chambres à coucher (réduites au minimum) au niveau supérieur sur une galerie ou au niveau inférieur, salle de bains et cuisine donnant sur le couloir central. L'appartement est traversant par principe, horizontalement et verticalement. La terrasse sur le toit sert à des usages communs (salle de gymnastique, piscine, garderie, jardin d'enfants). Deux niveaux (7 et 8) sont occupés par divers services (hôtel, commerces, bureaux, restaurants).

riferito a piante 1:200

se réfère aux plans 1:200

Tipologia edilizia:
edificio a lama
8 piani, E/O

Data di costruzione:
1956-1957

Modello di finanziamento:
edilizia sociale

Profondità dell'edificio:
ca. 22/10,5 m

Distribuzione:
a corpo quintuplo

Numero di alloggi:
84

Dimensione degli alloggi:
appart. da 1-2 locali, 38-45 m²;
appart. da 3½ locali, 77 m²;
appart. da 2½, 3½, 4½ locali, 83-90 m²

Parcheggio:
posti auto all'aperto

Spazi aperti:
terrazza con sauna in copertura,
parco circostante

Alvar Aalto, Munkiniemi, e Paul Baumgarten, Berlino

Berlino-Tiergarten, Hansaviertel, Klopstockstraße 30, 32

La peculiarità di queste residenze è il soggiorno, che costituisce il centro dell'alloggio (l'architetto lo definiva la "piazza del mercato" della famiglia). Da qui si accede al corridoio della zona notte, che può unirsi al soggiorno o separarsene tramite porte pieghevoli. Le profonde logge antistanti il soggiorno sono accessibili anche dalla camera da letto e dalla sala da pranzo. Le aree riservate sono ridotte a favore dell'ampio soggiorno. Distribuzione parsimoniosa a corpo quintuplo, con ascensore e scala a rampa unica. Dieci appartamenti per piano, di cui otto con doppio affaccio. In copertura sauna e solarium; nell'interrato sale hobby e lavanderia.

❶ Planimetria del piano tipo
Plan d'ensemble d'un étage type

❷ Particolare di planimetria del piano tipo 1:200
Détail du plan d'un étage 1:200

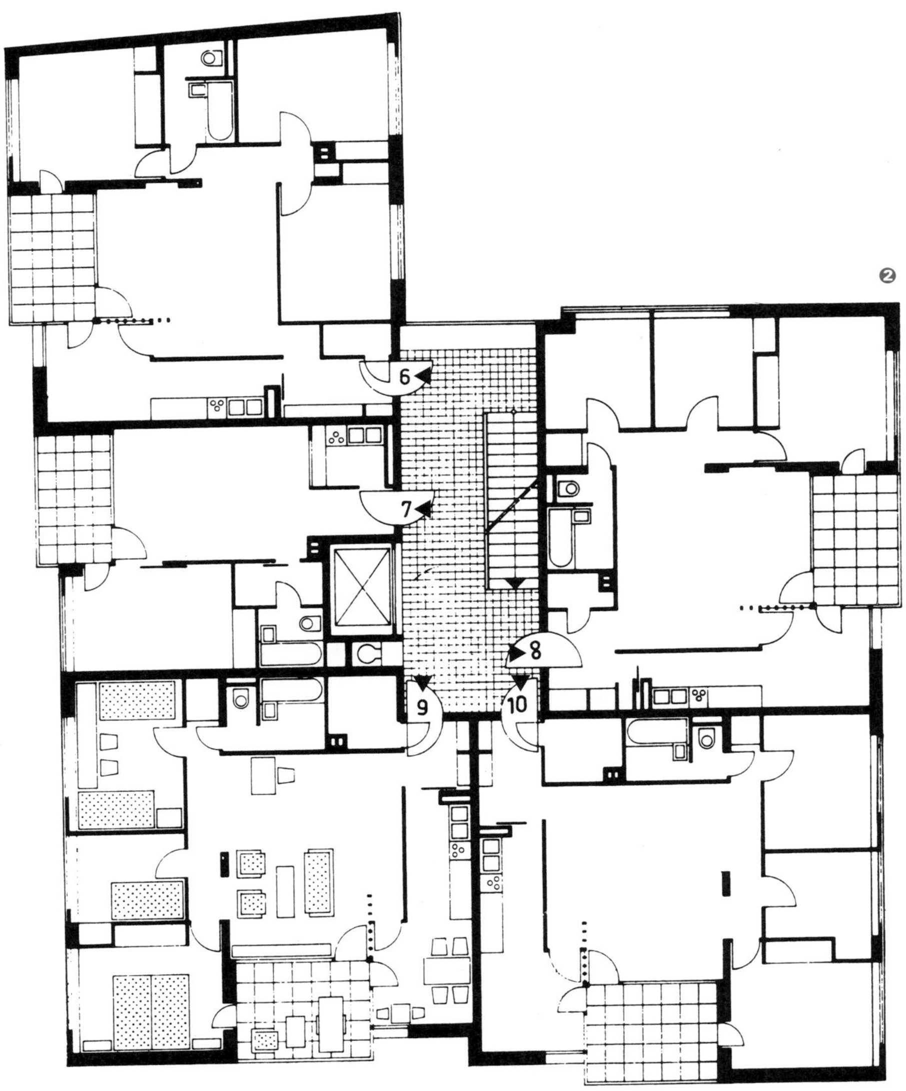

Type de construction
immeubles d'habitation
en rangée, 8 niveaux, E/O

Date de construction
1956-1957

Financement
logements sociaux
(projet Interbau)

Profondeur du bâtiment
env. 22/10,5 m

Accès
cage d'escalier pour
5 appartements par étage

Nombre d'appartements
84

Surface des appartements
app. 1, 2 p., 38-45 m²
app. 3½ p., 77 m²
app. 2½, 3½, 4½ p., 83-90 m²

Places de stationnement
extérieures

Espaces extérieurs
terrasse sur le toit avec sauna,
parc tout autour de l'immeuble

Alvar Aalto, Munkiniemi, et Paul Baumgarten, Berlin

Berlin-Tiergarten, Hansaviertel, Klopstockstraße 30, 32

La particularité de ces appartements est d'avoir la pièce de séjour au centre (la «place du marché familiale»). De là, on a accès au couloir des chambres, qu'une porte en accordéon permet au besoin d'isoler. Le séjour donne sur une profonde loggia également accessible depuis la chambre à coucher et la salle à manger. Les espaces privés sont réduits au profit du séjour. Chacune des deux cages d'escalier (à volée unigue et ascenseur) dessert cinq appartements par étage, avec des paliers spacieux. Il y a deux fois cinq appartements par niveau, huit d'entre eux étant à double exposition. Sauna et terrasse sur le toit; buanderie et atelier de bricolage dans la cave.

Tipologia edilizia:
edificio a lama
8 piani, E/O

Data di costruzione:
1957

Modello di finanziamento:
edilizia sociale

Profondità dell'edificio:
15 m

Distribuzione:
ascensore nella torre esterna con accessi al 5° e 7° piano; corpo doppio (e semplice)

Numero di alloggi:
78

Dimensione degli alloggi:
appart. da 4 locali, 78 m² (12);
appart. da 3 locali, 65 m² (53);
appart. da 2 locali, 50 m² (12);
appart. da 1½ locali, 44 m² (1)

Parcheggio:
lungo la strada

Spazi aperti:
parco circostante

Oscar Niemeyer, Soares Filho, Rio de Janeiro con G. Biermann

Berlino-Tiergarten, Hansaviertel, Altonaer Straße 4-14

Edificio a setti portanti e distribuzione omogenea degli alloggi: soggiorno e cucina (con passavivande) affacciati a ovest sul balcone continuo; camere da letto verso est. Il disimpegno all'ingresso introduce direttamente nel soggiorno, pareti armadio ricurve schermano il corridoio della zona notte. Bagni ciechi aderenti al cavedio di aerazione (toilette separata negli appartamenti da 3 o 4 vani); cucine con cavedio per smaltimento della spazzatura. La parte occidentale del 5° piano è di uso condominiale; lavanderia e locali per attrezzi all'ultimo piano.

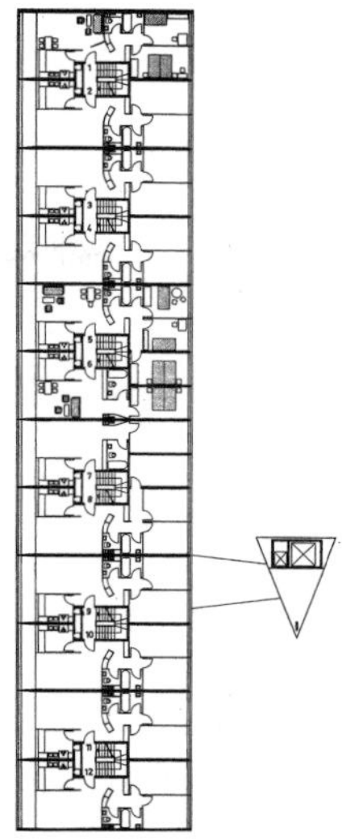

❶

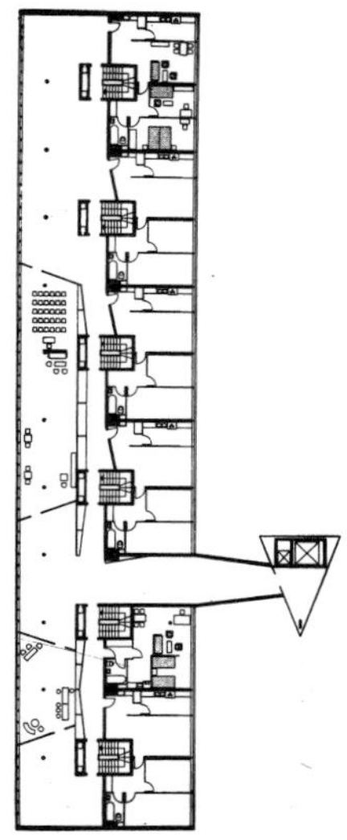

❷

❶ Planimetria generale del piano tipo
Plan d'ensemble d'un étage type

❷ 5° piano con spazi condominiali e accesso all'ascensore
Plan du cinquième étage avec les locaux communs et le passage menant à l'ascenseur

❸ Particolare di planimetria del piano tipo 1:200
Détail du plan d'un étage type 1:200

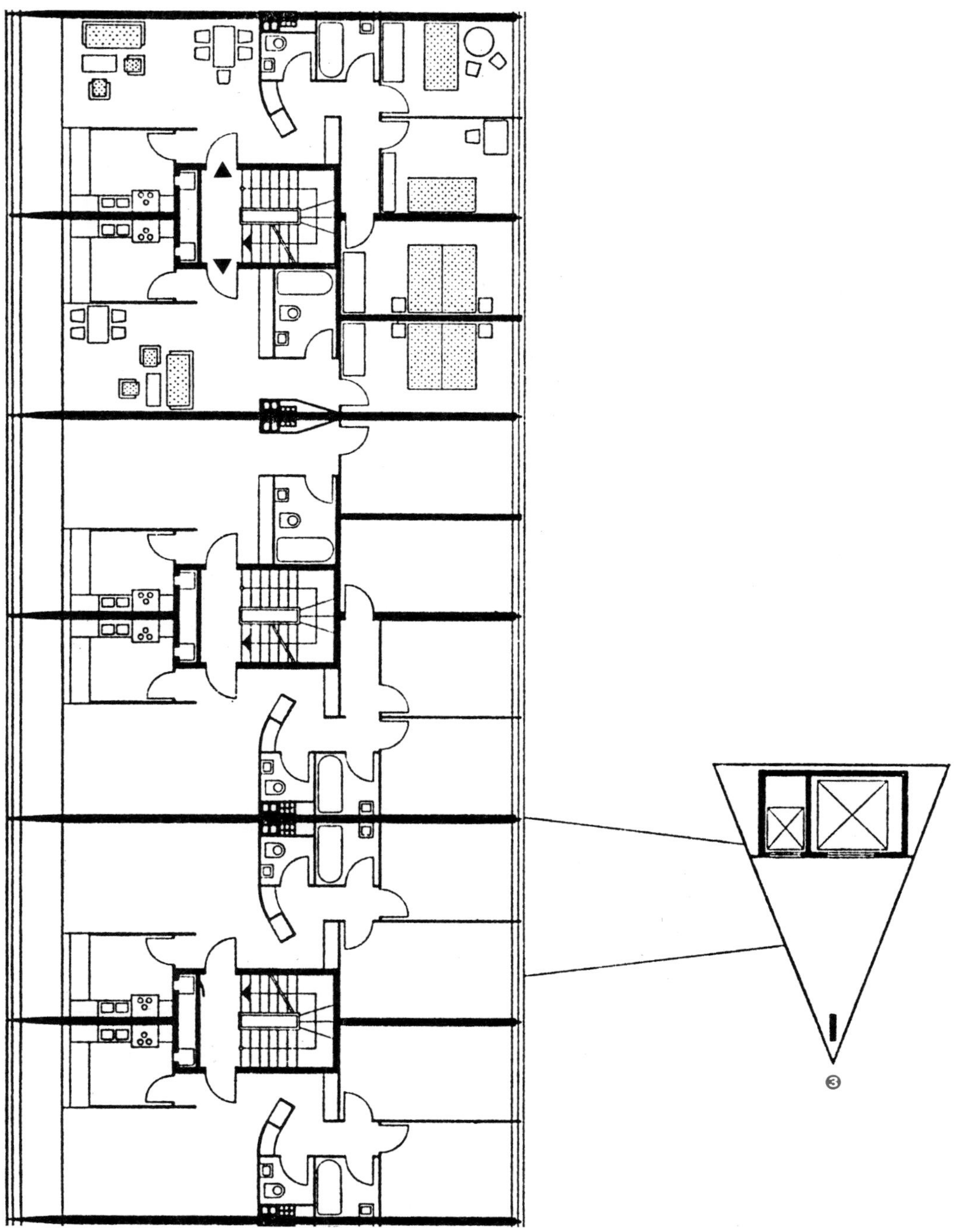

❸

Type de construction:
barre,
8 niveaux, E/O

Date de construction:
1957

Financement:
logements sociaux

Profondeur du bâtiment:
15 m

Accès:
ascenseur dans une tour extérieure avec passage pour les niveaux 5 et 7; cage d'escalier pour 1 ou 2 appartements par étage

Nombre d'appartements:
78

Surface des appartements:
app. 4 p., 78 m² (12 unités)
app. 3 p., 65 m² (53 unités)
app. 2 p., 50 m² (12 unités)
app. 1½ p., 44 m² (1 unité)

Places de stationnement:
extérieures

Espaces extérieurs:
parc tout autour de l'immeuble

Oscar Niemeyer, Soares Filho, Rio de Janeiro, en collaboration avec G. Biermann

Berlin-Tiergarten, Hansaviertel, Altonaer Straße 4-14

Construction à module défini par les murs de refend, avec des appartements organisés selon une structure identique: séjour et cuisine (avec passe-plats) à l'ouest, balcon continu, chambres à l'est. Le vestibule donne directement accès au séjour; des placards au tracé incurvé isolent le couloir des chambres. La salle de bains (WC séparés dans les 3 et 4 pièces), aveugle, est adossée au conduit d'aération. Les cuisines sont équipées d'un vide-ordures. La moitié ouest du cinquième étage est réservée à des usages communs. Locaux de service et buanderie à l'étage-attique.

1.6 Schiere indipendenti

Tipologia edilizia:
3 grattacieli, 21/23 piani,
blocco A NO/SE,
blocco B e C NE/SO

Data di costruzione:
1969-1971

Modello di finanziamento:
edilizia sociale,
condominio

Profondità dell'edificio:
14/15 m

Distribuzione:
a corpo doppio e triplo

Numero di alloggi:
1143

Dimensione degli alloggi:
appart. da 1 locale, 41-45 m² (31);
appart. da 1½ locali, 45-47 m² (226);
appart. da 2 locali, 66 m² (152);
appart. da 3 locali, 80-89 m² (472);
appart. da 4 locali, 104 m² (192);
appart. da 5 locali, 130-139 m² (67);
appart. da 6 locali, 155 m² (3)

Parcheggio:
prevalentemente nel garage sotterraneo, più alcuni posti auto all'aperto

Spazi aperti:
parco e specchi d'acqua, balconi

Otto Jäger,
Werner Müller,
H. P. Wirth, Stoccarda

Stoccarda-Asemwald,
quartiere residenziale
"Hannibal"

❶

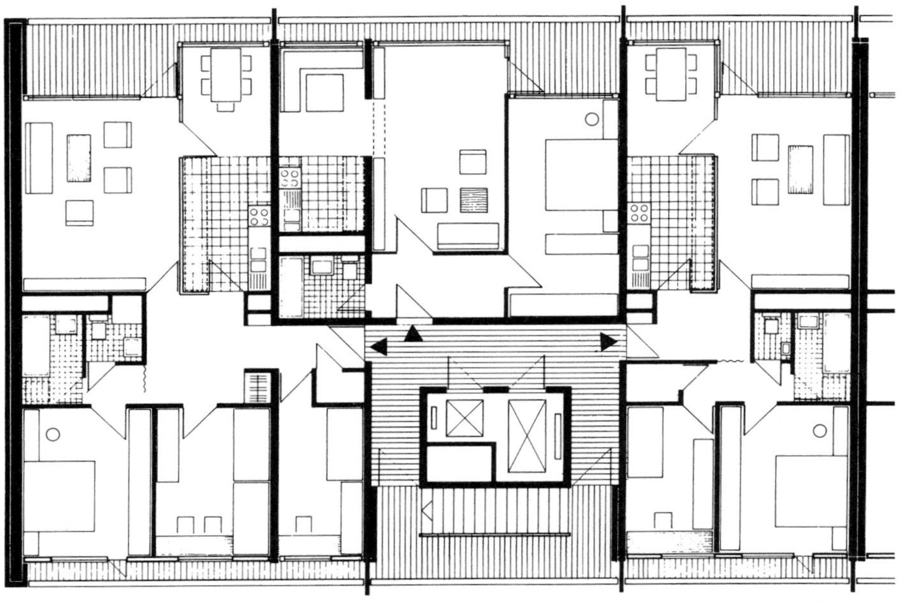

Planimetrie 1:200
Plans 1:200

❶ Blocco A, n. 5, 1°-20° piano: appartamenti da 4, 1½, 3 locali
Immeuble A, entrée 5, 1er à 20e étages: app. 4 p., 1½ p., 3 p.

❷ Blocco A, n. 1, 1°-20° piano: appartamenti da 4, 2, 3 locali
Immeuble A, entrée 1, 1er à 20e étages: app. 4 p., 2 p., 3 p.

❸ Blocco A, n. 2, ultimo piano: appartamenti da 3 locali
Immeuble A, entrée 2, étage-attique: app. 3 p.

❷

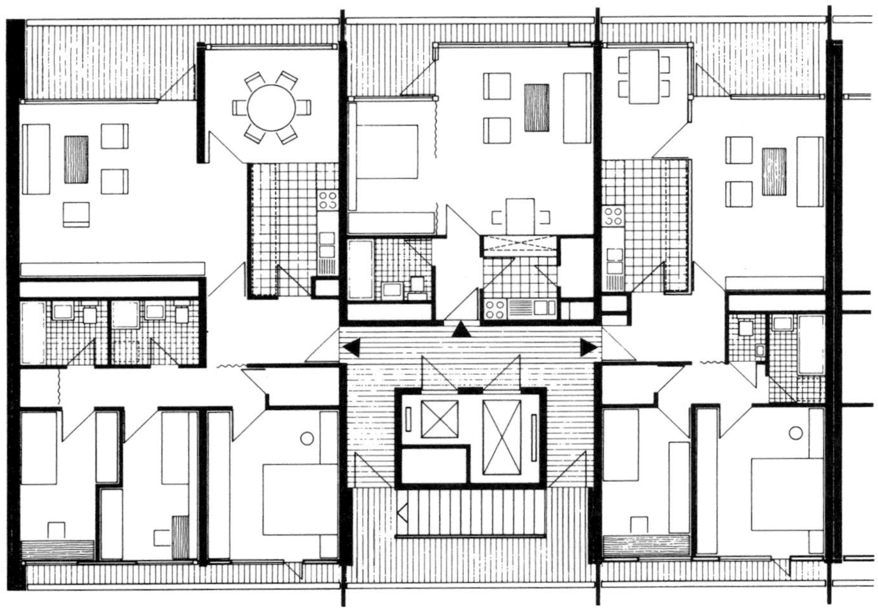

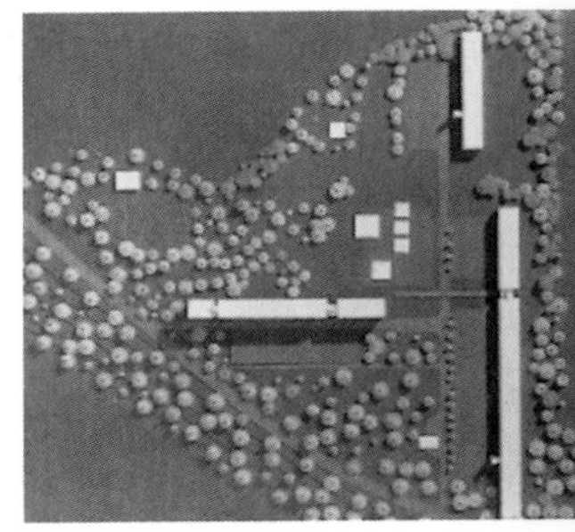

❸

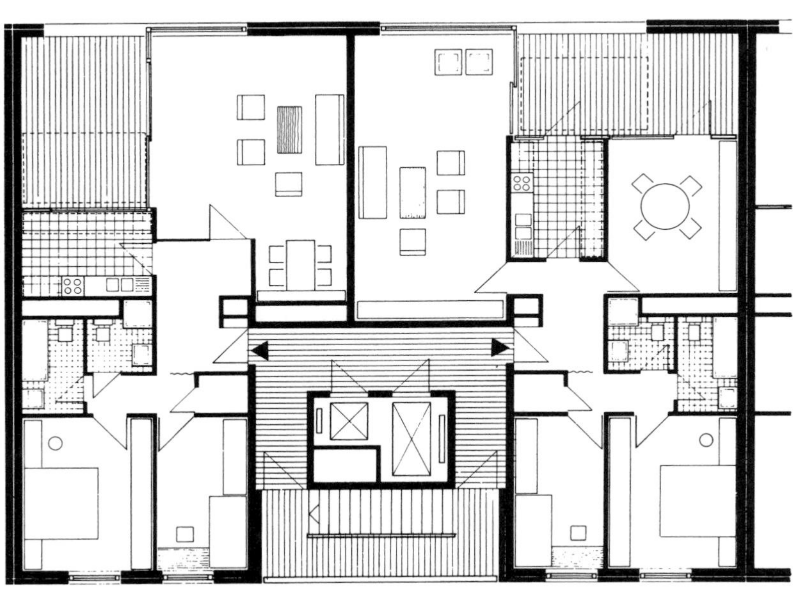

Agli edifici si accede attraverso un atrio a doppia altezza (come in un albergo). Gli alloggi per anziani nel mezzanino sono distribuiti da un corridoio; altrimenti vi è distribuzione a corpo doppio o triplo con vani scala/ascensore aperti in facciata. La distribuzione interna degli alloggi è libera grazie alle pareti perimetrali e ai nuclei verticali portanti. I 21 alloggi tipo possono essere personalizzati dai residenti. In generale chiara separazione tra zona giorno e zona notte, entrambe accessibili dal corridoio d'ingresso. La distribuzione di soggiorno, cucina e zona pranzo è risolta in diversi modi: cucina compresa tra soggiorno e pranzo, cucina separata, zona pranzo all'interno del soggiorno, blocco cottura con zona pranzo in testata paralleli al soggiorno, cucina al centro (fulcro della pianta) con accesso al balcone. Le camere da letto sono allineate lungo un corridoio. Bagno e WC sempre separati. Ogni appartamento ha uno o due balconi, spesso di grandi dimensioni. In copertura *maisonettes*, appartamenti terrazzati e atelier. Le *maisonettes* hanno camere, bagno, cucina e una sala da pranzo a doppia altezza (piccolo soggiorno) al livello inferiore; la scala tra zona pranzo e bagno porta al piano superiore, dove una galleria allungata conduce in un ampio soggiorno (utilizzabile anche come camera da letto). Molte attrezzature per lo sport e il tempo libero; al pianterreno lavanderia, spazi comuni e scuola materna; in copertura attrezzature semipubbliche quali solarium, piscina coperta, sauna e ristorante.

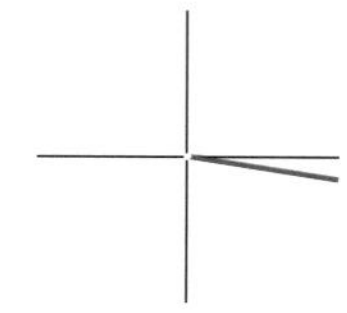

❹ Blocco C, n. 4, 23° piano: livello superiore della *maisonette*, atelier
Immeuble C, entrée 4, 23e étage: niveau supérieur du duplex, atelier

❺ Blocco C, n. 4, 22° piano: *maisonette* da 4 locali, atelier da 2 locali, appartamento da 2 locali
Immeuble C, entrée 4, 22e étage: duplex 4 p., atelier 2 p., app. 2 p.

❻ Blocco C, n. 1, 1°-21° piano: appartamenti da 4, 1½, 3 locali
Immeuble C, entrée 1, 1er à 21e étages: app. 4 p., 1½ p., 3 p.

❹

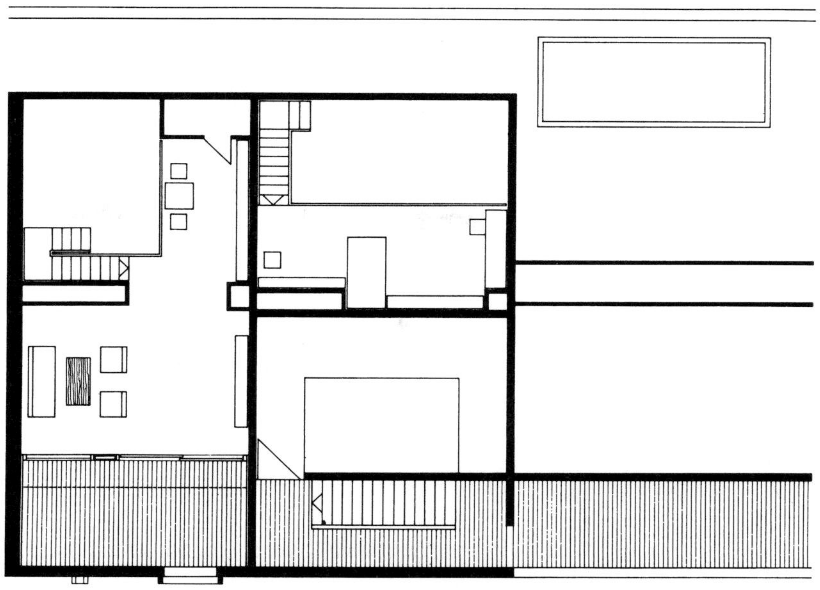

❺

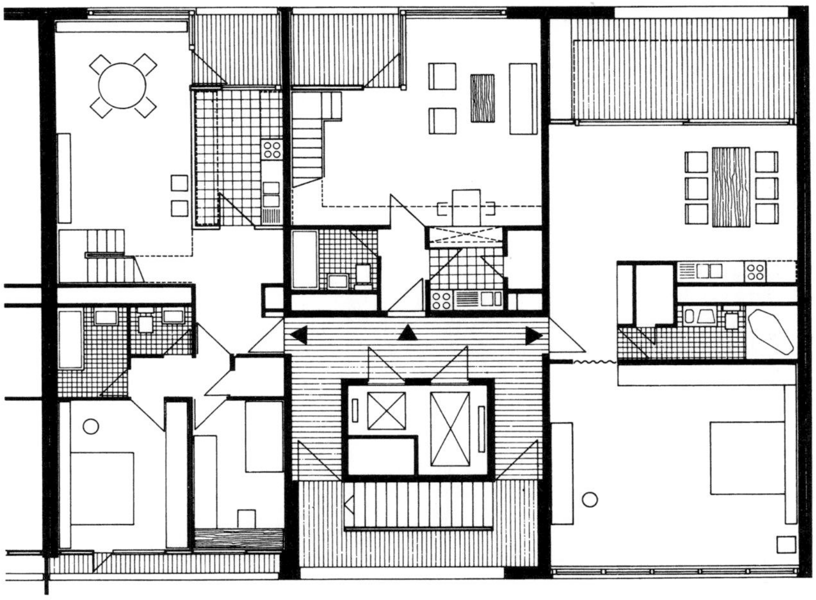

❻

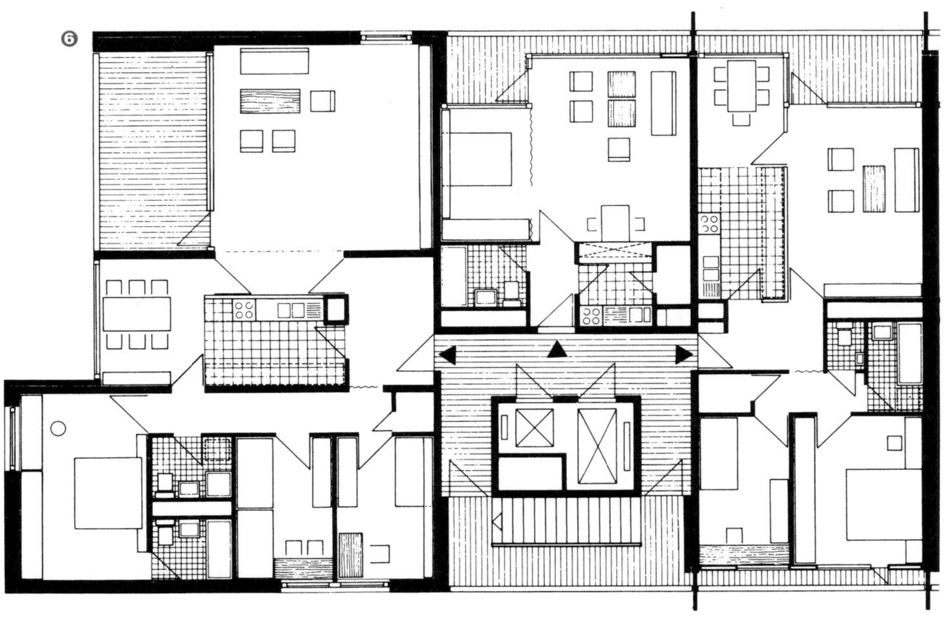

Type de construction
trois immeubles en rangée, 21/23 étages, bloc A NO/SE, blocs B et C NE/SO

Date de construction
1969-1971

Financement
logements sociaux, en copropriété

Profondeur du bâtiment
14/15 m

Accès
cage d'escalier pour 2 ou 3 appartements par étage

Nombre d'appartements
1143

Surface des appartements
app. 1 p., 41-45 m² (31 unités)
app. 1½ p., 45-47 m² (226 unités)
app. 2 p., 66 m² (152 unités)
app. 3 p., 80-89 m² (472 unités)
app. 4 p., env. 104 m² (192 unités)
app. 5 p., 130-139 m² (67 unités)
app. 6 p., 155 m² (3 unités)

Places de stationnement
pour la plupart en garage souterrain, quelques place à l'extérieur

Espaces extérieurs
parc, plans d'eau, balcons

Otto Jäger, Werner Müller, H. P. Wirth, Stuttgart

Stuttgart-Asemwald, «Hannibal» Wohnstadt

L'entrée des immeubles se fait par un grand hall sur deux niveaux, à la manière d'un hôtel. Une mezzanine comprend de petits appartements pour personnes âgées. Pour le reste, les logements sont disposés par deux ou trois autour de la cage d'escalier (avec ascenseur). Seuls les murs extérieurs et ceux des conduits techniques sont porteurs, ce qui laisse aux occupants la liberté de changer l'agencement des pièces. Les 21 types de plans ont en commun une division nette entre le séjour et l'espace privé des chambres (accessibles tous deux directement depuis le couloir d'entrée). La disposition du séjour, de la cuisine, de la salle à manger varie: cuisine entre le séjour et le coin-repas, cuisine séparée, coin-repas dans le séjour ou bloc cuisine avec coin-repas à l'extrémité, cuisine centrale avec accès au balcon. Les chambres à coucher sont disposées le long d'un couloir. La salle de bains et les WC sont toujours séparés. Chaque appartement a un ou deux balcons, souvent de grandes dimensions. Sur l'étage-attique se trouvent des duplex, des appartements en terrasse et des ateliers.
Les duplex ont au niveau inférieur les chambres à coucher, la salle de bains, la cuisine et une salle à manger sur deux niveaux. L'escalier passe entre la salle de bains et la salle à manger et aboutit par une galerie à une grande pièce de séjour (ou chambre à coucher).
Le rez-de-chaussée comprend des buanderies, des locaux communautaires et un jardin d'enfants; sur le toit, des terrasses semi-publiques, une piscine couverte, un sauna et un restaurant.

riferito a piante 1:200

se réfère aux plans 1:200

1.6 Schiere indipendenti

Tipologia edilizia:
edifici in linea con corte interna
4 piani, E/O

Data di costruzione:
1985

Modello di finanziamento:
edilizia privata,
condominio

Profondità dell'edificio:
21 m

Distribuzione:
zone pedonali interne,
3 vani scala, corpo quadruplo

Numero di alloggi:
24

Dimensione degli alloggi:
appart. da 1¹/₂ locali, 45 m² (6);
appart. da 2¹/₂ locali, 57 m² (3);
appart. da 3¹/₂ locali, 99 m² (3);
appart. da 4¹/₂ locali, 116 m² (6);
appart. da 5¹/₂ locali, 126 m² (6)

Parcheggio:
garage al piano interrato

Spazi aperti:
vialetti, area giochi,
giardino con panchine, logge,
terrazze sul tetto

**Theo Hotz AG
Architekten und Planer,
Zurigo**

**Zurigo-Wetzikon,
complesso condominiale
Buchgrindel II,
Buchgrindelstrasse 4**

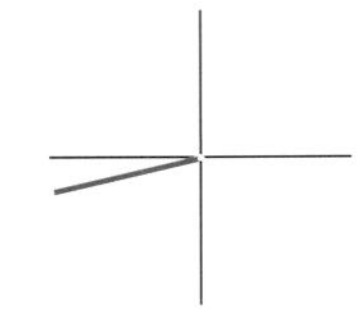

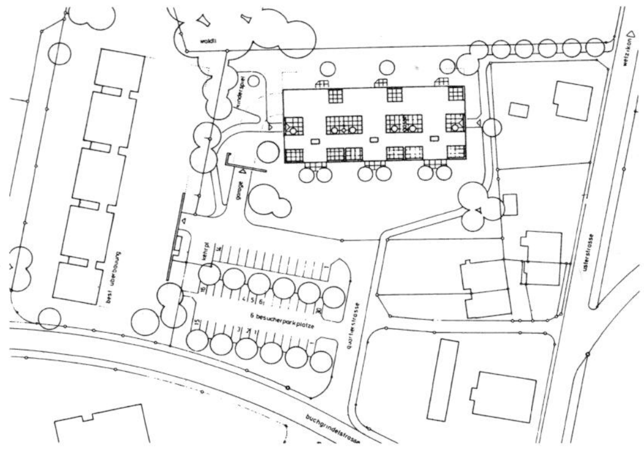

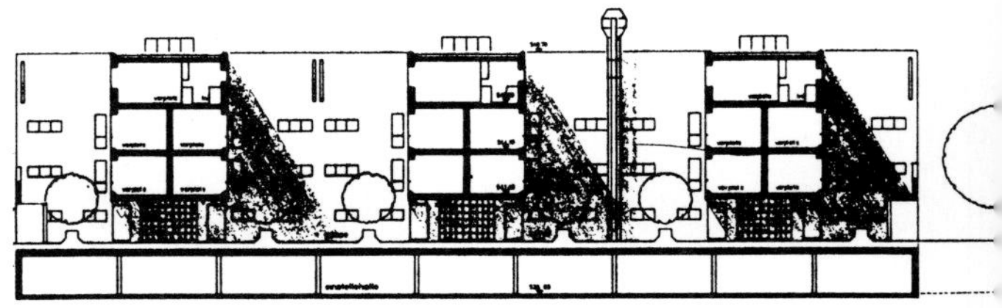

❹

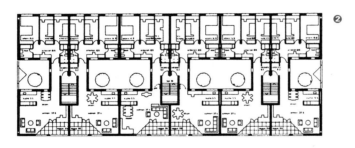

❶-❹ Planimetria generale
pianterreno-3° piano
Plan d'ensemble,
rez-de-chaussée-3ᵉ étage

❺ Appartamento da 4¹/₂ locali,
1° piano 1:200
Appartement 4¹/₂ p.,
1ᵉʳ étage 1:200

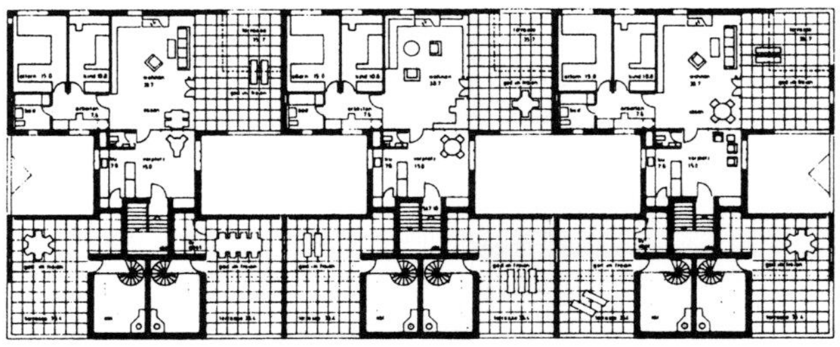

❸

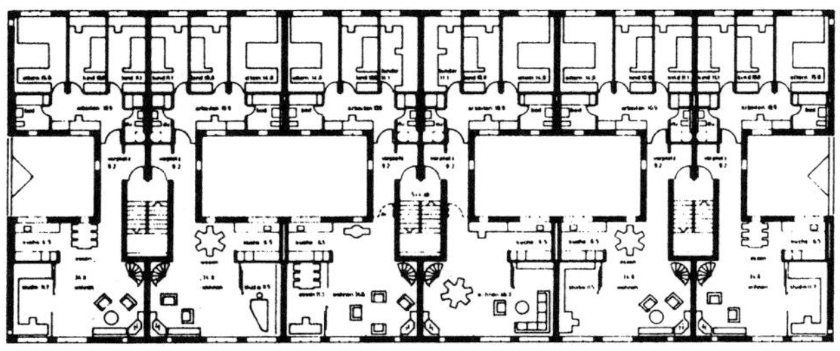

❷

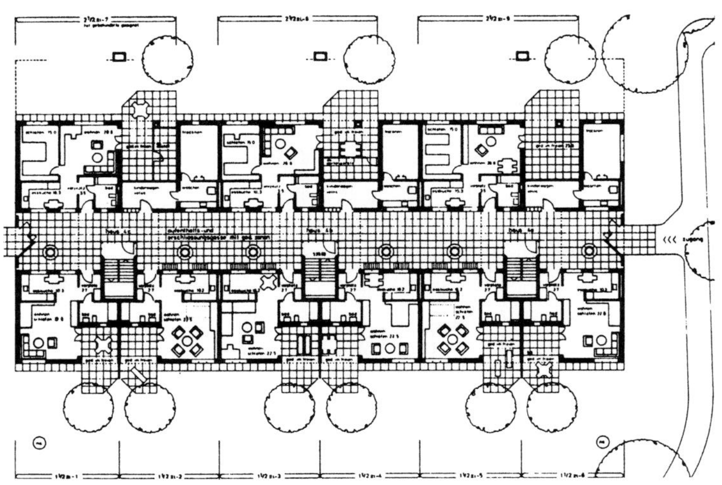

❶

❺

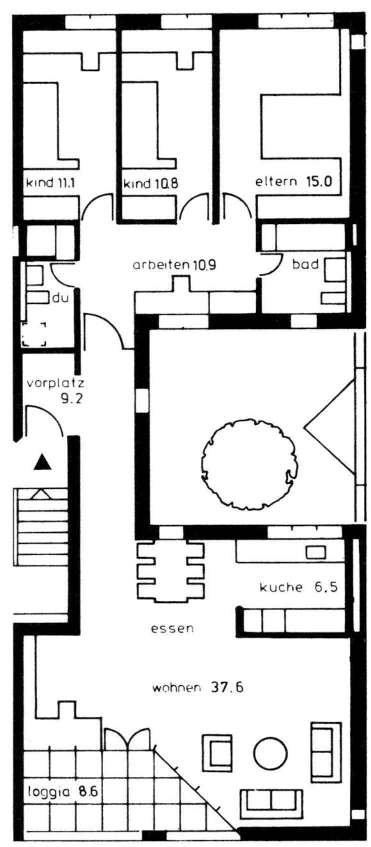

Modulo urbano indipendente costituito da un compatto edificio in linea sdoppiato. Gli spazi liberi e le terrazze sul tetto sono scavati lungo il perimetro esterno del corpo di fabbrica. Nell'asse longitudinale centrale si colloca una strada di vicinato delimitata da cancelli verso l'esterno, dalla quale si dipartono i vani scala. Ai piani superiori le due stecche sono collegate da passerelle, tra le quali si trovano pozzi di luce. Il pianterreno ospita piccoli alloggi con spazi aperti ricavati nel volume edilizio. Ai piani superiori gli appartamenti più grandi si estendono su entrambe le stecche. Studio, zona pranzo, bagno e cucina si affacciano sulla corte interna; le camere da letto verso l'esterno. Gli alloggi al 2° piano hanno soggiorni a doppia altezza; da qui una scala a chiocciola conduce alla terrazza sul tetto. Al 3° piano il soggiorno inizia dal vano scala d'ingresso, attraversa il ponte centrale e si affaccia sul lato opposto integrando ingresso, cucina e zona pranzo. Da un lato si apre poi verso la zona notte, dall'altro verso una terrazza all'aperto ricavata nello spigolo esterno dell'edificio. Al pianterreno, tra gli alloggi si collocano spazi comuni, locali accessori e ripostigli.

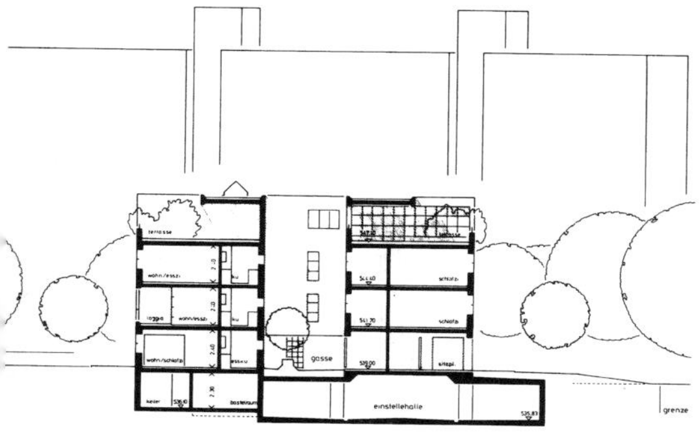

ppartamento da 5½ locali,
° piano 1:200
ppartement 5½ p.,
° étage 1:200

❼ Appartamento da 3½ locali,
3° piano 1:200
Appartement 3½ p.,
3ᵉ étage 1:200

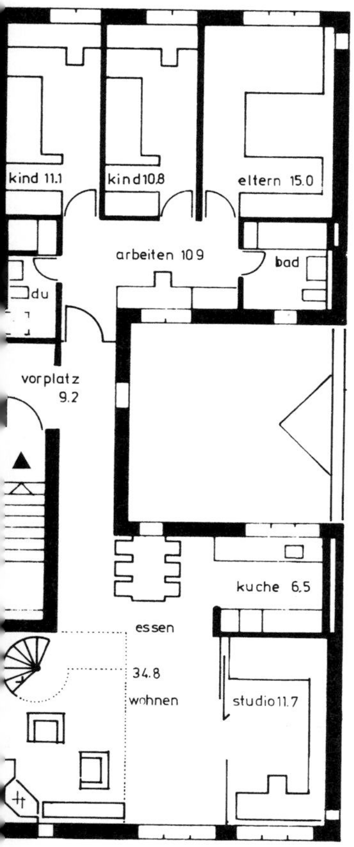

❼

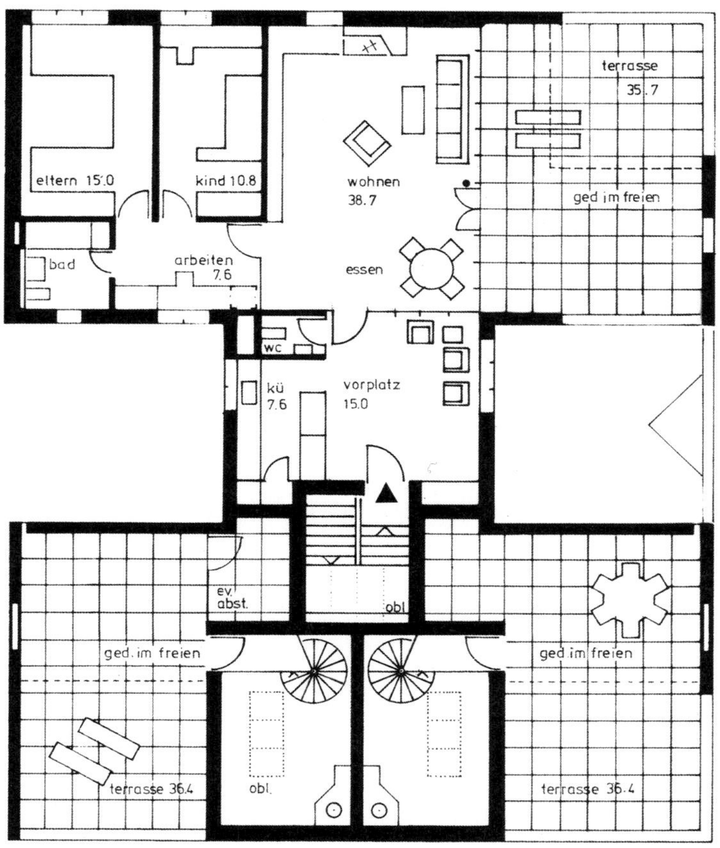

Barres 1.6

Type de construction
Barres avec cours intérieures, 4 niveaux, E/O

Date de construction
1985

Financement
privé,
copropriété

Profondeur du bâtiment
21 m

Accès
zone piétonne intérieure avec 3 cages d'escaliers pour 4 appartements par étage

Nombre d'appartements
24

Surface des appartements
app. 1½ p., 45 m² (6 unités)
app. 2½ p., 57 m² (3 unités)
app. 3½ p., 99 m² (3 unités)
app. 4½ p., 116 m² (6 unités)
app. 5½ p., 126 m² (6 unités)

Places de stationnement
garage souterrain

Espaces extérieurs
ruelle d'accès, aire de jeu, jardins avec bancs, loggias, terrasses sur le toit

Theo Hotz SA
architectes et urbanistes,
Zurich

Zurich-Wetzikon,
Buchgrindel II,
Buchgrindelstrasse 4

Les immeubles forment un ensemble compact autonome. Le volume est animé par des espaces libres et des terrasses sur le toit. Une voie passe au milieu entre les deux rangées, fermée aux extrémités par des portails et dans laquelle s'avancent les entrées des cages d'escaliers. Aux étages supérieurs, les deux rangées sont reliées par des passages entre lesquels se forment ainsi des puits de lumière. La gamme des types d'appartements est large: au rez-de-chaussée, petits logements avec des espaces ouverts insérés dans le bâtiment, aux étages, appartements traversants. Le bureau, le coin-repas, la cuisine et la salle de bains donnent sur la cour intérieure, le séjour et les chambres sur l'extérieur. Les appartements du deuxième étage ont un séjour sur deux niveaux, avec accès par un escalier à vis à la terrasse sur le toit. Au troisième, le séjour s'étend de la cage d'escalier au mur extérieur opposé, intégrant l'entrée, la cuisine et le coin-repas; il s'ouvre d'un côté sur le couloir des chambres, de l'autre sur la terrasse aménagée dans l'angle. Au rez-de-chaussée se trouvent, entre les appartements, divers locaux communs et de rangement.

riferito a piante 1:200

se réfère aux plans 1:200

1.6 Schiere indipendenti

Tipologia edilizia:
edificio a lama
9 piani, NO/SE

Data di costruzione:
1984-1988

Modello di finanziamento:
edilizia pubblica

Profondità dell'edificio:
14,6 m

Distribuzione:
ballatoio all'aperto

Numero di alloggi:
43

Dimensione degli alloggi:
appart. da 2 locali, 60 m² (più terrazza sul tetto);
appart. da 3 locali, 88 m²;
appart. da 4 locali, 96 m²

Parcheggio:
posti auto all'aperto

Spazi aperti:
cortile lastricato alberato, balconi, verande

**Dolf Dobbelaar,
Herman de Kovel,
Paul de Vroom (DKV),
Rotterdam
con
Hans Glimmerveen**

**Rotterdam,
Ammersooiseplein**

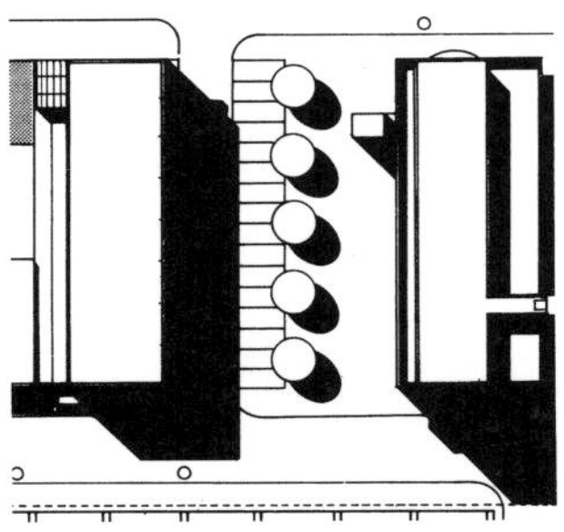

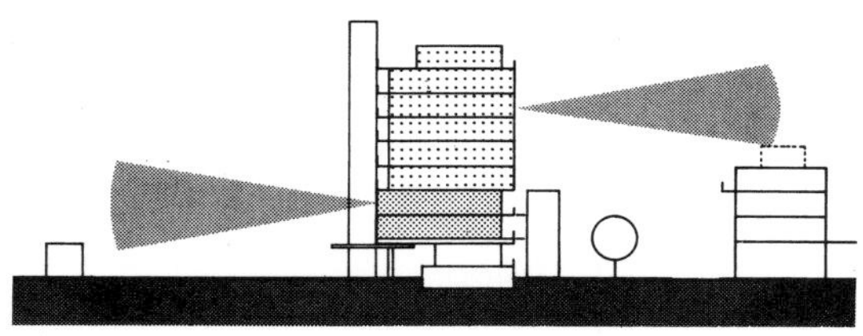

❶ Pianta del pianterreno 1:500
Plan du rez-de-chaussée 1:500

❷ Pianta del 1° e 2° piano 1:500
Plan des 1er et 2e étages 1:500

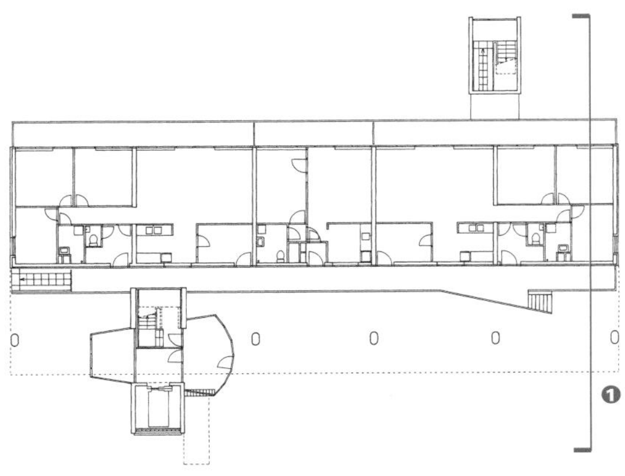

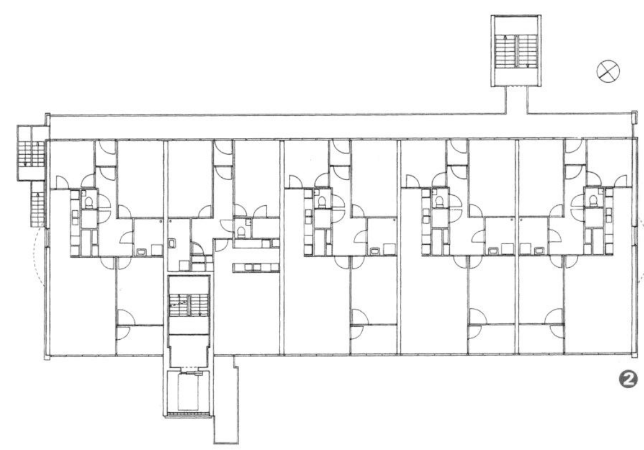

Tema del conflitto tra gli orientamenti: verso sud-est il breve distacco dai recenti edifici confinanti, verso nord-ovest il grande cortile lastricato. Al pianterreno gli alloggi esposti a nord-ovest, slittati in profondità verso l'interno, sono disposti longitudinalmente, con lunghi balconi continui sul lato sud-est. Al 1° e 2° piano il ballatoio è rivolto a sud-est. I soggiorni verandati si affacciano a nord-ovest, verso il cortile lastricato che li illumina. Solo a partire dal 3° piano arriva abbastanza luce da sud-est e la vista si libera sulla città, per cui il ballatoio all'aperto si sposta sul lato nord-ovest. L'inversione di orientamento è resa possibile dalla collocazione baricentrica dei nuclei per i servizi igienici. Dal 3° al 7° piano la planimetria prevede una distribuzione risicata e una chiara suddivisione degli ambiti: ingresso, vestibolo e accesso al soggiorno sono sullo stesso asse, mentre le porte delle camere sono schermate dal corridoio ad ansa della zona notte. Il soggiorno passante è reso possibile dal blocco cucina in linea (ventilazione indiretta) tra il soggiorno e una stanza. Di fronte alla camera da letto si trova una veranda accessibile anche dal soggiorno.

Type de construction
immeubles d'habitation en rangée, 9 niveaux, NO/SE

Date de construction
1984-1988

Financement
public

Profondeur du bâtiment
14,6 m

Accès
galerie ouverte

Nombre d'appartements
43

Surface des appartements
app. 2 p., 60 m²
(plus terrasse sur le toit)
app. 3 p., 88 m²
app. 4 p., 96 m²

Places de stationnement
extérieures

Espaces extérieurs
cour pavée et arborée, balcons, jardins d'hiver

Dolf Dobbelaar, Herman de Kovel, Paul de Vrom (DKV), Rotterdam, en collaboration avec Hans Glimmerveen

Rotterdam, Ammersooiseplein

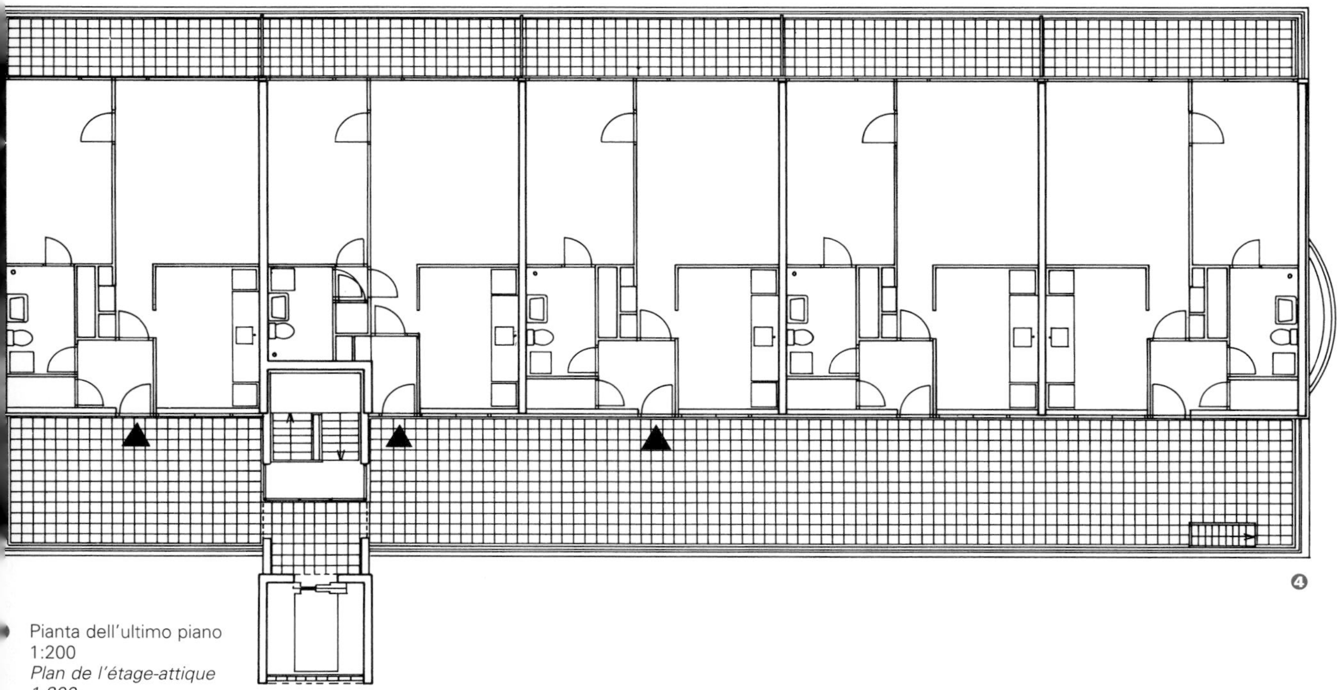

❹

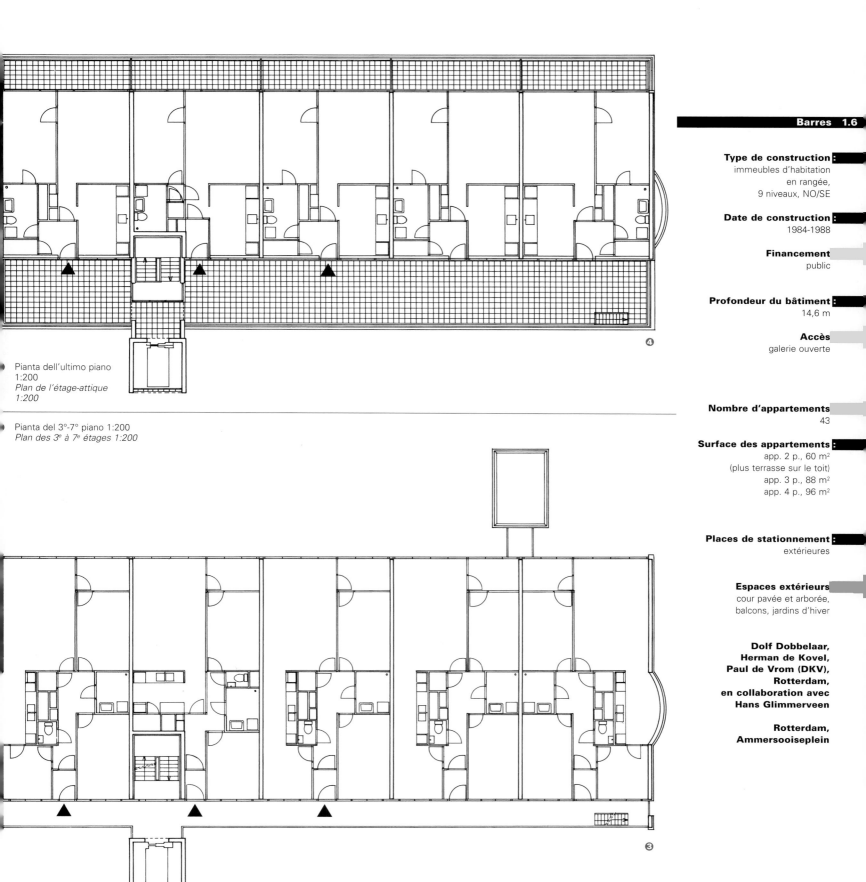

Pianta dell'ultimo piano 1:200
Plan de l'étage-attique 1:200

Pianta del 3°-7° piano 1:200
Plan des 3e à 7e étages 1:200

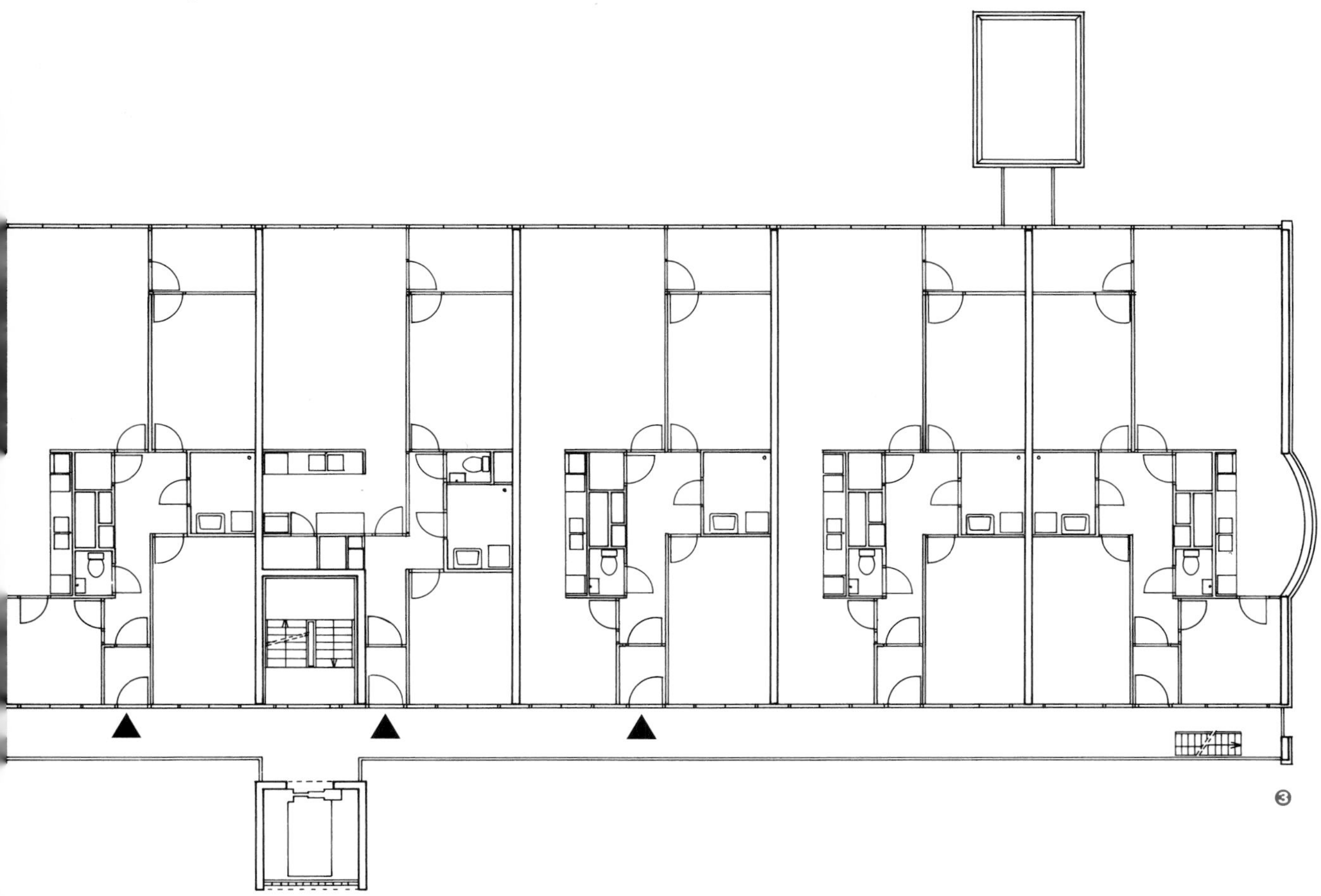

❸

Le conflit des orientations: au sud-est, des maisons voisines trés proches; au nord-ouest, une grande cour pavée. Les appartements du rez-de-chaussée, sur le côté nord-ouest, sont en retrait par rapport la façade, et disposés en long, avec un balcon continu au sud-est. Les séjours donnent sur le nord-ouest, du côté de la cour dont elles reçoivent la lumière, et se prolongent par des jardins d'hiver. Ce n'est qu'à partir du troisième étage qu'il y a suffisamment de lumière du sud-est et que la vue sur la ville se dégage; la galerie (ouverte) est alors déplacée au nord-ouest. L'emplacement du bloc sanitaire au milieu permet ce changement d'orientation. Du troisième au septième étage, la galerie dessert les portes d'entrée des appartements, dans le même axe que celle du coulier et du séjour; le coude du couloir protège l'intimité des chambres. Les appartements sont traversants, et les éléments de la cuisine occupent seulement une paroi entre le séjour et une chambre. La chambre à coucher côté sud-est donne sur un jardin d'hiver également accessible depuis le séjour.

1.6 Schiere indipendenti

Tipologia edilizia:
testata di un edificio a ballatoio
11 piani, E/N

Data di costruzione:
1986-1988

Modello di finanziamento:
edilizia sociale

Profondità dell'edificio:
12,5 m

Distribuzione:
ballatoio vetrato ogni tre piani,
con *maisonettes* che si sviluppano
verso l'alto e verso il basso

Numero di alloggi:
56

Dimensione degli alloggi:
mais. da 3 locali, 112 m²;
appart. da 4 locali, 122,5 m²

Parcheggio:
posti auto all'aperto

Spazi aperti:
verande
(forti venti)

Dolf Dobbelaar,
Herman de Kovel,
Paul de Vroom (DKV)
Rotterdam
con
Hans Glimmerveen

Rotterdam,
Kop St. Janshaven

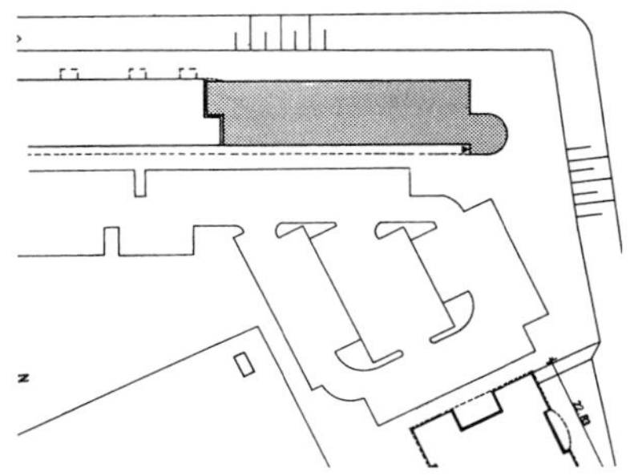

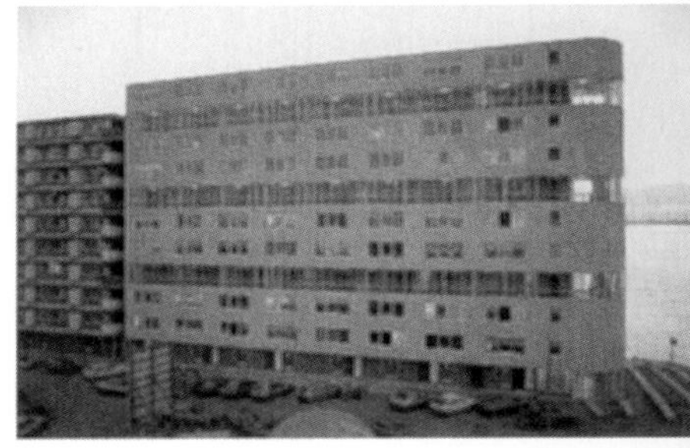

❶ Ballatoio 1:200
con ingressi alle *maisonettes*
Galerie et entrées des duplex 1:200

❷ ❸ Le principali zone abitative si trovano
al livello superiore o inferiore
L'étage de séjour, au-dessus ou au-dessous de l'entrée

❸

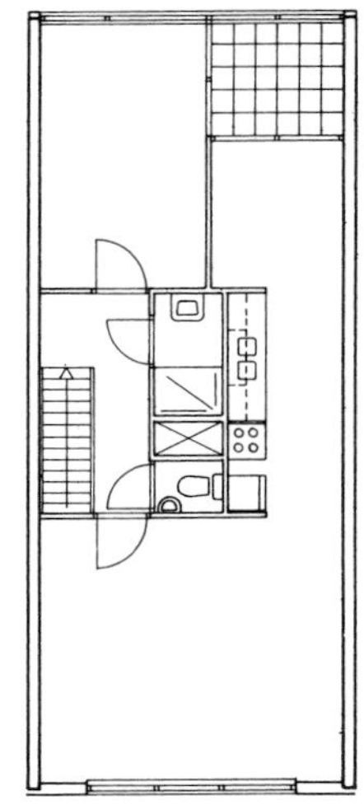

❶

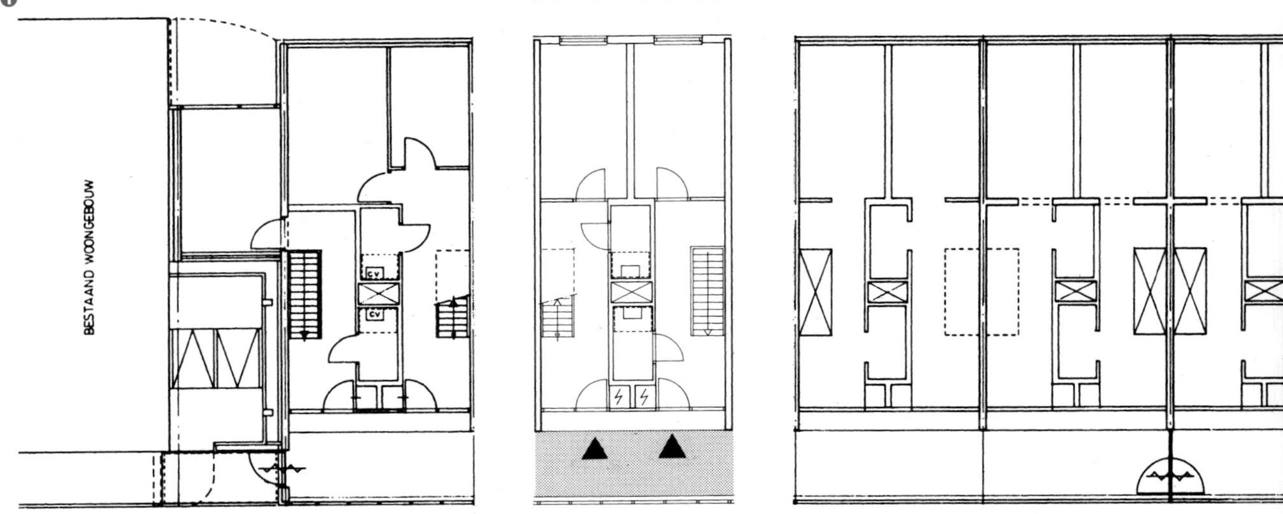

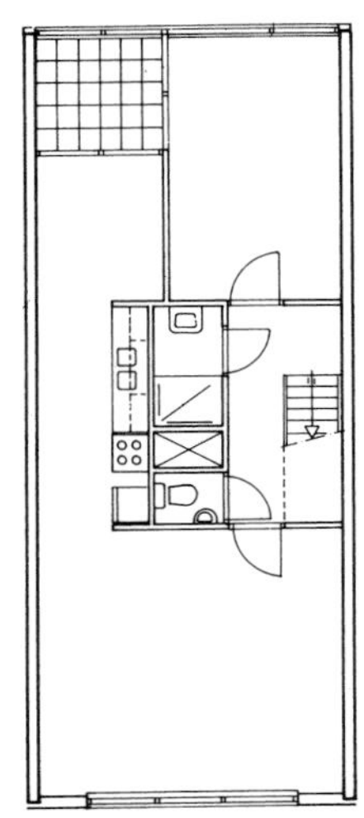

❷

Vano scala e ascensore nella testata dell'edificio (in posizione panoramica) collegano ogni tre piani con ballatoi vetrati le *maisonettes* con doppio affaccio (e vista su entrambi i lati), impostate sulla campata minima di 5 m. Ai piani serviti dai ballatoi le campate sono suddivise. Ogni *maisonette*, che si sviluppa in alternanza verso l'alto o verso il basso, colloca al piano d'ingresso la cabina armadio, la scala e una camera da letto. Nel corrispondente piano superiore o inferiore si colloca un nucleo servizi con bagno, WC, cavedio tecnico e blocco cucina, che suddivide gli spazi. La scala interna porta a un corridoio a fianco dei servizi igienici con accesso a un'ulteriore camera da letto e al soggiorno, che si restringe in corrispondenza del blocco cucina e termina nella sala da pranzo con veranda.

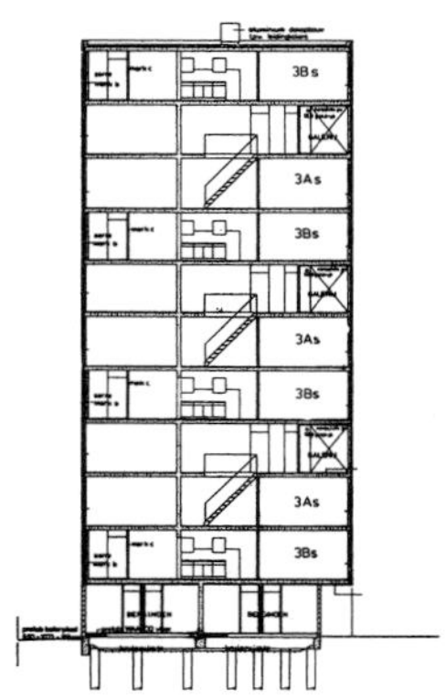

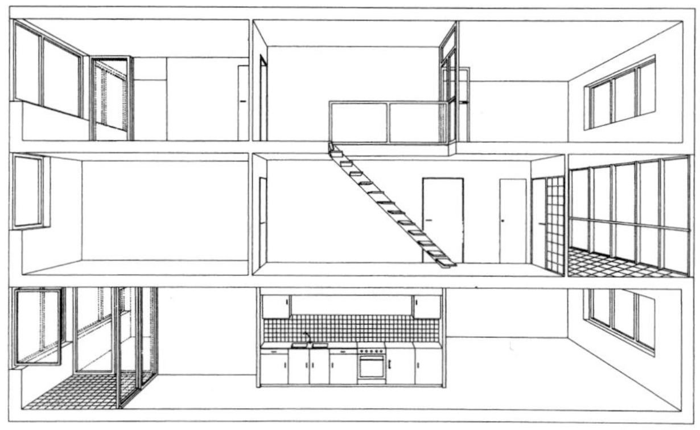

Type de construction
bloc à galeries,
11 niveaux, O/N

Date de construction
1986-1988

Financement
logements sociaux

Profondeur du bâtiment
12,5 m

Accès
galerie fermée tous
les trois niveaux;
duplex par le haut ou le bas

Nombre d'appartements
56

Surface des appartements
duplex 3 p., 112 m²
duplex 4 p., 122,5 m²

Places de stationnement
extérieures

Espaces extérieurs
jardins d'hiver (forts vents)

Dolf Dobbelaar,
Herman de Kovel,
Paul de Vrom (DKV),
Rotterdam,
en collaboration avec
Hans Glimmerveen

Rotterdam,
Kop St. Janshaven

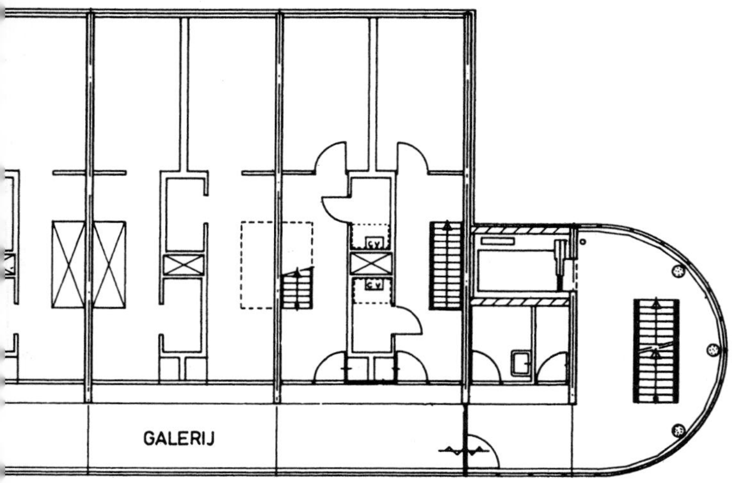

Le bloc se termine par un corps de bâtiment abritant la cage d'escalier et l'ascenseur, et offrant une vue panoramique. Les galeries d'accès, tous les trois niveaux, sont vitrées. Les appartements sont des duplex traversants avec double exposition, espacés selon un module de 5 mètres (avec subdivision dans les étages). Les duplex se développent alternativement vers le haut et vers le bas et ont, au niveau de l'accès, un réduit, un escalier et une chambre à coucher; et à l'autre étage un bloc sanitaire (salle de bains, WC) et un bloc cuisine qu déterminent l'articulation des pièces; l'escalier intérieur donne sur un couloir qui passe devant la salle de bains et mène à une autre chambre et au séjour, qui se rétrécit vers la cuisine et se prolonge en un coin-repas avec jardin d'hiver.

riferito a piante 1:200

se réfère aux plans 1:200

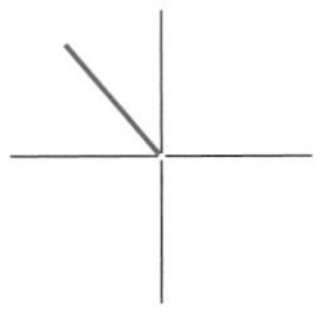

1.6 Schiere indipendenti

Tipologia edilizia:
edificio in linea,
4 piani, NE/SO

Data di costruzione:
1984-1987

Modello di finanziamento:
edilizia sociale

Profondità dell'edificio:
10,8 m

Distribuzione:
ballatoio al 3° piano

Numero di alloggi:
38

Dimensione degli alloggi:
mais. da 5 locali, 90 m² (38)

Parcheggio:
garage interrato
sotto una metà dell'edificio

Spazi aperti:
terrazze sul tetto o patii privati,
giardino condominiale

Guillermo Vázquez Consuegra, Siviglia

Siviglia, Calle Ramón y Cajal, Calle Urbión

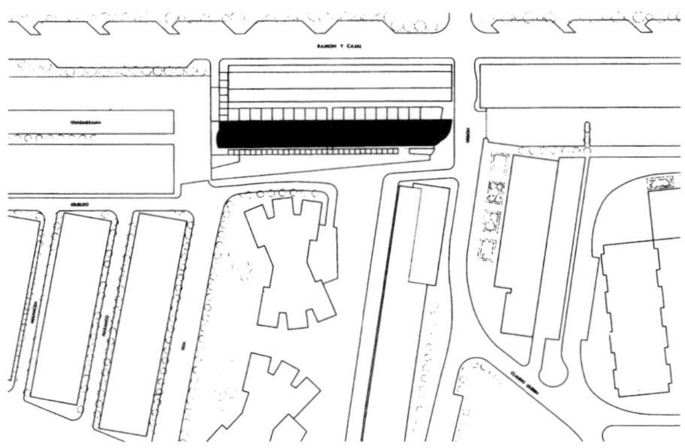

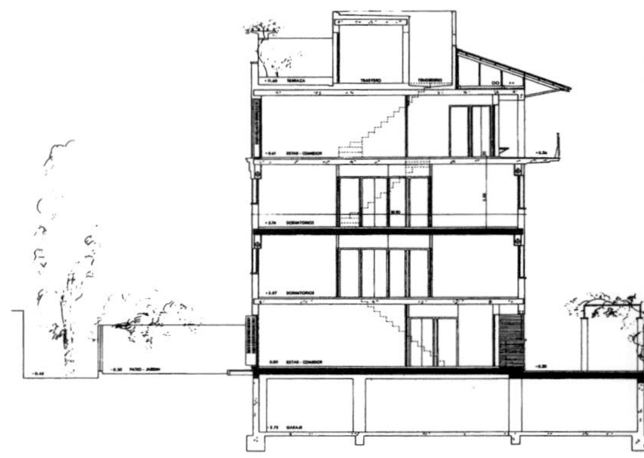

Planimetrie 1:200
Plans 1:200

⓪ Parcheggio sotteraneo
Garage souterrain

❶ Pianterreno
Rez-de-chaussée

❷ 1° piano
Premier étage

❸ 2° piano
Deuxième étage

❹ 3° piano
Troisième étage

❺ Tetto con casetta ripostiglio e terrazza
Toit avec réduit et terrasse

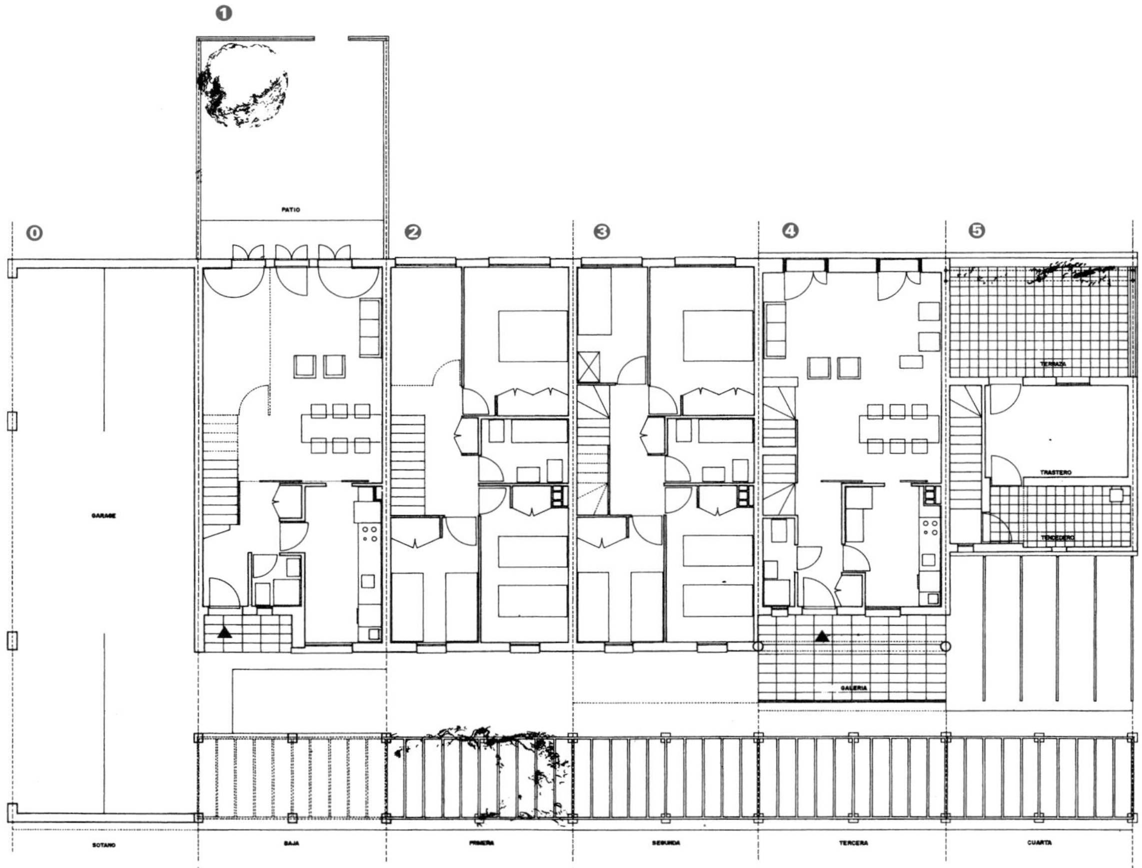

Il lungo edificio a schiera, affacciato su un viale, crea una seconda cortina a ridosso di edifici bassi. Si compone di due serie di *maisonettes* sovrapposte: a quelle a pianterreno si accede da un patio sul quale, lungo l'intero edificio, si affaccia un pergolato. Questo è abbastanza distante dalle finestre della cucina per delimitare un giardinetto privato, e non arreca disturbo. Esso inoltre definisce il limite del garage interrato. Un'ampia apertura garantisce illuminazione e ventilazione naturale al parcheggio e l'accesso diretto da questo al giardino condominiale adiacente al pergolato. Alle *maisonettes* superiori si accede con tre vani scala collocati agli estremi e nella mezzeria della stecca, dove un passaggio collega il percorso pergolato sul lato a giardino con quello che fiancheggia i patii. Un ascensore porta al ballatoio collocato singolarmente al 3° piano: le camere da letto delle coppie di *maisonettes* risultano così adiacenti, per una maggiore quiete. Il ballatoio è a sbalzo, e la facciata dell'edificio si ritrae rispetto alla struttura portante che resta esposta con i pilastri che portano la copertura e dividono il porticato in due parti: una per il passaggio e una per la sosta (una panca di legno è stata predisposta come arredo fisso). Le *maisonettes* superiori hanno accesso all'ampia terrazza sul lastrico solare, dove una casetta ripostiglio può essere utilizzata per gioco o lavoro.

Type de construction
immeuble d'habitation
en rangée,
4 niveaux, NE/SO

Date de construction
1984-1987

Financement
logements sociaux

Profondeur du bâtiment
10,8 m

Accès
galerie au troisième étage

Nombre d'appartements
38

Surface des appartements
duplex 5 p., 90 m²
(38 unités)

Places de stationnement
garage souterrain
sous la moitié du bâtiment

Espaces extérieurs
patios privés ou terrasses
sur le toit, jardin commun

Guillermo Vázquez Consuegra, Séville

Séville, Calle Ramón y Cajal, Calle Urbión

❻ Pianterreno con giardino e pergolato che distribuisce gli appartamenti di tipo A
Jardin et pergola, accès aux appartements de type A au rez-de-chaussée

❼ 3° piano con ballatoio che distribuisce gli appartamenti di tipo B
Accès aux appartements de type B au troisième étage par une galerie

❼

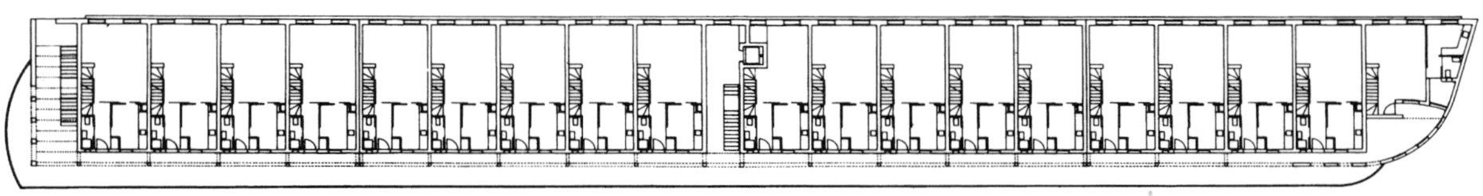

❻

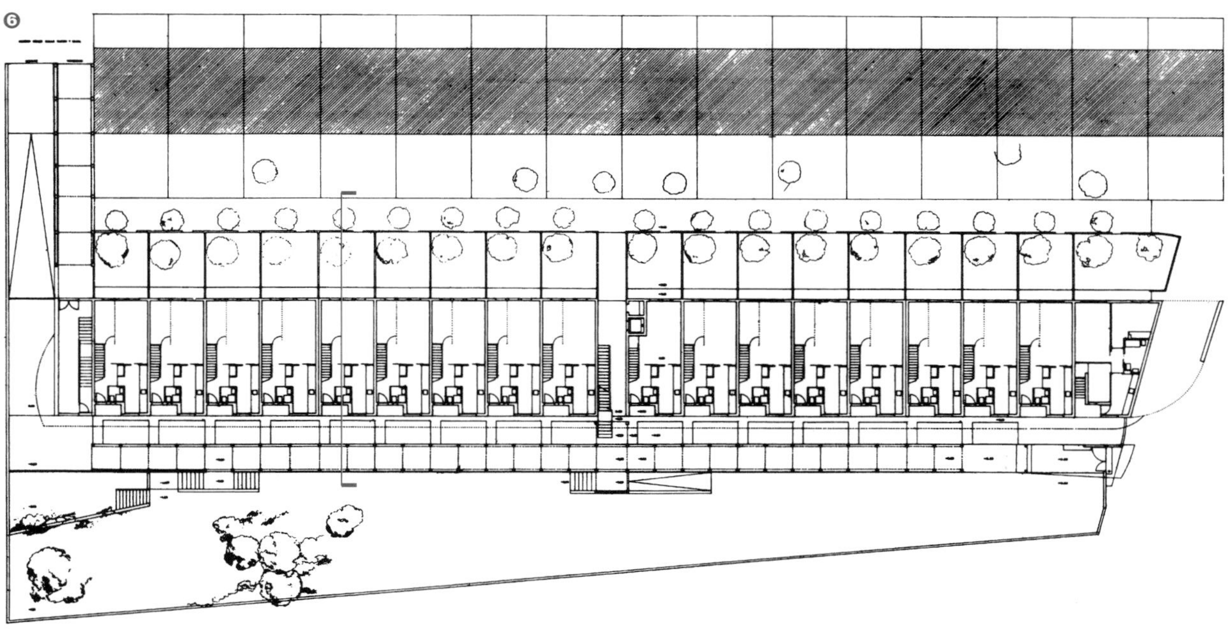

Cette longue barre se trouve sur une avenue, derrière un alignement de bâtiments plus bas. L'immeuble se compose de deux rangées de duplex superposés. Pour ceux du rez-de-chaussée, qui ont un patio, l'accès se fait par une pergola courant sur toute la longueur de l'immeuble. Celle-ci est suffisamment éloignée des fenêtres des cuisines si bien que les occupants, loin d'être dérangés, disposent d'une zone de jardin devant la maison. Elle marque aussi la limite du garage souterrain, qui est éclairé et aéré par une grande sortie aboutissant dans le jardin commun jouxtant la pergola. L'accès aux duplex du haut se fait par trois cages d'escalier (aux extrémités et au milieu de l'immeuble). Au centre, un passage relie la pergola côté jardin au chemin passant devant les patios. Un ascenseur permet de monter au troisième étage, où se trouve la galerie. Les chambres à coucher des deux duplex sont contiguës. La galerie est en saillie sur la façade, en retrait à ce niveau de ses éléments porteurs ; cette ossature est visible sous forme de piliers portant un avant-toit et divisant la galerie en deux zones, l'une pour passer et l'autre pour s'asseoir, avec des bancs de bois encastrés. Le duplex en attique dispose d'une grande terrasse sur le toit avec un petit réduit (local de jeu ou atelier).

riferito a piante 1:200

se réfère aux plans 1:200

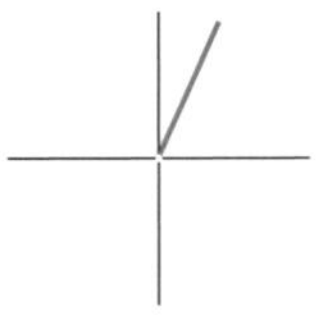

1.6 Schiere indipendenti

Tipologia edilizia:
2 edifici a stecca,
5 piani, N/S

Data di costruzione:
1987

Modello di finanziamento:
edilizia sociale
(HLM)

Profondità dell'edificio:
18 m

Distribuzione:
ballatoio, accesso attraverso
scale in acciaio sul lato nord

Numero di alloggi:
114

Dimensione degli alloggi:
appart. da 2 locali, 52/73 m²;
appart. da 3 locali, 89/97 m²;
mais. da 4 e 5 locali, 100/116/170 m²
(17 diverse tipologie di alloggi)

Parcheggio:
posti auto nella rimessa
al piano seminterrato

Spazi aperti:
viale alberato tra le stecche,
balconi

Jean Nouvel,
Jean Marc Ibos,
Parigi
con
Jean-Rémy Nègre,
Frédéric Chambon

Nîmes,
avenue Général Leclerc

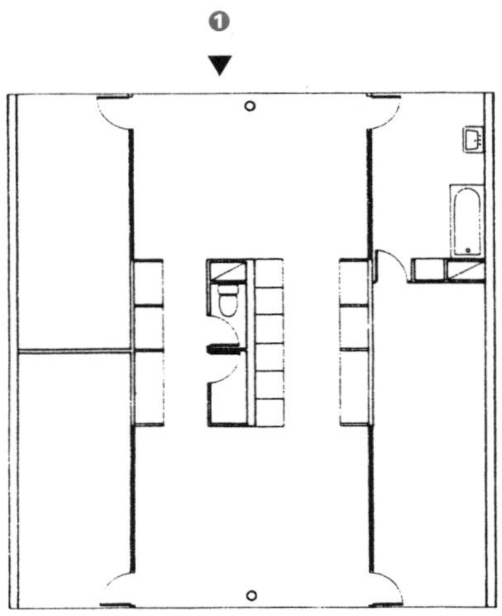

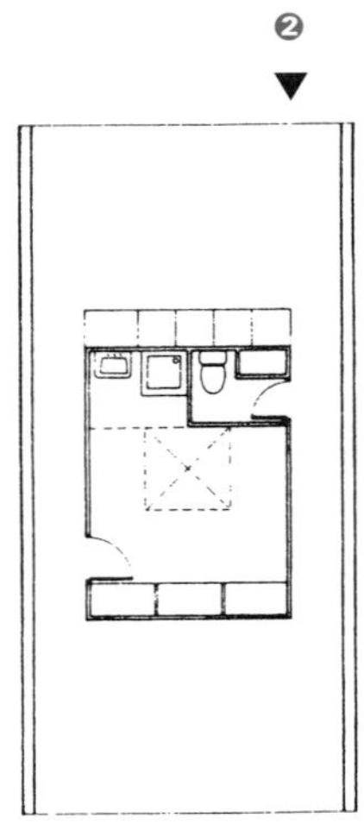

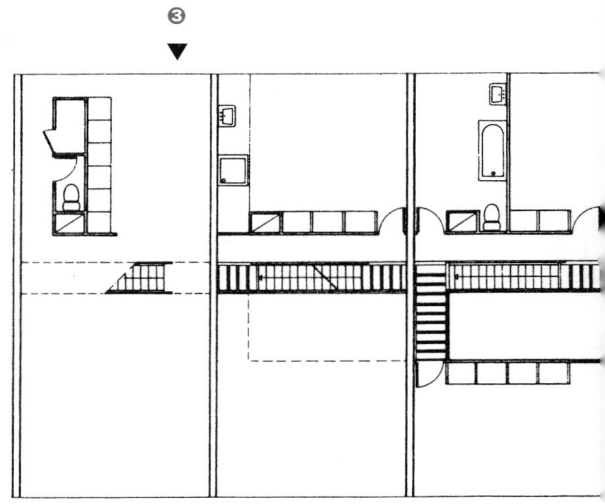

❶ Appartamento da 4 locali su un livello
Appartement 4 pièces sur un niveau

❷ Appartamento da 2 locali su un livello
Appartement 2 pièces sur un niveau

❸ *Maisonette* da 4 locali su 3 livelli
Triplex 4 pièces

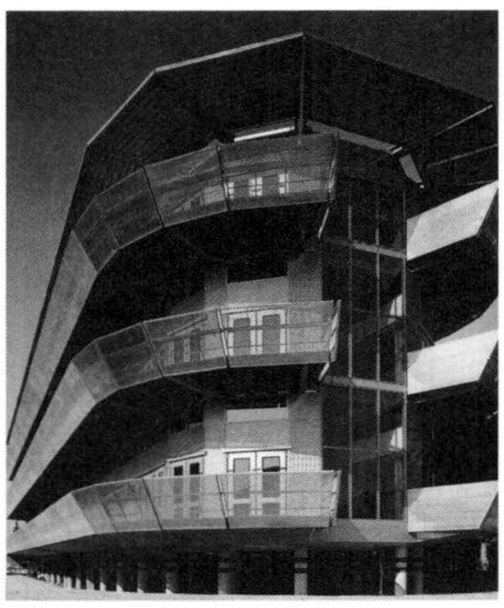

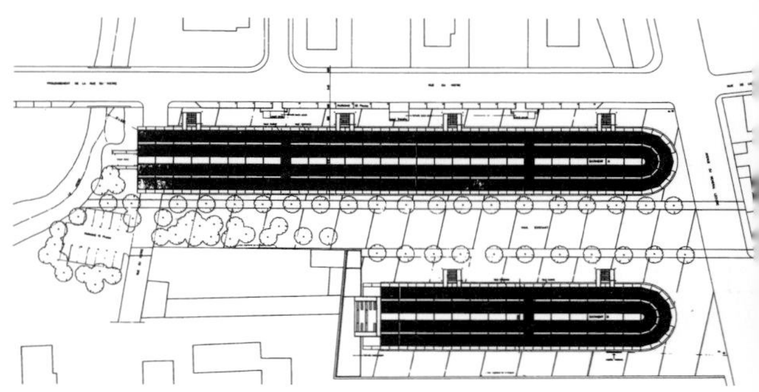

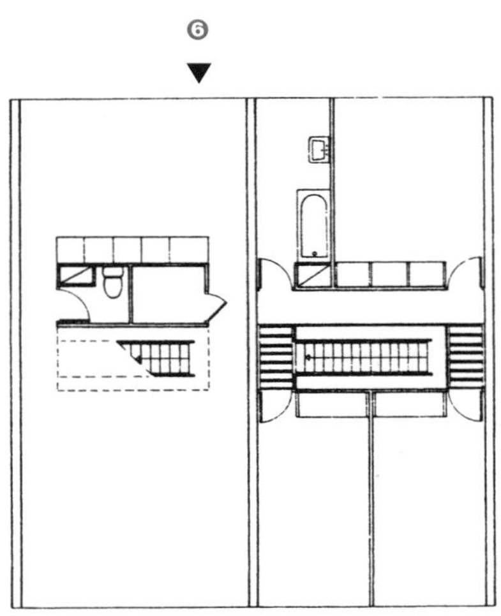

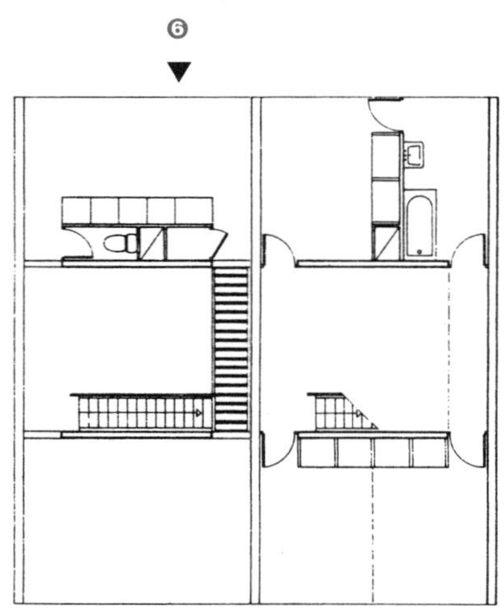

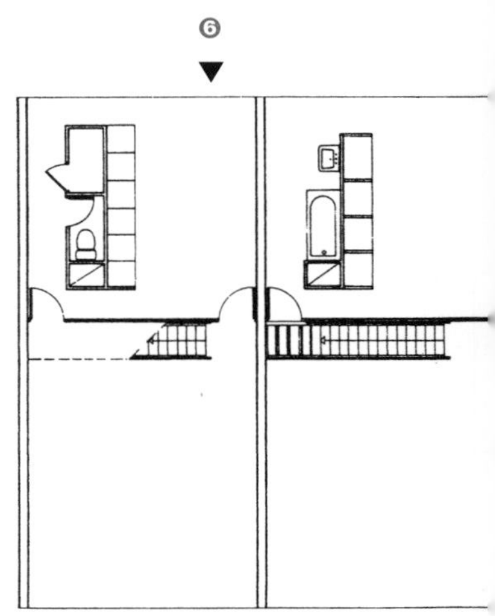

Due corpi di fabbrica longilinei, simili a navi attraccate in una piazza mediterranea con grandi platani. Il pianterreno, a pianta libera, è adibito a parcheggio coperto; le auto scompaiono alla vista dalla piazza alberata, essendo parcheggiate mezzo piano più in basso. L'edificio si compone di due serie sovrapposte di *maisonettes* – o di doppi volumi – più un ultimo piano sul tetto. Ogni due piani lungo il perimetro si trova un porticato continuo largo 3 m, che sul lato nord serve da ballatoio e sul lato sud funge da balcone. L'interno è strutturato dai setti portanti posti a intervalli di 5 m. Se si esclude la collocazione del cavedio impiantistico, l'allestimento interno delle *maisonettes* è privo di vincoli di carattere strutturale. A parte le poche pareti divisorie delle camere da letto, lo spazio si articola attorno al nucleo cucina-bagno oppure alla scala interna. La maggior parte degli alloggi corrisponde a una campata dell'edificio e si sviluppa su due o tre piani verso l'alto. Bagni e cucine si collocano normalmente sul lato nord, i soggiorni, spesso a doppia altezza, si affacciano sul balcone. L'edificio mostra la struttura di cemento armato al rustico ed è reso abitabile con semilavorati dell'industria di prefabbricazione degli anni Ottanta: porte pieghevoli zincate aprono il soggiorno sul balcone, le porte di ingresso sono in lamiera d'acciaio, un pulsante d'allarme di colore rosso serve da campanello.

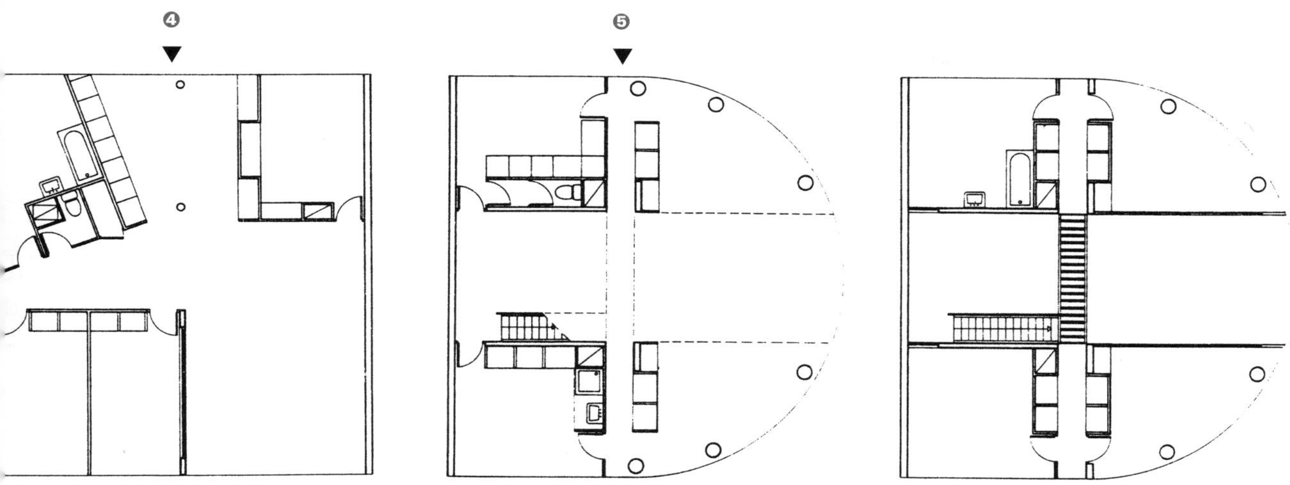

4 ppartamento da 4 locali su un livello
ppartement 4 pièces sur un niveau

5 *Maisonette* da 5 locali su 2 livelli
Duplex 5 pièces

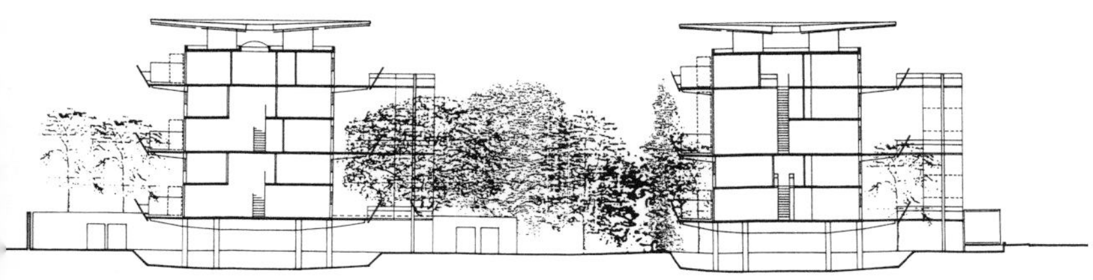

Planimetrie 1:200
Plans 1:200

6 *Maisonettes* da 4 locali su 2 livelli
Duplex 4 pièces

7 Appartamento da 2 locali su un livello
Appartement 2 pièces sur un niveau

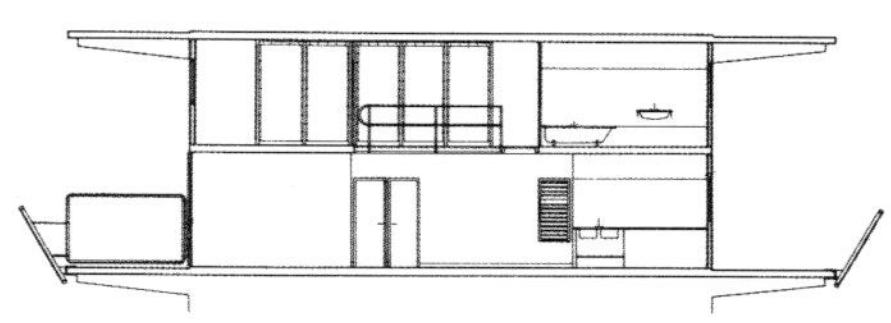

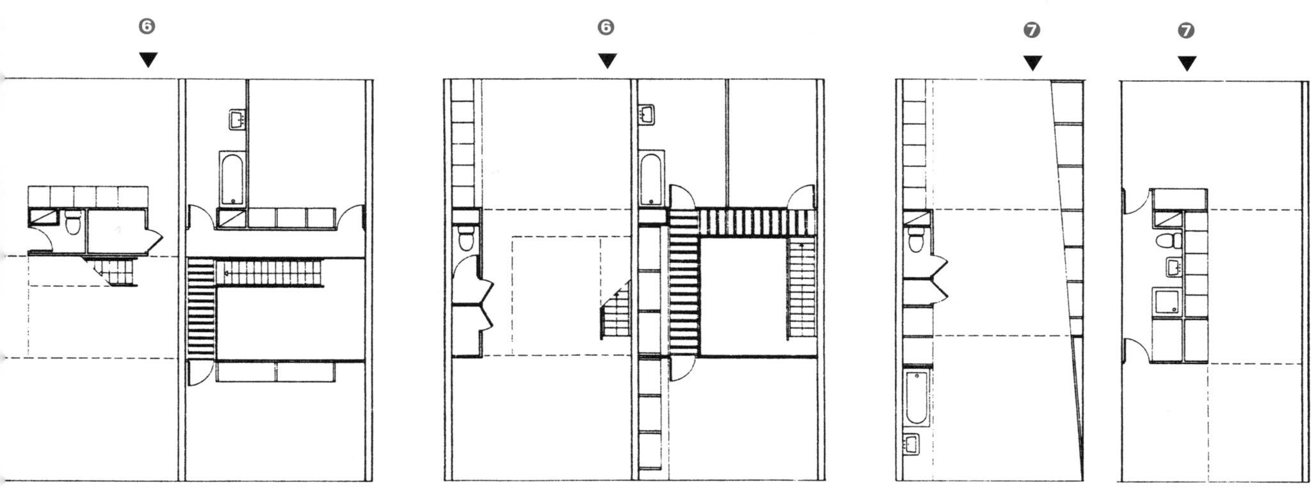

Type de construction
deux barres,
5 niveaux, N/S

Date de construction
1987

Financement
logements sociaux (HLM)

Profondeur du bâtiment
18 m

Accès
galerie, accès par des escaliers d'acier sur le côté nord

Nombre d'appartements
114

Surface des appartements
app. 2 p., 52/73 m²
app. 3 p., 89/97 m²
duplex et triplex 4 et 5 p., 100/116/170 m²
(17 types d'appartements)

Places de stationnement
en demi-sous-sol

Espaces extérieurs
allée de platanes entre les immeubles, balcons

Jean Nouvel,
Jean Marc Ibos,
Paris,
en collaboration avec
Jean-Rémy Nègre,
Frédéric Chambon

Nîmes,
avenue Général Leclerc

L'ensemble se compose de deux bâtiments en forme de nef, sur une place méditerranéenne plantée de grands platanes. Le sous-sol, semi-enterré, est ouvert et sert de parc de stationnement. L'aspect de la place est ainsi préservé. Les bâtiments comprennent des superpositions d'appartements et de duplex ou triplex, plus un étage-attique. Tous les deux niveaux, une galerie large de 3 mètres fait le tour du bâtiment, servant d'accès au nord et de balcon au sud. Le module est donné par l'intervalle de 5 mètres entre les murs de refend. Pour le reste, la disposition des appartements est soumise à peu de contraintes constructives, hormis les gaines techniques. Outre les quelques parois, l'espace est articulé par le bloc sanitaire et a cuisine et par l'escalier intérieur. La plupart des appartements occupent la largeur d'un module et se développent en duplex ou triplex. La salle de bains et la cuisine sont généralement au nord, et le séjour, souvent sur deux niveaux, s'ouvre sur le balcon. Les bâtiments sont en béton brut, la finition en éléments préfabriqués, produits de la construction industrielle des années 1980: portes en accordéon zinguées entre le séjour et la terrasse, portes d'entrée en tôle d'acier, bouton d'alarme rouge en guise de sonnette.

1.6 Schiere indipendenti

Tipologia edilizia:
2 edifici in linea, 4/5 piani (lunga stecca con pianterreno aperto) NE/SO

Data di costruzione:
1990

Modello di finanziamento:
edilizia sociale

Profondità dell'edificio:
15/16 m

Distribuzione:
A: ballatoio,
B: vano scala,
C/D: scale a cascata a una rampa in senso trasversale e longitudinale

Numero di alloggi:
144

Dimensione degli alloggi:
appart. da 2 locali, ca. 60 m²;
appart. da 3 locali, ca. 70-80 m²;
appart. da 4 locali, ca. 90 m²;
mais. da 5 locali, 125 m²;
appart. da 1 locale (64)

Parcheggio:
posti auto all'aperto

Spazi aperti:
balconi, vialetti tra le stecche

**Office for Metropolitan Architecture/
Rem Koolhaas,
Rotterdam**

**Amsterdam-Nord,
Ij-Plein**

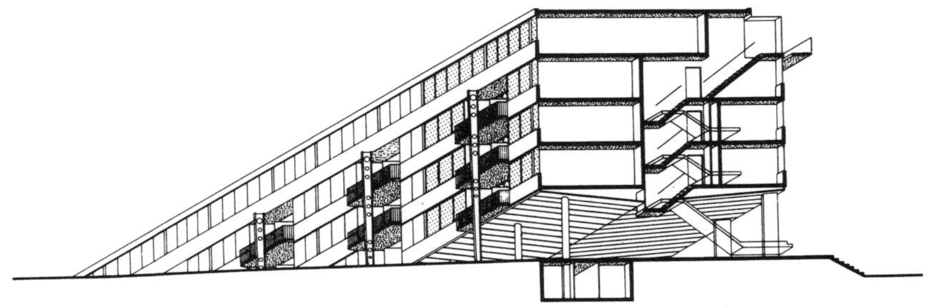

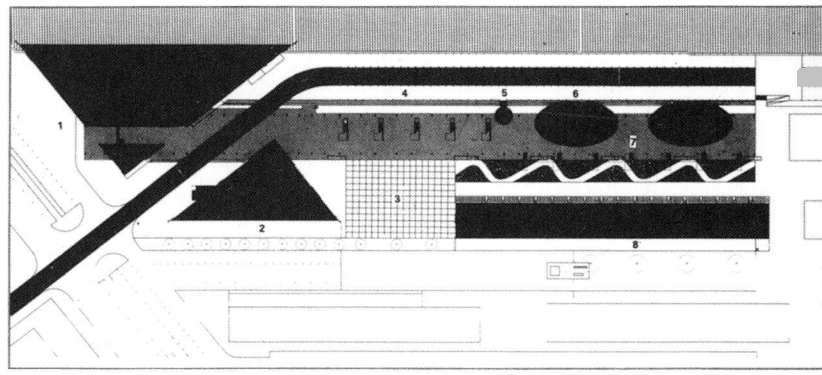

a

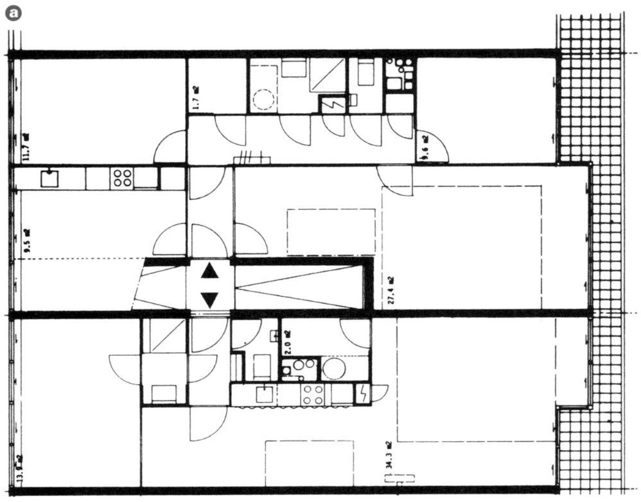

b

c

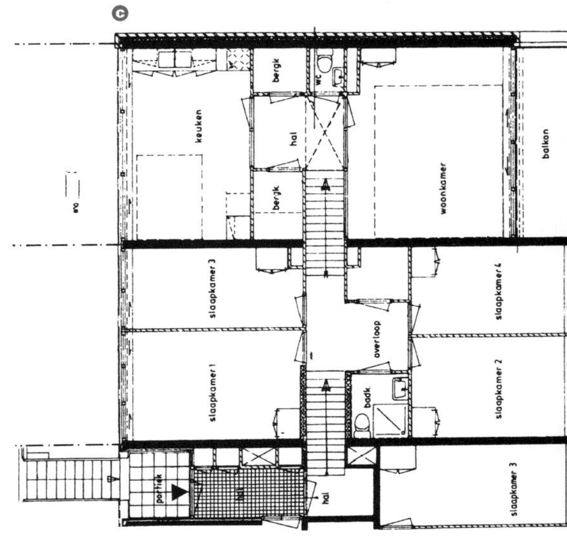

d

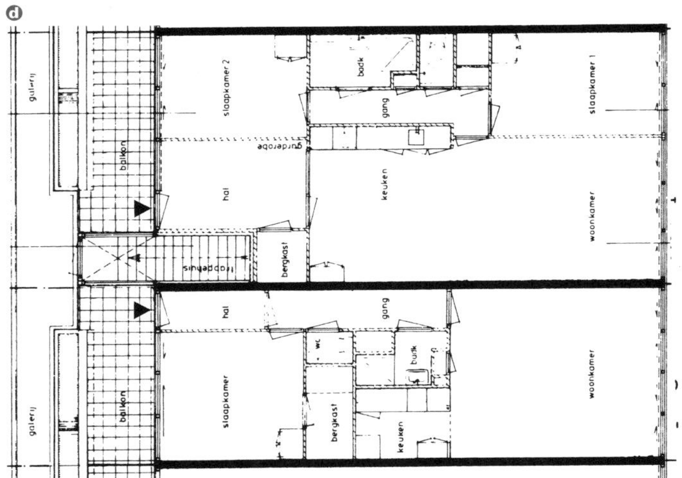

e

Due stecche parallele all'interno di un insediamento residenziale di nuova edificazione ricavato nella zona portuale (progetto urbanistico di Rem Koolhaas). L'innovazione non risiede tanto nella semplice struttura degli appartamenti e delle *maisonettes* – nucleo impiantistico e ripostigli all'interno, vani su entrambi i lati – quanto nell'impianto distributivo che reinterpreta lo schematico modernismo delle stecche parallele attraverso una varietà di collegamenti verticali: scale a zig-zag, a cascata in senso longitudinale (nella parte centrale) e trasversale, un ballatoio staccato dal fronte. Allo scopo di conferire maggiore leggerezza all'intervento si è fatto largo uso di vetrate: per tettoie, ripari dal vento e pareti divisorie interne. La vetrata che separa la cucina dal soggiorno rende entrambi visivamente più ampi. La stecca principale, impostata su pilotis, è attraversata da una strada trafficata; nel pianterreno aperto troviamo un mercato, diversi negozi e gli ingressi agli alloggi, liberamente orientati attorno alle scale. Il progetto rinuncia al suo rigore ed esibisce un ampio repertorio formale.

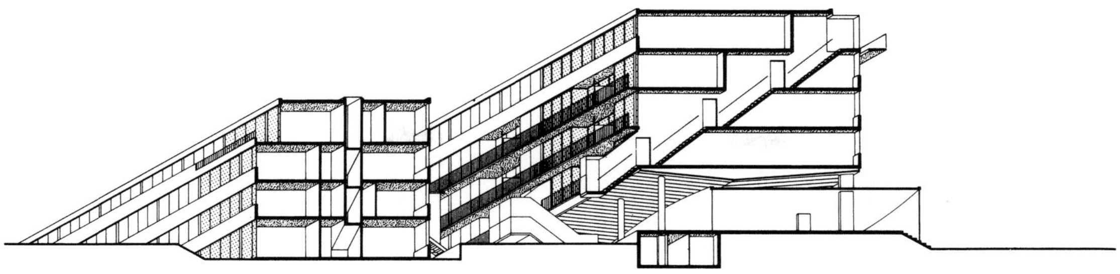

Type de construction
deux barres,
4/5 niveaux (rez-de-chaussée ouvert dans la plus longue), NE/SO

Date de construction
1990

Financement
logements sociaux

Profondeur du bâtiment
15/16 m

Accès
A: galerie
B: cage d'escalier
C/D: escaliers en cascade transversaux et longitudinaux

Nombre d'appartements
144

Surface des appartements
app. 2 p., env. 60 m²
app. 3 p., env. 70-80 m²
app. 4 p., env. 90 m²
duplex 5 p., 125 m²
app. 1 p. (64 unités)

Places de stationnement
extérieures

Espaces extérieurs
balcons, rue privée entre les barres

Office for Metropolitan Architecture/ Rem Koolhaas, Rotterdam

Amsterdam-Nord, Ij-Plein

Appartamenti da 2 e 3 locali nella stecca lunga (con scale a cascata)
Appartements 2 et 3 pièces dans la plus longue barre (avec escaliers en cascade)

Maisonette da 5 locali nella stecca corta (con scale a cascata lungo l'asse longitudinale)
Duplex 5 pièces dans la barre courte (avec escaliers en cascade dans l'axe longitudinal)

Piante 1:200
Appartamenti da 2 e 3 locali nella stecca lunga
Plan des appartements 2 et 3 pièces dans la plus longue barre 1:200

Cet ensemble de logements bon marché, construit dans un quartier neuf, une ancienne zone portuaire, est composé de deux barres parallèles. La conception urbanistique est de Rem Koolhaas. La nouveauté réside moins dans la simplicité de la structure des appartements et des duplex (bloc sanitaire et réduit au milieu, pièces sur les deux côtés) que dans l'originalité des accès, qui par des escaliers en zigzag ou en cascade (longitudinalement au milieu, et transversalement) et par une galerie en saillie, offrent une interprétation renouvelée de la rigueur des alignements modernistes. L'emploi abondant du verre confère de la légèreté à la construction: toits en verre, parois de verre pour la protection contre le vent, parois intérieures de verre (cloison entre la cuisine et le séjour) pour donner l'impression d'un plus grand volume. Le plus grand des deux immeubles repose sur des piliers et une route passe en dessous. Ce rez-de-chaussée ouvert, occupé par un marché et des commerces, par sa plus grande variété de formes, contraste avec l'austérité des étages.

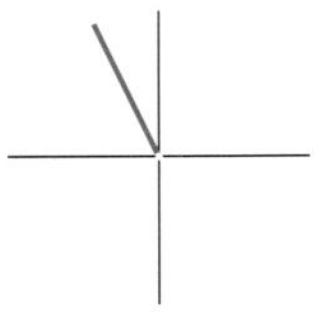

1.6 Schiere indipendenti

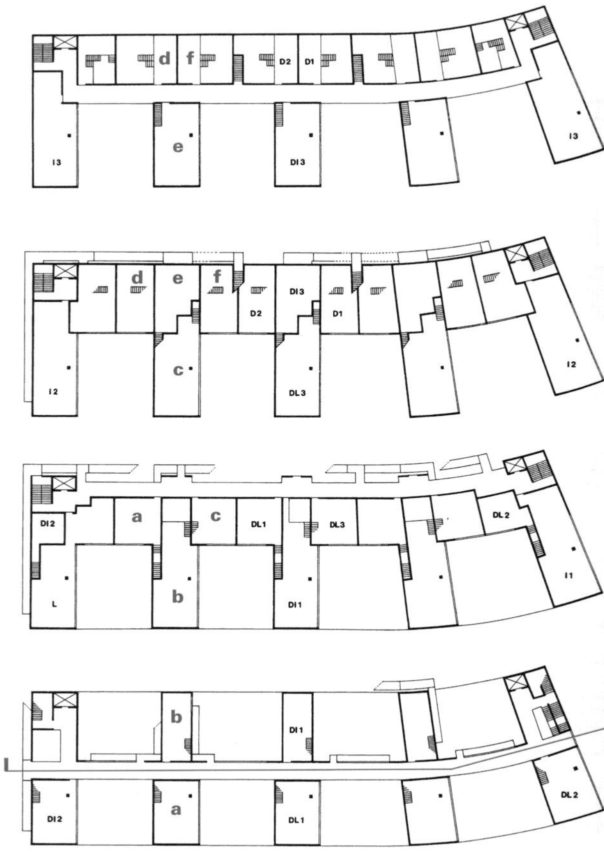

Tipologia edilizia:
edificio "a pettine",
4 piani a uso residenziale sopra a negozi, NO/SE, NE/SO

Data di costruzione:
1991

Modello di finanziamento:
edilizia privata

Profondità dell'edificio:
10/21 m

Distribuzione:
ballatoi
(all'aperto/interni)

Numero di alloggi:
28

Dimensione degli alloggi:
appart. da 2/3 locali, 73,5-110 m²
(25)

Parcheggio:
area riservata sulla strada

Spazi aperti:
giardini pensili

Steven Holl Architects, New York

Fukuoka, Giappone

❶❷ Particolari della piante del 1° e 2° piano: 3 *maisonettes* 1:200
Détail des plans, 1er et 2e étages, 3 duplex 1:200

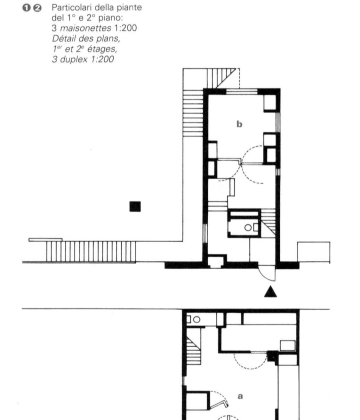

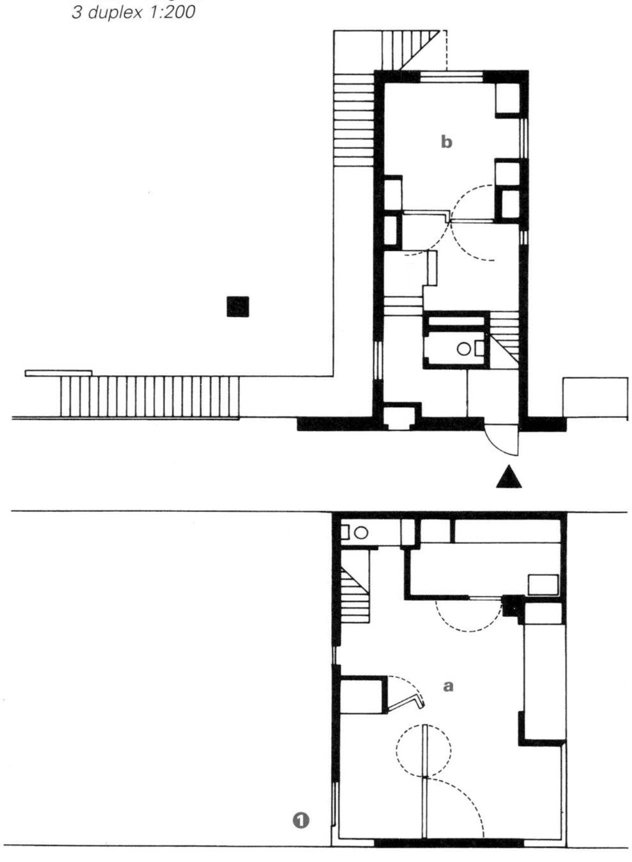

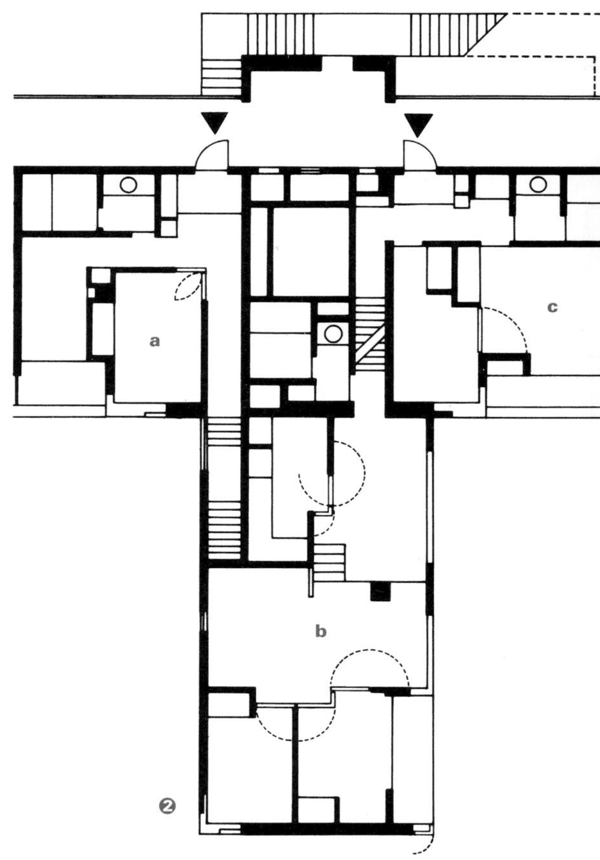

Un obiettivo ambizioso: offrire una grande varietà di tipologie residenziali e garantire al loro interno la massima flessibilità con l'uso di pannelli divisori e pareti attrezzate basculanti. Suddivisione degli ambiti a seconda delle ore del giorno (camere da letto che entrano a far parte della zona giorno) e delle età della vita (possibilità di utilizzo separato di parte dell'alloggio). Il problema della presenza di una strada sul lato sud è risolto dall'impianto a pettine con corti interne orientate a sud. Le corti sono specchi d'acqua: riflettono la luce e simboleggiano il silenzio. Ballatoi in varie collocazioni: verso sud, verso nord, all'aperto o all'interno; vani scala alle estremità dell'edificio. Le *maisonettes* sono aggregate in due modalità: 1. con la zona giorno nei bracci corti, la zona notte nella stecca passante a un piano inferiore e traslata all'indietro (illuminazione naturale da ogni lato); 2. *maisonettes* sovrapposte nella stecca principale (illuminazione naturale da sud e nord). Dall'ingresso degli alloggi un percorso tortuoso, con pianerottoli o rampe di scale, superate una o due camere da letto, porta al soggiorno centrale, dal quale spesso si accede a un'ulteriore camera. Una parte delle *maisonettes* al 4° piano ha accesso alla terrazza sul tetto.

6

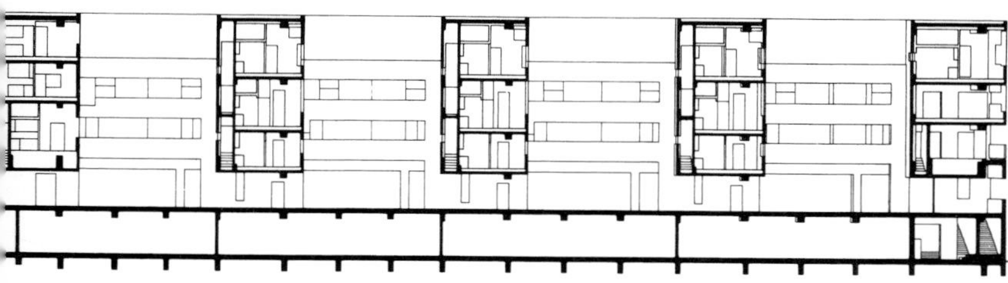

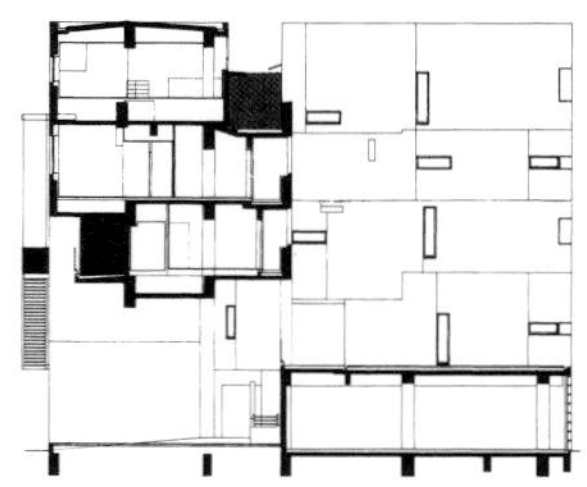

4 Particolari della piante del 3° e 4° piano:
3 *maisonettes* 1:200
Détail des plans, 3e et 4e étages,
3 duplex 1:200

5 Piante schematiche
dei piani 1°-4°
Plans schématiques des
1er à 4e étages

6 Diversa distribuzione
degli spazi su tre livelli
Les variations de l'agencement des pièces sur
3 niveaux

Type de construction
barre crénelée,
4 étages d'habitation
au-dessus d'un niveau de
commerces, NO/SE, NE/SO

Date de construction
1991

Financement
financement privé

Profondeur du bâtiment
10/21 m

Accès
galeries (extérieure/centrale)

Nombre d'appartements
28

Surface des appartements
app. 2 et 3 p. 73,5-110 m²
(25 unités)

Places de stationnement
extérieures, sur la rue

Espaces extérieurs
jardins sur le toit

Steven Holl Architects,
New York

Fukuoka
(Japon)

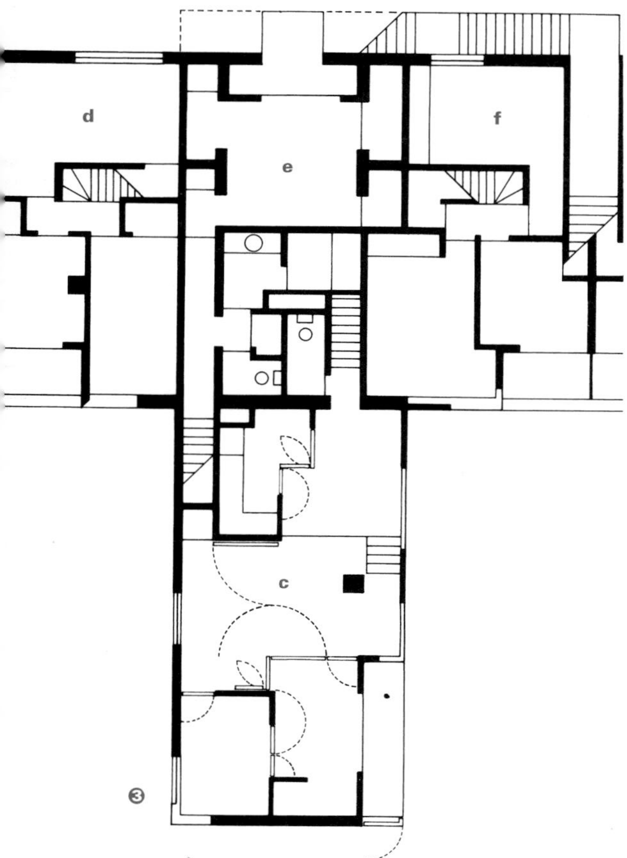

3

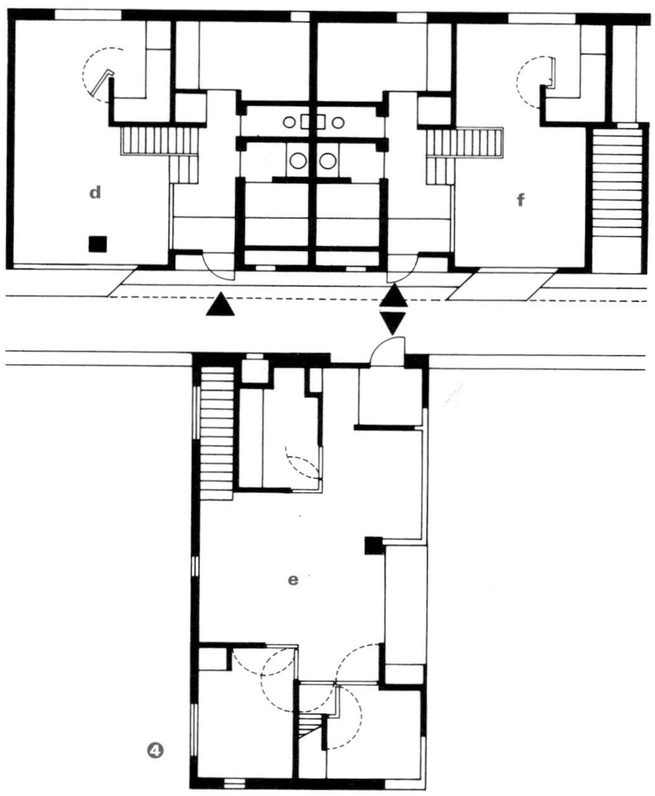

4

L'idée du projet était double: offrir une diversité de types d'appartements et, dans chaque appartement, une grande liberté d'agencement grâce à des cloisons et des étagères pivotantes. L'organisation des pièces peut se faire en fonction des moments de la journée (les chambres à coucher deviennent alors une partie du séjour) ou au gré des circonstances de la vie (on peut introduire de nouvelles divisions). Comme l'immeuble est bordé par une route au sud, les architectes ont dessiné un plan crénelé avec des cours intérieures côté sud, agrémentées de bassins reflétant la lumière et censés représenter le silence. Les galeries d'accès sont tantôt au nord, tantôt au sud, certaines ouvertes, d'autres fermées. Les cages d'escalier sont aux extrémités des immeubles. Les duplex sont disposés selon deux principes de base: 1. Le séjour est dans l'aile et les chambres, décalées d'un niveau, dans le corps de bâtiment principal (lumière des quatre points cardinaux); 2. Les duplex sont superposés dans le corps de bâtiment principal (lumière du sud et du nord). Dans la plupart des cas, après l'entrée, on passe devant une ou deux chambres à coucher puis on monte d'un demi-niveau et passe dans le séjour, qui donne accès à d'autres chambres. Au quatrième étage, certains duplex donnent sur des terrasses privatives sur le toit.

riferito a piante 1:200
se réfère aux plans 1:200

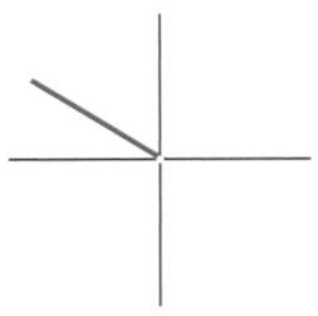

1.6 Schiere indipendenti

Tipologia edilizia:
megablocco,
6 piani, NE/SO

Data di costruzione:
1988-1992

Modello di finanziamento:
edilizia sociale,
mostra di edilizia residenziale

Profondità dell'edificio:
14,6 m

Distribuzione:
ballatoio al 1° piano,
breve corridoio centrale
al 3° e 5° piano

Numero di alloggi:
44

Dimensione degli alloggi:
11 tipologie di alloggi
appart. da 2 locali, 56-65 m² (12);
appart. da 3 locali, 69-85 m² (15);
mais. da 3 locali, 97-99 m² (13);
mais. da 4 locali, 103 m² (4)

Parcheggio:
a livello della strada,
sotto l'edificio

Spazi aperti:
balconi, spazi comuni,
terrazze condominiali

Art Zaaijer,
Kees Christiaanse
con Han van De Born,
Rotterdam

L'Aia,
K25,
Dedemsvaartweg
893-981

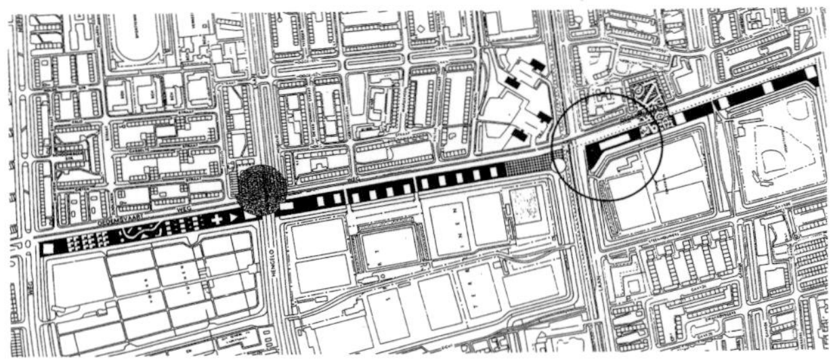

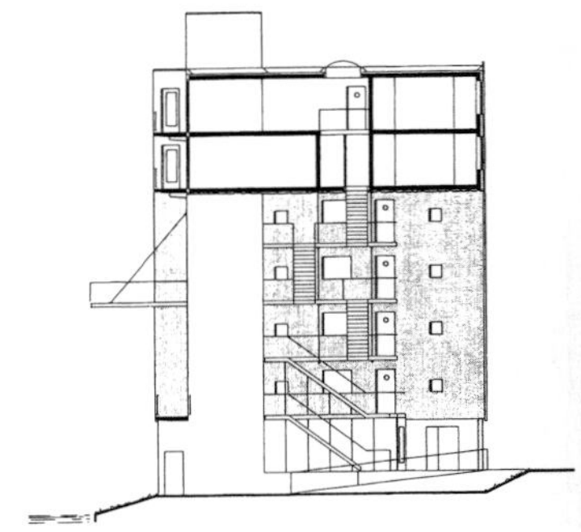

❶ 1° piano: appartamento da 4 locali 1:200
Premier étage, appartements 4 pièces 1:200

❷ 2° piano: spazio comune, *maisonette* da 3 locali 1:200
Deuxième étage, espace commun, duplex 3 pièces 1:200

❸ 3° piano: *maisonette* da 3 locali 1:200
Troisième étage, duplex 3 pièces 1:200

❼ Planimetrie generali dei piani 1°/2°, 3°/4°, 5°/6° (dal basso verso l'alto)
Plans d'ensemble 1er/2e, 3e/4e, 5e/6e étages (de bas en haut)

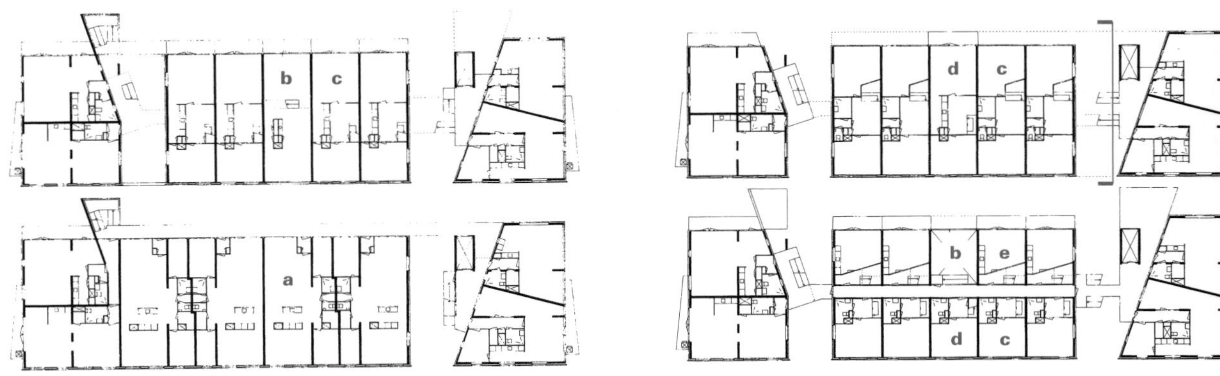

❶

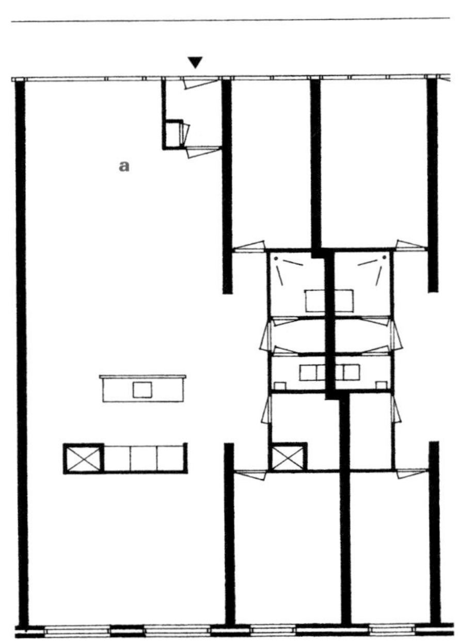

❷

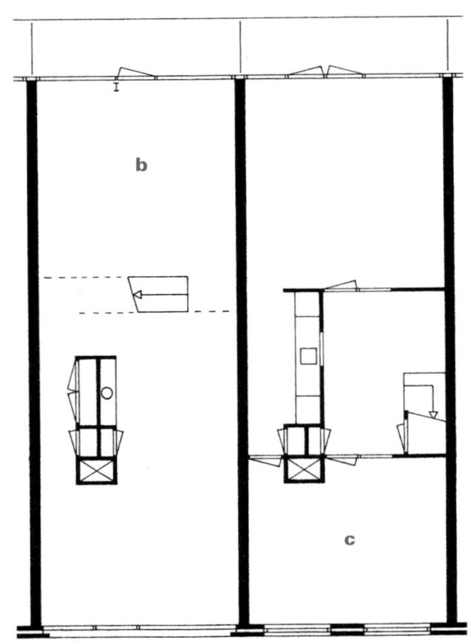

❸

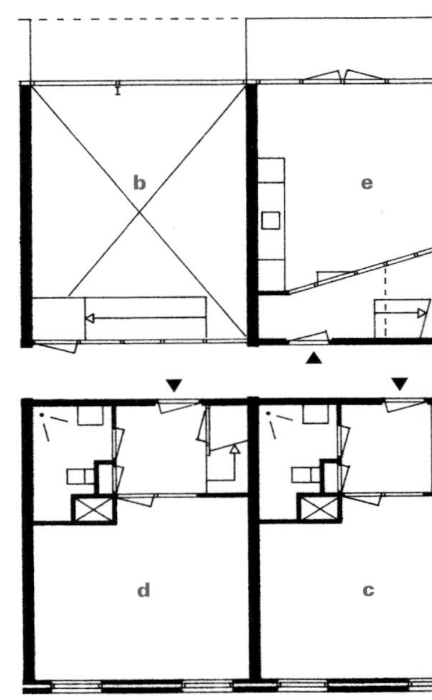

Per questa fascia di tessuto urbano l'impianto urbanistico della mostra di edilizia sociale dell'Aia "Stichting woningbouwfestival" prevedeva paradossalmente la maggior trasparenza possibile di un megablocco, perché l'area definisce il confine tra zona abitata e verde pubblico. Gli architetti Zaaijer e Christiaanse, responsabili anche del masterplan, accettano la sfida: sospendono il corpo di fabbrica su pilotis (sopra le auto in sosta) e progettano un edificio a due facce, una di pietra verso la strada e una smaterializzata in vetrate e balconi affacciata sul canale. L'edificio è inoltre perforato in tre punti, dove si riconoscono gli elementi distributivi e le terrazze comuni. Queste perforazioni suddividono l'edificio in tre parti con accessi indipendenti tra loro. L'edificio offre una grande varietà tipologica: alloggi per ogni categoria di utenti e con varie modalità distributive (corridoio centrale al 3° e 5° piano, ballatoio al 1°), giganteschi spazi comuni e terrazze in attesa di una caratterizzazione da parte dei residenti. Questi spazi possono perfino essere annessi agli alloggi per dare luogo a originali soluzioni abitative. Come l'edificio, anche gli alloggi offrono un ampio grado di libertà: il nucleo bagno-cucina è il più possibile compatto e i divisori interni sono limitati all'essenziale. All'utente è richiesto di disegnare le proprie modalitá abitative. Al 1° piano troviamo appartamenti passanti (per una larghezza di una campata e mezzo) oppure alloggi che si sviluppano sugli spigoli delle testate. Dal corridoio centrale si accede alle *maisonettes* (per la luce di una campata) che hanno un vano al piano d'ingresso (cucina-pranzo o camera da letto con bagno), e al di sopra o al di sotto di questo un open space passante in cui si ricava la cucina o un' ampia zona notte.

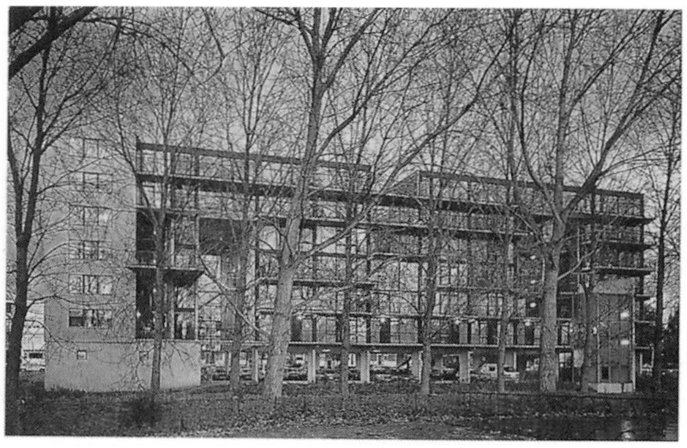

4° piano: *2 maisonettes* da 3 locali 1:200
Quatrième étage, deux duplex 3 pièces 1:200

⑤ 5° piano: appartamento da 2 locali, *maisonette* da 3 locali 1:200
Cinquième étage, duplex 3 pièces 1:200

⑥ 6° piano: spazio comune, *maisonette* da 3 locali 1:200
Sixième étage, espace commun, duplex 3 pièces 1:200

Type de construction
barre,
6 niveaux, NE/SO

Date de construction
1988-1992

Financement
logements sociaux, salon du Bâtiment de La Haye

Profondeur du bâtiment
14,6 m

Accès
galerie au 1er étage,
petit couloir médian
aux 3e et 5e étages

Nombre d'appartements
44

Surface des appartements
11 types d'appartements:
app. 2 p., 56-65 m² (12 unités)
app. 3 p., 69-85 m² (15 unités)
duplex 3 p., 97-99 m² (13 unités)
app. 4 p., 103 m² (4 unités)

Places de stationnement
sous le bâtiment,
au rez-de-chaussée

Espaces extérieurs
balcons, terrasses et
locaux communs

Art Zaaijer,
Kees Christiaanse,
en collaboration avec
Han van De Born,
Rotterdam

La Haye,
K25,
Dedemsvaartweg
893-981

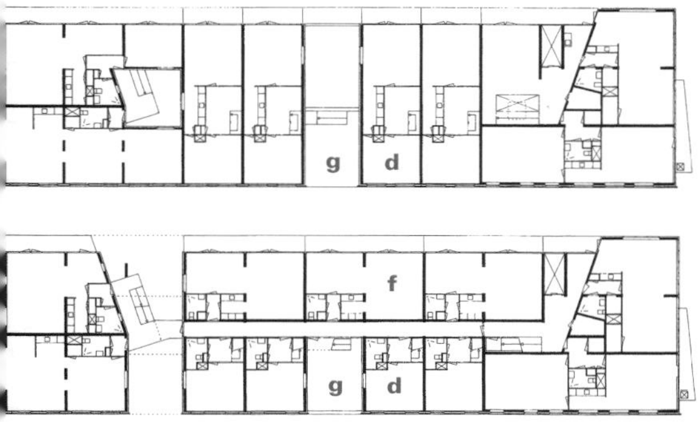

⑦

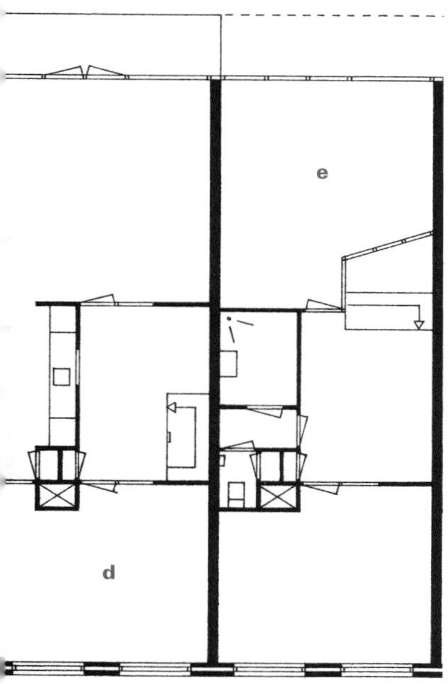

⑤

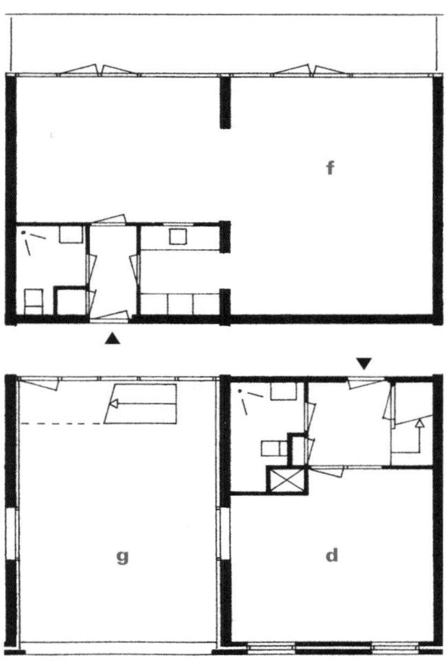

⑥

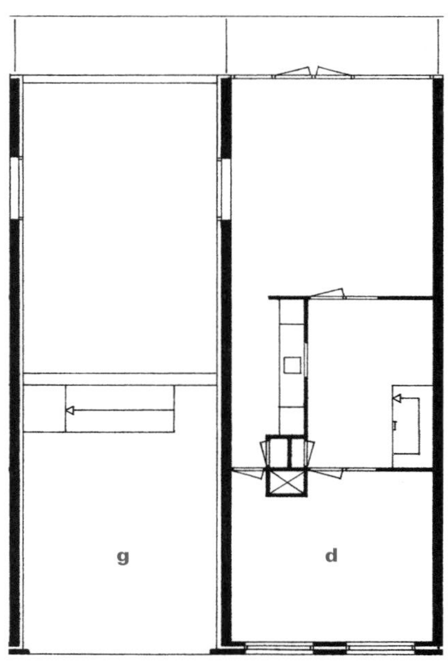

En un endroit qui marque la limite entre zone bâtie et zone verte, dans le quartier de La Haye où se tient le salon du Bâtiment (Stichting woningbouwfestival), les directives urbanistiques prescrivaient une grande transparence. Zaaijer et Christiaanse, qui sont aussi les auteurs du plan de quartier, ont conçu un bloc sur piliers (avec places de stationnement au rez-de-chaussée) avec deux faces bien distinctes: une façade sur rue, en pierre, et une autre, plus ouverte, sur le canal, toute de verre et de balcons. Le bloc présente trois ouvertures qui servent à la circulation intérieure et à aménager des terrasses communes. Elles divisent le bâtiment en trois parties qui ont chacune leur propre entrée. L'ensemble présente une variété de types d'appartements, pour diverses catégories d'habitants, et de formes d'accès (couloir central aux 3e et 5e étages, galerie au 1er étage). Des terrasses et des locaux communs, très spacieux, peuvent servir aux usages que voudront leur donner les habitants, ou être annexés à des appartements pour créer des formes d'habitation inhabituelles. Le plan des appartements offre lui aussi beaucoup de liberté: le bloc cuisine et sanitaire est compact, il n'existe qu'un minimum de parois. C'est à l'occupant d'agencer son logement. Au 1er étage se trouvent des appartements traversants (largeur 1½ module intervalle entre les murs de refend) ou occupant les angles, aux extrémités. Le couloir central donne accès aux duplex (largeur 1 module), avec au niveau de l'accès une pièce (cuisine avec coin-repas ou chambre à coucher avec salle de bains) et, au niveau supérieur ou inférieur selon les cas, un séjour traversant (avec cuisine ou grand espace pour dormir).

1.6 Schiere indipendenti

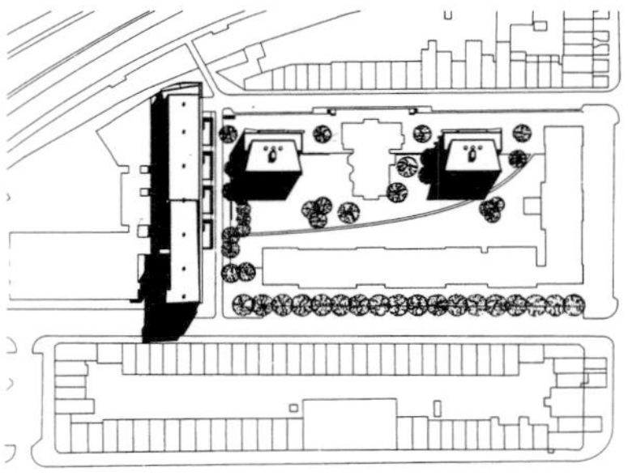

❶ Particolare della pianta del 6° piano appartamenti da 3 e 2 locali 1:200
Détail du plan du 6e étage, appartements 3 et 2 pièces 1:200

❷ Particolare della pianta del 2° e 3° pi appartamenti da 3 e 2 locali 1:200
Détail du plan du 2e et du 3e étage appartements 3 et 2 pièces 1:200

Tipologia edilizia:
edificio a lama
7 piani, E/O, S

Data di costruzione:
1992-1993

Modello di finanziamento:
edilizia sociale

Profondità dell'edificio:
12,6/14,2 m

Distribuzione:
a corpo doppio e triplo, ballatoi

Numero di alloggi:
78

Dimensione degli alloggi:
appart. da 1 locale, 36/46 m² (12);
appart. da 2 locali, 55/62 m² (19);
appart. da 3 locali, 70/78 m² (11);
appart. da 4 locali (4);
2 gruppi di abitazioni in condivisione con 16 alloggi ciascuno

Parcheggio:
seminterrato

Spazi aperti:
adiacente parco pubblico

Duinker, van der Torre, Amsterdam
Architetti responsabili del progetto:
Theo Peppelman
Machiel van der Torre

Amsterdam, Burgerziekenhuisterrein

❹

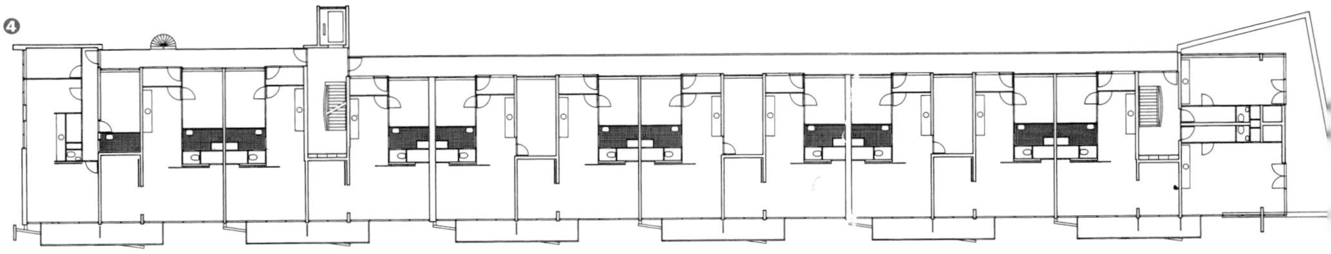

❺

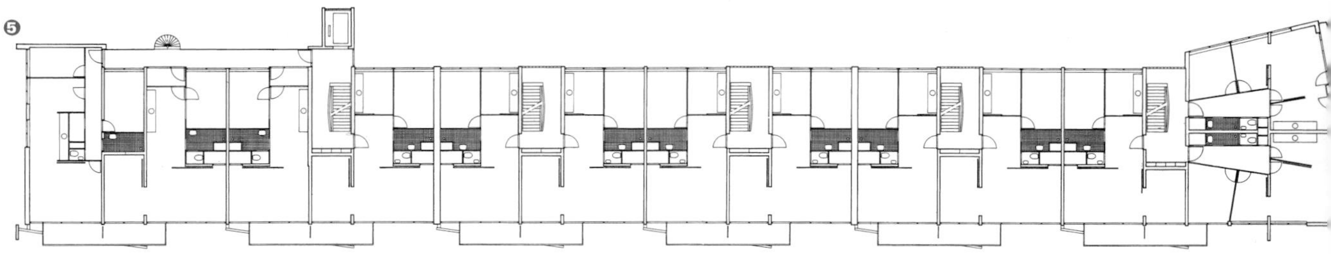

❶

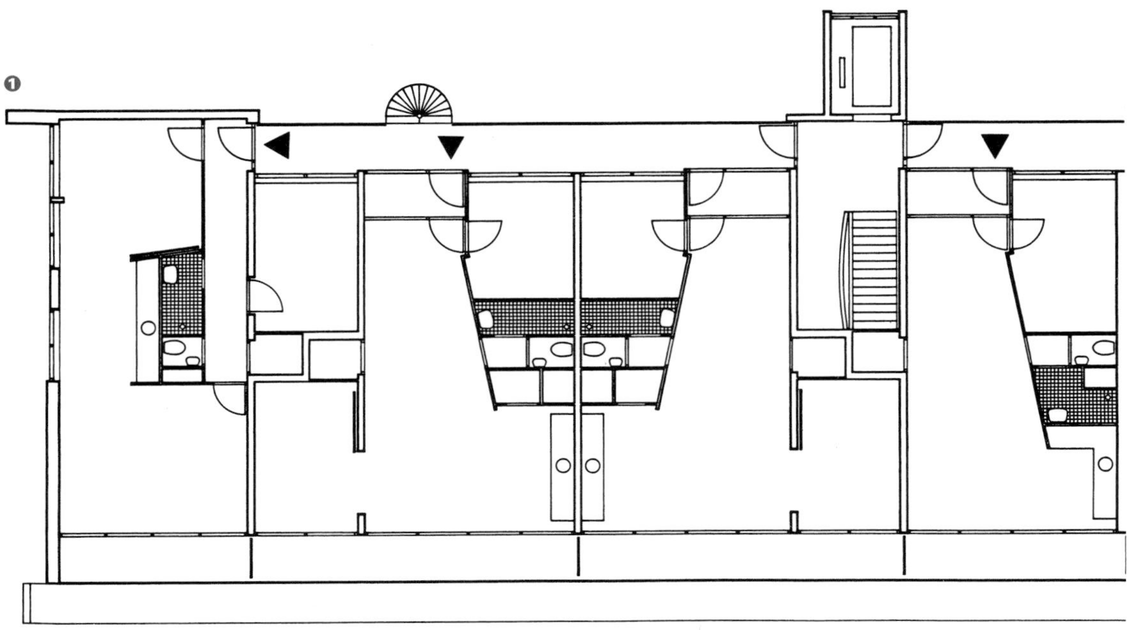

Planimetrie ridotte al minimo, ma di grande flessibilità. Gli appartamenti ai piani intermedi si organizzano attorno a un ampio disimpegno d'ingresso, che può essere collegato al soggiorno o restarne separato da una porta scorrevole. Anche la camera da letto adiacente al soggiorno può diventarne parte aprendo la porta scorrevole. La camera accanto alla cucina ha un'apertura passavivande, dunque può trasformarsi in sala da pranzo. Ai piani superiori gli alloggi sono distribuiti da un piccolo disimpegno d'ingresso affacciato sul ballatoio; la cucina è un vano di passaggio, ma può essere serrata da una porta scorrevole. Un'altra variante dispone la cucina al margine del soggiorno e stira quest'ultimo lungo una parete obliqua fino al disimpegno. I balconi seguono un proprio ritmo (in facciata) e si trovano alternatamente in corrispondenza di un soggiorno o di una camera da letto. Ogni alloggio ha una camera affacciata sul ballatoio. Un'altra tipologia prevede il nucleo dei servizi al centro, mentre il soggiorno e la camera sono collegati attraverso la cucina. Gli alloggi nella testata della stecca, leggermente ruotata verso l'esterno, si distribuiscono a partire da un ampio disimpegno e i vani possono essere collegati o separati tra loro. I monolocali al 5°, 6° e 7° piano – progettati in massima parte per gruppi di persone anziane – si aprono sulle grandi terrazze comuni a sud. Al pianterreno troviamo *maisonettes* con piccoli giardini recintati da mura (qui non rappresentati). Nella testata della stecca un grande spazio comune.

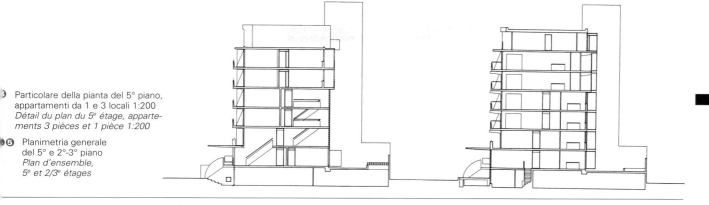

3 Particolare della pianta del 5° piano, appartamenti da 1 e 3 locali 1:200
Détail du plan du 5e étage, appartements 3 pièces et 1 pièce 1:200

5 Planimetria generale del 5° e 2°-3° piano
Plan d'ensemble, 5e et 2/3e étages

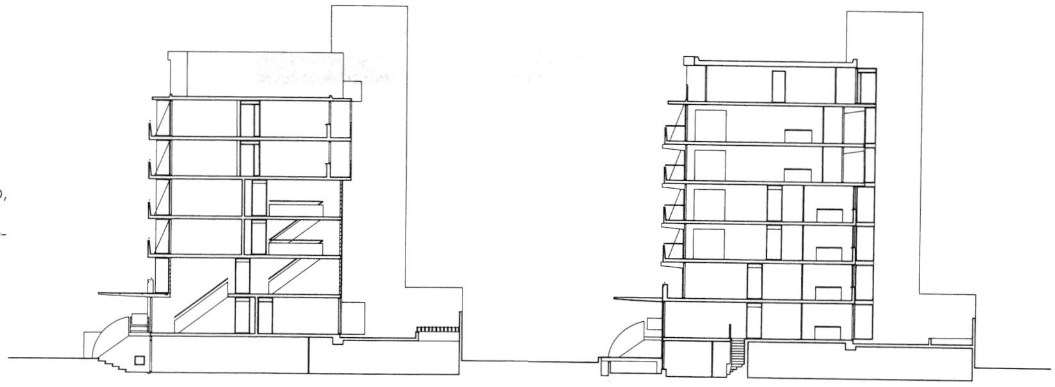

Type de construction
barre,
7 niveaux, E/O, S

Date de construction
1992-1993

Financement
logements sociaux

Profondeur du bâtiment
12,6/14,2 m

Accès
cages d'escaliers pour 2 ou 3 appartements et galeries

Nombre d'appartements
78

Surface des appartements
app. 1 p., 36/46 m² (12 unités)
app. 2 p., 55/62 m² (19 unités)
app. 3 p., 70/78 m² (11 unités)
app. 4 p. (4 unités)
deux groupes de 16 unités d'habitation pour logement communautaire

Places de stationnement
garage souterrain

Espaces extérieurs
parc public devant l'immeuble

Duinker, van der Torre, Amsterdam; architectes du projet: Theo Peppelman, Machiel van der Torre

Amsterdam, Burgerziekenhuisterrein

3

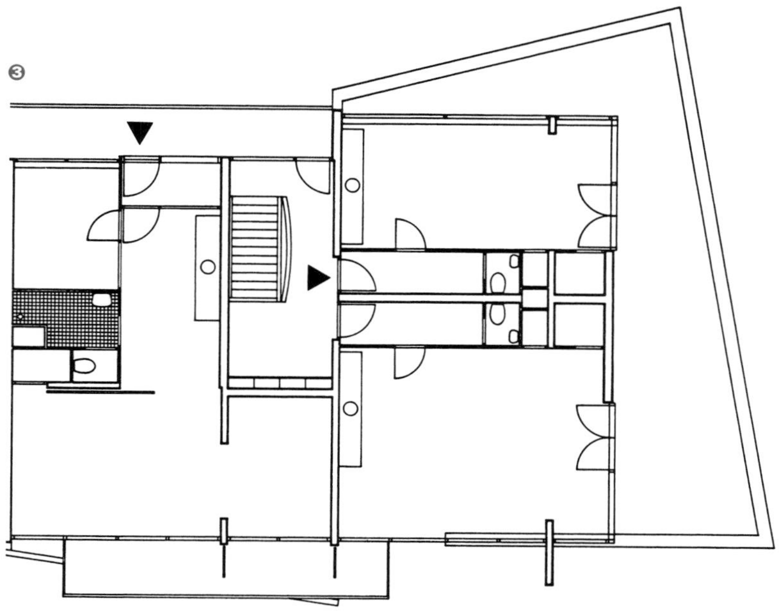

2

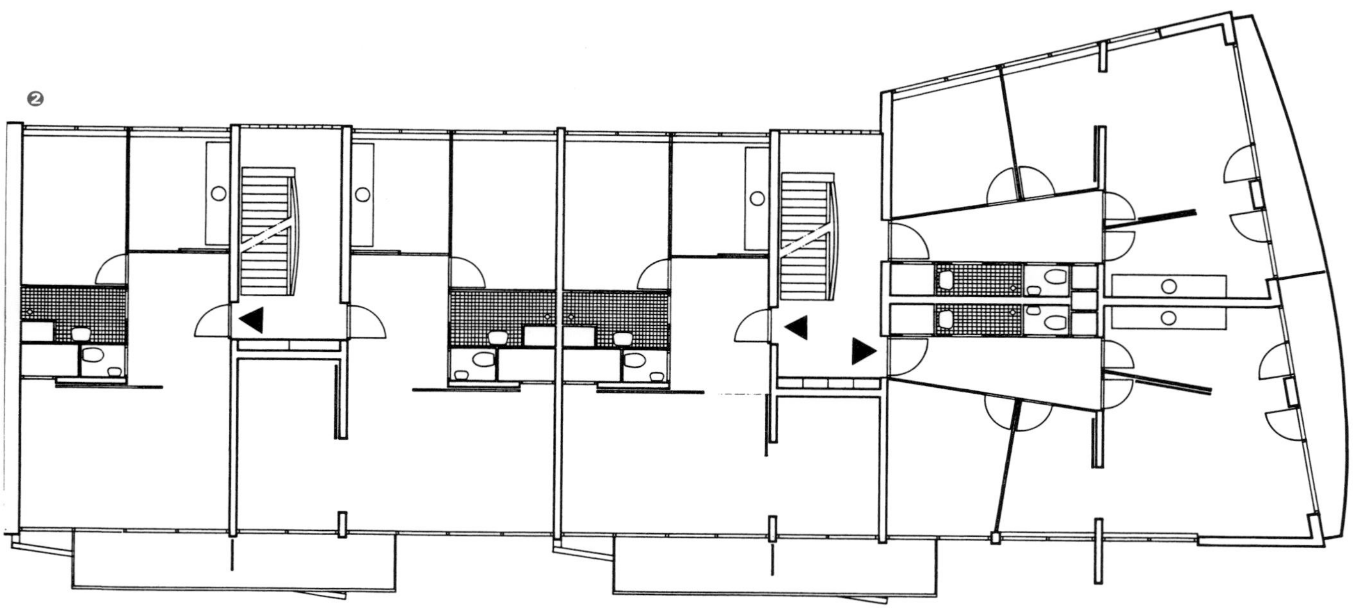

Les appartements ont un plan minimal offrant un maximum de souplesse. Dans les étages médians, ils sont organisés autour d'un espace d'entrée qui peut être, au choix, lié directement au séjour ou en être séparé (portes coulissantes). La chambre à coucher jouxtant le séjour peut également la prolonger. La chambre à côté de la cuisine possède un passe-plats et peut donc devenir salle à manger. Les appartements du haut ont un petit vestibule avec fenêtre donnant sur la galerie; la cuisine fait office de passage, mais peut aussi être isolée par une porte coulissante. Dans d'autres appartements, la cuisine est en bordure et elle étend le séjour jusqu'au vestibule, le long d'une paroi en diagonale. Les balcons suivent le rythme propre de la façade et se trouvent donc alternativement devant le séjour et devant une chambre à coucher. Une des chambres donne toujours sur le couloir. Dans un autre type d'appartements, le bloc sanitaire est au milieu, et les deux pièces (séjour ou chambre à coucher) sont reliées par la cuisine. À l'extrémité de la barre, les appartements, décalés par rapport à l'axe du bâtiment, s'organisent autour d'un vestibule allongé; ici aussi, l'agencement des parois est libre. Aux 5e, 6e et 7e étages se trouvent des appartements d'une pièce (plutôt conçus pour des personnes âgées), avec accès à de grandes terrasses communes sur le toit, côté sud. Au rez-de-chaussée se trouvent des duplex avec petit jardin enclos (non illustrés ici). À l'extrémité du bâtiment, un local communautaire.

riferito a piante 1:200

se réfère aux plans 1:200

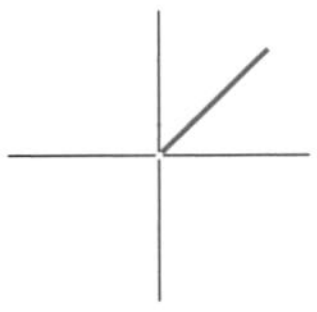

1.6 Schiere indipendenti

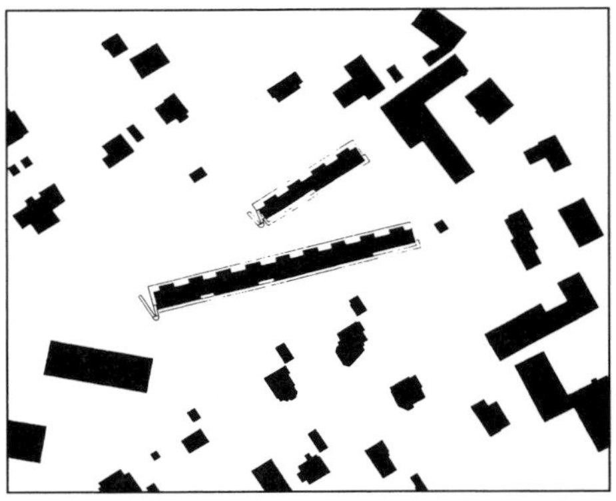

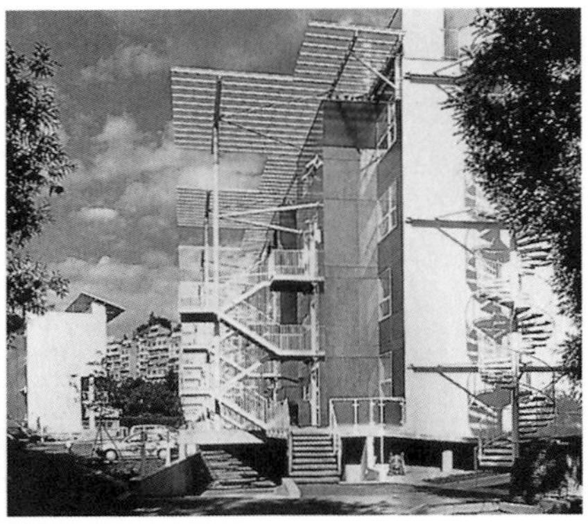

Tipologia edilizia:
2 edifici in linea,
4 piani, NO/SE

Data di costruzione:
1992-1993

Modello di finanziamento:
dapprima cooperativa edilizia, in seguito associazione di proprietari

Profondità dell'edificio:
8,3 m

Distribuzione:
scala all'aperto in facciata, corpo semplice e doppio

Numero di alloggi:
49

Dimensione degli alloggi:
appart. da 2 locali, 50 m² (2);
appart. da 3 locali, 70 m² (28);
mais. da 4 locali, 85-125 m² (19)

Parcheggio:
sotto le stecche sospese

Spazi aperti:
terrazze private sul tetto, balconi, logge, a seconda della scelta dei residenti

Volker Giencke & Company, Graz

Graz-St. Peter, Carl-Spitzweg-Gasse

❺ Dal basso verso l'alto: pianterreno, 1°-3° piano, terrazze sul tetto 1:500
De bas en haut: rez-de-chausée, 1er à 3e étages toit terrasse 1:500

❻ Sezione 1:500
Coupe 1:500

❶ Pianterreno: appartamento da 3 locali con terrazza 1:200
Rez-de-chaussée: appartements 3 pièces avec terrasse 1:200

❷ 1° piano: appartamento da 3 locali con balcone 1:200
Premier étage: appartement 3 pièces avec balcon 1:200

❸ 2° piano: appartamento da 2 locali con loggia e livello inferiore della *maisonette* da 4 locali con loggia 1:200
Deuxième étage: appartement 2 pièces avec loggia et niveau inférieur d'un duplex 4 pièces avec loggia 1:200

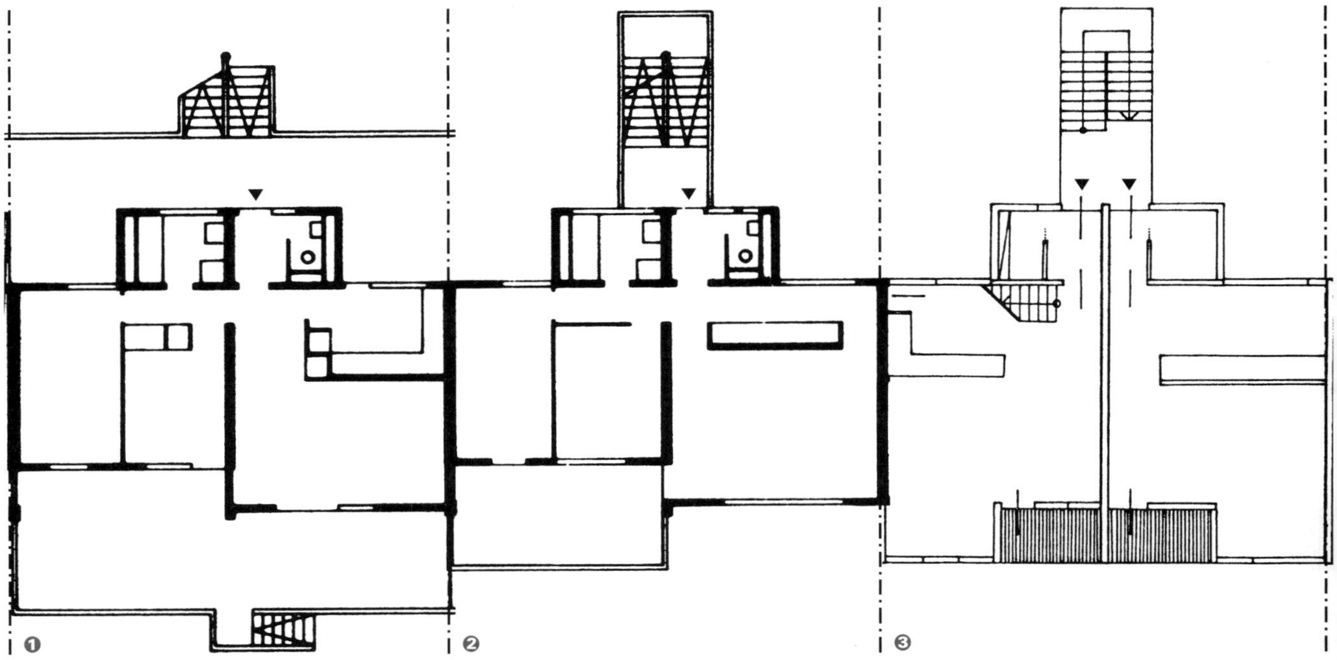

In un contesto edificato in modo discontinuo e con molto verde, le due stecche di lunghezza diversa si collocano in modo dinamico l'una rispetto all'altra. Principale caratteristica sono le scale in ferro all'aperto che ritmano la facciata nord-ovest, rivestita in legno. Di norma a ogni piano servono un solo alloggio, garantendo notevole privacy. In corrispondenza dei pianerottoli l'edificio si proietta in avanti con un vano comprendente bagno e vestibolo, che fanno da zona-filtro all'ingresso. Tra i setti portanti a intervalli di 6 m (due campate per ogni alloggio) sono allineati il soggiorno e le due camere che, in virtù della ridotta profondità dell'edificio, sono quasi sempre illuminate da due lati. La cucina, parte del soggiorno, può essere collocata in una nicchia o a isola. In corrispondenza delle camere si trovano logge "incassate" o balconi a sbalzo, a seconda del gusto e della disponibilità economica degli inquilini (essendo finanziati privatamente). Il 2° e 3° piano ospitano miniappartamenti e *maisonettes*. Le *maisonettes*, con terrazza privata sul tetto compresa tra una o due campate, possono essere disposte ancor più liberamente, ed infatti sono tutte diverse. L'edificio è movimentato anche dalla libera disposizione delle finestre e visivamente unificato dal ritmo dei setti portanti e delle scale esterne, dal tetto ad ala e dalla soletta su pilastri molto aggettante del pianterreno, al di sotto della quale vi sono i parcheggi.

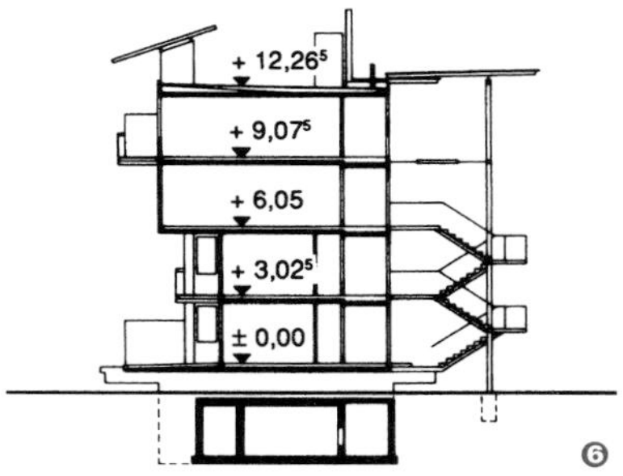

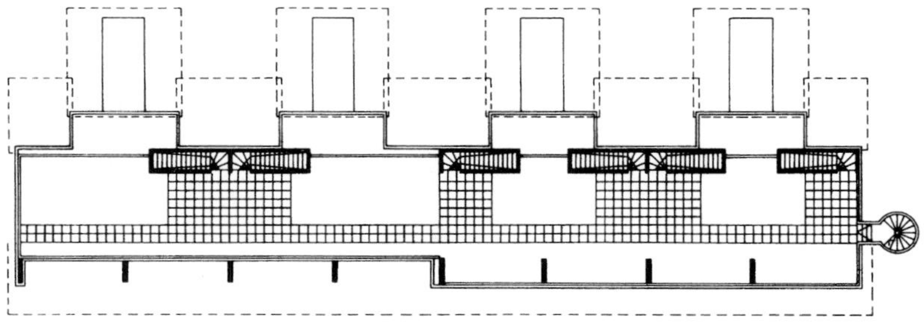

❻

❹ 3° piano: livello superiore della *maisonette*
Troisième étage: niveau supérieur d'un duplex 1:200

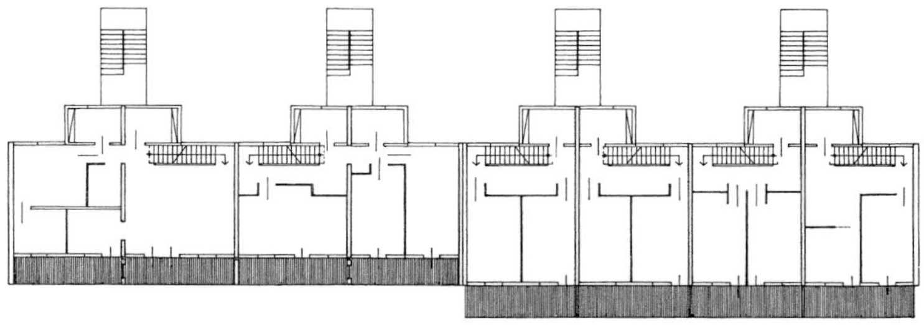

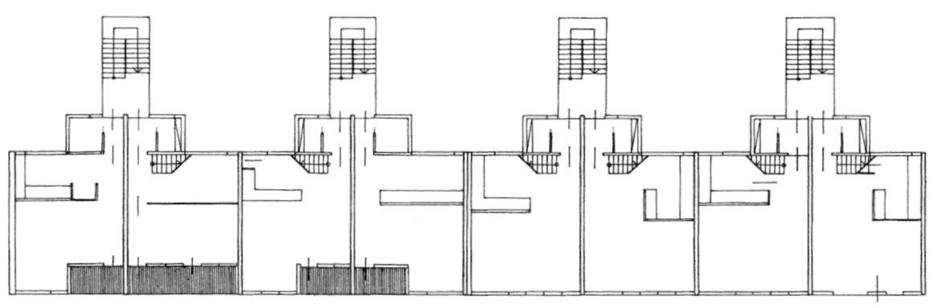

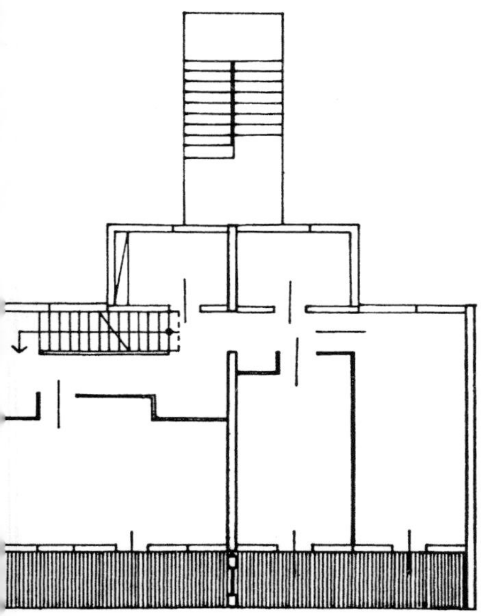

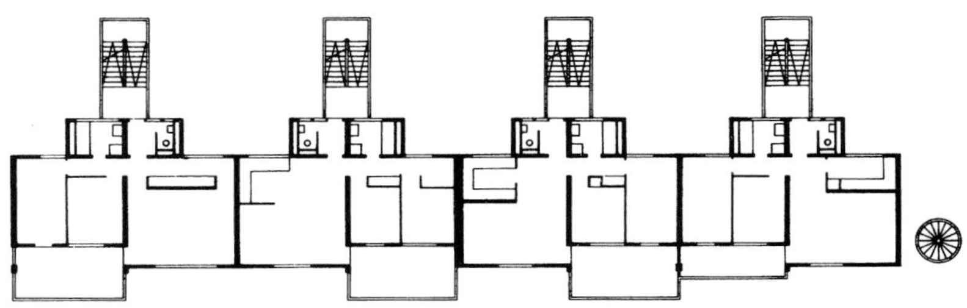

❹

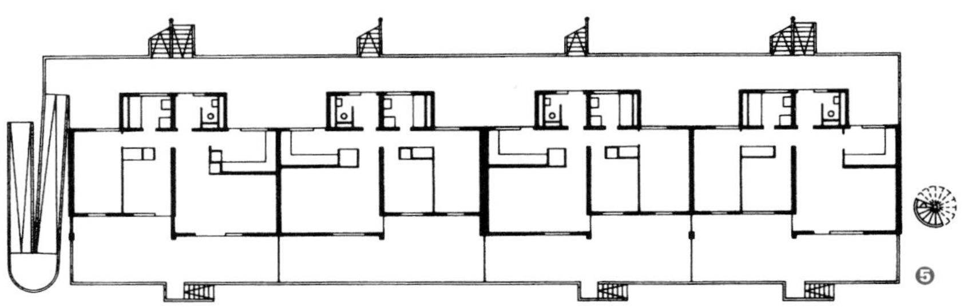

❺

Type de construction
deux barres,
4 niveaux, NO/SE

Date de construction
1992-1993

Financement
d'abord coopérative de logement, puis financement privé par l'association des copropriétaires

Profondeur du bâtiment
8,3 m

Accès
escalier ouvert devant la façade, desservant 1 ou 2 appartements par étage

Nombre d'appartements
49

Surface des appartements
app. 2 p., 50 m² (2 unités)
app. 3 p., 70 m² (28 unités)
duplex 4 p., 85-125 m² (19 unités)

Places de stationnement
entre les piliers des immeubles

Espaces extérieurs
terrasses privées sur le toit, balcons ou loggias (au choix)

Volker Giencke & Company, Graz

Graz-St. Peter, Carl-Spitzweg-Gasse

Ces deux barres d'inégale longueur sont bâties dans une zone de verdure et de constructions peu denses. Premier élément frappant: les nombreux escaliers extérieurs en acier devant la façade nord-ouest, à revêtement de bois. La plupart ne desservent qu'un appartement, comme dans un alignement de maisons particulières où les accès sont privés. Le bâtiment marque une saillie à l'emplacement des paliers; c'est là que se trouvent le vestibule et la salle de bains, qui servent de zone tampon. L'intervalle entre les murs de refend est de 6 mètres, et chaque appartement a une largeur de 2 modules. Un module est occupé par le séjour, l'autre par deux chambres. La faible profondeur du bâtiment permet d'éclairer la plupart des pièces de deux côtés. La cuisine est adossée au séjour, mais les occupants ont aussi la liberté de la placer au milieu de l'espace ou dans l'angle. Les chambres donnent accès à des loggias ou à des balcons dont la nature et les dimensions sont le reflet des moyens financiers et des goûts de chacun. Les 2ᵉ et 3ᵉ étages comprennent de petits appartements et des duplex. La liberté d'agencement est encore plus grande dans les duplex, dont aucun ne ressemble à un autre et qui disposent d'une terrasse privée sur le toit (largeur 1 ou 2 modules). Le bâtiment a un aspect animé, mais le rythme des modules et des escaliers, le large avant-toit et le rez-de-chaussée suspendu (au-dessus des places de stationnement) avec son plancher saillant lui donnent sa cohésion.

1.6 Schiere indipendenti

Tipologia edilizia:
5 edifici in linea,
3-4 piani, N/S

Data di costruzione:
1990-1995

Modello di finanziamento:
edilizia sociale

Profondità dell'edificio:
8,2 m

Distribuzione:
a corpo doppio e quadruplo,
breve ballatoio

Numero di alloggi:
100

Dimensione degli alloggi:
appart. da 1½ locali, 38/41 m² (16);
appart. da 2 locali, 56/62 m² (25);
appart. da 3 locali, 81 m² (47);
appart. da 4 locali, 105 m² (7);
appart. da 5 locali, 120/126 m² (5)

Parcheggio:
108 posti auto nel garage
interrato sotto le stecche

Spazi aperti:
balconi, verande

**Rüdiger Kramm
con Matthias Karch,
Darmstadt**

**Francoforte sul Meno,
Francoforte-Bonames,
Brandhöfchen 1-23**

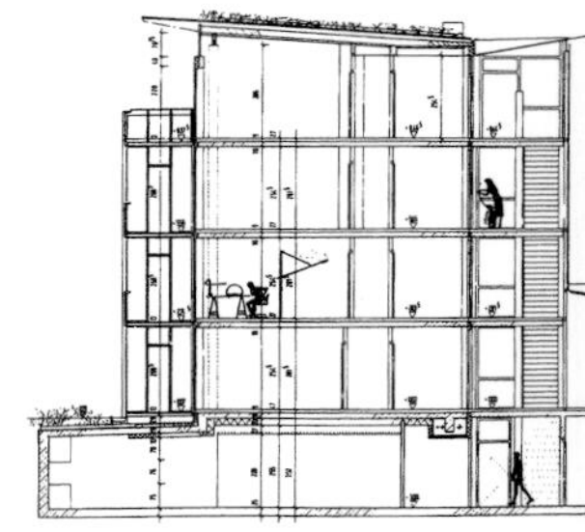

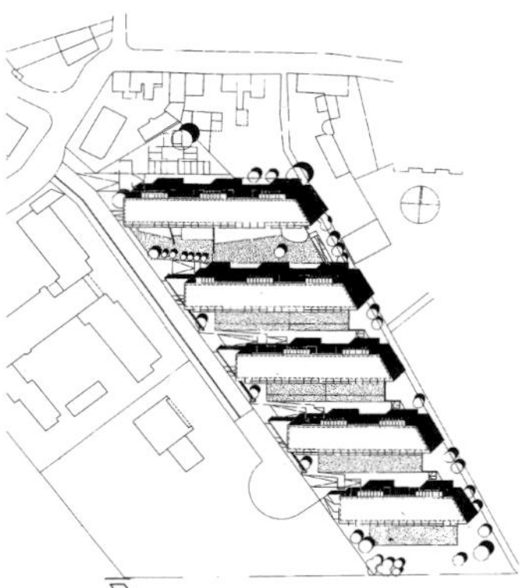

❶ Edificio 3: pianterreno con ingresso al parcheggio sotterraneo e spazio multifunzionale 1:500
Plan du rez-de-chaussée de l'immeuble 3, avec l'entrée du garage souterrain et le local commun 1:500

❷ Edificio 3: 1° piano con appartamenti da 2, 5, 6 e 3 locali 1:200
Plan de l'immeuble 3, 1er étage: appartements 2, 5, 6 et 3 pièces 1:200

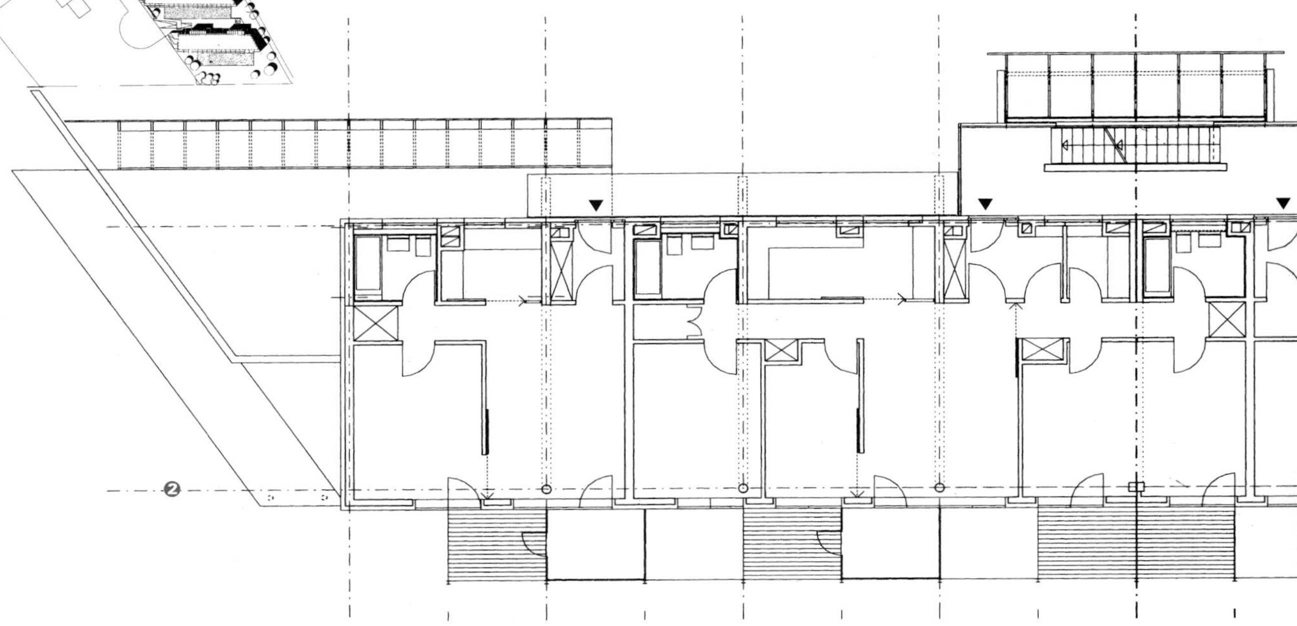

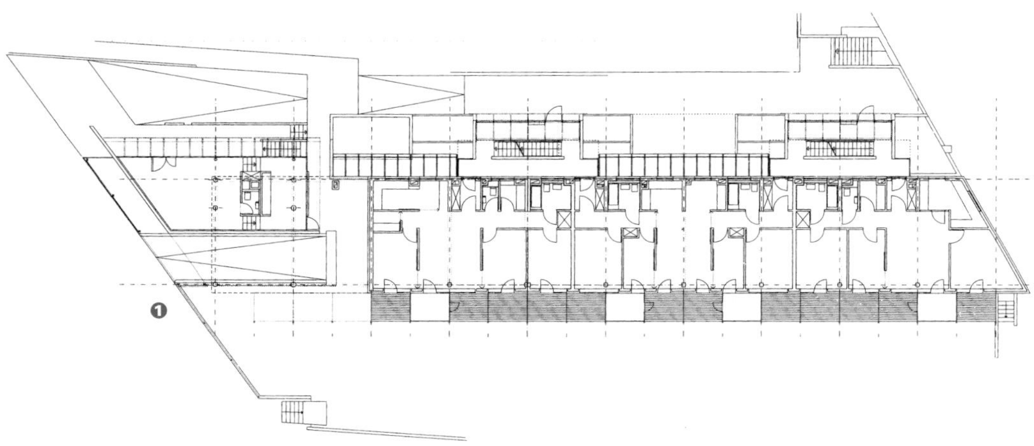

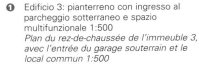

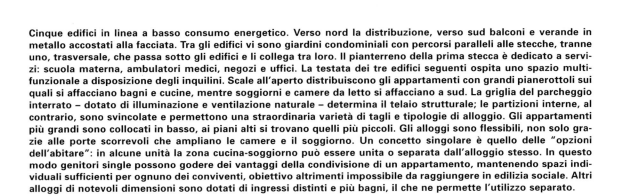

Cinque edifici in linea a basso consumo energetico. Verso nord la distribuzione, verso sud balconi e verande in metallo accostati alla facciata. Tra gli edifici vi sono giardini condominiali con percorsi paralleli alle stecche, tranne uno, trasversale, che passa sotto gli edifici e li collega tra loro. Il pianterreno della prima stecca è dedicato a servizi: scuola materna, ambulatori medici, negozi e uffici. La testata dei tre edifici seguenti ospita uno spazio multifunzionale a disposizione degli inquilini. Scale all'aperto distribuiscono gli appartamenti con grandi pianerottoli sui quali si affacciano bagni e cucine, mentre soggiorni e camere da letto si affacciano a sud. La griglia del parcheggio interrato – dotato di illuminazione e ventilazione naturale – determina il telaio strutturale; le partizioni interne, al contrario, sono svincolate e permettono una straordinaria varietà di tagli e tipologie di alloggio. Gli appartamenti più grandi sono collocati in basso, ai piani alti si trovano quelli più piccoli. Gli alloggi sono flessibili, non solo grazie alle porte scorrevoli che ampliano le camere e il soggiorno. Un concetto singolare è quello delle "opzioni dell'abitare": in alcune unità la zona cucina-soggiorno può essere unita o separata dall'alloggio stesso. In questo modo genitori single possono godere dei vantaggi della condivisione di un appartamento, mantenendo spazi individuali sufficienti per ognuno dei conviventi, obiettivo altrimenti impossibile da raggiungere in edilizia sociale. Altri alloggi di notevoli dimensioni sono dotati di ingressi distinti e più bagni, il che ne permette l'utilizzo separato.

❹
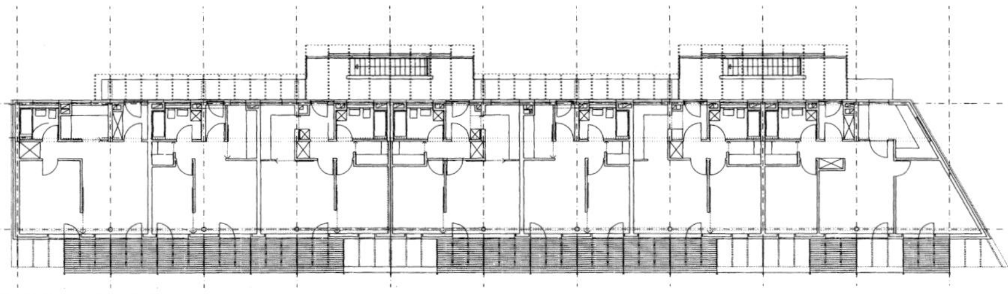

❸
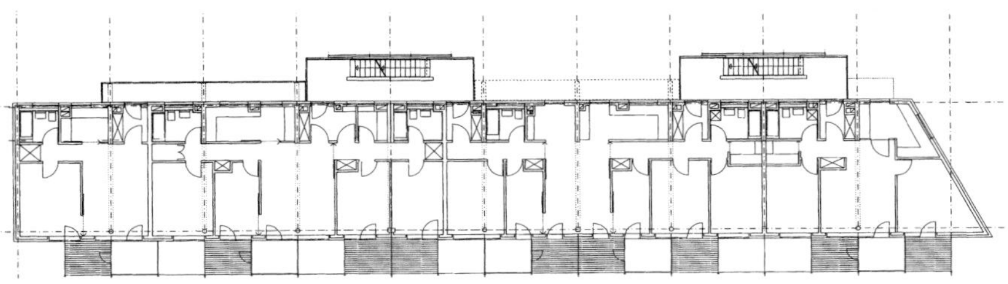

❸ Edificio 3: 2° piano 1:500
Immeuble 3, 2e étage 1:500

❹ Edificio 3: 3° piano 1:500
Immeuble 3, 3e étage 1:500

❺ "Opzioni dell'abitare": un appartamento da 5 locali si può trasformare in due alloggi da 2 locali
L'« habitat optionnel » : un appartement de 5 pièces peut se transformer en deux logements de 2 pièces

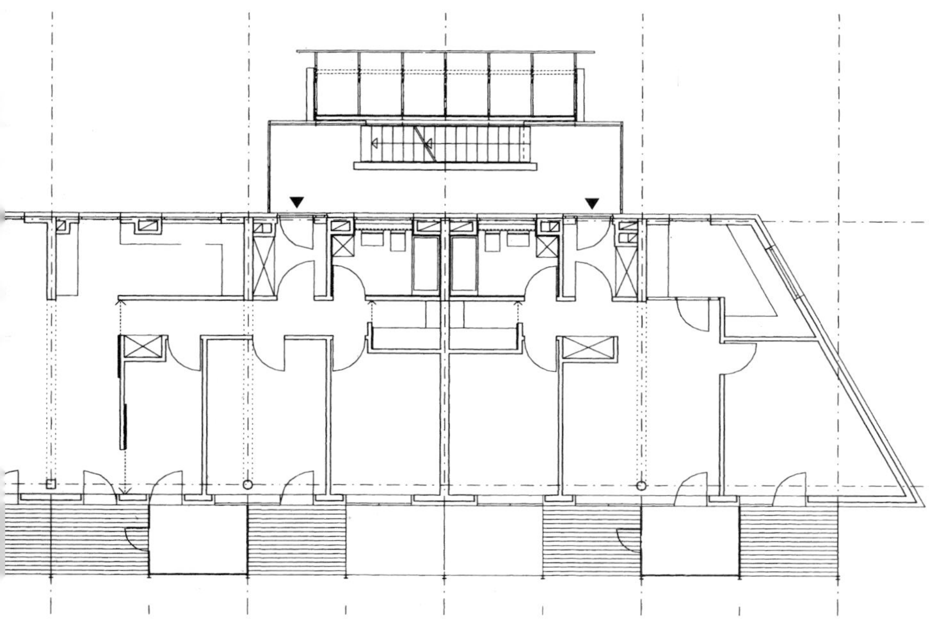

❺
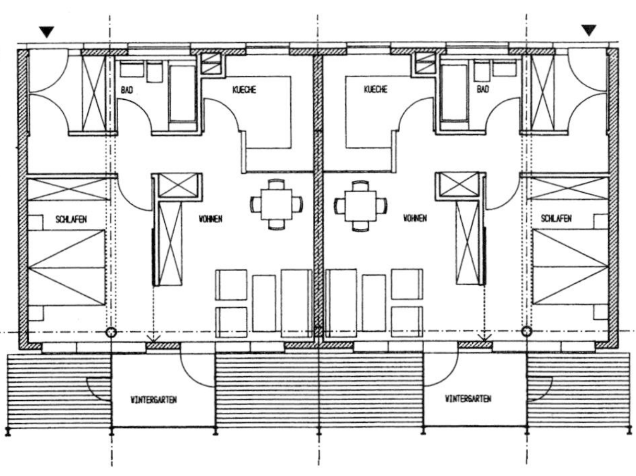

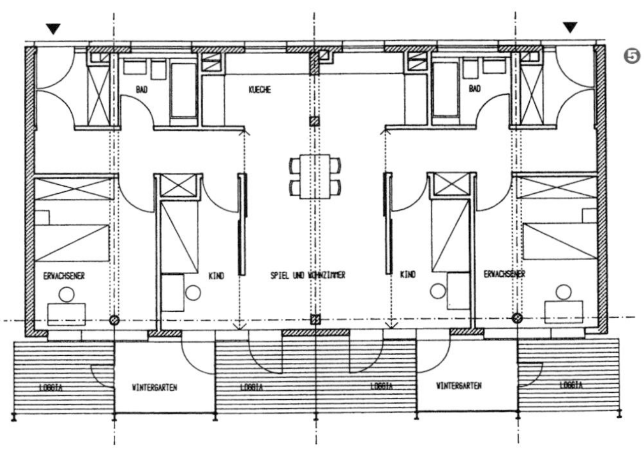

❺

Type de construction
cinq immeubles en rangées, 3-4 niveaux, N/S

Date de construction
1990-1995

Financement
logements sociaux

Profondeur du bâtiment
8,2 m

Accès
escaliers pour 2 ou 4 appartements, petite galerie

Nombre d'appartements
100

Surface des appartements
app. 1½ p., 38/41 m² (16 unités)
app. 2 p., 56/62 m² (25 unités)
app. 3 p., 81 m² (47 unités)
app. 4 p., 105 m² (7 unités)
app. 5 p., 120/126 m² (5 unités)

Places de stationnement
garage souterrain de 108 places sous les immeubles

Espaces extérieurs
balcons, jardins d'hiver

Rüdiger Kramm, en collaboration avec Matthias Karch, Darmstadt

Francfort-sur-le-Main, Francfort-Bonames, Brandhöfchen 1-23

L'ensemble comprend cinq barres dont la disposition répond à un souci d'économie d'énergie: accès au nord, balcons et jardins d'hiver en acier au sud. Entre les bâtiments, des cours arborées. Sous chaque immeuble (construction sur piliers) passe un chemin qui relie les sentiers longeant les barres. Le rez-de-chaussée de la première rangée comprend des installations communautaires: une crèche et des locaux pour des cabinets médicaux, des commerces ou des bureaux. À l'extrémité des trois rangées suivantes, un espace commun est à la disposition de l'ensemble des habitants et géré par eux. L'accès se fait par des escaliers extérieurs, sur lesquels donnent la cuisine et la salle de bains. Le séjour et les chambres à coucher sont côté sud. L'ossature est définie dès le garage souterrain (à aération et éclairage naturels); mais entre ces éléments porteurs, l'agencement des parois est libre, d'où une très grande variété d'appartements. Les grands sont en bas, les petits en haut. La souplesse se manifeste non seulement par des portes coulissantes entre les chambres à coucher et la pièce de séjour, mais, de manière plus originale, par le principe de l'« habitat optionnel », c'est-à-dire la possibilité de réunir deux appartements autour de la zone cuisine-séjour puis de les séparer à nouveau. Les personnes qui, élevant seules des enfants, cherchent à se regrouper pour faciliter l'organisation de la vie quotidienne, ont ici suffisamment de pièces individuelles pour l'ensemble de la famille, ce qui n'est pas possible dans d'autres logements sociaux. D'autres grands appartements ont des entrées et des salles de bains séparées, de sorte qu'ils peuvent être divisés.

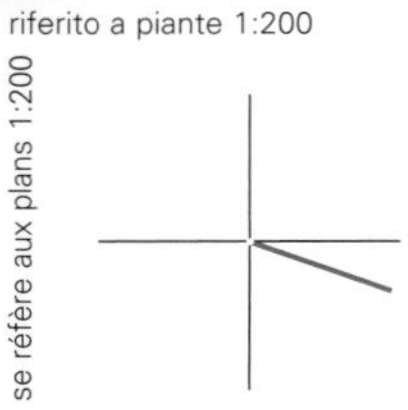

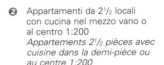

1.6 Schiere indipendenti

Tipologia edilizia:
stecca, 3 piani,
E/O

Data di costruzione:
1992-1994

Modello di finanziamento:
edilizia sociale

Profondità dell'edificio:
10 m

Distribuzione:
a corpo doppio

Numero di alloggi:
24

Dimensione degli alloggi:
appart. da 2½ locali, 46 m² (6);
appart. da 4½ locali, 76 m² (15);
appart. da 5½ locali, 96 m² (3)

Parcheggio:
garage sotterraneo

Spazi aperti:
soggiorni con finestre a tutta altezza possono trasformarsi in logge, spazi aperti pubblici

Florian Riegler,
Roger Riewe,
con Margarethe Müller
e Birgit Theißl,
Graz

Graz-Straßgang,
Bahnhofstraße 10 a-e

❶ Planimetria del piano tipo 1:200
Plan d'étage type 1:200

❷ Appartamenti da 2½ locali con cucina nel mezzo vano o al centro 1:200
Appartements 2½ pièces avec cuisine dans la demi-pièce ou au centre 1:200

❸ Appartamenti da 4½ locali con cucina al centro o nel mezzo vano 1:200
Appartements 4½ pièces avec cuisine au centre ou dans la demi-pièce 1:200

❷ ❷ ❸

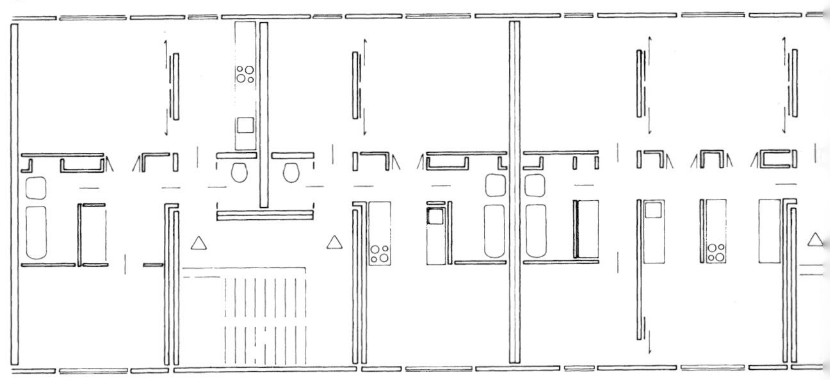

❶

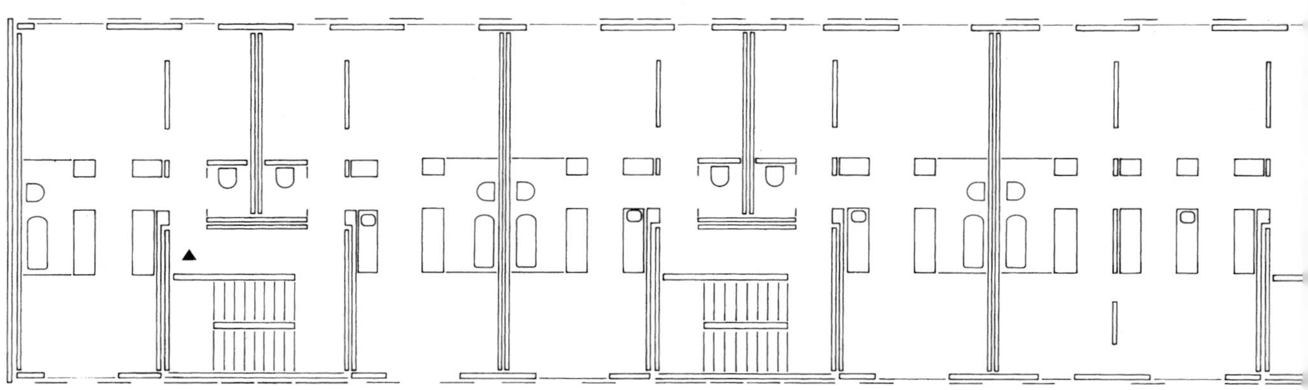

Una stecca in cemento dalla struttura chiara e priva di compromessi, che offre molta flessibilità all'interno delle sue regole. L'edificio non cede al disordinato contesto circostante, ponendosi piuttosto come un solitario nel paesaggio. Nessuna loggia o balcone confonde la perfetta complanarità delle facciate, vivacizzate dal movimento delle persiane scorrevoli a tutta altezza in lamiera stirata (che assicurano la privacy sul lato est) o in nylon (protezione dall'irraggiamento solare a ovest). Le persiane nascondono porte finestre con apertura a 180° capaci di trasformare il soggiorno in loggia. Ogni vano scala distribuisce due sole unità per piano, quindi ogni alloggio ha doppio affaccio (est e ovest). Vi sono due varianti di grandezza diversa della stessa tipologia di appartamento; utilizzi differenti sono resi possibili dalla neutralità degli spazi derivante da dimensioni, cubatura e distribuzione separata. Le piante sono leggibili in due modi diversi. I quadrilocali si articolano in senso longitudinale o trasversale in tre zone: longitudinalmente abbiamo alle estremità le camere e all'interno la fascia dei servizi (corridoio, bagno cucina). In senso trasversale: 1ª fascia: studiolo e bagno degli ospiti; 2ª fascia: soggiorno e cucina; 3ª fascia: due camere e bagno. Gli spazi sono collegati in senso longitudinale da porte scorrevoli, in senso trasversale da porte pieghevoli, cosicché possono essere liberamente aggregati. In un ulteriore tipo di alloggio la cucina può collocarsi nel piccolo vano esposto a ovest.

Type de construction
barre,
3 niveaux, E/O

Date de construction
1992-1994

Financement
logements sociaux

Profondeur du bâtiment
10 m

Accès
cages d'escalier pour
2 appartements par étage

Nombre d'appartements
24

Surface des appartements
app. 2½ p., 46 m²
(6 unités)
app. 4½ p., 76 m²
(15 unités)
app. 5½ p., 96 m²
(3 unités)

Places de stationnement
garage souterrain

Espaces extérieurs
séjours à fenêtres
à hauteur d'étage
pouvant être transformées
en loggias, espace public

Florian Riegler,
Roger Riewe,
en collaboration avec
Margarethe Müller
et Birgit Theißl,
Graz

Graz-Straßgang,
Bahnhofstraße 10 a-e

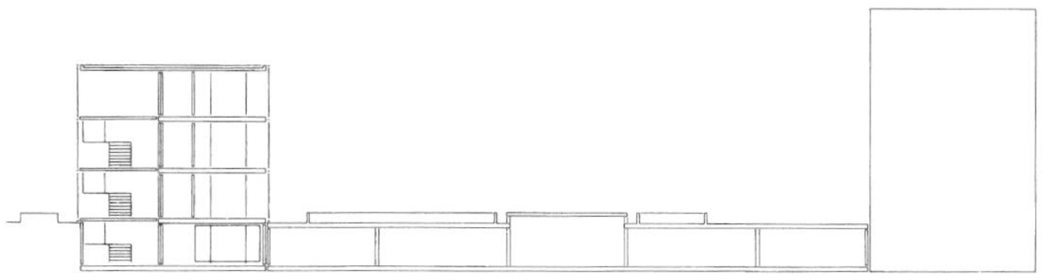

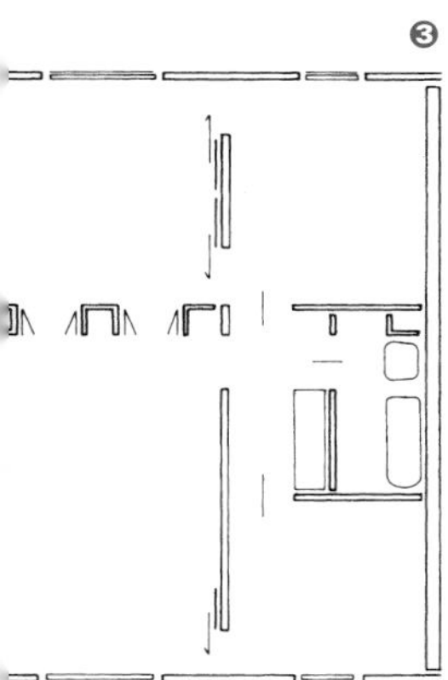

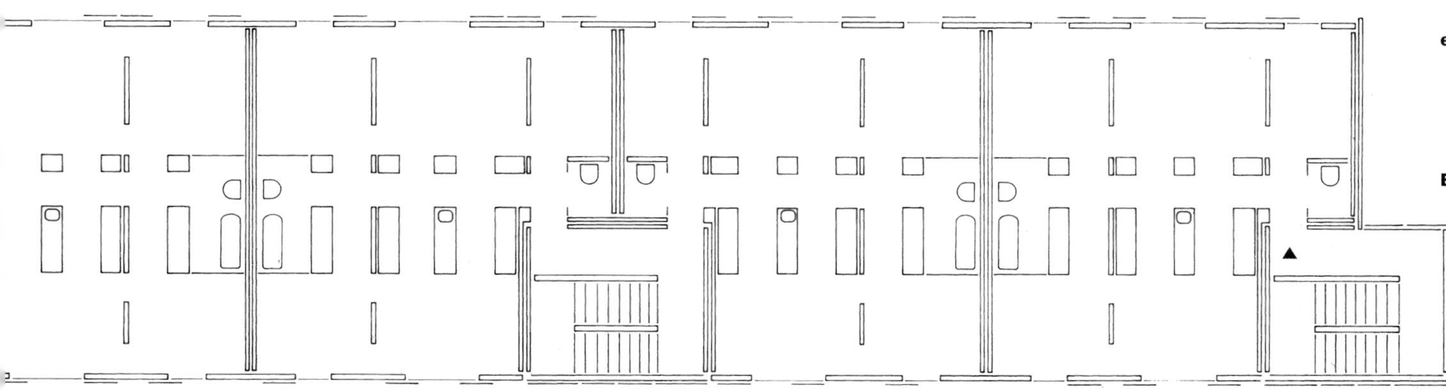

L'immeuble est un bloc de béton allongé: une structure claire, sans compromis, et qui pourtant offre beaucoup d'ouvertures. Il est posé de manière autonome dans le paysage sans tenir compte de l'ordre dispersé des constructions qui l'environnent. La façade est lisse, sans balcons ni loggias, animée seulement par les contrevents coulissants hauts d'un étage en métal étiré (protection contre les regards, à l'est) ou les stores en nylon (protection contre le soleil, à l'ouest). Derrière eux, des fenêtres verticales «à la française», ouvrant à 180°, transforment les séjours en loggias. Les cages d'escalier ne desservent que deux logements par étage, de sorte que tous les appartements peuvent être traversants. Il n'existe qu'un type de plan, avec deux variantes: une grande et une petite. Mais l'affectation des pièces n'est pas prédéfinie, laissant toute liberté d'agencement. Les plans peuvent se lire de deux manières, longitudinalement ou transversalement, avec une articulation en trois zones (pour les 4½ pièces). Longitudinalement: espaces de service au milieu (couloir, cuisine, salle de bains), entre les chambres. Transversalement: 1. axe de la demi-pièce (7,5 m²) et WC des invités; 2. axe séjour et cuisine; 3. axe des chambres à coucher et de la salle de bains. Les fermetures longitudinales se font par des portes coulissantes, les transversales par des portes en accordéon. Les pièces peuvent donc être réunies à souhait. Il existe encore un autre type d'appartement avec la cuisine dans la demi-pièce sur le côté ouest.

1.6 Schiere indipendenti

Tipologia edilizia:
doppia stecca con galleria centrale (area distributiva e spazio comune), 3 piani, E/O

Data di costruzione:
1994

Modello di finanziamento:
edilizia sociale

Profondità dell'edificio:
7,25 m (singola stecca)
8 m (galleria)

Distribuzione:
maisonettes: accesso al pianterreno direttamente dalla galleria coperta, alloggi su un piano: ballatoio

Numero di alloggi:
50

Dimensione degli alloggi:
appart. da 1½ locali, 38 m² (1);
appart. da 2 locali, 61-65 m² (10);
appart. da 3 locali, 76-81 m² (6);
mais. da 3 locali, 76-81 m² (11);
appart. da 4 locali, 93-103 m² (3);
mais. da 4 locali, 93-103 m² (19)

Parcheggio:
garage sotterraneo

Spazi aperti:
giardini, balconi

Manfred Kovatsch
con Helmut Bielenski,
Gehrard Breu,
Monaco

Graz,
Tyroltgasse

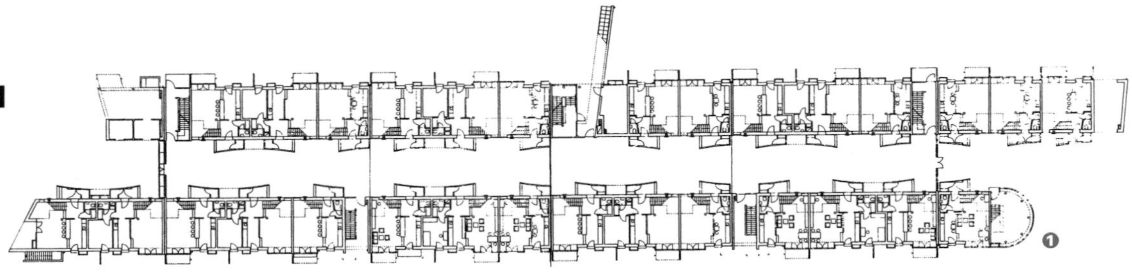

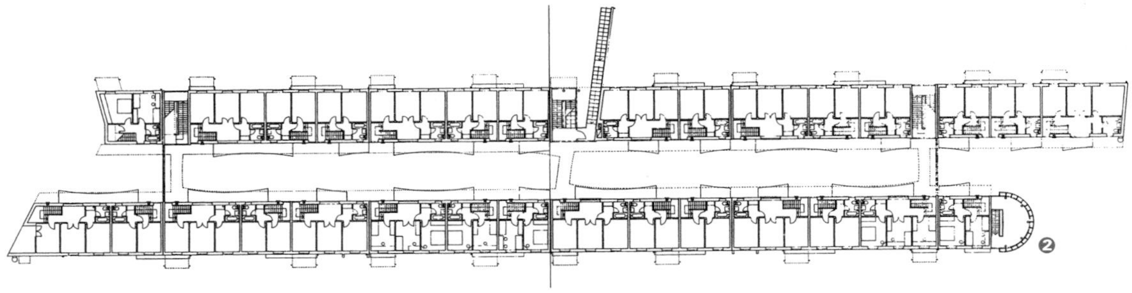

❶ Pianterreno 1:100
Plan du rez-de-chaussée 1:1000
❷ 1° piano 1:1000
Plan du 1er étage 1:1000
❸ 2° piano 1:1500
Plan du 2e étage 1:500

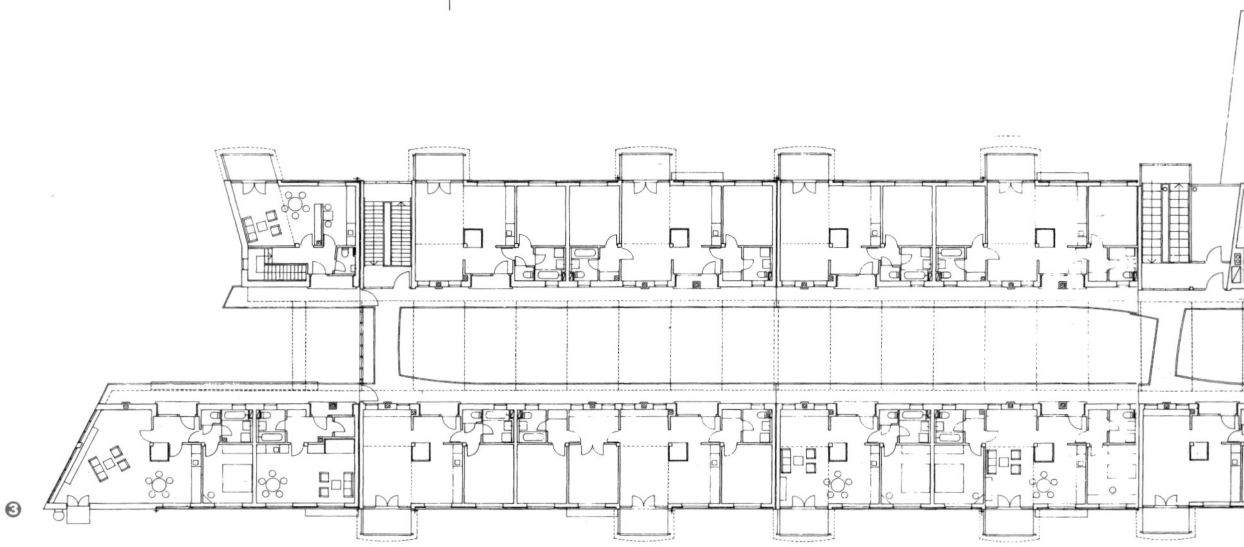

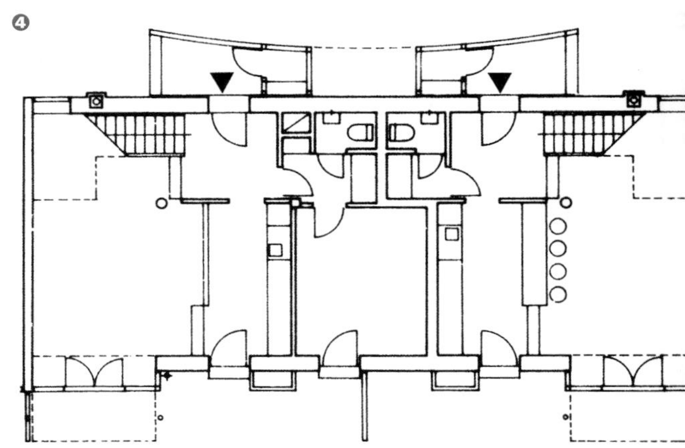

In un contesto frammentario viene collocato un volume edilizio semplice e strutturante: una doppia stecca lunga 110 m. Disposti parallelamente all'asse nord-sud i due edifici in linea creano tra loro una galleria coperta in vetro che funge da distribuzione e spazio di relazione. La forte longitudinalità è sdrammatizzata dagli ingressi aggettanti delle *maisonettes* (al pianterreno e 1° piano), volumi colorati che si inseriscono obliqui lungo il percorso. Ingresso e bagno delle *maisonettes* si affacciano sulla galleria, gli altri vani si affacciano sul giardino privato. Il soggiorno al pianterreno è rialzato di due gradini rispetto alla cucina e all'eventuale camera da letto adiacenti. La scala – dotata di ampia finestra sulla galleria – porta alla camera e al bagno al piano superiore. Gli appartamenti al 2° piano sono distribuiti da ballatoi leggermente curvati che aggettano nella galleria, dove sono collegati tra loro da tre passerelle. Gli appartamenti su un livello sono costituiti da una serie di vani uguali tra loro – occupati da cucina, soggiorno o camera da letto – cui si aggiunge una zona indeterminata antistante la galleria, da cui si accede alle camere (ma è sufficientemente ampia anche per lavorarci o giocare). Il soggiorno, che comprende anche la cucina, può includere questa fascia fino al ballatoio interno e dall'altra parte fino al giardino attraverso il balcone. A disposizione dei residenti vi sono ulteriori spazi comuni e laboratori alle estremità degli edifici.

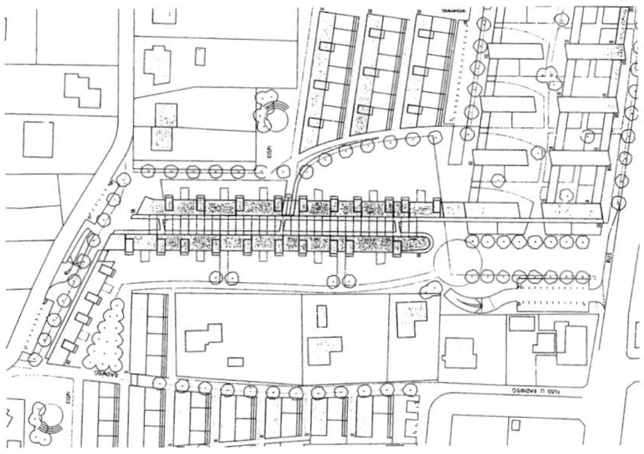

Pianterreno e 1° piano con *maisonettes* da 2 e 3 locali 1:200
Rez-de-chaussée et 1er étage : duplex 2 et 3 pièces 1:200

5 2° piano con appartamento da 3 locali 1:200
Deuxième étage : appartements 3 pièces 1:200

Type de construction
barre double avec galerie centrale (espace commun), 3 niveaux, E/O

Date de construction
1994

Financement
logements sociaux

Profondeur du bâtiment
7,25 m (barre), 8 m (galerie)

Accès
duplex : de plain-pied par la rue intérieure couverte ; appartements des étages : galerie haute en saillie

Nombre d'appartements
50

Surface des appartements
app. 1½ p., 38 m² (1 unité)
app. 2 p., 61-65 m² (10 unités)
app. 3 p., 76-81 m² (6 unités)
duplex 3 p., 76-81 m² (11 unités)
app. 4 p., 93-103 m² (3 unités)
duplex 4 p., 93-103 m² (19 unités)

Places de stationnement
garage souterrain

Espaces extérieurs
jardins, balcons

Manfred Kovatsch, en collaboration avec Helmut Bielenski et Gerhard Breu, Munich

Graz, Tyroltgasse

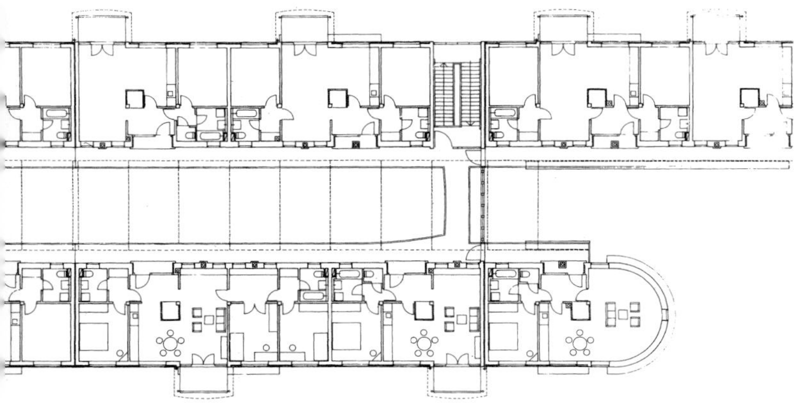

4

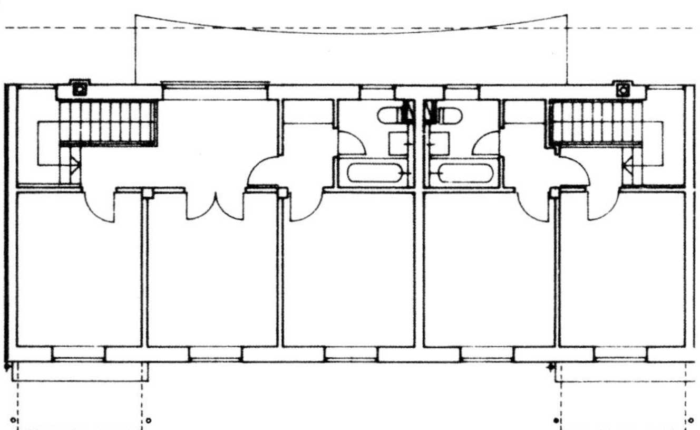

5

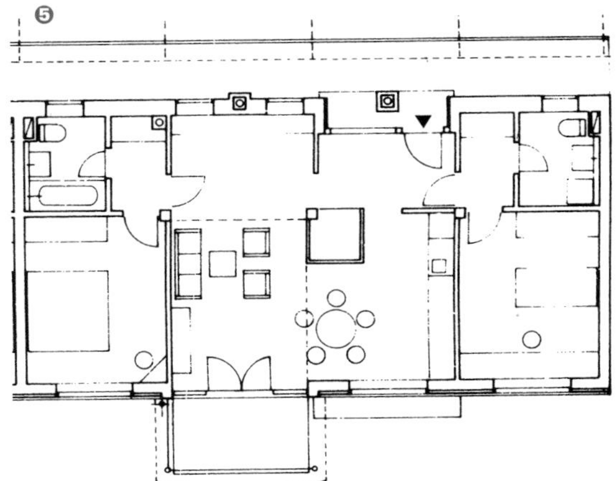

Cette double barre de 110 mètres de long, avec sa forme claire et structurante, est posée dans un environnement de petites unités de zone résidentielle. Les deux bâtiments sont réunis par une allée couverte de verre qui sert à la fois d'accès et d'espace commun. La stricte linéarité est adoucie par les ressauts formés par les entrées des duplex et par les couleurs de celles-ci (rez-de-chaussée et 1er étage). Dans ces appartements, l'entrée et la salle de bains donnent sur le passage, toutes les autres pièces étant tournées vers le jardin. Au niveau inférieur, une dénivellation de deux marches sépare le séjour (plus haut) de la cuisine (et dans certains cas d'une chambre à coucher supplémentaire). L'escalier, éclairé par une haute fenêtre donnant sur le passage, mène aux autres chambres et à la salle de bains. Les appartements du 2e étage sont reliés par des galeries légèrement incurvées qui en trois endroits ont une passerelle franchissant l'allée centrale. Ces appartements se comparent d'une succession de pièces identiques (l'affectation varie: cuisine, chambre, séjour) et d'un espace d'entrée suffisamment vaste pour servir de bureau ou de salle de jeu. Le séjour, non séparé de la cuisine, peut être réuni à l'entrée et ainsi traverser toute la largeur, avec en prolongement le balcon côté jardin. Les habitants ayant choisi un mode d'habitation communautaire peuvent disposer de divers locaux et ateliers aux extrémités de la barre.

riferito a piante 1:200

se réfère aux plans 1:200

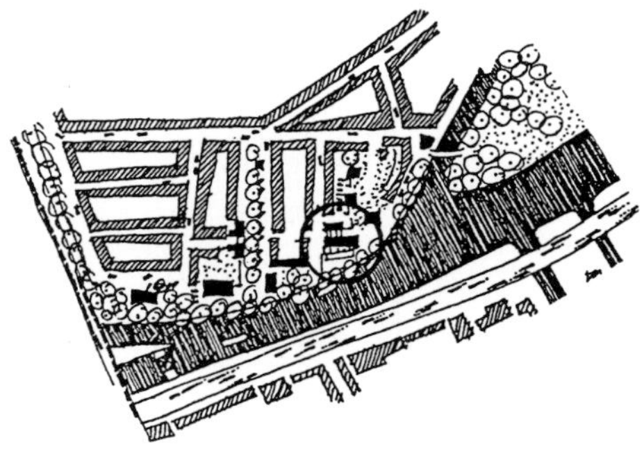

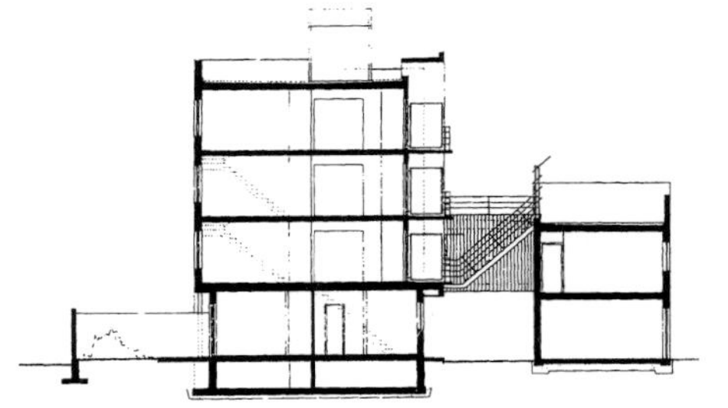

Tipologia edilizia:
doppia casa in linea,
2 e 4 piani,
edifici collegati al 1° piano, N/S

Data di costruzione:
1992-1996

Modello di finanziamento:
edilizia sociale

Profondità dell'edificio:
10,3 m (stecca principale)
5,6 m (stecca secondaria)

Distribuzione:
a corpo semplice e doppio,
3 vani scala, 2 ascensori

Numero di alloggi:
20

Dimensione degli alloggi:
appart. da 2 locali, 54,5/60,5/62,5 m² (10);
appart. da 3 locali, 71-75,5 m² (6);
appart. da 4 locali, 97 m² (1);
appart. da 5 locali, 110,5/113 m² (3)

Parcheggio:
garage (8 posti),
posti auto all'aperto

Spazi aperti:
giardino, giardino pensile, balconi,
giardino condominiale

Bruno Dercon,
Pieter T'Jonck,
Leo Van Broeck,
in collaborazione con
ir.architekten,
Lovanio

Belgio,
Gand-Scheldekaai,
Hoge Pontstraat

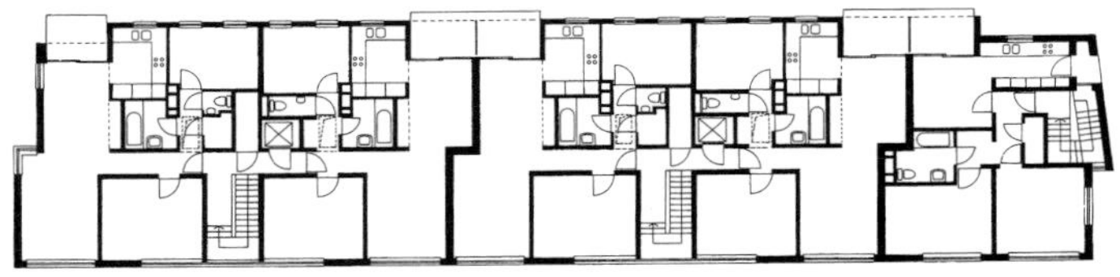

❹

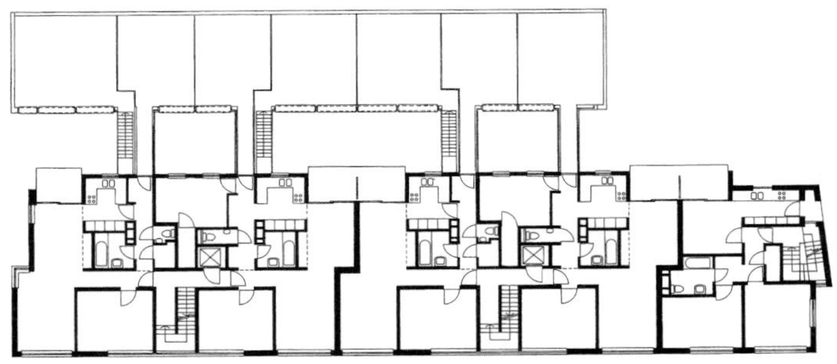

❸

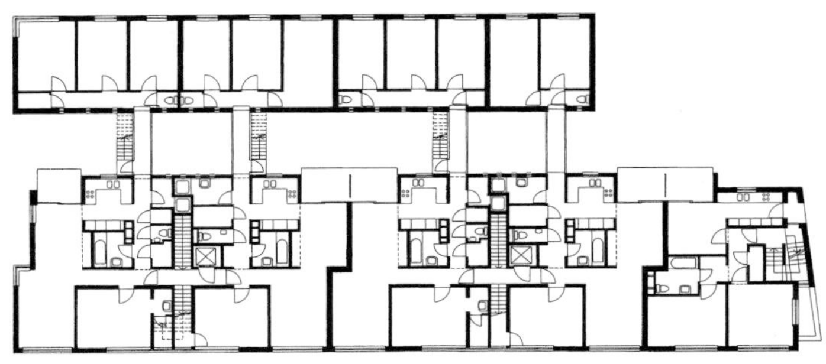

❷

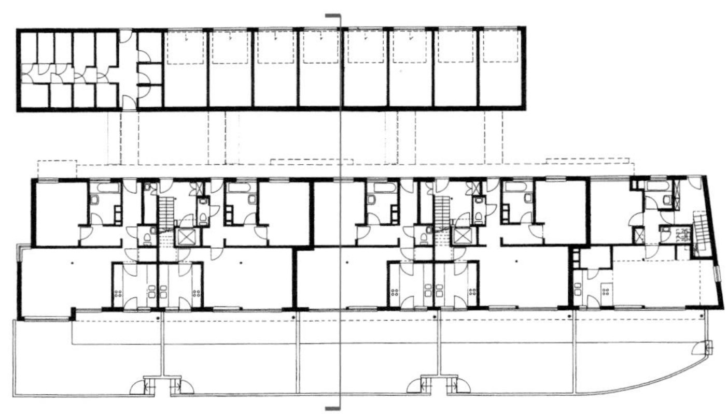

❶

❶ Pianterreno: appartamento da 2 locali con giardino 1:500
Rez-de-chaussée: appartement 2 pièces avec jardin 1:500

❷ 1° piano: appartamenti da 2, 4 e 5 locali con terrazza sul tetto 1:500
Premier étage: appartements 2, 4 et 5 pièces avec terrasse sur le toit 1:500

❸ 2° piano: appartamenti da 2 e 3 locali con terrazza sul tetto 1:500
Deuxième étage: appartements 2 et 3 pièces avec terrasse sur le toit 1:500

❹ 3° piano: appartamenti da 2 e 3 locali 1:500
Troisième étage: appartements 2 et 3 pièces 1:500

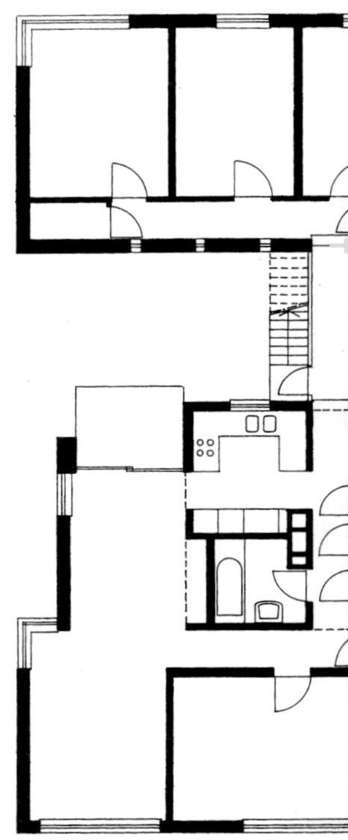

Doppia casa in linea, parte di un piano urbanistico per la riqualificazione di un quartiere degradato di origine industriale sulla riva dello Schelda. L'ambizioso progetto che vinse il concorso è stato realizzato solo in parte: l'edificio risulta infatti isolato. Si tratta di un corpo di fabbrica longitudinale principale e di uno secondario. In quest'ultimo, al pianterreno si trovano i garage e locali per gli attrezzi, al 1° piano le camere dei ragazzi e più sopra il tetto a terrazza. La colorata stecca principale contiene gli altri locali e la distribuzione, che si affaccia sul vialetto interno tra i due edifici e prevede tre scale e due ascensori. Al pianterreno vi sono piccoli appartamenti affacciati sul giardino, ideali per gli anziani. Al 1° piano si trovano ampi appartamenti da 5 locali, per famiglie numerose. La camera da letto dei genitori, il soggiorno, il balcone, la cucina, i ripostigli, la dispensa e il bagno per gli ospiti sono raccolti attorno a un bagno centrale. Le tre camere dei bambini (con servizi) sono allineate sopra il garage e si raggiungono attraversando un ponte rivestito in legno. Da qui, tramite una scala parallela al ponte, si accede alla terrazza sul tetto. Al 2° piano vi sono due alloggi (da 2 e 3 locali) disposti secondo lo stesso schema, con il ponte che sbarca direttamente sulla terrazza, e al piano superiore analoghi appartamenti da 3 locali. La parte ovest, priva di ascensore, ospita alloggi su due livelli (per single), con un'ampia cucina e due piccole camere.

⑥

⑥ L'edificio all'interno del piano urbanistico, così come previsto dal progetto
Le bâtiment dans son environnement tel qu'il était projeté

⑤ 1° piano: appartamenti da 2, 4 e 5 locali con terrazza sul tetto 1:200
Premier étage: appartements 2, 4 et 5 pièces avec terrasse sur le toit 1:200

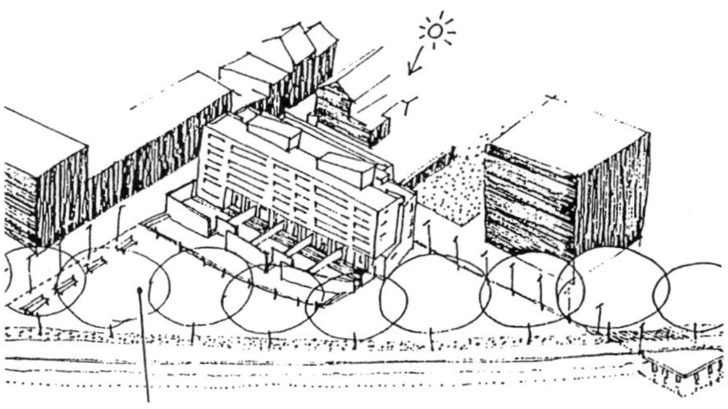

⑥

Type de construction
barre double, 2 et 4 niveaux, reliés au premier étage, N/S

Date de construction
1992-1996

Financement
logements sociaux

Profondeur du bâtiment
10,3 m (bâtiment principal), 5,6 m (bâtiment secondaire)

Accès
3 cages d'escaliers, 1 ou 2 appartements par étage, 2 ascenseurs

Nombre d'appartements
20

Surface des appartements
app. 2 p., 54,5/60/62,5 m² (10 unités)
app. 3 p., 71-75,5 m² (6 unités)
app. 4 p., 97 m² (1 unité)
app. 5 p., 110,5/113 m² (3 unités)

Places de stationnement
garages (8 places), places extérieures

Espaces extérieurs
jardins, terrasse sur le toit, balcons, jardin commun

Bruno Dercon, Pieter T'Jonck, Leo Van Broeck, en collaboration avec ir. architecten, Louvain

Gand, quai de l'Escaut, Hoge Pontstraat

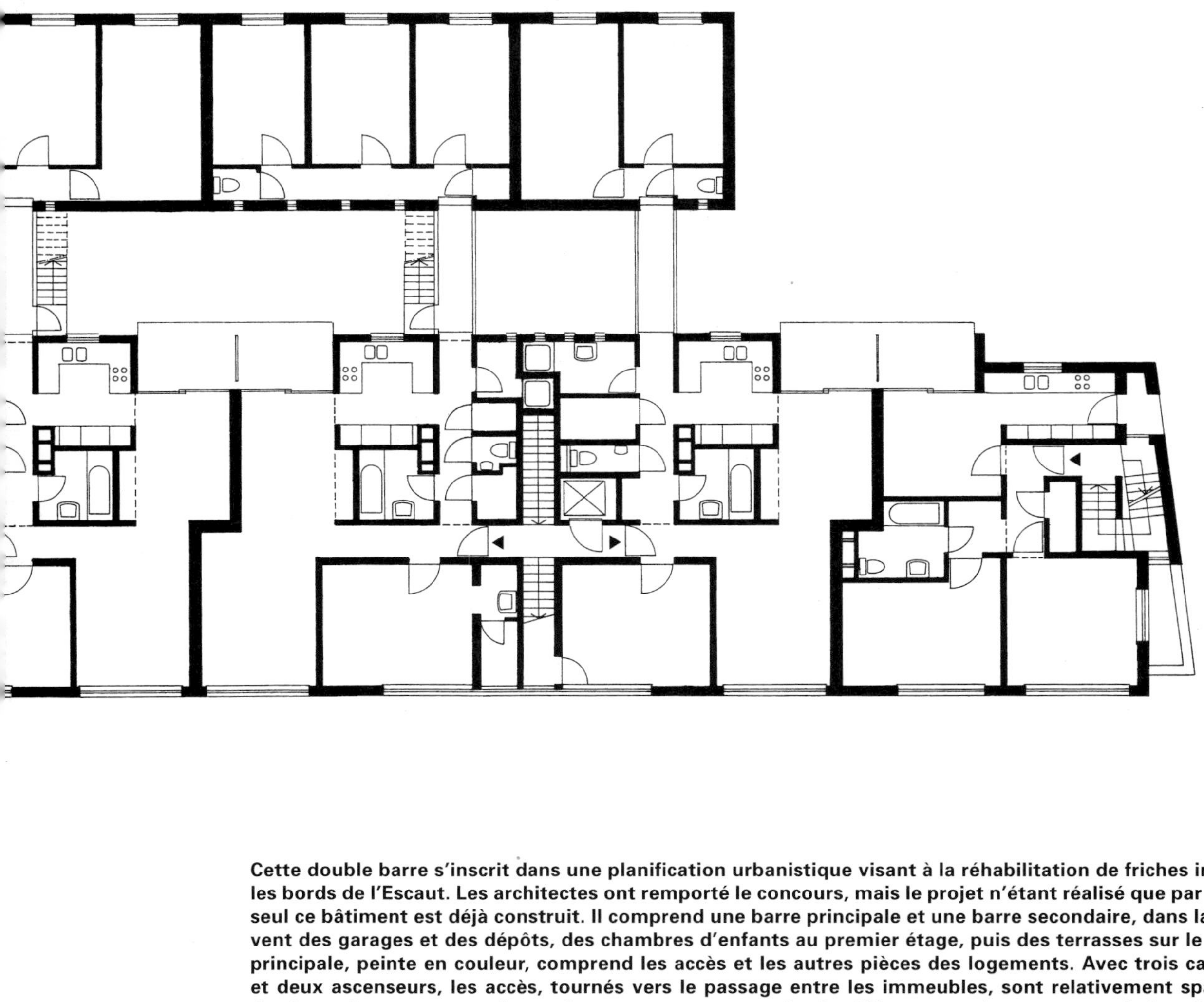

⑤

Cette double barre s'inscrit dans une planification urbanistique visant à la réhabilitation de friches industrielles sur les bords de l'Escaut. Les architectes ont remporté le concours, mais le projet n'étant réalisé que par petites étapes, seul ce bâtiment est déjà construit. Il comprend une barre principale et une barre secondaire, dans laquelle se trouvent des garages et des dépôts, des chambres d'enfants au premier étage, puis des terrasses sur le toit. La rangée principale, peinte en couleur, comprend les accès et les autres pièces des logements. Avec trois cages d'escaliers et deux ascenseurs, les accès, tournés vers le passage entre les immeubles, sont relativement spacieux. Au rez-de-chaussée se trouvent des petits appartements avec jardin, idéaux pour des personnes âgées. Au 1er étage, les grands 5 pièces conviennent pour des familles avec enfants. La chambre à coucher des parents, le séjour (avec balcon), la cuisine, le réduit et les WC des invités sont groupés autour de la salle de bains. Les trois chambres des enfants (avec WC !), au-dessus des garages, sont accessibles par une passerelle à revêtement de bois, à côté de laquelle un escalier monte à la terrasse sur le toit. Au 2e étage se trouvent des appartements de 2 et 3 pièces de structure analogue, avec une passerelle donnant accès à la terrasse. Au-dessus, des appartements de 3 pièces identiques. Dans la partie ouest sont superposés des appartements de 2 pièces (pour personnes seules), avec une grande cuisine et deux petites chambres.

riferito a piante 1:200

se réfère aux plans 1:200

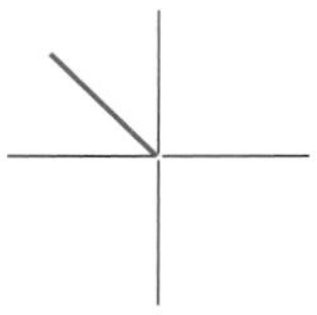

1.6 Schiere indipendenti

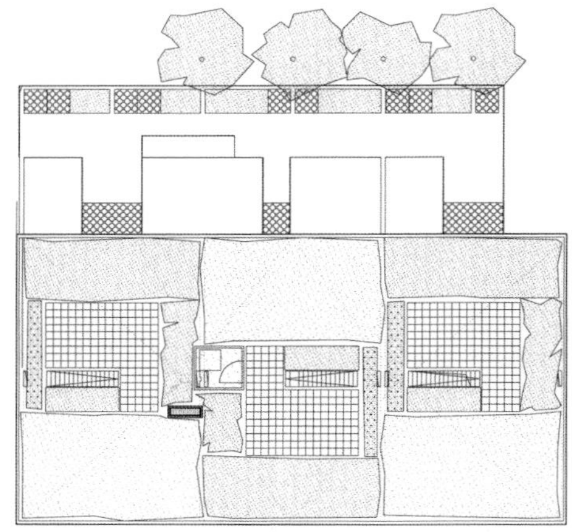

❻

Tipologia edilizia:
edificio a destinazione mista (residenziale e laboratori), 4 piani, NE/SO

Data di costruzione:
1997-1999

Modello di finanziamento:
edilizia privata

Profondità dell'edificio:
15,75 m

Distribuzione:
accesso indipendente dal pianterreno, corpo distributivo di fronte alla facciata, ballatoi al 1° e 2° piano

Numero di alloggi:
12

Dimensione degli alloggi:
8 diversi moduli di identiche dimensioni: min. 110 m², ca. 30 m² di spazi aperti (su due livelli, ampliabili)

Parcheggio:
10 posti auto sotto l'area distributiva

Spazi aperti:
corpo distributivo con terrazze e balconi, giardini pensili

b&k+ brandlhuber&kniess GbR, Colonia

"Kölner Brett", Colonia

❶ Modulo base e sue varianti
Les différentes combinaisons de volumes possibles

❷ Pianterreno con 6 unità 1:500
Rez-de-chaussée, six unités 1:500

❸ 1° piano con la parte superiore di 6 unità 1:500
Premier étage, partie supérieure de six unités 1:500

❹ 2° piano 1:200
Deuxième étage 1:200

❺ 3° piano 1:200 (le 2 unità centrali sono collegate)
Troisième étage (les deux unités médianes sont réunies) 1:200

❻ Ultimo piano con giardini pensili 1:500
Toit avec jardins 1:500

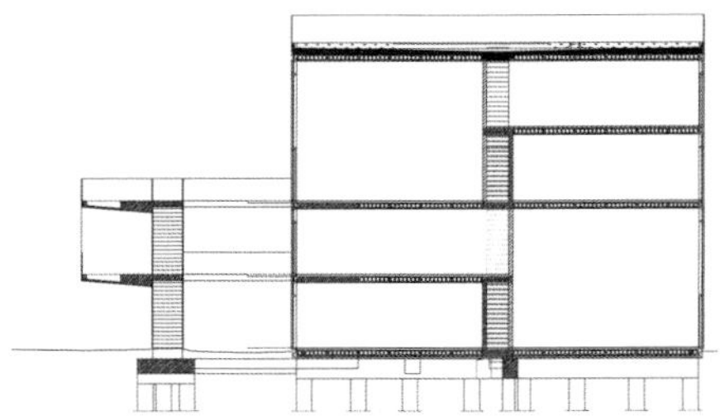

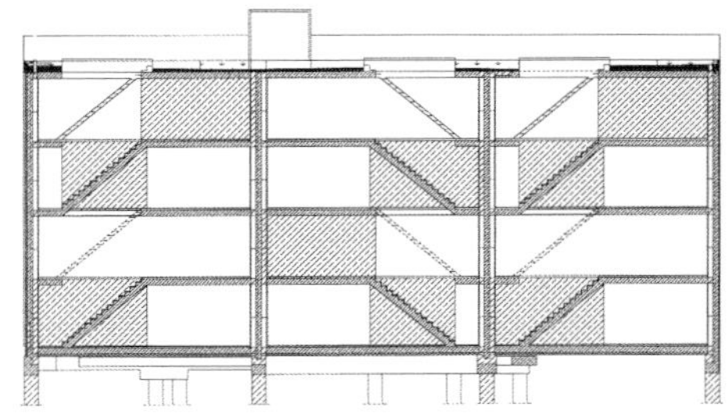

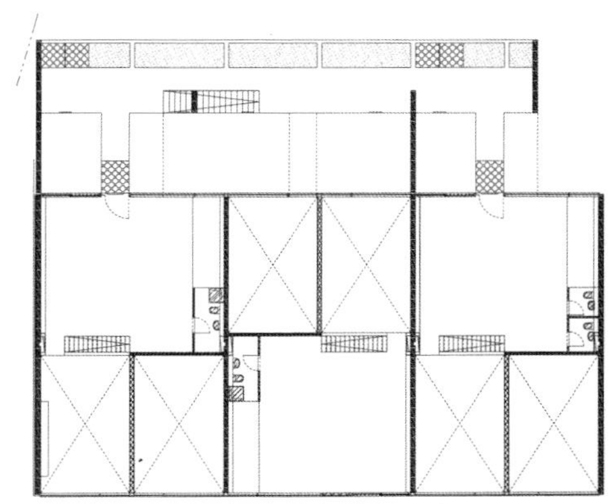

❸

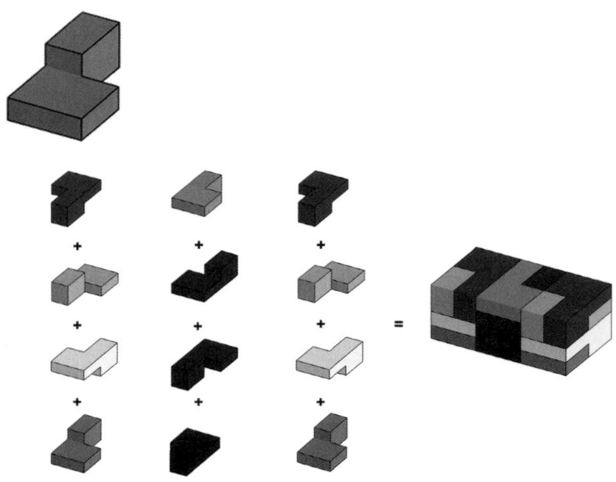

❶

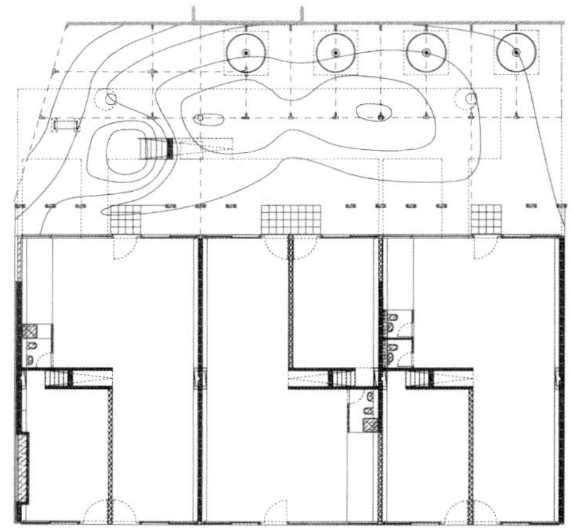

❷

In un'area caratterizzata dalla riconversione di capannoni industriali è sorto questo edificio che mette a frutto con coerenza i suoi punti di forza. Gli architetti hanno infatti saputo confrontarsi con il mutamento degli stili di vita, soprattutto con la convergenza tra luogo abitativo e lavorativo. Il corpo di fabbrica consta di 12 moduli tridimensionali di uguali dimensioni, composti da una parte a un piano e una a doppia altezza (con la possibilità di inserire un secondo livello). Ruotando e specchiando i moduli si ottengono 8 combinazioni di grande varietà spaziale, che può essere ulteriormente incrementata dall'accoppiamento di moduli adiacenti. I moduli non contengono indicazioni rispetto alla destinazione d'uso – sono consegnati all'acquirente privi di bagno e cucina – e sono così stimolanti dal punto di vista spaziale che inducono subito a una «presa di possesso». Ai clienti sono state offerte diverse opzioni (per esempio, tre riguardavano il volume dei servizi igienici nella parte a un piano) e un dettagliato manuale spiegava dove e come agganciare eventuali soppalchi o scale interne; dunque gli acquirenti hanno potuto terminare la realizzazione dell'appartamento a loro piacimento. Poiché il suolo circostante era contaminato e sigillato, tutte le aree sul tetto o sulla parte distributiva nel retro sono state integrate nell'edificio a formare gli spazi aperti di pertinenza della residenza; gli ampi ballatoi che collegano le unità ospitano una fascia di verde e sono una sorta di balcone semipubblico.

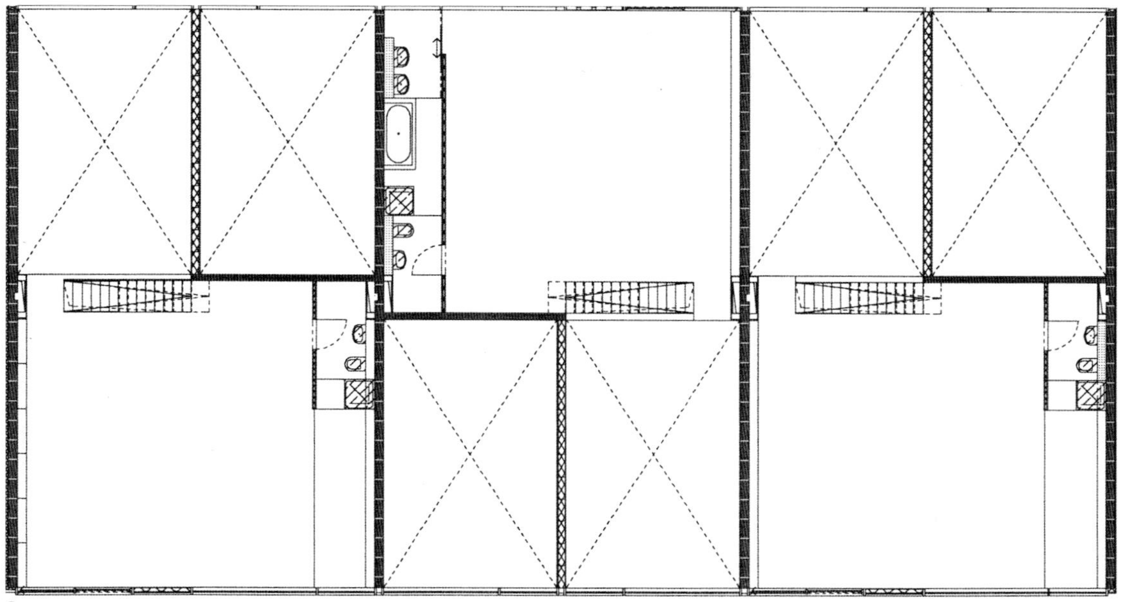

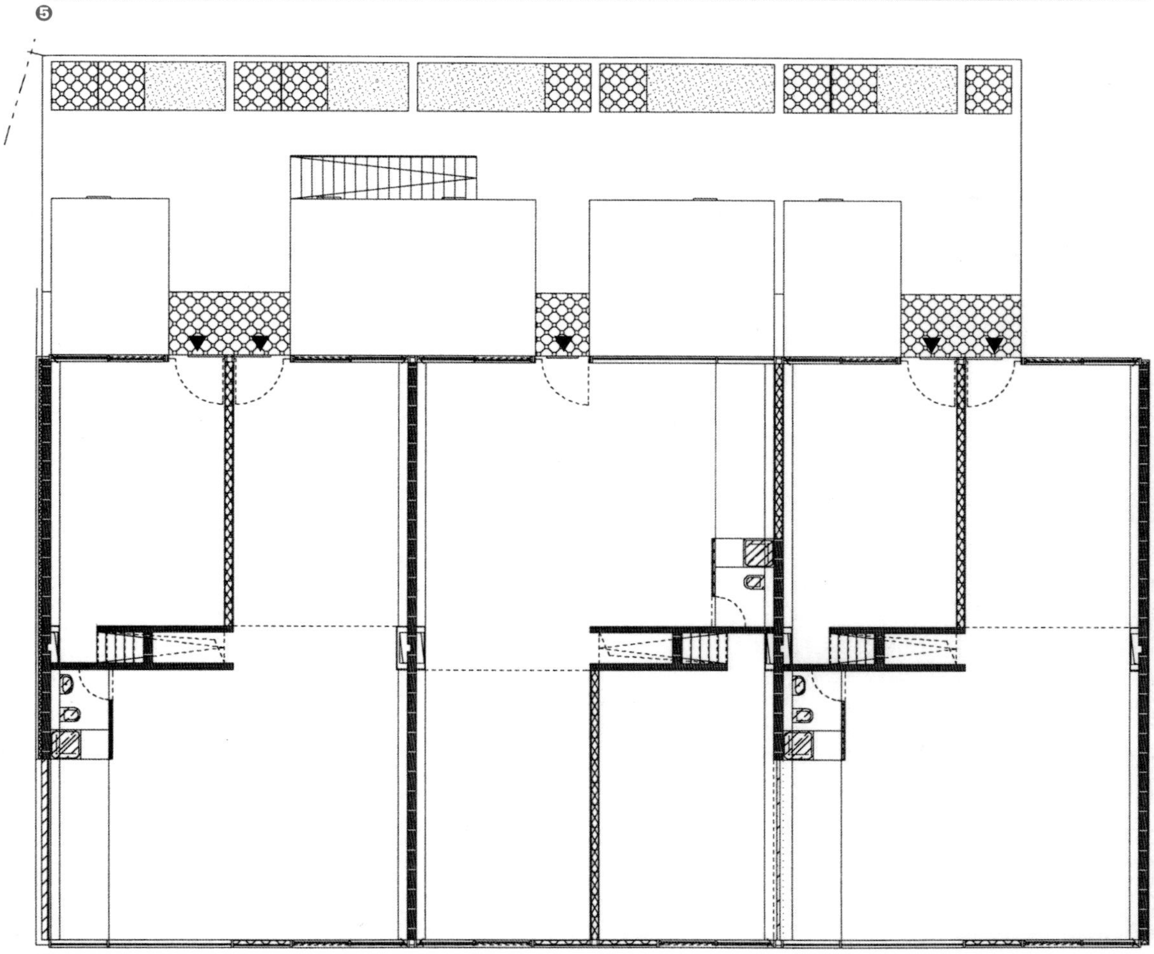

Type de construction
immeuble pour logements
et ateliers, 4 niveaux, NE/SO

Date de construction
1997-1999

Financement
privé

Profondeur du bâtiment
15,75 m

Accès
direct au rez-de-chaussée;
pour les étages, entrées
adossées à la maison
avec galeries aux 1er et 2e étages

Nombre d'appartements
12

Surface des appartements
8 modules de même dimension:
min. 110 m²
surfaces libres d'env. 30 m²
(extensibles sur deux niveaux)

Places de stationnement
10 sous l'entrée

Espaces extérieurs
entrées avec terrasses
et balcons, jardins sur le toit

b&k+ brandlhuber&kniess GbR, Cologne

« Kölner Brett », Cologne

Ce nouveau bâtiment s'inscrit dans un quartier dont le caractère est marqué par des constructions industrielles réhabilitées. Ses qualités et son attrait paraissent sciemment mis à profit. Les architectes se sont intéressés ici à l'évolution des formes de vie et au rapprochement entre habitation et activité. L'immeuble se compose de douze unités qui comprennent chacune une partie à un étage et une partie à deux étages (second niveau optionnel). Les modules de ces unités peuvent être assemblés de huit manières différentes et le nombre de combinaisons peut encore être augmenté par l'insertion de modules isolés. Ces volumes n'ont aucune affectation prédéfinie (ils sont fournis sans salle de bains ni cuisine), ce qui fait tout leur charme et invite à en prendre possession. Diverses propositions ont été faites aux acquéreurs, par exemple trois emplacements possibles pour les installations sanitaires. Un manuel explique tous les détails, notamment les points d'appui qui permettent de poser des galeries ou des escaliers métalliques. Mais les propriétaires ont aussi eu la possibilité de concevoir l'aménagement tout à fait librement. Le sol étant pollué, il a fallu le sceller; on a donc placé tous les espaces ouverts sur le toit de l'immeuble ou sur celui des structures d'accès à l'arrière. Les passerelles sont larges et bordées de plantes; elles servent de terrasses ou de balcons semi-publics.

riferito a piante 1:200

se réfère aux plans 1:200

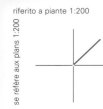

1.6 Schiere indipendenti

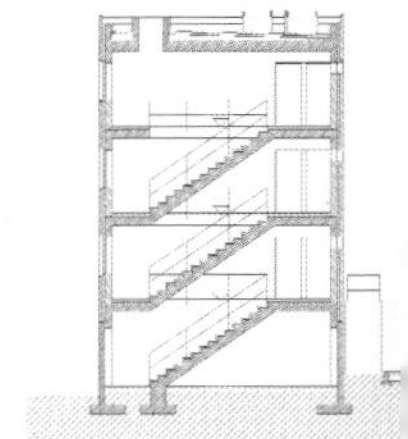

Tipologia edilizia:
edificio a stecca, 3-4 piani, NO/SE

Data di costruzione:
1999

Modello di finanziamento:
edilizia sociale,
condominio per famiglie a basso reddito

Profondità dell'edificio:
7,75 m

Distribuzione:
a corpo semplice e doppio

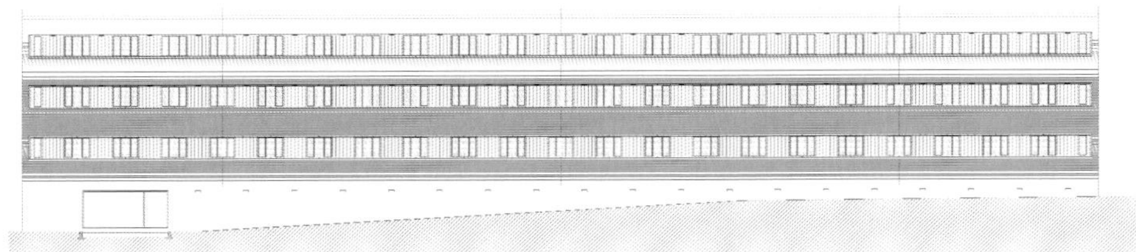

Numero di alloggi:
15

Dimensione degli alloggi:
appart. da 2 locali, 62,5 m² (3);
appart. da 3 locali, 81 m² (12)

Parcheggio:
15 box-auto nella strada di fronte

Spazi aperti:
grande giardino condominiale

João Álvaro Rocha, Porto

Maia I, Maia (Portogallo)

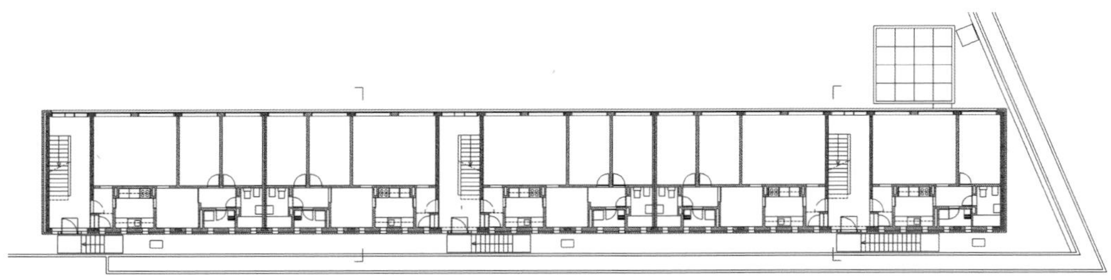

❷

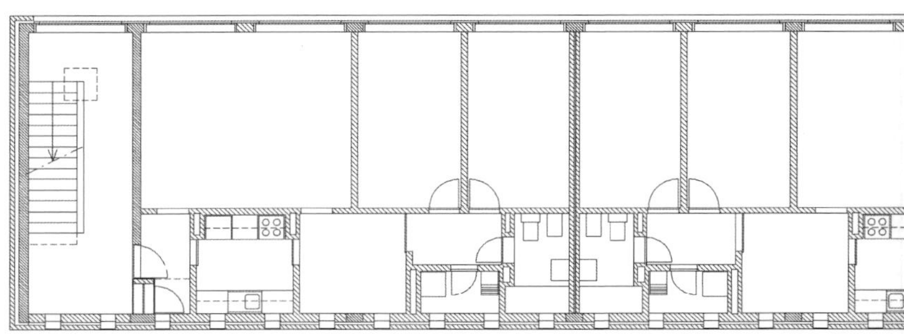

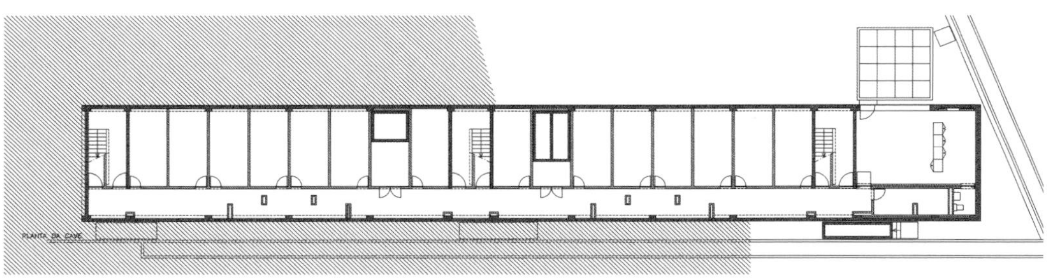

❶

Il programma di edilizia residenziale ha previsto una drastica riduzione delle risorse (economiche) a disposizione; da ciò gli architetti hanno ricavato un tema progettuale, limitandosi a due grandezze per le stanze (singola o doppia), due tagli di appartamento, due dimensioni per le aperture e così via. La rigidità della ripetizione conferisce alla stecca una forza espressiva che intende promuovere la riconfigurazione della frammentata area suburbana Maia I. Le planimetrie sono estremamente semplici. Si suddividono in senso longitudinale in due aree: una sequenza di camere da letto e soggiorni corre parallela a una serie di vani di servizio. Un piccolo disimpegno all'ingresso distribuisce, oltre all'ampio soggiorno, la cucina passante, attraverso la quale si accede a un disimpegno più ampio; da qui si passa alla zona notte, al bagno e alla lavanderia. Questo secondo disimpegno è abbastanza grande da poter essere utilizzato come sala da pranzo o in altro modo. La suddivisione longitudinale della planimetria si avverte anche in facciata. Sulla strada si aprono piccole finestre quadrate che illuminano i vani di servizio. La facciata in mattoni orientata verso il giardino è invece strutturata da aperture a nastro lungo tutto l'edificio. Queste fasce sono composte da superfici opache e trasparenti, mentre le parti in movimento sono in legno. Il piano seminterrato ospita ripostigli e uno spazio comune davanti al quale è situata una terrazza. Questo schema planimetrico è stato usato dall'amministrazione comunale in più di un'occasione, variando l'altezza e la lunghezza della stecca in modo anche significativo.

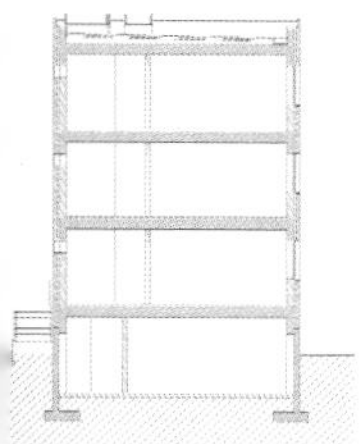

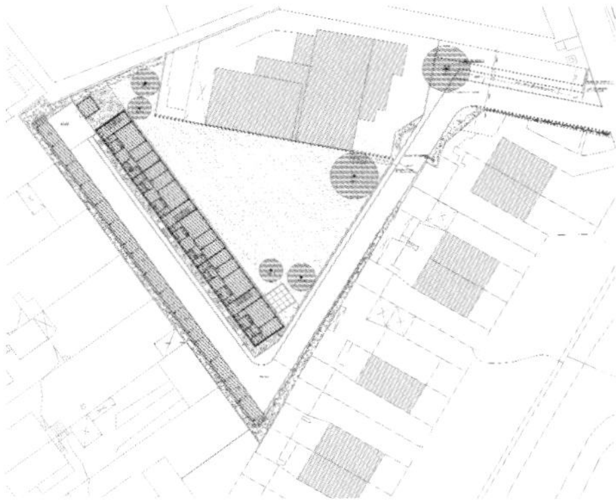

Seminterrato 1:500
Sous-sol 1:500

Pianterreno 1:500
Rez-de-chaussée 1:500

Piano tipo 1:200
Étage type 1:500

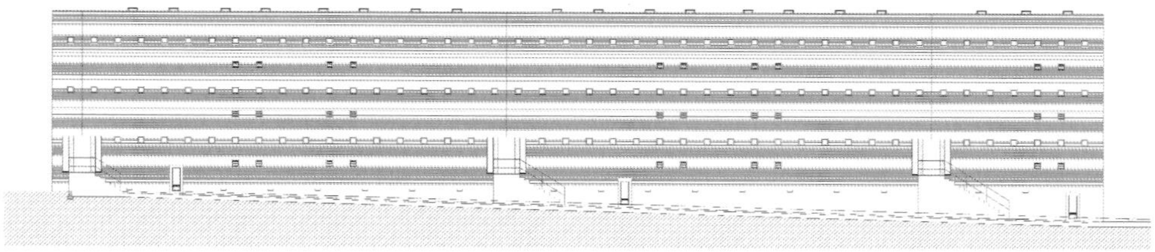

Type de construction
barre,
3-4 niveaux, NO/SE

Date de construction
1999

Financement
sociaux, en copropriété
pour familles à faible revenu

Profondeur du bâtiment
7,75 m

Accès
cages d'escaliers
pour 1 ou 2 appartements
par étage

Nombre d'appartements
15

Surface des appartements
app. 2 p., 62,5 m² (3 unités)
app. 3 p., 81 m² (12 unités)

Places de stationnement
15 garages de l'autre
côté de la rue

Espaces extérieurs
grande pelouse pour
l'usage commun

João Álvaro Rocha,
Porto

Maia I,
Maia (Portugal)

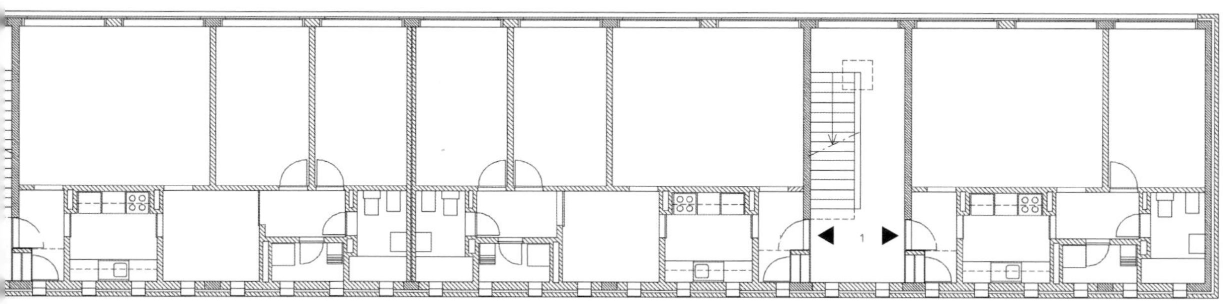

❸

L'immeuble est né d'un projet de construction de logements sociaux. Les architectes ont fait de la restriction des moyens financiers qui leur était imposée le thème même de leur conception: deux formats de chambre seulement (simple ou double), deux formats d'appartement, deux formats de fenêtres, etc. Par la rigueur même de ces répétitions, l'immeuble affiche une présence physique qui contribue à redonner une structure à un quartier de banlieue à l'urbanisme dispersé. Les plans sont d'une extrême simplicité, avec une division dans le sens de la longueur: d'un côté séjour et chambre, de l'autre les services. Un petit vestibule donne sur la cuisine que l'on traverse pour aboutir dans un second desservant la chambre à coucher, la salle de bains et la buanderie. Ce deuxième vestibule est suffisamment grand pour pouvoir servir de salle à manger ou pour d'autres usages. La bipartition du volume des appartements est également visible sur l'enveloppe extérieure, au contraste entre les petites fenêtres carrées du côté des pièces de service (côté rue) et les fenêtres en bandeau sur la façade en brique du côté des chambres (donnant sur une pelouse). Les bandeaux de baies vitrées se présentent sous la forme d'une alternance de surfaces opaques et transparentes, où les éléments mobiles sont en bois. Au sous-sol se trouvent des locaux de rangement; dans le soubassement de béton, un local communautaire se prolonge par une terrasse. Le schéma de base a été réutilisé pour différents projets de construction de la municipalité, avec cependant d'importantes variations dans la hauteur et la longueur des immeubles.

riferito a piante 1:200

se réfère aux plans 1:200

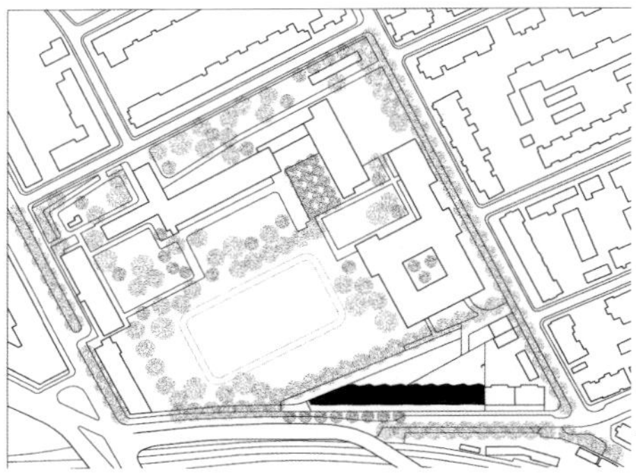

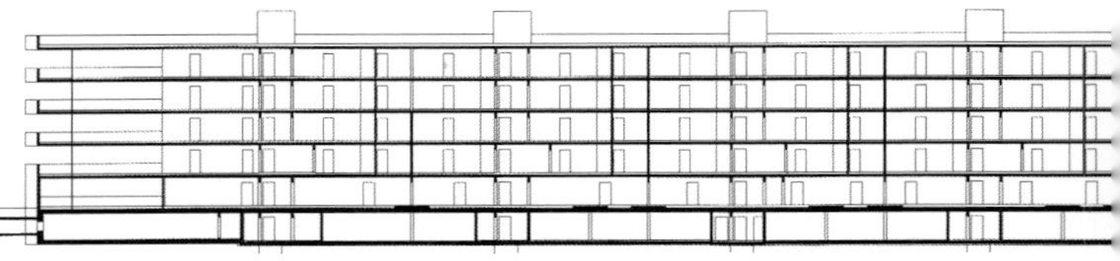

1.6 Schiere indipendenti

Tipologia edilizia:
edificio a stecca,
5 piani, NO/SE

Data di costruzione:
2002

Modello di finanziamento:
edilizia privata

Profondità dell'edificio:
11,9 m

Distribuzione:
a corpo doppio

Numero di alloggi:
45

Dimensione degli alloggi:
appart. da 2½ locali, 70-80 m² (5);
appart. da 3 locali, 97 m² (16);
appart. da 4 locali, 111 m² (5);
appart. da 4 locali, 119 m² (15);
appart. da 5 locali, 135 m² (4)

Parcheggio:
garage interrato con 43 posti auto

Spazi aperti:
balconi, giardino condominiale
con area giochi, 11 locali per hobby

Morger & Degelo Architekten, Basilea

Basilea, St. Alban-Ring

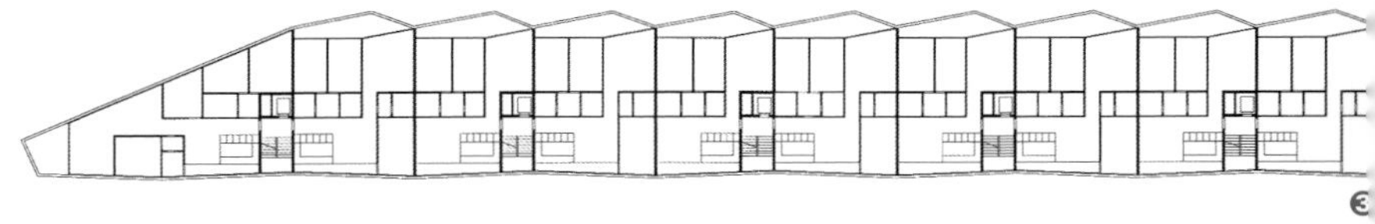

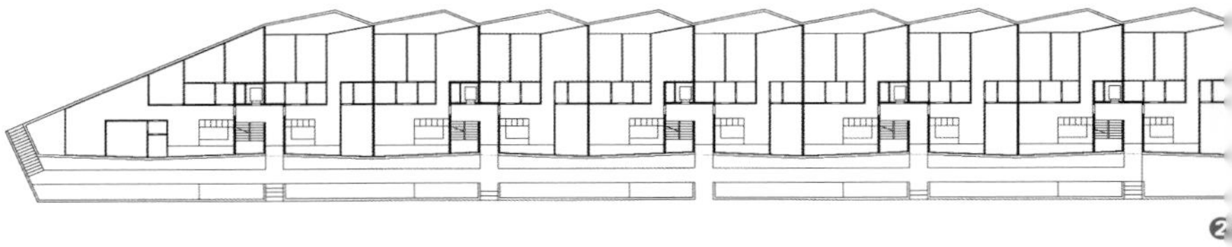

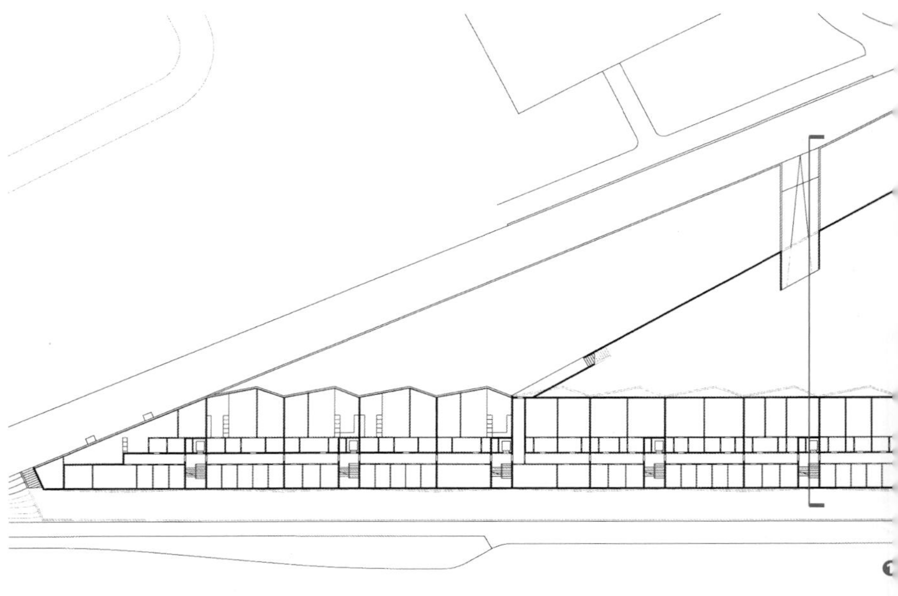

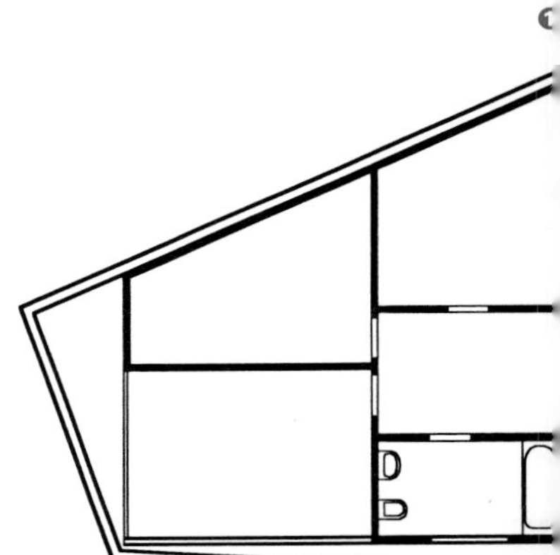

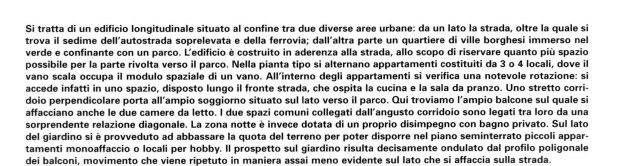

Si tratta di un edificio longitudinale situato al confine tra due diverse aree urbane: da un lato la strada, oltre la quale si trova il sedime dell'autostrada soprelevata e della ferrovia; dall'altra parte un quartiere di ville borghesi immerso nel verde e confinante con un parco. L'edificio è costruito in aderenza alla strada, allo scopo di riservare quanto più spazio possibile per la parte rivolta verso il parco. Nella pianta tipo si alternano appartamenti costituiti da 3 o 4 locali, dove il vano scala occupa il modulo spaziale di un vano. All'interno degli appartamenti si verifica una notevole rotazione: si accede infatti in uno spazio, disposto lungo il fronte strada, che ospita la cucina e la sala da pranzo. Uno stretto corridoio perpendicolare porta all'ampio soggiorno situato sul lato verso il parco. Qui troviamo l'ampio balcone sul quale si affacciano anche le due camere da letto. I due spazi comuni collegati dall'angusto corridoio sono legati tra loro da una sorprendente relazione diagonale. La zona notte è invece dotata di un proprio disimpegno con bagno privato. Sul lato del giardino si è provveduto ad abbassare la quota del terreno per poter disporre nel piano seminterrato piccoli appartamenti monoaffaccio o locali per hobby. Il prospetto sul giardino risulta decisamente ondulato dal profilo poligonale dei balconi, movimento che viene ripetuto in maniera assai meno evidente sul lato che si affaccia sulla strada.

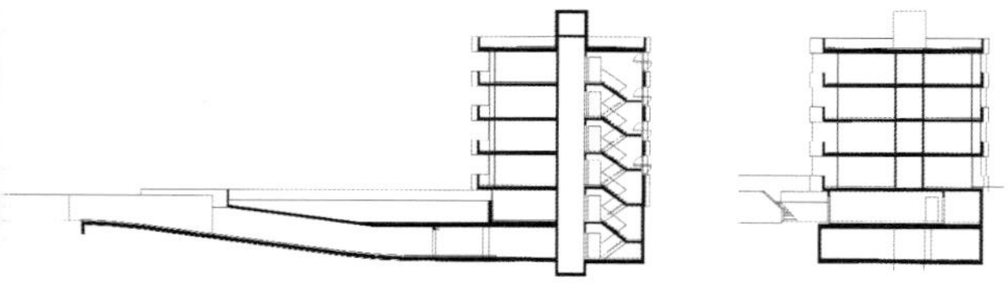

Type de construction
immeuble d'habitation,
5 niveaux, NO/SE

Date de construction
2002

Financement
privé

Profondeur du bâtiment
11,9 m

Accès
cages d'escaliers pour
2 appartements par étage

Nombre d'appartements
45

Surface des appartements
app. $2^1/_2$ p., 70-80 m² (5 unités)
app. 3 p., 97 m² (16 unités)
app. 4 p., 111 m² (5 unités)
app. 4 p., 119 m² (15 unités)
app. 5 p., 135 m² (4 unités)

Places de stationnement
garage souterrain de 43 places

Espaces extérieurs
balcons, jardin avec
aire de jeu, 11 pièces
pour des activités de loisirs

Morger & Degelo Architekten, Bâle

Bâle, St. Alban-Ring

❶ Seminterrato con appartamenti e locali per hobby 1:1000
Sous-sol: appartements et locaux pour les loisirs 1:1000

❷ Livello dell'ingresso 1:1000
Niveau de l'entrée 1:1000

❸ Piano tipo 1:1000
Étage type 1:1000

❹ Particolare del piano tipo 1:200
Détail du plan d'un étage type 1:200

❹

Cette barre est à la jonction entre deux secteurs urbains d'aspect totalement différent: d'un côté la route (et à l'arrière-plan l'autoroute et le chemin de fer), de l'autre un quartier de maisons bourgeoises entourées de verdure, à la lisière d'un parc. Elle est serrée contre la rue pour laisser plus d'espace du côté du parc. Les étages types présentent une alternance d'appartements de trois et quatre pièces, la cage d'escalier occupant l'espace de la quatrième. La disposition intérieure impose un changement de direction: l'espace d'entrée comprend la cuisine et le coin-repas, parallèles à la rue; perpendiculairement, un étroit passage mène à un spacieux séjour avec balcon côté parc, également accessible depuis les deux chambres. Les deux pièces communes sont ainsi reliées par un axe diagonal. La zone privée est précédée d'un espace de distribution et des salles d'eau. Le terrain a été excavé du côté du parc pour aménager des appartements en sous-sol, donnant sur une seule face, de même que des locaux pour les activités de loisirs. Le tracé polygonal des balcons donne à la façade côté parc un mouvement ondulatoire qui se répète, atténué, côté rue.

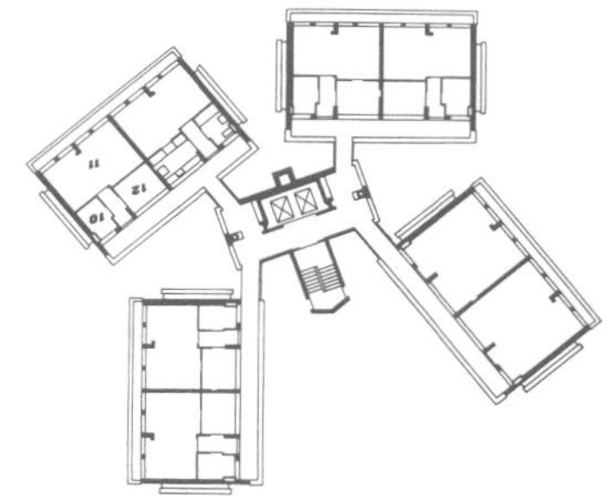

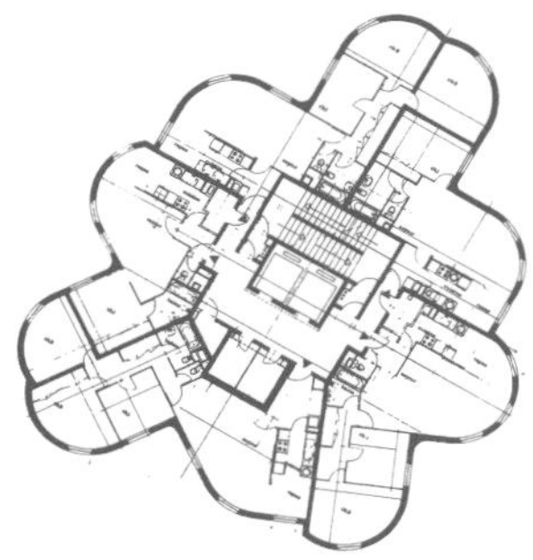

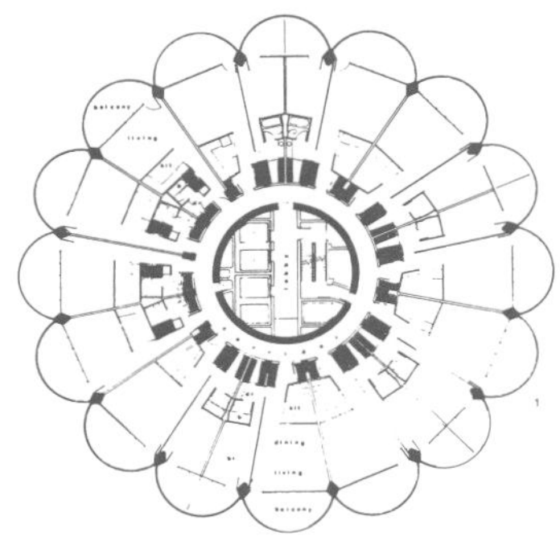

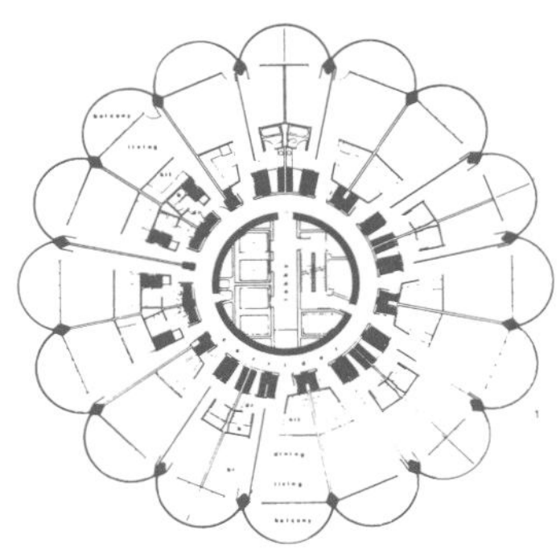

Torri residenziali

Questa categoria viene utilizzata in questa sede in senso lato: troveremo infatti tra le torri residenziali non solo edifici a torre, ma anche forme particolari di edifici residenziali multipiano isolati. Sono edifici solitari che sfruttano l'esposizione verso i quattro punti cardinali raggruppando gli alloggi attorno a un unico nucleo di servizi (interno o esterno). L'adozione della soluzione a torre ha, nella maggior parte dei casi, motivazioni di ordine urbanistico, dal momento che al di sopra e al di sotto di una certa altezza è quasi impossibile ottenere un rapporto vantaggioso tra la superficie utile e il nucleo (per questioni di dimensionamento minimo, statica, ecc.). Il nucleo può essere oggetto di variazioni: per esempio, un grande disimpegno di distribuzione attorno al nucleo verticale, oppure isolamento del nucleo e realizzazione di bracci residenziali staccati. Gli alloggi hanno di norma uno, a volte due e raramente più di due affacci (solo nel caso di volumi in aggetto o pianta ondulata); l'abilità del progetto sta nell'evitare alloggi orientati a nord. Del resto sono possibili varie tipologie. A partire da una certa altezza niente balconi, ma logge o verande a causa dell'esposizione ai venti; qui la vista assume un ruolo di particolare importanza. Parcheggi e servizi pubblici fanno spesso parte dell'edificio stesso. Gli spazi verdi sono di difficile fruizione, sempre a causa del vento.

Tours d'habitation

Cette désignation n'est pas sans ambiguïtés. Les exemples retenus ici ne sont pas nécessairement des gratte-ciel, mais une forme particulière d'immeuble d'habitation à plusieurs étages. Ces bâtiments sont indépendants et leur conception joue sur l'orientation selon les quatre points cardinaux et sur le regroupement des appartements autour d'un noyau distributif unique (qu'il soit intérieur ou extérieur). Ce sont le plus souvent des raisons urbanistiques qui motivent le choix de cette forme architecturale. En effet, au-dessous ou au-dessus d'une certaine hauteur de construction, il n'est plus guère possible d'avoir un rapport économiquement avantageux entre la surface du noyau technique (auquel la statique impose une taille minimale) et la surface utile. Ce noyau peut se présenter sous diverses formes: regroupement autour de paliers communs, ou noyau isolé desservant les ailes d'habitation organisées selon une disposition rayonnante. Les appartements ne peuvent généralement être orientés que dans une direction, rarement deux ou plus (et alors seulement s'il y a des corps de bâtiments saillants ou si le plan forme des ondulations). Il faut alors toute l'habileté de l'architecte pour éviter que des appartements soient orientés exclusivement au nord. Les plans d'appartements peuvent être de divers types. L'exposition au vent rend les balcons impossibles à partir d'une certaine hauteur; on les remplace alors par des loggias ou des jardins d'hiver. La vue devient un facteur de la qualité du logement. Les places de stationnement et les installations communes sont ordinairement intégrées au bâtiment. La jouissance des espaces verts est difficile en raison des courants d'air ascendants.

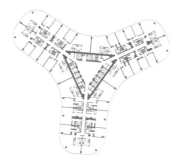

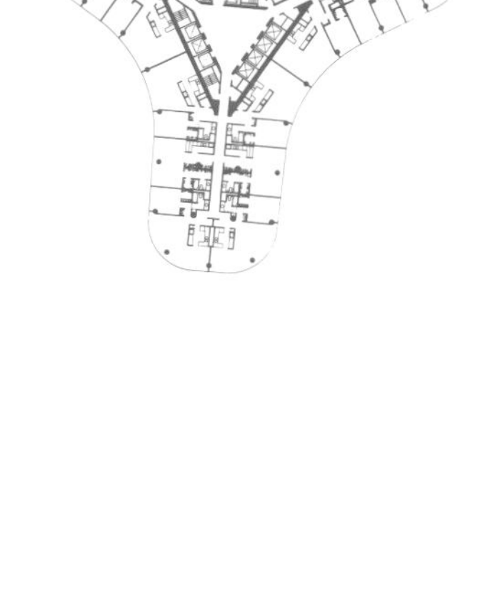

1.7 Torri residenziali

Tipologia edilizia:
edificio a torre, 9 piani con negozi al pianterreno, collegato con un corpo di 5 piani sul lato sud

Data di costruzione:
1952

Modello di finanziamento:
prima costruzione effettuata nell'ambito del Programma di Ricostruzione Nazionale per Berlino

Profondità dell'edificio:
21/29,3 m

Distribuzione:
4 appartamenti per piano, vano scala interno più due vani scala secondari

Numero di alloggi:
32

Dimensione degli alloggi:
appart. da 3 locali, 96 m²

Parcheggio:
non sono previsti posti auto

Spazi aperti:
terrazza sul tetto, Weberwiese (piazza pubblica con laghetto)

Hermann Henselmann, Berlino

Berlino-Friedrichshain, Grattacielo sulla Weberwiese

"Il primo grattacielo della DDR." Edificio in muratura portante che riunisce attorno a un vano scala centrale quattro appartamenti identici. Un ampio corridoio distribuisce la cucina, il bagno, il guardaroba e due dei tre vani disposti in aggetto sullo spigolo dell'edificio; il locale d'angolo riceve luce da due lati e si accede dal vano precedente. Le piacevoli proporzioni e le dimensioni di queste stanze permettono varie destinazioni d'uso. La parete divisoria non portante suggerisce la possibilità di unire due di questi vani. Le cucine si affacciano sulle due scale secondarie (richieste dall'ufficio tecnico comunale) con il canale di smaltimento dell'immondizia. L'edificio è caratterizzato dall'aspetto classicheggiante, sebbene dovesse rappresentare le esigenze di identificazione dei lavoratori. D'altro canto la sorprendente neutralità degli spazi rende questi appartamenti oggi di nuovo molto attraenti.

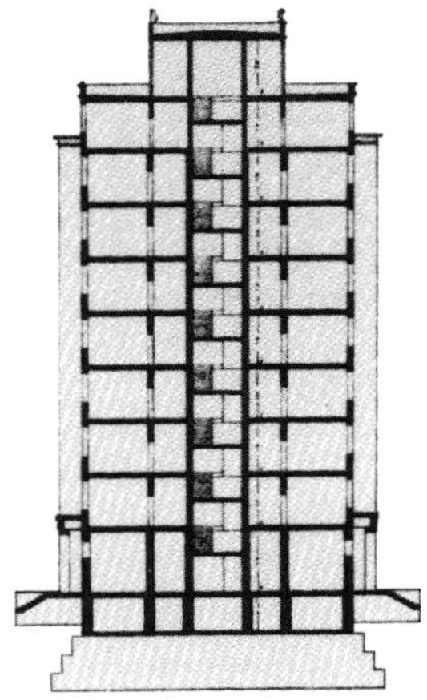

❶ Schizzo con veduta d'insieme della Weberwiese, con la torre e l'isolato adiacente
Esquisse de situation de la tour avec le bâtiment adjacent

❷ Piano tipo 1:200
Plan d'un étage type 1:200

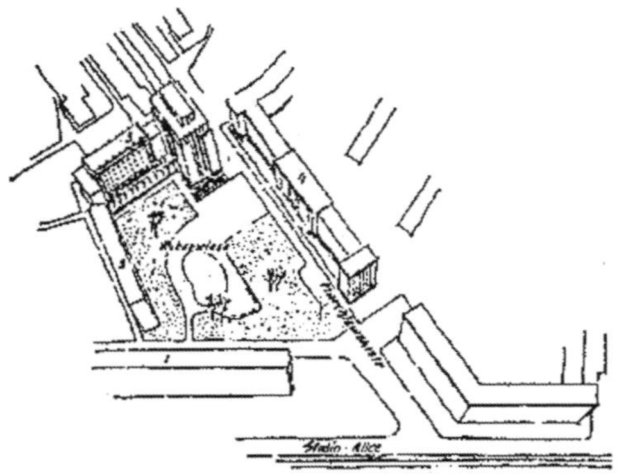
❶

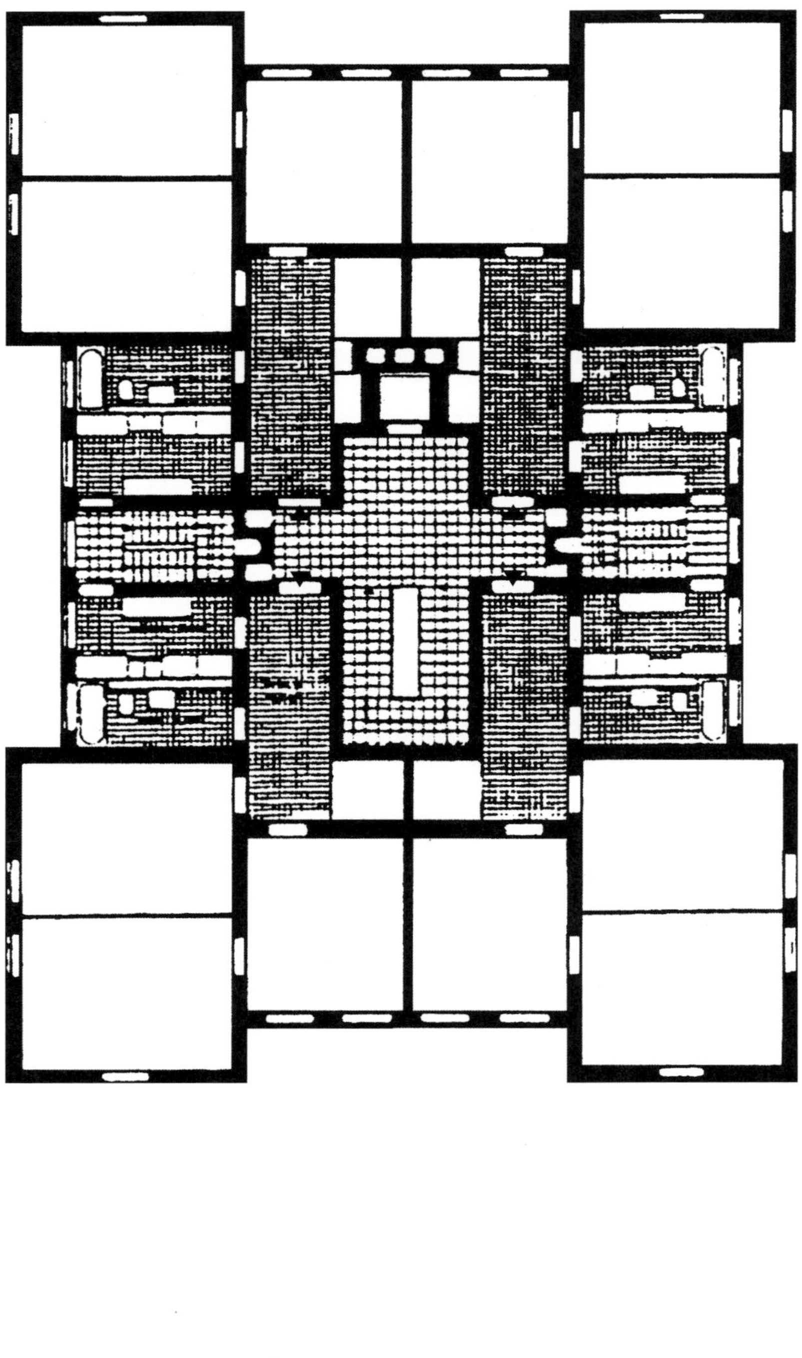
❷

Tours d'habitation

Type de construction
tour, 9 niveaux, avec commerces au rez-de-chaussée, reliée à un bâtiment de cinq niveaux au sud

Date de construction
1952

Financement
première réalisation du programme national de reconstruction à Berlin

Profondeur du bâtiment
21/29,3 m

Accès
cage d'escalier pour 4 appartements par étage, avec 2 cages d'escalier secondaires

Nombre d'appartements
32

Surface des appartements
app. 3 p., 96 m²

Places de stationnement
pas de places prévues

Espaces extérieurs
terrasse sur le toit, Weberwiese (place publique avec étang)

Hermann Henselmann, Berlin

Berlin-Friedrichshahn, an der Weberwiese

Le «premier gratte-ciel de la RDA» est un bâtiment en brique dont les étages comprennent quatre appartements autour d'une cage d'escalier. Un couloir spacieux dessert la cuisine, la salle de bains, le réduit et deux des trois chambres. La chambre de l'angle est insérée entre les deux autres, mais elle reçoit le jour de deux côtés. La disposition est agréable et les chambres ont une surface suffisante pour offrir une grande liberté d'usage. Deux des chambres peuvent être réunies, parce qu'elles ne sont séparées que par une cloison. La cuisine donne sur la cage d'escalier de secours (exigé par l'administration), où passe le conduit du vide-ordures. Ce bâtiment néoclassique était destiné à satisfaire le désir de prestige de la classe laborieuse. Mais les pièces ont un caractère neutre qui explique sans doute l'intérêt dont il fait à nouveau l'objet.

Torri residenziali

Tipologia edilizia:
grattacieli residenziali, 25 piani oltre il pianterreno, N/E/S/O

Data di costruzione:
1951

Modello di finanziamento:
edilizia privata (cooperativa – i proprietari sono azionisti di una società)

Profondità dell'edificio:
19,8/32,6 m

Distribuzione:
8 appartamenti per piano (Torre nord) e 4 appartamenti per piano (Torre sud), due ascensori in ogni torre e vani scala ciechi

Numero di alloggi:
22 (Torre nord)
100 (Torre sud)

Dimensione degli alloggi:
Torre nord:
appart. da 2 locali, 66,5/68,6 m² (200);
Torre sud:
appart. da 5 locali, 133,5 m² (100)

Parcheggio:
116 posti auto nel garage sotterraneo

Spazi aperti:
nessuno

Mies van der Rohe, Chicago

Chicago, 860/880 Lake Shore Drive

I due grattacieli residenziali, i primi realizzati quasi esclusivamente in acciaio e vetro, si collocano sul lotto a forma di trapezio in modo da «sfuggire» l'uno all'altro e liberare la vista sul lago Michigan per ognuno degli alloggi. La copertura del pianterreno unisce le due torri. Sebbene siano basate sulla stessa griglia modulare, la Torre nord ospita otto bilocali a ogni piano, mentre quella sud prevede quattro alloggi di 5 vani. La planimetria originale riprendeva la disposizione della Farnsworth House; un nucleo di servizio con il bagno e l'angolo cottura definiva il soggiorno e la zona notte. A seguito delle osservazioni del finanziatore, secondo il quale gli americani preferivano vani separati in modo tradizionale, le planimetrie furono rielaborate e la soluzione realizzata fu quella tradizionale, con cucina e camere da letto separate. In entrambe le soluzioni cucine e bagni sono ciechi, mentre l'affaccio è riservato a tutti gli altri vani.

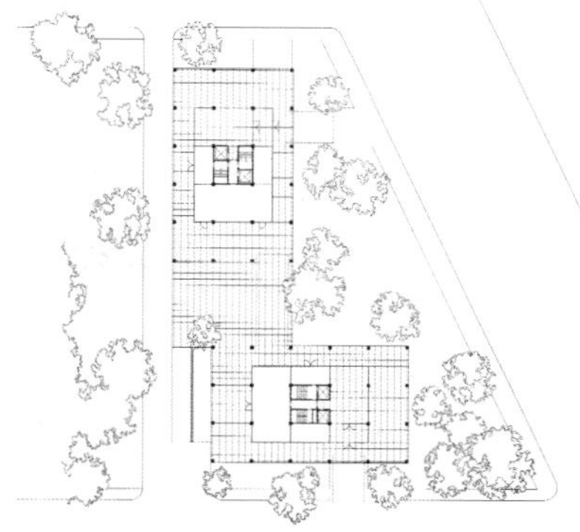

❶ Piano tipo realizzato 1:500
Plan d'un étage type tel que réalisé 1:500

❷ Piano tipo nel progetto originale 1:200
Plan d'un étage selon le projet d'origine 1:200

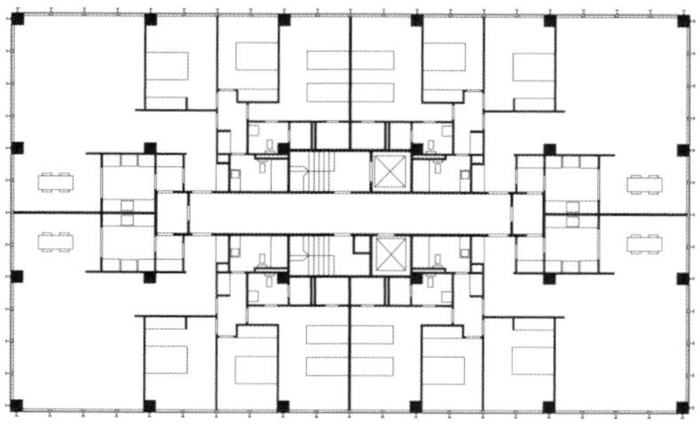

❶

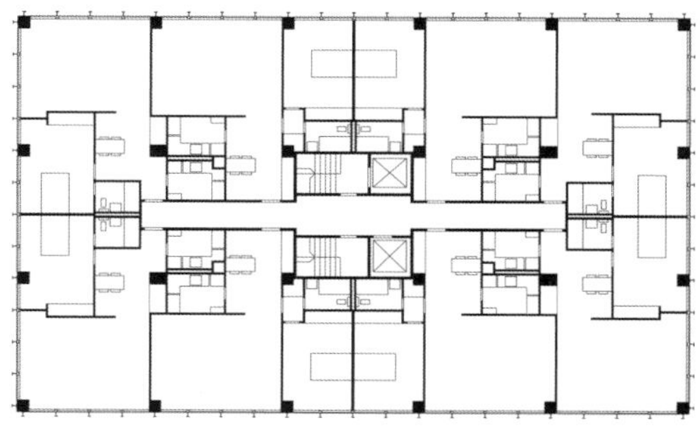

❶

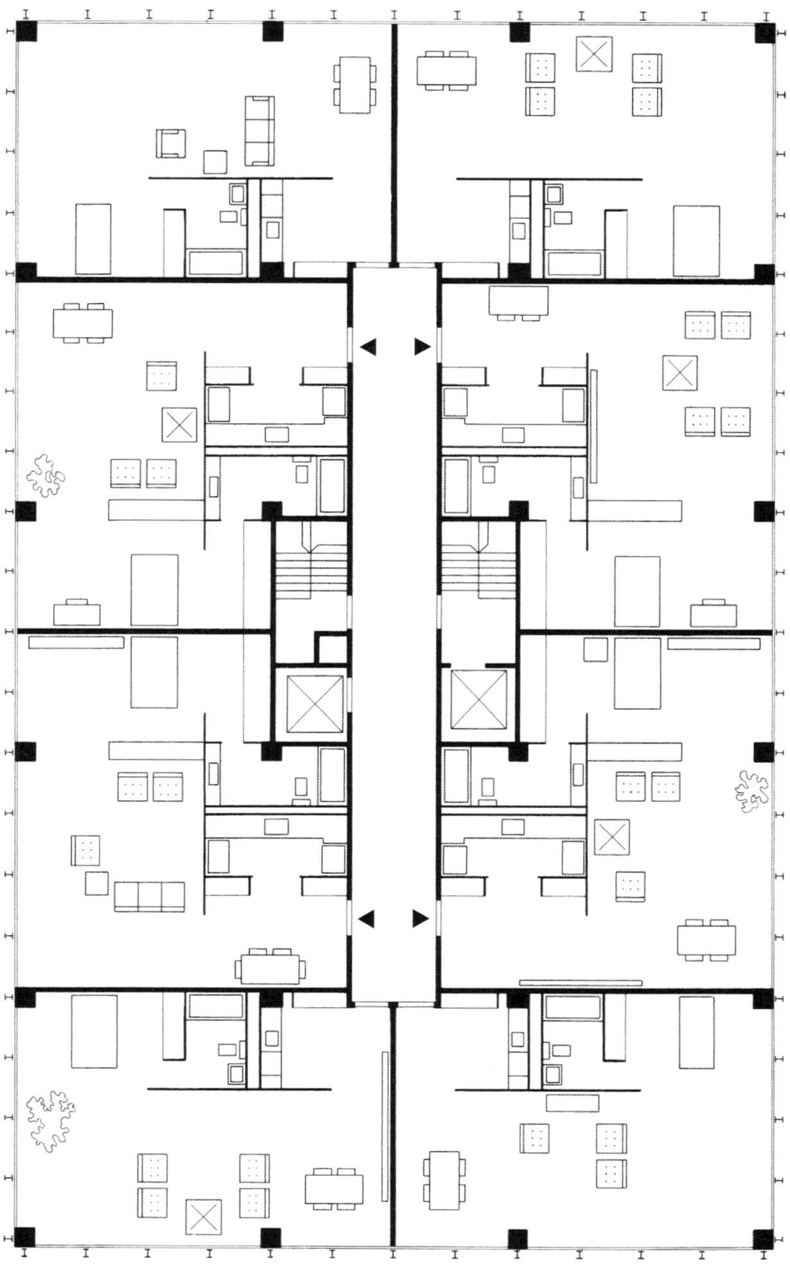

❷

Tours d'habitation 1.7

Type de construction
tours de 25 étages en plus du niveau de l'entrée, N/ES/O

Date de construction
1951

Financement
privé par une coopérative (les propriétaires sont actionnaires)

Profondeur du bâtiment
19,8/32,6 m

Accès
cage d'escalier intérieure pour 8 appartements par étage (tour nord) ou 4 appartements (tour sud), avec 2 ascenseurs

Nombre d'appartements
200 (tour nord), 100 (tour sud)

Surface des appartements
tour nord:
app. 2 p., 66,5/68,6 m²
(200 unités)
tour sud:
app. 5 p., 133,5 m²
(100 unités)

Places de stationnement
garage souterrain de 116 places

Espaces extérieurs
aucun

Mies van der Rohe, Chicago

Chicago, 860/880 Lake Shore Drive

Ces deux tours ont été les premiers gratte-ciel presque exclusivement en verre et acier. Elles sont placées de manière à créer l'impression de glisser l'une devant l'autre et à offrir à tous les appartements la vue sur le lac Michigan. Un hall d'entrée couvert les relie. Bien qu'elles aient le même schéma d'organisation, la tour nord compte huit appartements de 2 pièces par étage, la tour sud quatre de 5 pièces. Le projet d'origine s'inspirait de l'« open plan » de Farnsworth House, prévoyant un noyau central avec cuisine ouverte et salle de bains à partir duquel le séjour, la salle à manger et la chambre à coucher devaient être définis. Mais l'investisseur, qui pensait que les Américains préféraient les pièces fermées, s'y opposa et fit adopter une solution plus traditionnelle, avec des parois pour la cuisine et les chambres. La cuisine et la salle de bains sont restées tournées vers l'intérieur et les autres pièces profitent de la vue.

riferito a piante 1:200

se réfère aux plans 1:200

1.7 Torri residenziali

Tipologia edilizia:
torre quadrupla (cluster),
16 piani,
NNE/SSO, NNO/SSE

Data di costruzione:
1955-1958

Modello di finanziamento:
edilizia sociale

Profondità dell'edificio:
7,5/9,25 m

Distribuzione:
8 appartamenti per piano,
ballatoi ogni due unità

Numero di alloggi:
64

Dimensione degli alloggi:
appart. da 1 locali, ca. 50 m² (8);
mais. da 3 locali, ca. 90 m² (56)

Parcheggio:
area riservata sulla strada

Spazi aperti:
corte anteriore, balconi

Denys Lasdun + Partners, Londra
Architetto responsabile del progetto:
John Shaw, Londra

Londra, Bethnal Green, Claredale Street

Quattro edifici a torre disposti attorno a un nucleo di distribuzione verticale; da qui passerelle portano a ballatoi sul lato nord delle torri, che distribuiscono i singoli alloggi (riducendo al minimo la parte non soleggiata). Il nucleo, concepito come un cortile (era prevista anche una sistemazione a verde), contiene ampi ascensori, canali per lo smaltimento dell'immondizia, disimpegni per stendere, ecc. Ogni ballatoio porta a due soli appartamenti e ha quindi un carattere privato. Bagno e cucina fanno da zona cuscinetto e gli alloggi si affacciano verso sud, sud-est e sud-ovest. A eccezione dei monolocali del 5° piano, tutti gli alloggi sono su due livelli: soggiorno con balcone e angolo cottura sotto, due camere da letto sopra. Negli spigoli, sfalsati di mezzo piano, troviamo ulteriori uscite di sicurezza (vani di servizio).

❶ 5° piano: appartamento da 1 locale 1:200
Cinquième étage: appartements 1 pièce 1:200

❷ Livello di accesso delle *maisonettes* 1:200
Niveau d'entrée des duplex 1:200

❸ Livello superiore delle *maisonettes* 1:200
Niveau supérieur des duplex 1:200

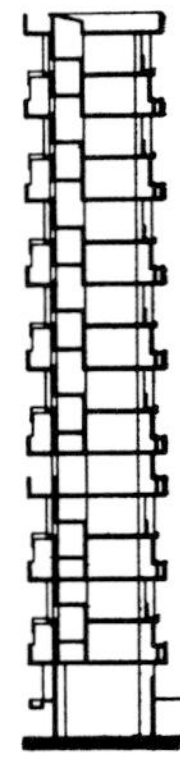

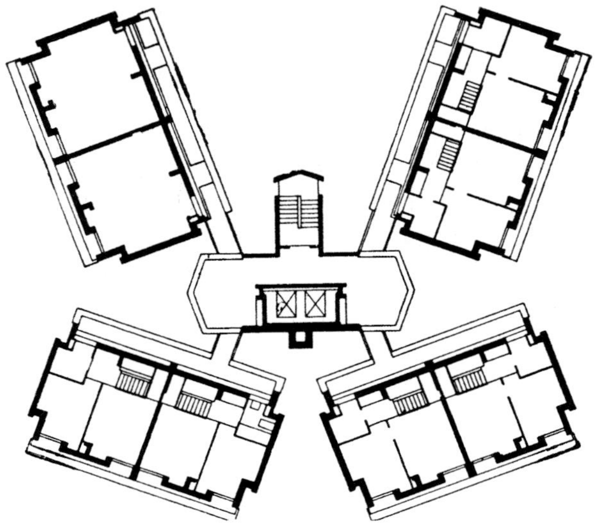

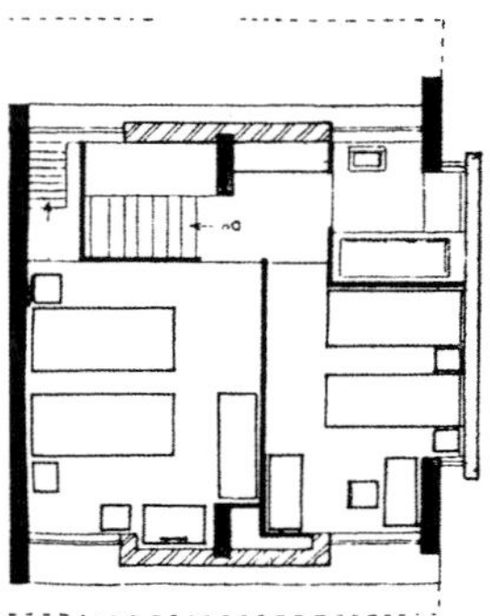

❸

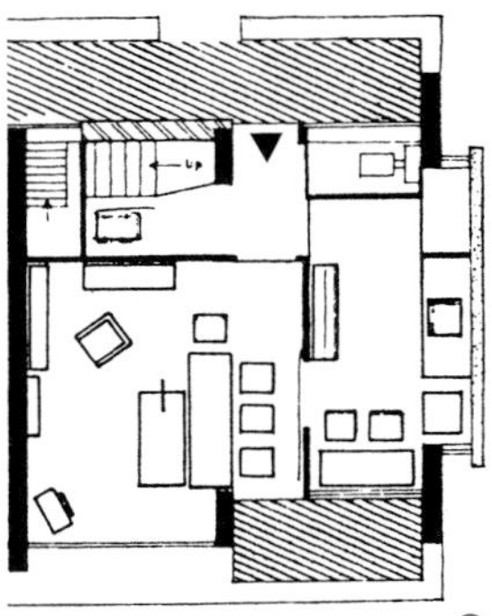

❷

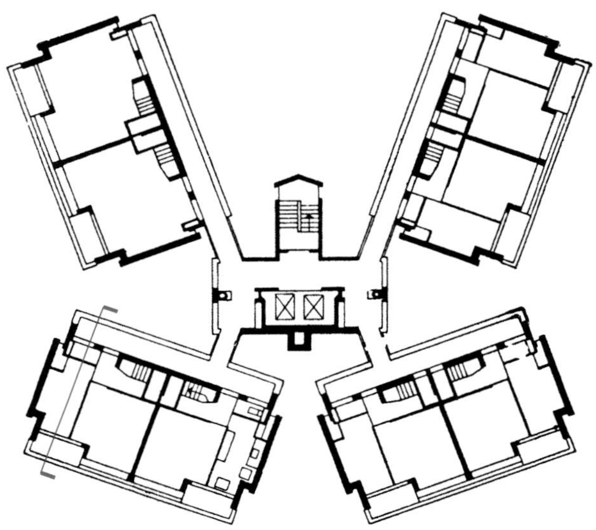

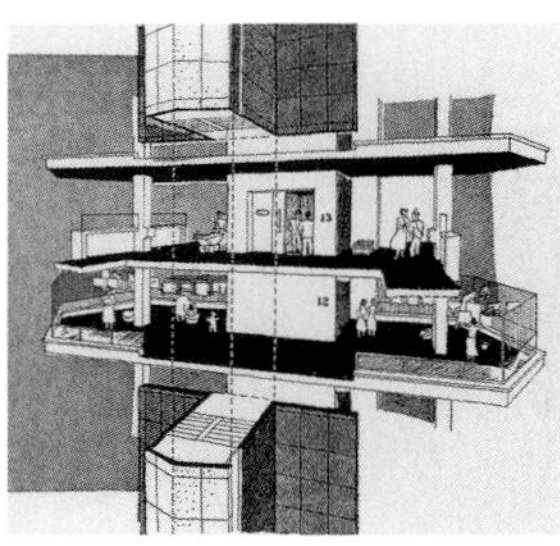

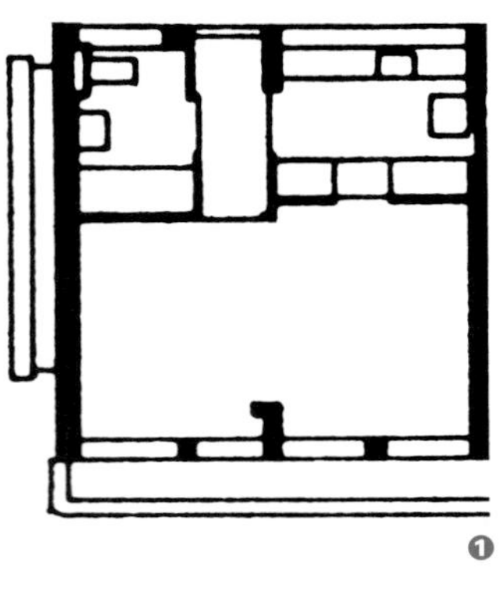

❶

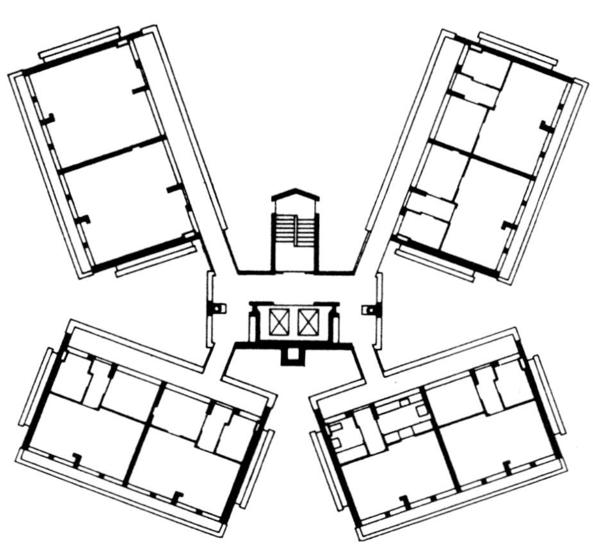

Tours d'habitation 1

Type de construction
quatre tours autour d'un système distributif vertical (grappe), 16 niveaux, NNE/SSO/NNO/SSE

Date de construction
1955-1958

Financement
logements sociaux

Profondeur du bâtiment
7,5/9,25 m

Accès
cage d'escalier pour 8 appartements par étage, galeries pour 2 appartements chacune

Nombre d'appartements
64

Surface des appartements
app. 1 p., env. 50 m² (8 unités)
duplex 3 p., env. 90 m² (56 unités)

Places de stationnement
extérieures, sur la rue

Espaces extérieurs
place devant les immeubles, balcons

Denys Lasdun + Partners, Londres;
architecte du projet:
John Shaw, Londres

Londres, Bethnal Green, Claredale Street

Quatre tours isolées reliées par des passerelles à un noyau de distribution verticale, les appartements étant desservis par une galerie côté nord. Ce noyau, conçu comme une arrière-cour, comprend des ascenseurs, des vide-ordures, des espaces pour la lessive, etc. Il était prévu de l'agrémenter de verdure. Les galeries desservent chacune deux appartements et ont un caractère plus privé. À l'entrée, la cuisine et la salle de bains forment tampon. Les appartements sont tous des duplex sauf au 5ᵉ étage (1 pièce) et sont orientés au sud, au sud-ouest ou au sud-est. Au niveau inférieur se trouvent le séjour, avec un petit balcon, et la cuisine dans un angle; au niveau supérieur, les deux chambres à coucher. Dans les angles extérieurs se trouvent, décalés d'un demi-niveau, des issues de secours (locaux annexes).

riferito a piante 1:200

se réfère aux plans 1:200

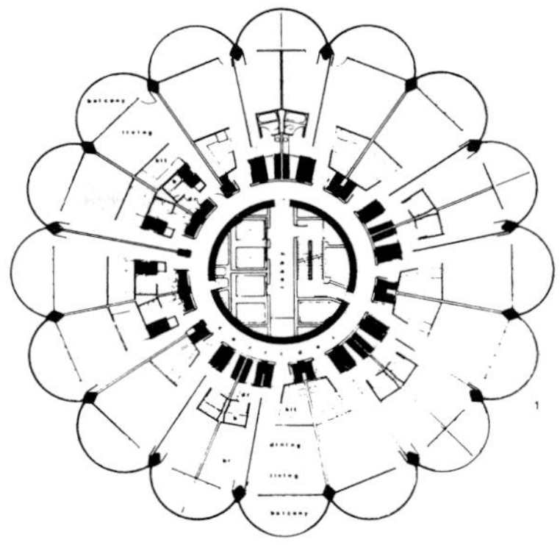

.7 Torri residenziali

Tipologia edilizia:
2 grattacieli residenziali, 60 piani, di cui 40 destinati a uso residenziale

Data di costruzione:
1963

Modello di finanziamento:
edilizia privata, con il supporto di credito pubblico

Profondità dell'edificio:
ca. 33 m

Distribuzione:
corridoio intorno a vano ascensore centrale

Numero di alloggi:
2 x 448

Dimensione degli alloggi:
atelier, ca. 40 m²;
appart. da 2 locali, ca. 70 m²;
appart. da 3 locali, ca. 100 m²

Parcheggio:
15 piani adibiti a parcheggio

Spazi aperti:
balconi, piazza pubblica, strutture per il tempo libero: pista da bowling, piscina, club fitness, approdo per yacht

Bertrand Goldberg Associates, Chicago

Chicago, Marina City

Un complesso visionario: il primo in America a condensare residenza, luoghi di lavoro e per il tempo libero. "Marina City" doveva diventare una città nella città, viva 24 ore su 24. Accanto alle due torri residenziali vi sono un complesso di uffici, un teatro, ristoranti, negozi e persino l'approdo degli yacht. Le stesse torri sono una "città accatastata". I primi 15 piani sono destinati a parcheggio a forma di spirale; al di sopra di essi si collocano 40 piani di residenza che si sviluppano attorno al nucleo centrale che ospita gli ascensori e attrezzature di servizio. Grazie al dinamismo della forma a segmento di cerchio, chi entra negli alloggi (da 1 o 3 vani) attraversa lo stretto corridoio, passa accanto a guardaroba, bagno e cucina e viene proiettato immediatamente verso la vetrata perimetrale che si apre sull'ampio balcone con vista.

❶ ❷ ❸ Appartamenti da 1, 2 e 3 locali 1:200
Appartements 1, 2 et 3 pièces 1:200

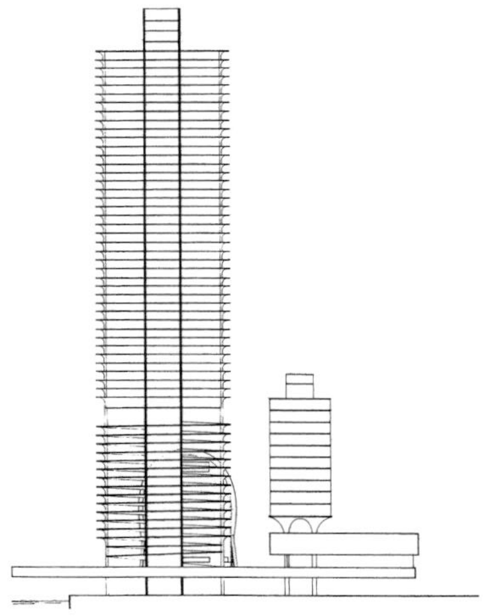

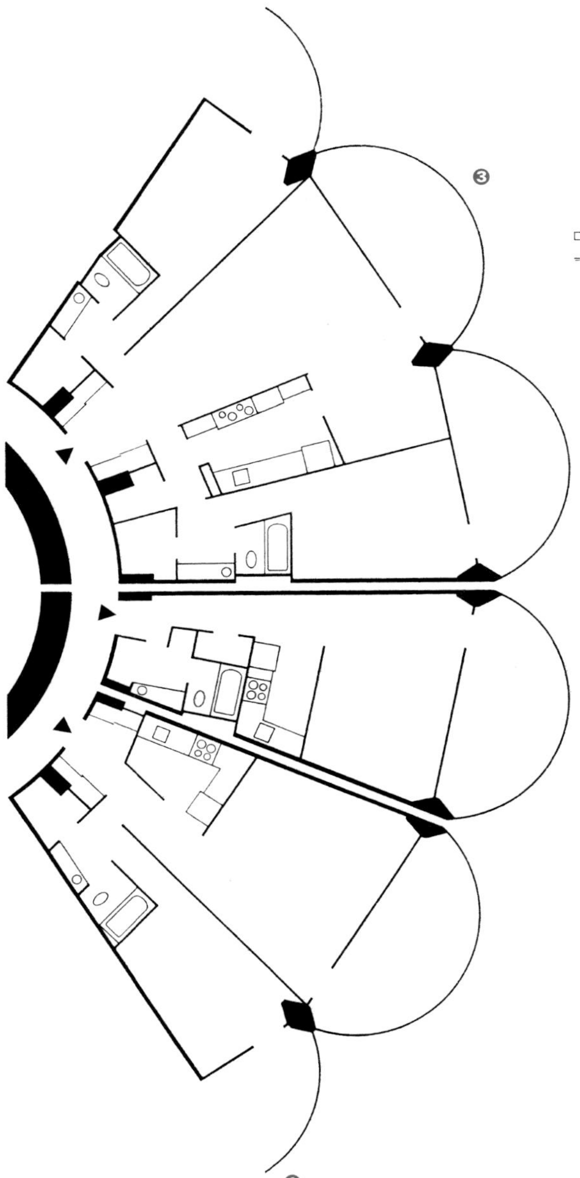

❸

❷

❶

Tours d'habitation 1.7

Type de construction
deux tours, 60 niveaux (dont 40 d'habitation)

Date de construction
1963

Financement
privé avec l'aide de fonds publics

Profondeur du bâtiment
env. 33 m

Accès
noyau d'ascenseur avec couloir circulaire

Nombre d'appartements
2 x 448

Surface des appartements
studios, env. 40 m²
app. 2 p., env. 70 m²
app. 3 p., env. 100 m²

Places de stationnement
15 étages de parkings

Espaces extérieurs
balcons, place publique, installations de loisirs : piste de bowling, patinoire, piscine, salle de remise en forme, débarcadère pour yachts

Bertrand Goldberg Associates, Chicago

Chicago, Marina City

Cet ensemble visionnaire voulait réunir pour la première fois en Amérique logement, travail et détente. « Marina City » devait devenir une ville dans la ville, vivant vingt-quatre heures sur vingt-quatre. Outre les deux tours, l'ensemble comprend des bureaux, des cinémas, des restaurants, des commerces, et même un débarcadère pour yachts. Mais les tours elles-mêmes sont une « ville superposée » : les quinze premiers niveaux sont un parc de stationnement avec rampe à vis, surmonté de quarante étages d'habitation disposés autour du noyau central où se trouvent l'ascenseur et les équipements techniques. Les appartements ont de 1 à 3 pièces ; passé l'entrée et un étroit couloir longeant le vestibule, la salle de bains et la cuisine, la dynamique de la forme en arc de cercle attire le visiteur vers la façade de verre et le spacieux balcon, avec la vue qu'il offre.

Tipologia edilizia:
grattacielo residenziale,
19 piani, NO/SE

Data di costruzione:
1970

Modello di finanziamento:
edilizia pubblica

Profondità dell'edificio:
15 m

Distribuzione:
corridoio interno con
6 o 12 appartamenti per piano

Numero di alloggi:
113

Dimensione degli alloggi:
appart. da 2 locali (30);
appart. da 3 locali (36);
appart. da 4 locali (36);
appart. da 5 locali (5);
appart. da 6 locali (6)

Parcheggio:
area riservata sulla strada

Spazi aperti:
piccolo parco con area giochi

Prentice & Chan, Ohlhausen, New York

New York, Bronx, Twin Parks Northwest

❶ Planimetria del piano tipo,
piani 1° 4°, 7°, 10°, 13°, 16° 1:200
Plan d'étage type
(étages 1, 4, 7, 10, 13, 16) 1:200

❷ Planimetria del piano tipo,
piani 2° 5°, 8°, 11°, 14°, 17° 1:200
Plan d'étage type
(étages 2, 5, 8, 11, 14, 17) 1:200

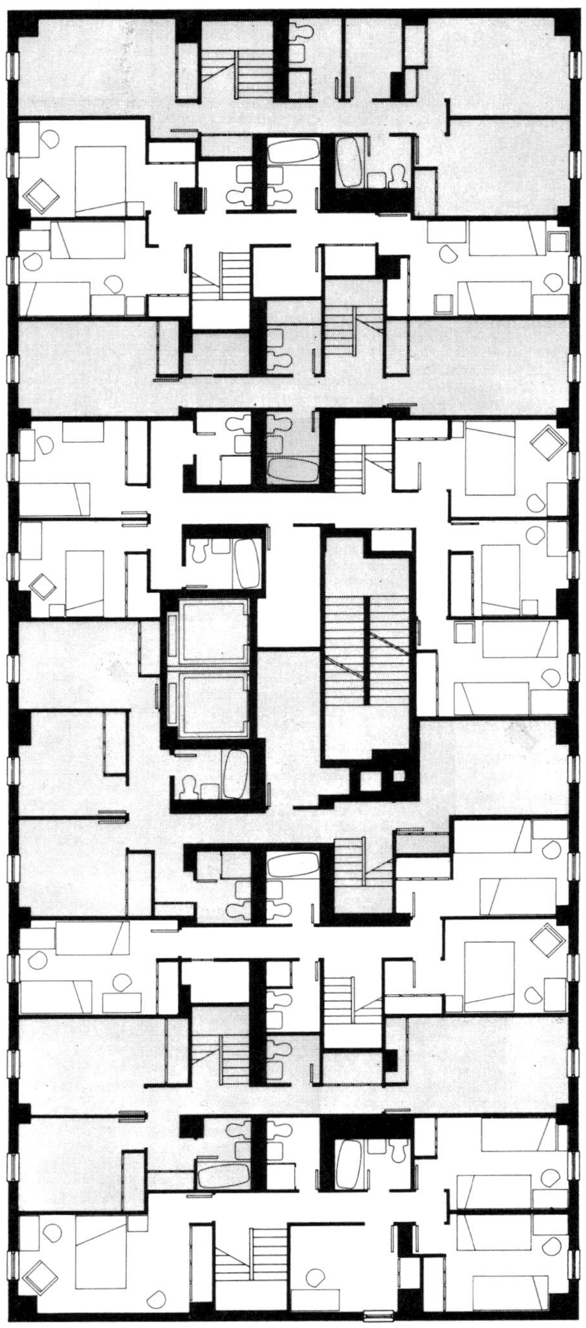

❶

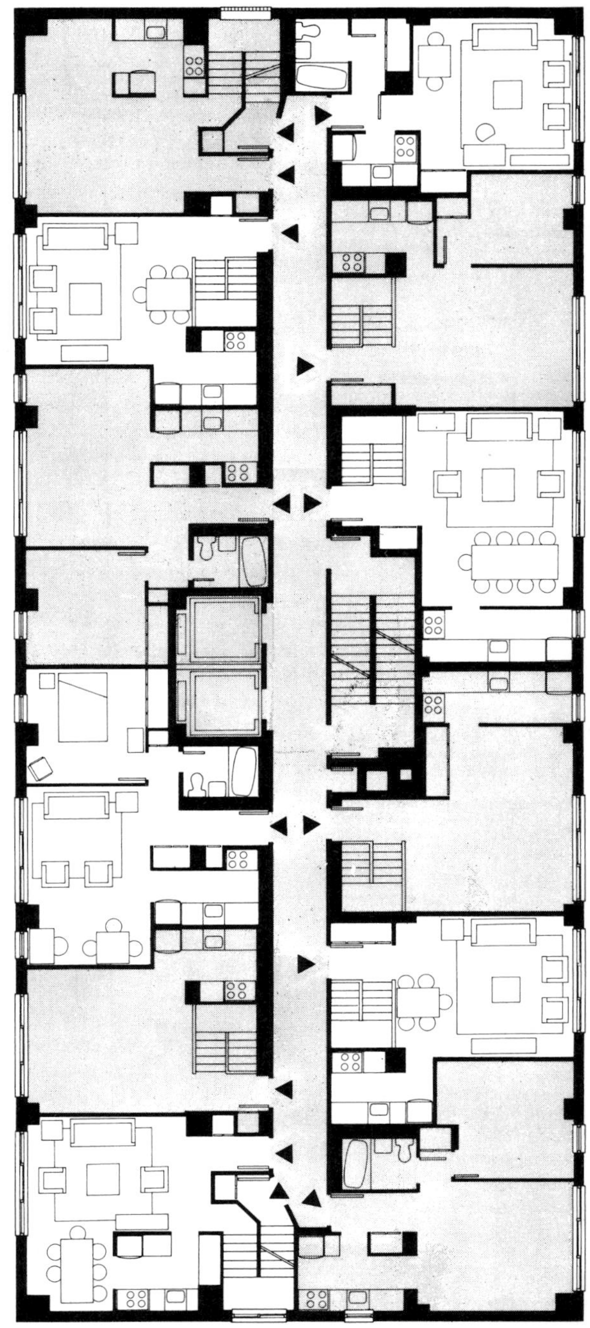

❷

Un complicato mix di alloggi minimi variamente incastrati tra loro. Quasi tutti hanno doppio affaccio (est e ovest), come alloggio su un livello trasversale rispetto all'asse di distribuzione, oppure come *maisonette*. Solo i bilocali e alcuni trilocali hanno un unico affaccio (est o ovest). Il livello superiore delle *maisonettes* ospita il soggiorno con angolo cottura e zona pranzo; la zona notte è nella parte inferiore e di solito attraversa l'edificio da parte a parte. Tutte le cucine sono parte del soggiorno, in aderenza alla distribuzione. Anche bagni, WC e scale a doppia rampa delle *maisonettes* si trovano in questa fascia interna. Corridoi di distribuzione sono necessari solo in due piani su tre. La complicata disposizione degli alloggi è evidente anche in facciata: ogni tre piani compare la fascia delle grandi finestre orizzontali dei soggiorni, tra le quali si leggono una fascia di strette finestre alla francese per le camere da letto e una fascia di finestre grandi e piccole alternate.

animetria del piano tipo,
ani 3° 6°, 9°, 12°, 15°, 18° 1:200
an d'étage type
tages 3, 6, 9, 12, 15, 18) 1:200

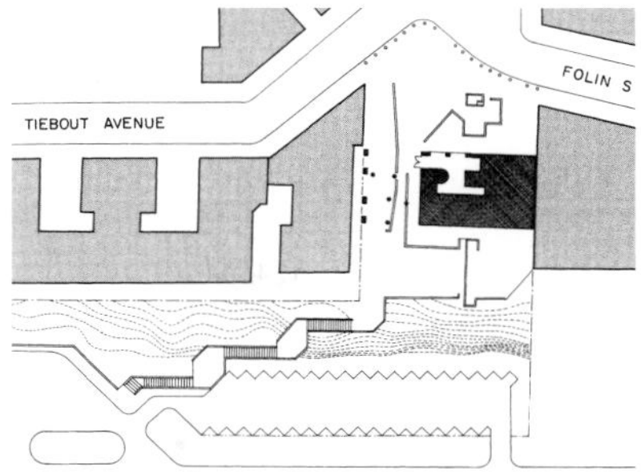

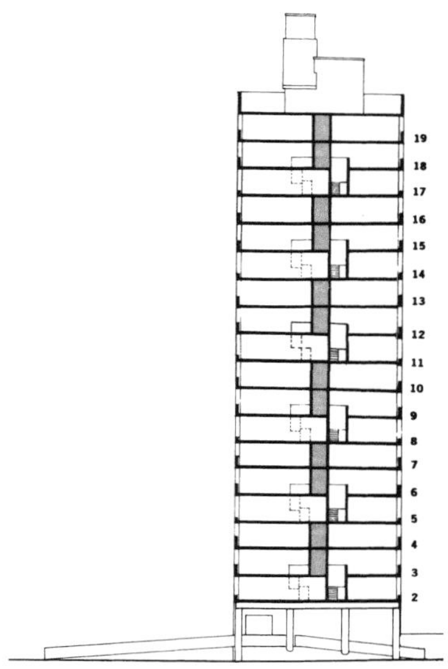

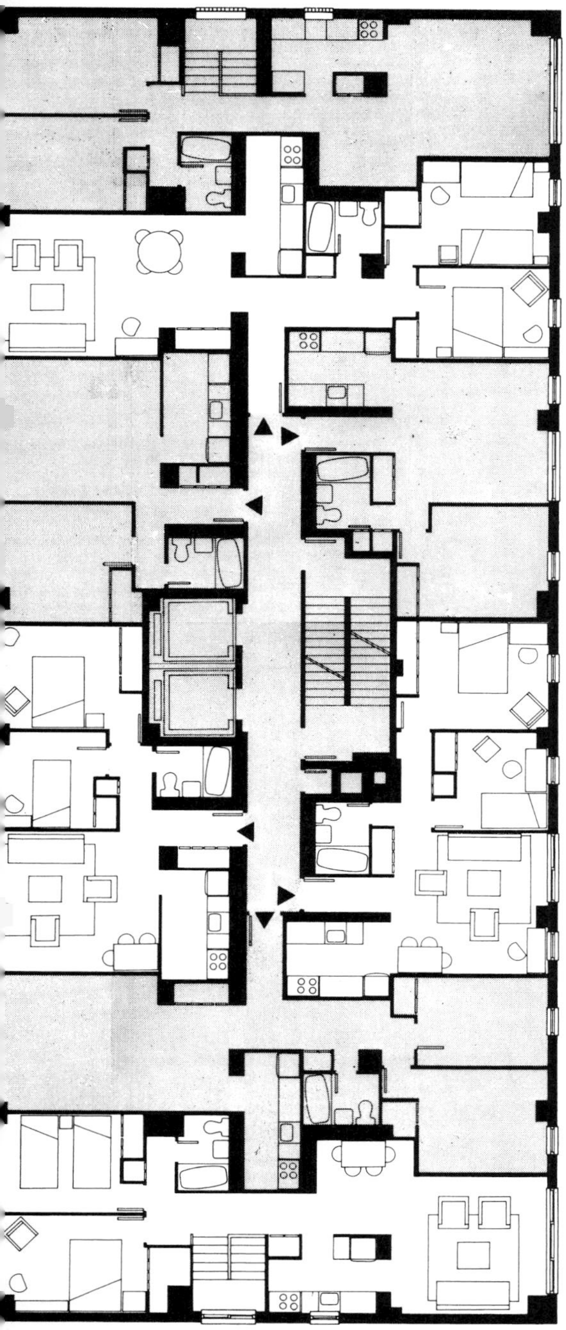

③

Type de construction
tour d'habitation,
19 niveaux, NO/SE

Date de construction
1970

Financement
construction de logements
par la collectivité publique

Profondeur du bâtiment
15 m

Accès
corridor intérieur avec cage
d'escalier pour 6 ou 12
appartements par étage

Nombre d'appartements
113

Surface des appartements
app. 2 p. (30 unités)
app. 3 p. (36 unités)
app. 4 p. (36 unités)
app. 5 p. (5 unités)
app. 6 p. (6 unités)

Places de stationnement
extérieures, sur la rue

Espaces extérieurs
petit parc avec aire de jeu

Prentice & Chan,
Ohlhausen,
New York

New York, Bronx,
Twin Park Northwest

Dans cette interpénétration complexe de plans où l'espace est économisé, presque chaque appartement est orienté vers l'est et vers l'ouest, qu'il s'agisse soit d'un appartement sur un niveau perpendiculaire à l'axe d'accès, soit d'un duplex. Seuls les 2 pièces et quelques 3 pièces sont orientés uniquement vers l'est ou vers l'ouest. Les duplex ont généralement le séjour, le bloc cuisine et le coin-repas au niveau inférieur, les chambres se trouvant au niveau supérieur, qui est traversant. La cuisine fait partie du séjour et est disposée le long de l'entrée; les salles d'eau et l'escalier des duplex se trouvent également dans cette zone intérieure. Des couloirs ne sont nécessaires que deux étages sur trois. La complexité de la disposition intérieure se lit aussi en façade: tous les trois étages apparaissent les grandes baies des pièces de séjour, les autres niveaux présentent une rangée de fenêtres de chambres à coucher, étroites et presque hautes d'un étage, et une rangée où alternent petites et grandes fenêtres.

riferito a piante 1:200

se réfère aux plans 1:200

Tipologia edilizia:
grattacielo in vetro, trilobato,
65 piani,
NO/SE, NE/SO, EO

Data di costruzione:
1965

Modello di finanziamento:
edilizia privata

Profondità dell'edificio:
17,5 (25) m

Distribuzione:
3 corridoi centrali
con 4-6 appartamenti intorno
al nucleo dell'ascensore
con disimpegno comune

Numero di alloggi:
910

Dimensione degli alloggi:
a ogni piano:
appart. da 1 locali (2);
appart. da 2 locali (6);
appart. da 3 locali (4);
appart. da 4 locali (2);
ca. 50-125 m²

Parcheggio:
garage sotterraneo

Spazi aperti:
parco

Schipporeit & Heinrich, Chicago

Chicago, Lake Point Tower

Casa a torre trilobata simile al visionario progetto del 1922 di Mies van der Rohe per un grattacielo in vetro. Dall'ampio disimpegno al piano al centro del nucleo, tre corridoi interni distribuiscono gli appartamenti. All'interno dell'omogenea maglia strutturale si trovano sei diversi tipi di alloggio accomunati da un ampio soggiorno con vetrata a tutta altezza sullo spettacolare panorama. Lungo il corridoio si trovano bagni e armadi a muro; la cucina semiaperta si affaccia sul soggiorno. Grazie alla forma della pianta tutti gli appartamenti, tranne i due più piccoli, sono orientati su due lati. Alle estremità dell'edificio il soggiorno si sviluppa ad angolo. Negli appartamenti situati negli angoli interni le camere sono ruotate rispetto al soggiorno. La zona giorno (rappresentativa) e la zona notte (privata) sono sempre separate tra loro e persino dotate di ingressi separati.

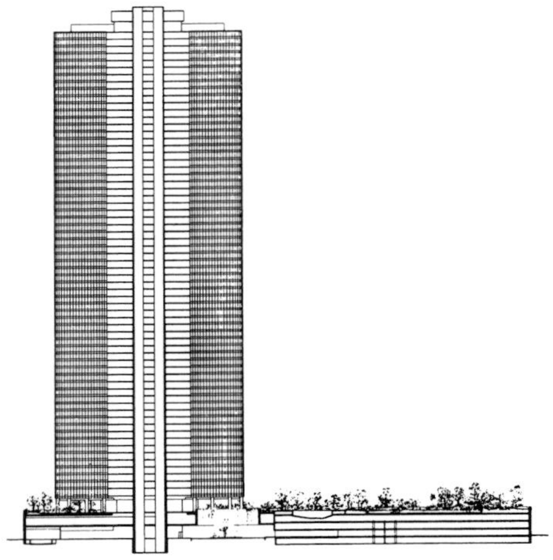

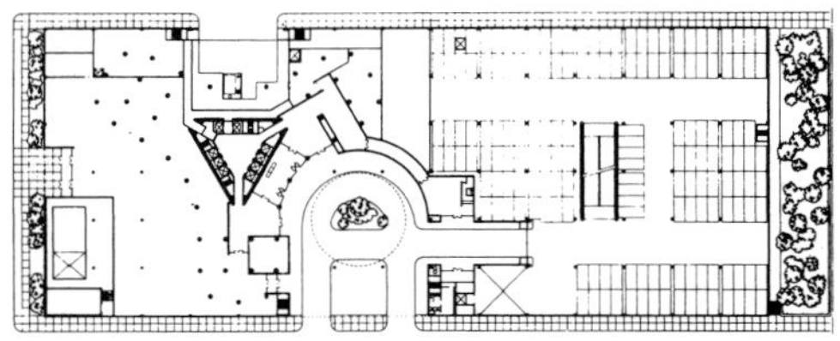

❶ Planimetria del piano tipo
Plan d'étage type

❷ Particolare di pianta (estremità di un'ala) con appartamenti da 1 e 2 locali 1:200
Détail du plan d'un étage (extrémité d'une aile), appartements 1 et 2 pièces 1:200

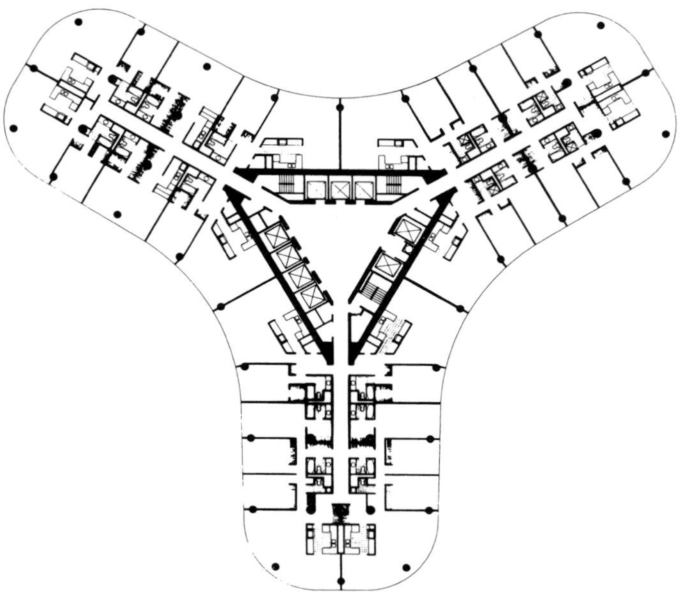

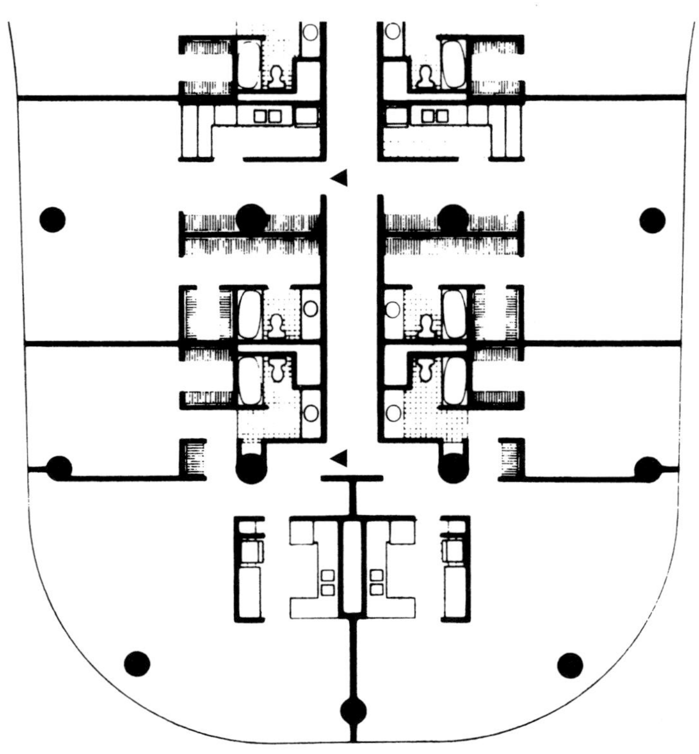

Type de construction
tour de verre, 3 ailes,
65 niveaux,
NO/SE, NE/SO, EO

Date de construction
1965

Financement
privé

Profondeur du bâtiment
17,5 (25) m

Accès
3 corridors médians desservant
4-6 appartements par étage autour
d'un noyau avec cages d'ascenseurs et espace d'entrée commun

Nombre d'appartements
910

Surface des appartements
par niveau
app. 1 p. (2 unités)
app. 2 p. (6 unités)
app. 3 p. (4 unités)
app. 4 p. (2 unités)
env. 50-125 m²

Places de stationnement
garage souterrain

Espaces extérieurs
parc

Schipporeit & Heinrich, Chicago

Chicago, Lake Point Tower

Cette tour à plan rayonnant s'inspire du gratte-ciel de verre développé par Mies van der Rohe en 1922. Le noyau comprend un vaste espace d'entrée à partir duquel trois corridors desservent les ailes. À l'intérieur de l'ossature ont été créés six types d'appartement qui offrent tous une spacieuse pièce de séjour avec vue à travers la façade vitrée. La cuisine est partiellement ouverte, et tournée vers le séjour. La forme du plan, avec le séjour dans l'angle arrondi, a permis d'orienter les appartements de deux côtés (sauf les plus petits). Dans les appartements placés dans le coude, les chambres et le séjour ne sont pas dans le même axe. La zone privée des chambres est toujours strictement séparée de la zone vie commune (il y a même des entrées distinctes).

7 Torri residenziali

Tipologia edilizia:
18 torri residenziali
a pianta ondulata
13, 20 e 39 piani

Data di costruzione:
1975

Modello di finanziamento:
edilizia sociale
(HLM)

Profondità dell'edificio:
20/30 m

Distribuzione:
5 appartamenti per piano

Numero di alloggi:
1710: 2 torri da 100 m, 8 torri da 50 m, 8 torri da 33 m di altezza

Dimensione degli alloggi:
a ogni piano:
appart. da 2 locali, ca. 50 m² (2);
appart. da 3 locali, ca. 70 m² (1);
appart. da 4 locali, ca. 85 m² (2)

Parcheggio:
garage a 3 piani

Spazi aperti:
gli edifici sorgono in un paesaggio verde modellato artisticamente

Emile Aillaud,
Parigi

Parigi, La Défense,
Nanterre Sud
"Tour Nuage"

Torri residenziali in un paesaggio modellato artisticamente. Confini spaziali molli, facciate variopinte con finestre a forma di goccia. Cinque alloggi sono raggruppati attorno a un nucleo distributivo. Un corridoio porta alla cucina e al soggiorno, che si fondono nella zona pranzo davanti a una finestra. Dietro il soggiorno sono collocati il corridoio della zona notte e il bagno. I bagni schermano il nucleo, i blocchi cottura seguono le pareti divisorie interne. Nonostante il perimetro curvilineo, vi sono sufficienti pareti che possono essere arredate. Orientamento su più lati e molteplicità di vedute sull'esterno.

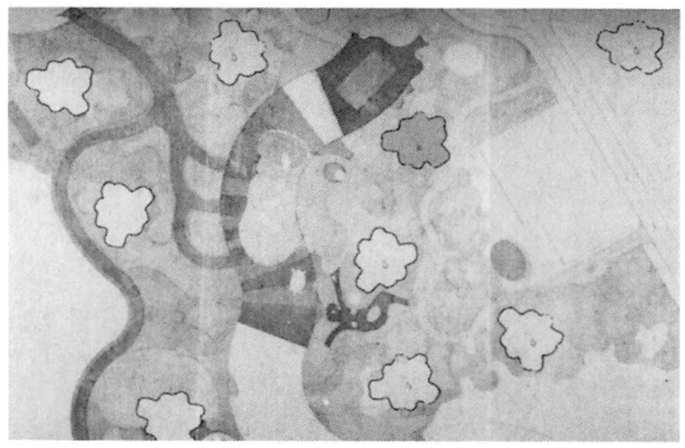

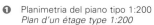

❶ Planimetria del piano tipo 1:200
Plan d'un étage type 1:200

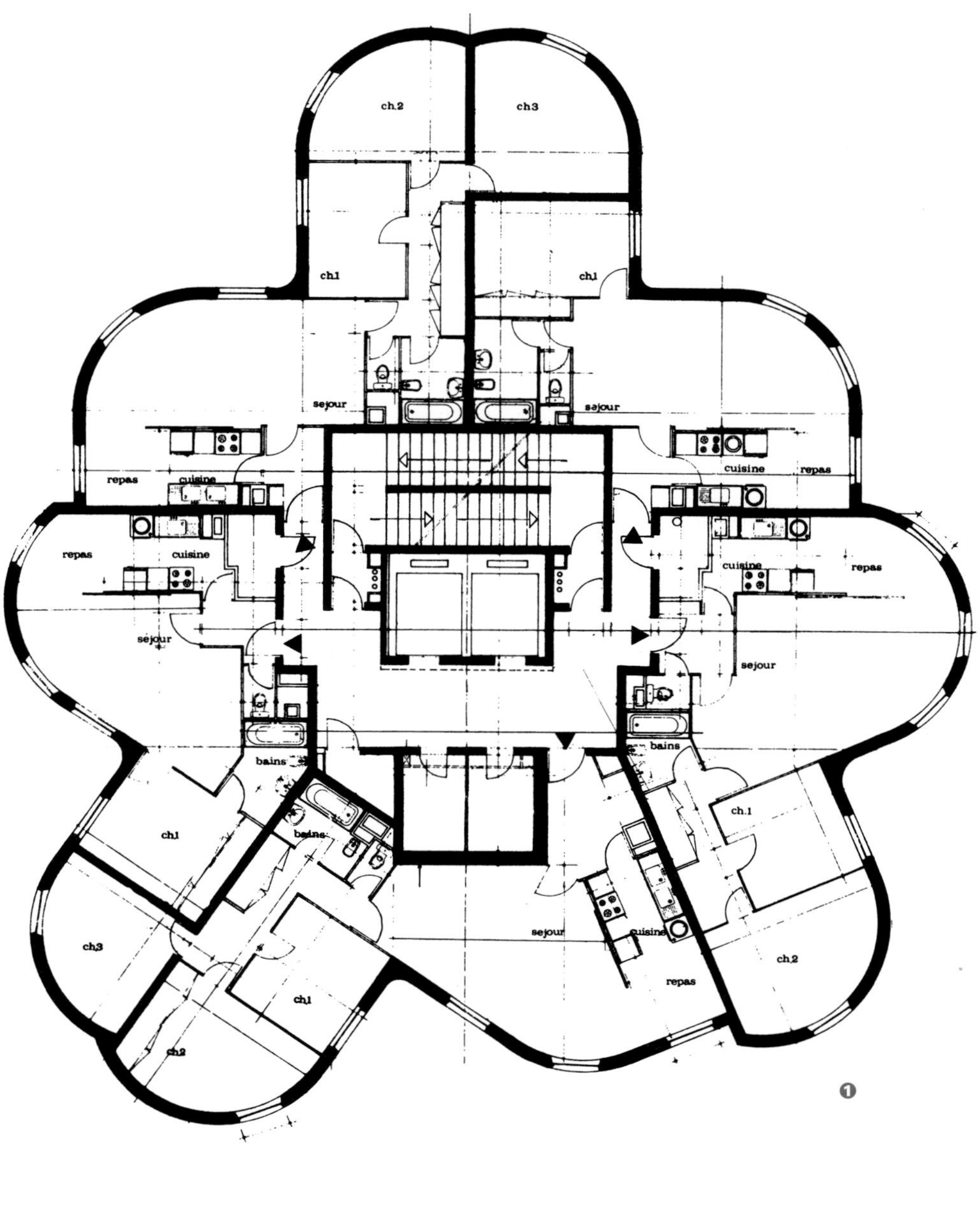

❶

Tours d'habitation 1.7

Type de construction
18 tours d'habitation
à plan incurvé,
13, 20 et 39 niveaux

Date de construction
1975

Financement
logements sociaux
(HLM)

Profondeur du bâtiment
20/30 m

Accès
cage d'escalier et ascenseur pour 5 appartements par étage

Nombre d'appartements
1710 : 2 tours de 100 m, 8 tours de 50 m, 8 tours de 33 m de hauteur

Surface des appartements
par étage
app. 2 p., env. 50 m² (2 unités)
app. 3 p., env. 70 m² (1 unité)
app. 4 p., env. 85 m² (2 unités)

Places de stationnement
garage souterrain sur trois niveaux

Espaces extérieurs
topographie aménagée (parc)

Emile Aillaud,
Paris

Paris, La Défense,
Nanterre-Sud,
« Tour Nuage »

L'ensemble offre une composition de tours au dessin agréablement modelé, implantées dans une topographie aménagée en paysage artificiel, aux façades multicolores percées de fenêtres en forme de gouttes. Les appartements sont groupés par cinq autour d'un noyau d'accès. Le couloir d'entrée donne sur la cuisine et le séjour, qui se fondent l'un dans l'autre devant la fenêtre. Derrière le séjour se trouvent la chambre à coucher et la salle de bains, accessibles par un couloir séparé. La salle de bains fait écran du côté de l'espace d'entrée, la cuisine contre le mur mitoyen. Malgré les courbures, les parois offrent suffisamment de surfaces planes pour placer des meubles. Les appartements sont orientés de plusieurs côtés.

1.7 Torri residenziali

Tipologia edilizia:
3 torri residenziali collegate da passerelle,
5/7/9 piani

Data di costruzione:
1989-1993

Modello di finanziamento:
edilizia sociale
(IGA Stoccarda)

Profondità dell'edificio:
9 m

Distribuzione:
ascensore e passerelle all'aperto

Numero di alloggi:
16

Dimensione degli alloggi:
appart. da 2 locali, 53,5 m² (5);
appart. da 2 locali, 60,5 m² (8);
mais. da 4 locali, 108 m² (3)

Parcheggio:
al piano interrato dell'edificio adiacente, al quale si accede con un collegamento sotterraneo

Spazi aperti:
verande

Erick van Egeraat associated architects bv, Rotterdam

IGA Stoccarda "Abitare 2000", Casa 13

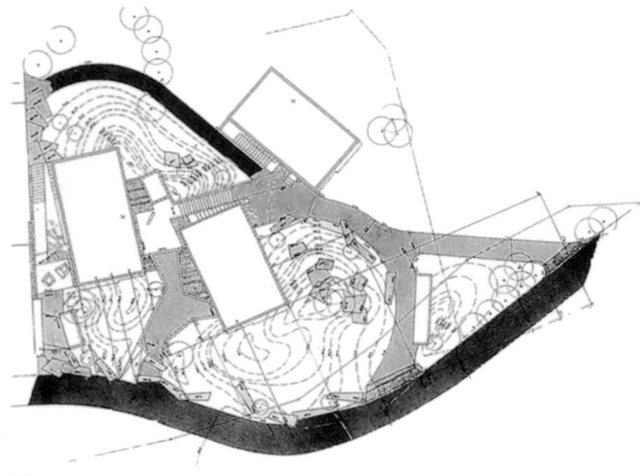

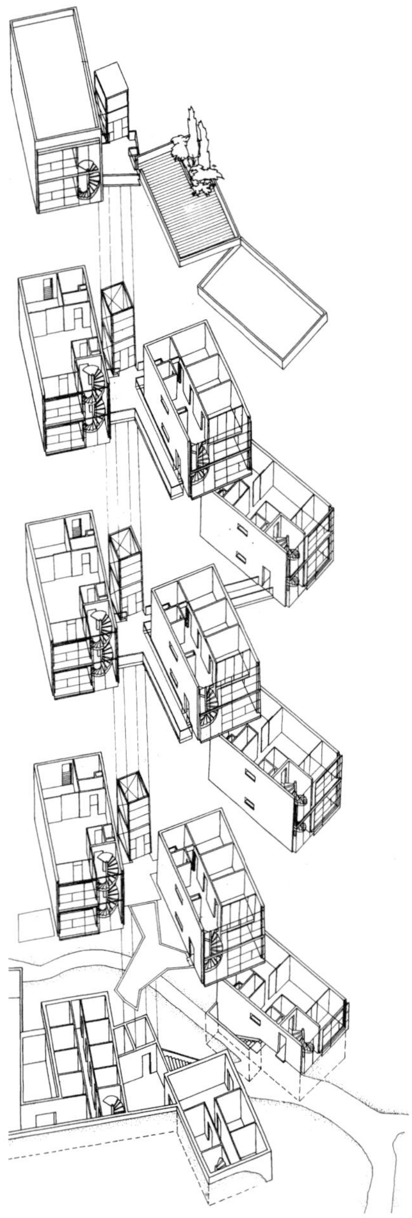

Al tema posto dalla IGA (Internationale Garten Ausstellung) di Stoccarda "Abitare 2000", che si proponeva di investigare nei progetti le mutazioni dello stile di vita contemporaneo, Erick van Egeraat risponde con tre torri di altezza differente, risultato della sovrapposizione di piccoli alloggi-loft di diversa altezza che possono dare luogo a *maisonettes* o essere utilizzati separatamente a ogni piano. Ci si adegua così alla diffusa presenza di single o al bisogno di un alloggio separato anche nei rapporti di coppia. Coppie o inquilini in condivisione possono abitare uno sopra l'altro e comunicare attraverso la scala a chiocciola che collega tutti gli alloggi. Le tre torri longilinee sono collegate da passerelle; un ascensore vetrato porta fino al piano più alto. I singoli alloggi si suddividono in un'area di servizio e una di soggiorno. Dal vestibolo vetrato all'ingresso si accede a un bagno per gli ospiti (!), cucina e dispensa sono di fronte, mentre a destra si apre il soggiorno con veranda sull'intero fronte. In fondo al soggiorno si trova un bagno. Lo spazio aperto può essere suddiviso in due camere da letto con pareti scorrevoli, permettendo così una certa flessibilità. Nelle *maisonettes* della torre mediana il soggiorno con angolo cottura e il bagno per gli ospiti stanno al livello inferiore, gli spazi individuali con bagno e doccia a quello superiore.

❶ Planimetria del piano tipo, con appartamenti da 2 locali e *maisonette* da 4 locali 1:200
Plans d'étages types: deux appartements 2 pièces et un duplex 1:200

❷ Livello superiore della *maisonette* 1:200
Niveau supérieur du duplex 1:200

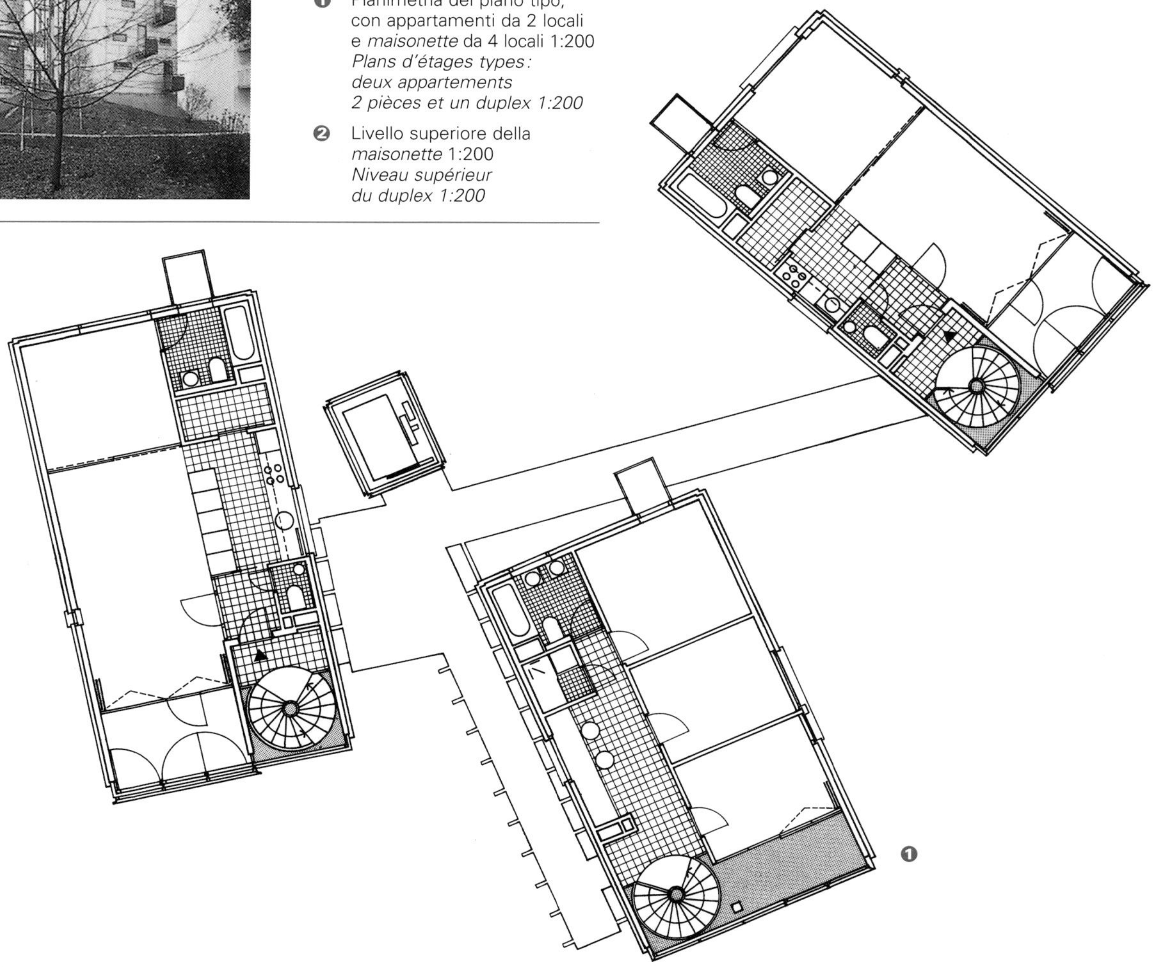

❶

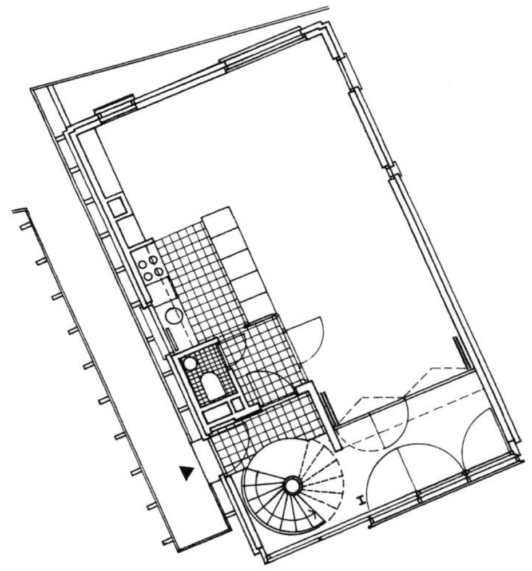

❷

Type de construction
3 tours d'habitation reliées par des passerelles, 5/7/9 niveaux

Date de construction
1989-1993

Financement
logements sociaux (IGA Stuttgart)

Profondeur du bâtiment
9 m

Accès
ascenseur et passerelle non couverte

Nombre d'appartements
16

Surface des appartements
app. 2 p., 53,5 m² (5 unités)
app. 2 p., 60,5 m² (8 unités)
duplex 4 p., 108 m² (3 unités)

Places de stationnement
au sous-sol de l'immeuble voisin, avec passage souterrain

Espaces extérieurs
jardins d'hiver

Erick van Egeraat associated architects bv, Rotterdam

IGA Stuttgart, « Wohnen 2000 », Maison 13

Cet ensemble de trois tours élancées de hauteur inégale est le projet proposé par Erick van Egeraat pour l'exposition horticole internationale IGA à Stuttgart en 1993, qui lançait une réflexion sur le thème « habitat 2000 ». Les tours comprennent une superposition d'appartements d'une pièce identiques qui peuvent être regroupés au besoin, sur le même étage ou en duplex. Cette souplesse d'utilisation est adaptée à l'individualisme de la société contemporaine et au besoin d'espaces de vie distincts même au sein d'un groupe de personnes vivant en commun. Les couples ou les communautés peuvent ainsi se répartir les étages, reliés par un escalier à vis. Des passerelles font la liaison d'une tour à l'autre, la distribution verticale se fait par un ascenseur en cage de verre. Les appartements se divisent en zone de service et zone de séjour. Dans l'axe de l'entrée se trouvent les WC pour visiteurs, la cuisine puis un réduit, et de l'autre côté le séjour, avec jardin d'hiver, occupe toute la longueur; il donne accès à la salle de bains. Une porte coulissante permet de diviser l'espace en deux. Dans les duplex de la tour centrale, les pièces communes, avec la cuisine et les WC pour visiteurs sont en bas, les chambres, la salle de bains et la douche, en haut.

1.7 Torri residenziali

Tipologia edilizia:
2 edifici residenziali con atrio centrale, 10 piani, NO/SE

Data di costruzione:
1993-1994

Modello di finanziamento:
edilizia privata

Profondità dell'edificio:
21 m (atrio 5 m)

Distribuzione:
ballatoio interno (centrale), accesso agli appartamenti da terrazze private

Numero di alloggi:
38

Dimensione degli alloggi:
appart. da 3 locali, 83 m² (32); *mais.* da 5 locali, 138 m² (4); attico da 2 e 3½ locali, 105 m² (2)

Parcheggio:
posti auto all'aperto

Spazi aperti:
terrazze nella parte distributiva, giardino

Henri Ciriani, Parigi con Jean Pierre Crousse Piano urbanistico: Rem Kolhaas

L'Aia, Morgenstond, Dedemsvaartweg

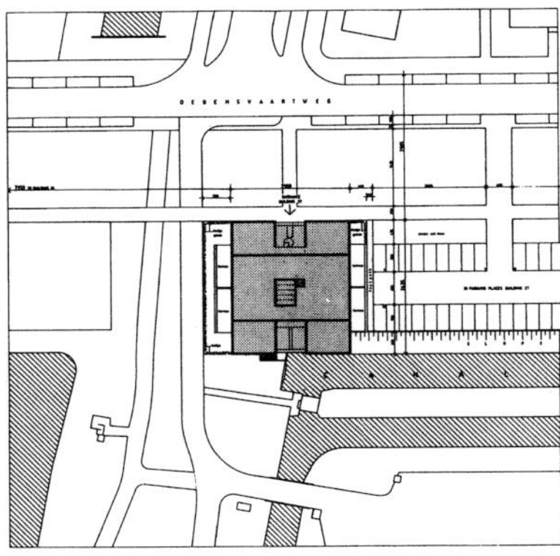

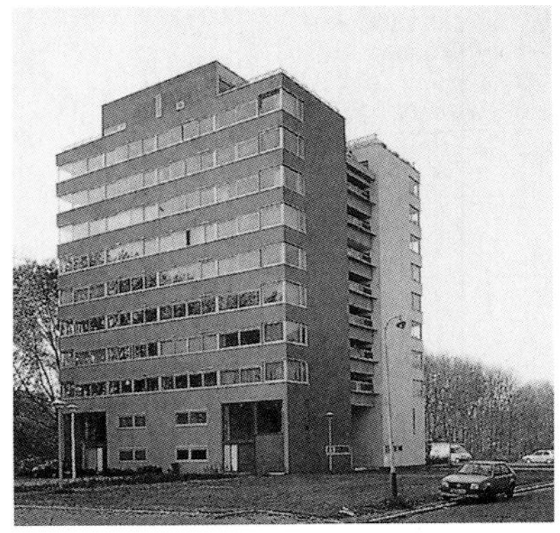

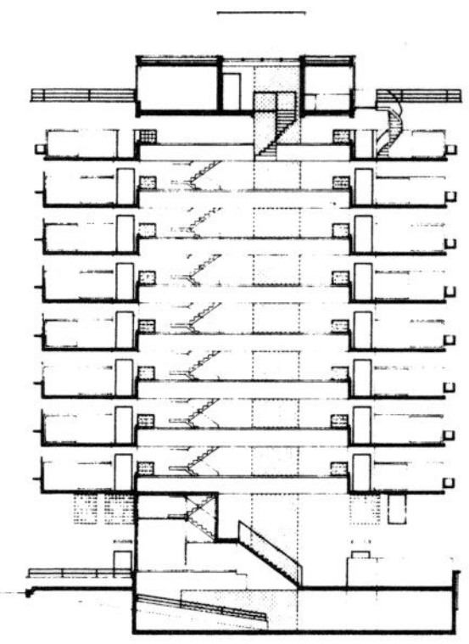

❶ Planimetria del piano tipo con appartamenti da 3 locali 1:200
Plan d'un étage type, appartements 3 pièces 1:200

❶

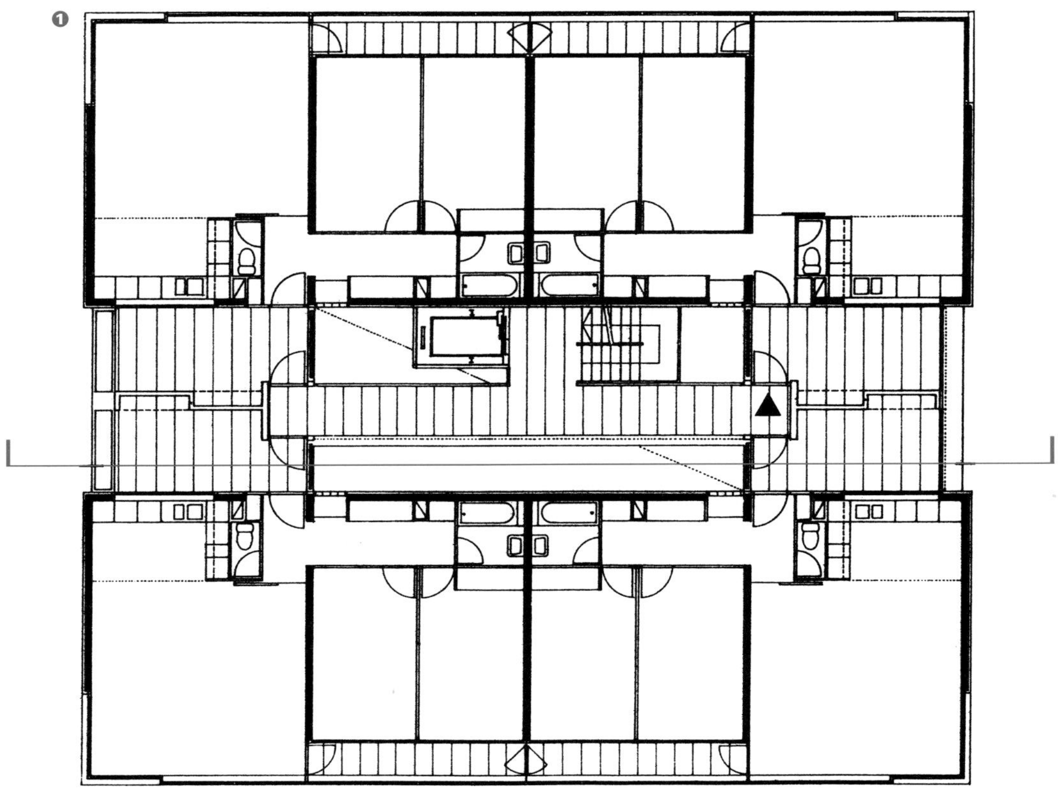

L'atrio d'ingresso aperto, nel quale si trovano gli elementi di collegamento verticale, i ballatoi e le passerelle, costituisce la spina dorsale dell'edificio. Le terrazze alle estremità servono allo stesso tempo da ingresso agli alloggi. Questo spazio antistante aperto, nel contempo terrazza, ingresso all'alloggio e parte dell'atrio dell'edificio, è la peculiarità di questo progetto. Al pianterreno e al 1° piano – quindi nell'ambito dell'atrio a doppia altezza – troviamo *maisonettes* su entrambi i lati, accessibili al pianterreno. Ai piani superiori vi è un corridoio centrale che sfocia alle estremità su due terrazze aperte di pertinenza degli alloggi. In questo modo nell'atrio si creano collegamenti visivi tra i vari piani, attraverso lo spazio aperto attorno alla scala, all'ascensore, al ballatoio. Gli appartamenti sono disposti in modo tradizionale: nucleo interno con cavedi tecnici, bagno, armadi a muro, WC e cucina. La cucina, parte del soggiorno, ha una finestra sulla zona aperta antistante l'alloggio. Tutte le stanze hanno balconi poco profondi che si allargano nella penthouse.

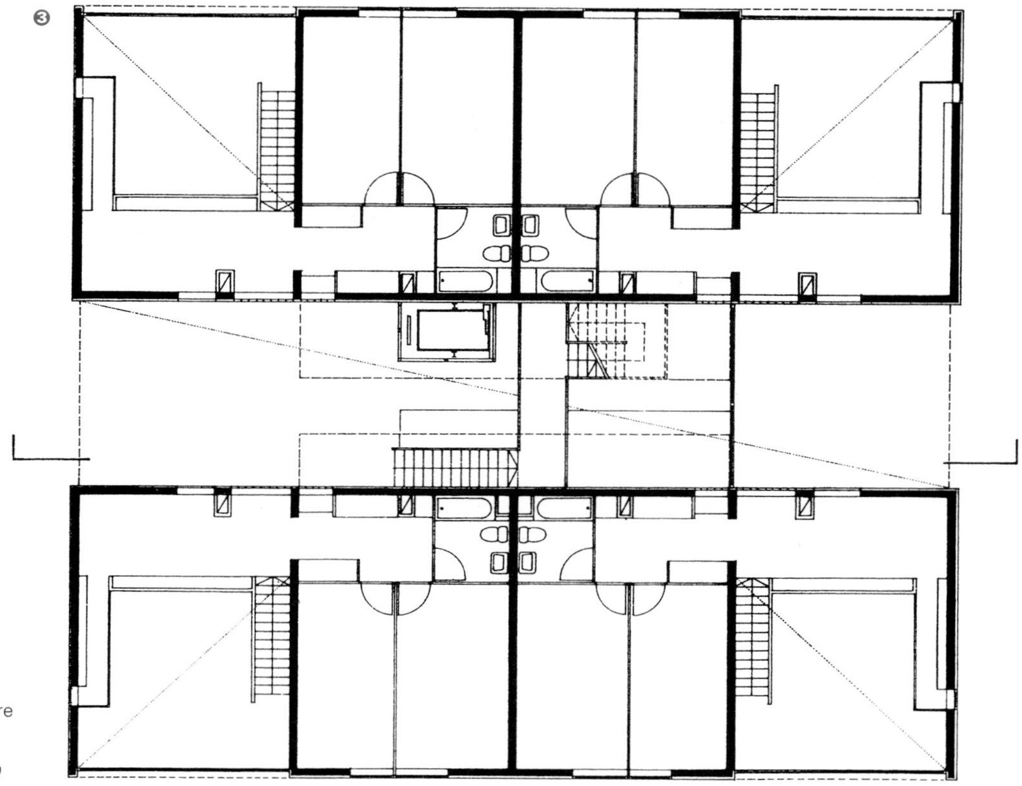

1° piano con livello superiore della *maisonette* 1:200
Plan du 1er étage, niveau supérieur des duplex 1:200

Pianta del pianterreno con *maisonette* da 5 locali 1:200
Plan du rez-de-chaussée, duplex 5 pièces 1:200

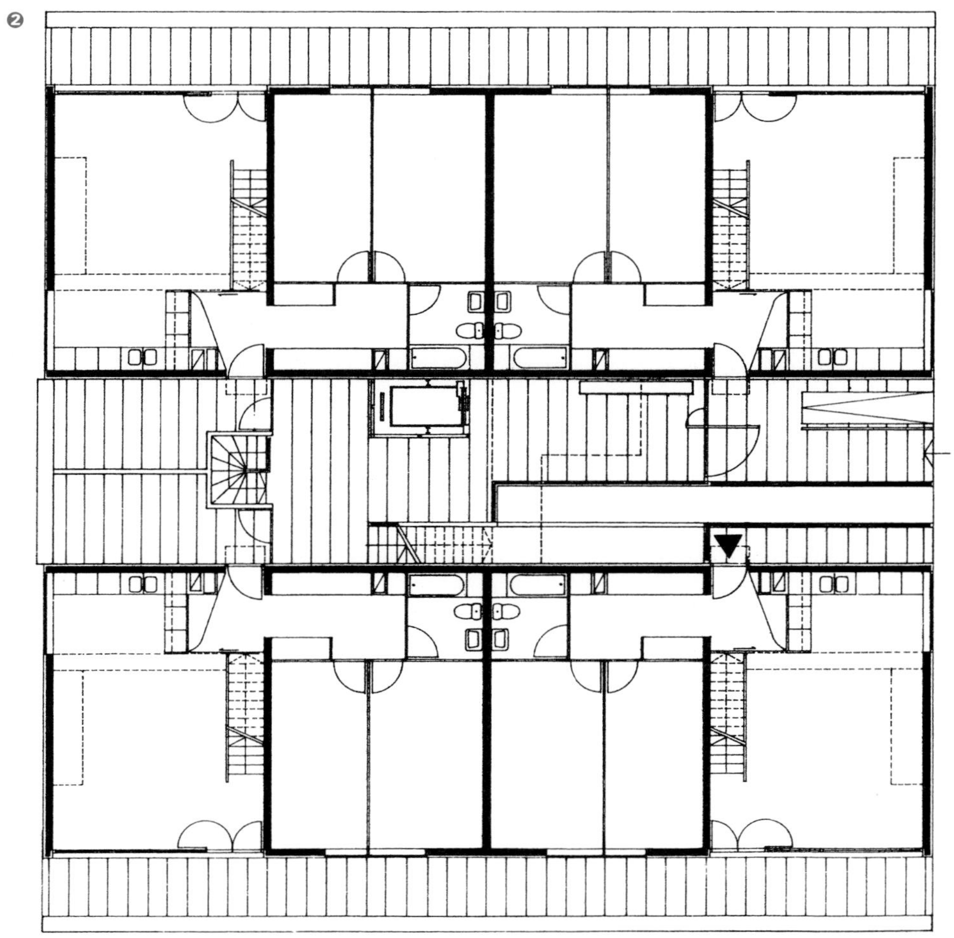

Type de construction
immeuble en deux rangées de part et d'autre d'une halle médiane, 10 niveaux, NO, SE

Date de construction
1993-1994

Financement
privé

Profondeur du bâtiment
21 m (halle: 5 m)

Accès
galerie intérieure (médiane), accès aux appartements par des terrasses privées

Nombre d'appartements
38

Surface des appartements
app. 3 p., 83 m² (32 unités)
duplex 5 p., 138 m² (4 unités)
app. à l'attique, 2 et 3½ p., 105 m² (2 unités)

Places de stationnement
extérieures

Espaces extérieurs
terrasses donnant sur la halle, jardin

Henri Ciriani, Paris, en collaboration avec Jean-Pierre Crousse; planification urbanistique: Rem Koolhaas

La Haye, Morgenstond, Dedemsvaartweg

La particularité de ce projet est la halle d'entrée sur deux niveaux, colonne vertébrale de l'immeuble, contenant les éléments d'accès (galeries et passerelles), avec, aux extrémités, des terrasses qui servent aussi d'entrée aux appartements. Le rez-de-chaussée et le premier étage sont occupés par des duplex à entrée de plain-pied. Aux niveaux supérieurs, la distribution se fait par une galerie médiane qui, de chaque côté, aboutit à deux terrasses ouvertes formant un espace d'entrée devant les appartements. Le hall offre ainsi la vue sur divers éléments à travers tous les niveaux: l'espace dégagé autour de l'escalier, l'ascenseur, la galerie. Les appartements sont organisés selon une disposition traditionnelle: bloc sanitaire du côté intérieur, avec salle de bains, réduit, WC, cuisine. Cette dernière, intégrée à la pièce de séjour, est éclairée par une fenêtre donnant sur l'espace d'entrée. Une étroite terrasse est aménagée devant les chambres et le séjour (plus large devant les appartements de l'étage-attique).

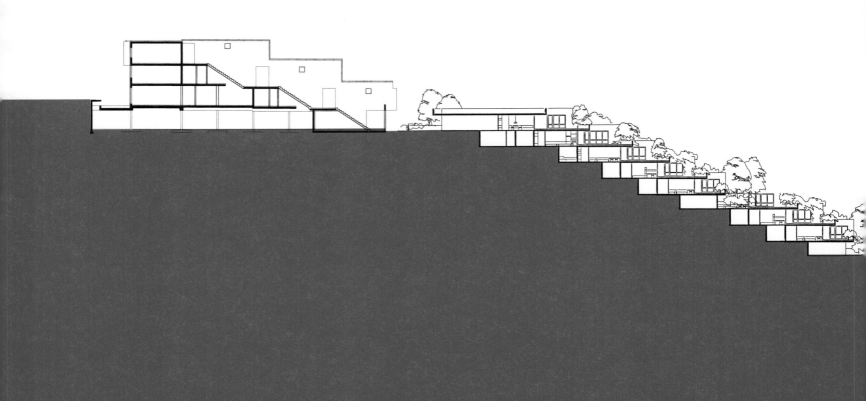

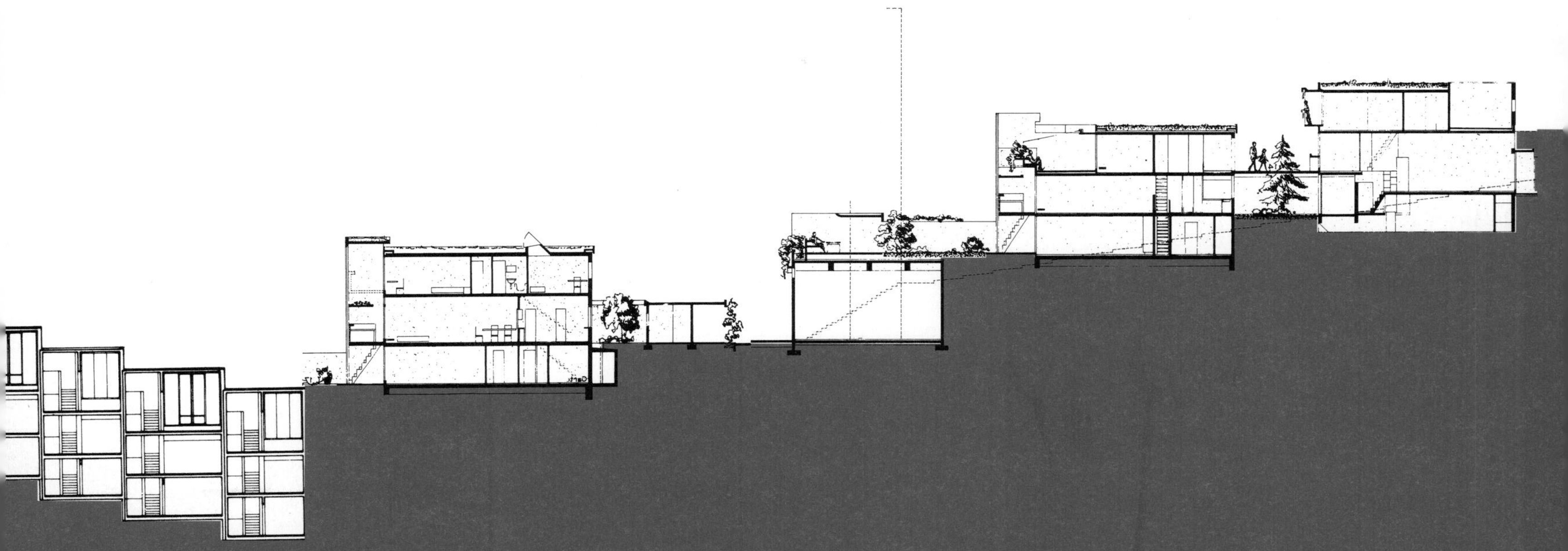

Case terrazzate

La casa naturalmente terrazzata si adagia su un pendio ed è esposta su un unico versante. Gli alloggi, stratificati uno sopra l'altro, sono simili a case a corte o a tappeto, con grandi terrazze a giardino. Per realizzare questo tipo di residenze anche senza le colline è stata sviluppata la casa terrazzata su due lati, la cosiddetta "collina residenziale", che nel grande spazio centrale non illuminato può ospitare parcheggi o infrastrutture di trasporto. Uno sviluppo ulteriore di questo concetto è la casa terrazzata su di un solo lato che colloca sull'altro lato, penalizzato nell'esposizione, i collegamenti coperti dall'edificio aggettante, mentre gli alloggi terrazzati godono del lato soleggiato. Una eccezione è costituita dall'isolato storico che all'interno è terrazzato su entrambi i lati. La "collina residenziale" più nota è il modello "Habitat" di Moshe Safdie, costituito da una struttura di alloggi, terrazze, spazi pubblici e semipubblici, collegamenti verticali e orizzontali incastrati gli uni negli altri. Le case terrazzate pongono sempre l'accento sugli spazi semipubblici. Una problema che si propone con frequenza è lo sfalsamento in verticale dei servizi igienici che porta a complicati cavedi e problemi di rumorosità degli scarichi. All'alta qualità di questi insediamenti corrispondono alti costi (anche a causa delle grandi parti interne inutilizzabili). Una interpretazione geniale di questo concetto è la casa terrazzata che come modulo urbano si sovrappone all'autostrada.

Maisons en terrasses

Sous leur forme naturelle, les maisons en terrasses sont construites sur un versant, où l'ensoleillement et l'aération ne viennent que d'un côté. La superposition en fait quasiment des maisons à cour ou des lotissements «en tapis», c'est-à-dire à maisons basses où les terrasses tiennent lieu de jardin. Pour pouvoir appliquer cette idée sur terrain plat, des architectes ont imaginé l'immeuble à double étagement en terrasses, formant une sorte de «colline bâtie», dont l'intérieur non éclairé abrite le parc de stationnement et le système de distribution. Ce type offre une variante avec terrasses sur un seul côté, les accès étant placés sur la face la moins ensoleillée et abrités par la saillie des corps de bâtiment en encorbellement, tandis que les terrasses se développent sur le côté bénéficiant du soleil. Le bloc urbain historique avec étagement de terrasses se faisant face est une exception. Le plus célèbre exemple de «colline bâtie» est l'«Habitat 67» de Moshe Safdie, imbrication d'appartements, de terrasses et de chemins publics et semi-publics, verticaux et horizontaux. Dans l'habitation en terrasses, les zones semi-publiques ont toujours une importance particulière. La nécessité de déplacer à chaque niveau les blocs sanitaires constitue un problème inhérent à ce type de construction (le tracé des conduits est plus complexe et il faut prendre en compte le risque de nuisance sonore). Ce genre de logement a un prix élevé dû à des coûts de construction supérieurs à la moyenne (notamment en raison des vastes zones intérieures difficilement exploitables). Une variante ingénieuse consiste à édifier des immeubles en terrasses au-dessus d'une route à grand trafic.

1.8 Case terrazzate

Tipologia edilizia:
"collina residenziale",
22 piani

Data di costruzione:
1967

Modello di finanziamento:
edilizia sociale
(Habitat 1967)

Profondità dell'edificio:
5/11 m

Distribuzione:
percorsi pedonali,
ballatoi,
torri con ascensori

Numero di alloggi:
158

Dimensione degli alloggi:
15 diverse tipologie di alloggi:
appart. da 1½-5 locali,
55/110/165 m²,
modulo base 5 x 11 m

Parcheggio:
posti auto coperti

Spazi aperti:
terrazze, vista sul fiume
San Lorenzo

Moshe Safdie,
Montreal
con David, Barott, Boulva;
Statica:
A. E. Kommendant

Montreal,
Fiume San Lorenzo,
Habitat 67

❶ Esempi di alloggi:
2 *maisonettes* da 3 locali 1:200
Exemples de types d'appartement:
deux duplex 3 pièces 1:200

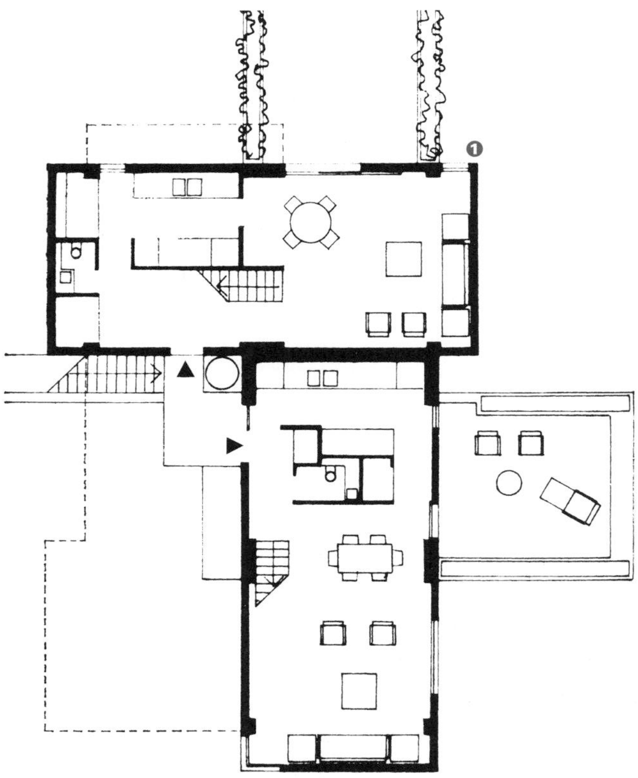

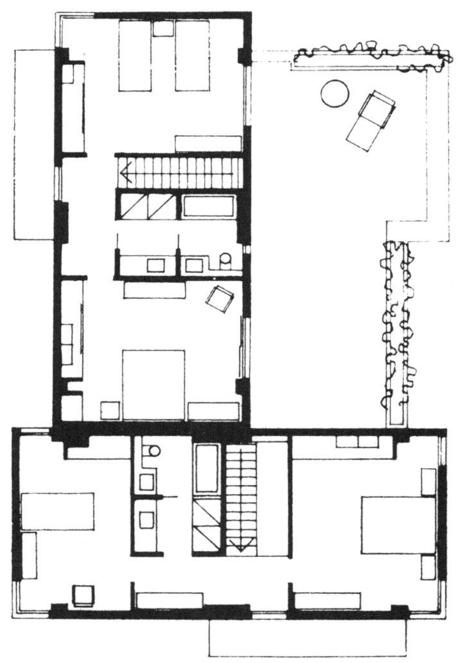

Si tratta di un esperimento di "scultura residenziale" edificato sulla riva del fiume San Lorenzo in occasione della Expo di Montreal del 1967: un agglomerato costituito da 354 moduli prefabbricati allungati – ognuno di 55 m² di superficie – accatastati e tra loro sfalsati ortogonalmente. Gli alloggi possono essere composti da uno o più moduli in 16 diverse configurazioni. Grazie alla rotazione i vani sono esposti in varie direzioni. Di norma un modulo raccoglie il soggiorno con angolo cottura e la scala interna, mentre in uno o due moduli si trovano le camere da letto e i bagni. A ognuno degli appartamenti, dal monolocale fino agli alloggi da 5 vani, corrisponde almeno una grande terrazza sulla copertura dell'alloggio sottostante. La distribuzione orizzontale è garantita da un percorso pedonale ogni quattro piani e quella verticale da tre nuclei ascensore. Brevi rampe portano agli alloggi sopra o sotto il percorso pedonale. Tutte le componenti, strade per il gioco, moduli prefabbricati e nuclei ascensore sono collegati in modo da contribuire alla struttura portante del complesso. Delle circa 1000 unità residenziali ne furono costruite solo 158; di conseguenza il progetto risultò relativamente costoso e l'infrastruttura di negozi e uffici poté essere realizzata solo in parte. Poiché si è voluto garantire a ogni alloggio illuminazione naturale, soleggiamento e almeno una terrazza, Habitat 67 non risulta più denso di un normale insediamento a schiera. È rimasto in funzione fino a oggi, acquistato e amministrato dai suoi inquilini.

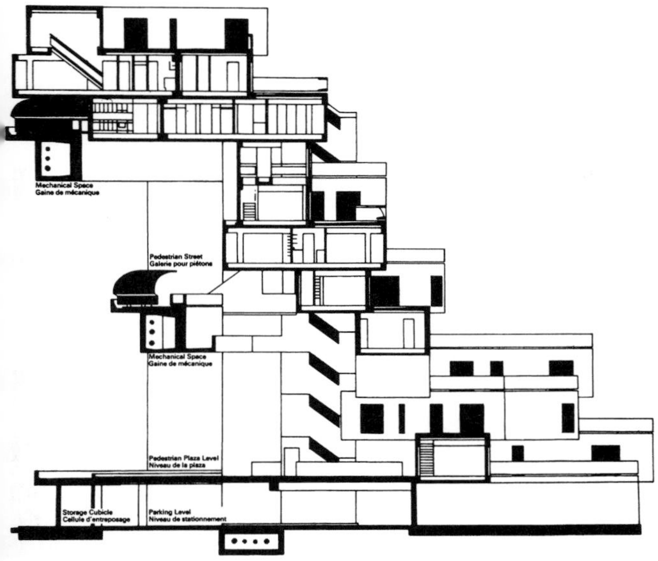

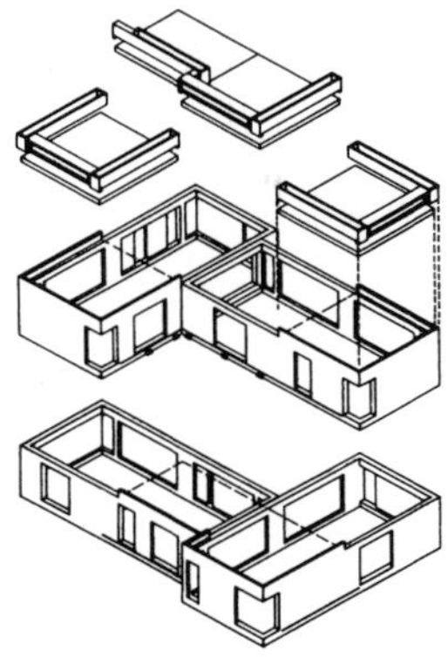

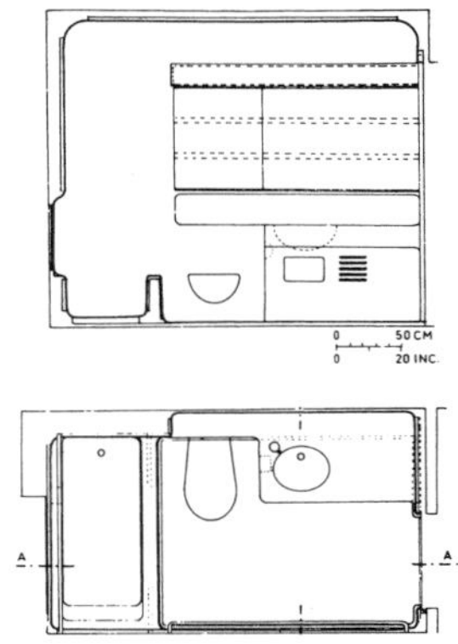

Type de construction
immeuble en terrasses
(« colline bâtie »), 22 niveaux

Date de construction
1967

Financement
logements sociaux
(Habitat 1967)

Profondeur du bâtiment
5/11 m

Accès
ruelles piétonnes, galeries,
tours d'ascenseur

Nombre d'appartements
158

Surface des appartements
15 types d'appartements,
1½-5 p., 55/110/165 m²
(module de base 5 x 11 m)

Places de stationnement
couvertes

Espaces extérieurs
terrasses,
vue sur le Saint-Laurent

**Moshe Safdie,
Montréal,
en collaboration avec
David, Barott, Boulva;
statique:
A. E. Kommendant**

**Montréal,
Habitat 67**

❷ *Maisonettes* da 5 locali 1:200
Duplex 5 pièces 1:200

❸ Appartamento da 3 locali 1:200
Appartement 3 pièces 1:200

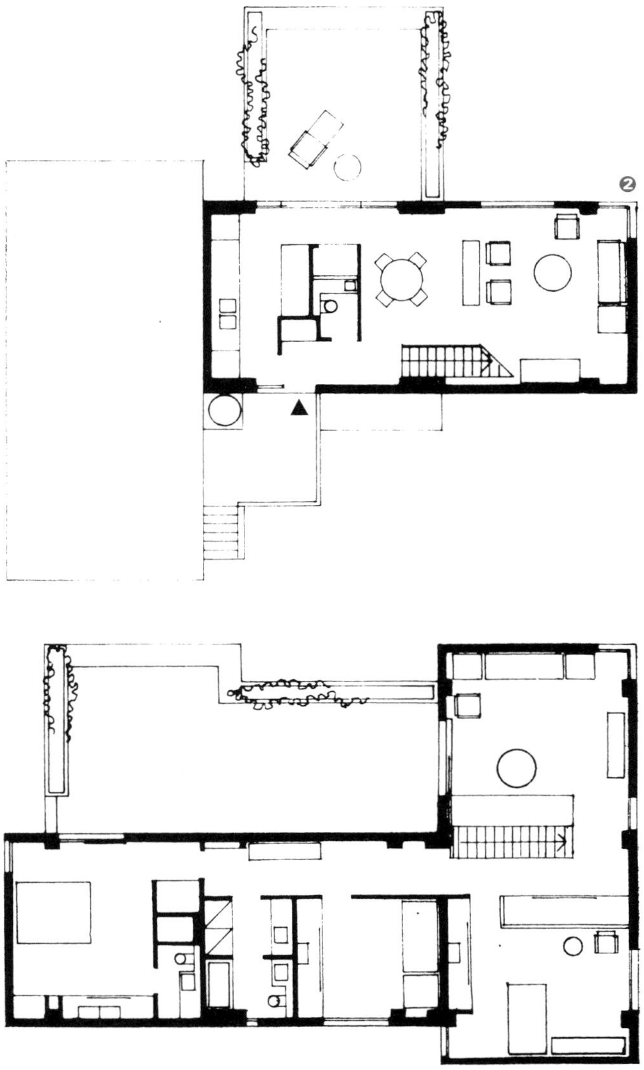

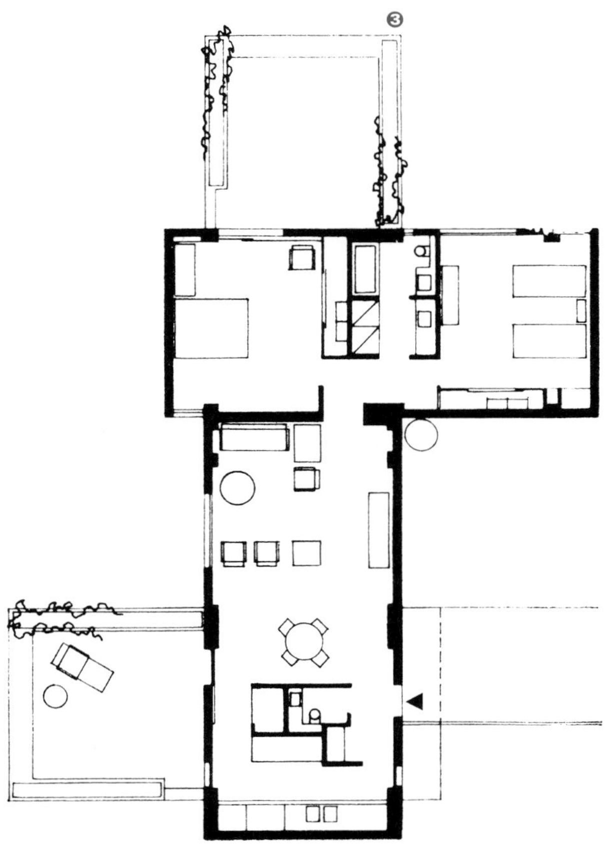

Cet ensemble au bord du Saint-Laurent est une composition sculpturale expérimentale réalisée à l'occasion de l'Exposition universelle de 1967 à Montréal. Il se compose de 354 modules préfabriqués en béton, d'une surface de 55 m², empilés perpendiculairement les uns par rapport aux autres. Un appartement peut comprendre un ou plusieurs modules; au total, seize combinaisons différentes ont été réalisées. Les pièces sont diversement orientées. Le plus souvent, un module est occupé par le séjour, la cuisine et l'escalier intérieur, un ou deux autres modules par les chambres à coucher et les salles d'eau. Les appartements ont de une à cinq pièces et possèdent tous au moins une grande terrasse sur le toit de l'unité d'habitation d'en dessous. L'accès aux appartements se fait horizontalement par des ruelles couvertes tous les quatre étages et verticalement par trois cages d'ascenseurs. De petits escaliers montent ou descendent de la ruelle vers les appartements. Tous les éléments et les modules sont liés de manière à contribuer à la statique de l'ensemble. Des mille unités prévues initialement, seules 158 ont été construites, de sorte que le projet s'est révélé relativement coûteux et n'a pas accueilli toute l'infrastructure de bureaux et de commerces envisagée. De par l'exigence d'offrir à chaque logement un éclairage et un ensoleillement suffisants, de même qu'une terrasse, le lotissement n'est pas plus dense qu'une construction en rangée. Les occupants en sont devenus copropriétaires et le gèrent eux-mêmes.

riferito a piante 1:200

se réfère aux plans 1:200

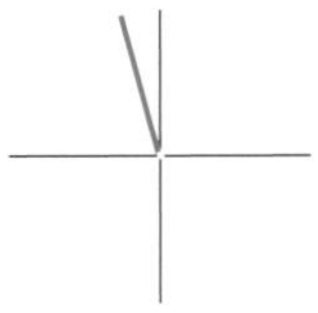

Tipologia edilizia:
"collina residenziale" artificiale, 4 piani, E/O

Data di costruzione:
1968

Modello di finanziamento:
edilizia sociale

Profondità dell'edificio:
24-12 m

Distribuzione:
a corpo semplice, doppio, quadruplo

Numero di alloggi:
46

Dimensione degli alloggi:
appart. da 2 locali, 71 m² (8) terr. 25 m²; appart. da 3 locali, 74/86/92 m² (18) terr. 24-34 m²; appart. da 4 locali, 104/110 m² (16) terr. 55/34 m²; appart. da 5 locali, 119 m² (4) terr. 32 m²

Parcheggio:
garage al piano interrato

Spazi aperti:
cortili interni/terrazze, patii al pianterreno

Frey, Schröder e Schmidt, Stoccarda

Marl (Germania), Brüderstraße 1

"Collina residenziale" artificiale simmetrica rispetto all'asse est-ovest. La profondità dei due piani inferiori permette un unico affaccio agli alloggi del pianterreno e del 1° piano, mentre gli appartamenti al 2° e 3° piano hanno doppio affaccio. Al pianterreno la profondità del corpo di fabbrica viene sfruttata con una fascia di depositi. Tra le campate regolari e i cavedi degli impianti si dispone una varietà di alloggi con piante a L, U e T. In questo modo le terrazze, di varie dimensioni, diventano cortili chiusi su tre lati. La zona giorno e la zona notte sono chiaramente separate. Le terrazze più grandi sono spesso davanti al soggiorno, quelle più piccole davanti alle camere da letto. Al pianterreno le terrazze si trasformano in patio.

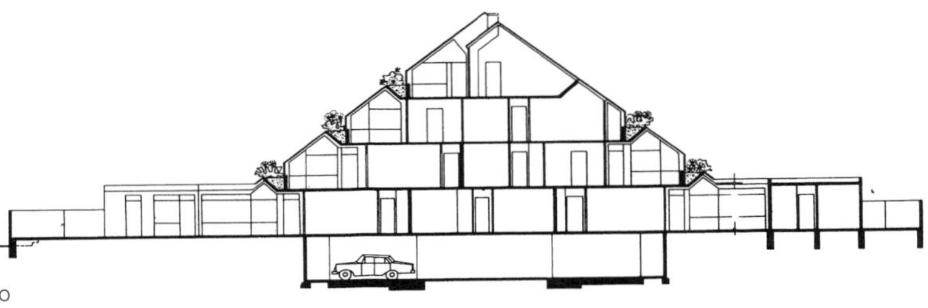

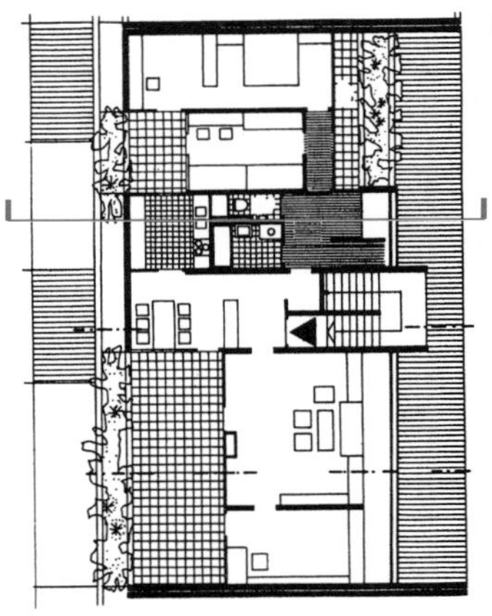

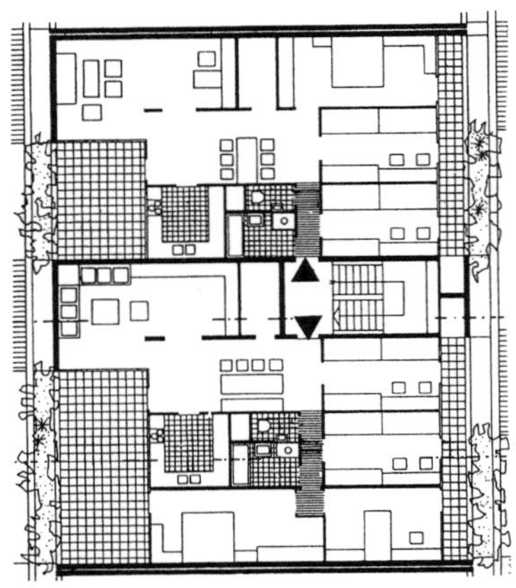

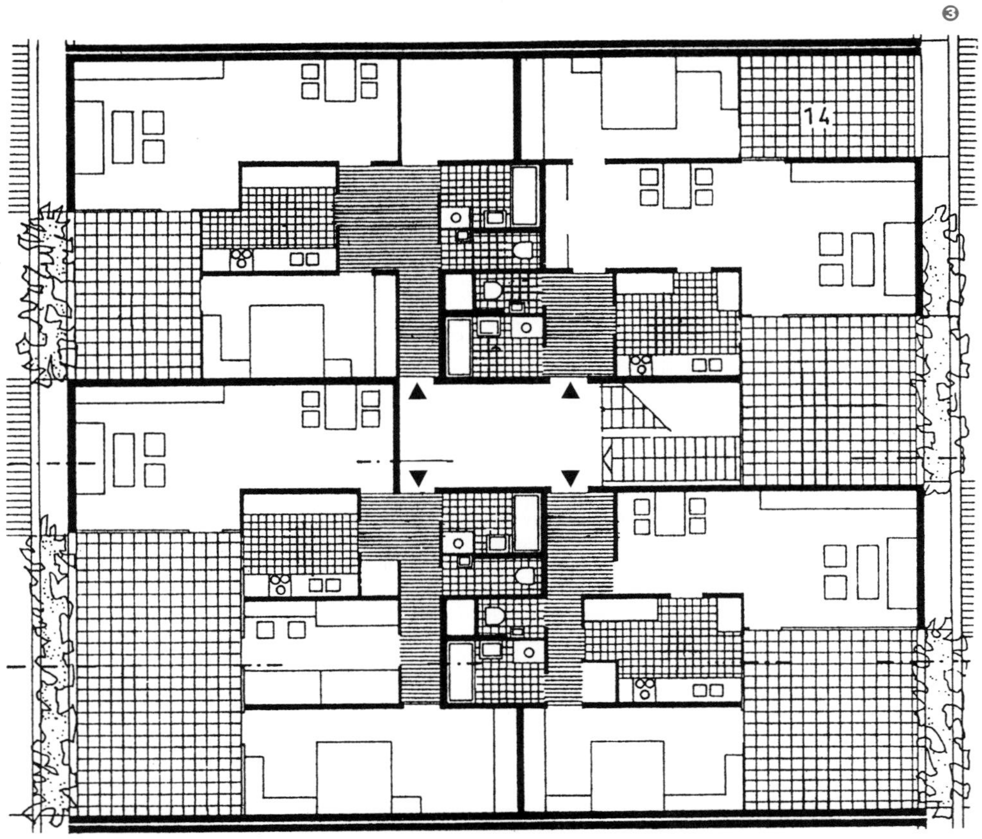

❶ 3° piano: appartamento da 4 locali 1:500
Troisième étage : appartement 4 pièces 1:500

❷ 2° piano: appartamenti da 4 e 5 locali 1:500
Deuxième étage : appartements 4 et 5 pièces 1:500

❸ 1° piano: 4 appartamenti da 2 locali 1: 200
Premier étage : appartement 2 pièces 1:200

Type de construction
immeuble à double étagement en terrasses (« colline bâtie »), 4 niveaux, E/O

Date de construction
1968

Financement
logements sociaux

Profondeur du bâtiment
24-12 m

Accès
cages d'escalier pour 1, 2 ou 4 appartements par étage

Nombre d'appartements
46

Surface des appartements
app. 2 p., 71 m² (8 unités), terr. 25 m²
app. 3 p., 74/86/92 m² (18 unités), terr. 24-34 m²
app. 4 p., 104/110 m² (16 unités), terr. 55/34 m²
app. 5 p., 119 m² (4 unités), terr. 32 m²

Places de stationnement
garage souterrain

Espaces extérieurs
cours intérieures/terrasses, jardins (patios)

Frey, Schröder et Schmidt, Stuttgart

Marl (Allemagne), Brüderstraße 1

Sur cette « colline bâtie » symétrique, les appartements du rez-de-chaussée et du 1er étage sont orientés d'un seul côté, tandis que ceux des 2e et 3e étages sont traversants. Au rez-de-chaussée, la zone médiane est occupée par des dépôts. Entre les éléments fixes (écartements d'axes et blocs sanitaires), les appartements présentent des formes diverses, avec des plans en L, en U et en T. Les terrasses, de dimensions inégales, deviennent ainsi des cours intérieures fermées sur trois côtés (cours intérieures au rez-de-chaussée). La zone de vie et la zone de repos sont nettement distinctes. Il y a de grandes terrasses devant les pièces de séjour et souvent une petite terrasse (patio) devant les chambres.

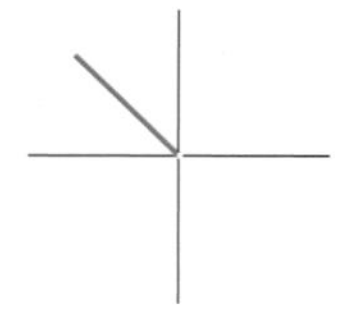

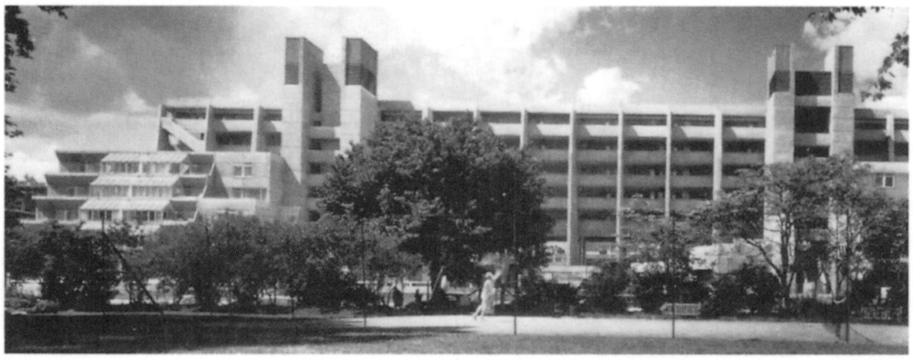

3 Case terrazzate

Maisons en terrasses 1.8

Tipologia edilizia:
"collina residenziale" in un isolato urbano, 8 piani, SO/NE

Data di costruzione:
1969-1972

Modello di finanziamento:
edilizia sociale

Profondità dell'edificio:
9 m

Distribuzione:
a ballatoio

Numero di alloggi:
ca. 250

Dimensione degli alloggi:
appart. da 1 locale, ca. 40 m²;
appart. da 2 locali, ca. 65 m²;
appart. da 3 locali, ca. 90 m²;
appart. da 4 locali, ca. 115 m²

Parcheggio:
garage al piano interrato

Spazi aperti:
terrazza semipubblica all'interno dell'isolato; verande/terrazze

Patrick Hodgkinson, Sir Leslie Martin, Londra

Londra-Bloomsbury, Foundling Estate

Reinterpretazione di un isolato su strada londinese con alloggi terrazzati sui due lati. All'interno della "collina" la distribuzione a ballatoio e un enorme atrio alto cinque piani. Gli alloggi sono strutturati in modo semplice: lungo il ballatoio i servizi igienici e il corridoio, lungo il quale sono allineati i vani (l'addizione dei quali dà luogo a diversi tagli di alloggio). La parete divisoria tra il soggiorno e la cucina è concepita come bancone a mezza altezza. Tutti i soggiorni terminano in una veranda con una vetrata verticale e obliqua; accanto, una terrazza con accesso a ogni locale. Il cortile interno sottostante è destinato a funzioni di vicinato: negozi, ristoranti e cinema.

❶ 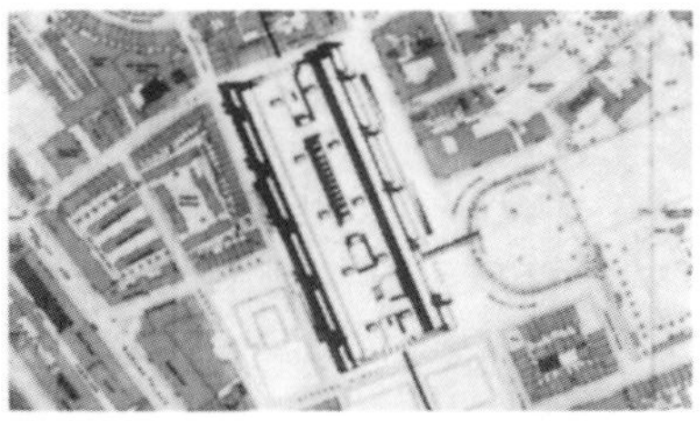

❷ 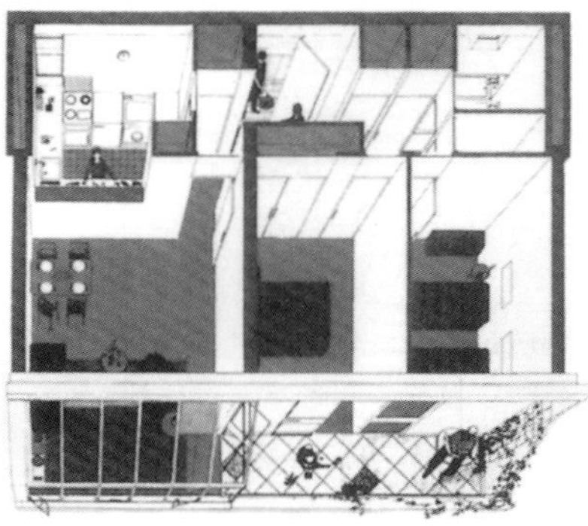

❶ Assonometria dell'insediamento
Vue de l'îlot

❷ Assonometria dell'appartamento tipo
Vue isométrique de l'un des appartements

❸ Piano tipo con appartamenti da 1, 2, 3 e 4 locali 1:200
Plan d'étage type: appartements 1, 2, 3 et 4 pièces 1:200

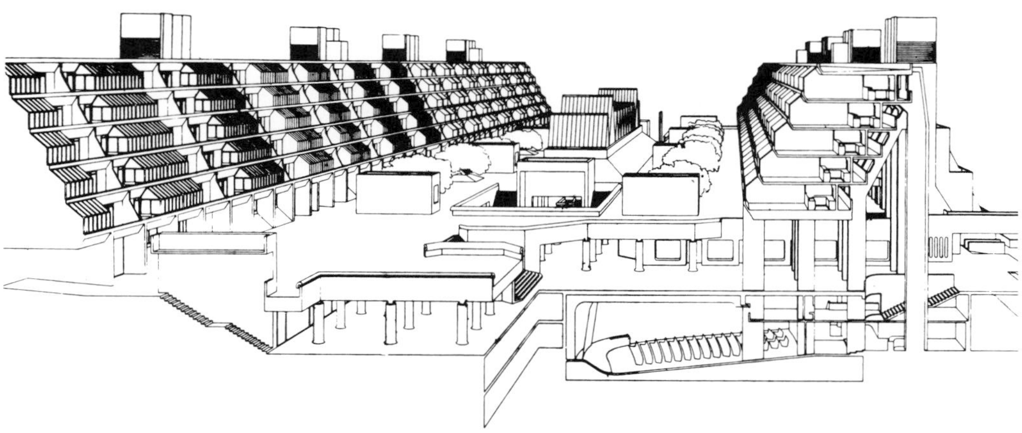

❸ 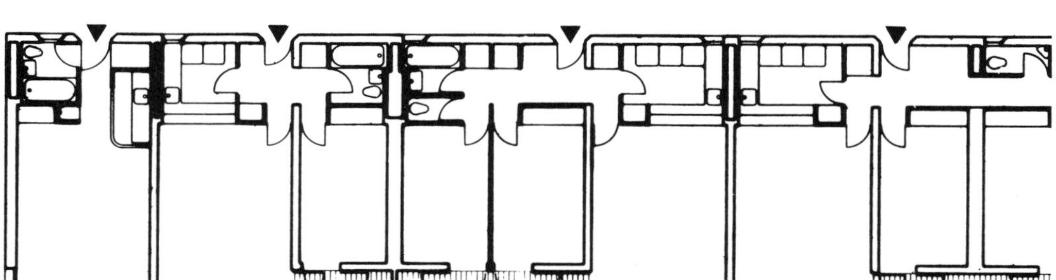

Type de construction
bloc urbain à double étagement de terrasses se faisant face, 8 niveaux, SO/NE

Date de construction
1969-1972

Financement
logements sociaux

Profondeur du bâtiment
9 m

Accès
galeries intérieures

Nombre d'appartements
env. 250

Surface des appartements
app. 1 p., env. 40 m²
app. 2 p., env. 65 m²
app. 3 p., 90 m²
app. 4., env. 115 m²

Places de stationnement
garages souterrains

Espaces extérieurs
terrasses semi-publiques à l'intérieur du bloc; jardins d'hiver/terrasses

Patrick Hodgkinson, Sir Leslie Martin, Londres

Londres-Bloomsbury, Foundling Estate

Cette double rangée de construction en terrasses constitue une réinterprétation d'un bloc urbain londonien. L'intérieur comprend une galerie d'accès et un vaste atrium sur cinq niveaux. Les appartements sont construits selon un schéma simple: les éléments sanitaires se trouvent du côté de la galerie, puis le vestibule donne accès aux différentes pièces dont l'addition détermine la grandeur de l'appartement. La paroi entre la cuisine et le séjour est à mi-hauteur (bar). Les pièces de séjour se prolongent toutes par un jardin d'hiver jouxtant une terrasse accessible depuis toutes les pièces. Sous la cour intérieure se trouvent des commerces, des restaurants et un cinéma (pour le quartier).

riferito a piante 1:200

se réfère aux plans 1:200

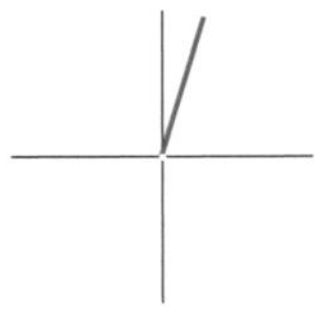

1.8 Case terrazzate

Tipolcgia edilizia:
edificio residenziale terrazzato, 5 piani, NNO/SSE

Data di costruzione:
1972

Modello di finanziamento:
edilizia sociale

Profondità dell'edificio:
ca. 15-18 m

Distribuzione:
scale, percorsi pedonali

Numero di alloggi:
34 (+ 9 nella schiera)

Dimensione degli alloggi:
appart. da 5 locali, ca. 140 m²

Parcheggio:
posti auto all'aperto lungo la via d'accesso superiore

Spazi aperti:
cortili terrazzati

Hans Kammerer, Walter Belz, Stoccarda
Architetti responsabili del progetto: Klaus Kucher, Josef Greitzke, Klaus Hallermann, Eberhard Munz, Roland Wittich

Neustadt/Waiblingen (Germania) Trollingerweg

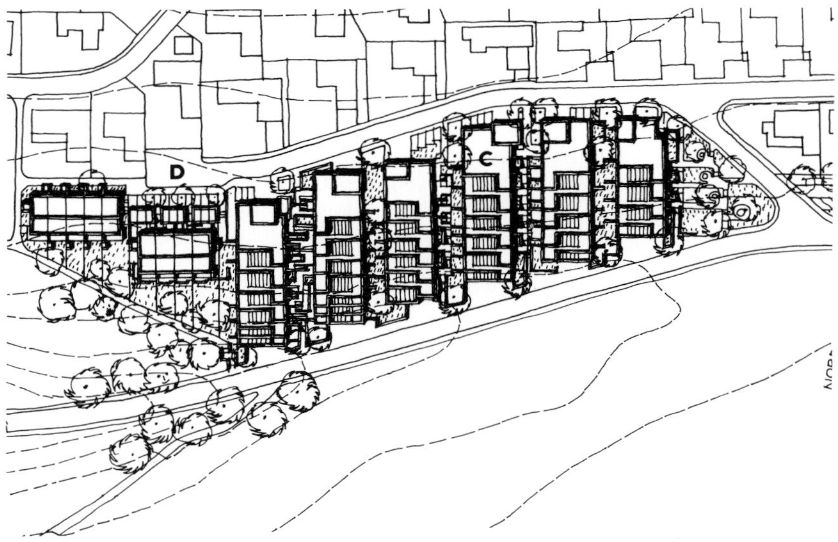

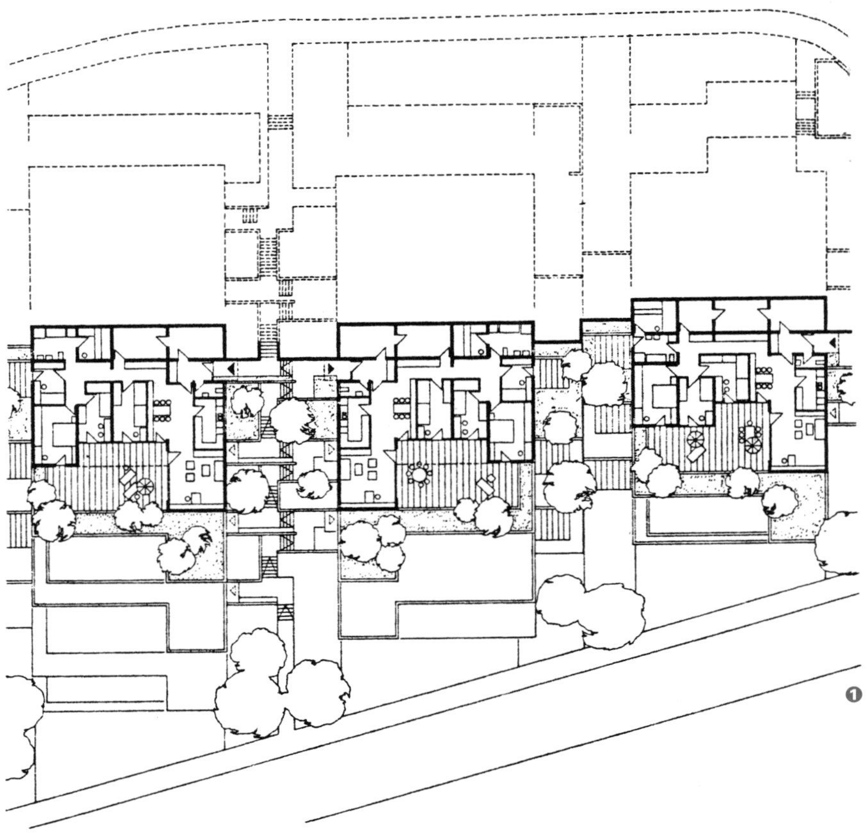

1

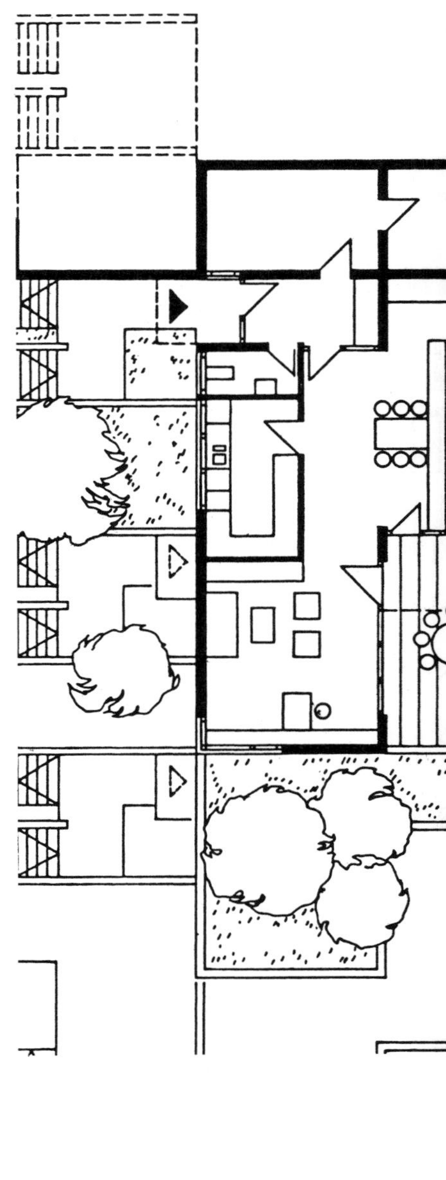

1 Planimetria generale dell'insediamento terrazzato
Plan de situation des maisons en terrasses

Questo insediamento contiene due tipologie residenziali, di cui in questa sede illustriamo quella terrazzata (le case a schiera su 3 piani compaiono solo nella planimetria generale). Le tipiche case terrazzate con planimetria angolare sono sovrapposte in fasce da 4 a 7 alloggi ciascuna. Nelle zone comprese tra queste fasce è collocata la distribuzione – rampe di scale e pianerottoli angolari intervallati da siepi – oppure un ulteriore orto o giardino di pertinenza dell'alloggio. L'ingresso all'appartamento è arretrato (e coperto); il vestibolo conduce da un lato al disimpegno abitabile adibito a zona pranzo, collocato tra il soggiorno e il corridoio della zona notte, dall'altro lato all'ampia cantina (scavata nel terreno) e agli spazi per hobby e lavori domestici. La terrazza a sud è recintata da una profonda fioriera che impedisce la vista verso l'appartamento sottostante. Tutte le stanze, compresa la sala da pranzo, hanno accesso alla terrazza. Il piccolo cortile domestico dà luce all'ampio bagno situato in fondo al corridoio (con porta sull'esterno), allo studio o a una delle camere da letto.

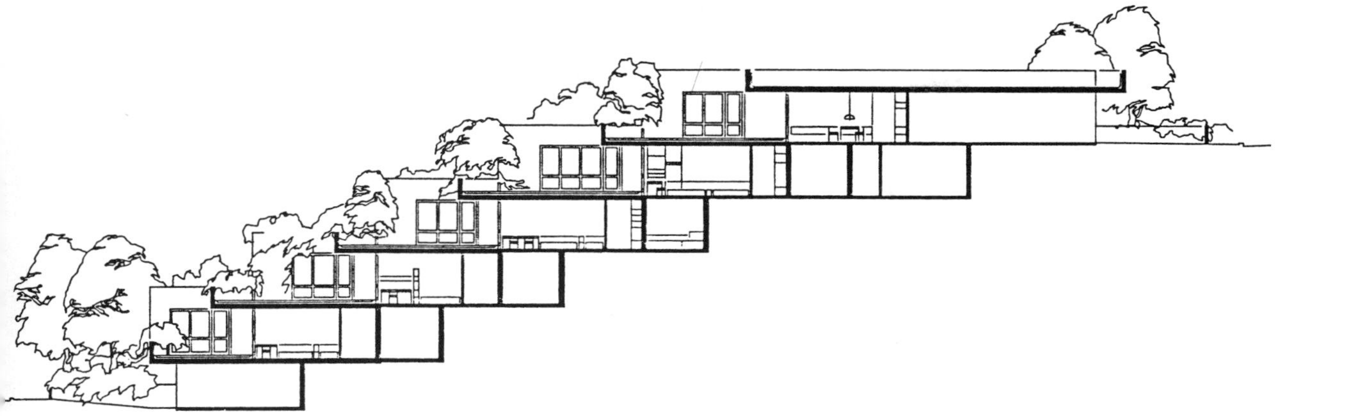

❷ Particolare di pianta 1:200
con appartamenti da 5 locali
Détail du plan,
appartements 5 pièces 1:200

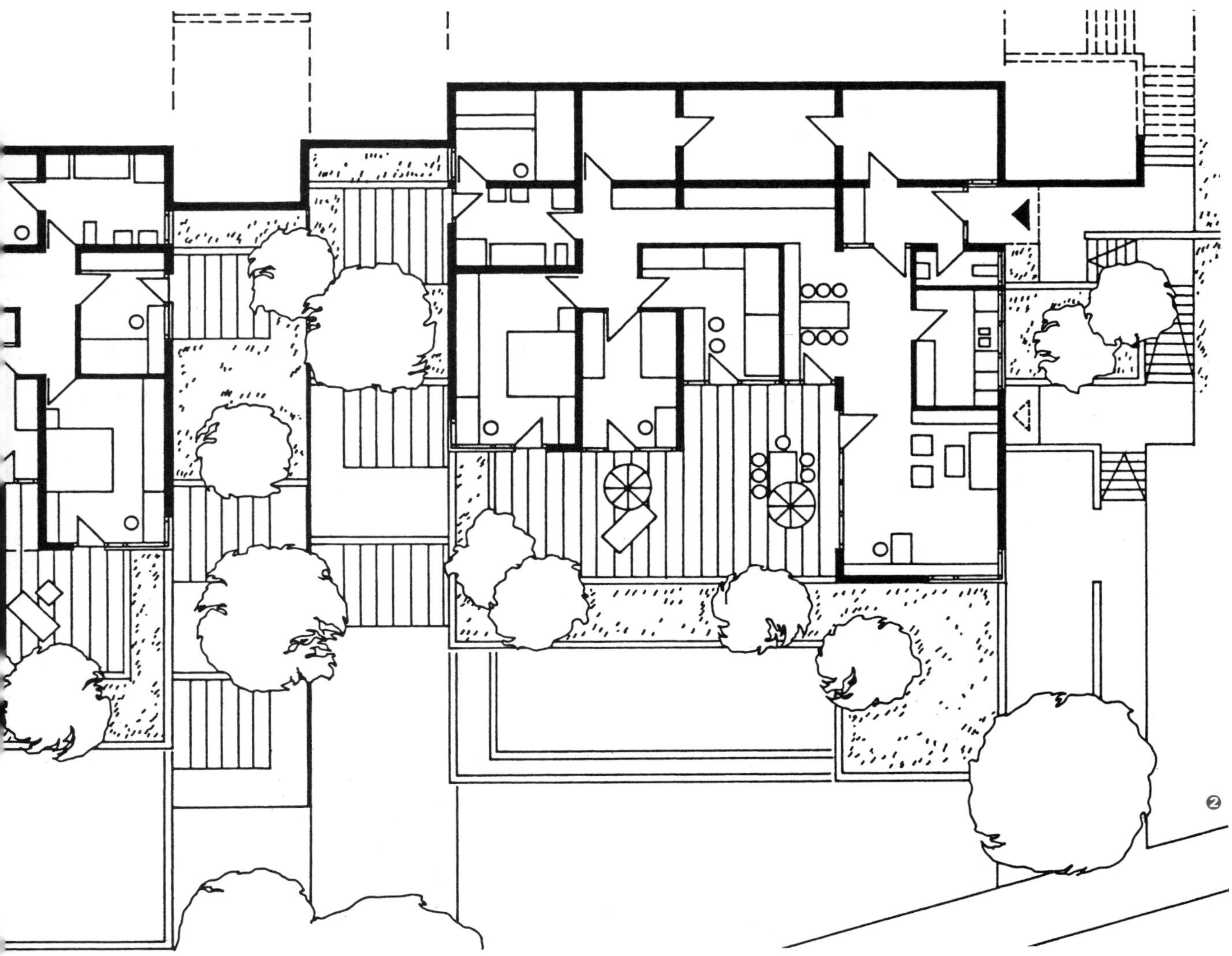

Type de construction
maisons en terrasses,
5 niveaux, NNO/SSE

Date de construction
1972

Financement
logements sociaux

Profondeur du bâtiment
env. 15-18 m

Accès
escaliers extérieurs, chemins

Nombre d'appartements
34 (plus 9 en rangée)

Surface des appartements
app. 5 p., env. 140 m²

Places de stationnement
extérieures le long de la voie
d'accès supérieure

Espaces extérieurs
cours-terrasses

Hans Kammerer,
Walter Belz,
Stuttgart;
architectes du projet:
Klaus Kucher,
Josef Greitzke,
Klaus Hallermann,
Eberhard Munz,
Roland Wittich

Neustadt/Waiblingen
(Allemagne),
Trollingerweg

Cet ensemble comprend deux types de constructions, dont seul le type en terrasses est illustré ici (les immeubles en rangée de trois étages apparaissent seulement sur le plan de situation). Les maisons en terrasses typiques ont un plan coudé et se superposent par rangées de quatre à sept unités. Dans les intervalles non bâtis entre les maisons se trouvent soit les accès (escaliers extérieurs tournants bordés de plates-bandes), soit un second jardin ou cour appartenant à l'un des appartements desservis. L'entrée des appartements est en retrait et couverte; le vestibule donne d'un côté sur le coin-repas qui fonctionne comme espace de distribution et donne accès au séjour et au couloir des chambres, de l'autre sur la cave et d'autres pièces spacieuses excavées dans la pente (atelier, etc.). Devant la terrasse, donnant au sud, un profond bac de plantes masque la vue sur l'appartement du dessous. Toutes les pièces et même le coin-repas ont accès à la terrasse. La petite cour de service donne du jour à la salle de bains au bout du couloir (avec porte donnant sur l'extérieur), à l'atelier ou à l'une des chambres.

riferito a piante 1:200

se réfère aux plans 1:200

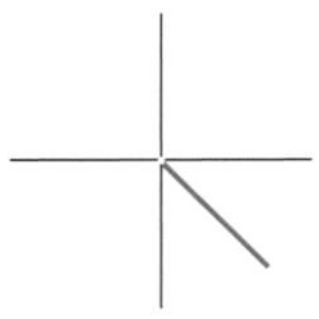

1.8 Case terrazzate

Tipologia edilizia:
"collina residenziale",
5 piani, SE/NO

Data di costruzione:
1972-1975

Modello di finanziamento:
edilizia privata (condominio, partecipazione dei residenti alla progettazione)

Profondità dell'edificio:
4-19 m

Distribuzione:
accesso alloggi inferiori dall'esterno, alloggi mediani a corpo doppio, alloggi superiori dal ballatoio

Numero di alloggi:
21

Dimensione degli alloggi:
appart. da 1 locale, 38 m² (1);
appart. da 2/3 locali, 93 m² (2);
appart. da 3/4 locali, 100/130 m² (4);
mais. a 2 o 3 piani, 100/130/150 m² (14)

Parcheggio:
garage al piano interrato

Spazi aperti:
giardino, cortili, terrazze sul tetto

Peter Falelr e Hermann Schröder, Stoccarda con Reinhold Layer, Knut Lohrer, Claus Schmidt

Stoccarda-Neugereut, Benzenäcker

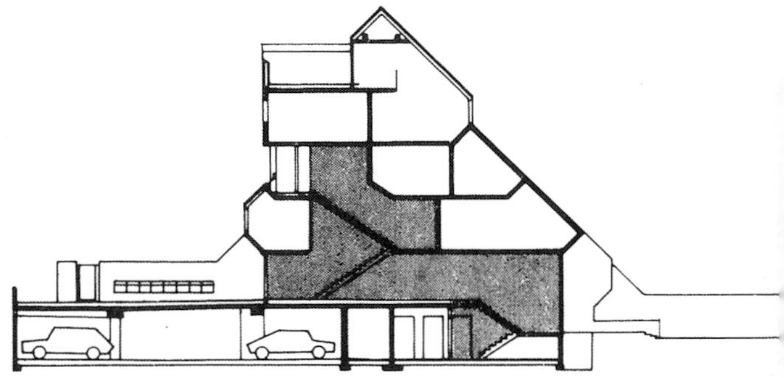

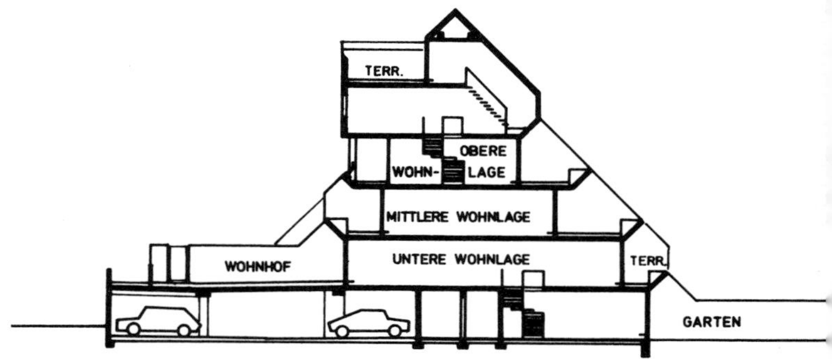

❶ Planimetria generale, pianterreno 1:500
Plan général du rez-de-chaussée 1:500

❷ 1° piano
Premier étage

❶

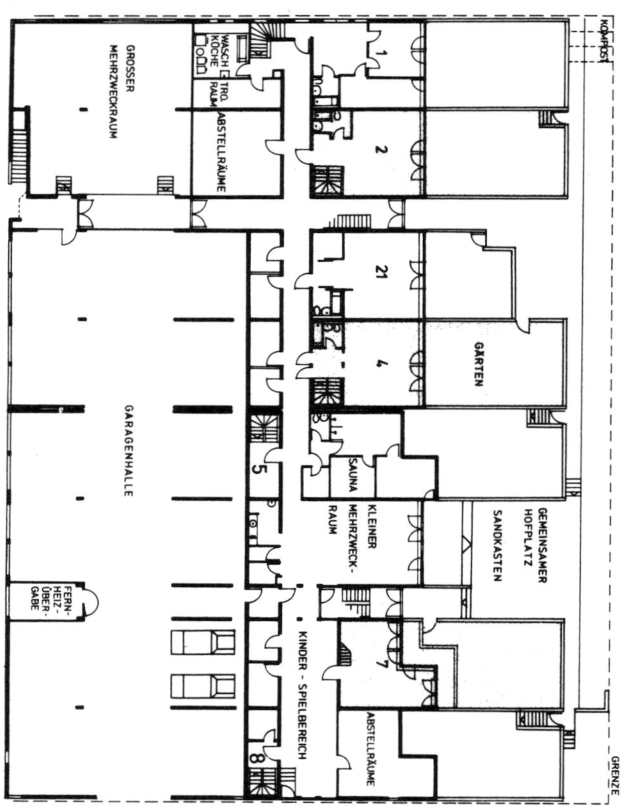

❷

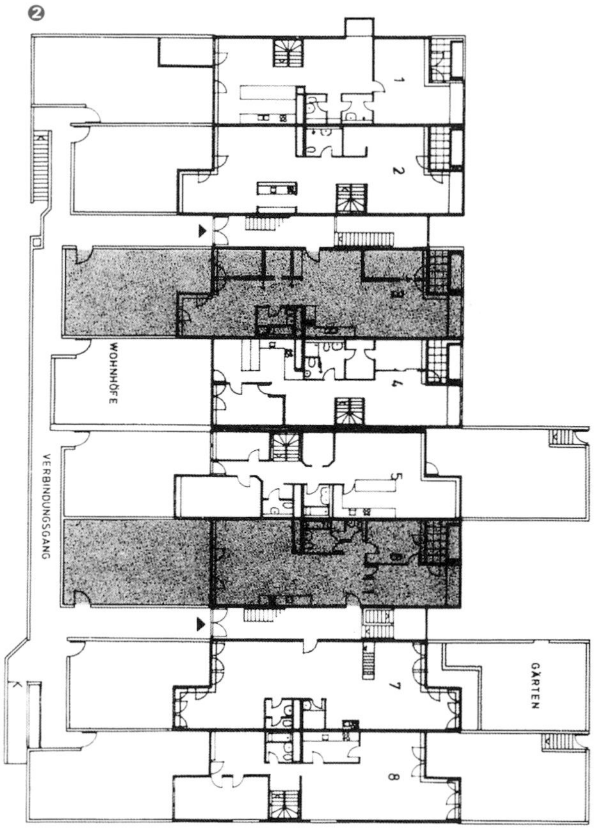

Obiettivo dell'architetto era fornire quanto più soleggiamento e spazio verde possibile a ogni alloggio. Sia le *maisonettes* sia gli appartamenti a un piano attraversano il corpo di fabbrica da parte a parte con affaccio a sud-est e nord-ovest. Ogni *maisonette* occupa una campata di 6,19 m su due o tre piani. Gli alloggi monopiano occupano due campate. Le *maisonettes* ai piani inferiori hanno il giardino al pianterreno e un cortile al 1° piano. Gli alloggi nella parte mediana hanno grandi terrazze abitabili riparate verso nord-ovest e piccoli balconi verso sud-est. Le *maisonettes* ai piani superiori hanno grandi terrazze sul tetto davanti al piano della galleria e piccole terrazze verso nord-ovest. I singoli alloggi, progettati individualmente, risultano molto differenziati. Prestabiliti erano solo le parti strutturali, le pareti perimetrali, i solai e i cavedi tecnici. La distribuzione mista – quattro camminamenti o ballatoi longitudinali, due trasversali (con vani scala) – crea una rete di percorsi capillare e dalle molteplici destinazioni d'uso potenziali, sia all'interno sia all'esterno dell'edificio. L'offerta di spazi comuni comprende aree giochi, caffetteria, spazi polifunzionali e lavanderia.

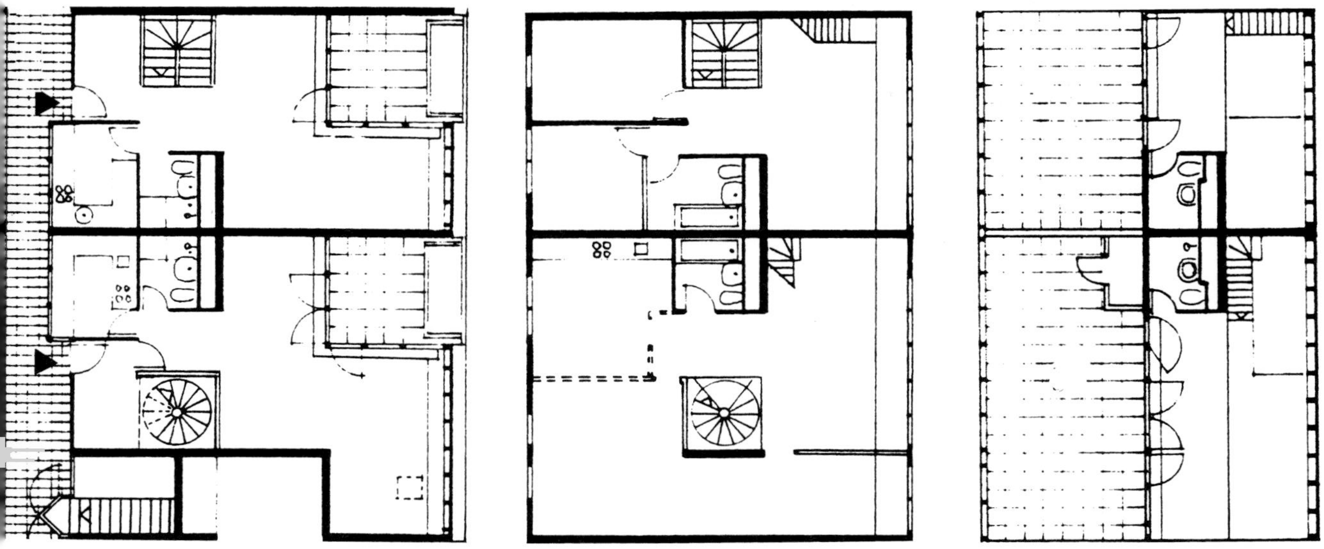

7 *Maisonette* a 3 piani, 3°-5° piano 1:200
Triplex (3e-5e étages) 1:200

3 2° piano
Deuxième étage

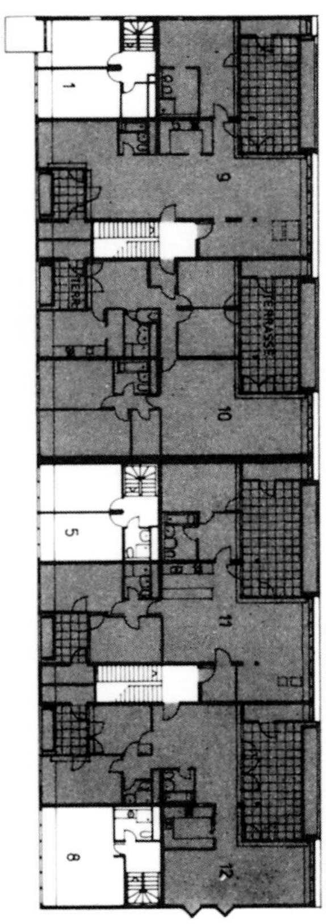

4 3° piano
Troisième étage

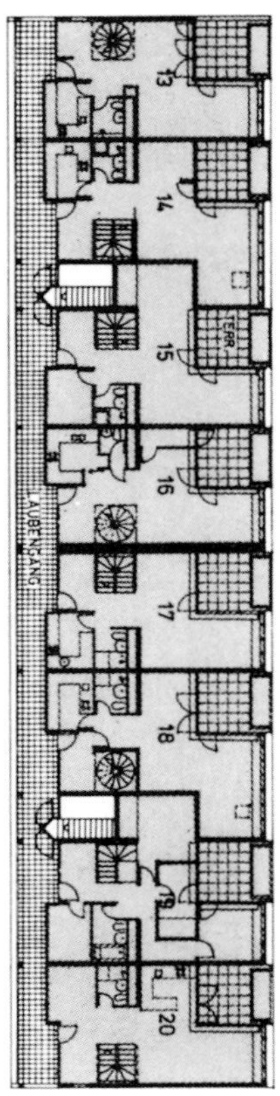

5 4° piano
Quatrième étage

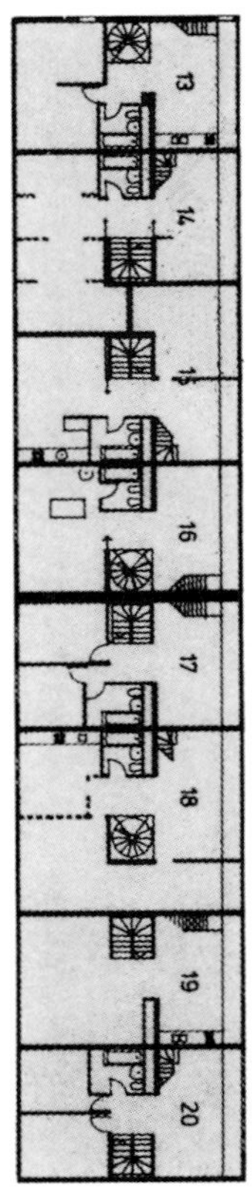

6 5° piano
Cinquième étage

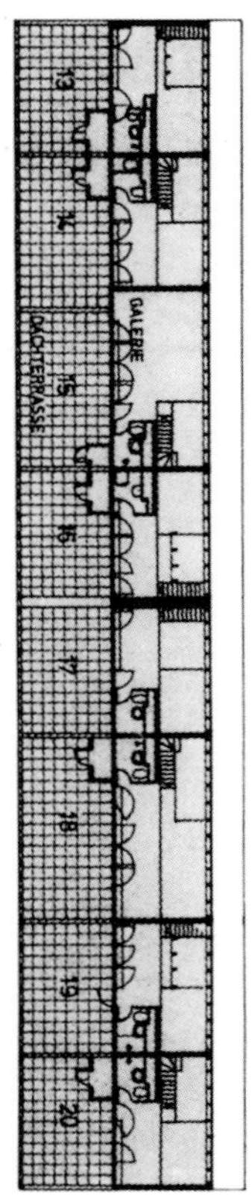

Type de construction
immeuble à double étagement en terrasses (« colline bâtie »), 5 niveaux, SE/NO

Date de construction
1972-1975

Financement
financement privé (copropriété, participation à l'élaboration des plans)

Profondeur du bâtiment
4-19 m

Accès
extérieur pour les app. du bas, cages d'escalier pour 2 app. par étage (app. médians), galerie pour ceux du haut

Nombre d'appartements
21

Surface des appartements
app. 1 p., 38 m² (1 unité)
app. 2/3 p., 93 m² (2 unités)
app. 3/4 p., 100/130 m² (4 unités)
duplex/triplex, 100/130/150 m² (14 unités)

Places de stationnement
garage souterrain

Espaces extérieurs
jardins, cours intérieures, terrasses sur le toit

Peter Faller et Hermann Schröder, Stuttgart, en collaboration avec Reinhold Layer, Knut Lohrer, Claus Schmidt

Stuttgart-Neugereut, Benzenäcker

Le but des architectes était de donner un maximum d'ensoleillement et de verdure à chaque appartement. Tous les logements (sur un ou plusieurs niveaux) sont traversants et orientés au sud-est et au nord-ouest. Les appartements sur plusieurs niveaux sont des duplex ou triplex occupant une largeur de module (6,19 m). Les appartements sur un niveau s'étendent sur la largeur de deux modules. Les duplex du bas sont directement accessibles depuis une cour intérieure (1er étage) ou depuis le jardin (rez-de-chaussée). Les appartements médians ont de grandes terrasses abritées donnant au nord-ouest et de petites terrasses au sud-est. Les triplex (niveau supérieur) ont de grandes terrasses sur le toit (côté sud-est), au niveau de la galerie, et de petites terrasses au nord-ouest. Les plans des appartements ont été conçus individuellement et sont donc extrêmement (les seuls éléments fixes sont les murs porteurs, les planchers et les blocs sanitaires). Les accès – longitudinaux (chemins, galerie) et transversaux (cages d'escalier) – forment un réseau continu offrant de multiples possibilités. Divers espaces complètent les parties communes : aires de jeu, petite cuisine, local polyvalent, buanderie, etc.

1.8 Case terrazzate

Tipologia edilizia:
edificio costruito sopra l'autostrada, 14 piani, E/O

Data di costruzione:
1976-1982

Modello di finanziamento:
edilizia sociale

Profondità dell'edificio:
nella zona del tunnel 60 m
retro terrazzato fino a 18 m

Distribuzione:
corridoi ciechi

Numero di alloggi:
1064

Dimensione degli alloggi:
appart. da 1$^1/_2$ locali, 42-52 m^2;
appart. da 2 locali, 67 m^2;
appart. da 2$^1/_2$ locali, 80-120 m^2;
mais. da 3 locali, 85 m^2

Parcheggio:
posti auto sotto il tunnel

Spazi aperti:
terrazze, logge, giardini

Georg Heinrichs
e G. e K. Krebs
Realizzazione:
Georg Heinrichs & Partner

Berlino-Wilmersdorf/
Schmargendorf
Schlangenbader Straße/
Wiesbadener Straße

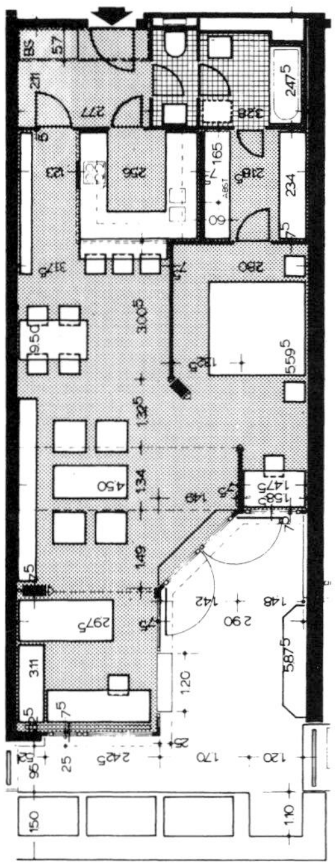

❶

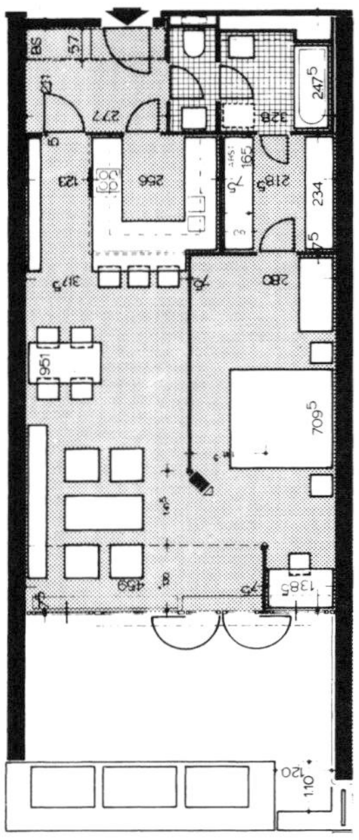

❷

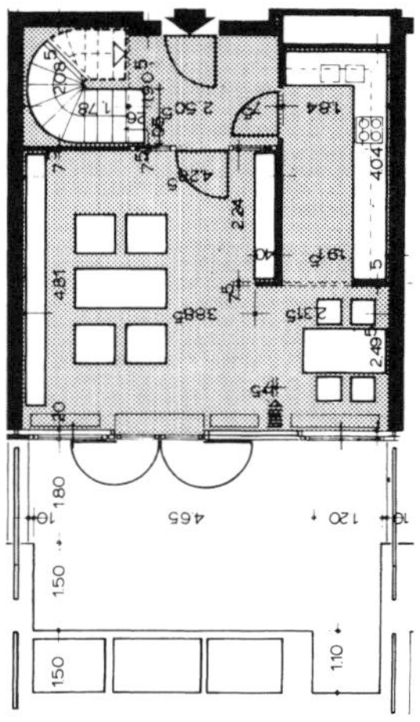

❸

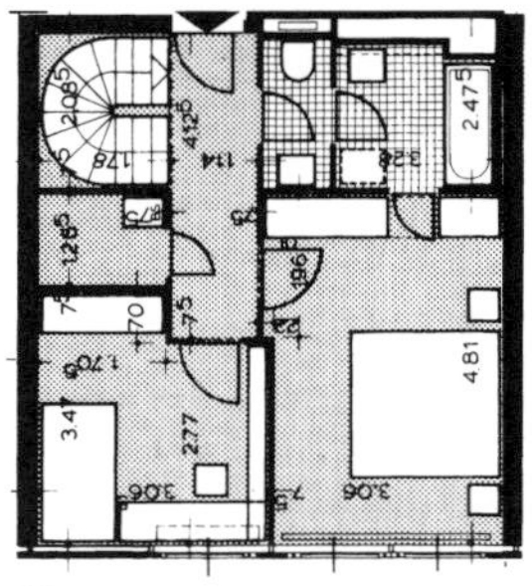

❸

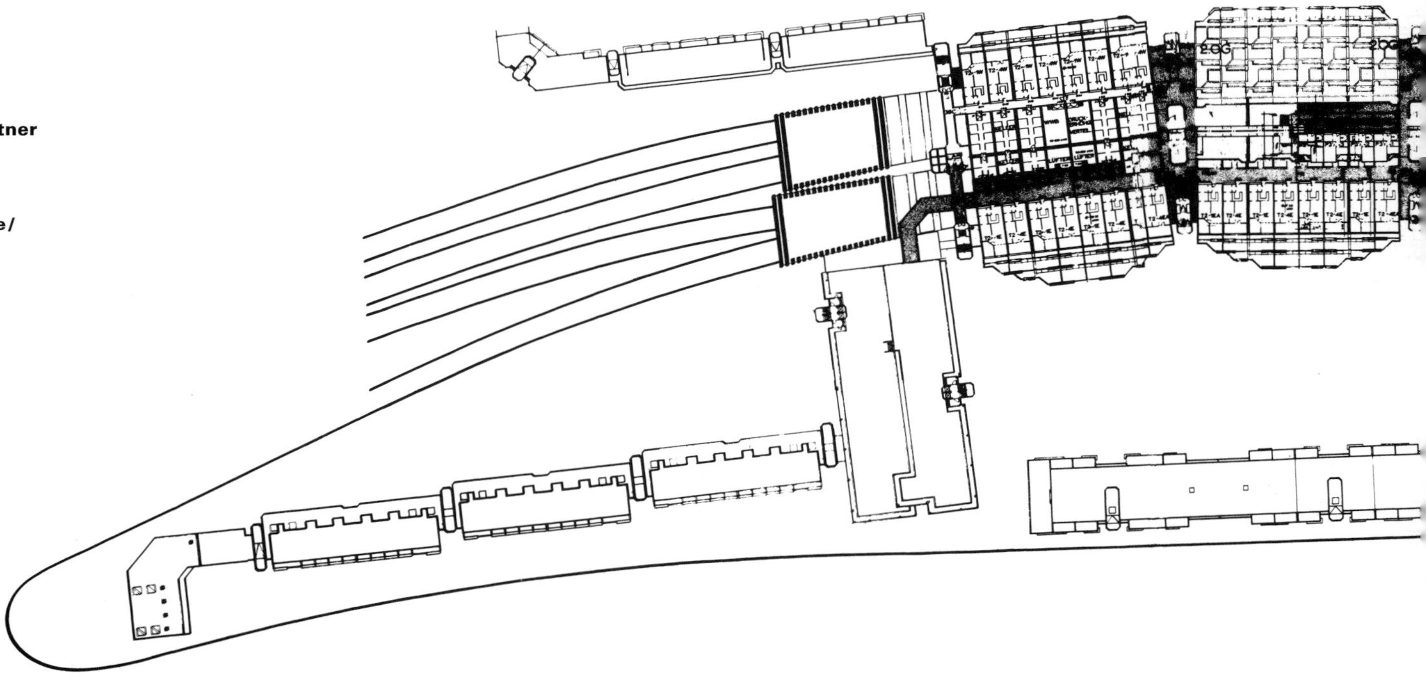

Insediamento terrazzato a cavallo di un doppio tunnel a forma di S sulla circonvallazione. Comprende circa 120 diversi tipi di alloggio: monolocali, alloggi a gradoni, modulari e *maisonettes*, tutti con un unico affaccio, a est o ovest; le porte finestre ruotate a 45° che portano alle logge o ai balconi lasciano penetrare la luce diretta proveniente da sud-est o sud-ovest. Nei monolocali la cucina è parte del soggiorno (dal quale può essere separata da una porta scorrevole) oppure consiste di un bancone a vista. Nonostante la regolarità dell'intervallo tra i setti portanti (6,1 m), gli alloggi propongono varie soluzioni planimetriche, secondo il principio del *plan libre*. La notevole profondità degli appartamenti terrazzati viene sfruttata con angoli cottura o cabine armadio. Anche le pareti pieghevoli che portano alla zona notte attenuano la percezione della profondità. Gli alloggi più grandi hanno bagno e WC separati. Il bagno è accessibile dalle camere, mentre un percorso secondario porta, attraverso il WC, verso l'ingresso. Ampie terrazze e logge coperte completano la residenza. Al 4° piano, lungo una "strada" interna, vi sono spazi comuni, stanze per hobby, aree gioco per i bambini, al 2° piano appartamenti per gli ospiti, al pianterreno la lavanderia, la rimessa per le biciclette ecc.

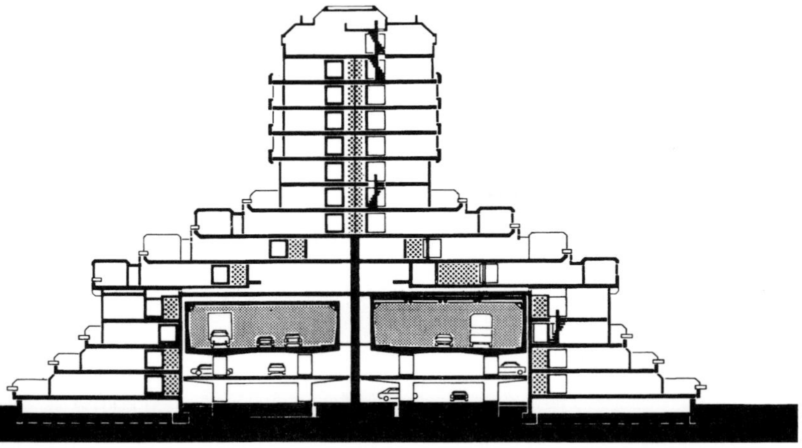

4 Tre varianti di monolocali 1:200
Variantes d'appartements 1 pièce 1:200

Due varianti di appartamenti da 2 locali con terrazza 1:200
Variantes d'appartements 2 pièces avec terrasse 1:200

Maisonette da 3 locali 1:200
Duplex 3 pièces 1:200

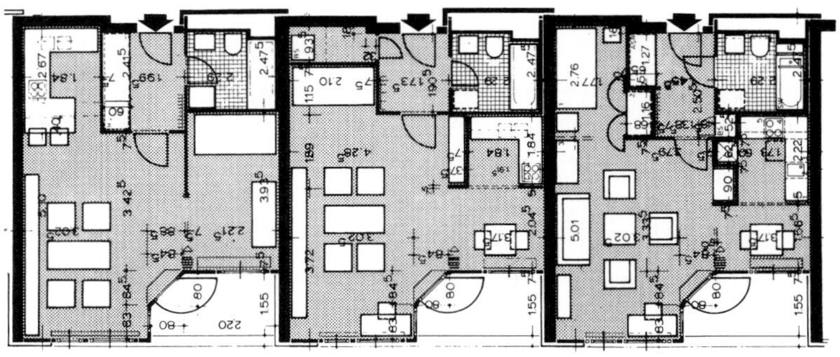

4

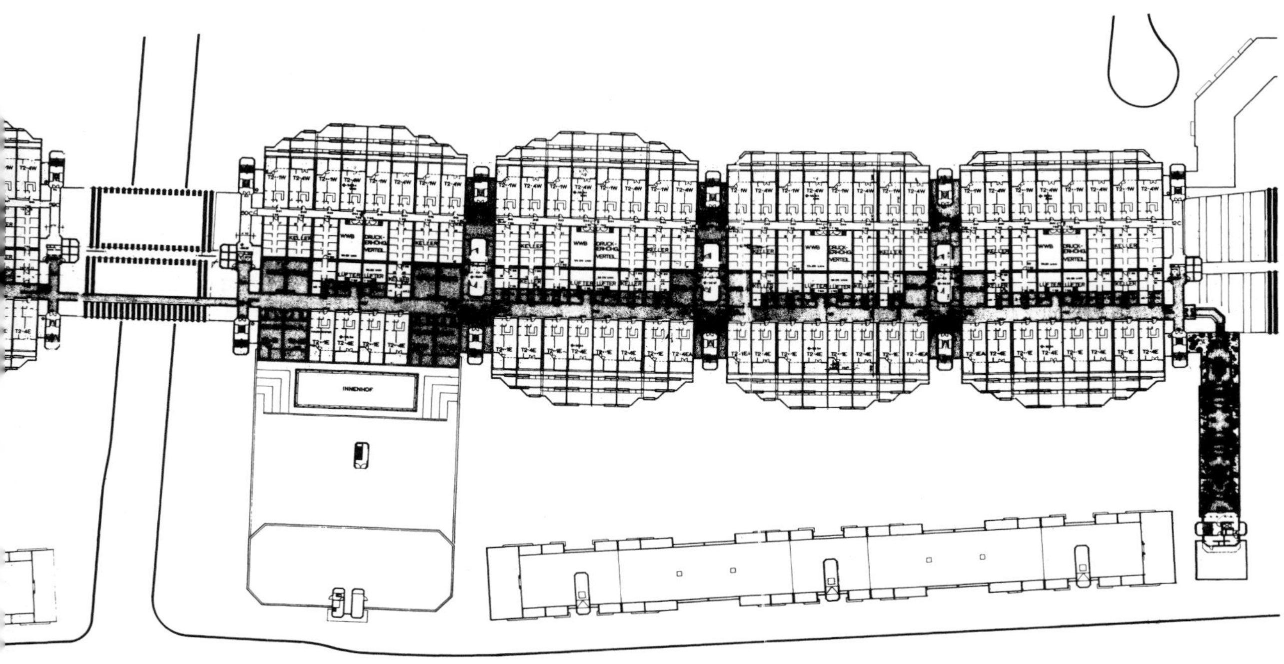

Type de construction
immeuble en terrasses au-dessus d'une autoroute, 14 niveaux, E/O

Date de construction
1976-1982

Financement
logements sociaux

Profondeur du bâtiment
sur le tunnel env. 60 m, réduite progressivement à 18 m

Accès
couloirs intérieurs

Nombre d'appartements
1064

Surface des appartements
app. $1^1/_2$ p., 42-52 m²
app. 2 p., 67 m²
app. $2^1/_2$ p., 80-120 m²
duplex 3 p., 85 m²

Places de stationnement
places sous le tunnel

Espaces extérieurs
terrasses, loggias, jardins

Georg Heinrichs, G. et K. Krebs; exécution: Georg Heinrichs et associés

Berlin-Wilmersdorf/ Schmargendorf, Schlangenbader Straße/ Wiesbadener Straße

Ces immeubles en terrasses sout bâtis au-dessus d'un tunnel double d'autoroute, sur une longueur de 500 mètres. On compte 120 types d'appartements différents: studios, appartements en terrasses, logements standard, duplex. Ils donnent généralement à l'est ou à l'ouest, mais les baies vitrées obliques des oriels et des terrasses laissent entrer le jour du sud-est ou du sud-ouest. Dans les petits appartements, la cuisine est intégrée au séjour (séparation possible par une porte coulissante) ou délimitée seulement par un comptoir. Malgré le module défini par les murs porteurs (6,10 m de largeur), les appartements sont diversement agencés. La profondeur due à la disposition en gradins est mise à profit pour les cuisines et les placards, mais visuellement atténuée par la cloison en accordéon isolant les chambres à coucher. Dans tous les grands appartements, les WC sont séparés de la salle de bains, généralement accessible depuis la chambre à coucher, avec un second accès depuis le vestibule à travers les WC. Le projet a prévu des terrasses et des loggias spacieuses. Au quatrième étage, une rue intérieure dessert de nombreux locaux communs (ateliers, salles de jeu, etc.). Il y a des appartements d'hôtes au deuxième étage. Au rez-de-chaussée se trouvent les buanderies, garages à bicyclettes, etc.

riferito a piante 1:200

se réfère aux plans 1:200

1.8 Case terrazzate

Tipologia edilizia:
edificio terrazzato "a pettine",
4 piani, E/O, N/S,
uffici, servizi

Data di costruzione:
1986-1988

Modello di finanziamento:
edilizia privata

Profondità dell'edificio:
18/20/30 m

Distribuzione:
direttamente dalle scalinate
a cascata e attraverso le aree
verdi al 1° piano

Numero di alloggi:
37

Dimensione degli alloggi:
appart. da 1 locale, 33-39 m² (13);
appart. da 2 locali, 55,5 m² (3);
appart./*mais.* da 3 locali,
73,5-86 m² (15);
mais. da 4 locali, 95,5 m² (6)

Parcheggio:
garage sotterraneo

Spazi aperti:
ampie terrazze sul tetto,
piccoli giardini verso la strada
nel retro, piccole verande

**Baumschlager & Eberle,
Lochau, Austria**

**Bregenz,
"Wohnen am See"
("Abitare al lago"),
Bregenzer Straße**

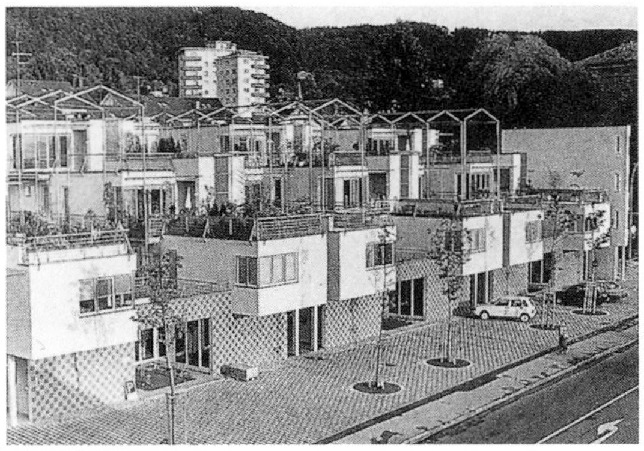

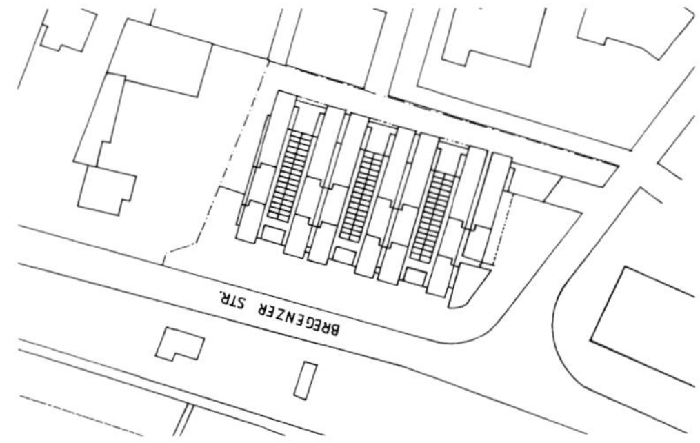

❶ 1° piano con area verde
da cui si accede agli alloggi 1:500
Premier étage avec le niveau d'accès aménagé en jardin 1:500

❷ 2° piano 1:500
Deuxième étage 1:500

❶

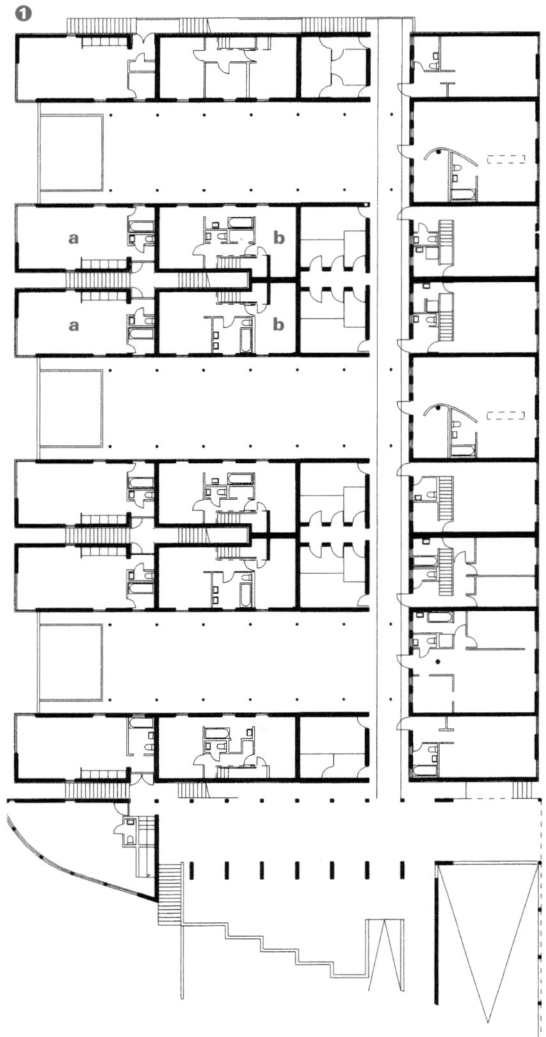

❷

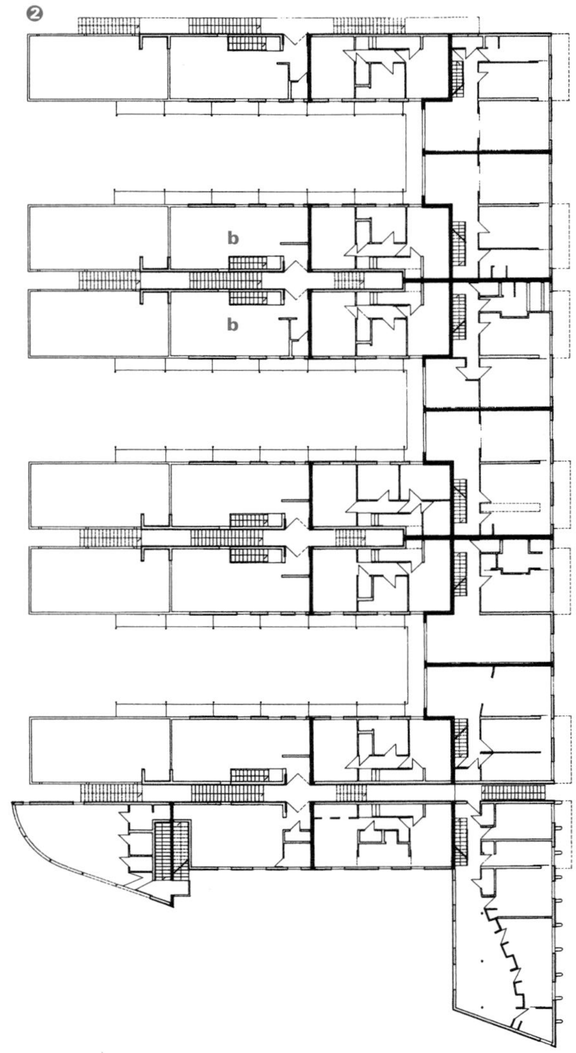

Questo insediamento terrazzato su un pendio si trova tra il lago di Costanza e la foresta di Bregenz, ma il lotto è separato dalla riva del lago da una strada molto trafficata e da una linea ferroviaria. La realizzazione di un basamento, nel quale si trovano negozi, laboratori e il parcheggio interrato, pone gli alloggi al riparo dal rumore della strada. Gli atri, dai quali a pianterreno si accede ai laboratori, si convertono in spazi verdi al 1° piano. Negli edifici terrazzati gli alloggi duplex e triplex sono sfalsati tra loro, in modo da godere ognuno di un'ampia terrazza con spettacolare vista sul lago. A parte due monolocali nella parte posteriore del complesso, tutti i soggiorni con angolo cottura si affacciano su queste terrazze, mentre le camere da letto sottostanti si affacciano sui cortili allungati. La distribuzione principale è garantita da scalinate a cascata con copertura a vetri che a ogni pianerottolo danno accesso a due alloggi. La struttura a pettine dell'edificio crea una differenziata sequenza di spazi pubblici (verde), semipubblici (pergolati) e privati (terrazze). Il lato rivolto verso la città è segnato da un edificio per uffici di quattro piani, accanto al quale si trova l'accesso al parcheggio interrato. L'abile sovrapposizione e sfalsamento degli alloggi ha creato una varietà tipologica che riesce a mediare tra i caratteri della casa a schiera e quelli dell'edificazione bassa ad alta densità.

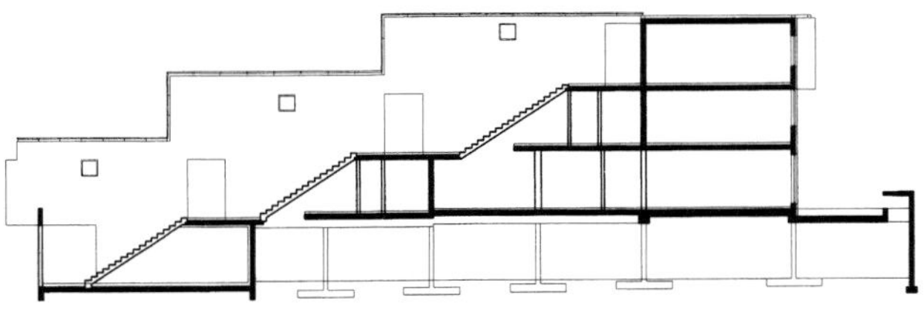

❸ 3° piano 1:500
Troisième étage 1:500

❹ ❺ Monolocale e *maisonette* da 3 locali 1°/2° piano 1:200
Appartement 1 pièce et duplex 3 pièces, 1er/2e étages 1:200

❸

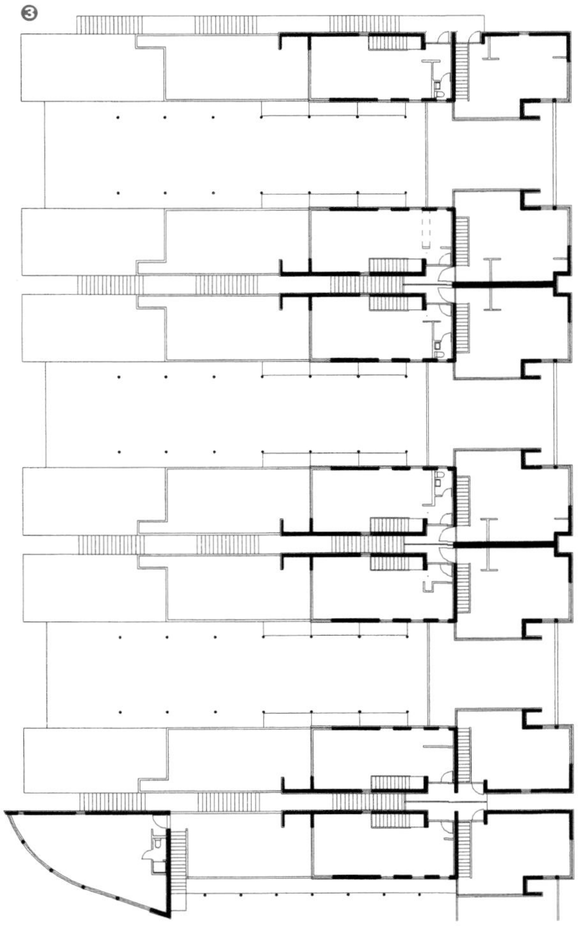

❺

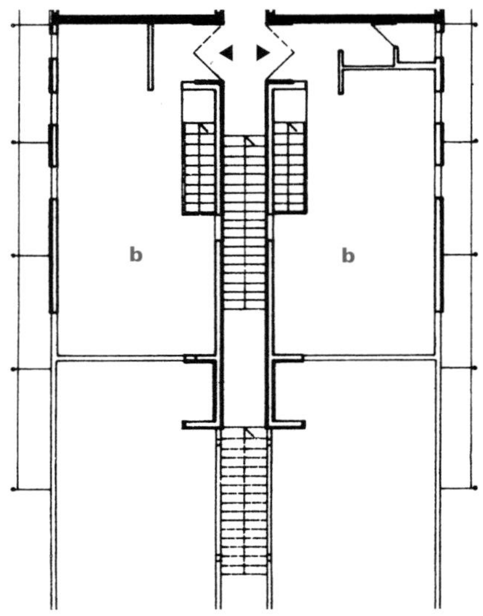

❹

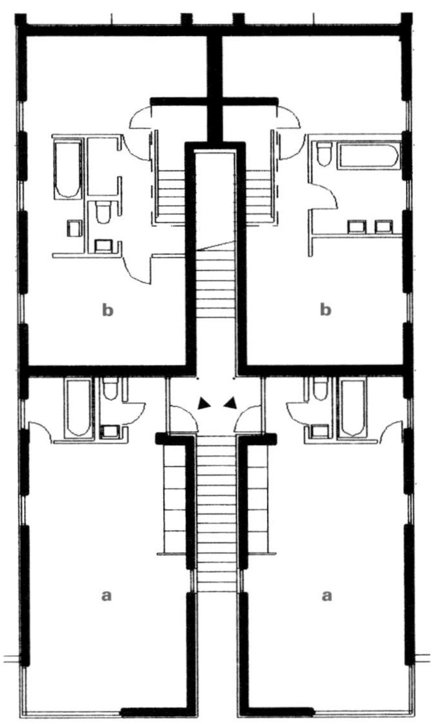

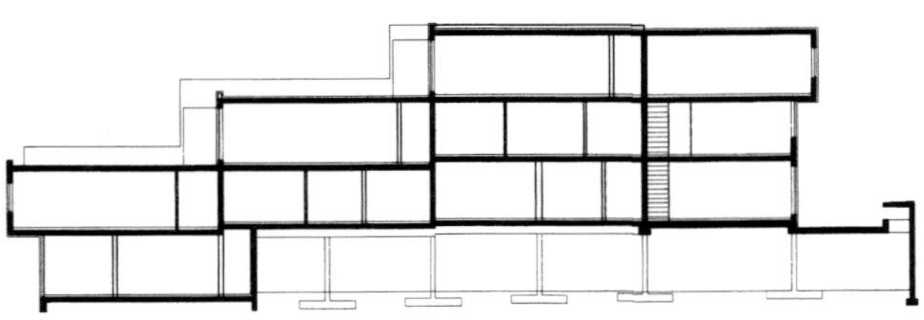

Type de construction
immeuble en terrasses, plan crénelé, 4 niveaux, E/O, N/S, avec bureaux et locaux commerciaux

Date de construction
1986-1988

Financement
privé

Profondeur du bâtiment
18/20/30 m

Accès
direct par des escaliers en cascade et par les accès aménagés en jardin au 1er étage

Nombre d'appartements
37

Surface des appartements
app. 1 p., 33-39 m² (13 unités)
app. 2 p., 55,5 m² (3 unités)
app./duplex 3 p., 73,5-86 m² (15 unités)
duplex 4 p., 95,5 m² (6 unités)

Places de stationnement
garage souterrain

Espaces extérieurs
grandes terrasses sur le toit, petits jardins à l'arrière, vérandas peu profondes

Baumschlager & Eberle, Lochau

Bregenz, «Wohnen am See», («Habiter au bord du lac») Bregenzer Straße

Cet immeuble en terrasses sur un versant entre le lac de Constance et le Bregenzerwald est séparé du lac par une route à grand trafic et la voie de chemin de fer. Mais la présence du soubassement, occupé par des commerces, des locaux artisanaux et un garage souterrain, offre une isolation acoustique suffisante. Les atriums du rez-de-chaussée, par lesquels on accède aux commerces, font place dans les étages supérieurs à des espaces extérieurs aménagés en jardin. Les logements en terrasses (duplex et triplex) sont disposés de manière que chacun puisse jouir de la vue sur le lac. À l'exception de deux petits appartements à l'arrière de l'immeuble, tous ont une pièce de séjour avec cuisine donnant sur la terrasse, les chambres à coucher se trouvant au niveau inférieur, donnant sur les cours. L'accès principal se fait par des escaliers en cascade abrités par une toiture en verre et desservant deux appartements par palier. L'ensemble présente une alternance d'espaces extérieurs publics (verts), semi-publics (pergolas) et privés (terrasses). À l'angle côté ville se trouve un immeuble de bureaux de quatre étages qui abrite aussi l'entrée du garage souterrain. Cette habile composition de volumes, avec façade crénelée, a permis d'obtenir une diversité typologique qui réalise une sorte de synthèse entre la construction en rangée et la construction basse de forte densité.

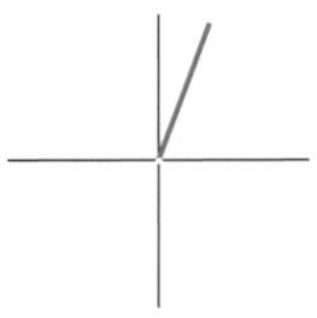

1.8 Case terrazzate

Tipologia edilizia:
edificio adagiato su un terreno con pendenza di 60° su griglia quadrata di 5,2 m, 4/5/6 piani, E/S/O

Data di costruzione:
1989-1993

Modello di finanziamento:
edilizia privata

Profondità dell'edificio:
26 m

Distribuzione:
scalinata centrale all'aperto, ascensori

Numero di alloggi:
50

Dimensione degli alloggi:
ogni appartamento è unico, per esempio: appart. da 4 locali, 109 m², terr. 55 m²; appart. da 4 locali, 171 m², terr. 83 m²; *mais.* da 6 locali, 227 m², terr. 44 m²; *mais.* da 5 locali, 232 m², terr. 65 m²; *mais.* da 6 locali, 327 m², terr. 148 m²

Parcheggio:
garage "a scaffale" nel piano interrato

Spazi aperti:
ampie terrazze private, terrazze panoramiche condominiali, piscina, palestra, piazzetta

Tadao Ando, Osaka

Giappone, Kobe, Monte Rocco, "Rocco II"

❶

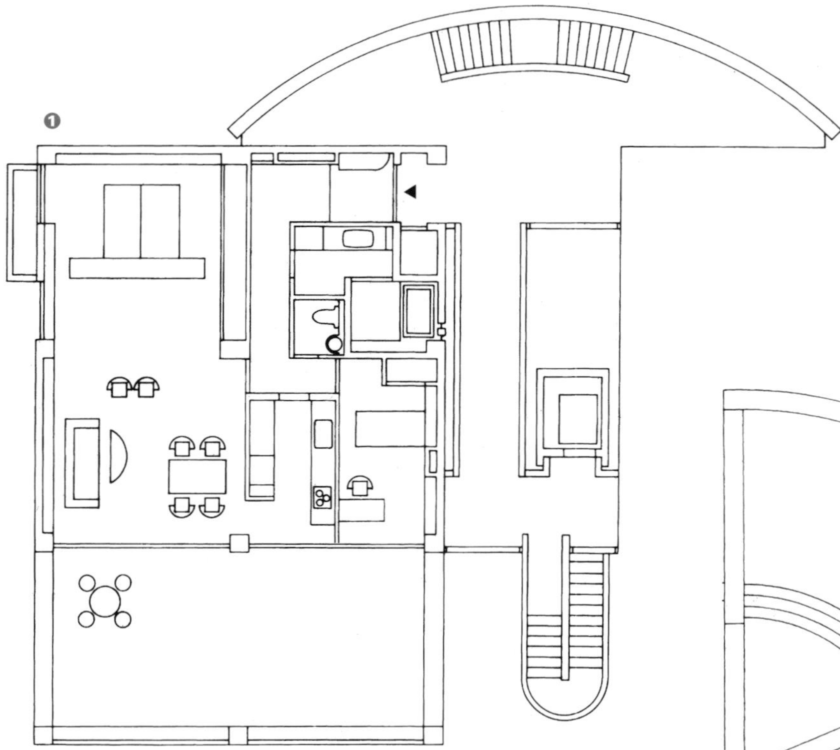

❶ Appartamento da 3 locali
Appartement 3 pièces

❷ Appartamento da 4 locali
Appartement 4 pièces

❸ *Maisonette* da 6 locali
Duplex 6 pièces

❸

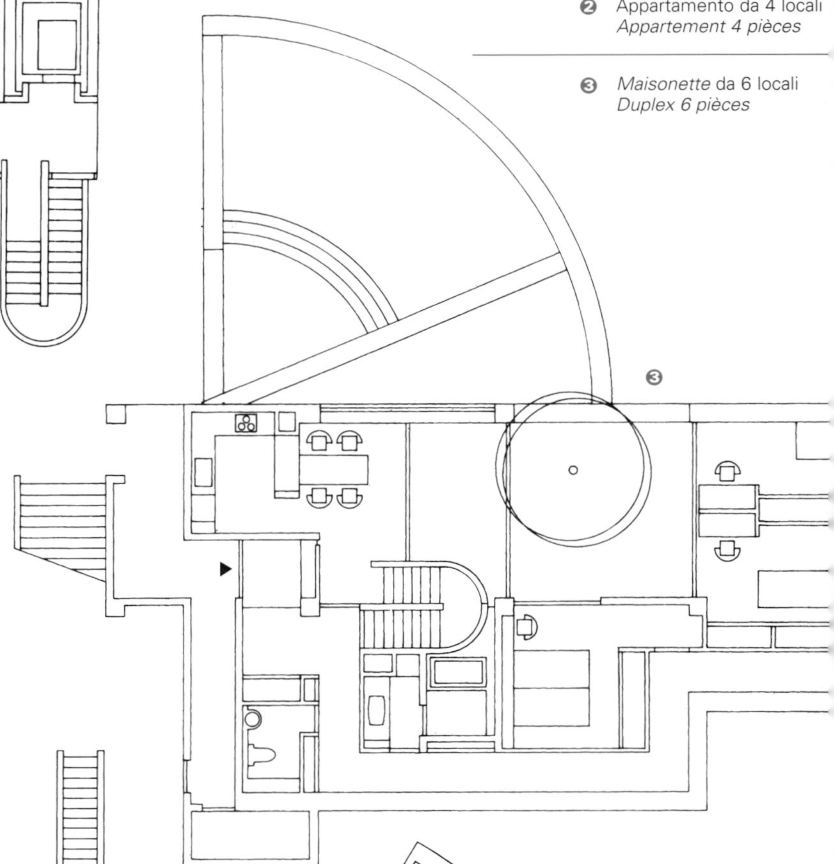

❷

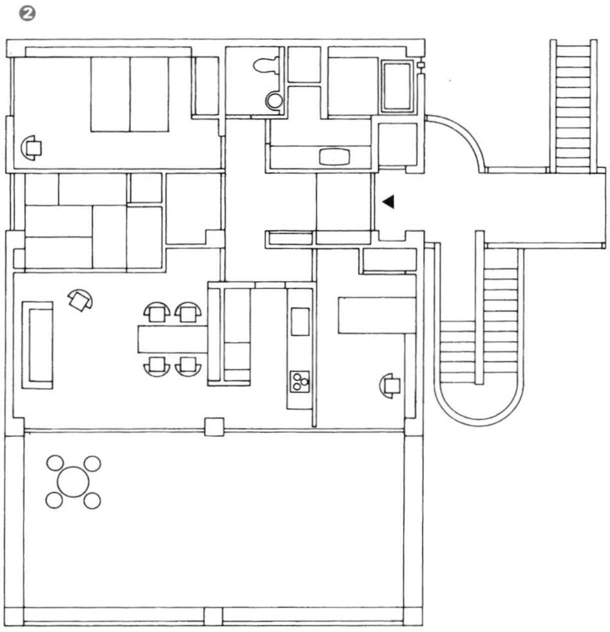

❸

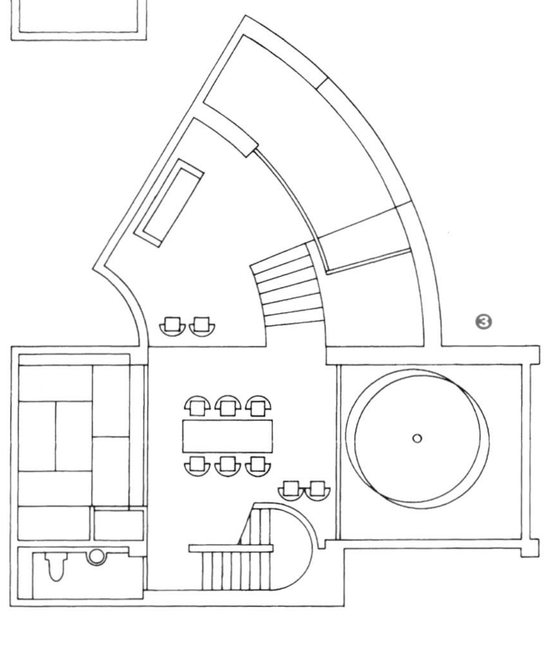

L'insediamento residenziale Rocco I, terminato nel 1983, è subito diventato famoso e a pochi anni di distanza è stato ampliato da un secondo complesso, molto più grande. Entrambi sono basati su una maglia quadrata collocata sul fianco della collina con una pendenza di 60°. Invece di terrazzare il terreno, la struttura di cemento si adagia nel pendio, ripercorrendo così la naturale verticalità del paesaggio. Rocco II è basato su una maglia di 5,2 x 5,2 m e si articola in tre complessi attorno alla scalinata centrale all'aperto. All'interno della griglia gli alloggi sono molto variegati, tanto che la combinazione su uno o più livelli ha dato luogo a 50 tagli molto diversi tra loro. Tutti gli appartamenti si rivolgono con terrazze verso il porto nella baia sottostante e godono di una splendida vista sul mare. Il vivace contrappunto tra cortili privati e attrezzature pubbliche (terrazza panoramica, piscina, palestra) dà al complesso un'atmosfera particolarmente lussuosa. Le notevoli dimensioni – soprattutto in relazione ai costumi giapponesi – e l'alto costo degli alloggi corrispondono al carattere rappresentativo dell'intero complesso. Grazie al contrasto tra il chiaro ordine architettonico della maglia strutturale e le bellezze naturali, abitare e natura sono posti in una relazione stimolante.

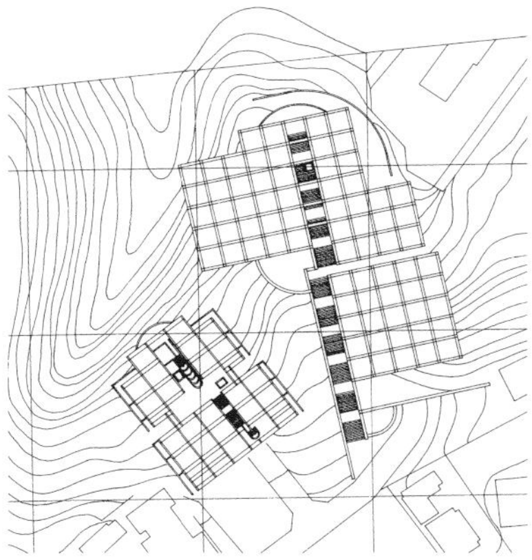

ppartamento da 5 locali
ppartement 5 pièces

Rocco I

Rocco II

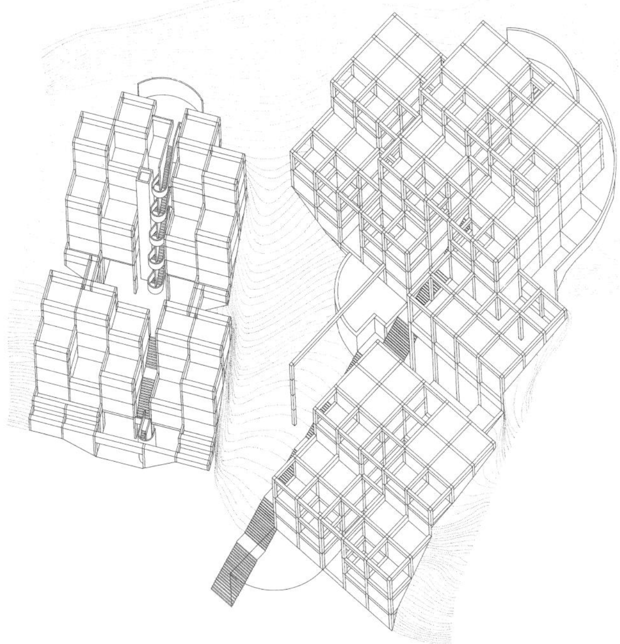

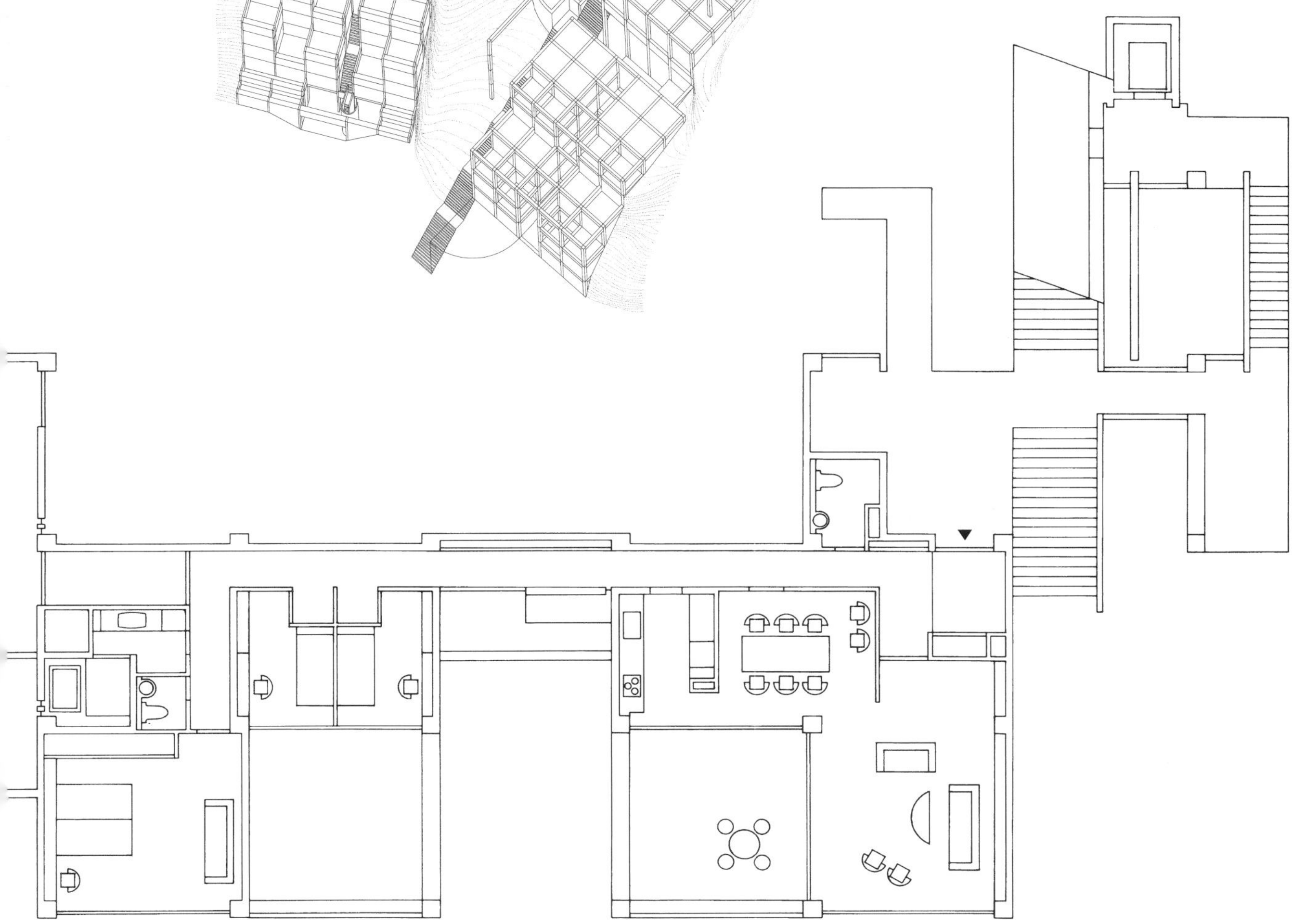

Type de construction
Immeubles à flanc de colline (pente à 60°) E/S/O

Date de construction
1989-1993

Financement
privé

Profondeur du bâtiment
26 m

Accès
escalier extérieur central, ascenseurs

Nombre d'appartements
50

Surface des appartements
chaque appartement est unique ; par ex. :
app. 4 p., 109 m², terr. 55 m²
app. 4 p., 171 m², terr. 83 m²
duplex 6 p., 227 m², terr. 44 m²
duplex 5 p., 232 m², terr. 65 m²
duplex 6 p., 327 m², terr. 148 m²

Places de stationnement
garage à « rayonnages » au rez-de-chaussée

Espaces extérieurs
grandes terrasses privatives, terrasse panoramique collective, piscine, salle de sport, place

Tadao Ando, Osaka

Kobé, Mont Rocco, « Rocco II »

Deux ans après son achèvement en 1983, l'ensemble Rocco I a été complété par un autre, de dimensions nettement plus vastes. Les deux sont organisés selon un plan en damier sur une pente raide (60°). Les bâtisseurs n'ont pas creusé la colline, mais inséré la structure de béton dans le terrain, reproduisant ainsi la déclivité naturelle. Rocco II se base sur un module de 5,2 x 5,2 m et se développe en trois complexes de part et d'autre de l'escalier extérieur central. Les appartements (une cinquantaine au total) se présentent sous une grande variété de types. Tous ont une terrasse avec vue sur le port et la mer. L'ensemble doit son caractère luxueux à la délicate alternance de cours intérieures privées et d'équipements communs (terrasse panoramique, piscine, salle de sport), et surtout au prestige des appartements eux-mêmes, extrêmement spacieux mais aussi coûteux par rapport aux critères japonais. La confrontation entre la claire ordonnance architecturale et la réalité physique du terrain donne beaucoup de charme à la relation entre habitat et paysage.

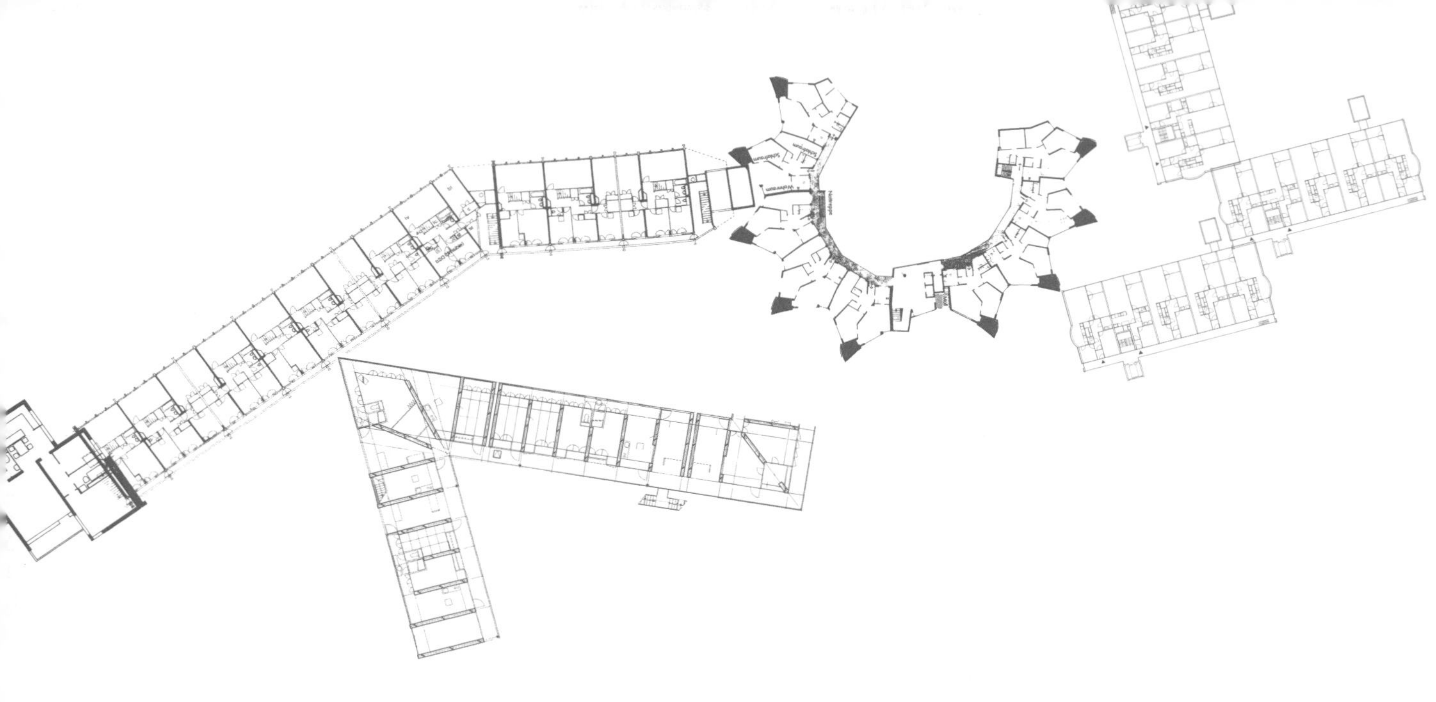

Strutture spazio-delimitanti

Una variante delle stecche isolate, che assume la forma di serpente, di meandro, di cluster e (in casi eccezionali) di anello. Il complesso urbanistico si compone di moduli planimetrici e nodi uguali o simili tra loro, orientati verso la luce e soggetti a variazioni. Gli spazi esterni sono cortili invece che strade o spazi aperti, e idealmente dovrebbero essere più o meno pubblici a seconda delle circostanze. L'intenzione è da un lato quella di costruire un tessuto e uno spazio urbano non necessariamente basati sulla rete viaria *(Großsiedlungen o Grand Ensembles)*; dall'altro quella di ottenere una sempre migliore relazione del singolo alloggio con l'asse eliotermico e la vista. In relazione a profondità ed economia del corpo di fabbrica vale quanto detto per gli edifici in linea. La varietà planimetrica è praticamente illimitata, in quanto ogni diramazione o rotazione può generare nuove piante. In questi edifici, pertanto, le disposizioni planimetriche risultano spesso pressoché ottimali. La distribuzione in linea è in grado di sovrapporre (in modo economico) piante ottimali. L'aspetto anonimo, la mancanza di zone di passaggio dalla sfera privata a quella pubblica e la scarsa accessibilità del verde e dei cortili sono diventati un problema per gli insediamenti realizzati negli anni Settanta, spesso di notevoli dimensioni, ma la vera causa di tali problemi non è necessariamente la tipologia. Un cluster, come una "collina residenziale", può contenere una varietà di percorsi, scale, terrazze e cortili in modo da articolare anche i più grandi complessi in unità a misura d'uomo.

Compositions spatiales

Le type de l'immeuble en rangée peut évoluer vers des formes particulières sinueuses ou se regrouper en grappes, voire former un cercle. Ces compositions spatiales sont en générale constituées d'unités identiques mais orientées différemment. Les espaces extérieurs forment des cours – plus ou moins publiques – et non des zones intermédiaires ou des rues rectilignes. Le but est d'une part d'obtenir des figures architecturales indépendantes du parcellaire urbain (grands ensembles), d'autre part d'adapter le plan aux conditions d'éclairage et de vue. Pour ce qui concerne la profondeur et la rationalité d'agencement des appartements, les données sont les mêmes que pour les rangées isolées. Il n'y a presque pas de limites à la diversité des plans, puisque théoriquement, chaque changement d'orientation peut en produire un nouveau. L'agencement est donc souvent quasiment optimal du point de vue économique. L'accès se fait d'ordinaire par des cages d'escalier desservant plusieurs appartements par palier. Les grands ensembles de ce genre construits dans les années 1970 ont fait apparaître certains problèmes comme l'aspect impersonnel des zones extérieures, le manque d'espaces de transition entre le domaine public et le domaine privé ou le faible potentiel d'usage des espaces verts et des cours, mais ces problèmes ne sont pas inhérents à la forme architecturale elle-même. Un regroupement en grappe peut au contraire, comme sur une «colline bâtie», intégrer tout un système de chemins, d'escaliers, de terrasses et de cours, et donner ainsi de la convivialité même à de grands ensembles et en faire des lieux favorisant la communication.

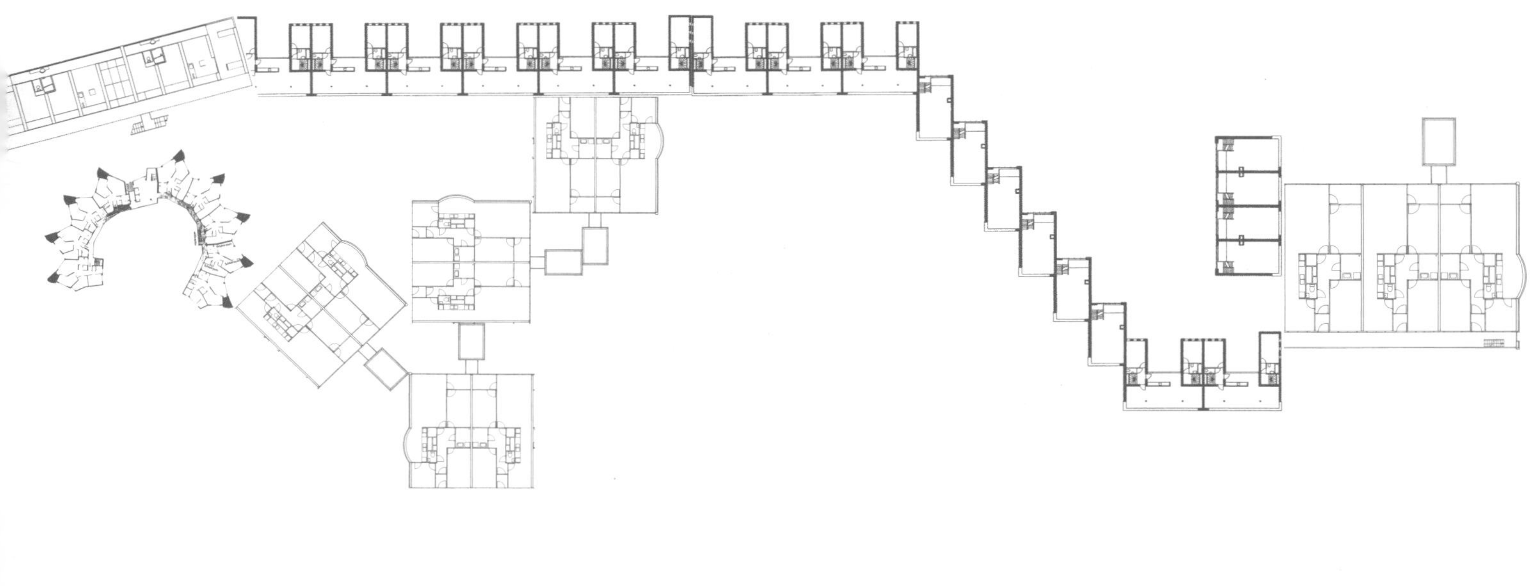

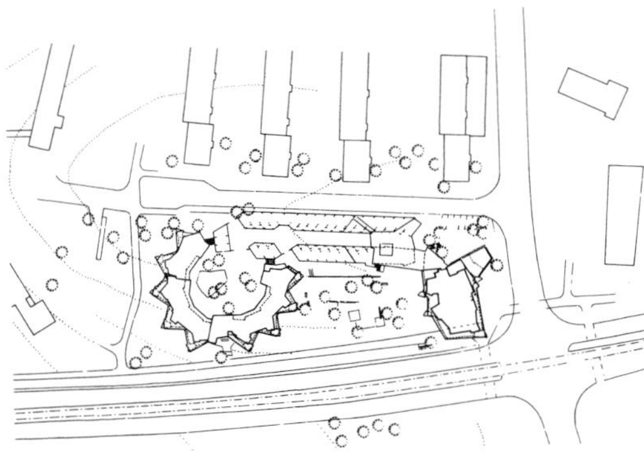

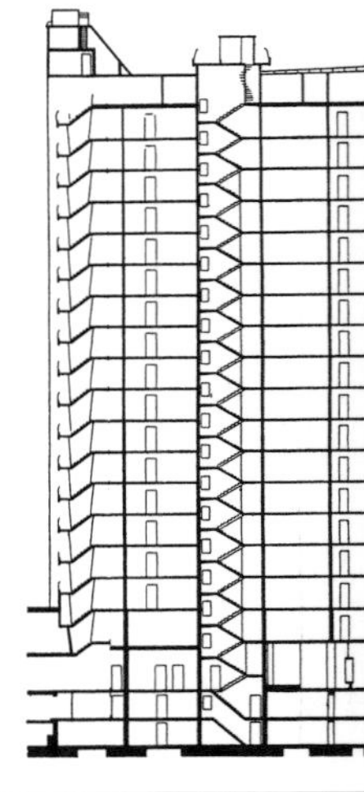

Tipologia edilizia:
grattacieli residenziali,
19 piani (Romeo),
11/7/4 piani (Julia)
E/O e NO/O/S/SE

Data di costruzione:
1954-1959

Modello di finanziamento:
edilizia sociale,
condominio

Profondità dell'edificio:
15-20/10-14 m

Distribuzione:
6 appartamenti distribuiti da un corridoio centrale (Romeo);
9 appartamenti distribuiti da un ballatoio (Julia)

Numero di alloggi:
104/82

Dimensione degli alloggi:
Romeo:
appart. da 1 locale, 38 m²;
appart. da 2, 3, 4 locali, 88/96 m²;
ultimo piano: 4 atelier;
Julia:
appart. da 3 locali, 72 m²;
appart. da 4 locali, 86 m²

Parcheggio:
box-auto nel cortile

Spazi aperti:
balconi, terrazze sul tetto,
area verde pubblica

Hans Scharoun, Berlino
con Stefan Heise, Jo Zimmermann, Stoccarda
Architetto responsabile del progetto: Wilhelm Frank

Stoccarda-Zuffenhausen, "Romeo und Julia" ("Romeo e Giulietta")
Schozacher-/ Schabbacherstraße

❶ "Romeo":
planimetria del piano tipo con appartamenti da 1, 2 locali 1:200
« Romeo » : plan d'étage t appartements 1, 2 et 3 pi 1:200

Due edifici che, sullo stesso lotto, intraprendono tra loro un interessante dialogo spaziale. "Romeo" è una torre residenziale alta e compatta sul lato est del lotto. Un corridoio centrale con illuminazione naturale distribuisce sei alloggi per piano. L'edificio più basso, "Julia", offre al contrario un'immagine articolata e aperta; il fabbricato ad anello passa con terrazzamenti irregolari da 11 a 4 piani. Gli appartamenti sono distribuiti da ballatoi aperti collegati a un vano scala centrale. Le penthouse, i cosiddetti alloggi-atelier, con le loro grandi terrazze e i tetti aggettanti, caratterizzano la silhouette della copertura. I due edifici hanno in comune la forma arrotondata, che garantisce l'affaccio in tutte le direzioni. I "denti" che sporgono dall'involucro di "Julia" ampliano ulteriormente la superficie finestrata dei singoli vani. Entrambi gli edifici sono decisamente orientati secondo l'arco solare: in "Romeo" soggiorni e balconi sono sempre rivolti a sud, mentre l'anello di "Julia" si interrompe verso nord. Comune ai due edifici è anche la disposizione planimetrica degli alloggi: il disimpegno abitabile centrale distribuisce direttamente tutti i vani. Una stanza è sempre accessibile direttamente dal soggiorno, la relazione tra area comune e spazi riservati è fluida. La disposizione organica delle pareti divisorie, che si proietta anche sulle facciate, e la tensione spaziale dei due grandi volumi edificati singolarmente e nell'insieme trasformano l'insediamento in una complessa esperienza residenziale. In questo progetto Scharoun dimostrò alla cultura architettonica del dopoguerra che l'economia non dipende dall'ortogonalità.

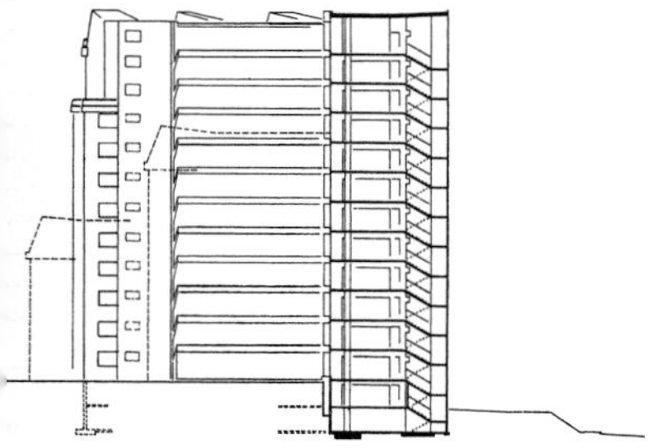

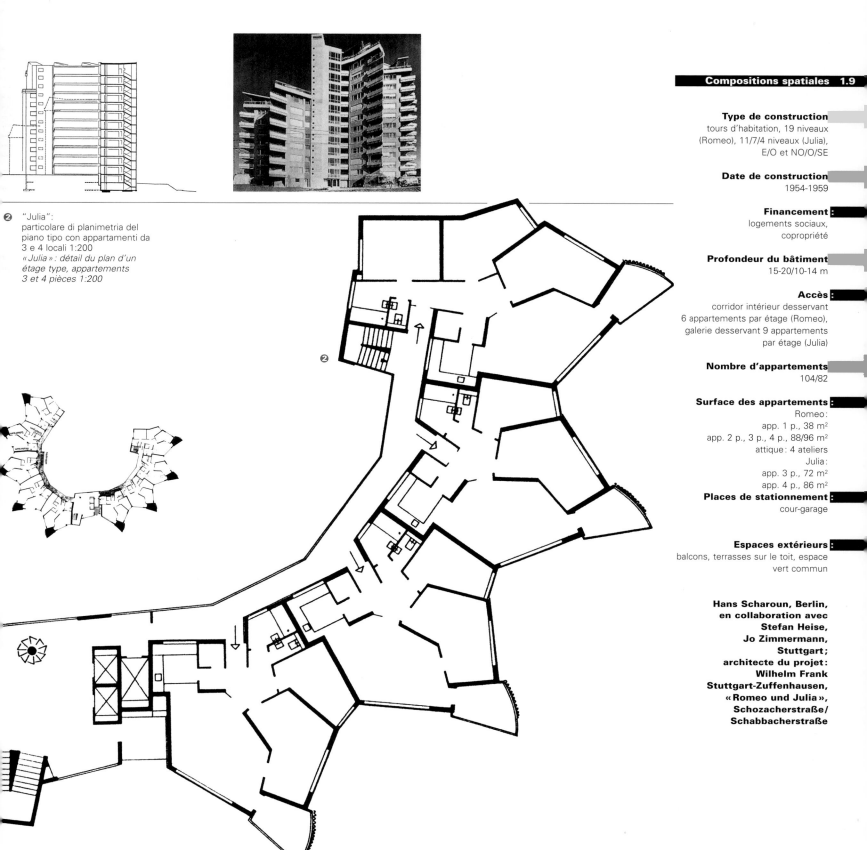

❷ "Julia":
particolare di planimetria del piano tipo con appartamenti da 3 e 4 locali 1:200
«Julia»: détail du plan d'un étage type, appartements 3 et 4 pièces 1:200

Type de construction
tours d'habitation, 19 niveaux (Romeo), 11/7/4 niveaux (Julia), E/O et NO/O/SE

Date de construction
1954-1959

Financement
logements sociaux, copropriété

Profondeur du bâtiment
15-20/10-14 m

Accès
corridor intérieur desservant 6 appartements par étage (Romeo), galerie desservant 9 appartements par étage (Julia)

Nombre d'appartements
104/82

Surface des appartements
Romeo:
app. 1 p., 38 m^2
app. 2 p., 3 p., 4 p., 88/96 m^2
attique: 4 ateliers
Julia:
app. 3 p., 72 m^2
app. 4 p., 86 m^2

Places de stationnement
cour-garage

Espaces extérieurs
balcons, terrasses sur le toit, espace vert commun

Hans Scharoun, Berlin, en collaboration avec Stefan Heise, Jo Zimmermann, Stuttgart; architecte du projet: Wilhelm Frank
Stuttgart-Zuffenhausen, «Romeo und Julia», Schozacherstraße/ Schabbacherstraße

Ces deux immeubles sur la même parcelle entretiennent un dialogue fécond. «Romeo» est une tour de plan compact, à l'est du terrain. Un couloir central à éclairage naturel dessert six appartements par étage. «Julia» est un bâtiment moins élevé, en arc de cercle qui donne une impression plus ouverte et plus dégagée. Sa hauteur s'échelonne de 4 à 11 étages. Les appartements sont desservis par des galeries extérieures donnant sur une cage d'escalier centrale. L'étage-attique est occupé par de grands une pièce («ateliers») avec terrasse et toit en porte-à-faux. Les deux immeubles ont en commun une forme générale tendant à l'arrondi, qui offre la vue de tous côtés. Dans «Julia», les redents agrandissent encore la surface des fenêtres. Tous deux sont orientés en fonction de la course du soleil: dans «Romeo», les pièces de séjour et les balcons donnent au sud, dans «Julia», le cercle est interrompu au nord. Les logements ont en commun leur principe d'organisation, avec un vestibule central desservant directement toutes les pièces, sauf une chambre à laquelle on accède depuis le séjour, ce qui estompe la séparation entre zones privée et commune. Par leur architecture dont le caractère organique s'exprime dans la position des parois et se retrouve dans le tracé des façades, par l'effet spatial que produisent leurs formes, individuellement et l'une sur l'autre, «Romeo» et «Julia» font de l'habitat une expérience vécue complexe. Scharoun a ainsi montré à la génération d'après-guerre qu'il n'y a pas de lien nécessaire entre plan orthogonal et rationalité.

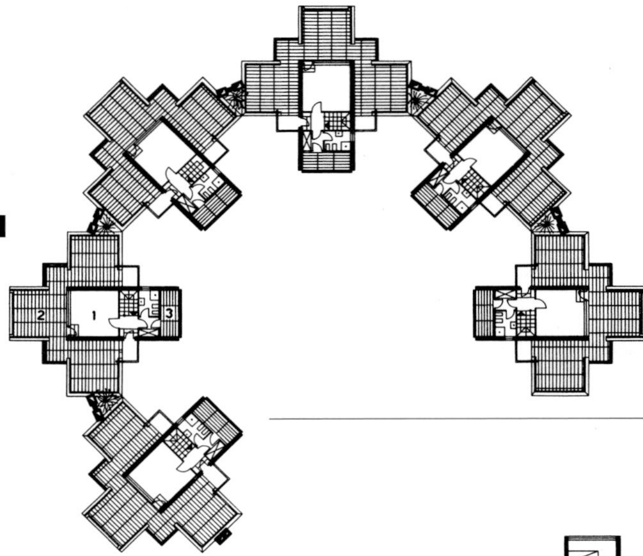

1.9 Strutture spazio-delimitanti

Tipologia edilizia:
singoli edifici con pianta cruciforme allineati a semicerchio, 3 piani, NS/EO, NO/SE

Data di costruzione:
1966-1967

Modello di finanziamento:
edilizia privata

Profondità dell'edificio:
12 m

Distribuzione:
vano scala centrale cieco

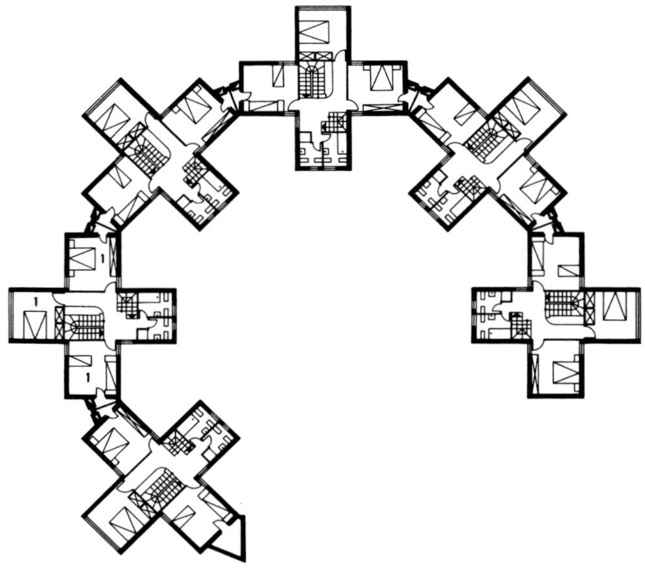

Numero di alloggi:
6

Dimensione degli alloggi:
6 locali (incluso studiolo), ca. 140 m^2

Parcheggio:
posti auto nel cortile interno

Spazi aperti:
terrazze, parco

Francesca Sartogo, Arnaldo Bruschi, Roma

Santa Marinella (Roma), Capo Linaro

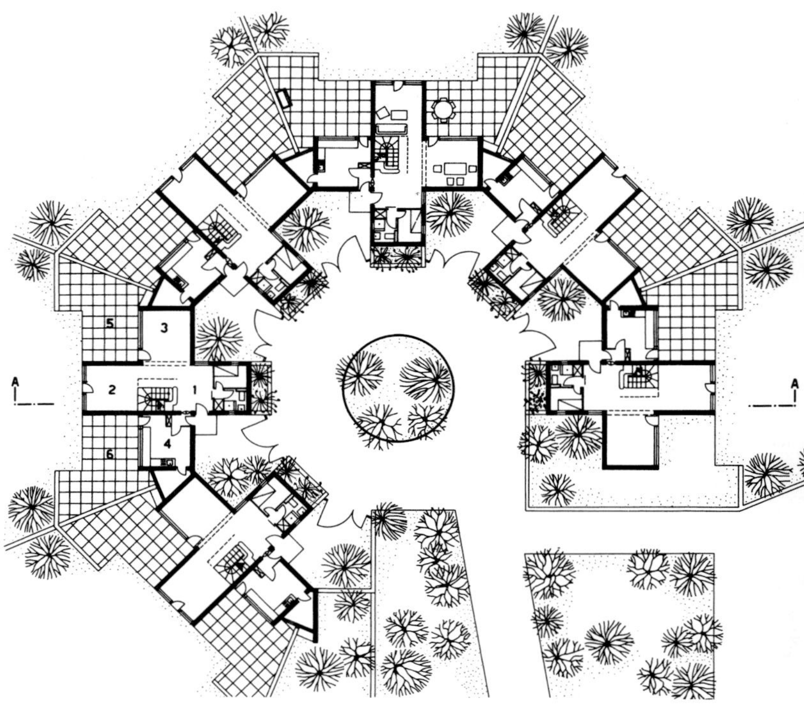

Questo singolare insediamento si colloca su un piano roccioso in riva al mare. La planimetria generale riproduce l'impianto di un castello. I singoli edifici, al contrario, sono semplici cellule costruite su una maglia di 3,5 x 3,5 m; ogni pianta cruciforme è costituita da cinque cellule. Attorno all'atrio centrale, che ospita la scala, troviamo al pianterreno il soggiorno, la cucina e la sala da pranzo, tutti delle stesse dimensioni. Il quarto quadrato contiene una stanza per gli ospiti, o per la servitù, con doccia. Al piano superiore vi sono tre camere da letto (ciascuna in un quadrato) e due bagni (nel quarto quadrato). Una stretta scala porta al 2° piano, dove si trovano uno studiolo (grande quanto un quadrato) e il relativo bagno, oltre a un balcone; gli altri tre quadrati a questo livello corrispondono a terrazze all'aperto. Anche gli interstizi tra le singole case vengono utilizzati: al pianterreno come dispensa sul retro della cucina, al piano superiore come balconcini. Nei prospetti dagli interstizi sorgono alti camini. Si è riusciti nell'intento di integrare queste casette in un tessuto apparentemente spontaneo. Gli spazi privati all'aperto sono tutti orientati verso il mare; il cortile interno è piuttosto un'area di passaggio, con posti auto nelle rientranze tra gli edifici.

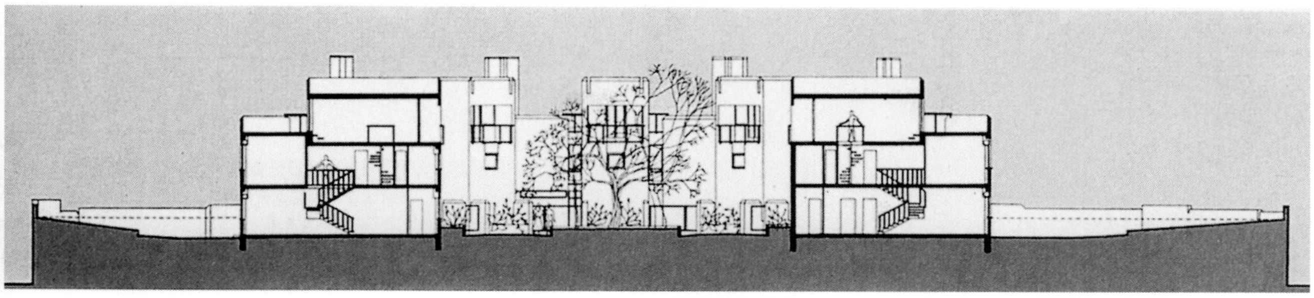

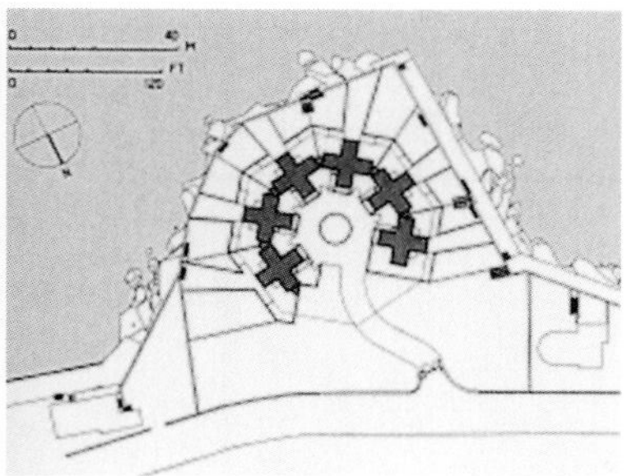

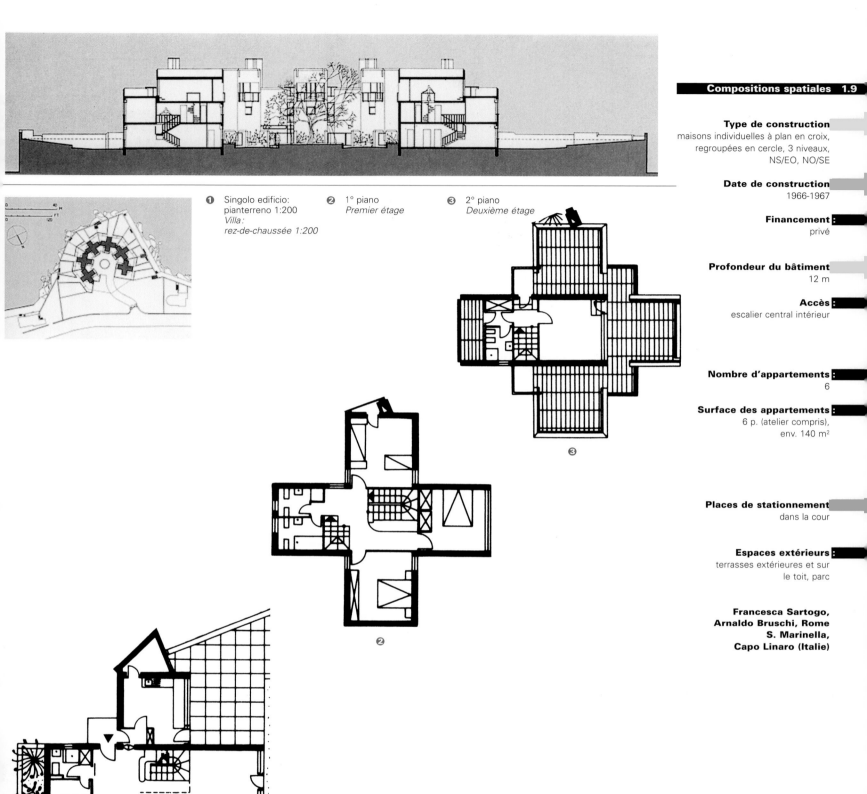

❶ Singolo edificio: pianterreno 1:200
Villa : rez-de-chaussée 1:200

❷ 1° piano
Premier étage

❸ 2° piano
Deuxième étage

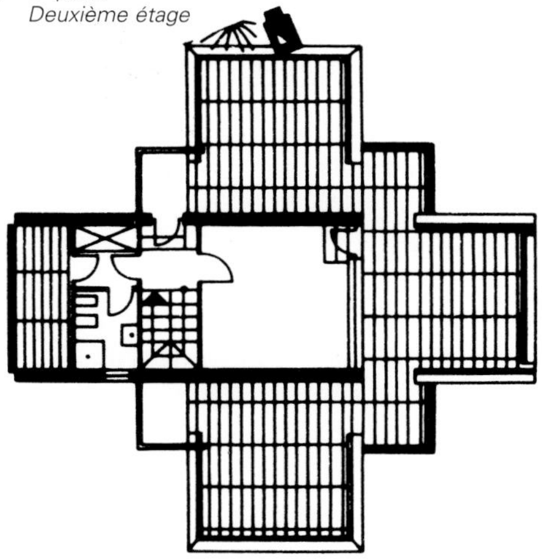

❸

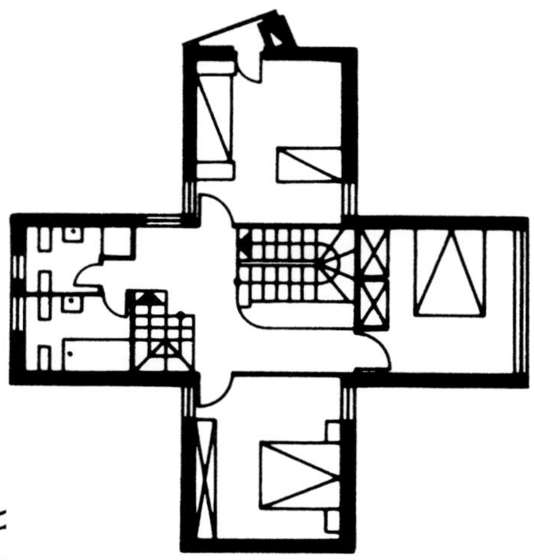

❷

❶

Type de construction
maisons individuelles à plan en croix, regroupées en cercle, 3 niveaux, NS/EO, NO/SE

Date de construction
1966-1967

Financement
privé

Profondeur du bâtiment
12 m

Accès
escalier central intérieur

Nombre d'appartements
6

Surface des appartements
6 p. (atelier compris), env. 140 m²

Places de stationnement
dans la cour

Espaces extérieurs
terrasses extérieures et sur le toit, parc

Francesca Sartogo, Arnaldo Bruschi, Rome
S. Marinella, Capo Linaro (Italie)

Cet ensemble insolite est bâti sur un plateau rocheux dominant la mer. Le plan général évoque l'architecture fortifiée, tandis que celui des villas est bosé sur des cellules carrées de 3,5 m de côté. Cinq cellules constituent le plan en croix, avec la cage d'escalier au milieu. Au rez-de-chaussée, les quatre autres carrés sont occupés par la cuisine, le séjour, la salle à manger et une chambre d'hôtes avec douche. Au premier étage se trouvent trois chambres à coucher, chacune dans un carré, et deux salles de bains dans le quatrième carré. Un escalier étroit mène au deuxième étage, où est aménagé un atelier avec salle de bains (un carré), plus un balcon; les trois autres carrés sont occupés par la terrasse. Les angles formés à la jonction des maisons sont mis à profit comme cellier au rez-de-chaussée (à côté de la cuisine) et comme entrée secondaire à l'étage. En façade, ces angles se dressent sous la forme de hautes cheminées. Les architectes ont réussi à regrouper ces villas en un ensemble qui donne l'impression de s'être formé progressivement. Les espaces privés sont tous tournés vers la mer; la cour intérieure est plutôt une surface de circulation avec des places de stationnement entre les maisons.

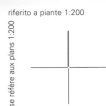

Tipologia edilizia:
insediamento di forma organica,
5-15 piani, E/S/O,
negozi al pianterreno

Data di costruzione:
1966-1968

Modello di finanziamento:
edilizia sociale

Profondità dell'edificio:
14,5-27 m

Distribuzione:
da corpo triplo a quintuplo

Numero di alloggi:
634

Dimensione degli alloggi:
appart. da 1 locali, 42 m²;
appart. da 2½ locali, 76-78 m²;
appart. da 4½ locali, 107 m²

Parcheggio:
posti auto all'aperto

Spazi aperti:
l'insediamento crea cortili
con verde pubblico

Herbert Stranz,
Berlino
con
Alexander Kretschmar

Berlino-Wittenau,
Märkisches Viertel,
Wilhelmsruher
Damm 224-228

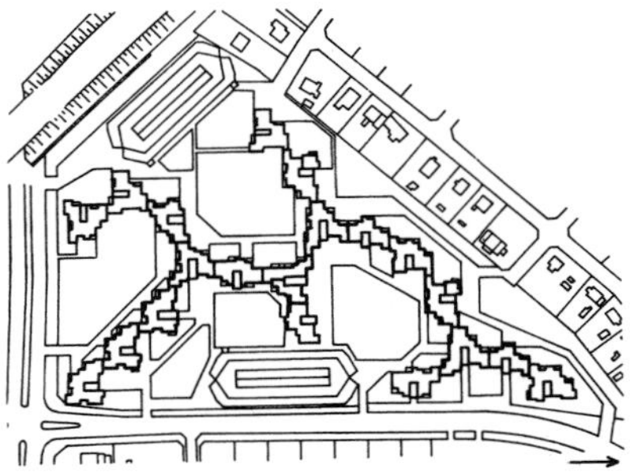

❶ Piano tipo 1:200
con appartamenti da 1, 3 e 5 locali
Plan d'un étage type,
appartements 1, 3 et 5 pièces 1:200

❶

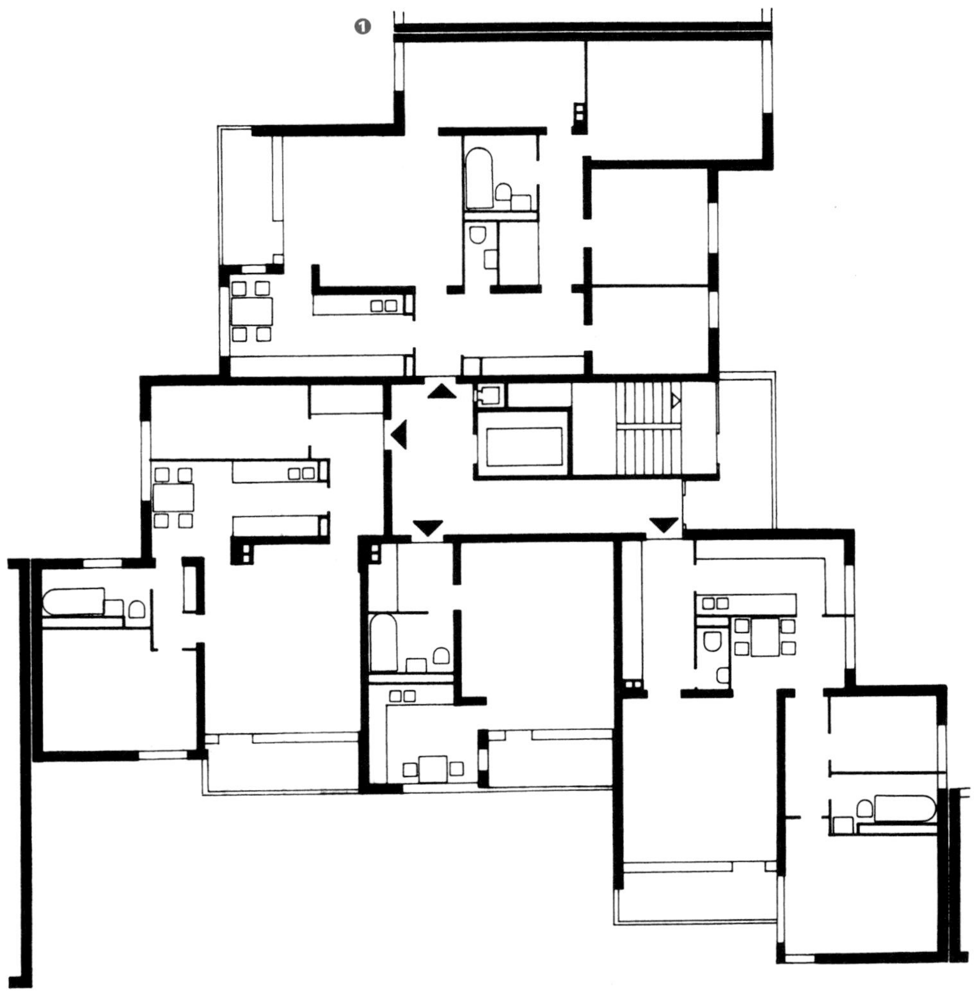

Grande insediamento residenziale come topografia artificiale. L'impianto urbanistico si sviluppa a partire dalle planimetrie residenziali e dall'omogeneità di esposizione. Gli appartamenti con 4½ vani sono esemplari delle ambizioni planimetriche: bagno e WC sono al centro dell'alloggio, nel quale si crea un percorso ad anello tra disimpegno, cucina, soggiorno, spazio polifunzionale (pensato come area giochi per bambini), corridoio della zona notte con tre camere e di nuovo disimpegno. L'ultima camera presso il disimpegno può essere utilizzata separatamente; il corridoio della zona notte ha infatti una porta che che lo divide in due, e un WC è accessibile direttamente dal disimpegno all'ingresso. Questi percorsi differenziati, in previsione di un utilizzo flessibile dell'alloggio, sono presenti anche nelle unità più piccole. Cucina e zona pranzo sono uniti. La maggior parte dei balconi si rivolge a sud; essendo affiancati da una parete, sono metà loggia e metà balcone.

Planimetrie di appartamenti tipo:
Plans types d'appartements:

❷ Appartamento da 1 locale
Appartement 1 pièce

❸ Appartamenti da 2 locali
Appartement 2 pièces

❹ Appartamenti da 2½ locali
Appartement 2½ pièces

❺ Appartamenti da 2½ e 3 locali
Appartements 2½ et 3 pièces

❻ Appartamenti da 4 locali
Appartements 4½ pièces

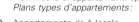

Type de construction
ensemble de plan organique à ramifications, 5 à 15 niveaux, E/S/O, commerces au rez-de-chaussée

Date de construction
1966-1968

Financement
logements sociaux

Profondeur du bâtiment
14,5-27 m

Accès
cages d'escalier pour 3 à 5 appartements par étage

Nombre d'appartements
634

Surface des appartements
par exemple:
app. 1 p., 42 m^2
app. 2½ p., 76-78 m^2
app. 4½ p., 107 m^2

Places de stationnement
extérieures

Espaces extérieurs
cours aménagées en espaces verts

Herbert Stranz, Berlin, en collaboration avec Alexander Kretschmar
Berlin-Wittenau, Märkisches Viertel, Wilhelmsruher Damm 224-228

❷

❸

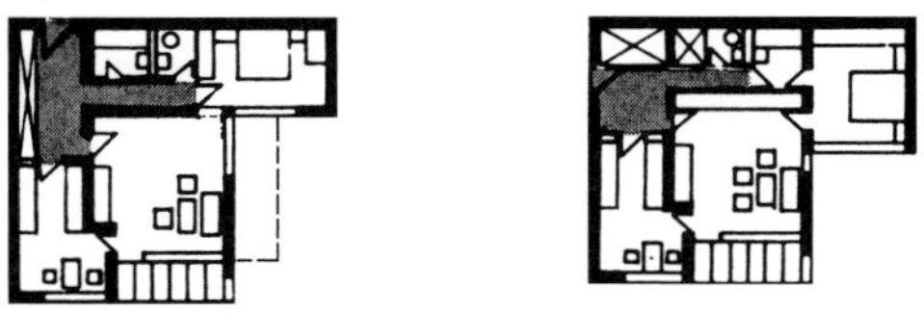

❹

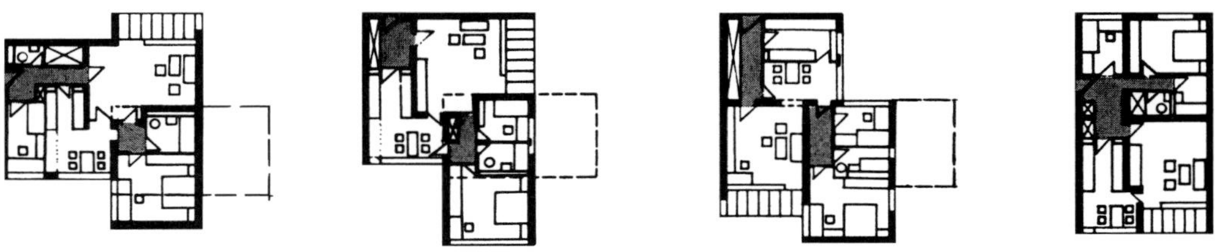

❺

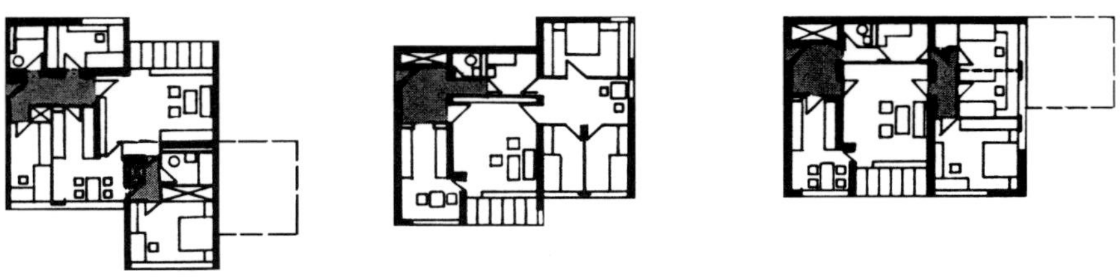

❻

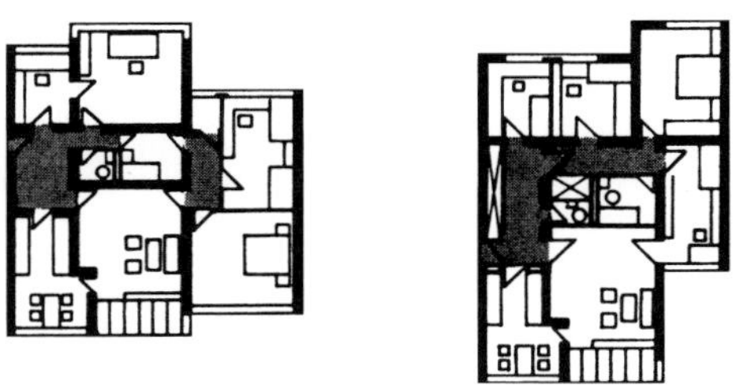

Ce grand ensemble forme un relief artificiel. Le projet urbanistique a été développé à partir du plan des appartements et avec le souci de leur offrir à tous les mêmes conditions d'ensoleillement. Le plan caractéristique est celui des 4½ pièces: les salles d'eau occupent le centre, dont on fait le tour par un cheminement qui traverse le vestibule, la cuisine, le séjour, une pièce à usages multiples (conçue comme espace de jeu pour les enfants) et le couloir desservant les trois chambres à coucher, pour revenir au vestibule. La dernière chambre peut aussi être isolée du circuit (par exemple pour les grands-parents ou des enfants adultes): en effet, le couloir des chambres comprend une porte intermédiaire. Des WC séparés sont accessibles depuis le vestibule. Les appartements plus petits offrent également, dans la mesure du possible, cette diversité de cheminements et d'usages. La cuisine et le coin-repas constituent une unité. La plupart des balcons donnent au sud; étant bordés d'un mur sur un côté, ils sont en même temps des oriels.

Tipologia edilizia:
insediamento dalla forma organica costituito da grattacieli, 12-14 piani, prevalentemente E/O/S

Data di costruzione:
1967-1969

Modello di finanziamento:
edilizia sociale

Profondità dell'edificio:
23-32 m

Distribuzione:
a corpo quintuplo, 2 ascensori

Numero di alloggi:
1305

Dimensione degli alloggi:
appart. da 1 locale, 49 m²;
appart. da 2 locali, 73 m²;
appart. da 2½ locali, 92-94 m²;
agli ultimi due piani: *maisonettes* con terrazza sul tetto

Parcheggio:
garage

Spazi aperti:
l'insediamento crea cortili con verde pubblico

Oswald Mathias Ungers, Berlino

Berlino-Wittenau, Märkisches Viertel Wilhelmsruher Damm 165-185

L'impianto sovrappone moduli spaziali sempre uguali. Attorno al vano scala si raggruppano unità in sé concluse composte da corridoio, WC per gli ospiti, cucina, ripostiglio, camere da letto e bagni, a creare zone notte di diversa lunghezza (a seconda del taglio dell'alloggio). Dall'esterno appaiono come torri dormitorio. Torri cucina e torri dormitorio sono disposte in modo tale da ricavare soggiorni angolari con doppio affaccio e due logge. La cucina è aperta verso il soggiorno, ma è accessibile anche dal corridoio d'ingresso. Il taglio planimetrico può essere interpretato in chiave urbanistica. Negli ultimi due piani le *maisonettes* con due zone notte sovrapposte trasferiscono la superficie del soggiorno nella terrazza a cielo aperto.

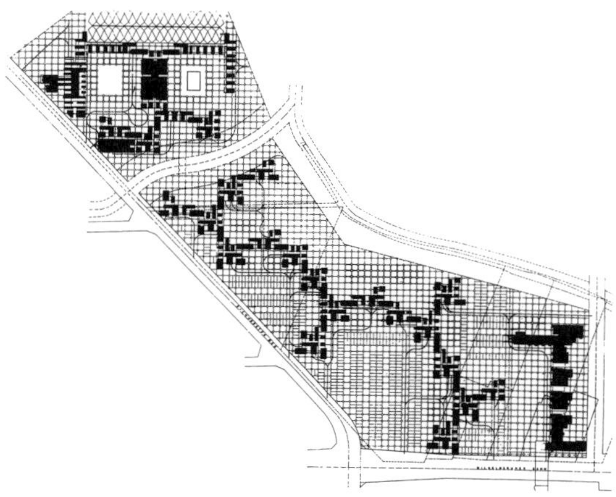

❶ Planimetria del piano tipo con 2 appartamenti da 4 locali, 2 da 2½ locali e un monolocale 1:200
Plan d'étage type: 2 appartements 4 pièces, 2 appartements 2½ pièces, 1 appartement 1 pièce 1:200

❶

Type de construction
grand ensemble de tours d'habitation, plan organique, 12-14 niveaux, principalement E/O/S

Date de construction
1967-1969

Financement
logements sociaux

Profondeur du bâtiment
23-32 m

Accès
cages d'escalier pour 5 appartements par étage, 2 ascenseurs

Nombre d'appartements
1305

Surface des appartements
app. 1 p., 49 m²
app. 2 p., 73 m²
app. 2½ p., 92-94 m²
duplex aux 2 étages supérieurs, avec terrasse sur le toit

Places de stationnement
garage

Espaces extérieurs
cours aménagées en espaces verts

Oswald Mathias Ungers, Berlin

Berlin-Wittenau, Märkisches Viertel, Wilhelmsruher Damm 165-185

Les plans de étages de ce grand ensemble sont identiques. Autour de la cage d'escalier sont regroupées des unités fermées comprenant: couloir, WC des invités, cuisine, réduit. La partie privée (chambres et salle de bains) est de dimensions variables; vue de l'extérieur, elle forme une tour dortoir. La disposition de la tour cuisine et de la tour dortoir est conçue de manière à créer un séjour de plan coudé et éclairé de deux côtés, avec deux loggias. La cuisine donne sur le séjour mais est aussi accessible depuis le couloir d'entrée. L'ensemble forme une silhouette bien distincte dans le paysage urbain. Les deux derniers étages comprennent des duplex occupant la surface des chambres, la surface du séjour des appartements ordinaires étant ici remplacée par un toit-terrasse.

Tipologia edilizia:
stecca a forma di meandro, 4-8 piani, N/S, E/O

Data di costruzione:
1965-1966

Modello di finanziamento:
edilizia sociale

Profondità dell'edificio:
max. 32 m

Distribuzione:
a corpo doppio e quintuplo

Numero di alloggi:
283

Dimensione degli alloggi:
(tipo C):
appart. da 2 locali, 79-85 m^2;
appart. da $2^1/_2$ locali, 97 m^2;
appart. da $2^1/_2$ locali, 110 m^2

Parcheggio:
posti auto all'aperto

Spazi aperti:
aree verdi sul lato sud

Karl Fleig, Zurigo

Berlino-Wittenau
Märkisches Viertel
Wilhelmsruher Damm
187-215

A causa della giacitura nord-sud si è fatto ricorso a una complicata planimetria che attribuisce a ogni appartamento un soggiorno con balcone esposto a sud, che fa entrare la luce da est e da ovest. Nell'alloggio vi è una chiara separazione tra aree comuni e individuali: il nucleo che raccoglie bagno, WC e cucina è posizionato nello spazio in modo da creare due percorsi separati, uno verso il soggiorno, l'altro verso la zona notte. Nei bilocali il percorso è circolare e attraversa la cucina e la zona pranzo per portare di nuovo al soggiorno; negli alloggi più grandi la zona notte può essere separata. Tutte le sale da pranzo (e talvolta anche altri vani) hanno finestre d'angolo.

1 Planimetria del piano tipo (Tipo C) con appartamenti da 2 e $2^1/_2$ locali 1:200
Plan d'un étage type, type C; appartements 2, $2^1/_2$, $3^1/_2$ pièces 1:200

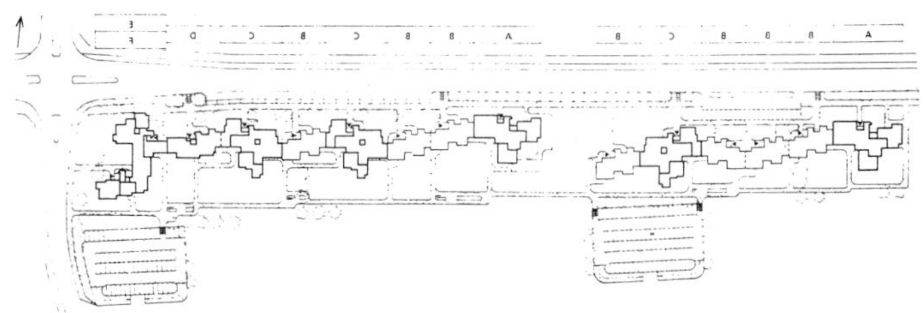

1

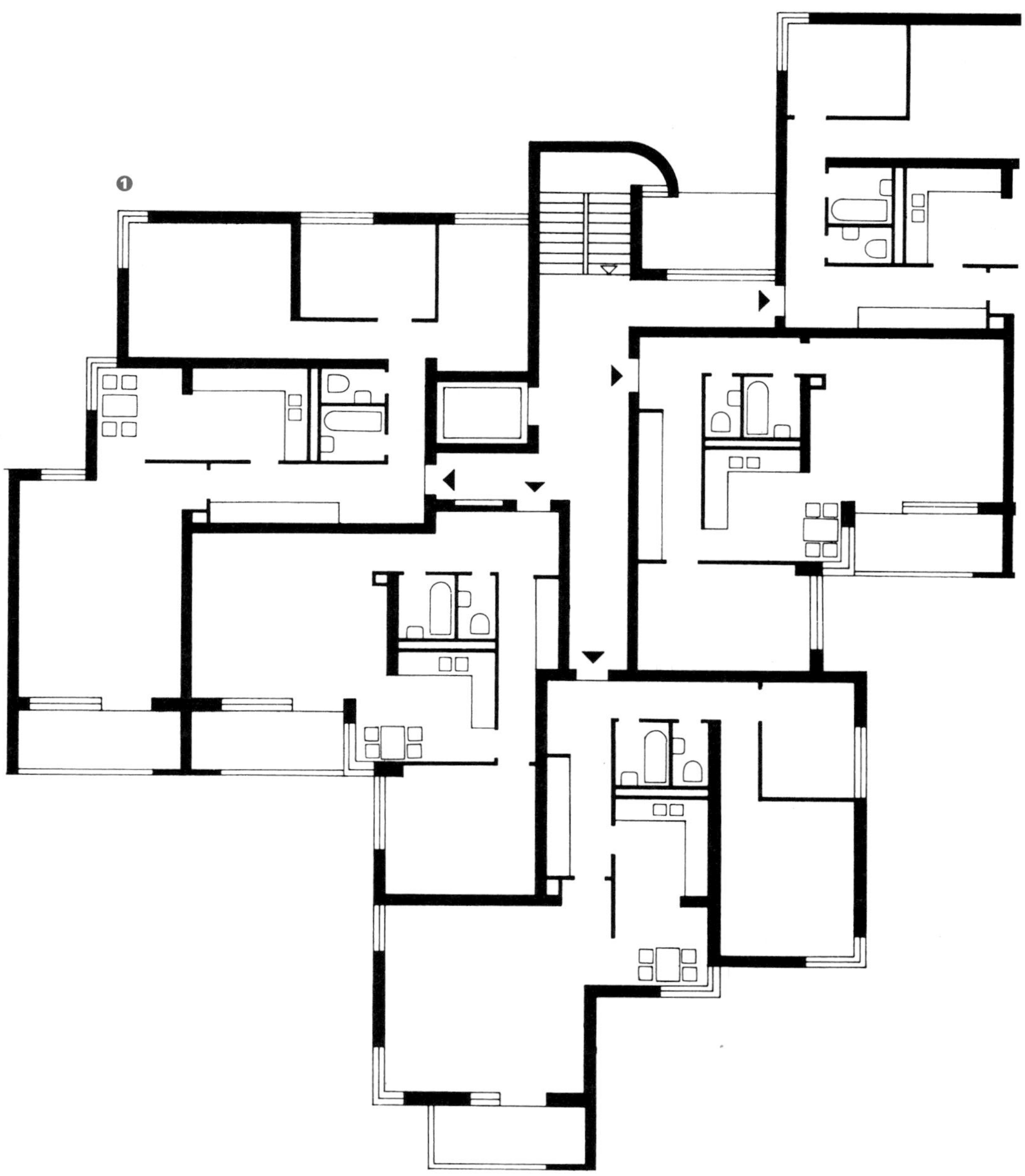

Type de construction
bande d'immeubles en méandre, 4-8 niveaux, N/S, E/O

Date de construction
1965-1966

Financement
logements sociaux

Profondeur du bâtiment
32 m (max.)

Accès
cages d'escalier pour 2-5 appartements par étage

Nombre d'appartements
283

Surface des appartements
(type C)
app. 2 p., 79-85 m^2
app. $2^1/_2$ p., 97 m^2
app. $2^1/_2$ p., 110 m^2

Places de stationnement
extérieures

Espaces extérieurs
espace vert au sud

Karl Fleig, Zurich

Berlin-Wittenau,
Märkisches Viertel,
Wilhelmsruher Damm
187-215

L'orientation nord-sud a obligé à donner aux étages un plan complexe permettant à chaque appartement d'avoir la pièce de séjour avec balcon au sud et de faire entrer la lumière du levant et du couchant. Le plan des appartements opère une nette distinction entre zone commune et zone privée : les salles d'eau et la cuisine sont placées de manière à déterminer deux cheminements évidents, l'un menant directement au séjour, l'autre aux chambres. Dans les appartements 2 pièces, le cheminement est circulaire et passe par la cuisine et le coin-repas pour aboutir au séjour; dans les appartements plus grands, la partie chambres est séparée. Il y a des fenêtres d'angle dans tous les coins-repas et dans certaines autres pièces.

1.9 Strutture spazio-delimitanti

Tipologia edilizia:
2 stecche ai margini di uno spazio aperto, negozi integrati negli edifici, 7 e 10 piani, E/O

Data di costruzione:
1966-1972

Modello di finanziamento:
edilizia sociale, Greater London Council

Profondità dell'edificio:
ca. 11,2 m

Distribuzione:
accesso diretto al pianterreno, ballatoi ogni tre piani per le *maisonettes* che si sviluppano verso l'alto o verso il basso

Numero di alloggi:
213 (in totale 15.670 m²)

Dimensione degli alloggi:
6 diverse tipologie, per es.: appart. al pianterreno per famiglie o anziani, *mais.* da 4 locali, ca. 100 m²; *mais.* da 5 locali, ca. 112 m²

Parcheggio:
143 posti auto sotto l'edificio, ampliamento previsto, parcheggio per gli ospiti

Spazi aperti:
ampi ballatoi, collinetta condominiale tra i due edifici realizzata con materiale edile di scarto, aree giochi per bimbi nei punti più bassi

Alison + Peter Smithson, Londra

Londra, Robin Hood Gardens

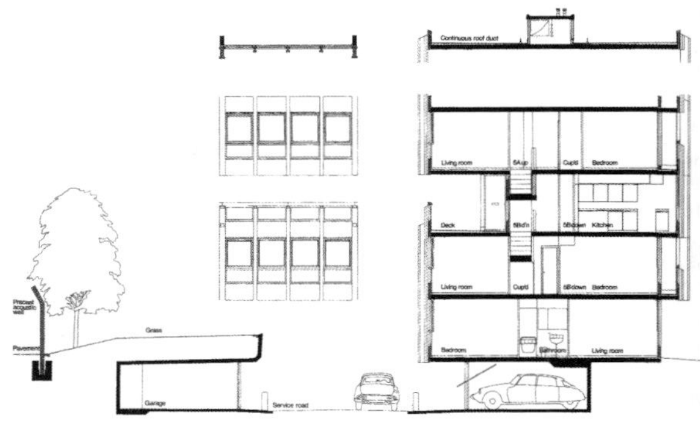

❶ Assonometria con collinetta; a destra l'edificio Blackwall Tunnel South (BTS), a sinistra l'edificio Cotton Street (CS)
Vue axonométrique de l'ensemble: à droite, le bloc BTS (Blackwall Tunnel South), à gauche le bloc Cotton Street (CS)

❷ Planimetria generale delle sei stecche originariamente progettate
Plan de situation des six rangées initialement prévues

❸ Sezione dell'edificio CS con garage
Coupe transversale du bloc CS, avec les garages

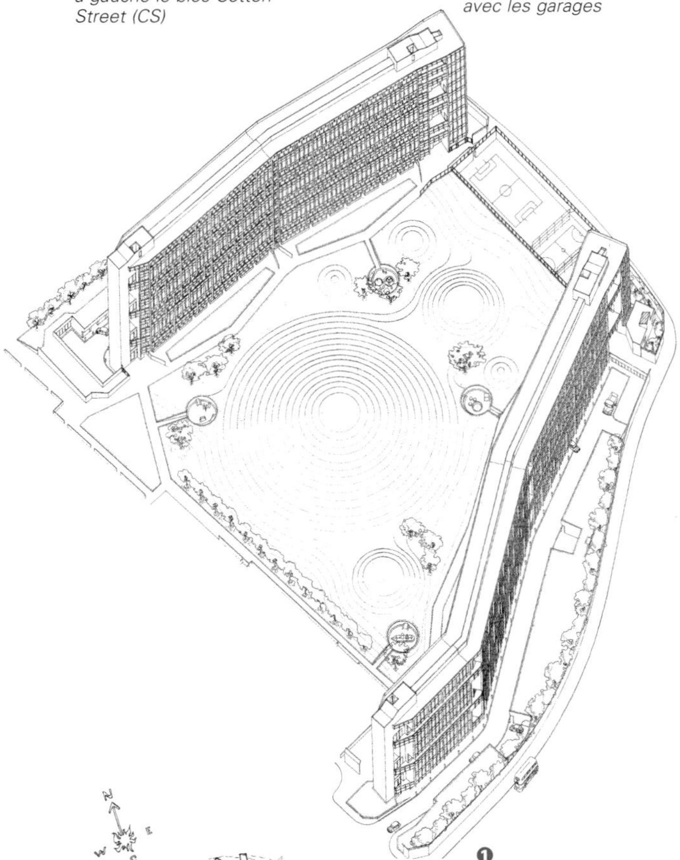

❶

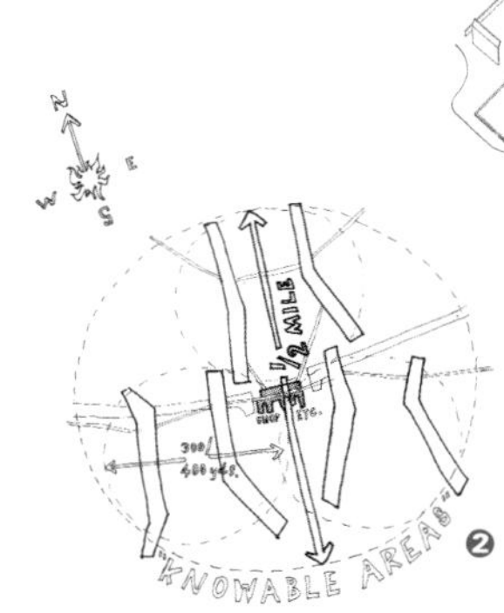

❷

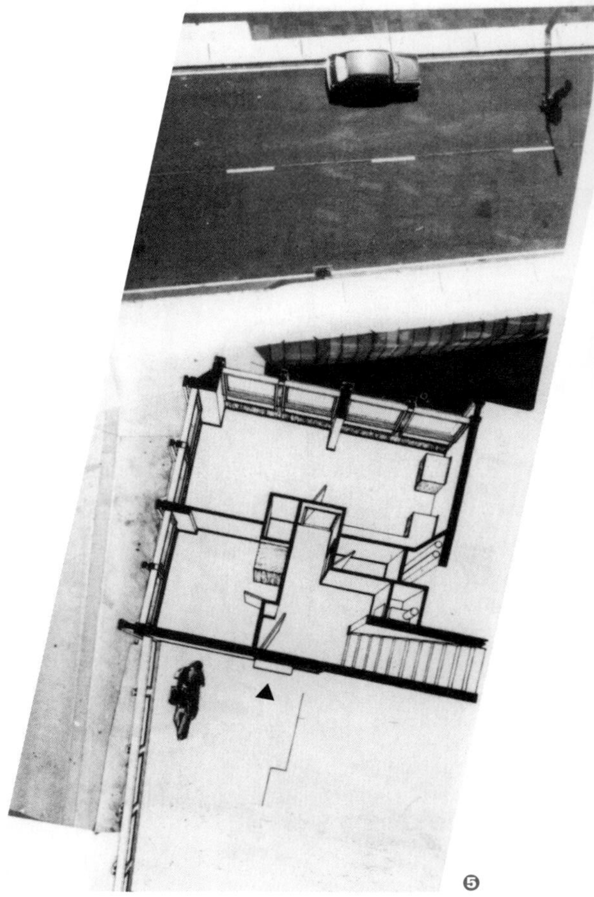

❺

Al fine di creare un'oasi di tranquillità, le due stecche si pongono come riparo sui margini del sito, agendo da barriera acustica nei confronti del traffico circostante. Il centro resta libero per le collinette verdi. Davanti alle abitazioni sorgono altre barriere acustiche e filari di alberi. La strada privata che circonda il complesso è ribassata rispetto al piano stradale, garantendo illuminazione e aerazione naturale ai parcheggi interrati sotto gli edifici e nel resto dell'area. Gli edifici sono concepiti come strade sovrapposte con due soli ascensori e scali come collegamenti verticali ai loro estremi. Sopra gli alloggi al pianterreno con ingresso indipendente, destinati ad anziani o famiglie, sono impilate unità su 3 piani: tre volte nell'edificio BTS, due nell'edificio CS. Un ampio ballatoio baricentrico distribuisce le *maisonettes* verso l'alto e verso il basso. Gli ingressi agli alloggi non sono frontali, bensì laterali al percorso pedonale, così da creare intimità; le piccole nicchie che ne risultano sono destinate a fioriere o ripostigli. Lungo il ballatoio vi sono le scale delle *maisonettes* – ortogonali ai setti portanti – e, al di là di un corridoio che funge da ulteriore filtro, le cucine di tutti gli alloggi e, a seconda della tipologia, anche una camera con bagno. Queste, come le altre stanze situate sopra e sotto, sono orientate verso il prato all'interno. Sono tutte dotate di porte a vetri che si aprono sul poco profondo balcone antistante (via di fuga). I (rumorosi) soggiorni sono separati da bagni e corridoi dalle camere da letto sotto il percorso pedonale. La ripetitività imposta da fattori di costo viene contrastata da misure sempre diverse, con variazioni in orizzontale e in verticale dei tagli di alloggio compresi tra i setti, nelle testate o negli spigoli tra i diversi segmenti dei corpi di fabbrica, nei quali si collocano scale e ripostigli.

ezione sulle *maisonette* dell'edificio CS, 5° piano
:oupe d'un duplex dans le bloc CS, 5e étage

Maisonette nella testata dell'edificio BTS, livello
feriore con cucina e una camera, ca. 1:200
)uplex de l'extrémité du bloc BTS, niveau inférieur vec la cuisine et une chambre, env. 1:200

dificio BTS, 3 piani tipo, livello del ballatoio con
ucine e camere, zone soggiorno ai livelli superiore e
feriore 1:1000
rois plans d'étage du bloc BTS, niveau de la galerie 'accès avec les cuisines et les chambres, niveaux du éjour au-dessus et au-dessous, 1:1000

Maisonette nella testata dell'edificio BTS, livello
uperiore con soggiorno, camere e terrazza 1:200
)uplex de l'extrémité du bloc BTS, niveau supérieur vec le séjour, les chambres à coucher et la terrasse, nv. 1:200

Type de construction
2 immeubles en rangée autour d'un espace ouvert, comprenant des commerces, 7 et 10 niveaux, E/O

Date de construction
1966-1972

Financement
logements sociaux, Greater London Council

Profondeur du bâtiment
env. 11, 2 m

Accès
accès direct au rez-de-chaussée, galerie tous les trois étages pour les duplex

Nombre d'appartements
213 (total 15670 m²)

Surface des appartements
6 types différents, p. ex. : app. rez-de-chaussée duplex 4 p., env. 100 m² duplex 5 p., 112 m²

Places de stationnement
143 places sous l'immeuble, agrandissement prévu, places pour visiteurs

Espaces extérieurs
galeries, paysage aménagé en collines (avec les remblais du chantier), aires de jeu

Alison + Peter Smithson, Londres

Londres, Robin Hood Gardens

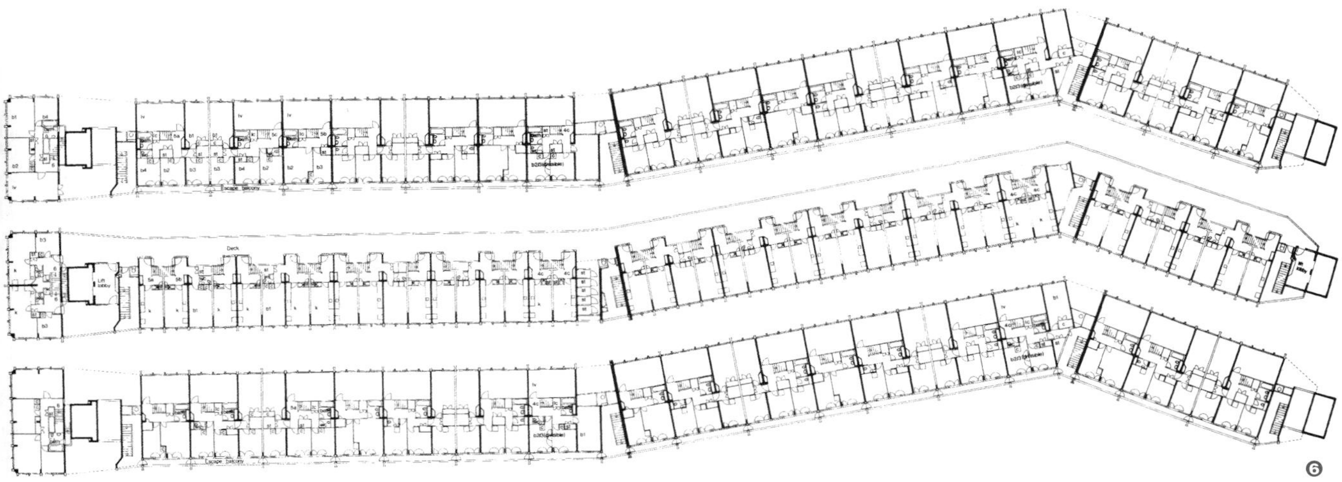

6

7

Les deux immeubles en rangée sont disposés comme un écran contre le bruit du trafic, mais des murs antibruit et des rangées d'arbres les isolent en outre de la route. Entre les deux, ou a aménagé des collines artificielles. La rue privée, en pente, mène à des parkings à aération et éclairage naturels. Il n'y a que deux ascenseurs aux extrémités des rangées, et des escaliers aux extrémités et aux coudes. Le rez-de-chaussée est occupé par des appartements à accès direct depuis l'extérieur. Au-dessus, les unités sont organisées par groupes de trois niveaux (trois groupes dans le bloc BTS, deux dans le bloc CS). Au milieu, une galerie dessert les duplex (vers le haut ou le bas). Les entrées des appartements ne sont pas frontales, mais latérales par rapport à la galerie afin de créer davantage d'intimité. Les petites niches ainsi formées peuvent servir de réduit ou pour des bacs à fleurs. Les escaliers intérieurs des duplex sont disposés contre la galerie, perpendiculairement aux murs porteurs. Derrière un couloir qui ajoute à l'effet d'isolation se trouvent la cuisine et, selon le type d'appartement, une chambre avec toilettes. Ces chambres, comme celles de l'étage supérieur ou inférieur, donnent sur un espace vert. Elles ont des portes de verre ouvrant sur un étroit balcon (issue de secours). Les pièces de séjour sont du côté bruyant, séparées des chambres par le couloir et la salle de bains, sous la galerie. Les contraintes financières imposaient, par la répétition de modules, une certaine monotonie que les architectes ont cherché à contrecarrer en variant les types d'appartements, en donnant une forme particulière aux extrémités des immeubles et en infléchissant les rangées par des coudes où sont logés les cages d'escalier et les locaux de rangement.

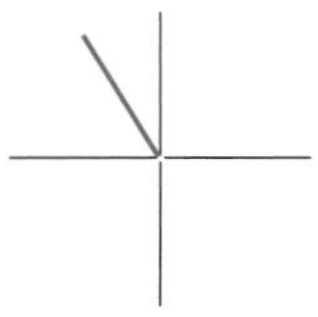

1.9 Strutture spazio-delimitanti

Tipologia edilizia:
edificio ad anello attorno a una piazza, anello esterno 6 piani, anello interno 4 piani

Data di costruzione:
1974

Modello di finanziamento:
edilizia sociale

Profondità dell'edificio:
ca. 12 m

Distribuzione:
a corpo doppio e triplo

Numero di alloggi:
anello esterno 138,
anello interno 100

Dimensione degli alloggi:
appart. da 1 locale, ca. 48 m²;
appart. da 3 locali, ca. 88 m²;
appart. da 4½ locali, ca. 120 m²

Parcheggio:
garage sotterraneo

Spazi aperti:
piazza storica circolare lastricata, aree verdi negli spazi tra l'anello e gli edifici perimetrali

Werner Düttmann, Berlino con Justus Burtin, Carl-August von Halle, Renate Scheper, Siegfried Hein, Eckhard Grassow

Berlino-Kreuzberg, Mehringplatz

➊ Assonometria generale con la costruzione ad anello, la piazza storica e le schiere che delimitano l'isolato
Vue isométrique de l'ensemble montrant les deux anneaux autour de la place

➊

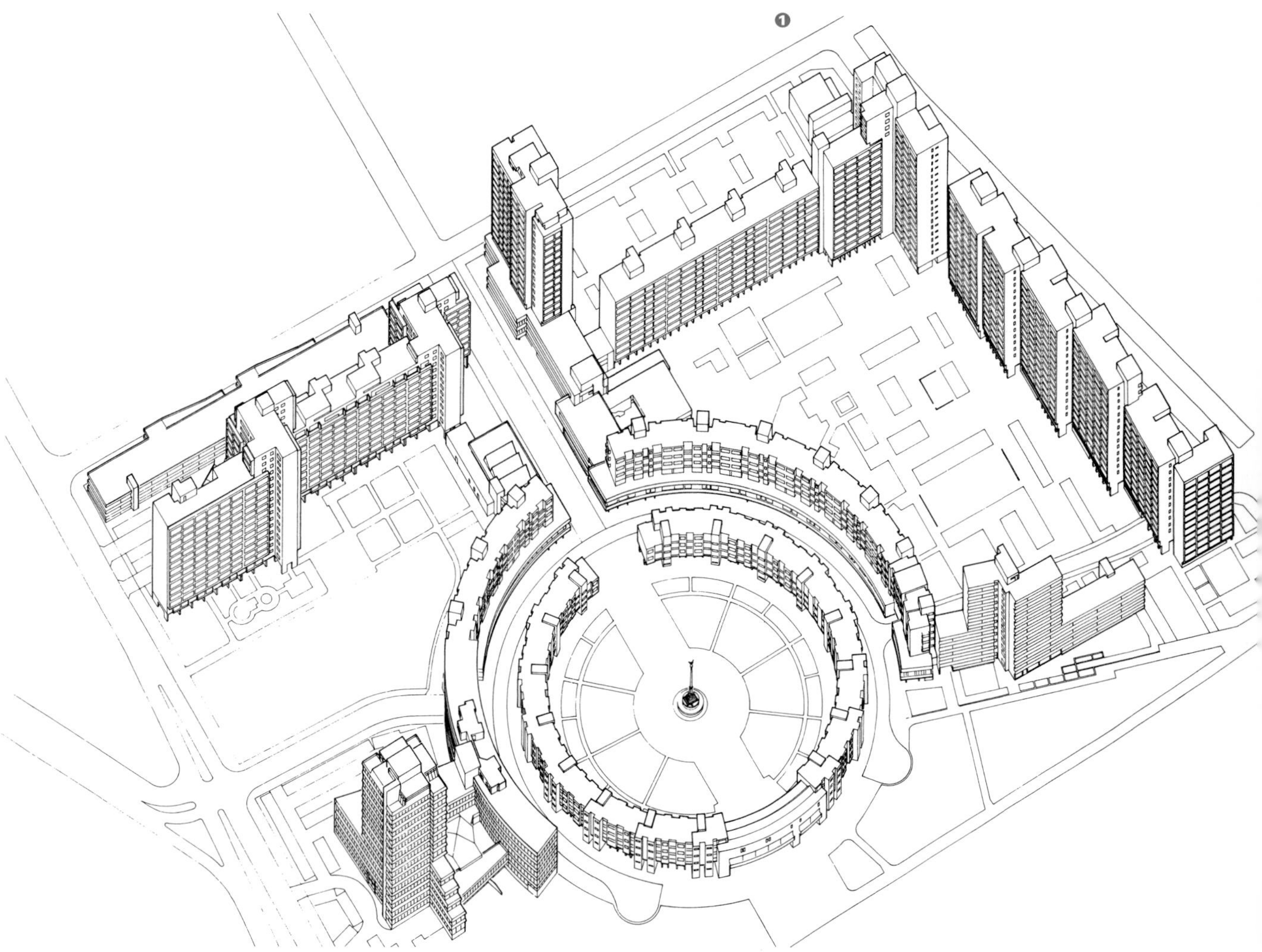

Attorno alla storica Mehringplatz si è collocato un complesso edilizio circolare, con un anello interno e uno esterno, tra i quali si colloca una strada di negozi. Gli alloggi sono segmenti di cerchio. Il problema è costituito dall'esposizione. A parte i monolocali a ridosso dei vani scala, tutti gli appartamenti sfruttano l'intera profondità dell'edificio. Il soggiorno passante diventa un tema di progetto: soggiorno e zona pranzo creano un unico grande ambiente con doppio affaccio; anche la cucina e il disimpegno abitabile sono volumi inseriti (negli alloggi spaziosi con porte scorrevoli). Le cucine dell'anello esterno si affacciano sul cortile verde con un'ampia finestra; quelle dell'anello interno sono come verande, e si affacciano con una finestra laterale sulla strada pedonale. I balconi sull'anello interno si affacciano sulla piazza; quelli sull'anello esterno sono protetti dal rumore della strada da un piano aggettante (a copertura del percorso pedonale).

Type de construction
ensemble formant un double cercle autour d'une place, 6 niveaux (anneau extérieur) et 4 niveaux (anneau intérieur)
Date de construction
1974

Financement
logements sociaux

Profondeur du bâtiment
env. 12 m

Accès
cages d'escalier pour 2 ou 3 appartements par étage

Nombre d'appartements
anneau extérieur: 138
anneau intérieur: 100
Surface des appartements
app. 1 p., env. 48 m²
app. 3 p., env. 88 m²
app. 4½ p., env. 120 m²

Places de stationnement
garage souterrain

Espaces extérieurs
place historique circulaire pavée, cours aménagées en jardin entre l'anneau extérieur et les rangées voisines

Werner Düttmann, Berlin, en collaboration avec Justus Burtin, Carl-August von Halle, Renate Scheper, Siegfried Hein, Eckhard Grassow

Berlin-Kreuzberg, Mehringplatz

❷ Planimetria dell'appartamento tipo nell'anello interno 1:200
Plans d'appartements types dans l'anneau intérieur 1:200

❸ Planimetria dell'appartamento tipo nell'anello esterno 1:200
Plans d'appartements types dans l'anneau extérieur 1:200

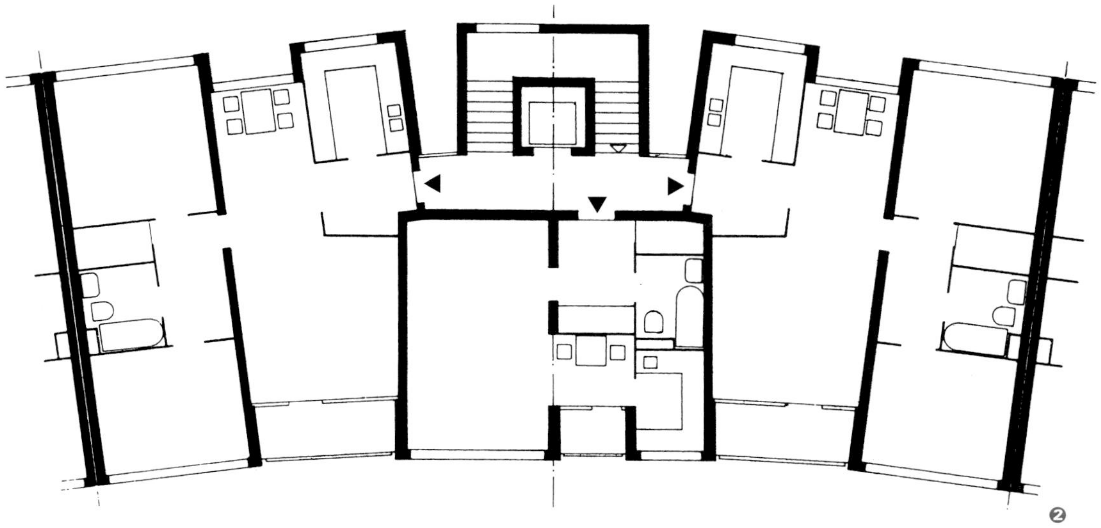

❷

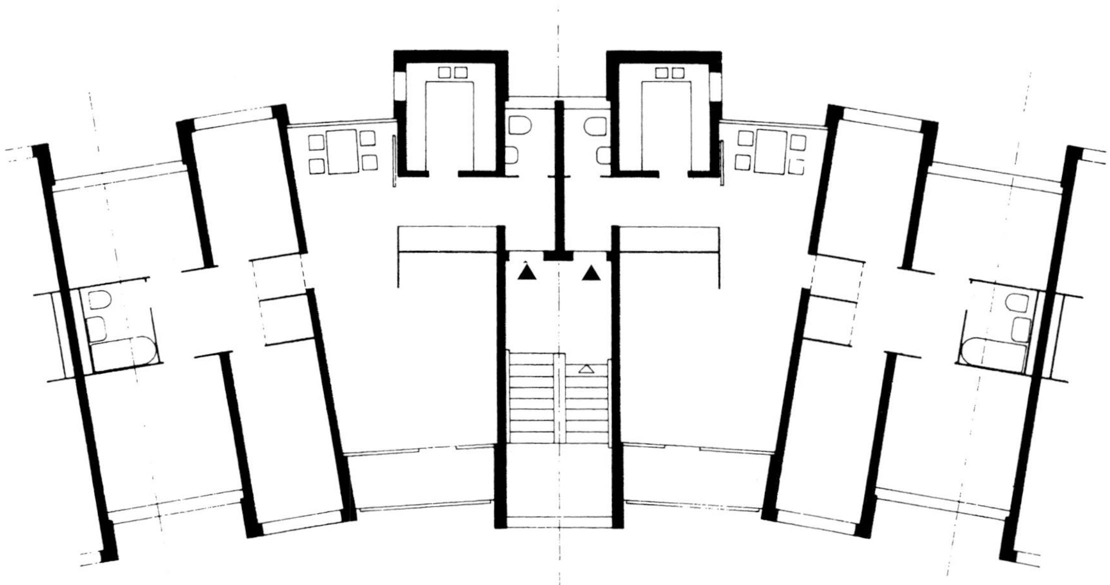

❸

Ce grand ensemble circulaire à deux anneaux entoure une place historique (Mehringplatz). Entre les deux anneaux passe une rue commerçante. Les appartements constituent des segments de l'anneau. Le problème est ici celui de l'orientation. Tous les appartements sont traversants, à l'exception des 1 pièce face aux cages d'escalier. La disposition joue aussi sur l'idée d'espace continu: le séjour et le coin-repas se fondent en un grand espace éclairé de deux côtés; le vestibule et la cuisine paraissent insérés (il y a une porte coulissante dans les plus grands appartements). Les cuisines de l'anneau extérieur ont de grandes fenêtres donnant sur une cour aménagée en jardin; celles de l'anneau intérieur, tournées vers la rue piétonne, forment comme des oriels avec fenêtre latérale. Les balcons de l'anneau intérieur donnent sur la place; à l'extérieur, la forte saillie de l'étage inférieur (abritant le chemin piéton) les isole du bruit de la rue.

riferito a piante 1:200

se réfère aux plans 1:200

1.9 Strutture spazio-delimitanti

Tipologia edilizia:
edificio a lama segmentata
edificata sul confine del lotto,
10 piani, N/S, E/O

Data di costruzione:
1994/1998
(prima/seconda fase di costruzione)

Modello di finanziamento:
edilizia sociale

Profondità dell'edificio:
ca. 7,2 m

Distribuzione:
ballatoi a ogni piano
lungo tutto l'edificio

Numero di alloggi:
107

Dimensione degli alloggi:
2/3 appart. su 1 piano,
1/3 *mais.*,
varie dimensioni

Parcheggio:
posti auto al pianterreno,
sotto l'edificio sospeso su pilotis

Spazi aperti:
ampie logge private

Kazuyo Sejima,
Ryue Nishizawa,
Tokyo

Gifu,
Condominio Kitagata

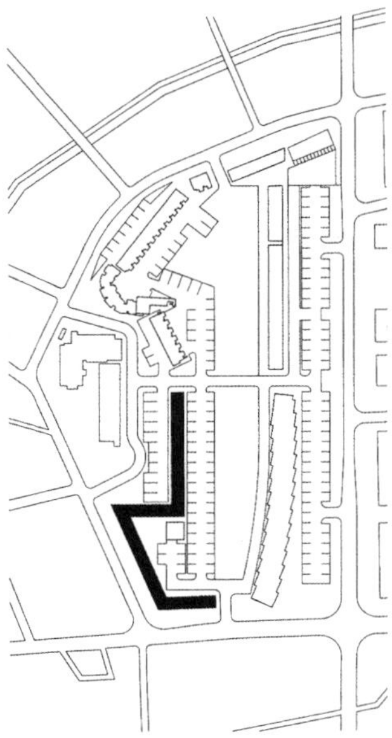

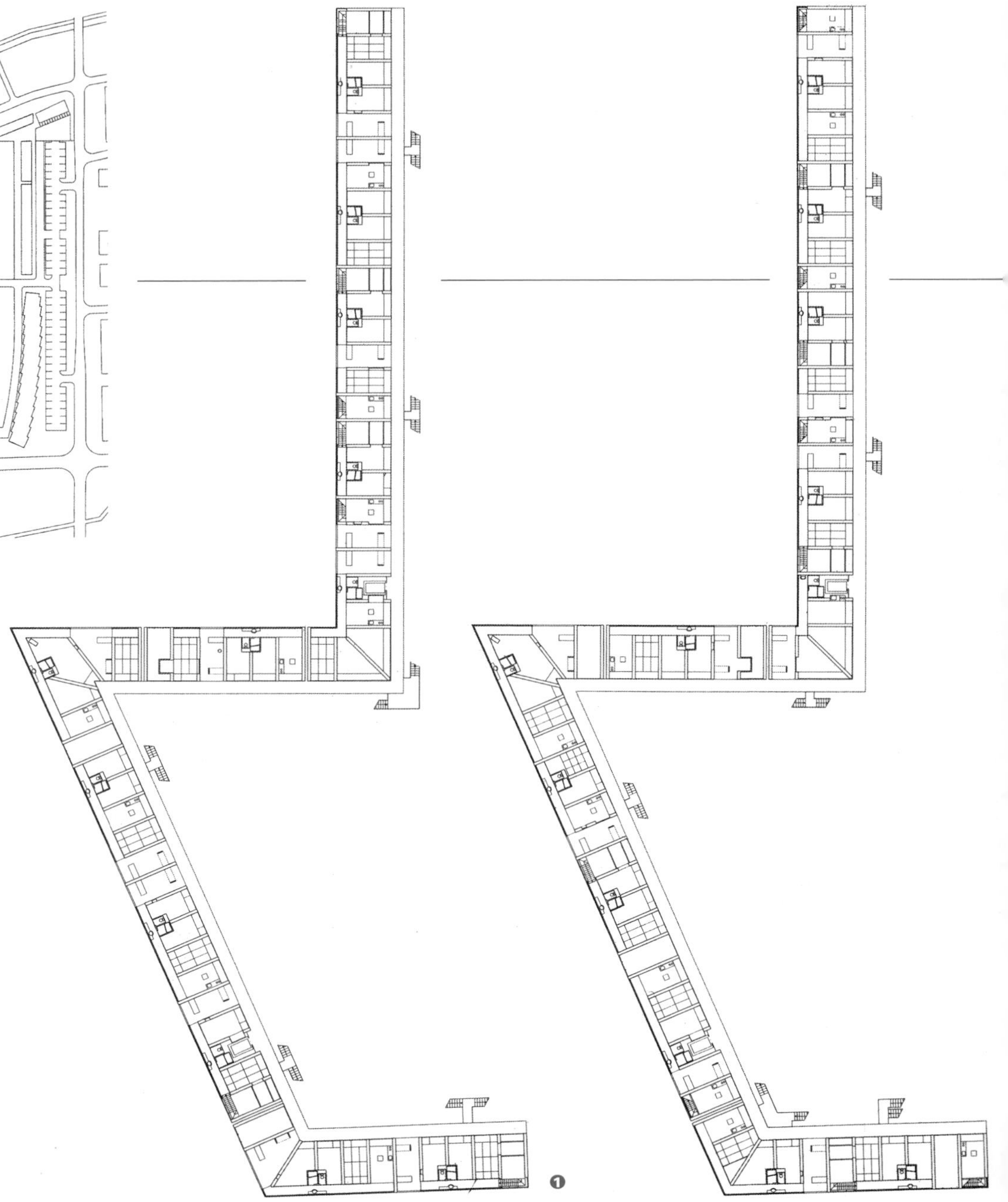

❶

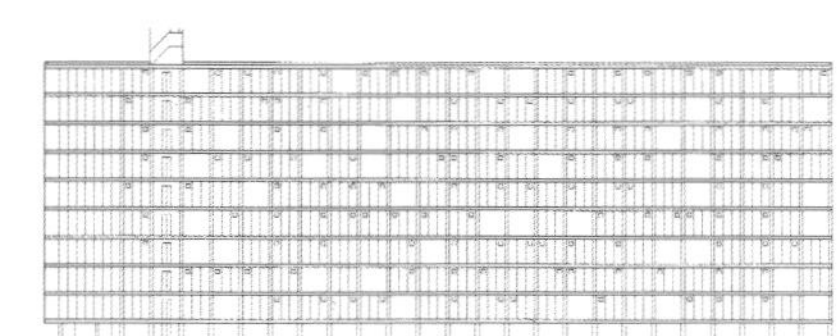

❹

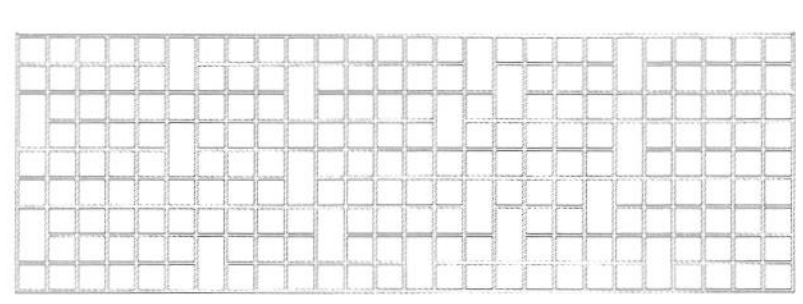

❺

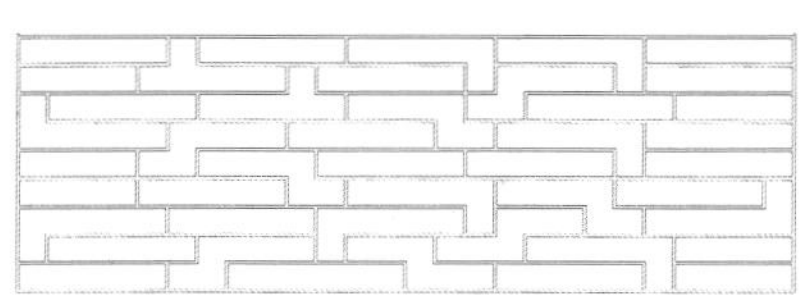

❻

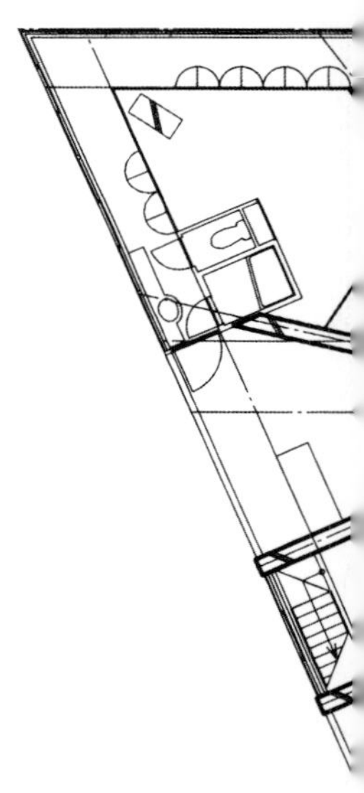

Questo edificio a lama segmentata fa parte di un intervento più ampio realizzato da quattro donne architetto. La struttura è impostata su pilotis in modo da ospitare posti auto al pianterreno e rendere l'edificio accessibile da ogni direzione. Le planimetrie sono strutturate da setti portanti che individuano un vano indipendentemente dalla sua destinazione d'uso. Ogni alloggio comprende una cucina-soggiorno, una loggia e un numero variabile di camere da letto su uno o due livelli. Metà degli appartamenti è dotata di uno spazio a doppia altezza. Tutte le camere dell'appartamento sono collegate da un "corridoio solare" – con piano lavabo – che si rivolge al paesaggio con una vetrata a tutta altezza. Ogni appartamento, come anche ogni singola stanza privata, è collegato da un ballatoio sul lato esposto agli agenti atmosferici; ogni stanza privata è pertanto dotata anche di accesso indipendente (con possibilità di affitto separato). Le logge – spazi letteralmente all'aperto – perforano la facciata producendo, insieme alla ridottissima profondità del corpo di fabbrica, l'effetto di grande leggerezza dell'edificio, a vantaggio dell'illuminazione e della ventilazione naturali. Le variazioni in pianta e prospetto producono facciate straordinarie. Inoltre, il lato sul quale si colloca la distribuzione lascia trasparire gli spostamenti degli abitanti al suo interno, grazie alla scala antincendio in diagonale e al rivestimento in rete metallica, movimentando ulteriormente il prospetto.

' piano dell'intero edificio
econda fase di costruzione)
'an d'ensemble du quatrième étage
'euxième étape de construction)

' piano dell'intero edificio
an d'ensemble du troisième étage

articolare del piano tipo
étail du plan d'un étage type

articolare della facciata nord con la
stribuzione delle logge aperte nella
cciata chiusa
'évation partielle de la façade nord
ontrant la répartition des loggias

articolare della sezione longitudina-
con la distribuzione degli apparta-
enti su uno o due piani
oupe longitudinale montrant la
partition des appartements sur
ı ou deux niveaux

articolare della sezione longitudina-
con la distribuzione degli spazi su
10 o due livelli
oupe longitudinale montrant les
odules des pièces (sur un ou deux
veaux)

acciata nord (particolare)
étail de la façade nord

acciata sud (particolare)
étail de la façade sud

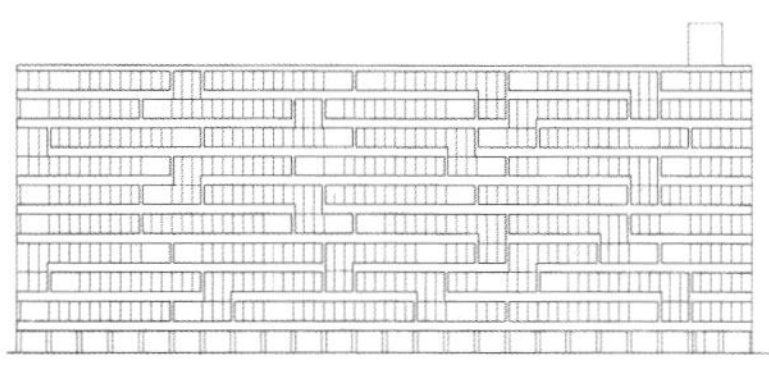

❽

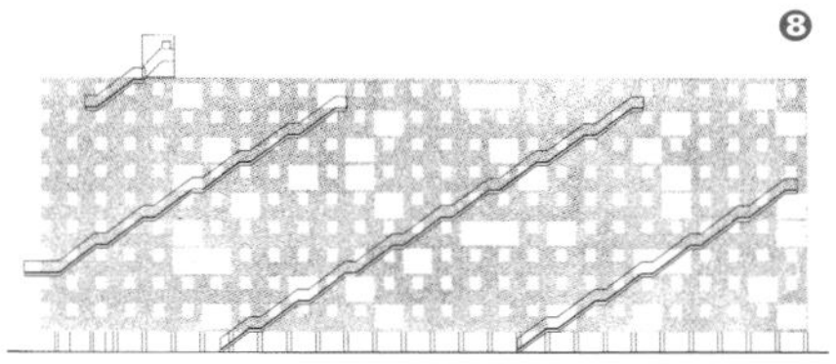

❼

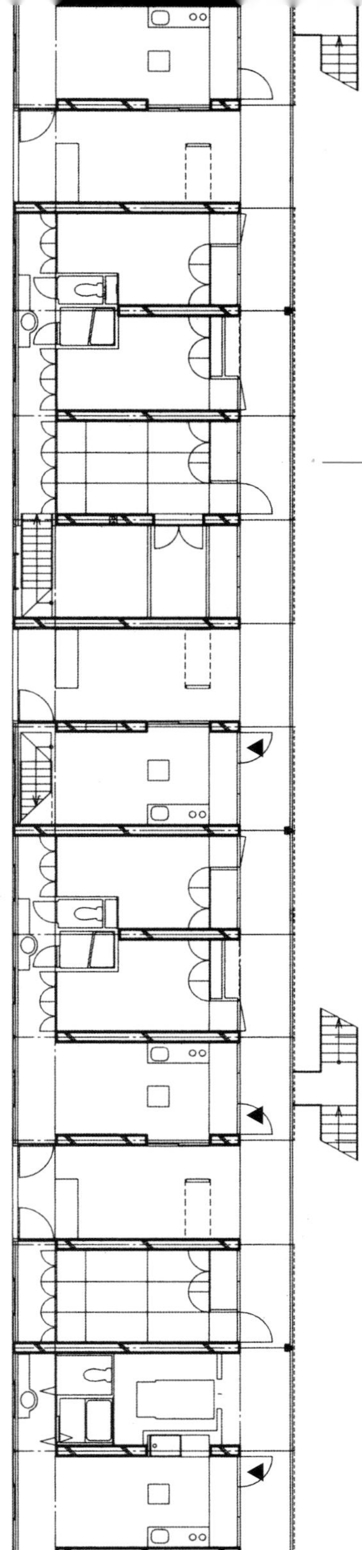

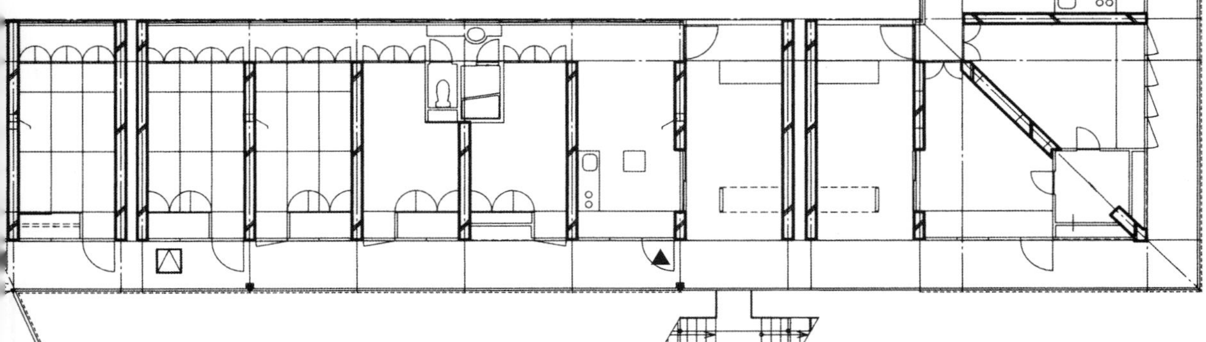

❸

Type de construction
immeuble en rangée coudée en limite de parcelle, 10 niveaux, N/S, E/O

Date de construction
1994/1998 (en deux étapes)

Financement
logements sociaux

Profondeur du bâtiment
env. 7,2 m

Accès
galerie à chaque étage pour l'ensemble de l'immeuble

Nombre d'appartements
107

Surface des appartements
deux tiers d'appartements sur un niveau, un tiers de duplex, de différentes dimensions

Places de stationnement
de plain-pied sous l'immeuble

Espaces extérieurs
loggias

Kazuyo Sejima,
Ryue Nishizawa,
Tokyo

Gifu, Immeuble Kitagata

Cette longue rangée coudée fait partie d'un vaste projet de construction de logements réalisé par quatre femmes architectes à Gifu. Le corps de bâtiment repose sur des piliers et est donc accessible de tous côtés; les places de stationnement sont de plain-pied. Il est construit selon un système modulaire, chaque module correspondant à une pièce, quelle que soit son affectation. Chaque appartement est la juxtaposition d'une cuisine à vivre, d'une loggia et d'un nombre variable de pièces, sur un ou deux niveaux. La moitié des appartements a même une pièce sur deux étages. Les chambres sont reliées par un couloir côté soleil (avec lavabo), éclairé par des fenêtres de la hauteur de la pièce et donnant sur le paysage. Du côté exposé aux intempéries, les appartements et les pièces elles-mêmes sont reliés par une galerie; chaque pièce a donc deux accès (ce qui permet aussi de les louer séparément). Les loggias sont de véritables espaces extérieurs qui, s'ajoutant à la faible profondeur du bâtiment, contribuent à lui donner de la légèreté. Les variations dans les plans et les élévations animent les façades, de même que les escaliers de secours qui les traversent en diagonale et l'enveloppe de treillis du côté des entrées, ou encore les éléments de verre qui laissent voir les allées et venues des habitants.

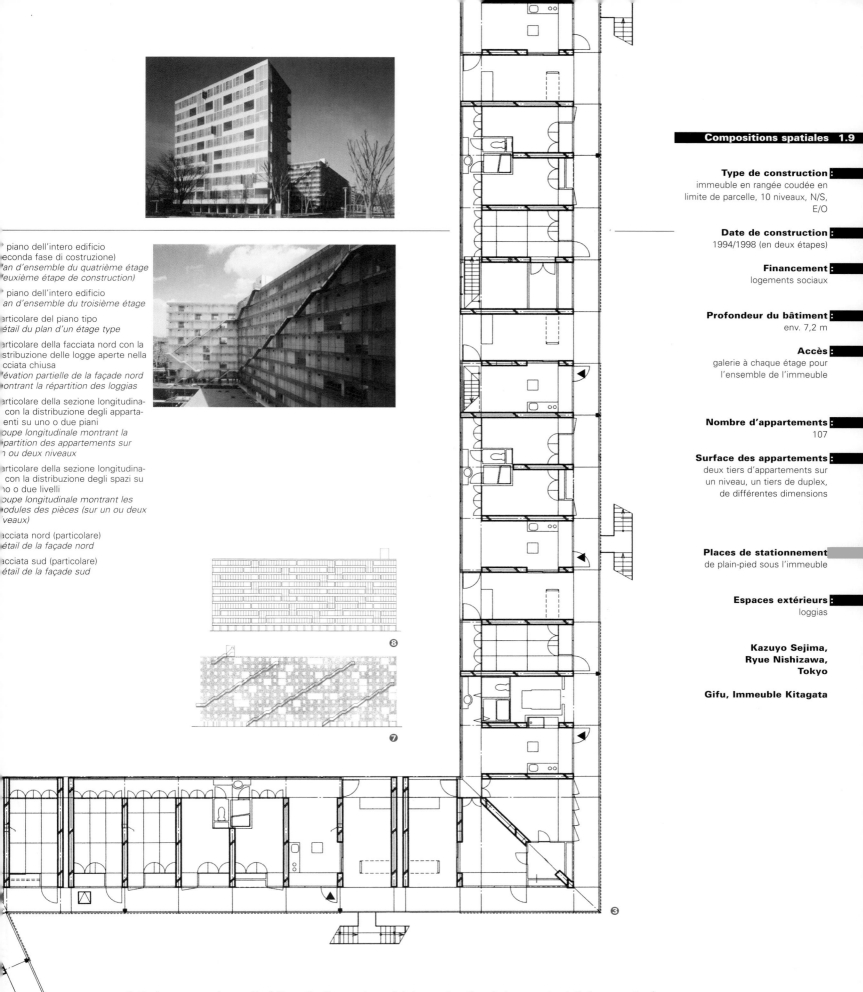

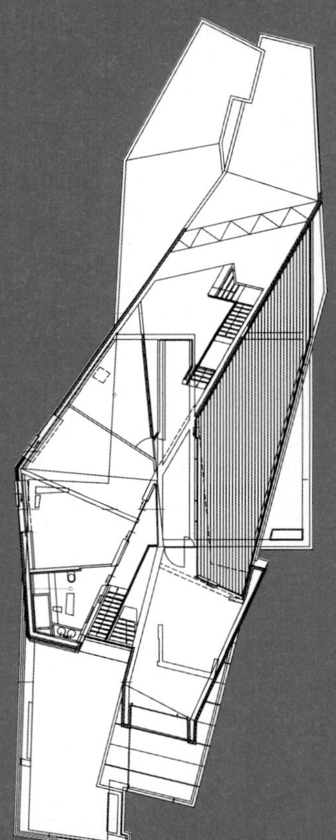

Case unifamiliari

Le case unifamiliari sono considerate la forma di residenza più ambita: proprietà del terreno, ingresso indipendente, auto sotto casa, planimetria disegnata su misura a seconda delle esigenze dei residenti. Questo capitolo tratterà di case disegnate da architetti, non di edilizia commerciale o standardizzata. La casa unifamiliare progettata individualmente possiede (a parte pochi vincoli, quali la distanza dagli edifici confinanti, le zone di rispetto ed eventuali regole formali) ogni tipo di libertà: possibilità di orientamento in ogni direzione, formalismo estremo, ampliamento e ristrutturazione. Questi edifici non hanno termini di paragone né caratteri da trasmettere. In questo manuale compaiono in quanto formulazioni radicali di concetti residenziali e soluzioni planimetriche. La casa unifamiliare non crea nessun tipo di spazio urbano. La sua unicità e l'alto consumo di terreno edificabile la rendono antieconomica e causa dell'urbanizzazione indiscriminata del territorio.

Maisons familiales

La maison familiale passe pour être la forme d'habitation la plus convoitée: c'est celle qui permet d'avoir son propre terrain, sa propre entrée, la voiture sur son propre terrain, son propre jardin et un plan entièrement sur mesure. On ne traitera ici que de maisons familiales conçues par l'architecte et non pas de villas standardisées ou de maisons préfabriquées. Sous réserve des contraintes réglementaires (hauteur, alignement, distances aux limites, éventuellement forme, etc.), toutes les libertés sont permises, toutes les orientations possibles on peut pousser le formalisme jusqu'à l'excès, prévoit toutes sortes d'agrandissements ou de transformations. Ces maisons sont individuelles et n'ont rien de comparable ni de transposable. La sélection retenue ici présente un choix particulièrement expressif de conceptions de l'habitat et d'idées architecturales. La maison familiale ne joue aucun rôle de composition spatiale au sens urbanistique. Les coûts élevés à l'unité, la surface de terrain qu'elle exige et la tendance à la dispersion en font un mode de construction peu rationnel.

❸

Tipologia edilizia:
casa su pendio,
2 piani, N/S/O

Data di costruzione:
1973

Modello di finanziamento::
edilizia privata

Superficie abitabile:
103 m²

Costruzione:
nucleo di 2 piani in cemento con capsule sospese (4 x 2,5 m) in acciaio, rivestimento esterno in acciaio Corten, oblò in PVC

Kisho Kurokawa & Partners, Tokio

Nagano, Kita-saku (Giappone), "Casa a capsule Karuizawa"

Attorno a un nucleo in cemento armato sono sospese capsule di un locale ciascuna, in tutto simili a quelle della celebre torre residenziale di Nagakin. Le loro dimensioni derivano dalle esigenze di trasporto e di montaggio (sul nucleo). Costruita in forte pendenza, la casa si sviluppa dall'alto verso il basso: a livello dell'accesso carrabile vi sono il garage e la terrazza in copertura; sotto, nelle capsule, raggiungibili tramite una scala all'aperto, si trovano una sala da tè, una cucina e due stanze private; al 2° piano inferiore, costituito dal solo "tronco", un ampio soggiorno con grandi finestre a tutto tondo. Una scala a chiocciola collega i tre livelli. Le capsule sono agganciate al nucleo ad altezze diverse suggerendo una progressione a partire dalla sala da tè, collocata più in alto. L'idea di Kurokawa di "una sala da tè in un'astronave" è qui realizzata architettonicamente: la tecnologia più moderna acquista un senso solo se serve per rendere possibili i piaceri della vita, come una cerimonia del tè.

❶ Sezione 1:200
Coupe 1:200

❷ Pianta del livello principale 1:200
Plan du niveau principal 1:200

❸ Veduta della sala da tè in una delle capsule
Vue du salon de thé dans l'une des « capsules »

❶

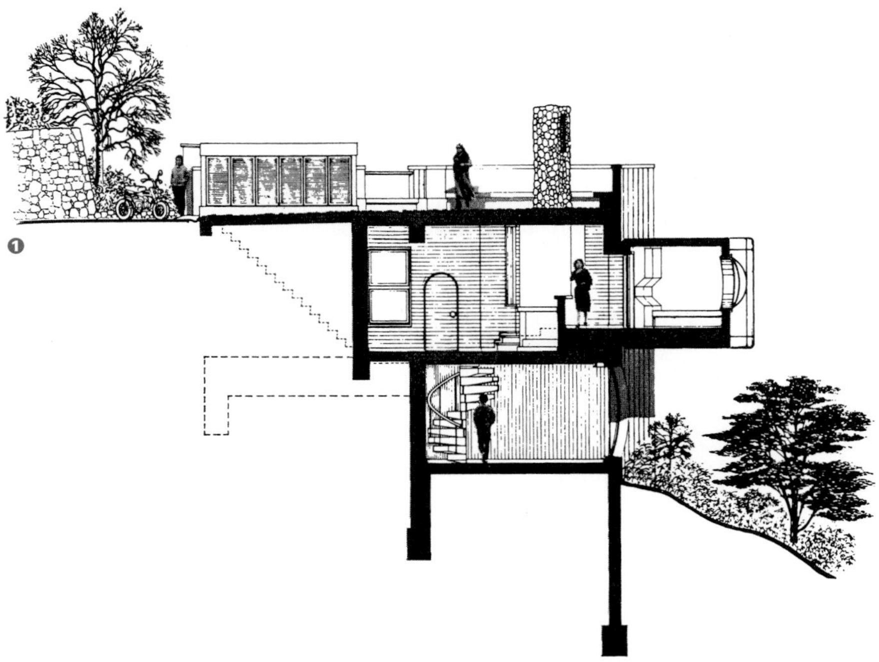

❷

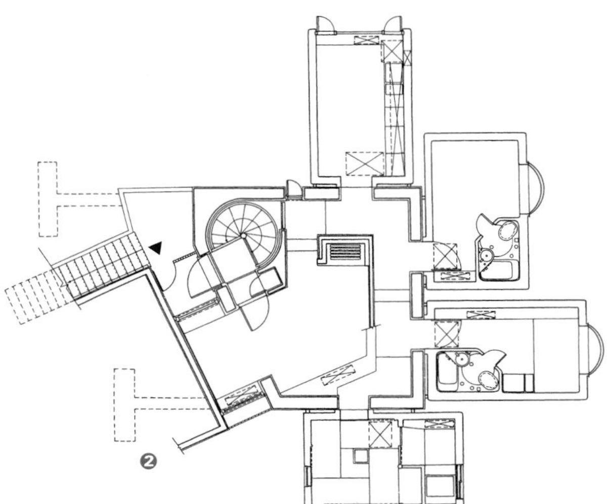

Type de construction:
maison d'été sur un versant,
2 étages, N/S/O/E

Date de construction
1973

Date de construction:
privé

Surface habitable
103 m²

Structure:
noyau de béton sur deux étages sur lequel sont greffées des capsules (4 x 2,5 m) à ossature d'acier, enveloppe extérieure en acier Corten, éclairage zénithal par des fenêtres en PVC

Kisho Kurokawa & associés, Tokyo

Nagano, Kita-saku (Japon), « maison à capsules Karuizawa »

La maison se compose d'un noyau de béton autour duquel sont greffées des « capsules » (les pièces). Elles sont identiques à celles réalisées sur la célèbre tour de Nagakin, avec des dimensions dictées par les modes de transport et de montage. Établie sur une pente, la maison se développe du haut vers le bas. Au niveau de l'accès se trouvent le garage et le toit-terrasse; un escalier descend ensuite au niveau des capsules (salle à thé, cuisine, deux chambres); l'étage inférieur (où l'on descend par un escalier à vis), qui ne comprend plus que le « tronc », est occupé par une pièce de séjour à grande fenêtre circulaire. Les capsules sont disposées tout autour du noyau à des hauteurs échelonnées, suggérant ainsi une procession montant vers la salle à thé. C'est la transposition architecturale de l'idée de Kurokawa: la pièce à thé dans un vaisseau spatial. La technologie ultramoderne n'a de sens que si elle est employée pour offrir aux gens des plaisirs tel que celui de la cérémonie du thé.

riferito a piante 1:200

se réfère aux plans 1:200

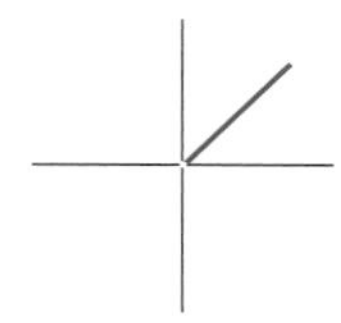

Tipologia edilizia:
casa unifamiliare,
2 piani, SE/SO/NO

Data di costruzione:
1956

Modello di finanziamento:
edilizia privata

Superficie abitabile:
ca. 94 m²

Costruzione:
costruzione in muratura con soffitto a travi in legno a vista, finestre in acciaio prefabbricate, tutte le porte realizzate su misura

Alison + Peter Smithson, Londra

Watford, Casa Sugden

La casa per una coppia di amici degli architetti doveva diventare una "casa ordinaria". Muratura e tetto a falde erano prescritti dalla normativa. L'edificio colpisce ancora oggi per la sensibilità con cui concretizza il programma caratterizzando ogni spazio invece di determinarlo in modo rigido o lasciarlo indifferenziato. Un piccolo ingresso porta nell'ampia zona centrale, il cuore della casa, con un tavolo (da pranzo) e la facciata vetrata. La scala, che porta alle camere da letto del piano superiore, e il camino separano il soggiorno e la sala da pranzo centrale, che rimangono comunque in stretta relazione. Un mobile accessibile da entrambi i lati definisce come cucina il retro di questo ambiente; la cucina provvede l'accesso al cortile coperto e alla camera da gioco/studio o da letto e fa da filtro tra loro. I blocchi finestra prefabbricati sono collocati liberamente su ogni lato della casa, laddove dall'interno si gode la migliore vista; in ogni stanza si avverte il rapporto con il giardino. Il fascino risiede nei dettagli, come il parapetto intrecciato che separa la piccola stanza al piano di sopra dallo sbarco della scala: il soggiorno si estende così anche al piano superiore. O come il gradino che separa la camera da letto (dei genitori) dal pianerottolo e in questo modo la distingue, oltre a rendere più ampio il soggiorno sottostante.

❶ Piano inferiore con garage, cortile coperto e zona giorno 1:200
Niveau de l'entrée, avec le garage, la cour abritée et le séjour 1:200

❷ Piano superiore con camere private 1:200
Étage des chambres 1:200

❸ Sezione longitudinale di soggiorno, sala da pranzo e garage sotto, camera sopra 1:200
Coupe longitudinale passant par le séjour, la salle à manger, le garage et l'étage les chambres 1:200

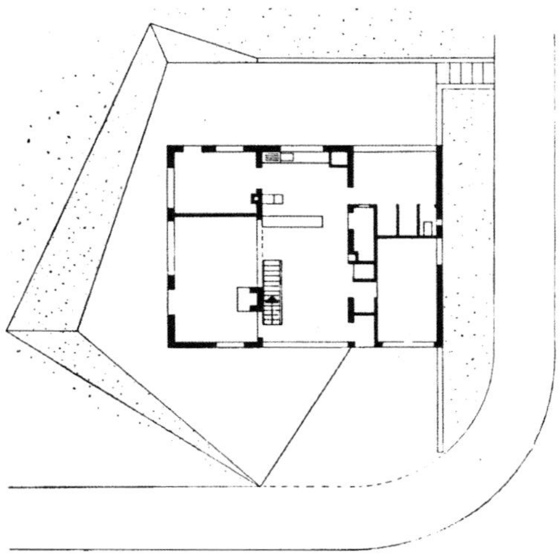

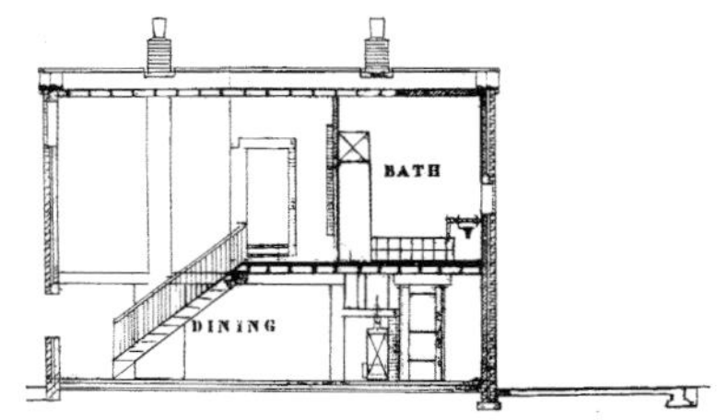

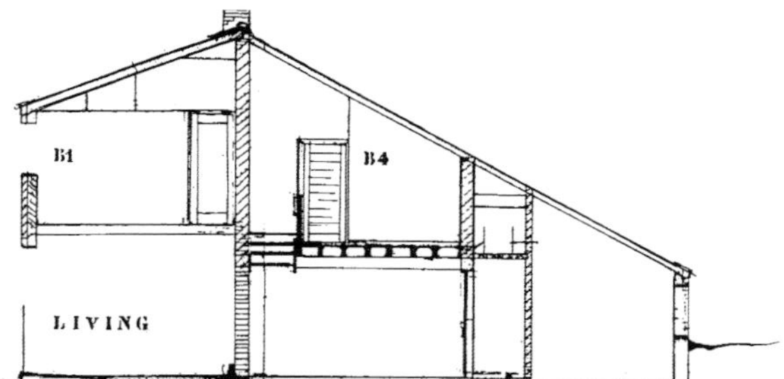

❸

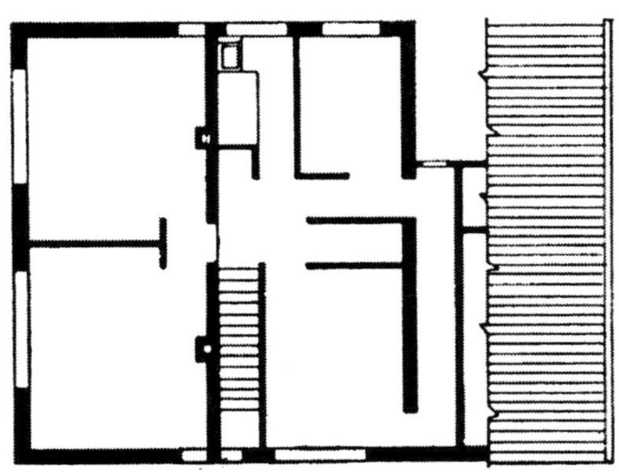

❷

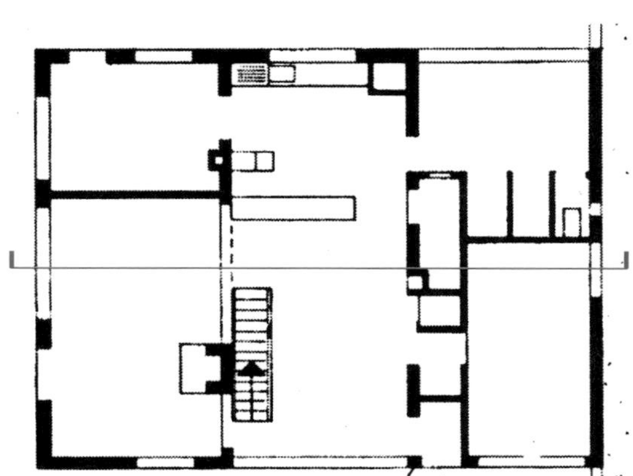

❶

Type de construction:
maison familiale à 2 niveaux,
SE/SO/NO

Date de construction:
1956

Financement:
privé

Surface habitable:
env. 94 m²

Structure:
construction en maçonnerie avec plafond à poutres apparentes, fenêtres en acier standard, portes conçues spécialement

Alison + Peter Smithson, Londres

Watford, Maison Sugden

Conçue pour un couple d'amis des architectes, la maison devait avoir une apparence « ordinaire », avec de la maçonnerie et un toit en bâtière. Elle impressionne aujourd'hui encore par la sensibilité avec laquelle ce programme a été réalisé, avec ses pièces qui sont caractérisées plutôt que strictement définies ou au contraire laissées sans destination particulière. L'entrée, modeste, mène au cœur de la maison: l'espace central avec table (pour manger) et façade vitrée. L'escalier montant à l'étage sépare le coin-repas de la salle de séjour. Un meuble utilisable des deux côtés caractérise la fonction de la partie arrière de l'espace en tant que cuisine. Celle-ci fait le lien entre la cour abritée d'un côté et une chambre de l'autre (pièce de jeu, chambre à coucher ou bureau). Des fenêtres préfabriquées sont disposées dans les façades partout où l'on souhaiterait avoir la vue sur l'extérieur. La relation avec le jardin est perceptible dans chaque pièce. Tout le charme réside dans les détails, comme par exemple la paroi de bois ajourée qui, à l'étage, sépare la petite chambre de la montée d'escalier; ou la petite marche qui marque l'entrée dans la chambre à coucher des parents (et permet du même coup de rehausser la pièce de séjour en dessous).

2.1 Case unifamiliari

Tipologia edilizia:
"casa di cartone",
Casa II Falk, Casa III Miller,
2 piani, N/E, S/O (Casa II)
N/S, SO/NE (Casa III)
Data di costruzione:
1969-1971/1971

Modello di finanziamento:
edilizia privata

Superficie abitabile:
ca. 150 m² (Casa II)
ca. 215 m² (Casa III)
Costruzione:
griglia quadrata, livelli sfalsati, costruzione dello spazio attraverso inserzione di setti (Casa II); compenetrazione di due cubi (Casa III); costruzione in cemento, rivestimento in intonaco bianco

**Peter Eisenmann,
New York**

**Hardwick, Vermont,
Cardhouse II Falk
Lakeville, Connecticut,
Cardhouse III Miller**

❶❷ Casa II:
pianterreno e piano superiore 1:200
Maison II:
rez-de-chaussée et premier étage 1:200

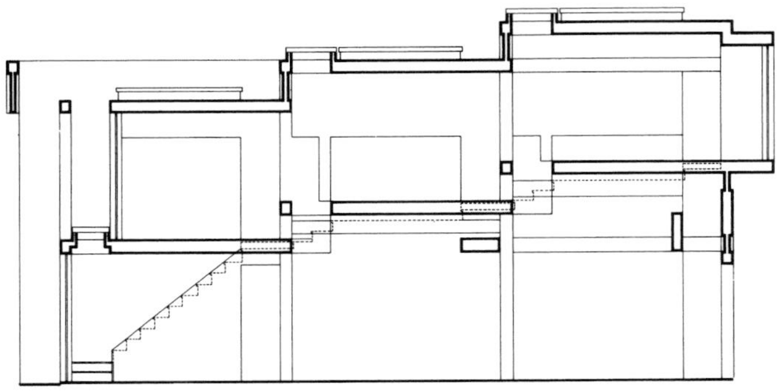

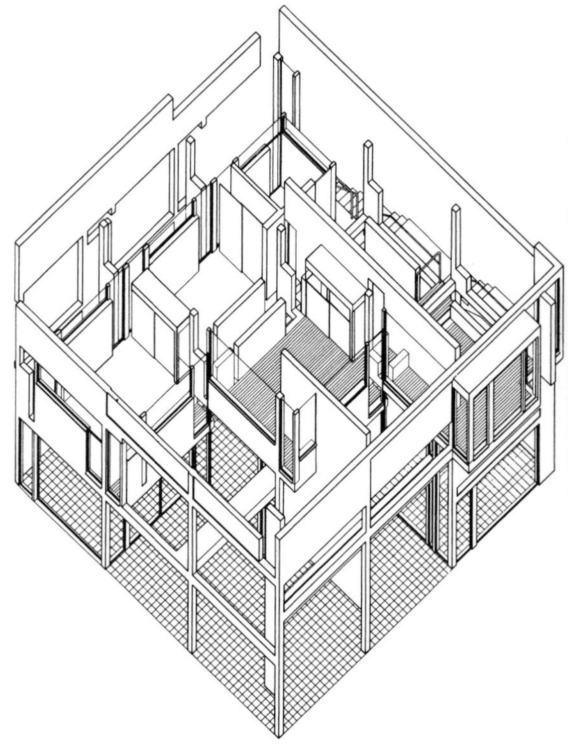

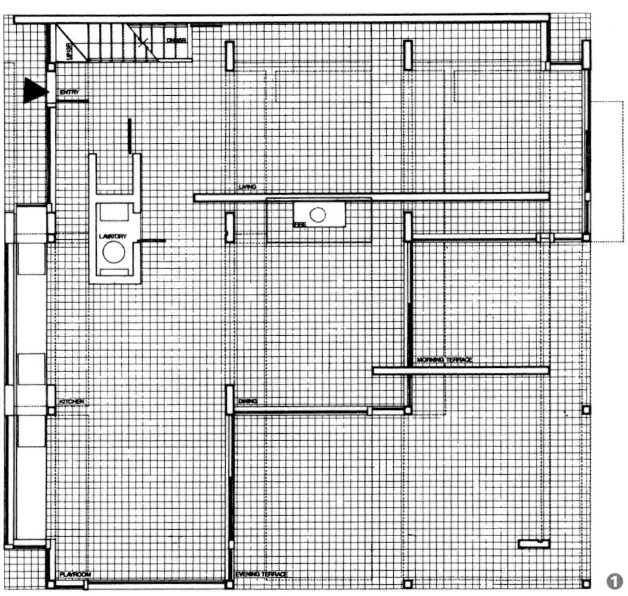

❶

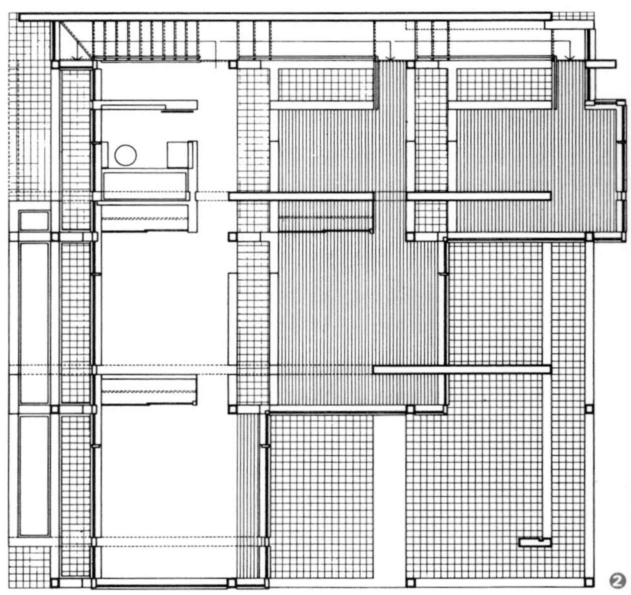

❷

Le Case II e III fanno parte di una serie (Houses I-X) di differenti trasformazioni di un cubo. All'interno delle strutture così definite vengono collocate le funzioni della residenza. Le operazioni impiegate nella Casa II sviscerano il cubo nelle sue superfici verticali e orizzontali. Nella scomposizione del volume dai setti ai pilastri si compie un ragionamento progettuale che sfugge alle restrizioni del vocabolario architettonico tradizionale. Il pianterreno è una superficie continua alla quale, attraverso pareti vetrate, si sottrae una terrazza per il mattino e una per la sera; un setto divide il soggiorno dalla zona pranzo. Al piano superiore le stanze sono suddivise da arredi fissi, setti murari e parapetti, e contraddistinte da differenze di quota. Nella Casa III il cubo è ruotato in diagonale e diviso in due volumi, che penetrano il telaio del cubo originario. Al pianterreno il volume in diagonale costituisce il limite della zona soggiorno, cucina e pranzo, in cui due volumi ortogonali seguono la griglia, mentre il blocco cucina resta in diagonale. Le superfici che non rientrano nell'intersezione sono terrazze. Al piano superiore i due volumi ruotati sono evidenziati dalle stanze che vi si susseguono. Come nella Casa II, l'alternanza dei vuoti, dello spazio incluso e delle balconate crea una molteplicità di relazioni spaziali e visive.

❸ ❹ Casa III:
pianterreno e piano superiore 1:200
Maison III:
rez-de-chaussée et premier étage 1:200

Type de construction
« château de cartes »,
2 niveaux, N/E, S/O (maison II),
N/S, SO/NE (maison III)

Date de construction
1969-1971/1971

Financement
financement privé

Surface habitable
env. 150 m² (maison II)
env. 215 m² (maison III)

Structure
module carré,
niveaux décalés,
division de l'espace par des
parois insérées (maison II);
interpénétration de deux
cubes (maison III);
béton,
enduit blanc

Peter Eisenman,
New York

Hardwick, Vermont,
(Cardhouse II Falk);
Lakeville, Connecticut
(Cardhouse III Miller)

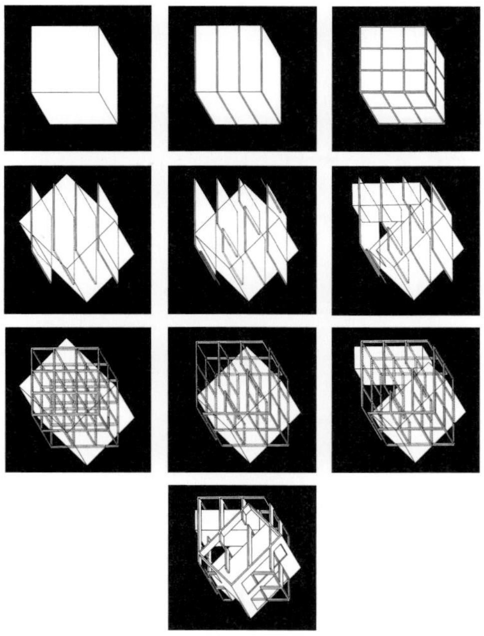

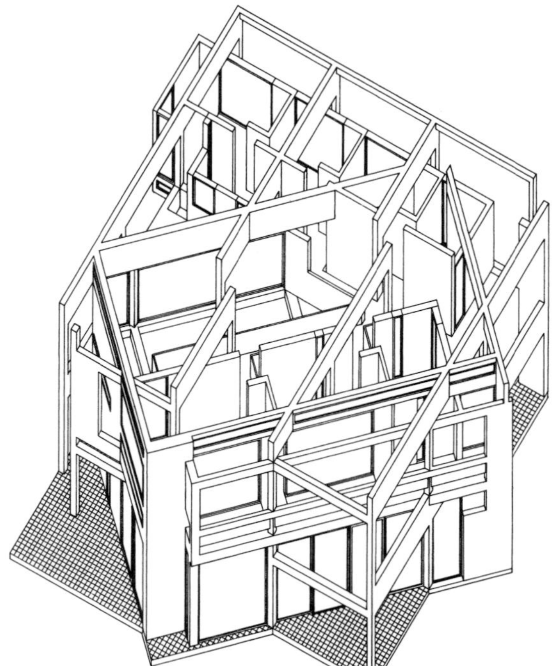

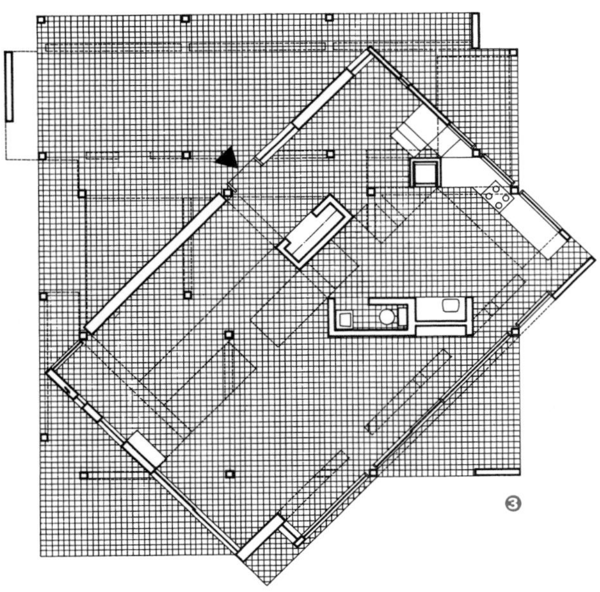

❸

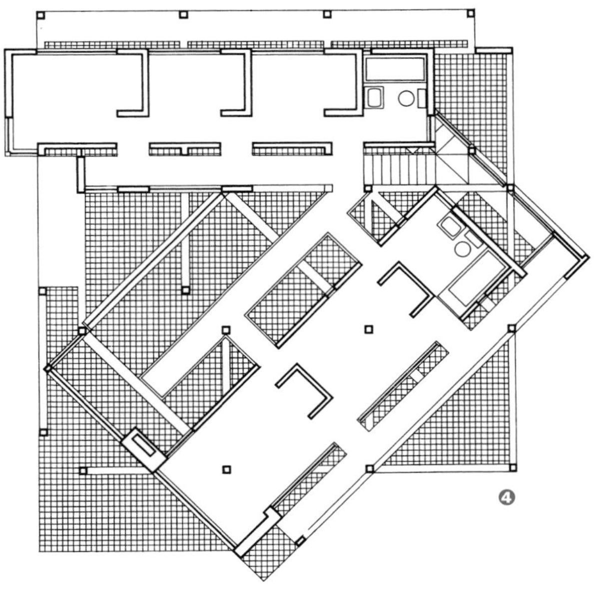

❹

Les maisons II et III font partie d'une série (I-X) qui joue sur la transformation du cube. Les différentes fonctions de l'habitation sont définies à l'intérieur de la forme produite. La maison II résulte d'une recherche sur les surfaces horizontales et verticales. Le volume entre la paroi et le support est le lieu d'un discours affranchi des contraintes habituelles du langage architectural. Le rez-de-chaussée est un espace continu dont une partie est réservée à la « terrasse du matin » et à la « terrasse du soir »; une cloison sépare l'espace de séjour du coin-repas. À l'étage, les pièces sont délimitées par des éléments insérés, parois et garde-corps, et par des différences de niveau. Dans la maison III, le cube est scindé en deux volumes qui s'interpénètrent, l'un ayant subi une rotation de 45°. Au rez-de-chaussée (séjour, coin-repas et cuisine), les deux orientations coexistent: deux éléments encastrés suivent la structure orthogonale, tandis que la cuisine intégrée est disposée obliquement. Les zones situées à l'extérieur de la surface d'intersection des deux volumes servent de terrasses. À l'étage, les deux parties d'orientation divergente sont bien visibles; elles sont occupées chacune par une suite de pièces privées. Comme dans la maison II, l'alternance d'espaces vides, d'espaces clos et de galeries crée une diversité de relations spatiales et visuelles.

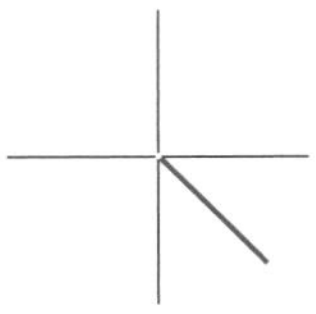

Tipologia edilizia:
casa "a corte", 1 piano,
NO, NE, SO, SE

Data di costruzione:
1976-1978

Modello di finanziamento:
edilizia privata

Superficie abitabile:
8 locali,
ca. 130 m²

Costruzione:
casa cintata da muri con patio,
struttura in cemento,
rivestimento in intonaco

Álvaro Siza,
Porto

Santo Tirso (Potogallo),
Casa António Carlos Siza

Una casa quasi invisibile dall'esterno, realizzata su un irregolare lotto d'angolo in un tessuto irreale, edificato in parte con edifici alti. L'accesso alla casa è la messa in scena di un rito che a poco a poco si sottrae al contesto: uno stretto sentiero lungo il garage, a sinistra una scala verso l'interrato, sopra un profondo cortile recintato da setti coperti di rampicanti, a destra l'ingresso vero e proprio. La pianta si sviluppa attorno all'incrocio dei due assi desunti dal lotto e dinamizza l'interno. Gli spazi sono allineati lungo il patio a seconda della loro destinazione d'uso: lavori domestici, cucina e pranzo in un'ala; disimpegno, soggiorno, camera e bagno padronale al centro; doccia e tre camere per i figli nell'ala posteriore. Diverse altezze caratterizzano le varie zone. All'interno il cortile trapezoidale e gli assi prospettici variamente stratificati e intersecati contrastano l'angustia del lotto. "Dentro" e "fuori" vengono messi in gioco: alcune aperture si collocano su assi visivi che attraversano più volte alternativamente spazi aperti e spazi interni.

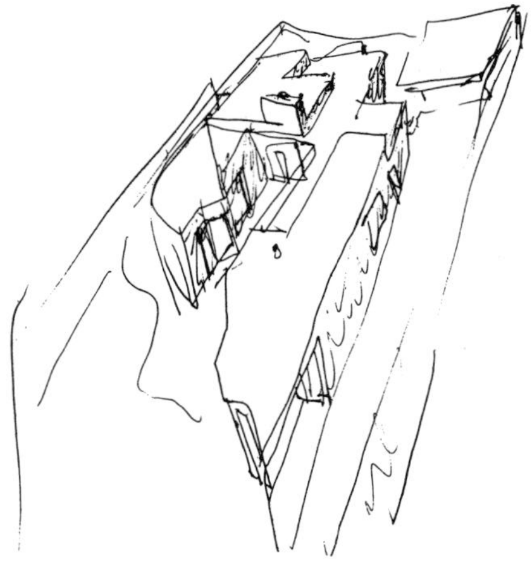

❶ Planimetria di casa e giardino circondati dai muri
Plan de la maison et du jardin entouré de murs

❷ Planimetria della casa 1:200
Plan de la maison 1:200

❶

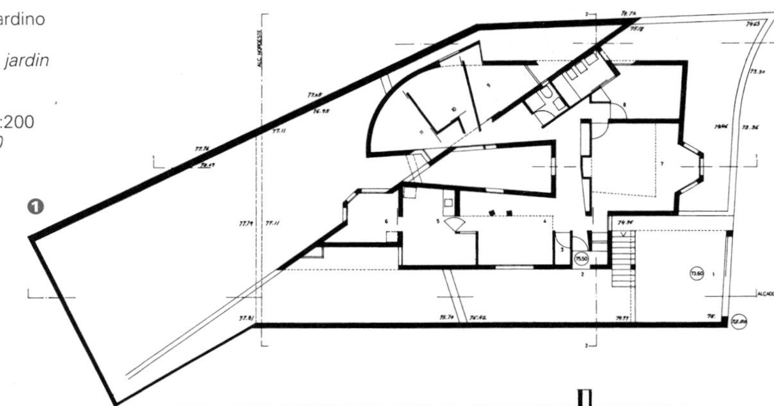

❷

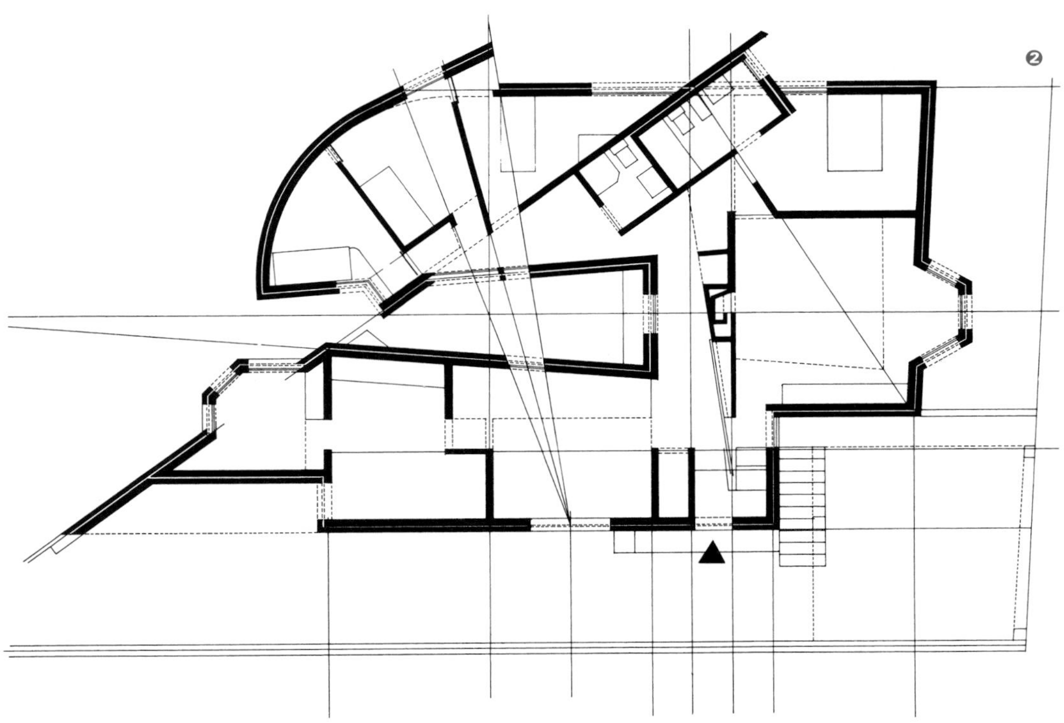

Type de construction
maison à cour intérieure, 1 niveau,
NO, NE, SO, SE

Date de construction
1976-1978

Financement
privé

Surface habitable
8 pièces, env. 130 m²

Structure
maison entre murs
avec patio;
béton enduit

Álvaro Siza,
Porto

Santo Tirso (Portugal),
Casa António Carlos Siza

Cette maison d'apparence discrète occupe une parcelle au tracé irrégulier dans un environnement peu amène, de tours d'habitation notamment, que le cheminement d'accès masque progressivement, comme en un rituel: un sentier longe le garage, un escalier descend à gauche, en haut une cour ceinte de murs à végétation grimpante, à droite l'entrée. Le plan, basé sur l'intersection des deux axes du terrain, produit un effet dynamisant à l'intérieur. Les pièces se succèdent autour d'un patio selon leur fonction: travaux domestiques, cuisine et repas dans une aile, vestibule, séjour, chambre à coucher des parents et salle de bains au milieu, douche et trois chambres d'enfants dans l'aile arrière. L'importance relative des zones est matérialisée par des hauteurs de pièces inégales. La cour intérieure, de plan trapézoïdal, et les multiples croisements de perspectives et d'axes de vue compensent l'exiguïté de la parcelle. En maints endroits, les ouvertures sont placées de manière à créer un jeu entre l'espace intérieur et l'espace extérieur que le regard traverse plusieurs fois.

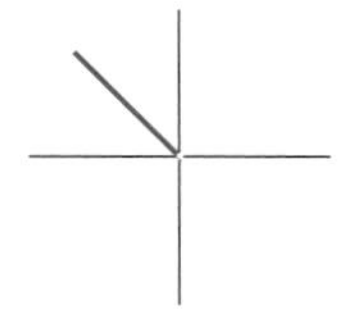

Tipologia edilizia:
"casa scatola"
1 piano, NO/SE

Data di costruzione:
1972-1974

Modello di finanziamento:
edilizia privata

Superficie abitabile:
suddivisione flessibile,
superficie in pianta 180 m²

Costruzione:
spazio aperto, due pareti esterne in muratura (distanza 15 m), griglia tridimensionale (8 travi reticolari) appoggiata, copertura in metallo su entrambi i lati (cuscino d'aria interno), pareti divisorie interne mobili, leggere e stabili

**Renzo Piano/
Richard Rogers,
Londra**

Campagna nei dintorni di Milano

Un gruppo di quattro case prefabbricate la cui planimetria è determinata dall'utente finale. Lungo due pareti cieche di 15 m poggia una copertura a travi reticolari. Il fronte longitudinale è in pannelli: elementi scorrevoli in vetro si alternano a elementi solidi privi di aperture. L'arretramento della facciata finestrata di circa 2 m rispetto al filo di gronda offre riparo dai raggi solari e crea terrazze lungo la facciata. Nell'interno, alto 4,4 m, la collocazione delle pareti divisorie è libera. Canali di cablaggio paralleli tra loro risolvono il problema dell'alimentazione elettrica. Gli unici punti fissi sono i due nuclei servizi, che si trovano più o meno nella stessa posizione nelle diverse case; la loro collocazione centrale presume una disposizione nella quale l'ingresso conduce prima al soggiorno e alla cucina abitabile, dai quali si accede poi ai vani individuali. Alcune di queste case ricavano un piano interrato sotto l'intero edificio per collocarvi laboratori, stanza per hobby e area giochi.

❶ Esempio di utilizzo di una unità 1:200
Exemple d'aménagement d'une maison 1:200

❷ Ulteriore esempio con ufficio
Autre exemple : utilisation comme bureau

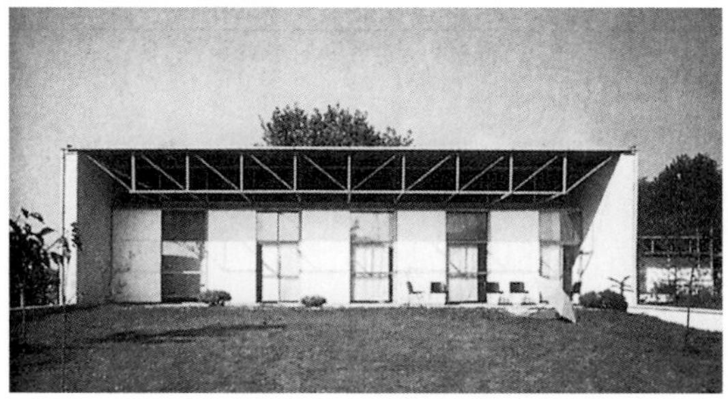

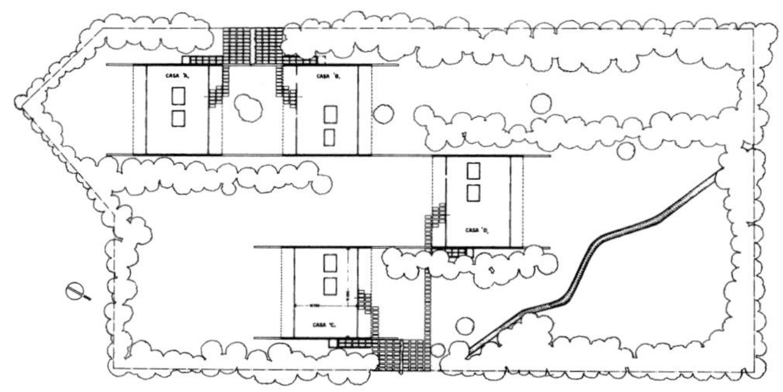

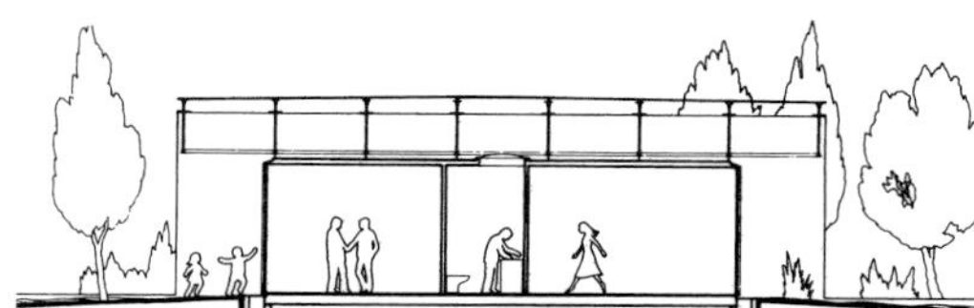

❷

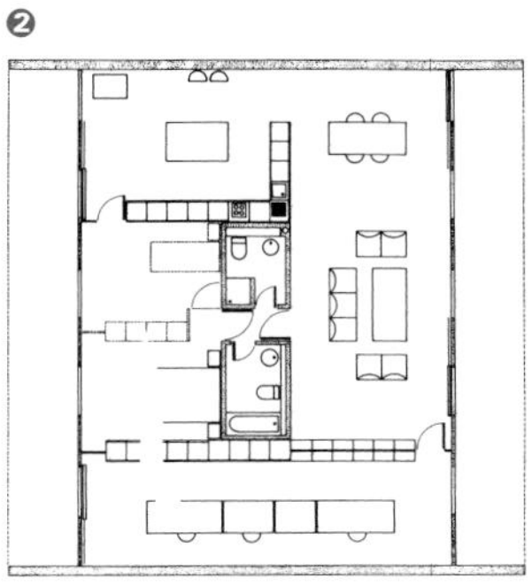

❶

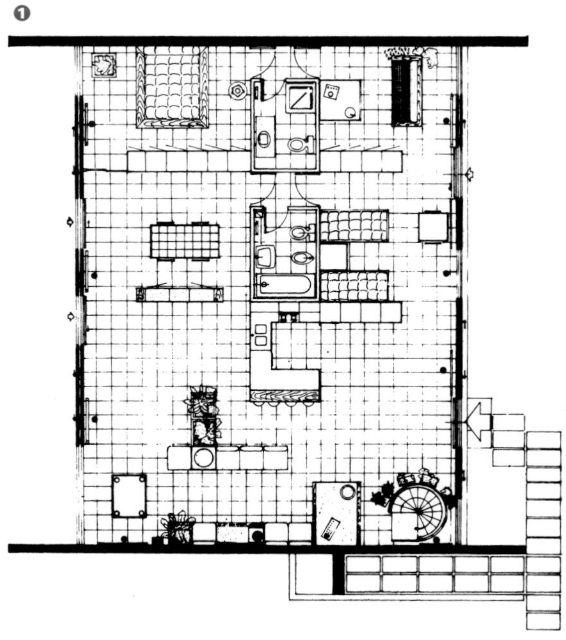

Type de construction
caisson d'habitation,
1 niveau,
NO/SE

Date de construction
1972-1974

Financement
privé

Surface habitable
surface au sol 180 m²,
libre disposition des pièces

Structure
murs extérieurs (écartement 15 m), poutraison en treillis (8 poutres), toiture de tôle sur les deux faces (coussin d'air isolant), cloisons légères, rigides et mobiles

**Renzo Piano/
Richard Rogers,
Londres**

Dans les environs de Milan

Dans ce groupe de quatre maisons « préfabriquées », la disposition du plan a été laissée aux soins des occupants. Deux murs longs de 15 m supportent une structure de couverture (poutres en treillis). Les façades sont faites de panneaux (alternance d'éléments de verre coulissants et d'éléments fixes). Elles sont en retrait d'environ 2 m, formant ainsi un abri pour les terrasses. À l'intérieur de ce cadre, la disposition des pièces est libre, sur une hauteur de 4,40 m, le seul élément fixe étant l'emplacement des salles d'eau au milieu de l'espace. Les câbles électriques passent dans plusieurs gaines parallèles pour permettre une grande souplesse d'usage. L'emplacement du bloc sanitaire au centre suggère une disposition où l'on passe de l'entrée dans le séjour, la cuisine, puis dans les pièces privées. Plusieurs maisons ont des pièces aménagées en sous-sol (ateliers, salle de jeu).

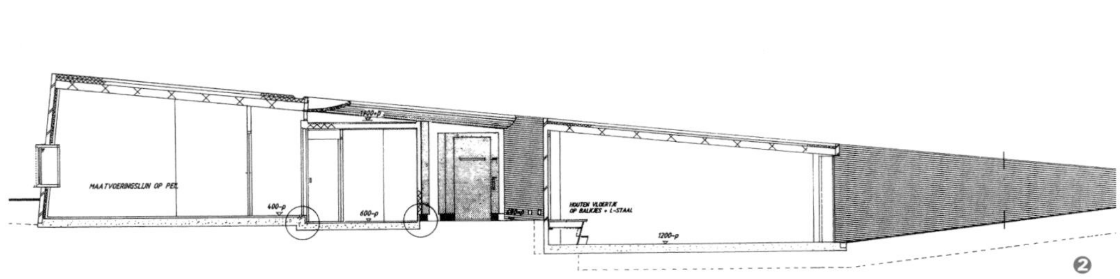
2

Tipologia edilizia:
casa unifamiliare con patio in parte ribassata, 1 piano

Data di costruzione:
1992-1994

Modello di finanziamento:
edilizia privata

Superficie abitabile:
4 locali, 154 m²

Costruzione:
soggiorno, zona notte con bagno sporgente e garage (utilizzabile anche come ripostiglio, 36,5 m²) formano un patio (ca. 40 m²); sul retro terrazza alberata (ca. 120 m²) e giardino di pietra (ca. 120 m²)

van berkel & bos, Amsterdam con Paul van der Erve e Branimir Medic

Amersfoort, "Villa Willbrink", A. Aaltostraat

Una casa senza prospetto: dalla strada sembra che il terreno abbia "investito" la casa. Solo il portone del garage e la rampa d'accesso appaiono ritagliati nel terreno in salita, completamente coperto di ghiaia. Una stretta fessura tra il garage e la collina artificiale permette di guardare all'interno ed entrare. Questo passaggio porta a un patio attorno al quale si raccoglie la casa, che si presenta sorprendentemente vetrata. È composta da un ampio soggiorno con angolo cottura a L e dalla zona notte, dal cui corridoio un bagno si protende nel cortile – a conclusione del movimento circolare attorno al patio. La logica sequenza ingresso-pranzo-zona notte-bagno si esprime anche nelle diverse altezze. A lato della casa una breve rampa porta al giardino, che necessita di scarsa manutenzione. È costituito da una superficie di ghiaia e da una terrazza con un carré alberato. Anche questa è una chiave di lettura della casa: il risultato della scarsa propensione al giardinaggio del proprietario.

1 Pianta 1:200
Plan 1:200

2 Sezione 1:200
Coupe 1:200

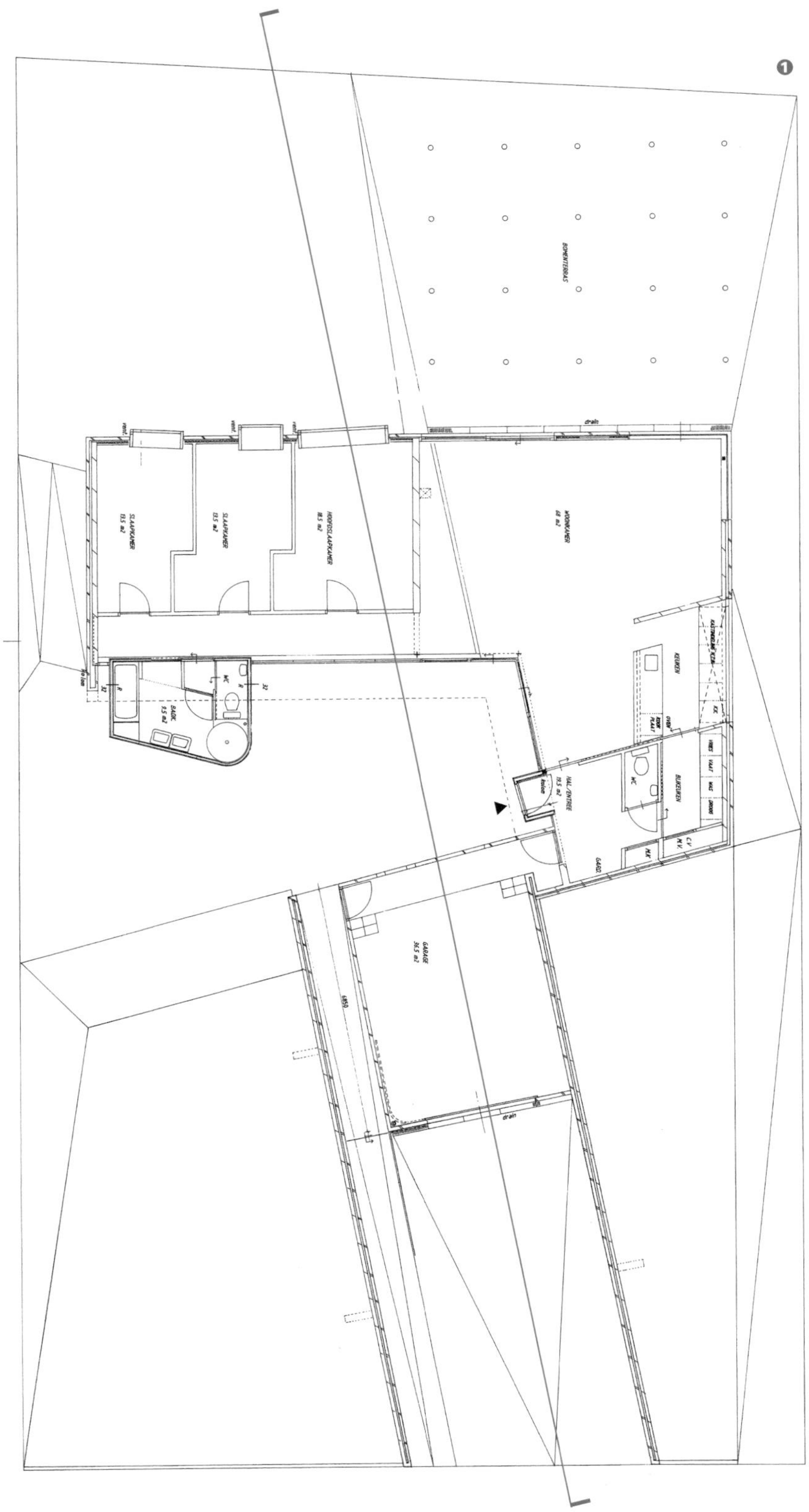
1

Type de construction:
maison familiale en partie abaissée patio, 1 niveau

Date de construction:
1992-1994

Financement:
privé

Surface habitable:
4 pièces, 154 m²

Structure
cour intérieure (env. 40 m²) formée par le séjour, les chambres à coucher avec la salle de bains en saillie et le garage (36,5 m²); à l'arrière, terrasse arborée (env. 120 m²) et jardin recouvert de gravier (env. 120 m²)

van berkel & bos, Amsterdam, en collaboration avec Paul van der Erve et Branimir Medic

Amersfoort, « Villa Willbrink », A. Aaltostraat

Une maison surbaissée qui, vue de la rue, donne l'impression d'avoir été écrasée. Seuls le garage et sa rampe d'accès se détachent d'un paysage en pente entièrement couvert de gravier. Un étroit passage entre le garage et le terrain permet à la fois d'entrer et de jeter un coup d'œil. Il mène à une cour intérieure autour de laquelle est disposée la maison, qui révèle d'étonnantes façades de verre. L'intérieur comprend un grand séjour avec cuisine, formant un angle, prolongé par l'alignement des chambres. Le couloir de celles-ci donne aussi accès à une salle de bains qui s'avance dans le patio, dans lequel on décrit donc un cercle. La succession logique des différentes fonctions (entrer, manger, dormir, se laver) se retrouve dans les variations de hauteur des pièces. À côté de la maison, une rampe mène au « jardin », en réalité un simple lit de gravier avec une terrasse quadrillée d'arbres. Car cette maison exprime aussi l'aversion de son propriétaire pour les travaux de jardin.

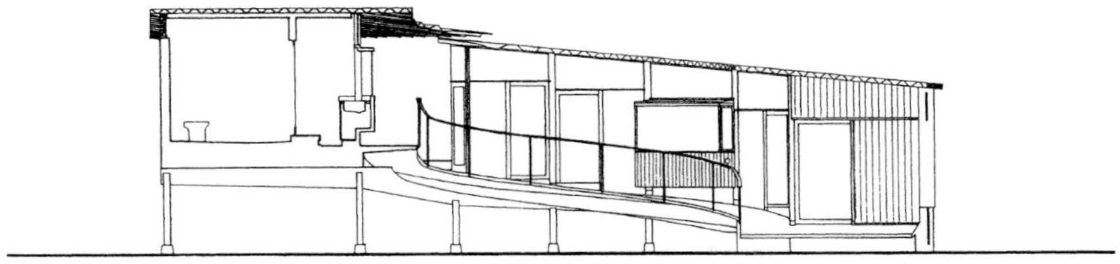

Tipologia edilizia:
casa "a corte" con rampa, 1-2 piani, esposizione su tutti i lati

Data di costruzione:
1995

Modello di finanziamento:
edilizia privata

Superficie abitabile:
6 locali, ca. 144 m²
compresi gli spazi accessori

Costruzione:
casa per 5 persone, rampa in cemento armato su pilastri in acciaio intorno a un cortile; lungo la rampa costruzione in legno con tetto ondulato

Katsuhiro Miyamoto + Atelier Cinquième Architects, Kobe

Takarazuka, Hyogo (Giappone) Casa "Aida-sou"

Una casa per una madre, due figlie, due inquilini in subaffitto e sei cani. L'analisi delle esigenze degli utenti, delle loro relazioni reciproche e del loro desiderio di privacy è alla base di questo progetto. La corte interna è il fulcro dell'edificio, dal punto di vista sia spaziale sia emotivo. Il risultato è un percorso ascendente a forma di spirale impostato su pilastri, che distribuisce gruppi di vani isolati tra loro. Di fronte alle stanze corre un disimpegno dotato di porte scorrevoli semitrasparenti (porte Shoji), che riunisce le unità formate da camera da letto, toilette, blocco cottura e ripostiglio. Ogni unità si colloca a un'altezza particolare che la distingue dalle altre. Solo cucina, sala da pranzo e spazi accessori del pianterreno sono in comune. Schiudendo le porte scorrevoli la sala da pranzo si apre al cortile e vi si confonde; solo la copertura ovale in aggetto ne descrive la forma. Sotto la casa, i cani giocano in cortili a forma di rene.

❶ Planimetria del pianterreno 1:400
Plan du rez-de-chaussée 1:400

❷ Planimetria del 1° piano 1:200
Plan de l'étage 1:200

1 Pilastri/*Piliers*
2 Cortile per i cani/ *Enclos pour les chiens*
3 Sala da pranzo/ *Salle à manger*
4 Terrazza/*Terrasse*
5 Ripostiglio/*Réduit*
6 Magazzino/ *Local de rangement*
7 Lavanderia/*Buanderie*
8 Balcone/*Balcon*
9 Stanza della madre/ *Chambre de la mère*
10 Stanza delle figlie/ *Chambre des filles*
11 Stanza degli inquilini/ *Chambres des locataires*
12 Livello del terreno/ *Niveau du sol*

❶

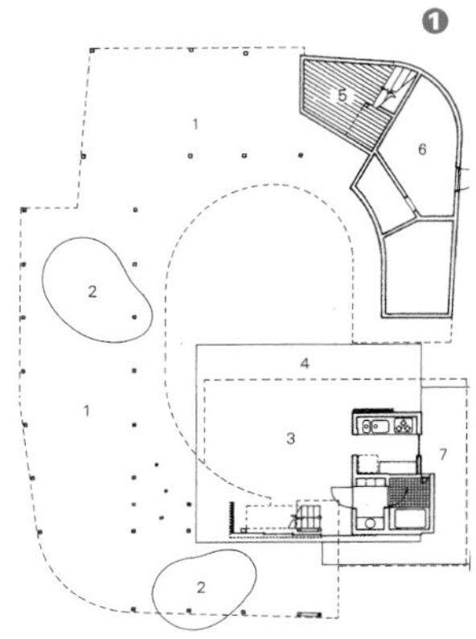

❷

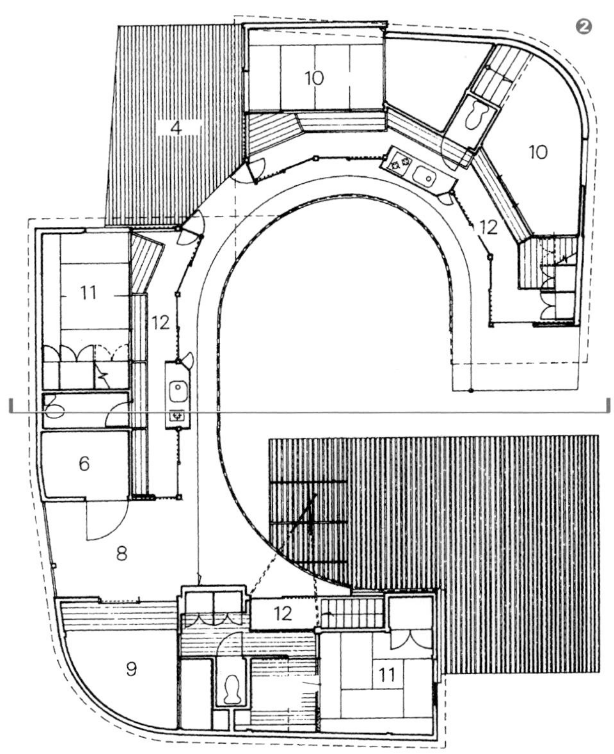

Type de construction
maison autour d'une cour, avec rampe, 1-2 niveaux, orientée de tous côtés

Date de construction
1995

Financement
privé

Surface habitable
6 pièces, env. 144 m²
y compris les locaux annexes

Structure
maison pour 5 personnes, rampe en béton armé sur piliers autour d'une cour, construction en bois, toiture en tôle ondulée

Katsuhiro Miyamoto + Atelier Cinquième Architects, Kobé

Takarazuka, Hyogo (Japon), maison « Aida-sou »

Cette maison a été conçue pour une mère, ses deux filles, deux locataires et six chiens. La réflexion s'est fondée sur l'analyse des relations entre les habitants et sur leur désir de plus ou moins grande proximité les uns envers les autres. La cour, centre spatial et intellectuel du projet, devait rester ouverte. Les architectes ont créé une rampe en spirale sur des piliers et donnant accès à des groupes de pièces séparés. Les chambres sont précédées de vestibules à portes coulissantes translucides (portes shoji). Des couloirs relient les pièces: chambre à coucher, toilettes, bloc cuisine, réduit. Chaque groupe est situé à une hauteur qui lui est propre. Seule la cuisine-salle à manger (avec les annexes), de plain-pied, est commune. Une porte coulissante permet d'intégrer la salle à manger à l'espace ovale de la cour. Sous la maison se trouvent des enclos pour les chiens.

Tipologia edilizia:
villa, 2 piani, N/S

Data di costruzione:
1995

Modello di finanziamento:
edilizia privata

Superficie abitabile:
507 m²

Costruzione:
2 edifici a 2 piani
di 15 x 5 m,
piano interrato,
struttura in cemento e acciaio

Shigeru Ban Architects, Tokyo

Osaka (Giappone), Nishinomaiya, Hyogo, 2/5 House

Il lotto di 15 x 25 m è suddiviso in cinque fasce uguali tra loro, destinate a: giardino anteriore, interno, corte centrale, interno, giardino posteriore. La casa è costituita da due container in vetro su pilotis (come la Farnsworth House di Mies) collegati tra loro. La superficie sottostante risulta "universal floor": porte scorrevoli vetrate collegano gli spazi visivamente e – quando sono del tutto aperte – anche fisicamente in un unico spazio. Gli elementi funzionali sono collocati in questo spazio aperto. In sintonia con la casa tradizionale giapponese, le porte scorrevoli separano temporaneamente spazi per dormire, bagni e sale tatami. Allo stesso modo una copertura tessile può coprire temporaneamente il cortile. Intimità e comunità possono essere scelte liberamente. Un piano di ognuno dei due volumi vetrati è un grande spazio comune: uno in alto a sinistra, l'altro in basso a destra; entrambi traguardano gli spazi privati oltre il cortile. La casa, separata dal denso tessuto urbano per mezzo di pareti in cemento e barriere vegetali alte come l'edificio stesso, celebra l'ampiezza della volta celeste.

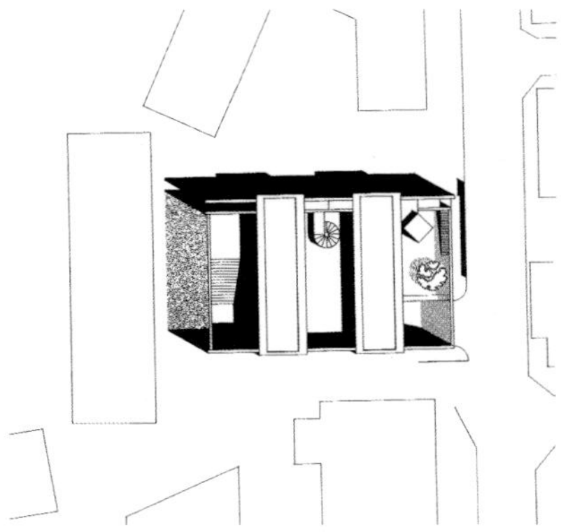

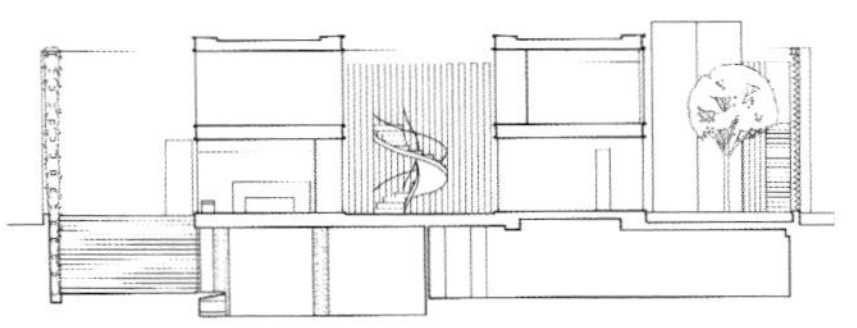

❶ Piano interrato con biblioteca, stanze del personale, ripostiglio, garage 1:500
Sous-sol: bibliothèque, pièce pour les employés, local de rangement, garage 1:500

❷ Pianterreno con soggiorno, cucina, bagno, camera matrimoniale 1:500
Rez-de-chaussée: pièce de séjour, salle de bains, chambre à coucher 1:500

❸ 1° piano con salone, sale tatami, camere dei bambini 1:200
Étage: salon, pièces à tatami, chambre d'enfant 1:200

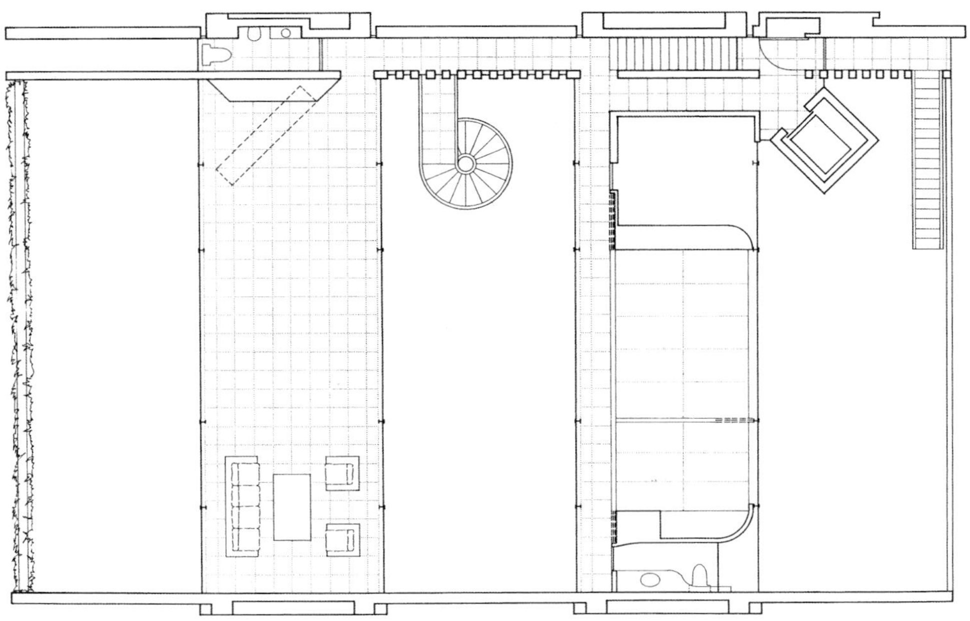

❸

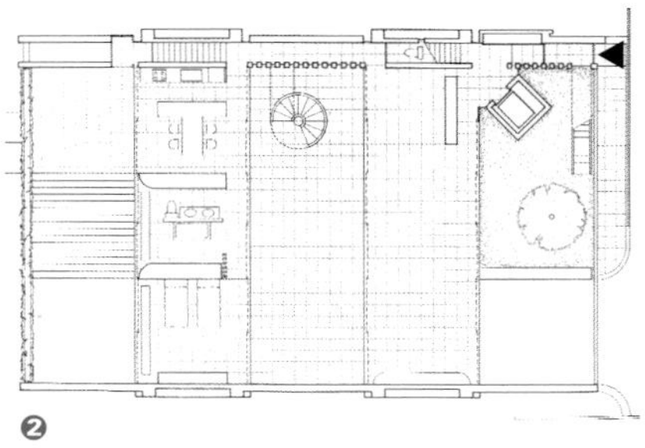

❷

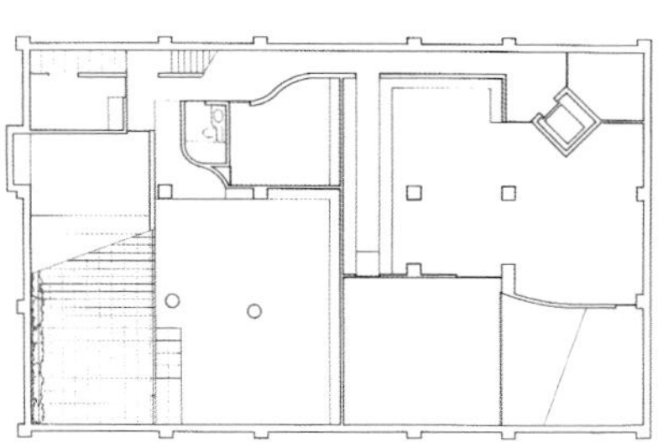

❶

Type de construction
villa, 2 niveaux, N/S

Date de construction
1995

Financement:
privé

Surface habitable
507 m²

Structure:
deux corps de bâtiment sur 2 niveaux (15 x 5 m), sous-sol, construction en béton et ossature d'acier

Shigeru Ban Architects, Tokyo

Osaka (Japon), Nishinomaiya, Hyogo, 2/5 House

La surface du terrain (15 x 25 m) est divisée en cinq bandes égales: jardin de devant, intérieur, cour centrale, intérieur, jardin de derrière. La villa se compose de deux conteneurs de verre sur pilotis (comme la maison Farnsworth de Mies van der Rohe) reliés entre eux. L'intérieur et l'extérieur sont réunis visuellement par des portes coulissantes en verre – et aussi physiquement lorsque les portes sont ouvertes. C'est dans cet espace que sont installés les éléments fonctionnels. Suivant la disposition traditionnelle de la maison japonaise, les chambres à coucher, la salle de bains et les chambres à tatami sont séparées temporairement par des portes coulissantes. Il est aussi possible de tendre une toile pour couvrir la cour. Le choix est libre entre ouverture et intimité. Dans chacun des éléments d'habitation, un étage comprend une grande pièce communautaire (l'une en haut à gauche, l'autre en bas à droite) visible depuis les pièces privées à travers la cour. Coupée de son environnement urbain très dense par de hauts murs de béton et des treillages garnis de végétation, la maison invite à la célébration de la vastitude du ciel.

Tipologia edilizia:
villa unifamiliare isolata,
3 livelli

Data di costruzione:
1993-1998

Modello di finanziamento:
edilizia privata

Superficie abitabile:
550 m²

Costruzione:
scultorea casa unifamiliare
in aperta campagna
in vetro e cemento

van berkel & bos,
Rotterdam

Het Gooi,
"Casa Möbius"

La "Casa Möbius", realizzata per una coppia di professionisti con due figli, prende il nome dal modello matematico del nastro di Möbius. In analogia con esso, la struttura dell'edificio cerca di superare le distinzioni tra interno ed esterno, sopra e sotto, a favore di una fruizione continua dello spazio. Tutti gli spazi della casa sono distribuiti lungo una *promenade* continua. Le scale e le rampe attraversano gli spazi comuni, gli spazi di lavoro e quelli più riservati della vita familiare, disposti su due livelli, per tornare di nuovo al punto di partenza, come in un *loop*. La sequenza degli spazi riproduce lo scorrere delle giornate. Le stanze si compenetrano l'una con l'altra suggerendo un flusso funzionale, senza prescrizioni. Il principio della compenetrazione si esprime anche nella relazione tra spazio e materiali: i due materiali più utilizzati, vetro e cemento, si scambiano infatti continuamente posto e ruolo. Ne consegue una complessa geometria caratterizzata da una straordinaria sequenza di spazi e viste estremamente differenziati. Gli affacci sul paesaggio vengono messi in scena e incorniciati in modo da costituire punti focali lungo il percorso, così che la vita in questa casa diventa simile a una passeggiata all'aperto.

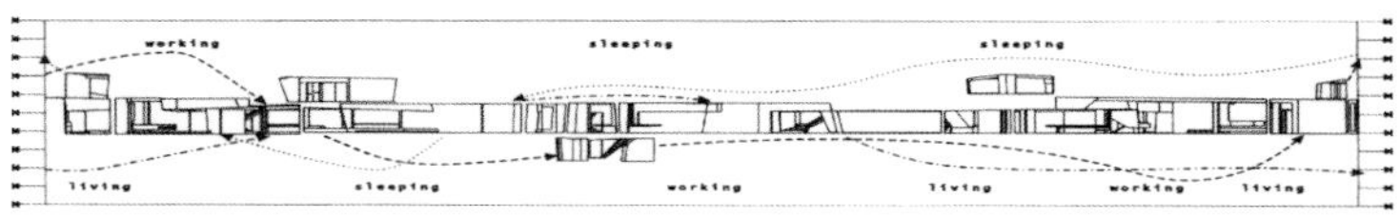

❶ Pianterreno 1:200
Plan du niveau de l'entrée 1:200

❷ Livello superiore 1:500
Niveau supérieur 1:500

❸ Livello inferiore 1:500
Niveau inférieur 1:500

a Camera da letto *Chambre à coucher*
b Studio *Atelier*
c Rampa *Rampe*
d Garage *Garage*
e Ripostiglio *Local de rangement*
f Ambiente per il ricevimento *Pièce de réception*
g Veranda *Véranda*
h Soggiorno *Pièce de séjour*
j Atrio *Atrium*
k Giardino pensile *Jardin sur le toit*
l Stanza degli ospiti *Chambre d'amis*

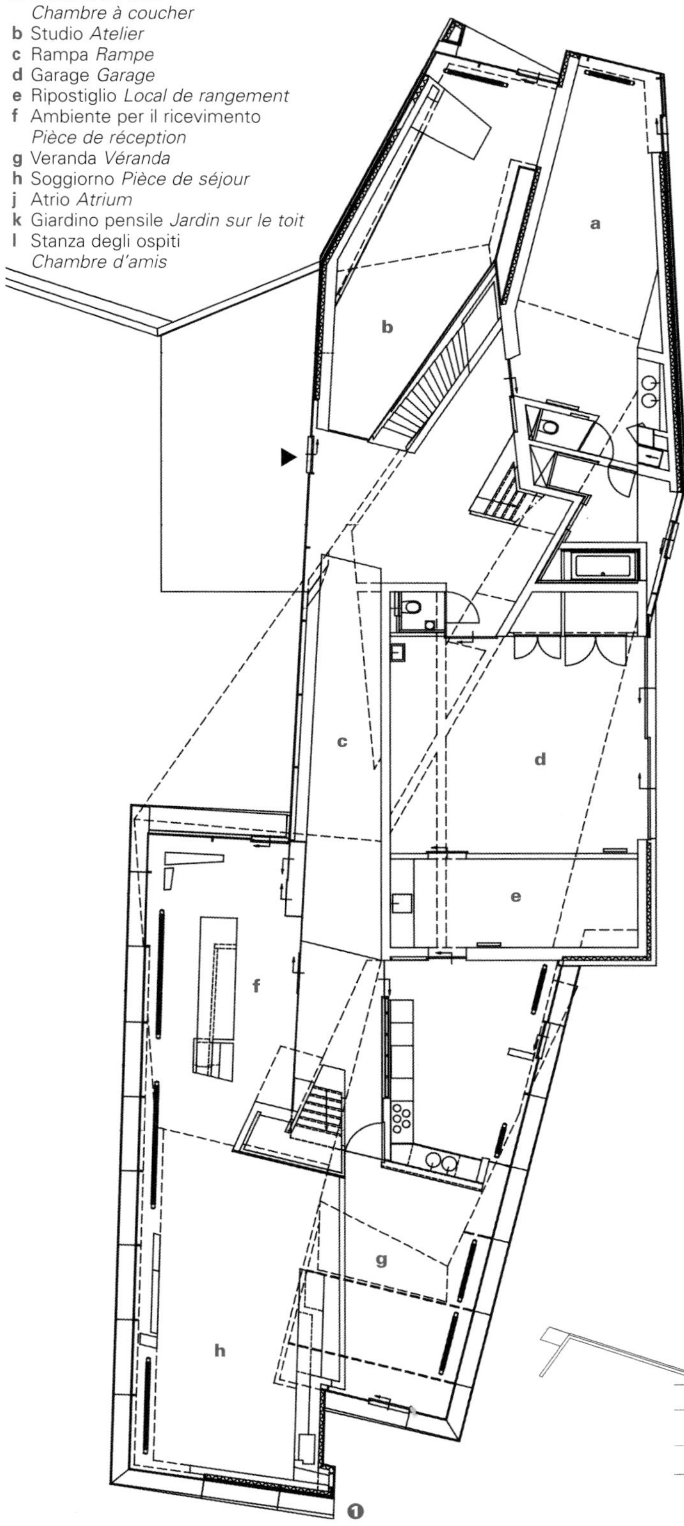

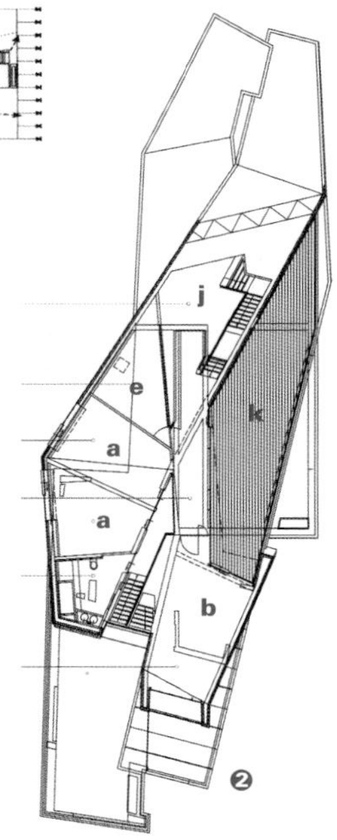

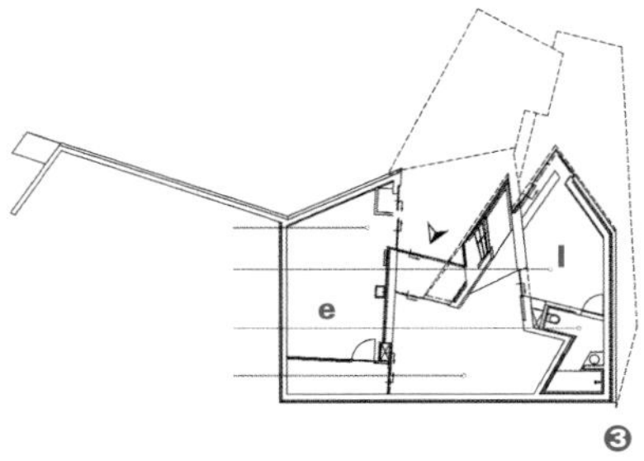

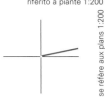

Type de construction:
maison familiale sur 3 niveaux

Date de construction
1993-1998

Financement:
privé

Surface habitable
550 m²

Structure:
architecture sculpturale
dans un paysage non bâti,
verre et béton

van berkel & bos,
Rotterdam

Het Gooi,
« Maison Möbius »

Conçue pour un couple professionnellement actif, avec des enfants, la « maison Möbius » doit son nom au modèle mathématique appelé bande de Möbius. Tout comme lui, la structure de la maison tente de transformer la distinction entre intérieur et extérieur, haut et bas, en une perception spatiale dynamique. Les pièces se suivent en un cheminement en boucle. Les escaliers et la rampe passent à travers les pièces communes aussi bien qu'à travers les pièces de travail et la partie privée, réparties sur deux niveaux, pour revenir ensuite au départ. La succession des pièces correspond au déroulement de la journée. Les pièces forment entre elles une transition fluide, sans affectation prédéfinie. Le principe de la boucle se retrouve dans la relation entre le matériau et l'espace et dans l'alternance du béton et du verre, qui échangent continuellement leur emplacement et leur rôle. Tout cela crée une géométrie complexe à séquences attrayantes d'espaces et de relations visuelles différentes. La vue sur le paysage est encadrée et mise en scène à la manière d'une chorégraphie: on ne cesse de se diriger vers un point de vue. La vie dans la maison devient ainsi une promenade environnementale.

Tipologia edilizia:
villa, 3 piani, N/S/E/O

Data di costruzione:
1998

Modello di finanziamento:
edilizia privata

Superficie abitabile:
600 m² (125/215/260 m²),
casa del custode e degli ospiti 180 m²

Costruzione:
parallelepipedo in cemento (sopra) sospeso con travi d'acciaio sulla parete cilindrica della scala a chiocciola, bilanciato da tiranti, tre diverse scale (a una e due rampe e a chiocciola), piattaforma idraulica 3 x 3,5 m (dotata di telefono e prese elettriche), parapetti in vetro e porte in alluminio regolate da una fotocellula (per sicurezza, in assenza dell'ascensore), pareti (scorrevoli) interamente vetrate (pianterreno e 1° piano), pavimento in alluminio sia all'interno sia all'esterno (1° piano)

OMA/Rem Koolhaas, Rotterdam

Floirac, Bordeaux

❶ Particolare degli oblò al piano superiore
Détail des œils-de-bœuf à l'étage supérieur

❷ Sezione trasversale e longitudinale con la piattaforma semovente
Coupes transversale et longitudinale montrant la plate-forme mobile

❸ Pianta del pianterreno, di fronte alla casa del custode e degli ospiti
Plan du niveau de l'entrée, avec la maison du gardien et celle des invités

❹ Area di soggiorno con sala da pranzo e ambienti per il ricevimento, galleria e ufficio della padrona di casa 1:200
Niveau du séjour: coin-repas, espace de réception, galerie, bureau de madame 1:200

❺ Piano superiore con camere dei bambini (pareti diagonali) e dei genitori (pareti ad angolo retto)
Étage supérieur: chambres à coucher des enfants (parois obliques) et des parents 1:200

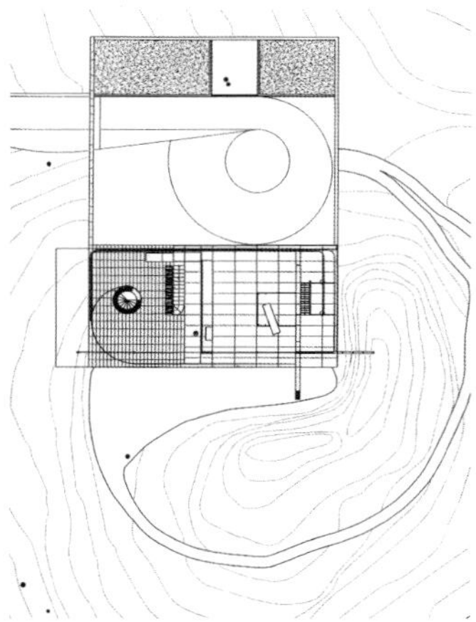

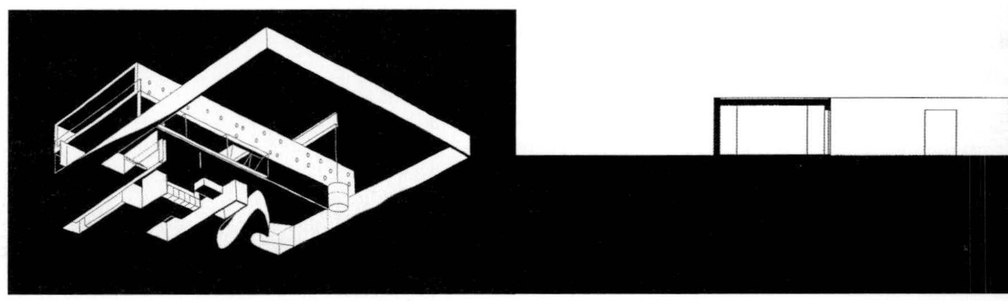

❸

❶

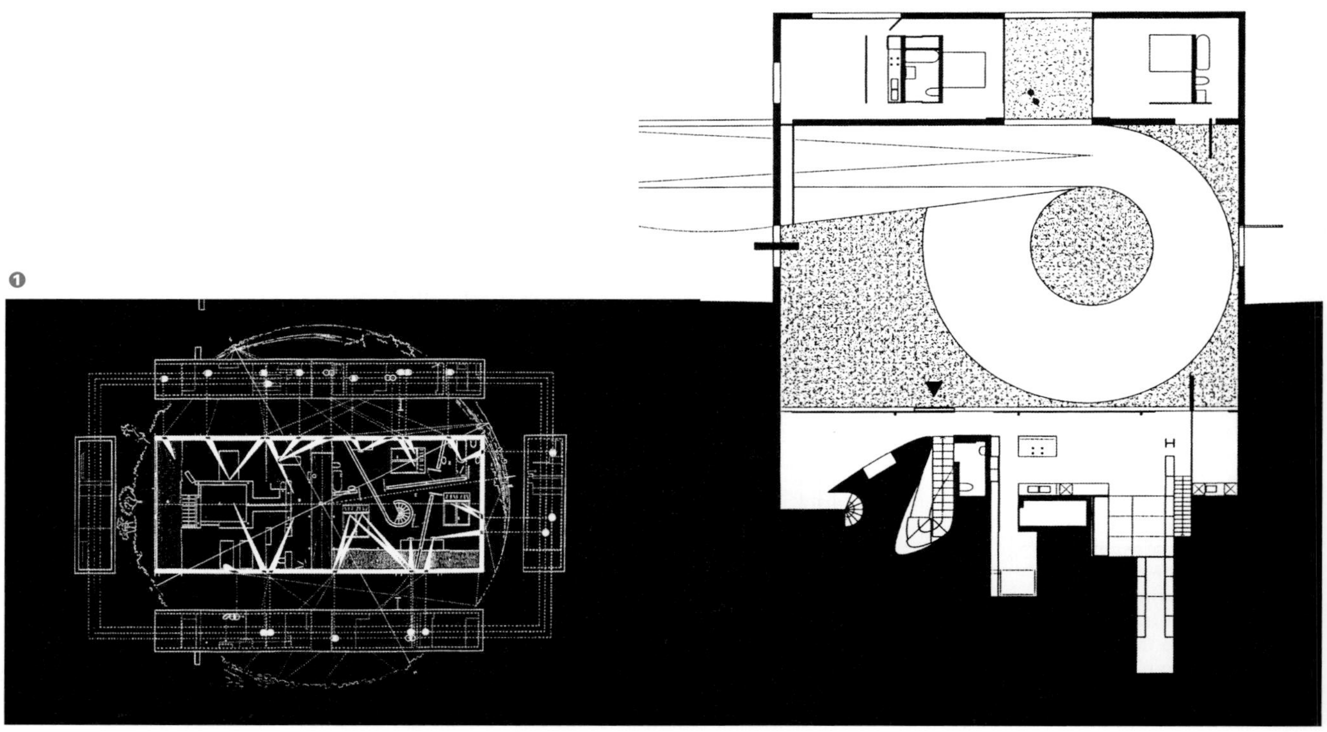

Il committente, costretto su una sedia a rotelle, desiderava una residenza complessa che diventasse il suo universo. Rem Koolhaas ha scelto di progettare per lui non una, ma tre case da accatastare una sopra l'altra esaltandone le peculiarità. Il collegamento tra i vari livelli diventa così il cuore della casa: l'ufficio semovente del committente. La piattaforma idraulica centrale, grande come una stanza, sale lungo una libreria alta dall'interrato al piano di copertura, modificando con la sua presenza/assenza la configurazione degli interni. Il piano interrato è diviso in due parti, come i piani superiori. Nella parte anteriore, dotata di ampie aperture sul cortile interno, vi sono gli ingressi con accesso diretto ai diversi collegamenti verticali, la cucina e una sala con il televisore. La parte posteriore è scavata nella collinetta; vi si trovano la cantina (raggiungibile solo con l'ascensore) e l'ingresso principale, messo in scena come una caverna oscura. Il soggiorno al piano superiore si confonde completamente nel paesaggio circostante: metà interno e metà terrazza, i suoi confini sono inafferrabili grazie alle pareti vetrate. Il livello ancora superiore, invece, è estremamente greve: un monolite in cemento armato perforato da piccoli oblò. Ospita le camere da letto di tutta la famiglia, la parte dei genitori distinta da quella dei figli, collegate tra loro da un ponte. La posizione degli oblò è il prodotto di una scelta accurata, poiché indirizza lo sguardo verso punti precisi del paesaggio da tre posizioni diverse dell'osservatore: in piedi, seduto o sdraiato. L'aspetto più convincente di questo edificio è la tensione tra forme, materiali ed esigenze contrastanti, in un collage di grande efficacia espressiva.

Type de construction
villa, 3 niveaux, N/S/E/O

Date de construction
1998

Financement
privé

Surface habitable
600 m² (125/215/260 m²), maison du gardien et des invités 180 m²

Structure
caisson de béton suspendu par des poutres d'acier reposant sur le mur extérieur asymétrique de l'escalier à vis, contrebalancé par un tirant, 3 escaliers différents (à une et deux volées, à vis), plate-forme (3 x 3,5 m) à moteur hydraulique (avec raccordements électricité et téléphone), balustrades de verre et portes d'aluminium, déclenchement par cellules photoélectriques (protection lorsque l'ascenseur n'est pas en position), parois coulissantes entièrement vitrées (rez-de-chaussée et étage), revêtement de sol en aluminium à l'intérieur et à l'extérieur (étage).

OMA/Rem Koolhaas, Rotterdam

Floirac (près de Bordeaux)

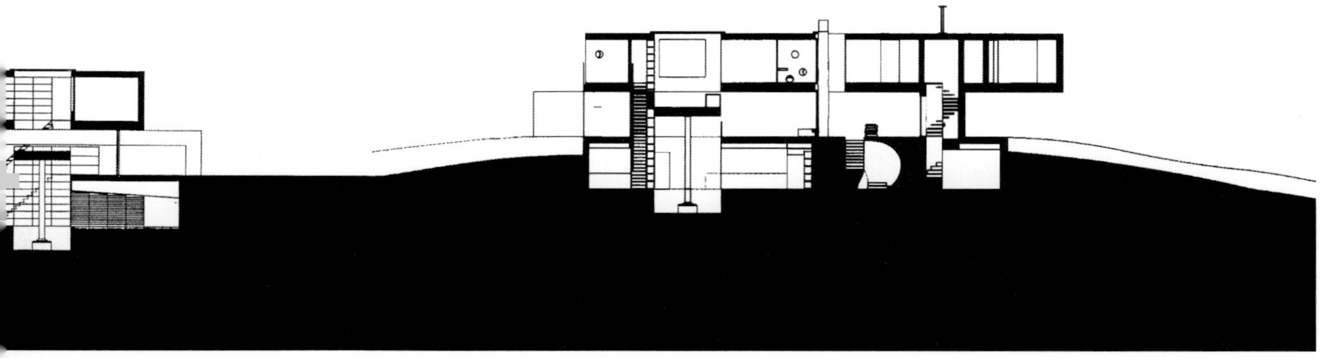
❷

❹
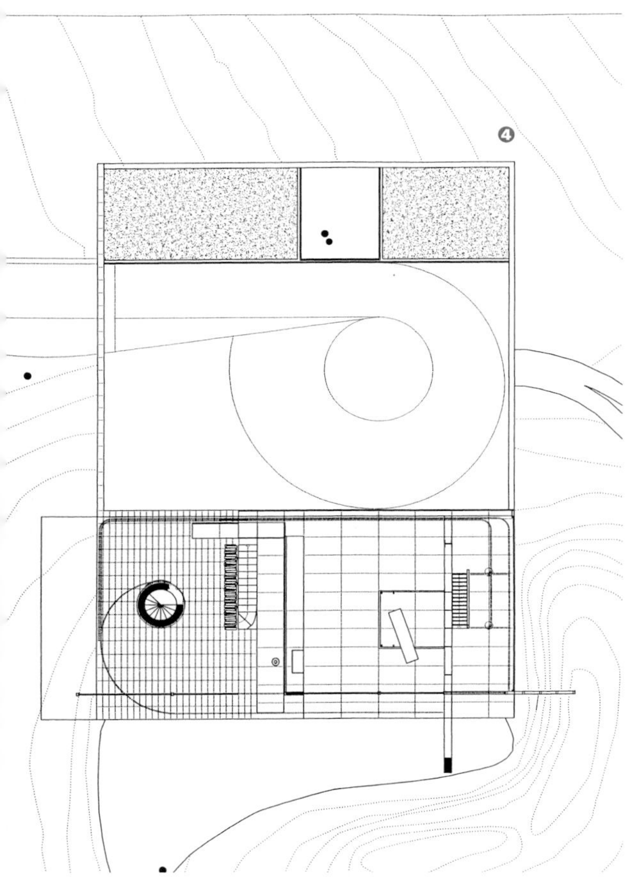

❺
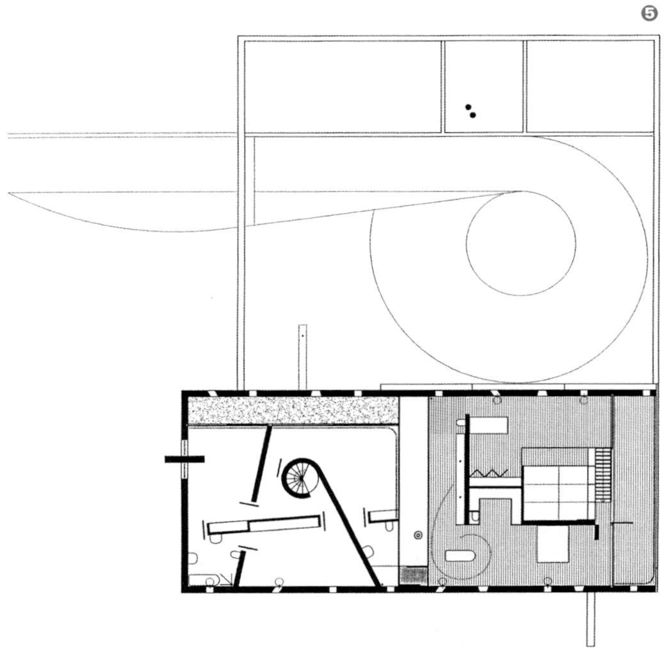

Le propriétaire, cloué dans une chaise roulante, avait souhaité une maison complexe qui fût tout un univers. Rem Koolhaas a donc dessiné pour lui et sa famille non pas une mais trois maisons superposées et faisant valoir leurs spécificités les unes envers les autres. L'élément essentiel de la maison fait la liaison entre les étages: c'est le bureau mobile du propriétaire, plate-forme de la grandeur d'une pièce actionnée par un moteur hydraulique, montant ou descendant le long des rayonnages de livres qui vont de la cave au toit, et modifiant l'aspect des lieux selon qu'elle est présente ou non. Le niveau de la cave est divisé en deux comme les autres étages de la maison. À l'avant se trouvent les entrées, ouvrant sur la cour intérieure, avec raccordement direct aux accès verticaux, la cuisine et la salle de télévision de la famille. L'arrière, excavé, comprend la cave à vin (inaccessible en l'absence de la plate-forme) et l'entrée principale, aménagée en grotte obscure. Au-dessus, la pièce de séjour se dissout dans le paysage: ses murs entièrement vitrés en estompent les limites et en font à la fois un espace intérieur et une terrasse. L'étage supérieur (celui des chambres) est au contraire un monolithe de béton massif, éclairé seulement par de petits œils-de-bœuf dont les emplacements ont été soigneusement étudiés afin d'offrir la vue sur certains éléments précis du paysage à une personne debout, assise ou couchée. L'association de formes, de matériaux et de programmes architecturaux contrastés produit un effet puissant d'où la maison tire toute sa force.

riferito a piante 1:200

se réfère aux plans 1:200

Tipologia edilizia:
edificio prefabbricato, 2 piani

Data di costruzione:
1999

Modello di finanziamento:
edilizia privata

Superficie abitabile:
144 m²

Costruzione:
concorso di progettazione "La casa dei sogni dei tedeschi" bandito dalla rivista Stern e dalla Cassa di Risparmio e Mutui SchwäbischHall (1996); commercializzata da un'impresa di prefabbricazione; telaio portante in legno 8,8 x 10,6 m, intonaco isolante, ampie finestre in legno scorrevoli all'esterno, solai in legno, pareti divisorie interne non portanti

heide von beckerath alberts architekten, Berlin

Hamburg-Sülldorf, "wunschhaus #1" ("Casa dei sogni n.1")

❶ Planimetria generale (ideale)
Plan de situation (plan idéal)

❷ Planimetria base
Plan de base

❸ Variante per una famiglia:
Sotto: soggiorno, pranzo
Sopra: camere dei bambini e dei genitori, eventuale stanza per i giochi
Agencement possible pour une famille: séjour et coin-repas en bas, chambres en haut, avec salle de jeu pour les enfants

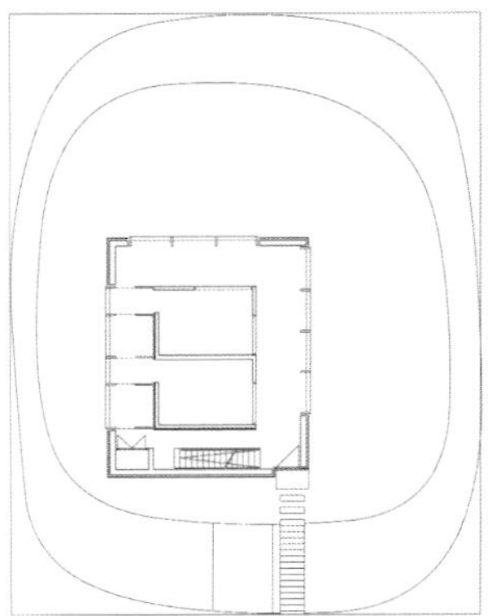

❶

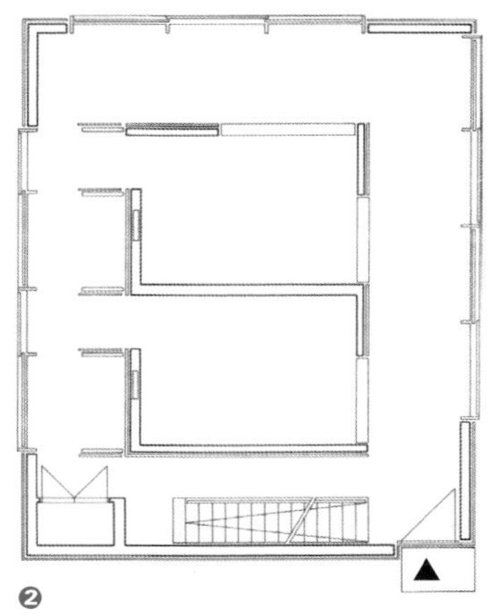

❷

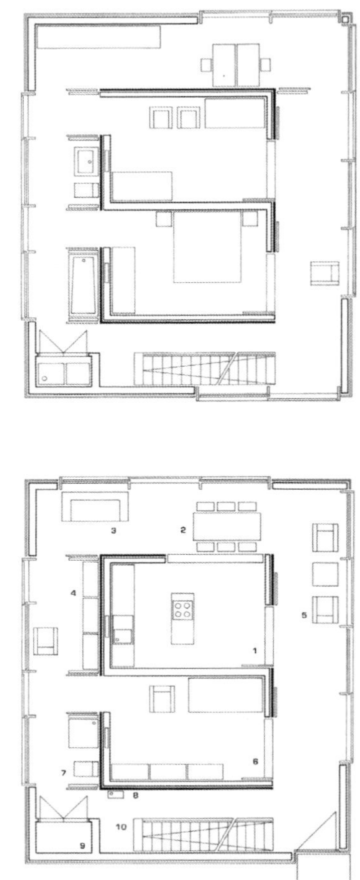

❸

La wunschhaus #1 (Casa dei sogni n. 1) è concepita come edificio prefabbricato nel cui nucleo si collocano due spazi indipendenti circondati da un disimpegno continuo scarsamente caratterizzato e aperto a ogni possibile uso. La collocazione dei cavedi permette un'interpretazione individuale della disposizione interna. Le diverse porte (bianche a doppia anta per le camere, scorrevoli in legno scuro per i bagni) lasciano l'inquilino libero di scegliere il rapporto tra i vani a seconda delle sue esigenze. Le aperture a tutta altezza verso l'esterno garantiscono un rapporto immediato con l'esterno. La casa è su due livelli, che possono essere separati secondo necessità; la scala è situata all'ingresso. I due piani sono uguali tra loro, ma al pianterreno una stanza può includere il disimpegno (per esempio per una cucina-pranzo). Al piano superiore una parte del disimpegno può essere separata per essere trasformata in una camera in più per gli ospiti, una biblioteca o altro. Il disimpegno ospita anche i bagni, utilizzabili singolarmente o uniti tra loro e direttamente accessibili dalle camere da letto. Quando le porte dei bagni sono chiuse, la stanza interna si estende fino alla facciata. Il disimpegno continuo e le molteplici visuali interne conferiscono alla casa un senso di trasparenza vagamente inquietante. Le aree riservate possono e devono essere determinate da chi vi abita. Le varianti planimetriche qui illustrate sono solo alcune tra le sue possibili configurazioni e rispecchiano le diverse modalità di vivere questo interno.

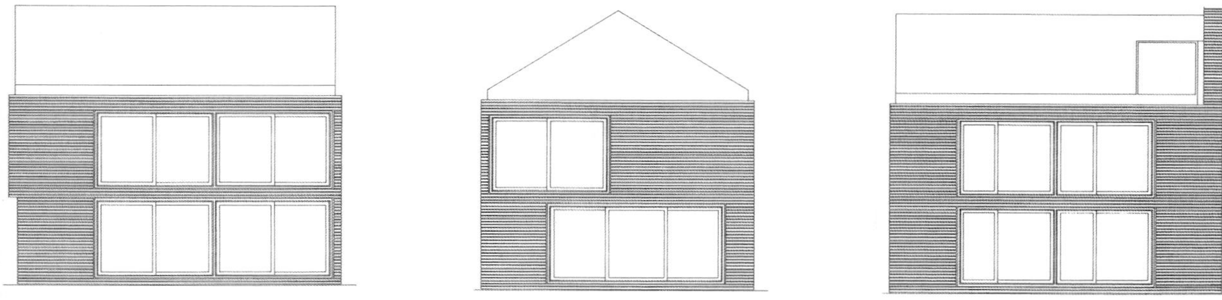

Variante per 2 famiglie (con e senza figli)
Agencement possible pour deux familles (avec ou sans enfants)

⑤ Variante per una coppia che lavora in casa: Sotto: zona giorno e lavoro
Sopra: camera da letto e biblioteca/archivio
Agencement possible pour un couple professionnellement actif: séjour et travail en bas, chambres et bibliothèque/archives en haut

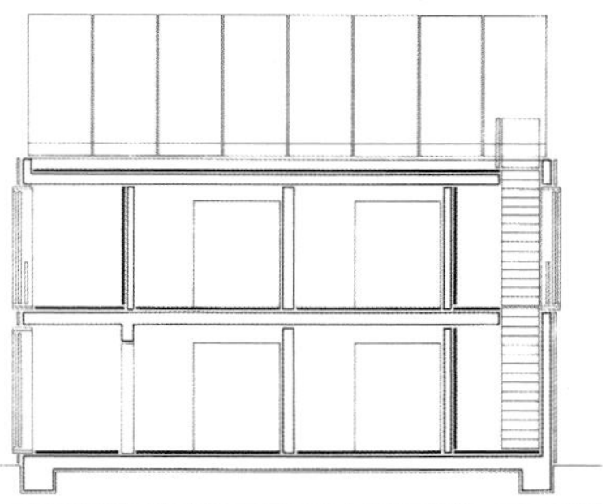

⑥ Variante per 4 coinquilini
Agencement possible pour une communauté de quatre personnes

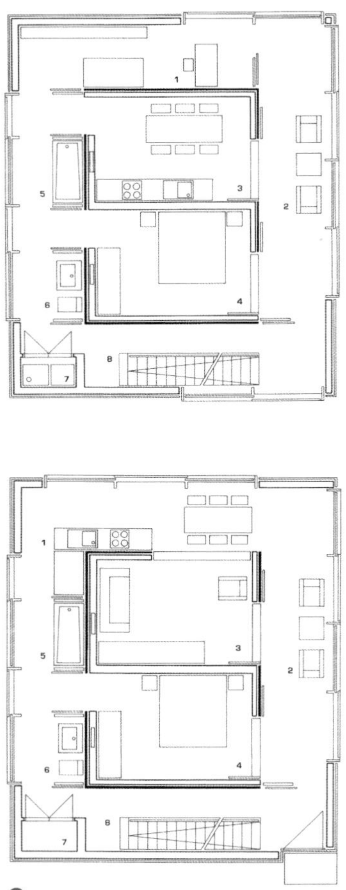

④

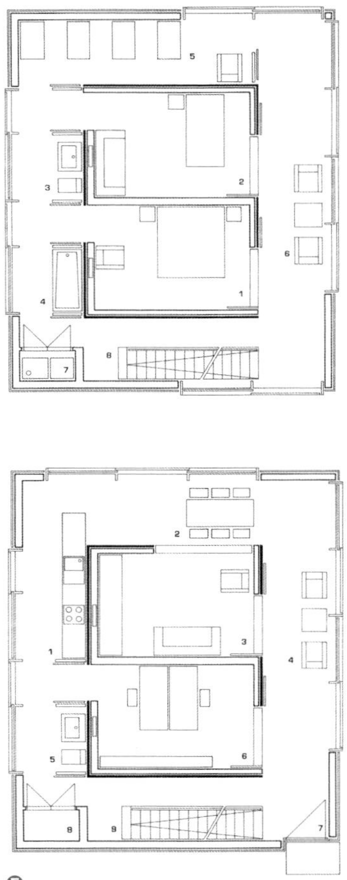

⑤

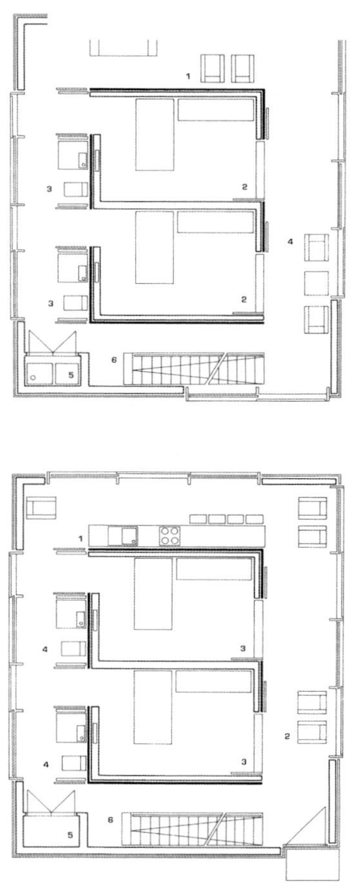

⑥

Type de construction
maison préfabriquée, 2 niveaux

Date de construction
1999

Financement
privé

Surface habitable
144 m²

Structure
construction à ossature de bois, enduit isolant, grandes fenêtres coulissantes, plafonds en bois, parois intérieures non portantes; concours lancé en 1996 (« Das Wunschhaus der Deutschen ») par la Caisse d'épargne de Schwäbisch Hall et le magazine « Stern »; modèle diffusé par une entreprise de constructions préfabriquées

heide von beckerath alberts architekten, Berlin

Hambourg-Sülldorf, « wunschhaus #1 » (maison de rêve nº 1)

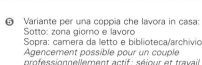

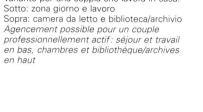

« wunschhaus #1 » (« maison de rêve ») est une construction préfabriquée comprenant un noyau fait de deux pièces séparables et d'un espace circulaire qui en fait le tour et se prête à divers usages. L'emplacement des gaines techniques permet une interprétation individuelle du plan quant aux attributions fonctionnelles, et les portes (doubles portes blanches pour les chambres, portes coulissantes foncées en bois pour les salles de bains) laissent aux occupants la liberté de définir les relations entre les pièces. L'éclairage est donné uniquement par des portes-fenêtres coulissantes qui créent un effet d'ouverture. La maison est sur deux niveaux, avec possibilité de division verticale (escalier vers l'entrée). Les deux étages sont en principe identiques. En bas, une pièce peut être agrandie au détriment du couloir (cuisine/coin-repas, par exemple). En haut, il est possible d'isoler une chambre dans la partie arrière du couloir (chambre d'amis, bibliothèque, etc.). Dans le couloir se trouvent aussi les salles de bains, utilisables isolément ou conjointement, accessibles depuis les chambres. Lorsque les portes des salles de bains sont fermées, la chambre se prolonge jusqu'au mur extérieur. Avec son couloir circulaire et sa diversité de pièces, mais aussi ses perspectives en diagonale, la maison dégage une atmosphère de transparence, quelque peu inquiétante, le soin de créer des espaces de repos revenant aux habitants eux-mêmes. Les plans présentés ici ne sont qu'un échantillon des multiples agencements possibles.

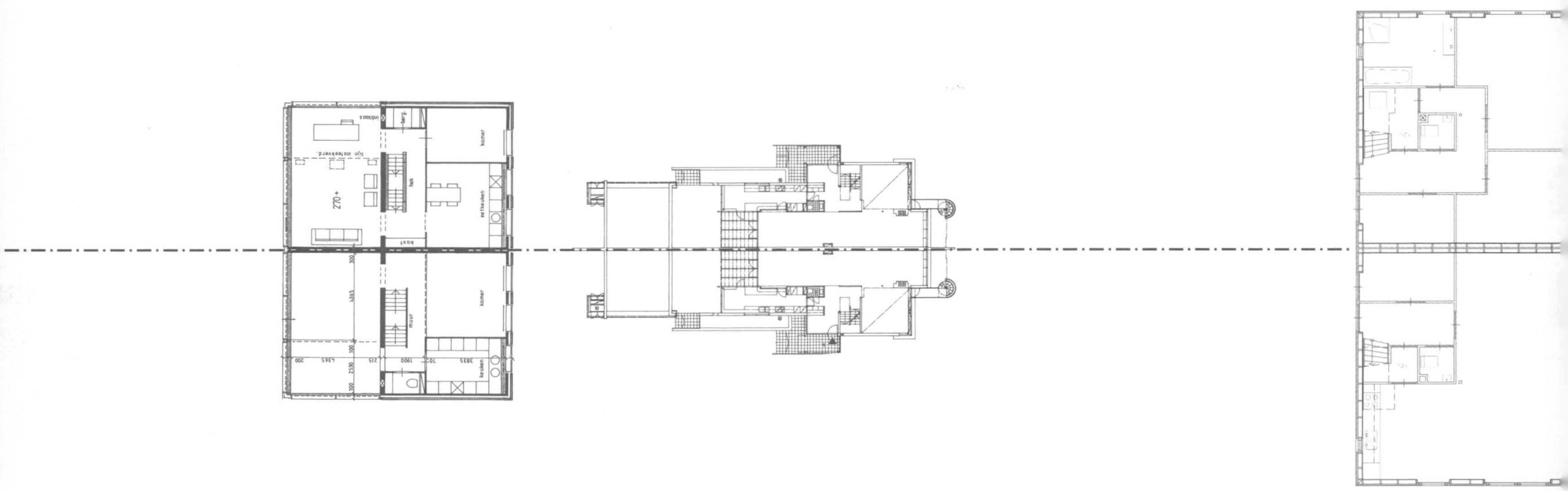

Case bifamiliari

Le case doppie sono un caso particolare. A differenza delle case unifamiliari, non sono generalmente progettate per l'utente finale, ma per essere vendute come le case a schiera. Da un lato offrono a chi vi risiede caratteristiche simili: terreno di proprietà, accesso indipendente, verde su tre lati, possibilità di ristrutturazione eventuale ampliamento, ecc. L'architetto, d'altro lato, deve soddisfare esigenze di altro tipo: ottimizzazione della pianta standard, esposizione su tre lati (due su lotti stretti), diaframma tra i due vicini, razionalizzazione dei costi. A livello urbanistico le case bifamiliari creano gli stessi problemi di quelle unifamiliari, a meno che non siano parte di un insediamento residenziale pianificato.

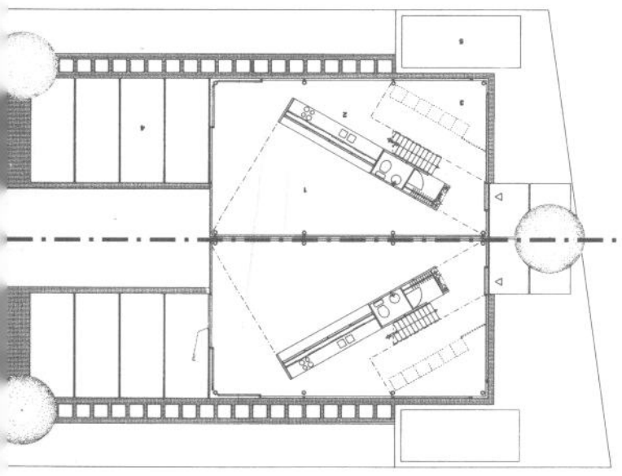

Maisons jumelées

Les maisons jumelées constituent un cas particulier. Contrairement aux maisons familiales individuelles, elles ne sont habituellement pas conçues selon les désirs des habitants, mais sont acquises une fois terminées, comme dans les rangées. Elles offrent cependant des avantages comparables: maison particulière, accès privé, verdure sur trois côtés, environnement, annexes éventuelles. Mais l'architecte doit faire face à d'autre exigences: rationalisation d'un plan standard, orientation sur trois côtés (ou deux côtés pour les groupes de maisons jumelées proches les uns des autres), séparation entre voisins, réduction des coûts. Du point de vue urbanistique, les maisons jumelées posent les mêmes problèmes que les maisons familiales individuelles, à moins de faire partie d'un lotissement planifié.

2.2 Case bifamiliari

Tipologia edilizia:
casa bifamiliari, 3 piani,
in acciaio e vetro,
N/E/S e N/O/S

Data di costruzione:
1990

Modello di finanziamento:
edilizia privata

Superficie abitabile:
6 locali, ca. 150 m²;
senza piano interrato

Layout:
8 case bifamiliari
tra la strada e l'area verde della
Midden Delfland
(concorso bandito dall'Ufficio per lo
Sviluppo Urbano di Delft)

Dimensioni del lotto:
ca. 275 m² per ogni casa

Jan Pesman,
Cepezed, Delft

Delft,
Straat van Ormoes
(casa dell'architetto)

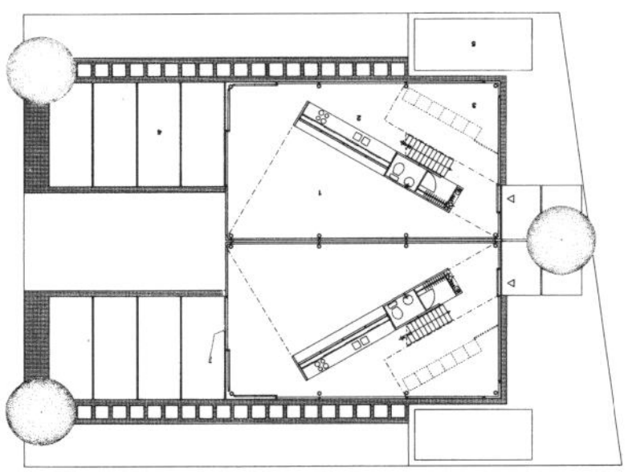

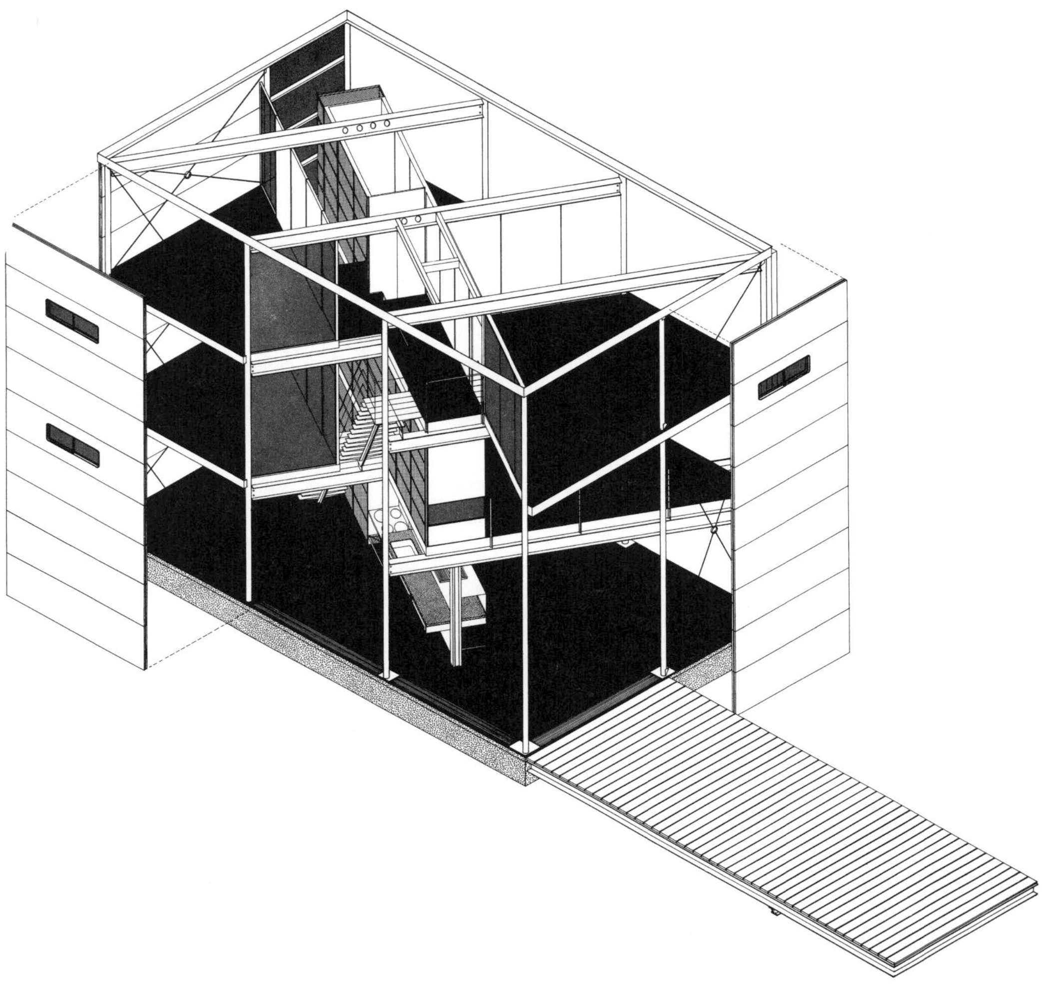

L'involucro: un parallelepipedo in acciaio e vetro e pannelli sandwich (elementi prefabbricati). Lo spazio interno è articolato dal volume attrezzato inserito con una rotazione di 60° e dalla scala in ferro a rampa unica verniciata di rosso. Dal momento che le superfici non occupano mai l'intera area dell'edificio, ne risultano spazi in parte a doppio o triplo volume. Finestre di grandi formato rivolte dalla zona notte verso l'interno portano lo sguardo attraverso l'intero volume fin verso l'esterno. Ovunque si percepisce il volume del parallelepipedo e gli spazi appaiono più grandi di quanto non lo siano. Al pianterreno il volume attrezzato contiene blocco cottura, guardaroba e WC per gli ospiti; al 1° piano è suddiviso in WC e bagno (con vista panoramica), tra i quali si trova il passaggio tra le due camere da letto; al 2° piano il volume diventa corridoio per le tre camere da letto (e un ulteriore bagno-doccia). Accesso al giardino e alla terrazza attraverso l'"angolo di Rietveld": vetrate a tutta altezza che scorrono l'una contro l'altra senza montante.

Type de construction
maison jumelée, 3 niveaux, en acier et verre, N/E/S et N/O/S

Date de construction
1990

Financement
privé

Surface habitable
6 pièces, env. 150 m²; sans cave

Structure
8 maisons jumelées entre la route et le Midden Delfland (concours de l'Office du développement urbain de Delft)

Surface du terrain
env. 275 m² par maison

Jan Pesman, Cepezed, Delft

Delft, Straat van Ormoes (maison de l'architecte)

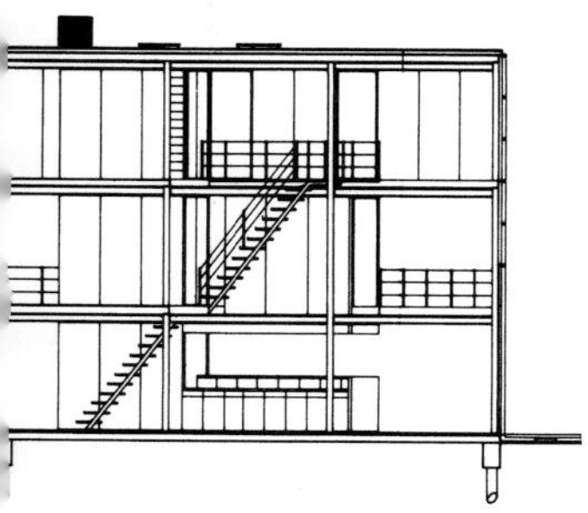

❶ Pianterreno: zona giorno 1:200
Rez-de-chaussée: séjour 1:200

❷ 1° piano: zona notte 1:200
Premier étage: chambres 1:200

❸ 2° piano: zona notte 1:200
Deuxième étage: chambres 1:200

❶

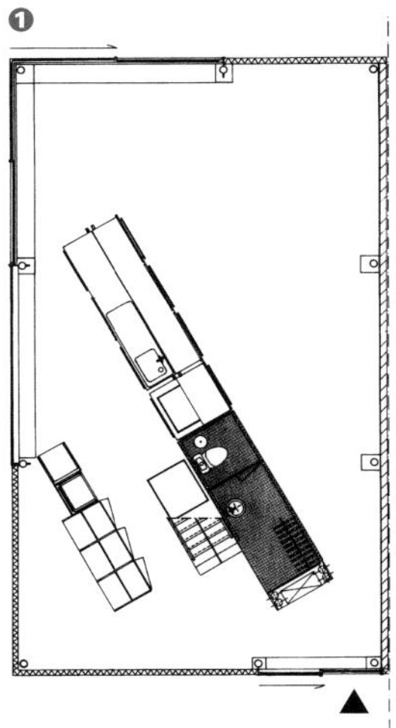

❷

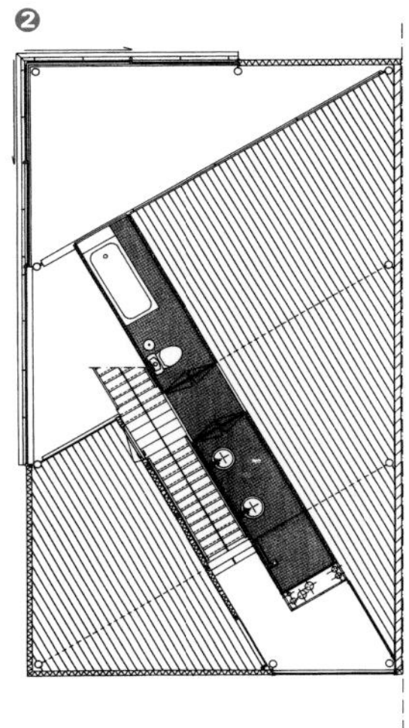

❸

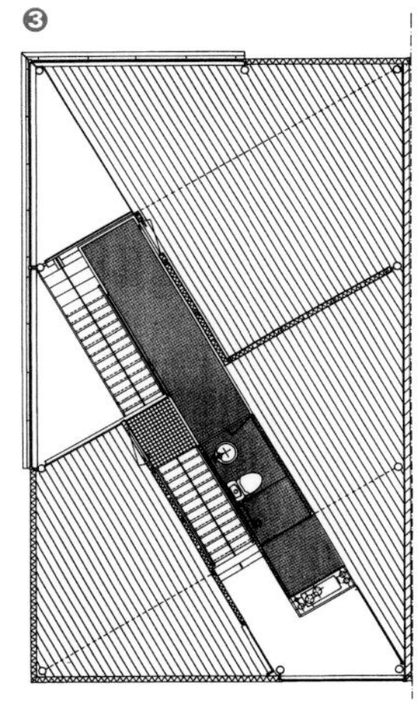

L'enveloppe est un cube d'acier, de verre et de panneaux sandwichs (essentiellement des éléments préfabriqués). L'espace intérieur ne subit pas d'autre division que le bloc sanitaire oblique (à 60°) et l'escalier à volée simple en acier rouge vif. Les planchers des étages n'étant pas entièrement fermés, certains volumes s'étendent en hauteur sur deux ou trois niveaux. Les chambres à coucher, aux étages, ont de grandes fenêtres tournées vers l'intérieur: la vue sur le dehors doit traverser l'espace intérieur. Le cube dans son ensemble est perceptible de partout, de sorte que les pièces paraissent plus grandes qu'elles ne sont en réalité. Le bloc sanitaire comprend au rez-de-chaussée la cuisine, une penderie et des WC; au premier étage, le bloc est divisé en salle de bains et douche, avec entre les deux un passage reliant les chambres à coucher de part et d'autre; au deuxième étage, il comprend encore une douche mais fonctionne surtout comme couloir desservant trois chambres. L'accès à la terrasse et au jardin se fait par des panneaux de verre mobiles hauts d'un étage (angles «à la Rietveld»).

riferito a piante 1:200

se réfère aux plans 1:200

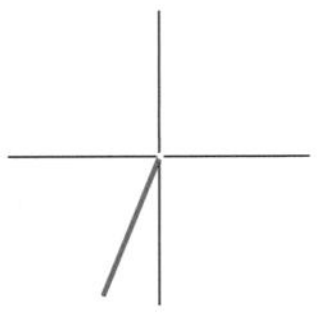

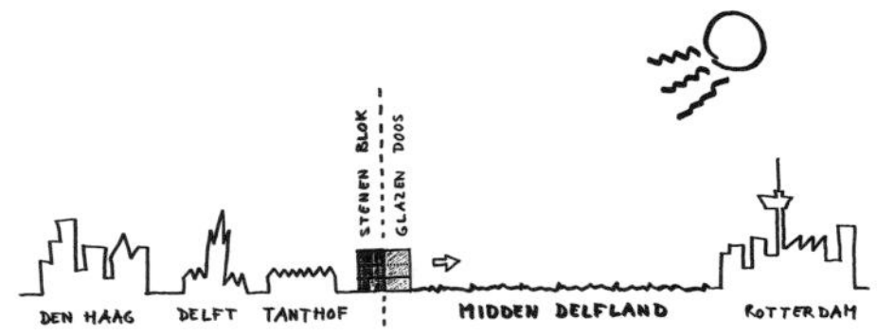

Tipologia edilizia:
8 case bifamiliari,
3 piani,
S/E/N e S/O/N

Data di costruzione:
1990

Modello di finanziamento:
edilizia privata

Superficie abitabile:
8 locali, 145 m²
senza piano interrato

Layout:
8 case bifamiliari
tra la strada e l'area verde della Midden Delfland
(concorso bandito dall'Ufficio per lo Sviluppo Urbano di Delft)

Dimensioni del lotto:
ca. 250 m²

Fred Bos,
L'Aia

Delft,
Straat van Ormoes

Verso nord la strada, verso sud la vista sul verde: di conseguenza ognuna delle case doppie è composta da due parti: la scatola di pietra e quella di vetro. La scatola di pietra si chiude su strada e contiene ingresso, cucina, garage e zona notte. La scatola di vetro apre il soggiorno completamente sul paesaggio attraverso la facciata attiva. La scala si colloca tra loro come zona di passaggio e di separazione (con armadio, WC e altro sul pianerottolo). Al pianterreno un disimpegno tra il garage e il guardaroba/WC/locale caldaia (nella scatola di pietra) porta a una camera da letto con bagnodoccia separato (scatola di vetro). Al 1° piano della scatola di vetro si trova il soggiorno (a doppia altezza), sul lato della scatola di pietra la cucina pranzo e una camera. Al 2° piano una galleria, grande abbastanza per essere una stanza, si affaccia sul soggiorno; oltre la scala, due camere e un bagno. La semplice forma della casa ha permesso un costo al metro quadro molto contenuto.

❸

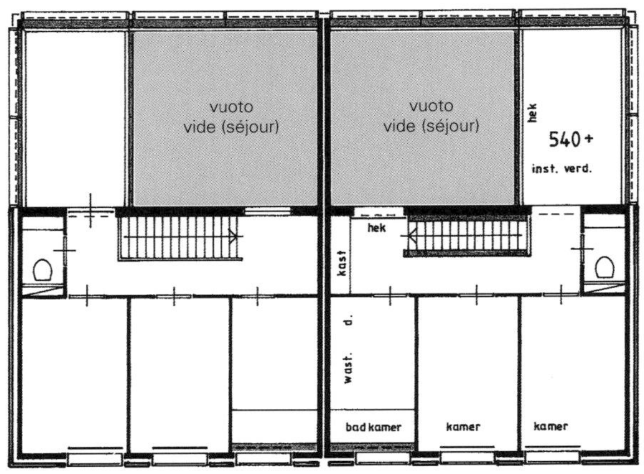

❶ Pianterreno 1:200
Plan du rez-de-chaussée 1:200

❷ 1° piano 1:200
Plan du premier étage 1:200

❸ 2° piano 1:200
Plan du deuxième étage 1:200

❷

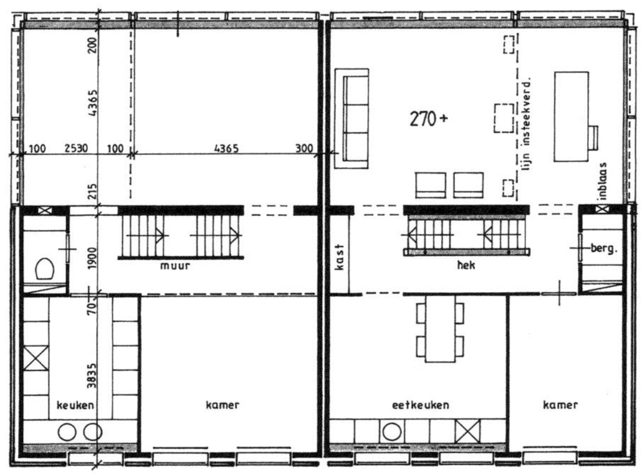

❶

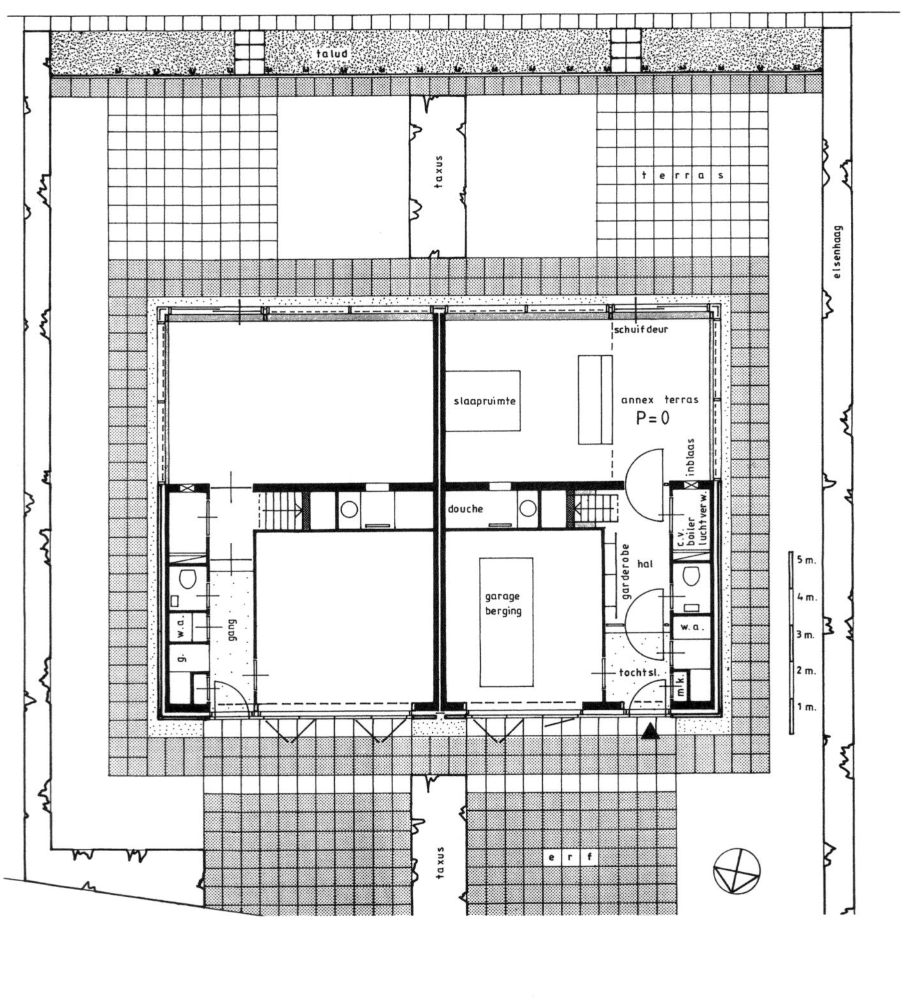

Type de construction
8 maisons jumelées, 3 niveaux,
S/E/N et S/O/N

Date de construction
1990

Financement
privé

Surface habitable
5 pièces, 145 m², sans cave

Structure
8 maisons jumelées entre la route et l'espace vert du Midden Delfland
(concours de l'Office du développement urbain de Delft)

Surface du terrain
env. 250 m²

Fred Bos,
La Haye

Delft,
Straat van Ormoes

La rue au nord, la vue sur l'espace vert au sud: les maisons se composent donc de deux parties, le « bloc de pierre » et la « boîte de verre », le premier donnant sur la rue et comprenant l'entrée, le garage, la cuisine et les chambres. La « boîte de verre » comprend l'espace de séjour, ouvert sur le paysage grâce à une façade de verre isolant. L'escalier (avec réduit, WC, etc., sur le palier) fait la séparation. Au rez-de-chaussée, un vestibule entre le garage d'un côté et la penderie, les WC et la chaufferie de l'autre (« bloc de pierre ») mène à une chambre avec douche séparée (« boîte de verre »). Au premier étage, le séjour (sur deux niveaux) se trouve dans la « boîte de verre », la cuisine avec coin-repas et les chambres à coucher dans l'autre partie. Au deuxième étage, la galerie au-dessus du séjour est suffisamment grande pour constituer une pièce en soi. Derrière l'escalier se trouvent deux chambres et une salle de bains. La simplicité de forme de la maison a permis d'obtenir un prix au mètre carré très modique.

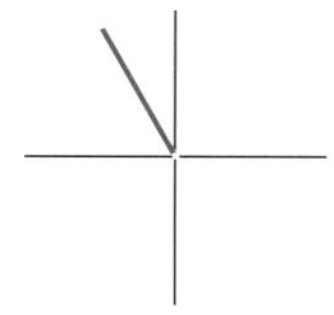

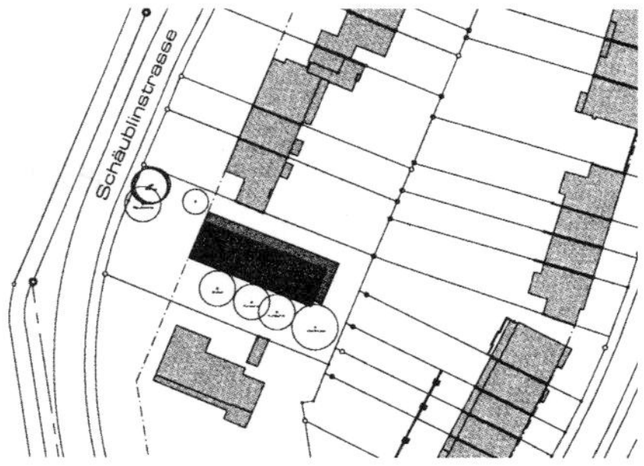

Tipologia edilizia:
casa bifamiliare isolata, alloggi sovrapposti e incrociati, 2 piani con atelier nel seminterrato, N/S/E/O

Data di costruzione:
1996

Modello di finanziamento:
edilizia privata

Superficie abitabile:
ogni appartamento 156 m², atelier nel seminterrato 46 m²

Layout:
parallelepipedo rivestito con assi in larice lungo l'intera altezza, basamento in cemento, parte sporgente ricoperta da un grigliato in legno e adibita a passerella

Dimensioni del lotto:
1097 m²

Harry Gugger, Basilea

Basilea, Bruderholz

Il fascino del lotto inedificato, che si sviluppa in profondità lungo un filare di antichi alberi da frutta, richiamò il desiderio di salvaguardare il carattere del luogo collocando l'edificio isolato nel paesaggio. Senza che dall'esterno si possa intuire, due alloggi delle stesse dimensioni, sovrapposti e incrociati, riempiono il volume del parallelepipedo. Questo permette il doppio affaccio e l'accesso diretto all'esterno a entrambe le unità. I due inquilini godono dello straordinario panorama dal soggiorno orientato su strada e della quiete della zona notte orientata verso il giardino sul retro. Nei due alloggi si percepisce l'ampiezza e l'altezza dell'edificio. Questo contribuisce alla sensazione di abitare in un casa singola invece che in un appartamento. Quando sono aperti, i grandi infissi vetrati di porte e finestre scompaiono all'interno del rivestimento in legno dell'edificio. Resta solo l'apertura totale, cosicché le stanze diventano logge. Come suggerisce l'aspetto minimalista della casa, chi vi abita viene posto in diretto contatto con la natura.

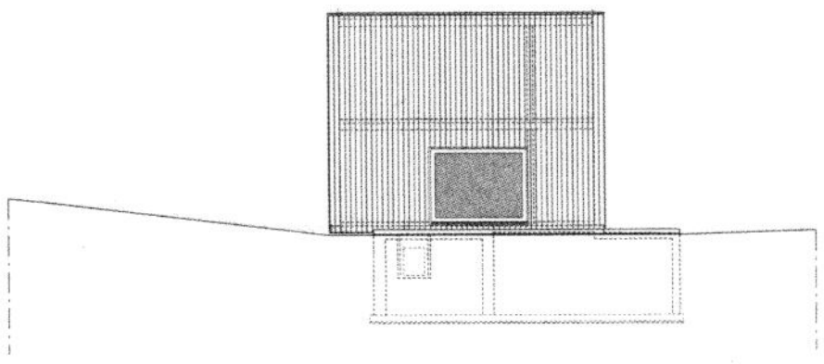
❻

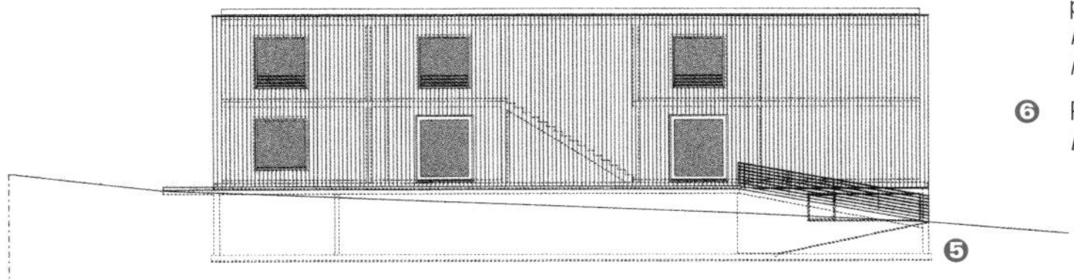
❺

❶ Seminterrato 1:400
Plan du sous-sol 1:400

❷ Pianterreno 1:400
Plan du rez-de-chaussée 1:400

❸ 1° piano 1:200
Plan du premier étage 1:200

❹ Sezione longitudinale 1:400
Coupe longitudinale 1:400

❺ Prospetto nord con passerella d'accesso
Façade nord avec la rampe d'accès

❻ Prospetto lato giardino
Élévation côté jardin

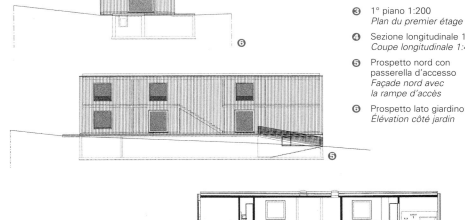

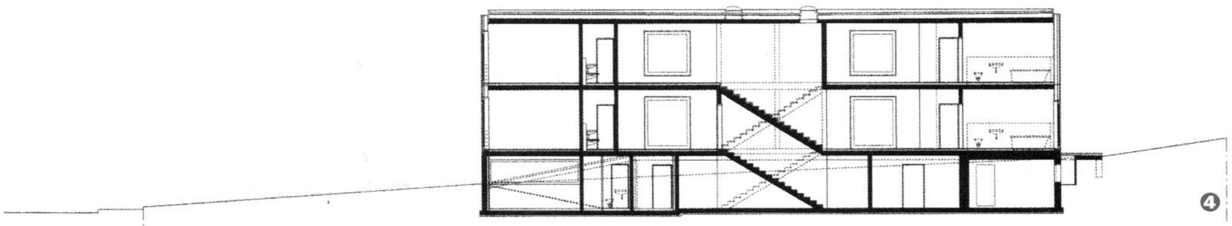
❹

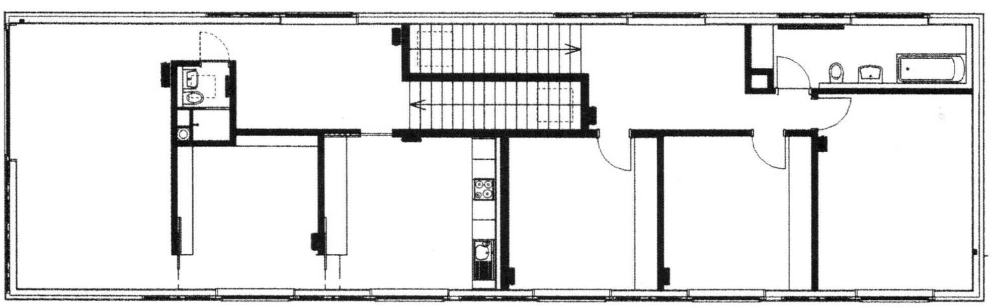
❸

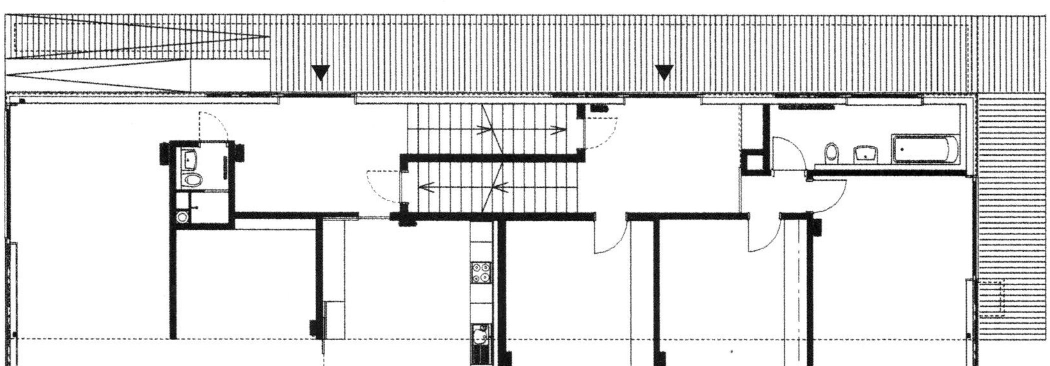
❷

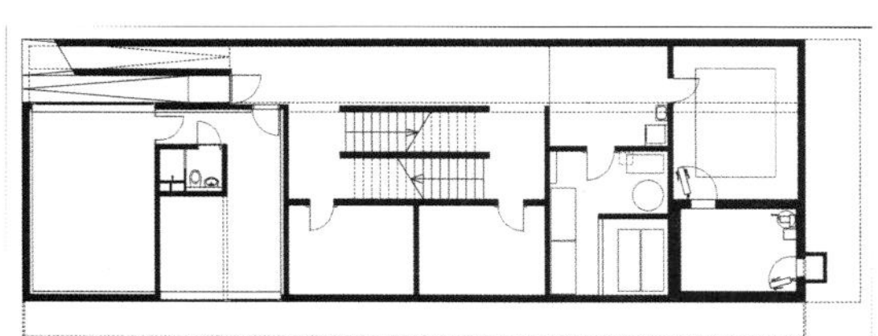
❶

Type de construction
maison jumelée isolée, appartements entrecroisés et superposés, sur 2 niveaux, atelier au rez-de-chaussée, N/S/E/O

Date de construction
1996

Financement
privé

Surface habitable
156 m² pour chaque appartement; atelier 46 m²

Structure
parallélépipède à enveloppe en lames de mélèze d'aspect marbré d'une seule pièce sur toute la hauteur, soubassement de béton, partie en bois en surplomb servant d'abri à une passerelle

Surface du terrain
1097 m²

Harry Gugger, Bâle

Bâle, Bruderholz

Lors du projet de construction sur ce terrain bordé d'une rangée d'arbres fruitiers, on a envie de préserver le charme de l'endroit. Le parallélépipède comprend deux appartements de même dimension entrecroisés sur deux niveaux, ce que les façades ne laissent pas entrevoir. Ainsi les deux appartements profitent des avantages de l'orientation et de la relation directe du rez-de-chaussée avec l'environnement. Les pièces de séjour, côté rue, offrent une superbe vue panoramique, tandis que les chambres jouissent de la tranquillité des jardins à l'arrière. Le bâtiment est partout perceptible sur toute sa profondeur et toute sa hauteur, ce qui accentue l'impression de vivre non pas en appartement, mais dans sa propre maison. Les vitrages des fenêtres et des entrées coulissent entre les revêtements de bois, ne laissant que l'ouverture. Les chambres deviennent ainsi des loggias, et les habitants peuvent engager un dialogue avec le paysage, tout comme la maison elle-même dans toute la modestie de son apparence.

2.2 Case bifamiliari

Tipologia edilizia:
casa bifamiliari, i cui due volumi si incastrano tra loro
5 piani, N/S

Data di costruzione:
1997

Modello di finanziamento:
edilizia privata

Superficie abitabile:
110/160 m²

Layout:
struttura in cemento armato, rivestita all'interno con tavole di legno compensato, all'esterno con pannelli da casseforme imbevuti di fenolo

Dimensioni del lotto:
ca. 250 m²

**Bjarne Mastenbroek/
De Architectengroep bv, Amsterdam
con Winy Maas/MVRDV, Rotterdam**

**Utrecht,
Villa KBWW**

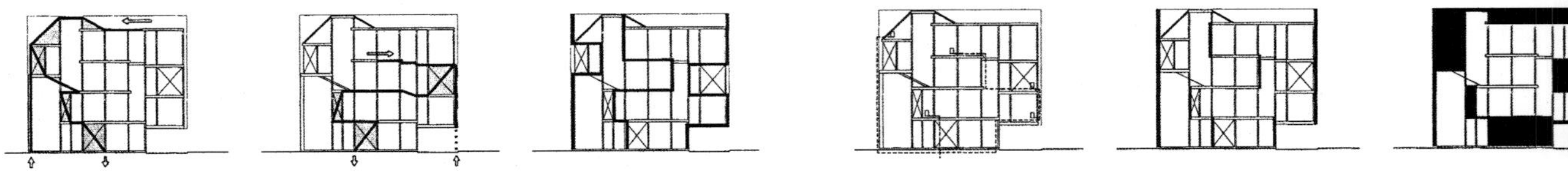

Distribuzione delle forze
Reprise des charges

Distribuzione delle forze sul livello 4
Reprise des charges au niveau 4

Suddivisione in alloggi e testate dei muri
Division des appartements et des façades

Smaltimento delle acque
Écoulement des eaux usées

Controventatura in direzione nord-sud
Contreventement dans le sens nord-sud

Superfici chiu[s]e facciata
Parties aveug[les] de la façade

Sviluppo cronologico del progetto
Déroulement chronologique du projet:

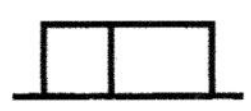

2 piani, profondità 14 m
2 niveaux, profondeur 14 m

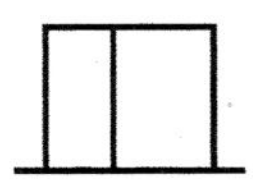

4 piani, profondità 7 m
4 niveaux, profondeur 7 m

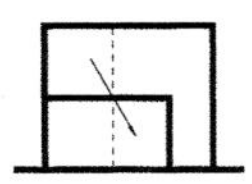

Casa nella casa, nessun accesso al tetto per la Casa 1
Maison dans la maison, pas d'accès au toit pour la maison 1

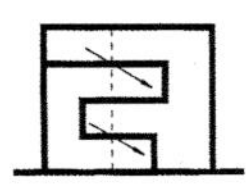

Incastro 1, nessun accesso al tetto per la Casa 1
Emboîtement 1, pas d'accès au toit pour la maison 1

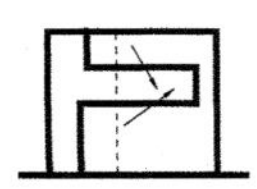

Incastro 2, accesso al giardino troppo angusto per la Casa 1
Emboîtement 2, accès au jardin trop étroit pour la maison 1

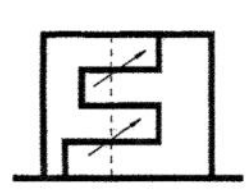

Incastro 3, accesso al giardino troppo angusto per la Casa 1
Emboîtement 3, accès au jardin trop étroit pour la maison 1

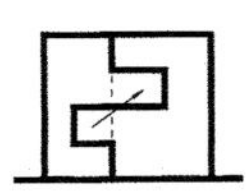

Incastro 4, accesso al tetto e al giardino per entrambe le case
Emboîtement 4, accès au toit et au jardin pour les deux maisons

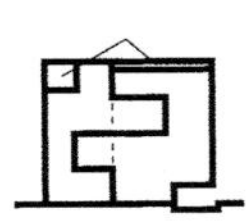

Terrazza sul tetto per la Casa 1, terrazza sul tetto e posto auto per la Casa 2
Terrasse sur le toit pour la maison 1, terrasse sur le toit et place de stationnement pour la maison 2

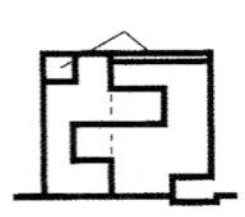

Risultato finale, camere da letto per le Case 1 e 2, il piano nobile della Casa 2 è conforme alle norme antincendio
Résultat final, chambres à coucher pour les deux maisons, étage noble de la maison 2 conforme aux normes anti-incendie

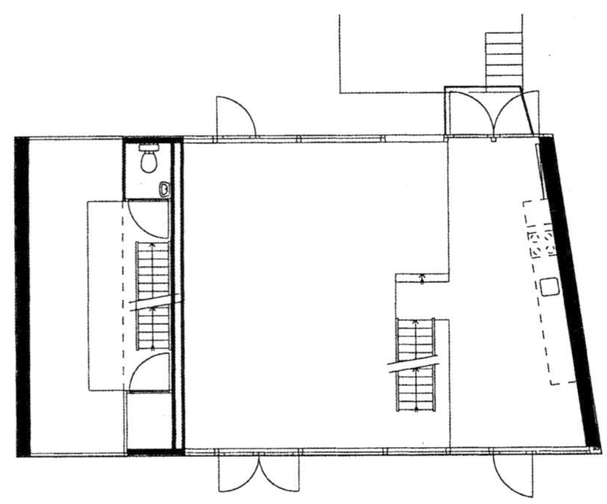

2

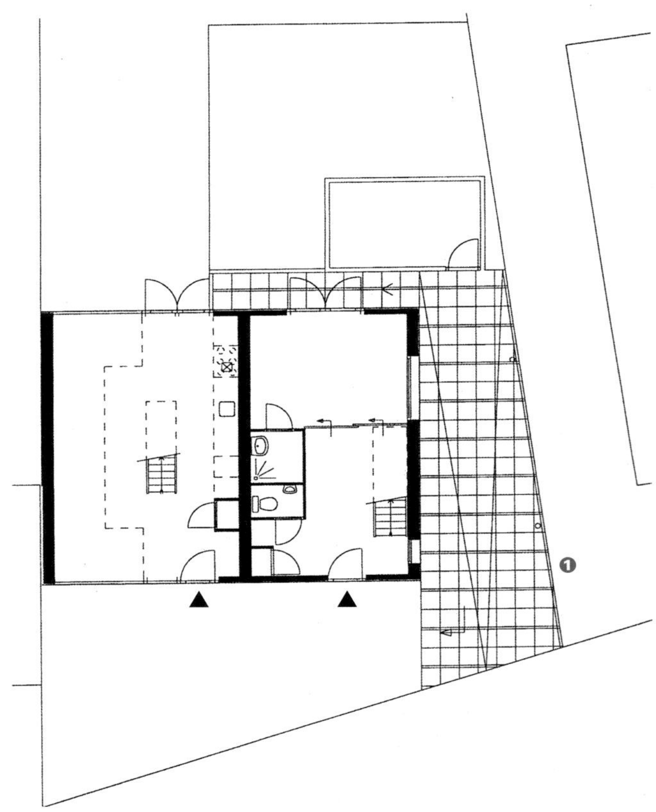

1

Questa casa bifamiliare deriva la sua struttura dal singolare processo che ha portato alla sua realizzazione e lo mette in scena. Due studi di architettura sono stati ingaggiati per conciliare i desideri di due committenti: sebbene avessero esigenze diverse, entrambi volevano l'accesso diretto alla terrazza sul tetto e la vista sul parco a sud. La superficie residenziale doveva inoltre essere suddivisa in proporzione alle loro differenti disponibilità finanziarie, ovvero 1/3 e 2/3. A seguito di una serie di proposte progettuali alternative (vedi diagrammi) la soluzione non è stata una parete divisoria verticale, ma una sequenza di segmenti di solaio e di parete dello stesso spessore, sfalsati a ogni piano – e praticamente senza pilastri: una costruzione molto ardita. L'edificio cubico è dunque composto di spazi di dimensioni diverse a ogni piano, che si incastrano tra loro. I soggiorni penetrano in profondità negli spazi dell'alloggio adiacente e godono del panorama in tutta la loro ampiezza; in particolare l'alloggio di sinistra, il più piccolo, dall'andamento decisamente verticale, approfitta dell'orizzontalità di questo vano. Lo spazio fluisce da un locale all'altro, tutti ampiamente vetrati; solo le camere da letto e i bagni sono chiusi verso l'esterno. In questo modo il meandro di separazione tra i due alloggi risalta ancora di più nella facciata.

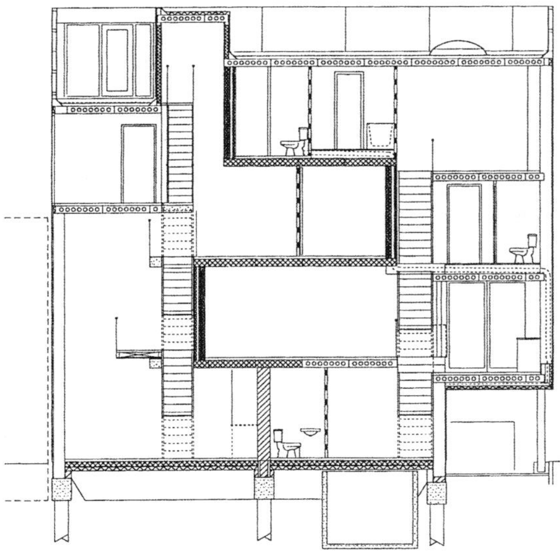

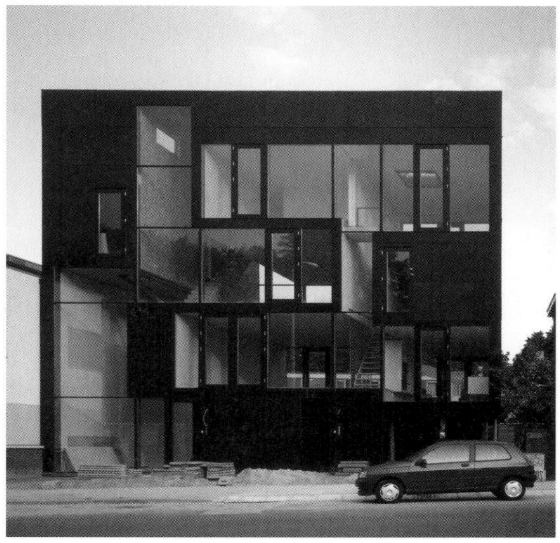

Type de construction
maisons jumelées dont les volumes sont emboîtés l'un dans l'autre, 5 niveaux, N/S

Date de construction
1997

Financement
privé

Surface habitable
110/160 m²

Structure
construction en béton armé revêtu à l'intérieur de panneaux de contreplaqué, à l'extérieur de panneaux traités au phénol

Surface du terrain
env. 250 m²

Bjarne Mastenbroek/ De Architectengroep bv, Amsterdam, en collaboration avec Winy Maas/MVRDV, Rotterdam

Utrecht, Villa KBWW

➊ Pianterreno. Casa 1: cucina, Casa 2: posto auto sotto l'edificio, stanza degli ospiti e capanno per gli attrezzi in giardino 1:200
Rez-de-chaussée. Maison 1 : cuisine. Maison 2 : parking sous la maison, chambre d'amis et local de rangement dans le jardin 1:200

➋ 1° piano. Casa 1: balconata della biblioteca, Casa 2: ampia zona giorno 1:200
Premier étage. Maison 1 : galerie bibliothèque. Maison 2 : grand séjour 1:200

➌ 2° piano. Casa 1: zona giorno, Casa 2: camere da letto 1:200
Deuxième étage. Maison 1 : séjour. Maison 2 : chambres à coucher 1:200

➍ 3° piano. Casa 1: camere da letto, Casa 2: camere da letto/studio 1:200
Troisième étage. Maison 1 : chambres à coucher, Maison 2 : atelier/chambre à coucher 1:200

➎ 4° piano. Casa 1: ultimo piano con bagno e terrazza, Casa 2: terrazza sul tetto 1:200
Quatrième étage. Maison 1 : toit avec salle de bains et terrasse. Maison 2 : toit-terrasse 1:200

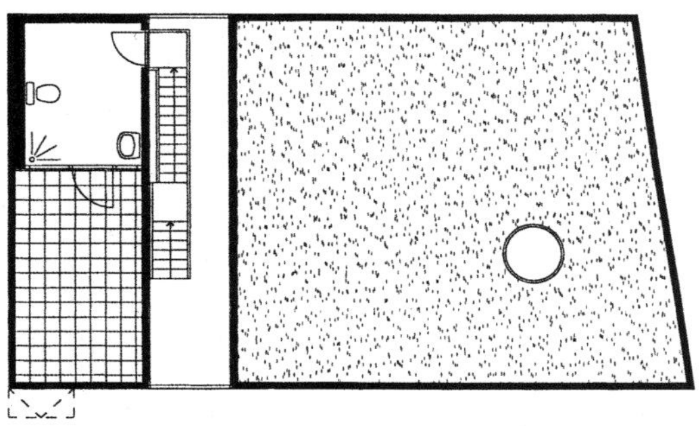
➎

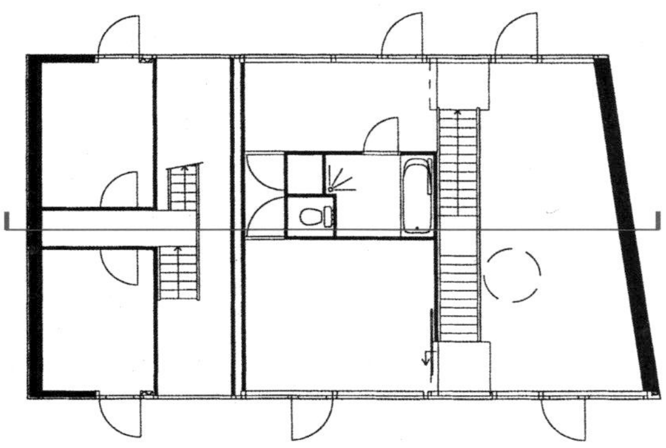
➍

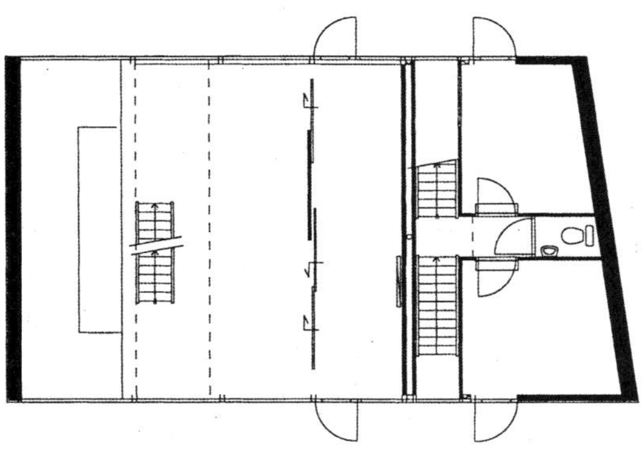
➌

La structure de cette maison est le résultat d'un processus de création très particulier qu'elle met bien en évidence. Le mandat a été donné à deux bureaux d'architecture de réunir sous un seul toit les désirs de deux propriétaires différents dont les conceptions divergeaient fortement, mais qui tous deux voulaient un accès direct à la terrasse sur le toit et au jardin, ainsi que la vue sur le parc au sud. La surface habitable devait être répartie en fonction des ressources financières respectives, soit $^1/_3$ – $^2/_3$. Au terme de diverses recherches (voir les diagrammes), la solution retenue a été la suivante : une séparation pas toujours verticale, mais d'épaisseur continue, tantôt mur, tantôt plafond, et cela presque sans appuis, avec les complications inévitables pour la statique du bâtiment. Le cube se compose donc de volumes de diverses largeurs emboîtés les uns dans les autres. Les pièces de séjour s'avancent profondément dans la maison du voisin et jouissent sur toute leur largeur de la vue sur le parc. Ce grand espace horizontal crée un effet particulièrement agréable dans le petit appartement, au demeurant très vertical. Seules les chambres à coucher et les salles de bains forment des volumes clos. La ligne brisée qui sépare les deux appartements est ainsi bien visible en façade.

riferito a piante 1:200

se réfère aux plans 1:200

2.2 Case bifamiliari

Maisons jumelées 2.2

Tipologia edilizia:
case galleggianti variamente combinabili in case bifamiliari

Data di costruzione:
2001

Modello di finanziamento:
cooperativa edilizia Het Oosten

Superficie abitabile:
tipo A: 140 m²/ tipo B: 130 m²

Layout:
2 case unifamiliari tipo A e tipo B, 2 case bifamiliari tipo b + tipo A e tipo B + tipo B, piattaforma galleggiante in polistirolo con strato di cemento, facciata prefabbricata in pannelli di legno rivestita d'alluminio

Dimensioni del lotto:
piattaforma galleggiante con 4 case di 8 x 7,7 m

Art Zaaijer, Amsterdam

Amsterdam, Ij-Burg, Case galleggianti

All'interno di un ampio progetto di rinnovamento urbano, Amsterdam ha sperimentato sull'isola di Ij-Burg tutte le forme di residenza nei pressi dell'acqua, tra cui questo progetto pilota con 4 case uni- o bifamiliari. Nelle intenzioni dei progettisti le case su pontili galleggianti sono indipendenti dal luogo, offrendo ai proprietari la possibilità di ancorarle nel tempo in luoghi diversi. Queste case devono dunque adattarsi facilmente a nuovi contesti in termini di orientamento (cellule fotovoltaiche sul tetto), di affaccio, ecc.
La soluzione è data dalle pareti perimetrali portanti e dal nucleo interno con scala, attorno al quale i vani si dispongono liberamente. In questo modo, in teoria, le funzioni possono scambiarsi di posto sui 3 piani previsti. Furono progettate due tipologie che si lasciano variamente combinare in case bifamiliari. Il tipo A prevede soggiorno e cucina a livello dell'acqua, con una terrazza galleggiante di fronte e le camere al 1° piano. Nel tipo B le camere sono sotto; al piano superiore soggiorno e cucina si aprono sulla terrazza; al di sopra si trova uno studio / camera da letto che ha dimensioni ridotte rispetto all'analoga del tipo A, ma che lascia spazio a un'ampia terrazza. La facciata in pannelli di legno permette al proprietario di ricavare nuove finestre o aperture, chiudendone altre, allo scopo di adattare la casa ai mutamenti delle sue esigenze e del contesto.

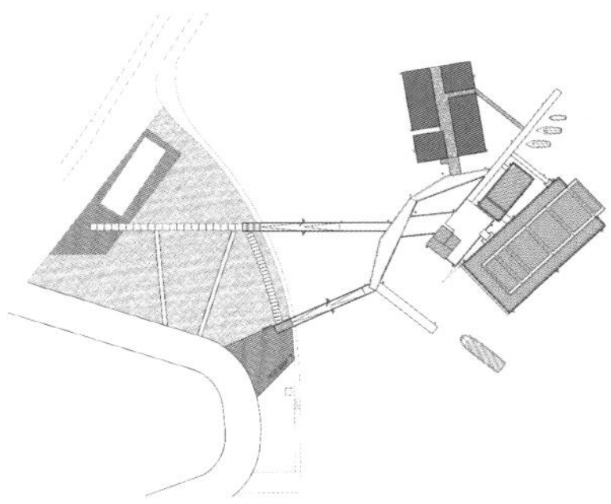

1. Tipo B + A, pianterreno 1:200
Types B et A: rez-de-chaussée 1:200
2. Tipo B + A, 1° piano 1:200
Types B et A: 1er étage 1:200
3. Tipo B + A, 2° piano 1:200
Types B et A: 2e étage 1:200
4. Prospetti e sezioni casa bifamiliare tipo B + A
Élévations et coupes maisons B et A jumelées
5. Prospetti e sezioni casa bifamiliare tipo B + B
Élévations et coupes maisons B et A jumelées

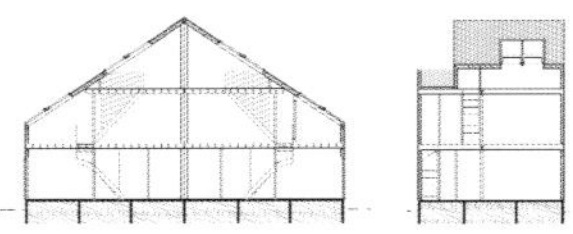

4

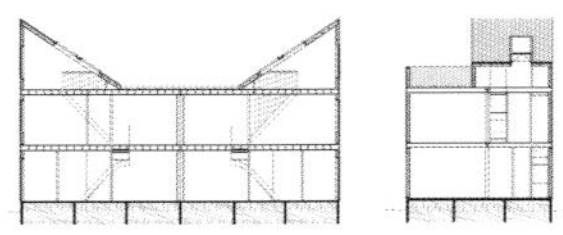

5

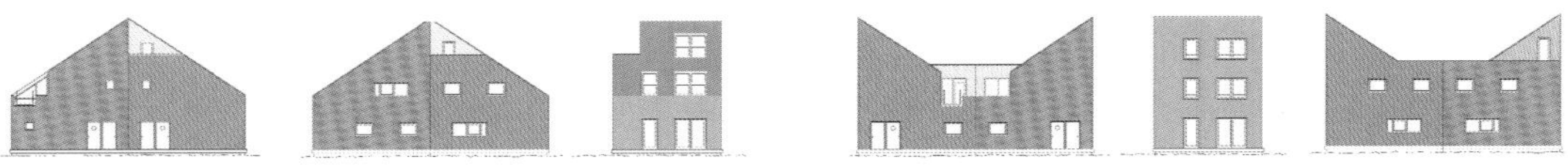

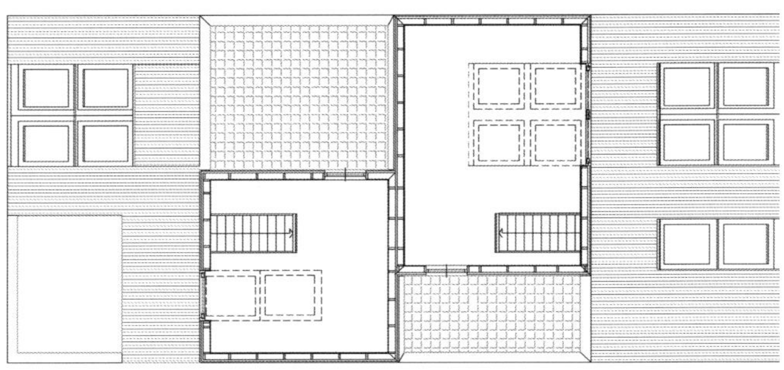

3

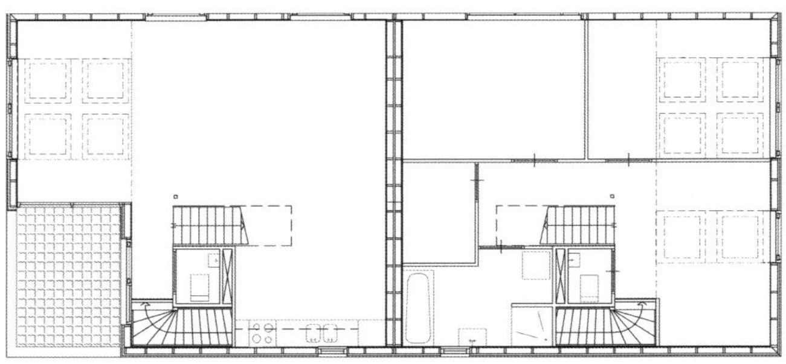

2

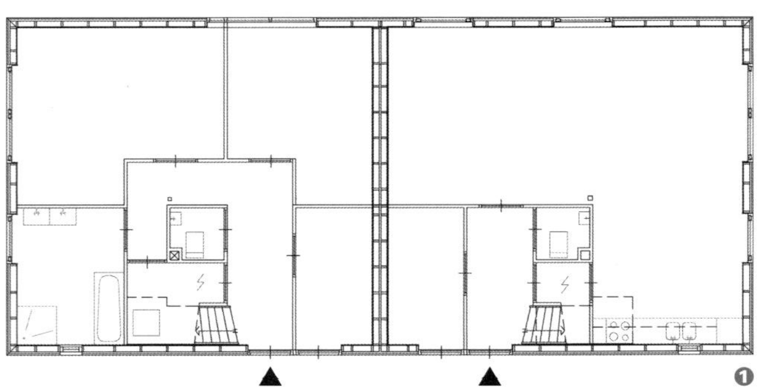

1

Type de construction
maisons flottantes pouvant être accoltées de diverses manières

Date de construction
2001

Financement
société immobilière Het Oosten

Surface habitable
type A: 140 m² / type B: 130 m²

Structure
deux maisons familiales (types A et B), deux maisons jumelées (B+A et B+B), plate-forme flottante en polystyrène expansé avec couche de ciment, façades en panneaux de bois préfabriqués revêtus d'aluminium

Surface du terrain
plate-forme flottante portant 4 maisons de 8 x 7,7 m

Aart Zaaijer, Amsterdam

Amsterdam, Ij-Burg, maisons sur l'eau

Dans le cadre de son programme d'extension, la ville d'Amsterdam explore les possibilités de construction au bord de l'eau sur l'île d'Ij-Burg. Ce groupe de quatre maisons sur ponton en fait partie. Leur conception est indépendante du site et les propriétaires ont la possibilité de s'amarrer ailleurs. Les maisons doivent donc pouvoir s'adapter à un nouvel environnement et à des conditions d'orientation différentes (capteurs solaires sur le toit, vue, etc.). Elles ont une façade porteuse et un bloc sanitaire fixe au milieu, avec l'escalier, autour duquel les pièces peuvent être librement agencées. Les fonctions sont donc théoriquement interchangeables sur les trois niveaux prévus. Les deux types de maison peuvent être accouplés de diverses manières. Le type A prévoit le séjour et la cuisine au niveau de l'eau, avec une terrasse flottante, et les chambres à l'étage. Le type B a les chambres en bas, le séjour et la salle à manger à l'étage, avec une terrasse; au deuxième étage se trouve une chambre (ou bureau), plus petite que dans le type A, laissant de la place pour une terrasse sur le toit. Les façades sont en panneaux de bois pour permettre au propriétaire de changer les ouvertures des fenêtres.

Tipologia edilizia:
edificio "a corte", 2 piani

Data di costruzione:
2002

Modello di finanziamento:
edilizia privata

Superficie abitabile:
170 m²

Layout:
casa con struttura in acciaio, controventata con pannelli in vetro, zinco e cartongesso, sospesa su pilotis; sotto, garage (160 m²) sostenuto da una costruzione in acciaio alta ca. 8 m, profondità della casa 16 m

Dimensioni del lotto:
ampio parcheggio di 350 m²

Victoria Acebo + Angel Alonso, Madrid

Urretxu Guipúzcoa, Paesi Baschi, Spagna, Casa M-U

Il lotto in pendenza, profondo 12 m, esigeva soluzioni particolari: la costruzione in acciaio sostiene una superficie in aggetto su tutti i lati, un parcheggio di 350 m² raggiungibile tramite rampe in discesa sui due lati. Su questo è sospeso un edificio in acciaio e vetro di 2 piani con patio centrale che migliora le condizioni di aeroilluminazione e garantisce intimità allo spazio privato all'aperto. La struttura in acciaio dell'edificio è completamente vetrata verso il patio, verso strada e sul retro – singole parti sono opache dove richiesto. Una parete a tutta altezza in corrispondenza dell'asse di simmetria separa i due alloggi. A causa della vicinanza degli edifici confinanti quasi tutti i vani si affacciano sulla corte interna, che articola le due unità in verticale e in orizzontale in due parti e, come nel soggiorno, è rivestita in legno. Sotto, in corrispondenza dell'ingresso, si trovano la cucina e la sala da pranzo, di fronte al soggiorno in parte a doppia altezza. Il piano superiore ospita le camere da letto e i bagni. Grazie alla sottile e trasparente struttura portante e alla leggerezza del disegno di facciata, l'edificio appare come sospeso.

❸

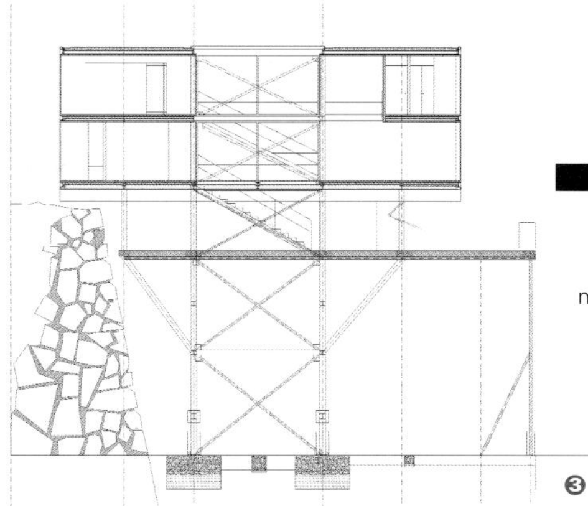

❶ Pianterreno e 1° piano 1:200
Rez-de-chaussée et 1er étage 1:200

❷ Sezione e prospetto 1:400
Coupe et élévation 1:400

❸ Sezione longitudinale 1:400
Coupe longitudinale 1:400

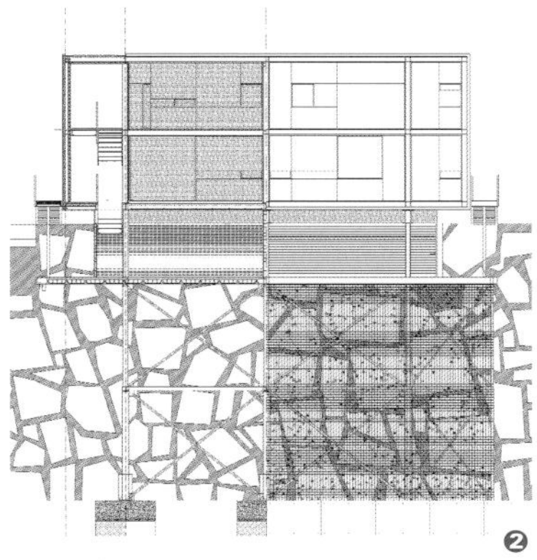

❷

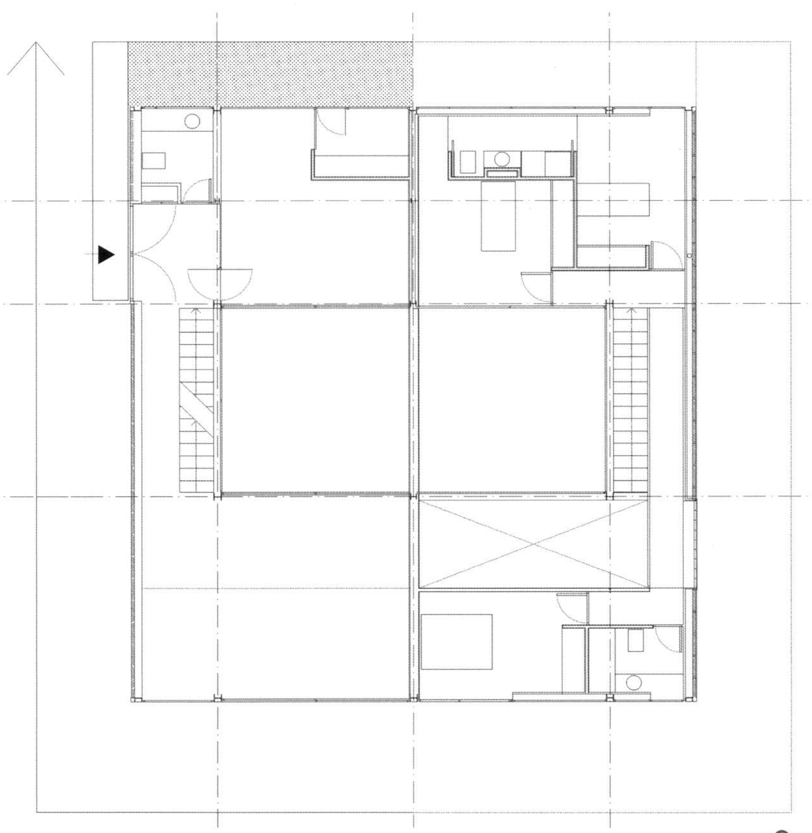

❶

Type de construction:
maison à cour intérieure, 2 niveaux

Date de construction
2002

Financement:
privé

Surface habitable:
170 m²

Structure:
ossature d'acier, verre et panneaux de zinc/placoplâtre, sur piliers, garage en dessous (160 m²), portée par une structure d'acier de 8 m de haut, profondeur de la maison 16 m

Surface du terrain:
plate-forme de 350 m²

Victoria Acebo + Angel Alonso, Madrid

Urretxu, Guipúzcoa (Pays basque espagnol), Maison M–U

Il fallait pour ce terrain en pente, d'une largeur de 12 m, une solution particulière. Une plate-forme de 350 m², accessible de deux côtés par des escaliers, est portée par une structure en acier. Sur cette plate-forme, une maison en verre et acier à deux niveaux avec un patio pour améliorer l'éclairage et la ventilation et offrir davantage d'intimité dans l'espace extérieur. Les façades sont complètement vitrées sur plusieurs côtés (patio, rue, arrière avec la vue), à l'exception de quelques panneaux opaques. Une paroi transversale sur toute la hauteur divise la maison en deux moitiés égales. Les constructions du voisinage ont amené à tourner presque toutes les pièces vers le patio, qui forme une articulation horizontale et verticale entre les deux moitiés et qui est revêtu de bois comme les pièces de séjour. La cuisine et la salle à manger se trouvent vers l'entrée, en face du séjour (en partie sur deux niveaux). Les chambres et les salles de bains sont à l'étage. Avec les minces piliers qui la supportent et la légèreté de ses façades, la maison donne l'impression de léviter.

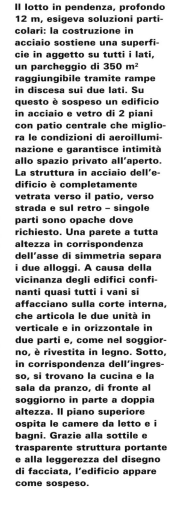

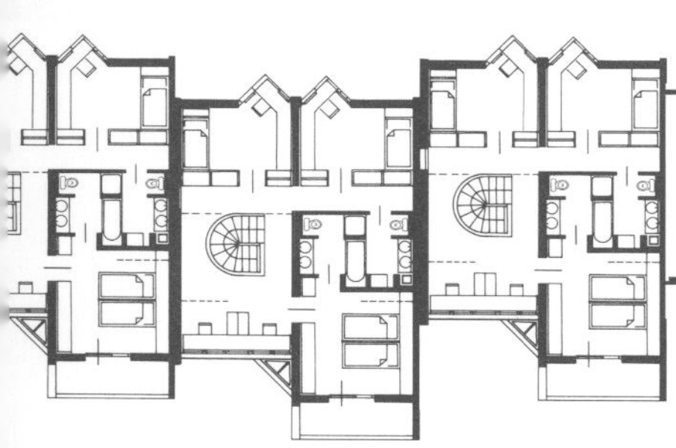

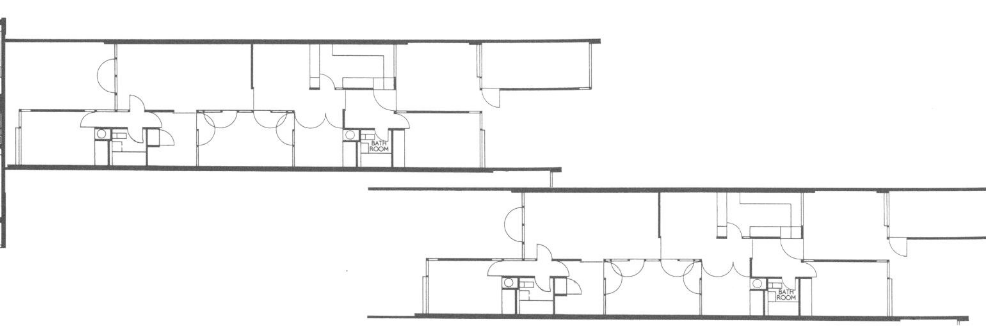
BATH ROOM
BATH ROOM

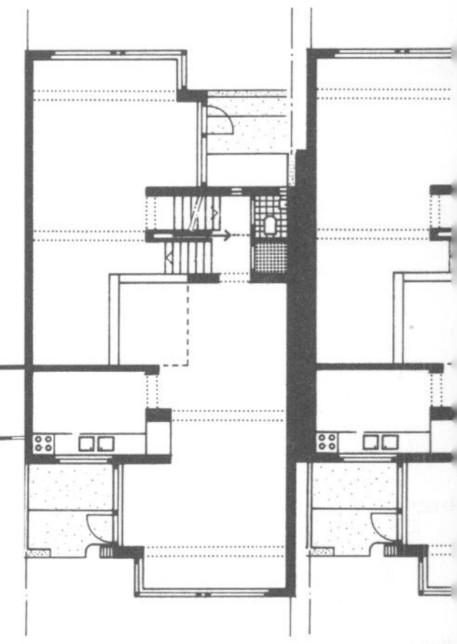

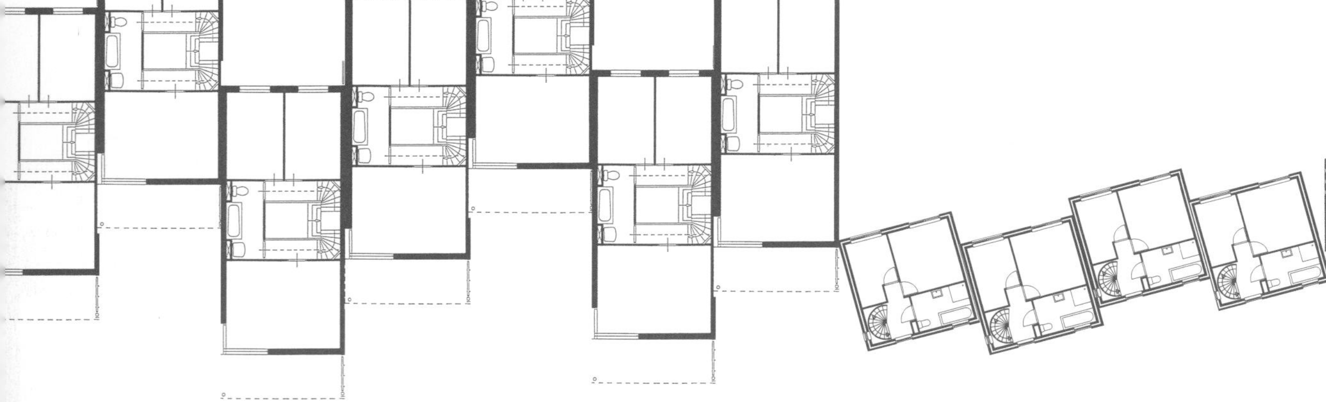

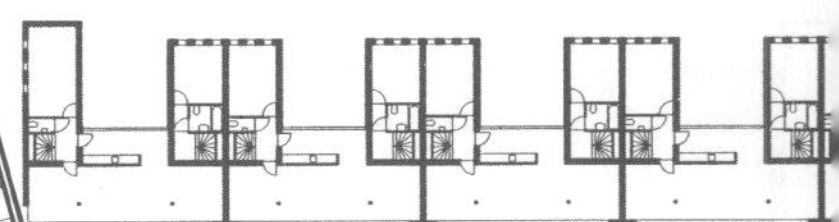

Case a schiera

Nelle case unifamiliari a schiera le libertà progettuali sono ulteriormente limitate. Lo spazio aperto è rigidamente suddiviso in due ambiti: pubblico-semipubblico sul fronte e privato sul retro della casa. L'area verde di ridotte dimensioni deve essere protetta dagli sguardi indiscreti con siepi, muri, ringhiere, pergolati, garage. L'affaccio è possibile solo su due lati. A livello urbanistico questa tipologia è flessibile in altezza, larghezza e profondità; ciò dà luogo a molte varianti planimetriche. Allo scopo di raggiungere la densità richiesta, le case sono spesso a due o più piani. La semplice articolazione – zona giorno sotto e zona notte sopra – varia in soluzioni più recenti con l'utilizzo di diverse altezze o tipologie con piani sfalsati e spazio fluido. Più raramente la casa a schiera diventa un involucro all'interno del quale l'abitante suddivide liberamente lo spazio. A livello di tessuto urbano i progetti più recenti tendono a rendere meno cogente la schiera introducendo rotazioni, incastri e tagli per contrastare la monotonia.

Maisons en rangée

La disposition en rangée impose des contraintes. Il faut une stricte division entre zone publique ou semi-publique devant la maison et zone privée à l'arrière. L'espace vert est réduit et doit être protégé des regards par des haies, des murs, des clôtures, des pergolas ou des garages. Les maisons ne peuvent être orientées que sur deux côtés. Du point de vue urbanistique, des variations sont possibles dans la hauteur, la largeur et la profondeur, d'où une diversité de plans. La recherche de densité de construction pousse à édifier des maisons à deux niveaux ou plus. Le schéma de base (séjour en bas, chambres en haut) connaît des variantes avec des hauteurs de pièces inégales, des niveaux décalés ou des pièces non cloisonnées. La maison comme simple enveloppe bâtie aménageable selon les désirs du propriétaire est encore rare dans cette catégorie. Diverses réalisations récentes ont cherché à rompre la monotonie du plan de lotissement en faisant pivoter ou en intervertissant des éléments, en introduisant des ruptures ou en créant des échelonnements.

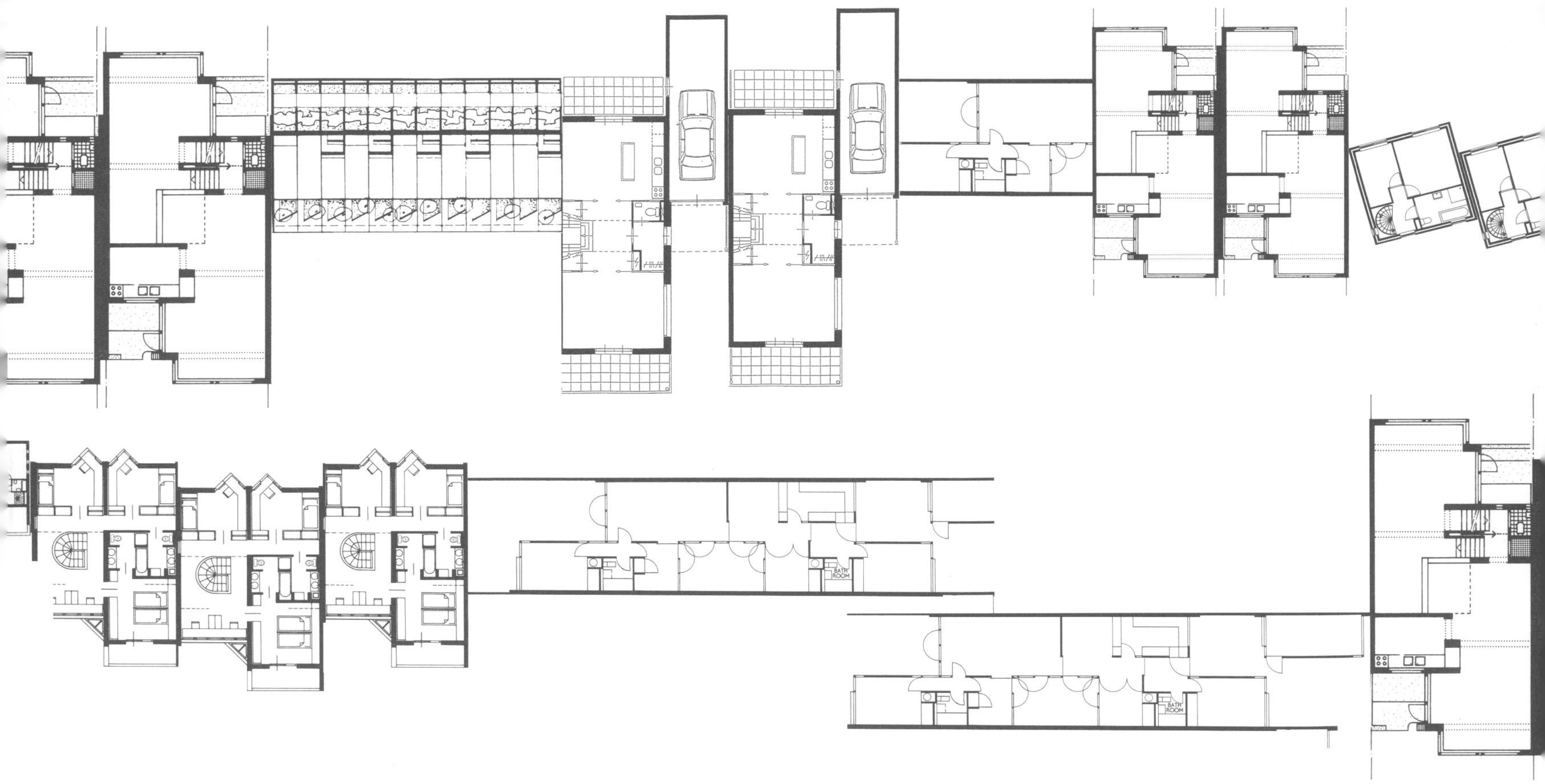

riferito a piante 1:200

se réfère aux plans 1:200

2.3 Case a schiera

Tipologia edilizia:
case a schiera, 1 piano, NE/SO

Data di costruzione:
1964

Modello di finanziamento:
edilizia privata
("low budget")

Profondità dell'edificio:
9,9-25,3 m
(larghezza 7,3 m)

Layout:
fitto insediamento di 28 unità parallele e profonde, con cortile interno

Tagli residenziali:
appart. da 2 locali, 58 m² (11);
appart. da 3 locali, 86 m² (10);
appart. da 4 locali, 112 m² (5);
appart. da 5 locali, 125 m² (2)

Parcheggio:
garage

Spazi aperti:
patio, giardini, spazi verdi comuni, aree giochi

Peter Phippen,
Peter Randall,
David Parkes,
Londra

Londra-Hatfield,
The Ryde

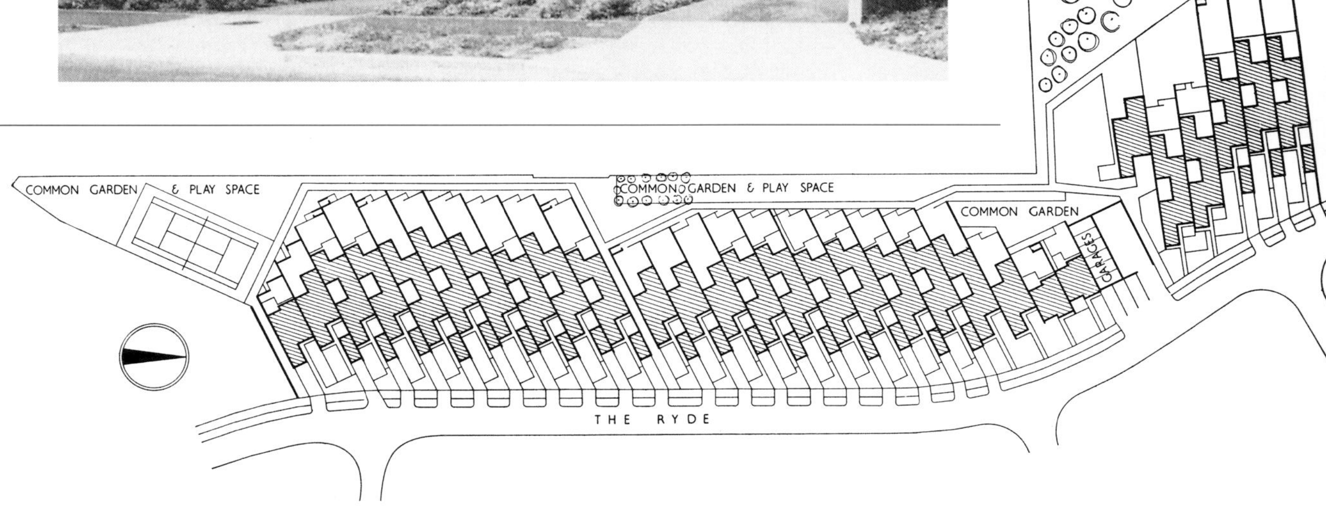

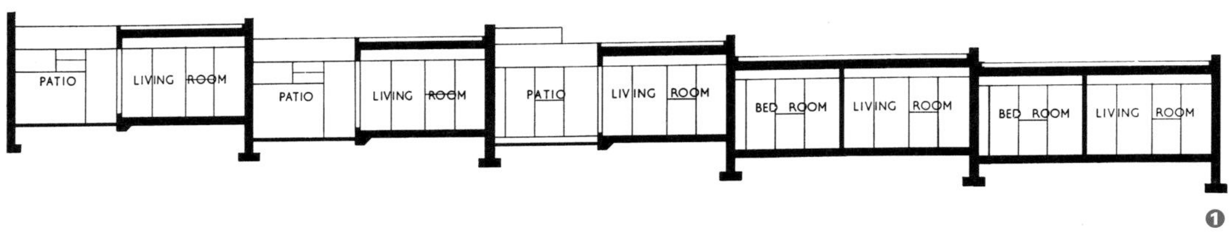

❶

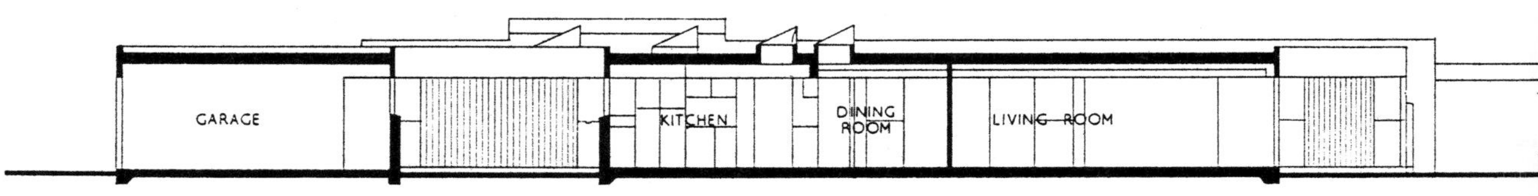

❷

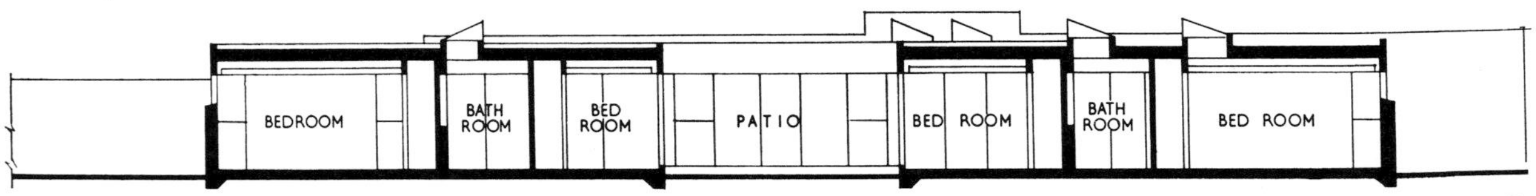

❷

Alloggi di alta qualità nonostante i costi piuttosto bassi, grazie alla larghezza ridotta e alla semplicità costruttiva delle unità (setti portanti in cemento armato, travi in legno). Il complesso di 28 alloggi monopiano disposti a spina di pesce è scandito dai setti in rilievo che delimitano gli spazi aperti (sul fronte, nel retro e, negli alloggi più grandi, nei cortili interni). Gli spazi aperti sono strettamente connessi agli interni e, a parte la cucina e il bagno, sono definiti da pareti scorrevoli, e dunque flessibili nell'uso. Entrando si percepisce immediatamente l'intera profondità dell'alloggio fino al giardino. I vani a destra e sinistra appaiono come insenature, e rendono spazioso l'alloggio. L'abile sistema di illuminazione naturale – con finestre a tutta altezza, patio e lucernari – contribuisce a rendere la casa ampia e luminosa. La dimensione degli alloggi è definita dalla profondità del corpo di fabbrica lungo i setti portanti.

Type de construction
maisons familiales en rangée, 1 niveau, NE/SO

Date de construction
1964

Financement
privé (pour revenus modestes)

Profondeur des maisons
9,9-25,3 m (largeur 7,3 m)

Structure
28 lots parallèles tout en longueur, maisons profondes, avec cour intérieure

Surface habitable
app. 2 p., 58 m² (11 unités)
app. 3 p., 86 m² (10 unités)
app. 4 p., 112 m² (5 unités)
app. 5 p., 125 m² (2 unités)

Places de stationnement
garages

Espaces extérieurs
cours intérieures, espace vert commun, places de jeu

Peter Phippen, Peter Randall, David Parkes, Londres

Londres-Hatfield, The Ryde

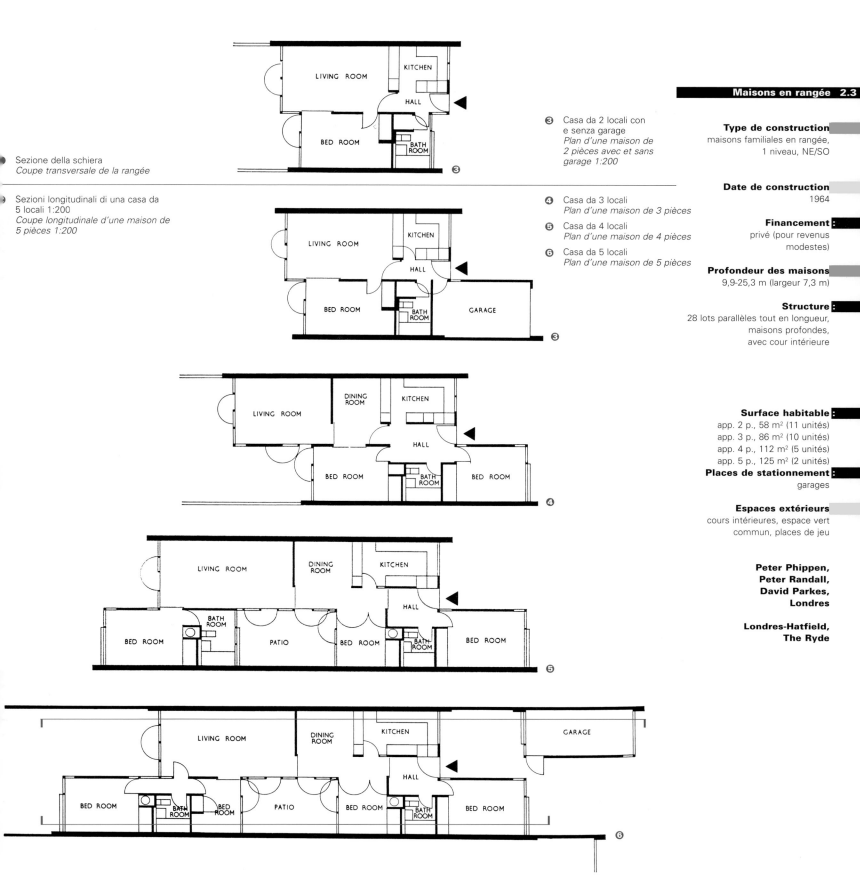

Sezione della schiera
Coupe transversale de la rangée

Sezioni longitudinali di una casa da 5 locali 1:200
Coupe longitudinale d'une maison de 5 pièces 1:200

❸ Casa da 2 locali con e senza garage
Plan d'une maison de 2 pièces avec et sans garage 1:200

❹ Casa da 3 locali
Plan d'une maison de 3 pièces

❺ Casa da 4 locali
Plan d'une maison de 4 pièces

❻ Casa da 5 locali
Plan d'une maison de 5 pièces

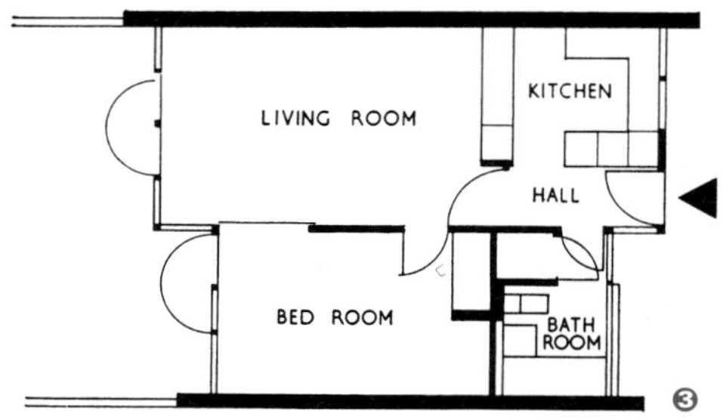

❸

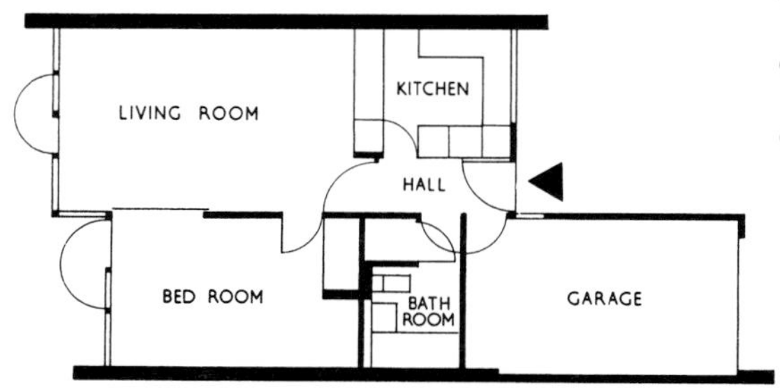

❸

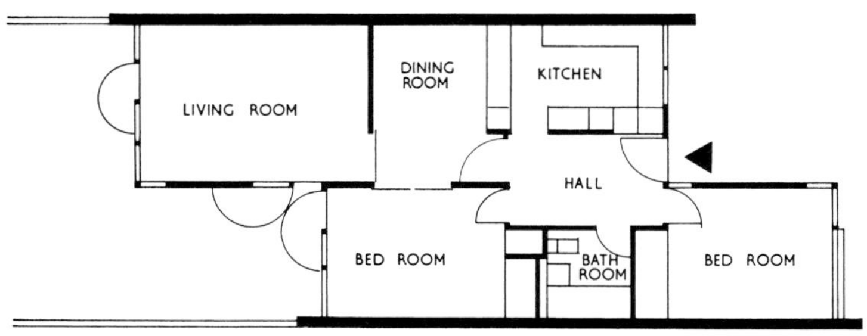

❹

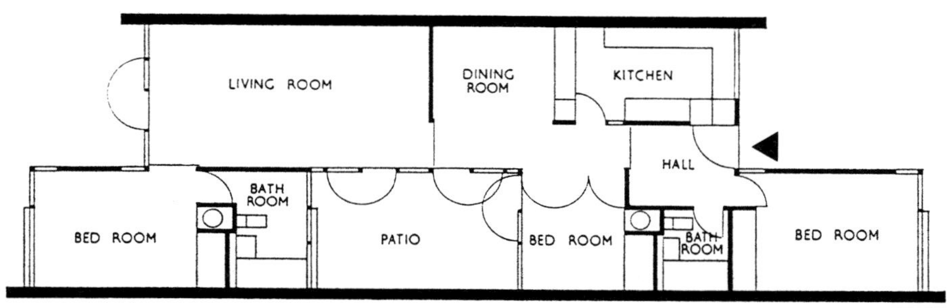

❺

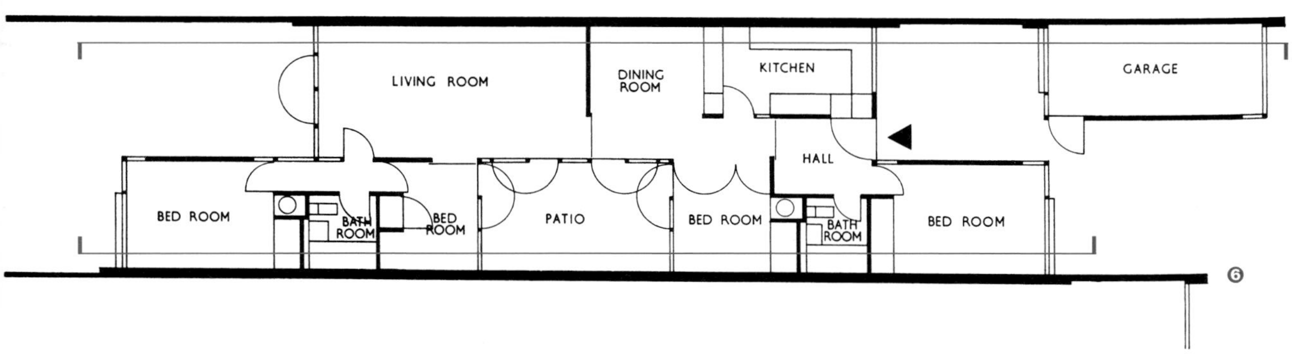

❻

Cet ensemble offre une haute qualité d'habitation en dépit de coûts de construction peu élevés grâce à la faible largeur des maisons et à une structure simple (murs mitoyens de béton, tirants de bois). Il comprend 28 maisons d'un étage disposées obliquement dans la rangée, et est rythmé par la saillie des murs mitoyens délimitant les maisons et leurs espaces ouverts (à l'avant et à l'arrière de la maison, plus une cour intérieure pour les maisons les plus grandes). Il y a ainsi une interpénétration entre les espaces extérieurs et intérieurs. À l'exception de la cuisine et de la salle de bains, les espaces intérieurs sont presque tous délimités par des parois coulissantes et peuvent donc être adaptés à divers usages. Passé l'entrée, l'appartement offre la vue sur toute sa longueur, jusque dans le jardin. Les pièces qui s'ouvrent à gauche et à droite de cet axe créent l'impression d'un espace plus grand, impression renforcée par l'éclairage naturel que fournissent des baies vitrées sur toute la hauteur, une cour intérieure vitrée et des fenêtre zénithales. Les variations de surface sont obtenues par une plus ou moins grande longueur construite entre des murs mitoyens à intervalle fixe.

riferito a piante 1:200

se réfère aux plans 1:200

2.3 Case a schiera

Tipologia edilizia:
"case ad albero", 3 piani, orientamento verso l'alto in tutte le direzioni

Data di costruzione:
1974-1976
1977-1984

Modello di finanziamento:
edilizia sociale

Profondità dell'edificio:
ca. 11 m

Layout:
case unifamiliari, impostate a partire dal 1° piano, allineate a schiera con pareti perimetrali inclinate
Helmond: 3 prototipi e centro sociale
Rotterdam: 38 unità

Tagli residenziali:
Helmond: 3-4 locali, 90 m²;
Rotterdam: 102 m²
(1° piano 24 m²/2° piano 60 m²/ ultimo piano 18 m²)

Parcheggio:
area riservata sulla strada

Spazi aperti:
spazi aperti sotto le "case ad albero"

Piet Blom, Enschede

Helmond, Oude Haven/ Rotterdam-Blaak

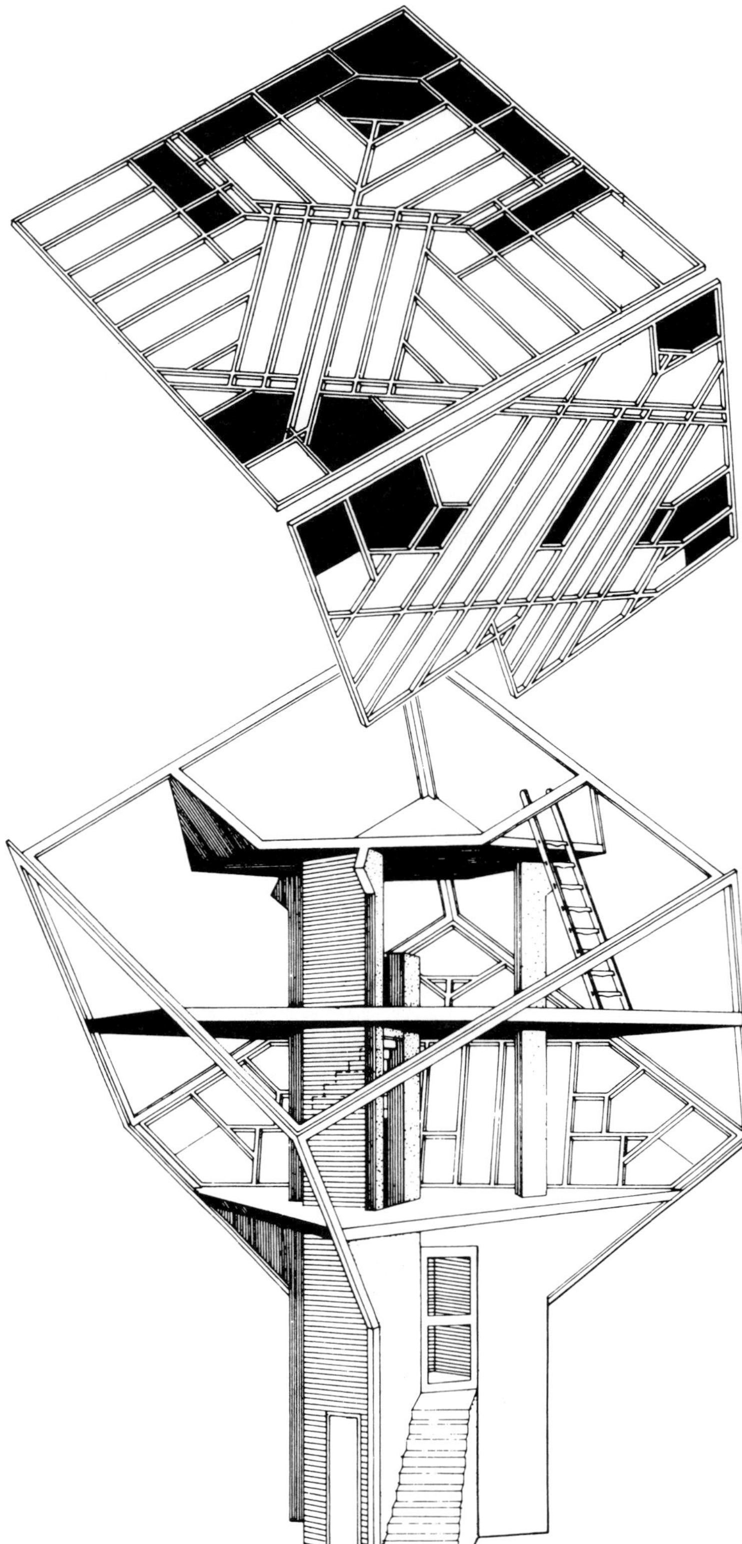

1

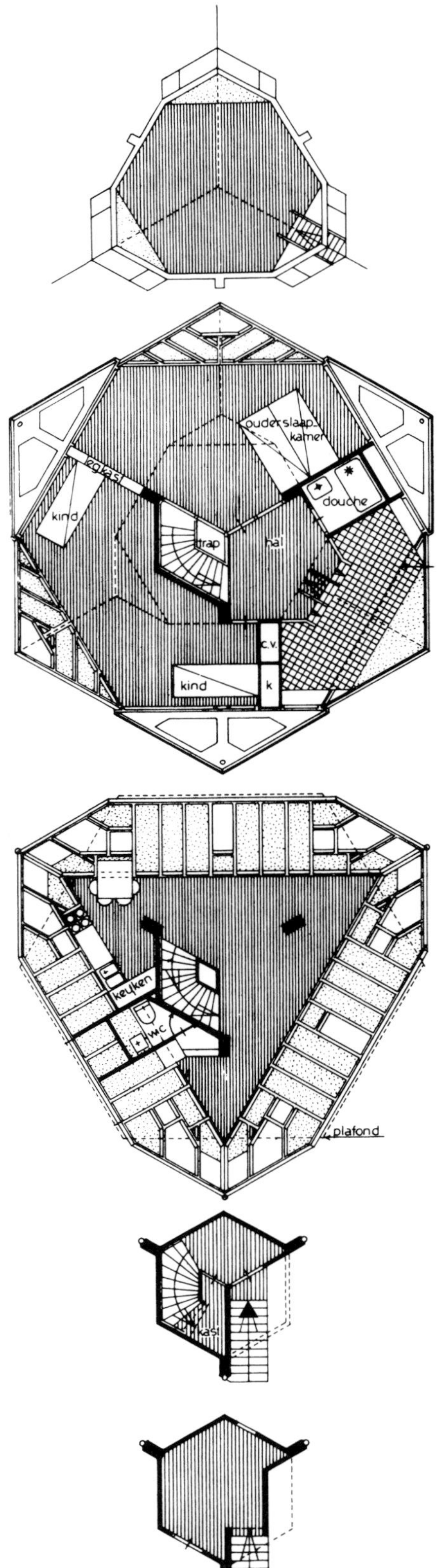

2

Insediamento residenziale sperimentale. 3 piani in un "dado" inclinato, supportato da un pilastro centrale a pianta esagonale alto 5 m: ne risulta una "casa ad albero". Al 1° piano si trova la "casa su strada": un soggiorno-pranzo di forma triangolare con angolo cottura e WC dietro la scala a chiocciola; le finestre sono inclinate verso la strada. Al 2° piano la "casa del cielo": soggiorno e camere da letto con bagno; le finestre sono inclinate verso il cielo. Nel sottotetto si trova una "serra" raggiungibile con una scala a pioli: l'atelier, con luce e vista dallo spigolo vetrato del dado. In teoria la planimetria è molto flessibile, dal momento che l'interpretazione degli spazi è demandata all'utente finale – allo stesso tempo, però, l'angustia tra le pareti inclinate obbliga a soluzioni speciali per l'arredo e lo sfruttamento dello spazio. Ogni coppia di edifici può essere unita. A parte il "tronco", che contiene le scale private, lo spazio al piano strada è disponibile per utilizzo pubblico. L'idea di una "selva di case" nacque dal desiderio di intrecciare l'ambito privato con lo spazio pubblico. Delle 60 unità previste nel centro di Helmond ne furono realizzati in un primo tempo (1975) tre prototipi, oltre alla centrale "casa dei giochi", che offre spazi per eventi negli "alberi" collegati tra loro. Nel 1984 ne furono realizzate altre 38 unità lungo un ponte pedonale nel centro di Rotterdam.

Type de construction
« maisons-arbres », 3 niveaux, orientées de quatre côtés

Date de construction
1974-1976 / 1977-1984

Financement
logement social

Profondeur des maisons
env. 11 m

Structure
maisons individuelles, surélevées d'un niveau par rapport à la rue, alignement de cubes posés sur un angle; Helmond: 3 maisons témoins, maison communautaire; Rotterdam: 38 unités

Surface habitable
Helmond: 3-4 p., 90 m²
Rotterdam: 102 m²
(1er niveau: 24 m²/2e niveau: 60 m²/3e niveau: 18 m²)

Places de stationnement
sur la rue

Espaces extérieurs
entre les « arbres »

Piet Blom, Enschede

Helmond, Oude Haven/ Rotterdam-Blaak

Assonometria di una "casa ad albero": interno e involucro
Vue isométrique de la maison: intérieur et enveloppe extérieure

Planimetrie dei diversi livelli 1:200
Plan des différents niveaux 1:200

❸ I prototipi a Helmond
Les maisons témoins à Helmond

❹ Planimetria generale e prospetto delle case realizzate a Rotterdam in un secondo momento
Plan de situation des maisons réalisées ultérieurement à Rotterdam

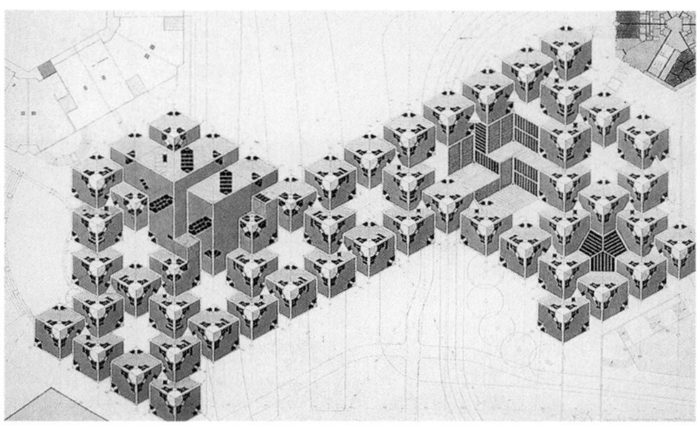

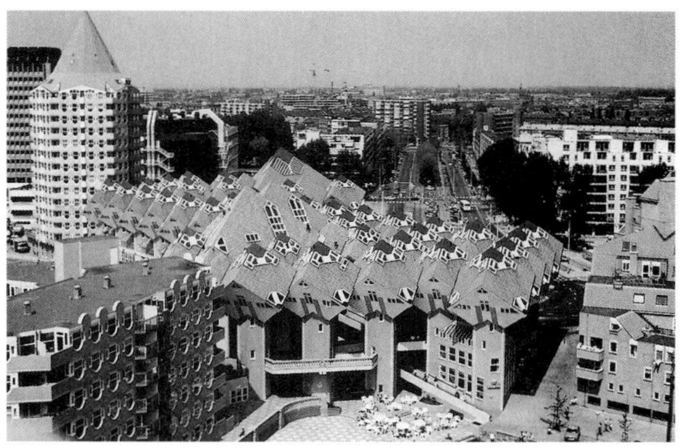

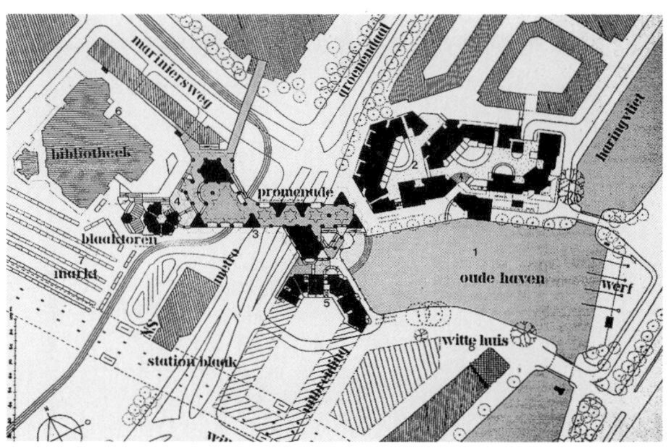

C'est une forme d'habitat expérimental: un cube dont l'angle repose sur un pilier hexagonal et abritant trois niveaux. La « maison-arbre » comprend au premier niveau une « maison-rue »: pièce de séjour/salle à manger triangulaire avec bloc cuisine et WC derrière un escalier à vis, les fenêtres, inclinées vers le bas, donnant sur la rue; au deuxième niveau, la « maison-ciel »: séjour et chambres avec salle de bains, les fenêtres inclinées vers le haut; le troisième niveau, auquel on accède par une échelle, est la « serre »: un atelier éclairé par le sommet vitré du cube. La conception offre théoriquement aux habitants une assez grande liberté d'organisation de l'intérieur, mais l'étroitesse de l'espace conditionné par l'oblicité des murs impose un aménagement et un ameublement spécifiques. Il est possible de réunir deux cubes. Le pilier (« tronc ») abrite l'escalier, et l'espace entre deux piliers peut être affecté à des usages publics. L'idée de cette « forêt de maisons » est née d'un désir de relier étroitement espace public et espace privé. Sur les soixante unités prévues initialement au centre de Helmond n'ont été construits d'abord, en 1975, que trois prototypes autour d'une « maison de jeu », offrant des espaces pour des spectacles ou des réunions. En 1984, 38 unités ont été construites au centre de Rotterdam, au-dessus d'un pont pour piétons.

2.3 Case a schiera

Tipologia edilizia:
case a schiera, 2/3 piani
(4 livelli), NE/SO

Data di costruzione:
1976

Modello di finanziamento:
edilizia sociale
con partecipazione dei residenti

Profondità dell'edificio:
15 m

Layout:
8 unità, 2 schiere sfalsate di
5 o 3 case, a livello urbanistico
2 alloggi costituiscono un
edificio

Tagli residenziali:
3-6 locali,
ca. 145 m²

Parcheggio:
a livello del pianterreno

Spazi aperti:
giardini privati,
terrazze sul tetto

Herman Hertzberger,
Amsterdam

Delft,
Case Diagoon

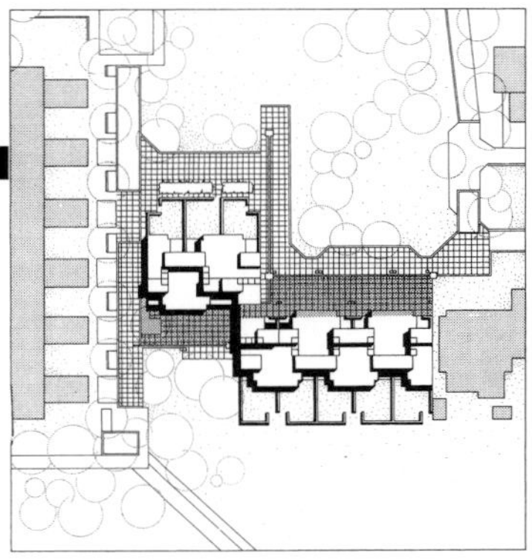

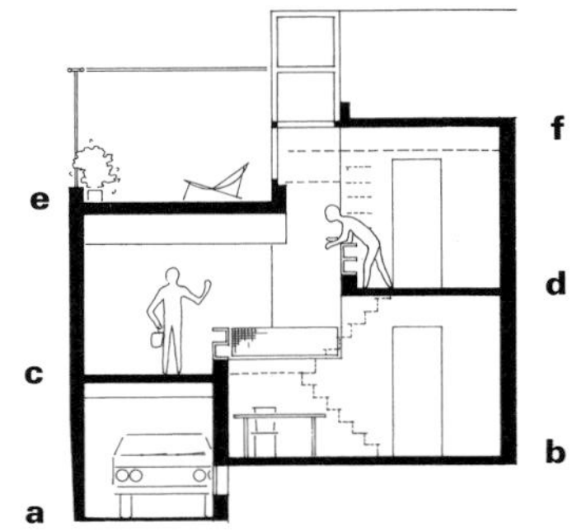

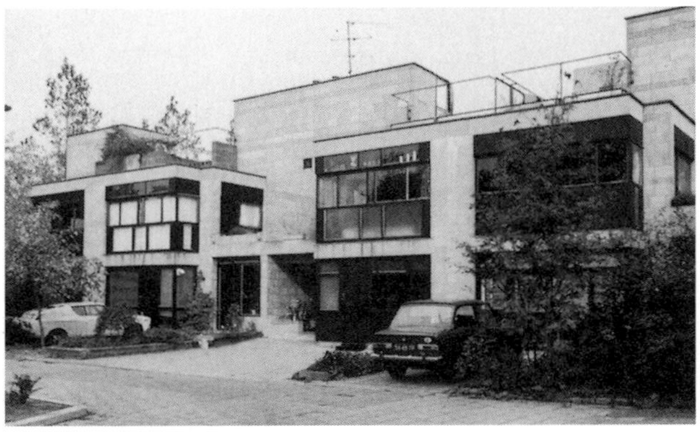

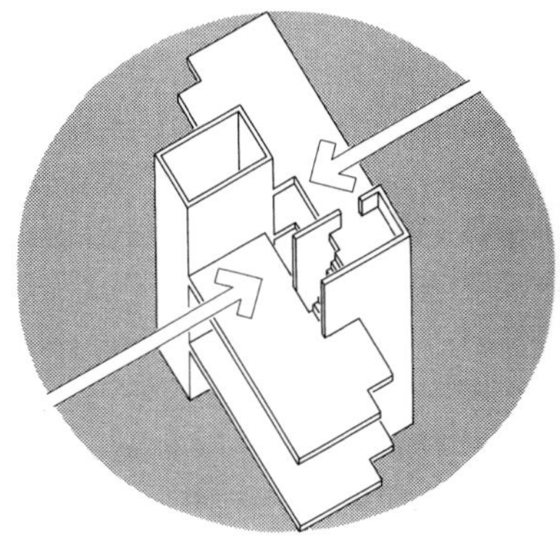

❶ Planimetrie schematiche dei livelli a-f 1:200
Plan schématique des niveaux a-f 1:200

❷ Varianti della suddivisione dei livelli a-d
Possibilités d'agencement des niveaux a-d

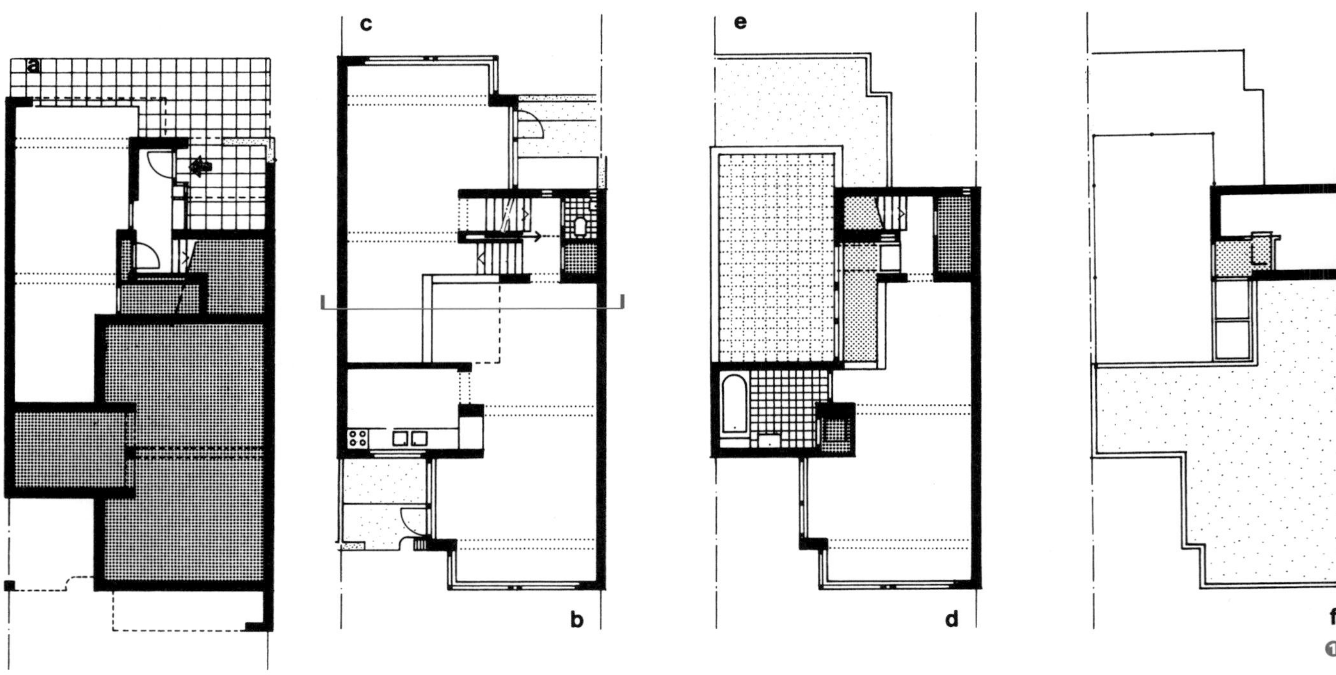

L'idea di progetto prevede la realizzazione di case "non finite", che devono essere portate a compimento dai residenti a seconda delle loro esigenze e sotto la loro responsabilità. Nucleo impiantistico e vano scala sono fissati, le funzioni ai vari livelli, disposti su piani sfalsati, restano aperte. A ogni piano può essere ricavata una stanza individuale; la parte restante è una galleria sull'atrio soggiorno centrale, che attraversa in verticale l'intero edificio. Le gallerie ospitano la vita sociale. Ampia disponibilità di terrazze. Possibilità di integrazioni edilizie; per esempio, lo spazio adiacente all'ingresso può essere completato a piacere. Le piante ridotte mostrano una serie di possibili configurazioni spaziali. In sintesi: livello a: ingresso (con studio o garage); livello b: cucina-pranzo (con ulteriore soggiorno o camera da letto); livello c: soggiorno o appartamento in subaffitto; livello d: una o due camere da letto con bagno; livello e: terrazza sul tetto.

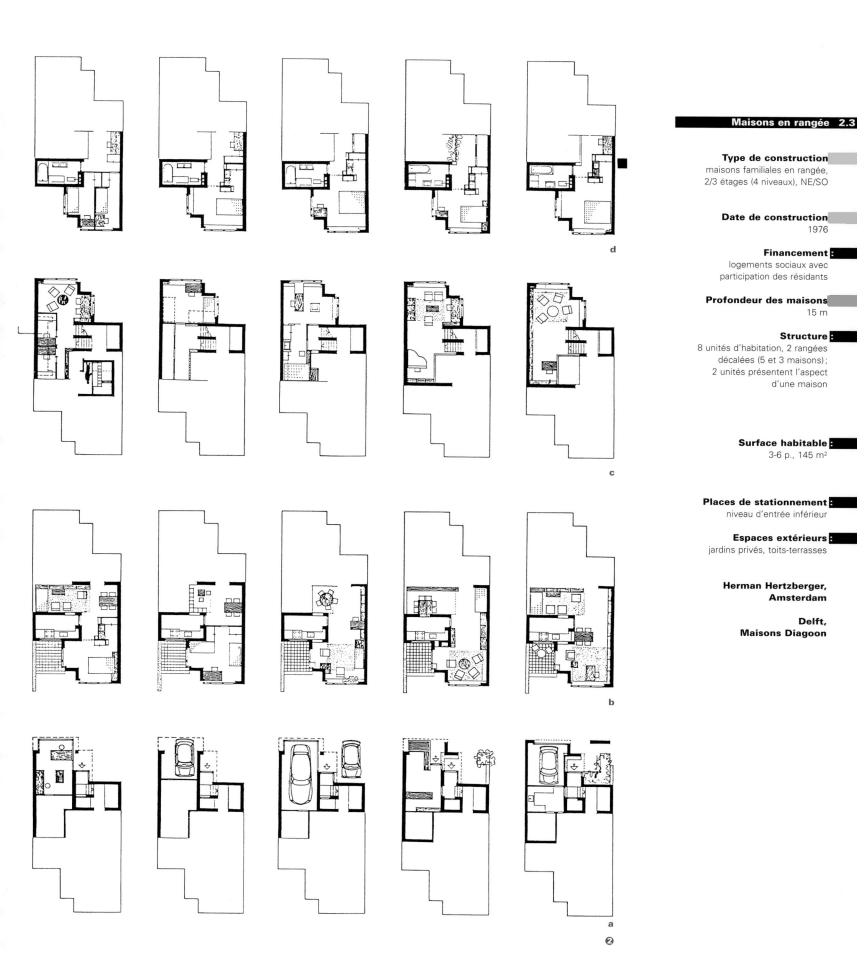

Type de construction
maisons familiales en rangée, 2/3 étages (4 niveaux), NE/SO

Date de construction
1976

Financement
logements sociaux avec participation des résidants

Profondeur des maisons
15 m

Structure
8 unités d'habitation, 2 rangées décalées (5 et 3 maisons); 2 unités présentent l'aspect d'une maison

Surface habitable
3-6 p., 145 m²

Places de stationnement
niveau d'entrée inférieur

Espaces extérieurs
jardins privés, toits-terrasses

Herman Hertzberger, Amsterdam

Delft, Maisons Diagoon

❷

L'idée à la base de ce projet, c'est la «maison inachevée», que les habitants ont la liberté de terminer selon leurs besoins et sous leur propre responsabilité. Le bloc sanitaire et l'escalier sont les seuls éléments fixes; la fonction des différents niveaux, décalés les uns par rapport aux autres, n'est pas prédéfinie. À chaque niveau, il est possible de séparer une pièce, le reste de l'espace constituant alors une galerie devant l'espace de séjour, qui s'élève au centre sur toute la hauteur. Ces galeries sont destinées à l'espace de vie en commun. Il y a plusieurs formes de terrasses possibles. Les maisons peuvent aussi être agrandies (par exemple en utilisant l'espace non bâti à côté de l'entrée). Les plans à échelle réduite présentent diverses variantes possibles. Le principe d'organisation est le suivant: niveau a: entrée avec atelier ou garage; niveau b: cuisine avec coin-repas, plus séjour ou chambre à coucher; niveau c: séjour ou appartement pour locataire; niveau d: une ou deux chambres à coucher avec salle de bains; niveau e: toit-terrasse.

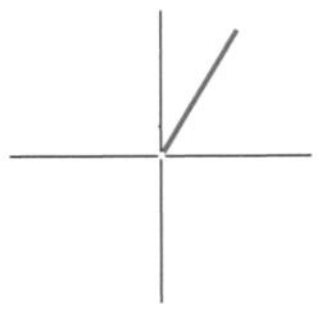

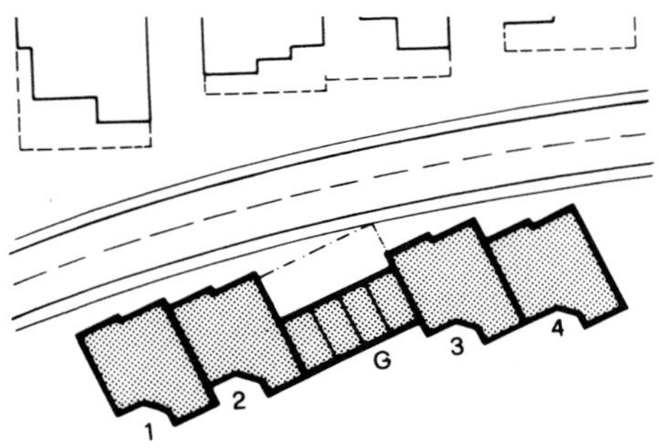

Tipologia edilizia:
case su un pendio,
3 piani, NO/SE

Data di costruzione:
1981-1982

Modello di finanziamento:
edilizia privata

Profondità dell'edificio:
8,5/10,5 m

Layout:
4 case, separate da un garage in 2 case bifamiliari, sfalsate verso strada, in mattoni, rivestimento in intonaco

Tagli residenziali:
6 locali, 180 m²

Parcheggio:
garage

Spazi aperti:
giardini

Peter Haas,
Günter Hermann,
Stoccarda
con G. Mayer

Stoccarda,
Altenbergstraße

Sebbene a schiera, queste case sono concepite come unifamiliari su più livelli. Il disimpegno d'ingresso porta direttamente a un parapetto che si affaccia sul soggiorno sfalsato di mezzo piano verso il basso e adiacente alla stanza sul giardino (biblioteca), a sua volta mezzo piano più in basso. A questo livello vi è una stanza per i lavori domestici (con dispensa). Cucina e pranzo sono al pianterreno: la scala a chiocciola li delimita senza separarli. All'ingresso una stanza per gli ospiti. Al piano superiore la zona notte: verande su strada, balconi sul giardino. L'ampio pianerottolo ospita uno studio. Inconsueto il doppio bagno, accessibile da due lati, con doppio lavabo e WC e vasca da bagno al centro.

❶ Livello del giardino 1:200
Niveau du jardin 1:200

❷ Pianterreno con ingresso
Rez-de-chaussée
(niveau de l'entrée)

❸ Piano superiore con zona notte
Premier étage (chambres)

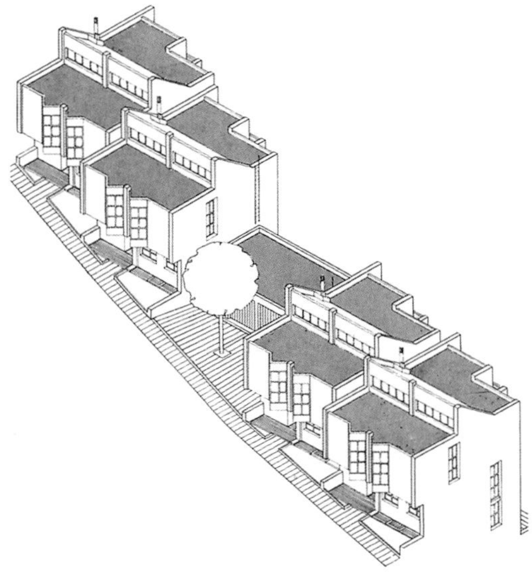

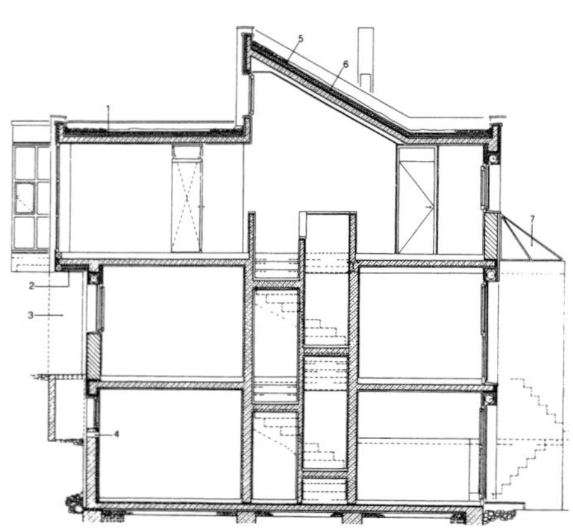

❸

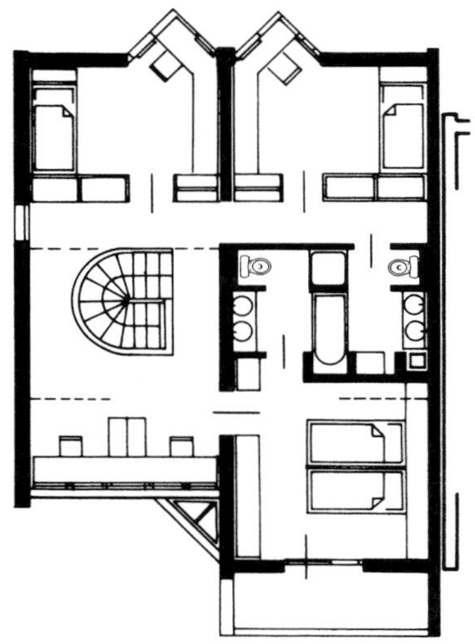

❷

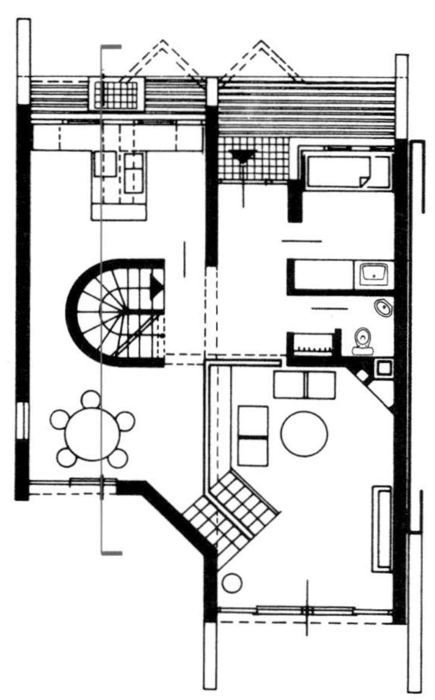

❶

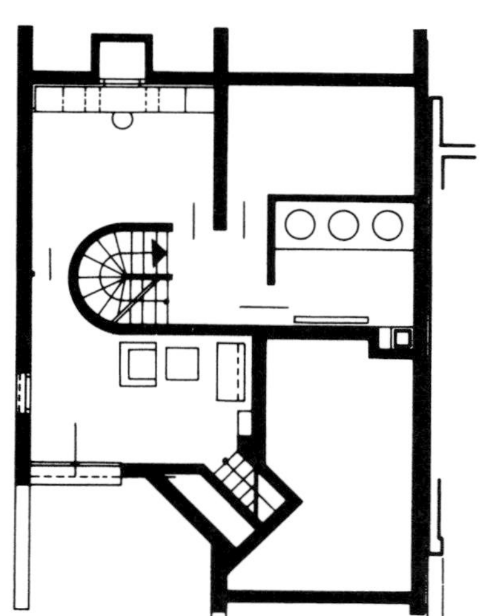

Type de construction
maisons sur un versant,
3 niveaux, NO/SE

Date de construction
1981-1982

Financement
privé

Profondeur des maisons
8,5/10,5 m

Structure
4 maisons en 2 groupes de 2 séparés par des garages, front échelonné côté rue, maçonnerie de briques, enduit

Surface habitable
6 p., 180 m²

Places de stationnenment
garages

Espaces extérieurs
jardins

Peter Haas,
Günter Hermann,
Stuttgart,
en collaboration avec
G. Mayer

Stuttgart,
Altenbergstraße

Quoique regroupées en rangée, ces maisons sont conçues comme des maisons familiales individuelles à plusieurs étages. Le vestibule mène à la balustrade, d'où l'on voit la pièce de séjour, un demi-niveau plus bas, à laquelle est reliée, à nouveau un demi-niveau plus bas, une pièce (bibliothèque) au niveau du jardin. Ce niveau inférieur comprend encore une pièce pour les travaux domestiques (avec cellier). La cuisine et la salle à manger sont au niveau de l'entrée, dissociées mais non strictement séparées par l'escalier tournant; vers l'entrée se trouve une chambre d'amis. Les chambres à coucher sont à l'étage (avec oriel côté rue et terrasse côté jardin). Le palier, spacieux, sert de bureau. La salle de bains double, accessible de deux côtés, avec baignoire unique au centre, est originale.

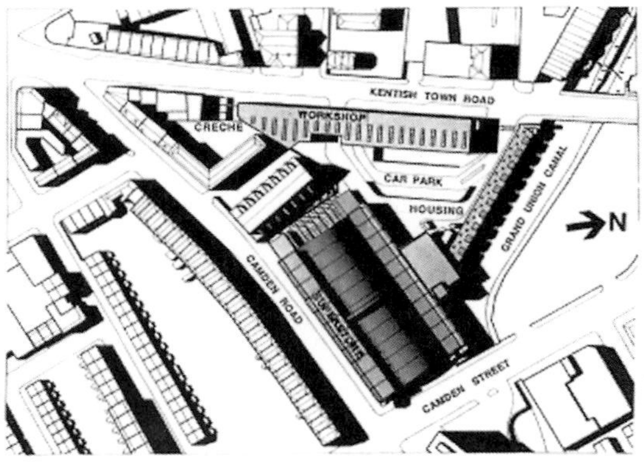

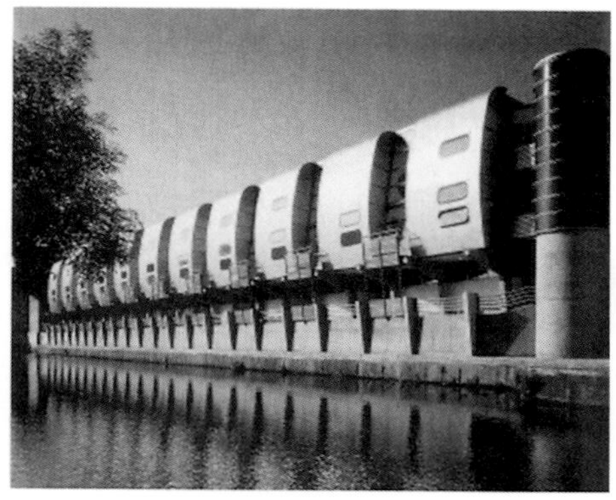

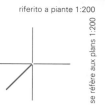

Tipologia edilizia:
schiera di "scatole da abitare"
3 piani, NE

Type de construction
maisons familiales en rangée,
3 niveaux, NE

Data di costruzione:
1986-1988

Date de construction
1986-1988

❶ Basamento 1:200
Niveau de soubassement 1:200

❷ Piano principale
Niveau principal

❸ 2° piano con zona notte
Étage supérieur avec les chambres

Modello di finanziamento:
edilizia privata

Financement
privé

Profondità dell'edificio:
ca. 8 m

Profondeur des maisons
env. 8 m

Layout:
case prive di affaccio a SO, aperte verso NE sul Grand Union Canal grazie a pareti vetrate scorrevoli in verticale

Structure
maisons fermées côté SO, ouvertes au NE sur le Grand Union Canal (fenètres ouvrant verticalement)

Tagli residenziali:
5 locali, ca. 100 m²

Surface habitable
5 p., env. 100 m²

Parcheggio:
posti auto in cortile

Places de stationnement
dans la cour

Spazi aperti:
balconi, *promenade* lungo il canale

Espaces extérieurs
balcons, quai

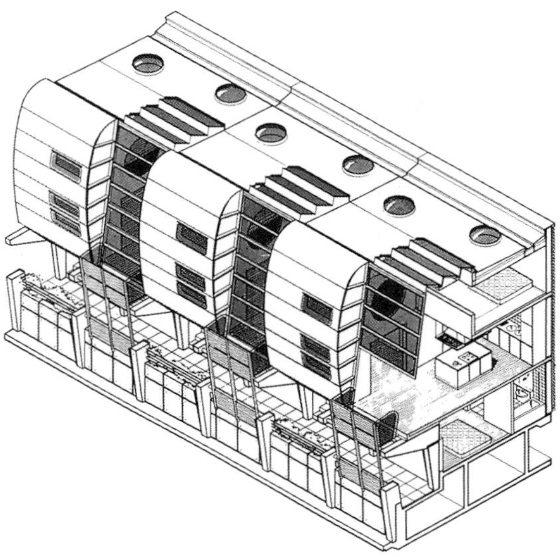

❸

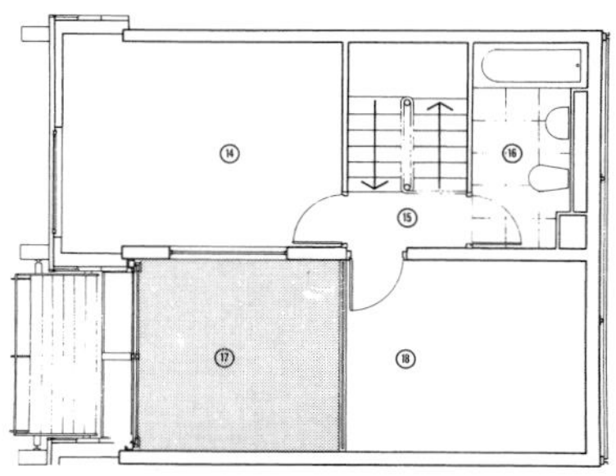

❷

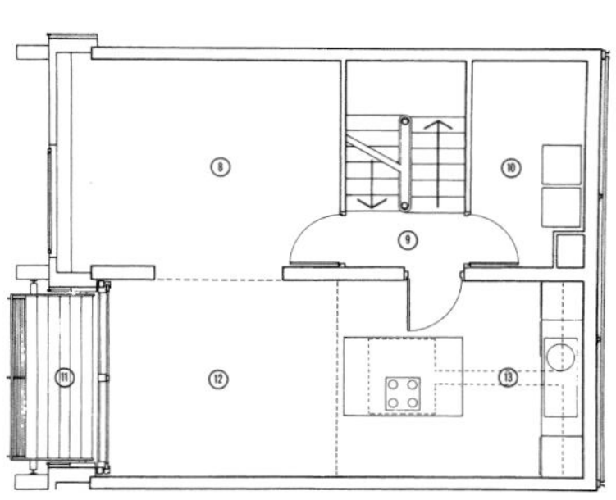

❶

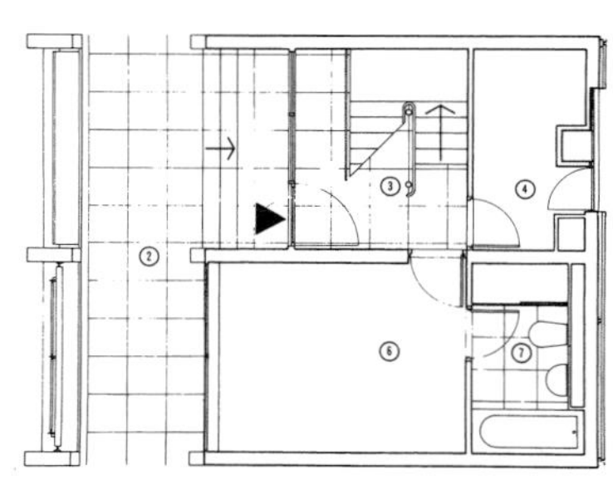

Nicholas Grimshaw & Partners, Londra con Sally Draper, Mark Fisher, Rowena Fuller

Londra, Camden, Grand Union Walk

Nicholas Grimshaw & Partners, Londres, en collaboration avec Sally Draper, Mark Fisher, Rowena Fuller

Londres, Camden, Grand Union Walk

La difficoltà del lotto – 10 m di riva lungo il canale, adiacente al parcheggio di un supermercato verso sud-ovest – ha determinato una schiera di edifici chiusi su tre lati. In pratica si tratta di *maisonettes* di 2 piani su un basamento che include la passeggiata lungo il canale. Il basamento ospita atelier con bagno affacciati sulla passeggiata (con finestre a nastro). Il piano principale ha una sala da pranzo su due livelli che lascia passare e distribuisce la luce naturale grazie a una vetrata obliqua, la cui metà inferiore può scorrere verso l'alto lasciando la sala da pranzo all'aperto (con un balcone). Il soggiorno e la camera da letto al 2° piano sono dietro la facciata in alluminio industriale, che appare come una saracinesca. La seconda camera da letto (con lucernario) è inserita come una balconata nella sala da pranzo.

Les contraintes du terrain n'étaient pas simples : une bande de 10 m au bord du canal, à l'arrière le parking d'un supermarché. Le résultat est une rangée de maisons fermées sur trois côtés, pour l'essentiel des duplex posés sur un niveau de soubassement intégrant le quai et comprenant un atelier avec salle de bains, éclairé côté canal (fenêtres en bandeau). Le duplex comprend une salle à manger sur deux niveaux qui reçoite la lumière du jour par une baie, oblique sur toute la hauteur pour la répartir ensuite dans le reste du logement. Cette baie peut être relevée pour faire ainsi de la salle à manger un espace ouvert sur un balcon. Le séjour et une des chambres de l'étage ont une façade en aluminium de type industriel qui ferme cette partie de la maison comme une porte coulissante. La seconde chambre à coucher forme une galerie au-dessus de la salle à manger et possède un éclairage zénithal.

riferito a piante 1:200

se réfère aux plans 1:200

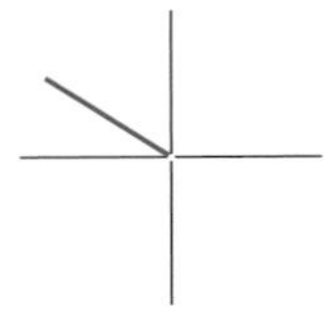

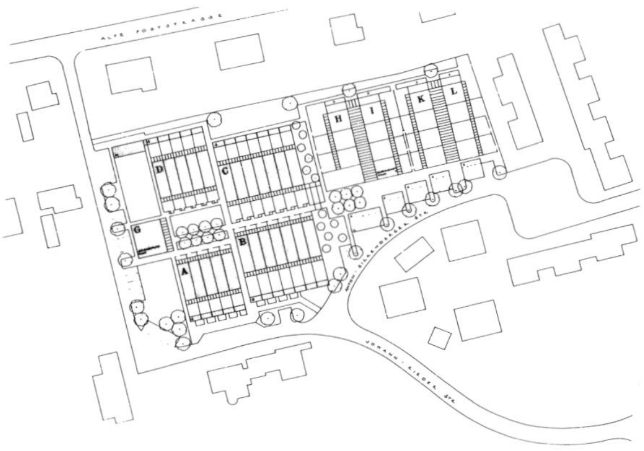

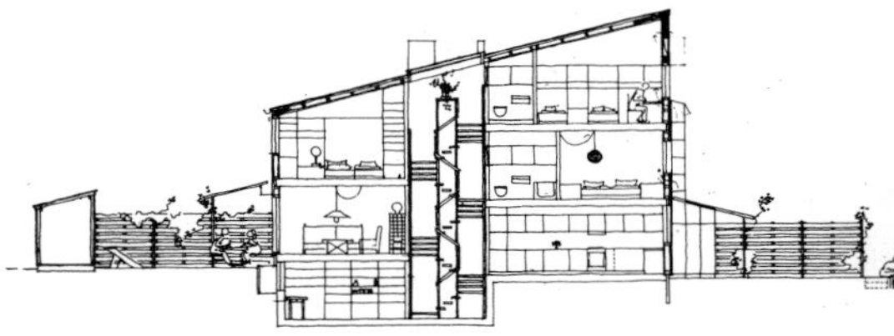

2.3 Case a schiera

Tipologia edilizia:
insediamento a schiera,
2 e 3 piani,
NNO/SSE

Data di costruzione:
1989

Modello di finanziamento:
cooperativa edilizia

Profondità dell'edificio:
13,9 m (larghezza 3,9 m)

Layout:
24 unità in 2 doppie file, con cortili privati, un percorso pedonale conduce a un edificio di uso condominiale e alla piazza antistante

Tagli residenziali:
2, 3, 4 e 5 locali,
62/82/103/122 m²

Parcheggio:
area riservata sulla strada

Spazi aperti:
giardini, cortili privati

Hermann Schröder,
Sampo Widmann,
Monaco di Baviera
con
Ingrid Burgstaller,
Stephan Lautner,
Tobias Fusban,
Wolfgang Fischer

Passau-Neustift,
Johann-Rieder-Straße

❶ Casa da 4 locali 1:200
Maison de 4 pièces 1:200

❷ Casa da 2 locali 1:200
Maison de 2 pièces 1:200

❶

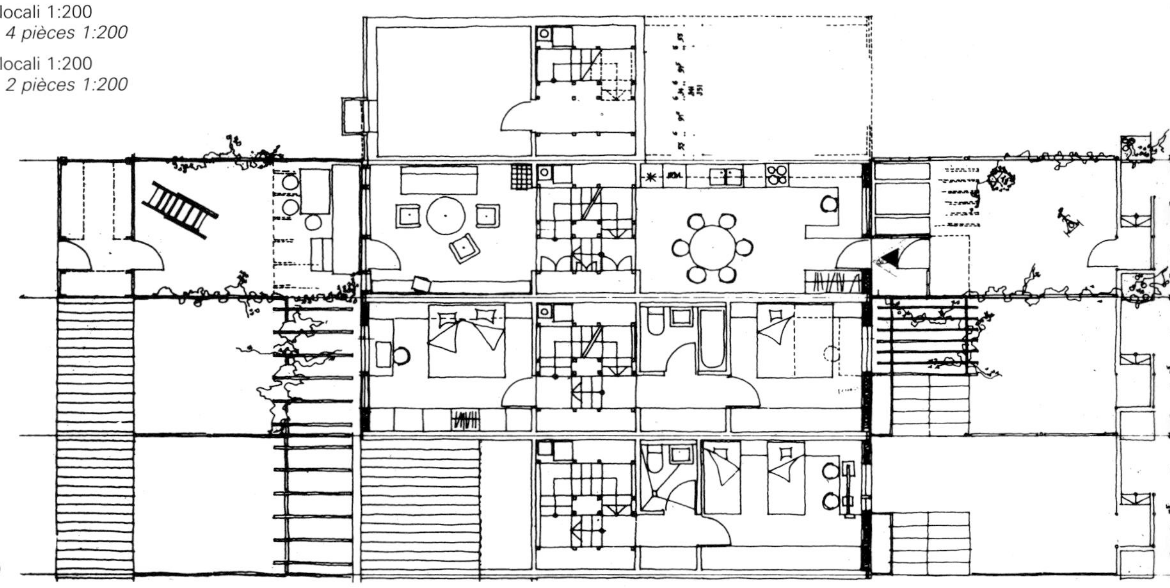

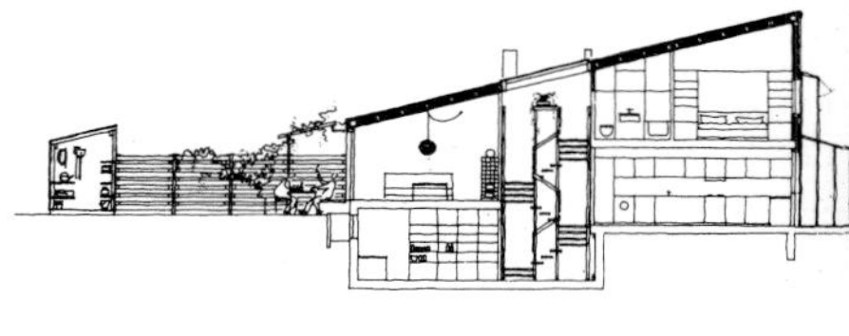

❷

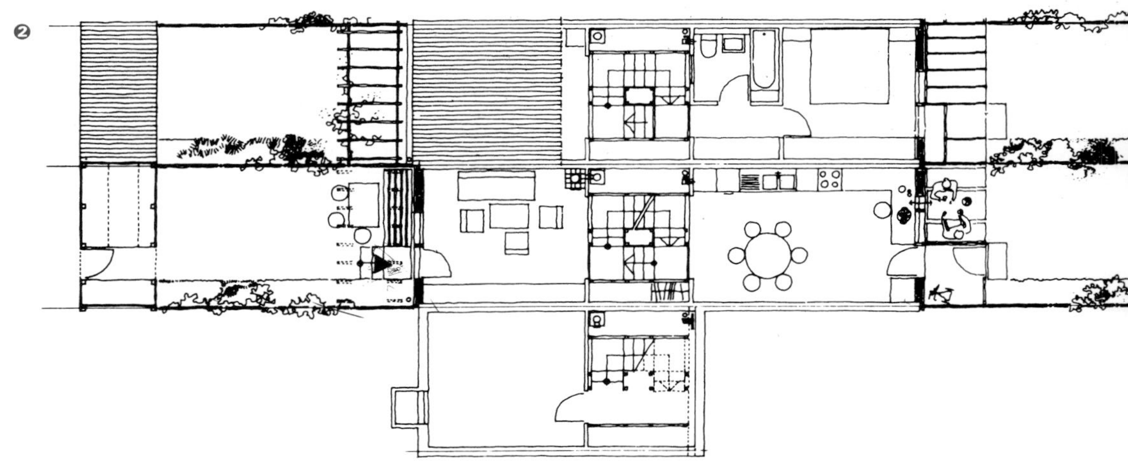

Case a schiera estremamente strette e a basso costo. Ogni alloggio è largo come una stanza (3,9 m). Il problema dell'illuminazione di unità così profonde è risolto da un lucernario sulla scala centrale. Mantenendo costante la larghezza, i diversi tagli (da 2 a 5 locali) sono ottenuti variando il numero dei piani. L'alloggio standard è illuminato solo da nord e da sud. Nonostante l'esigua larghezza si crea una signorile sequenza di spazi dal cortile d'ingresso semipubblico attraverso cucina, zona pranzo, scala, soggiorno e cortile privato. A questo scopo bagno e WC sono collocati al piano della zona notte. La leggera pendenza è stata sfruttata per collocare la zona giorno mezzo piano più in basso (ricavando un piano di cantine sotto parte dell'edificio e una balconata sotto la parte più alta del tetto a falda). La costruzione prevede setti portanti in cemento armato, pareti esterne con struttura in legno e pannelli in cartongesso, rivestiti con legno o lamiera grecata.

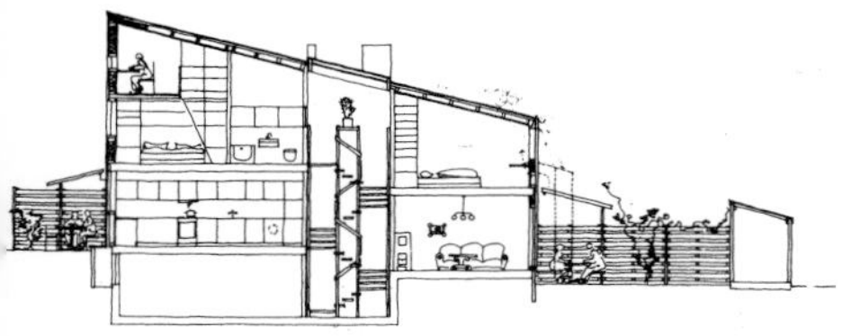

❸ ❹ Case da 3 locali 1:200
Maisons de 3 pièces 1:200

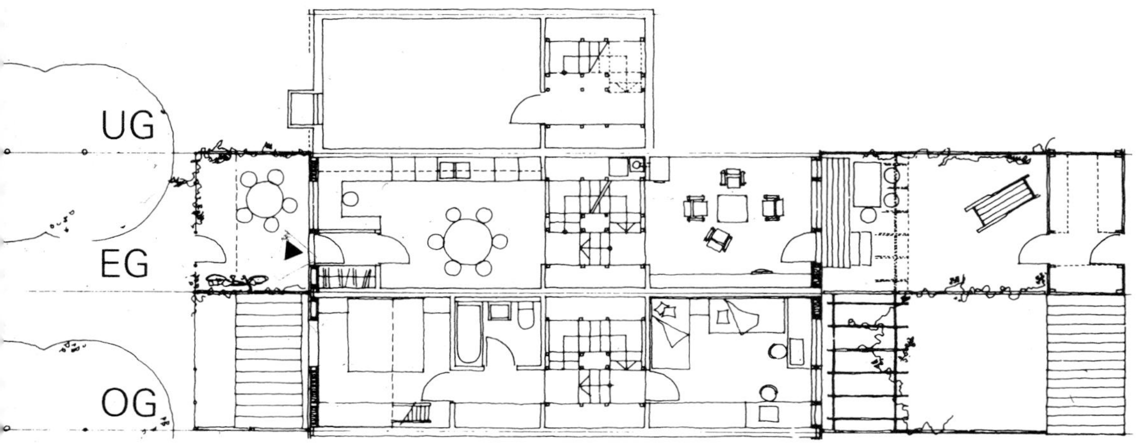

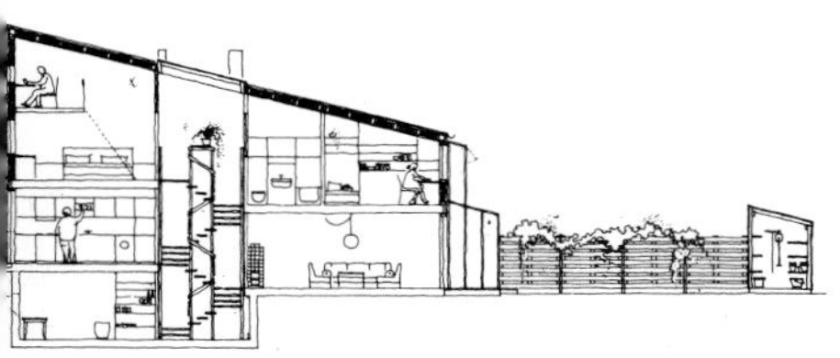

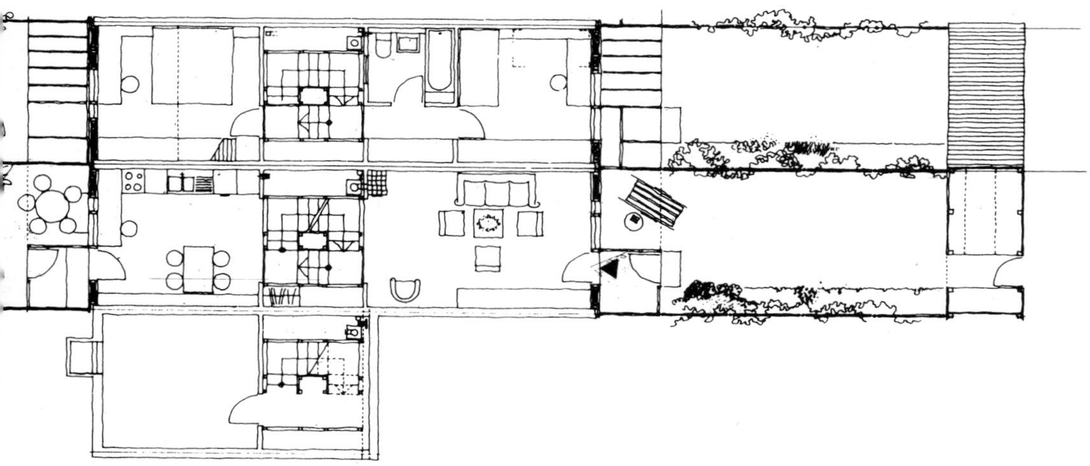

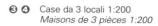

Type de construction
lotissement en bandes parallèles, 2 et 3 niveaux, NNO/SSE

Date de construction
1989

Financement
coopérative de logement

Profondeur des maisons
13,9 m (largeur 3,9 m)

Structure
24 unités réparties en 2 fois 2 rangées, avec cours privées, sentier menant à la maison communautaire, avec place

Surface habitable
2, 3, 4 et 5 p., 62/82/103/122 m²

Places de stationnement
sur la rue

Espaces extérieurs
jardins, cours privées

Hermann Schröder, Sampo Widmann, Munich, en collaboration avec Ingrid Burgstaller, Stephan Lautner, Tobias Fusban, Wolfgang Fischer

Passau-Neustift, Johann-Rieder-Straße

Ces maisons familiales en rangée sont extrêmement étroite et leur construction d'un coût avantageux. Elles n'ont que la largeur d'une pièce (3,9 m). Le problème de l'éclairage est résolu par une fenêtre zénithale au-dessus de l'escalier, au milieu de la maison. Si la largeur est constante, le nombre d'étages, lui, varie. La maison standard n'est pour ainsi dire éclairée que par le nord et le sud. Malgré l'étroitesse, c'est une impression d'espace qui se dégage de la succession des pièces, depuis la cour semi-publique à l'avant jusqu'à la cour privée, en passant par la cuisine/coin-repas, l'escalier et le séjour; pour créer cet effet, la salle de bains et les WC ont été placés à l'étage des chambres. La légère pente du terrain a été mise à profit pour obtenir des décalages d'un demi-niveau (d'où des excavations partielles et la possibilité d'aménager une mezzanine sous le comble (toit en appentis). La structure porteuse (murs mitoyens) est en béton armé, les murs extérieurs en ossature de bois avec panneaux de placoplâtre, revêtus de bois ou de tôle profilée à l'extérieur.

2.3 Case a schiera

Tipologia edilizia:
case a schiera, 2-3 piani
piani sfalsati, E/O

Data di costruzione:
1986-1990

Modello di finanziamento:
edilizia privata

Profondità dell'edificio:
12,5 m

Layout:
11 unità su uno spazio angusto,
ingresso da due lati,
spazi aperti tra gli edifici

Tagli residenziali:
tipo A: 4 locali, 138 m²;
tipo B: 3 locali, 107 m²

Parcheggio:
posti auto all'aperto

Spazi aperti:
giardini, terrazze sul tetto

GFP & Associati, Lörrach
Günter Pfeifer, Roland Mayer,
con
Harald Brutschin, Rolf Bühler, Ulrich Prutscher, Gerhard Zickenheimer

Schopfheim-Wiechs (Germania), Parco residenziale Kirchhölzle

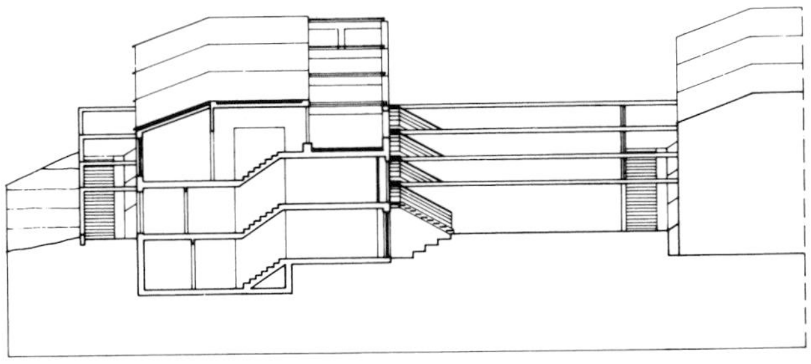

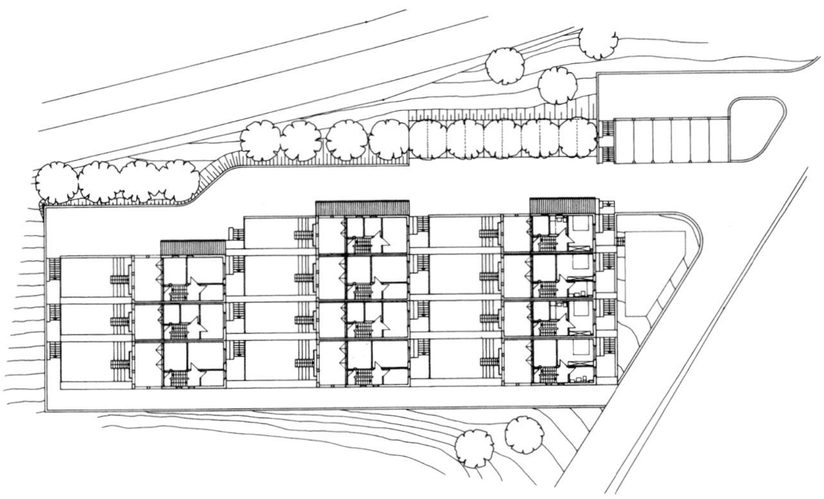

❶ Tipo B: 3 locali, 6 livelli, piante di seminterrato, pianterreno e 1° piano 1:200
Type B: 3 pièces, 6 niveaux. Plans du sous-sol, du rez-de-chaussée e de l'étage 1:200

❷ Tipo A: 4 locali, 6 livelli, piante di seminterrato, pianterreno e 1° piano 1:200
Type A: 4 pièces, 6 niveaux. Plans du sous-sol, du rez-de-chaussée e de l'étage 1:200

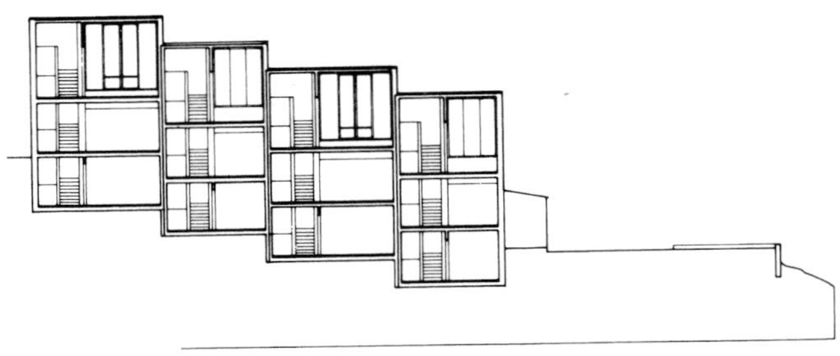

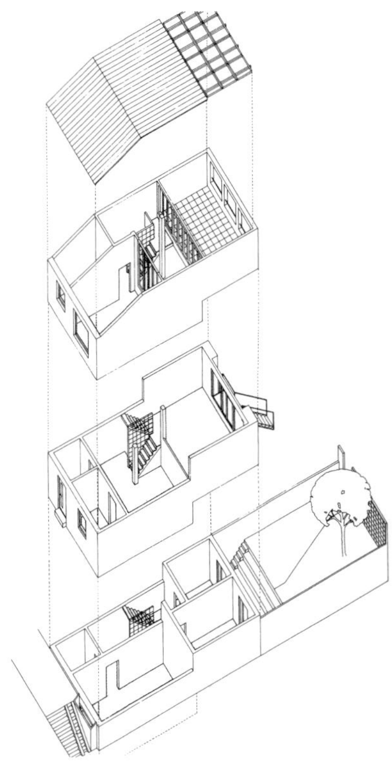

Il lotto è un pendio esposto a nord che sale da est verso ovest. Nella parte a valle verso nord passa una strada a scorrimento veloce. Da qui l'orientamento est-ovest e l'accentuazione del lato ovest (con vista sulla valle). L'alta densità permette un solo cortile verde di 60 m² per ogni alloggio, integrato dalla terrazza sul tetto (ca. 20 m²). All'interno: un pozzo di luce a doppio volume sulla sala da pranzo. L'impianto dell'insediamento (sezione a piani sfalsati, pozzo di luce, gallerie, finestre che si affacciano sull'interno) persegue un'ottimale illuminazione naturale; i materiali scelti (copertura della terrazza traslucente, vetrocemento nelle pareti della scala e del cortile) creano diverse qualità di illuminazione naturale. Interni ed esterni sono intrecciati tra loro in modo complicato; la terrazza diventa loggia, il cortile una stanza-giardino.

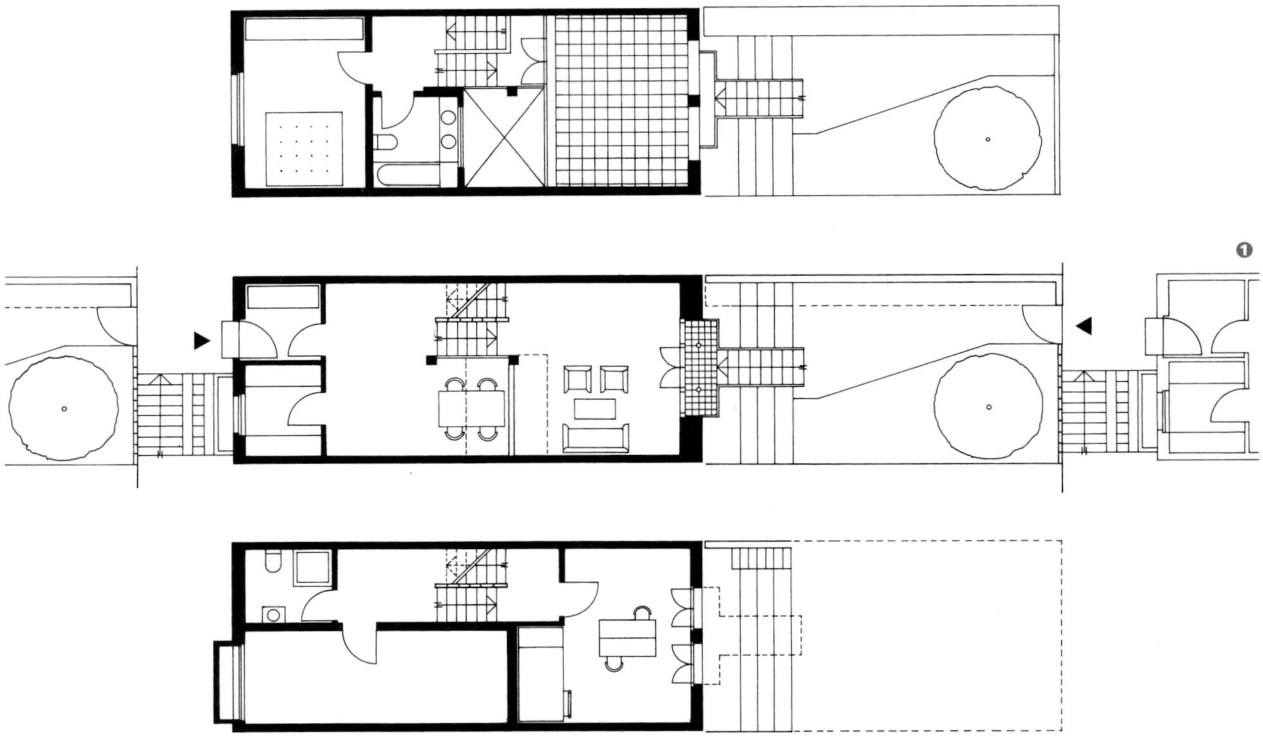

1

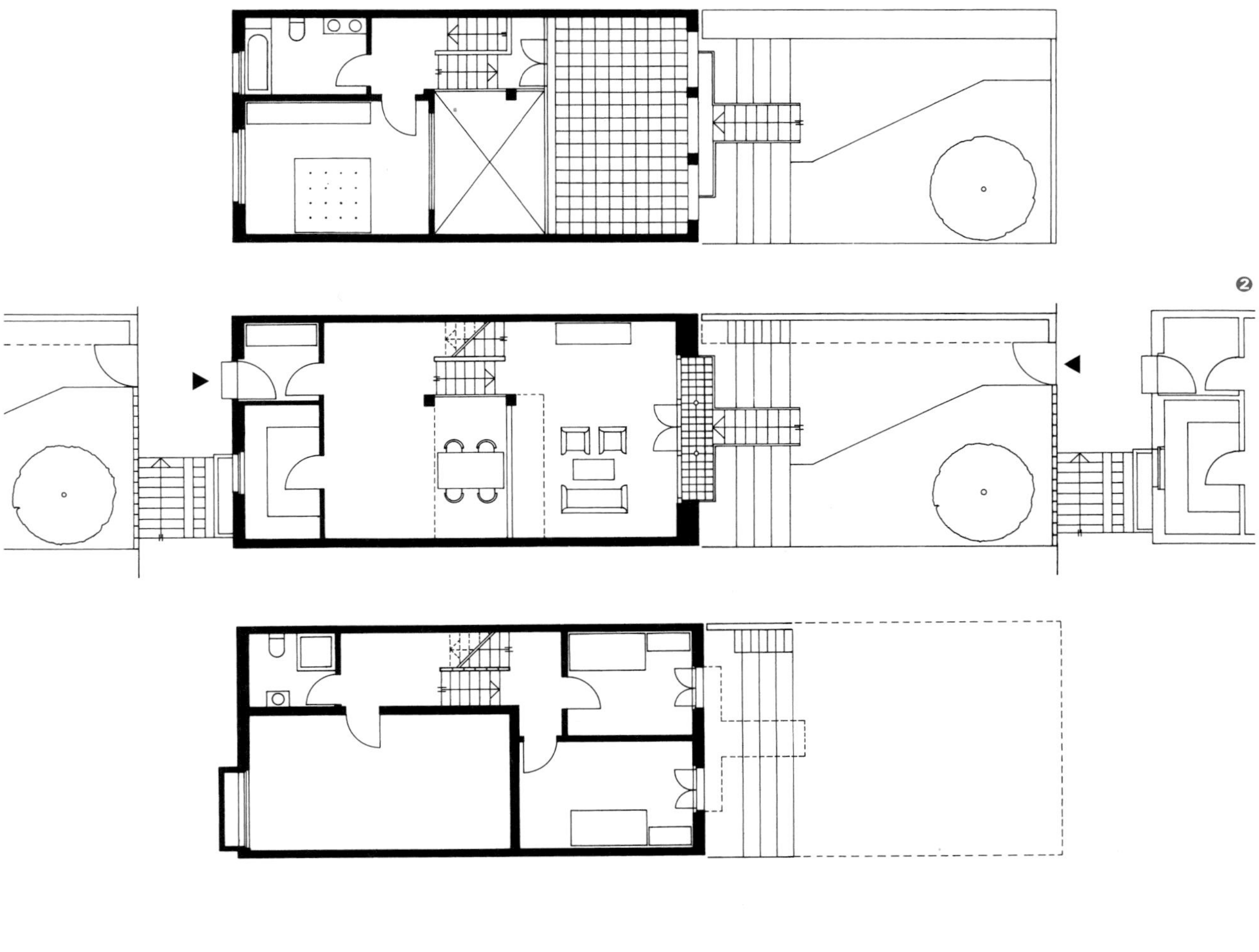

2

Type de construction
maisons familiales en rangée, 2-3 niveaux (décalés) E/O

Date de construction
1986-1990

Financement
privé

Profondeur des maisons
12,5 m

Structure
11 unités sur une surface restreinte, accès de deux côtés, niveaux décalés

Surface habitable
type A : 4 p., 138 m²
type B : 3 p., 107 m²

Places de stationnement
extérieures

Espaces extérieurs
jardins, toits-terrasses

GFP & Assoziierte, Lörrach : Günter Pfeifer, Roland Mayer, en collaboration avec Harald Brutschin, Rolf Bühler, Ulrich Prutscher, Gerhard Zickenheimer

Schopfheim–Wiechs (Allemagne), domaine de Kirchhölzle

Le terrain est sur un versant exposé au nord, montant de l'est vers l'ouest, avec une route à grand trafic en aval. C'est la raison du choix de l'orientation est-ouest, la priorité étant donnée à la vue sur la vallée à l'ouest. La grande densité des constructions n'a permis de créer qu'une cour-jardin de 60 m² par maison, mais à cela s'ajoute une terrasse de 20 m² sur le toit. À l'intérieur, la salle à manger est ouverte en hauteur par un volume dont elle reçoit la lumière naturelle. L'ensemble de la conception (niveaux décalés, espaces recevant la lumière, balustrades, fenêtres intérieures) exprime le souci d'offrir les meilleures conditions d'éclairage possibles. Les matériaux (couverture filtrant la lumière sur la terrasse, parois de briques en verre bordant l'escalier et autour de la cour) donnent une lumière de qualité changeante. Espace intérieur et espace extérieur s'interpénètrent de manière complexe, la terrasse devient loggia, la cour une chambre-jardin.

riferito a piante 1:200

se réfère aux plans 1:200

2.3 Case a schiera

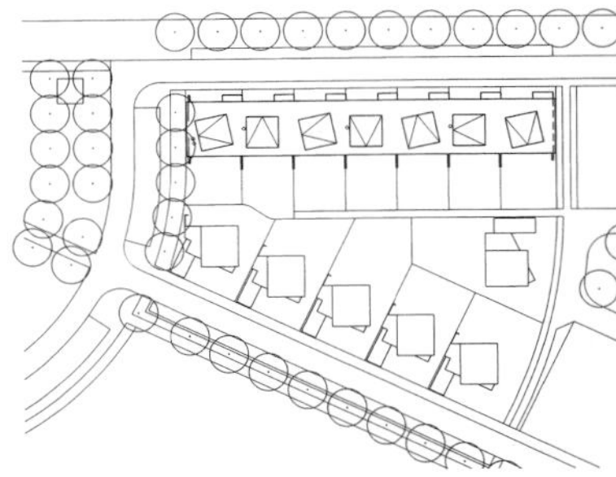

Tipologia edilizia:
case unifamiliari
con torri destinate a zona notte,
3 piani, NE/SO

Data di costruzione:
1990-1991

Modello di finanziamento:
edilizia privata

Profondità dell'edificio:
10 m (torri 5,6 m)

Layout:
inizialmente 7 unità con pianterreno chiuso
e torri con tetto a una falda

Tagli residenziali:
max 162 m²

Parcheggio:
area riservata sulla strada

Spazi aperti:
aree antistanti le case, giardini

Verheijen, Verkoren, De Haan, Leiden

Almere, dintorni di Amsterdam, Cayenne-Peper

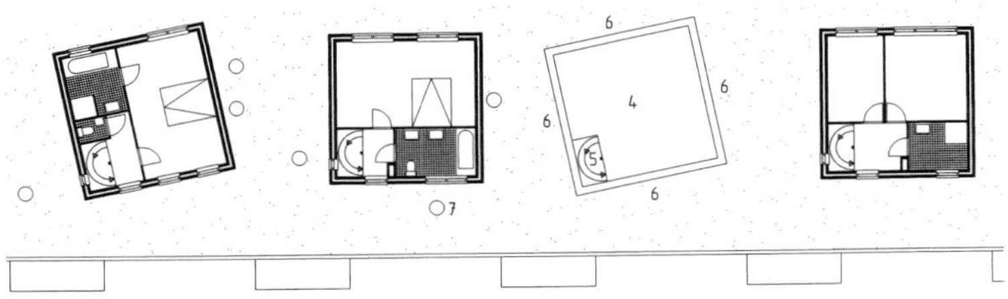

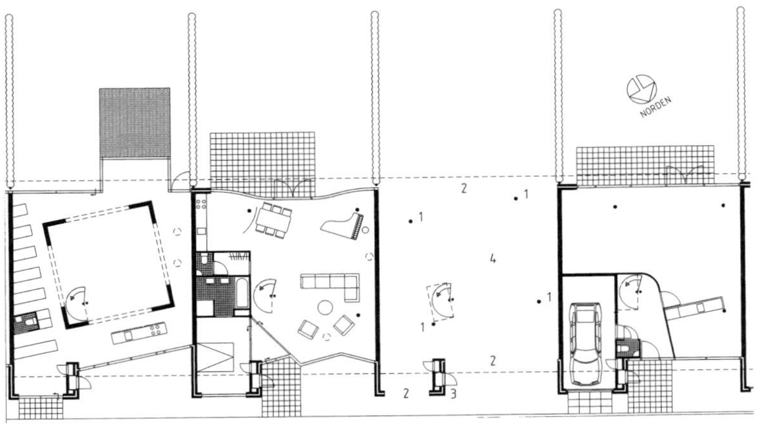

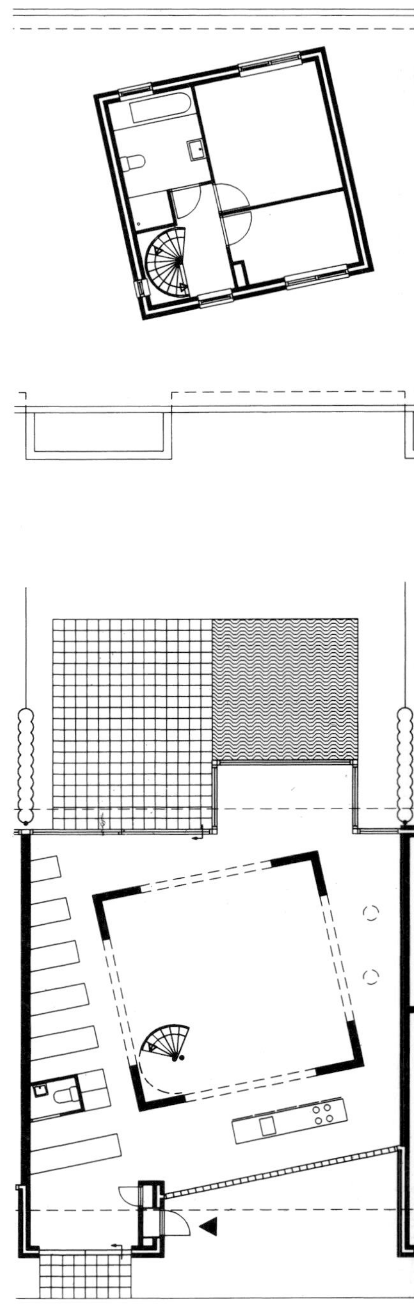

Le case a schiera sono aderenti tra loro solo al pianterreno (su una superficie di 10 x 10 m). Al piano superiore troviamo torri di 2 piani ruotate di 15° l'una rispetto all'altra (con una base di 5,6 x 5,6 m). Prefissata è la collocazione dei setti divisori, degli ingressi (con anteposti i volumi dei garage), della scala a chiocciola, dei pilastri della torre. Tutto il resto – articolazione delle pareti esterne, disposizione delle pareti divisorie interne, posizionamento e dimensioni delle finestre della torre ecc. – deve essere determinato dal proprietario. In pratica il pianterreno è la zona giorno, le torri la zona notte. I residenti progettano autonomamente o facendosi consigliare da un architetto, e i costi vengono messi a confronto con quelli di un appartamento campione. L'insediamento sperimentale è parte della mostra di edilizia di Almere, sovvenzionata dall'Associazione nazionale degli enti per l'edilizia residenziale.

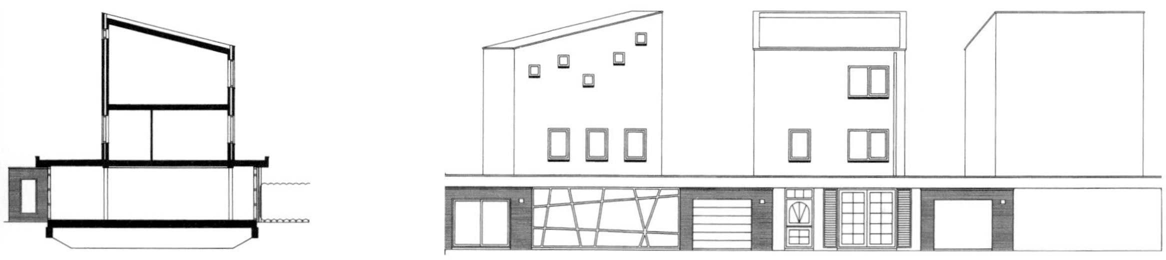

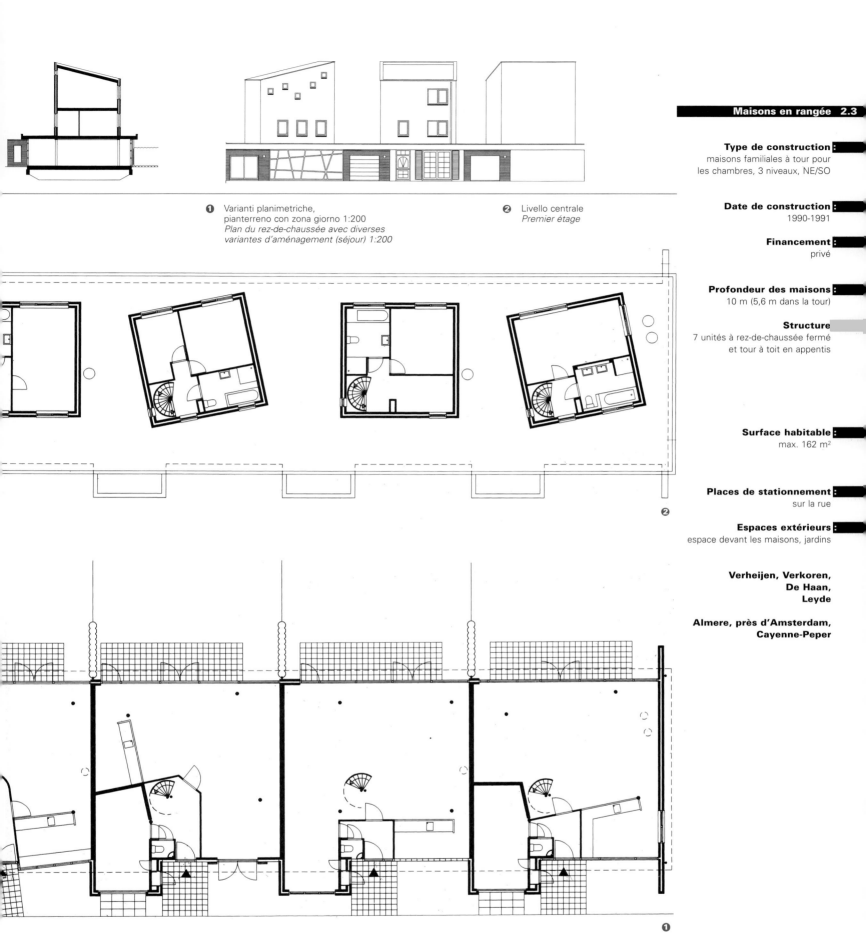

❶ Varianti planimetriche, pianterreno con zona giorno 1:200
Plan du rez-de-chaussée avec diverses variantes d'aménagement (séjour) 1:200

❷ Livello centrale
Premier étage

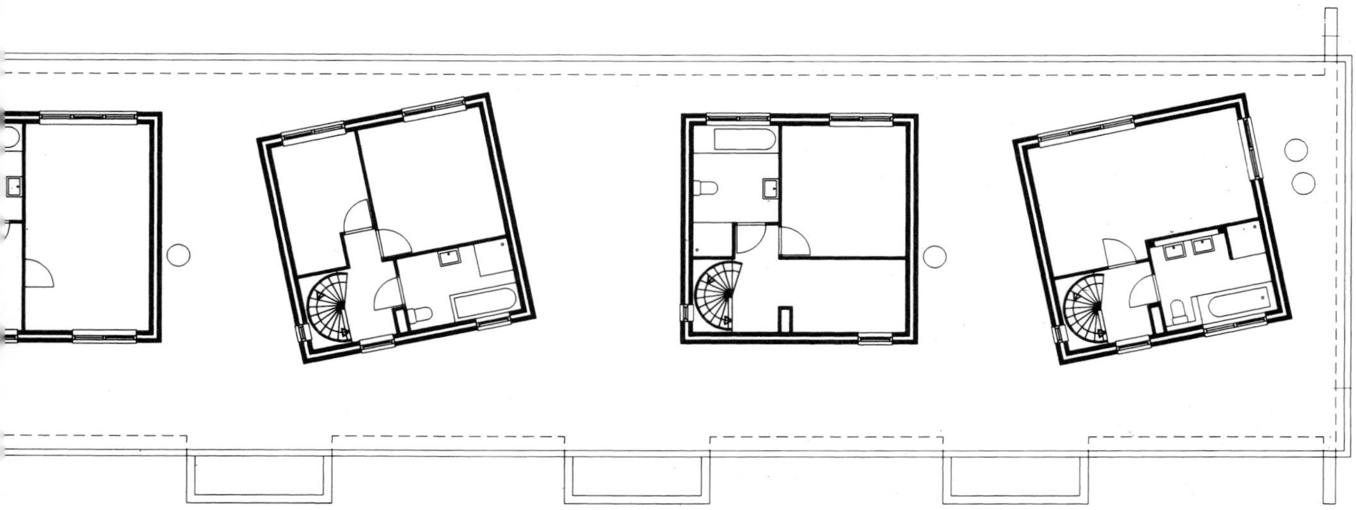

❷

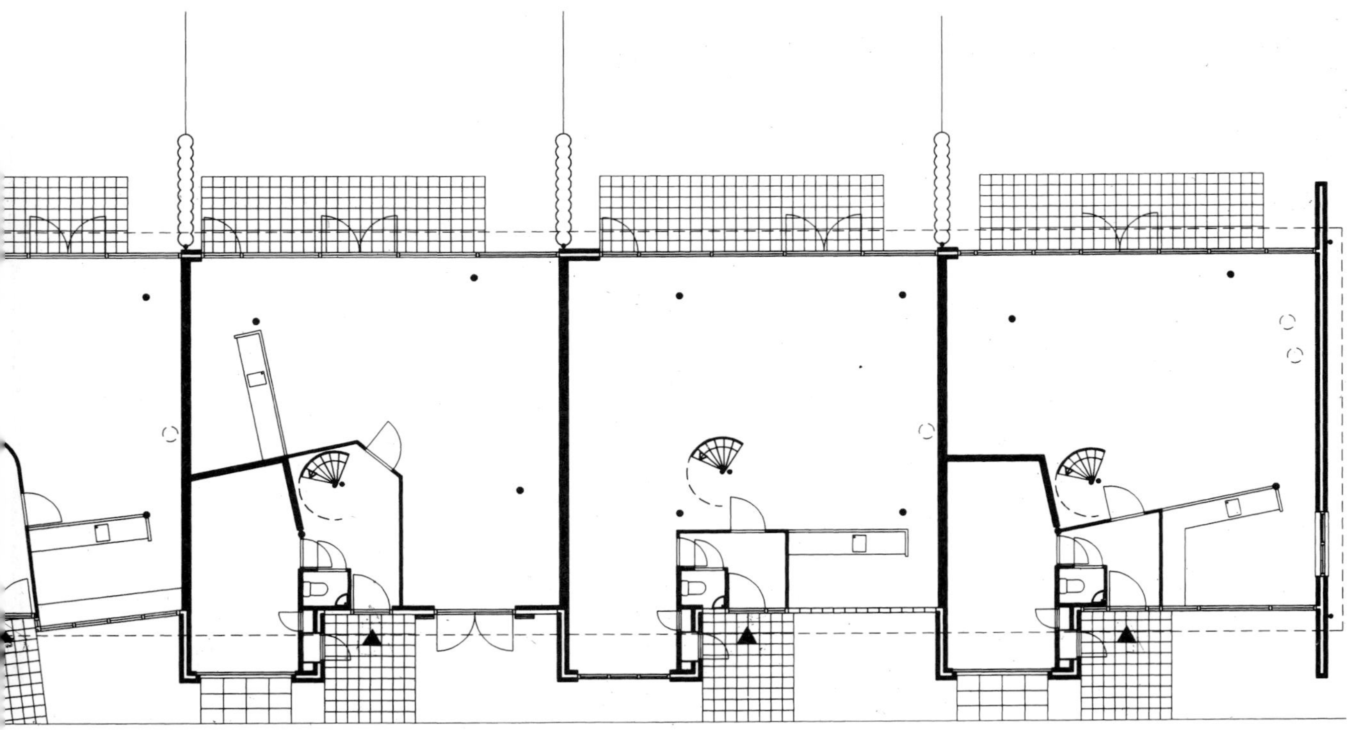

❶

Type de construction
maisons familiales à tour pour les chambres, 3 niveaux, NE/SO

Date de construction
1990-1991

Financement
privé

Profondeur des maisons
10 m (5,6 m dans la tour)

Structure
7 unités à rez-de-chaussée fermé et tour à toit en appentis

Surface habitable
max. 162 m²

Places de stationnement
sur la rue

Espaces extérieurs
espace devant les maisons, jardins

Verheijen, Verkoren, De Haan, Leyde

Almere, près d'Amsterdam, Cayenne-Peper

Les maisons ne sont attenantes qu'au rez-de-chaussée, où elles occupent un carré de 10 m de côté. Au-dessus se dressent des tours à deux niveaux qui sont tournées chacune de 15 degrés par rapport à la tour voisine, avec une surface de plancher de 5,6 x 5,6 m. Les seuls éléments prédéfinis sont les murs mitoyens, l'entrée (avec le garage en saillie), l'escalier à vis, les piliers de la tour; tout le reste peut être librement aménagé par le propriétaire: articulation des murs extérieurs, division de l'espace intérieur, position et dimension des fenêtres de la tour, etc. Le rez-de-chaussée est généralement utilisé pour le séjour, les chambres à coucher étant placées dans la tour. Les propriétaires conçoivent cet aménagement eux-mêmes ou avec l'aide de l'architecte. Les coûts sont examinés sur la base d'une maison témoin réalisée. Ce programme de logement expérimental a été lancé dans le cadre de l'exposition d'architecture d'Almere, soutenue par la Fédération nationale des sociétés communales de construction de logements.

riferito a piante 1:200

se réfère aux plans 1:200

2.3 Case a schiera

Tipologia edilizia:
insediamento di case a schiera, 2 o 3 piani, E/O

Data di costruzione:
1985-1996 insediamento complessivo
1994 case a schiera

Layout:
4 schiere con 28 unità:
tipo A: case a schiera da 4 locali, 3 piani (3);
tipo B: case a schiera da 3 locali, 2 piani (9);
tipo C/D: appart. da 2 locali (8), con sopra *mais.* da 2 locali (8);
centro sociale

Tagli residenziali:
tipo A: 110 m² (lordo);
tipo B: 83 m² (lordo);
tipo C: 54 m² (lordo);
tipo D: 73 m² (lordo)

Parcheggio:
area riservata sulla strada e nei cortili

Spazi aperti:
verande, cortili privati

Tegnestuen Vandkunsten, Copenaghen

Copenaghen-Ballerup, Egebjerg Bygade, "Egebjerggård"

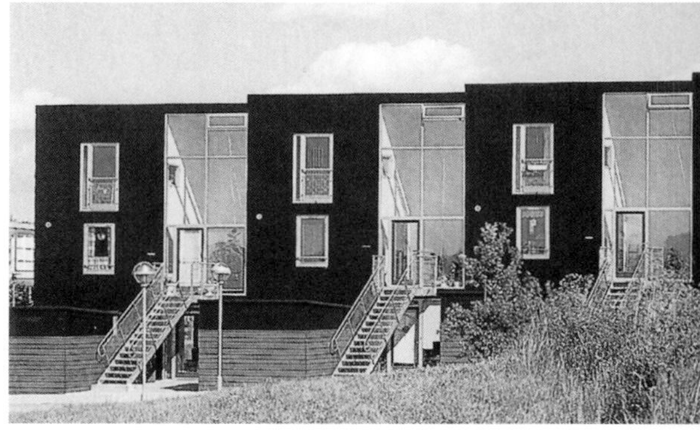

❶ Tipo A: case a schiera da 4 locali 1:200
Type A: maison 4 pièces 1:200

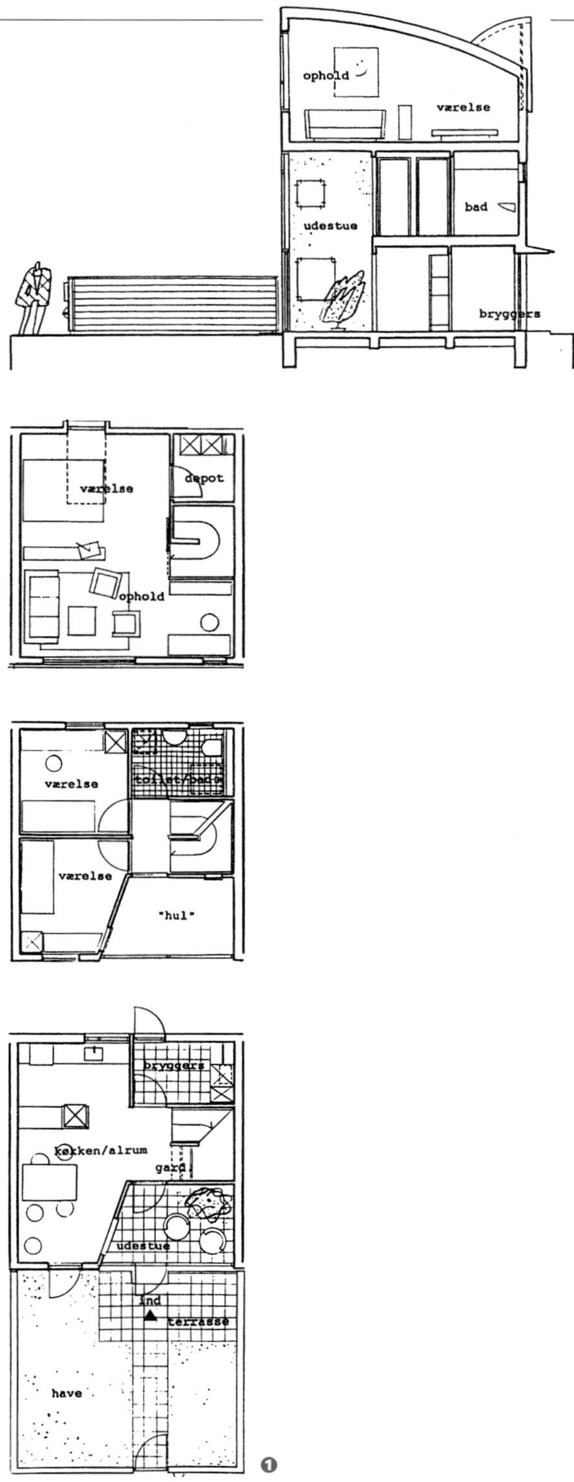

❷ Tipo B: case a schiera da 3 locali 1:200
Type B: maison 3 pièces 1:200

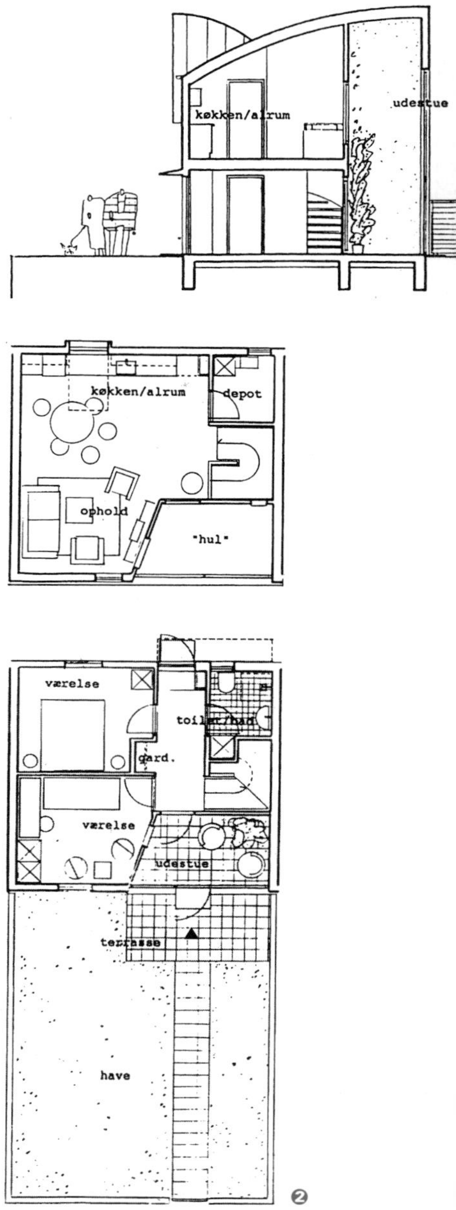

Le case a schiera sono parte della quarta e ultima fase di edificazione di un insediamento di 850 alloggi che ha cercato di integrare ogni tipo di funzione: residenza e aziende, edilizia pubblica in affitto e proprietà privata, case mono- e plurifamiliari, giovani e anziani, e perfino arte e architettura (il concorso per il masterplan è del 1986). Le case a schiera in nero sono di quattro tipi diversi, hanno in comune la copertura a botte e la veranda a doppia altezza che distribuisce tutti gli alloggi. Il tipo A è a 3 piani, con un piccolo giardino sul fronte; attraverso la veranda si accede alla cucina-soggiorno. Al 1° piano due camere da letto (per i figli) e un bagno. Al 2° piano, sotto la volta a botte, il soggiorno e – indivisa – la camera dei genitori con abbaini ad altezza d'uomo. Il tipo B è a soli 2 piani, ma ha un giardino più ampio. La veranda distribuisce la zona notte con bagno e passaggio verso la strada pedonale sul retro. Al piano superiore l'ampia cucina-soggiorno aggregata attorno alla veranda, sulla quale si affaccia. Il tipo C/D si articola in un bilocale su un piano e una *maisonette* ai piani superiori, raggiungibile con una scala in ferro. Nella *maisonette* la veranda si apre sulla cucina-soggiorno, dalla quale si accede al bagno e alla camera da letto. Sopra, un soggiorno con finestre che si affacciano davanti sulla veranda e dietro sul doppio volume che si crea sotto la copertura a botte.

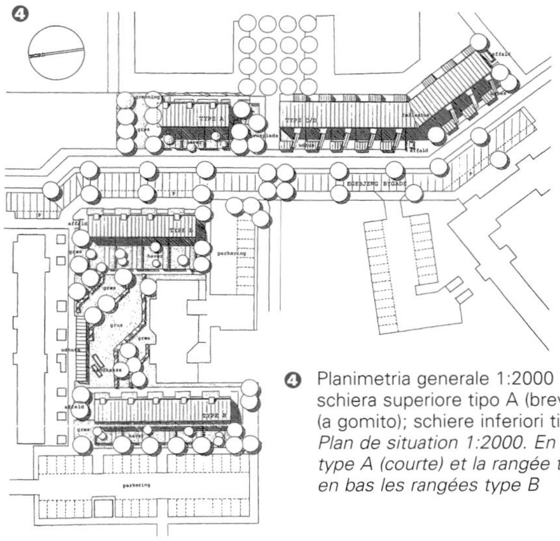

❹ Planimetria generale 1:2000
schiera superiore tipo A (breve), tipo C/D (a gomito); schiere inferiori tipo B
Plan de situation 1:2000. En haut, la rangée type A (courte) et la rangée type C/D (coudée), en bas les rangées type B

❸ Tipo C/D: appartamento da 2 locali, *maisonette* da 2 locali 1:200
Type C/D: maison 2 pièces et duplex 2 pièces 1:200

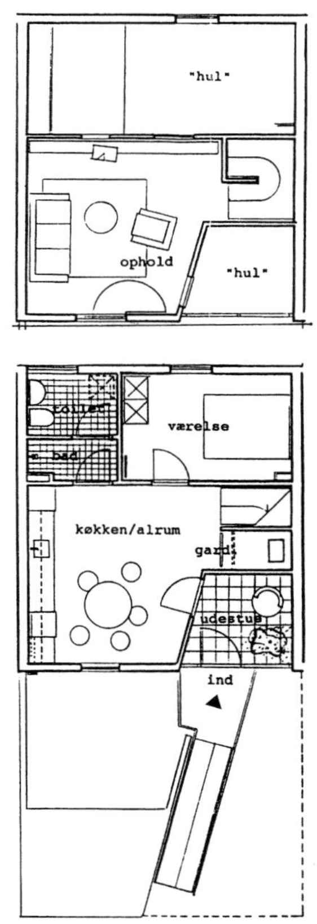

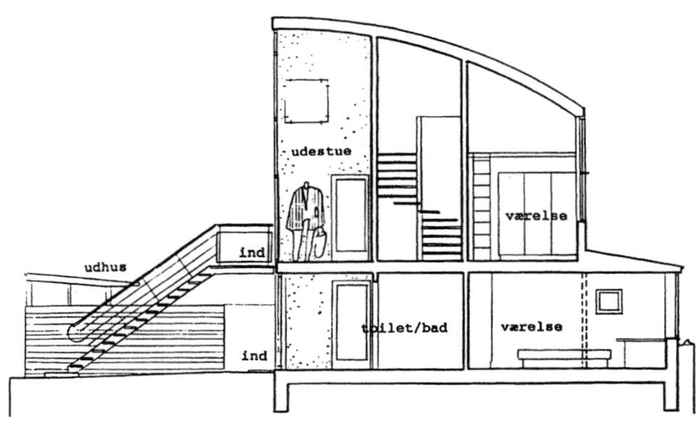

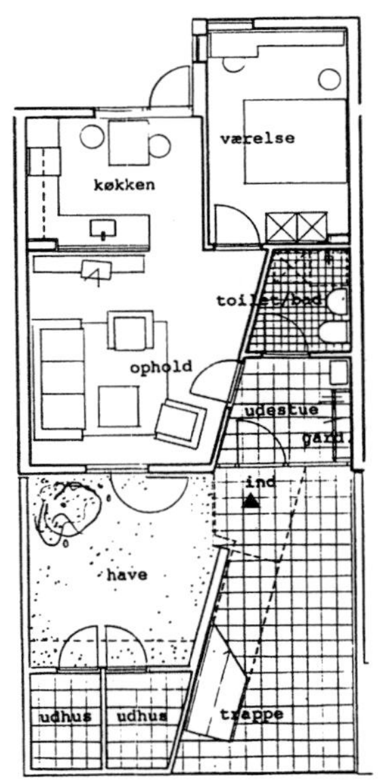

❸

Type de construction
maisons familiales en rangée, 2 ou 3 niveaux, E/O

Date de construction
1985-1996 (ensemble); 1994 (maisons en rangée)

Structure
4 rangées, total 28 unités:
type A: maisons 4 p., 3 niveaux (3 unités)
type B: maisons 3 p., 2 niveaux (9 unités)
type C/D: maisons 2 p. + duplex 2 p. (8 + 8 unités);
maison communautaire

Surface habitable
type A: 110 m² (surface brute)
type B: 83 m² (surface brute)
type C: 54 m² (surface brute)
type D: 73 m² (surface brute)

Places de stationnement
sur la rue et aires de stationnement vers les cours

Espaces extérieurs
jardins d'hiver, jardins

Tegnestuen Vandkunsten, Copenhague

Copenhague-Ballerup, Egebjerg Bygade, « Egebjerggård »

Ces maisons en rangée sont le résultat de la quatrième et dernière phase de construction d'un lotissement de 850 logements dont le but était d'intégrer des éléments divers: logement et artisanat, propriété privée et logements sociaux en location, maisons familiales et immeubles d'habitation, jeunes et vieux, et même art et architecture (concours d'urbanisme lancé en 1986). Les maisons noires sont de quatre types différents qui ont en commun un toit en berceau rampant et un jardin d'hiver sur deux niveaux qui constitue l'accès. Le type A comprend trois niveaux, avec un petit jardin à l'avant. Le jardin d'hiver donne accès à la cuisine. Au premier étage se trouvent deux chambres à coucher et une salle de bains, au deuxième, non séparés, le séjour et la chambre à coucher des parents, avec lucarne à hauteur d'homme. Le type B n'a que deux niveaux, mais un plus grand jardin. Le jardin d'hiver donne ici accès au niveau des chambres, avec salle de bains et couloir; à l'étage, la cuisine/salle à manger enserre le jardin d'hiver, sur lequel elle s'ouvre par une fenêtre. Le type C/D réunit un appartement de 2 pièces et un duplex aux niveaux supérieurs, accessible par un escalier extérieur en acier. La cuisine/salle à manger du duplex est ouverte sur le jardin d'hiver et donne accès aux chambres et à la salle de bains. Au-dessus se trouvent la pièce de séjour (avec fenêtres donnant sur le jardin d'hiver à l'avant et sur un espace vide à l'arrière).

riferito a piante 1:200

se réfère aux plans 1:200

2.3 Case a schiera

Tipologia edilizia:
sequenze di case a schiera,
3-4 piani, NE/SO

Data di costruzione:
1993-1996

Modello di finanziamento:
edilizia privata

Profondità dell'edificio:
7,95 m (case verso il parco);
11,8 m (case a portico);
10,75 m (case sul canale)

Layout:
48 case da 5 locali verso il parco con giardino (48 m²);
56 case a portico da 5 locali con garage, in 2 schiere con giardino (ca. 85/110 m²);
48 case da 3-4 locali sul canale con giardino (44 m²)

Tagli residenziali:
123 m² (case verso il parco);
139 m² (case a portico);
104 m² (case sul canale)

Parcheggio:
area riservata sulla strada
di fronte alle schiere

Spazi aperti:
giardino con terrazze,
terrazze sul tetto (case sul canale)

Erna van Sambeek
& René van Veen,
Amsterdam

Rotterdam,
Prinsenpark,
A. Noordewier-Reddingiuslaan,
Marie van Eijsden Vinkstraat

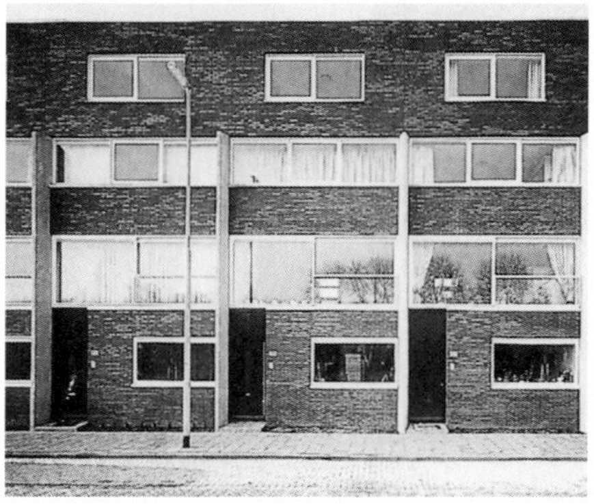

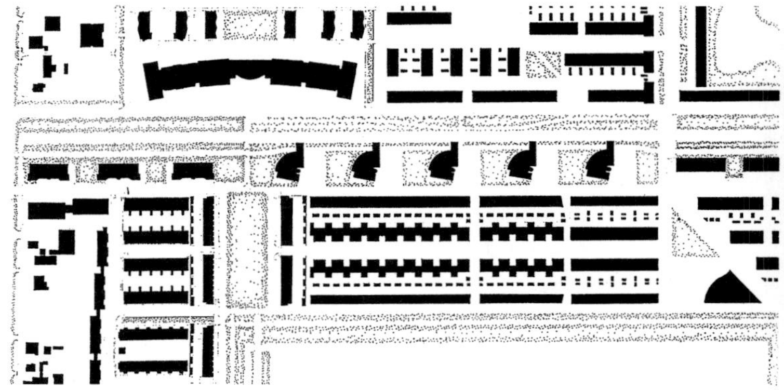

❶ Case a schiera verso il parco:
sezione longitudinale 1:400
Maisons en rangée côté parc.
Coupe longitudinale 1:400

Planimetrie pianterreno-3° piano
1:200
Plan du rez-de-chaussée et des trois étages 1:200

❷ Case a portico con garage:
sezione longitudinale 1:400
Maisons à portique et garage.
Coupe longitudinale 1:400

❸ Livello inferiore e superiore
delle case a portico 1:200
Rez-de-chaussée et premier étage des maisons à portique 1:200

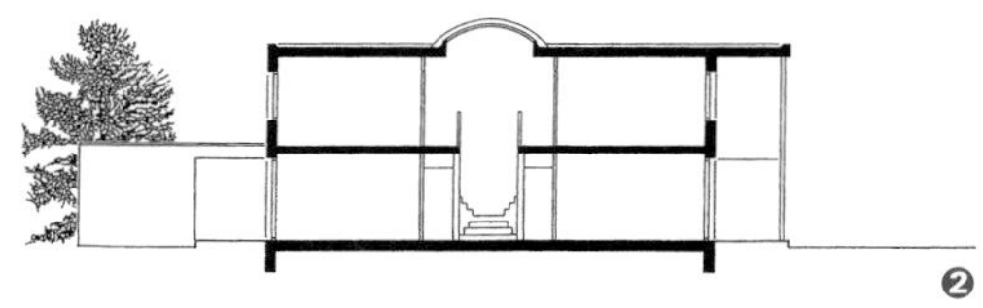

❷

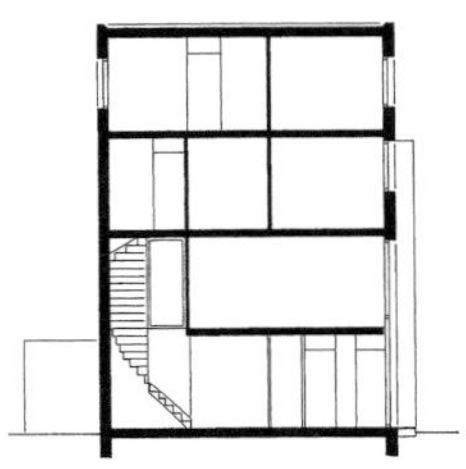

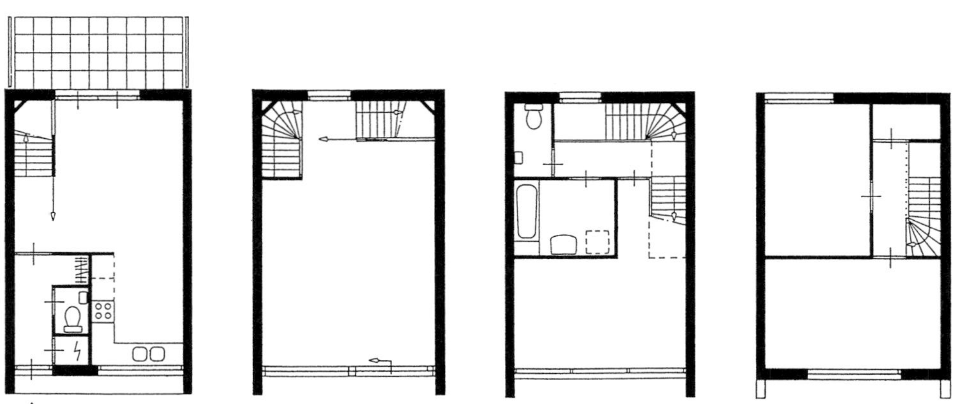

❶

Due sequenze di case a schiera che includono due file di case porticate. Gli edifici creano un netta linea di demarcazione nei confronti del parco e verso il canale, sul quale si affacciano alte e compatte ville urbane. La bellezza delle case a schiera verso il parco risiede nel disegno della scala, che unisce tutti i piani con un unico movimento continuo. Al pianterreno una stanza si affaccia sul giardino accanto alla sala da pranzo, che verso destra conduce alla cucina con ampio affaccio su strada. Al piano superiore il soggiorno – grande quanto il sedime della casa – e al 2° e 3° piano le camere da letto. La chiara articolazione degli spazi li rende di utilizzo flessibile. Le case sul canale sono distribuite da una scala che gira su tre lati. Al pianterreno un volume attrezzato divide soggiorno e angolo cottura. Al piano superiore la camera da letto e il bagno. Sul pianerottolo può essere ricavata una stanza (soggiorno verso strada). Sopra vi è un'altra camera orientata verso il giardino, con possibilità di ricavare una terrazza. Ogni coppia di case a portico si accede da un vestibolo (porticato) ricavato tra i volumi dei garage inseriti nel giardino e i setti laterali dell'edificio. Il pianterreno ospita il soggiorno, affacciato sulla strada; da qui si accede alla cucina abitabile attraverso una zona filtro con ingresso e scala, illuminata da un ampio lucernario. Due scale portano al piano superiore con due balconate separate per la camera verso strada e quella verso il giardino, collegate solo dal bagno in comune.

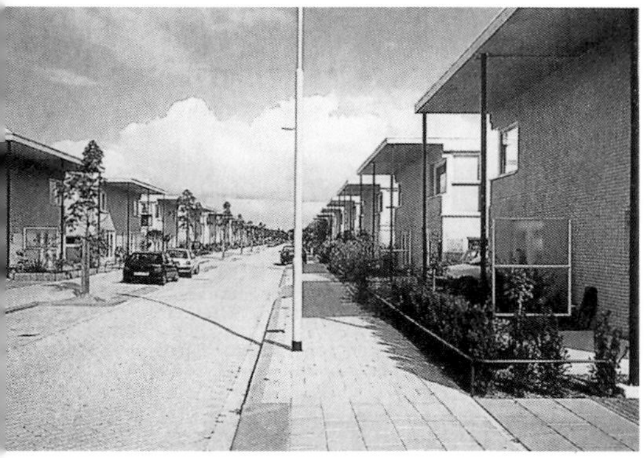

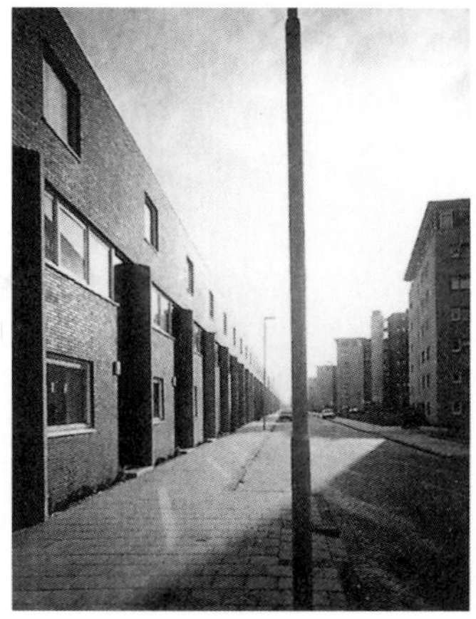

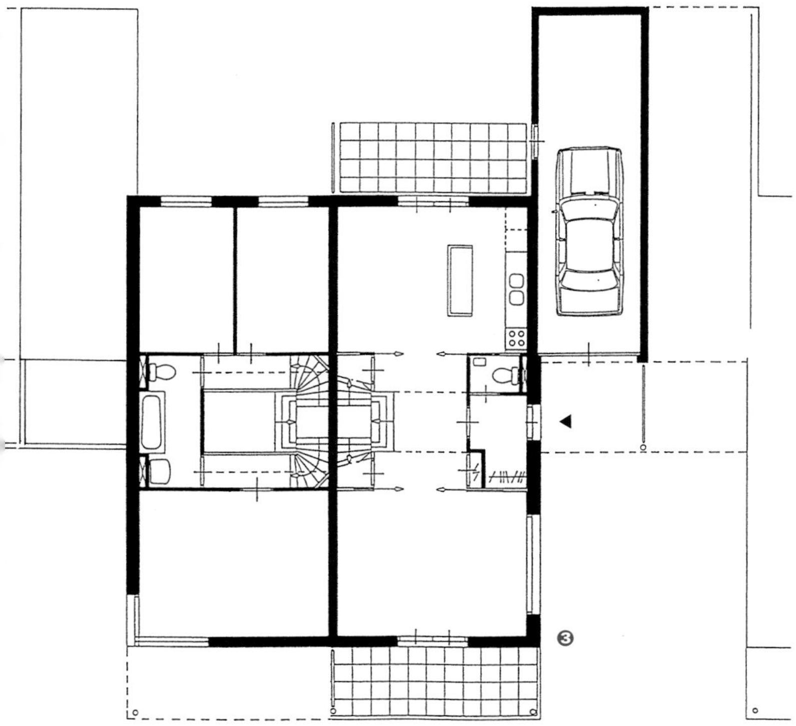

❸

❹ Case a schiera sul canale: planimetrie pianterreno-2° piano 1:200
Maisons en rangée côté canal. Plan du rez-de-chaussée et des étages 1:200

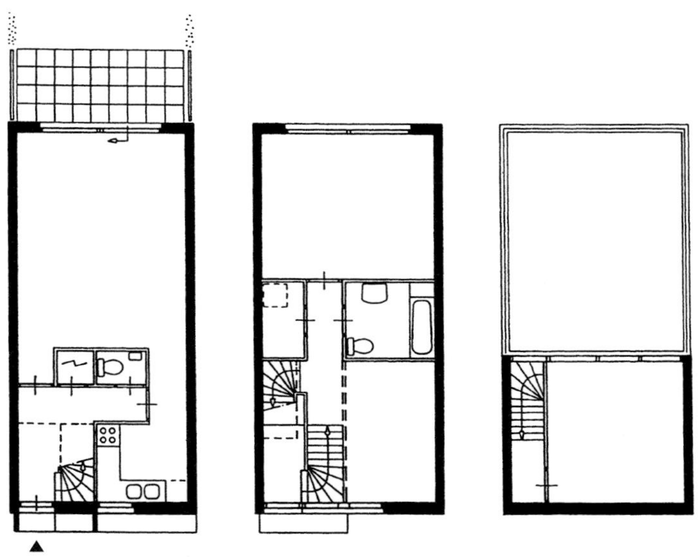

❹

Type de construction
maisons familiales en rangée, 3 et 4 niveaux, NE/SO

Date de construction
1993-1996

Financement
privé

Profondeur des maisons
7,95 m (côté parc) ; 11,8 m (maisons à portique) ; 10,75 m (côté canal)

Structure
48 maisons de 5 pièces, avec jardin (48 m²), côté parc ; 56 maisons de 5 pièces avec portique, garage, jardin (env. 85/110 m²), sur deux rangées ; 48 maisons de 3-4 pièces, avec jardin (44 m²), côté canal

Surface habitable
123 m² (rangée côté parc)
139 m² (maisons à portique)
104 m² (rangée côté canal)

Places de stationnement
sur la rue, face aux maisons

Espaces extérieurs
jardins avec terrasse, terrasses sur le toit (côté canal)

Erna van Sambeek & René van Veen, Amsterdam

Rotterdam, Prinsenpark, A. Noordewier-Reddingiuslaan, Marie van Eijsden Vinkstraat

L'ensemble comprend deux rangées linéaires encadrant deux rangées de maisons à portique. Il forme un alignement strictement rectiligne, contrastant avec les villas isolées voisines. Côté parc, le charme de cette architecture réside dans l'escalier, avec son mouvement continu et l'impression d'ampleur qu'il dégage. Au rez-de-chaussée se trouvent un jardin-terrasse et la salle à manger, qui se prolonge à droite par la cuisine (avec grande fenêtre côté rue). La pièce de séjour occupe tout le premier étage, les chambres sont au deuxième et au troisième. La division entre les chambres est très nette, ce qui permet des usages divers. Les maisons côté canal (3 ou 4 pièces) ont un escalier tournant. Au rez-de-chaussée, un bloc pour les WC et les raccordements électriques sépare le séjour de la cuisine. Au premier étage se trouvent deux chambres et la salle de bains. Une pièce supplémentaire peut être aménagée sur le palier (côté rue). Il y a encore une chambre au deuxième, côté jardin, avec extension possible en terrasse sur le toit. Les maisons à portique sont reliées par paires; le portique forme un espace d'accès délimité au fond par le garage. La pièce de séjour au rez-de-chaussée s'ouvre sur une terrasse qui contribue à animer la succession de façades; la cuisine/salle à manger est à l'autre extrémité, séparée du séjour par la zone de l'entrée et de l'escalier, qu'éclaire une grande fenêtre zénithale. Un double escalier tournant mène à l'étage, séparé en deux chambres avec galerie, mais salle de bains commune au milieu.

2.3 Case a schiera

Tipologia edilizia:
serie di case a schiera mono- e bifamiliari 3 piani, N/S

Data di costruzione:
1ª fase 1994-1996

Modello di finanziamento:
edilizia privata

Profondità dell'edificio:
6 e 12 m

Layout:
11 case bifamiliari e 10 case a schiera unifamiliari, con vista panoramica, parcheggio coperto e giardino, disposte lungo la costa

Tagli residenziali:
case bifamiliari e case a schiera unifamiliari, ognuna ca. 140 m²

Parcheggio:
parcheggio privato vicino o sotto la casa, 24 posti auto per gli ospiti

Spazi aperti:
terrazze sul tetto e giardini privati, *promenade* lungomare con aree verdi

Neutelings Riedijk Architecten, Rotterdam

Huizen, Harderwijkerzand, Zona costiera: 4° quadrante

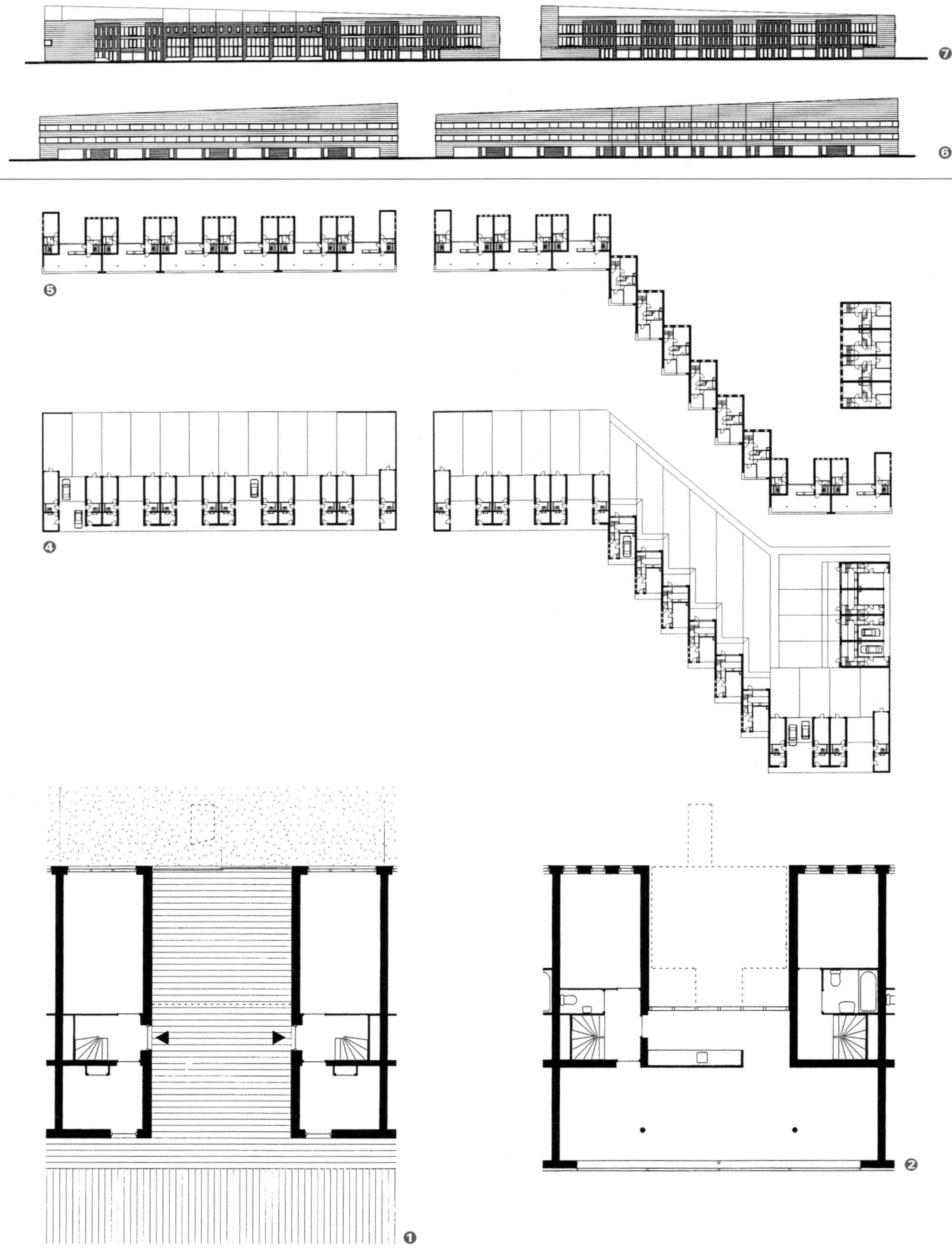

La prima fase di edificazione di questo insediamento costiero a Huizen è costituito da una serie di case mono- e bifamiliari orientate verso lo specchio d'acqua a nord. Verso sud godono tutte di un giardino privato e le case bifamiliari hanno una stanza "solarium" al pianterreno. La peculiarità di questo progetto sono gli appartamenti panoramici delle case bifamiliari. Sebbene il lotto sia largo solo 6 m, grazie all'abile incastro dei due appartamenti entrambi dispongono di un soggiorno largo 12 m, ovvero quanto due lotti, analogamente alla Villa KBWW (vedi p. 246). La spettacolare finestra a nastro offre un panorama magnifico sul mare di Gooi. Quando uno dei due alloggi al 1° o al 2° piano occupa l'intera superficie edificabile, all'altro rimane una camera da letto con bagno e la scala in una delle ali dell'edificio. L'arretramento del corpo di fabbrica permette al sole di penetrare attraverso la vetrata a tutta altezza nel lato sud della cucina e crea una sorta di corte aperta all'ingresso; le auto possono essere parcheggiate in questo spazio sotto casa. Sul tetto, oltre alla possibilità di ricavare ulteriori vani abitabili, si trovano ampie terrazze all'aperto. Le case unifamiliari a schiera, dalla planimetria piuttosto convenzionale, sfruttano la disposizione a spina di pesce per affacciarsi con finestre d'angolo verso il mare e la sua verde passeggiata.

1. Pianterreno 1:200
   Plan du rez-de-chaussée 1:200
2. 1° piano con soggiorno, appartamento di sinistra 1:200
   Premier étage: séjour pour l'appartement de gauche 1:200
3. 2° piano con soggiorno, appartamento di destra 1:200
   Deuxième étage: séjour pour l'appartement de droite 1:200
4. Pianterreno dell'intero insediamento 1:1250
   Plan d'ensemble, niveau de l'entrée 1:1250
5. 2° piano dell'intero insediamento 1:1250
   Plan d'ensemble, deuxième étage 1:1250
6. Lato sud con facciata sul giardino
   Élévation sud, côté jardin
7. Lato nord con facciata meteorologica verso il mare
   Élévation nord, côté mer

Type de construction
maisons familiales et maisons jumelées en chaîne, 3 niveaux, N/S

Date de construction
première phase 1994-1996

Financement
privé

Profondeur des maisons
6 m et 12 m

Structure
2 x 11 maisons jumelées et 10 maisons familiales en rangée avec vue panoramique, avec propre place de stationnement et jardin, échelonnées le long du rivage d'une baie artificielle

Surface habitable
env. 140 m² pour les deux types de maison

Places de stationnement
devant ou sous la maison, 24 places pour visiteurs

Espaces extérieurs
terrasses sur le toit et jardins privés, quai arboré

Neutelings Riedijk Architecten, Rotterdam

Huizen, Hardewijkerzand, 4ᵉ Quadrant

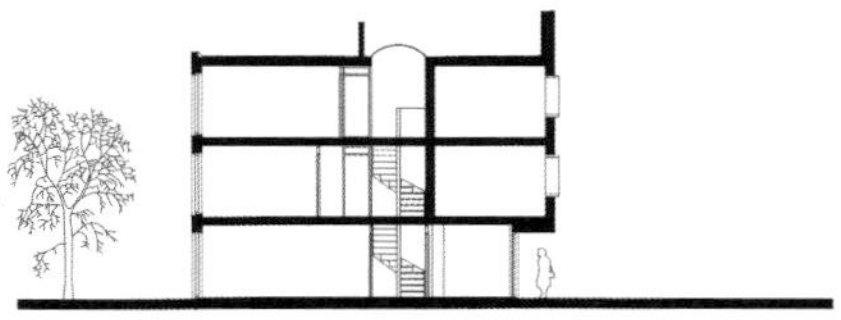

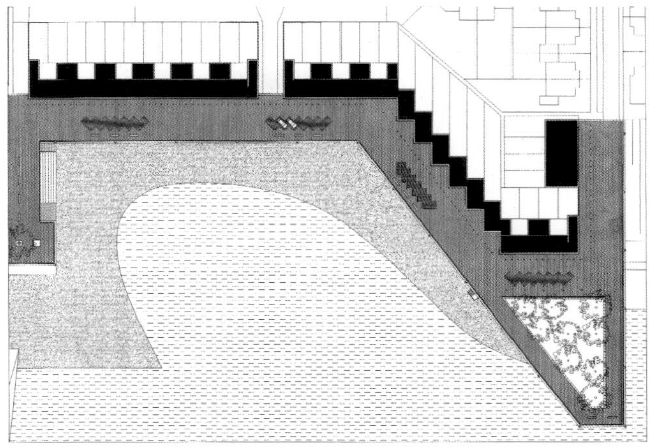

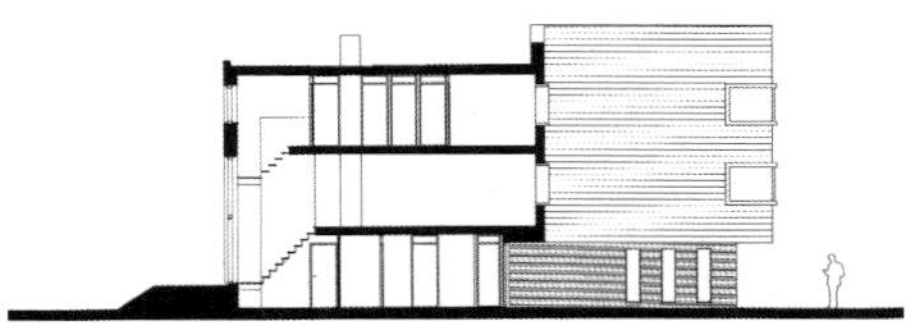

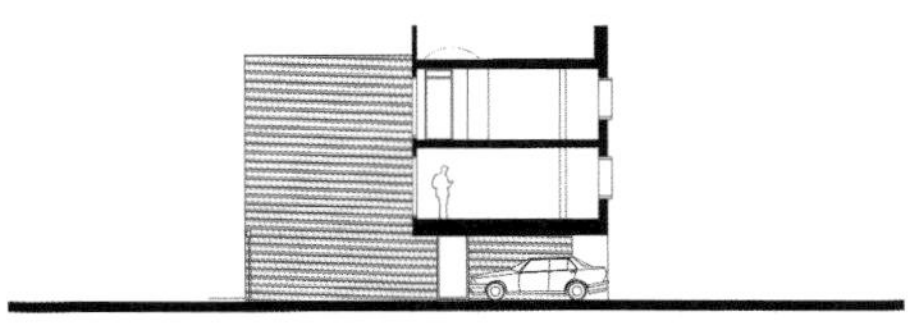

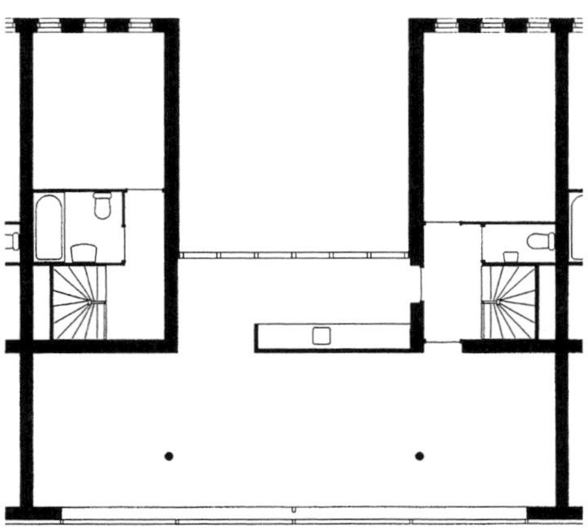

❸

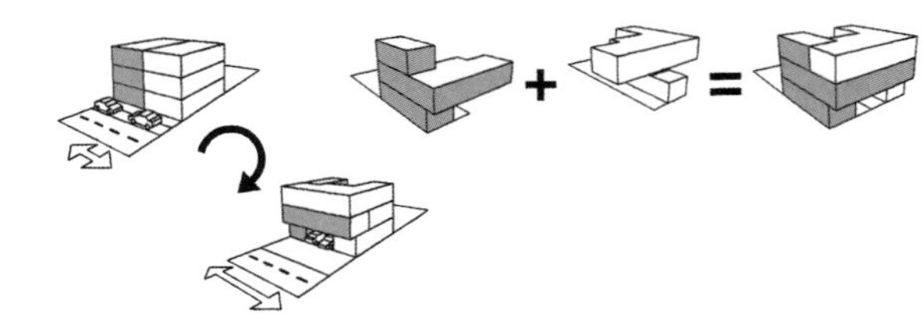

Cette chaîne de maisons familiales et jumelées toutes orientées vers la mer (au nord) constitue la première phase d'un lotissement côtier. Les maisons ont toutes un jardin au sud, et les maisons jumelées une chambre ensoleillée au rez-de-chaussée. Les appartements panoramiques dans les maisons jumelées sont d'une originalité certaine. Sur une parcelle large de 6 m seulement, les deux appartements s'interpénètrent si bien qu'ils ont tous deux une pièce de séjour d'une largeur de 12 m, soit la largeur de deux parcelles, comme dans la villa KBWW à Utrecht (voir p. 247). Les baies vitrées en bandeau continu offrent une vue spectaculaire sur le Gooi. Au premier et au deuxième étages, ce séjour accapare presque toute la surface, l'autre appartement ne disposant que d'une aile pour une chambre à coucher, la salle de bains et l'escalier. La partie centrale du bâtiment est en retrait, créant ainsi une sorte de cour dans la zone d'entrée, au sud, où la cuisine, entièrement vitrée, reçoit un éclairage abondant. Les voitures sont garées directement sous la maison. Les toits forment des terrasses mais constituent aussi une possibilité pour des agrandissements. Les maisons familiales individuelles ont un plan plus classique; elles mettent à profit leur disposition échelonnée pour des fenêtres d'angle donnant sur le Gooi, sur le quai et sa verdure.

riferito a piante 1:200

se réfère aux plans 1:200

2.3 Case a schiera

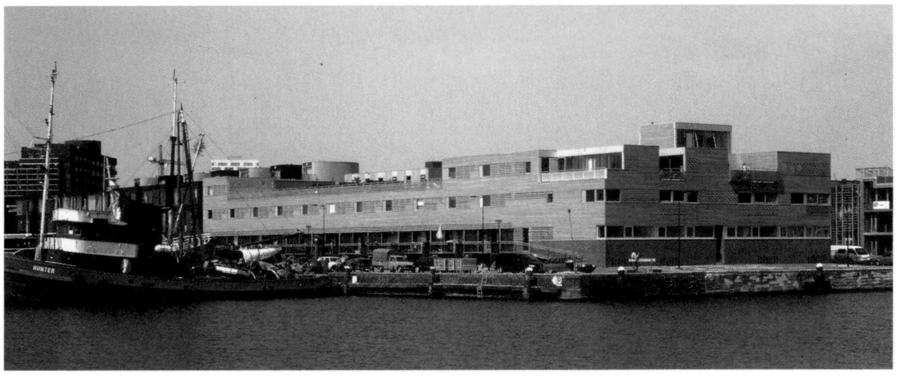

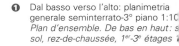

❶ Dal basso verso l'alto: planimetria generale seminterrato-3° piano 1:1
Plan d'ensemble. De bas en haut: s sol, rez-de-chaussée, 1er-3e étages

❷ Sezione longitudinale 1:1000
Coupes longitudinales 1:1000

❸ Sezione trasversale 1:500
Coupes transversales 1:500

❹ Sezione trasversale relativa ai partic della pianta 1:500
Coupe transversale se référant aux de détail 1:500

Tipologia edilizia:
insediamento di case a schiera "back-to-back", 2-4 piani, N/E/S

Data di costruzione:
1995-2000

Modello di finanziamento:
edilizia privata

Profondità dell'edificio:
26 m (profondità della casa 13 m)

Layout:
insediamento compatto con 26 case a schiera con patio, "back-to-back", circondate dall'acqua su tre lati, costruzione a setti, 11 diverse tipologie edilizie, tutti gli appartamenti con affaccio su un lato e sul patio, tranne quelli nella testata

Tagli residenziali:
S: 3-4 locali (4 tipologie), 111-136 m² (11);
N: 3-4 locali (3 tipologie), 118-175 m² (11);
E: 3-5 locali (4 tipologie), 131-181 m² (4)

Parcheggio:
26 posti auto nel garage sotterraneo

Spazi aperti:
veranda sul lato sud, patii, piccoli manti erbosi, terrazze private sul tetto

**MAP Architects/
Josep Lluís Mateo,
Barcellona**

**Amsterdam,
Borneo**

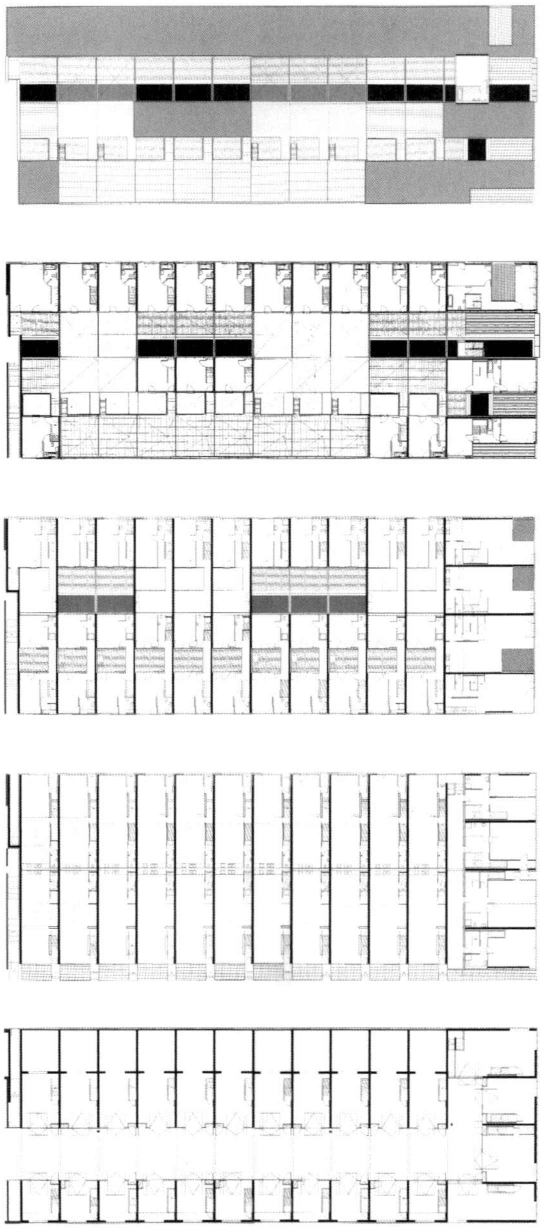

❶

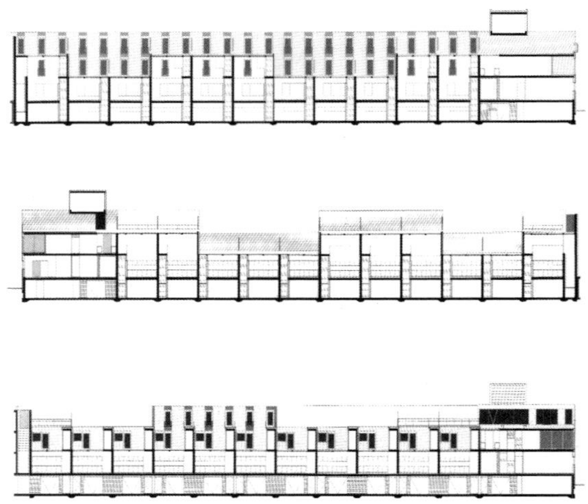

❷

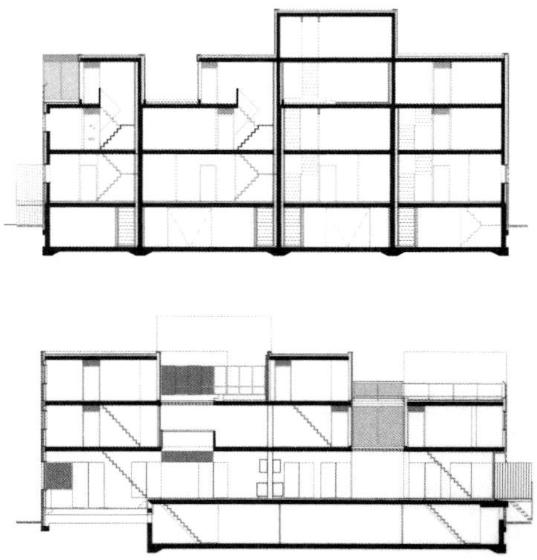

❸

L'isolato apparentemente monolitico al termine della penisola Borneo si scompone in 26 case a schiera "back-to-back" di varia impostazione. La struttura a setti portanti che le accomuna è occupata in modo così vario che ne risultano 11 diverse tipologie di alloggi, da 2 a 4 vani. Le loro differenti altezze e gli arretramenti per favorire il soleggiamento modellano la cubatura, tanto che il monolite appare anonimo e movimentato allo stesso tempo. L'insediamento si compone di due parti, quella a nord con la facciata urbana in laterizio, quella a sud con il rivestimento in legno marinaresco. Ogni alloggio è direttamente accessibile dalla strada e condivide un accesso comune al parcheggio interrato. Gli appartamenti sono dotati di spazi aperti pertinenziali di straordinaria varietà. Le case affacciate a sud hanno una veranda sul fronte, un'ampia terrazza sul tetto e un patio al 1° piano; la pavimentazione del patio è in vetrocemento, per contribuire all'illuminazione del soggiorno collocato al pianterreno, profondo 13 m. Sul lato nord parte della copertura vetrata è rialzata di mezzo piano e il soggiorno sottostante è alto 5,7 m. Gli alloggi disposti sul lato nord si affacciano sul patio interno con piccoli manti erbosi. Gli appartamenti di 3-5 vani nella testata dell'edificio sono uno diverso dall'altro, ma hanno ciascuno una terrazza al 3° piano. Un alloggio svetta con il 4° piano sull'intero complesso. Tutti gli appartamenti condividono lo straordinario panorama sullo specchio d'acqua circostante.

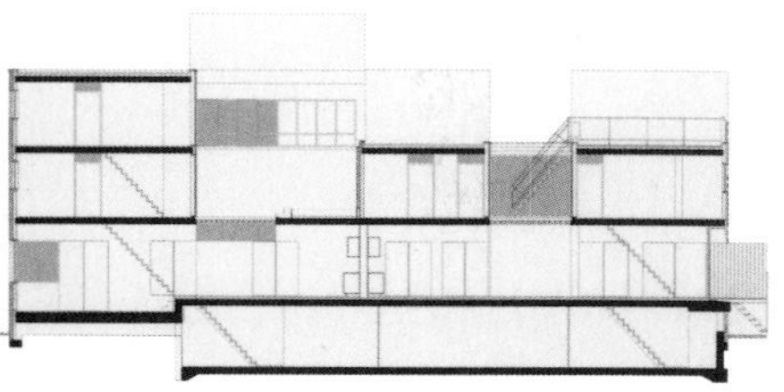

4

Type de construction
maisons familiales en rangée, dos-à-dos, 2-4 niveaux, N/E/S

Date de construction
1995-2000

Financement
privé

Profondeur des maisons
26 m (13 m par maison)

Structure
lotissement dense de 26 maisons à cour intérieure, dos-à-dos, bordé d'eau sur trois côtés, bâti sur un module de murs mitoyens porteurs, 11 types de maisons, à orientation unique (sauf aux extrémités), donnant sur une cour intérieure

Surface habitable
sud: app. 3-4 p. (4 types), 111-136 m² (11 unités)
nord: app. 3-4 p. (3 types), 118-175 m² (11 unités)
est: app. 3-5 p. (4 types), 131-181 m² (4 unités)

Places de stationnement
garage souterrain de 26 places

Espaces extérieurs
vérandas au sud, cours intérieures, petites surfaces gazonnées, terrasses privées sur les toits

MAP Architects/ Joesp Lluís Mateo, Barcelone

Amsterdam, Borneo

5 Particolare della pianta del seminterrato con garage 1:200
Détail du plan: sous-sol avec garage souterrain 1:200

6 Pianterreno con zona giorno 1:200
Rez-de-chaussée: pièces de séjour 1:200

7 1° piano con zona notte e patii 1:200
Premier étage: chambres à coucher et cour intérieure 1:200

8 2° piano con camere da letto e terrazza sul tetto 1:200
Deuxième étage: chambres à coucher et terrasse 1:200

5

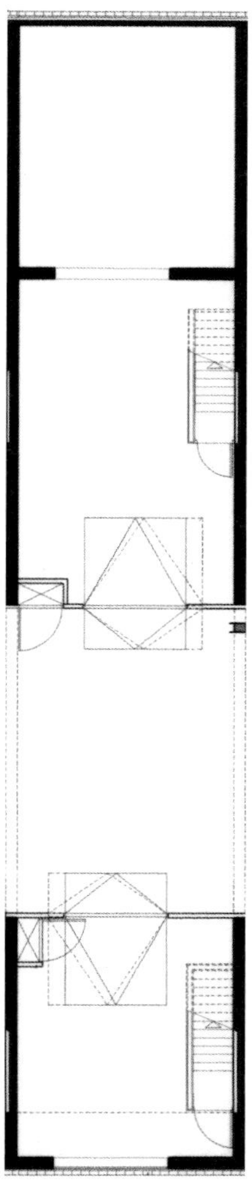

6

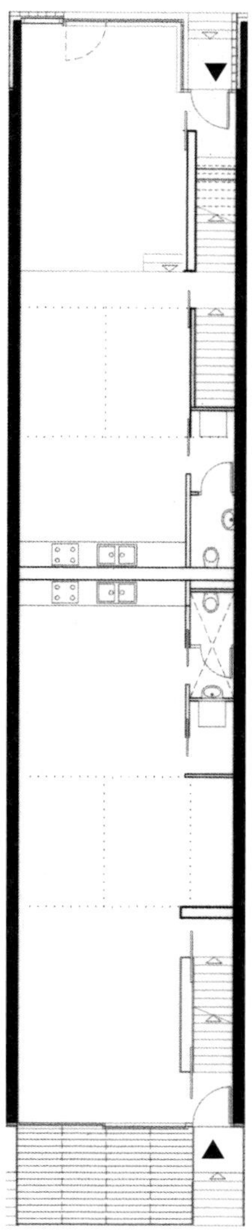

7

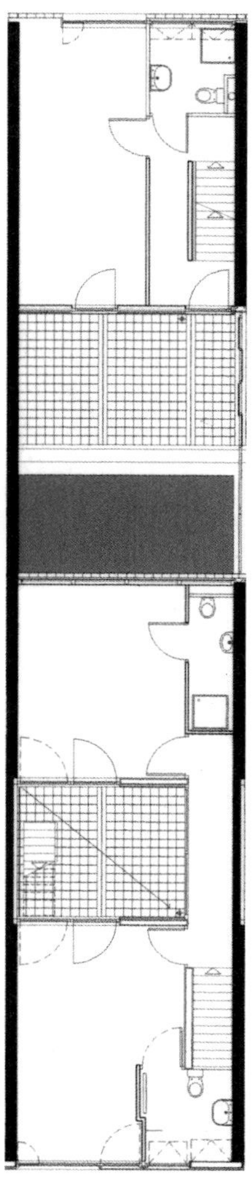

8

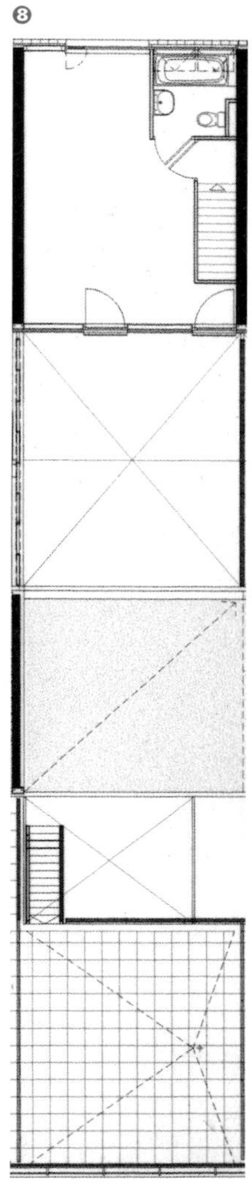

Ce bloc d'apparence monolithique sur la presqu'île de Borneo à Amsterdam comprend 26 maisons en rangée disposées dos-à-dos et de formes très différentes (11 types d'appartement de deux à quatre niveaux). Les variations de hauteur et de retrait profitent à l'éclairage et façonnent la forme de l'ensemble, qui présente un aspect à la fois anonyme et animé. L'immeuble est divisé en deux parties, la moitié nord, «citadine», à façade de briques et la moitié sud, «maritime», à façade de bois. Chaque appartement est accessible directement depuis la rue et possède aussi une sortie sur le garage souterrain commun. Une caractéristique frappante est la diversité des espaces extérieurs aménagés: les maisons du côté sud ont une véranda à l'entrée, une grande terrasse sur le toit et une cour intérieure au premier étage. Le sol de cette cour est en briques de verre; il éclaire ainsi l'espace de séjour, dont la profondeur atteint 13 m, au niveau inférieur. Dans les appartements côté nord, une partie de cette couverture de verre est rehaussée d'un demi-niveau, ce qui donne au séjour une hauteur de 5,7 m. Ces mêmes appartements sont tournés vers la cour intérieure et sa surface gazonnée. À l'extrémité, les appartements (3 à 5 pièces) sont tous différents, mais chacun possède une terrasse au troisième étage. L'un d'eux se distingue par son étage supplémentaire. Tous les appartements jouissent d'une superbe vue sur l'eau, qui entoure l'immeuble sur trois côtés.

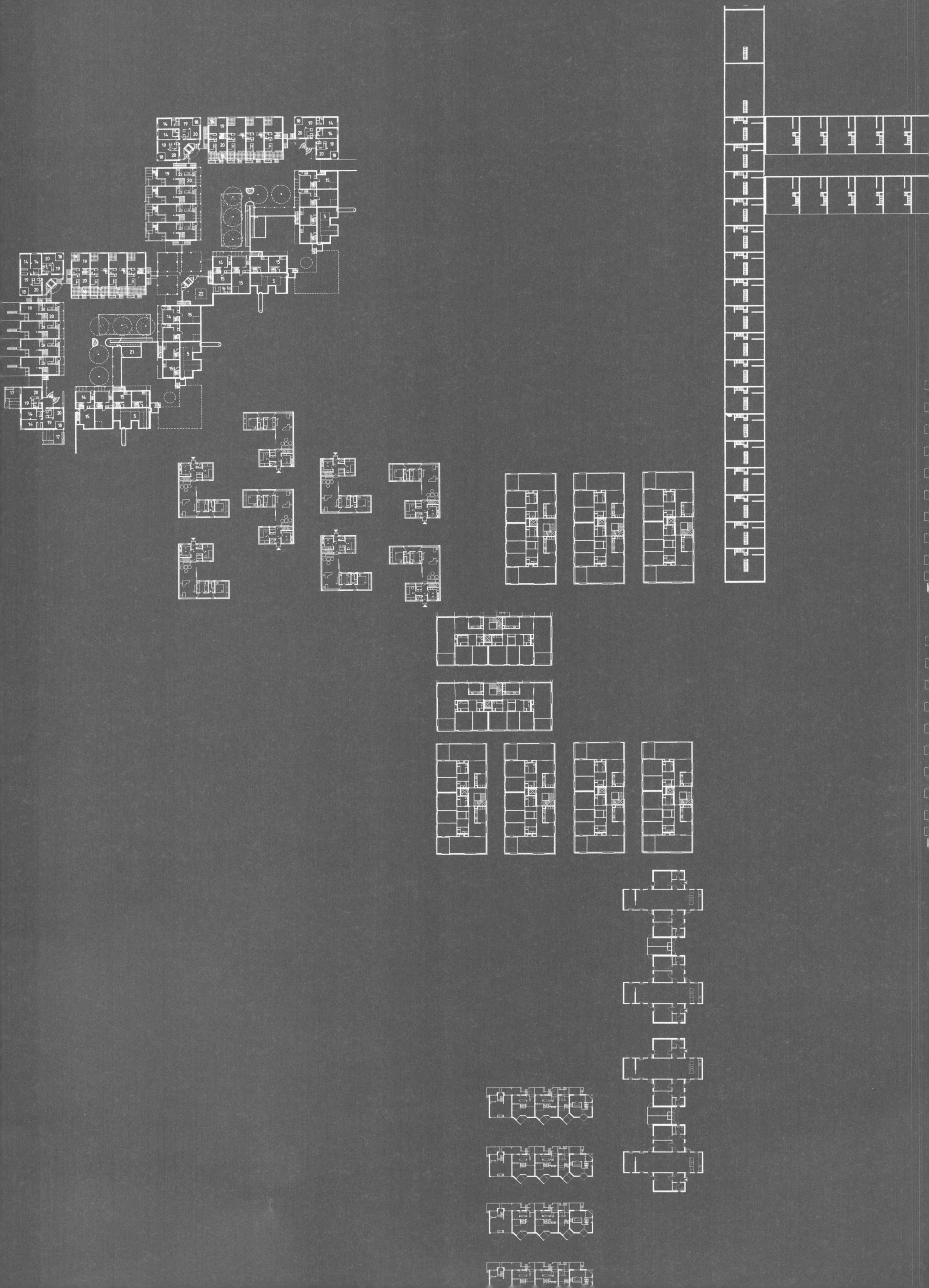

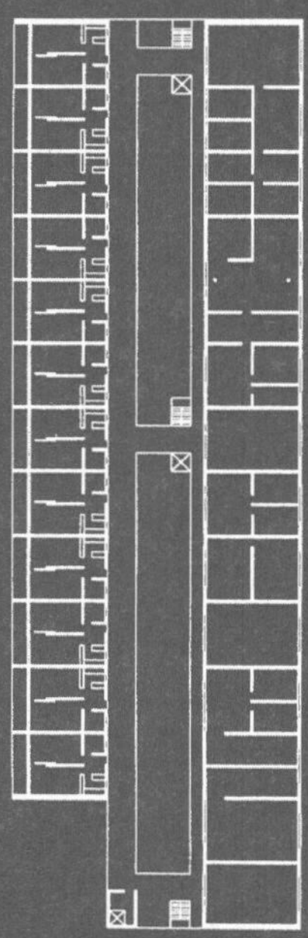

Siedlungen

Categoria eterogenea che comprende insediamenti ad alta densità, ma non urbani: insediamenti di case unifamiliari, a tappeto, una o più stecche residenziali, insediamenti di alloggi a uno o più piani incastrati o stratificati tra loro, le *new towns* inglesi e i piccoli insediamenti residenziali consolidati come modulo urbano autarchico. Nelle Siedlungen, come nelle case terrazzate, esiste una sottile distinzione tra spazi privati, semipubblici e pubblici. Perciò l'impianto distributivo nelle case plurifamiliari è spesso notevole; lo scopo è infatti dare a ciascun alloggio un ingresso indipendente, a pianterreno o a un altro livello, con scale ricavate nel corpo di fabbrica o attraverso percorsi in quota, sfruttando terrazzamenti naturali o artificiali.

Grands ensembles

Cette catégorie hétérogène regroupe toutes les formes d'habitat dense de non urbain: lotissements de maisons familiales, lotissements «en tapis», sur une ou plusieurs rangées, petits immeubles à appartements emboîtés et empilés, à un ou deux niveaux, lotissements du type «New Towns» ou petits lotissements affirmant leur spécificité dans un environnement urbain.

De même que dans les maisons en terrasses, il existe ici une hiérarchisation précise entre les espaces publics et les espaces privés. Les accès occupent donc souvent une place importante dans les immeubles regroupant plusieurs logements, puisque le but est d'offrir à chaque appartement un accès indépendant, qu'il soit au rez-de-chaussée ou à l'étage. L'entrée peut se faire par des escaliers extérieurs ou intérieurs, par une voie au niveau de l'étage supérieur ou par un terrassement naturel ou artificiel.

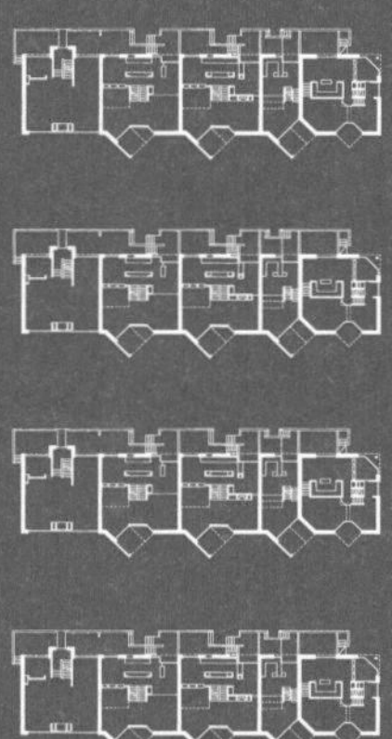

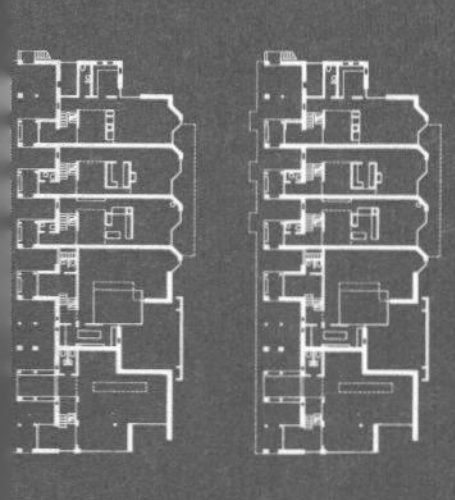

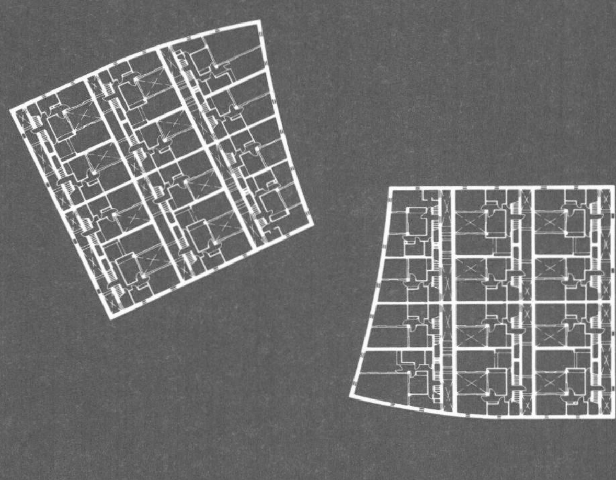

3.1 Siedlungen

Tipologia edilizia:
case a schiera su un pendio,
3 piani, N/S

Data di costruzione:
1955-1961

Modello di finanziamento:
edilizia privata,
proprietà unica o in condominio

Profondità dell'edificio:
12/13,5 m

Caratteri distributivi:
79 unità in schiere terrazzate,
2 tipologie, larghezza 4 e 5 m;
in qualche caso con atelier,
percorsi pedonali,
ricca dotazione di infrastrutture

Numero di alloggi:
79

Dimensione degli alloggi:
4-6 locali, ca. 130/190/220 m²

Parcheggio:
parcheggio coperto

Spazi aperti:
giardini privati,
bosco

Atelier 5,
Berna

Berna-Herrenschwanden,
Siedlung Halen

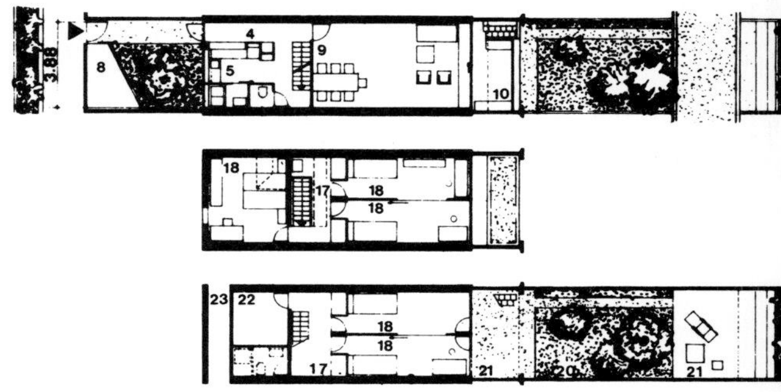

❷ Tipo 380:
3 livelli con atelier
Type 380: 3 niveaux avec atelier

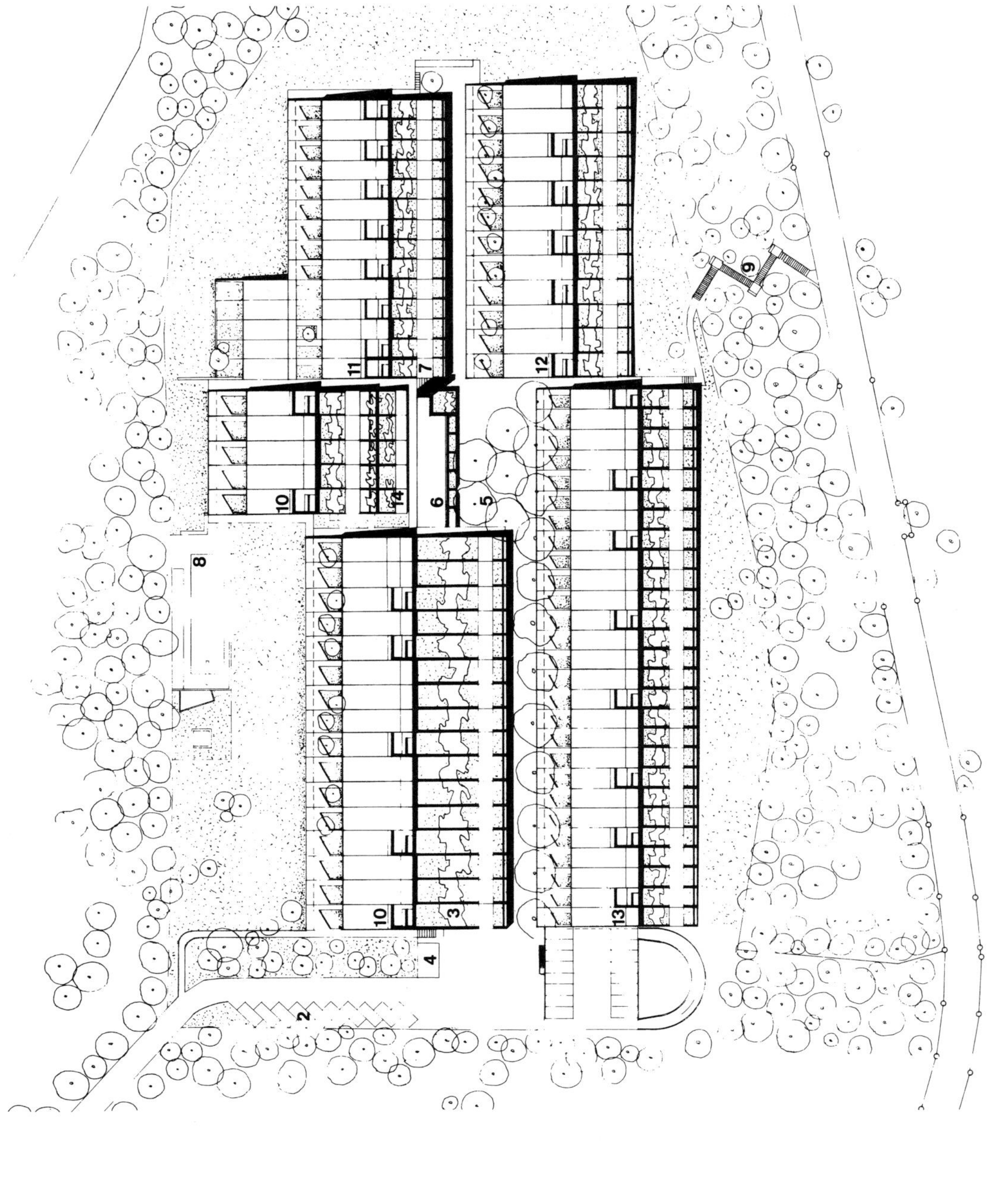

Un insediamento denso, quasi urbano, su lotti stretti e profondi su di un pendio. Sfruttamento ottimale della superficie edificabile. I proprietari delle case a schiera a monte hanno il giardino sulla copertura di quelle a valle; hanno quindi diritto di accesso e permanenza su un'area che non appartiene loro. La privacy degli ambiti privati è tuttavia salvaguardata e la vista di ciascun alloggio è tutelata. Nel tipo 12 l'ingresso è dal piano strada, da un percorso coperto attraverso giardini di pertinenza. L'asse del percorso prosegue verso l'ampio soggiorno dell'alloggio; la cucina è dietro la scala. Il soggiorno ha una loggia a doppia altezza e una ripida scala verso il giardino. Al livello del giardino e al piano superiore vi sono da due a tre camere da letto con bagno; sotto, la lavanderia. Al 1° piano la terrazza panoramica. Il profondo giardino offre la possibilità di sedersi al coperto. In una variante la camera al pianterreno è sostituita da uno spazio polifunzionale; il 1° piano si accorcia e lascia spazio a una terrazza. Lo stretto tipo 380 (presente in due varianti) è organizzato in modo analogo, a parte lo sviluppo della scala. Vi si aggiungono atelier (vedi sezione in alto).

Type de construction
maisons familiales en rangée sur un versant, 3 niveaux, N/S

Date de construction
1955-1961

Financement
privé, logements en propriété et copropriété

Profondeur des maisons
12/13,5 m

Structure
79 unités en rangées étagées en terrasses, 2 types (largeur 4 et 5 m); certaines unités comprennent des ateliers; voies piétonnes, nombreuses installations communautaires

Nombre d'appartements
79

Surface des appartements
4-6 p., env. 130/190/220 m²

Places de stationnement
parking couvert

Espaces extérieurs
jardins privés, forêt

Atelier 5, Berne

Berne-Herrenschwanden, lotissement de Halen

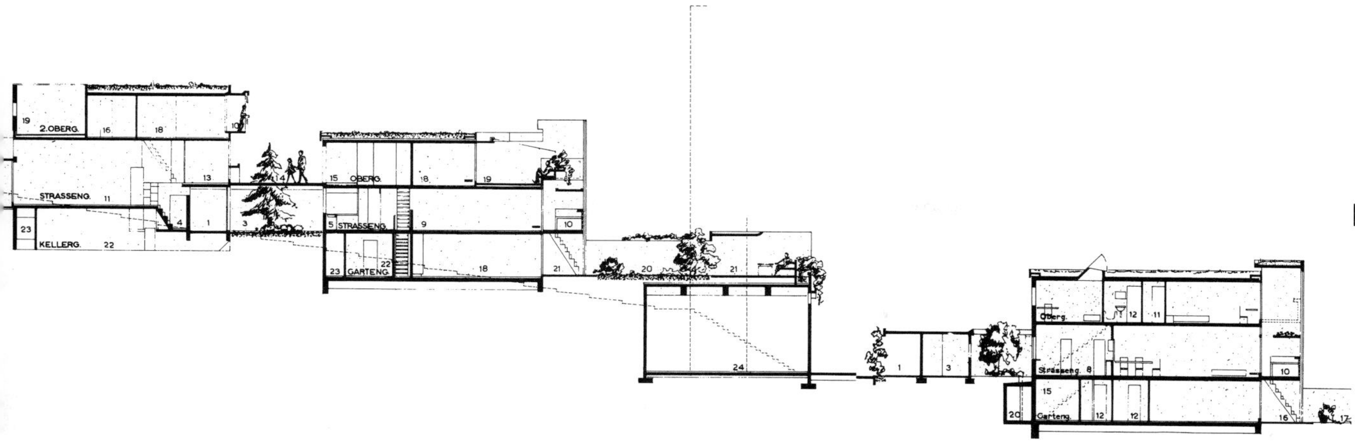

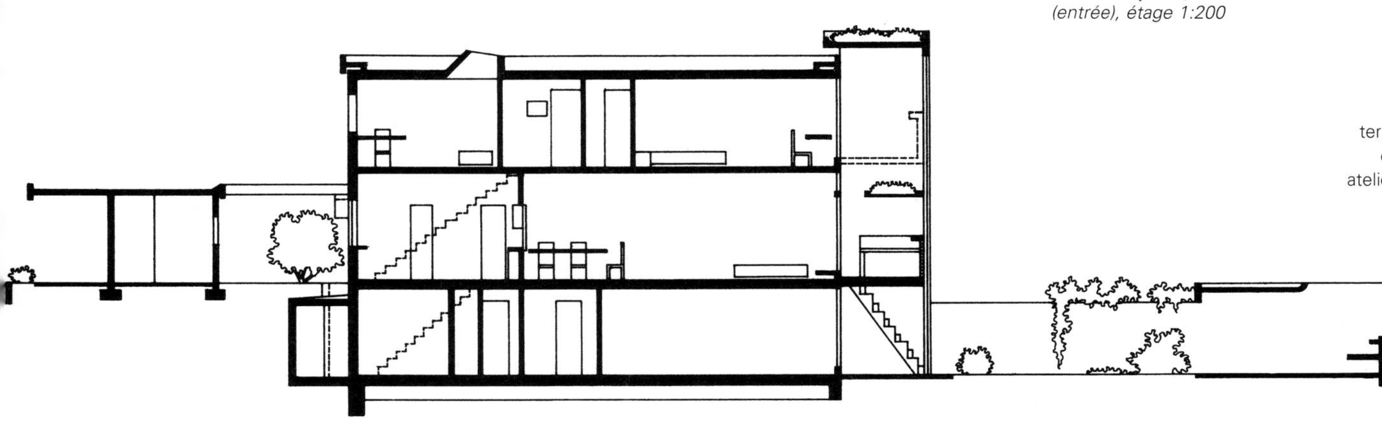

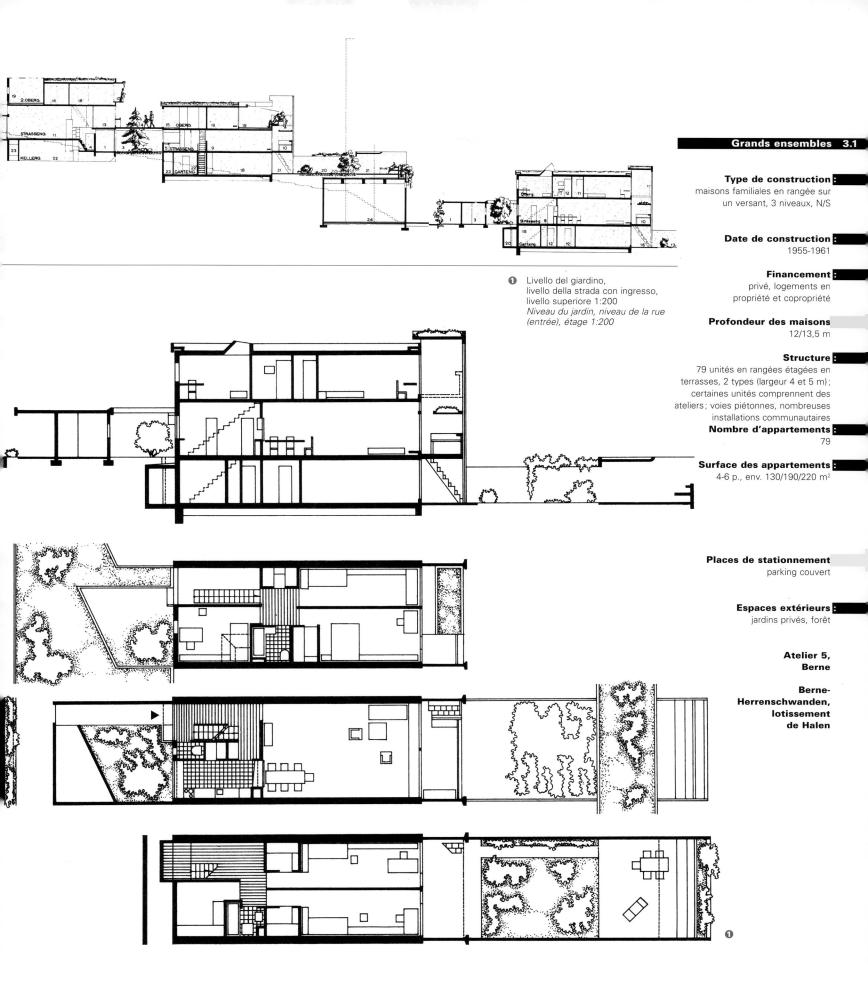

① Livello del giardino, livello della strada con ingresso, livello superiore 1:200
Niveau du jardin, niveau de la rue (entrée), étage 1:200

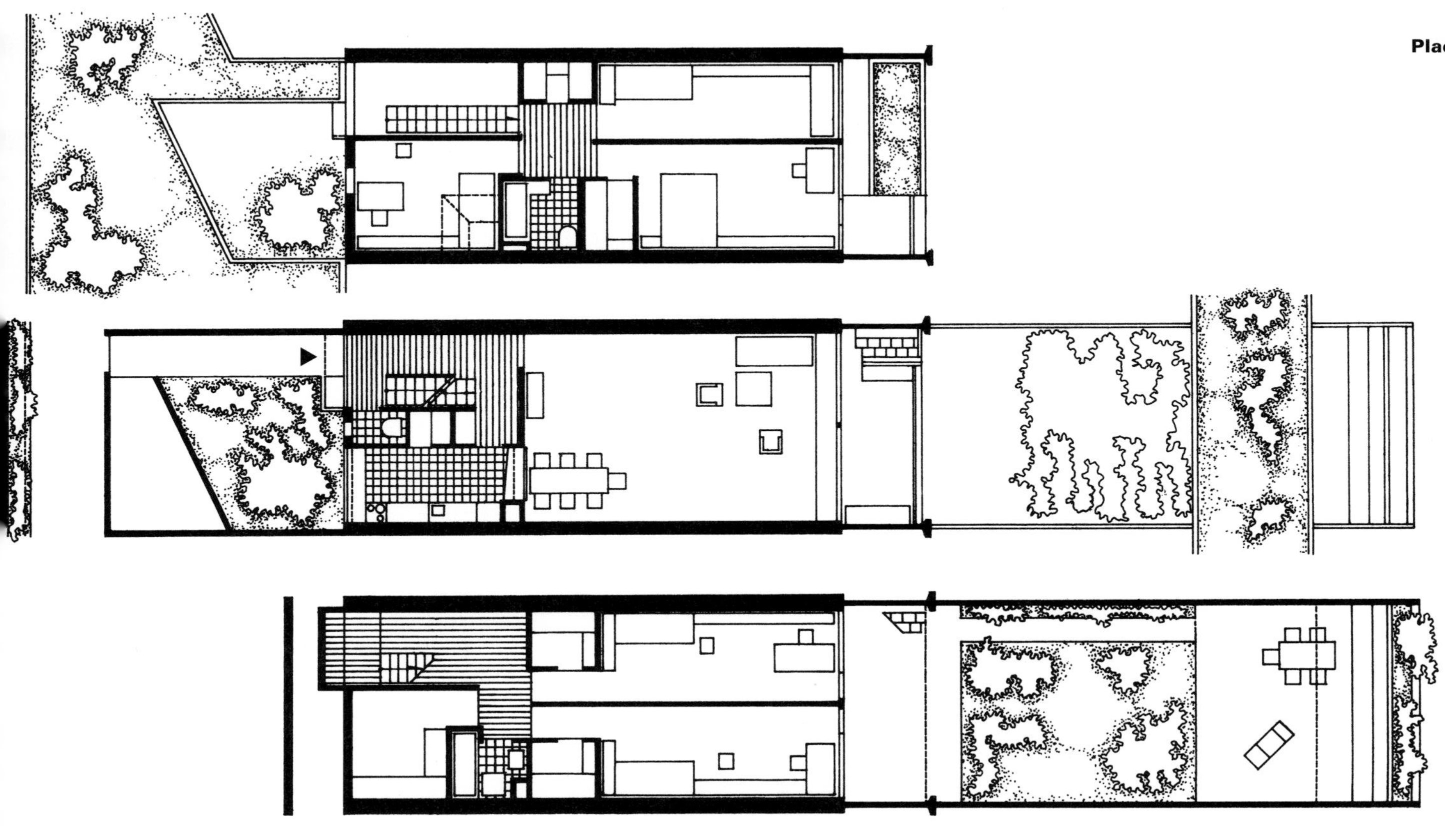

①

Cet ensemble bâti sur un versant se compose de parcelles étroites et profondes. Le terrain est judicieusement exploité: les propriétaires des maisons des rangées supérieures ont un jardin sur le toit de la rangée inférieure, qui ne leur appartient pas, mais sur lequel ils ont un droit d'usage et de construction. Le domaine privé est néanmoins strictement respecté et il n'est pas possible d'obstruer par une construction la vue dont jouit une maison. Dans le type 12, l'axe de l'entrée, au niveau de la rue, longe le jardin de devant et se poursuit à l'intérieur à travers une grande pièce de séjour. La cuisine est sous l'escalier. Le séjour comprend une loggia sur deux niveaux et un escalier descendant au jardin. Au niveau du jardin et à l'étage supérieur se trouvent deux à trois chambres à coucher avec salle de bains (cellier au niveau inférieur). Le premier étage possède un balcon panoramique. Le jardin est profond, avec une terrasse abritée. Une variante de ce type remplace les chambres à coucher du niveau inférieur par une grande pièce à usages multiples; le premier étage est plus petit afin de laisser de la place pour une terrasse. Le principe d'agencement du type 380 (qui se présente aussi en deux variantes) ne diffère que par la position de l'escalier. On y trouve en outre des ateliers (voir coupe).

Tipologia edilizia:
insediamento a tappeto,
1 piano (con interrato),
S, E/O

Data di costruzione:
1960-1961

Modello di finanziamento:
edilizia privata

Profondità dell'edificio:
12/14 m

Caratteri distributivi:
insediamento a tappeto a maglie larghe con ampi percorsi pedonali, ampliabile (piccole aggiunte 1969/1990)

Numero di alloggi:
12

Dimensione degli alloggi:
5/6 locali, 95 m²
(ampliamento fino a 135 m²)

Parcheggio:
garage singoli e condominiali

Spazi aperti:
terrazze, giardini

Reinhard Gieselmann, Karlsruhe/Vienna

Karlsruhe, Insediamento a tappeto, Ludwig-Windhorst-Straße

Case a corte aperta: tre corpi di fabbrica, originariamente concepiti per essere prefabbricati, circondano un cortile lastricato. Un giardino (di grandezza proporzionale al lotto) lo integra. I giardini sono circondati da pareti traforate. Planimetrie classiche e spartane: all'ingresso, cucina, pranzo e camera degli ospiti con WC, utilizzabile anche come studio o seconda camera per i figli. Una stretta scala porta all'interrato (che ospita caldaia, dispensa e sala hobby). Il soggiorno, di forma allungata e ribassato di due gradini, si apre con una finestra scorrevole sul cortile interno verso sud e con un'ampia finestra, a seconda della posizione, sul giardino. Nell'ala disposta ortogonalmente, adibita a zona notte, tutti i vani danno sul cortile interno. Solo l'ingresso, la cucina e il cancello del giardino si affacciano sul percorso pedonale o sulla piazza.

❶ Pianterreno 1:200
Plan du rez-de-chaussée 1:200

❷ Piano interrato 1:200
Plan du sous-sol 1:200

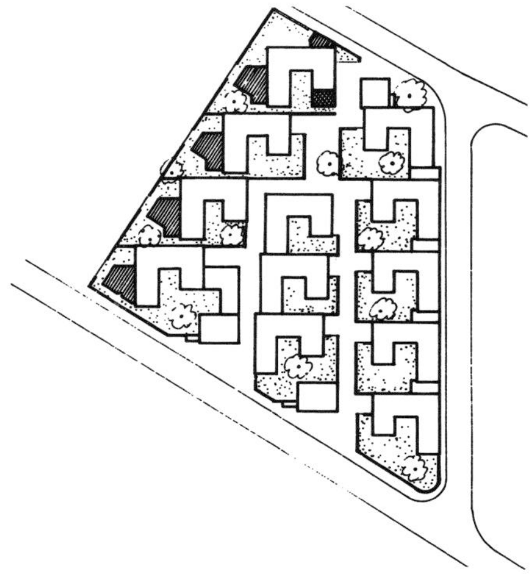

❶
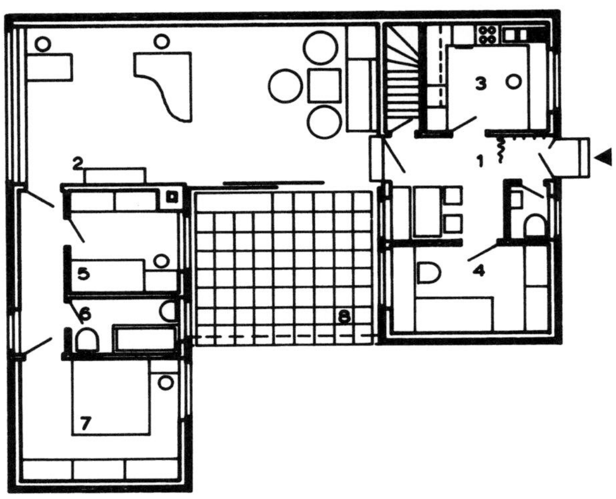

❷
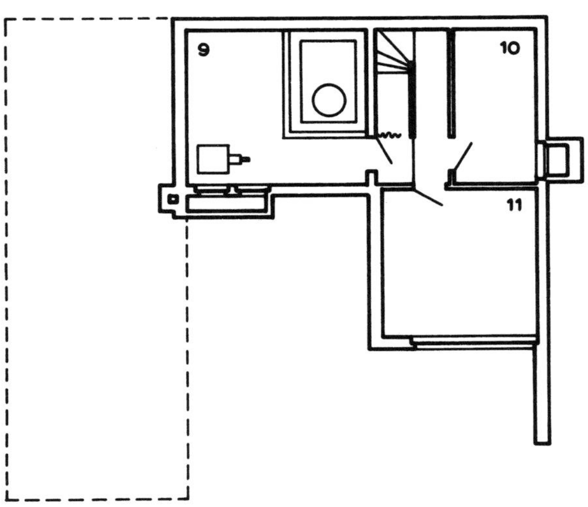

Type de construction
maisons familiales formant un lotissement « en tapis », 1 niveau plus sous-sol, S, E/O

Date de construction
1960-1961

Financement
privé

Profondeur des maisons
12/14 m

Structure
lotissement « en tapis » à larges voies d'accès, possibilités d'agrandissements (réalisés en 1969 et 1990)

Nombre d'appartements
12

Surface des appartements
5/6 p., 95 m² (extension à 135 m²)

Places de stationnement
garages individuels et collectifs

Espaces extérieurs
terrasses, jardins

Reinhard Gieselmann, Karlsruhe/Vienne

Karlsruhe, Ludwig-Windhorst-Straße

Les unités formant le lotissement sont presque des maisons à atrium : trois ailes (initialement prévues comme éléments préfabriqués) autour d'une cour pavée attenante à un jardin (dont la taille dépend du contour de la parcelle) enclos d'un mur à maçonnerie ajourée. Le plan est simple et traditionnel : cuisine, coin-repas, WC, chambre d'amis (ou chambre d'enfant ou bureau), escalier menant au sous-sol (chaufferie, cellier, atelier). Le séjour est disposé en long, deux marches plus bas que l'entrée, et s'ouvre sur la cour (au sud) par une porte coulissante et possède une grande fenêtre donnant sur le jardin. Dans l'aile perpendiculaire, les fenêtres des chambres à coucher donnent toutes sur la cour. Seules l'entrée, la fenêtre de la cuisine et la porte du jardin donnent sur la voie piétonne ou sur la place.

Tipologia edilizia:
insediamento a tappeto con case a schiera su livelli sfalsati e case con patio a pianta cruciforme

Data di costruzione:
1969-1974

Modello di finanziamento:
edilizia sovvenzionata

Profondità dell'edificio:
ca. 16/13,5 m

Caratteri distributivi:
case a patio: gruppi di 8 case; 4 unità creano un cortile verde, 1 piano

Numero di alloggi:
160 (case con patio);
414 (case a schiera)

Dimensione degli alloggi:
128 m² per ogni unità

Parcheggio:
parcheggio condominiale

Spazi aperti:
giardino privato (su richiesta accorpabile da 2 o 4 famiglie)

J. P. Storgård,
A. e J. Orum-Nielsen,
H. Marcussen

Herstederne (Danimarca),
Galgebakken

Siedlung pedonale nei pressi di Copenhagen, con case a schiera e case con cortili verdi: queste ultime hanno pianta cruciforme su un unico livello. Quattro unità creano un cortile verde accessibile solo da un percorso pedonale. Su questo percorso si affacciano l'ingresso, la cucina e il corridoio dei giochi, mentre le camere da letto e il soggiorno allungato si orientano verso il giardino. Il soggiorno centrale, con angolo cottura e camera (degli ospiti) separabile, funge anche da disimpegno e separa gli spazi individuali con il loro corridoio e il bagno. Il disegno del cortile è demandato ai residenti, che possono condividerlo o recintare con mura la propria porzione.

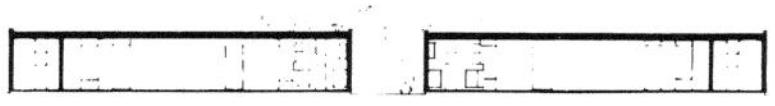

❶ Planimetria di quattro case ai due lati del percorso pedonale
Plan d'un groupe de 4 maisons traversé par le chemin d'accès

❷ Planimetrie 1:200
Détail du plan 1:200

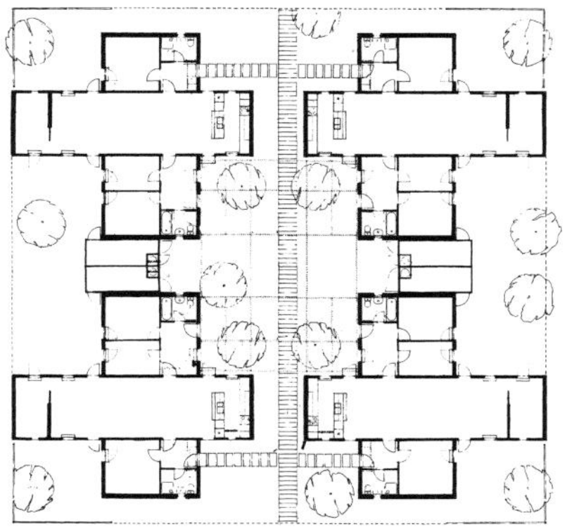

❶

❷

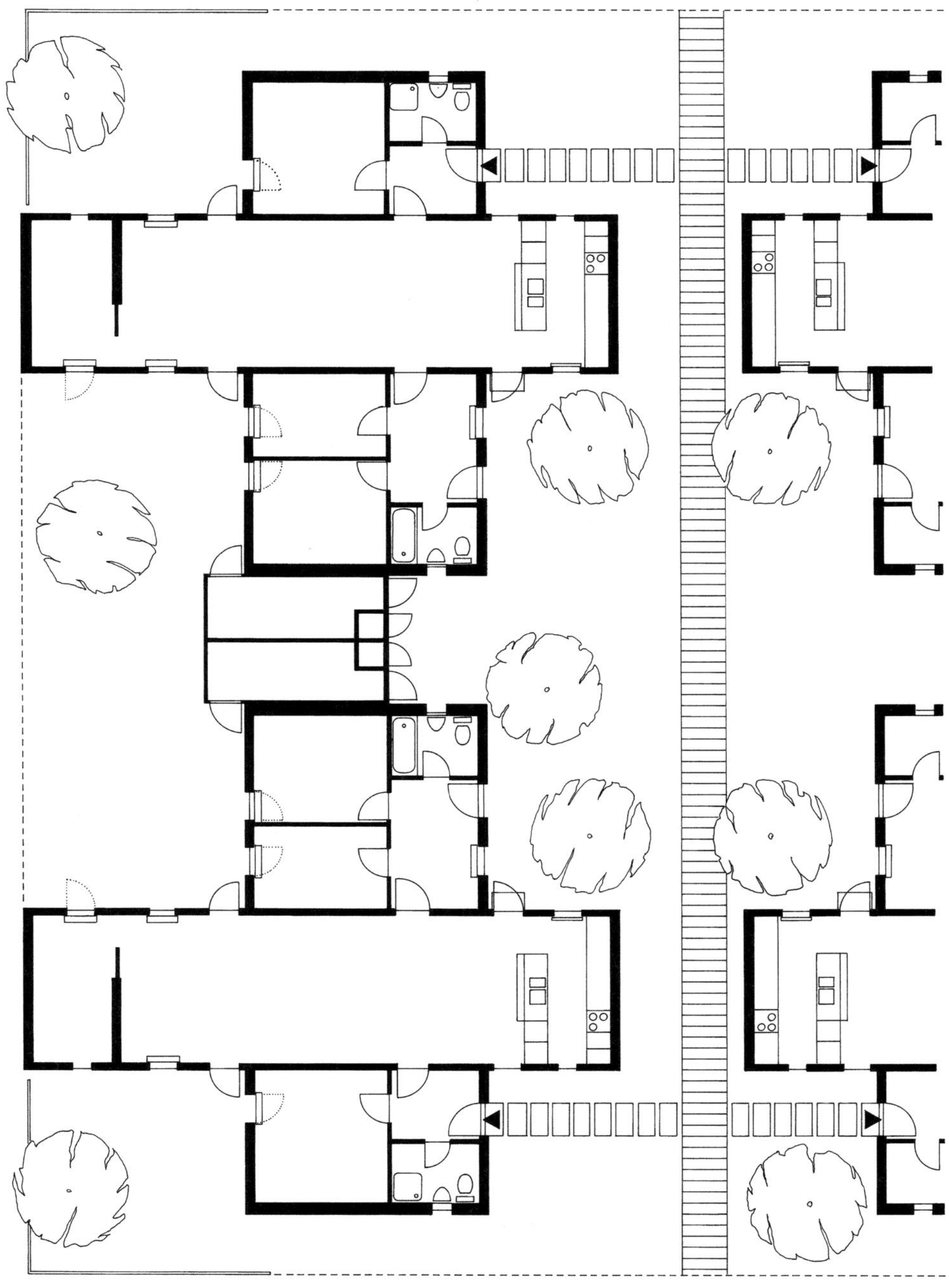

Type de construction
maisons familiales formant un lotissement « en tapis » avec maisons en rangée à niveaux décalés et maisons à plan en croix avec cour-jardin, S/E/N/O

Date de construction
1969-1974

Financement
logements subventionnés

Profondeur des maisons
env. 16/13,5 m

Structure
maisons à patio: groupes de 8 maisons (4 forment un patio), 1 niveau

Nombre d'appartements
160 maisons à patio;
(414 maisons en rangée)

Surface des appartements
128 m² par maison

Places de stationnement
parking commun

Espaces extérieurs
jardins privés (pouvant être réunis pour 2 ou 4 familles)

J. P. Storgård,
A. et J. Orum-Nielsen,
H. Marcussen

Herstederne (Danemark),
Galgebakken

Ce lotissement près de Copenhague comprend d'une part des maisons en rangée et d'autre part des maisons à plan en croix, sur un seul niveau et avec patio. Chacun de ces derniers est délimité par quatre maisons et accessible par un chemin piétonnier. L'entrée, la cuisine et le couloir de jeu sont orientés vers ce chemin, tandis que toutes les chambres à coucher et la pièce de séjour donnent sur le jardin. Le séjour, au centre, englobe le bloc cuisine et une chambre d'amis (séparable), et sert d'espace de distribution vers les chambres (avec couloir et salle de bains). Les occupants peuvent choisir de cloisonner le patio ou de le laisser ouvert pour un usage commun.

riferito a piante 1:200

se réfère aux plans 1:200

Tipologia edilizia:
case a corte,
2 piani,
NO/SE, NE/SO, E/O

Data di costruzione:
1977

Modello di finanziamento:
cooperativa/edilizia sociale,
condominio

Profondità dell'edificio:
6/12 m

Caratteri distributivi:
schiere parallele ("back-to-back"),
attraversate da strade ondulate

Numero di alloggi:
1200

Dimensione degli alloggi:
due tipologie, ognuna con max
8 varianti, 4-6 locali, ca. 70-130 m²

Parcheggio:
area riservata sulla strada

Spazi aperti:
giardini antistanti, terrazze

Álvaro Siza,
Porto

Évora,
Quinta da Malagueira

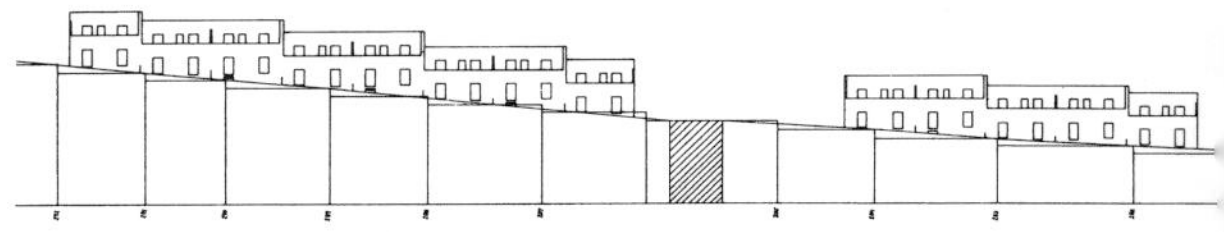

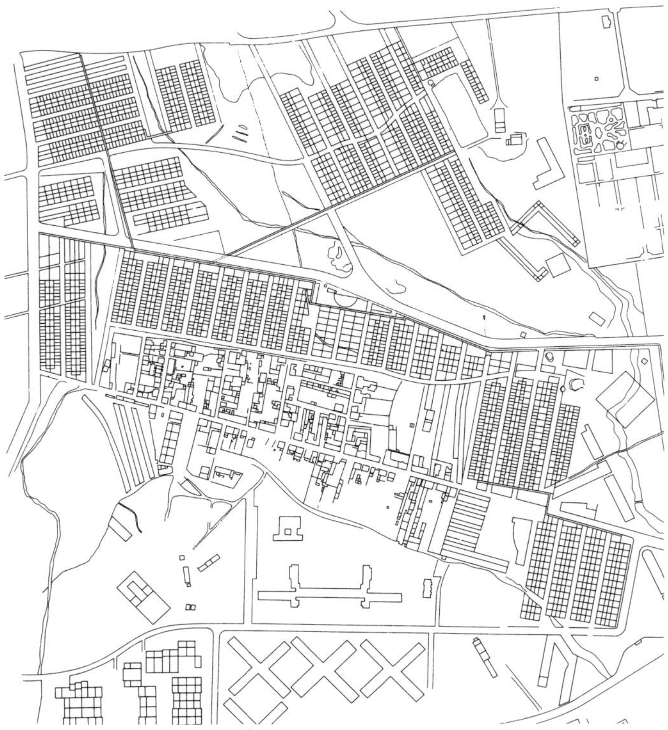

1

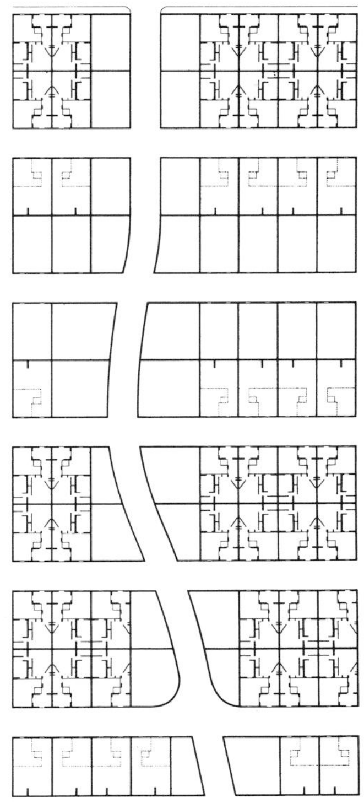

2

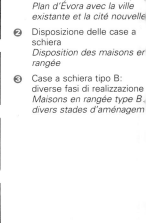

1 Planimetria generale di Évo
città esistente e nuovo pro
Plan d'Évora avec la ville existante et la cité nouvelle

2 Disposizione delle case a schiera
Disposition des maisons en rangée

3 Case a schiera tipo B:
diverse fasi di realizzazione
Maisons en rangée type B,
divers stades d'aménagem

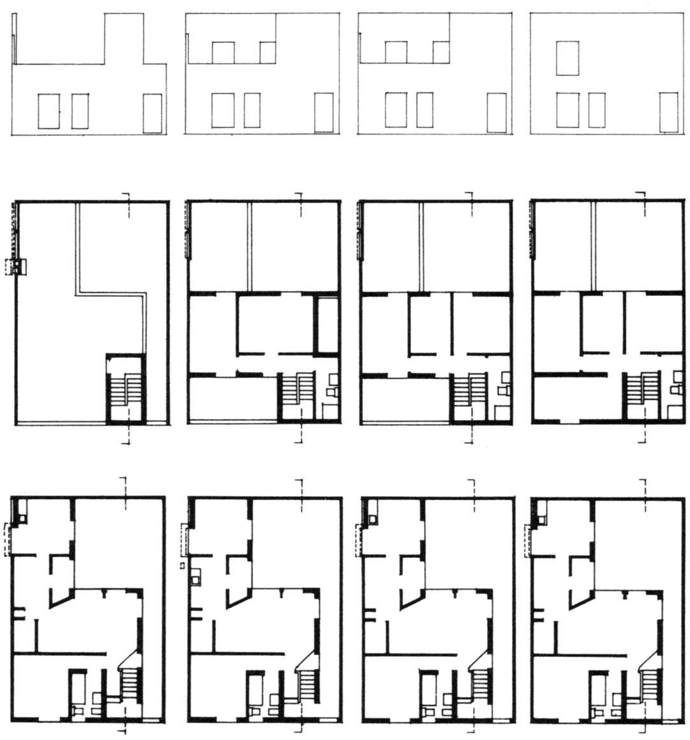

3

Insediamento a tappeto sviluppato nell'arco di oltre venticinque anni con 1200 case a schiera "back-to-back", suddivise in diversi quartieri con spazi liberi a parco tra loro. L'impianto si ispira a due insediamenti spontanei preesistenti e ne prosegue la struttura. Il profilo della strada segue l'andamento dell'orografia che, insieme a minime variazioni tipologiche, determina per ogni strada un carattere autonomo. Tutte le case hanno a disposizione un lotto di 8 x 12 m; il tipo A ha la corte su strada, mentre il tipo B (costruito di rado) presenta la corte sul retro. La corte può diventare uno spazio riservato se recintato da alte mura, oppure semipubblico se recintato con muretti bassi. Il clima estremamente secco rende necessario difendersi dal soleggiamento. La casa a L è concepita come casa che cresce: sono previste fasi di realizzazione dal bilocale su un piano fino alla casa con 7 vani e doppi servizi su 2 piani. Grandi cavedi di aerazione sostituiscono l'affaccio esterno nel bagno e nella cucina. Il 1° piano può avere accesso separato con una scala esterna. Semplice tecnologia costruttiva con arredo e ampliamento in autocostruzione; il regolamento edilizio permette l'utilizzo delle decorazioni e dei colori tipici del luogo. Gli spazi liberi risultanti tra i percorsi pedonali e quelli carrabili si riempiono con il tempo di negozi e caffè. Una grande semicupola a copertura della grande piazza deve ancora essere realizzata.

Casa a schiera tipo A:
diverse fasi di realizzazione 1:200
Maisons en rangée type A:
divers stades d'aménagement

a 2 locali *2 pièces*
b 4 locali *4 pièces*
c 5 locali *5 pièces*
d 6 locali *6 pièces*

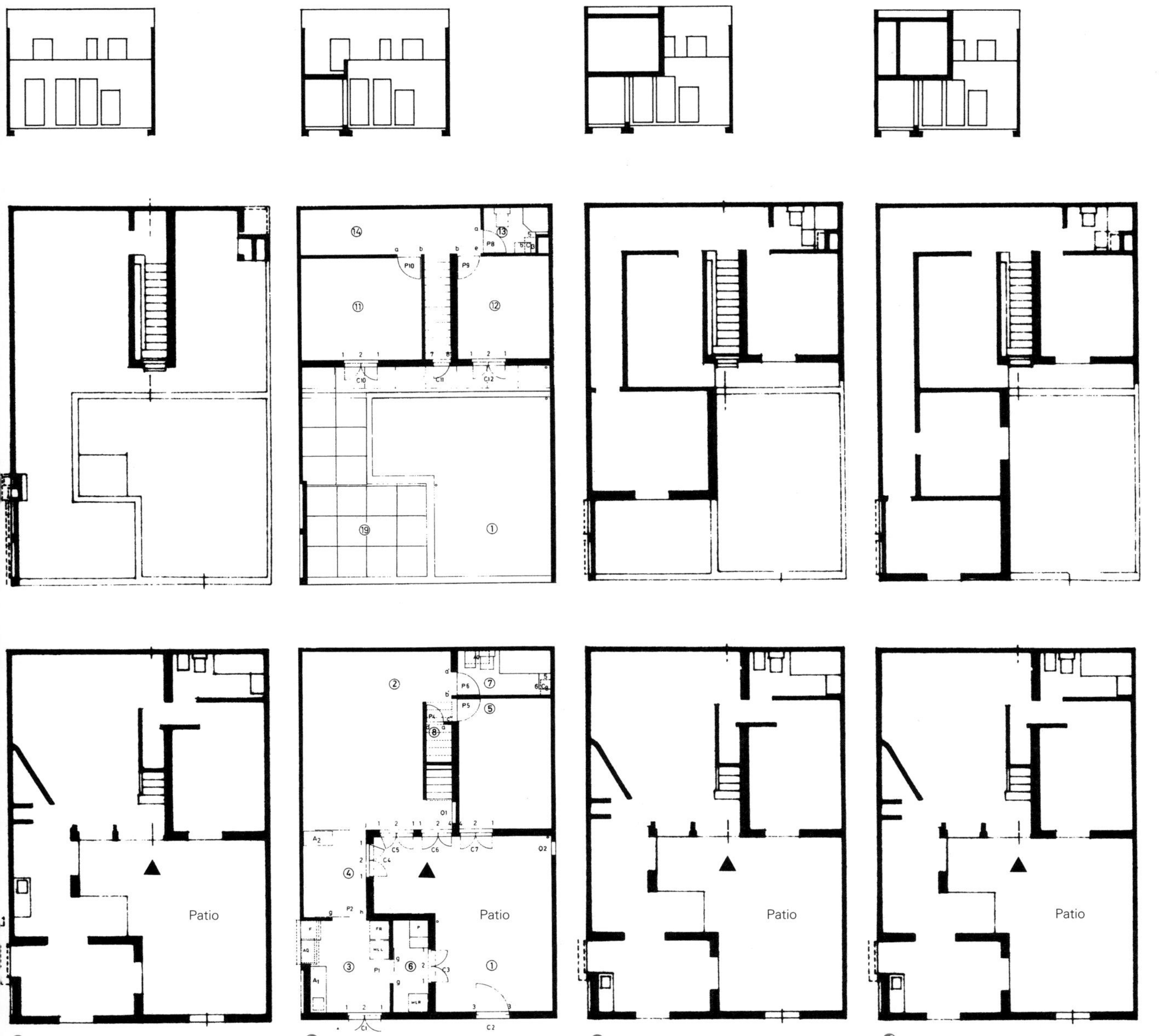

a b c d

Type de construction
maisons à cour, 2 niveaux, NO/SE, NE/SE, E/O

Date de construction
1977

Financement
coopératives / logements sociaux, logements en propriété

Profondeur des maisons
6/12 m

Structure
rangées parallèles de maisons dos-à-dos, traversées par des voies d'accès au tracé sinueux

Nombre d'appartements
1200

Surface des appartements
deux types de maisons avec 8 variantes possibles pour chacun, 4-6 p., env. 70-130 m²

Places de stationnement
sur la rue

Espaces extérieurs
jardins à l'avant, terrasses

Álvaro Siza, Porto

Évora, Quinta da Malagueira

La construction de ce lotissement «en tapis» s'est échelonnée sur 25 ans. L'ensemble comprend 1200 maisons en rangée dos-à-dos réparties en plusieurs quartiers séparés par de grands espaces libres, sortes de parcs. Il voisine avec deux zones d'urbanisation anarchique dont il améliore la structure. Le tracé des rues s'adapte à un terrain mouvementé, et les légères variations de la forme des bâtiments donnent à chaque rue son caractère particulier. Les maisons sont toutes bâties sur des parcelles identiques de 8 x 12 m, le type A avec le patio côté rue, le type B (rare) avec patio à l'arrière. Cette cour peut être utilisée comme atrium privé, enclos d'un mur haut, ou comme espace semi-privé, avec un mur à mi-hauteur. Le climat très chaud nécessite une protection contre le soleil. Les maisons ont un plan en L «évolutif», c'est-à-dire permettant toute une gamme d'extensions allant de la maison de deux pièces sur un niveau à la maison de sept pièces sur deux niveaux avec deux salles de bains. La ventilation est assurée par un large conduit vertical dans la salle de bains et la cuisine. Il est possible de relier directement l'étage au patio par un escalier séparé. La technique de construction est simple, les occupants ont la possibilité de réaliser eux-mêmes les extensions et les finitions et de recourir pour cela aux couleurs et aux ornements locaux. Les espaces laissés libres entre les voies piétonnes et les routes d'accès se remplissent peu à peu de petits commerces et de cafés. La grande coupole prévue comme couverture pour la place centrale n'a pas encore été réalisée.

Tipologia edilizia:
Siedlung di case a schiera,
2/3/4/5 piani, N/S, E/O, NO/SE,
NE/SO

Data di costruzione:
1968-1977

Modello di finanziamento:
edilizia sociale

Profondità dell'edificio:
11/13/15 m (interasse 5,18 m)

Caratteri distributivi:
stecche (4/5 piani verso strada,
2/3 piani verso l'interno); accesso
dal pianterreno agli alloggi inferiori,
a ballatoio in copertura
per gli alloggi all'ultimo piano

Numero di alloggi:
993

Dimensione degli alloggi:
appart. da 2 locali, 49-58 m²;
appart. da 3 locali, ca. 85/90 m²;
appart. da 4 locali, ca. 95 m²
(60% appart. per famiglie
e 40% per 1/2 persone)

Parcheggio:
garage nel seminterrato

Spazi aperti:
giardini privati negli alloggi
per famiglie (27 m²),
terrazze, ballatoi in copertura

**Darbourne and Darke,
Londra**

**Londra-Islington,
Marquess Road**

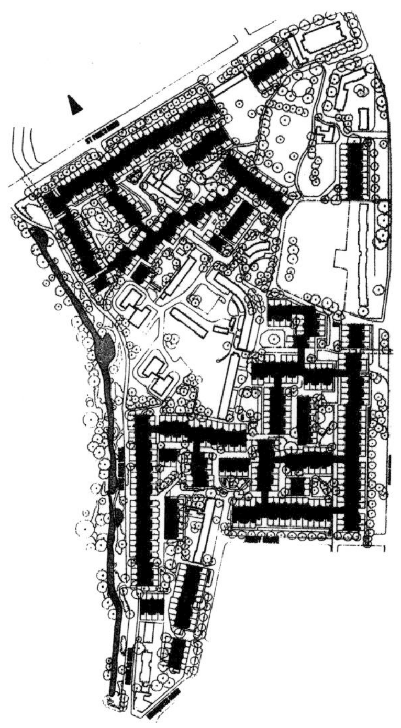

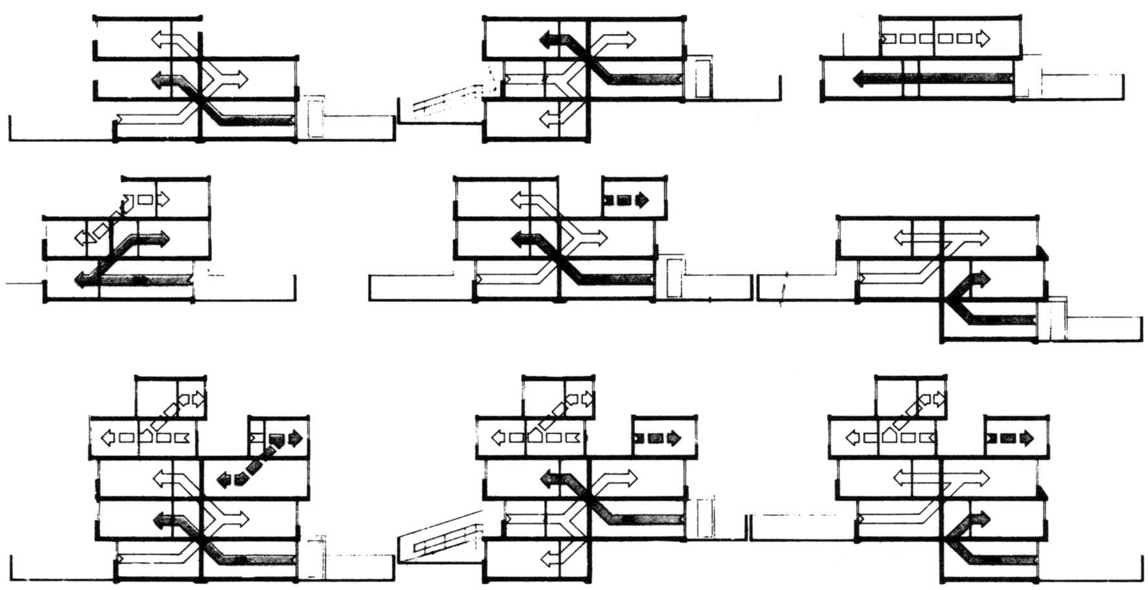

Insediamento residenziale introverso con stratificazione di case a schiera ad alta densità. Gli alloggi più grandi si accedono dai cortili residenziali, quelli più piccoli dai percorsi in quota in posizione centrale. Il percorso in copertura è uno spazio di soggiorno all'aperto per i residenti. Il quartiere finisce laddove questo ballatoio interno viene interrotto da un corpo di fabbrica ortogonale. Tra le stecche sono ricavati percorsi e cortili per i residenti; gli edifici più alti riparano gli altri dal rumore della strada. Gli alloggi sono disposti per lo più in verticale: sotto *maisonettes* a 2 o 3 piani secondo lo schema "back-to-back crossover", il che significa che si trovano schiena contro schiena, ma che al livello superiore si scambiano l'affaccio, in modo tale che ogni alloggio possa godere del migliore affaccio nel soggiorno. Queste *maisonettes* hanno accesso dal giardino privato; la zona soggiorno/cucina/pranzo e la zona notte occupano un piano ciascuna. Al 2° piano si trova il ballatoio (in copertura) dal quale si accede a *maisonettes* e alloggi su un livello. Singoli vani possono entrare a far parte di diversi alloggi a seconda della profondità del corpo di fabbrica; ciò permette un ulteriore grado di flessibilità dei tagli delle unità.

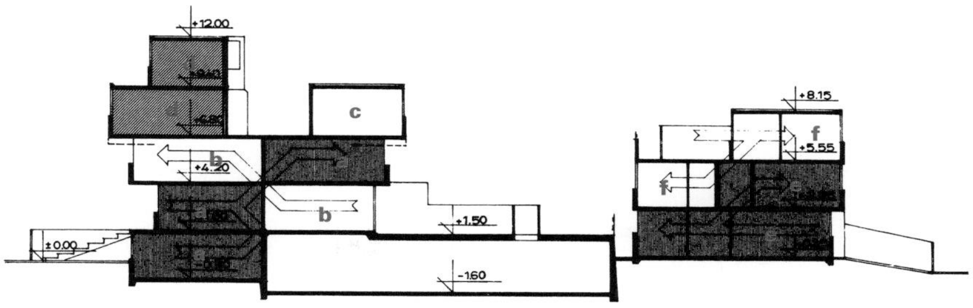

❶ Seminterrato/*Sous-sol*
❷ Pianterreno/*Rez-de-chaussée*
❸ 1° piano/*Premier étage*
❹ 2° piano/*Deuxième étage*
❺ 3° piano/*Troisième étage*

Stecca da 5 piani:
Immeuble de cinq étages:

a Seminterrato: zona notte; pianterreno: ingresso, cucina, pranzo; 1° piano: zona giorno (spostata sull'altro lato)
Sous-sol: chambres; rez-de-chaussée: entrée, cuisine, salle à manger; 1er étage: séjour (reporté de l'autre côté)

b Pianterreno: zona giorno; 1° piano: zona notte (spostata sull'altro lato)
Rez-de-chaussée: séjour; 1er étage: chambres (reportées de l'autre côté)

c Appartamento da 2 locali lungo il percorso in copertura
Appartement 2 pièces le long du chamin sur le toit

d *Maisonette* da 2 locali
Duplex 2 pièces

Edificio opposto:
Immeuble d'en face:

e Pianterreno: zona giorno; 1° piano: zona notte
Rez-de-chaussée: séjour; 1er étage: chambres

f Ingresso al 2° piano, zona giorno; 1° piano: zona notte
Entrée au 2e étage: séjour; chambres au 1er étage

Tutte le planimetrie 1:200
Tous les plans 1:200

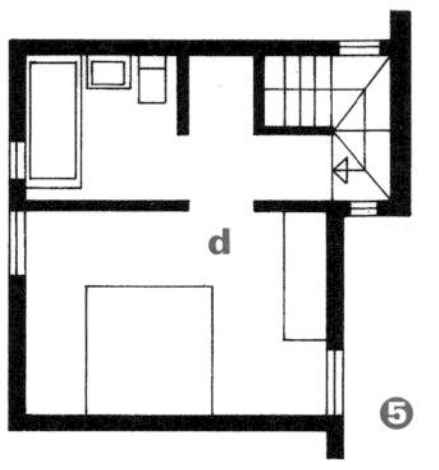

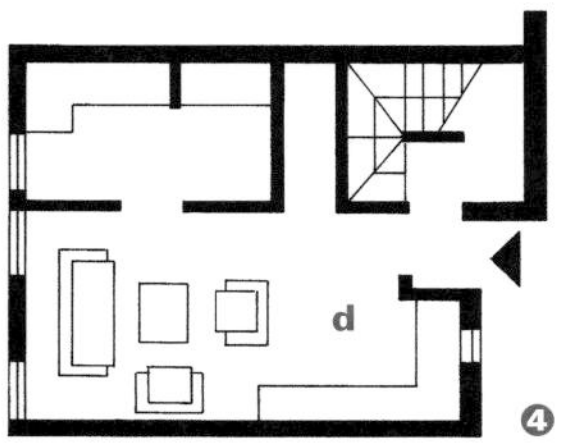

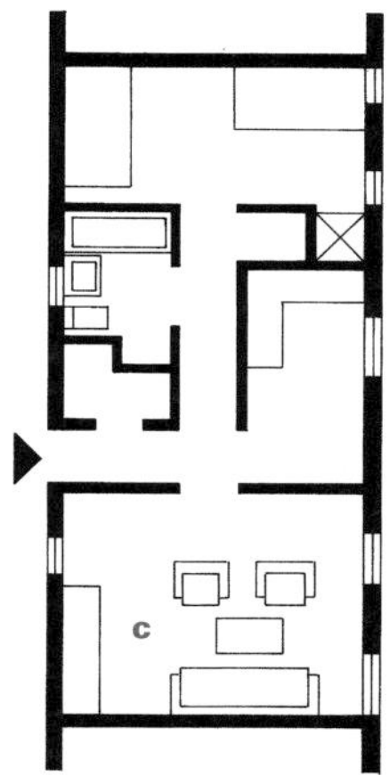

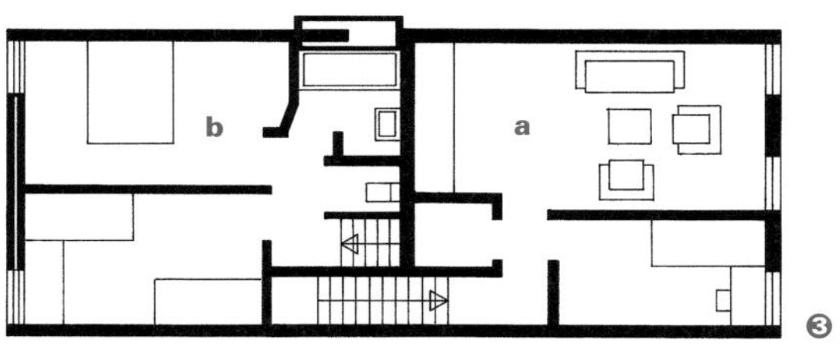

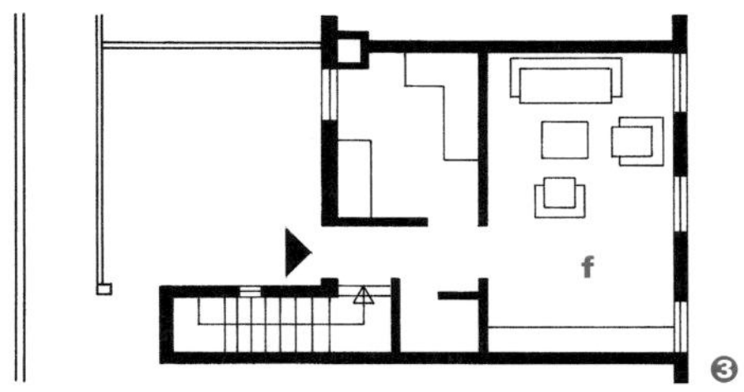

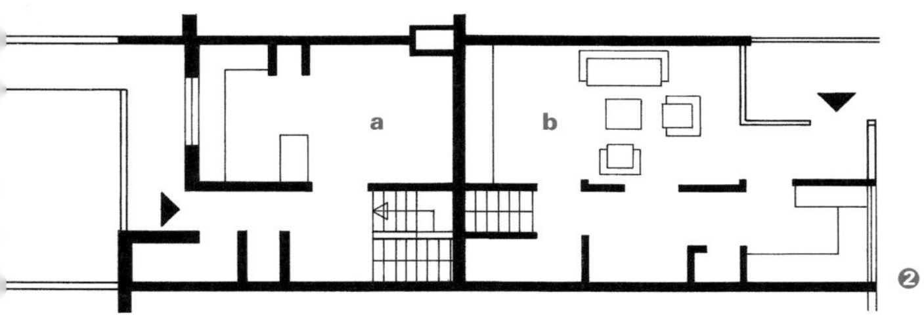

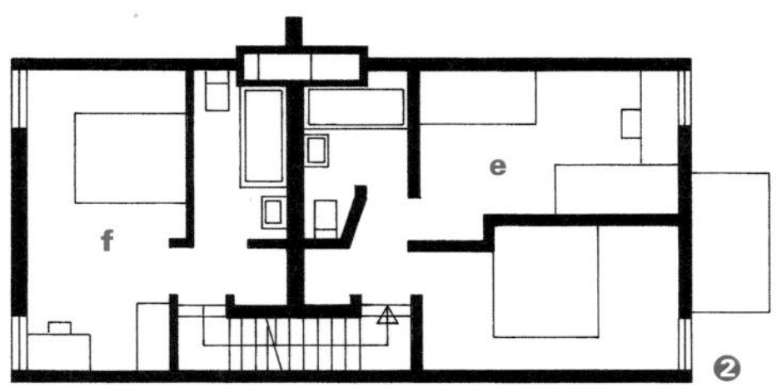

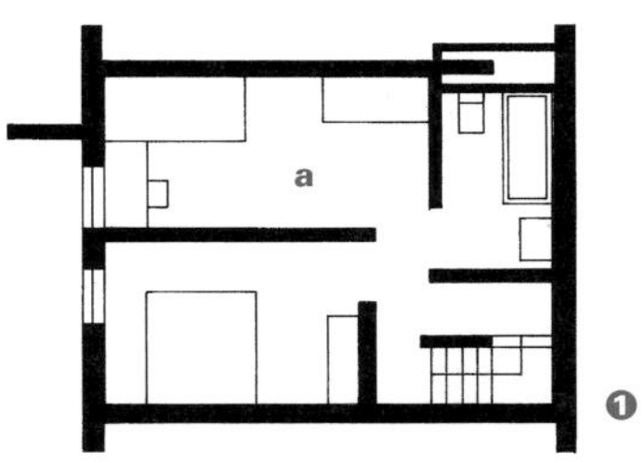

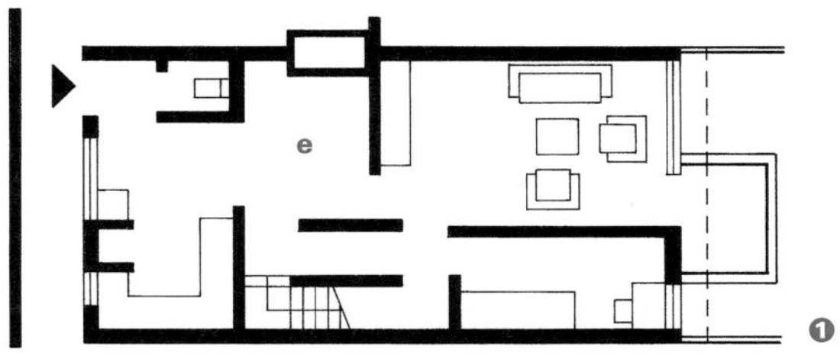

Type de construction
lotissement en rangées, 2/3/4/5 niveaux, N/S, E/O, NO/SE, NE/O

Date de construction
1968-1977

Financement
logements sociaux

Profondeur des maisons
11/13/15 m (intervalle des murs mitoyens: 5,18 m)

Structure
rangées (4/5 niveaux côté route, 2/3 niveau à l'intérieur); appartements du bas accessibles de plain-pied, appartements du haut par des chemins sur les toits et des passerelles

Nombre d'appartements
993

Surface des appartements
app. 2 p., 49-58 m²
app. 3 p., env. 85/90 m²
app. 4 p., env. 95 m²
(60% d'appartements pour des familles, 40% pour 1-2 personnes)

Places de stationnement
garages souterrains

Espaces extérieurs
jardins privés pour les appartements familiaux (27 m²), terrasses, passerelles, espaces verts publics

Darbourne and Darke, Londres

Londres-Islington, Marquess Road

Ce lotissement se caractérise par la densité des constructions, sa forme tournée sur elle-même et l'échelonnement des hauteurs dans les rangées. L'accès aux grands appartements se fait par une cour, les plus petits sont accessibles par un chemin au milieu des toits. Ce passage sert aussi d'espace de séjour extérieur. À l'extrémité de chaque quartier, la rue est barrée. Les rangées laissent entre elles un espace pour des rues privées ou des cours; les corps de bâtiment les plus élevés font écran contre le bruit de la route. Les appartements sont principalement organisés selon une structure verticale: les duplex ou triplex du bas, dos-à-dos, ont des niveaux qui s'entrecroisent (l'orientation est donc inversée, de sorte que chaque logement peut profiter des meilleures conditions d'exposition). Ces logements sont accessibles par un petit espace vert; la cuisine/salle à manger, le séjour et les chambres se répartissent sur les niveaux. Au-dessus du deuxième étage passe la voie privée, qui donne accès à des duplex ou à des appartements sur un seul niveau. En jouant sur la profondeur, il est possible d'attribuer certaines pièces à différents appartements.

Tipologia edilizia:
case a schiera, edifici a stecca, 2/4/5 piani, O/E

Data di costruzione:
1976-1982

Modello di finanziamento:
edilizia sovvenzionata

Profondità dell'edificio:
ca. 12/22 m

Caratteri distributivi:
edifici in linea su terreno terrazzato artificialmente, distribuzione a ballatoio su 3 livelli, attrezzature pubbliche

Numero di alloggi:
225

Dimensione degli alloggi:
9 diverse tipologie di appart. da 2 locali e *maisonettes* da 4/5 locali con giardino (50%)

Parcheggio:
garage interrato con pozzi di luce sotto il percorso pedonale

Spazi aperti:
giardini privati, terrazze, cortili, parco nelle aree tra gli edifici e a sud

Gordon Benson, Alan Forsyth, Londra (London Borough of Camden) con F. Smith e D. Usiskin, Q. Champion, J. McCain

Londra, Maiden Lane

❶ Casa A: appartamento da 2 locali con accesso dalla scala 1:200
Immeuble A: appartement 2 pièces, accès par escalier 1:200

❷ Casa B: *maisonette* (per 5 persone) 1:200
Immeuble B: duplex (pour 5 personnes) 1:200

❸ Casa C: *maisonette* (per 4 persone) 1:200
Immeuble C: duplex (pour 4 personnes) 1:200

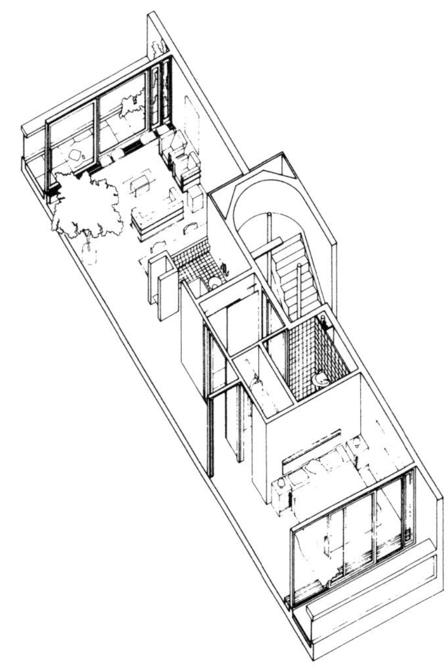

❶

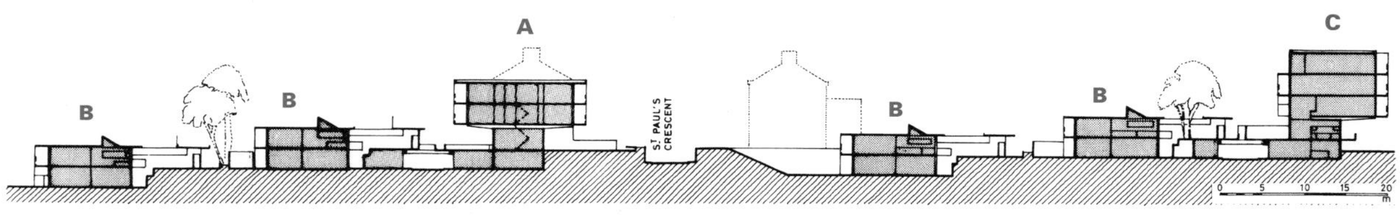

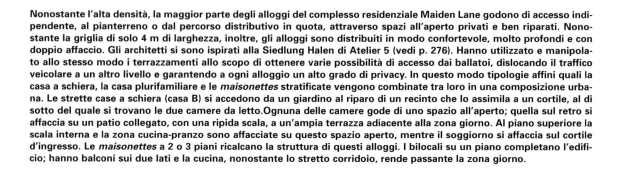

Nonostante l'alta densità, la maggior parte degli alloggi del complesso residenziale Maiden Lane godono di accesso indipendente, al pianterreno o dal percorso distributivo in quota, attraverso spazi all'aperto privati e ben riparati. Nonostante la griglia di solo 4 m di larghezza, inoltre, gli alloggi sono distribuiti in modo confortevole, molto profondi e con doppio affaccio. Gli architetti si sono ispirati alla Siedlung Halen di Atelier 5 (vedi p. 276). Hanno utilizzato e manipolato allo stesso modo i terrazzamenti allo scopo di ottenere varie possibilità di accesso dai ballatoi, dislocando il traffico veicolare a un altro livello e garantendo a ogni alloggio un alto grado di privacy. In questo modo tipologie affini quali la casa a schiera, la casa plurifamiliare e le *maisonettes* stratificate vengono combinate tra loro in una composizione urbana. Le strette case a schiera (casa B) si accedono da un giardino al riparo di un recinto che lo assimila a un cortile, al di sotto del quale si trovano le due camere da letto.Ognuna delle camere gode di uno spazio all'aperto; quella sul retro si affaccia su un patio collegato, con una ripida scala, a un'ampia terrazza adiacente alla zona giorno. Al piano superiore la scala interna e la zona cucina-pranzo sono affacciate su questo spazio aperto, mentre il soggiorno si affaccia sul cortile d'ingresso. Le *maisonettes* a 2 o 3 piani ricalcano la struttura di questi alloggi. I bilocali su un piano completano l'edificio; hanno balconi sui due lati e la cucina, nonostante lo stretto corridoio, rende passante la zona giorno.

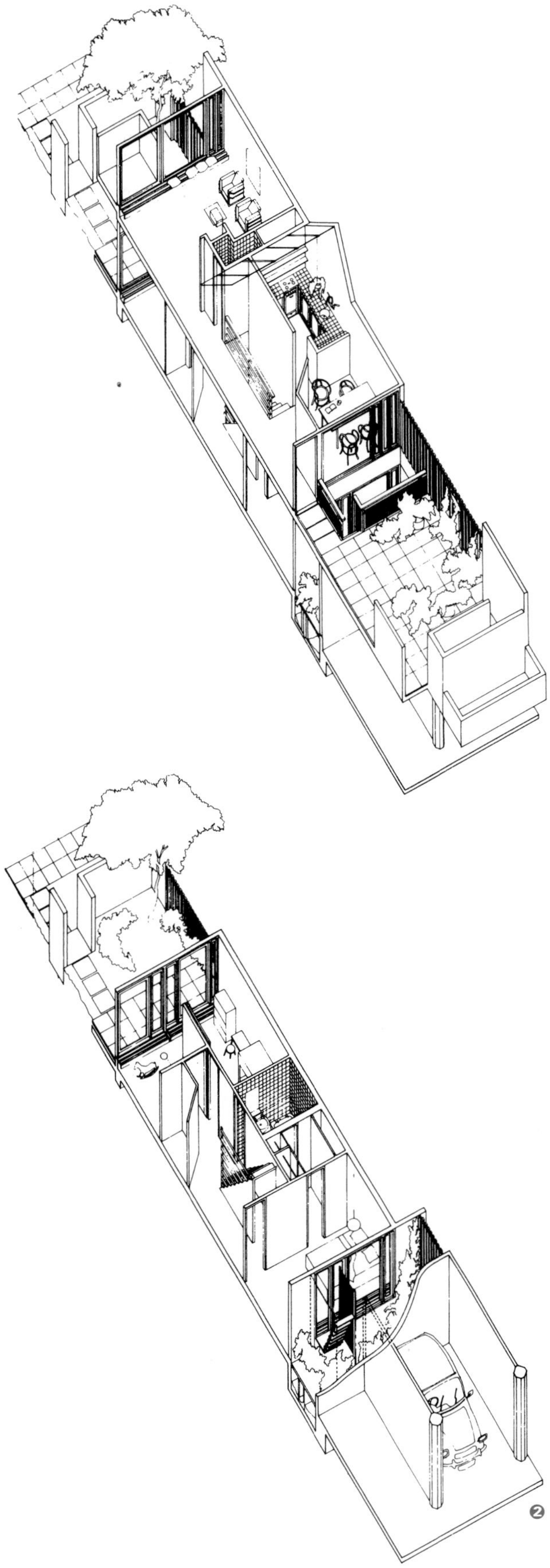

②

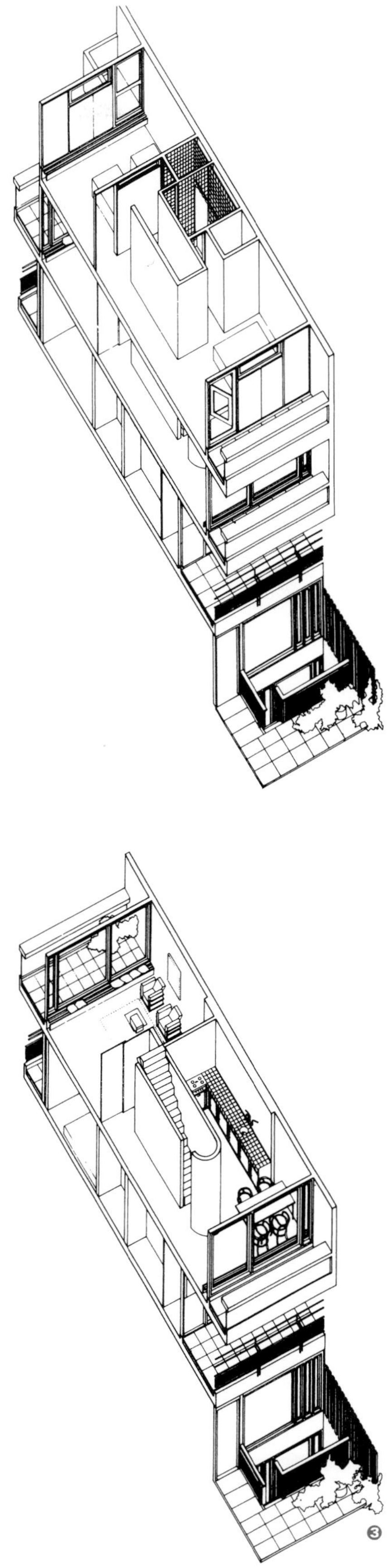

③

Type de construction
maisons familiales en rangée
2/4/5 niveaux, E/O

Date de construction
1976-1982

Financement
logements subventionnés

Profondeur des maisons
env. 12/22 m

Structure
rangées sur un terrain artificiellement aménagé en terrasses, accès pour les piétons sur trois niveaux, installations communautaires

Nombre d'appartements
225

Surface des appartements
9 types d'appartements 2 pièces sur un niveau et de duplex/triplex 4/5 pièces avec accès à un jardin (moitié)

Places de stationnement
garage souterrain avec puits de lumière sous les chemins piétons

Espaces extérieurs
jardins privés, terrasses, patios, parc dans les espaces intermédiaires et au sud

Gordon Benson, Alan Forsyth, Londres (London Borough of Camden), en collaboration avec F. Smith et D. Usiskin, Q. Champion, J. McCain

Londres, Maiden Lane

Malgré la forte densité, la plupart des logements de Maiden Lane disposent d'une entrée individuelle de plain-pied ou sur une rue surélevée, d'une aire extérieure privée protégée et d'un plan spacieux quoique étroit (largeur de module 4 m), avec double exposition. Les architectes se sont inspirés du lotissement de Halen, près de Berne, réalisé par l'Atelier 5 (voir p. 277), en reprenant le même mode d'étagement en terrasses et de mise à profit du terrain pour réaliser divers niveaux d'accès piétonniers distincts du niveau de stationnement des voitures et pour préserver l'intimité des occupants. L'ensemble associe les types de maisons en rangée, d'appartements sur un niveau et de duplex superposés. Les maisons en rangée (B) sont étroites, accessibles par un jardin sur le devant, protégé par une clôture. À ce niveau de l'entrée se trouvent les chambres à coucher, qui toutes deux donnent sur un espace extérieur (l'une sur le jardin d'entrée, l'autre sur une cour intérieure qu'un escalier relie à la grande terrasse du niveau supérieur). À l'étage, l'escalier intérieur et la cuisine/salle à manger sont orientés vers cette terrasse, tandis que la pièce de séjour donne sur la cour d'entrée. Les duplex et triplex sont organisés selon le même principe. Les bâtiments comprennent encore des appartements de 2 pièces traversants sur un niveau, avec balcon des deux côtés.

riferito a piante 1:200

se réfère aux plans 1:200

Tipologia edilizia:
edifici in linea.
3 e 4 piani, E/O

Data di costruzione:
1986

Modello di finanziamento:
edilizia privata

Profondità dell'edificio:
7,25 m (più vano scala con ballatoio)

Caratteri distributivi:
a corpo doppio (edificio C), ballatoio (edificio D)

Numero di alloggi:
55 in totale

Dimensione degli alloggi:
appart. da 2 locali, 63 m²;
appart. da 3 locali, 77 m²;
appart. da 5 locali, 177 m²;
mais. da 4 locali, 100-105 m²

Parcheggio:
garage sotterraneo e posti auto all'aperto

Spazi aperti:
alloggi a pianterreno con giardini o cortili, maisonettes con terrazze sul tetto

Architekten-gemeinschaften
D. Schnebli + T. Ammann, Zurigo
e W. Egli + H. Rohr, Baden-Dättwil

Baar (Svizzera), "Im Büel"

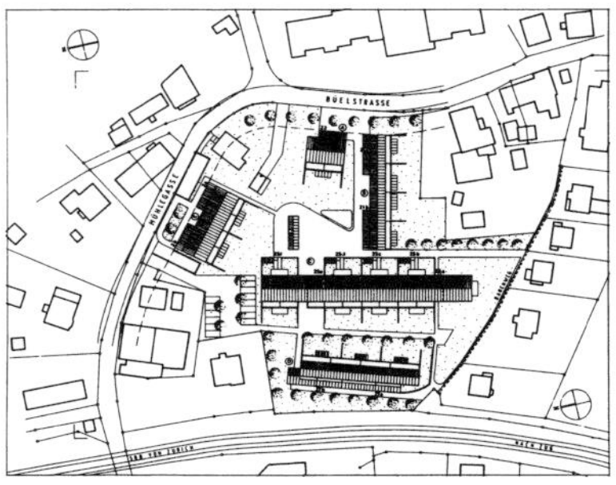

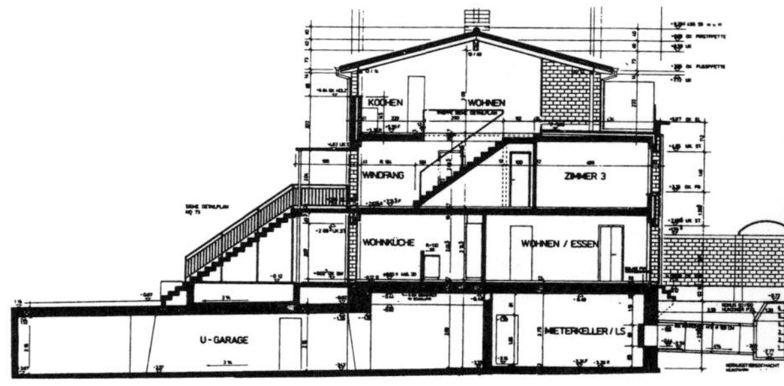

❶ Edificio C: planimetria del pianterreno con appartamenti da 5 locali 1:200
Immeuble C: plan du rez-de-chaussée et détail d'un appartement de 5 pièces 1:200

❷ Edificio C: *maisonette* da 4 locali con ingresso separato; piano superiore e sottotetto 1:200
Immeuble C: duplex 4 pièces à entrée séparée, 1er étage (en bas) et combles (en haut) 1:200

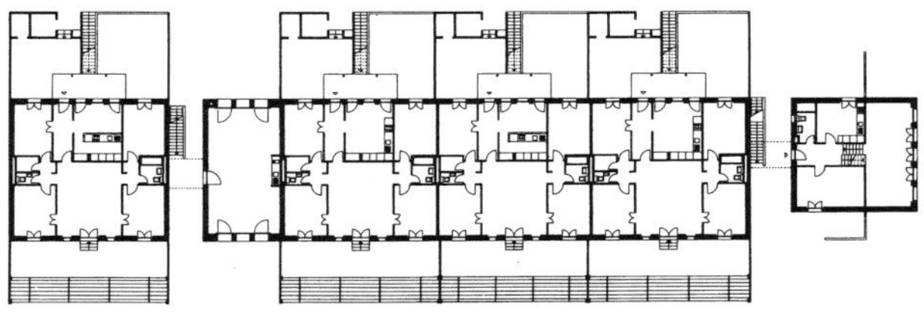

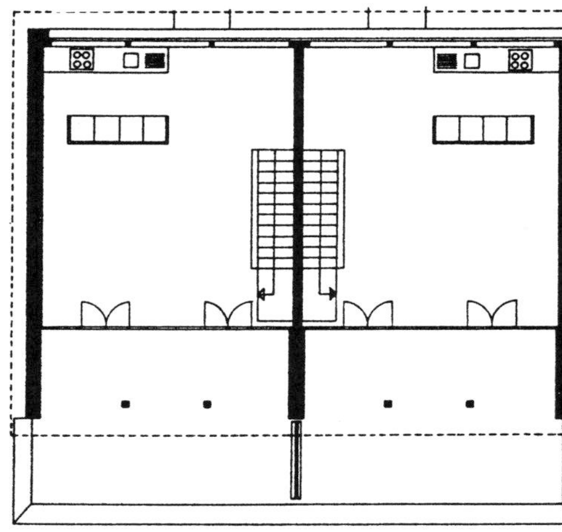

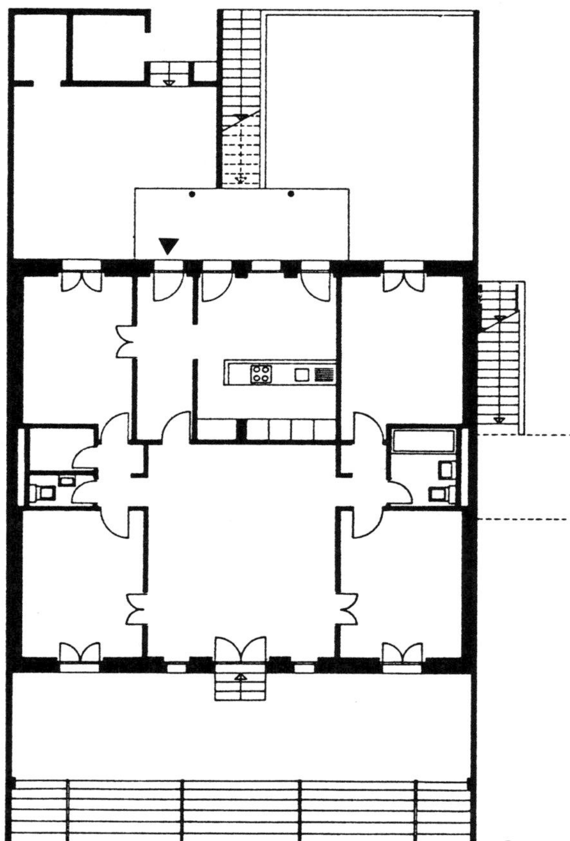

❶

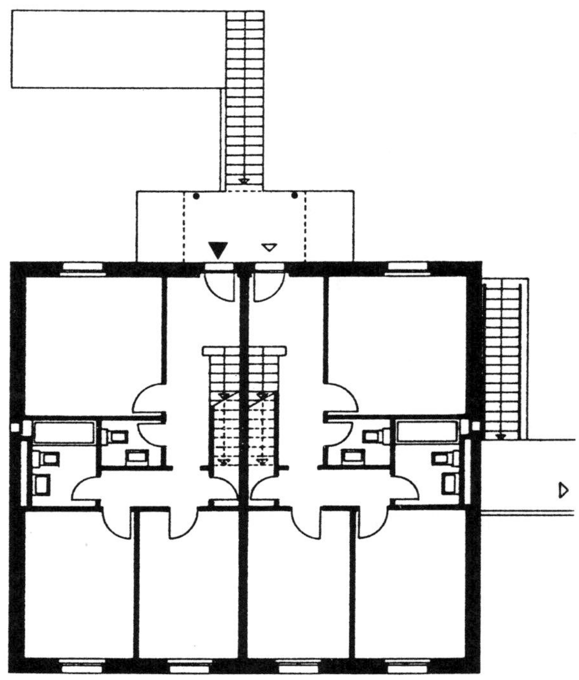

❷

Planimetria semplice, razionale e geometrica: nella stecca est-ovest (edificio C), arretrata rispetto alla ferrovia, gli alloggi monopiano raccolgono vani equivalenti attorno al soggiorno centrale; nelle maisonettes, soggiorno passante con cucina a isola sotto il tetto e camere da letto di uguali dimensioni al 1° piano. Nel corpo di fabbrica che ripara il complesso dalla ferrovia (edificio D), la distribuzione interna e la scelta dei materiali creano una barriera contro le emissioni. Il ballatoio con rampe di scale lungo la facciata crea il primo filtro; il secondo è una fascia con corridoio, bagno, WC, cucina e ripostiglio. Nei trilocali il soggiorno centrale ospita le porte di accesso alle camere e due disimpegni adiacenti a destra e a sinistra della cucina (distribuzione secondaria). I materiali sono muratura in blocchi calcarei a faccia vista ed elementi di cemento prefabbricato.

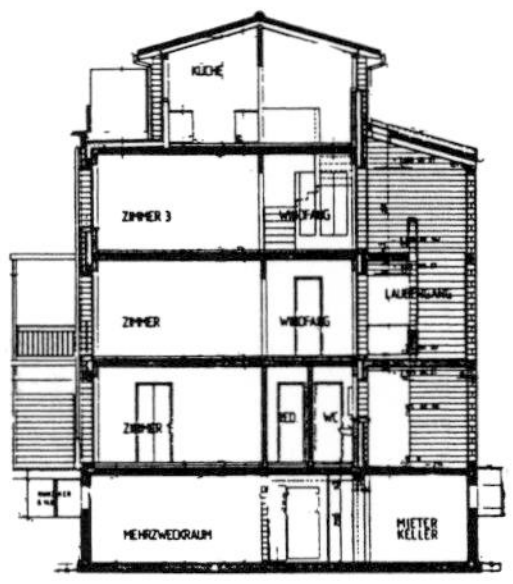

❸ Edificio D appartamento da 3 locali al pianterreno 1:200
Immeuble D: appartement 3 pièces au rez-de-chaussée 1:200

❹ Appartamento da 2 locali al 1° piano 1:200
Appartement 2 pièces au 1er étage 1:200

❺ *Maisonette* da 4 locali al 2° piano/sottotetto 1:200
Duplex 4 pièces (2e étage/combles) 1:200

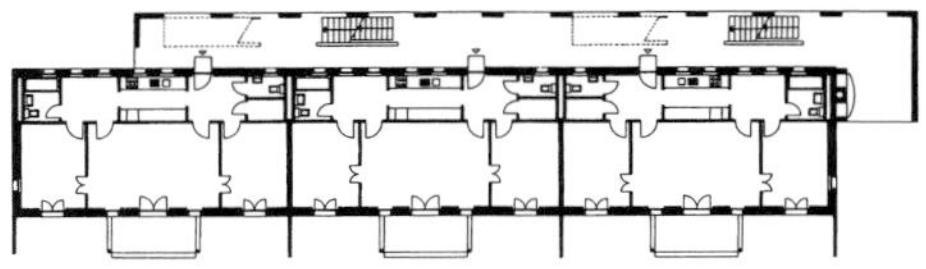

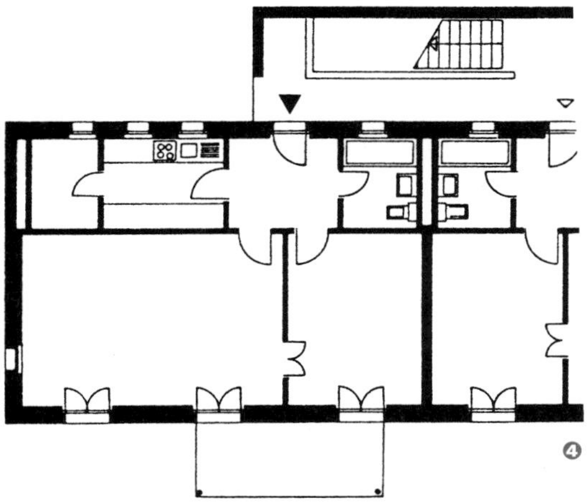

❹

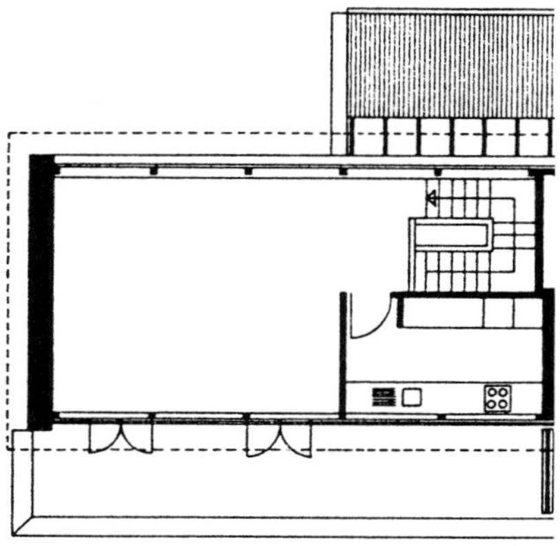

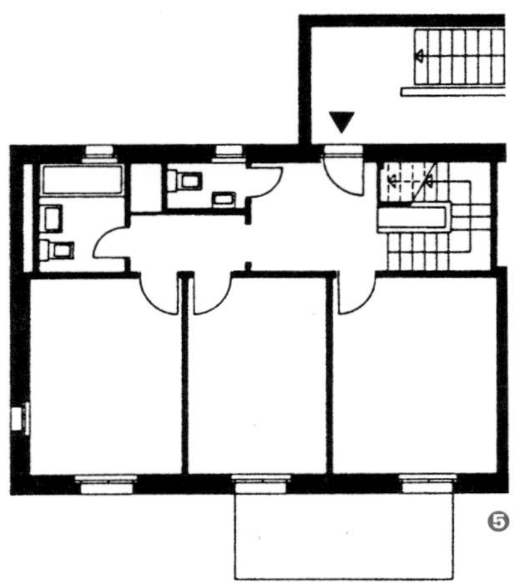

❺

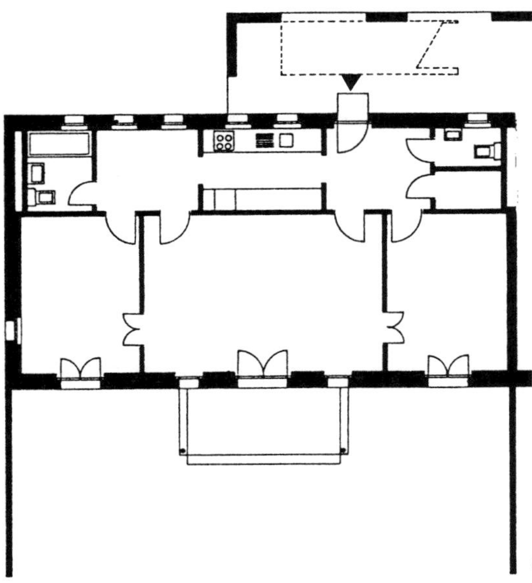

❸

Type de construction
maisons familiales en rangée, 3 et 4 niveaux, E/O

Date de construction
1986

Financement
privé

Profondeur des maisons
7,25 m (sans la galerie ni l'escalier)

Structure
cage d'escalier desservant 2 appartements par étage (C), galerie (D)

Nombre d'appartements
55 en tout

Surface des appartements
app. 2 p., 63 m²
app. 3 p., 77 m²
app. 5 p., 177 m²
duplex 4 p., 100-105 m²

Places de stationnement
garage souterrain et places extérieures

Espaces extérieurs
jardin ou cour pour les appartements au rez-de-chaussée, terrasse sur le toit pour les duplex

Consortium
D. Schnebli + T. Ammann, Zurich
et W. Egli + H. Rohr, Baden-Dättwil

Baar (Suisse), « Im Büel »

Le plan est agencé de manière simple et géométrique. Dans les appartements sur un niveau (orientés E/O) de la grande rangée (C) à l'écart de la voie de chemin de fer, des pièces de dimensions identiques sont groupées autour du séjour; les duplex ont un séjour traversant avec bloc cuisine dans les combles, et les chambres au niveau inférieur (premier étage). Dans l'immeuble (D) proche de la voie de chemin de fer, les accès, le choix des matériaux et toute l'organisation du plan ont été conçus en fonction des nuisances sonores. Des galeries adossées à la façade, avec des escaliers longitudinaux, constituent une première couche d'isolation, que vient doubler une zone continue formée par le couloir, la salle de bains, les WC, la cuisine et le réduit. Les trois pièces ont un séjour central avec portes donnant sur les chambres et deux petits vestibules de part et d'autre de la cuisine (autre accès aux chambres). Hormis les éléments préfabriqués en béton, l'appareil est en maçonnerie de blocs de calcaire apparents.

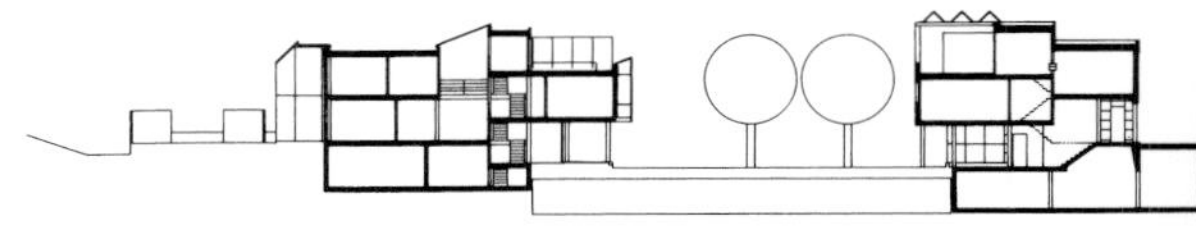

Tipologia edilizia:
case a schiera, 2/3 piani,
N/S e E/O

Data di costruzione:
1983-1987

Modello di finanziamento:
edilizia privata

Profondità dell'edificio:
ca. 20 m

Caratteri distributivi:
34 case a schiera (3-7 locali)
e 8 *maisonettes* in 9 brevi stecche

Numero di alloggi:
42

Dimensione degli alloggi:
case a schiera: appart. da $4^1/_2$ locali,
187 m²; case d'angolo: appart. da $5^1/_2$
locali, 210-229 m²; *mais.* da 5 locali,
125 m²; prevalentemente con piano
interrato; ogni casa 30 m²
(spazio di riserva per ampliamento)

Parcheggio:
garage sotterraneo

Spazi aperti:
verde privato nelle aree tra gli edifici;
verande a doppia altezza verso il giardino

**ARB Arbeitsgruppe
Kurt Aellen,
Laurent Cantalou,
Berna**

**Berna,
Siedlung
"Merzenacker"**

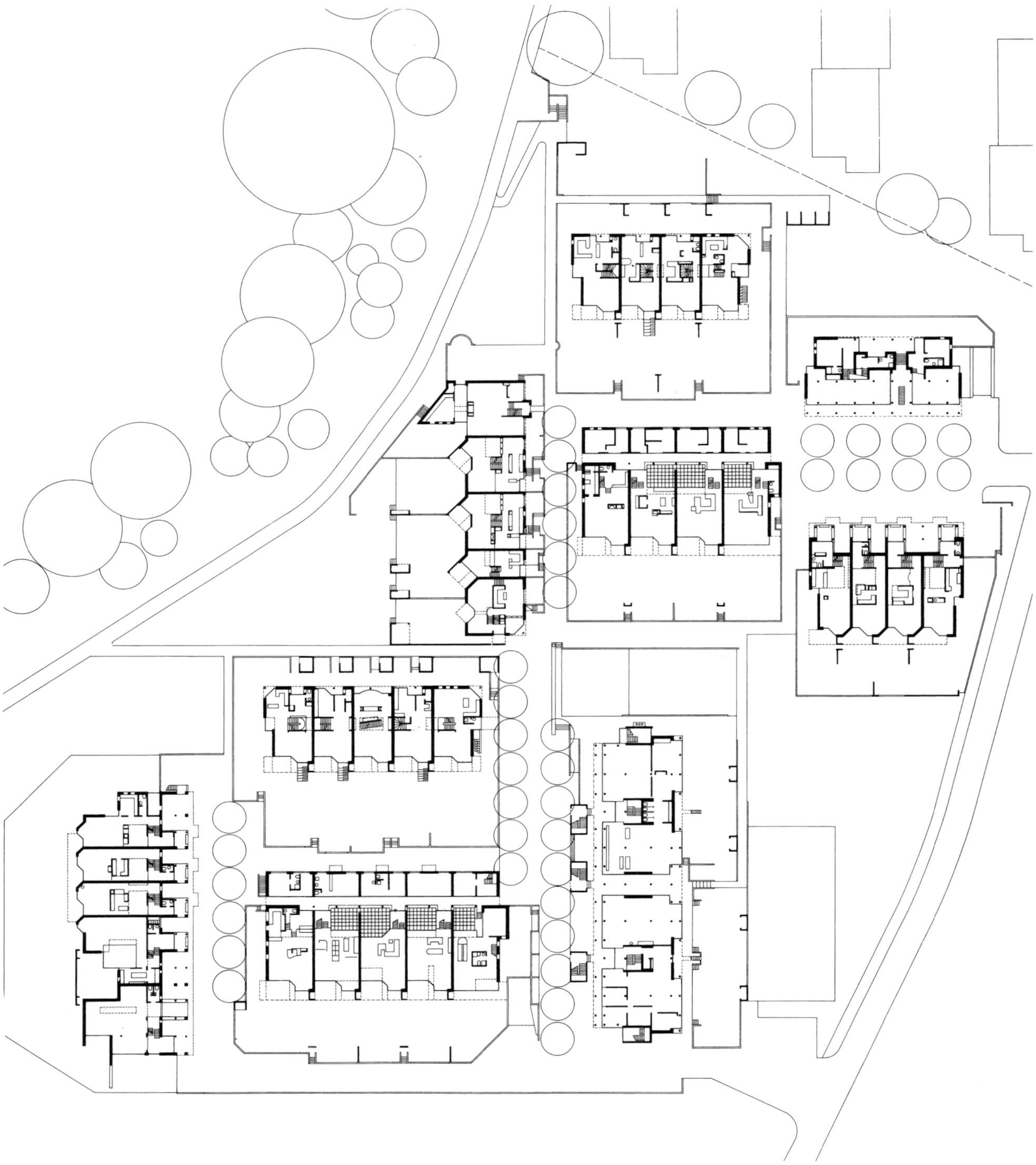

L'insediamento ha la stessa densità del tessuto edilizio circostante. Distribuzione attraverso una semplice rete di percorsi pedonali, in parte coperti, che talvolta attraversano gli edifici stessi (cfr. tipo F/B). Assenza di verde pubblico; tutti gli spazi aperti sono di pertinenza degli alloggi. Le unità sono suddivise in aree – piuttosto che in vani – distinte in base ai piani e alla localizzazione di scale, cucine, servizi igienici e pozzi di luce. I proprietari hanno quindi determinato le planimetrie. Per esempio, tipo F/B: il passaggio da pubblico a privato è fluido. Accesso dal passaggio pubblico al pianterreno e all'atelier (spazio per un ampliamento a seguire). Il pozzo di luce rialzato si protrae in avanti, l'ingresso recede. Al pianterreno, qualche gradino più in alto, un setto curvilineo (oltre il quale il guardaroba) porta all'angolo cottura ricavato nel soggiorno o al pozzo di luce/doppio volume vetrato (sala da pranzo). Due rampe di scale portano al 1° piano, che crea un ponte sul passaggio pubblico. Raggruppamento attorno al pozzo di luce: da un lato ampio corridoio della zona notte, due camere e bagno con doccia; sull'altro lato, alcuni gradini più in alto, il secondo bagno, con l'inserimento di un volume arrotondato, separa tra loro le altre due camere. Il WC è indipendente. La veranda coperta a doppia altezza dà accesso al giardino.

Planimetrie 1:200
Plans 1:200

❶ Casa a schiera da 6 locali, tipo F (B) pianterreno e 1° piano
Maison en rangée, 6 pièces type F(B), rez-de-chaussée et 1er étage

❷ Casa a schiera da 5 locali, tipo G (A) pianterreno e 1° piano
Maison en rangée, 5 pièces type G(A), rez-de-chaussée et 1er étage

❸ Casa a schiera da 5 locali, tipo H (D) pianterreno e 1° piano
Maison en rangée, 5 pièces, type H(D), rez-de-chaussée et 1er étage

Type de construction
maisons familiales en rangée 2 et 3 niveaux, N/S et E/O

Date de construction
1983-1987

Financement
privé

Profondeur des maisons
env. 20 m

Structure
34 maisons en rangée (3-7 pièces) et 8 duplex, en 9 rangées courtes

Nombre d'appartements
42

Surface des appartements
maisons en rangée: 4½ p., 187 m²
maisons d'angle: 5½ p., 210-229 m²
duplex 5 p., 125 m²
la plupart avec cave; possibilité d'extension de 30 m² par maison

Places de stationnement
garage souterrain

Espaces extérieurs
espaces verts privés dans les zones intermédiaires, vérandas, jardins

ARB Arbeitsgruppe Kurt Aellen, Laurent Cantalou, Berne

Berne, lotissement de Merzenacker

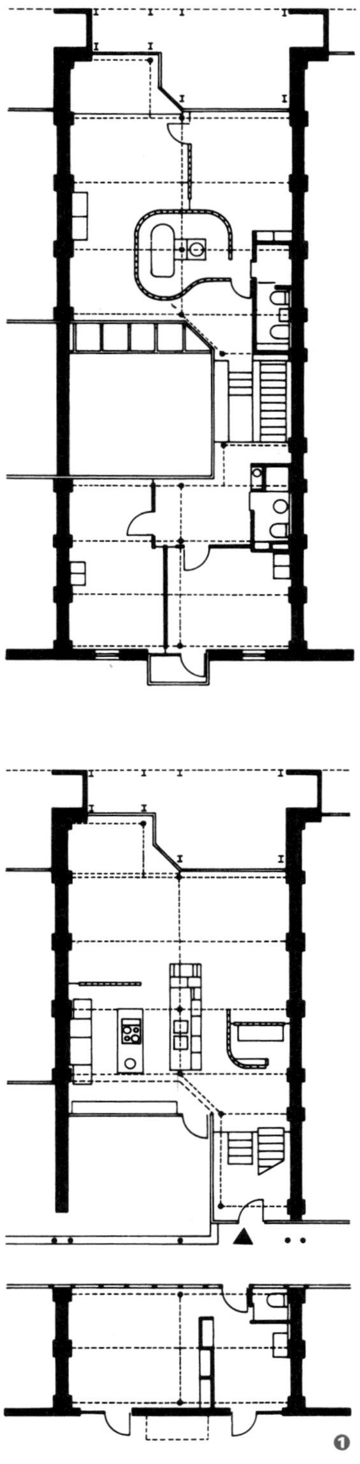

❶

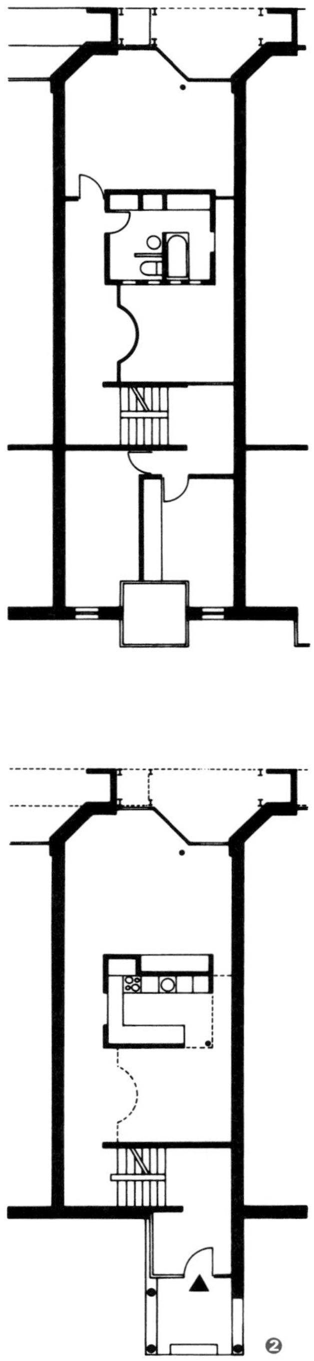

❷

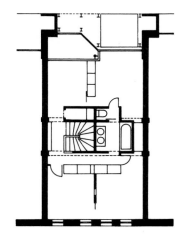

❸

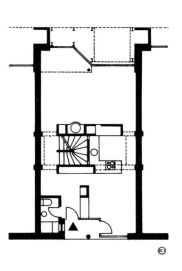

Ce lotissement présente une densité comparable à celle du tissu urbain environnant. L'accès se fait par un réseau de voies piétonnes, partiellement abritées (voir type F/B). Tous les espaces extérieurs sont attribués aux différents lots, il n'y a pas d'espace public. L'intérieur révèle plutôt des zones que des pièces strictement définies: ces zones sont créées par des différences de niveau, l'emplacement des escaliers, de la cuisine, du bloc sanitaire et de la cour intérieure. Les maîtres de l'ouvrage avaient ainsi la liberté d'aménager le plan à leur convenance. Dans le type F/B par exemple, la transition entre espace commun et espace privé n'est pas fixe. L'entrée donne sur la ruelle couverte que forme l'espace entre le rez-de-chaussée du corps principal et l'atelier (qui peut aussi servir pour une extension ultérieure). La cour intérieure est en saillie, l'entrée en retrait. Le niveau de séjour est quelques marches plus haut: une paroi en diagonale (réduit) mène au bloc cuisine intégré dans la pièce de séjour ou à la cour intérieure vitrée sur deux niveaux. Un escalier à deux volées monte à l'étage (qui enjambe la ruelle), où les pièces sont groupées autour de la cour intérieure: d'un côté deux chambres à coucher, une salle de bains et un couloir, de l'autre, la seconde salle de bains, aux contours arrondis, deux autres chambres et des WC séparés. Une véranda sur deux niveaux fait le lien avec le jardin.

Tipologia edilizia:
stecche di case a schiera e bastione, 2-6 piani, NO/SE/SO

Data di costruzione:
1985-1987 (concorso 1981)

Modello di finanziamento:
cooperativa edilizia

Profondità dell'edificio:
10,5-12 m

Caratteri distributivi:
case a 2-3 piani a corte, delimitata da una stecca di 150 m con 4 torri, 2 fasi di edificazione

Numero di alloggi:
72 (prima fase)

Dimensione degli alloggi:
appart. da 1 locale, 46,5 m²;
appart. da 2 locali, 55-73 m²;
appart. da 3 locali, 92-94 m²;
appart. da 4 locali, 94-109 m²;
appart. da 5 locali, 121 m²

Parcheggio:
box-auto con pergolato in ogni area

Spazi aperti:
giardini protetti da staccionata negli alloggi al pianterreno, parco circostante

**Hubert Rieß, Graz,
Ralph Erskine, Drottningholm
con
Michael Neuwirth,
Josef Seewald**

**Graz,
Peterstalstraße,
Wienerbergergründe 1**

❶ Assonometria dell'insediamento: prima fase di edificazione
Isométrie de l'ensemble. La première phase de travaux est représentée en simple contour

❷ Planimetria del piano tipo 1:200
Plan d'un appartement standard 1:200

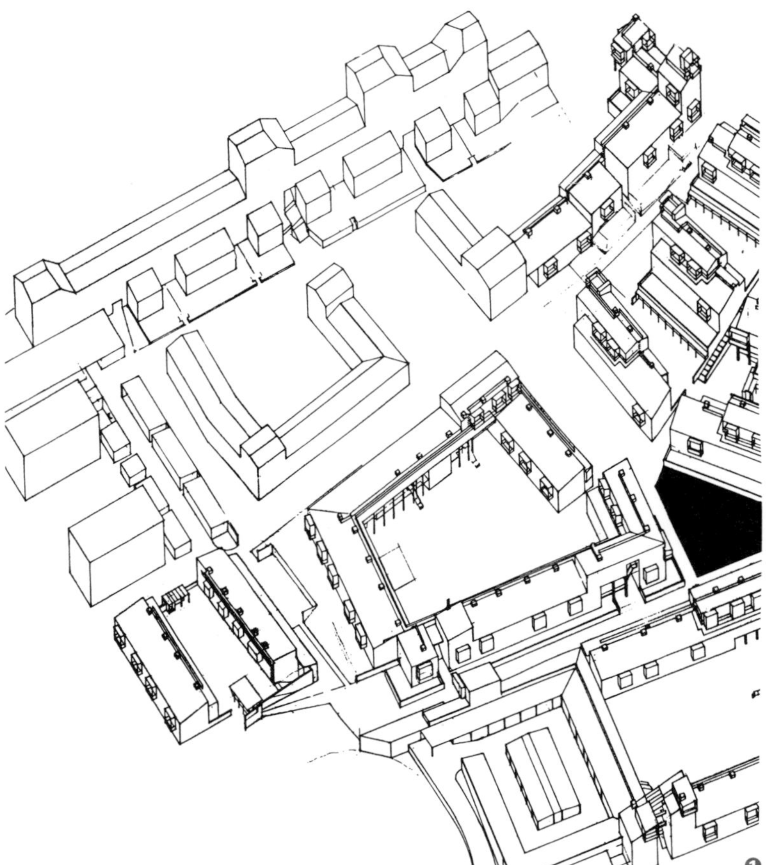
❶

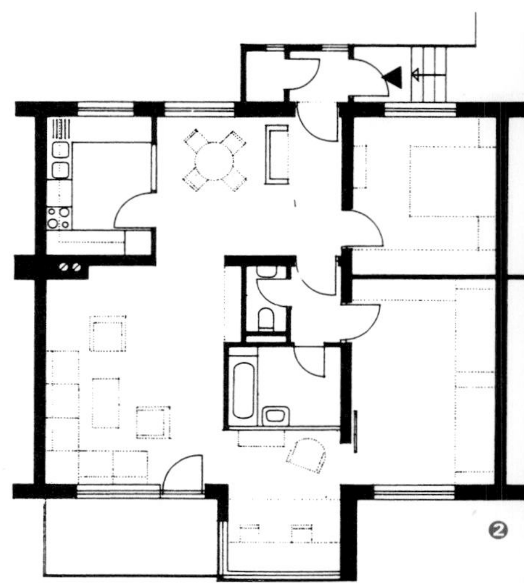
❷

Insieme di tipologie molto differenziate, sviluppate a partire dalla collocazione nel contesto: *maisonettes* con giardino, alloggi d'angolo, monopiano, a portale o sottotetto, *maisonettes* a torre. Ai singoli alloggi si accede, secondo una tradizione locale, attraverso scale o ballatoi esterni che, insieme a verande, vestiboli e balconi, connotano l'aspetto dell'edificio e ne fanno un insediamento caratteristico. All'interno della prima fase di edificazione troviamo una tipologia singolare: un bastione che garantisce riparo verso nord, dove sale fino a 6 piani nelle quattro torri, mentre verso sud le case a schiera di 2 piani, inserite per metà nel corpo di fabbrica, si ricollegano al tessuto edilizio circostante. Le *maisonettes* con giardino hanno cucina e pranzo sul cortile d'ingresso, uscita diretta in giardino con terrazza dalla zona pranzo, e dunque anche dal soggiorno. Ai lati dei percorsi principali si colloca una camera da letto (per gli ospiti) o studio (con WC indipendente). Sopra, la zona notte con tre camere e bagno. Le *maisonettes* a torre hanno accesso dal livello della zona notte, mentre la zona giorno è al piano superiore. Si abita nella torre, con balconi d'angolo su due lati.

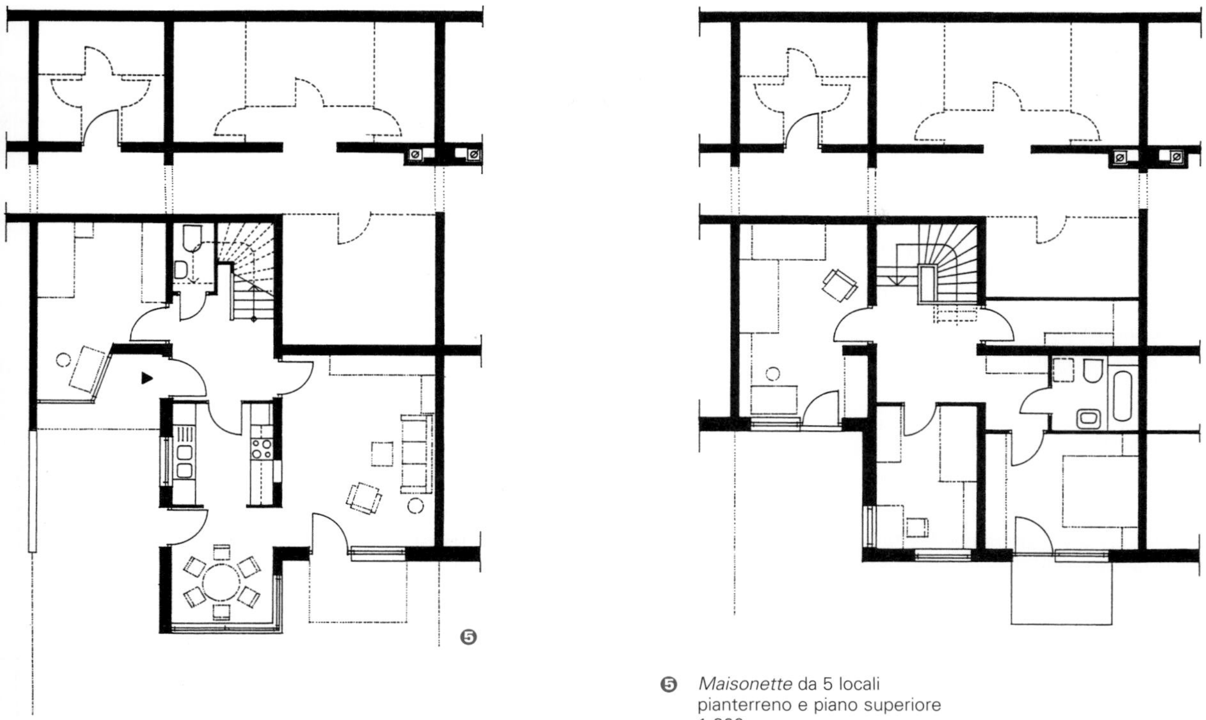

5 *Maisonette* da 5 locali
pianterreno e piano superiore
1:200
Duplex 5 pièces avec jardin
contre la rangée frontale nord
rez-de-chausée et étage 1:200

3 Appartamento d'angolo da
4 locali 1:200
Appartement d'angle
4 pièces 1:200

4 Maisonette con giardino da
4 locali alla base del bastione,
pianterreno e piano superiore
1:200
Duplex 4 pièces 1:200

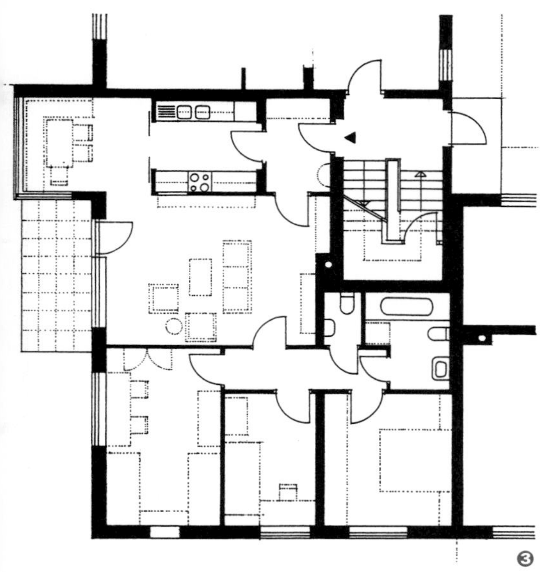

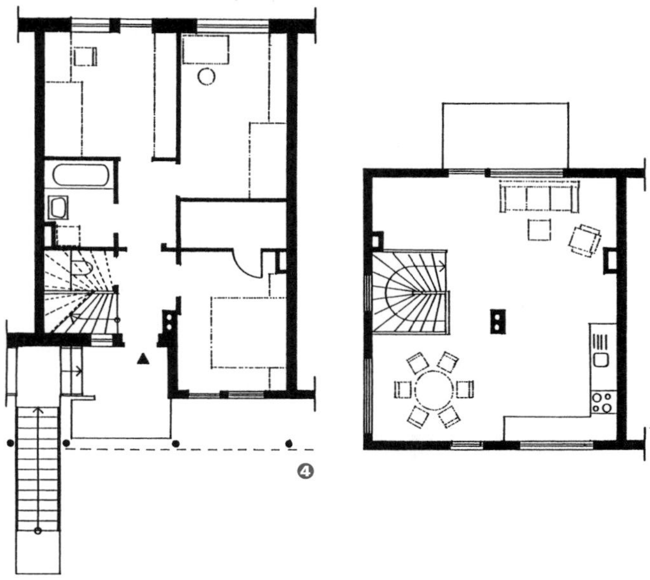

Type de construction
maisons familiales en rangée
et front de maisons, 2-6 niveaux,
NO/SE/SO

Date de construction
1985-1987 (concours 1981)

Financement
coopérative de logement

Profondeur des maisons
10,5-12 m

Structure
immeubles de 2-3 niveaux délimitant
une cour et rangée de maisons de
150 m de long avec
4 tours, 2 phases de travaux

Nombre d'appartements
72 (1re phase)

Surface des appartements
app. 1 p., 46,5 m²
app. 2 p., 55-73 m²
app. 3 p., 92-94 m²
app. 4 p., 94-109 m²
app. 5 p., 121 m²

Places de stationnement
sous pergolas dans
chacun des quartiers

Espaces extérieurs
jardins enclos de haies pour
les appartements du rez-de-
chaussée, parc aménagé

Hubert Rieß, Graz,
Ralph Erskine,
Drottningholm,
en collaboration avec
Michael Neuwirth,
Josef Seewald

Graz, Peterstalstraße,
Wienerbergergründe 1

La particularité du site a donné naissance ici à une abondance de types d'appartements: duplex avec jardin, maisons d'angle, appartements sur un niveau, appartements sur voie d'accès, appartements en pignon ou en tour sur plusieurs niveaux. Suivant une tradition locale, l'accès se fait par des escaliers extérieurs et des galeries; ces éléments, de même que les porches d'entrée, balcons et oriels animent les corps de bâtiment et leur confèrent un cachet. Au nord, une rangée de maisons d'un type particulier (de la première phase de construction) fait écran; elle comprend quatre tours de six niveaux, mais sur sa face sud sont adossées des maisons beaucoup plus basses. Les duplex avec jardin ont la cuisine près de l'entrée, la salle à manger donne sur la petite cour à l'avant de la maison et possède une sortie directe vers la terrasse et le jardin, de même que le séjour juste derrière. De l'autre côté se trouve une chambre ou bureau avec WC séparés. À l'étage, trois chambres à coucher et la salle de bains. Les duplex des tours ont les chambres à coucher au niveau de l'entrée et le séjour en haut. Un balcon d'angle renforce le sentiment d'habiter dans une tour.

riferito a piante 1:200

se réfère aux plans 1:200

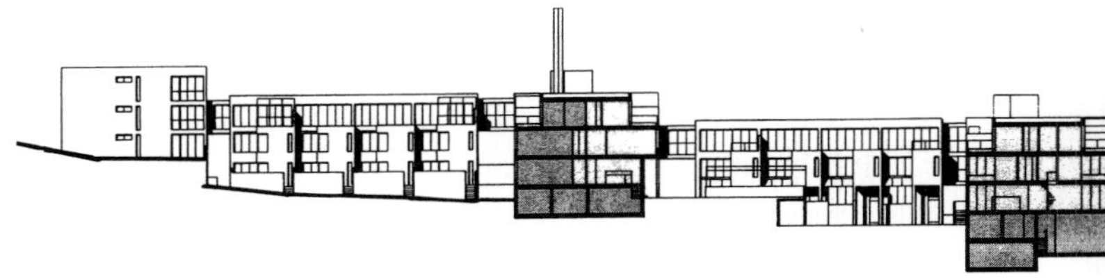

3.1 Siedlungen

Tipologia edilizia:
case a schiera, 3/4 piani,
case d'angolo, 5 piani,
N/S, E/O

Data di costruzione:
1990

Modello di finanziamento:
edilizia privata, condominio

Profondità dell'edificio:
14 m

Caratteri distributivi:
case a schiera ed edifici d'angolo attorno a due corti quadrate

Numero di alloggi:
93, 11 atelier/spazi per attività produttive

Dimensione degli alloggi:
appart. da 1½ locali, 30/36 m²;
appart. da 2½ locali, 50/54 m²;
appart. da 3½ locali, 75/83 m²;
appart. da 4½ locali, 100/104m²;
mais. da 4½ e 5½ locali, 104-130 m²

Parcheggio:
posti auto all'aperto, garage sotterraneo

Spazi aperti:
spazi pubblici con pergolato, terrazze e giardini privati

Atelier 5, Berna

Berna-Niederwangen, Brüeggbühlstrasse, Siedlung Ried 2

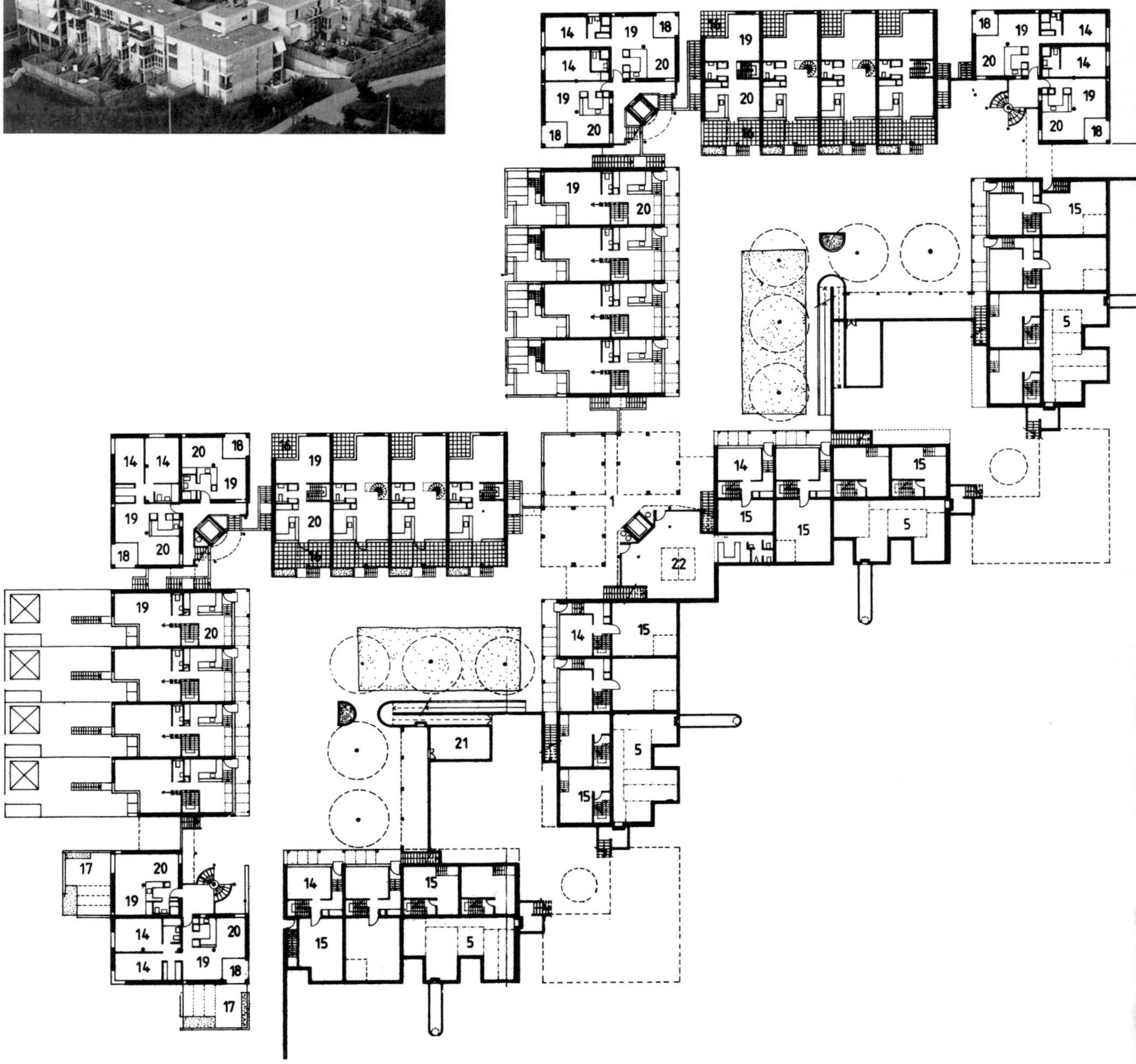

Due corti residenziali, su ognuna delle quali si affacciano quattro stecche di case a schiera (a 3 piani sui lati nord e ovest, a 4 sui lati est e sud). Gli edifici d'angolo sono a 5 piani. All'interno delle corti si trovano le vie di accesso, locali per attività produttive, spazi e attrezzature pubbliche (lavanderia, club). Sul lato esterno il verde privato. Le case a schiera sono di due tipi, a distribuzione verticale o orizzontale: una *maisonette* di 4 vani su due o tre livelli (tra due setti portanti) e un alloggio di 4 vani all'ultimo piano (su due campate). Gli edifici d'angolo sono a corpo doppio o triplo con alloggi di 1, 2 o 3 locali su uno o due livelli. Tutte le planimetrie derivano dallo stesso concetto. Nelle case a schiera differenze di quota tra la corte e l'ingresso separano lo spazio pubblico (della corte) da quello semipubblico (piano d'ingresso, terrazza) e da quello privato. La scala può essere semipubblica o privata, interna o esterna. Agli alloggi si accede sempre attraverso la cucina-pranzo, separata dal soggiorno da WC, armadio a muro e scala interna. Da questo livello si accede al giardino (con una rampa di scale) o alla terrazza. Al piano superiore, tre o quattro camere da letto, separate da bagno, cabina armadio e scala. Alcuni alloggi sono dotati di un atelier nel seminterrato. Gli alloggi da 3 locali all'ultimo piano si accedono dagli edifici ad angolo e collocano la zona giorno e la zona notte in due campate adiacenti. Gli edifici d'angolo mescolano le varie tipologie.

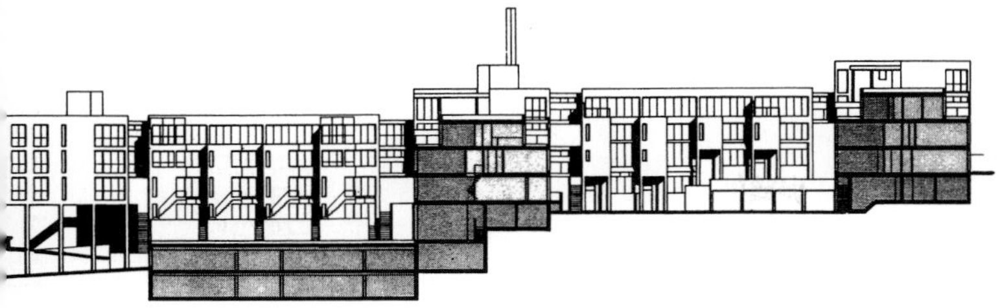

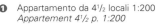

❶ Appartamento da 4½ locali 1:200
Appartement 4½ p. 1:200

❷ *Maisonette* da 4½ locali, livelli 1 e 2 1:200
Duplex 4½ p. 1:200

❸ Appartamento da 1½ locali 1:200
Appartement 1½ p. 1:200

❹ Appartamento da 3½ locali 1:200
Appartement 3½ p. 1:200

❺ Appartamento da 3½ locali 1:200
Appartement 3½ p. 1:200

❻ Maisonette da 2½ locali, livelli 1 e 2 1:200
Duplex 2½ p. 1:200

❷

❻

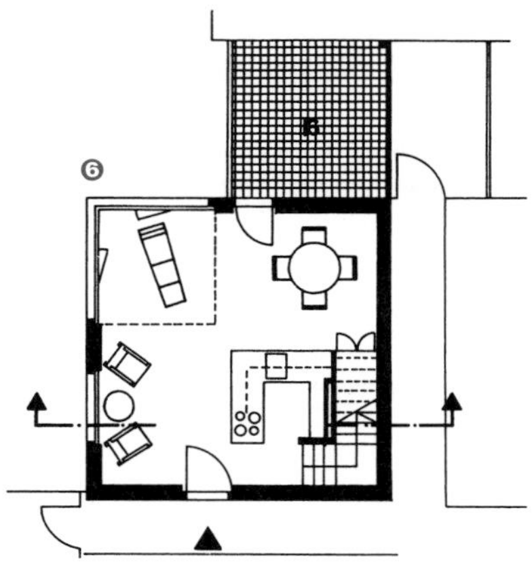

❻

❸ ❺

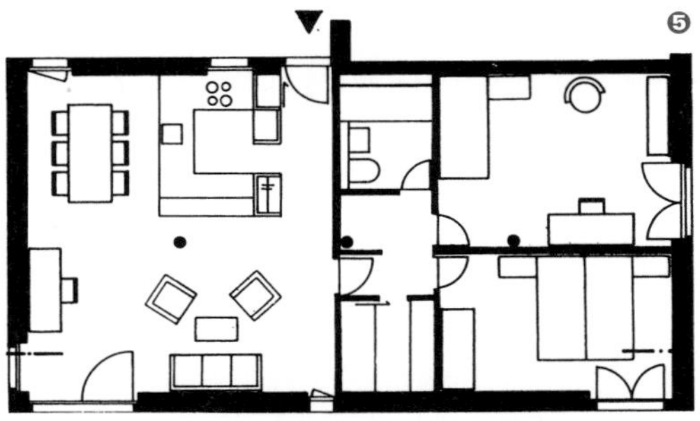

❶

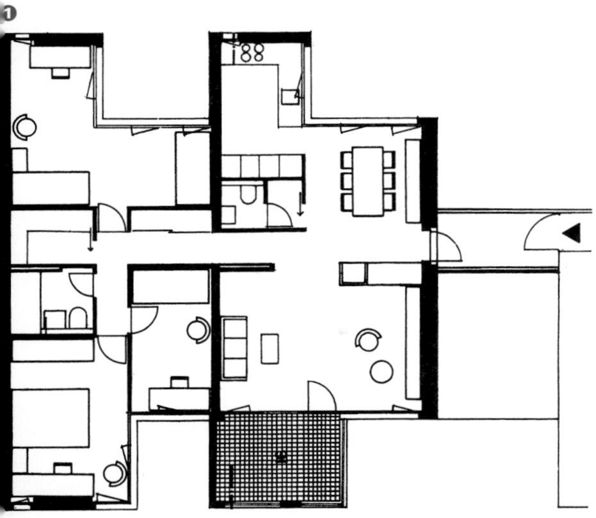

❹

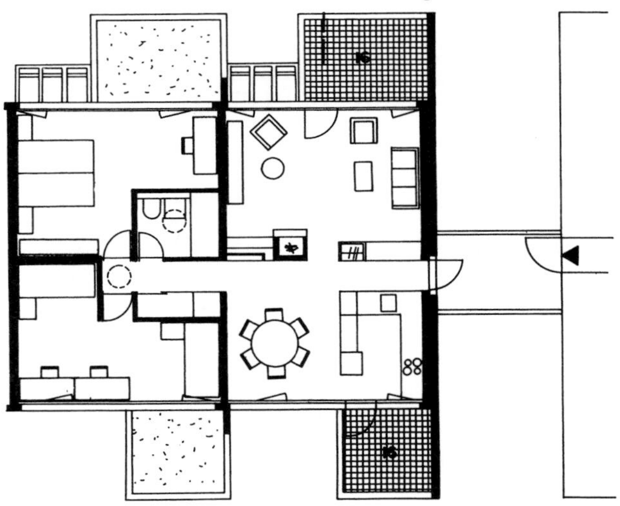

Type de construction
maisons familiales en rangée à 3/4 niveaux, maisons d'angle à 5 niveaux, N/S, E/O

Date de construction
1990

Financement
financement privé, copropriété

Profondeur des maisons
14 m

Structure
rangées et maisons d'angle autour de deux cours carrées

Nombre d'appartements
93, 11 ateliers/locaux artisanaux

Surface des appartements
app. 1½ p., 30/36 m²
app. 2½ p., 50/54 m²
app. 3½ p., 75/83 m²
duplex. 4½ p. et 5½ p., 104/130 m²

Places de stationnement
garage souterrain, places extérieures

Espaces extérieurs
espace public avec pergolas, terrasses et jardins privés

Atelier 5, Berne

Berne-Niederwangen, Brüeggbühlstrasse, Siedlung Ried 2

Les batiments sont disposés autour de deux cours carrées. Chaque côté forme une rangée de quatre maisons (trois niveaux au nord et à l'ouest, quatre à l'est et au sud); les maisons d'angle ont cinq niveaux. Sur la cour donnent les accès, des locaux artisanaux et des installations communautaires (buanderie, salle de réunion). Les jardins privés sont aménagés autour. Les maisons en rangée sont de deux types: duplex ou triplex de 4 pièces (un module de largeur défini par l'écart entre les murs mitoyens porteurs) et appartements de 4 pièces sur le toit (largeur deux modules). Les maisons d'angle ont des appartements de 1, 2 ou 3 pièces sur un ou deux niveaux, avec cage d'escalier pour 2 ou 3 appartements par étage. Le même principe d'agencement se retrouve partout (avec des variations). Dans les maisons des rangées, une différence de niveau entre la cour et l'entrée marque la séparation entre espace public (cour), semi-public (plate-forme d'entrée, terrasse) et privé. L'escalier peut se trouver à l'extérieur ou à l'intérieur. L'entrée donne toujours sur la cuisine/salle à manger, séparée du séjour par les WC, des placards et l'escalier intérieur. Ce niveau donne accès au jardin ou à la terrasse. À l'étage se trouvent 3 ou 4 chambres à coucher et la salle de bains. Plusieurs appartements ont encore un atelier au sous-sol. Ceux de 3 pièces sur le toit sont accessibles depuis les maisons d'angle; le séjour et les chambres y sont répartis en fonction des murs de refend. Les maisons d'angle contiennent tous les types d'appartements.

riferito a piante 1:200

se réfère aux plans 1:200

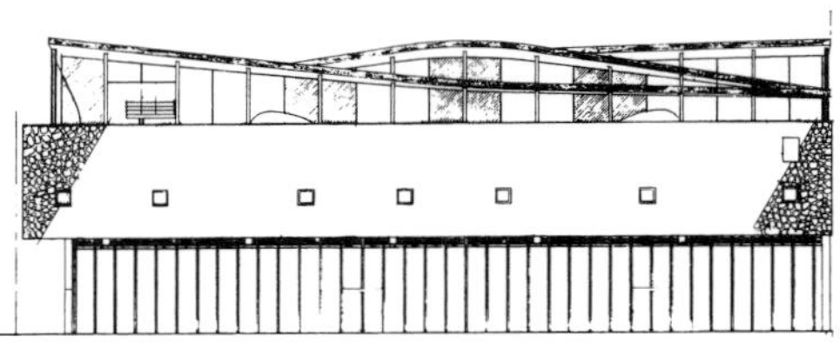

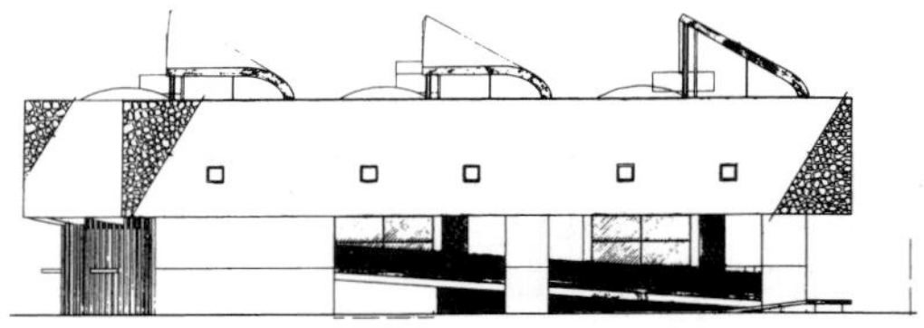

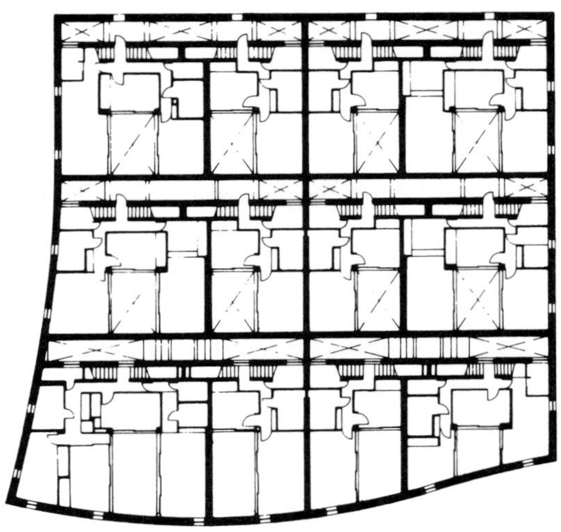

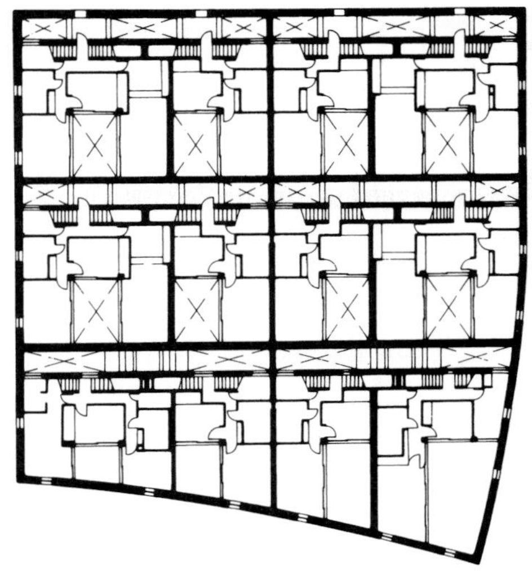

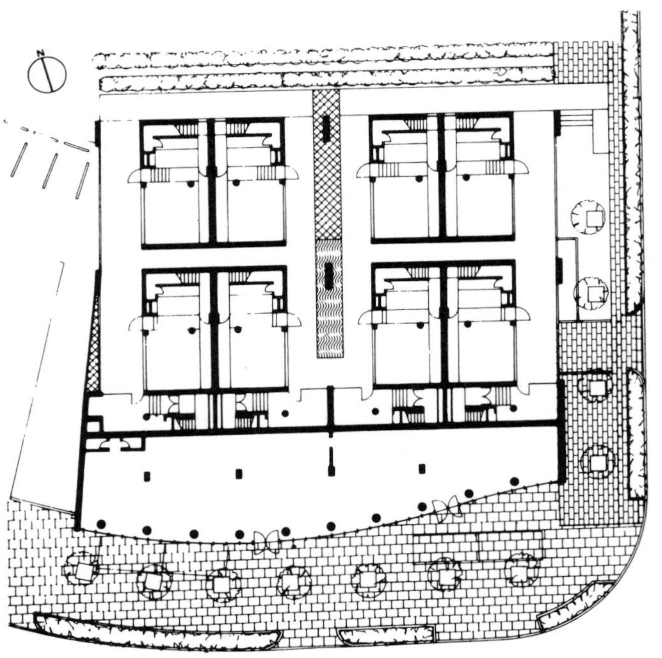

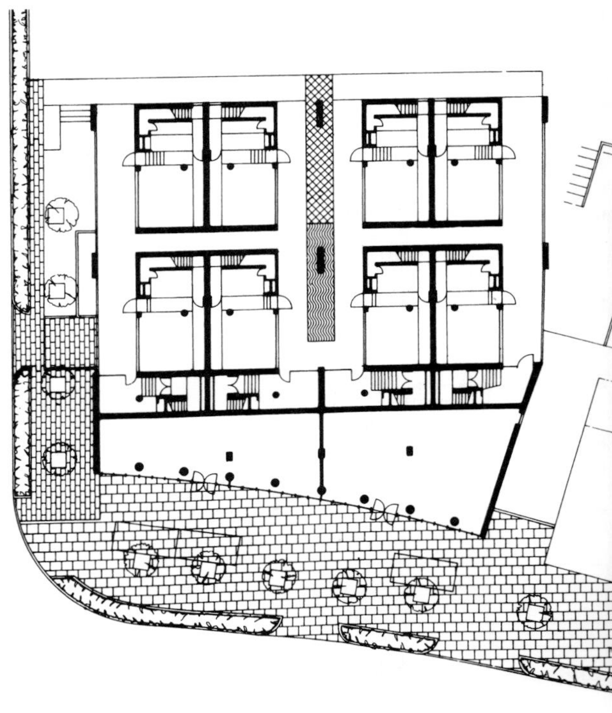

Tipologia edilizia:
"casa nella casa", 2/3 piani, NO/SE, NNE/SSO

Data di costruzione:
1991

Modello di finanziamento:
edilizia privata

Profondità dell'edificio:
ogni unità ca. 12,5 m, profondità complessiva ca. 35-40 m

Caratteri distributivi:
2 insediamenti che ricoprono l'intera superficie, ognuno con 3 schiere separate, accesso individuale a ogni alloggio

Numero di alloggi:
2 x 12

Dimensione degli alloggi:
appart. da 3 locali, 102,5/108,5 m²;
appart. da 4 locali, 156,5 m²;
appart. da 5 locali, 150,5/179 m²;
appart. da 6 locali, 223 m²

Parcheggio:
posti auto

Spazi aperti:
giardini di pietra privati, terrazze sul tetto

Rem Koolhaas/OMA, Amsterdam

Fukuoka (Giappone), Nexus World

Due complessi edilizi, ermeticamente recintati da pareti in cemento armato dalla superficie ornamentale, formulano l'ingresso al quartiere realizzato in occasione della mostra di edilizia "Nexus World" (vedi anche p.156, Steven Holl). I due complessi sono staccati da terra e nel pianterreno permeabile, illuminato lateralmente e dall'alto, accanto ad alcune destinazioni d'uso pubbliche, sono iscritti i basamenti di dodici alloggi ciascuno. I tagli di luce che corrono da est a ovest li articolano in schiere. Gli alloggi sono distribuiti da una rete di passaggi all'aperto in leggera pendenza. All'ingresso hanno quasi tutti un giardino di pietra che, come un patio, collega tra loro gli spazi ai piani superiori. Questi patii garantiscono a ogni alloggio uno spazio all'aperto individuale, e quindi un senso di privacy, nonostante l'alta densità. Al loro interno gli appartamenti sono distribuiti da scale a rampa unica che attraversano l'edificio, oltre le quali sono ricavati in aggetto – e sfalsati tra loro – piccoli ripostigli. Al 1° piano le camere da letto e i servizi sono allineati lungo il patio. Al 2° piano si trova il soggiorno con cucina, affacciato sulla terrazza sul tetto, sul patio interno che scende fino al giardino di pietra e verso il cielo. La copertura a shed ondulata incrementa l'altezza di questo spazio nella sua parte vetrata. Alcuni alloggi hanno accesso a un ulteriore balcone attraverso una scala a pioli.

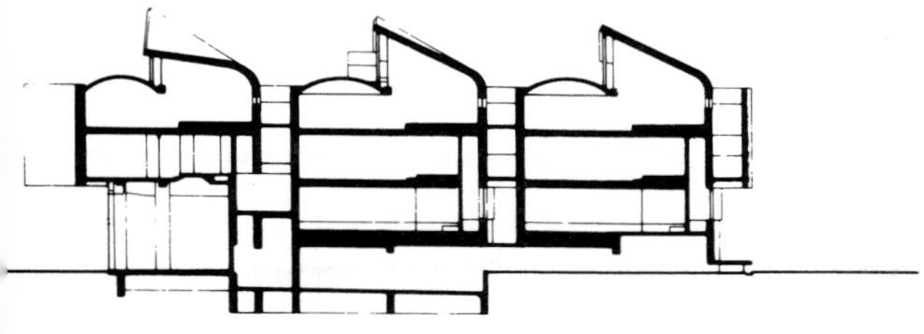

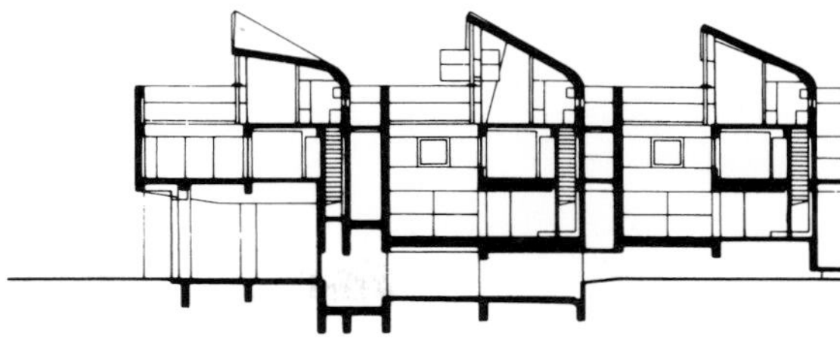

❶ Unità da 5 locali su 3 livelli 1:200
Maison de 5 pièces sur 3 niveaux 1:200

❷ Unità da 3 locali su 3 livelli 1:200
Maison de 3 pièces sur 3 niveaux 1:200

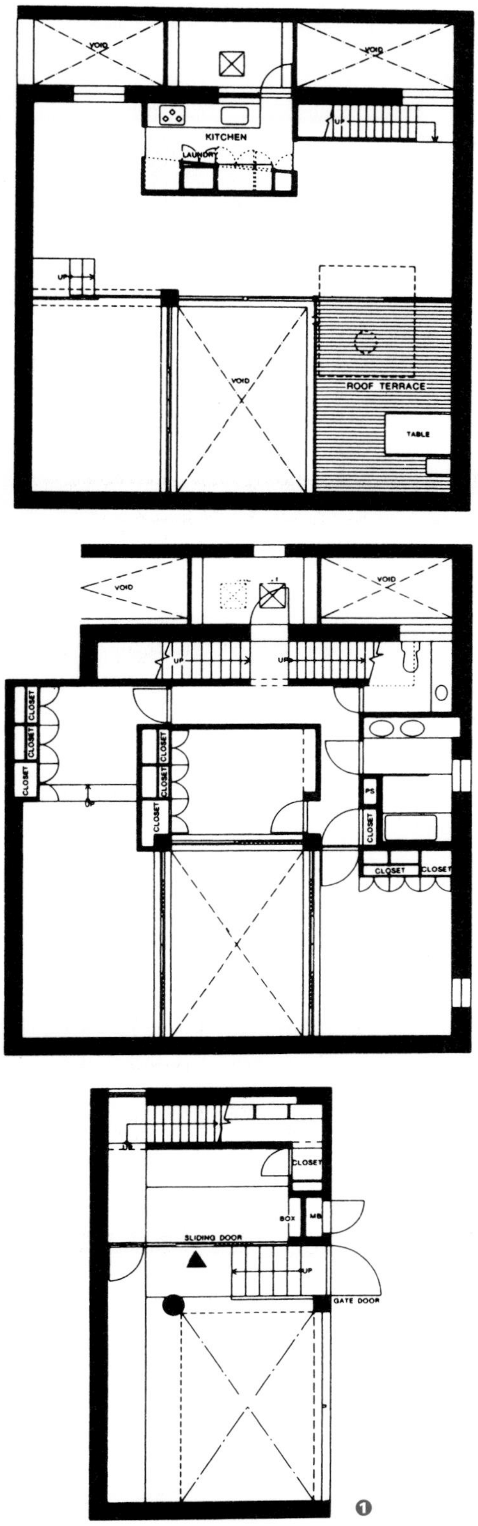

❶

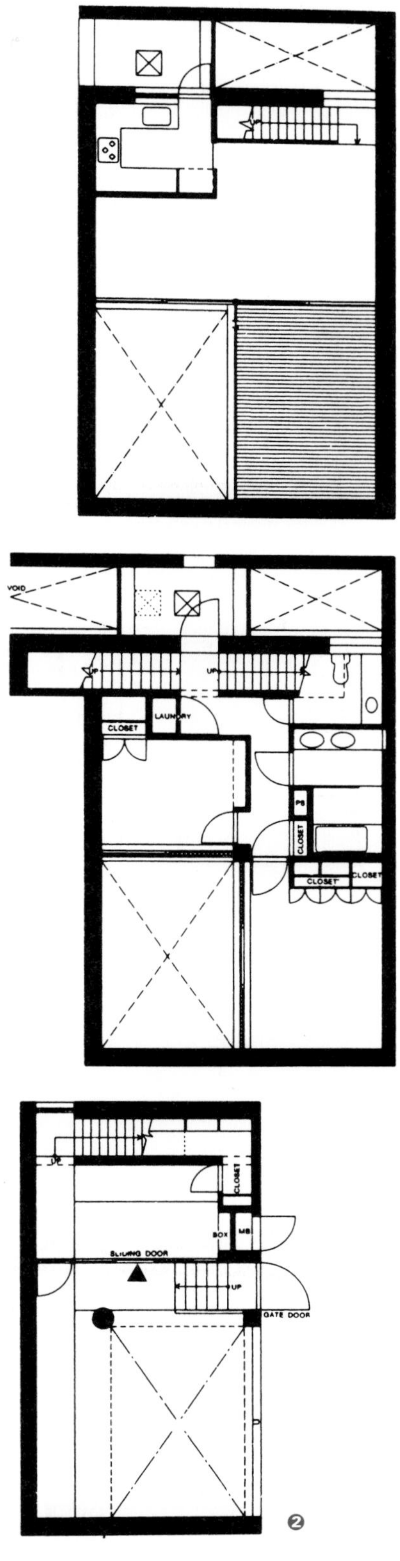

❷

Type de construction
« maisons dans la maison »,
2/3 niveaux, NO/SE, NNE/SSO

Date de construction
1991

Financement
privé

Profondeur des maisons
chaque unité env. 12,5 m;
prof. totale env. 35-40 m

Structure
2 complexes denses en 3 rangées distinctes, accès individuels aux appartements

Nombre d'appartements
2x12

Surface des appartements
app. 3 p., 102,5/108,5 m²
app. 4 p., 156,5 m²
app. 5 p., 150,5/179 m²
app. 6 p., 223 m²

Places de stationnement
extérieures

Espaces extérieurs
jardins empierrés,
terrasses sur les toits

Rem Koolhaas/OMA, Amsterdam

Fukuoka (Japon), Nexus World

Ces deux complexes hermétiquement entourés de parois ornementales de béton noir affirment leur position à l'entrée du terrain d'exposition de «Nexus World» (voir aussi p. 157, Steven Holl). Les grands volumes sont surélevés et le rez-de-chaussée, éclairé depuis le haut et par les côtés, comprend, outre quelques locaux publics, les soubassements d'une douzaine d'appartements. Les rangées sont séparées par des intervalles laissant passer la lumière d'est en ouest. Les appartements sont desservis par un système de passages formant un réseau. Les logements ont presque tous à l'entrée un jardin empierré qui délimite une cour intérieure éclairant également les niveaux supérieurs. Ce sont ces cours qui, dans un environnement dense, donnent espace extérieur et intimité aux appartements. L'accès se fait par un escalier à volée simple (derrière lequel sont placés des réduits). Le premier étage comprend les chambres et la salle de bains, disposées autour de la cour intérieure, au deuxième, le séjour avec la cuisine, donnant sur une terrasse, sur la cour intérieure et sur le ciel. Cette partie est encore rehaussée sur une moitié par un toit à un seul versant ressemblant à un shed. Quelques appartements disposent ici d'un balcon accessible par une échelle.

Tipologia edilizia:
edifici a corte,
3 piani, N/S, E/O

Data di costruzione:
1991-1992 (concorso 1988)

Modello di finanziamento:
sovvenzione federale (WEG)

Profondità dell'edificio:
8 m

Caratteri distributivi:
blocchi disposti specularmente lungo l'asse, *maisonettes* di 2/3 piani nella stecca sud, appartamenti su un piano nelle ali trasversali

Numero di alloggi:
40

Dimensione degli alloggi:
appart. da 4½ locali,
105-108 m² (18);
mais. da 5½ locali, 121 m² (14);
mais. da 3½ locali, 81 m² (2);
atelier da 1 locale, 22 m²,
collegabili (4)

Parcheggio:
parcheggio sotterraneo nell'adiacente edificio con attività produttive

Spazi aperti:
aree sistemate a verde nelle corti, spazi verdi privati davanti alle maisonettes, terrazze nelle ali trasversali

Michael Alder,
Basilea
Partner: Roland Naegelin

Riehen (presso Basilea),
"Vogelbach"

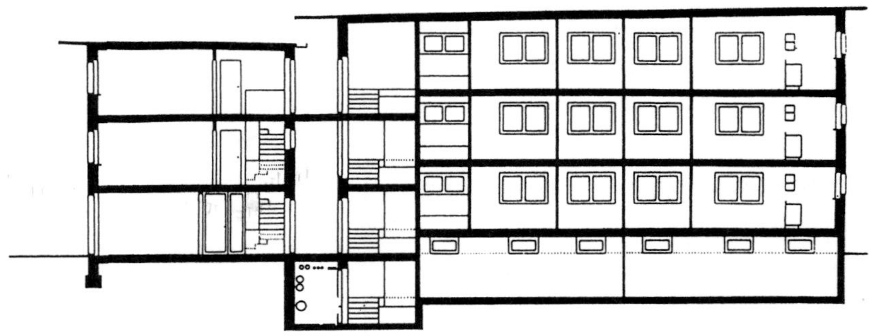

❶ Planimetria generale dell'insediamento
Plan d'ensemble

❷ *Maisonette* di 3 piani 1:200
Triplex 1:200

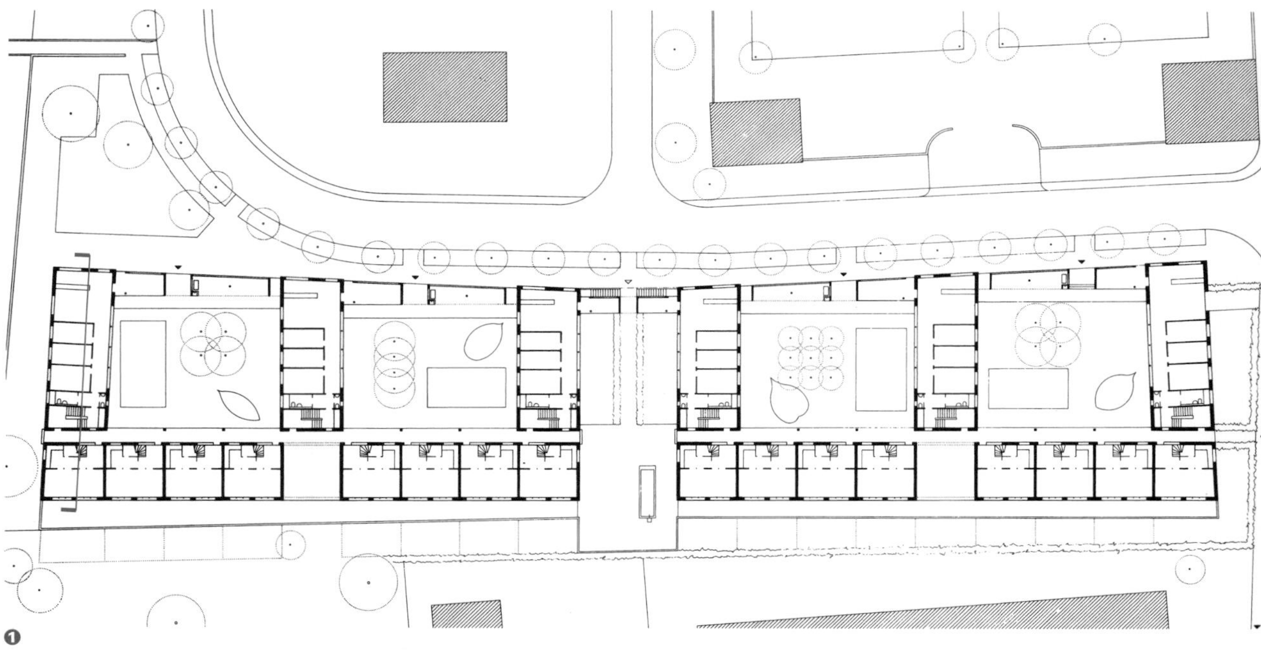

❶

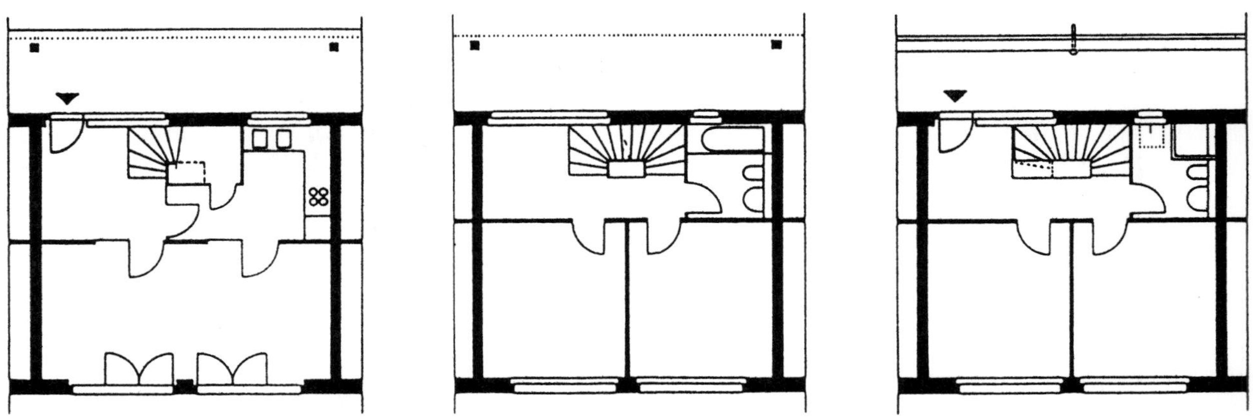

❷

L'insediamento si compone di quattro edifici a corte, su ogni lato di un passaggio principale. Le piante sono particolarmente chiare e semplici. Le stecche a sud ospitano *maisonettes* per lo più su 3 piani. Verso nord si trovano cucine, bagni, scale e ampi corridoi; tutte le camere si affacciano a sud verso il sentiero in ghiaia, oltre il quale si trova una piccola superficie a verde. Il soggiorno al pianterreno è determinato dall'inserimento della cucina e dalle dimensioni; tutti gli altri vani sono equivalenti. Al 2° piano un ballatoio collega gli alloggi sul lato nord. Nelle *maisonettes* a 2 piani, al 2° piano si ricava un bilocale con lo stesso schema distributivo, oppure la superficie viene suddivisa in due atelier-monolocale che possono essere uniti. Gli alloggi nelle ali si affacciano a est e a ovest e le piante sono specchiate lungo l'asse principale, per cui sul lato est (o ovest) si colloca un corridoio (studio) con finestra a nastro, oltre una zona d'ingresso con bagno e WC. Dal corridoio le stanze sembrano parte di una galleria espositiva, fino all'arrivo nel soggiorno con angolo cottura. Di fronte al soggiorno, ortogonale al corpo di fabbrica, una grande terrazza chiude l'edifico verso nord su ognuno dei tre piani.

Type de construction
immeubles d'habitation autour d'une cour, 3 niveaux, N/S, E/O

Date de construction
1991-1992 (concours 1988)

Financement
logement en copropriété avec aide de la Confédération (loi encourageant la construction et l'accession à la propriété de logements, CAP)

Profondeur des maisons
8 m

Structure
bloc à symétrie axiale, duplex et triplex au sud, appartements sur un niveau dans les ailes

Nombre d'appartements
40

Surface des appartements
app. 4½ p., 105-108 m² (18 unités)
duplex 5½ p., 121 m² (14 unités)
duplex 3½ p., 81 m² (2 unités)
studios, 22 m² (4 unités)

Places de stationnement
places dans le garage souterrain d'un immeuble commercial voisin

Espaces extérieurs
espace vert dans la cour et devant les duplex/triplex, terrasses pour les ailes

Michael Alder, Bâle; associé: Roland Naegelin

Riehen (près de Bâle), « Vogelbach »

3 Atelier-monolocale (vano opzionale) 1:200
Variante avec ateliers 1:200

4 Appartamenti da 4 e 2 locali 1:200
Appartement 4 pièces et appartement 2 pièces 1:200

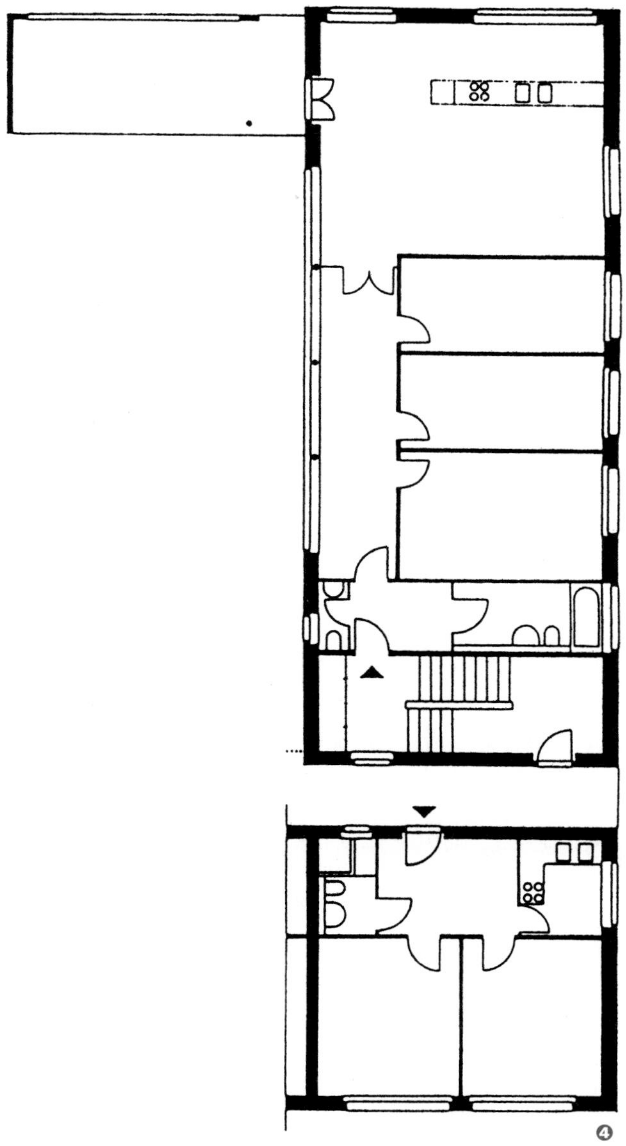

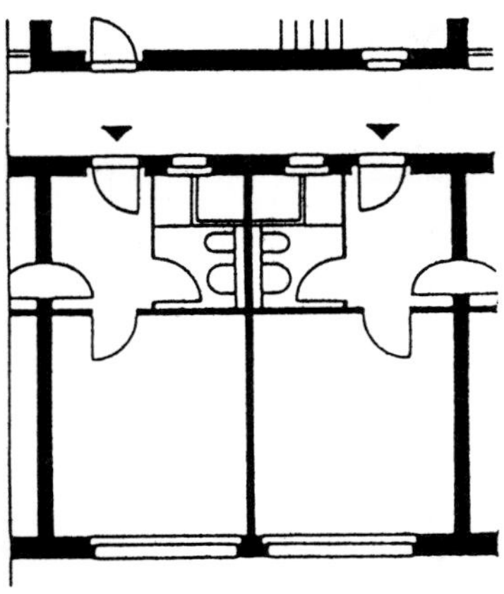

3

4

L'ensemble se compose de quatre blocs disposés par paires le long de la voie principale. Le plan est aisément lisible et d'une grande simplicité. Les rangées au sud comprennent des appartements sur un ou plusieurs niveaux (triplex pour la plupart). La cuisine, la salle de bains, les escaliers et les couloirs sont au nord; toutes les chambres donnent au sud sur un chemin de gravier et de petits espaces verts. La pièce de séjour, au rez-de-chaussée, a sa fonction définie par la proximité de la cuisine; les autres pièces sont identiques entre elles. Au deuxième étage, une galerie est accrochée à la façade nord. Au-dessus des duplex se trouve un appartement de deux pièces organisé selon le même principe, ou alors divisé selon l'axe de la maison en deux studios qui peuvent être réunis au besoin. Les appartements des ailes sont orientés est-ouest. Un long couloir éclairé d'un bandeau de baies donne à l'est ou à l'ouest (le plan est inversé d'une aile à l'autre); après l'entrée se trouvent les salles d'eau. Le couloir laisse apparaître les pièces l'une après l'autre comme dans une exposition puis aboutit dans le séjour (avec bloc cuisine). Celui-ci donne sur une grande terrasse perpendiculaire à l'axe de l'appartement. L'ensemble de ces terrasses, sur trois niveaux, ferme le bloc sur le côté nord.

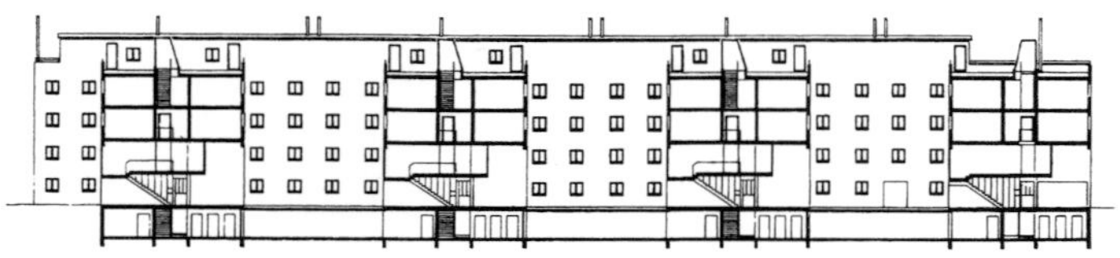

❶ 2° piano: appartamento da 3 locali, *maisonette* da 4 locali 1:200
Deuxième étage: appartement 3 pièces, duplex 4 pièces 1:200

❷ 3° piano: *maisonettes* da 5 e 4 locali (livello superiore) 1:200
Troisième étage: duplex 5 pièces, duplex 4 pièces (niveau supérieur) 1:200

Tipologia edilizia:
doppia stecca con corpi di fabbrica ortogonali a creare corti interne, 5 piani, SO/NE

Data di costruzione:
1986-1993

Modello di finanziamento:
cooperativa edilizia

Profondità dell'edificio:
7/11,4 m

Caratteri distributivi:
a corpo sestuplo

Numero di alloggi:
74

Dimensione degli alloggi:
appart. da 2 locali, 45/50/55 m² (8);
appart. da 3 locali, 82-87 m² (40);
mais. da 4 locali, 105 m² (12);
mais. da 5 locali, 135 m² (14)

Parcheggio:
garage sotterraneo

Spazi aperti:
balconi, terrazze sul tetto

Steidle + Partner con Christian Kara, Celina Kress e Hans Kohl, Monaco di Baviera

Vienna-Inzersdorf, Otto-Probst-Straße, "Vienna-Süd", Wienerberggründe

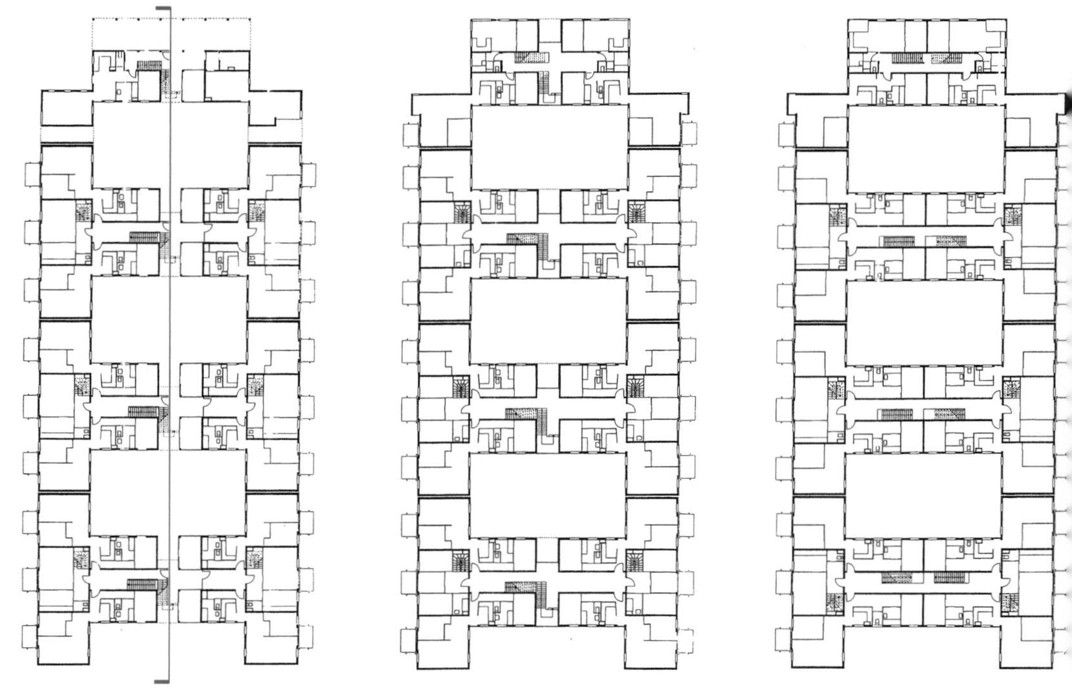

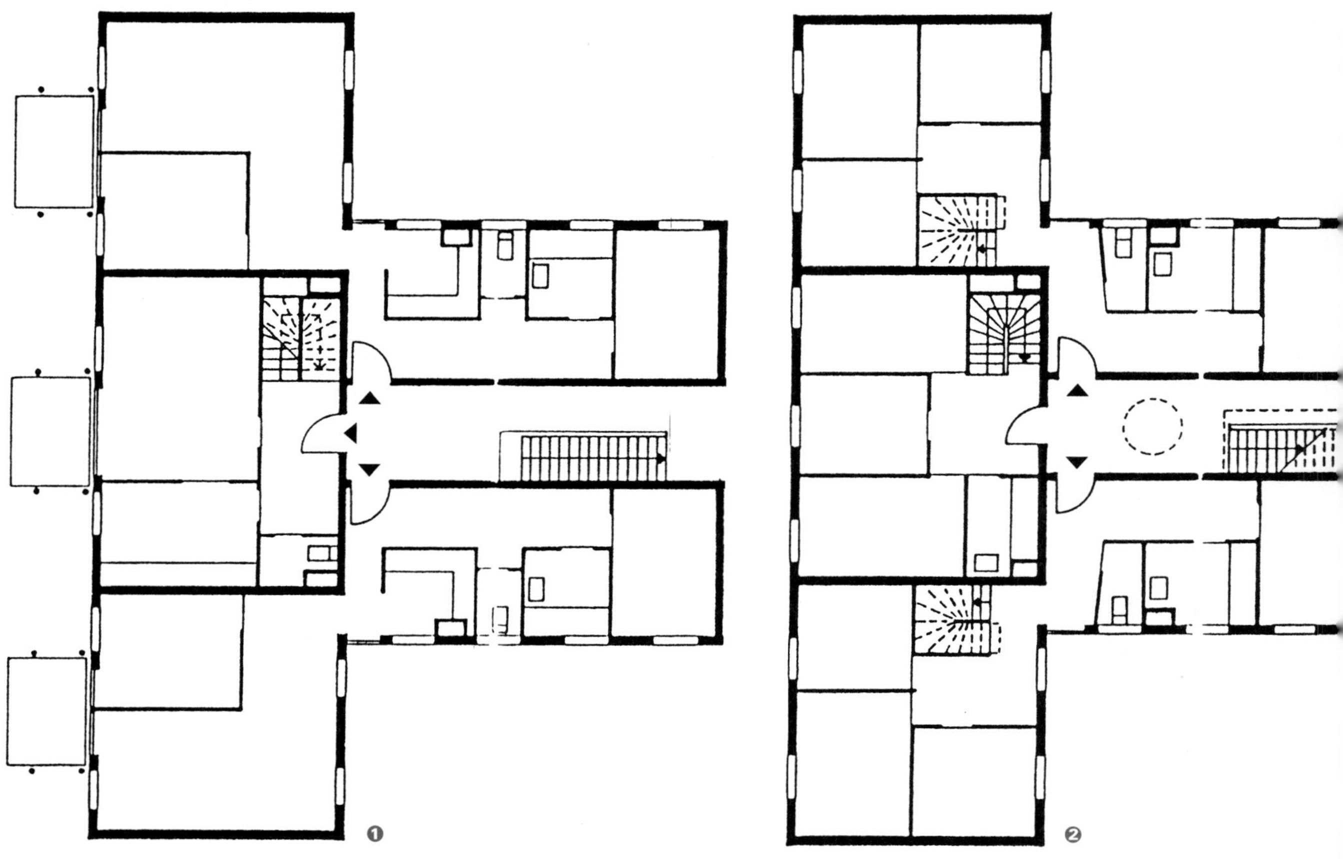

❶ ❷

Sulla base di un piano urbanistico di Otto Häuselmayer sono stati realizzati i due edifici "Vienna-Sud" e "Vienna-Privata", che aumentano la densità della doppia stecca con corpi di fabbrica ortogonali, ricavandone corti interne. Negli edifici principali si trovano la zona giorno e la zona notte, in quelli ortogonali i vani scala e gli spazi accessori. Passaggi aperti collegano le corti. Su questi passaggi si collocano i vani scala allungati, all'interno dei quali le rampe prendono direzioni sempre nuove. Gli alloggi godono di doppio affaccio: verso l'esterno sul giardino, verso l'interno sul cortile. L'appartamento più interessante è quello d'angolo (interno) che, appunto girando l'angolo, crea un collegamento visivo tra le sue due estremità. L'ingresso porta immediatamente nello spigolo (con finestre a tutta altezza); da un lato si collocano il soggiorno e le camere da letto, dall'altra, allineate lungo l'ampio corridoio, si trovano la cucina, il bagno, il WC ed eventualmente un'ulteriore camera. Tra due alloggi d'angolo si inseriscono le *maisonettes* (al pianterreno-1° piano e 2°-3° piano). Al 4° e 5° piano anche l'appartamento d'angolo diventa una *maisonette*: al posto del soggiorno vi sono tre camere da letto con la scala e, lungo l'ampio corridoio, bagno, WC e una grande camera da letto; al piano superiore, uno spazio allungato diviso in due parti dalla scala è destinato a soggiorno, cucina e pranzo.

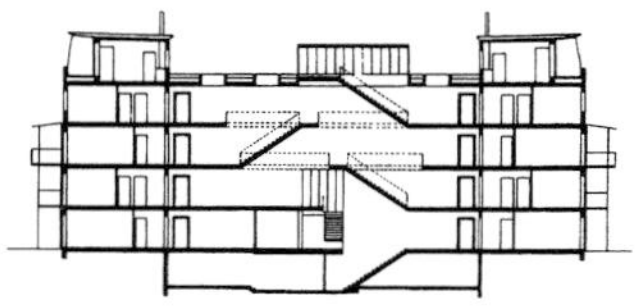

❸ 4° piano: *maisonette* da 5 locali (livello superiore) 1:200
Quatrième étage: duplex 5 pièces (niveau supérieur) 1:200

❹ Da sinistra a destra: pianterreno-4° piano 1:500
De gauche à droite: rez-de-chaussée à 4e étage

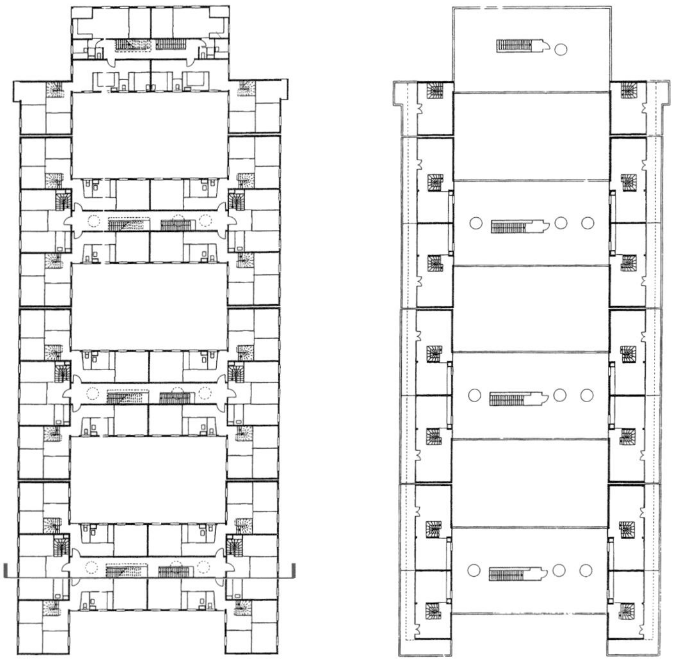

❹

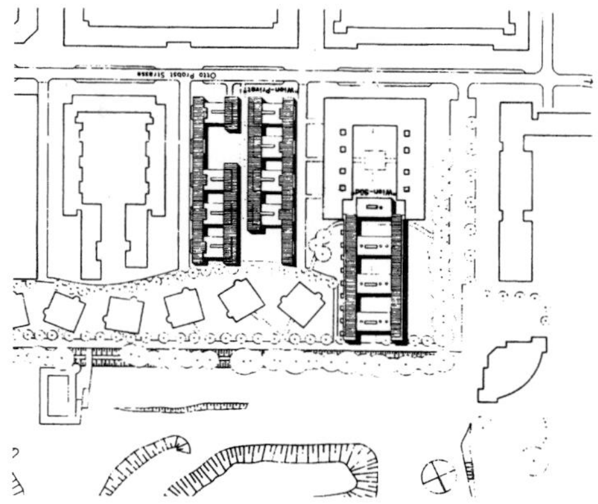

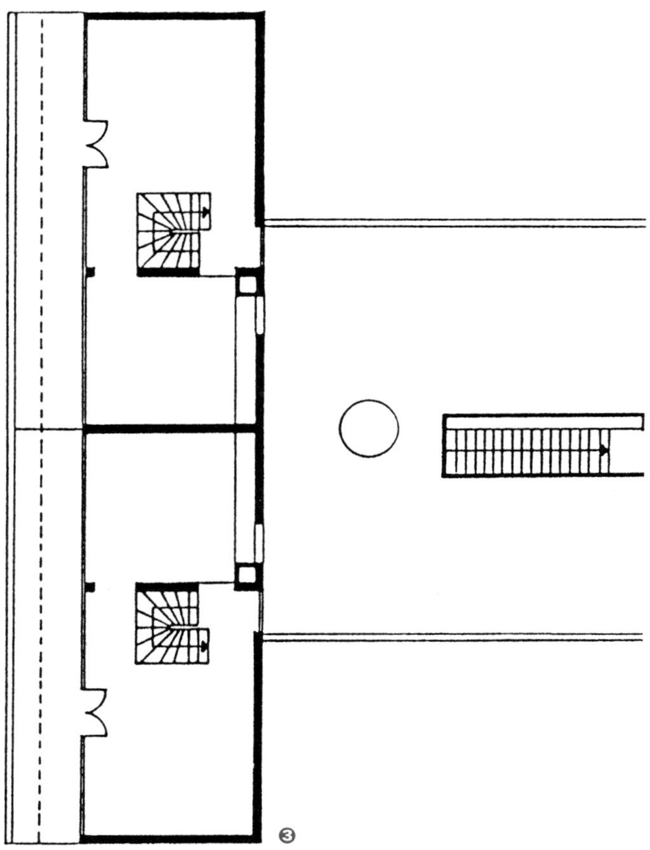

❸

Type de construction
double rangée avec corps de bâtiment transversaux formant cours, 5 niveaux, SO/NE

Date de construction
1986-1993

Financement
coopérative de logement

Profondeur des maisons
7/11,4 m

Structure
cages d'escalier desservant 6 appartements par niveau

Nombre d'appartements
74

Surface des appartements
app. 2 p., 45/50/55 m² (8 unités)
app. 3 p., 82-87 m² (40 unités)
duplex. 4 p., 105 m² (12 unités)
duplex 5 p., 135 m² (14 unités)

Places de stationnement
garage souterrain

Espaces extérieurs
balcons, terrasses sur le toit

Steidle + Partner, en collaboration avec Christian Kara, Celina Kress et Hans Kohl, Munich

Vienne-Inzersdorf, Otto-Probst-Straße, «Wien-Süd», Wienerberggründe

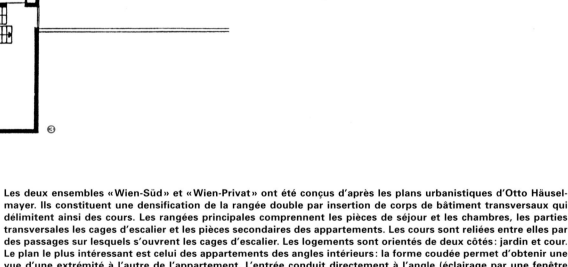

Les deux ensembles «Wien-Süd» et «Wien-Privat» ont été conçus d'après les plans urbanistiques d'Otto Häuselmayer. Ils constituent une densification de la rangée double par insertion de corps de bâtiment transversaux qui délimitent ainsi des cours. Les rangées principales comprennent les pièces de séjour et les chambres, les parties transversales les cages d'escalier et les pièces secondaires des appartements. Les cours sont reliées entre elles par des passages sur lesquels s'ouvrent les cages d'escalier. Les logements sont orientés de deux côtés: jardin et cour. Le plan le plus intéressant est celui des appartements des angles intérieurs: la forme coudée permet d'obtenir une vue d'une extrémité à l'autre de l'appartement. L'entrée conduit directement à l'angle (éclairage par une fenêtre verticale); d'un côté se trouvent le séjour et les chambres, de l'autre la cuisine, la salle de bains, les WC et dans certains appartements une chambre supplémentaire, donnant sur un large couloir. Entre les appartements d'angle sont insérés des duplex. Aux 4e/5e étages, les appartements d'angle sont des duplex, avec trois chambres à coucher et l'escalier à l'emplacement du séjour des autres logements, et une salle de bains, les WC et une grande chambre donnant sur un couloir; le niveau supérieur est occupé par un vaste espace que divise l'escalier (cuisine/salle à manger et séjour).

riferito a piante 1:200

se réfère aux plans 1:200

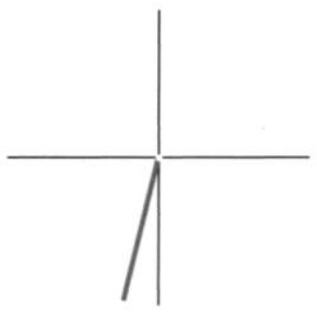

3.1 Siedlungen

Tipologia edilizia:
complesso residenziale all'interno di un parco, case plurifamiliari e case a schiera unifamiliari, 3/4 piani, SE/NO

Data di costruzione:
1996

Modello di finanziamento:
edilizia privata

Profondità dell'edificio:
12,2/10,8 m

Caratteri distributivi:
complesso residenziale parte di una edificazione puntuale di un parco, in totale previste 6 "isole", ogni gruppo di tre edifici crea una corte

Numero di alloggi:
Isola 1:14

Dimensione degli alloggi:
appart. da 4 locali, 116,5 m² (4);
appart. da 5 locali, 139/146 m² (6);
casa a schiera da 5 locali,
148 m² (4)

Parcheggio:
30 posti auto nel basamento,
5 posti auto per gli ospiti

Spazi aperti:
verande e terrazze
sul tetto private

**Gigon/Guyer,
Zurigo**

**Zurigo-Kilchberg,
Wohninsel 1
(Isola 1)**

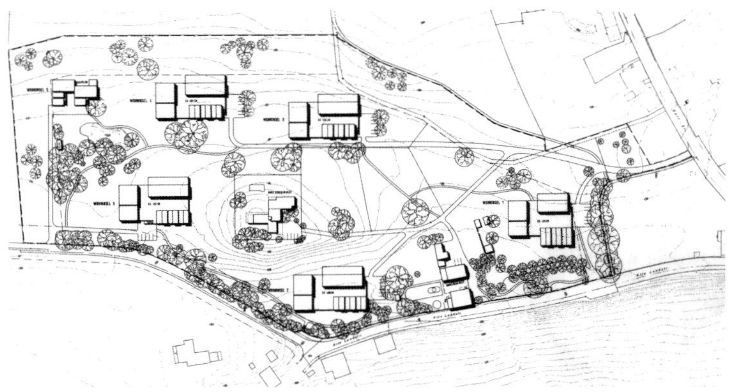

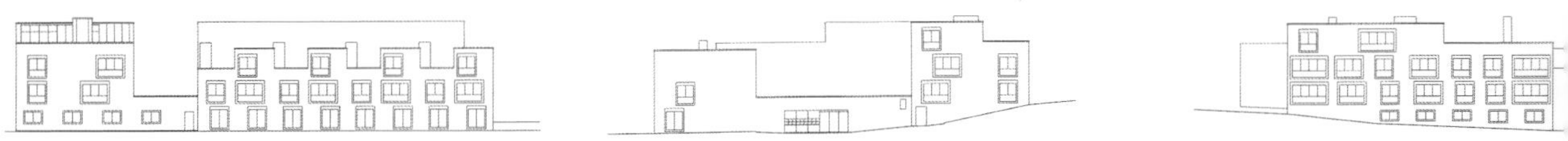

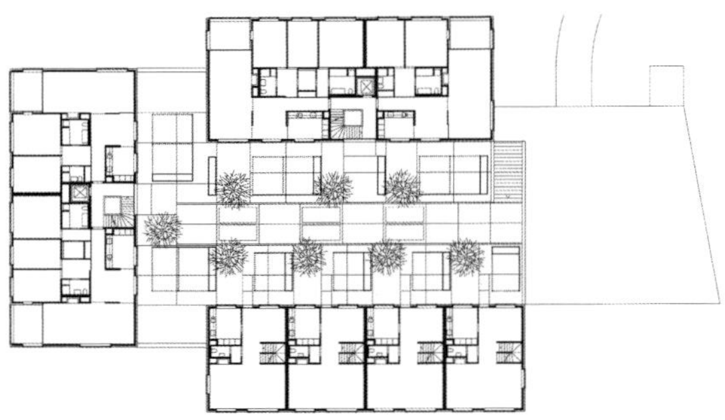

❷

❸

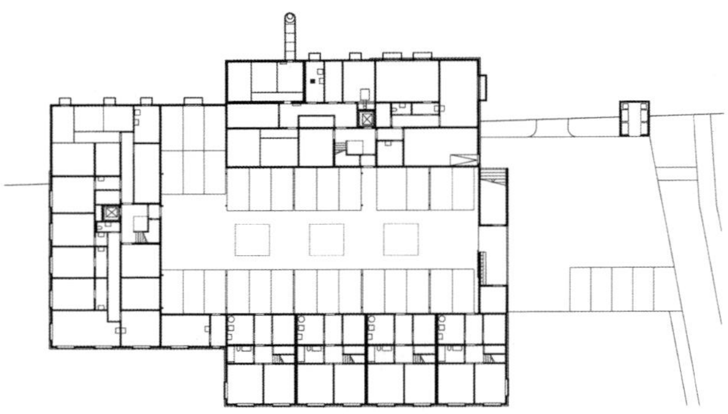

❶

All'interno del parco di un'antica residenza si colloca la prima delle isole residenziali "Kilchberg". Gli architetti erano riusciti a trasformare la prevista edificazione a tappeto dell'intero terreno con case unifamiliari, concentrando il volume edificabile in sei isole. Lo straordinario panorama sul lago di Zurigo e sulle Alpi e la contemporanea vicinanza alla città definivano l'intervento per una clientela di alto livello. L'Isola 1 è introversa: tre semplici edifici si affacciano su una corte. Due di questi ospitano alloggi monopiano, l'altro case a schiera. Nel basamento che li unisce si trovano i parcheggi con accesso diretto agli edifici. La sua copertura è la corte interna artificiale dalla quale si accede agli edifici e che è articolata dalla pavimentazione, dalla piantumazione e dai padiglioni in legno, che danno a ogni alloggio un ambito semipubblico dove sedere all'aperto. Le ampie planimetrie si affacciano su tre lati. Le camere sono disposte attorno al nucleo dei bagni, che le ripara. Cucina e pranzo si affacciano sul cortile, mentre le camere da letto e il soggiorno con veranda godono del panorama del parco. Le proporzioni dei vani e le porte scorrevoli rendono la pianta molto flessibile. Le finestre a tutta altezza sono liberamente disposte in facciata, in modo tale che perfino le planimetrie uguali si presentano in modo diverso sulla facciata. La disposizione delle finestre riprende così quella degli edifici, a loro volta distribuiti come padiglioni all'interno del parco.

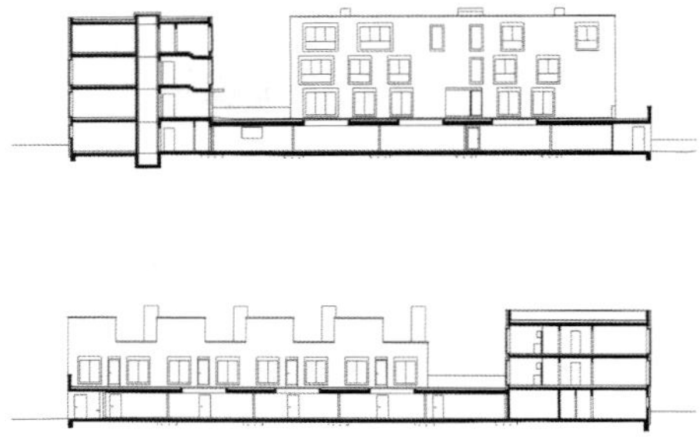

Type de construction
résidence dans un parc: immeubles de plusieurs appartements et maisons familiales en rangée, 3-4 niveaux, SE/NO

Date de construction
1996

Financement
privé

Profondeur des maisons
12,2/10,8 m

Structure
6 îlots projetés dans un parc (densification de l'habitat), chacun comprenant trois corps de bâtiment autour d'une cour

Nombre d'appartements
îlot 1 : 14

Surface des appartements
app. 4 p., 116,5 m² (4 unités)
app. 5 p., 139/146 m² (6 unités)
maison en rangée 5 p., 148 m² (4 unités)

Places de stationnement
30 dans le niveau de soubassement, 5 pour visiteurs

Espaces extérieurs
jardins d'hiver, terrasses sur le toit

Gigon/Guyer, Zurich

Zurich-Kilchberg Wohninsel 1

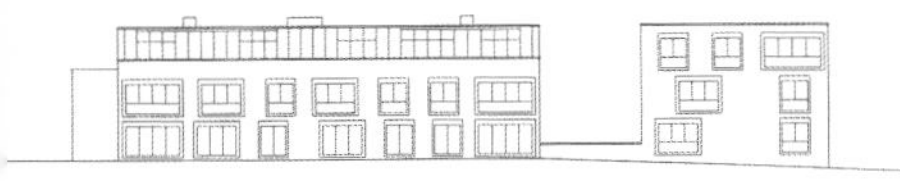

❶ Basamento
Plan du niveau de soubassement

❷ Livello dell'ingresso
Plan de l'étage d'entrée

❸ Piano tipo
Plan de l'étage type

❹ Attico
Plan de l'attique

❺ Appartamenti monopiano 1:200
Deux appartements sur un étage 1:200

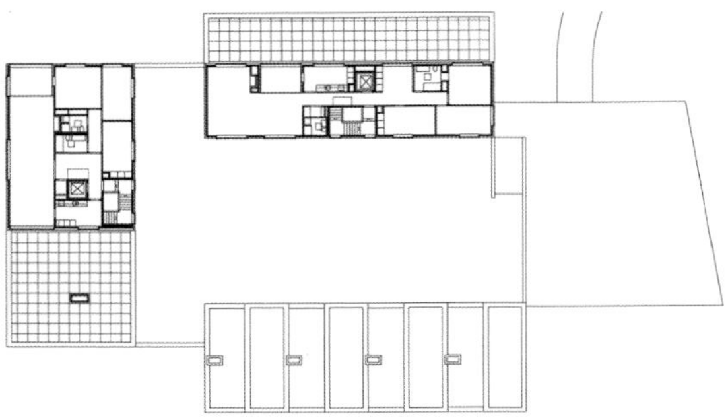

❹

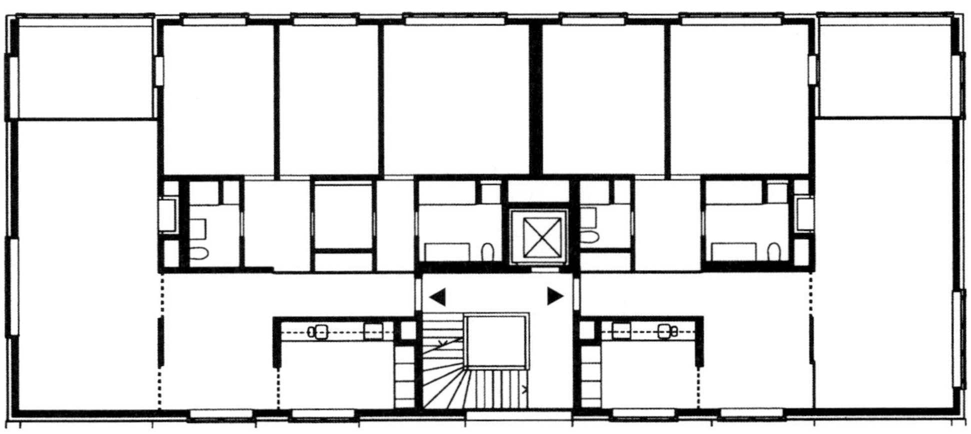

❺

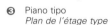

Cet immeuble construit dans le parc d'une ancienne maison de maître à Kilchberg est le premier d'un projet de six îlots. Initialement, il était prévu de couvrir le terrain de maisons individuelles, mais les architectes ont réussi à imposer une autre idée. La vue sur le lac et les Alpes et la proximité de Zurich sont des avantages propres à attirer une clientèle fortunée. Le bloc est tourné vers l'intérieur et se compose de trois corps de bâtiment simples groupés autour d'une cour. Deux d'entre eux comprennent des appartements sur un niveau, l'autre des maisons en rangée. Le niveau de soubassement abrite les places de stationnement, avec accès direct aux maisons. Au-dessus se trouvent la cour et les entrées des logements. La cour est structurée par les revêtements de sol et les arbres, mais surtout par les abris de jardin en planches qui offrent à chaque maison un espace extérieur semi-privé où il est possible de s'asseoir. Les appartements sont de surface généreuse et orientés sur trois côtés. Les chambres sont disposées autour d'un noyau qui comprend deux salles de bains et forme un écran pour isoler les chambres. La cuisine et la salle à manger donnent sur la cour, les chambres et le séjour (avec jardin d'hiver) sur le parc. Les proportions des pièces et les portes coulissantes donnent beaucoup de souplesse au plan de l'appartement. Les fenêtres ont la hauteur des pièces et se répartissent librement, c'est-à-dire que leur emplacement varie d'un appartement à l'autre bien que le plan soit identique. La répartition des fenêtres est ainsi une image réduite de celle des îlots dispersés comme des pavillons dans le parc.

riferito a piante 1:200

se réfère aux plans 1:200

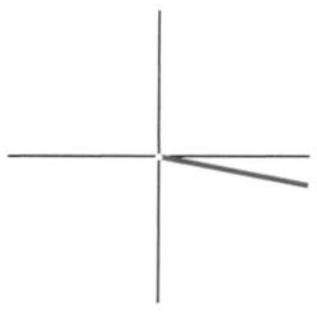

3.1 Siedlungen

Tipologia edilizia:
Siedlung di case a schiera,
1 piano, N/S

Data di costruzione:
1999

Modello di finanziamento:
edilizia privata

Profondità dell'edificio:
28,7 m

Caratteri distributivi:
lussuose case a schiera con patio e giardino, giardino in due diversi tagli, alcune case con piscina e costruzioni nella corte

Numero di alloggi:
9

Dimensione degli alloggi:
285,5 m²

Parcheggio:
garage privato su ogni lotto

Spazi aperti:
giardino con terrazza, patio

Eduardo Souta de Moura, Porto

Porto, Matosinhos

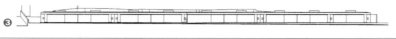

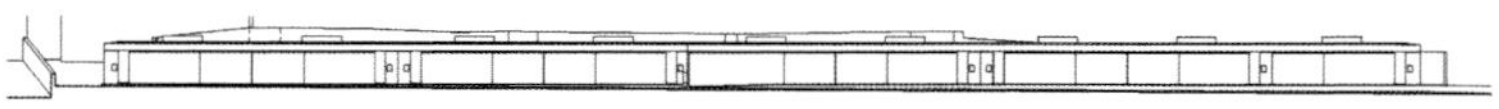

❸

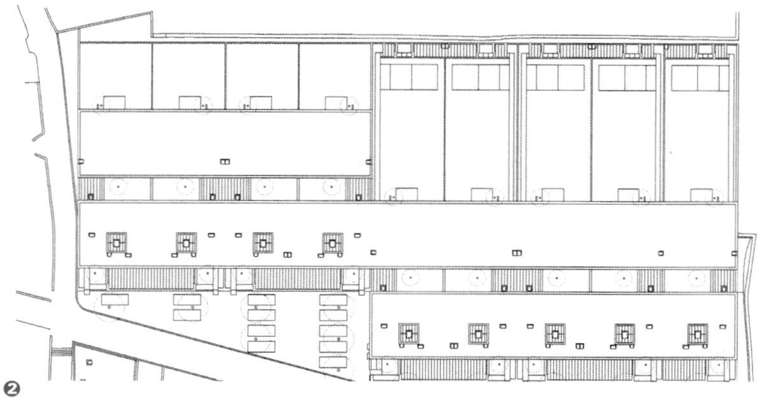

❷

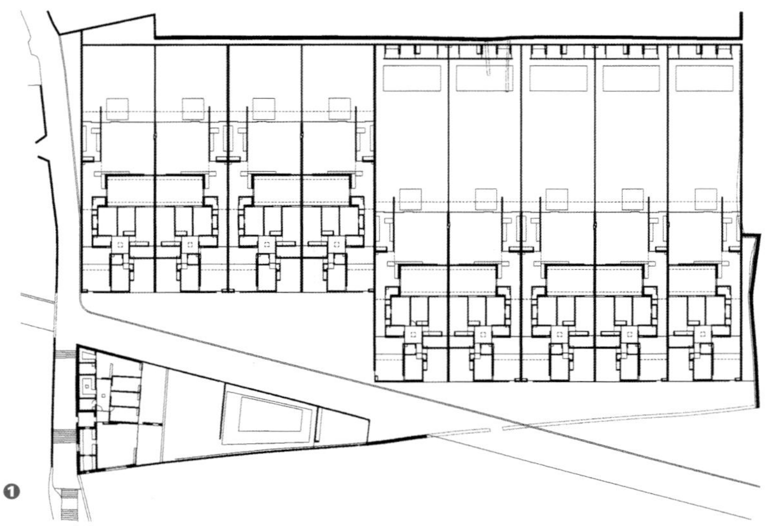

❶

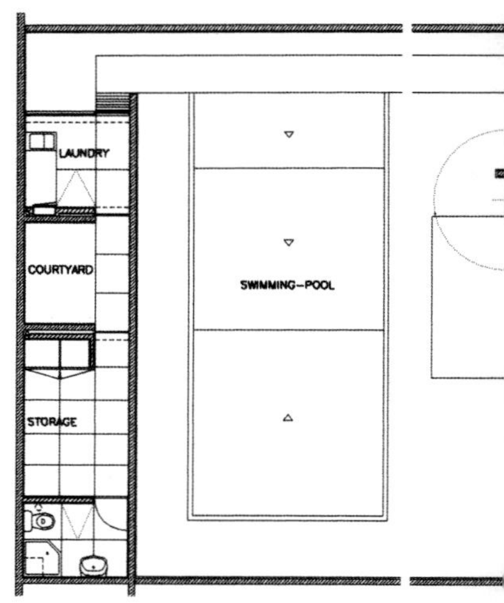

❺

Nove ampie e introverse case a patio, collocate su quattro parcelle corte e cinque allungate. Di conseguenza variano le dimensioni del giardino, mentre il programma e il taglio degli alloggi restano invariati. Dietro il muro cieco che la separa dalla strada la casa si apre inaspettatamente come una sequenza di spazi aperti tra interno ed esterno. La piccola porta d'ingresso introduce in un cortile verde su cui si affaccia una prima camera da letto con accesso indipendente. Adiacente all'atrio d'ingresso si trova un disimpegno con luce zenitale, attorno al quale si collocano le camere da letto con il bagno privato. Queste sono affacciate sul patio centrale lastricato e piantumato con parsimonia, che unisce e divide gli spazi riservati da quelli comuni. Un passaggio, dal cui arretramento con un arredo fisso si ricava uno studiolo, porta all'ampio soggiorno; pareti scorrevoli a tutta altezza lo collegano al giardino adiacente. La cucina è separata dal soggiorno da un setto in cemento armato, che prosegue nel giardino collegando fisicamente interno ed esterno. Il giardino interno è recintato su ogni lato da pareti di cemento alte e dipinte di bianco, che indirizzano lo sguardo da un lato verso la vecchia parete coperta di rampicanti e dall'altro, verso il cielo. Le unità più grandi ricavano una piscina e una lavanderia a un'estremità del giardino. Punto di forza dell'insediamento è la sua straordinaria concentrazione: dettagli minimalistici, spazi e disposizione essenziali e fluire dello spazio.

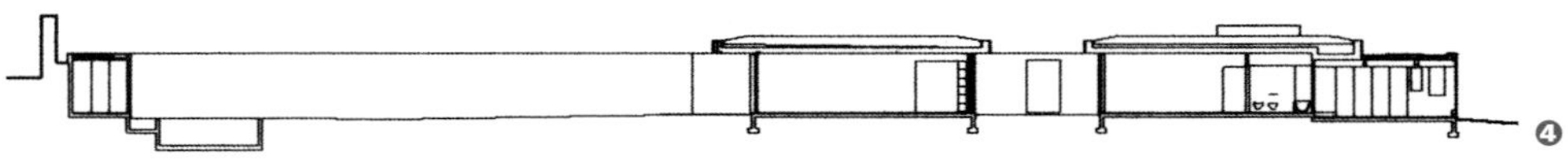

➊ Pianterreno dell'intero insediamento
Plan d'ensemble, rez-de-chaussée

➋ Veduta del tetto
Vue du toit

➌ Prospetto verso strada
Élévation côté rue

➍ Sezione longitudinale di una casa a corte 1:500
Coupe longitudinale d'une maison avec jardin et piscine

➎ Planimetria di una casa a corte 1:200
Plan d'une maison avec piscine 1:200

Type de construction
maisons familiales en rangée, 1 niveau, N/S

Date de construction
1999

Financement
privé

Profondeur des maisons
28,7 m

Structure
maisons de luxe en rangée avec patio et jardin, certaines avec piscine

Nombre de logements
9

Surface des logements
285,5 m^2

Places de stationnement
garages privés sur chaque parcelle

Espaces extérieurs
jardin avec terrasse, patio

Eduardo Souta de Moura, Porto

Porto, Matosinhos

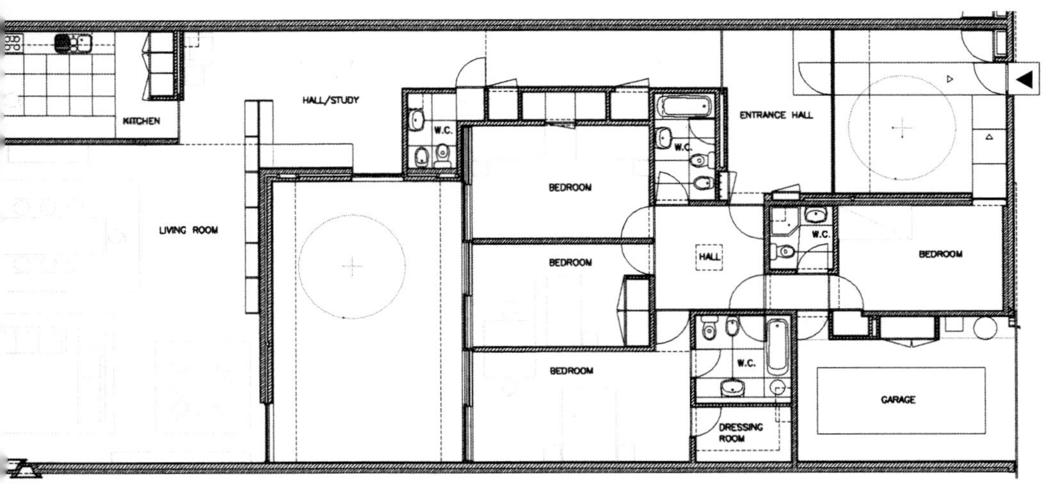

Ces neuf maisons à patio, en neuf parcelles inégales (cinq longues et quatre plus courtes), sont alignées sur une rangée. L'élément variable est la surface du jardin, tandis que les dimensions et l'organisation des logements sont identiques. Derrière un mur aveugle côté rue, les maisons révèlent une étonnante succession de pièces et de cours: une étroite porte d'entrée conduit à une cour intérieure aménagée en jardin sur laquelle donne une première chambre à coucher avec accès séparé. Après le vestibule se trouve une pièce de distribution à éclairage zénithal autour de laquelle sont regroupées les chambres à coucher avec leurs salles de bains. Les chambres donnent sur le patio central, à sol pavé et minimum de verdure, qui sépare et relie à la fois les chambres et le séjour. Un couloir, dans lequel un placard délimite un espace pour un bureau, mène à la grande pièce de séjour. Du séjour, on passe dans le jardin par des portes coulissantes en verre, de la hauteur de la pièce. La cuisine est séparée du séjour par une paroi de béton qui se prolonge dans le jardin, matérialisant ainsi une liaison entre l'intérieur et l'extérieur. Le jardin est entièrement ceint de hauts murs de béton qui guident le regard au-delà, vers un vieux mur à plantes grimpantes et le ciel. Les plus grandes parcelles ont à l'extrémité du jardin une piscine avec vestiaire. La force de cette architecture réside dans sa densité, avec un minimum de détails, des pièces et une distribution claires, le tout dans un puissant flux spatial.

riferito a piante 1:200

se réfère aux plans 1:200

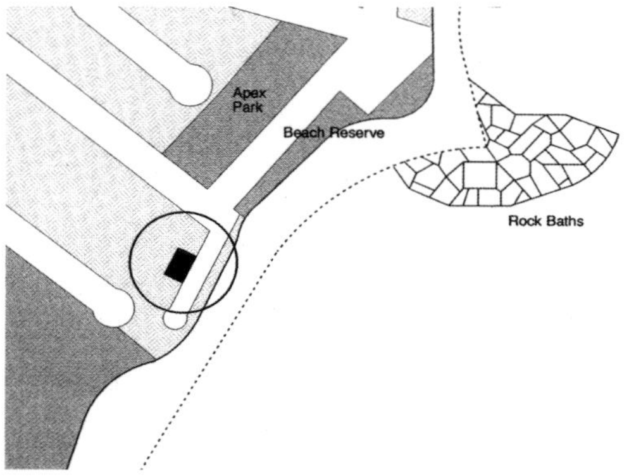

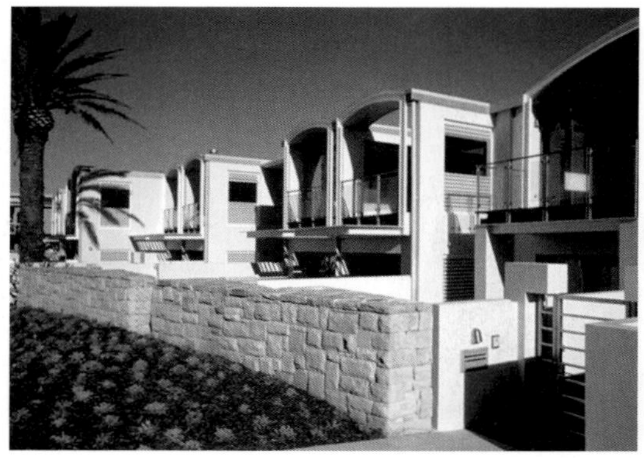

3.1 Siedlungen

Tipologia edilizia:
complesso residenziale sul mare, 2 piani, SE/NO

Data di costruzione:
1995-1999

Modello di finanziamento:
edilizia privata

Profondità dell'edificio:
18,3 m-25,3 m

Caratteri distributivi:
a corpo semplice e doppio, strada privata

Numero di alloggi:
17

Dimensione degli alloggi:
appart. da 2 locali, 112/119/130/136/144 m² (10); *mais.* da 2 locali, 122/124/127/156 m² (7)

Parcheggio:
40 posti auto nel garage sotterraneo

Spazi aperti:
giardini privati, balconi, terrazze, strada privata alberata

Alex Popov Architects, Milsons Point, Australia

Sydney, Rockpool, Mona Vale Beach

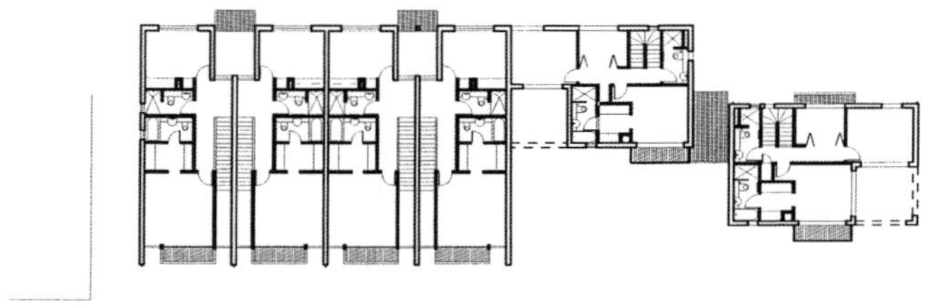

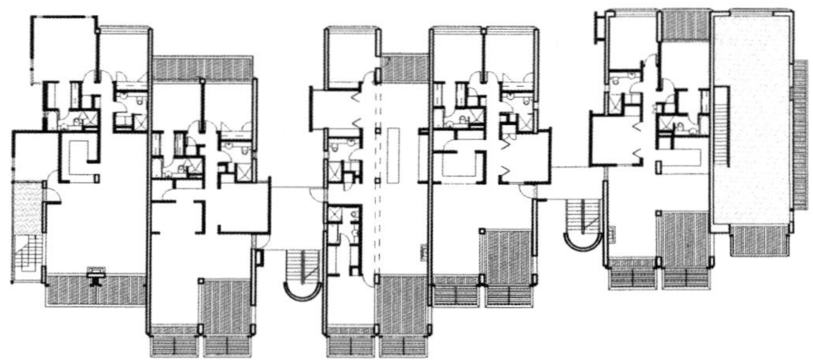

❷

❶

L'insediamento sorge ai margini di Sydney, in una zona caratterizzata da ville sulla spiaggia; presenta un certo grado di densità, con un rapporto equilibrato tra privacy e rapporti di vicinato. L'insediamento si compone di due stecche: la prima è costituita da un edificio in linea con alloggi monopiano, l'altra comprende *maisonettes* a schiera. Tra i due edifici vi è una strada privata che termina in una piazza comune. I singoli alloggi sono sfalsati tra loro nelle stecche, in modo da reagire alla topografia e creare un prospetto vivace, che risulta differenziato per ogni unità. Ogni alloggio è dotato di un balcone e di un'ampia terrazza che nell'edificio principale si rivolge verso il mare. La disposizione interna degli alloggi varia, pur mantenendo lo stesso concetto di base: sono sempre suddivisi in due superfici sovrapposte o due campate adiacenti. In questo modo si separa la zona giorno dalla zona notte, che saranno collocate una sopra l'altra, una accanto all'altra oppure una dietro l'altra. La cucina è parte del soggiorno, eventualmente separata da un breve setto. Ogni alloggio ha uno studio/camera per gli ospiti, che di norma si affaccia con porte pieghevoli sul soggiorno. Spesso questo vano è disassato e la copertura in lamelle in vetro dell'apertura che ne consegue lo illumina dall'alto. Il complesso edilizio gioca con il tamponamento della maglia strutturale (setti portanti, telaio e archi di cerchio), con il ritmo che ne deriva e le sue variazioni.

❶ Piano d'ingresso, appartamenti monopiano e *maisonettes*
Niveau de l'entrée : appartements sur un niveau et duplex

❷ Piano superiore, appartamenti monopiano e *maisonettes*
Étage : appartements sur un niveau et duplex

❸ Sezioni e prospetto su strada/mare
Coupes, vue côté rue/mer

❹ Planimetria dell'appartamento monopiano tipo 1:200
Plan type d'appartement sur un niveau 1:200

Type de construction
maisons familiales en rangée, en bord de mer, 2 niveaux, SE/NO

Date de construction
1995-1999

Financement
privé

Profondeur des maisons
18,3-25,3 m

Accès
chemin, cages d'escalier pour 1 ou 2 appartements

Nombre d'appartements
17

Surface des appartements
app. 2 p., 112/119/130/136/144 m² (10 unités)
duplex 2 p., 122/124/127/156 m² (7 unités)

Places de stationnement
garage souterrain de 40 places

Espaces extérieurs
jardins privés, balcons, terrasses, chemin commun bordé de verdure

Alex Popov Architects, Milsons Point (Australie)

Sydney, Rockpool, Mona Vale Beach

❸

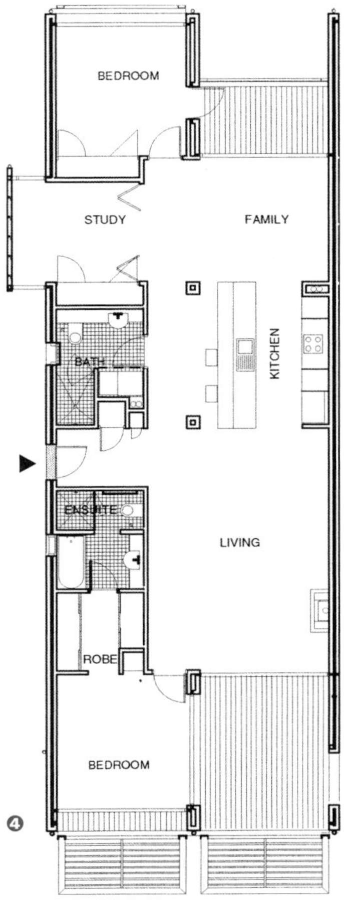

❹

Ce lotissement en périphérie de Sydney, dans un environnement de villas de bord de mer, réalise un équilibre entre cloisonnement de la sphère privée et ouverture au voisinage. Des deux rangées, la première comprend des appartements sur un étage, la seconde, à l'arrière, des duplex ou des maisons. Entre les deux passe un chemin qui au milieu s'élargit en une place plantée de pins. À l'intérieur des rangées, les appartements sont décalés les uns par rapport aux autres. La disposition s'adapte ainsi au terrain, mais crée surtout une diversité qui donne à chaque appartement son caractère particulier. Tous ont des balcons et des terrasses, et la rangée de devant jouit de la vue sur la mer. L'agencement des logements présente des variations sur un schéma de base. Tous sont divisés, soit en hauteur, soit en largeur, soit en longueur pour matérialiser la séparation entre séjour et chambres. La cuisine est au milieu de l'espace ou isolée par des pans de mur. Chaque appartement possède une chambre d'amis (ou bureau), le plus souvent tournée vers la pièce de séjour et fermée par une porte en accordéon. Cette pièce est souvent en avancée par rapport au mur de la maison, et le vide ainsi créé est comblé par de hautes lamelles de verre qui laissent entrer la lumière du jour. D'une manière générale, cette architecture joue sur les remplissages des structures (murs mitoyens, ossature à arcs segmentaires), sur les rythmes et sur les décalages.

riferito a piante 1:200

se réfère aux plans 1:200

3.1 Siedlungen

Tipologia edilizia:
insediamento urbano ad alta densità, con stecche e ville urbane molto diverse tra loro, 5 piani, NE/SO, NO/SE

Data di costruzione:
2002

Modello di finanziamento:
edilizia privata

Profondità dell'edificio:
"Wolkenbügel"/"Basilica" 10 m; ville urbane 12/13,5 m; stecca a est 17,5 m

Caratteri distributivi:
ensemble di 6 ville urbane, una doppia stecca con atrio distributivo centrale ("Basilica"), al di sopra una stecca sospesa di 160 m ("Wolkenbügel"), stecca a est

Numero di alloggi:
ca. 120 o più (a seconda dell'utilizzo delle unità)

Dimensione degli alloggi:
"Basilica" stecca 1: unità per residenza o terziario, piccole unità 70 m², stecca 2: *mais.* da 5 locali, 120 m² (12); appart. da 2/4 locali, 60/120 m² (30); "Wolkenbügel": loft, 150 m² (17); uffici 280 m² (3); ville urbane: appart. da 5 locali, 130 m² (24)

Parcheggio:
231 posti auto nel garage sotterraneo

Spazi aperti:
terrazze sul tetto private e comuni, corte interna a verde per ville urbane e stecca a est, logge per ville urbane nel corpo di fabbrica tra di esse

Herczog Hubeli Comalini, Zurigo

Zurigo, Steinfelsareal

1 3° piano dell'intero insediamento con gallerie distributive della "Basilica"
Plan d'ensemble, 3ᵉ étage, avec les galeries d'accès de la « basilique »

2 8° piano dell'intero insediamento, il "Wolkenbügel" è collocato sull'atrio distributivo della "Basilica"
Plan d'ensemble, 8ᵉ étage: le « cintre à nuages » s'étend par-dessus la halle d'accès de la « basilique »

3 "Wolkenbügel", piante dell'8°-11° piano, dal basso verso l'alto: *maisonettes* nelle unità più piccole, spazi commerciali in quelle più grandi
Le « cintre à nuages »: plan des 8ᵉ, 9ᵉ, 10ᵉ et 11ᵉ étages (de bas en haut); les petites unités sont des appartements, les grandes des locaux d'activité

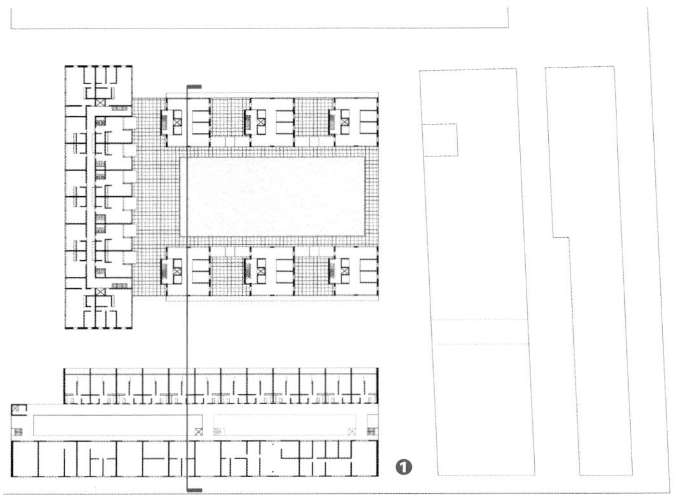

1

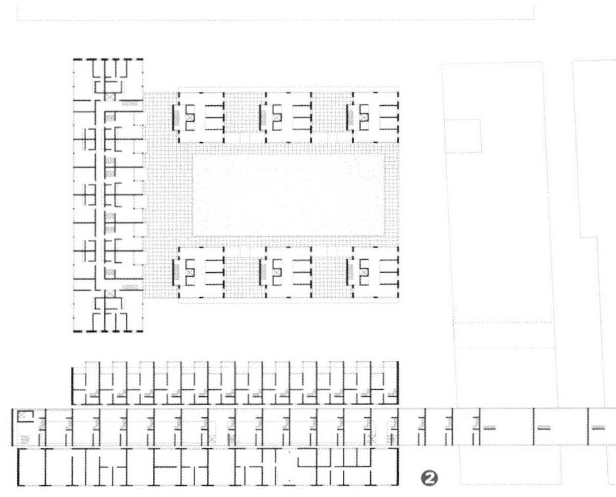

2

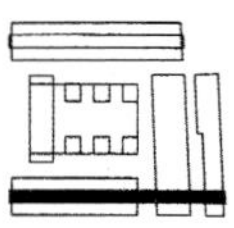

3

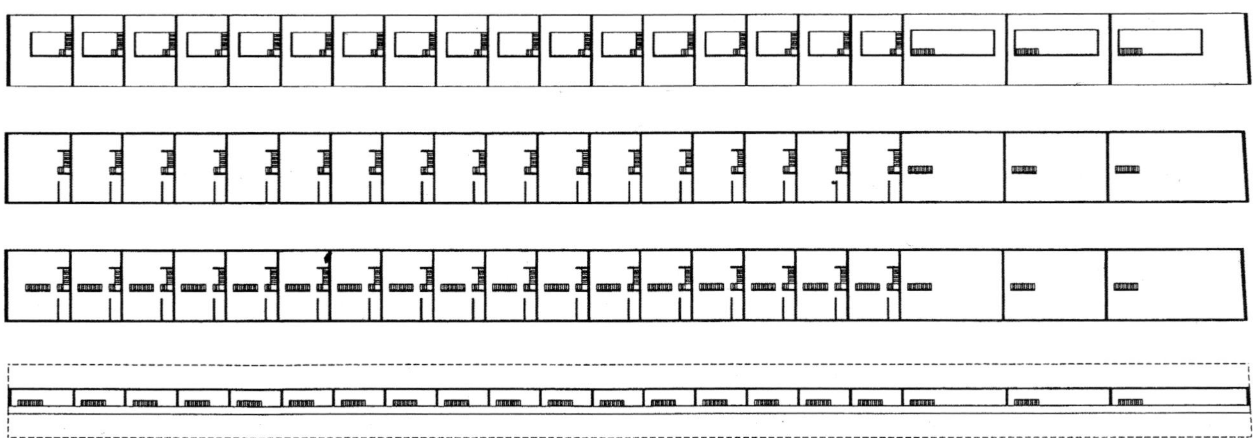

In un'ex area industriale di Zurigo, nella quale si mescolavano già residenze e luoghi di lavoro, si trova lo 'Steinfelsareal'. La mixité preesistente viene portata avanti nel nuovo progetto non solo con una stratificazione orizzontale, ma anche con la possibilità di scambiare destinazione d'uso tra vani di fronte sullo stesso piano. In questo modo si permette di modificare la destinazione d'uso evitando appartamenti sfitti. Il complesso si compone di tipologie molto diverse tra loro: all'interno due file di ville urbane si raccolgono attorno a una corte, delimitata da due edifici longilinei, la stecca a est e la "Basilica". Quest'ultima è una doppia stecca con atrio distributivo centrale alto 5 piani, che può essere utilizzato in modo sempre diverso dai residenti. Le planimetrie interne variano a seconda della collocazione. Al posto del tetto una "staffa sospesa" ("Wolkenbügel"), una stecca di 3 piani lunga 165 m con uno spettacolare aggetto sul cinema multisala sul fronte strada. Residenza e terziario sono una accanto all'altro – nel "Wolkenbügel" le *maisonettes* sono affiancate a uffici di larghezza doppia – o una sopra l'altro: l'intero basamento e mezzanino hanno destinazione commerciale e le loro dimensioni permettono qualsiasi destinazione d'uso. Talvolta la flessibilità è data anche dalla possibilità di spostare pareti divisorie all'interno dello schema strutturale, come sul lato nord della "Basilica" dove, a seconda delle esigenze, si può ricavare un alloggio o un ufficio grazie all'inserimento di pareti mobili. In altri casi le planimetrie sono talmente essenziali nella forma e nella disposizione da permetterne l'utilizzo sia come alloggio che come atelier, come nel "Wolkenbügel".

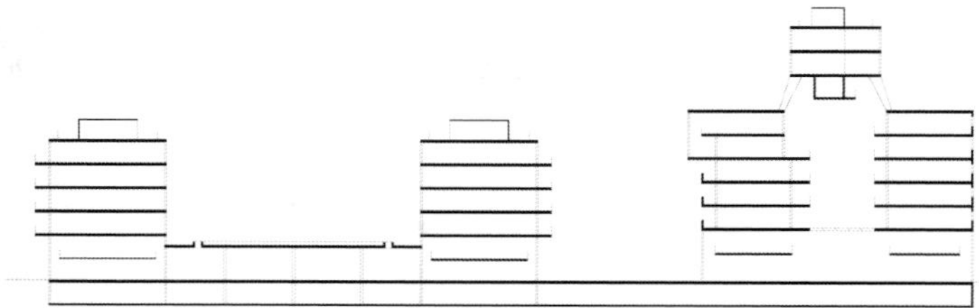

Type de construction
ensemble urbain dense, de divers types, rangées et maisons isolées, 5-9 niveaux, NE/SO, NO/SE

Date de construction
2002

Financement
privé

Profondeur des maisons
10 m («cintre à nuages», «basilique»); 12/13,5 m (maisons isolées); 17,5 m (rangée est)

Structure
6 maisons isolées, une double rangée à hall d'accès central («basilique»), surmontée d'un corps de bâtiment suspendu long de 160 m («cintre à nuages»), rangée simple

Nombre d'appartements
env. 120 ou plus (selon l'affectation des locaux)

Surface des appartements
«basilique», rangée 1: petites unités 70 m²; rangée 2: duplex 5 p., 120 m² (12 unités); app. 2/4 p., 60/120 m² (30 unités); «cintre à nuages»: lofts, 150 m² (17 unités); bureaux, 280 m² (3 unités); maisons isolées: app. 5 p., 130 m² (24 unités)

Places de stationnement
garage souterrain de 231 places

Espaces extérieurs
terrasses sur les toits (privées et communes), cour intérieure aménagée en jardin (pour les maisons isolées et la rangée est), loggias dans des corps de bâtiment distincts (maisons isolées)

Herczog Hubeli Comalini, Zurich

Zurich, Steinfelsareal

④ "Basilica", piante del 1°-3°, 2°, 4°, 5° piano, dal basso verso l'alto: stecca a nord-est uso terziario o residenziale, stecca a sud-ovest *maisonettes* (da 2 o 4 locali)
La «basilique»: plan des 1er/3e, 2e, 4e et 5e étages (de bas en haut); rangée NE: appartements ou locaux artisanaux; rangée SO: duplex 2 et 4 pièces

⑤ "Stecca a est", piante del 1°/3° e 2°/4° piano: piccoli monolocali, *maisonettes* tipo "Unité" lungo il corridoio centrale con illuminazione naturale
Rangée est: plan des 1er/3e, 2e/4e étages: appartements 1 pièce, duplex le long d'un couloir central à éclairage naturel (genre «unité d'habitation»)

⑥ "Ville urbane", piante del 1°-4° piano, appartamenti molto flessibili 1:200
Maisons isolées: plan des étages 1-4: appartement à polyvalent

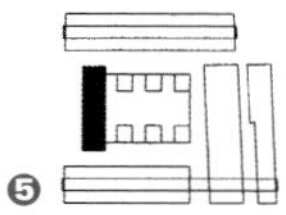

⑤

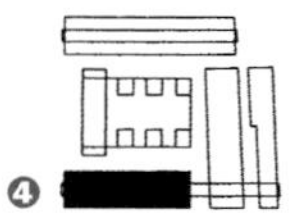

④

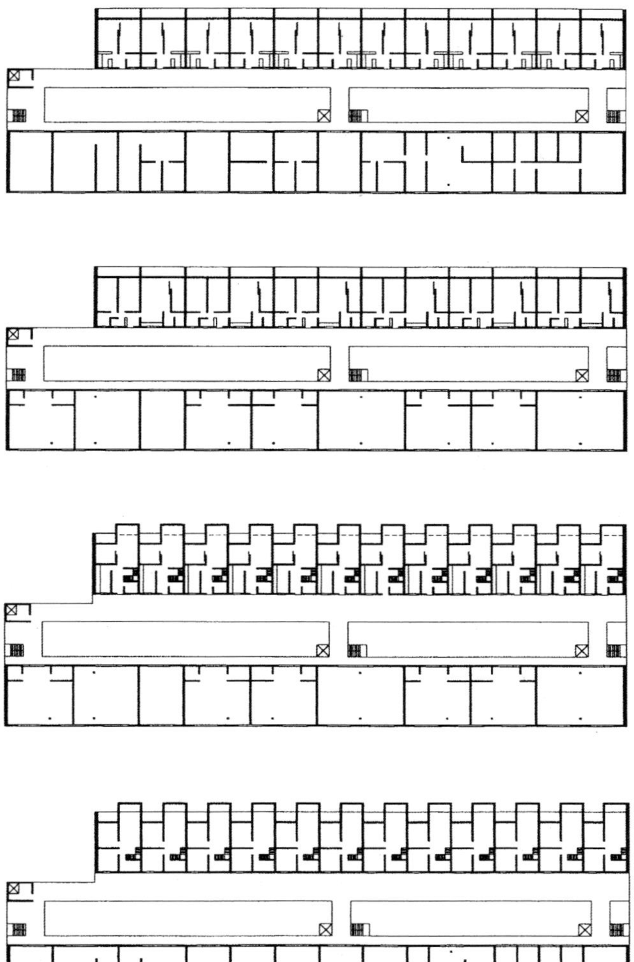

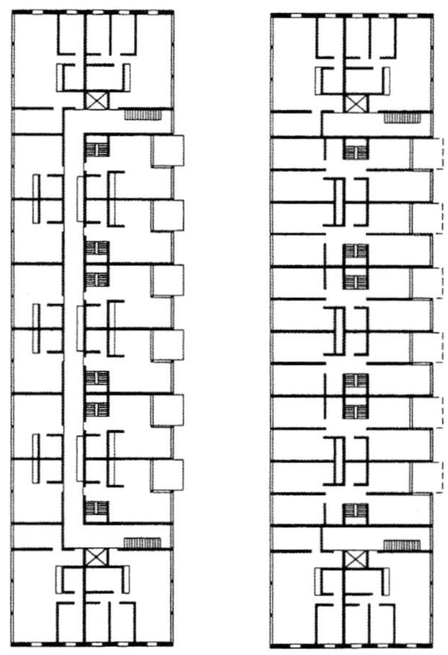

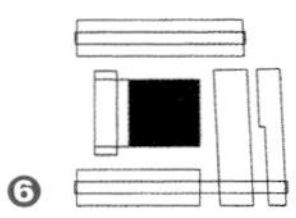

⑥

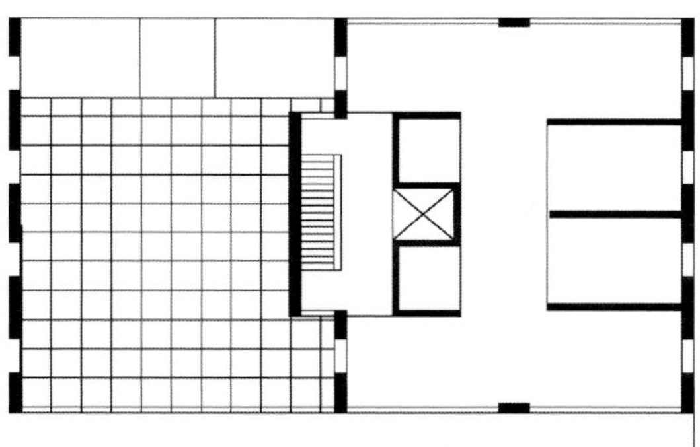

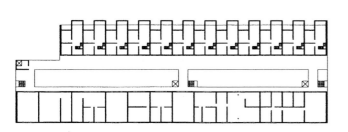

L'immeuble de l'ancienne fabrique Steinfels se trouve dans un quartier industriel de Zurich auquel les réhabilitations ont donné un caractère mixte. Cette diversité se retrouve dans ce nouveau complexe, où les différentes utilisations alternent non seulement entre les étages, mais sont aussi interchangeables dans de nombreux cas. Cette souplesse d'usage permet d'éviter les locaux vides. L'ensemble se compose de types de constructions très différents: les maisons isolées, à l'intérieur, sont groupées autour d'une cour et encadrées par deux rangées dont l'une, à l'est, dite «basilique», est double, avec un hall d'accès central sur cinq niveaux qui se prête à des usages variés. Dans les rangées, les plans des appartements varient en fonction de l'orientation. En guise de toit, elles sont couvertes d'un «cintre à nuages» («Wolkenbügel»), spectaculaire corps de bâtiment long de 160 m, à trois niveaux, coiffant toute la «basilique» et les deux rangées, et qui du côté rue se détache très visiblement au-dessus d'un cinéma. Une série de duplex y côtoie des locaux d'activité deux fois plus larges. Les niveaux de soubassement sont utilisés pour des locaux artisanaux avec galeries, d'une surface et d'une hauteur telles qu'elles permettent de nombreux usages. En d'autres endroits, c'est le libre agencement des parois, à l'intérieur du système porteur, qui autorise cette souplesse d'utilisation, par exemple sur le côté nord de la «basilique», où des parois peuvent être montées pour délimiter des unités de bureau ou de logement. Ou alors les plans, par la forme et par la disposition, atteignent un degré de réduction tel qu'il permet un usage aussi bien comme appartement que comme atelier (dans le «cintre à nuages»).

3.1 Siedlungen

Tipologia edilizia:
complesso residenziale e commerciale ad alta densità, 8 piani, N/E/S/O

Data di costruzione:
2005

Modello di finanziamento:
edilizia privata

Profondità dell'edificio:
19 m

Caratteri distributivi:
casa a corte con nucleo a scacchiera, articolazione verticale in garage sotterraneo, spazi commerciali e residenze, distribuzione interna con percorso ad anello

Numero di alloggi:
62

Dimensione degli alloggi:
8 diverse tipologie di appartamenti monopiano e *maisonettes:*
appart. da 1 locale (A), 29,5/39/44 m² (5);
appart. da 2 locali (B, C, F, G), 49,5-54/65/70,5 m² (36);
appart. da 3 locali (H), 63 m² (5);
appart. da 4 locali (D, E), 78,5-80 m² (16)

Parcheggio:
28 posti auto nel garage sotterraneo, posti auto all'aperto sul lato nord

Spazi aperti:
logge private, giardini nella corte interna

Chiba Manabu Architekten, Tokyo

Yokohama, Kanagawa, Complesso residenziale Eda

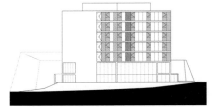

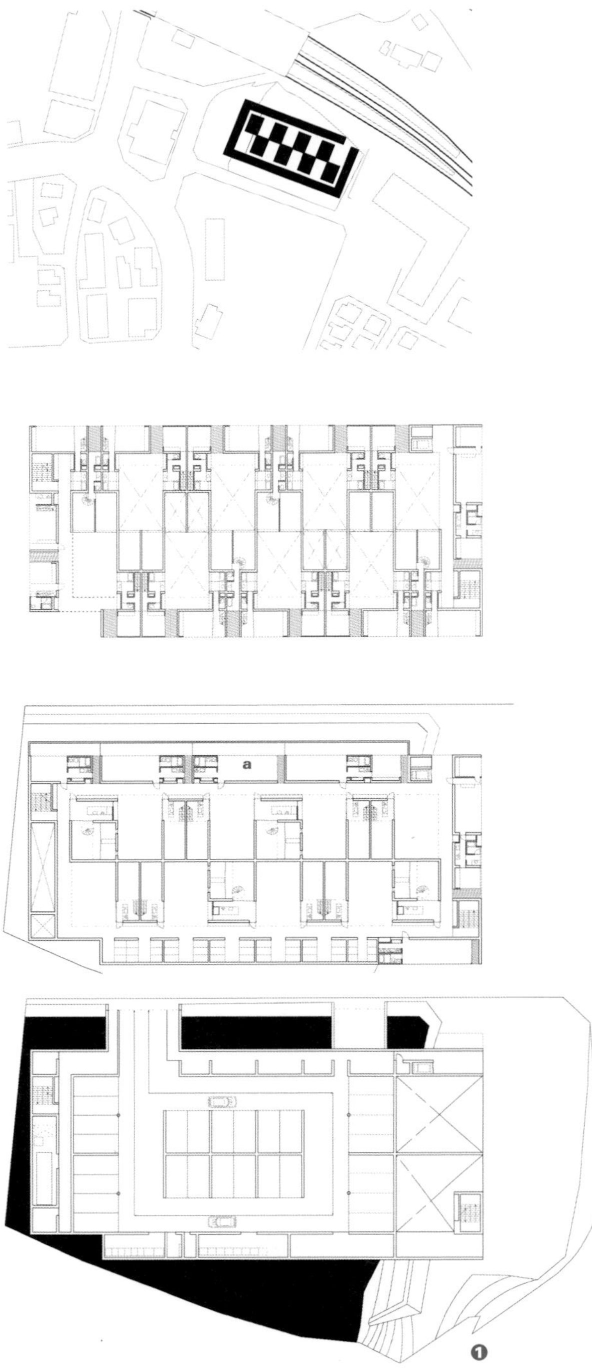

1

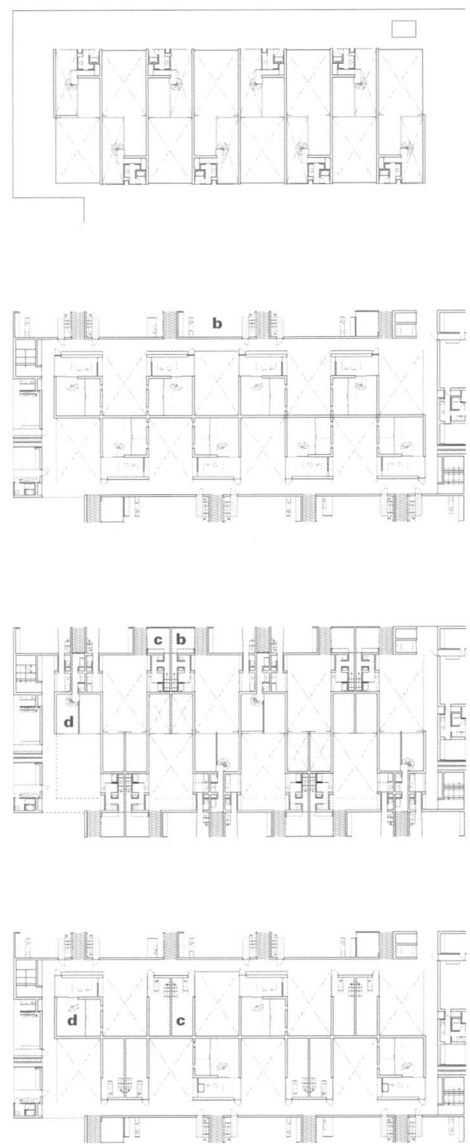

2

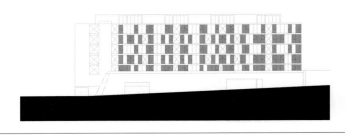

1 Dal basso verso l'alto: 2° piano interrato con garage, pianterreno, 1° piano
De bas en haut: 2e sous-sol (garage), rez-de-chaussée, 1er étage 1:1000

Questo denso e interessante complesso residenziale sorge in un sobborgo di Tokyo, nei pressi di una stazione ferroviaria. Il contesto ha portato alla scelta di una struttura edilizia che potesse ospitare contemporaneamente lavoratori pendolari single e famiglie. L'edificio è costituito da un involucro e da un nucleo, o meglio, da molti nuclei disposti a scacchiera nell'interno. Il collegamento tra l'involucro e il nucleo è garantito da un percorso ad anello, che ogni due piani distribuisce tutti gli alloggi. Questo passaggio è illuminato da due lati: verso l'esterno dalla sequenza delle logge e verso l'interno dal ritmo scandito dai nuclei. L'involucro si compone di vani allungati, poco profondi e ben illuminati, fortemente orientati verso lo spazio pubblico, con loggia annessa. Nella fascia interna si trovano spazi a doppia altezza affacciati sulle tranquille corti interne. La cucina – oltre il passaggio – si affaccia di lato sul cortile, mentre alte finestre illuminano frontalmente il soggiorno piuttosto introverso. Tra l'involucro e il nucleo sono disposti i vani di servizio: il corridoio oppure – laddove le *maisonettes* inglobano il corridoio – i cavedi impiantistici. Gli alloggi danno luogo a una straordinaria varietà di composizioni formali, combinando elementi orizzontali (involucro) e verticali (nuclei). L'utilizzo di diversi elementi e tipologie dovrebbe garantire a ogni abitante la sensazione di individualità e la necessaria distanza dal vicino, nonostante l'alta densità.

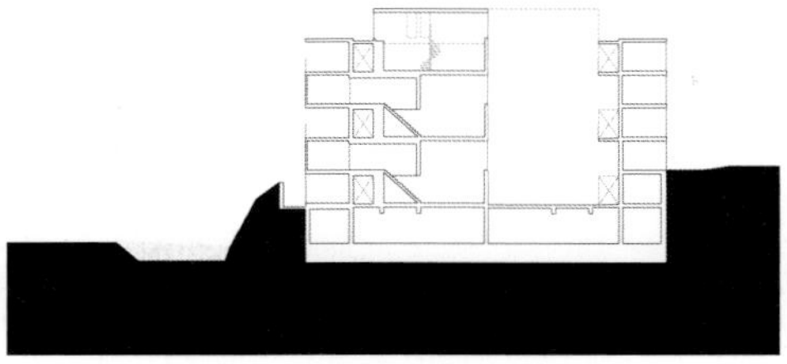

❷ Dal basso verso l'alto: 2°-5° piano 1:1000
De bas en haut: 2ᵉ-5ᵉ étages 1:1000

ⓐ Monolocale monopiano tipo A 1:200
Appartement 1 pièce, type A 1:200

ⓑ *Maisonette* da 2 locali tipo B 1:200
Duplex 2 pièces, type B 1:200

ⓒ *Maisonette* da 3 locali tipo D 1:200
Duplex 3 pièces, type D 1:200

ⓓ *Maisonette* da 2 locali tipo C 1:200
Duplex 2 pièces, type C 1:200

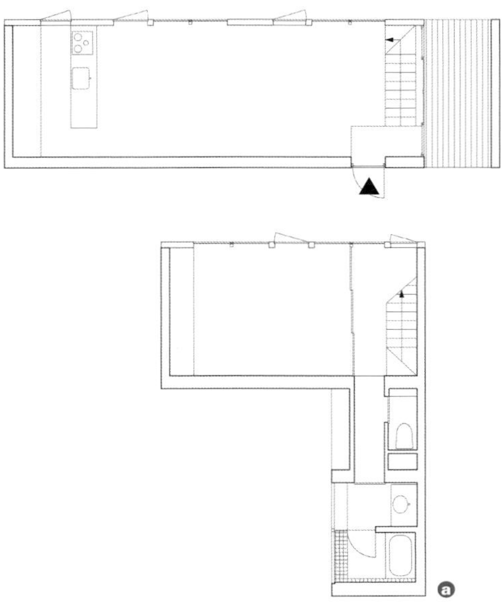

ⓐ

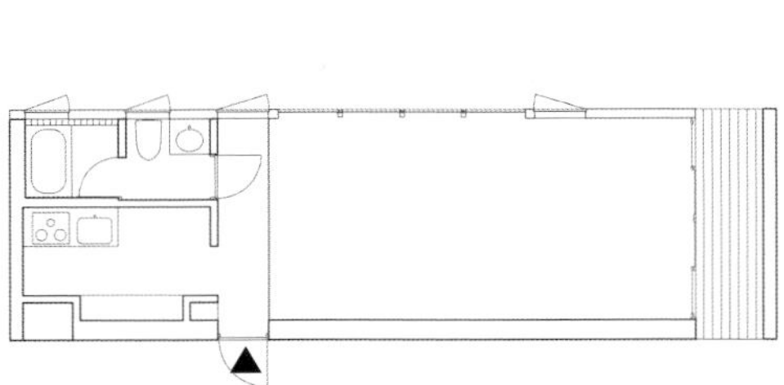

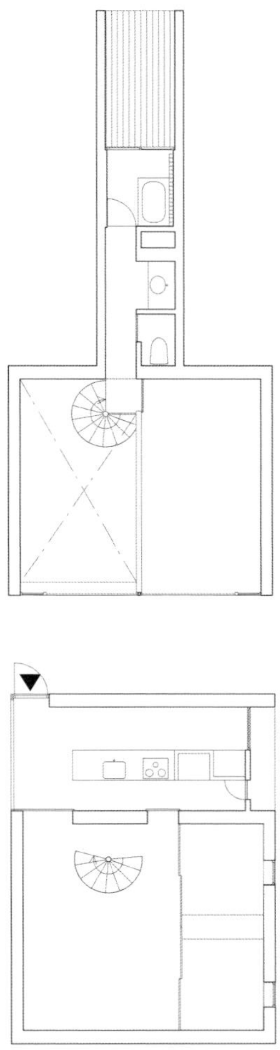

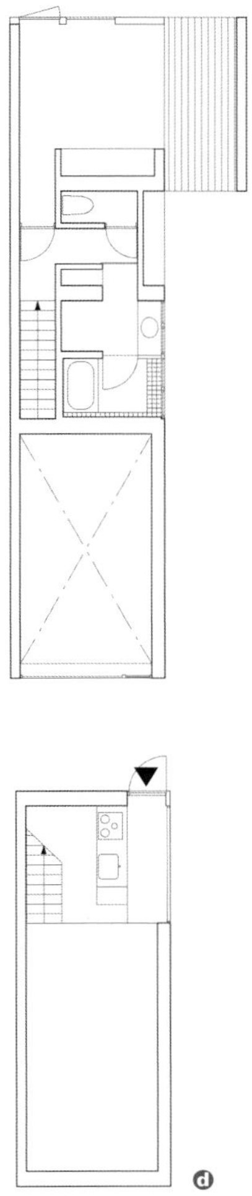

ⓑ ⓒ ⓓ

Type de construction
immeuble d'habitation et artisanal à structure dense, 8 niveaux, N/E/S/O

Date de construction
2005

Financement
privé

Profondeur des maisons
19 m

Structure
maison à alternance de cours intérieures (cases d'un échiquier), organisation verticale: garage, artisanat, logement; accès par un couloir intérieur circulaire

Nombre d'appartements
62

Surface des appartements
8 types différents d'appartements sur un niveau et de duplex:
app. 1 p. (A), 29,5/39/44 m² (5 unités)
app. 2 p. (B, C, F, G), 49,5-54/65/70,5 m² (36 unités)
app. 3 p. (H), 63 m² (5 unités)
app. 4 p. (D, E), 78,5-80 m² (16 unités)

Places de stationnement
garage souterrain de 28 places et places extérieures sur le côté nord

Espaces extérieurs
loggias, jardins dans la cour intérieure

Chiba Manabu architectes, Tokyo

Yokohama, Kanagawa, complexe d'habitation Eda

Ce complexe dense, intéressant par sa typologie, est implanté sur un terrain vague en banlieue de Tokyo, près d'une gare. Cette situation a amené à créer une structure d'habitation convenant aussi bien aux navetteurs vivant seuls qu'aux familles. L'immeuble se compose d'une enveloppe disposée autour de plusieurs noyaux formant un plan en échiquier. La liaison s'effectue par un couloir intérieur qui fait le tour de la maison tous les deux niveaux et dessert tous les appartements. Le couloir est éclairé de deux côtés: de l'extérieur par la succession des loggias, à l'intérieur par la disposition alternée des «cases». L'enveloppe comprend des pièces de séjour disposées en longueur, étroites et claires, tournées vers l'environnement urbain, tandis que dans les «cases», les séjours sont sur deux niveaux et tournés vers les cours intérieures. La cuisine est derrière le couloir et donne latéralement sur la cour, le séjour possède des fenêtres hautes qui l'éclairent de face. L'intervalle entre l'enveloppe et les «cases» abrite le couloir d'accès ou – là où les duplex s'étendent au-delà du couloir – le bloc sanitaire et les gaines techniques. La forme des appartements résulte de diverses combinaisons d'éléments de l'espace horizontal (l'enveloppe) et de l'espace vertical (les «cases»). Cet entremêlement de différents éléments et types a été conçu pour donner aux occupants, malgré la densité, un sentiment d'individualité et de distance vis-à-vis du voisin.

Referenze iconografiche / Crédit des illustrations

12/13 A. + P. Smithson: Changing the Art of Inhabitation, Artemis, London, Munich, 1994, Simon Smithson; Robin Evans: « Figures, Doors and Passages » in: « Translations from Drawing to Building and Other Essays »; AA Documents, London, 1997; **14/15** Peter Märkli: Georg Gisel; A. + P. Smithson: « Modernism without Rethoric », Ed. by Helena Webster, London, Academy Editions, 1997 (Rogier Hillier, foto in alto, centro/photos haut, milieu; sezioni/coupes); A.+ P. Smithson, « The Charged Void: Architecture », Monacelli Press, New York, 2001, (William J. Toorney, foto in basso/ photo bas, schizzi/esquisses, piante/plans); **16/17** Höhne & Rapp: Teo Krijgsman; b&k+ brandlhuber&kniess GbR: Michael Rasche; Michael Alder Hanspeter Müller Ateliergemeinschaft, Basel: Werk, Bauen und Wohnen 6/2001; **18-33** Reinhard Gieselmann: « Grundrißatlas Geschoßwohnungsbau », Prolegomena 52, Institut für Wohnbau, T. U. Wien 1985 (23, 26, 27, 28, 29, 30, 31, 33, 34, 42); Reinhard Gieselmann « Grundrißatlas Flachbau », Prolegomena 56, Institut für Wohnbau, T. U. Wien 1987 (4, 5, 7, 8, 10, 11, 12, 13, 14, 15, 16, 17, 18, 19, 20, 40, 41, 45, 46, 49); Reinhard Gieselmann: « Wohnbau », Vieweg & Sohn, Braunschweig/ Wiesbaden 1979, 2. Auflage (überarbeitet), Institut für Wohnbau, T. U. Wien 1991 (1, 2, 3, 6, 24, 25, 48, 50) Peter Faller, « Der Wohngrundriß: Entwicklungslinien 1920-1990 », Deutsche Verlags-Anstalt, Stuttgart 1969 (9, 32, 35, 36, 37, 39, 43, 44, 47); Karl Fleig (Hrsg.): « Alvar Aalto », Editions Girsberger, Zürich, 1963 (21, 22); Alfred Roth (Hrsg.) « Die neue Architektur », Les Editions d'Architecture, Erlenberg-Zurich 1948 (38); Hillmer & Sattler: Werk, Bauen und Wohnen 6/91 (51); Metron: Baumeister 12/1994 (52); ACTAR Arquitectura (53); Njiric + Njiric: (54); Nalbach Architekten (55); Stücheli Architekten: a+t 21/2003 (56); Riegler & Riewe (59); Lacaton & Vassal: Werk, Bauen und Wohnen 5/1998 (60); Herczog Hubeli Comalini: (61); Arbeitsgemeinschaft em2n Architekten: Archiv der Architekten (62); Michael Alder: (63); Herzog & de Meuron: (65); Kazuyo Sejima, Ryue Nishizawa: El Croquis 99 (65); Herczog Hubeli Comalini: (66); MVRDV: Werk, Bauen und Wohnen 1-2/1999; Archis 3/2002 (67); Bosch Haslett: AV Monografias 67 (68); Marlies Rohmer: archithese 4/2003 (69); Herczog Hubeli Comalini: Archiv der Architekten (70). **40-49** Peter Faller « Der Wohngrundriß: Entwicklungslinien 1920-1990 », Deutsche Verlags-Anstalt, Stuttgart 1996 (13, 25, 27); Heinrich Tessenow « Hausbau und dergleichen », Vieweg & Sohn, Braunschweig/Wiesbaden 1953 (1); Weber (2); Verena von Gagern (4); Henning Koepke (5); Reinhard Görner (6); Lisa Hammer (7); Lluís Casals (8/9); Hellmuth Sting « Grundriß Wohnungsbau », Verlagsanstalt Alexander Koch GmbH, Stuttgart 1975 (3, 10, 11, 14, 15, 16, 18, 20, 22, 23, 24); **52/53, 54/55** Diener & Diener: Christian Richters; **56/57** Alvaro Siza: Atelier 18, AR 10/1990 No 1124, Lotus 96; **58/59** Office for Metropolitan Architecture: Bauwelt Heft 15 4/1990, Architecture d'Aujourd'hui 9/1987; **60/61** IBUS; **62/63** Homan/Osório Lobato/Yanovshtchinsky: van der Vlugt & Claus; **64/65** Christian Richters; **66/67** Josep Puig Torné, Josep Me. Esquius; **68/69** Michael Alder: A. Helbling & T. Ineichen; **70/71** Hans Kollhoff: van der Vlugt, Schwendinger & Büttner; **72/73** Martin Spühler: Monika Bischof, Comet-photo AG; **74/75** Neutelings Riedijk Architecten: Christian Richters; **78** Georg Heinrichs; **79** Antonio Cruz, Antonio Ortiz; **80** Ueli Marbach, Arthur Rüegg: N. Mankewitz; **81** Johannes Uhl; **82/83** Nylund, Puttfarken, Stürzebecher; **84/85** Campbell, Zogolovitch, Wilkinson; Gough/CZWG; **86** Margreet Duinker, Machiel van der Torre: van der Vlugt & Claus; **87** Dolf Schnebli, Tobias Ammann: Lorenzo Bianda; **88/89** Herzog & de Meuron; **90/91** Philippe Gazeau: J. M. Monthiers; **92** Nägeli Zander: Stephanie Kiwitt; **93** Höhne & Rapp: Kim Zwarts; **96** Johannes Uhl; **97** Rob Krier; **98/99** Herzog & de Meuron; **100/101** Léon & Wohlhage; **102/103** Morger & Degelo: Ruedi Walti; **106/107** Inken und Hinrich Baller: Reinhard Friedrich; **108/109** Otto Steidle; **110/111** Gustav Peichl; **112/113** Josep Llinàs: J. Bernadó; **114** J. A. Coderch: « J. A. Coderch 1913-1984 », ed. by Carles Fochs, Barcelona, GG Gili, 1990; **115** Francis Soler: N. Borel, O. Gelpi; **116/117** Herzog & de Meuron: Margherita Spiluttini; **120/121** Heinz Schudnagis; **122** Antoine Grumbach; **123** Peter Märkli, Gody Kühnis; **124/125** Antonio Cruz, Antonio Ortiz: Duccio Malagamba; **126/127** Dietrich Fink, Thomas Jocher: Henning Koepke; **128** Oscar Tusquets Blanca: Lluís Casals; **129** Baumschlager & Eberle: Eduard Hueber **130/131** Isa Stürm + Urs Wolf SA: comet, Isa Stürm + Urs Wolf SA; **132/133** Diener und Diener: Wim Ruigrok; **134/135** de Architecten Cie./ Frits van Dongen: Oski Collado; **138/139** Le Corbusier: « Unité d'Habitation, Marseille: Le Corbusier », David Jenkins, London, Phaidon Press, 1993; **140** Alvar Aalto, Paul Baumgarten; **141** Oscar Niemeyer, Soares Filho; **142/143** Otto Jäger und Werner Müller: Foto-Hatt; **144/145** Theo Hotz: Peter Morf; **146-149** Dobelaar, de Kovel, de Vroom; **150/151** Guillermo Vázquez Consuegra: Lluís Casals, Hisao Suzuki; **152/153** Jean Nouvel, Jean-Marc Ibos: GA Houses 23; **154/155** Rem Koolhaas/OMA: « IJ-plein, Amsterdam: een speurtocht naar nieuwe compositorische middelen », Rotterdam, 010, 1989; **156/157** Steven Holl; **158/159** Kees Christiaanse, Art Zaaijer: van der Vlugt & Claus; **160/161** Margreet Duinker, Machiel van der Torre: van der Vlugt & Claus; **162/163** Volker Giencke: Paul Ott; **164/165** Rüdiger Kramm: Kramm & Strigl; **166/167** Florian Riegler, Roger Riewe: Margherita Spiluttini; **168/169** Manfred Kovatsch: Angelo Kaunat; **170/171** Bruno Dercon, Pieter T'Jonck, Leo van Broeck: Leo van Broeck; **172/173** b&k+ brandlhuber&kniess GbR: Stefan Schneider; **174/175** João Álvaro Rocha: Ferreira Alves; **176/177** Morger & Degelo: Ulrike Ruh; **180** Hermann Henselmann: « Ich habe Vorschläge gemacht », Hrsg. Wolfgang Schäche, Berlin, Ernst & Sohn cop, 1995, Architektur der DDR 1/1989; **181** Mies van der Rohe: Hedrich-Blessing Collection, The Chicago Historical Society (foto in alto/photo haut), Florian Kessel, Werner Blaser; **182** Denys Lasdun; **183** Bertrand Goldberg: Bauen & Wohnen 1963; **184/185** Prentice & Chan: AR 9/1972; **186** Schipporeit & Heinrich; **187** Emile Aillaud; **188/189** Erick van Egeraat: Christian Richters, Wilfried Dechau; **190/191** Henri Ciriani: J. M. Monthiers; **194/195** Moshe Safdie: AD 3/1967; **196** Frey, Schröder und Schmidt: DB 102 4/1968; **197** Patrick Hodgkinson; **198/199** Hans Kammerer + Walter Belz; **200/201** Peter Faller und Hermann Schröder: Sebastian Schröder; **202/203** Georg Heinrichs; **204/205** Baumschlager & Eberle: Gerhard Ullmann; **206/207** Tadao Ando: Hiroshi Ueda; **210/211** Hans Scharoun: « Hans Scharoun », Akademie der Künste Band 10; GA Houses 23; **212/213** Francesca Sartogo, Arnaldo Bruschi; **214/215** Herbert Stranz: Bauwelt Heft 46/47 1967; **216** Oswald Mathias Ungers: Bauwelt Heft 46/47 1967 **217** Karl Fleig: Bauwelt Heft 46/47 1967; **218/219** Alison + Peter Smithson, « Th Charged Void: Architecture », Monacelli Press NY, 2001; Simon Smithson; **220/22** Werner Düttmann; **222/223** Kazuyo Sejima, Ryue Nishizawa: El Croquis 99 Shinkenchiku-sha; **226** Kisho Kurokawa: « From metabolism to symbiosis/Kish Kurokawa », London, Academy Editions, 1992; **227** Alison + Peter Smithson « Modernism without Rethoric », ed. by Helena Webster, London, Academy Editions 1997, Simon Smithson; **228/229** Peter Eisenman: « Petereisenmanhouseofcards » NY, Oxford University Press, 1987; **230** Alvaro Siza; **231** Renzo Piano, Richar Rogers: AA 6/1980; **232** van berkel & bos: Christian Richters; **233** Katsuhir Miyamoto + Atelier Cinquième: Shikenchiku-sha; **234** Shigeru Ban: Hiroyuki Hirai **235** van berkel & bos: Hélène Binet; **236/237** Rem Koolhaas/OMA: Hans Werle mann, hectic pictures; **238/239** heide von beckerath alberts architekten; **242/24** Jan Pesman/Cepezed; **244** Fred Bos; **245** Harry Gugger: Margherita Spiluttini **246/247** De Architektengroep/Bjarne Mastenbroek, MVRDV/Winy Maas: Archi 10/1997; Werk, Bauen und Wohnen 3/1999; Christian Richters; **248** Art Zaaijer; **24** Victoria Acebo + Angel Alonso; **252/253** Peter Phippen, Peter Randall, David Parkes **254/255** Piet Blom: a+u, 11/1985, GA Houses No. 3; **256/257** Herman Hertzberger « Bauten und Projekte » 1959-1986, Arnulf Lüchener, Den Haag, ArchEdition-cop 1987; **258** Peter Haas, G. Hermann: Detail 7/1982; **259** Nicholas Grimshaw & Partner; **260/261** Hermann Schröder und Sampo Widmann; **262/263** GFP & Ass Günter Pfeifer und Roland Mayer; **264/265** Verheijen, Heuer en De Haan: van de Vlugt & Claus; **266/267** Tegnestuen Vandkunsten: Vandkunsten; **268/269** Va Sambeek & van Veen: kim zwarts; **270/271** Neutelings Riedijk Architecten: Stijn Brakkee; **272/273** MAP Architects/Josep Lluís Mateo: Duccio Malagamba; **276/27** Atelier 5: Balthasar Burkhard; **278** Reinhard Gieselmann; **279** J. P. Storgard, J. & A Orum-Nielsen, H. Marcussen: Bauen & Wohnen 10/1974; **280/281** Alvaro Siza **282/283** Darbourne and Darke: AR 9/1974, AJ 2 April/1975 **284/285** Gordon Benson Alan Forsyth: AA 234 9/1984; **286/287** Dolf Schnebli, Tobias Ammann/W. Egli, H Rohr; **288/289** ARB Arbeitsgruppe Kurt Aellen, Laurent Cantalou: Thomas Keller **290/291** Hubert Rieß und Ralph Erskine; **292/293** Atelier 5: Terence du Fresne **294/295** Rem Koolhaas/OMA; **296/297** Michael Alder: A. Helbling & T. Ineichen **298/299** Otto Steidle: Verena von Gagern; **300/301** Gigon/Guyer: Heinrich Helfenstein; **302/303** Eduardo Souto de Moura: Ferreira Alves; **304/305** Alex Popov, Kraig Carlstrom; **306/307** Herczog, Hubeli; **308/309** Chiba Manabu Architects

Indice degli architetti / Index des noms d'architectes